TONY REEVES

15.000 SCHAUPLÄTZE DES
INTERNATIONALEN FILMS

DER GROSSE
FILM-REISEFÜHRER

HEEL

IMPRESSUM

HEEL Verlag GmbH
Gut Pottscheidt
53639 Königswinter
Tel.: (0 22 23) 92 30 - 0
Fax: (0 22 23) 92 30 - 26
E-Mail: info@heel-verlag.de
Internet: www.heel-verlag.de

Deutsche Ausgabe:
© 2002 by Heel Verlag GmbH

Englische Originalausgabe:
Titan Books
A division of Titan Publishing Group Ltd
144 Southwark Street
London SE1 0UP
Great Britain
Englischer Originaltitel: The Worldwide Guide to Movie Locations

© 2001 by Tony Reeves

Deutsche Übersetzung: Ralph Sander, Köln
Lektorat: Antje Schönhofen, Petra Hundacker
Satz: ARTCOM, Königswinter
Druck: Ellwanger Bayreuth

– Alle Rechte vorbehalten –

Printed and bound in Germany

ISBN 3-89880-022-9

Foto auf S. 388 Northeast Wyoming; Foto 8a auf S. 135 mit freundlicher Genehmigung der HRH Hotelgruppe; S. 144 Greg Reis, Mono Lake Committee; S. 191 Oak Alley Plantation; S. 245 Red Fox Inn, Middleburg; S. 121 Drunken Duck Inn und The Langdale Chase Hotel; S. 291 Dan Hatzenbuhler Stock Studios/Dallas CVB; S. 292 Nik Klaassen/ Flinders Ranges Research; S. 310 Dallas Convention and Visitors Bureau; S. 335 Reen Pilkington; S. 402 Mansfield Reformatory, Ohio; S. 198 Dunsmuir House and Gardens; S. 177 Trustees of Reservations, Great House in Castle Hill; S. 424 The Parkwood Estate, Oshawa.

Alle übrigen Fotos einschließlich Umschlagfotos © 2001 Tony Reeves.

DANKSAGUNG
Mein Dank geht an die folgenden Personen und Einrichtungen, die unschätzbare Hilfe geleistet haben: Arizona Film Commission; James Cary-Parkes; Chicago Film Office; Simon Cork; Stephen K. Crocker; Veronica Lynch, Dallas Convention and Visitors Bureau; Malcolm Davis; Terry Deal; Dallas Denton-Cox; Nigel Hatton; Hawaii Film Commission; Matthew Hodson; Sabina Bailey, HRH Group of Hotels; Steen Mangen; Lucy Chancellor Weale, Melbourne Film Office; Mono Lake Committee; City of Monrovia; Ontario Film Development Corporation; Julie Nixon, City of Oshawa; City of Palm Springs; Carolyn Partrick; Greater Philadelphia Film Office; Pittsburgh Film Office; Glen Platts; Vicky Powell; Colin Richardson; Ray Arthur, Ridgecrest Film Commision; Gillian Rodgerson; Norman Warwick; Wyoming Film Office.

ANMERKUNG DER REDAKTION
Die in diesem Buch enthaltenen Informationen wurden nach bestem Wissen und Gewissen zusammengestellt. Details wie beispielsweise Reiseinformationen und Telefonnummern können sich aber immer wieder ändern. Der Verlag ist nicht verantwortlich für Konsequenzen welcher Art auch immer, die sich aus der Benutzung dieses Buchs ergeben.

Wir würden uns über Anregungen und Korrekturen freuen, die in einer späteren Auflage berücksichtigt werden können.

PRIVATSPHÄRE
Beachten Sie bitte, dass viele im Buch aufgeführten Motive sich im Privateigentum befinden und nicht für Besucher geöffnet sind. Respektieren Sie bitte die Privatsphäre der Eigentümer und bedenken Sie, dass Zuwiderhandlungen rechtliche Konsequenzen seitens der Eigentümer nach sich ziehen können.

INHALT

Wenn es im Film zu sehen war, dann kommen die Leute ... **4**

How to Use the Guide **7**

A-Z **8**

Swinging London **129**
Star Wars World Tour **130**
Star Trek, USA **132**
The World of James Bond **134**
Salzburg's Sound of Music **136**

English Heritage **265**
Tarantinos LA **266**
LA Neo-Noir **267**
Woody Allens Manhattan **268**
New Yorks Mean Streets **270**
Vertigo's San Francisco **272**

Originaltitel der aufgeführten Filme **437**

WENN ES IM FILM ZU SEHEN WAR, DANN KOMMEN DIE LEUTE ...

- 1994 war die Queen Elizabeth Suite des Crown Hotel, Amersham in Buckinghamshire, mit einem Mal auf Jahre im Voraus ausgebucht.
- Seit 1977 ist die Zahl der Besucher im ältesten amerikanischen Nationalpark Devil's Tower in Wyoming um 75 Prozent gestiegen.
- Und 1989 wurde die winzige Stadt Dyersville, Iowa (3825 Einwohner) zu einem regelrechten Mekka für Touristen.

Es gibt einen ganz einfachen Zusammenhang: Alle drei Orte waren in jüngerer Zeit Schauplatz erfolgreicher Filme. Das Crown war das Hotel, in dem sich Hugh Grant mit Andie MacDowell in *Vier Hochzeiten und ein Todesfall* im Bett vergnügte; Steven Spielberg wählte den markanten Fels im Devil's Tower als Landepunkt der Aliens in *Unheimliche Begegnung der dritten Art* aus, und in der Nähe von Dyersville ließ Kevin Costner sein übersinnliches Baseballfeld für *Das Feld der Träume* anlegen. Bis 1992 machten sich 60.000 Besucher auf den Weg, um das Feld zu besichtigen, und mit jedem Jahr kommen mehr Menschen dorthin.

Filmmotive sind zu historischen Stätten der Neuzeit geworden. Verliebte standen Schlange, um ihre Flitterwochen in Amersham zu verbringen, faszinierte Sternengucker sahen sich den Devil's Tower an und Väter spielten mit ihren Söhnen Baseball in Dyersville. Nach dem Kinostart von John Boormans albtraumhaftem *Beim Sterben ist jeder der Erste* erlebte Rayburn County in Georgia einen plötzlichen Boom bei Rafting-Urlaubern, was einfach nur Furcht erregend ist.

Nach Angaben des irischen Kultusministeriums nannte einer von sechs Besuchern der Republik 1993 einen Film als Anlass für die Reise. Nachdem *Gorillas im Nebel* in die Kinos gekommen war, erlebte der Tourismus in Ruanda einen Aufschwung von 20 Prozent (von dem man heute wegen der Unruhen nicht mehr viel sieht).

Reiseführer zeigen uns die Welt im Sinn der hohen Kultur – Geschichte, Architektur und Literatur –, aber die Menschen verspüren auch einen unstillbaren Drang, die Orte aufzusuchen, mit denen sie sich emotional stark verbunden fühlen.

Anders als eine fiktive oder historische Geschichte in einem Buch bezieht uns ein Film direkter in die Story ein. Wir erleben die Bilder und Geräusche praktisch aus erster Hand, und heute, wo fast jeder über eine Video- und/oder DVD-Sammlung verfügt, sind wir mit dem Schauplatz unserer Lieblingsszenen viel vertrauter. Die uralte Begeisterung, den Schauplatz bedeutender Ereignisse tatsächlich aufzusuchen, wird immens verstärkt, sobald wir diese Ereignisse direkt miterlebt haben und so oft wiederholen können, wie wir wollen.

Für mich entwickelte sich eine Reise in die USA zu einem Ereignis, das mein Leben veränderte. Einige Jahre zuvor war ich von einem langweiligen Städtchen in den Midlands nach London gezogen und hatte feststellen müssen, dass ich mitten ins Herz der Kinokulissen geraten war. Gleich um die Ecke von meinem Apartment in Earl's Court drehte John Landis *American Werewolf*. Auf dem Weg zur nächsten Einkaufsstraße kam ich an dem düsteren Apartmentblock vorbei, in dem Catherine Deneuve in *Ekel* mörderische Züge an den Tag legte. Ein wenige Minuten langer Fußweg in die entgegengesetzte Richtung führte mich zu dem Haus, in dem Dirk Bogarde in *Der Diener* seine Spielchen mit dem Aristokraten James Fox trieb. Und auf dem Weg zu meiner Arbeit entdeckte ich die extravagante Villa, in der Joseph Losey sein bizarres Psychodrama *Die Frau aus dem Nichts* mit Elizabeth Taylor und Mia Farrow drehte, zugleich Standort des Hauses von Karlheinz Böhm in *Augen der Angst*.

Okay, ich war zu der Zeit schon ein Filmfreak, aber die Faszination, sozusagen in einer gigantischen Filmkulisse zu wohnen, wäre wohl etwas Unterschwelliges gewesen, wenn ich nicht die Gelegenheit zu einer Reise in die USA bekommen hätte. Der magische Name Hollywood ließ mich einen beachtlichen Kredit aufnehmen, um die Westküste der Staaten anzufliegen. San Francisco war mein erstes Ziel. Es war ein ganz eigenartiges Gefühl, dass ich bereits die Hügel kannte, über die Steve McQueen in *Bullitt* bretterte, oder die Zickzackstraße, über die *Ein toller Käfer* fuhr, oder den Platz, auf dem Gene Hackman in *Der Dialog* mithörte – und natürlich die Gefängnisinsel, auf der Burt Lancaster als *Der Gefangene von Alcatraz* seine Strafe absaß. Aber vor allem faszinierten mich die Pastelltöne und das leicht dunstige Licht, das die Stadt als Hintergrund von Hitchcocks *Vertigo – Aus dem Reich der Toten* so sehr prägte. Das war unverkennbar die verträumte Welt von Madeleine und Scottie, überragt vom Coit Tower, jenem Wahrzeichen, das Kim Novak benutzte, um James Stewarts Wohnung ausfindig zu machen.

Los Angeles und der wunderbar schwierige Stadtteil Hollywood erwiesen sich als Fundort für noch viel mehr Filmmotive. Das strahlend weiße Griffith Observatory verbindet sich für alle Zeit mit dem Bild eines zu Tränen gerührten James Dean, der eine Hand voll Patronen in ... *denn sie wissen nicht, was sie tun* hält (man war so klug, eine Büste des Schauspielers auf dem Gelände aufzustellen). Das alte Karussell auf dem Santa Monica Pier ordnet man sofort dem Klassiker *Der Clou* zu, auch wenn sich das Studio alle Mühe gab, den Film in Chicago spielen zu lassen. Und in der hektischen Downtown weckt die plötzliche Ruhe der Lobby des Bradbury Building augenblicklich Erinnerungen an die dystopische Welt in *Der Blade Runner*.

Von diesen Hinweisen abgesehen, fanden sich in den Reiseführern erschreckend wenige Hinweise auf die gewaltige Filmbranche in Kalifornien. Selbst hier, mitten im Herzen der Filmwelt, schien das extrovertierte junge Mitglied der Familie der schönen Künste noch immer nicht reif genug zu sein, um ernsthaft betrachtet zu werden. In Großbritannien dauerte es bis 1996, ehe die Erkenntnis dämmerte, dass dieser freche kleine Neuling 100 Jahre alt wurde und als etwas Respektables angesehen werden konnte. Und damit tauchten auch die ersten verhaltenen Tafeln auf, die auf Drehorte der Filmgeschichten hinweisen sollten.

Ich wollte einen Reiseführer für meine liebste Kunstform schaffen, der so wie das Kino selbst weltweite Gültigkeit hat und sich nicht den geographischen Grenzen unterwirft. Also begann ich diesen Reiseführer selbst zu schreiben, ohne auch nur eine Sekunde lang an das Ausmaß der Aufgabe zu denken, die ich mir damit stellte.

Hier ist er nun, der erste weltweite Reiseführer an die Orte unserer Kinogeschichte, eine Weltreise von den Wildwest-Prärien durch die düstersten Gassen von New York und vorbei an den herrschaftlichen Häusern in England bis hin zu den extravaganten Palästen von Europa. Ich habe versucht, nicht nur amerikanische und englische Produktionen zu berücksichtigen, doch der weltweite Ausstoß an Kinofilmen ist einfach zu viel für ein einzelnes Buch, sodass zum Beispiel Hongkong vergleichsweise knapp behandelt wird. Dennoch hoffe ich, dass die vertrautesten und markantesten Motive vertreten sind.

Es gibt daneben noch zwei Farbteile einschließlich Stadtplänen bzw. Landkarten, die sich bestimmten Themen oder Filmreihen widmen, unter anderem *Star Wars*, *Star Trek* und *James Bond*.

Wenn Sie lieber zu Hause bleiben möchten, dann bietet Ihnen dieses Buch einen faszinierenden Blick darauf, mit welchen Tricks und Kenntnissen Filme gedreht werden. Praktische Probleme oder knappe Budgets hindern Filmemacher oft daran, dort zu drehen, wo es ihnen am liebsten wäre. Es hat schon etwas Geniales, wie ein phantasievoller Regisseur (oder ein Location Scout) die Geographie unserer Erde neu ordnet, um sie an die Notwendigkeiten eines Films anzupassen. Die Coen-Brüder brauchten für *Barton Fink* ein New Yorker Restaurant, allerdings wurde der Film in Los Angeles gedreht. Also bedienten sie sich beim Innenleben der Queen Mary, des alten Luxusliners, der in Long Beach dauerhaft vor Anker liegt. Der atemberaubende Id Club in *Species* ist in Wahrheit das schmuckvolle Foyer eines Kinos mitten in Hollywood. Und wenn Laurence Olivier in *Spartacus* in seine römische Villa zurückkehrt, dann verfehlt die Kamera nur um Haaresbreite die kitschige Marmorstatue am Swimmingpool des Zeitungsmagnaten William Randolph Hearst, an dem die Szene gedreht wurde. Die Liste ließe sich endlos fortsetzen ...

Richtig Spaß macht dieses Buch, wenn man es als Reiseführer benutzt. Ich hoffe, dass Sie Gelegenheit haben werden, wenigstens einige der Motive zu besuchen, die nicht für die Ewigkeit geschaffen sind. Norma Desmonds Villa aus *Boulevard der Dämmerung* wurde in den sechziger Jahren abgerissen, um dort ein Bürogebäude zu errichten; das London Hilton steht heute auf dem einstigen Grundstück des Park Lane House, Standort der Botschaft in Hitchcocks Remake von *Der Mann, der zu viel wusste*; und sogar das Lagerhaus aus *Reservoir Dogs – Wilde Hunde* hat man dem Erdboden gleichgemacht. Seitdem ich angefangen habe, die Fotos für dieses Buch zusammenzutragen, hat es auch den Hawthorne Grill dahingerafft, der von Honey-Bunny und Pumpkin zu Beginn von *Pulp Fiction* überfallen wurde. Für das Ambassador Hotel, Schauplatz für Filme wie *Ein Stern geht auf*, Tony Scotts *True Romance* oder auch des Attentats auf Bobby Kennedy 1968, hat das letzte Stündlein geschlagen, da die Stadt Los Angeles und Investoren darüber diskutieren, ob man an seiner Stelle eine Schule oder ein Einkaufszentrum errichten soll.

Viele Motive haben aber dem Zahn der Zeit widerstanden. Meine persönlichen Lieblinge unterteilen sich in zwei Kategorien: Da ist zum einen der Trubel, der durch einen großen Kinoerfolg zu Stande kommt und der sofort wieder erkennbare Wahrzeichen kreiert. Man kann nur schwer die Begeisterung überbieten, die einen erfüllt, wenn man sich in Luke Skywalkers versunkenem Zuhause aus *Krieg der Sterne* befindet; wenn man vor der weißen Holzkirche steht, an der man nichts verändert hat, seit Gary Cooper dort in *Zwölf Uhr mittags* um Hilfe gebeten hat; wenn man die Straße wieder erkennt, auf der es zur *Begegnung* zwischen Celia Johnson und Trevor Howard kam; wenn man über die Brücke radelt, unter der Bruce in *Der weiße Hai* hindurchschwamm; wenn man sieht, wie das Sonnenlicht durch die Hochbahn fällt, unter der sich in *French Connection* die Verfolgungsjagd abspielte; wenn man auf der Straße in Burbank spaziert, auf der der T-Rex in *Jurassic Park* Amok lief.

Genauso aufregend sind aber meine mehr privaten Favoriten: die engen Kanäle von Venedig, die wirklich so beängstigend sind, wie sie in *Wenn die Gondeln Trauer tragen* zu sehen waren; die Schwindel erregende Aussicht von Zabriskie Point; das unwirkliche riesige sizilianische Haus, das in *Die mit der Liebe spielen* als Zollgebäude diente; Hamburger mit Pommes frites im wunderbar exzentrischen Bagdad Cafe aus *Out of Rosenheim*; die beiden Eisenbahnbrücken, zwischen denen in *Die kleinste Schau der Welt* das Minikino Bijou zu finden war; der Wunsch, sich zu einer Macarena am Gemüsestand im Supermarkt aus *Go!* hinreißen zu lassen. Das Größte ist für mich aber das winzige kalifornische Küstenstädtchen, in dem Hitchcock *Die Vögel* drehte. Vor dem Fernseher zu sitzen und sich die Oscar-Verleihung anzusehen, während man vom Balkon aus auf die Bodega Bay blickt – das kam meiner Vorstellung vom Kinohimmel sehr nahe.

Ganz gleich, welche Vorlieben Sie haben, das Abenteuer beginnt hier in diesem Buch. Und wenn Sie das nächste Mal ins Kino gehen, werden Sie jeden Film mit anderen Augen betrachten.

Tony Reeves
London, Juli 2001

HOW TO USE THE GUIDE

Der Filmreiseführer listet die Kinofilme nach ihrem Titel alphabetisch auf, unberücksichtigt bleiben dabei bestimmte und unbestimmte Artikel. Filme, die in einer nummerierten Folge erschienen sind (z. B. die *Star Trek*-Filme), bilden die einzige Ausnahme von dieser Regel.

Berücksichtigt wurde jeweils der Titel, der bei der deutschen Erstaufführung verwendet wurde, nicht aber spätere Alternativtitel, die anlässlich der Videoveröffentlichung oder Fernsehausstrahlung vergeben wurden. In der am Ende des Buches angeschlossenen Liste finden Sie die englischen Originaltitel der genannten Filme in alphabetischer Reihenfolge. Dem Titel folgen das Jahr, der Regisseur sowie die wichtigsten Hauptdarsteller. Daran schließt sich eine nach Orten und/oder Ländern sortierte Zusammenstellung der Motive an, und dann geht es richtig ins Detail.

Neben den wichtigsten Motiven, die Sie besuchen können, habe ich auch die Drehorte aufgelistet, die es nicht mehr gibt oder die noch nie wirklich existiert haben. Es gibt noch immer Fans, die nach Atlanta reisen und „Tara" suchen, weil sie nicht wissen, dass Scarletts Haus in Wahrheit eine Kulisse auf dem Selznick-Studio in Culver City war. Die Orte, die Sie wirklich aufsuchen können, sind fett gedruckt. Da sich Öffnungszeiten und Eintrittspreise ständig ändern, habe ich nach Möglichkeit eine Telefonnummer (mit der Vorwahl, die man im Land selbst wählen muss) oder die Webseite angegeben. Wenn Sie ein bestimmtes Motiv besichtigen möchten, ist es ratsam, sich vorher zu erkundigen. Historische Gebäude in Großbritannien sind beispielsweise meistens in den Wintermonaten geschlossen, und es besteht immer die Möglichkeit, dass Hotels, Restaurants und Bars mittlerweile nicht mehr existieren.

Viele dieser Drehorte werben für sich und heißen Besucher willkommen. Aber viele Motive sind in Privatbesitz. Dort können Sie sich gerne hinbegeben und einen dezenten Blick wagen, aber betreten Sie bitte weder die Grundstücke, noch klingeln Sie an der Tür. Die Verletzung der Privatsphäre dieser Menschen wird letztlich nur dazu führen, dass die Motive in Zukunft nicht mehr aufgelistet werden.

A

DIE ABENTEUER DES BARON VON MÜNCH-HAUSEN

(1989, R: Terry Gilliam)
John Neville, Eric Idle, Sarah Polley
• SPANIEN; ITALIEN

Heaven's Gate, Ishtar und *Cotton Club* wurden allesamt von den Spitzenplätzen verdrängt, als Gilliam das größte Verlustgeschäft in der Filmgeschichte in die Kinos brachte. Angeblich pendelte er sich bei minus 48 Mio. Dollar ein, während das Budget eigentlich bei 23,5 Mio. Dollar angesetzt worden war. Der Film kostete zwar ein Vermögen, aber in diesem Fall sieht man auf der Leinwand auch, wo das Geld geblieben ist.
Überwiegend wurde in Rom in den **Cinecittà Studios** gedreht, wo sich der Filmemacher zweier langjähriger Fellini-Getreuen bediente – des Kameramanns Giuseppe Rotunno und des Art Directors Dante Ferretti – und unglaubliche 67 Kulissen benötigte.
Das Türkenlager wurde in der standardmäßigen Wüste von **Almeria** an der südspanischen Küste gefilmt. Interessanter ist aber die mediterrane Stadt, die von den Türken belagert wird. Diese Geisterstadt, in der einst 4500 Menschen lebten und die eine erlesene Mischung aus barocker und gotischer Architektur aufwies, wurde während des Bürgerkriegs 1938 unerbittlich bombardiert. Fünfzig Jahre lang stand sie verlassen da, bis sich Ferretti an sie erinnerte, nachdem er dieses Motiv für Sidney Lumets nicht verwirklichtes Projekt *No Pasaran* gefunden hatte. Die Überreste von **Belchite** liegen 40 Kilometer südöstlich von Saragossa in Aragón.
Bereits 1943 war eine kostspielige Farbversion im größten europäischen Filmstudio – den **UFA-Studios** – auf Geheiß von Josef Goebbels produziert worden, um die Moral während des Zweiten Weltkriegs zu heben. Der Ruf des 1917 gebauten Studios, das mit Klassikern der zwanziger und dreißiger Jahre wie *Nosferatu, Das Kabinett des Dr. Caligari, Metropolis* und *Der blaue Engel* einen Höhenflug erfahren hatte, sank drastisch, als es sich auf Nazi-Propagandafilme wie beispielsweise *Jud Süß* einließ. Heute sind es die DEFA-Studios, die gegenwärtig in großen Schwierigkeiten sind und möglicherweise nicht mehr allzu lange unter uns weilen werden. Sie befinden sich in der **Oberlandstraße 26, Babelsberg**, in Potsdam vor den Toren von Berlin.

ABER, HERR DOKTOR ...

(1954, R: Ralph Thomas)
Dirk Bogarde, Kenneth More, Donald Sinden
• LONDON

Erster von vielen Filmen und TV-Fassungen nach Richard Gordons Buchreihe mit Bogarde, More, Sinden und Donald Houston als verdächtig alte Medizinstudenten (33, 40, 31 und 31 Jahre alt), die jeden Bettpfannen- und Thermometer-Gag mitnehmen, den die Menschheit je gehört hat. Das St. Swithin's Hospital wird gespielt vom **University College, Gower Street**, südlich der Euston

Road an der U-Bahnstation Euston Square. Der Vergnügungspark ist die alte Battersea Funfair, die bis in die siebziger Jahre hinein im Battersea Park nahe der Albert Bridge und der Chelsea Bridge zu Hause war.

St. Swithin's Hospital: University College, Gower Street

ABGERECHNET WIRD ZUM SCHLUSS

(1970, R: Sam Peckinpah)
Jason Robards, Stella Stevens, David Warner
• NEVADA; ARIZONA

Peckinpah legte *The Wild Bunch – Sie kannten kein Gesetz* diesen langsamen, exzentrischen und angenehmen Western nach. Angesiedelt war der Film bei Echo Bay, 53 Kilometer nordöstlich von Las Vegas nahe dem Lake Mead, aber tatsächlicher Schauplatz ist das **Valley of Fire** einige Kilometer nördlich der Interstate 15. Hogues Schloss ist ein echtes Hotel, das mitsamt seiner Einrichtung in Bishop gleich hinter der Grenze in Kalifornien gekauft und dann dorthin transportiert worden war. Die Innenaufnahmen wurden in **Apache Junction** erledigt, einer Western-Filmstadt östlich von Phoenix, Arizona.

ABGESCHMINKT!

(1993, R: Katja von Garnier)
Katja Riemann, Nina Kronjäger, Gedeon Burkhard
• DEUTSCHLAND

Von Garniers erster Kurzfilm (55 Minuten) ist eine Beziehungskomödie, die auf präzisen Beobachtungen basiert. Gefilmt wurde rund um **München**.

ABSOLUTE BEGINNERS

(1986, R: Julien Temple)
Eddie O'Connell, Patsy Kensit, James Fox
• LONDON

Julien Temples Aneinanderreihung von Popvideos, die sich ein wenig an Colin MacInnes' Kultroman über das Leben in West London in den fünfziger Jahren orientierten, war für Goldcrest Films mit großen Hoffnungen verbunden, bescherte dem Unternehmen tatsächlich aber den Untergang. Die hervorragenden Kulissen (und der Film spielt fast vollständig in Kulissen), darunter ein protzig stilisiertes Soho und eine peinlich genaue Nachbildung von Napoli, einem Gebiet in Notting Hill, das sich aus möblierten Wohnungen zusammensetzte, wurden in den Shepperton Studios nachgebaut. Außerhalb der Studios wurde Eddie O'Connells Nummer „Have You Ever Had it Blue" auf der **Albert Bridge, SW11** zwischen Chelsea Embankment und Battersea Park gefilmt.

ABSOLUTE POWER

(1997, R: Clint Eastwood)
Clint Eastwood, Gene Hackman, E.G. Marshall

• MARYLAND; WASHINGTON D.C.; LOS ANGELES

Eastwood trifft das FBI: Corcoran Gallery of Art, 17th Street, Washington D.C.

Diese Verfilmung von David Baldaccis Roman wurde von Drehbuchautor William Goldman fatalerweise an die Anforderungen von Regisseur und Hauptdarsteller Eastwood angepasst. Zwar spielt der Film in Washington D.C., größtenteils wurde er aber in Baltimore, Maryland, gedreht. Die Villa von Staatsmann E.G. Marshall, in der der altgediente Einbrecher Eastwood mit ansieht, wie die Agenten den schmierigen Präsidenten Hackman schützen, indem sie dessen Geliebte erschießen, ist die **Maryvale School for Girls, 11300 Falls Road, Brooklandville**, nördlich von Baltimore. Die Kunstgalerie, in der Eastwood von dem guten FBI-Mann Ed Harris angesprochen wird, ist tatsächlich in D.C. Es ist die **Corcoran Gallery of Art, 17th Street**/Ecke New York Avenue NW, südlich des Weißen Hauses *(U-Bahnstation: Farragut West)*. Ein anderes echtes Motiv in D.C. ist das Hotel, wo Eastwood der verschlagenen Stabschefin Judy Davis eine gestohlene Halskette übergibt. Ironischerweise ist es das **Watergate Hotel, 2650 Virginia Avenue NW** *(U-Bahnstation: Foggy Bottom)*. Es ist auch der gleiche Komplex, in dem sich die Büros der Demokraten befinden, in die eingebrochen wurde (Nummer 2600).

ABYSS

(1989, R: James Cameron)
Ed Harris, Michael Biehn, Mary Elizabeth Mastrantonio
• SOUTH CAROLINA

Eine unheimliche Begegnung der Unterwasserart bahnt sich an, wenn die Crew der Ölplattform *Deepcore* in der Karibik einigen sehr sonderbaren Vorgängen auf dem Meeresgrund nachgeht. Die albtraumhafte Produktion (Star Ed Harris weigerte sich, ein Wort darüber zu verlieren) tat sich beim Kinostart recht schwer, konnte aber auf Video vieles wettmachen, zumal in dieser Version der Plot einen Sinn ergibt, da der entscheidende Höhepunkt des Films – ein Tsunami – hier nicht fehlte.

Camerons Motive spiegeln die harte, industrielle Atmosphäre seiner Filme wider – in *Aliens – Die Rückkehr* war es ein Kraftwerk, in *Terminator 2 – Tag der Abrechnung* eine stillgelegte Stahlfabrik. Die Unterwasserszenen von *Abyss* wurden in einem nicht fertig gestellten Atomkraftwerk gefilmt. Die Duke Power Company's Cherokee Power Station ging nie ans Netz und wurde völlig aufgegeben, um dann von Filmunternehmer Earl Owensby – Eigentümer der Owensby Studios in North Carolina – aufgekauft zu werden. Er vermietete die Anlage an die Produktionsgesellschaft von *Abyss*, die die Deepcore-Sets im Inneren zweier gigantischer Betontanks errichteten. Mit Wasser gefüllt wurden sie bei einem Volumen von 33 Millionen Litern und 11 Millionen Litern zu zwei der größten Trinkwasserreservoirs der Welt. Zu sehen sind sie bei **Gaffney**, 110 km östlich von Greenville an der Route 29, South Carolina.

ACCATTONE

(1961, R: Pier Paolo Pasolini)
Franco Citti, Franca Pasut, Silvana Corsini
• ROM

Pasolinis erster Film – die unerbittliche deprimierende Geschichte des zum Scheitern verurteilten Diebs und Zuhälters Vittorio (alias Accattone – „Schnorrer") – wartete in der Hauptrolle mit dem zu der Zeit noch unbekannten Nicht-Schauspieler Franco Citti auf, der zu einem Stammgast bei Pasolini wurde und auch in den *Pate*-Filmen auftauchte. Zum Drehbuch steuerten Cittis jüngerer Bruder Sergio (der im Film auch seinen Bruder spielt) und der kommende Regisseur Bernardo Bertolucci ihren Teil bei. Gefilmt wurde in Rom, dabei wurden aber ganz gezielt die touristischen Bilder aus *Ein Herz und eine Krone* und die malerischen Ruinen gemieden, um stattdessen die schäbigen Slums und die Betonklötze der Vorstädte zu zeigen. Der einzige Hauch des antiken Roms kommt auf, wenn sich Stella unter Tränen mit ihrem gerissenen Zuhälter an Statuen an der **Via Appia Antica** trifft, nachdem der erste Anlauf in die Prostitution in einer Katastrophe endete. Der größte Teil des Films wurde mitten im Bezirk **Pigneto** östlich des Stadtzentrums gefilmt. Die ersten Einstellungen erfolgten in den Slums der **Via Fanfulla da Lodi**, die zwischen Via Prenestina und Via del Pigneto verläuft.

ACCIDENT – ZWISCHENFALL IN OXFORD

(1967, R: Joseph Losey)
Dirk Bogarde, Stanley Baker, Michael York
• OXFORDSHIRE; SURREY; LONDON

Bogardes Zimmer: Canterbury Quad, St. John's College, Oxford

Distanziertes Beobachten hat den Vorrang in einer der großen gemeinsamen Arbeiten von Pinter/Losey/Bogarde, in der der tödliche Autounfall des aristokratischen Studenten Michael York eine Reihe von Rückblenden auslöst, die die Statusspiele auf dem Campus der Universität offen legen. Gefilmt wurde vor allem rund um die Oxford University, auch wenn sich der titelgebende Unfall einige Kilometer weiter südlich in Surrey ereignet. Die Motive an der Universität umfassen unter anderem das in Oxford gelegene **St. John's College** an der **St. John's Street**, wo Bogarde einen Anflug von Midlifekrise erlebt. Die Schulhöfe sind für Besucher geöffnet, während der Woche üblicherweise am Nachmittag. Allerdings sollten Sie zuvor wegen der Öffnungszeiten nachfragen. Der Eingang zu Bogardes Zimmern ist an der südöstlichen Ecke des kunstvoll verzierten inneren **Canterbury Quad** zu sehen. Auf dem Gelände des Magdalen College kann man die Brücke betrachten, wo Michael York Bogarde zu einer völlig erniedrigenden Wette auffordert. Der Eingang befindet sich auf der High Street in Richtung **Magdalen Bridge** (es wird Eintritt verlangt). Da es sich um eine Pinter-Verfilmung handelt, müssen die Jungs ihre kleinen Spielchen spielen, und hier ist es eine bizarre „Fußballpartie", die den Versicherern des Films Albträume bereitet haben muss. Das raue Spiel wurde in der klassischen Pracht von Robert Adams' Great Hall des **Syon House, Brentford**, gefilmt, wo Bogarde vor dem Abguss eines sterbenden Gladiators das Tor hütet (bereits 1773 kostete diese bronzene Kopie lockere 300 £, als sie in Rom gekauft wurde). Syon House liegt am Nordufer der Themse, 13 Kilometer westlich von London, abseits der A4 zwischen Brentford und Isleworth *(U-Bahnstation/Bahnhof: Gunnersbury Park)*. Die Great Hall ist für Besucher geöffnet *(Tel. 020/8560 0881, es wird Eintritt verlangt)*. Mehr von diesen eleganten Räumen und Korridoren können Sie in *King George – Ein Königreich für mehr Verstand* sehen. Bogardes Haus, Schauplatz des Unfalls, ist **Norwood Farm Hall** an der **Elveden Road** nördlich der Esher-Umgebung, Cobham, Surrey *(Bahnhof: Oxshott)*.

ACE VENTURA – EIN TIERISCHER DETEKTIV
(1994, R: Tom Shadyac)
Jim Carrey, Sean Young, Courteney Cox
• **MIAMI, FLORIDA**

Jim Carrey wurde mit dieser Rolle über Nacht zum Großverdiener – die man entweder liebt oder hasst – eines tierfreundlichen Detektivs, der das entführte Maskottchen der

Ace Venturas Apartment: Campton Apartments, Washington Avenue

Miami Dolphins, Snowflake, suchen soll. Gefilmt wurde in Miami, Florida, wo Carrey in seinem „Surfside"-Apartment einen heimlichen Zoo unterhält. Es handelt sich um die **Campton Apartments, Washington Avenue** – neben dem Cameo Theatre in der 1445 nahe Espanola West – im neu belebten Art-déco-Bezirk South Beach.
Das Footballstadion, aus dem Snowflake verschwindet, ist die echte Heimat der Miami Dolphins, das **Joe Robbie Stadium, 2269 NW 199th Street**, eine Hi-Tech-Sportarena mit 73.000 Plätzen, rund 25 Kilometer nordwestlich der Downtown von Miami. Wenn Sie sich ein Spiel ansehen wollen: Der Bus der Metro-Dade Transit Authority bringt Sie aus der Stadt dorthin *(Tel. 305 638 6700)*.
Sie können auch die am Meer gelegene Villa von Fischsammler Udo Kier besuchen, wo sich Carrey von der Party schleicht und im Keller einen Hai findet. Es ist die **Villa Vizcaya, 3251 South Miami Avenue**/Ecke 32nd Road in Coconut Grove an der Küste von South Miami, erbaut 1916 als Winterresidenz des Magazingründers James Deering. Das Gebäude im italienischen Renaissance-Stil ist voll gepackt mit europäischen Artefakten – römischen Sarkophagen, dem Kamin von Catherine de Medici, der Einrichtung von italienischen Villen. Es werden Führungen durch den Garten und das Haus angeboten *(Tel. 305 579 2708, es wird Eintritt verlangt)*. Dieses häufig zu sehende Motiv können Sie auch in *Die Sensationsreporterin, Airport '77* und *An jedem verdammten Sonntag* entdecken.

Die afrikanischen Dörfer aus der bescheidenen Fortsetzung *Ace Ventura – Jetzt wird's wild* wurden auf der **777 Ranch** in **Hondo** nahe San Antonio, Texas, gebaut *(Tel. 830 426 3476)*. Die Ranch, die ein 6000 Hektar großes Wildreservat ist, hat für Besucher geöffnet, denen Safaritouren angeboten werden. Sie können sogar in dem Jeep mit Zebrastreifen fahren, der im Film zu sehen ist. Weitere Szenen entstanden in Texas, in **Camp Waldemar**, der **Botany Bay Plantation** und **Cherokee Plantation** in South Carolina, außerdem in Kanada im **Panorama Resort**, British Columbia.

ADDAMS FAMILY
(1991, R: Barry Sonnenfeld)
Raul Julia, Anjelica Huston, Christopher Lloyd
• **LOS ANGELES**

Sonnenfeld, der Kameramann der Coen-Brüder, debütierte als Regisseur mit dieser Kinoversion der TV-Serie aus den sechziger Jahren nach einem Cartoon aus den fünfziger Jahren. Gedreht wurde in den **Hollywood Center Studios, 1040 Las Palmas Avenue**, vor allem auf den Bühnen 3 und 8, zufälligerweise in dem Studio, in dem auch die TV-Serie gefilmt worden war. Dieses Studio, das 1919 als Jasper Studio erbaut wurde, überlebte unter diversen Namen, ehe aus ihm 1980 die vom Schicksal gebeutelten Zoetrope Studios wurden, die Francis Ford Coppola gründete, um eine große unabhängige Produktionseinrichtung zu unterhalten.
Das Haus der Addams' kann man leider nicht besichtigen. Die Fassade wurde für den Film auf einem Gipfel der Burbank Hills am **Toluca Lake** erbaut. (Für den Pilotfilm zur TV-Serie wurde ein echtes Haus am Adams Boulevard südlich von Hollywood eingesetzt. Dieses Haus ist im Vorspann der Serie auch zu sehen, innerhalb der Serie selbst wurde es aber durch ein gemaltes Haus ersetzt.) Zu den Motiven des Films gehört auch die Wohltätigkeitsversteigerung, auf der die Addams ihre eigene Fingerfalle zurückkaufen und die im **Wilshire Ebell Theater** von 1924 gefilmt wurde. Die Fassade dieses Gebäudes im Renaissance-Stil können Sie in der **4401 West 8th Street** nahe dem Lucerne Boulevard sehen. Das Schultheater, in dem Wednesday und Pugsley eine Peckinpahsche Version von Shakespeare aufführen, ist das **Brentwood Theatre** auf dem Gelände des **Sawtelle Veteran's Administration Medical Center, 11000 Wilshire Boulevard** in Westside. Das Wampum Court Motel, in das die Familie ausgewiesen wird, befand sich in **Sylmar** im Norden von L.A., abseits des Golden State Freeway im San Fernando Valley.

DIE ADDAMS FAMILY IN VERRÜCKTER TRADITION
(1993, R: Barry Sonnenfeld)
Raul Julia, Anjelica Huston, Christopher Lloyd
• **KALIFORNIEN**

Die Serienmörderin Debbie hat ein Auge auf Onkel Fester, als sie eingestellt wird, um auf den Nachwuchs Baby Pubert aufzupassen. Es gibt kein richtiges Zuhause für Fester und Debbie, da ihr Eheglück in einer Kombination verschiedener Gebäude in Pasadena und auf der Palos

Verdes Peninsula südwestlich von L.A. gefilmt wurde. Wenn Sie begeistert sind von der Aussicht auf Ferien in Camp Chippewa – Amerikas bedeutendster Einrichtung für privilegierte junge Erwachsene –, das Sommerlager, in das Wednesday und Pugsley geschickt werden, dann können Sie ihm am **Sequoia Lake** nahe dem Eingang zum **Sequoia National Forest** 130 Kilometer östlich von Fresno in Zentralkalifornien einen Besuch abstatten. Der Wald ist die Heimat der Mammutbäume, der größten Lebewesen auf unserem Planeten. Ein Besucherzentrum finden Sie am Grant Grove *(Tel. 209 335 2315)*, wo die 3000 Jahre alten Riesen stehen, die nach amerikanischen Kriegshelden wie General Grant oder Robert E. Lee benannt worden sind. Einige Kilometer weiter südöstlich an der Route 180 – dem General's Highway – steht der größte Baum, General Sherman, fast 85 Meter hoch und rund 1400 Tonnen schwer. Sequoia Lake liegt in der Nähe des General's Highway, ein paar Kilometer entfernt von Grant Grove. Die Ankunft der Camper wurde in **Camp Sequoia** selbst gefilmt, während die grässliche Thanksgiving-Aufführung (von Wednesday wunderbar untergraben) auf der anderen Seite des Sees in **Camp Tulequoia** inszeniert wurde.

ADEL VERPFLICHTET
(1949, R: Robert Hamer)
Dennis Price, Alec Guinness, Valerie Hobson
• KENT

Chalfont, Familiensitz der D'Ascoynes: Leeds Castle, Kent

In der besten und schwärzesten der Ealing-Komödien tötet der verbitterte Erbe Price die acht Mitglieder der D'Ascoyne-Familie, die ihm auf dem Weg zu seiner Erbschaft im Weg stehen. Der Familiensitz Chalfont ist **Leeds Castle**, rund sechs Kilometer östlich von Maidstone an der B2163 *(Bahnhof: Bearsted)*. Das normannische Schloss wurde von Heinrich VIII. zu einem königlichen Palast umgebaut und steht inmitten eines Sees, der von 200 Hektar Parkfläche umgeben ist. Außer an Weihnachten ist er täglich für Besucher geöffnet *(Tel. 01622/765400, es wird Eintritt verlangt)*.

DER ADLER IST GELANDET
(1976, R: John Sturges)
Michael Caine, Donald Sutherland, Robert Duvall
• BERKSHIRE; CORNWALL; FINNLAND

Thriller, der im Zweiten Weltkrieg spielt und in dem die Deutschen ein englisches Dorf infiltrieren, um Churchill zu ermorden. Den verschneiten Rangierbahnhof, auf dem Caine erfolglos versucht, einen jüdischen Gefangenen zu retten, findet man in Wahrheit in der lappländischen Hauptstadt **Rovaniemi** – der größten Stadt am Polarkreis. Cornwall hielt für die Kanalinseln her, und Berkshire ersetzte East Anglia. Das besetzte Alderney – eine Stadt auf den Kanalinseln – erstand knapp 30 Kilometer südöstlich von Newquay im Hafen von **Charlestown** in Cornwall wieder auf. Der deutsche Kommunikationsposten wurde am Rand des Hafens errichtet, während das George and Dragon, der Pub, aus dem Donald Sutherland geworfen wird, eigentlich das **Pier House Hotel** ist. Ebenfalls in Cornwall befand sich Landsvoort Airfield, wo die erbeutete DC3 festgehalten wird – eigentlich die RAF-Station in St. Mawgans, acht Kilometer von Newquay entfernt.

Die Geiselnahme: Church of St. Margaret, Mapledurham

Die Nazis werden enttarnt: die Mühle

George and Dragon Pub: Pier House Hotel, Charlestown

Das East Anglia-Dorf Studley Constable, Norfolk, ist tatsächlich **Mapledurham** an der A329 gleich nordwestlich von Reading, Berkshire. Zu den echten Schauplätzen gehören die Kirche, in der die Dorfbewohner als Geisel festgehalten werden und bei der es sich um die **Church of St. Margaret** handelt (dort ist heute eine kleine Ausstellung beheimatet, die Fotos von der Produktion zeigt), sowie die Wassermühle, durch die der falsche polnische Soldat der Nazis auffliegen lässt. Ein künstliches Mühlrad wurde dem aus dem 15. Jahrhundert stammenden Bauwerk hinzugefügt, das vollständig restauriert und funktionstüchtig ist und Mehl produziert, das man im Souvenirshop kaufen kann. Sie werden allerdings kein Glück haben, wenn Sie im Spyglass and Kettle ein Gläschen trinken oder im Geschäft nebenan etwas einkaufen möchten, denn beide wurden nur für den Film an markanten Punkten der Stadt errichtet. Das Manor House, in das Churchill gebracht wird, ist das aus dem 16. Jahrhundert stammende **Mapledurham House**. Im Sommer ist es an den Wochenenden für Besucher geöffnet *(Tel. 01189/723350)*. Mapledurham liegt etwas mehr als sechs Kilometer nordwestlich von Reading am Nordufer der Themse.

DIE AFFÄRE DER SUNNY VON B.
(1990, R: Barbet Schroeder)
Jeremy Irons, Glenn Close, Ron Silver
• NEW YORK CITY; NEW JERSEY; NEW YORK STATE

Die wahre Geschichte wird zu einer pechschwarzen Komödie, die sich durch ein rechtliches Minenfeld bewegt, da der liberale Anwalt Alan Dershowitz Claus von Bülow (einen mit Oscar-Ehren bedachten Irons) verteidigt, dem vorgeworfen wird, er habe versucht, seine Frau

Sunny umzubringen, nachdem man diese in einem durch Medikamente hervorgerufenen Koma entdeckt hat. Das Haus der von Bülows war zu der Zeit Clarendon Court nahe Newport, Long Island. Es verwundert nicht, dass dort nicht gefilmt werden konnte, allerdings bekommt man Clarendon Court in *Die oberen Zehntausend* auf der Leinwand zu sehen. Schroeder benutzte das **Knole Mansion, Post Road** in Old Westbury, südlich des Long Island Expressway am Nordufer von Long Island (es ist ein Privatgebäude, das für die Öffentlichkeit nicht zugänglich ist). Die Innenaufnahmen entstanden in **Lyndhurst**, südlich von **Tarrytown**, New York State. Das mit Zinnen geschmückte Schloss des Gaunerbarons Jay Gould wurde 1961 von seiner Tochter dem National Trust for Historic Preservation gespendet.

Gefilmt wurde auch in **Montclair**, New Jersey und in Manhattan. Das Krankenhaus, in dem Sunny von Bülow im Wachkoma liegt, ist **St. John's Hospital, Yonkers**, nördlich der Bronx. Dershowitz' Unterricht im Fach Recht entstand auf dem knapp sieben Hektar großen Campus des **City College**, zwischen West 130th Street, West 140th Street, St. Nicholas Terrace und Amsterdam Avenue in Hamilton Heights. Zu den anderen Motiven gehören das Gebiet von **Flatbush**, Brooklyn; das **Carlyle Hotel, 35 East 76th Street**/Ecke Madison Avenue an der East Side; **Larchmont Yacht Club, New Rochelle** auf Long Island Sound; der **Small Claims Court** und das jüdische Restaurant **Ratner's, 138 Delancey Street** zwischen Norfolk Street und Suffolk Street an der Lower East Side, Manhattan.

AFRICAN QUEEN
(1951, R: John Huston)
Humphrey Bogart, Katharine Hepburn, Robert Morley
• ZAIRE; UGANDA; LONDON; LOS ANGELES

Während des Ersten Weltkriegs sind Hepburn und Bogart in Deutsch-Ostafrika auf der Flucht vor den Deutschen, die Hepburns Bruder, einen Missionar, auf dem Gewissen haben. Für einen Film aus dieser Zeit wurde erstaunlich viel in Afrika selbst gedreht – wohl als Vorwand für den Macho-Regisseur Huston, damit der Elefanten jagen konnte (siehe Peter Viertels recht unverblümtes Buch über diesen Dreh, *Weisser Jäger, schwarzes Herz* oder Clint Eastwoods Verfilmung). Katharine Hepburn hat auch eine eigene, wunderbar verschrobene Darstellung der Ereignisse in ihrem Buch *African Queen, oder wie ich mit Bogart, Bacall und Huston nach Afrika fuhr und beinahe den Verstand verlor* niedergeschrieben.

Dennoch wurde ein Großteil des afrikanischen Dschungels in den Worton Hall Studios in Isleworth im Südwesten Londons nachgebildet. Das Innenleben von Robert Morleys First Methodist Church in Kungdu wurde hier gebaut, dessen Äußeres als Kulisse in Afrika errichtet wurde. Ein nicht sehr überzeugendes Double nimmt dort den Platz von Morley ein, der England nie verlassen hatte – achten Sie nur einmal auf die Schnitte zwischen Hepburn und Morley in London und Hepburn zusammen mit der Kirchengemeinde in Afrika. Die dem Untergang geweihte Kirche und das Dorf Kungdu entstanden am Ufer des Lake Albert in **Port Butiaba, Uganda**, nahe der

Noch immer im Dienst: die African Queen, Key Largo, Florida

Grenze zu Zaire. Morleys Beerdigung wurde in Zaire selbst gefilmt (damals noch der Kongo), an einem Hügel rund vier Kilometer flussabwärts des Dorfs **Biondo** am **Ruiki** – dem Fluss, der in den frühen Szenen der Queen auf dem Weg zur Konfrontation mit den Deutschen für den Ulanga herhält.

Die Queen, die den Wasserfall hinunterstürzt, ist ein Modell, das von Mönchen aus dem örtlichen Kloster Ponthierville in Zaire gebaut wurde (die kleinen Figuren von Bogart und Hepburn wurden von Nonnen geschaffen). Gefilmt wurde die Szene am Wasserfall oberhalb der Stadt, während das deutsche Fort in Shona in Worton Hall gedreht wurde.

Der schilfreiche See, auf dem Hepburn und Bogart sich endlich der *Louisa* stellen, ist ein kleiner Ableger des Lake Albert bei den Murchison Falls, nilaufwärts bei den Krokodilen und Nilpferden – heute die **Kabalego Falls** im gleichnamigen Nationalpark in Uganda. Geändert wurde ihr Name, nachdem der Film hier gedreht worden war. Früher wurde der Nil durch ein winziges Loch in den Felsen gezwängt, doch eine Flut im Jahre 1961 war zu viel für das Gestein, sodass es heute zwei Wasserfälle gibt. Zwar hat die gesamte Region sehr unter den schwierigen Zuständen in Uganda gelitten, aber inzwischen ist der größte Park von Uganda wieder geöffnet. Paraa Safari Lodge und Chobe Safari Lodge, die beiden Camps, die den Wasserfällen am nächsten sind, arbeiten wieder, nachdem sie zerstört und geplündert wurden. Dennoch ist es ratsam, dass Sie sich über die aktuellen Bedingungen vor Ort informieren, wenn Sie dorthin reisen möchten.

Das Ende, bei dem der kleine Dampfer schließlich das Kanonenboot hochgehen lässt, entstand wiederum in Isleworth. Die *African Queen* selbst wurde gar nicht in die Luft gejagt. Sie existiert noch immer, und sehen können Sie sie in Key Largo, dem ersten der Florida Keys an der Route 1 an der Südspitze von Florida. Sie liegt seit Anfang der achtziger Jahre vor dem **Holiday Inn, MM100, Key Largo, Oceanside**, und nimmt gelegentlich an Paraden teil *(Tel. 305 451 4655)*.

AGENTEN STERBEN EINSAM
(1969, R: Brian G. Hutton)
Richard Burton, Clint Eastwood, Mary Ure
• ÖSTERREICH

Bluff, Gegenbluff und noch mehr Bluff zeichnen dieses geschickte Alistair-MacLean-Abenteuer aus, in dem sich Burton und Eastwood als Nazis ausgeben, um ranghohe

Die falschen Nazis treffen in Österreich ein: Werfen

Militärs aus dem uneinnehmbaren Schloss Adler in Süddeutschland zu holen. Das Dorf, in dem sie ankommen, ist **Werfen**, rund 30 Kilometer südlich von Salzburg im österreichischen Salzachtal (Bahnhof: Werfen). Die auf einer Bergspitze gelegene Festung ist **Schloss Hohenwerfen**. Aber keine Angst: Sie müssen nicht mit der bedrohlich aussehenden Seilbahn fahren. Es gibt nicht einmal eine Seilbahn. Stattdessen ist das Schloss über eine kurze, wenn auch steile Straße vom Dorf aus zu erreichen.

AGUIRRE, DER ZORN GOTTES
(1972, R: Werner Herzog)
Klaus Kinski, Ray Guerra, Helena Rojo
• PERU

Kinski ist einer von Pizarros Leutnants, die mit einem Floß flussabwärts fahren, um El Dorado zu finden, dabei aber auf Größenwahnsinn stoßen. Sie müssen schon ein Abenteuer liebender Reisender sein, wenn Sie seinem Weg folgen wollen. Herzogs wildes Epos wurde in den nahezu unzugänglichen **Anden** im Nordwesten von **Peru** gefilmt, buchstäblich Hunderte von Kilometern von der nächsten Stadt entfernt – auf dem Land der Aguaruna- und der Lauramarca-Indianer.

AIMÉE & JAGUAR
(1999, R: Max Färberböck)
Juliane Köhler, Maria Schrader, Detlev Buck
• DEUTSCHLAND

Nach dem Roman von Erica Fischer, der wiederum auf einer wahren Begebenheit beruht, erzählt Färberböcks emotionales Drama die leidenschaftliche Affäre zwischen der verheirateten Lilly Wust (Aimée) und der Jüdin Felice Schragenheim (Jaguar), die durch die nationalsozialistische Herrschaft dem Untergang geweiht ist. Angesiedelt ist die Geschichte in Berlin, gedreht wurde aber in einem Teil von **Breslau** in Polen, das die vom Krieg heimgesuchte Stadt darstellte. Die Innenaufnahmen entstanden in den Everest Studios in Köln, während das echte **Berlin** und **Wuppertal** für weitere Motive herhielten.

AIR FORCE ONE
(1997, R: Wolfgang Petersen)
Harrison Ford, Glenn Close, Gary Oldman
• RUSSLAND; KALIFORNIEN; OHIO;
  WASHINGTON D.C.

Ein russischer Terrorist (von der neuen Nationalisten-Sorte, nicht der alte Kommunisten-Typ) entführt das Erste Flugzeug der USA mit Präsident Harrison Ford an Bord. Für die frühen Szenen filmte ein zweites Kamerateam auf dem **Roten Platz** in Moskau, doch Harrison Ford blieb in L.A., um seine Rede zu halten. Entsprechend ist der Moskauer Flughafen in Wahrheit der **Los Angeles International Airport**. Die Air Force Base in Ramstein ist der **Rickenbacker International Airport, Columbus** in Ohio. Die Erlaubnis, Flughäfen zu benutzen, bestimmte für den Rest des Films fast immer, welches Motiv genommen werden konnte. Der Präsidentenpalast in Kasachstan ist die **Case Western Reserve University, Cleveland**, während das riesige russische Gefängnis, in dem Jürgen Prochnow einsitzt, das **Mansfield Reformatory, Mansfield**, ist (die Außenansicht taucht auch auf in *Die Verurteilten*). Und auch wenn die Rasenfläche in einem Park in Los Angeles nachempfunden wurde, war das echte **Weiße Haus** in den Totalen zu sehen.

AIRPORT
(1970, R: George Seaton)
Burt Lancaster, Dean Martin, George Kennedy
• MINNESOTA; KALIFORNIEN

Der erste der großen Flugzeug-in-Gefahr-Filme, der in den siebziger Jahren unendlich viele Nachahmer fand. Lincoln International Airport, wo ein überarbeiteter Burt Lancaster mit Schneestürmen, einem Selbstmordkandidaten und der mit einem Oscar ausgezeichneten blinden Passagierin Helen Hayes klarkommen muss, ist **Minneapolis-St. Paul International Airport** an der **Cedar Avenue** südlich von Minneapolis, wo – anstatt sich auf ein Modell zu verlegen – eine echte Boeing 707 zum Preis von 18.000 Dollar täglich gemietet wurde, die man bei einem Schneesturm bei -43 Grad filmte, während der Film in der Kamera einfror. Die Innenaufnahmen entstanden in einer am Boden befindlichen 707 in den Universal Studios in Hollywood.
In der ersten Fortsetzung *Giganten am Himmel* übernimmt die Stewardess Karen Black die Kontrolle über eine in Schwierigkeiten geratene 747. Der schicksalhafte Flug beginnt auf dem **Dulles International Airport**, der für Washington D.C. herhält, der aber tatsächlich rund 30 Kilometer westlich von Dulles Access, Route 267, in Virginia liegt. Charlton Heston und George Kennedy werden zum **Salt Lake City Airport** westlich der Stadt geflogen, um das Kommando zu übernehmen. Der Stunt mit dem Helikopter und der 747 wurde im Flug über dem Heber Valley östlich der Wasatch Range in Utah gefilmt. Zu den anderen Flughäfen, die in dieser Produktion auftauchen, zählen der **Los Angeles International**, der alte **Van Nuys Airport** (auch zu sehen in *Casablanca*), **6590 Hayvenhurst Avenue**, Van Nuys, im Nordwesten von L.A., außerdem die **Edwards Airforce Base** nördlich von L.A. in der Mojave-Wüste.
Um ein wenig Abwechslung in den Katastrophenplot zu bringen, stürzte die Maschine in *Verschollen im Bermuda-Dreieck* auf den Meeresgrund. Die Besetzung aus Hollywood-Getreuen wird in einer Flugzeugkulisse in den Universal Studios, Hollywood, durchgeschaukelt. Das Museums-Haus des Millionärs James Stewart ist in Florida. Es ist die **Villa Vizcaya, 3251 South Miami Avenue**. Dieses bekannte Motiv können Sie auch in *An jedem verdammten Sonntag* sehen, das Grundstück findet in *Die Sensationsreporterin* Verwendung. Für weitere Details siehe *Ace Ventura – Ein tierischer Detektiv*. Ge-

filmt wurde auch am **Burbank Airport, Los Angeles International** und **Dulles International** in Virginia. Die Szenen vor der Küste entstanden wie üblich in der Gegend von San Diego, während die Unterwassereinstellungen auf dem Universal-Gelände und in **Wakulla Springs** nahe Tallahassee, Florida, gedreht wurden (ein häufig genutztes Unterwassermotiv – siehe auch *Der Schrecken vom Amazonas*).

In der dritten Fortsetzung *Airport '80 – Die Concorde* gerät der Überschall-Luxusjet in Schwierigkeiten, als der Waffenhändler Robert Wagner versucht, die Passagierin Susan Blakely davon abzuhalten, dass sie belastendes Material veröffentlicht. Die Concorde landet und startet vom **Dulles International Airport** nahe D.C. in Virginia. Ihr Ziel ist der Flughafen Charles de Gaulle in Paris, doch Angriffe von Marschflugkörpern und F-15-Fightern machen eine Notlandung auf **Le Bourget** erforderlich, dem original Flughafen von Paris, nördlich der Stadt. Die Hotelszenen entstanden in L.A. im guten alten **Biltmore Hotel, 506 South Grand Avenue**, Downtown (für Details siehe *Die fabelhaften Baker Boys*). Die letzte erzwungene Landung in den Alpen wurde bei **Alta** in Utah gefilmt, südöstlich von Salt Lake City.

DIE AKTE
(1993, R: Alan J. Pakula)
Julia Roberts, Denzel Washington, Sam Shepard
• **LOUISIANA; NEW YORK CITY; WASHINGTON D.C.**

Ein weiterer Thriller von John Grisham in den fähigen Händen des Paranoiaspezialisten Pakula. Die Eröffnungsszene wurde vor dem **Supreme Court** in Washington D.C. gefilmt. Denzel Washington trifft seinen Verleger John Lithgow am **Mount Vernon**, der Heimat von George Washington. Die Büros von White and Blazevich sind eigentlich das Rechtsanwaltsbüro von Howrey and Simon im **Warner Building, 1299 Pennsylvania Avenue**. Motive in D.C. waren auch der Hof des **Hoover Building, 10th Street**/Ecke Pennsylvania Avenue; **Washington Monument; Pershing Park; National Cathedral; Riggs National Bank, 1503 Pennsylvania Avenue**/Ecke 15th Street;

Riggs National Bank, Pennsylvania Avenue, Washington D.C.

Julia Roberts trifft den falschen FBI-Agenten: Riverwalk, New Orleans

Dulles Airport und die Bibliothek, Konferenzräume und Büros des **Georgetown University Law Center, 600 New Jersey Avenue NW**. Das Oval Office ist das Set, das aus *Dave* mit Kevin Kline und Sigourney Weaver stammt. In New Orleans wurden die Gerichtsszenen an der **Tulane University, New Or-**leans, gedreht. Zu den Motiven im French Quarter gehören **Bourbon Street** und **Spanish Plaza, Riverwalk**, am Ufer des Mississippi, wo Roberts sich mit dem angeblichen FBI-Agenten trifft. Roberts und Shepard speisen in **Antoine's Restaurant, 713 St. Louis Street** im French Quarter (allerdings wurde die Fassade des Restaurants im Lagerhausbezirk der Stadt nachgebaut, um die Explosion möglich zu machen, bei der Shepard stirbt). In N.Y.C. wählte Pakula das gewaltige, 50-stöckige **Marriott Marquis Hotel, 1535 Broadway**/Ecke 45th Street *(Tel. 212 398 1900)* mit Blick auf den Times Square. Das 1877 Zimmer große Hotel prahlt mit dem weltgrößten Atrium und New Yorks größtem Ballsaal, außerdem beherbergt es das Broadway Theater.

Marriott Marquis Hotel, Broadway, New York

AKTE X – DER FILM
(1998, R: Rob Bowman)
David Duchovny, Gillian Anderson, Martin Landau
• **KALIFORNIEN; LONDON; WASHINGTON D.C.; BRITISH COLUMBIA, KANADA**

Der ursprüngliche Tummelplatz der erfolgreichen TV-Serie war Vancouver, wo die ersten sechs Staffeln gedreht wurden (in der Stadt werden zahlreiche *Akte X*-Touren angeboten), doch für die Kinoversion begab man sich in Richtung Süden nach Kalifornien. Das Dallas Federal Building, das zu Beginn des Films gesprengt wird, ist das alte **Unocal Building, Fifth Street**/Ecke Beaudry Street, in Downtown L.A., das jetzt ein neue Existenz als Filmkulisse begonnen hat (dort sind auch Büros untergebracht, die sich um Drehorte kümmern). Das FBI-Labor befand sich im 26. Stock. Die „Bienenkuppeln" im Kornfeld liegen bei **Bakersfield** in der Wüste nördlich von L.A., ebenso der Wüsten-Epilog – der im tunesischen Foum

Mulder trifft Kurtzweil: Casey's Bar, South Grand Avenue, Downtown L.A.

Das Treffen der alten Männer: Queen Alexandra's House, Kensington Gore ...

... aber das Innere zeigt das Athenaeum, South Hill Avenue, Pasadena

Tatouine spielen soll – ein witziger Verweis auf die Wüstenwelt in *Krieg der Sterne*.

Mulder trifft sich mit Kurtzweil in **Casey's Bar, 613 South Grand Avenue**, Downtown Los Angeles (auch zu sehen in Michelle Pfeiffers Schnulze *Tief wie der Ozean*). Kurtzweils Apartment, wo Mulder bemerkt, dass die Cops bereits mit der Suche begonnen haben, ist das **Mira Monte Apartments** in L.A.

Der manikürte Mann besucht das Treffen der Älteren im **Queen Alexandra's House, Kensington Gore**, SW7, nahe der **Albert Hall** in Kensington, London. Das Innenleben wurde allerdings im **Athenaeum** gedreht, dem Dining Club des California Institute of Technology, **551 South Hill Avenue** in Pasadena (ein häufig genutzter Drehort, der u.a. in *Beverly Hills Cop – Ich lös' den Fall auf jeden Fall* und *True Romance* zu sehen ist). Die Szene am Bahnübergang entstand am **Soledad Canyon** in Saugus nördlich von L.A. Dort wurde auch Steven Spielbergs Roadmovie-Klassiker *Duell* gedreht. Mulder und der manikürte Mann fahren am **Department of Agriculture Building** in Washington D.C. vorüber. Während der Raucher zusieht, wird die bewusstlose Scully am **LAX, Los Angeles International Airport**, in ein Flugzeug getragen. Das Krankenhaus ist das **St. Mary Medical Center, 1050 Linden Avenue** in Long Beach, California. Für die Antarktis hielt ein Gletscher oberhalb des Skigebiets in **Whistler**, British Columbia, her.

AKTION MUTANTE

(1993, R: Alejandro de la Iglesia)
Antonio Resines, Enrique San Francisco
• SPANIEN

Wilde und völlig überzogene Übung in Sachen schlechter Geschmack des Almodóvar-Schülers Iglesia, der *Alien*, *Mad Max* und *Die Patty Hearst Story* miteinander kombiniert. Eine unfähige Truppe entstellter Terroristen rächt sich an den überheblichen „schönen Leuten" und entführt die Tochter eines reichen Geschäftsmanns, um sie auf einen fremden Planeten zu bringen. Gefilmt wurde das größten Teils in Madrid und Bilbao, wobei die trockene, gelbliche Oberfläche des Planeten Axturias in Wahrheit die Wüstenregion von **Bardenas Reales** in Navarra im Nordosten von Spanien ist. Fahren Sie auf der N121 in südlicher Richtung von Pamplona nach Tudela, dann sehen Sie die seltsame Wüste östlich der Strecke nahe Arguedas.

ALAMO

(1960, R: John Wayne)
John Wayne, Laurence Harvey, Richard Widmark
• TEXAS

Waynes langwieriges Epos, das meilenweit von der historischen Wahrheit entfernt ist, wurde anfangs tatsächlich in Mexiko gedreht – von der echten Alamo ist nicht mehr viel übrig –, doch erwies sich das als zu kostspielig. Mit 7,5 Mio. Dollar war *Alamo* einer der teuersten Filme seiner Zeit. Die Produktion wurde gestoppt und startete von neuem in **Brackettville** an Highway 90, rund 160 Kilometer westlich von San Antonio in Richtung Del Rio, West Texas, wo Wayne 160 Hektar von der fast 9000

Die Alamo: Ein Nachbau im Maßstab 1:1 wurde in Brackettville, Texas, errichtet ...

... und ein Teil davon steht noch immer am Alamo Plaza in San Antonio

Hektar großen Ranch eines gewissen J.T. „Happy" Shahan anmietete und die Alamo nachbauen ließ. Die Kopie im Maßstab 1:1, an der zwei Jahre lang gearbeitet wurde, entstand nach den original Plänen, den traditionellen Bautechniken und – ohne einen Hauch von Ironie – unter Einsatz von 5000 mexikanischen Arbeitern. Zu der Zeit wurde behauptet, es handele sich um die größte Filmkulisse außerhalb von Hollywood.

Sie steht heute noch und ist eine Touristenattraktion ebenso wie immer wieder eine Kulisse für andere Filme. Zu den Erweiterungen, die im Lauf der Jahre dazugekommen sind, gehört ein Abschnitt von San Antonio, der sich über die gesamte Länge in Fort Worth um 1880 verwandelt. Alamo Village ist von Mai bis September geöffnet und liegt nördlich von Brackettville an der Route 674 *(Tel. 512 563 2580)*.

Waynes Mentor John Ford konnte sich nicht mit guten Ratschlägen zurückhalten, bis Wayne ihm die Aufnahmen des zweiten Kamerateams übertrug. Zu den von Ford gefilmten Szenen gehören die Totale von Santa Anas erster Annäherung an die Alamo und die mexikanischen Soldaten, die den Fluss überqueren.

Die echte **Alamo** in **San Antonio** wurde 1718 als Mission San Antonio de Valero gegründet, die erste in einer ganzen Reihe von Missionen entlang des San Antonio River, mit deren Hilfe die Grenze des spanischen Imperiums ausgeweitet und die amerikanischen Ureinwohner zum Katholizismus bekehrt werden sollten. Sie wurde 1793 geschlossen, das Land wurde den 39 Indianern der Mission überlassen, wurde aber in der Folgezeit von den diversen Kräften besetzt, die in Texas das Sagen hatten, bis die ehemalige Mission 1836 unsterblich wurde, als Santa Anas Truppen 188 Freiwillige aus Texas völlig sinnlos schlachteten. Unter den Opfern dieses Massakers fanden sich auch die amerikanischen Volkshelden Jim Bowie und Davy Crockett, was die Begeisterung in Hollywood für diesen Teil der US-Geschichte erklärt. Die einzige Überlebende war eine farbige Dienerin, die sich in der Kapelle versteckt hatte und die im Film so treffend von der blonden Joan O'Brian gespielt wurde.

Zwar sind für die Stadt San Antonio Pappeln – so genannte „Alamo Trees" – typisch, der Name leitet sich aber von einer spanischen Kavallerieeinheit aus dem Pueblo El Alamo de Parras ab, die die alte Mission 1801 besetzte. Die 1756 erbaute Kapelle und die lange Kaserne sind im Prinzip alles, was noch von dem befestigten Komplex erhalten ist, auch wenn sich dort heute das ausladende Alamo Memorial Museum *(Tel. 210 225 1391)* befindet, das am Alamo Plaza eine Fläche von 1,7 Hektar belegt. Der Eintritt ist frei, achten Sie aber auf Ihre Kleidung und Ihr Auftreten – der Ort hat den Status eines Heiligtums erlangt. Ein nackter Oberkörper und grelle Hemden sind nicht gefragt, gedämpfte Stimme und ernster Patriotismus dagegen sehr.

ALARMSTUFE ROT
(1992, R: Andrew Davis)
Steven Seagal, Tommy Lee Jones, Gary Busey
• **ALABAMA**

Seagal ist der Schiffskoch, der in diesem Actionfilm ein Kriegsschiff vor Jones und Busey rettet. Gefilmt wurde an Bord der **U.S.S. Alabama** im **Battleship Memorial Park, Mobile Bay, Mobile**, Alabama.

ALEXANDER NEWSKY
(1938, R: Sergei Eisenstein)
Nikolai Tscherkassow, Nikolai Okhlopkow, Andrei Abrikosow
• **RUSSLAND**

Prinz Newsky besiegt im 13. Jahrhundert zur Musik von Prokofiew deutsche Ordensritter in einer Schlacht auf dem zugefrorenen Peipusee im Norden von Russland. Dieser mit staatlichen Mitteln geförderte Film ist größtenteils in Nowgorod angesiedelt, rund 160 Kilometer südlich von St. Petersburg, doch die Stadt hatte sich zu sehr verändert, um dort noch ein Motiv verwenden zu können. Zwar existiert die Kathedrale aus dem 13. Jahrhundert noch immer, doch sie ist von modernen Gebäuden umgeben und sieht längst nicht mehr so strahlend aus wie einst. Die Stadtkulisse wurde vor den Toren von Moskau gebaut und bedeutete eine immense Ausgabe. Obwohl es im Film nach Winter aussieht, wurde tatsächlich im Sommer gefilmt. Als Schnee hielt weißer Sand her, der von der Baltischen See geholt worden war. Die Äste der Bäume wurden mit Watte überzogen, und die Schauspieler wurden mit enormen Mengen Salz beworfen. Der Peipusee wurde ebenfalls als Teil der Kulisse vorgetäuscht: Künstliche Eisschollen, die von Pontons getragen und auf Kommando abgesenkt werden konnten. Als Hommage lässt Ken Russell diese Sequenz gegen Ende seines Thrillers *Das Milliarden-Dollar-Gehirn* von 1967 (der dritte Film mit Michael Caine als Harry Pal-

mer) wiederholen, wo es die Privatarmee von General Midwinter ist, die unter dem Eis verschwindet.

ALEXIS SORBAS
(1964, R: Michael Cacoyannis)
Anthony Quinn, Alan Bates, Lila Kedrova
• **KRETA, GRIECHENLAND**

Anthony Quinn lehrt Alan Bates in dieser Verfilmung des Romans von Nikos Kazantzakis alles über das Leben. Gedreht wurde rund um **Chania** an der Nordküste von Kreta. Der Strand ist der von **Stavros** auf der Halbinsel Akrotiri im Osten der Stadt.

ALICE
(1990, R: Woody Allen)
Mia Farrow, Alec Baldwin, William Hurt
• **NEW YORK CITY**

Nobles Shopping: Valentino Boutique, East Side, New York

Ein weiterer Ausflug mit Woody Allen in die nobleren Ecken von Manhattan, bei dem die gut versorgte, aber aufgewühlte Mia Farrow in Chinatown den Kräuterspezialisten Keye Luke aufsucht und einige sehr spezielle Mischungen mitnimmt, die ihr helfen sollen, Ordnung in ihr Leben zu bringen. Das schicke Bekleidungsgeschäft, in

Mia Farrow lauscht unsichtbar: Polo Ralph Lauren Store, Madison Avenue

dem sie die erste Portion magischer Kräuter einnimmt, ist die **Valentino Boutique, 825 Madison Avenue** zwischen 68th Street und 69th Street an der East Side. Einen Moment später kann sie sich schon wortgewandt mit Joe Mantegna über Jazz unterhalten. Sie bekommt kalte Füße und lässt ihre Verabredung sausen, während er am kürzlich renovierten **Pinguinbecken** im **Central Park Zoo** im Osten des Central Park an der 64th Street auf sie wartet.

Die heimliche Romanze mit Mantegna fängt von neuem an, als sie beide mit ihren Kindern den **Big Apple Circus** besuchen, der jeden Winter von Oktober bis Januar am **Lincoln Center** steht, **Columbus Avenue** zwischen West 62nd Street und West 65th Street an der West Side, *(Tel. 212 168 3030)*. Das Paar macht sich im ältesten italienischen Restaurant von New York unsichtbar, **Barbetta**, einem eleganten Stadthaus in der **321 West 46th Street** nahe 8th Avenue *(Tel. 212 246 9171)*. Es ist eines der Lieblingslokale von Allen, das auch in seinem Film *Celebrity – Schön. Reich. Berühmt* zu sehen ist. Später folgt Farrow unsichtbar ihren tratschenden Freunden in die luxuriösen **Polo Ralph Lauren Store** mit seinen kostspieligen Antiquitäten und orientalischen Teppichen im **Rhinelander Mansion, 867 Madison Avenue**/Ecke 72nd Street.

ALICE IN DEN STÄDTEN
(1974, R: Wim Wenders)
Rüdiger Vogler, Yella Rottländer, Lisa Kreuzer
• **WUPPERTAL; NEW YORK CITY; AMSTERDAM**

Die Städte sind New York, Amsterdam und Wuppertal, während der ausgebrannte Fotograf zusammen mit einem kleinen Mädchen von Amerika nach Deutschland reist. Der Boardwalk, auf dem der Film beginnt, liegt in Queens, N.Y., am **Rockaway Beach** an der Beach 67th Street. Ebenfalls in Queens verkauft Vogler sein Auto, während man die Orgel des **Shea Stadium** hört, **126th Street**, Flushing. Er muss die U-Bahn Main Street, Flushing, Linie 7 an der Station **Willet's Point/Shea Stadium** erwischen. Er nimmt die kleine Alice mit auf die Aussichtsplattform des **Empire State Building, 350 Fifth Avenue**, bevor sie vom **JFK Airport** nach Europa abfliegen. Das Ziel in Europa ist der Flughafen **Schiphol** in **Amsterdam**, und es schließt sich ein kurzer Abstecher zu den Grachten der Stadt an, bevor sie sich auf den Weg nach Deutschland machen. Die Schwebebahn, mit der die beiden fahren, um das Haus von Alice' Großmutter zu finden, ist natürlich in **Wuppertal**. Sie wurde 1900 erbaut und erstreckt sich über eine Länge von 13 Kilometern zwischen den Stadtteilen Vohwinkel und Oberbarmen.

ALICE LEBT HIER NICHT MEHR
(1974, R: Martin Scorsese)
Ellen Burstyn, Kris Kristofferson, Billy Green Bush
• **LOS ANGELES; ARIZONA**

Nachdem sie zur Witwe geworden ist, beschließt Ellen Burstyn, zu ihren Wurzeln nach Monterey zurückzukehren und ihre Karriere als Sängerin wiederaufzunehmen. Mit ihrem Sohn gelangt sie nach **Tucson**, Arizona, wo sie ihre Ziele ein wenig zurückschrauben und als Bedienung in einem Diner arbeiten muss. Mel and Ruby's Bar-B-Q wurde in einem echten Diner in Tucson gefilmt, und alle anderen Lokale, in denen Burstyn nach einem Job als Barsängerin fragt, sind ebenfalls echte Bars in Tucson. Das Restaurant mit dem riesigen Kuhschädel an der Front, in dem Burstyn auf dem Weg von Phoenix nach Tucson einen Zwischenstopp einlegt, ist tatsächlich das **Big Horn Restaurant** in **Amado** an der Interstate 9, gut 50 Kilometer südlich von Tucson.
Die Tafel des Monterey Dining Room zum Ende des Films, als Burstyn beschließt, zu bleiben und es noch einmal mit Farmer Kristofferson zu versuchen, ist kein tiefschürfendes Symbol dafür, dass man das Glück vor der eigenen Tür findet, sondern ein echtes Schild in Tucson, das zufällig in die Schlussaufnahme gelangte.

ALIEN – DAS UNHEIMLICHE WESEN AUS EINER FREMDEN WELT
(1979, R: Ridley Scott)
Sigourney Weaver, John Hurt, Tom Skerritt
• **BERKSHIRE**

Es überrascht nicht, dass es in diesem Film kein einziges echtes Motiv zu sehen gibt – immerhin spielt er ausschließlich an Bord eines Weltraumfrachters und auf einem fremden Planeten. Das außerirdische Wesen wurde so wie der Planet von dem Schweizer Künstler H.R. Giger entworfen. Gefilmt wurde in den Shepperton Studios, westlich von Shepperton Green abseits der B376 in Surrey, und in der langjährigen Heimat der Hammer Films, Bray Studios, Down Place in Berkshire.

ALIENS – DIE RÜCKKEHR
(1986, R: James Cameron)
Sigourney Weaver, Michael Biehn, Carrie Henn
• **LONDON**

Regisseur Camerons Faible für industrielle Drehorte (siehe *Abyss* und die *Terminator*-Filme) führte ihn von den Pinewood Studios zur gewölbeartigen, stillgelegten **Acton Lane Power Station** an der Acton Lane, London W3.

ALIEN 3
(1992, R: David Fincher)
Sigourney Weaver, Charles Dance, Paul McGann
• **NORTHUMBERLAND**

Während die meisten Szenen in den Pinewood Studios entstanden, wurde für die Planetenoberfläche der fremden Welt am **Blast Beach** entlang der **Dawdon Colliery** an der Küste von Northumberland gedreht, einem Strandabschnitt, der über die Jahre hinweg von Grubenschutt schwarz geworden ist. Das Gebiet wurde vor kurzem im Rahmen eines umfassenden Wiederaufbauprogramms gesäubert. Weitere Dreharbeiten fanden an der nahe gelegenen und erst kürzlich geschlossenen **Blyth Power Station** in Bedlington statt.

ALL DIE SCHÖNEN PFERDE
(2000, R: Billy Bob Thornton)
Matt Damon, Lucas Black, Rubén Blades
• **TEXAS; NEW MEXICO**

Damon ist ein texanischer Herumtreiber in den vierziger Jahren, der die Grenze nach Mexiko überquert und dort auf Not und Elend stößt. Die Szenen in Texas wurden in **San Antonio** gefilmt, nämlich in der alten **Cadillac Bar, 212 South Flores Street**, Downtown. Gefilmt wurde auch in New Mexico: im **State Penitentiary, Santa Fe**; am Rand des Rio Grande Gorge in **Taos**; Plaza Blanca und am Chama River in **Abiquiu; Las Vegas** und **San Jose** (allesamt Städte in New Mexico, nicht ihre bekannteren Namensvettern in Nevada und Kalifornien).

ALLE LIEBEN POLLYANNA
(1960, R: David Swift)
Hayley Mills, Jane Wyman, Karl Malden
• **KALIFORNIEN**

Die Furcht einflößend gut gelaunte Waise Hayley Mills bringt in dieser langen, sehr langen Version des Kinderklassikers etwas Sonnenschein in das Leben der miesepetrigen

Pollyannas Haus: Mableton Mansion, Santa Rosa

alten Dorfbewohner. Die Kleinstadt ist Santa Rosa, im Norden von Kalifornien, und Pollyannas Haus ist das **Mableton Mansion, 1015 McDonald Avenue**/Ecke 15th Street.

ALLE SAGEN: I LOVE YOU
(1996, R: Woody Allen)
Woody Allen, Goldie Hawn, Edward Norton
• **NEW YORK CITY; PARIS; VENEDIG, ITALIEN**

Allens Unterkunft in Venedig: Gritti Palace Hotel, Canal Grande

Allens Musical für Nicht-Sänger und Nicht-Tänzer wurde natürlich in New York gefilmt. Das Juweliergeschäft ist der wichtigste Diamantenhändler der Stadt, **Harry Winston Inc., 718 Fifth Avenue**/Ecke West 56th Street. Die tanzenden Leichen haben ihren Auftritt in **Campbell's Funeral Parlor, Madison Avenue**. Allens Abstecher nach Europa führt ihn nach Paris, wo er mit Goldie Hawn am Ufer der Seine tanzt, sowie nach Venedig, wo er im **Gritti Palace Hotel, San Marco 2467, Campo Santa Maria del Giglio** (Tel. 794611), logiert.

ALLES ÜBER EVA
(1950, R: Joseph L. Mankiewicz)
Bette Davis, George Sanders, Anne Baxter
• **NEW YORK CITY; SAN FRANCISCO; NEW HAVEN, CONNECTICUT**

Der geschickte Einsatz von echten Motiven verleiht dieser überwiegend im Studio entstandenen Produktion ein wenig Ostküsten-Flair. Die Geschichte über rücksichtslosen Ehrgeiz ist in der Theaterlandschaft von Manhattan angesiedelt und brachte es auf rekordverdächtige 14 Oscar-Nominierungen, von denen sie sechs abräumte, unter anderem für den Besten Film, die Beste Regie und das Beste Drehbuch.

Die manipulierende Eve Harrington, die zunächst als niedliche, unscheinbare Person zu sehen ist, verbringt ihre Zeit am Bühneneingang des New Yorker **John Golden Theater, 252 West 45th Street**/Ecke 8th Avenue (Tel. 212 239 6200), um einen Blick auf ihr Idol Margo Channing werfen zu können. Zwar ist die Gasse neben dem Golden, wo die hilfsbereite Celeste Holm Eve anbietet, sie mit hinter die Bühne zu nehmen, eine Studiokulisse, doch die Einführungstotale ist echt. Doubles standen für die beiden Stars vor der Kamera, die in den Fox Studios in Hollywood blieben – eine übliche Vorgehensweise für diese Zeit, die während des ganzen Films Anwendung findet.

Die Besetzung schaffte es allerdings ein Stück weiter an der Westküste bis nach San Francisco, um Theater-Innenaufnahmen zu filmen, bei denen eine von ihrem Ruhm noch weit entfernte Marilyn Monroe als Schützling von George Sanders zu sehen ist. Das Innere des Golden ist das **Curran Theater, 445 Geary Street**, Downtown San Francisco (Tel. 415 474 3800). Gebaut wurde es 1922, und es ist heute noch immer eine beliebte

Bühne für die neuesten großen Musicals.

Das New Yorker Theater: John Golden Theater, West 45th Street

Celeste Holm erhält ein Double für die Szene, in der sie den berühmten New Yorker **21 Club** betritt, **21 West 52nd Street** nahe Fifth Avenue (Tel. 212 582 7200), wo sie auf Eve trifft. Der richtige 21 Club, ein ziemlich exklusives Etablissement, das während der Prohibition als Flüsterkneipe anfing, erfuhr 1987

Und das Innenleben an der Westküste: Curran Theater, Geary Street, San Francisco

nach jahrelangem Zerfall eine Wiederbelebung, als man sich entschloss, es zu renovieren. Es ist oft als Symbol für weltlichen Erfolg in Filmen wie Oliver Stones *Wall Street* und Woody Allens *Manhattan Murder Mystery* zu sehen – in letzterem kann man auch einen Blick auf die Fassade werfen.

Das Stück *Footsteps on the Ceiling*, in dem Eve schließlich die Bombenrolle erhält, eröffnet im **Shubert Theater, 247 College Street, New Haven**, Connecticut, ein traditionelles Testhaus für Broadway-Shows. Wieder werden für die Totalen Doubles eingesetzt, während Anne Baxter und George Sanders vor einer Rückprojektion des Shubert und des nahe gelegenen Taft Hotel gefilmt wurden.

Das Edelapartment, in das sich Eve schließlich zurückzieht und sich an ihren Sarah Siddons Award klammert, wurde abermals mit einem Double an der New Yorker **Fifth Avenue** gefilmt.

ALLES UNTER KONTROLLE – KEINER BLICKT DURCH
(1968, R: Gerald Thomas)
Sidney James, Bernard Bresslaw, Kenneth Williams
• **WALES; SCHOTTLAND; BUCKINGHAMSHIRE**

Dieser Film aus der *Ist ja irre*-Reihe schien über ein etwas höheres Budget zu verfügen. Der Himalaja wurde in Snowdonia rund um den **Llanberis Pass** gefilmt. Das britische Kolonialhaus ist natürlich Heatherden Hall, das alte Studiogebäude in Pinewood.

ALS DINOSAURIER DIE ERDE BEHERRSCHTEN
(1970, R: Val Guest)
Victoria Vetri, Patrick Allen, Robin Hawdon
• **KANARISCHE INSELN**

Billigfortsetzung des Hammer-Remakes von *Eine Million Jahre vor unserer Zeit*, in der Vetri aus ihrem Stamm ausgestoßen wird, weil sie blond ist. Die urzeitlichen Landschaften sind die vulkanischen Einöden auf **Lanzarote**.

AM GOLDENEN SEE
(1981, R: Mark Rydell)
Henry Fonda, Katharine Hepburn, Jane Fonda
• **NEW HAMPSHIRE**

Henry Fondas letzter und zugleich sein einziger Film zusammen mit seiner Tochter Jane, der erwartungsgemäß zum Rührstück geriet. Der titelgebende See ist der **Squam Lake**, nahe dem Highway 93 zwischen Plymouth und Meredith südöstlich von Hampshire. Bei einem Bootsausflug von Holderness aus gelangt man zu dem (privaten) Haus, das im Film zu sehen ist. Die *Thayer IV* kann man in den Holiday Inn Docks, Key Largo, am südlichsten Zipfel von Florida sehen.

Der Herrscherpalast: Gryspek-Palast, Hradcany-Platz

AM WILDEN FLUSS
(1994, R: Curtis Hanson)
Meryl Streep, Kevin Bacon, David Strathairn
• **MONTANA; OREGON; MASSACHUSETTS**

Streep präsentiert sich in diesem Actiondrama als Frau der Tat. Zu Beginn des Films trainiert sie auf dem **Charles River, Cambridge**, Massachusetts, aber schon bald beschützt sie ihre Familie in der Wildnis. Der **Kootenai River** in Montana ist zu sehen – zum ersten Mal wurden Dreharbeiten auf dem Grund und Boden genehmigt, der den Kootenai-Indianern heilig ist. Das geschah aber nur unter der Bedingung, dass das tatsächliche Motiv nahe Libby im Nordwesten des Staates nicht preisgegeben würde. Der Abschnitt **Middle Fork** des **Flathead River** rund 130 Kilometer östlich an der Route 2 zwischen West Glacier und Essex im **Waterton Glacier International Peace Park** wurde ebenfalls für Dreharbeiten genutzt. Für andere Szenen bediente man sich beim **Rogue River**, zwischen Hog Creek und Argo Riffle, nördlich von Medford im Südwesten von Oregon.

AMADEUS
(1984, R: Milos Forman)
F. Murray Abraham, Tom Hulce, Simon Callow
• **TSCHECHOSLOWAKEI**

Shaffers Interpretation der Rivalität zwischen den Komponisten Salieri und Mozart wurde fast vollständig in echten Schlössern und Palästen quer durch die Tschechoslowakei gefilmt. Lediglich vier Kulissen wurden für den Film gebaut: Schikaneders Volkstheater, wo Simon Callow eine surreale Komödie inszeniert; Salieris Krankenzimmer; das Innere von Mozarts Wohnung; die Treppe, auf der er seinem Vater begegnet. Sie alle entstanden in Prag in den **Barrandov Studios**. Die berühmten Studios im Vorort Hlubocepy wurden 1933 von Milos Havel gegründet, dem Onkel des Präsidenten Vaclav Havel. Die relativ unverändert gebliebene Altstadt (Staré Mesto) von Prag hält für das Wien des 18. Jahrhunderts her. Die Opernaufführungen von *Die Entführung aus dem Serail, Die Hochzeit des Figaro* und *Don Giovanni* wurden im **Tyl Theater, Zelezna ulice 11**/Ecke Havirskastraße, gefilmt. Erbaut wurde es 1783 für Graf Anton von Nostiz-Rieneck als das Nostitz-Theater. Von der Mitte des 19. Jahrhunderts bis 1945 war es das Deutsche Theater, dann wurde es nach dem tschechischen Dramatiker und Schauspieler Josef Ka-

jetan Tyl benannt. Heute ist es das tschechische Nationaltheater. Zu Lebzeiten wurde Mozart in Prag mehr geschätzt als in Wien, und der Komponist entschied tatsächlich, die Premiere von *Don Giovanni* am 29. Oktober 1787 im Tyl stattfinden zu lassen. Westlich davon gelangen Sie auf der Karlsbrücke über die Moldau auf die **Kleinseite (Malá Strana)**, ein malerisches Viertel aus gewundenen Gässchen, Tavernen und alten Häusern, die ebenfalls als Hintergrund für den Film dienten. Nördlich der Malá Strana befindet sich der Bezirk Hradcany, wo die Aristokratie ihre pompösen Paläste errichtete. Hier können Sie auch den Königspalast sehen – genau genommen den vor kurzem restaurierten **Gryspek Palast**, die Prager Residenz von Kardinal Tomasek am Platz **Hradcanské námestí** gegenüber der St.-Veits-Kathedrale. Ursprünglich war es ein Renaissancebauwerk gewesen, das Ferdinand I. dem königlichen Privatsekretär Florian von Gryspek abkaufte und dem katholischen Erzbischof von Prag übergab. Im 16. Jahrhundert wurde der Palast umgebaut und erweitert, bevor man ihn zwischen 1675 und 1688 an den Barockstil anpasste. 1764 überarbeitete Johan Joseph Wirch ihn im Rokokostil und dekorierte das Innere in üppiger Pracht. Das Resultat können Sie sich ansehen. Leider ist das nicht so einfach, denn der Palast ist nur an einem einzigen Tag im Jahr geöffnet, und zwar am Gründonnerstag von 9 bis 17 Uhr.

Die Opernaufführungen: Tyl Theater, Prag

Salieris erste Begegnung mit dem vorlauten Mozart spielt sich im verschwenderischen Inneren des barocken Palastes in **Kromeriz**, im Norden von Moravia im östlichen Teil der Tschechischen Republik, ab. Der Palast und seine Gärten sind für Führungen geöffnet. Deutlich nüchternere Inneneinrichtungen für Salieri fanden sich im ehemaligen **Großpriorspalast des Malteser-Ritterordens, Maltézské námestí**, der eine Zeit lang das Prager Museum für Musikinstrumente beherbergte. Heute befindet sich dort eine private Kunsthochschule.

AMARCORD
(1973, R: Federico Fellini)
Puppella Maggio, Magali Noel, Armando Brancia

• ITALIEN

Fellinis typisch phantasievoller, anekdotenhafter Blick auf das kleinstädtische Leben im Italien der dreißiger Jahre gewann 1973 den Oscar für den Besten ausländischen Film. So wie alle seine späteren Filme wurde auch dieser auf der riesigen Bühne 5 in Cinecittà vor den Toren Roms gedreht. Die Stadt Borgo, die im Studio von Art Director Danilo Donati entworfen wurde, basiert auf Rimini an der norditalienischen Adriaküste. Die Außenansicht des Grand Hotel, wo Bisceine ein zweifelhaftes Abenteuer mit der Frau eines Scheichs erlebt, war sogar für Cinecittà zu groß. Es handelt sich um ein fünf Stockwerke hohes Hotel, das Sie in **Anzio** an der Küste 55 Kilometer südlich von Rom sehen können.

AMATEUR

(1994, R: Hal Hartley)
Martin Donovan, Isabelle Huppert, Elina Lowensohn
• NEW YORK CITY

Der Independentregisseur Hartley tauscht seine sonst üblichen Motive auf Long Island gegen Manhattan ein und begibt sich auf skurrile Weise auf das Gebiet des Thrillers, als der von Gedächtnisschwund befallene Ganove Donovan an die jungfräuliche nymphomanische Nonne Huppert und eine Truppe sonderbarer Killer gerät.

Das Café: Angelika Film Center, Greenwich Village

Das Café, in dem Elina Lowensohn Damian Young begegnet und den schicksalhaften Anruf nach Amsterdam tätigt, war das **Angelika Film Center, 611 Broadway**/Ecke West Houston Street in Greenwich Village. Das Pärchen wird in der Folge in der Bahnhofshalle der **Grand Central Station** aufgespürt. Das öffentliche Telefon, wo ein manischer Young, der unter den Nachwirkungen einer kleinen, improvisierten Elektroschocktherapie leidet, festgenommen wird, steht an der Ecke **Fifth Avenue** und **19th Street**, nordwestlich des Union Square. Donovan wird schließlich niedergeschossen, als er Huppert zu ihrem Kloster zurückbegleitet. Diese normalerweise ruhige Zuflucht ist eine segensreiche nützliche Abwechslung zu Manhattan. **The Cloisters**, eine Ansammlung mittelalterlicher europäischer Gebäude, die in die USA transportiert und dort wiederaufgebaut wurden, überblicken den Hudson River am Fort Tryon Park nördlich von Washington Heights. Wenn Sie sich mal so richtig entspannen müssen: The Cloisters sind außer montags täglich von 9.30 bis 16.45 Uhr geöffnet. Der Eingang befindet sich in der **West 193rd Street**/Ecke Fort Washington Avenue *(Tel. 212 923 3700, U-Bahnstation: 190th Street).*

AMERICAN BEAUTY

(1999, R: Sam Mendes)
Kevin Spacey, Annette Bening, Wes Bentley
• KALIFORNIEN

Die Luftaufnahmen der reinlichen, gesichtslosen Nachbarschaft in Schachbrettformation in Sam Mendes' mit Oscar-Ehren ausgezeichnetem Drama, zeigen die Vororte der kalifornischen Hauptstadt **Sacramento**. Gleiches gilt auch für die Straßen, in denen Kevin Spacey mit seinen Nachbarn joggt. Spaceys Haus kann man allerdings leider nicht besichtigen. Die sehr spezifischen Blickverbindungen, die notwendig waren, da ständig jeder ins Haus des anderen starrt, hatten zur Folge, dass der Film in der kontrollierten Umgebung eines Studios gedreht werden musste. Ein echter Drehort ist die Schule, in der Spacey sich nach der Freundin seiner Tochter, Mena Suvari, verzehrt. Es handelt sich um die **South High School, Torrance**, im Gebiet South Bay von L.A.

AMERICAN GRAFFITI

(1973, R: George Lucas)
Richard Dreyfuss, Ronny Howard, Paul LeMat
• KALIFORNIEN

Die hohen Tiere im Studio, die etwas zu sagen haben, verwarfen diesen Film als „eine Schande" und „unverkäuflich", und doch spielte *American Graffiti* nicht nur etliche Millionen ein und löste eine Welle von blassen Imitatoren aus, sondern brachte auch je eine Oscar-Nominierung für George Lucas als Autor und Regisseur mit sich. Inspiriert wurde der Film von Lucas' eigener Jugendzeit, während der er auf dem Strip in Modesto am Highway 99 zwischen Stockton und Fresno in Zentralkalifornien der amerikanischen Freizeitbeschäftigung des „Cruising" nachging – also des völlig nutzlosen Hin- und Herfahrens mit einem möglichst aufgemotzten Auto, um vor anderen anzugeben. Modesto ist dafür genau die richtige Stadt, allerdings hat sich der Schauplatz seit den sechziger Jahren von der Tenth Street zwischen G Street und K Street zur McHenry Avenue verlagert. Am ersten Samstag nach der Schulabschlussfeier findet dort tatsächlich eine „Graffiti-Nacht" statt (etwa Mitte Juni – das Fremdenverkehrsamt [Tel. 209 577 5757] kennt das genaue Datum). Modesto wartet heute auch mit Serviererinnen auf Rollerskates auf, die im A&W Root Beer Drive-In in der 1404 G Street nahe der Cruising-Strecke arbeiten.
Allem Trubel zum Trotz ist Modesto aber nicht die Stadt, in der der Film gedreht wurde. Die beiden stattdessen gewählten Städte, die sich seit den sechziger Jahren kaum verändert haben, waren **Petaluma** in Sonoma County und **San Rafael** in Marin County am Highway 101 nördlich von San Francisco. San Rafael, das heute recht nobel

Die Straße der Cruiser: Petaluma Boulevard, Petaluma

geworden ist, war erste Wahl für den Film, doch die Unruhe, die durch die Dreharbeiten auf der **Fourth Street** ausgelöst wurde, veranlasste die Produktion zum Umzug. Sie erkennen Petaluma sofort als Graffiti-Stadt. Die Stadt, die auf ihre abwechslungsreiche und gut erhalten gebliebene Architektur stolz ist, bot den Hintergrund für eine Fülle von Filmen, darunter Francis Coppolas *Peggy Sue hat geheiratet*, Joe Dantes *Explorers – Ein phantastisches Abenteuer*, Paul Verhoevens *Basic Instinct*, die finanzielle Pleite von *Howard – Ein tierischer Held* und das umstrittene 90er-Jahre-Remake *Lolita*. Sie können zu Fuß die vielen Filmmotive in der Stadt abgehen, einen entsprechenden Führer gibt es bei der Touristeninformation in der 799 Baywood Street *(Tel. 707 762 2785)*. Die Jungs fahren auf dem **Petaluma Boulevard North**, auf der **D Street** und der **Washington Street** – der hauptsächlich benutzten Straße – hin und her.

Richard Dreyfuss wird vor dem **Old Opera House, 149 Kentucky Street**, in die Gang der Pharaohs aufgenommen. Die Gebrauchtwagenhandlung, an der Dreyfuss eine Kette um die Achse des Polizeiwagens legt, kann man noch heute wiedererkennen. Es ist ein leeres Grundstück neben dem **McNear Building, 15-23 Petaluma Boulevard North**. Das State Movie Theater (in dem *Dementia 13* läuft, der Film, bei dem ein junger Francis Ford Coppola für Roger Corman Regie führte) ist das **Mystic Theater** in der McNear, Hausnummer 23. Die High-School ist die **Tamalpais High School, 700 Miller Avenue, Mill Valley**.

Leider existiert das bekannteste Motiv des Films, Mel's Drive-In mit den Rollerskater-Bedienungen, nicht mehr. Das hat es wirklich gegeben und befand sich in Wahrheit in San Francisco selbst. Es stand an der Ecke South Van Ness und Mission Street, wurde geschlossen und überraschend abgerissen. Die gute Nachricht ist die, dass es zu einer Kette gehörte, und eines der überlebenden klassischen Mel's findet man heute am 3355 Geary Boulevard.

AMERICAN MONSTER

(1982, R: Larry Cohen)
Michael Moriarty, David Carradine, Candy Clark
• NEW YORK CITY

Ein vergnüglicher, satirischer Monsterfilm, geschrieben vom Low-Budget-Experten Larry Cohen, der auch Regie führte. Michael Moriarty ist hervorragend zwielichtig in seiner Rolle als kleiner Ganove, der auf das Geheimnis einer fliegenden Schlange stößt, die New Yorker Bürgern den Kopf abbeißt. Die Schlange, die sich als nichts Geringeres denn als aztekischer Gott entpuppt, hat eine Vorliebe

Der Unterschlupf der Schlange: Chrysler Building

für Art-déco-Architektur, da sie sich als Versteck eine gemütliche Empore direkt unterhalb der glänzenden Dachspitze des **Chrysler Building, 405 Lexington Avenue**/Ecke 42nd Street, ausgesucht hat.

AMERICAN PIE

(1999, R: Paul Weitz)
Jason Biggs, Chris Klein, Natasha Lyonne
• LOS ANGELES

Hormongetriebene Teenagerkomödie, in der vier High-School-Jungs schwören, vor dem Abschluss der Schule ihre Unschuld zu verlieren. Angesiedelt ist die Story im

Dog Years, sechs Blocks von Downtown entfernt: Myrtle Avenue, Monrovia

fiktiven East Great Falls, die Schule ist aber tatsächlich die **Long Beach Polytechnic High School, 1600 Atlantic Avenue**/Ecke Pacific Coast Highway in Long Beach, südlich von L.A. Die Szenen in der Nachbarschaft wurden in Monrovia gefilmt, einem Vorort im Osten von L.A., wo Dog Years – das Lokal, in dem die Jungs rumhängen – in einem leer stehenden Ladenlokal in der **402 South Myrtle** aufgebaut wurde.

AMERICAN PSYCHO

(2000, R: Mary Harron)
Christian Bale, Jared Leto, Reese Witherspoon
• ONTARIO; NEW YORK CITY

Bret Easton Ellis' berüchtigte Slashersatire der achtziger Jahre erfährt eine stilvolle, aber verhaltene Umsetzung durch Regisseur Harron. Der Film spielt zwar in den exklusiven Bars und Restaurants der New Yorker Yuppies, gedreht wurde aber überwiegend in Toronto, Ontario, während das echte New York nur in ein paar Einführungseinstellungen zu sehen ist.

Kartenvergleich in Harry's Bar: der Boston Club, Front Street, Toronto

Noch ein New Yorker Lokal: Montana, John Street, Toronto

Harry's Bar, in der die Jungs ihre Visitenkarten vergleichen und in der Patrick Bateman schließlich einem fassungslosen Anwalt alles gesteht, war der Boston Club, **4 Front Street East**, in dem nur die Spitzen der Gesellschaft verkehrten, der aber heute geschlossen ist. Die anderen vorgeblich in New York liegenden Lokale der gleichen Preisklasse sind das im Stil

New Yorker Stil in Ontario: The Senator, Victoria Street, Toronto

der vierziger Jahre eingerichtete **Senator, 249 Victoria Street**; das kitschige Pazifik-Restaurant **Monsoon, 100 Simcoe Street**; das Theater (vormals ein Tanzsaal) **Phoenix, 410 Sherbourne Street**; das in Holz gehaltene

Wild-West-Rasthaus **Montana, 145 John Street** und **Shark City, 117 Eglinton Avenue East**. Straßenszenen entstanden in Toronto rund um den Distrikt Cabbagetown, während die spektakuläre Schießerei mit der Polizei auf der **Pearl Street** zwischen Simcoe Street und Duncan Street gefilmt wurde, gleich um die Ecke vom Monsoon.

AMERICAN WEREWOLF
(1981, R: John Landis)
David Naughton, Jenny Agutter, Griffin Dunne
• LONDON; SURREY; WALES

The Slaughtered Lamb: The Black Swan, Martyr's Green

Jenny Agutters Wohnung: Coleherne Road, Earl's Court

Ein Pub voller lärmender Charakterdarsteller in den Yorkshire Moors kann für zwei amerikanische Rucksacktouristen nichts Gutes bedeuten. Das Hochmoor wurde rund um die Black Mountains in Wales gefilmt, und East Proctor ist in Wahrheit das winzige Dörfchen **Crickadarn**, rund zehn Kilometer südöstlich von Builth Wells abseits der A479. Wenn Sie sich zu den Dorfbewohnern im The Slaughtered Lamb gesellen wollen, um ein Gläschen zu trinken, dann steht Ihnen eine ziemliche Reise bevor. Das Äußere zeigt ein für den Film dekoriertes leer stehendes Cottage, das Innenleben dagegen, wo Lila Kaye die Bar hütet und ein erschreckend junger Rik Mayall Schach spielt, ist in Surrey. Es ist **The Black Swan, Old Lane** an der Kreuzung zur Ockham Lane, **Martyr's Green**, rund eineinhalb Kilometer nordwestlich von Effingham Junction (*Bahnhof: Effingham Junction*) zwischen Guildford und Leatherhead.

Das Krankenhaus, in dem sich David Naughton von einem unangenehmen Wolfsbiss erholt, war das **Princess Beatrice Maternity Hospital** an der **Finborough Road**/Ecke Lillie Road in Earl's Court, London SW5. Das Gebäude steht noch immer, heute bietet es Obdachlosen Unterschlupf. Gleich um die Ecke in der **64 Coleherne Road, SW10**, können Sie die Wohnung von Krankenschwester Jenny Agutter sehen, wo sich Naughton zu den Klängen von „Bad Moon Rising" verwandelt *(U-Bahnstation: Earl's Court)*.

Unüblich ist, dass in den frühen Morgenstunden gerade in der U-Bahnstation **Tottenham Court Road** die Szene gefilmt wurde, in der der Gentleman zerfleischt wird (normalerweise stellt London Transport die geschlossene Aldwych Station am Strand zur Verfügung, wenn in einer Londoner U-Bahnstation gedreht werden soll). Die untoten Opfer tauchen in einem Studionachbau des alten Eros News Cinema (heute das Juweliergeschäft H. Samuels) an der Ecke Shaftesbury Avenue/Piccadilly Circus auf. Einmal mehr stellt Landis sein Talent unter Beweis, maßgebliche Szenen an unmöglichen Motiven zu filmen, indem er den Höhepunkt dieses Films mitten auf dem **Piccadilly Circus** inszenierte.

Die langweilige und viel zu späte Fortsetzung *American Werewolf in Paris* wurde zum größten Teil in Luxemburg gedreht.

DER AMERIKANISCHE FREUND
(1977, R: Wim Wenders)
Dennis Hopper, Bruno Ganz, Gerard Blain
• DEUTSCHLAND; FRANKREICH; NEW YORK CITY

Zimmermans Geschäft: Lange Straße, Hamburg

Wenders verfilmt Patricia Highsmiths *Der amerikanische Freund* als hitchcockschen Thriller, in dem Dennis Hopper als zwielichtiger Hehler Tom Ripley aus dem eigentlich anständigen Bilderrahmer Zimmermann (Bruno Ganz) einen Auftragskiller macht. Der französische Schauplatz im Buch, Fontainebleau, wird im Film in das schäbige Hafengebiet von Hamburg verlegt.

Einige Kilometer westlich von Hamburgs Innenstadt in Richtung Blankenese finden Sie Ripleys grandioses, wenn auch heruntergekommenes Haus, wo der französische Ganove Raoul Minot anruft, um einen Killer anzuheuern. Es ist die **Säulenvilla, Elbchaussee 186**, mit Blick auf den am Nordufer der Elbe gelegenen Stadtteil Övelgönne.

Der Tunnel: St. Pauli Elbtunnel, Hamburg

In Hamburg selbst befindet sich Zimmermanns Geschäft, bei dem es sich eigentlich um ein Hutgeschäft handelt, das heute nicht existiert. Es ist in der **Lange Straße 22** an der Ecke Pinnasberg, südlich der S-Bahnstation Reeperbahn nahe dem heute nicht mehr so ganz zwielichtigen Stadtteil St. Pauli. Etwas weiter östlich an der Ecke **Davidstraße**/Hafenstraße, nahe dem alten Fischmarkt, findet sich Zimmermanns zum Fluss hin gelegenes Apartment. Auf dem als Hochbahn verlaufenden U-Bahnabschnitt zwischen Reeperbahn und Rödingsmarkt macht Minot Zimmermann sein Angebot.

Davon überzeugt, dass er an einer unheilbaren Blutkrankheit leidet, begibt sich Zimmermann wiederholt in immer größerer Panik zu seinem Arzt. Dabei benutzt er die scheinbar unendlich lange Rolltreppe hinunter in den erdrückenden alten **Elbtunnel** (heute gibt es dort auch einen Aufzug). Die Zwillingstunnels wurden zwischen 1907 und 1911 gebaut, um den Fährverkehr über die Elbe zu den Docks von Steinwerder zu reduzieren. Mit einer Länge von fast 500 Metern und einer Breite von nicht einmal zwei Metern sind sie für Menschen mit Klaustrophobie denkbar ungeeignet. Nachts und sonntags sind sie geschlossen, in der übrigen Zeit können sie kostenlos benutzt werden (zu Fuß – für Fahrzeuge wird eine Gebühr erhoben). 1974 wurde einige

Riepleys Villa: Säulenvilla, Hamburg

Kilometer weiter westlich ein neuer, wesentlich größerer Tunnel fertig gestellt. Die Kirmes, die Zimmermann mit seiner Familie besucht, ist der **Hamburger Dom**, der jedes Jahr im November/Dezember auf dem **Heiligengeistfeld** stattfindet.

Zimmermann wird nach Paris gebracht, damit eine zweite Diagnose für seine Erkrankung erstellt werden kann. Das Krankenhaus, in dem er sich Tests unterziehen muss, ist das **American Hospital, 63 Boulevard Victor-Hugo, Neuilly-sur-Seine** im Nordwesten von Paris (*U-Bahn-station: Anatole France*). Davon überzeugt, dass sein Ende nah ist, erklärt sich Zimmermann bereit, in der Pariser Metro den Anschlag auf sein Opfer zu verüben, als dieses in der Station Etoile umsteigt. Er kann seinen Auftrag eine Station weiter westlich jedoch auf der Rolltreppe der **La Defense Station** ausführen, die westlich vom Stadtzentrum gelegen ist.

Sein zweiter Auftrag besteht darin, den Gangsterboss zusammenzuschlagen (ein Cameo-Auftritt des Filmregisseurs Samuel Fuller). Das geschieht im nicht mehr verkehrenden München-Hamburg-Express, wo Ripley ihm zu Hilfe eilt. Die Treppe, auf der Sam Fuller (beziehungsweise sein Stuntdouble) schließlich zu Fall gebracht wird, ist weiter von der Säulenvilla entfernt und näher zum Wasser gelegen, als es im Film den Anschein hat.

Die Eröffnungsszene, die in New York City gefilmt wurde, wartet mit einem weiteren Cameo-Auftritt auf. Hier ist der Filmemacher Nicholas Ray zu sehen, der bei ... *denn sie wissen nicht, was sie tun* Regie führte, in dem Hopper an der Seite von James Dean spielte.

DIE AMERIKANISCHE NACHT
(1973, R: François Truffaut)
Jacqueline Bisset, Jean-Pierre Aumont, Valentina Cortese
• **NIZZA, FRANKREICH**

Truffaut stellt seine Liebesaffäre mit dem Kino in den Mittelpunkt dieses Films über die Entstehung eines romantischen Melodramas (gewidmet Dorothy und Lilian Gish). Der Film im Film, *Je Vous Présente Pamela*, wird in den berühmten **Studios la Victorine, 16 Avenue Edoard Grinda**, in Nizza gedreht, wo fast 30 Jahre zuvor Marcel Carné den Klassiker *Kinder des Olymp* filmte.

Das Filmstudio: Studios la Victorine, Nizza

Jacqueline Bisset trifft am **Flughafen Nice-Côte d'Azur** ein und hält dort auch eine Pressekonferenz ab. Das Atlantic Hotel, wo sich mehr Dramen abspielen als vor der Kamera, ist das in Nizza gelegene **Hotel Windsor, 11 Rue Dalpozzo**. Der Mann von der britischen Versicherungsgesellschaft, der sich mit den Ansprüchen wegen des Todes des Hauptdarstellers befassen muss, könnte dem einen oder anderen bekannt vorkommen: Es ist der Autor Graham Greene in einem Cameo-Auftritt.

AMISTAD
(1997, R: Steven Spielberg)
Anthony Hopkins, Djimon Hounsou, Morgan Freeman
• **RHODE ISLAND; CONNECTICUT; MASSACHUSETTS; LOS ANGELES**

Begleitet von Vorwürfen des Plagiats und der Ver-Disney-fizierung legte Spielberg seinem erfolgreichen „erwachsenen" Film *Schindlers Liste* ein weiteres Geschichtswerk nach. Die einleitenden Szenen einer Meuterei sind eine Mischung aus Studioaufnahmen und Außendrehs. Am Tag spielende Außenaufnahmen wurden auf zwei verschiedenen Schonern an zwei unterschiedlichen Schauplätzen gefilmt: An der Ostküste wird die Amistad von der *Pride of Baltimore* aus Maryland gespielt, während an der Westküste knapp eineinhalb Kilometer vor der Küste von San Pedro, dem Hafen südlich von Los Angeles, eine „schwimmende Stadt" errichtet wurde. (Spielberg hatte bei *Der weiße Hai* seine Lektion gelernt, was Dreharbeiten auf offener See angeht.) Hier handelte es sich bei dem Schiff um die *Californian*. Der Hafen ist **Mystic Seaport**, Connecticut, Heimat des führenden amerikanischen Schifffahrtsmuseums, wo eine Nachbildung des Schoners gebaut werden soll, um den Geschichtsunterricht zu unterstützen. Es ist tatsächlich die Stadt, die in *Pizza, Pizza – Ein Stück vom Himmel* zu sehen war. Weitere Szenen entstanden rund um **Groton Long Point**, Connecticut.

Der Großteil der Dreharbeiten wurde aber in **Newport**, Rhode Island, erledigt, wo die Außenansichten des Gefängnisses aufgebaut wurden. Das zentrale Motiv der Stadt ist der historische **Washington Square**. Das dort befindliche **Colony House** von 1739, das einst der Sitz der Kolonialregierung von Rhode Island war, sorgte für zwei Schauplätze in den maßgeblichen Gerichtsszenen. Die Vernehmung der Afrikaner wurde im Erdgeschoss gefilmt, während die nächsten Gerichtsszenen vor dem Appellationsgericht im Gerichtssaal im ersten Stockwerk entstanden. Als die Genehmigung verweigert wurde, den Höhepunkt des Films im echten Supreme Court Building, Washington D.C., zu filmen, wurde der Saal auf einer örtlichen Bühne nachgebaut. Weitere Szenen wurden in Massachusetts im **Massachusetts State House, Boston**, gefilmt.

AMITYVILLE HORROR
(1979, R: Stuart Rosenberg)
James Brolin, Margot Kidder, Rod Steiger
• **NEW JERSEY**

Die wahre (!) Geschichte einer Familie, die von scheinbar übernatürlichen Phänomenen aus ihrem Heim auf Long

AN JEDEM VERDAMMTEN SONNTAG

Island vertrieben wird. Was lernen potenzielle Hauskäufer daraus? 1. Achten Sie darauf, dass der Vorbesitzer nicht Ihr Doppelgänger war, der seine gesamte Familie abgeschlachtet hat. 2. Achten Sie darauf, dass Ihr Haus nicht auf einer Grube voller dämonischen Schleims steht. Das Haus der echten Familie von George und Kathleen Lutz in der 112 Ocean Avenue, Amityville, erwies sich als so beliebte Touristenattraktion, dass der Bürgermeister in der Straße absolutes Halteverbot verhängte. Der Film bediente sich allerdings nicht des echten Schauplatzes, sondern wurde in einem am Fluss gelegenen Haus in der Stadt **Tom's River** gefilmt, Garden State Parkway, Ocean County, rund 30 Kilometer südlich von Asbury Park an der Küste von New Jersey und bei das **Scotch Plains**, New Jersey. Die Prequel, *Amityville II – Der Besessene*, kehrte für die Außenaufnahmen zum Haus in Tom's River zurück, wurde ansonsten aber überwiegend in den **Churubuscu Studios in Mexico City** gedreht.

AN JEDEM VERDAMMTEN SONNTAG
(1999, R: Oliver Stone)
Al Pacino, Jamie Foxx, Cameron Diaz
• FLORIDA; TEXAS

Oliver Stones energiegeladenes Drama über American Football bewegt sich auf vertrautem Territorium und verwendet zu viel Zeit auf den Football-Anteil. In der größtenteils in Florida angesiedelten Geschichte ist die Heimat der fiktiven Miami Sharks das **Orange Bowl Stadium, 1400 NW 4th Street**, Miami. Die Party des Bürgermeisters spielt sich an einem vertrauten Ort ab, der für Filme in Miami auf Abruf bereitzustehen scheint: Villa Vizcaya, 3251 South Miami Avenue/Ecke 32nd Road, eine Villa im italienischen Stil südlich von Miami in Coconut Grove (für Details siehe *Ace Ventura – Ein tierischer Detektiv*). Der Nachtclub, in dem Jamie Foxx seiner Ex begegnet, ist das **Cardozo Hotel, 1300 Ocean Drive**, South Beach (für Details siehe *Verrückt nach Mary*). Weitere Szenen entstanden im südlichen Vorort von Miami, in **Homestead**; die Heimat der Dallas Knights, die im Mittelpunkt des entscheidenden Spiels steht, zeigt tatsächlich das **Texas Stadium, Irving**.

ANACONDA
(1997, R: Luis Llosa)
Jennifer Lopez, Ice Cube, Jon Voight
• BRASILIEN; LOS ANGELES

Eine riesige, zumeist computererzeugte Schlange schnappt sich in diesem ironischen Thriller die Mitglieder einer Dschungelexpedition. Zwar wurde ein Großteil des Films im Dschungel rund um **Manaus** in Brasilien gedreht, aber ganz so weit müssen Sie gar nicht reisen, um die Anaconda-Erfahrung zu erleben. Achten Sie einmal darauf, wie das dichte Laubwerk zum Höhepunkt des Films hin Palmen (!) weicht. Die späteren Actionszenen wurden in Kalifornien im **Los Angeles State and County Arboretum** gefilmt, einem 50 Hektar großen botanischen Garten, der einer der meistgefilmten Drehorte der Welt sein dürfte. Das tropische Laubwerk war zu sehen in *Tarzan*-Filmen, Roadmovies, *African Queen*, der TV-Serie *Fantasy Island* (hier findet sich das kitschige kleine Queen-Anne-Cottage) und buch-

stäblich in Hunderten von anderen Produktionen. Die Adresse ist **301 North Baldwin Avenue**, Arcadia, östlich von Pasadena *(Tel. 818 821 3222)*.

ANASTASIA
(1956, R: Anatole Litvak)
Ingrid Bergman, Yul Brynner, Helen Hayes
• PARIS; HERTFORDSHIRE; KOPENHAGEN, DÄNEMARK

Ausschweifende Verfilmung des Stücks von Marcelle Maurette, mit der Ingrid Bergman einen Oscar für die Darstellung der Frau gewann, die möglicherweise die überlebende Tochter der ermordeten Familie der Romanows ist. Bergman wird in Paris im russischen Viertel zwischen dem Arc de Triomphe und Parc Monceau entdeckt. Die russisch-orthodoxe Kirche, in der zu Beginn des Films das Osterfest gefeiert wird, ist die **Alexander-Newsky-Kathedrale, 12 Rue Daru** *(U-Bahnstation: Courcelles)*. „Anastasia" denkt auf den Stufen unterhalb der **Pont Alexandre III.** über die Seine darüber nach, sich das Leben zu nehmen.

Die endgültige Bestätigung muss von der barschen, aber liebenswürdigen Zarenmutter Helen Hayes kommen. Im wahren Leben wurde Anastasias Besuch, der die Grundlage für das Stück bildete, praktischerweise so oft verschoben, bis die Dame in hohem Alter starb, ehe die Behauptung überprüft werden konnte. Im Film dagegen wird Bergman für ein Treffen mit der Witwe nach Kopenhagen gebracht. Auch wenn ein zweites Kamerateam Aufnahmen vom **Kopenhagener Bahnhof** und vom **Tivoli** machte, kann nichts darüber hinwegtäuschen, dass es sich beim Palast der Witwe tatsächlich um das **Knebworth House** nahe Stevenage, Hertfordshire, handelt (für Details siehe *Batman*).

ANATEVKA
(1971, R: Norman Jewison)
Topol, Norma Crane, Leonard Frey
• JUGOSLAWIEN

Das Broadway-Musical nach den Geschichten von Sholom Aleichem überlebt den Wechsel auf die Kinoleinwand, was einigen sehr authentisch wirkenden Drehorten in Europa zu verdanken ist. Das fiktive Dorf „Anatevka im Süden von irgendwo" ist eine kunstvolle Kombination aus zwei jugoslawischen Dörfern, **Lakenik** und **Mala Gorica** in Kroatien, rund 50 Kilometer von Zagreb entfernt. Einige Gebäude wurden für den Film errichtet, andere versah man mit einer veränderten Fassade, aber zahlreiche Gebäude in beiden Dörfern beließ man in ihrem Originalzustand.

ANATOMIE
(2000, R: Stefan Rozowitzky)
Franka Potente, Benno Fürmann, Anna Loos
• DEUTSCHLAND

Coma trifft auf David Cronenberg in der ersten deutschen Produktion von Columbia, einem Horrorfilm mit dem Star aus *Lola rennt*. Medizinstudentin Franka Potente verlässt München, um im kitschigen alten Heidelberg zu studieren. Aber nicht alles ist so, wie es erscheint, weder mit Blick auf den Plot – eine finstere anti-hippokratische Sekte macht aus Menschen konservierte Muster – noch auf den Schauplatz: Die Universität von Heidelberg ist in Wahrheit die **TU München**, während das Labor im Studio entstand. Die „Halle der Muster" ist das Musikkonservatorium. Das Haus von Prof. Grombek befindet sich wirklich in Heidelberg, allerdings am gegenüberliegenden Neckarufer. Das Restaurant, in dem Anna Loos die anderen Gäste mit ihren medizinischen Themen verärgert, ist das **Romantik-Restaurant zum Ritter St. Georg, Hauptstraße 178, 69117 Heidelberg** (Tel: 06221/ 13 50) in der Altstadt.

ANATOMIE EINES MORDES
(1959, R: Otto Preminger)
James Stewart, Ben Gazzara, Lee Remick
• **MICHIGAN**

Als sich Hollywood Ende der fünfziger Jahre realistischen „erwachsenen" Themen zuwandte, wirkte die strahlende Künstlichkeit der Studios zunehmend unpassend. Auf der Suche nach geeigneten Motiven fasste Otto Preminger den mutigen Entschluss, überhaupt nicht im Studio zu arbeiten, sondern mit der gesamten Produktion nach Michigan an den Schauplatz des Buchs zu reisen und nach Möglichkeit die echten Motive einzubeziehen. Zwar basiert Robert Travers Buch auf einer wahren Begebenheit – das Verfahren gegen einen Soldaten, dem vorgeworfen wird, er habe den Mann erschossen, der seiner Ansicht nach seine Frau vergewaltigt hat –, die Arbeiterstadt Iron City und das am See gelegene Naherholungsgebiet Thunder Bay sind jedoch Fiktion. Preminger filmte stattdessen in **Ishpeming** und **Marquette**. Marquette liegt an der Küste des Lake Superior an der Upper Peninsula von Michigan, Interstate 41, Ishpeming ungefähr 25 Kilometer weiter westlich.

Hinter dem Pseudonym „Traver" verbarg sich der Michigan Supreme Court Justice John Voelker, dessen Haus in Ishpeming zum Zuhause und zur Kanzlei seines Alter Ego Paul Biegler (James Stewart) wurde. Entsprechend wurde das 1905 aus rotem Sandstein erbaute **Marquette County Courthouse** für die Gerichtsszenen benutzt. Der gesamte zweite Stock des Gebäudes wurde von der Filmproduktion in ein vorübergehendes Studio umgewandelt, und der Angeklagte Ben Gazzara wurde dort in den Zellen festgehalten. Ebenfalls in Marquette befanden sich der am Ufer gelegene Imbiss – wo sich Stewart und der alte Säufer Arthur O'Connell darüber unterhalten, ob Gazzara verteidigt werden soll – und das Krankenhaus, in das O'Connell nach einem Verkehrsunfall gebracht wird.

Barney Quills Bar, Schauplatz des Mordes, setzt sich aus zwei verschiedenen Motiven zusammen – das Innere ist die Tripoli Bar in Ishpeming (dort soll sich der tatsächliche Schusswechsel zugetragen haben, und die Legende nach sorgte der Betreiber dafür, dass die Einschusslöcher erhalten blieben). Im Film ist die Bar des Thunder Bay Inn, bei dem es sich tatsächlich um Marquette's Big Bay Inn handelt (obwohl ein zeitgenössisches Foto des Motivs deutlich das Schild „Bay View Inn" erkennen lässt). Das

Motel verfügte nicht über eine Bar, also wurde die Erweiterung der Tavern Bar mit einem zusätzlichen Stockwerk gebaut und blieb als Touristenattraktion erhalten.

In Ishpeming finden sich die Gerichtsbibliothek, in der Stewart vergleichbare Fälle zu Tage fördert – eigentlich die ganz normale **Ishpeming Public Library** auf der **Main Street** – und das **Ishpeming Railroad Depot**, die Station, an der sich Arthur O'Connell mit dem Armeepsychiater trifft. Der Thunder-Bay-Trailerpark wo Gazzara und Lee Remick leben und wo sich die Vergewaltigungsszene abspielt, ist ein echter Trailerpark rund 40 Kilometer westlich von Ishpeming in **Michigamme** an der Interstate 41.

EIN ANDALUSISCHER HUND
(1928, R: Luis Buñuel)
Simone Mareuil, Pierre Batcheff, Jaime Miravilles
• **PARIS**

Buñuels und Salvador Dalis klassischer surrealer Kurzfilm entstand in den Pariser Ursuline Studios und in **Le Havre**.

EINE ANDERE FRAU
(1988, R: Woody Allen)
Gena Rowlands, Mia Farrow, Ian Holm
• **NEW YORK CITY**

Akademikerin Gena Rowlands macht eine emotionale Krise durch, als sie in einem von Allens ernsten Filmen Mia Farrows Therapiesitzung mit anhört. Das kleine Theater, in dem Rowlands ihrer alten Freundin Sandy Dennis begegnet und von einer Off-Off-Broadway-Version ihres Lebens träumt, ist das **Cherry Lane Theater, 38 Commerce Street** zwischen Bedford Street und Barrow Street in Greenwich Village *(Tel. 212 989 2020)*. Ursprünglich war es als Brauerei gebaut worden, wurde aber 1924 umgewidmet, um avantgardistischen Theaterproduktionen eine Heimat zu geben. Es ist auch zu sehen in Spike Lees Jazzfilm *Mo'Better Blues*, wo seine Außenansicht für den Beneath the Underdog Club herhält; als das Provincetown Playhouse taucht es in Warren Beattys Epos *Reds* auf, und in Peter Yates' Thriller *Das Haus in der Carroll Street* von 1988 dient es als Fluchtweg.

DER ANDERSON-CLAN
(1971, R: Sidney Lumet)
Sean Connery, Dyan Cannon, Martin Balsam
• **NEW YORK CITY**

Sean Connery ist ein Ex-Sträfling, der nicht auf die moderne Welt der Überwachung eingestellt ist, als er mit einer Gang einen kompletten Luxusapartmentblock ausrauben will. Lumets paranoider Thriller wurde in Manhattan gefilmt. Connery wird aus dem berüchtigten **Riker's Island** in Queens (für Details siehe *Carlitos Weg*) aus der Haft entlassen und trifft in Manhattan am **Port Authority Bus Terminal** an der **Eighth Avenue** ein. Der pompöse, im italienischen Stil erbaute Palazzo, den sie auserkoren haben, steht in der **1 East 91st Street** an der Fifth Avenue mit Blick über den Central Park. Das zu den größten Privatgebäuden von New York zählende Haus ist das letzte in der Millio-

Der großzügige Apartmentblock: 91st Street in der Upper East Side

naire's Row und wurde 1918 für den Bankier Otto Kahn erbaut. Später wurde daraus die Residenz für den Convent of the Sacred Heart (wenn man schon ein Armutsgelübde ablegen will, warum nicht im Haus eines Millionärs an der Upper East Side?). Heute befindet sich dort eine Mädchenschule. Einige Innenaufnahmen entstanden in den **New York Production Center Studios**, 221 West 26th Street, aber das ovale Treppenhaus des Gebäudes ist ein real existierendes Motiv.

ANDREJ RUBLJOW
(1966, R: Andrej Tarkowskij)
Anatolij Solonizyn, Ivan Lapikow, Nikolaj Grinko
• RUSSLAND

Lebensgeschichte des Künstlers aus dem 15. Jahrhundert, der quasi der Erfinder der russischen Ikonenmalerei ist und der die Kunst von ihren ausländischen Einflüssen befreite.

Zu Beginn des Films arbeitet Rubljow in der **Dreifaltigkeitskirche**, die zum **Dreifaltigkeitskloster St. Sergius** in **Zagorsk** gehört, 80 Kilometer nordöstlich von Moskau. Zagorsk, heute eine Industriestadt, entstand um das Kloster herum, in dem die Überreste des Heiligen aufbewahrt werden, während in der Himmelfahrtskathedrale die Überreste des unrechtmäßigen Zaren Boris Godunov zu finden sind. Rubljows *Ikone der Dreifaltigkeit* ist eine Kopie – das Original ist in der Tretjakow-Galerie zu finden, südlich der Moskwa im Moskauer Bezirk Zamoskvarechye.

Der Maler verbringt die meiste Zeit seines Lebens im **Kloster Andronikow** in Moskau – dort befindet sich heute das Andrej Rubljow Museum. Es liegt nördlich der Ulianovskaya Straße, östlich des Stadtzentrums an der Yaouza (Kursker Bahnhof). Er verziert auch die Kirche der Entschlafung der Gottesmutter in Vladimir, rund 150 Kilometer östlich von Moskau.

Eine frühe Ikone von Rubljow können Sie in der Verkündigungskirche im Kreml sehen. Sie wurde 1405 für eine kleinere Kirche an dieser Stelle gemalt, die abgerissen wurde, um der Kathedrale Platz zu machen. Dies sind die Orte, an denen sich die Ereignisse tatsächlich zutrugen und die besucht werden können.

ANGEL – STRASSE OHNE ENDE
(1982, R: Neil Jordan)
Stephen Rea, Veronica Quilligan, Ray McAnally
• IRLAND

Die Küste der namenlosen Stadt: Bray

Neil Jordans erster Film, eine Fabel vor dem Hintergrund der Unruhen in Nordirland, wurde größtenteils in der Stadt **Bray** an der irischen Küste rund 15 Kilometer südlich von Dublin gefilmt.

ANGEL HEART
(1987, R: Alan Parker)
Mickey Rourke, Robert De Niro, Lisa Bonet
• **NEW YORK CITY; NEW YORK STATE; NEW ORLEANS, LOUISIANA**

De Niro heuert den Privatdetektiv Mickey Rourke an, damit der einen Schuldner aufstöbert, doch da ihre Rollen die Namen Lou Ciphre und Angel tragen, ist klar, dass wir es nicht mit einem normalen Krimi zu tun haben.

Obwohl die Handlung in den fünfziger Jahren spielt, setzt Parker viele echte Motive in New York und Louisiana ein. Das schäbige New York dieser Zeit wurde in der Umgebung der aus dem 19. Jahrhundert stammenden Wohnhäuser in der **Eldridge Street** an der Manhattaner Lower East Side nachempfunden, wo die dem Jahr 1955 entsprechende Preisauszeichnung in den Schaufenstern beinahe zu Unruhen führte. Zwar wird die gleiche Gegend auch für einige in **Harlem** spielende Szenen eingesetzt, dennoch sind die Mission und die Prozession tatsächlich in Harlem gefilmt, ebenso das Lincoln Presbyterian Hospice, wo Rourke Bandleader Spider besucht, der im **Harlem Hospice** in der **138th Street** angeschossen worden war. Im East Village können Sie die Bar sehen, in der Rourke Bilder von Johnny Favorite erhält. Es ist **Vazak's Bar, 108 Avenue B** an der Ecke zum Tomkins Square. Vazak's ist eine aus vielen anderen Filmen vertraute Bar, darunter *Crocodile Dundee* und *Der Pate, Teil 2*.

Das Pflegeheim in Poughkeepsie, in dem sich Rourke als Krankenhausinspektor ausgibt, ist **Rhinebeck** in Albany nördlich von New York in Richtung der Catskills, wo der ehemalige, vor kurzem verstorbene Sekretär von Franklin D. Roosevelt zu Hause war. Die Nachbarschaft des verschwitzten Junkies Dr. Fowler, angeblich in der 419 Kitteredge, wurde auf **Staten Island** gefilmt. In Brooklyn dient das altehrwürdige **Coney Island, West 10th Street**/Ecke Surf Avenue am Südufer – umgestrichen, um zum monochromen Aussehen des Films zu passen – als der heruntergekommene, von Ratten überschwemmte Vergnügungspark, auf dem Rourke nach Madame Zora sucht.

Weiter geht es nach New Orleans, na ja, so gut wie. Rourkes Ankunft in Louisiana per Zug wurde in der **Hoboken Railway Station** gefilmt, gleich gegenüber von Lower Manhattan auf der anderen Seite des Hudson. Vor dem schrecklichen Attentat auf das World Trade Center im September 2001 konnten Sie dieses eindrucksvolle Wunder in Marmor mit einem Port Authority Trans-Hudson-Zug von der PATH-Station auf der untersten Ebene des WTC aus erreichen.

Die tatsächlichen Dreharbeiten im New Orleans fanden vor allem rund um die viktorianischen Häuser und Geschäfte im alten irischen Viertel an der **Magazine Street** statt. Die Straßenbahn wurde auf der **St. Charles Avenue** gefilmt. Charlotte Ramplings Haus war ein mit Brettern vernageltes Ladenlokal hinter der Royal Street, während die Sklavenquartiere im hinteren Teil als Rourkes Hotel herhielten. Die touristischen Ansichten von New

Orleans zeigen die Bögen am Markt in der **Decatur Street,**
St. Peter Street neben der St. Louis Cathedral.
Die Kirche, in der Rourke ein paar Flüche loslässt, ist die
St. Alphonsius, 2029 Constance Street, parallel zur Magazine Street. Die Rennbahn existiert dagegen nicht, sondern wurde für den Film auf einem freien Feld gebaut. Das
Gumbo-Lokal, in dem es dem Vater von Rampling
schlecht ergeht, ist ein stillgelegtes Busdepot in New Orleans, und die Rückblenden zu einem Times Square vor
dem Krieg wurden verwirrenderweise ebenfalls in New
Orleans gefilmt. Wenn Sie das Plantagenstädtchen besuchen wollen, wo sich Rourke mit Lisa Bonet trifft – es ist
das **Laurel Valley Village Museum,** eine vollständig erhaltene Zuckerrohrplantage von 1840, gelegen an der
Route 308, etwas mehr als drei Kilometer südlich von Thibodoux. Die Plantage, die bis ins 20. Jahrhundert hinein
genutzt wurde, erstreckte sich früher einmal über 2000
Hektar und präsentiert sich praktisch so, wie sie im Film
zu sehen ist. Lediglich der Friedhof ist eine Attrappe. Thibodoux liegt an der Route 1, 80 Kilometer westlich von
New Orleans im Bayou Lafouche. Das Red Rooster, wo
Rourke sich mit Toots Sweet trifft, ist in Wahrheit der beliebte **Maple Leaf Club, 8316 Oak Street,** New Orleans.

ANGRIFF DER KILLERTOMATEN
(1978, R: John de Bello)
David Miller, George Wilson, Sharon Taylor
• **SAN DIEGO, KALIFORNIEN**

Leider entpuppt sich dieser viel versprechend betitelte
Film als gezielte Parodie. Die Stadt, die von dem gefährlichen Gemüse bedroht wird, ist **San Diego** im Süden
Kaliforniens.

DER ANGRIFF DER LEICHTEN BRIGADE
(1968, R: Tony Richardson)
Trevor Howard, John Gielgud, David Hemmings
• **TÜRKEI; LONDON**

Diese massiv unterbewertete, auf düstere Weise bilderstürmende Version aus den sechziger Jahren mit einem verschrobenen Drehbuch von Charles Wood und atemberaubend animierten Sequenzen von Richard Williams könnte
sich wohl nur schwer noch stärker von Curtiz' Vorlage *Der
Verrat des Surat Khan* unterscheiden. Es gab endlose
rechtliche Streitigkeiten über das Drehbuch, das sich angeblich im großen Stil bei Cecil Woodham-Smiths Buch
The Reason Why bedient haben sollte. Laurence Harvey,
der die Rechte am Buch hatte, erhielt einen Part im Film,
wurde aber schließlich wieder herausgeschnitten.
John Gielguds Büro, das Horseguards HQ, wurde im Governor's Office der alten **Royal Mint** gefilmt (bevor deren Aufgaben nach South Wales übertragen wurden),
Cartwright Street, E1, nordöstlich vom Tower of London (*U-Bahnstation: Tower Hill*). Die Ankunft der Truppen nahm man in **Istanbul** auf, während der Angriff
selbst nahe den Dörfern **Saraycik** und **Pacenek** in Zentralanatolien in Szene gesetzt wurde, rund 50 Kilometer
von Ankara entfernt.

ANGST ESSEN SEELE AUF
(1973, R: Rainer Werner Faßbinder)

Brigitte Mira, El Hedi Ben Salem, Barbara Valentin
• **MÜNCHEN**

Frei nach Douglas Sirks *All That Heaven Allows* von
1955 angelegtes Melodrama. Faßbinders Film befasst
sich mit Vorurteilen gegenüber der Beziehung zwischen
Mira als älterer Putzfrau und Ben Salem als jungem marokkanischen Immigranten. Gefilmt wurde in München.

ANNA KARENINA
(1935, R: Clarence Brown)
Greta Garbo, Fredric March, Basil Rathbone
• **KALIFORNIEN**

Ein zweiter Anlauf, die Geschichte von Tolstoi zu verfilmen (Garbo spielte 1927 in einer Stummfilmversion mit
dem Titel *Wilde Orchideen*), größtenteils in einem Studio
in Hollywood gefilmt. Die Rennbahn und der Hindernislauf wurden an der Küste der wunderschönen **Monterey
Peninsula** gedreht.

ANNA UND DER KÖNIG
(1999, R: Andy Tennant)
Jodie Foster, Chow Yun Fat, Mano Maniam
• **MALAYSIA**

Neuaufguss von *Anna und der König von Siam* (der so wie
die Musicalversion *Der König und ich* fast vollständig im
Studio in Hollywood entstanden ist). Die Pläne, den Film
an den echten Motiven in Thailand zu drehen, wurden zunichte gemacht, als die Thailändische Filmkommission
Protest wegen historischer Ungenauigkeiten einlegte (beide vorangegangenen Versionen waren in Thailand verboten worden). Die echte Anna Leonowens, auf deren Memoiren die Geschichte basiert, soll angeblich zum großen
Ärger von König Mongkut erheblich übertrieben haben,
was ihren Einfluss auf den siamesischen Hof angeht.
Nach langwierigen Verhandlungen verlegte Twentieth
Century Fox die Produktion nach Malaysia.
Zum größten Teil wurde der Film in **Ipoh,** Perak, Malaysia, gedreht. Annas traditionelles Haus findet sich in **Parit.**
King Mongkuts großer Palast wurde an einem geheim gehaltenen Ort gebaut, allerdings wurde ein Teil des Palastes
in **Rumah Besar Papan** gefilmt, einem Mandailing Haus
in **Papan,** rund 15 Kilometer von Ipoh entfernt. Im Hafen
von **Penang,** Penang Island, wurde aus Kolonialgebäuden
und einem örtlichen Khoo-kongsi-Tempel ein siamesischer Hafen aus dem 19. Jahrhundert. Gefilmt wurde auch
auf **Langkawi Island** und **Shah Alam, Selangor.**

ANNA UND DER KÖNIG VON SIAM
(1946, R: John Cromwell)
Irene Dunne, Rex Harrison, Gale Sondergaard
• **LOS ANGELES**

Die heftig ausgeschmückte Geschichte einer englischen
Gouvernante, die am Hof von König Mongkut angeblich
westliche Werte einführte, ist in Thailand lange Zeit ein
Quell des Ärgers gewesen – sowohl dieser Film als auch
das Musicalremake *Der König und ich* sind dort nach wie
vor verboten. Exotische Szenen für die Version mit Irene
Dunne entstanden in den üppigen Arealen des **Los Angeles State and County Arboretum, 301 North Bald-**

win **Avenue**, Arcadia, östlich von Pasadena *(Tel. 818 821 3222)*. Für Details siehe *African Queen*.

ANNIES MÄNNER
(1988, R: Ron Shelton)
Kevin Costner, Susan Sarandon, Tim Robbins
• NORTH CAROLINA

Sarandon ist eine Baseball-Besessene, die es sich zur Aufgabe gemacht hat, neue Spieler einzuführen. Klingt wohl ein wenig komisch, aber es funktioniert. Gefilmt wurde in North Carolina, Motive fanden sich in **Raleigh, Greensboro, Asheville, Burlington** und **Wilson**. Die Spiele wurden im **Durham Athletic Park** gedreht, **426 Morris Street, Durham**.

ANOTHER COUNTRY
(1984, R: Marek Kanievska)
Rupert Everett, Colin Firth, Cary Elwes
• OXFORDSHIRE; NORTHAMPTONSHIRE

Das Eton College zeigte sich aus nachvollziehbaren Gründen nicht daran interessiert, Schauplatz der Verfilmung von Julian Mitchells Stück über einen schwulen Schüler zu sein, der nach Moskau überläuft – ein Stück, das sich in groben Zügen am Leben von Guy Burgess orientierte. Den Drehort lieferten schließlich die Schulhöfe des **Brasenose College** (der Brunnen wurde für den Film dort aufgestellt) im Zentrum von Oxford. Der Eingang befindet sich am Radcliffe Square gegenüber der Radcliffe Camera. Die Schulhöfe

Das College: Brasenose College, Oxford

Kirchenparade: Old Schools Quadrangle, Oxford

sind für Besucher geöffnet *(freier Eintritt)*, üblicherweise an Werktagen jeweils am Nachmittag. Es ist aber zu empfehlen, zuvor die Zeiten zu erfragen. Dort können Sie an der östlichen Wand des kleinen zentralen Hofs die ovalen Fenster sehen, wo ein vernarrter Rupert Everett Cary Elwes die Notiz gibt. Die Kirchenparade, bei der die Studenten singen, während Everett den jungen Elwes anstarrt, wurde auf dem **Old Schools Quadrangle** der **Bodleian Library** nördlich des Radcliffe Square gefilmt. Die Innenaufnahmen entstanden auf dem Familiensitz (seit 1508) der Spencers, **Althorp** in Northamptonshire. Earl Spencer selbst ist im Film als Statist zu sehen. Das Anwesen ist heute bekannter als die Grabstätte von Prinzessin Diana. Es liegt zehn Kilometer nordwestlich von Northampton an der A428 und ist nach vorheriger Anmeldung für Besucher geöffnet.

DAS APPARTEMENT
(1960, R: Billy Wilder)
Jack Lemmon, Shirley MacLaine, Fred MacMurray

• NEW YORK CITY

Wilders forsche Satire kassierte je einen Oscar für den Besten Film, Bestes Drehbuch und Bester Regisseur. Jack Lemmon spielt einen Versicherungsangestellten, der sein Apartment an seinen lüsternen Boss Fred MacMurray vermietet. Die Consolidated Life of New York, wo Lemmon arbeitet, war 1960 ein brandneuer, 13 Mio. Dollar teurer Wolkenkratzer im Handelsbezirk von Manhattan, der für die Außenaufnahmen und die Szenen in der Lobby herhielt. Als Lemmon vergeblich auf Shirley MacLaine wartet (während sie vom schmierigen MacMurray verköstigt wird), befindet er sich vor dem **Majestic Theater, 247 West 44th Street** zwischen Broadway und 8th Avenue, wo das Erfolgsmusical jener Tage, *The Music Man*, aufgeführt wurde *(Tel. 212 246 0730)*. Es handelt sich um eine echte New Yorker Bar, in der ein mürrischer Lemmon eine beachtliche Sammlung Cocktailoliven zusammenträgt. Die Bar befindet sich an der West Side in der **205 Columbus Avenue**, zwischen West 69th Street und West 70th Street. Als Adresse des Gebäudes, in dem sich die titelgebende Wohnung befindet, wird 51 West 57th Street an der West Side nahe dem Central Park angegeben, während das tatsächlich benutzte Apartment in der **59th Street** zu finden war.

APOKALYPSE NOW
(1979, R: Francis Ford Coppola)
Martin Sheen, Marlon Brando, Robert Duvall
• PHILIPPINEN

Coppola verfilmt Joseph Conrads *Herz in der Finsternis* als absolute Vietnam-Erfahrung mit einer ganzen Reihe überwältigender Schauplätze. Gefilmt wurde auf der Insel Luzon auf den Philippinen, dokumentiert ist der albtraumhafte Dreh in Eleanor Coppolas Buch *Vielleicht bin ich zu nah – Notizen* und in ihrem beeindruckenden Dokumentarfilm *Reise ins Herz der Finsternis*.
Der Wagner'sche Helikopterangriff auf das Dorf wurde in Baler an der nordöstlichen Küste von Luzon gefilmt (der nördlichen Insel der Philippinen, auf der sich auch die Hauptstadt Manila befindet). Die Helikopter, die vom damaligen Präsidenten Marcos zur Verfügung gestellt wurden, kamen nachts zum Einsatz, um aufständische Filipinos zu bekämpfen, was manchmal auch am Tag vorkam, wobei die Helikopter dann auch schon mal mitten in einer Aufnahme davonflogen. Der Surfstrand mit dem Geruch von frischem Napalm, über den Robert Duvall das Kommando übernahm, ist die **Baler Bay**, die gegenwärtig tatsächlich als der Platz zum Wellenreiten auf den Philippinen schlechthin entdeckt wird. Baler liegt gut 200 Kilometer nordöstlich von Manila und macht eine siebenstündige Anreise erforderlich.
Die Katastrophen häuften sich (Schauspieler Harvey Keitel wurde durch Martin Sheen ersetzt, der einen Herzanfall erlitt), bis schließlich die Sets, die ursprünglich in **Iba** an der Westküste von Luzon im Nordwesten Manilas gebaut worden waren, vom Hurrikan Olga verwüstet wurden. Ein Großteil von ihnen musste in **Pagsanjan** rund eineinhalb Autostunden südöstlich von Manila entfernt wieder aufgebaut werden. Die Do-Long-Brücke wurde hier am Magdapio River gebaut, ebenso Kurtz' La-

ger. Pagsanjan ist die Reise wert. Um dorthin zu gelangen, nehmen Sie den South Expressway von Manila bis zum Ende der Strecke, biegen dann nach links in Richtung Calamba ab, danach nach rechts, und von da an ist die Strecke ausgeschildert. Als Alternative steht eine holprige, dreistündige Busfahrt zur Verfügung. Es gibt auch eine sehr aufregende – und extrem nasse – Bootsfahrt durch die Stromschnellen bis zu den Pagsanjan Falls (auch bekannt als Magdapio Falls). Fragen Sie bei den örtlichen Reisebüros nach, da manche Anbieter der Bootsfahrten dafür bekannt sind, die Touristen auszunehmen. Auf der sechs Kilometer langen Strecke, die flussaufwärts gerudert wird, kommt man an Brandos Albtraumimperium vorbei, dann schließt sich eine aufregende Folge von vierzehn Stromschnellen an.

Die in der Gegend lebenden Ifugaos wurden rekrutiert, damit sie in Kurtz' Königreich Statisten und Köpfe von enthaupteten Opfer spielten (der Körper wurde in einer Kiste versteckt, die man im Set eingegraben hatte). Das schlussendliche Tothacken eines Wasserbüffels, das Coppola auf Film bannen konnte, gehört zu ihrer rituellen Feier, wobei nicht so ganz klar wird, ob das auch für das ausgeklügelte Set und die romantische Hintergrundbeleuchtung gilt.

APOLLO 13
(1995, R: Ron Howard)
Tom Hanks, Bill Paxton, Kevin Bacon
• **LOS ANGELES; TEXAS; FLORIDA**

Diese überraschend fesselnde Schilderung des schicksalhaften Flugs zum Mond im Jahr 1970 wartet mit zahlreichen Spezialeffekten auf. Es wurde aber weit weniger an echten Schauplätzen gefilmt, als Sie sich vielleicht vorstellen, da die Saturn-V-Raketen, die von Cape Kennedy zum Mond starteten, seit langem durch wiederverwendbare Shuttles ersetzt worden sind. Als Konsequenz daraus musste vieles in Hollywood mit Tricks gelöst werden. Die Saturn V, die im Film ins All startet, ist ein Modell im Maßstab 1:20, während der größte Teil der Sequenz aus dem Computer kam. Auch Mission Control wurde in den Studios von Universal gefilmt.

Um einen authentischen Schwerelosigkeitseffekt zu erzielen, filmte Regisseur Howard die Szenen in der Apollo-Kapsel in einer Kulisse, die in einer von der NASA für Trainingsflüge eingesetzten KC-135 Frachtmaschine gebaut worden war. Der Jet, der in **Ellington Field**, Texas, startete, flog eine parabelförmige Flugbahn bis zu einer Höhe von rund 10.000 Metern, um dann in den Steilflug zu wechseln, was 23 Sekunden lang zu Schwerelosigkeit im Inneren führte, während der die Szenen gedreht werden konnten – was insgesamt zehn Tage in Anspruch nahm.

So wie bei einem riesigen Dinosaurier sind auch bei der NASA die beweglichen Teile weit vom Gehirn entfernt, was für Raumfahrtfans sehr praktisch ist, die sicher die echten Schauplätze besuchen wollen, die nämlich beide noch existieren. Die Startrampe, die als Hintergrund für den vorgetäuschten Start diente, ist natürlich das **Kennedy Space Center, Merritt Island**, Florida *(Tel. 407 452 2121)*. Merritt Island, größtenteils ein Naturschutzgebiet, erreicht man über die Interstate 405 von Titusville, 80 Kilometer östlich von Orlando an der Küste gelegen, oder von Cocoa kommend über die Route 3 in Richtung Norden auf dem Bennett Causeway. Zwei Bustouren, Red und Blue, fahren das Gelände ab – die Red Tour (7 Dollar) berücksichtigt auch das Space Center, wo Sie die 52 Stockwerke hohe Montagehalle sehen können. Dieses gewaltige Bauwerk, in dem die Saturn-Raketen gebaut wurden, ist auch im Film zu sehen, doch die offenen Tore sind ein Trick aus dem Computer. Selbst wenn man die NASA dazu hätte überreden können, die Tore für die Dreharbeiten zu öffnen, hätte sich dahinter keine Saturn verborgen. Ausgefeilte Motion-Control-Techniken kamen zum Einsatz, um in einer echten Aufnahme vom Hubschrauber aus die Rakete ins Bild zu kopieren. Eine der alten Saturn-Raketen können Sie auf der Tour durch das Space Center zu sehen bekommen.

Der andere Ort, an dem eine Saturn V zur Schau gestellt wird, ist der Raketenpark im Lyndon B. Johnson Space Center in Houston, Standort der echten Mission Control. Den größten Teil dieser Einrichtungen können Sie besichtigen, Trainingsanlagen für die Shuttle-Piloten, Labore, Mondgestein und sogar den echten Mission Control Room eingeschlossen, wenn der nicht gerade für einen bevorstehenden Start belegt ist. Außer an Weihnachten ist jeden Tag von 9 bis 16 Uhr geöffnet, der Eintritt ist frei. Das Center liegt etwa 30 Kilometer südlich von Houston an der Interstate 45 *(Tel. 713 244 2100)*.

Sie können auch das Motel mit Meeresblick in Florida besuchen, in dem Mrs. Lovell die Nacht vor dem Start verbringt und wo sie unheilverkündend in der Dusche ihren Ehering verliert. Es befindet sich tatsächlich in Los Angeles und ist das **Safari Inn Motel, 1911 Olive Avenue, Burbank** *(Tel. 818 845 8586)*. Dieses Motel im Stil der sechziger Jahre mit beleuchtetem „African"-Schriftzug ist auch zu sehen als das Versteck von Clarence und Alabama in Tony Scotts Film *True Romance* nach einem Drehbuch von Quentin Tarantino. Die Apartments von Gary Sinise und Kevin Bacon befanden sich im **Ambassador Hotel, 3400 Wilshire Boulevard**, mitten in L.A. Das Hotel wurde 1989 geschlossen und dient seitdem nur noch als Kulisse für Dreharbeiten. Momentan droht ihm der Abriss.

APUS WEG INS LEBEN, 1. TEIL
(1955, R: Satyajit Ray)
Subir Banerji, Kanu Banerji, Karuna Banerji
• **INDIEN**

Familienleben in einem von Armut betroffenen indischen

Eine Saturn V: Lyndon B. Johnson Space Center, Houston

Dorf – erster Teil von Rays Apu-Trilogie. Das Dorf Go-palnagar ist zwar im Roman der Ort der Handlung, je-doch eignete es sich nicht für Dreharbeiten. Ray ent-schied sich für **Boral**, zehn Kilometer vom Stadtzentrum von Kalkutta entfernt.

APUS WEG INS LEBEN, 2. TEIL

(1956, R: Satyajit Ray)
Kanu Banerjee, Karuna Banerjee, Pinaki Sen Gupta
• INDIEN

Der zweite Teil von Rays hoch gelobter Apu-Trilogie nach den Romanen von Bibhutibhusan Banerjee erzählt aus dem Leben des Dorfjungen, der entschlossen ist, ei-ne Ausbildung zu erfahren, als kurz hintereinander erst sein Vater und dann seine Mutter sterben.

Der Film beginnt in **Varanisi**, dem Nach-Unabhängig-keits-Namen von Benares in der nördlichen Provinz Ut-tar Pradesh (um die Verwirrung zu steigern, wird Varani-si auch mit dem alten Namen Kashi erwähnt), wohin Apus Familie zum Ende des ersten Teils der Trilogie umzieht. Varanisi ist die wichtigste Heilige Stadt der Hindus (weit mehr als zweitausend Tempel und Schreine finden sich hier), die am heiligen Fluss Ganges erbaut wurde. Die Eröffnungssequenz vermittelt einen Eindruck von dem hektischen Treiben auf den Ghats, den stufenförmigen Anlegestellen am Flussufer, wo ein Priester rezitiert, ein Muskelmann einen Schläger schwingt und Leichen ver-brannt werden. Der junge Apu verbringt seine Zeit an den Ghats, und hier, beim Gang über die Stufen, bricht sein Vater Harihar zusammen. Apu kehrt an die Landestege zurück, um eine Schale Ganges-Wasser für den sterben-den Harihar zu holen. 81 Ghats säumen diesen über sechs Kilometer langen Abschnitt am Westufer des Ganges.

Der mit Weihrauch erfüllte Tempel, in den Apu seine Mut-ter begleitet, ist der wichtigste Schrein von Varanisi, der **Vishvanath-Tempel** (Vishvanath ist ein anderer Name für Shiva, den Gott des Tanzes). Das 1750 erbaute Gebäude mit seinen goldenen Dekorationen von 1939 hat sich den Namen „Goldener Tempel" zu Recht verdient. Es liegt ein Stück vom Ganges entfernt zwischen dem Dasashwar-nedh Ghat und dem Manikarnika, ist aber für Nicht-Hin-dus nicht zugänglich. Den besten Blick hat man vom Dach des gegenüberliegenden Hauses, in dem man einen be-scheidenen Eintritt für dieses Privileg bezahlen muss.

Nach dem Tod von Harihar verlassen Apu und seine Mut-ter die Stadt, um sich in ein entlegenes Dorf in Bengalen zu begeben (der Name wird mit Mansapota angegeben, und die nahe gelegene Schule, die Apu besucht, liegt in Arboal), doch Apu will in seinem Leben mehr erreichen, als nur Dorfpriester zu sein. Er reist mit dem Zug nach Kalkutta, wo er an der Universität ein Studium beginnt. Er trifft am wichtigsten Bahnhof im Osten von Indien ein – **Howrah Station** am Nordufer des Hooghly River – und sieht das englische Straßenschild der Harrison Road.

ARABESKE

(1966, R: Stanley Donen)
Gregory Peck, Sophia Loren, Alan Badel
• LONDON; BERKSHIRE; OXFORDSHIRE;
   SOUTH WALES

Regisseur Donen versieht diese an Hitchcock ange-lehnte Mischung aus Thriller und Komödie mit grel-len Bildern der sechziger Jahre, als Professor Gre-gory Peck dem To-

Gregory Pecks College: St. John's, Oxford

de geweiht ist, nachdem er mysteriöse ägyptische Hie-roglyphen entziffert hat. Die Universität, an der Peck Vorlesungen hält, ist natürlich Oxford, und den recht großen Hof, auf dem ihm ein Angebot gemacht wird, kön-nen Sie am **St. John's College** in der St. Giles Street sehen. Es handelt sich um den inneren Canterbury Quad (der auch in Joseph Loseys *Accident – Zwischenfall in Oxford* zu sehen ist).

Touristenziele sind unter anderem **Regents Park Zoo; Trafalgar Square** (da eine Aufnahme von einem Heli-kopter nicht möglich war, montierte man eine Kamera auf einem Flaschenzug an *Nelson's Column*); das **British Museum**; die Royal Enclosure am **Ascot Racetrack** in Berkshire; **Waterloo Station**.

Die Verfolgungsjagd, bei der die Schurken in einem Hub-schrauber Peck und Loren unter einer Eisenbahnbrücke nachjagen, wurde in **Abertillery** gefilmt, 20 Kilometer nördlich von Newport, Gwent in South Wales. Die Straße und die Eisenbahnstrecke wurden gesperrt, Gas und Strom wurden abgestellt, und 350 Bewohner des nahe ge-legenen Dorfs wurden während der Dreharbeiten evaku-iert – und erhielten dafür pro Familie 2 £ Entschädigung. Ms. Lorens Garderobe kostete im Vergleich 53.500 £.

ARACHNOPHOBIA

(1990, R: Frank Marshall)
Jeff Daniels, John Goodman, Julian Sands
• KALIFORNIEN; VENEZUELA

Der weiße Hai mit achtbeinigen Zeitgenossen. Die fikti-ve kalifornische Küstenstadt Canaima, wo Haus und Scheune für den Film gebaut wurden, ist **Cambria**, rund 15 Kilometer südlich von San Simeon in Richtung San Luis Obispo am Highway 1 gelegen. Die Dschungelsze-nen entstanden nahe Angel Falls in Venezuela, an einer Stelle, die tatsächlich den Namen **Canaima** trägt.

ARIZONA JUNIOR

(1987, R: Joel Coen)
Nicolas Cage, Holly Hunter, John Goodman
• ARIZONA

Der witzigste und erfindungsreichste Film in dem Jahr entstand tatsächlich in Arizona, in Phoenix und im Vor-ort Scottsdale. Der Supermarkt, in dem Cage versucht, ein Paket Windeln zu stehlen und dabei die große Auto-(und Hunde-) Verfolgungsjagd auslöst, ist in **Tempe** in ei-ner lang gestreckten, flachen Ansammlung aus Ein-kaufszentren vor den Toren von Phoenix zu finden. Ge-dreht wurde außerdem in einem der **Denny's**-Restaurants in Scottsdale. Die Bank, die von Goodman und William Forsythe überfallen wird, ist in Wahrheit ein Restaurant, das **Reata Pass Steakhouse, 27500 North Alma School Parkway**, südlich des East Dynamite Boulevard, Scottsdale *(Tel. 480 585 7277)*. Das Gefängnis ist die **Squaw Peak Water Treatment Plant, 20th Street**, Phoenix. „Unpainted Arizona" ist das **Home Depot, 12434 North Cave Creek Road, Cave Creek**, ein nördlicher Vorort von Phoenix. Für die Innenaufnahmen wurde das von 1925 stammende **Jokake Inn** genutzt – das heute Teil des verschwenderischen **Phoenician Resort** ist, **6000 East Camelback Road**, am Fuß des Camelback Mountain – sowie die **Old City Hall** von Phoenix, **17th Street**/Ecke Second Avenue.

ARMAGEDDON

(1998, R: Michael Bay)
Bruce Willis, Ben Affleck, Steve Buscemi
• **NEW YORK CITY; LOS ANGELES; TEXAS; SOUTH DAKOTA; WASHINGTON D.C.; FLORIDA; NEW MEXICO; FRANKREICH; TÜRKEI; INDIEN; CHINA**

Ein Asteroid so groß wie Texas rast auf die Erde zu. Der Start der Space Shuttles ist echt und wurde im **Kennedy Space Center** in Florida gedreht (siehe *Apollo 13* für Details). Gefilmt wurde auch im 26 Mio.

Asteroidenfragmente regnen herab auf die Grand Central Station in New York ...

... und landen in L.A.: Main Street

Liter fassenden Schwimmtank der NASA im **Johnson Space Center, Houston**, Texas. Einführungseinstellungen wurden in New York, Washington D.C. und in **Pilot Point, Aubrey** und **Denton**, Texas, aufgenommen. Die Oberfläche des Asteroiden, auf dem die Shuttles *Independence* und *Freedom* eine Bruchlandung hinlegen, befand sich im **Badlands National Park**, South Dakota. Regisseur Bay setzte unter anderem auch diese Motive ein: ein historisches Haus in Los Angeles; **Edwards Air Force Base**, nördlich von L.A.; das **Shrine Auditorium, 665 West Jefferson Boulevard** (für Details siehe *Ein Stern geht auf*); das **Very Large Array National Radio Astronomy Observatory** nahe Magdalena in New Mexico (für Details siehe *Contact*) und die **Fletcher Oil Refinery, 24721 Main Street**, Carson, zwischen Sepulveda und Lomita Boulevard. Weltweit entstanden Aufnahmen in San Michele, Frankreich; an der Blauen Moschee und Ortakoy, Istanbul; am Taj Mahal und am Red Fort, Indien, sowie in Shanghai, China. Der einleitende Meteoritenhagel, der auf die 53rd Street, New York, niederprasselt, wurde tatsächlich in Los Angeles, an der **Fourth Street** und **Main Street** am alten **Barclay Hotel** gefilmt (auch zu sehen in *Besser geht's nicht*).

DIE ARMEE DER FINSTERNIS – TANZ DER TEUFEL III

(1993, R: Sam Raimi)
Bruce Campbell, Embeth Davidtz, Marcus Gilbert
• **KALIFORNIEN**

Der dritte Film aus der *Tanz der Teufel*-Reihe begibt sich ins blutrünstige Mittelalter. Gefilmt wurde überwiegend auf der Bühne des La Brea in Hollywood. Die englische Burg aus dem 13. Jahrhundert errichtete man – geographisch äußerst präzise – in der kalifornischen Wüste bei **Acton** abseits der Route 14 nördlich von L.A. Gefilmt wurde auch in **Vasquez Rocks** (für Details siehe *Massai*).

ARTHUR – KEIN KIND VON TRAURIGKEIT

(1981, R: Steve Gordon)
Dudley Moore, John Gielgud, Liza Minnelli
• **NEW YORK CITY; NEW YORK STATE**

Alles, was Steve Gordon vielleicht zum Thema Alkoholismus hätte sagen wollen, wurde durch Moores einseitige (unglaublicherweise für einen Oscar nominierte) Darstellung eines Säufers zunichte gemacht, während der giftige Gielgud mühelos allen anderen die Schau stiehlt. Wenn Sie die gleiche Steuerprogression haben,

Arthur und die Nutten: Plaza Hotel, 59th Street

Liza Minelli klaut: Bergdorf-Goodman, Fifth Avenue

dann wäre doch ein Essen in dem schicken Restaurant etwas, in dem Moore die anderen Gäste mit der Nutte Gloria schockiert. Es ist der **Oak Room** im **Plaza Hotel, Fifth Avenue**/Ecke 59th Street *(Tel. 212 759 3000)*. Aber machen Sie bitte nicht Liza Minnelli nach, die sich im Nobelkaufhaus Bergdorf-Goodman zum Diebstahl hinreißen lässt, **754 Fifth Avenue** zwischen 57th Street und 58th Street. An der Upper East Side findet sich das Haus von Moores Großmutter, die **Carnegie Mansion, 2 East 91st Street**,

Gehört Arthurs Großmutter: Carnegie Mansion, Upper East Side

Flucht vor der Hochzeit:
St. Bartholomew's, Fifth Avenue

bekannt aus *Der Marathon-Mann*, *Die Waffen der Frauen* und Sean Connerys Thriller *Öl*.

Auf Long Island sind die edlen Landhäuser von Arthurs Verlobter Susan und ihres Vaters in **Glen Cove** und **Manhasset** gelegen. Gefilmt wurde auch auf dem **Knole Estate, Old Westbury** auf Long Island; die Stallungen befanden sich in **Caumsett** auf dem Anwesen von Marshall Field III., heute ein staatlicher Park. Die Kirche, in der Moore sich gegen die arrangierte Hochzeit entscheidet, finden Sie in der Park Avenue. Es ist die im byzantinischen Stil erbaute bischöfliche **St. Bartholomew's, 109 Fifth Avenue**.

DIE ASCHE MEINER MUTTER

(2000, R: Alan Parker)
Robert Carlyle, Emily Watson, Joe Breen
• **IRLAND**

Die umstrittene Asche entwickelte sich zu einer Stichflamme, als Alan Parker beschloss, Frank McCourts pessimistische, von Armut geprägte Autobiographie an den echten Schauplätzen in **Limerick** im Westen Irlands zu verfilmen. Letztlich wurde der größte Teil des Films in **Cork** und **Cobh Harbour** sowie in Kulissen in Dublin gedreht.

ASCHE UND DIAMANT

(1958, R: Andrzej Wajda)
Zbigniew Cybulski, Ewa Krzyzanowska, Adam Pawlikowski
• **POLEN**

Cybulski ist ein „James Dean"-artiger Partisan in den Wirren des Nachkriegs-Polen. Wajdas Klassiker wurde in **Lodz** und **Breslau** gefilmt.

ASPHALTDSCHUNGEL

(1950, R: John Huston)
Sterling Hayden, Louis Calhern, Marilyn Monroe
• **LOS ANGELES; KENTUCKY**

Der innerstädtische Schauplatz von Hustons vorbildlichem Gangsterfilm sollte eigentlich keiner bestimmten Stadt zugeordnet werden. Nachdem aber in St. Louis und Cincinnati nach Motiven gesucht worden war, filmte die Crew schließlich einfach im Großraum **L.A.**, abgesehen von der letzten Sequenz, die in der Hauptstadt des Pferderennens **Lexington** in Kentucky entstand.

ASPHALT-COWBOY

(1969, R: John Schlesinger)
Jon Voight, Dustin Hoffman, Sylvia Miles
• **NEW YORK CITY; TEXAS; FLORIDA**

Jon Voight wandelt sich zum Aufreißer-Cowboy, um seinem trostlosen Leben zu entfliehen, das er als Tellerwäscher in **Miller's Restaurant** führt, **Big Spring**, Hwy-80 zwischen Midland und Abilene, im Westen von Texas.

Nach dem Umzug nach New York steigt er ab im heute nicht mehr existierenden Claridge Hotel, das am Times Square stand. Immer noch vorhanden ist das Apartment der bezaubernden Sylvia Miles, **114 East 72nd Street** an der East Side, wo alles in Tränen endet, als er sie um Geld bittet. Das fiktive Berkeley Hotel for Women, in dem Hoffman davon träumt, dass Voights Geschick als Aufreißer der Schlüssel zum Erfolg ist, war das Gotham Hotel. Es wurde in den achtziger Jahren komplett neu eingerichtet, ist aber immer noch zu erkennen und ist heute das **Peninsula Hotel, 700 Fifth Avenue**. Die letzte Busreise wurde auf der **Miracle Mile** in **Coral Gables**, Florida, gefilmt.

Berkeley Hotel for Women: das Peninsula Hotel, Fifth Avenue

Sylvia Miles' Apartment: East 72nd Street

ASSAULT – ANSCHLAG BEI NACHT

(1976, R: John Carpenter)
Austin Stoker, Darwin Joston, Laurie Zimmer
• **LOS ANGELES**

Precinct 13: Police and Fire Station of Venice, Venice Boulevard

Carpenters Verarbeitung von Howard Hawks' *Rio Bravo* zeigt eine untypisch zusammengesetzte Straßengang, die ein fast verlassenes Polizeirevier belagert. Der Polizeibezirk ist tatsächlich Bezirk 9 im fiktiven Anderson, und der Film sollte ursprünglich sogar *The Anderson Alamo* heißen. Dieser Titel wurde dann aber in *The Siege* geändert, ehe Verleiher Irwin Yablans auf den griffigen Originaltitel *Assault on Precinct 13* kam, der zwar im Gedächtnis haften bleibt, aber eigentlich falsch ist, da es sich eben nicht um den Polizeibezirk 13 handelt.

Der mit einem Minimalbudget produzierte Film bedient sich eines regelrechten Patchworks aus Motiven in ganz L.A., während die Innenaufnahmen im Producers Studio entstanden, heute die **Raleigh Studios**. Die Straßen nahe dem Revier befinden sich in Watts, dem problematischen Bereich in South Central in L.A.; der Blick auf die der Wache gegenüberliegende Seite zeigt North Hollywood, aber Anderson Police Station, Division 14 selbst ist die alte Police und Fire Station of Venice an der nordöstlichen Ecke von **Venice Boulevard** und Pisani Drive, Venice.

ATALANTE
(1934, R: Jean Vigo)
Jean Dasté, Dita Parlo, Michel Simon
• **FRANKREICH**

Vigos verträumter poetischer Film zeigt Dita Parlo als Frau des Barkenkapitäns Jean Dasté, die dem Lockruf von Paris folgt und das romantische Leben an Bord hinter sich lässt. Das gute Dutzend Katzen an Bord der Barke, die viel zur Stimmung des Films beitragen, waren Vigos Idee, durch die der im Drehbuch ausdrücklich genannte Hund ersetzt wurde.

Die einleitende Hochzeitsszene wurde im Dorf **Maurecourt** an der Oise inszeniert, nördlich der Seine, rund 30 Kilometer nordwestlich von Paris. Kanalszenen wurden im nahe gelegenen **Conflans-Sainte-Honorine** gefilmt, einem Zentrum für Flussnavigation auf der Seine (es gibt hier auch ein Schiffsmuseum). Die Reise nach Paris führt weiter auf dem **Canal de Ourcq**, nordöstlich der Stadt, in den Hafen beim **Bassin la Villette** (auch zu sehen in Jean-Jacques Beineix' *Diva*), und auf dem Canal St. Martin, wo die Barke am **Quai de la Loire** anlegt, nordöstlich der U-Bahnstation Jaures. Das Cabaret, in dem Dita Parlo von einem Hausierer zum Leben in der Stadt verführt wird, ist Le Charentonneau in **Maisons Alfort** im Südosten von Paris (das Innere ist jedoch eine Kulisse). Der Bahnhof, auf dem Parlo ausgeraubt wird, ist der **Gare d'Austerlitz**. Die Szenen wurden nach Mitternacht gedreht, nachdem der Bahnhof geschlossen worden war. Bevölkert wurde er dabei mit Freunden von Vigo, die man aus den Bars von St-Germain-des-Pres hingezerrt hatte.

ATEMLOS
(1983, R: James McBride)
Richard Gere, Valerie Kaprinsky, Art Metrano
• **LOS ANGELES**

Phantastisch aussehendes (mit großartigen Motiven in L.A.) und mutig unsympathisches Remake von Godards *Außer Atem*, das dank Tarantinos Äußerung, es handele sich um einen seiner Lieblingsfilme, deutlich an Bedeutung gewonnen hat. Die Handlung wird aus dem schwarzweißen Paris der sechziger Jahre ins pastellfarbene Kalifornien der achtziger Jahre verlegt. Motive waren unter anderem die **University of California**, Los Angeles; **Westwood** und **Venice Beach**. Die großartigen Wandgemälde, die für das Gebiet von Venice kennzeichnend sind, finden Sie nahe der Windward Avenue und dem Speedway. Das futuristisch albtraumhafte Hotel ist das **Westin Bonaventure, 404 South Figueroa**, Downtown L.A.

ATLANTIC CITY, USA
(1980, R: Louis Malle)
Burt Lancaster, Susan Sarandon, Michel Piccoli
• **ATLANTIC CITY, NEW JERSEY; KANADA**

Vergnügliche, schräge Mischung aus Komödie und Drama, geschrieben von Bühnenautor John Guare und zu einer Zeit in der Ostküstenstadt gefilmt, als die prachtvollen alten Hotels abgerissen wurden und aus dem Küstenidyll ein Außen-hui-innen-pfui-Ersatz-Vegas wurde (das Glücksspiel war 1977 legalisiert worden). Die Handlung konzentriert sich aber auf den berühmten **Boardwalk**. Das Gebäude in Form eines Elefanten, das zu Anfang zu sehen ist, als Susan Sarandons verrufene Verwandten in die Stadt gefahren kommen, ist **Lucy the Margate Elephant**, eine viktorianische Verschrobenheit, die ursprünglich aus Holz und Blech gebaut worden war. Die Konstruktion ist sechs Stockwerke hoch, in den Beinen führen Wendeltreppen nach oben in ein Museum mit Erinnerungsstücken von Atlantic City. Sie finden Lucy in der **9200 Atlantic Avenue** *(Tel. 609 823 6473, es wird Eintritt verlangt)*. Sarandon übt, um als Kartengeberin in Resorts International Casino zu arbeiten, heute **Merv Griffin's Resorts Casino Hotel, North Carolina Avenue**/Ecke Boardwalk *(Tel. 609 344 6000)*, das erste Casino von Atlantic City. Beim Meeresfrüchterestaurant, in dem sie mit Lancaster isst, ist das ziemlich kostspielige **Knife and Fork Inn** an der Ecke **Albany Avenue/Atlantic Avenue** *(Tel. 609 344 1133)*. Der ständig in Bewegung befindliche Parkplatz, auf dem Sarandons unfähiger Ehemann sein Ende erlebt, ist das **Park Mobile**. Der Film war eine kanadische „Steuerspar"-Produktion, was auch erklärt, warum der größte Teil der Nebenrollen mit Kanadiern besetzt und die Innenaufnahmen in **Montreal** gefilmt wurden.

AUF DER FLUCHT
(1993, R: Andrew Davis)
Harrison Ford, Tommy Lee Jones, Sela Ward
• **ILLINOIS; NORTH CAROLINA**

Kinoversion der erfolgreichen TV-Serie, angesiedelt in Chicago, und größtenteils auch dort gefilmt. Bevor ihm der Mord an seiner Frau zur Last gelegt wird, besucht Harrison Ford eine Wohltätigkeitsveranstaltung im luxuriösen **Four Seasons Hotel, 120 East Delaware Place**/Ecke North Michigan Avenue an der Magnificent Mile. Das Krankenhaus, in dem er arbeitet, ist das **University of Chicago Hospital** auf dem Campus der University of Chicago zwischen East 57th Street, East 59th Street, South University Avenue und South Ellis Avenue im Bezirk Hyde Park-South Kenwood.

Der Wohltätigkeitsball: Four Seasons Hotel, East Delaware Place

Das atemberaubend inszenierte Zugunglück, durch das Ford in Freiheit gelangt, wurde an der Great Smoky Mountains Railway bei **Dillsboro** gefilmt, rund 65 Kilometer westlich von Asheville im westlichsten Zipfel von North Carolina. Noch einmal 50 Kilometer weiter

Ford stellt den Schurken: Chicago Hilton, South Michigan Avenue

Ford entkommt nur knapp: City Hall-County Building, Chicago

westlich an der Grenze zu Tennessee findet sich der **Fontana Dam**, der den Little Tennessee River bei **Lake Cheoah** staut. Dort unternimmt Ford seinen spektakulären Sprung ins Wasser (das Abwasserrohr wurde speziell für den Film gebaut).

Ford befasst sich im **Cook County Hospital, Harrison Street**/Ecke South Wood Street, mit Prothesen, und entkommt nur knapp aus dem Chicagoer **City Hall-County Building**, nachdem er einen Gefangenen besucht hat. Das Gebäude, das auch beim Finale von *Blues Brothers* eine wichtige Rolle spielt, befindet sich in dem Block, der von der North Clark, der North LaSalle, der West Randolph und der West Washington Street umgeben ist. Ford entkommt über den Platz davor, an der Picasso-Skulptur vorbei, um dann in der (echten) St. Patrick's Day Parade auf der **Dearborn Street** unterzutauchen.

Der Höhepunkt des Films, bei dem Ford endlich dem wahren Widersacher gegenübertritt, spielt sich im edlen Großen Ballsaal des **Chicago Hilton and Towers** ab, **720 South Michigan Avenue**/Ecke East Balbo Drive am South Loop.

AUF DER JAGD

(1998, R: Stuart Baird)
Tommy Lee Jones, Wesley Snipes, Robert Downey Jr.
• NEW YORK CITY; ILLINOIS; KENTUCKY; TENNESSEE

Enttäuschende Fortsetzung von *Auf der Flucht*, in der Marshall Tommy Lee Jones diesmal den zu Unrecht beschuldigten Wesley Snipes verfolgt. Gefilmt wurde bei den **Vereinten Nationen**, New York, und in Chicago: **O'Hare International Airport, Bohemian National Cemetery, Cook County Courthouse, St. Ann's Hospital**, in der **444 North Michigan Avenue** und in **West Vienna**, Illinois. Außerhalb von Illinois fanden Dreharbeiten statt in **Benton**, Kentucky, und **Reelfoot Lake**, Tennessee (für Details siehe *Das Land des Regenbaums*).

Turners Apartment: West End Avenue

AUF DER JAGD NACH DEM GRÜNEN DIAMANTEN

(1984, R: Robert Zemeckis)
Kathleen Turner, Michael Douglas, Danny DeVito
• NEW YORK CITY; MEXIKO; UTAH; NEVADA

Kathleen Turner ist eine New Yorker Autorin, die von einem gut aussehenden Helden träumt, der nach ihrer vermissten Schwester in Kolumbien sucht und sie auch findet – raten Sie mal, was passiert! Turners Apartment ist in der **495 West End Avenue** an

der Upper West Side von Manhattan. Die Szenen in Kolumbien entstanden während einer extrem verregneten Saison in Mexiko – an den Klippen von **Xica**; in der Festung von **San Juan de Ulua**; in den engen Gassen von **Barraca Grande**; in **Xalapa** und im Dschungel von **El Arsenal**. Die Wüstenszenen zeigen **Washington County** im Südwesten von Utah und die **Mojave-Wüste** nahe Las Vegas, Nevada.

AUF WIEDERSEHEN, KINDER

(1987, R: Louis Malle)
Gaspard Manesse, Raphael Fejto, Francine Racette
• LOIRE

Der Neuling in einem katholischen Internat in der Zeit des von den Deutschen besetzten Frankreich muss die Tatsache verschweigen, dass er ein Jude ist. Gedreht wurde in **Provins**, 80 Kilometer südöstlich von Paris im Loire-Distrikt an der **Institution Sainte-Croix**. Die dortige Kathedrale Sainte-Croix wurde im 13. Jahrhundert erweitert, um Platz für ein Stück des echten Kreuzes (ja, wirklich) zu schaffen, das von den Kreuzzügen mitgebracht worden war.

AUF WIEDERSEHEN, MR. CHIPS

(1939, R: Sam Wood)
Robert Donat, Greer Garson, Paul von Hernreid
• DERBYSHIRE

Klassisches Rührstück nach James Hiltons Roman, das die Lebensgeschichte eines schüchternen Schuldirektors von 1870 bis zum Ersten Weltkrieg schildert. Diese MGM-Produktion unter dem amerikanischen Regisseur Sam Wood wurde in England gedreht. Die Brookfield School ist die **Repton School**, Repton, zwischen Derby und Burton-upon-Trent, allerdings wurde die Schule für die meisten Szenen im Studio nachgebaut.

Das Musical-Remake von 1969 spielte in **Sherborne**, Dorset. Sian Phillips' Haus am Ufer ist die **59 Strand-on-the-Green** am Nordufer der Themse gleich östlich der Kew Bridge, London W4. Der Urlaub in den Bergen wird durch einen Aufenthalt in Italien ersetzt und bezieht **Pompeji** am Fuße des Vesuvs mit ein, außerdem **Positano** rund 24 Kilometer südlich sowie noch weiter südlich die Stadt **Paestum**.

AUFSTAND IN SIDI HAKIM

(1939, R: George Stevens)
Cary Grant, Victor McLaglen, Douglas Fairbanks Jr.
• KALIFORNIEN

Spektakuläres Epos, das an der nordwestlichen Grenze Indiens angesiedelt ist und in dem die allgegenwärtigen **Alabama Hills** bei Lone Pine an der Inter-

Standort des Tempels: Temple Pocket, Horseshoe Meadow Road

state 395 wieder mal als Himalaya-Gebirge herhalten müssen. Das Motiv wurde in ähnlicher Weise unter anderem in

Standort des englischen Forts: Indian Springs Road, Alabama Hills

den Filmen *Der Angriff der leichten Brigade* (1936) und *Bengali* verwendet. Die beeindruckende Felsformation der Alabama Hills liegt im Westen der Stadt Lone Pine abseits der Whitney Portal Road. Das riesige englische Fort wurde an der **Indian Springs Road** südlich von Whitney Portal vor dem Hintergrund der Sierra Nevadas errichtet. Der Tempel von Kali wurde in einer Höhle aufgebaut, die heute als **Temple Pocket** an der **Horseshoe Meadow Road** bekannt ist. Dort ist auch eine Tafel aufgestellt worden, die an die Dreharbeiten erinnert.

AUGEN DER ANGST

(1960, R: Michael Powell)
Karlheinz Böhm, Anna Massey, Moira Shearer
• LONDON

Karlheinz Böhms erster Mord: Newman Arms, Newman's Court

Beim Filmstart geschmäht, aber heute als einer der großen britischen Filme gefeiert. Böhm, der gestörte Sohn eines sadistischen Filmemachers, hat eine Furchtfixierung und eine tödliche Filmkamera. Böhms Haus stand in der 5 Melbury Road abseits High Street Kensington nahe Holland Park. Auch wenn Nummer 7 noch immer existiert, wurde die Umgebung abgerissen, um einem Gebäudekomplex Platz zu machen. Regisseur Powell spielt nicht nur den besessenen Vater, sondern lebte auf der anderen Straßenseite in 8 Melbury Road, die noch immer steht. Der Garten des Hauses wurde benutzt, um die Privatfilme zu drehen.

Böhms erstes Opfer, Brenda Bruce, wird in **Newman's Court** an der Oxford Street angesprochen und bringt den Killer in ihr Zimmer über dem **Newman Arms**. Das Zeitungsgeschäft, in dem Geschäftsleute heimlich ihre Herrenmagazine kaufen, ist an der Ecke **Percy Street**/Rathbone Place, gleich hinter der Tottenham Court Road zu finden.

EIN AUSGEKOCHTES SCHLITZOHR

(1977, R: Hal Needham)
Burt Reynolds, Sally Field, Jackie Gleason
• GEORGIA

Reynolds ist ein Schmuggler, der eine verärgerte Nicht-

Braut Field in seinem Wagen mitnimmt und damit eine lange und lautstarke Verfolgung durch den zukünftigen Schwiegervater und Sheriff Gleason auslöst. So wie viele andere Filme mit Reynolds entstand auch dieser in seinem Heimatstaat Georgia. Das Motel und die Tankstelle sind Kulissen auf der **Burt Reynolds Ranch, 16133 Jupiter Farms Road, Jupiter.**

AUSGERECHNET WOLKENKRATZER

(1923, R: Sam Taylor, Fred Newmeyer)
Harold Lloyd, Mildred Davis, Noah Young
• LOS ANGELES

Der De Vore Department Store: South Broadway

Zum Markenzeichen des Stummfilmkomikers Harold Lloyd gehörten Schwindel erregende Stunts, bei denen er an der Fassade hoher Gebäude baumelte. In diesem Film ist er ein Junge vom Land, der seine Freundin beeindrucken möchte, indem er an einem Wettbewerb im Hochhausbesteigen mitmacht. Der De Vore Department Store im Bolton Building ist eine Kombination aus zwei Gebäuden in Downtown L.A., von denen heute eines noch immer existiert. Die **801 South Broadway** können Sie sich ansehen, aber die 908 South Broadway, wo er sich an das Zifferblatt einer Uhr klammerte, ist abgerissen worden. Dabei ist es nicht ganz so gewesen, wie es aussieht. Das Zifferblatt wurde über einer Plattform errichtet, während Lloyd für die Totalen die „menschliche Fliege" Bill Struthers engagierte, der die Kletterpartie übernahm. Im Hintergrund können Sie übrigens die Börse von L.A. sehen. Lloyd verarbeitete die gleichen Ideen später in *Harold Lloyd – Der Traumtänzer* noch einmal.

AUSSER ATEM

(1959, R: Jean-Luc Godard)
Jean-Paul Belmondo, Jean Seberg, Daniel Boulanger
• PARIS; MARSEILLES

Godards Kinodebüt war einer der ersten Filme, der die Enge des Studios verließ und in den Straßen von **Paris** entstand (ausgenommen die Eröffnungsszene, in der Belmondo einen Wagen am **Vieux Port** von **Marseille** kurzschließt).

Jean Sebergs Hotel am linken Seineufer – das Hotel de Suede, wie es 1959 hieß – liegt im Schatten von Notre Dame und wurde als Studioersatz für die meisten Innenaufnahmen des Films benutzt. Es handelt sich um ein Motiv des Films, das von Grund auf überholt worden ist und dem man – mit Blick auf die Lage – einen neuen Namen verliehen hat: **Les Rives de Notre Dame**. Es befindet sich am **15 Quai St. Michel** an der Kreuzung zur Rue Xavier Privas *(U-Bahnstation: St. Michel).*

Das Café, in dem Belmondo ein Frühstück bestellt, das er nicht bezahlen kann, ist heute ein Drugstore. Es war das Le Royale St. Germain an der Kreuzung des Boulevard St. Germain und der Rue de Rennes gegenüber der U-Bahnstation St. Germain des Pres. Die Möchtegernjournalistin

Sebergs Hotel: Les Rives de Notre Dame

Seberg kauft die *New York Herald Tribune* auf den **Champs Elysées**, wo Belmondo sie einholt. Das alte Büro der Tribune, in dem Seberg arbeitet, ist inzwischen gründlich umgebaut worden (heute befindet sich dort ein Rentenunternehmen), aber links von der Eingangstür weist ein Messingschild darauf hin, dass die Zeitung von 1930 bis 1978 hier ihren Sitz hatte. Vor dem Büro hat Godard übrigens einen Cameo-Auftritt.

Die neue Front des Gebäudes sieht man gleich am zum Arc de Triomphe gelegenen Ende der Champs in der **21 Rue de Berri** (*U-Bahnstation: George V.*).

Ein Großteil der sich anschließenden Action spielt sich rund um die Champs ab. Die Eingänge zur **U-Bahnstation George V.** sind der Ort, an dem Belmondo den Polizisten entkommt, bevor er sich in einem Kinofoyer vor Standfotos von Humphrey Bogart in Pose wirft. Das stark modernisierte Kino ist das **Cinema Normandie, 116 bis Champs Elysées**, gleich neben dem Lido de Paris. Am oberen Ende der Champs befand sich die Pergola, das geräumige Café in der ersten Etage, in dem sich Seberg mit dem Journalisten Van Doude trifft. Südwestlich davon liegt die Avenue Montaigne, auf der man die edelsten Designergeschäfte findet. Hier träumt Seberg vor dem Geschäft von **Christian Dior, 30 Avenue Montaigne**, von Edelkleidern, während Belmondo zeigt, dass er Köpfchen besitzt, da er weiß, dass man dort kostenlos telefonieren kann.

Wir verlassen kurz das Stadtzentrum, damit Seberg den Schriftsteller M. Parvulesco auf der Terrasse des Flughafens **Orly** interviewen kann – 1959 der wichtigste Flughafen von Paris. Er liegt rund 45 Minuten in südlicher Richtung von der Stadt entfernt.

Zurück auf den Champs wird nun Seberg verfolgt, während eine Menschenmenge einem (echten) Besuch von General de Gaulle und Präsident Eisenhower am Grab des unbekannten Soldaten unter dem Arc de Triomphe zusieht. So wie bei Belmondo endet auch Sebergs Ausweichmanöver – nicht überraschend – in einem Kino. Sie verwirrt die Polizisten, indem sie in geduckter Haltung durch das **Cinema Mac-Mahon** schleicht, **5 Avenue Mac-Mahon** gleich am L'Étoile, das immer noch geöffnet ist und das man nur geringfügig verändert hat.

Die Nachtszenen spielen weiter südlich der Seine. Belmondo und Seberg machen sich in einem gestohlenen Wagen auf den Weg nach St-Germain und nehmen sich die Zeit, die Lichterpracht am **Place de la Concorde** zu bewundern. Sie landen schließlich weiter südlich mitten in den berühmten Künstlerlokalen am **Boulevard Montparnasse** an der Kreuzung mit dem Boulevard Raspail (*U-Bahnstation: Vavin*). Das Kosmos (es hat sein markantes K verloren und ist jetzt das **Le Cosmos**) auf dem **101 Boulevard Montparnasse**, und **Le Select** auf der **99** – die beiden Bars, die als Hintergrund der Szene dienten, existieren noch immer, ebenso das **La Rotonde**, an dem das Paar vorbeifährt, als es auf dem Weg zum Unterschlupf von „Zumbachs Freundin" ist.

Es ist das Apartment des Fotografen, in dem das Paar die letzte Nacht verbringt, nur ein paar Blocks südlich des Boulevard Montparnasse in der **11 Rue Campagne Première**. Die ruhige Seitenstraße, die nordöstlich des Boulevard Raspail verläuft, ist lange Zeit ein Anziehungspunkt für Künstler gewesen. Modigliani, Miro, Picasso, Ernst, Giacometti und Kandinsky sind alle zu irgendeiner Zeit in ihrem Leben dort zu Hause gewesen. Belmondo unternimmt den sinnlosen Versuch, einer Polizeikugel zu entkommen, indem er mitten auf der mit roten Ziegeln gepflasterten Straße davonläuft und – dem Titel entsprechend – außer Atem an der südlichen Einmündung auf dem Boulevard Raspail ankommt (*U-Bahnstation: Raspail*). Siehe auch *Atemlos*, das in L.A. angesiedelte Remake.

AUSTIN POWERS
(1997, R: Jay Roach)
Mike Myers, Elizabeth Hurley, Michael York
• **LOS ANGELES; LAS VEGAS, NEVADA**

Powers in Vegas: Stardust Casino, Las Vegas

Mike Myers' Parodie auf die Spionagefilme der Swingin' Sixties bewegt sich auf derart klischeebeladenem Territorium, dass sie gar kein Recht hat, so lustig zu sein, wie sie ist. Von ein paar Aufnahmen abgesehen, die das zweite Kamerateam erledigte, wurde keine Szene in England gedreht. Dass sich Bob's Big Boy direkt am Piccadilly Circus befindet, kommt durch eine Montage zustande. Die Londoner Szenen entstanden auf dem Gelände von Paramount in L.A. Die Eröffnungsszene zeigt den **Valley of Fire State Park** nahe Las Vegas, Nevada. Die Handlung verlagert sich dann

Lotta Faginas Wohnung: Imperial Palace, Las Vegas

nach Las Vegas selbst, wo Myers und Elizabeth Hurley im **Stardust Resort and Casino** eintreffen, **3000 Las Vegas Boulevard South** (*Tel. 702 732 6111*). Das Innere des Casinos wurde allerdings im **Riviera Hotel and Casino, 2901 Las Vegas Boulevard South** (*Tel. 702 732 5110*), gefilmt. Die Musiklegende Burt Bacharach, die in den sechziger Jahren genau die Filme mit Musik unterlegte, die an sich schon Parodien waren – man denke nur an *Casino Royale* oder *Was gibt's Neues, Pussy?* –, spielt Piano auf der oberen Ebene von Myers' rotem Doppeldecker, während der über den glitzernden Vegas Strip fährt. Das Penthouse von Alotta Fagina befindet sich im orientalisch angehauchten **Imperial Palace, 3535 Las Vegas Boulevard South** (*Tel. 702 731 3311*). Die andere Besonderheit des Imperial ist eine riesige, 700 Modelle umfassende Sammlung alter Fahrzeuge, darunter Wagen, die Elvis, Hitler und Al Capone gehörten. Das Innenleben ist nicht ganz so glanzvoll – es wurde in einer Kläranlage in Van Nuys gefilmt. Die Flucht aus dem unterirdischen Komplex von Dr. Evil wurde im **Vasquez Rocks County Park** gedreht, **Escondido Road**, nordöstlich von Newhall, Kalifornien. Für Details zum Park, der unter anderem in *Flintstones – Die Familie Feuerstein* und *Bill & Teds verrückte Reise in die Zukunft* zum Einsatz kam, siehe *Massai*.

DIE AUTOS, DIE PARIS AUFFRASSEN
(1974, R: Peter Weir)
Terry Camillieri, John Meillon, Melissa Jaffa
• NEW SOUTH WALES, AUSTRALIEN

Debütfilm von Peter Weir, der später *Die Truman Show* drehte. Eine rabenschwarze Komödie über ein kleines, abgelegenes Dorf, deren Bewohner sich ihren Lebensunterhalt durch inszenierte Autounfälle und durch den Verkauf der Ersatzteile verdienen. Das kleine Städtchen Paris ist **Sofala**, eine alte Goldgräberstadt im Turon River Valley, rund 50 Kilometer von Bathurst entfernt in den Western Plains, westlich von Sydney, New South Wales.

AVALON
(1990, R: Barry Levinson)
Armin Mueller-Stahl, Aidan Quinn, Elizabeth Perkins
• BALTIMORE, MARYLAND

Levinson zeichnet in überschwänglich nostalgischer Stimmung das Schicksal einer Immigrantenfamilie über mehrere Generationen hinweg nach. Gefilmt wurde in seiner Heimatstadt Baltimore, und auch wenn es keinen Distrikt mit Namen Avalon gibt, liefert der Film genügend Hinweise auf die wahren Örtlichkeiten. Das terrassenartige Haus, aus dem Aidan Quinn und Elizabeth Perkins in die „Vorstadt" umziehen, ist **3107 Cliffmont Avenue** abseits der Erdman Avenue, westlich des Cliffmont Park – dasselbe Haus, in das Danny De Vito und Barbara Hershey in Levinsons *Tin Men* einziehen. In diesem Haus hat Levinson seine Kindheit verbracht. Es liegt in Forest Park, westlich des Stadtzentrums, ebenfalls zu sehen in *Tin Men*. Der junge Elijah Wood sieht, wie das Diner aus Levinsons gleichnamigem Film auf einem leer stehenden Grundstück aufgestellt wird (das Diner selbst steht zur Zeit an der Ecke 400 East Saratoga Street/Holliday Street, Downtown). Die in den vierziger Jahren spielende Straßenszene wurde auf der **Appleton Street** gefilmt, die nördlich der North Avenue verläuft und südlich von Druid Hill Park im Südwesten von Baltimore liegt. Das Fernsehgeschäft von Kirk und Kaye ist eigentlich eine Buchhandlung – der **19th Century Bookshop, 1047 Hollins Street**/Ecke Union Square. Das Gebäude, in das sie mit ihrem Betrieb umziehen und das in der Folgezeit abbrennt, ist in **Fells Point** am nordwestlichen Ausläufer des Patapsco River zu finden. Als der Sommer zu drückend wird, schläft die Familie unter freiem Himmel am Druid Lake im **Druid Hill Park**. Gleich südlich des Parks an der Ecke **Mason Street/Linden Avenue** steht das Haus, in dem die Familientreffen abgehalten werden. Das heruntergekommene Kino, in dem sich Wood *König der Raketenmänner* ansieht und wo die Straßenbahn in Perkins' Wagen rast, ist das **Senator, 5907 York Road**, nördlich des Stadtzentrums in Richtung Anneslie an der Belvedere Avenue.

AVANTI, AVANTI!
(1972, R: Billy Wilder)
Jack Lemmon, Juliet Mills, Clive Revill
• ITALIEN

Schwarze Komödie mit Jack Lemmon, der in Italien den Leichnam seines kurz zuvor verstorbenen Vaters abholen soll und sich dabei in die Tochter der gleichfalls verstorbenen Geliebten seines Vaters verliebt. Die Flugzeugszene, in der Lemmon seine Golfkleidung gegen Anzug und Krawatte tauscht, wurde an Bord einer Alitalia DC8 auf dem Flughafen **Leonardo da Vinci (Fiumicino Airport)** in Rom gefilmt, 35 Kilometer südwestlich der Stadt. Seine Probleme mit der Einreise wurden am Hauptterminal aufgenommen.

Die sonnenüberflutete Urlaubsinsel, auf der Lemmon und Juliet Mills ihre Trauer verarbeiten, ist **Ischia**, die größte der drei neapolitanischen Inseln vor der Küste von Amalfi, südlich von Neapel (allerdings wurden die meisten Innenaufnahmen in den Palatino Studios in Rom erledigt). Wenn Sie Ischia so wie Jack Lemmon besuchen wollen, nämlich schnell und teuer, nehmen Sie ein Tragflächenboot ab Neapel. Besser bedient sind Sie aber, wenn Sie mit einem normalen Boot zur Insel übersetzen, die vor allem für ihr Quellwasser und ihre Schlammbäder berühmt ist. Sie werden allerdings nicht auf Ischia Lemmons elegantes, altes Hotel finden können, sondern auf dem italienischen Festland südlich der Bucht von Neapel auf der Sorrentiner Halbinsel. Es handelt sich um das teure **Hotel Excelsior Vittoria, Piazza Tasso, Sorrento** (*Tel. 010 39 87 81 900)*, in dem Tenor Enrico Caruso einst abstieg und die Stadt in seinem Lied „Torna al Surriento" unsterblich machte.

B

BABETTES FEST

(1987, R: Gabriel Axel)
Stephane Audran, Birgitte Federspiel, Bodil Kjer
• DÄNEMARK

Die im Exil lebende Pariser Köchin Audran schafft es, unerwünschte gastronomische Freude in das Leben einer enthaltsamen dänischen Religionsgemeinde zu bringen, indem sie die Mutter aller Bankette zubereitet. Gefilmt wurde auf **Vendsyssel**, der nördlichsten Insel von Jütland, Dänemark. Die Militärszenen wurden in der Garnisonsstadt **Naestved** gefilmt, 80 Kilometer südwestlich von Kopenhagen, Sjaelland – der Heimat des Royal Guard Hussars.

BABY DOLL

(1956, R: Elia Kazan)
Carol Baker, Karl Malden, Eli Wallach
• MISSISSIPPI

„Der schmutzigste amerikanische Film, der jemals legal gezeigt werden durfte", schrieb das *Time Magazine* über diese Tennessee-Williams-Verfilmung, die einen regelrechten Run auf kurze Nachthemden auslöste. Regisseur Kazan arbeitet gerne an authentischen Schauplätzen, und so entstand dieser Film im Süden in der Kleinstadt **Benoit, Mississippi**, an der Route 1, rund 30 Kilometer nördlich von Greenville in Richtung der Grenze zu Arkansas.

BACKBEAT

(1993, R: Iain Softley)
Stephen Dorff, Sheryl Lee, Ian Hart
• HAMBURG; LONDON; LIVERPOOL; WALES

Die Geschichte von Stu Sutcliffe – einem Gründungsmitglied der Beatles –, der die Gruppe verließ, bevor sie erfolgreich wurde, und der an einer Hirnblutung starb.

Der Liverpooler Pub: Cheney Street, Kings Cross, London

Zwar spielt der Film zwangsläufig in Liverpool und Hamburg, gedreht wurde er aber zum größten Teil in London. Die Eröffnungsszene, in der Sutcliffe und Lennon am Anchor Pub, Liverpool, in eine Schlägerei verwickelt werden, entstand in der vertrauten Kopfsteinpflastergasse **Cheney Street**, London NW1, hinter der Kings Cross Station – ein Motiv, das in zahlreichen Filmen zu sehen ist, darunter *The Ladykillers, Chaplin* und *Richard III.*, dessen Tage aber auf Grund umfang-

Der Top Ten Club, Hamburg: The Dome, Tufnell Park

reicher Neubebauungen leider gezählt sind.
Die Reise nach Hamburg führt die Jungs auf die berüchtigte **Reeperbahn**, wo die Band ihre ersten Auftritte in schmutzigen Kellerclubs hat. Die Innenaufnahmen entstanden aber auch in diesem Fall überwiegend in London. Der Kaiserkeller wurde in einer Seitenstraße der Ladbroke Grove, W10, gefilmt; der Top Ten Club ist **The Dome,**

Der Star Club, Hamburg: National Club, Kilburn

Dartmouth Park Road, Tufnell Park, N19, an der Junction Road gegenüber der U-Bahnstation Tufnell Park; die Polydor Record Company, wo die Band einen Plattenvertrag unterschreibt, ist ein privater Wohnblock in Highgate, **High Point, North Road**, N1. Der Erfolg führt die Jungs nach Sutcliffes Tod in den Star Club für die Nummer *Twist and Shout*, die im **National Club, 234 Kilburn High Road**, London NW6, gefilmt wurde. Den abgelegenen Leuchtturm, zu dem sie sich zurückziehen, um sich ein wenig zu erholen, kann man bei **Point of Air** sehen, fünf Kilometer östlich von Prestatyn, abseits der A548 an der Küste von North Wales.

BACKDRAFT – MÄNNER, DIE DURCHS FEUER GEHEN

(1991, R: Ron Howard)
William Baldwin, Kurt Russell, Scott Glenn
• CHICAGO

Ron Howards Feuerwehrmannepos wartet zwar mit großen Feuersbrünsten auf, leider aber auch mit schaumigen Plotentwicklungen. Gefilmt wurde in der Chicagoer Gegend um **Oak Park** (Heimat des Frank Lloyd Wright Museums und vieler seiner Häuser – die Szenen im Aufzugschacht wurden hier gedreht) und **Hinsdale**. Die Feuerwachen sind in der **Archer Street** und der **Sacramento Street**; zu sehen ist auch das **Southside Firehouse**, West Cer-

Die Feuerwache: Southside Firehouse, West Cermak Road

mak Road, in Chinatown, nur ein paar Meter westlich der Hochbahnstation Cermak-Chinatown der Lake/Dan Ryan-Linie. Die Beerdigungsszene entstand auf dem ehrwürdigen, aus dem Jahr 1860 stammenden **Graceland Ceme-**

Die Bestattungsparade: Michigan Avenue, Chicago

tery, der letzten Ruhestätte wichtiger Persönlichkeiten aus dem Chicago des 19. Jahrhunderts und so bekannter Namen wie des Architekten Mies van der Rohe, des Geschäftseigentümers Marshall Field und des Erfinders des Schlafwagens, George Pullman. Er befindet sich an der **North Clark Street**/Ecke Irving Park Road, Wrigleyville. Die abschließende Parade mit 2000 Feuerwehrleuten entstand in Chicago auf der **Michigan Avenue** am Fuße des berühmten Wrigley Building.

BAD LIEUTENANT

(1992, R: Abel Ferrara)
Harvey Keitel, Frankie Thorn, Zoe Lund
● **NEW YORK CITY**

Wiedergutmachung für Keitel: Port Authority Bus Terminal, Eighth Avenue

Keitel und der Überfall: Median Foods, Seventh Avenue

Zwar ist Keitel erschreckend überzeugend als dem Untergang geweihter katholischer Cop, der Zeuge der Vergewaltigung einer Nonne wird, doch der Film wirkt so, als hätte Andy Warhol ein abgelehntes Drehbuch von Scorsese verfilmt. Gedreht wurde im New Yorker Gebiet von Little Italy, in der Bronx und in Jersey City. Das Lebensmittelgeschäft, in dem sich Keitel Klarheit über den Raubüberfall verschafft, ist **Median Foods, 461 Seventh Avenue** nahe der 35th Street, mitten in Manhattan. Schließlich findet er Erlösung, als er das Geld, das sein Leben gerettet hätte, den beiden Vergewaltigern am **Port Authority Bus Terminal** an der **Eighth Avenue** zwischen West 40th Street und West 42nd Street übergibt.

BAD TASTE

(1988, R: Peter Jackson)
Peter Jackson, Mike Minett, Peter O'Herne
● **NEUSEELAND**

Halbprofessionelle Übung in derbem Horror, entstanden im Verlauf von vier Jahren mit einem Mikrobudget. Das Haus, in dem die Aliens fettfreie Menschen für den intergalaktischen Verzehr lagern, ist das denkmalgeschützte **Gear House, Okowai Road, Papakowhai, Porirua** (Tel. 04/237 8540), gelegen in einer malerischen Hafenstadt nördlich von Wellington, Neuseeland. Gefilmt wurde auch in der **Titahi Bay**, der **Pukerua Bay** und am **Makara Beach**, Wellington.

BADLANDS

(1973, R: Terrence Malick)
Martin Sheen, Sissy Spacek, Warren Oates
● **COLORADO**

Der erste Film des rätselhaften Malick, der nach einem weiteren Film (In der Glut des Südens im Jahr 1978) über 20 Jahre lang nichts mehr von sich hören ließ, ehe er 1999 Der schmale Grat in die Kinos brachte. Badlands beeinflusste unverkennbar Natural Born Killers, und Malicks Stil wurde von Regisseur Tony Scott für die Verfilmung von True Romance nach einem Drehbuch von Tarantino schamlos abgekupfert. Inspiriert wurde der Film vom Fall des Charles Starkweather und seiner 14 Jahre alten Freundin Caril Fugate, der 1958 zehn Menschen umbrachte, darunter Fugates Mutter, Stiefvater und Halbschwester. Die wahren Ereignisse spielten sich in Lincoln, Nebraska, ab, aber obwohl Malicks Version in die Badlands von South Dakota verlegt wird, wurde sie in **La Junta** gefilmt, Interstate 50, Otero County, im Südosten von Colorado; und in **Las Animas**, rund 40 Kilometer weiter östlich.

BAGDAD CAFÉ/OUT OF ROSENHEIM

(1988, R: Percy Adlon)
Marianne Sägebrecht, CCH Pounder, Jack Palance
● **KALIFORNIEN**

Die deutsche Touristin Sägebrecht beschert einem bescheidenen Motel einen Hauch von Magie. Das Café war das Sidewinder Cafe, das heute – wen wundert's? – auf den Namen **Bagdad Cafe** hört. Es liegt an der berühmten alten Route 66 zwischen der östlichen und der westlichen Abfahrt von der Interstate 40 in **Newberry Springs**, östlich von Barstow am Highway 40, Kalifornien. Die seltsamen Lichtreflexionen stammen von dem 40 Hektar großen Spiegelfeld der **Solar One Power Plant** des Energieministeriums in **Daggett**, von Barstow kommend in östlicher Richtung auf der Interstate 40.

DIE BALLADE VON JIMMIE BLACKSMITH

(1978, R: Fred Schepisi)
Tommy Lewis, Freddy Reynolds, Angela Punch
● **NEW SOUTH WALES, AUSTRALIEN**

Der unterschwellige Rassismus im Australien um die Jahrhundertwende explodiert mit schockierender Gewalt. Gefilmt wurde in New South Wales bei **Armidale**, rund um den **Bundarra Dorrigo State Forest**, bei **Dubbo**, **Gulgong, Mudgee, Rylstone** und bei **Kempsey, Port Macquarrie**.

BANDITS

(1997, R: Katja von Garnier)
Katja Riemann, Jasmin Tabatabai, Nicolette Krebitz
● **DEUTSCHLAND**

Im ersten Kinofilm der Regisseurin von Abgeschminkt! gründen vier junge weibliche Gefangene eine Rockband und lassen einen Kult entstehen, als sie ausbrechen. Der Film entstand in **München, Bad Neustadt** und **Hamburg**, und von letztgenannter Stadt ist der Hafen zu sehen.

BANG BOOM BANG – EIN TODSICHERES DING

(1999, R: Peter Thorwarth)
Oliver Korittke, Ralf Richter, Markus Knüfken

• DEUTSCHLAND; BALEAREN

Thorwarths doofe und brutale Mischung aus Komödie und Thriller entstand innerhalb von 39 Tagen fast vollständig in **Unna**. Das Fundbüro für verlorenes Gepäck ist das im **Dortmunder Flughafen** (und im Nachspann sind einige Szenen zu sehen, die tatsächlich **Mallorca** zeigen).

BARABBAS
(1961, R: Richard Fleischer)
Anthony Quinn, Silvana Mangano, Jack Palance
• ITALIEN

In Dino de Laurentiis' gewaltiger amerikanisch-italienischer Co-Produktion ist Quinn der Dieb, der anstelle von Christus begnadigt wird, um in einer Silbermine zu arbeiten, und der zum Christentum konvertiert und schließlich als Gladiator endet. Die Minen, in denen Barabbas schwitzt, sind echte Schwefelminen an den vulkanischen Hängen des **Ätna** in Sizilien. Das riesige Amphitheater, in dem 300 Kämpfer tummeln, ist die **Arena di Verona** an der **Piazza Bra** im Zentrum von Verona. Es ist eines der größten und besterhaltenen Bauwerke dieser Art und stammt aus dem ersten Jahrhundert nach Christus.

Die erste Szene der Kreuzigung integriert geschickt eine echte Sonnenfinsternis für den Moment, in dem Christus stirbt. Gedreht wurde diese Einstellung am 15. Februar 1961 in **Roccastrado**, 120 Kilometer nördlich von Rom.

BARFUSS IM PARK
(1967, R: Gene Saks)
Jane Fonda, Robert Redford, Mildred Natwick
• NEW YORK CITY

Bob und Jane sind die Frischvermählten in diesem Film nach einem frühen Stück von Neil Simon. Der Park, in dem Jane Fonda es schafft, dass der zugeknöpfte Anwalt Redford seine Schuhe auszieht und sich entspannt, ist der New Yorker **Washington Square**, Greenwich Village. Andere Motive in N.Y. sind die **West 10th**

Das Apartment von Bob und Jane: Waverly Place, Greenwich Village

Street, ein Lokal an der Sixth Avenue und die Lower Fifth Avenue. Das Apartment von Fonda und Redford befindet sich am **111 Waverly Place**, abseits der nordwestlichen Ecke des Washington Square.

BARRY LYNDON
(1975, R: Stanley Kubrick)
Ryan O'Neal, Marisa Berenson, Patrick Magee
• IRLAND; WILTSHIRE; SUSSEX; GLOUCESTERSHIRE; YORKSHIRE; DEUTSCHLAND

Um das atemberaubende Aussehen für seinen Film nach dem Roman von Thackeray zu erreichen, trieb Kubrick die Technologie seiner Zeit voran, damit er spezielle Linsen erhielt, die es ihm ermöglichten, an echten Motiven nur mit dem dort verfügbaren Licht und sogar bei Kerzenlicht zu filmen. Die Produktion hatte zunächst in Waterford im

Südosten von Irland ihre Basis. **Carrick-on-Suir**, 24 Kilometer nordwestlich, ist der Ort, wo Redmond Barry – wie der Held zu Beginn heißt – sich der englischen Miliz

Außenaufnahmen im Sanssouci, bei Berlin, Potsdam

anschließt. Die steinernen Mauern und Türme von **Kells**, knapp 15 Kilometer südlich von Kilkenny, sind der Hintergrund für die Szenen der English Redcoats, während das deutsche Lager, wo Barry sich mit Captain Potsdorf trifft, das **Cahir Castle** ist, 16 Kilometer westlich von Clonmel in Tipperary. **Dublin Castle** tritt als das elegante Hotel und Casino in Erscheinung, in dem Barry seiner Karriere als Kartenspieler nachgeht.

Nach Drohungen von Terroristen zog die Produktion nach England um, wo man die Innenaufnahmen in zwei prachtvollen Wiltshire-Häusern drehte: **Wilton House**, vier Kilometer westlich von Salisbury an der A30, und das Gebäude des Marquis of Bath, **Longleat House** in Warminster.

Redmond Barry wird zu Barry Lyndon, als er die reiche Witwe Countess of Lyndon in der Kapelle von **Petworth House** im Zentrum von Petworth, neun Kilometer östlich von Midhurst, West Sussex, heiratet. Die Außenansicht des ausladenden Anwesens, auf dem er heiratet, ist **Castle Howard** (der vertraute Schauplatz aus der TV-Serie *Brideshead Revisited*), 24 Kilometer nordöstlich von York abseits der A64 in Yorkshire. Die Innenaufnahmen für die Szene, in der Barry seine Chance auf einen Titel vertut, als er sich eine hässliche Auseinandersetzung mit seinem Stiefsohn liefert, zeigen die erhabenen Räumlichkeiten des **Corsham Court**, rund sechs Kilometer westlich von Chippenham abseits der A4, ebenfalls in Wiltshire.

Für die Außenaufnahmen in Berlin bedient sich der Film der eleganten Paläste und Parks von Sanssouci gleich vor den Toren von Potsdam, erbaut von 1745-1747 für Friedrich II. von Preußen. Die Ansichten im Film zeigen die breite Durchfahrt zwischen dem Neuen Palais und der Universität Potsdam am westlichen Rand des Parks. Potsdam, früher in Ostdeutschland gelegen, liegt einige Kilometer südwestlich von Berlin und ist mit dem Zug leicht zu erreichen. Vor dort fährt man ein kurzes Stück mit dem Bus nach Sanssouci. Der Eintritt in den Park ist frei, aber für den Zutritt in das Sommerschloss wird Eintritt verlangt.

BARTON FINK
(1991, R: Joel Coen)
John Turturro, John Goodman, Judy Davis
• LOS ANGELES

Der kryptische Film der Gebrüder Coen schickt einen Broadway-Bühnenautor in die sprichwörtliche Hölle von Hollywood. Von der Ostküste selbst ist hier allerdings nichts zu sehen. Das New Yorker Belasco Theater (der echte Schauplatz in Woody Allens *Bullets Over Broadway*), wo Finks Drama vom einfachen Arbeiter Triumphe

Die Lobby im Hotel Earle: Wiltern Centre, Wilshire Boulevard

feiert, ist tatsächlich das in L.A. gelegene, wunderbar erhaltene und aus dem Jahr 1926 stammende **Orpheum Theater, 842 South Broadway**, Downtown L.A. (ein beliebtes Motiv, das auch zu sehen ist in *Dead Again, Ed Wood, Der letzte Action Held* und *The Doors*). Das stilvolle Restaurant, in dem Fink erfährt, dass er an die Westküste kommen soll, wurde im Inneren der **Queen Mary** im Trockendock am **Pier J** (Ende des Long Beach Freeway, Long Beach) gefilmt. In Hollywood angekommen, steigt Fink im schäbigen und erdrückenden Hotel Earle ab. Zwar sind das Zimmer und die

Fink feiert bei der USO-Tanzveranstaltung: Ballsaal, Park Plaza Hotel, South Park View Street

Korridore des Hotels Kulissen, doch die Lobby gehört dem restaurierten großartigen Filmpalast **Wiltern Theater** von 1931, im **Wiltern Center, 3790 Wilshire Boulevard/** Ecke Western Avenue, mitten in L.A.
Die Studiokantine von Capitol Pictures, wo Fink dem zynischen Regisseur begegnet, wurde im mittlerweile geschlossenen **Ambassador Hotel** gefilmt, **3400 Wilshire Boulevard/**Ecke Catalina Street. Das berühmte Hotel – 1968 Schauplatz des Attentats auf Bobby Kennedy – ist oft als Filmmotiv genutzt worden. Vor kurzem wurde es von Donald Trump erworben, der dort eine Mall errichten will, während die Stadt Los Angeles an derselben Stelle eine Schule bauen möchte (aktueller Stand der Dinge unter www.cocoanutgrove.org). Sehen Sie es sich an, solange es noch möglich ist. Die „nebenan" liegende Herrentoilette, in der der ausgebrannte Autor Mayhew sein Mittagessen verliert, ist gut eineinhalb Kilometer östlich im **Park Plaza Hotel** gelegen, **607 South Park View Street** gegenüber dem MacArthur Park. Diese Toiletten üben offenbar eine ganz besondere Faszination aus, da sie auch in *Reservoir Dogs – Wilde Hunde* zu sehen sind. Die USO-Tanzveranstaltung, bei der Fink unabsichtlich eine Schlägerei auslöst, wurde ebenfalls im Park Plaza im dortigen holzgetäfelten Ballsaal gefilmt (ein vertrautes Motiv, unter anderem zu sehen in *Chaplin, New York, New York* und *Hook*).
Der äußere Korridor, der zu Bill Mayhews Bungalow auf dem Capitol-Gelände führt, befindet sich auf dem Gelände von **Columbia Pictures** (vormals das MGM Studio), **10202 West Washington Boulevard**, Culver City, während das Innenleben des Bungalows einmal mehr das Ambassador Hotel ist. Beim Büro des Produktionsleiters Ben Geisler handelt es sich um einen Bungalow auf dem Gelände des **Hollywood Center** (vormals Francis Coppolas schicksalhafte Zoetrope Studios), **1040 North Las Palmas Avenue** abseits der Romaine Street in Hollywood.

Die bizarre Schlussszene entstand nahe **Zuma Beach** auf der Westseite von Point Dume, westlich von Malibu.

BASIC INSTINCT
(1992, R: Paul Verhoeven)
Sharon Stone, Michael Douglas, George Dzundza
• SAN FRANCISCO

Michael Douglas' Apartment: Montgomery Street, San Francisco

Indem Verhoeven einer potenziell interessanten Idee (ein Serienkillerfilm mit vertauschten Rollen) einen Hitchcock-Anstrich verpasst, wirkt sein Film wie eine konfuse Ladung homophoben Frauenhasses. Der Regisseur entscheidet sich für ein Vertigo-haftes San Francisco, und Sharon Stone packt er völlig unpassend in den Hitchcock'schen Look unterdrückter Sexualität – mit streng nach hinten gekämmtem Haar und nüchternem grauen Anzug. Michael Douglas'

Douglas nach dem Verhör von Sharon Stone: Tosca, Columbus Avenue

Apartment (sogar die Treppe ist nach dem Vorbild des Glockenturms aus *Vertigo – Aus dem Reich der Toten* angelegt) befindet sich in der **1158 Montgomery Street**. Nach Stones Verhör mit der berüchtigtsten Szene des Films entscheidet sich ein abstinenter Michael Douglas für ein Evian im **Tosca, 242 Columbus Avenue**, einem teuren Lokal für Leute aus der Medienbranche (das muss offenbar eine sehr gut bezahlte Polizistentruppe sein). Das Polizeihauptquartier, in dem Stone für Unterwäsche das machte, was Clark Gable für Westen bewerkstelligte, wurde im Warners' Studio in Hollywood gefilmt, ebenso Johnny Boz' kirchenartiger Rockclub, eine Kulisse, die auf dem New Yorker Limelight Club basierte.
Die Stetson Bar dagegen ist echt. Es ist das **Raw Hide II, 280 Seventh Street**, südlich des Market, eine Country & Western-Bar für Lesben in San Francisco. Das Äußere sowie das Lokal gleich nebenan waren Fassaden, die man in einer menschenleeren Straße unterhalb des **Transbay Terminal Deck**, Mission Street/Ecke First Street, errichtet hatte.
Gedreht wurde auch in **Rohnert Park** und **Petaluma** (die nordkalifornische Stadt, in der *American Graffiti* entstand), außerdem im Dominican College in Marin County. Die Verfolgungsjagd entstand auf den steilen Treppen der **Kearney Street** am Telegraph Hill. Sharon Stones Wohnung wurde südlich von San Francisco in einem am Strand

gelegenen Anwesen an der **Spindrift Road, Carmel Highlands**, gefilmt (was erklärt, dass es so scheint, als würde man über die **Bixby Bridge** auf dem Highway 1 dorthin gelangen können). Das feudale Zuhause, das an derselben Straße liegt wie Clint Eastwoods Wohnung in *Sadistico*, ist von der Straße aus nicht einsehbar. Aber Sie können den **Garrapatta State Beach** – Route 1 rund 13 Kilometer nach Süden – besuchen, wo die Strandszenen entstanden.

Der Höhepunkt des Filmes, bei dem Jean Tripplehorn die Kugel abbekommt, wurde in **2201 Broadway, Oakland**, inszeniert, von San Francisco kommend gleich auf der anderen Seite der Bay Bridge.

BASKET CASE – DER UNHEIMLICHE ZWILLING

(1982, R: Frank Henelotter)
Kevin van Hentenryck, Terri Susan Smith
• **NEW YORK STATE**

Vergnügliche Horrorkomödie mit Duane und seinem in der Entwicklung zurückgebliebenen siamesischen Ex-Zwilling Belial, die sich an den Ärzten rächen wollen, die sie getrennt haben. Gefilmt wurde in New York City, vorwiegend rund um den Times Square. Da das Budget äußerst knapp veranschlagt war, kam die Arbeit in einem Studio überhaupt nicht in Frage. Gedreht wurde der Film daher in den Häusern von Freunden in **Glens Falls** am Hudson River nördlich von Albany, Interstate 87, in New Yorker Speicherwohnungen und in einem Manhattaner Hotel, das mit einer Klage drohte, wenn sein Name im Film zu sehen sein würde (was ein wenig sonderbar ist, da es im Nachspann des Films genannt wird). Es handelte sich um das heute nicht mehr existierende Hotel Broslin nahe dem Times Square.

BATMAN

(1989, R: Tim Burton)
Michael Keaton, Jack Nicholson, Kim Basinger
• **LONDON; HERTFORDSHIRE; BEDFORDSHIRE**

Burtons Gotham City, eine albtraumhafte Variation von New York, wurde in England gebaut. Das Set von Anton Furst beanspruchte den größten Teil der 18 Bühnen der Pinewood Studios. Wayne Manor ist dagegen real, es ist eine Mischung aus zwei Gebäuden. Das Äußere ist das **Knebworth House**, ein Haus im Tudor-Stil mit gotischen Anklängen, 28 Kilometer nördlich von London an der A1 *(Tel. 01438/812661, es wird Eintritt verlangt; Bahnhof: Stevenage)*. Es war unter anderem auch in Ken Russells *Der Biss der Schlangenfrau*, Gene Wilders *Hochzeitsnacht im Geisterschloss* und Ingrid Bergmans *Anastasia* zu sehen.

Die Innenaufnahmen zeigen das **Hatfield House, Hatfield**, ein Gebäude aus der Zeit Jakobs I. *(Tel. 01707/262823, es wird Eintritt verlangt; Bahnhof: Hatfield)*. Der Spieleraum, in dem Kim Basinger fragt „Wer ist Bruce Wayne?", wurde hier in der Long Gallery gefilmt. Waynes Waffenarsenal mit dem halbtransparenten Spiegel wurde in der Marble Hall aufgenommen, während die Bibliothek, in der Alfred Bruce Wayne zur Heirat rät, tatsächlich die Bibliothek ist.

Wayne Manor: Knebworth House, Hertfordshire

Die Axis Chemical Works, wo Jack Nicholson in die chemische Suppe fällt, wurde in einem stillgelegten Kraftwerk in der **Acton Lane**, West London, gefilmt. Das explodierende Äußere zeigte die **Little Barford Power Station**, ein paar Kilometer südlich von St. Neots in Bedfordshire.

Die erste Fortsetzung, *Batmans Rückkehr* von 1992, wurde in den USA gedreht und entstand komplett im Studio von Warners in L.A., wo sämtliche sieben großen Bühnen in Anspruch genommen wurden – und zusätzlich noch eine Bühne bei Universal, wo das Versteck des Pinguin gebaut wurde.

BATMAN & ROBIN

(1997, R: Joel Schumacher)
George Clooney, Chris O'Donnell, Alicia Silverstone
• **LOS ANGELES**

Überwiegend im Studio entstandener Reinfall, der sich mehr und mehr an die alte TV-Serie annäherte. Wayne Manor steht diesmal im **Greystone Park, 905 Loma Vista Drive**, Beverly Hills (für Details siehe *Tod in Hollywood*).

BATMAN FOREVER

(1995, R: Joel Schumacher)
Val Kilmer, Chris O'Donnell, Jim Carrey
• **LOS ANGELES; NEW YORK STATE**

Als die Regiearbeit an Joel Schumacher ging, wurde aus dem vierten Teil der Serie eine Mischung aus Motiven an der Ost- und Westküste. Wayne Manor macht eine weitere Verwandlung durch und wird zu einem Haus auf Long Island. Diesmal ist es das **Webb Institute of Naval Architecture** (vormals The Braes), **Welwyn Preserve** am **Crescent Beach**, Glen Cove, am Nordufer von Long Island.

Pan-Asia Town, Schauplatz des einleitenden Überfalls von Two-Face, liegt an der Westküste. Es handelt sich um einen Abschnitt der **Figueroa Street**, Downtown L.A., die mit einem Gewirr aus Neonbeschriftungen dekoriert wurde. Die Seitenstraßen von Gotham, wo O'Donnell mit dem Batmobil herumfährt und der Straßengang begegnet, sind eigentlich die Kulissen der alten Hennessy Street, einem Ausschnitt aus New Yorks Greenwich Village, das auf dem Gelände der Burbank Studios von Warner Bros. rekonstruiert worden war. Weitere Ansichten von Gotham City fanden sich in New York auf dem **Exchange Place**, der Straßenschlucht zwischen Broadway und William Street, einen Block weiter nördlich der Wall Street in Lower Manhattan.

Außenansicht von Chase Meridians Büro: Surrogate's Court, Chambers Street

Die Lobby von Chase Meridians Büro: Surrogate's Court, Chambers Street

Gotham City: Exchange Place, New York

Edward Nygmas Party im Ritz Carlton Hotel: Museum of the Native American, Broadway

Nicht allzu weit entfernt liegt der grandiose Eingang zum Ritz Gotham Hotel, wo Jim Carrey seine ausgelassene Party feiert. Es ist das **Smithsonian Museum of the Native American** – vormals das alte U.S. Customs House – **Broadway**/Ecke Bowling Green, Lower Manhattan. Im nächsten Augenblick sind wir schon wieder an der Westküste, wenn es daran geht, das „Ritz" von innen zu zeigen – das ist nämlich das Foyer des altehrwürdigen **Pantages Theater, 6233 Hollywood Boulevard**, Hollywood (für Details siehe *Bodyguard*). Chase Meridians Büro ist in New York. Die Außenansicht, vor der das Batmobil anhält, und das beeindruckende, in Marmor gehaltene Foyer mit seinen zwei Treppen zeigen den 1911 erbauten **Surrogate's Court, 31 Chambers Street**/Ecke Center Street, Lower Manhattan – auch der Schauplatz des Höhepunktes in *Romeo is Bleeding*. Das Gebäude ist für Besucher geöffnet. Meridians bizarres Apartment ist eine Studiokulisse, aber im Prague Castle können Sie den Raum sehen, nach dem es gestaltet wurde. Ähnlich sieht es aus mit dem Dach des Hauptquartiers der Gotham City Police, auf dem sich ein Bat-Signal befindet. Zwar handelt es sich auch hier um eine Kulisse, doch die echten Vorbilder sind in Lower Manhattan in der **60 Wall Street** und in Downtown Los Angeles zu finden: das **Eastern Columbia Building, 849 South Broadway** (für Details siehe *Predator 2*, in dem dieses architektonische Juwel als Schauplatz dient). Ebenfalls an der Westküste befindet sich das beeindruckende **Los Angeles Theater, 615 South Broadway**, dessen strahlende Lobby als Excelsior Grand Casino von Gotham zu bewundern ist (für Details siehe *Chaplin*). Die Außenansicht des Verstecks von Two-Face zeigt die monumentale New Yorker **Manhattan Bridge**, während die Insel des Riddlers in der Totale eine leicht veränderte Ansicht von **Alcatraz Island**

in der Bucht von San Francisco darstellt. Für Nahaufnahmen filmte man in der alten **ARCO Refinery, Carson**, Kalifornien.

DER BAUCH DES ARCHITEKTEN
(1987, R: Peter Greenaway)
Brian Dennehy, Chloe Webb, Serge Fantoni
• **ROM**

Das Picknick: die Bäder der Villa Adriana, Tivoli

Greenaways wunderschön gefilmtes Puzzle verbindet Architektur, Schwangerschaft und Magenbeschwerden. Architekt Dennehy ist zum ersten Mal am Bahnhof **Ventimiglia** zu sehen, dem Übergang von Frankreich nach Italien an der Südküste, rund 15 Kilometer östlich von Monte Carlo. Doch ab hier lässt Greenaway die Handlung vor dem Hintergrund der klassischen Gebäude in Rom spielen. Dennehys Apartment bietet einen Blick auf das **Grab des Augustus** an der Piazza Augusto, östlich der Via del Corso. Er arbeitet im **Victor-Emanuel-Ausstellungsgebäude** an der Piazza Venezia; an Mussolinis **Foro Italico** bleibt er stehen, um dem verstorbenen Architekten Boulée eine Postkarte zu schreiben; und er schreibt eine weitere auf der **Piazza del Popolo** am nördlichen Ende der Via del Corso.

Victor-Emanuel-Gebäude, Piazza Venetia

Das Picknick mit dem Hund, der Erbrochenes frisst, spielt sich ab in den Bädern der **Villa Adriana** in Tivoli, rund 25 Kilometer östlich von Rom. Eine weitere Postkarte schreibt er auf den **Petersplatz**, Vatikanstadt. Der Sonderling, der Nasen von Statuen sammelt, befindet sich im **Forum**, von dem aus man den Foro Traiano an der Ostseite des Piazza Venezia überblickt. Dennehy fotografiert eine Bernini-Nackte auf der **Piazza Navona** – Standort der Rennbahn von Kaiser Domitian. In Mussolinis **Foro Italico** werden die Statuen restauriert. Der sterbende Dennehy besäuft sich vor dem hell erleuchteten **Pantheon** an der Piazza della Rotonda.

BEETLEJUICE
(1988, R: Tim Burton)
Michael Keaton, Alec Baldwin, Geena Davis
• **VERMONT**

Keaton ist komplett hyperaktiv in dieser Umkehr des Exorzisten, in der er unerwünschte lebende Seelen aus dem Haus der frisch verstorbenen Baldwin und Davis austreibt. Die nette kleine Stadt, die sich an die vollen grünen Hügel drückt und in der sich Baldwin und Davis häuslich niederlassen, muss einfach in New England liegen – und genau das ist auch der Fall. Der Ort ist **East Co-**

rinth, Vermont, abseits des Highway 25 nahe der Grenze zu New Hampshire.

BEGEGNUNG
(1945, R: David Lean)
Celia Johnson, Trevor Howard, Joyce Carey
• **LANCASHIRE; BUCKINGHAMSHIRE; LONDON**

Milford High Street: Station Parade, Beaconsfield

Celia Johnson begegnet Trevor Howard: Burke's Parade, Beaconsfield

Der Unfall auf dem See: Long Bridge, Regent's Park

Der Bahnhof: Carnforth, Lancashire

Der Bahnhof: Carnforth, Lancashire

Der Bahnhof Milford Junction, angeblich in Kent gelegen, wo sich Howard und Johnson heimlich treffen, ist **Carnforth Station** in Lancashire, rund acht Kilometer nördlich von Lancaster. Der Bahnhof existiert noch immer und ist geöffnet, allerdings ist ein großer Teil mit Brettern zugenagelt worden. Der Teesalon (dessen Innenleben im Studio in Denham nachgebaut worden war) ist nicht mehr da, doch die zu den Bahnsteigen führenden Tunnels und Gleis 1, auf dem Celia beinahe unter den Zug gerät, kann man gut wiedererkennen. Carnforth wurde ausgewählt, da er weit genug von den Flugplätzen der Deutschen entfernt war und die Verdunkelungsvorschriften so hoch im Norden nicht allzu streng waren (gedreht wurde Anfang 1945). Im Film können Sie deutlich die Bahnhofsschilder mit den Namen von Städten im Norden sehen. Die schwermütige Stimme des Bahnhofssprechers ist im Original übrigens die des Autors Noël Coward.

Der Rest des Films entstand in den Grafschaften, einige der geschäftigeren Eisenbahnszenen wurden bei Watford Junction gefilmt. Die Milford High Street findet sich in **Beaconsfield**, Buckinghamshire. Die Orgel an der Ecke bei Harris spielt in der **Station Parade** neben Beaconsfield Station, und Celia trifft mit Trevor vor Boots zusammen, einige hundert Meter südlich bei **Burke's Parade**.

Das Kino, in dem sie den Trailer für *Flames of Passion* sehen, befand sich in Victoria, London, während die Außenansicht den mittlerweile abgerissenen Eingang zu den Studios an der North Orbital Road, Denham, zeigte. Das Krankenhaus, in dem Howard arbeitet, ist eine Kulisse, die für Alexander Kordas Komödie *Perfect Strangers* von 1945 mit Robert Donat und Deborah Kerr gebaut worden war. Der See befindet sich mitten im Londoner **Regent's Park**. Sie können die **Long Bridge** sehen, an der sich Trevor Howard festhält und die sich am Vogelplatz in der Mitte des Parks befindet, nordwestlich des Inner Circle gegenüber dem Eingang zum Open Air Theatre.

BEGIERDE
(1983, R: Tony Scott)
Catherine Deneuve, Susan Sarandon, David Bowie
• **LONDON; NEW YORK CITY**

Die New Yorker Klinik: Senate House, Malet Street

Deneuve und Bowie spielen zwei Vampire, die sich in diesem vom Design geprägten Horrorfilm die Jahre mit großzügigen Portionen Blut vertreiben. In New York angesiedelt, entstand ein Großteil des Films in Großbritannien. Die Disco ist das **Heaven**, der gigantische Schwulentanzpalast unter den Bögen von Charing Cross in London. Die New Yorker Art-déco-Klinik ist das Foyer des **Senate House, University of London, Malet Street**, das auch als neofaschistischer Bunker des Königs in Ian McKellens *Richard III.* diente.

BEIM STERBEN IST JEDER DER ERSTE
(1972, R: John Boorman)
Jon Voight, Burt Reynolds, Ned Beatty
• **GEORGIA**

Was ist beunruhigender? Die nasse Hölle, in die sich die vier Jungs aus der Großstadt manövrieren, oder der Boom an Rafting-Touristen, den der Film in diesem Gebiet auslöste? Gedreht wurde in **Rabun Gap** und in Rabun County, in der nordöstlichen Ecke von Georgia. Der Fluss, auf dem Reynolds und Co. Kanu fahren, ist der **Chattooga River**, der die Grenze zu South Carolina markiert. Beim Wasserfall handelt es sich um die **Tallulah Falls**.

BELLE DE JOUR – SCHÖNE DES TAGES
(1967, R: Luis Buñuel)
Catherine Deneuve, Michel Piccoli, Genevieve Page
• PARIS

Deneuve trifft den Nekrophilen: Chalet de la Grande Cascade, Bois de Boulogne

Angeblich hasste Buñuel Joseph Kessels Roman über eine gelangweilte, masochistische Frau eines wohlhabenden Pariser Chirurgen, die nachmittags in einem Bordell arbeitet. Dennoch machte er daraus ein surreales Meisterwerk. Die elegante Caféterrasse, auf der Catherine Deneuve für die inzestuösen nekrophilen Phantasien des Duc abgeholt wird, ist das **Chalet de la Grande Cascade** am künstlichen Wasserfall nahe dem Hippodrome de Longchamp im **Bois de Boulogne**. Es ist ein sehr nobles Restaurant, und wenn Sie keinen Wagen haben, dann zieht sich der Weg dorthin *(Metro-Station: Ranelagh)* entlang der Route de l'Hippodrome wie Kaugummi. Hinter Deneuve auf der Restaurantterrasse können Sie sehen, wie sich Buñuel mit den Produzenten des Films, Robert und Raymond Hakim, unterhält. Es ist auch deren Büro mit den Standfotos, wo Pierre Clementi einen Lieferanten im Aufzug überfällt. Das Gebäude, das seitdem umgebaut und zu einem italienischen Restaurant verwandelt worden ist, steht an der **79 Champs Elysées**.
Madame Anais, das Edelbordell, in dem die eiskalte Deneuve mit einem bizarren Spektrum der Sexualität konfrontiert wird, ist am **1 Square Albin-Cachot**, einer winzigen Sackgasse südlich der Rue Leon Maurice Nordmann zwischen Rue de la Sante und Rue de la Glacière *(Metro-Station: Glacière)*.

BEN HUR
(1926, R: Fred Niblo)
Ramon Novarro, Francis X Bushman, Carmel Myers
• ITALIEN

Problembehaftete Verfilmung des religiösen Werkes von General Lew Wallace, die mit Dreharbeiten in Ägypten begann – obwohl nichts von den dort belichteten Material letztlich benutzt wurde –, dann aber nach Italien umzog. Die beeindruckende Seeschlacht wurde bei **Livorno** vor der nordöstlichen Küste Italiens gedreht.

BEN HUR
(1959, R: William Wyler, Andrew Marton)
Charlton Heston, Stephen Boyd, Jack Hawkins
• ITALIEN

Pompöses Remake des Epos von 1926, gefilmt in den Cinecittà Studios in Rom, wo das gewaltige Wagenrennen von Regisseur Marton mit dem zweiten Kcamerateam aufgenommen wurde. Die gigantische Arena, die nach dem Vorbild von Antioch angelegt war, wurde aus einem riesigen Steinbruch gehauen und mit 40.000 Tonnen weißem Sand gefüllt, der von Stränden am Mittelmeer hergeschafft wurde. Galeeren im Maßstab 1:1 wurden auf einem künstlich angelegten See zu Wasser gelassen. Wer behauptet also, es komme nicht auf die Größe an? Der Film staubte elf Oscars ab und war die Geburtsstunde eines höchst unterhaltsamen Streits zwischen Star Heston und Autor Gore Vidal, der behauptete, Heston habe dem Drehbuch einen homosexuellen Subtext verliehen, was von diesem bestritten wird. Sehen Sie sich den Film genau an.
Die in Nazareth spielenden Szenen entstanden in **Fiuggi**, 80 Kilometer östlich von Rom, das seit dem 11. Jahrhundert als Badekurort bekannt ist. Hurs Kamelreise von den Galeeren zurück nach Judäa wurde in **Nettuno** gefilmt, berühmt für die mittelalterlichen Stadtmauern, rund 50 Kilometer südlich von Rom gelegen. Die Oase, an der er mit dem Schotten Finlay Currie und dem walisischen Scheich Hugh Griffith zusammentrifft, ist **Folliano**. Das Tal der Leprakranken, in dem sich Hurs Mutter und Schwester befinden, ist ein Steinbruch in Rom.

BENGALI
(1935, R: Henry Hathaway)
Gary Cooper, Franchot Tone, Richard Cromwell
• KALIFORNIEN

Heldentaten an der indischen Nordwestgrenze, ein Projekt, das einige Jahre zuvor von *King Kong*-Miterfinder Ernest Schoedsack entwickelt worden war und eigentlich komplett an authentischen Schauplätzen gedreht werden sollte. Von dem indischen Filmmaterial ist aber kaum etwas übrig geblieben, gefilmt wurde stattdessen in den **Alabama Hills** oberhalb von **Lone Pine**, Interstate 395, in Zentralkalifornien (für Details siehe *Kim – Geheimdienst in Indien*).

BERUF: REPORTER
(1975, R: Michelangelo Antonioni)
Jack Nicholson, Maria Schneider, Jenny Runacre
• SPANIEN; LONDON; NORDAFRIKA; DEUTSCHLAND

Jack Nicholson entwendet den Ausweis eines Toten und nimmt dessen Identität an. Gefilmt wurde im zu der Zeit brandneuen **Brunswick Centre** in Bloomsbury, gegenüber der U-Bahnstation Russell Square. Außerdem in Chad, Algeciras, München und auch in Barcelona, wo Nicholson mit der Seilbahn über die Stadt fährt und über die Vogelmärkte der Rambla spaziert. Das Ende spielt im **Hotel de la Gloria, Osuna**, Spanien.

DER BESESSENE
(1961, R: Marlon Brando)
Marlon Brando, Karl Malden, Pina Pellicer
• KALIFORNIEN

Sam Peckinpahs original Drehbuch wurde verworfen, stattdessen wurde Calder Willingham geholt. Regisseur Stanley Kubrick ersetzte man durch Brando persönlich, der diesen langen und langsamen Western drehte. Das Budget explodierte von 1,8 Mio. Dollar auf 6 Mio. Dollar, und der Film dauerte schließlich fünf Stunden. Er wurde auf zwei Stunden und 20 Minuten zurechtgestutzt, das Ende verändert, und es gelang dem Film, an den Kinokassen 12 Mio. Dollar einzuspielen, was ihn nicht zu der befürchteten finanziellen Katastrophe werden ließ. Man kann nur hoffen, dass niemand einen Director's Cut von diesem Film entdeckt.

Gefilmt wurde an der Westküste Kaliforniens, nördlich von **Cypress Point**, am **Pebble Beach** und am **Pfeiffer Beach** in **Big Sur**.

BESSER GEHT'S NICHT
(1997, R: James L. Brooks)
Jack Nicholson, Helen Hunt, Greg Kinnear
• **NEW YORK CITY; LOS ANGELES**

Je ein Oscar für Nicholson und Hunt in diesem unterhaltsam, wenn auch etwas schwammigen Wohlfühlfilm, in dem die Kellnerin Helen Hunt, der schwule Nachbar

Das Café 24 Heures: Barclay Hotel, Fourth Street, Downtown L.A.

Greg Kinnear und Verdell, der Hund, den engstirnigen, zwanghaft besessenen Schriftsteller Nicholson erweichen. Der Apartmentblock von Nicholson und Kinnear ist in der **31-33 12th Street** zwischen Fifth Avenue und Sixth Avenue in West Village, New York, zu finden. Helen Hunt lebt am **1 Windsor Place** im recht netten Brooklyner Distrikt Prospect Park. Das Café 24 Heures, in dem Hunt arbeitet, befindet sich in Wahrheit weit weg an der Westküste. Es wurde im Erdgeschoss des heruntergewirtschafteten **Barclay Hotel** eingerichtet, das an der Ecke **Fourth Street** und **Main Street** in einem schäbigen Teil von Downtown zu finden ist (die Kreuzung ist als New Yorker Motiv auch in *Armageddon* zu sehen). Das zum Wasser hin gelegene Restaurant, angeblich in der Chesapeake Bay, Baltimore, befindet sich in Long Beach, südlich von L.A. Es ist **Khoury's Restaurant, 110 North Marina Drive** am Alamitos Bay Landing Center. Die Pier ist die **Seal Beach Pier, Main Street, Seal Beach**.

DIE BESTEN JAHRE DER MISS JEAN BRODIE
(1969, R: Ronald Neame)
Maggie Smith, Robert Stephens, Celia Johnson
• **EDINBURGH; MIDDLESEX**

Maggie Smith übernahm den Part von Vanessa Redgrave – die die Brodie ursprünglich auf der Bühne gespielt und dafür viel Lob erhalten hatte –, um ihn im

Miss Brodies Haus: Admiral Terrace, Edinburgh

Film nach Muriel Sparks in den dreißiger Jahren spielenden Roman mit Leben zu erfüllen. Rod McKuen brummt etwas vor sich hin, was wohl das unpassendste Titelstück überhaupt sein dürfte. Zu den authentischen Schauplätzen in Edinburgh (ohne Fernsehantennen) gehören der alte **Grassmarket, Vennel, Greyfriars Kirkyard**, das **Scottish National Museum** und **Edinburgh Castle** selbst. Miss Brodies Heim ist das viktorianische Haus bei **5 Admiral Terrace**, gegenüber dem Lothian Regional Council Office, südwestlich des Stadtzentrums. Teddy Lloyds Studio ist das Haus an der **1 Candlemaker Row** an der Ecke Merchant Street gegenüber Greyfriars Kirkyard. Zwar wurden für die Innenaufnahmen Kulissen im Studio gebaut, die Szenen in der Marcia Blaine School wurden jedoch in der Donaldson School for Deaf and Dumb Children gedreht, jetzt ein Teil der **Edinburgh Academy, Henderson Row**. Cramond, das Anwesen, auf das sich Miss Brodie an den Wochenenden zurückzieht, ist **Barnbougle Castle**, nahe Edinburgh am Firth of Forth. Es ist ein Teil des Dalmeny Estate und stellt das Zuhause des Earl und der Countess of Roseberry dar. Marcia Blaines Bibliothek befand sich im Grim's Dyke House – heute das **Grim's Dyke House Hotel** –, dem früheren Zuhause von W.S. Gilbert (ertrank hier im See) in **Old Redding** in Middlesex (für Details siehe *Die Hexe des Grafen Dracula*).

Marcia Blaine: Edinburgh Academy, Henderson Row

BESTIE MENSCH
(1938, R: Jean Renoir)
Jean Gabin, Simone Simon, Fernand Ledoux
• **PARIS**

Melodramatische Verfilmung des Romans von Emile Zola mit Gabin als zum Scheitern verurteilter Lokführer, der mit der Femme fatale Simon einen Plan entwickelt, um ihren Ehemann umzubringen. Gabins Lok gibt in der

Jean Gabin plant einen Mord: Gare St. Lazare, Rue St. Lazare

Le Havre Station den Geist auf, wo viel an authentischen Motiven gefilmt wurde. Ein Teil von Simones Apartment wurde auf einer erhöhten Plattform im Bahnhof von Le Havre aufgebaut, um durch das Fenster die Gleise zu zeigen. In entsprechender Weise blickt man von Gabins Pariser Apartment auf den riesigen **Gare St-Lazare** an der Rue St. Lazare, den drittgrößten Bahnhof der Welt. Die gefilmte Zugreise führte von Evreux nach Le Havre. Das Dorf, in dem Gabin anhält, um seine Patentante zu besuchen, ist **Breaute-Beuzeville** in der Normandie.

BETROGEN

(1971, R: Don Siegel)
Clint Eastwood, Geraldine Page, Elizabeth Hartman
• **LOUISIANA**

Ein großartiges Vergnügen, wenn man miterlebt, wie die phantastische Geraldine Page mit finsterem Gesichtsausdruck dem verwundeten Soldaten Clint Eastwood in einer Schule der Confederate Ladies ein Bein absägt. Tatsächlich ist es das **Ashland-Belle Helene House** (auch zu sehen im Clark Gable/Yvonne de Carlo-Melodrama *Weint um die Verdammten*), eines von vielen schönen Plantagenhäusern am Mississippi zwischen New Orleans und Baton Rouge, Louisiana. Es befindet sich in der **7497 Ashland Road** abseits der River Road, rund acht Kilometer nördlich von Darrow. Seit es von der Shell Oil Company gekauft wurde, ist es für Besucher leider nicht mehr geöffnet.

BETTY BLUE – 37,2 GRAD AM MORGEN

(1986, R: Jean-Jacques Beineix)
Jean-Hugues Anglade, Beatrice Dalle, Gerard Darmon
• **FRANKREICH**

Anglade ist der träge Faulpelz, der sein Potenzial als Schriftsteller erkennt, nachdem er eine Affäre mit der irritierend und völlig ausgeflippten Dalle hat. Im Director's Cut gibt es zusätzliche 60 Minuten stilvoll gefilmter Schmoll- und Wutausbruchsszenen. Das Küstendorf in den Eröffnungsszenen mit seinen auf Pfählen stehenden Häusern ist **Gruissan**, rund 15 Kilometer südöstlich von Narbonne in der Region Languedoc-Roussillon nahe der Grenze zu Spanien. Andere französische Dörfer sind **Marvejois**, eine winzige Marktstadt im Colagne-Tal rund 160 Kilometer nördlich von Narbonne an der E9/N9, und **Nogent-sur-Marne**, östlich von Paris.

BETTY UND IHRE SCHWESTERN

(1994, R: Gillian Armstrong)
Susan Sarandon, Winona Ryder, Gabriel Byrne
• **BRITISH COLUMBIA, KANADA; MASSACHUSETTS**

Remake, das in **Cobble Hill**, British Columbia, Kanada, sowie Vancouver und Victoria, B.C., gefilmt wurde. Weitere zeitgenössische Motive fanden sich in **Historic Deerfield, Deerfield**, dem Museum der Geschichte von New England, das in einem 330 Jahre alten Dorf in Massachusetts nahe der Interstate 91 rund 15 Kilometer südlich von Greenfield untergebracht ist *(Tel. 413 774 5581, www.historic-deerfield.org)*.

BEVERLY HILLS COP – ICH LÖS' DEN FALL AUF JEDEN FALL

(1984, R: Martin Brest)
Eddie Murphy, Judge Reinhold, Steven Berkoff
• **DETROIT, MICHIGAN; LOS ANGELES**

Eddie Murphys erster Auftritt als Axel Foley gibt der Autoindustrie neuen Aufschwung, da in der einleitenden Verfolgungsjagd durch das malerische Detroit am laufenden Band Fahrzeuge demoliert werden. Nachdem er in Beverly Hills angekommen ist, bekommen wir als Einführungseinstellungen touristische Ziele wie das **Beverly**

Edle Polizeiwache: City Hall, Beverly Hills

Hills Hotel und den **Rodeo Drive** zu sehen, bevor sich Murphy auf unnachahmliche Weise ein Zimmer im fiktiven Beverly Palms Hotel beschafft, angeblich am Wilshire Boulevard gelegen. Tatsächlich aber ist es das 700 Zimmer umfassende **Biltmore Hotel, 506 South Grand Avenue**, ein Wahrzeichen, das sich überhaupt nicht in Beverly Hills, sondern in Downtown L.A. befindet. Gebaut wurde es 1923,

Das Beverly Hills Hotel: Biltmore Hotel, South Grand Avenue, L.A.

und es ist über die Jahre hinweg Schauplatz für zahlreiche Filme gewesen, von *Der Clou* bis *Independence Day*. In den dreißiger Jahren wurden dort auch die Oscars überreicht. Murphy zieht den Banane-im-Auspuff-Gag gegenüber dem Biltmore am **Pershing Square** durch. Da wir in Beverly Hills sind, ist auch das Polizeirevier kein alltägliches Gebäude, sondern die grandiose, 1932 im spanisch-barocken Stil erbaute **Beverly Hills City Hall, North Crescent Drive**/Ecke Santa Monica Boulevard. Der exklusive Club, in dem Murphy Steven Berkoff in Verlegenheit bringt, ist das **Athenaeum**, der Speisesaal des California Institute of Technology an der 551 South Hill Avenue in Pasadena.

BEVERLY HILLS COP II

(1987, R: Tony Scott)
Eddie Murphy, Judge Reinhold, Ronny Cox
• **LOS ANGELES**

Eine neue Polizeiwache: City Hall, Pasadena

Axel Foley eilt zurück nach L.A., als Polizeichef Bogomil niedergeschossen wird. Das Hauptquartier der Polizei ist wieder einmal die **Beverly Hills City Hall**, und die Einführungstotalen zeigen es zweifellos auch so. Aber sehen Sie einmal genau hin. Als Ronny Cox abfährt, ist es ein völlig anderes Gebäude. Alle Szenen mit Schauspielern, die eine kostspielige Dreherlaubnis benötigen, wurden vor der **Pasadena City Hall** gefilmt, **100 North Garfield**

Eddie Murphys Topadresse: Walden Drive, Beverly Hills

Die Schießerei im Restaurant: Acapulco, North La Cienega Boulevard

Juwelenraub: North Highland Avenue, Hollywood

Avenue/Ecke Holly Street, Pasadena. Der östliche Vorort von L.A. ist deutlich preisgünstiger als das piekfeine Beverly Hills. Das Gebäude ist zwar kleiner, aber noch extravaganter als das Gegenstück in Beverly Hills. Leider sehen sich die beiden Gebäude überhaupt nicht ähnlich. Das Juweliergeschäft, das von Brigitte Nielsen ausgeraubt wird, war einst das Max Factor Museum, das inzwischen leider geschlossen ist. Das rosa Granitgebäude steht an der **1666 North Highland Avenue** abseits des Hollywood Boulevard. Die Ölfördertürme, die zu sehen sind, wenn Bogomil verfolgt wird, stehen in **Baldwin Hills** am La Cienega Boulevard, südöstlich von Culver City. Das Haus, das renoviert wird und in dem sich Foley unter falschen Angaben häuslich niederlässt, ist nicht an der 1603 Hillcrest Road, sondern **614 Walden Drive**, der nördlich des Santa Monica Boulevard zur Lomitas Avenue verläuft, östlich vom Los Angeles Country Club – aber es ist wirklich in Beverly Hills. Für das Restaurant, in dem Taggart sich für Gerald Ford ausgibt, gilt das allerdings nicht. Zu der Zeit war es das French Restaurant 385 North, heute ist es das Mexican Restaurant **Acapulco, 385 North La Cienega Boulevard** in Hollywood. Der Beverly Hills Gun Club ist einmal mehr der Athenaeum Club des **California Institute of Technology** (siehe *Beverly Hills Cop – Ich lös' den Fall auf jeden Fall*). Die Verfolgungsjagd per Betonmischer endet tatsächlich vor Hugh Hefners **Playboy Mansion, 10236 Charing Cross Road** abseits des Mapleton Drive, der zwischen dem westlichen Ausläufer des Sunset Boulevard und dem Los Angeles Country Club verläuft.

BEVERLY HILLS COP III

(1994, R: John Landis)
Eddie Murphy, Judge Reinhold, Theresa Randle
• KALIFORNIEN

John Landis übernimmt die Regie bei der zweiten Fortsetzung, die praktisch von allen Beteiligten als großer Fehler eingestuft wurde. Sie hat alles, was für Landis typisch ist: ausladende Maßlosigkeit, großartige Kulissen und unzählige Cameo-Auftritte. Wieder ist das Polizeirevier in der

Beverly Hills City Hall untergebracht. Der Vergnügungspark Wonderworld ist der 40 Hektar große Themenpark **Great America Amusement Park von Paramount, Great America Parkway, Santa Clara**, im Gebiet der South Bay südlich von San Francisco. Der Angriff der Aliens ist in Wahrheit jedoch die Erdbeben-Attraktion auf der Universal Studio Tour, **Universal Studios, 100 Universal City Plaza** nahe dem Hollywood Freeway *(Tel. 818 508 9600)*. Die Convention für Sicherheitsbedienstete, wo Bronson Pinchot – Galeriebesitzer im ersten Film – den Annihilator 2000 an den Mann bringt, wurde an einem Schauplatz gefilmt, der auch schon im ersten Film zu sehen gewesen war, nämlich im **Biltmore Hotel**, das dort als das Beverly Palms auftauchte. Der verdächtige Lastwagen, der sich als leer entpuppt, wird am **Santa Monica Pier** entdeckt. Die Nobelbar, in der Murphy als der Mann wiedererkannt wird, der Uncle Dave erschossen haben soll, befindet sich auf dem **Rodeo Drive**, im Hintergrund ist das Regent Beverly Wilshire Hotel zu sehen.

DER BEWEGTE MANN

(1994, R: Sönke Wortman)
Til Schweiger, Joachim Krôl, Katja Riemann
• DEUTSCHLAND

Til Schweiger wurde als Titelheld, dessen Sexualität in Frage gestellt wird, als er mit dem schwulen Joachim Krôl zusammenzieht, zum Star. Diese wohl gemeinte und höchst erfolgreiche, wenn auch ziemlich überholte Komödie über sexuelle Wertvorstellungen, die auf dem bekannten Comic von Ralf König basiert (der einen Cameo-Auftritt als Drag Queen hat), wurde in **Köln** gefilmt. Der Club, in dem Katja Riemann in einer Toilette feststellt, dass ihr Freund Schweiger sie betrügt, ist das **Gloria, Apostelnstraße 11**. Die Schwulenparty findet im **Bel-Air, Kohlenstraße 10** statt. Während Schweiger sturmfreie Bude für seine Freundin bekommt, machen sich die Drag Queens auf den Weg ins Kino und sehen sich *Tod in Venedig* an, derweil das Rambo-Publikum verwirrt reagiert. Das Kino ist das **Residenz, Kaiser-Wilhelm-Ring 30**.

BIG

(1988, R: Penny Marshall)
Tom Hanks, Elizabeth Perkins, Robert Loggia
• NEW YORK CITY; NEW YORK STATE; NEW JERSEY

Der beste von allen Körpertauschfilmen, die zur gleichen Zeit ins Kino kamen. Ursprünglich war Robert De Niro für den Film vorgesehen, aber rückblickend muss

Das Spielzeuggeschäft: F.A.O. Schwarz, Fifth Avenue

man sagen, dass Tom Hanks für den Part des Josh wie geschaffen war. Das Zuhause des jungen Josh befindet sich von Manhattan aus auf der anderen Seite des Hudson River in New Jersey am **Cliffside Park**. Auf dem Jahrmarkt unter der **George Washington Bridge** wird sein Wunsch, groß zu sein, erfüllt, und im nächsten Augenblick findet er sich in Manhattan auf dem routinemäßig schäbigen **Times Square** wieder. Ebenfalls in Manhattan befindet sich das Spielwarengeschäft, in dem der erwachsene Josh auf dem riesigen Keyboard spielt. Es ist **F.A.O. Schwarz, 745 Fifth Avenue**/Ecke 58th Street. Der menschenleere Vergnügungspark, wo der Prozess schließlich wieder umgekehrt wird, ist **Playland** in **Rye** am Ufer des Long Island Sound, New York State, westlich von Yonkers am Highway 95.

THE BIG LEBOWSKI
(1998, R: Joel Coen)
Jeff Bridges, John Goodman, Steve Buscemi
• LOS ANGELES

Die Bowlingbahn: Hollywood Star Lanes, Santa Monica Boulevard, Hollywood

Die Bowlingbahn, auf der John Goodman und Buscemi in der Veralberung von *Tote schlafen fest* durch die Coen-Brüder rumhängen, ist **Hollywood Star Lanes, 5227 Santa Monica Boulevard**, Hollywood. Wenn in einem Hollywood-Film eine Villa in Beverly Hills auftaucht, dann spricht vieles dafür, dass sie im östlichen Vorort Pasadena gefilmt wurde, wo es vor Prachtbauten nur so wimmelt, für die die Dreherlaubnis nur einen Bruchteil kostet. Nicht so bei *The Big Lebowski*. Hier ist das Haus in Pasadena eine Kombination aus zwei Anwesen in Beverly Hills. Die Außenansichten zeigen ein großartiges Gebäude an der Charing Cross Road nordwestlich des Los Angeles Country Club. Die Innenaufnahmen zeigen das **Greystone Mansion, 905 Loma Vista Drive**. Die Villa und ihr weitläufiger Park sind häufig Filmmotiv. Für Details siehe *Tod in Hollywood*. Julianne Moores Künstleratelier befindet sich über dem Palace Theater am **630 South Broadway**, Downtown L.A. Bridges und Goodman diskutieren über die Herkunft von Bunnys Zeh, während sie im **Johnie's** sitzen, **6101 Wilshire Boulevard**/Ecke Fairfax Avenue, gegenüber dem riesigen goldenen Zylinder des alten Warenhauses May & Co. Das Café, in dem die deutschen Nihilisten mit der zehlosen Frau etwas trinken, ist **Dinah's, 6521 South Sepulveda, Culver City**. Das Verstreuen der Asche findet auf einem Hügel bei **Palos Verdes**, südlich von L.A., statt

BIGFOOT UND DIE HENDERSONS
(1987, R: William Dear)
John Lithgow, Melinda Dillon, David Suchet
• WASHINGTON STATE

Disney-hafte Bigfoot-Variante, die eine TV-Serie nach sich zog. Angesiedelt ist die Geschichte im Nordwesten, wo die Familie auch lebt. Den 437 Manning Drive findet man in **Wallingford**. Lithgow sucht nach dem vermissten Bigfoot in **Seattle**, wo die unvermeidbare **Space Needle** natürlich ins Bild gerückt wird. Für Waldszenen wurde das Gebiet rund um **North Bend** östlich von Seattle an der Interstate 90 gewählt, Schauplatz von David Lynchs *Twin Peaks*. Das Camp der Hendersons liegt weiter östlich an der Interstate 90, nahe **Kachess Lake**, rund 80 Kilometer östlich von Seattle im Wenatchee National Forest. Don Ameches Museum liegt in Index an der Interstate 2 in nördlicher Richtung.

BILL UND TED'S VERRÜCKTE REISE DURCH DIE ZEIT
(1989, R: Stephen Herek)
Keanu Reeves, Alex Winter, George Carlin
• ARIZONA

Sympathisches Vergnügen mit den Valley Boys, die für ein Geschichtsprojekt für die Schule durch die Zeit sausen. Zur Abwechslung gibt es hier mal Motive zu sehen, die so tun, als befänden sie sich in Kalifornien. San Dimas (östlich von L.A.) wurde in Arizona in **Phoenix** und **Scottsdale** gefilmt, außerdem im **Cococino National Forest** in der Gegend um Flagstaff. In der Fortsetzung *Bill und Ted's verrückte Reise in die Zukunft* fanden sich die Motive tatsächlich in einem Vorort von L.A., nämlich in **Northridge** im San Fernando Valley. Die beeindruckende Landschaft, wo Bill und Ted dem Tod gegenübertreten, ist der **Vasquez Rocks County Park, Escondido Road**, nordöstlich von Newhall (für Details siehe *Massai*).

BIN ICH SCHÖN?
(1998, R: Doris Dörrie)
Franka Potente, Steffen Wink, Anica Dobra
• DEUTSCHLAND; SPANIEN

Wechselnde Beziehungen in Doris Dörries vielschichtigem Drama, das in **München** angesiedelt ist und sich dann in Richtung Andalusien in Südspanien verlagert, um schließlich in **Sevilla** zu enden.

THE BIRDCAGE – EIN PARADIES FÜR SCHRILLE VÖGEL
(1996, R: Mike Nichols)
Robin Williams, Nathan Lane, Gene Hackman
• FLORIDA

Dieses Hollywood-Remake von *Ein Käfig voller Narren* benutzt den Plot als stumpfe Waffe, um auf die heuchlerische Moral der scheinbaren Mehrheit einzudreschen. Robin Williams hält sich unglaublich zurück als die „männliche" Hälfte der schwulen Partnerschaft, während Nathan Lane absolut tuntenhaft daher-

Der Birdcage Club: Carlyle Hotel, Ocean Drive, Miami Beach

kommt. Gene Hackman in Frauenkleidung an sich macht diesen Film schon sehenswert. Der Schauplatz wandert von Südfrankreich in den wunderbaren Art-déco-Distrikt von South Miami Beach. Der Birdcage Club ist tatsächlich das herrliche **Carlyle Hotel, 1250 Ocean Drive**/Ecke 13th Street *(Tel. 305 532 5315)*.

BIRDY
(1984, R: Alan Parker)
Matthew Modine, Nicolas Cage, John Harkins
• **PHILADELPHIA, PENNSYLVANIA; KALIFORNIEN; NEW JERSEY**

Modine ist ein traumatisierter Kriegsveteran, der sich in die Verschwiegenheit zurückgezogen hat. Cage spielt seinen verwundeten Freund. Angesiedelt ist die Geschichte in Philadelphia, das auch die Hintergrundbilder liefert, doch gefilmt wurde überwiegend im Norden von Kalifornien. Das Krankenhaus, in dem Modine festgehalten wird, ist das **Agnew's State Hospital** in **Santa Clara** südlich von San Francisco (hier hatte man die Kulissen gebaut). Der hochgelegte Gleiskörper, an dessen Trägern Cage und Modine herumklettern, um Tauben zu fangen, ist die 46th Street Station an der Ecke Market Street und **46th Street** im Westen der Stadt. Die beiden fahren mit einem restaurierten '53er Ford zur Küste, aber Atlantic City, wo diese Szenen spielen sollen, ist massiv neu bebaut worden. So wurden die Szenen auf der Kirmes 50 Kilometer südlich von Philly in **Wildwood** an der Küste von Jersey gefilmt. Das Gefängnis von Atlantic City, in dem die beiden landen, ist ein Flügel des Frauengefängnisses im House of Correction in Philadelphia. Die Statue von William Penn findet sich auf der ziemlich übertriebenen **Philadelphia City Hall, Penn Square**/Ecke Broad Street und Market Street.

BIS DAS BLUT GEFRIERT
(1963, R: Robert Wise)
Julie Harris, Claire Bloom, Richard Johnson
• **WARWICKSHIRE**

Ein wirklich unheimlicher, unterschwelliger Gruselfilm über ein verfluchtes Haus. In den USA angesiedelt, wurde Hill House angeblich „im abgelegensten Winkel von New England erbaut, den man finden konnte". Das großartige Gebäude ist tatsächlich gut acht Kilometer südöstlich von Stratford-upon-Avon in Warwickshire entfernt. Das 60-Zimmer-Anwesen, angeblich das am meisten von Geistern heimgesuchte Haus, ist inzwischen zu einem Hotel umgebaut worden. Das **Ettington Park Hotel** liegt an der A34 in **Alderminster** *(Tel. 01789/450123)*.

BIS ZUM LETZTEN MANN
(1948, R: John Ford)
John Wayne, Henry Fonda, Shirley Temple
• **UTAH**

Typischer Ford'scher Kavalleriefilm mit Fonda als sturem Offizier, der seine Männer anführt, um diese verdammten Indianer zu besiegen. Gedreht wurde im **Monument Valley** in Utah, außerdem am nahe gelegenen **Mexican Hat** und **Gooseneck** am San Juan River.

DER BISS DER SCHLANGENFRAU
(1988, R: Ken Russell)
Amanda Donohoe, Hugh Grant, Catherine Oxenberg
• **HERTFORDSHIRE**

Ländliche Wurmanbetung nach einer Geschichte von Bram Stoker mit Donohoe als reptilienartiger Hohepriesterin, die mal lächerlich, mal surreal ist. Hugh Grants antikes Gebäude, D'Ampton Hall, ist **Knebworth House**, 45 Kilometer nördlich von London an der A1, Hertfordshire (für komplette Details siehe *Batman*).

BITTERER HONIG
(1961, R: Tony Richardson)
Rita Tushingham, Dora Bryan, Murray Melvin
• **MANCHESTER; LANCASHIRE; LONDON**

Ein Sammelsurium von Themen, die in den sechziger Jahren richtig heikel waren – uneheliche Kinder, Rassenfragen, Homosexualität –, alles verpackt in ein hervorragendes Drehbuch nach dem Bühnenstück von Shelagh Delaney. Es war der erste britische Kinofilm, der vollständig an authentischen Drehorten entstand, gefilmt in den Straßen und Kanälen von Manchester und an der Küste bei **Blackpool**. Viele der terrassenförmig angelegten Häuser sind inzwischen abgerissen worden, aber die Eisenbahnunterführung, an der Rita Tushingham und Murray Melvin sich trennen, können Sie in **Salford** immer noch sehen. Die sonderbare, Wohnung, in die Rita schließlich einzieht, ist die Werkstatt der English Stage Company im Royal Court Theatre am **Sloane Square**, London, das auch den Hof für die Feuerwerkszene lieferte.

BLACK OUT – ANATOMIE EINER LEIDENSCHAFT
(1980, R: Nicolas Roeg)
Art Garfunkel, Theresa Russell, Harvey Keitel
• **WIEN; LONDON; MAROKKO; NEW YORK CITY**

Garfunkel ist ein Psychoanalytiker, dessen Besessenheit von Russell in eine Tragödie führt. Dazu passend wurde der Film in der Heimat der Psychoanalyse gedreht, in der eleganten Jugendstilstadt Wien, wo Freud persönlich gequälte Seelen aushorchte.
Theresa Russells überladenes Apartmentgebäude liegt in der **Schönbrunner Schlossstraße**. Die Galerie, die sie mit Garfunkel besucht, um sich die Gemälde von Klimt anzusehen, ist die **Neue Galerie** im zweiten Stockwerk der **Stallburg**, den Stallungen der berühmten Reitschule im Komplex des Hofburg-Palastes. Der Eingang befindet sich in der Reitschulgasse 2 an der nördlichen Ecke des Josephsplatzes zwischen Stallburggasse und Braunerstraße. Die Klimts, Schieles und die anderen Gemälde wurden allerdings Ende der achtziger Jahre in die Österreichische Galerie des 19. & 20. Jahrhunderts im Oberen Schloss Belvedere verlegt. Der Belvedere-Palast steht auf einem Hügel südöstlich des Schwarzenberg-Palastes inmitten einer riesigen Gartenanlage.
Das große elegante Café, wo sich Art Garfunkel mit Daniel Massey trifft, ist das **Wahrzeichen Café Landtmann, Dr.-Karl-Lueger-Ring 4**, ein Treffpunkt für Politiker gleich neben dem Wiener Burgtheater.

Die Rückblenden nach Marokko wurden in **Ouarzazate** gefilmt, einem beliebten nordafrikanischen Motiv, das schon für so unterschiedliche Filme wie *Auf der Jagd nach dem Juwel vom Nil* und Bertoluccis *Himmel über der Wüste* hergehalten hat, während die Coda des Films in New York City gedreht wurde.

BLACK RAIN

(1989, R: Ridley Scott)
Michael Douglas, Andy Garcia, Ken Takakura

• OSAKA, JAPAN; NEW YORK CITY; KALIFORNIEN

Die finstere unterirdische Mall: Hankyu Umeda Mall, Osaka

Die schäbige Industriestadt Osaka, in der der nicht ganz so schmierige New Yorker Cop Douglas einen Gangster aus der Yakuza-Ecke jagt, ist ein Geschenk für den Mann, der bei *Der Blade Runner* Regie führte. Scott holt in etwa das gleiche Feeling aus dem verschmutzten orientalischen Albtraum von einer Stadt heraus, die von Neonleuchten grell beschienen wird. Osaka ist die Heimat mehrerer riesiger, unterirdisch angelegter Shopping Malls; die extravagante, an eine Kathedrale erinnernde Mall, in der Andy Garcia dummerweise auf die Verhöhnung durch einen finsteren Motorradfahrer reagiert, ist die **Hankyu Umeda Mall** nahe der Umeda Station und der Osaka Station. Das Haus des Gangsterbosses befindet sich nicht in Japan, sondern bei Los Feliz im Herzen von L.A. Es ist Frank Lloyd Wrights zuvor in *Der Blade Runner* als Harrison Fords Apartmentblock gezeigtes **Ennis-Brown House, 2607 Glendower Avenue**, ein Betonbau im Stile eines Mayatempels am Berghang unterhalb des Griffith Park Observatory. Für Details über dieses häufig eingesetzte Wahrzeichen siehe *Das Haus auf dem Geisterhügel*. Die Verfolgungsjagd per Motorrad wurde ebenfalls in Kalifornien gedreht, nachdem die Mittel für die Dreharbeiten in Japan aufgebraucht waren. Gefilmt wurde im Gebiet des **Napa Valley** in Nordkalifornien.

BLADE

(1998, R: Stephen Norrington)
Wesley Snipes, Stephen Dorff, N'Bushe Wright

• LOS ANGELES; BRITISH COLUMBIA

Apartment von N'Bushe Wright: Chester Williams Building, Fifth Street

Blutrünstiger Comicstrip, gefilmt mit einer großen Portion Stil und Energie in spektakulären Kulissen und an echten Schauplätzen in Downtown L.A. Das Innere des Krankenhauses, in dem N'Bushe Wright von dem knusprig gerösteten Vampir angegriffen wird und aus dem Snipes einen raschen Abgang macht, ist eine stillgelegte Fabrik in Boyle Heights. Das Äußere zeigt aber das kunstvolle weiße Terrakottagebäude am **610 South Broadway**, zufälligerweise eines der Bauwerke, an denen sich Harold Lloyd in *Ausgerechnet Wolkenkratzer* festklammert. Wrights Apartment ist das **Chester Williams Building, 215 Fifth Street**, direkt gegenüber John Does Apartment in *Sieben*. Der Pearl-Vampirclub ist das umdekorierte Schaufenster eines Geschäfts am **South Broadway** an der nordwestlichen Ecke der 8th Street, gelegen gegenüber dem schmuckvollen Tower Theater in der Nummer 802. Studiodreharbeiten wurden in Vancouver erledigt.

Vampirclub Pearl: South Broadway/Ecke 8th Street

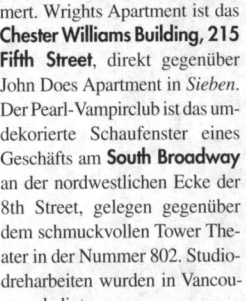

Das Krankenhaus: South Broadway, Downtown L.A.

DER BLADE RUNNER

(1982, R: Ridley Scott)
Harrison Ford, Rutger Hauer, Sean Young

• LOS ANGELES

Irgendwie hat Ridley Scotts Film nach Philip K. Dicks Roman *Träumen Androiden von elektrischen Schafen?* es geschafft, sich in den Augen der Kritiker vom durchschnittlichen Spektakel zu einem Klassiker des modernen Kinos zu wandeln. Das hat mehr mit später Einsicht zu tun als mit der Veröffentlichung des – wenn auch weitaus besseren – Director's Cut, in dem die Szene mit dem Einhorn zu finden ist, während Harrison Fords absichtlich schludriger Off-Text (er hatte gehofft, sein Text würde sich als unbrauchbar erweisen) und das aufgesetzte Happy End (das aus Material besteht, das das zweite

Der Tunnel auf Deckards Heimweg: Second Street Tunnel, Figueroa Street

Die futuristische Polizeiwache: Alameda Street, Downtown L.A.

Außenansicht von Sebastians Haus: Bradbury Building, South Broadway

Deckard stellt sich Batty in Sebastians feuchtem Zuhause: Bradbury Building, South Broadway, Downtown L.A.

Kamerateam für Stanley Kubricks *Shining* gefilmt hatte) weggelassen wurden. Harrison Ford ist ein Blade Runner (ein Titel, der von William Burroughs eingesetzt wurde und Dicks Romantitel ersetzte, der dem Film noch vor dem Start den Tod an den Kinokassen beschert hätte), der äußerst menschlich aussehende Replikanten aufspürt und eliminiert. Rutger Hauer spielt den Replikanten, der das Leben liebt.

Das verschmutzte, verregnete und orientalisch angehauchte L.A., das zum Vorbild für unzählige andere Dystopien wurde, ist eigentlich die alte Gangsterstraße auf dem Gelände von Warner, die mit kilometerweise Neonröhren und hektarweise Glasscheiben verwandelt wurde. Die hervorragenden Modellaufnahmen berücksichtigen existierende Wahrzeichen von L.A. wie die zylindrischen Türme des Bonaventure Hotel (an sich schon ein beliebtes Filmmotiv) in der 404 South Figueroa Street, Downtown L.A. Die Polizeiwache der Zukunft, in die Ford gebracht wird, ist eine Bürokulisse, die in den weitläufigen

Räumlichkeiten eines anderen beliebten Motivs in L.A. aufgebaut wurde: in der von 1939 stammenden **Union Station, 800 North Alameda Street**, Downtown, zu sehen in zahlreichen Filmen, darunter *So wie wir waren, Driver* und *The Replacement Killers – Die Ersatzkiller* (der viele Motive mit *Blade Runner* gemein hat).

Das Zuhause des Spielzeugbauers Sebastian, wo Ford von Androiden bedroht wird und wo er schließlich Rutger Hauer gegenübertritt, ist das **Bradbury Building, 304 South Broadway**/Ecke Third Street. Von außen ist es ein unscheinbarer Ziegelsteinbau, aber der Lichthof (durch dessen Glasdach im Film der beleuchtete Zeppelin zu sehen ist) ist ein Meisterwerk aus schmiedeeisernen Arbeiten, Marmor und Mauern rund um offene Aufzüge. Das Ganze war ein wenig heruntergekommen, als *Blade Runner* gefilmt wurde, doch mittlerweile ist das Gebäude liebevoll restauriert und beherbergt Büros. Das Erdgeschoss kann besichtigt werden. Die Außenansichten des Bradbury Building wurden von der Kreuzung **Broadway/Third Street** gefilmt, aber vieles von dem, was man im Film sehen kann, war zusätzliche Dekoration. Suchen Sie besser gar nicht erst nach den massiven Säulen. Das Innere des schäbigen Yukon Hotel ist das **Pan Am Building, South Broadway**/Ecke Third Street, gegenüber dem Bradbury Building. Vielleicht erkennen Sie in ihm das Apartment des komatösen Opfers aus *Sieben*.

Der Tunnel, durch den Harrison Ford zu seinem Apartment fährt, ist der **Second Street Tunnel** zwischen Figueroa Street und Hill Street, Downtown L.A. Sein Zuhause entpuppt sich als Frank Lloyd Wrights **Ennis-Brown House, 2607 Glendower Avenue**, Silverlake, unterhalb des Griffith Park. Das Haus wurde per Tricktechnik um ein paar Etagen aufgestockt, außerdem wurden von den markanten Betonblocks des Gebäudes Abdrücke genommen, um die Innenaufnahmen im Studio entsprechend auszustatten. Für Details über das Haus siehe *Das Haus auf dem Geisterhügel*.

THE BLAIR WITCH PROJECT

(1999, R: Daniel Myrick, Eduardo Sánchez)
Heather Donahue, Michael C. Williams, Joshua Leonard
• MARYLAND

Der Überraschungserfolg des Jahres 1999 war eine für lau produzierte Scheindokumentation, die angeblich aus Amateuraufnahmen dreier Filmstudenten zusammengeschnitten worden ist, die im „Black Hills Forest" nahe Burkittsville, Maryland, spurlos verschwanden, als sie der Legende über eine Hexe nachgehen wollten. Gefilmt wurde in **Burkittsville**, Maryland. Erwarten Sie aber nicht, dort mit offenen Armen aufgenommen zu werden. Die Bewohner sind alles andere als erfreut über die Aufmerksamkeit, die ihrer Stadt zuteil geworden ist. Als die Filmemacher zurückkehrten, um über eine Fortsetzung zu diskutieren, wurden sie ausgebuht. Joshua Leonards Haus steht in **Wheaton**, Maryland, nördlich von Washington D.C. Der Black Hills Forest ist der **Seneca Creek State Park**, rund 40 Kilometer westlich von Burkittsville. Das 200 Jahre alte Haus, das im Film zu sehen ist, wurde vom Filmvertrieb vor dem Abriss bewahrt. Es ist das **Griggs House** im **Patapsco State Park** im Westen von Baltimore County.

Deckards Apartmentgebäude: Ennis-Brown House, Glendower Avenue, Silverlake

DER BLAUE ENGEL

(1930, R: Josef von Sternberg)
Marlene Dietrich, Emil Jannings
• DEUTSCHLAND

Das klassische Melodrama, das Marlene Dietrich als Nachtclubsängerin Lola Lola zum Star macht und dem verzückten Professor Emil Jannings die schlimmste Schmach bereitet. Der Film spielt in Lübeck, wurde aber komplett in den Berliner Babelsberg Studios gedreht. Während der dreißiger und vierziger Jahre ließ Joseph Goebbels dort Propagandafilme entstehen, nach dem Krieg gab es dann eine völlige Kehrtwende, da die ostdeutsche Regierung realistische, sozialistische Dramen in Auftrag gab. Heute sind die Studios komplett renoviert und modernisiert worden. Den Eingang in der August-Bebel-Straße können Sie in Babelsberg sehen (Bahnhof: Babelsberg oder Griebnitzsee). Es gibt eine Studiotour – Filmpark, deren Eingang gleich um die Ecke in der Großbeerenstraße liegt, allerdings handelt es sich dabei eigentlich mehr um einen Themenpark.

DIE BLAUE LAGUNE

(1949, R: Frank Launder)
Jean Simmons, Donald Houston, Noel Purcell
• FIDSCHI

Der Roman von H. de Vere Stacpole über zwei schiffbrüchige Kinder, die auf einer menschenleeren Insel aufwachsen und (ganz behutsam) den Sex entdecken, wurde zur Hälfte im Studio im Pinewood und zur Hälfte auf einer Insel nördlich von **Vitu Levu** gefilmt, der Hauptinsel des Archipels Fidschi. Das Hollywood-Remake von 1980, das die britisch-keuschen Simmons und Houston durch Brooke Shields und Christopher Atkins ersetzte, wurde von Kameramann Nestor Almendros gefilmt, der offenbar der Ansicht war, damit etwas zur Kinokunst beizutragen. Schauplatz war wieder Fidschi, diesmal die unbewohnte Insel **Nanuya Levu**.

DIE BLAUE LAMPE

(1949, R: Basil Dearden)
Jack Warner, Jimmy Hanley, Dirk Bogarde
• LONDON

Dixons Bezirk: Westbourne Terrace Road Bridge, Little Venice

Hanley ist der idealistische junge Polizist, Warner sein alter Mentor P.C. Dixon, der von einem jungen Bogarde erschossen wird und dann von den Toten aufersteht, um in einer erfolgreichen TV-Serie ein langes Leben zu führen. *Die blaue Lampe* war einer der ersten britischen Filme, der zum größten Teil nicht im Studio entstand, sondern auf den Straßen rund um Ladbroke Grove, Paddington Green und Edgware Road.

Viele der West Londoner Motive existieren heute nicht mehr, so auch die alte Harrow Road Police Station, in der Dixon arbeitet. Das Blaulicht aus dem Titel hat man allerdings aufbewahrt und heute ist es an der Fassade der neuen Polizeiwache in der Harrow Road, W9, zu sehen. Die Brücke, auf der sich Dixon die Zeit vertreibt, kann man immer noch in Little Venice sehen, es ist die **Westbourne Terrace Road Bridge** über den Grand Union Canal. Bogardes Versteck ist abgerissen worden, doch der Standort an **Lord Hills Road** am Canal in W9 ist immer noch wiedererkennbar.

Bogardes Versteck: Lord Hills Road, W9

Das Metropolitan Theatre, wo Bogarde für sein Alibi sorgt, indem er besonders auffällig Tessie O'Sheas Auftritt beobachtet, wurde 1962 geschlossen und abgerissen. Es stand in der 267 Edgware Road. Das Coliseum Cinema, in dem Dixon erschossen wird, hat man ebenfalls abgerissen – dort befinden sich jetzt städtische Gebäude. Die Verfolgungsjagd durch Notting Hill und North Kensington endet am White City Dog Stadium an der White City Road abseits der Wood Lane W12, Shepherds Bush. Das Stadion wurde in den achtziger Jahren abgerissen, die BBC errichtete dort ein Bürogebäude.

BLAUES HAWAII

(1961, R: Norman Taurog)
Elvis Presley, Joan Blackman, Nancy Walters
• HAWAII

Der Elvis der Filmjahre verließ selten die Grenzen der Studiobühne, daher gibt es in Verbindung mit Presley nicht allzu viele echte Motive. Doch Hawaii – wo diese Geschichte eines Ex-G.I. und Nichtstuers gedreht wurde – war eine Verlockung, der er nicht widerstehen konnte. Zu sehen sind das 1953 eröffnete **Coco Palms Resort, 241 Kuhio Highway, Kapaa** *(Tel: 808 822 4921)*, an der Coconut Coast östlich der Insel Kauai zwischen Lihue und Anahola, und der **Hanauma Bay Beach Park** am südöstlichsten Punkt auf Oahu.

BLAZE OF GLORY – FLAMMENDER RUHM

(1990, R: Geoff Murphy)
Emilio Estevez, Kiefer Sutherland, Lou Diamond Phillips
• NEW MEXICO; ARIZONA

Die Fortsetzung des Films *Young Guns – Sie fürchten weder Tod noch Teufel* (1989) entstand in der Umgebung des **White Sands National Monument** und von **Santa Fe**, New Mexico **Tumacacori National Monument; Willcox Playa** und **Old Tucson**, Arizona.

BLICK ZURÜCK IM ZORN
(1959, R: Tony Richardson)
Richard Burton, Mary Ure, Claire Bloom
• **LONDON**

John Osbornes bitterböse Attacke auf ... na ja, eigentlich auf alles, wird vor der Bühne des Royal Court auf die Leinwand geholt. Londoner Motive sind **Deptford Market, Dalston Junction** und **Stratford East**.

BLOB – SCHRECKEN OHNE NAMEN
(1958, R: Irvin S. Yeaworth Jr.)
Steven McQueen, Aneta Corseau, Olin Howlin
• **PENNSYLVANIA**

Low-Budget-SF mit Fleisch fressender Gelatine aus dem All, die sich an Kleindarstellern einer Kleinstadt vergreift, bis ein junger (na ja, 28 war er da schon) Steven McQueen die Masse in die Kühltruhe packt. Die terrorisierte Stadt ist **Valley Forge**, knapp 25 Kilometer westlich von Philadelphia, Pennsylvania, an der Interstate 76. Die meisten Innen- und Außenaufnahmen des Films wurden in den Valley Forge Studios gedreht. Echte Motive sind unter anderem **Jerry's Supermarket** (wo der Blob von einem Wetterballon gespielt wird, während es sich um eine Portion Silikon handelt, die in den Modellkulissen herumwackelt); die Außenansicht des **Colonial Theater** – das terrorisierte Kino der Stadt; die Arztpraxis und das **Downington Diner**, Schauplatz des filmischen Höhepunkts und die Hauptattraktion für Touristen. Das gar nicht so schlimme, aktualisierte Remake (*Der Blob*, 1988, unter der Regie von Chuck Russell) mit gelungenen Effekten und einer guten Besetzung entstand in **Abbeville** an der Route 14 rund 30 Kilometer südlich von Lafayette in Lafayette County, im Süden von Louisiana.

BLOCKADE IN LONDON
(1949, R: Henry Cornelius)
Stanley Holloway, Margaret Rutherford, Betty Warren
• **LONDON**

Pimlico erklärt sich unabhängig: Lambeth Road, SE 1

Als durch einen Bombenschaden Dokumente gefunden werden, die ergeben, dass Pimlico zum Herzogtum Burgund gehört, erklärt sich der Stadtteil in dieser archetypischen Ealing-Komödie vom Nachkriegsengland mit all seinen Einschränkungen unabhängig. Gedreht wurde nicht in Pimlico, sondern rund eineinhalb Kilometer weiter östlich über die Themse, wo auf einem von Bomben geräumten Grundstück in der **Lambeth Road, SE1**, eine gewaltige Kulisse gebaut wurde. Zwar ist dieses Gebiet komplett neu bebaut worden, aber wenn Sie sich auf die Lambeth Road zwischen Hercules Road und Kennington Road stellen und nach Norden zur Lambeth Bridge blicken, können Sie deutlich die Bögen der Eisenbahntrasse sehen, die das Set beherrschte.

BLOOD SIMPLE – EINE MÖRDERISCHE NACHT
(1984, R: Joel Coen)
John Getz, Frances McDormand, Dan Hedaya
• **TEXAS**

Der Debütfilm der Coen-Brüder entstand im Gebiet der Hauptstadt Austin und nahe Round Rock, Texas. Das Budget des Films, das sich auf 1,5 Mio. Dollar belief, konnte erhöht werden, nachdem ein

Dan Hedaya heuert den Killer an: Mount Bonnell Park, Austin

dreiminütiger Trailer herumgereicht wurde, während der jüngere Bruder und Produzent Ethan Coen als Statistikenschreiber bei Macy's arbeitete.

Dan Hedayas Neon Boots Bar existiert nicht mehr. Es war das Starliner auf der Little Cisco Road abseits der Braker Lane in North Lamarr im Gebiet Walnut Forest im Nordosten von Austin (an der Stelle steht heute eine Mall). Die Anhöhe, wo Hedaya M. Emmet Walsh anweist, John Getz zu töten, ist **Mount Bonnell Park** oberhalb des Lake Austin – der trotz seines Namens gar kein See ist, sondern ein Teil des Colorado River – an der Mount Bonnell Road am westlichen Ende der 35th Street, Austin, hinter der Camp Mabry National Guard Installation. Walsh verfolgt das heimliche Liebespaar zum **Heart Of Texas Motel, 5303 W Highway 290**, *(Tel. 512 892 0644)* im Südwesten von Austin nahe dem Oak Hill an der Route 71/290, der Fredericksburg Road.

Hutto ist eine Kleinstadt mit 659 Einwohnern, rund 30 Kilometer nordöstlich von Austin an der Route 79. Von dort geht es gut drei Kilometer in südlicher Richtung auf der Farm Road 1660, wo Sie das umgepflügte Feld finden, auf dem das Mordopfer vergraben worden ist. Die Dunkelkammer, in der Walsh die belastenden Fotos verbrennt, ist im **Old Grove Drug Building** an der **Sixth Street**, Austin. Ebenfalls in der Sixth Street befindet sich über einem Restaurant das Apartment, in das McDormand einzieht und das den Schauplatz des blutigen Höhepunkts bildet.

BLOW OUT – DER TOD LÖSCHT ALLE SPUREN
(1981, R: Brian De Palma)
John Travolta, Nancy Allen, John Lithgow
• **PHILADELPHIA, PENNSYLVANIA**

Diese akustische Version von Antonionis *Blow up*, mit Travolta als Toningenieur, der den verdächtigen Tod eines Politikers auf Band aufzeichnet, wurde rund um De Palmas Heimatstadt Philadelphia gefilmt. Der „Autounfall" ereignet sich auf der **Wissahickon Bridge** über den **Wissahickon Creek** südwestlich von Philadelphia. Travolta begegnet Nancy Allen in der **30th Street Station, 30th Street**, gleich auf der anderen Seite des Schuylkill River (Schauplatz des Mordes in *Der einzige Zeuge*), und hier erdrosselt John Lithgow zunächst eine Prostituierte und stellt später Allen nach. Von der 30th Street Subway aus nehmen Lithgow und Allen den Franklin Bridge Express nach **Penn's Landing** am Delaware River. Travolta folgt ihnen in seinem Jeep über den Platz an der **Philadelphia City Hall, Penn Square**/Ecke Broad Street, bevor er ins Schaufenster des **Wanamaker's Department Store** rast, **Market Street** und **13th Street** (das Kaufhaus war auch in *Mannequin* zu sehen). Travolta holt Lithgow und Allen schließlich – wenn auch zu spät – auf dem **Port of History Building** an Penn's Landing ein.

BLOW UP

(1966, R: Michelangelo Antonioni)
David Hemmings, Vanessa Redgrave, Sarah Kilometer
• **LONDON**

Der Weg in den mysteriösen Park: Maryon Park

Antonionis Krimi – der die Vorlage zu *Blow out – Der Tod löscht alle Spuren* bildet – zeigt den Fotografen Hemmings (eine Rolle, die ursprünglich für Terence Stamp gedacht war), der zufällig etwas Verdächtiges auf Film festhält. Der unheimliche Park, in dem Hemmings möglicherweise etwas fotografiert hat, ist **Maryon Park**, südlich der Woolwich Road, SE7 *(Bahnhof: Woolwich Dockyard).*

David Hemmings' Studio von außen: Pottery Lane, Holland Park

David Hemmings' Studio von innen: Princedale Road, Holland Park

Antonioni war dafür bekannt, die Realität so zu manipulieren, dass er seine beabsichtigten visuellen Effekte erzielen konnte, indem er Wege schwarz und Wiesen grün streichen ließ. Die Büsche, hinter denen die „Leiche" versteckt wurde, wurden für die Aufnahmen dort in Position gebracht. Und die Häuser, von denen aus man den Park überblickt, waren ebenfalls nicht echt. Den Tennisplatz im Park, auf dem Studenten das surreale Tennismatch mimten, ist noch unverändert vorzufinden. Das Antiquitätengeschäft (es war eine Lebensmittelhandlung) befand sich in der Clevely Close an der nordöstlichsten Ecke des Parks. Das Gebäude wurde abgerissen, und das Grundstück ist seitdem neu bebaut worden.
David Hemmings' Studioszenen entstanden im Studio von John Cowans, **49 Princes Places**, abseits der Princedale Road, Notting Hill, obwohl die Außensicht die nahe gelegene **77 Pottery Lane** zeigt, W11, gleich neben dem Pub Earl of Zetland, nördlich von Holland Park Avenue *(U-Bahnstation: Holland Park)*

BLUE VELVET

(1986, R: David Lynch)
Kyle McLachlan, Laura Dern, Isabella Rossellini
• **NORTH CAROLINA**

Lumbertown: Wilmington, auf der anderen Seite des Cape Fear River

Gestört, verstörend, visuell grandios, boshaft sadistisch, aber bis heute auch Lynchs Film, der am wenigsten zu wünschen übriglässt. Die scheinbar so reizende und lockere Stadt Lumbertown ist die Filmstadt (dort sind zahlreiche Filmstudios zu Hause) **Wilmington**, North Carolina, und viele der Motive kann man mühelos wiedererkennen.
Der Blick auf Lumbertown ist die Ansicht von Wilmington über den Cape Fear River in Richtung Water Street. Arlene's Restaurant, wo MacLachlan und Dern ihren Plan ausbrüten, die Geheim-

Laura Derns Schule: New Hanover High School, Market Street

Lumbertown-Polizeiwache: Wilmington Police HQ, Redcross Street

Arlenes Restaurant: New Hanover Human Resources, Fourth Street

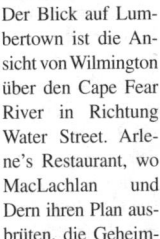

Isabella Rossellinis Deep-River-Apartment: Carolina Apartments, Market Street, Wilmington

nisse von Lumbertown aufzudecken, ist gar kein Restaurant, sondern das New Hanover Human Resources Office an der 4th Street und Chestnut Street. Laura Derns Schule ist die **New Hanover High School, 1307 Market Street**. Die Polizeiwache, wo Kyle McLachlan zum ersten Mal den seltsamen Mann in Gelb sieht, ist das **Wilmington Police Headquarters, 115 Redcross Street**. Isabella Rossellinis düsterer Deep-River-Apartmentblock, wo McLachlan Zeuge einer der unheimlichsten Sexszenen der Filmgeschichte wird, sind die **Carolina Apartments, Market Street**/Ecke Fifth Avenue.

BLUES BROTHERS
(1980, R: John Landis)
John Belushi, Dan Aykroyd, Carrie Fisher
• ILLINOIS; WISCONSIN

Standort des Hotels der Brothers: West Van Buren Street

Die maßlos übertriebene und extrem teure Slapstick-Verfolgungsjagd war zunächst eine Pleite an den Kinokassen, entwickelte dann aber Kultstatus, was der Film dem hervorragenden Soundtrack, der Fülle an Soulstars und Belushis Charisma zu verdanken hat. Gefilmt wurde rund um Chicago, wobei Landis sein bekanntes Geschick zum Einsatz brachte, die Behörden dazu zu überreden, ihm die Erlaubnis für Dreharbeiten an stark frequentierten öffentlichen Plätzen zu geben.

John Belushi wird aus dem **Joliet Correctional Center** entlassen, nördlich des Vororts Joliet am Highway 53, der im Süden der Stadt gelegen ist. Das neue Bluesmobile demonstriert seine Fähigkeiten mit einem Sprung auf der **East 95th Street Bridge** über den Calumet River in Höhe des Calumet Harbor im Süden von Chicago, nahe der Grenze zu Indiana. Die Unterkunft der Brothers – „Hotel For Men

Der kostspielige Höhepunkt:
Richard J. Daley Center

Only. Transients Welcome" – existiert nicht mehr. Es wurde nicht von Carrie Fisher in die Luft gesprengt (es handelte sich um ein großes Foto des Gebäudes, das man auf Styroporblöcke geklebt hatte), allerdings

ist es inzwischen abgerissen worden. Es stand an der **22 West Van Buren Street**, und beim letzten Nachsehen war es immer noch ein unbebautes Grundstück unter der Hochbahn.

Das Soul Food Restaurant, wo Aretha Franklin kellnert und John Lee Hooker draußen spielt, ist in der **Maxwell Street**, dem Mittelpunkt des geschäftigen Flohmarkts auf der Maxwell Street an der Kreuzung zur South Halstead Street, südöstlich des Campus der University of Illinois. Ein großer Teil dieses Bezirks ist seitdem abgerissen worden. Die Nazis tauchen auf der offiziellen Adresse der Brothers auf, **1060 West Addison Street** – zufälligerweise die Heimat der Chicago Cubs, Wrigley Field. Die Shopping Mall, durch die die Brothers mit ihrem Wagen fahren, ist die **Dixie Mall, Harvey**, ein Vorort im Süden von Chicago auf der anderen Seite des Little Calumet River. Der Palace Hotel Ballroom, „oben im Norden am Lake Wazupumani", wo die Blues Brothers ihren ersten großen Auftritt haben, liegt tatsächlich im Süden. Es ist der **South Shore Country Club, South Shore Drive**/Ecke East 71st Street. Das Gebäude von 1916 im mediterranen Stil an der Küste in Richtung Calumet Harbor ist vor kurzem renoviert worden.

Die Verfolgungsjagd durch die Chicagoer Innenstadt unter der Hochbahn endet am angesehenen **Richard J. Daley Center** (benannt nach Bürgermeister Daley, der 1976 im Amt starb). Das Gebäude befindet sich in einem Häuserblock, der von der Randolph Street, Dearborn Street und Clark Street und Washington Boulevard umschlossen wird. Auf dem freien Platz des Centers am Washington Boulevard steht die 15 Meter hohe **Chicago Picasso Sculpture**, der kubistische Kopf, den Jake und Elwood als Wahrzeichen benutzen. Erstaunlicherweise erhielt Landis die Erlaubnis, das Bluesmobile durch die Scheiben des Daley Center zu fahren. Das endgültige Ziel der Brothers, das **City Hall-County Building**, liegt westlich des Daley Centers in der Clark Street. Hier verbarrikadieren sie sich, während die Nationalgarde sich vom Dach des Gebäudes abseilt. Der „Cook County"-Angestellte, der ihr Geld entgegennimmt, ist der andere Spezialist für teure, schwerfällige Ungetüme: Steven Spielberg.

Zu den weiteren Motiven, die im Film Verwendung fanden, gehören der nordwestliche Vorort **Park Ridge, Wauconda**, 40 Kilometer nordwestlich von Chicago auf der Route 12, **Waukegan**, 40 Kilometer nördlich an der Küste nahe der Grenze zu Wisconsin und **Milwaukee**; an der Küste hinter der Grenze in Wisconsin selbst.

Nach dem Tod von Belushi war die Idee einer Fortsetzung nie besonders verlockend. Dass *Blues Brothers 2000* in Kanada gedreht wurde, half dem Film dabei auch nicht. Chicago ist zwar der Schauplatz, aber ein Großteil der Dreharbeiten wurde in **Toronto** und **Kingston**, Ontario, gefilmt. Der Vergnügungspark in Kentucky ist **Markham Fairgrounds**, Toronto.

BLUMEN DES SCHRECKENS
(1962, R: Steve Sekely)
Howard Keel, Nicole Maurey, Kieron Moore
• LONDON; SPANIEN

Katastrophale Verfilmung von John Wyndhams SF-Roman über Killerpflanzen aus dem All. Ein gleißender Meteor lässt fast die gesamte Weltbevölkerung erblinden, ausgenommen Howard Keel, der sich im Londoner **Moorfield Eye Hospital, City Road**, EC1, von einer Augenoperation erholt. Der blinde Zugführer rast in die **Marylebone Station**, NW1, und löst dort eine Panik aus. Keel begibt sich über **Piccadilly Circus, Charing Cross** und **Westminster Bridge** auf die Suche nach seinem Schiff. Der Höhepunkt des Films ereignet sich im spanischen **Alicante**.

Die von Problemen heimgesuchte Produktion bedeutete fast das Ende für den ungarischen Regisseur Steve (Istvan) Sekely. Von den 300 gebauten mechanischen Triffids schafften es letztlich gerade mal sieben auf die Leinwand. Und als der fertig geschnittene Film auf nicht mehr als 55 Minuten Laufzeit kam, wurde Regisseur Freddie Francis dazugeholt, um einen völlig zusammenhanglosen Unterplot zu drehen, in dem Kieron Moore und Janette Scott in einem Leuchtturm festsitzen.

BLUTGERICHT IN TEXAS

(1974, R: Tobe Hooper)
Marilyn Burns, Allen Danziger, Gunnar Hansen
• TEXAS

Hoopers Slasher-Klassiker ist nicht so blutig, wie immer behauptet wird, sondern erzeugt die bedrohliche Atmosphäre vorwiegend durch Andeutungen. Gefilmt wurde in 16 mm, besetzt wurde der Film vorwiegend mit Amateuren aus der Dramaabteilung der University of Texas in Austin. Das gruselige Farmhaus, das inzwischen abgerissen worden ist, stand an der **Quick Hill Road, Round Rock**, Interstate 35, rund 15 Kilometer nördlich von Austin, Texas.

BLUTMOND

(1986, R: Michael Mann)
William L. Petersen, Brian Cox, Tom Noonan
• GEORGIA; NORTH CAROLINA; WASHINGTON D.C.; MISSOURI

Entstanden nach dem Roman, der *Das Schweigen der Lämmer* vorausging und vier Jahre vor diesem Film von Michael Mann visuell stilsicher verfilmt wurde. Diesmal ist Hannibal Lecter nicht in einem Kerker aus einem Universal-Horrorfilm eingesperrt, sondern in einer strahlend weißen Hi-Tech-Einrichtung untergebracht. Es handelt sich um das **Atlanta High Museum of Art, 1280 Peachtree Street** *(Tel. 404 892 3600, es wird Eintritt verlangt)*, in der Ansley Park Area von Atlanta, Georgia. In Atlanta übernachtet der Ermittler Will Graham im luxuriösen, 50 Stockwerke hohen **Atlanta Marriot Marquis, 265 Peachtree Center Avenue** *(Tel. 404 521 0000)*. Das FBI hat seine Büros im **District Building, 1350 Pennsylvania Avenue NW**/Ecke 14th Street, Washington D.C. Und vor diesem Gebäude auf dem **Freedom Plaza** am National Theater rafft es den unschuldigen Jogger dahin. Der Flughafen, auf dem der Learjet landet, ist **Lambert International Airport, St. Louis**, Missouri.

Wilmington in North Carolina, das selbsterklärte „Hollywood der Ostküste" mit seiner Fülle an Studioeinrichtungen, diente als Standort für weitere Dreharbeiten. Das Krankenhaus war das Wilmingtoner New Hanover Memorial Hospital, das inzwischen erweitert worden und ein Teil des **New Hanover Regional Medical Center** geworden ist, **2131 South 17th Street**. Will Grahams Strandhaus in Florida (angeblich an der DeSoto Avenue, Captiva) findet sich auf dem nahe gelegenen **Mansonboro Island**, North Carolina.

DAS BÖSE

(1979, R: Don Coscarelli)
Michael Baldwin, Bill Thornbury, Reggie Bannister
• KALIFORNIEN

Das unheimliche Mausoleum in dieser bizarren Horrorkomödie ist **Dunsmuir House and Gardens, 2960 Peralta Oaks Court, Oakland**, auf der anderen Seite der Bucht von San Francisco, das aus Filmen wie *Liebling, hältst du mal die Axt?* und *James Bond 007 – Im Angesicht des Todes* bekannt ist. Es ist für Besucher geöffnet. Gefilmt wurde ferner in **Julian**, einer südkalifornischen Bergbaustadt rund 65 Kilometer nordöstlich von San Diego.

BODYGUARD

(1992, R: Mick Jackson)
Kevin Costner, Whitney Houston, Gary Kemp
• LOS ANGELES; FLORIDA

Costner ist der Bodyguard, der die Sängerin Houston vor einem mörderischen Verrückten beschützen soll. Der wilde, präkolumbianische Albtraum von einem Theater, in dem Houston allen Drohungen zum Trotz auftritt (und damit im sich anschließenden Chaos das Motiv für das Filmplakat liefert), ist das **Mayan Theater, 1038 South Hill Street**, Downtown L.A. Es ist dem Standardmuster von „Themenkinos" in den zwanziger Jahren (darunter der chinesische und der ägyptische Stil) gefolgt, in den sechziger Jahren sank es ab zum Pornokino, um schließlich als Nachtclub wiederbelebt zu werden. Die Inkarnation als Pornokino können Sie in *Save the Tiger* von 1973 mit Jack Lemmon erleben.

Houston tritt nach der Todesdrohung auf: Mayan Theater, South Hill Street

Schauplatz der Oscar-Verleihung: Pantages Theatre, Hollywood Boulevard

Die Arbeiterbar, in die Costner und Houston für einen Drink einkehren, ist die ehrwürdige Institution **Joe Jost's, 2803 East Anaheim Street** in Long Beach.

Houston schleicht sich davon, um im **Fontainebleau Hilton Hotel, 4441 Collins Avenue**, an einer Aids-Wohltätigkeitsveranstaltung teilzunehmen (und nicht eine einzige rote Schleife in Sichtweite?). Ja, das ist genau da, wo

Die Ankunft wurde allerdings Downtown gefilmt: Park Plaza Hotel

Bond in *Goldfinger* das betrügerische Kartenspiel am Pool vereitelte. Der Killer folgt Houston in einen winterlichen Schlupfwinkel am **Fallen Leaf Lake, Fallen Leaf Road**, die südlich der Route 89 an der Südspitze des Lake Tahoe an der Grenze zu Nevada verläuft.

Die Oscar-Verleihung wurde an zwei verschiedenen Orten gedreht. Das beeindruckende Äußere mit den riesigen ägyptischen Statuen werden Sie allerdings in keinem Reiseführer über Hollywood finden. Es ist die gewaltige Fassade des Park Plaza Hotel mit Blick auf den MacArthur Park. Die über elf Meter großen Statuen wurden von Produktionsdesigner Jeffrey Beecroft dort aufgestellt. Und um alles noch konfuser zu machen: Das prächtige, schwarz und gold gezackte Innenleben befindet sich ein paar Kilometer von Hollywood entfernt. Es ist das von 1929 stammende **Pantages Theater, 6233 Hollywood Boulevard**, in dem in den fünfziger Jahren tatsächlich die Oscars überreicht wurden. Der Epilog beim Dinner im Rotary Club entstand im bekannten Crystal Ballroom des **Biltmore Hotel** (unter anderem zu sehen in *Die fabelhaften Baker Boys* und *Splash – Jungfrau am Haken*), **506 South Grand Avenue**, am Pershing Square, Downtown.

BONNIE UND CLYDE

(1967, R: Arthur Penn)
Warren Beatty, Faye Dunaway, Gene Hackman
• **TEXAS**

Diese stilvolle und brutale Mythologisierung von zwei äußerst unangenehmen Gangstern entstand rund um Dallas, Texas, an zahlreichen Schauplätzen, an denen sich die Ereignisse tatsächlich zugetragen hatten. Die drei überfallenen Banken sind die echten Banken, die unverändert geblieben waren, nachdem sie in der Zeit der Depression in den dreißiger Jahren geschlossen worden waren. Sie sind in **Pilot Point**, 80 Kilometer nördlich von Dallas an der Route 377, **Red Oak**, südlich von Dallas, und **Venus**, Route 67 knapp über 30 Kilometer südwestlich von Dallas (einer Stadt, die auch in *A Trip to Bountiful – Reise ins Glück* zu sehen ist). Die anderen Schauplätze, Arcadia, Louisiana, Dexter, Iowa und Joplin, Montana, wurden ebenfalls in Texas gefilmt. Zu den kleinen, nicht modernisierten Städten, die zum Einsatz kamen, zählen **Midlothian** und **Waxahachie** (Schauplatz für *Ein Platz im Herzen* und *Comeback der Liebe*), beide südlich von Dallas gelegen, **Rowlett, Maypearl** (südlich von Venus), **Garland** (Route 66, im Nordosten von

Dallas) und **Ponder** (Route 156, 40 Kilometer nördlich von Fort Worth).

In Wirklichkeit wurden Parker und Barrow in Dexter erschossen, rund 130 Kilometer nordwestlich von Des Moines, im Norden der Route 30 in Carroll County, Iowa. Die blutige Schießerei wurde aber am **Lemmon Lake** aufgenommen, einem privaten Reservat am Trinity River, nur wenige Minuten von Downtown Dallas entfernt.

BOOGIE NIGHTS

(1997, R: Paul Thomas Anderson)
Mark Wahlberg, Burt Reynolds, Julianne Moore
• **LOS ANGELES**

Die Disco Hot Traxx: Sherman Way, Reseda

Andersons rosarot eingefärbter Blick auf den Sturz der Pornofilmbranche in den siebziger Jahren platzt vor Stil und Energie. Gefilmt wurde vorwiegend im San Fernando Valley nördlich von L.A. Die Disco Hot Traxx ist heute ein wenig gestylter. Sie befindet sich tatsächlich in einer Kirche, der Iglesia Cristiana Nuevo Empezar, **18419 Sherman Way**/Ecke Canby Avenue, **Reseda**. Westlich davon auf dem Sherman Way können Sie das inzwischen geschlossene Reseda-Kino sehen, das im Vorspann zum Zuge kam. Jack Horners Haus steht in West Covina. Horners Pornolagerhaus ist echt, es ist **Gourmet Video** in Van Nuys.

Die verwirrende Eröffnungsszene auf dem Sherman Way, Reseda

DAS BOOT

(1981, R: Wolfgang Petersen)
Jürgen Prochnow, Herbert Grönemeyer, Klaus Wennemann
• **DEUTSCHLAND; FRANKREICH**

Wolfgang Petersens Epos (die TV-Fassung ist sechs Stunden lang) und eindringlich klaustrophobische Schilderung des Lebens unter Wasser in einem deutschen U-Boot während des Zweiten Weltkriegs entstand in einem gezielt beengten Set in den **Bavaria Studios, München**, die 1919 gebaut wurden und Schauplatz zahlreicher internationaler Produktionen waren (und sind). Die „Bar Royal" zu Beginn des Films war ebenfalls eine Kulisse. Das Studio bietet eine Führung an, bei der Sie das Raumschiff aus *Enemy Mine – Geliebter Feind* und Kulissen aus dem ersten *Asterix*-Film sehen können; **Bavariafilmplatz 7, 82031 Geiselgasteig** *(Tel.: 089/64 99 23 04).* Der Hafen, von dem aus das U-Boot in See sticht und wo sich bei einem Luftangriff im Film das tragische Ende einstellt, ist echt. Es handelt sich um die **Marinebasis La Pallice**, die 1941 von den Deutschen in La Rochelle nahe Rochefort-sur-Mer an der französischen Atlantikküste errichtet wurde. Die Basis kam auch in *Jäger des verlorenen Schatzes* zum Einsatz, bei dem das U-Boot aus *Das Boot* ebenfalls erneut Verwendung fand.

Die Szenen auf See entstanden bei Helgoland und auf dem Bodensee.

BOTSCHAFTER DER ANGST

(1962, R: John Frankenheimer)
Frank Sinatra, Laurence Harvey, Angela Lansbury
• **NEW YORK CITY; WASHINGTON D.C.**

Laurence Harveys
Apartment: Riverside Drive

Sonderbar barocker Thriller mit Laurence Harvey, den man einer Gehirnwäsche unterzogen hat, damit er ein politisches Attentat ausführt. Die Motive verteilen sich zwischen Washington D.C. und New York. Laurence Harveys Apartment ist **67 Riverside Drive**/Ecke 79th Street, auf der West Side. Die Bar, in der der Barkeeper Harvey unabsichtlich dazu veranlasst, in den See zu springen, war Jilly's, 52nd Street/Ecke Eighth Avenue – eine Stammkneipe des Rat Pack, das Sinatras Kumpel und Leibwächter Jilly Rizzo gehörte, der im Film den Barkeeper spielt. Harvey hüpft gehorsam zwischen **Ramble** und **Cherry Hill** in den See im Central Park.

BOUDU – AUS DEN WASSERN GERETTET

(1932, R: Jean Renoir)
Michel Simon, Charles Granval, Marcelle Hainiaa
• **PARIS**

Boudu gerettet aus den Wassern:
Pont des Arts

Simon ist der Clochard, der vom Selbstmord abgehalten wird und stattdessen der Familie, die sich seiner annimmt, das Leben zur Hölle macht. Schon mal gehört? Es gab ein Remake aus Hollywood von 1985 unter dem Titel *Zoff in Beverly Hills.* Das Original von Renoir wurde an der Seine in Paris gefilmt sowie in Joinville, Marne. Studiodreharbeiten wurden in den Eclair Studios, Epinay, erledigt. Boudu springt von der **Pont des Arts**, der Fußgängerverbindung zwischen dem Louvre am rechten und dem Institut de France am linken Ufer der Seine. Die Buchhand-lung, die dem Retter Granval gehört, befindet sich am **Quai de Conti** am linken Seineufer zwischen Pont des Arts und Pont Neuf.

BOULEVARD DER DÄMMERUNG

(1950, R: Billy Wilder)
Gloria Swanson, William Holden, Erich von Stroheim
• **LOS ANGELES**

Vergessen Sie das Musical, denn das hier ist die einzig echte Fassung. Die alternde Stummfilmdarstellerin Swanson nimmt in Wilders brillanter, rabenschwarzer Satire den mittellosen Drehbuchautor Holden bei sich auf. Die prachtvolle alte Villa im Renaissance-Stil, die in der 641 Irving an der Ecke Wilshire Boulevard/Crenshaw Boulevards

Das Paramount Gate, Hollywood

William Holdens Wohnung: Alto Nido Apartments, North Ivar Street

mitten in L.A. stand, wurde 1957 abgerissen, um dem Getty-Hauptquartier Platz zu machen, das heute das bedrückende, nichts sagende Harbor Building ist. Die Villa, die auch in *... denn sie wissen nicht, was sie tun* zu sehen war, wurde in den zwanziger Jahren für einen ehemaligen US-Konsul in Mexiko gebaut, der es dann aber aufgab, woraufhin es über zehn Jahre lang leer stand, ehe es von J. Paul Getty gekauft wurde. Zur Zeit der Dreharbeiten von *Boulevard der Dämmerung* war das Haus im Rahmen einer Scheidungsvereinbarung an Gettys Frau übergegangen, die es unter der Bedingung an Paramount vermietete, dass das Studio ihr einen Swimmingpool baute. Hätte der Pool Mrs. Getty nicht gefallen, dann hätte ihn Paramount auf eigene Kosten wieder entfernen lassen müssen. Aber er gefiel ihr – zur Freude von Paramount.

Was Sie heute noch immer sehen können, ist die Wohnung von Drehbuchautor Holden, die **Alto Nido Apartments, 1851 North Ivar Street**, Hollywood. Ein paar Häuser weiter findet sich in 1817 North Ivar das im Tudor-Stil erbaute Para Sed Apartments, in dem der echte Autor Nathanael West wohnte, der genau dort 1935 mit der Arbeit an der klassischen Hollywood-Satire *Der Tag der Heuschrecke* begann.

Gloria Swanson besucht Cecil B. DeMille auf dem Set in den **Paramount Studios, 5555 Melrose Avenue** in Hollywood. Das Studio, das 1917 als Peralta Studios gebaut wurde, erhielt 1920 den Namen Brunton Studios, nur ein Jahr später hieß es United Studios, bis es 1926 von Paramount gekauft wurde. Das Studio hat sich seitdem massiv ausgeweitet und zahlreiche umgebende Straßen geschluckt, was bedeutet, dass der Haupteingang schon längst nicht mehr das berühmte Paramount-Tor ist, das

man im Film sehen kann. Den Torbogen kann man jetzt nur noch in der Ferne auf dem Gelände erblicken, es sei denn, Sie nehmen an einer der Führungen teil, auf die kaum irgendwo hingewiesen wird (von montags bis freitags dreimal täglich, ca.15 Dollar).
Vernichtende Testvorführungen (eine in Evanston, Illinois, Heimat der Women's Christian Temperance Union – Wilder hatte zuvor *Das verlorene Wochenende* gedreht) hatten zur Folge, dass Wilder den ursprünglichen Anfang aus dem Film nahm (der tote Holden diskutiert mit einigen anderen Toten in einem Leichenschauhaus darüber, wie sie aus dem Leben geschieden sind) und stattdessen den Swimmingpool zum Einsatz brachte. Der Rest ist Geschichte.

BOUND – GEFESSELT

(1996, R: Larry Wachowski, Andy Wachowski)
Jennifer Tilly, Gina Gershon, Joe Pantoliano
• **LOS ANGELES**

Schräger kleiner Film noir von den Wachowski-Brüdern, die später mit *Matrix* unglaublich erfolgreich wurden. So wie beim SF-Blockbuster lassen die Gebrüder auch diesen Film in Chicago spielen, filmen aber andere Motive. Der Apartmentblock, in dem die Nachbarinnen Tilly und Gershon das genießen, was von den Lesern eines Magazins zum beliebtesten Kuss der Kinogeschichte gewählt wurde, ist in Wahrheit **Talmadge Apartments, 3278 Wilshire Boulevard**/Ecke Berendo Street, mitten in L.A.

Der Apartmentblock: Talmadge Apartments, L.A.

DIE BOUNTY

(1984, R: Roger Donaldson)
Anthony Hopkins, Mel Gibson, Laurence Olivier
• **TAHITI; NEUSEELAND; LONDON; MIDDLESEX; WILTSHIRE**

Wieder mal die gute alte Meuterei auf der Bounty, diesmal in Rückblenden während des Kriegsgerichtsverfahrens gegen Bligh. Das Drehbuch stammt von Robert Bolt, und Regie sollte David Lean führen, doch dieser Job ging schließlich an Donaldson, der sich seitdem mit inhaltsleeren Filmen wie *Species* und *Dante's Peak* hervorgetan hat. Das

Blighs Zuhause: Montpellier Row, Twickenham

Außenansicht des Kriegsgerichtsverfahrens: Royal Naval College, Greenwich

Gebäude, das als Lieutenant Blighs Zuhause gezeigt wird, finden Sie in Twickenham. Es ist eines der eleganten, stufenförmig angelegten Häuser entlang

des westlichen Randes des Marble Hill Park. Erbaut wurde es 1721 und war einst das Heim des Dichters Alfred Lord Tennyson. Sehen können Sie es an der **15 Montpelier Row** südlich der Richmond Road im Südwesten der Richmond Bridge *(U-Bahnstation: Richmond, Bahnhof: St. Margaret's)*.
Der Club, in dem Bligh Fletcher Christian einlädt, mit ihm zu segeln, ist der **Reform Club** in Pall Mall, St. James, SW1. Blighs Kriegsgerichtsverfahren entstand an zwei voneinander unabhängigen Drehorten. Von außen ist es das **Royal Naval College** in Greenwich, SE10 *(Bahnhof: Greenwich)*, aber das großartige Innenleben, über das Laurence Olivier den Vorsitz hat, ist der Double Cube Room des **Wilton House, Wilton**, vier Kilometer westlich von Salisbury an der A30 in Wiltshire. Es ist für Besucher geöffnet *(es wird Eintritt verlangt)*.
Das Südseemotiv stellt die Insel **Moorea** nahe Tahiti. Vier Kulissen – der Landeplatz, das polynesische Dorf, in dem Bligh den König trifft, der niederländische Hafen von Coupand in Timor und die Brotfruchtgärten – wurden hier errichtet. Die *Bounty* selbst baute man in **Whangarei** auf der nördlichen Insel von Neuseeland, und ein Stück weiter südlich in **Gisbourne** wurden die meisten Szenen auf dem Boot und auf Pitcairn Island gedreht.

BOYFRIEND (IHR LIEBHABER)

(1971, R: Ken Russell)
Twiggy, Christopher Gable, Max Adrian
• **HAMPSHIRE**

So ziemlich alles wird irgendwie nachgeahmt in dieser Geschichte über einen doch Hollywoodregisseur im Stil der dreißiger Jahre, der einer britischen Schauspieltruppe zusieht, wie sie im Stil der fünfziger Jahre ein Musical über die zwanziger Jahre hochnimmt. Gefilmt wurde dieses Durcheinander, das recht lang, aber trotz einiger bleierner Augenblicke überwiegend witzig ist, in Portsmouth im **Theatre Royal, Guildhall**. An der Guildhall vorbei gelangen Sie gleich ins Stadtzentrum. Nachdem einige Kulissen in sich zusammengebrochen waren, schwor Ken Russell, nie wieder in Elstree zu drehen.

Das Theater: Theatre Royal, Portsmouth

BOYS DON'T CRY

(1999, R: Kimberley Peirce)
Hilary Swank, Chloe Sevigny, Peter Sarsgaard
• **TEXAS**

Film nach einer wahren Begebenheit, die sich in Falls City, Nebraska zutrug, als der beliebte und gut aussehende neue Junge in der Stadt, Brandon Teena, brutal ermordet wurde und sich dabei als Teena Brandon entpuppte, eine lesbische junge Frau, die ihr Leben als Mann führte. Gefilmt wurde in und um Austin, Texas; das Gerichtsgebäude befand sich in **Greeneville**, Texas.

BOYZ'N'THE HOOD – DIE JUNGS IM VIERTEL

(1991, R: John Singleton)
Cuba Gooding Jr., Larry Fishburne, Ice Cube
● LOS ANGELES

Der Film des 23 Jahre alten Singleton über den Teufelskreis der Gewalt unter Schwarzen entstand in der Gegend, in der er selbst aufwuchs, im Distrikt South Central in L.A. Der Film konzentriert sich auf Inglewood, ein Gebiet östlich des LA International Airport. Die Eröffnungsszene, in der eine Blutlache zu einem Quell der Faszination für ein paar Schulkinder wird, spielte sich an der Kreuzung **Lawrence Street** und **Woodworth Avenue** ab, südlich des Hollywood Park im Süden von Inglewood. Der junge Tre besucht die **Woodworth Elementary School**. Einen Block weiter östlich findet man die berüchtigte Nord-Süd-Cruisingstrecke auf der **Crenshawe** Avenue, wo die Kränkung zur Tragödie eskaliert.

DIE BRADY FAMILY

(1995, R: Betty Thomas)
Shelley Long, Gary Cole, Michael McKean
● LOS ANGELES

Gelungene Persiflage auf die putzige TV-Serie aus den siebziger Jahren. Das Originalhaus der Bradys steht zwar noch in der Dilling Street in North Hollywood, aber es ist zu sehr verändert worden, als dass man es für den Film noch hätte benutzen können. Stattdessen wurde ein ähnliches Haus in der **Firmament Avenue, Sherman Oaks**, entsprechend dekoriert. West Dale High School ist die **Taft High School, 5461 Winnetka Avenue, Woodland Hills**.

BRAINDEAD

(1992, R: Peter Jackson)
Timothy Balme, Diana Penalver, Elizabeth Moody
● NEUSEELAND

Noch mehr Übelkeit erregender Horror des Regisseurs von *Bad Taste*, gefilmt in **Wellington**, Neuseeland, und in den **Pinnacles**.

BRANDUNG

(1968, R: Joseph Losey)
Elizabeth Taylor, Richard Burton, Noël Coward
● SARDINIEN

Ein unbedeutenderes Stück von Tennessee Williams, „The Milk Train Doesn't Stop Here Anymore", das zu einem teuren Starvehikel für Burton und Taylor hochstilisiert wurde. Die reiche, altersschwache Mrs. Goforth (Taylor, 36) erhält Besuch von einem jungen, hübschen Engel des Todes (Burton, 43) in einer Kunstgalerie der sechziger Jahre, die auf einer Klippe steht und in die Noël Coward (in einer zickigen Rolle, die für eine Frau geschrieben wurde) hereinplatzt, um Staub aufzuwirbeln. Das Haus wurde speziell für den Film in **Capo Caccia** an der Küste von Sardinien errichtet. Der bis zuletzt perverse Tennessee Williams hielt die fertige Produktion für die vollkommenste Verfilmung eines seiner Stücke. Was hat er bloß geraucht, als er den Film gesehen hat?

BRANNIGAN – EIN MANN AUS STAHL

(1975, R: Douglas Hickox)
John Wayne, Judy Geeson, Richard Attenborough
● LONDON

In John Waynes einzigem englischen Film kommt ein US-Cop nach London, um einen entflohenen Schurken zurückzuholen. Der geniale Kriminelle ist ganz offensichtlich ein Angestellter der englischen Tourismusbranche, da sich jedes Ereignis vor einem der vielen bekannten Londoner Wahrzeichen abspielt. Mitten auf dem **Piccadilly Circus** gelingt dem Schurken die Flucht durch die Kanalisation. Die berühmteste Szene ist der Sprung mit dem Auto über die halb geöffnete **Tower Bridge**. Scotland Yard scheint übrigens auch einen Sprung über die Themse gemacht zu haben, da der Blick aus dem Fenster den Standort als südlich des Flusses bestimmt. Diese Szenen entstanden im **St. Thomas' Hospital**.
Die obligatorische Kneipenschlägerei, bei der sich schließlich jeder mit jedem prügelt, entstand im **The Lamb** im Zentrum des **Leadenhall Market** am Fuß des neuen Lloyds Buildings (U-Bahnstation: Bank).

Die Pub-Schlägerei: Leadenhall Market

BRASSED OFF – MIT PAUKEN UND TROMPETEN

(1996, R: Mark Herman)
Ewan McGregor, Pete Postlethwaite, Tara Fitzgerald
● YORKSHIRE; MIDLANDS; LONDON

Gefilmt wurde das fiktive Städtchen „Grimley" in Doncaster, Birmingham und London, zum Einsatz kam die berühmte Grimethorpe Colliery Band. Die Meisterschaft drehte man in der **Halifax Piece Hall**, während das Finale in der **Royal Albert Hall**, Knightsbridge, inszeniert wurde.

Die Meisterschaft der Blaskapelle: Pierce Hall, Halifax

DIE BRAUT

(1985, R: Franc Roddam)
Sting, Jennifer Beals, Quentin Crisp
● FRANKREICH

Wunderliches Remake von *Frankensteins Braut*, in dem Sting mit der Hilfe von Quentin Crisp (mit dem eine Tradition fortgesetzt wurde, da beim Original der schwule Regisseur James Whale den Part des Docs mit seinem Liebhaber Colin Clive besetzte und Dr. Pretorius von dem wundervollen Ernest Thesiger spielen ließ) Jennifer Beals kreiert. Angesiedelt ist die Handlung in Budapest um 1840, gefilmt wurde überwiegend in Frankreich. Der Hauptplatz von Budapest, wohin das Monster Rappaport bringt, ist in

Sarlat-la-Caneda, einer wunderschön erhalten gebliebenen Stadt, die aus Gebäuden aus dem Mittelalter, der Renaissance und dem 17. Jahrhundert besteht. Sie liegt 145 Kilometer nördlich von Toulouse in der Region Perigord. Die Totalen der Stadt, in der der Zirkus gastiert, zeigen **Carcassonne**, 80 Kilometer südöstlich von Toulouse. Sie ist auch als Nottingham Castle in *Robin Hood – König der Diebe* zu sehen. Weitere Filmkulissen von alten Städten fanden sich in **Perouges**, gut 30 Kilometer nordöstlich von Lyon. Frankensteins Schloss ist das **Chateau de Cordes**, das aus dem 15. Jahrhundert stammt und im 17. Jahrhundert renoviert wurde. Es liegt nördlich von Orcival im Südwesten von Clermont-Ferrand.

DIE BRAUT DES SATANS

(1975, R: Peter Sykes)
Richard Widmark, Christopher Lee, Denholm Elliott
• **BUCKINGHAMSHIRE**

Als Satansjünger Nastassja Kinski dem Teufel versprechen, wendet sich ihr Vater Denholm Elliott an den Okkultismusautor Widmark, damit der ihm hilft. Die Verfilmung des Romans von Dennis Wheatley erfolgte in den **West Wycombe Caves**, dem legendären Treffpunkt des berüchtigten Hellfire Club, abseits der A40 bei West Wycombe, nordwestlich von High Wycombe in Buckinghamshire.

Satanische Geschehnisse im Heim des Hellfire Club: West Wycombe Caves

Die Höhlen – unscheinbare Bergbautunnels, die in den Fels gehauen worden sind – stehen Besuchern offen *(es wird Eintritt verlangt)*.

BRAVEHEART

(1995, R: Mel Gibson)
Mel Gibson, Patrick McGoohan, Sophie Marceau
• **IRLAND; SCHOTTLAND**

Bester Film und Bester Regisseur, jedenfalls sagt das die Gravur auf den verliehenen Oscars. Hmmm. Es gab einigen Aufruhr, als man einräumte, dass die Geschichte der Unabhängigkeit Schottlands größtenteils in Irland gefilmt werden sollte, doch die Republik konnte mit steuerlichen Subventionen und einer Bereitstellung der Armee den Zuschlag bekommen. Das Dorf Lanark, wo William Wallace als Kind lebt und in dem er sich später in Murron verliebt, war eines der wenigen wirklich schottischen Motive. Das mittelalterliche schottische Dorf wurde im **Glen Nevis Valley** am Fuß des höchsten britischen Gipfels Ben Nevis errichtet. Nach dem Dreh baute man die Kulisse komplett ab und stellte den ursprünglichen Zustand her – lediglich der Braveheart Car Park hat überdauert. Gefilmt wurde in der Bergschlucht, hinter dem Parkplatz und unterhalb des höchsten Punkts der Straße. Das Design der Häuser in diesem Dorf basierte auf dem von St. Kilda, einer winzigen Insel vor der schottischen Küste, die bis Ende des 18. Jahrhunderts bewohnt war, die heute aber eine Touristenattraktion ist.

Weitere schottische Landschaften entstanden in **Loch Leven** und **Glen Coe**. Wallace' Marsch auf den spektakulären Gipfel wurde auf den Mamores gedreht. Das Innere von Mornays Schloss ist auch ein Motiv in Schottland, **Edinburgh Council Chamber**.

Alle anderen Szenen entstanden in Irland in einem Umkreis von 50 Kilometern um Dublin. Die befestigte englische Stadt York ist **Trim Castle**, eine gewaltige Ruine, die für den Film mit hölzernen Stützpfeilern und einem sieben Tonnen schweren Tor ausgestattet wurde. Der Londoner Platz wurde gleichfalls in Trim aufgebaut, aber auf der anderen Seite der Burgmauer (Trim Castle ist auch in Sam Fullers Kriegsfilm *The Big Red One* zu sehen). Die Stadt Trim liegt rund 40 Kilometer nordwestlich von Dublin am River Boyne, Co Meath. Etwa acht Kilometer nordöstlich von Trim ist die **Bective Abbey**, die für den Hof von Longshanks' Schloss und die Verliese herhielt, in denen Wallace gefangen gehalten wurde.

Edinburgh Castle ist das große **Dunsoghly Castle** von 1450, das als einziges Schloss in Irland noch das original Dach aus dem Mittelalter besitzt. Es liegt etwa drei Kilometer nordwestlich von Finglas, im Norden von Dublin abseits der N2 zwischen Kilshane Bridge und Pass If You Can. Eine weitere englische Palisade wurde rund um die alte Jagdhütte der **Coronation Plantation** errichtet. Westminster Abbey ist **St. Nicholas Church, Dunsany Castle**. Die Flucht aus Mornays Schloss wurde in **Blessington Lakes** gefilmt, wo speziell für die Aufnahmen ein 15 Meter hoher Turm errichtet worden war. Die meisten Innenaufnahmen entstanden in den Dubliner Ardmore Studios. Die Schlachten von Stirling und Falkirk wurden auf dem **Curragh and Ballynmore Eustace**, einem weitläufigen, privaten Streifen Land, sowie auf dem Studiogelände von Ardmore inszeniert.

BRAZIL

(1985, R: Terry Gilliam)
Jonathan Pryce, Michael Palin, Robert De Niro
• **LONDON; KENT; CUMBRIA; BUCKINGHAMSHIRE; PARIS**

Der düstere, im Stil der fünfziger Jahre gehaltene Handlungsort in Terry Gilliams visuell überwältigendem Film ist eine Mischung aus kunstvollen Kulissen in den

Katherine Helmonds Schönheitsoperation: Leighton House, Kensington

Lee Studios und geschicktem Einsatz echter Motive. Das riesige Großraumbüro im Department of Records, wo Jonathan Pryce arbeitet, und die menschenleeren Korridore des Expediting Departments finden sich in der alten aufgegebenen CWS Flour Mill am Royal Victoria Dock. Die Mühle sorgte auch für die düsteren Durchgänge und Treppenhäuser sowie für die Außenansicht von Shangri La Towers.

Mentmore Towers im Dörfchen **Mentmore**, Buckinghamshire, wurde um 1850 für die Rothschilds gebaut.

Entworfen wurde es von Sir Joseph Paxton, dem Architekten des Crystal Palace, nach dem Vorbild der Wollaton Hall nahe Nottingham. 1977 kam das Haus in die Schlagzeilen, als seine gesamte Einrichtung bei Sothebys versteigert wurde. Unter einer Falltür entdeckte man in einem Versteck Tafelsilber. Aus dem Haus wurde die Zentrale der Maharishi University of Natural Law, es ist aber erst vor kurzem wieder zum Kauf angeboten worden. Für Besucher ist das Gebäude nicht mehr geöffnet.

Die pompöse Eingangshalle mit dem Treppenhaus aus weißem Marmor, die in die mit einem Glasdach versehene Grand Hall führt, wurde als prunkvolles Restaurant eingerichtet, in dem Pryce seine Mutter trifft, ohne etwas von einem pyrotechnischen terroristischen Angriff mitzubekommen.

Der bombastische Schauplatz für Katharine Helmonds Gesichtsoperation ist die berühmte Arab Hall des **Leighton House, 12 Holland Park Road**, London W14 (*U-Bahnstation: High Street Kensington*), die allerdings mit Michelangelos David in den Alkoven verkitscht wurde. Dieses viktorianische Juwel mit seinen goldenen und türkisfarbenen Kacheln – die Kreation des Königlichen Akademikers Frederick Lord Leighton – ist Teil des Leighton House Museum, das außer an Sonntagen täglich besucht werden kann. (*Der Eintritt ist frei.*) Dort finden sich weitere Innenausstattungen aus der viktorianischen Zeit, ferner Gemälde von Leighton und von seinen Zeitgenossen Burne-Jones, Millais und Watts. Sie finden das Haus nördlich der westlichen Ausläufer der Kensington High Street.

Helmonds übervolles Zuhause ist der Billard Room des alten **National Liberal Club, 1 Whitehall Court**/Ecke Whitehall Place, der in vielen anderen Filmen zu sehen war, unter anderem in *Der Elefantenmensch*. Hier befindet sich auch die beeindruckende Wendeltreppe. Der Club ist inzwischen in das **Royal Horseguards Hotel** integriert worden. Um das Industriekomplex handelt es sich um die **BP Oil Refinery** auf der **Isle of Grain**, Kent.

Pryce' Nachbarschaft ist **Marne-la-Vallée**, eine moderne Satellitenstadt rund 30 Kilometer östlich von Paris an der RER-Linie. Das Hauptmotiv ist das **Palais d'Abraxis Apartments**. Ebenfalls in Marne-la-Vallée findet sich der wahnsinnige Weg zum Beerdigungsinstitut in Pryces Traumvorstellung auf dem Höhepunkt des Films. Das pinkfarbene Deco-Innenleben der Chapel of Our Lady of the Checkout Counter selbst zeigt den **Rainbow Room** im obersten Stockwerk des alten Geschäfts Biba, High Street Kensington.

Die kurze ländliche Idylle entstand im Lake District in Cumbria. Die Folterkammer ist das Innere eines der gigantischen Kühltürme der Croydon Power Station. Der Komplex ist inzwischen abgerissen worden, doch die Namen der neuen Straßen auf dem Gelände – Ampere, Volta, Faraday, Galvani – sprechen für die Vergangenheit, und es gibt sogar eine Brazil Close. Das Kraftwerk lieferte auch die Außenansichten für das Ministerium, und selbst wenn der größte Teil – der beeindruckende Eingang eingeschlossen – nicht mehr existiert, können Sie am Fuß der beiden riesigen Schornsteine, die sich jetzt am IKEA Superstore am Ampere Way befinden, einen Überrest des monumentalen Mauerwerks sehen.

BREAKFAST CLUB – DER FRÜHSTÜCKSCLUB
(1985, R: John Hughes)
Emilio Estevez, Judd Nelson, Molly Ringwald
• **CHICAGO**

Archetypischer Teenfilm von Hughes, in dem die fünf Hauptcharaktere einen Nachmittag mit Nachsitzen verbringen. Bei John Hughes ist der Schauplatz unweigerlich Chicago, in diesem Fall Des Plaines; außerdem sieht man die **Main North High School** und die **Glenbrook North High School**.

BREAKING THE WAVES
(1996, R: Lars von Trier)
Emily Watson, Stellan Skarsgard, Katrin Cartlidge
• **SCHOTTLAND; DÄNEMARK**

Die Geschichte dieses wunderschön gefilmten und ansprechend gespielten Films über eine jungfräuliche Braut, die sich sexuell erniedrigt, um ihrem gelähmten Ehemann zu Gefallen zu sein, ist schrecklich falsch eingeschätzt. In Dänemark spielende Szenen wurden in **Hellerup** und **Lyngby** gefilmt, während die schottischen Szenen in **Mallaig** und **Glendale** auf der Isle of Skye sowie in **Morar** entstanden.

BRENNPUNKT L.A. – DIE PROFIS SIND ZURÜCK
(1992, R: Richard Donner)
Mel Gibson, Danny Glover, Joe Pesci
• **LOS ANGELES; FLORIDA**

Mehr von dem, was man schon kennt, überwiegend in L.A. angesiedelt, auch wenn sich das International Control Systems Building, das zu Beginn des Films hochgeht, in Florida befand.

Gibson und Glover degradiert: Olvera Street, Downtown L.A.

Es war das Soreno Building, das Rathaus von Orlando, South Orange Avenue, Downtown, das abgerissen werden sollte. Der Film ist einer der ersten, der die brandneue und seit langem erwartete U-Bahn von L.A. in die Handlung einbezog, von der zur Zeit der Dreharbeiten erst rund ein Kilometer fertig gestellt waren. Gibson und Glover werden im Plaza in der **Olvera Street**, dem Herzen des historischen Zentrums der Stadt, zum Streifendienst verdonnert.

BRENNPUNKT L.A. – LETHAL WEAPON II
(1989, R: Richard Donner)
Mel Gibson, Danny Glover, Joe Pesci
• **LOS ANGELES**

Glover und Gibson beschützen Pesci vor unfreundlichen Südafrikanern, während sie rund um L.A. ein Maximum an Schaden anrichten. Das auf Pfählen stehende Haus von Schurke Joss Ackland, das von Gibson völlig demoliert wird, existiert immer noch – für die Zerstörungsszene wurde eine Attrappe in Valencia nördlich von L.A. errichtet. Das echte Haus, das John Lautner entworfen hat, finden Sie am **7436 Mulholland Drive** in den Hollywood Hills. Mulholland Drive selbst war eine praktische Wahl für die Verfolgungsjagden. Die Verfolgung durch den Tunnel verläuft durch den oft eingesetzten **Second Street Tunnel**, Downtown L.A. Das Hotel, von dem aus Gibson in den Pool springt, ist das **Park Hyatt Los Angeles** (vormals das J.W. Marriott Hotel), **2152 Avenue of the Stars**, Century City. Danny Glovers Haus steht auf der **Warner Bros. Ranch, 3701 West Oak Street** (*normalerweise nicht für Besucher geöffnet*). Gefilmt wurde auch im **Westin Bonaventure Hotel, 404 South Figueroa Street**, Downtown LA.

BRING MIR DEN KOPF VON ALFREDO GARCIA

(1974, R: Sam Peckinpah)
Warren Oates, Gig Young, Isela Vega
• MEXIKO

Peckinpah setzte seine Liebesaffäre mit dem staubigen Süden mit diesem seltsamen, gemütlichen Film fort, der ausschließlich an mexikanischen Motiven gedreht wurde, zu einem großen Teil rund um Mexico City. „El Jefe", der den Titel gebenden Befehl erteilt, herrscht auf der **Hacienda de San Juan**, einer 200 Jahre alten Festung nördlich von Mexico City nahe Teotihuacan, einer 18 Quadratkilometer großen Fläche, auf der zahlreiche Pyramiden und Tempel stehen. Oates arbeitet in der **Tlaquepaque Bar** in Plaza Garibaldi, Mexico City. Der seltsam farbenfrohe Friedhof findet sich in Mexico City.

BRITANNIA HOSPITAL

(1982, R: Lindsay Anderson)
Leonard Rossiter, Graham Crowden, Joan Plowright
• LONDON

Britannia Hospital: Friern Barnet Hospital, New Southgate

Letzter und schwächster Teil der Trilogie von Lindsay Anderson, die mit dem brillanten *If ...* begann, mit dem exzentrischen *Der Erfolgreiche* ein wenig ins Trudeln geriet und mit dieser schrecklich banalen Allegorie auf den Zustand der Nation eine glatte Bruchlandung hinlegte. Gefilmt wurde im riesigen **Friern Hospital, Friern Barnet Road**, westlich der New Southgate Station in London N11. Dem Zeitgeist des Films entsprechend ist es heute geschlossen.

BROADWAY DANNY ROSE

(1984, R: Woody Allen)
Woody Allen, Mia Farrow, Nick Apollo Forte
• NEW YORK CITY; NEW JERSEY

Das Lokal, in dem die Gruppe alter Komiker die Geschichte von dem gescheiterten Theateragenten Danny Rose erzählt, ist **Carnegie Delicatessen & Restaurant, 854 Seventh Avenue** nahe der West 54th Street, N.Y. *Das* New Yorker Lokal behauptet von sich, die beste Pastrami und das beste Corned Beef der Welt zu servieren, und hat ein Sandwich namens Broadway Danny Rose auf der Speisekarte. Werfen Sie einen Blick auf die appetitanregende Website unter *www.nyctourist.com/ivrs/carndeli_1*, die auch eine virtuelle Tour und O-Töne zu bieten hat. Danny lässt seine Klienten im **Brill Building** unterschreiben, **1619 Broadway** zwischen West 49th Street und West 50th Street.

DIE BRÜCKE AM KWAI

(1957, R: David Lean)
Alec Guinness, William Holden, Sessue Hayakawa
• SRI LANKA

Das erste von Leans breit angelegten Epen wurde in Sri Lanka in der kleinen Gemeinde **Kitulgala** am Kelani River gefilmt. Die Brücke selbst, die 130 Meter lang war und sich 27 Meter über den Fluss erhob, wurde für eine Viertelmillion Dollar errichtet. Die Besetzung und Crew logierte im **Government Rest House** in Kitulgala, von dem aus man den Standort der Brücke überblicken kann. Zu beiden Seiten des Flusses sind noch immer Überreste der Brücke aus dem Film zu sehen. Das britische Hauptquartier, von dem aus Jack Hawkins einen Trupp anführt, der die Brücke sprengen soll, sind in Wahrheit die **Peradeniya Botanic Gardens** am Rande von **Candy**, Sri Lanka, wo Mountbatten tatsächlich von 1943 bis 1945 seinen Kommandostand hatte. Weitere Dreharbeiten erfolgten in der Hauptstadt von Sri Lanka, Colombo, im **Mount Lavinia Hotel, 104 Hotel Road** *(Tel. 0094/1717 450)*. Der echte Kwai ist in den „Vietnam"-Sequenzen von *Die durch die Hölle gehen* zu sehen. Und die echte Brücke am Kwai, die noch immer steht, hat mit Leans romantisierter Version überhaupt nichts zu tun. Es handelt sich um ein Bauwerk aus Beton und Trägern, das nicht mitten im Dschungel steht, sondern auf einer gestrüppreichen Ebene. Von Bangkok aus können Sie einen Ausflug zum Kwai unternehmen – Zugfahrt eingeschlossen.

DIE BRÜCKE VON ARNHEIM

(1977, R: Richard Attenborough, Sidney Hayers)
Dirk Bogarde, James Caan, Michael Caine
• NIEDERLANDE

Langwierige Schilderung des verheerenden Absprungs von Fallschirmspringern über den Niederlanden während des Zweiten Weltkriegs. Gefilmt wurde in **Deventer**, 40 Kilometer nördlich von Arnhem und in Nijmegen, südlich von Arnhem. Weitere Dreharbeiten fanden in den niederländischen Ortschaften **Brinkhorst, Bemmel, Lent** und **Grave** statt.

DIE BRÜCKEN AM FLUSS

(1995, R: Clint Eastwood)
Meryl Streep, Clint Eastwood, Annie Corley
• IOWA

Dieser Film kommt dem am nächsten, was Amerika dem britischen Film *Begegnung* entgegenzusetzen hat. Verkrampfter Puritanismus des mittleren Westens nimmt dabei den Platz englischer Unterdrückung ein. Madison County ist ein echter Distrikt in Iowa (es ist der Geburtsort von John Wayne), und die Brücken sind ebenfalls echt. Sie finden sie im Gebiet von **Winterset**, der Stadt, die Streep besucht, um ihr neues Kleid zu kaufen, und wo Lucy von den Bewohnern ausgestoßen wird. Winterset liegt rund 50 Kilometer südwestlich von Des Moines, Iowa, an der Interstate 169. Die ungewöhnlichen Brücken wurden auf Veranlassung des Countys überdacht, damit das teure Holz der Fahrbahnen von billigerem Holz geschützt wurde. Von den ursprünglich 19 Brücken, die jeweils nach der ihnen am nächsten wohnenden Familie benannt wurden, existieren nur noch sechs. Im Film zu sehen ist die **Roseman Bridge** – 1883 errichtet, die Eastwood sucht, als er Streeps Farmhaus einen Besuch abstatten will, und wo die Asche verstreut wird – und die **Holliwell Bridge** über den Middle River südöstlich von Winterset, wo sich das Paar nach einem Besuch in Winterset trifft. Meryl Streeps Farmhaus war eine verlassene Ruine im Nordosten des County, die für den Film renoviert wurde. Man hat es als Touristenattraktion stehen lassen, die von Mai bis Oktober für Besucher geöffnet ist (*es wird Eintritt verlangt*).

Das Café ist das **Northside Cafe**, Winterset. Der Kolonialwarenladen ist das **M Young & Co** Gebäude. Aus einer geschlossenen Conoco-Tankstelle wurde eine Texaco-Station des Jahres 1965 – heute befindet sich dort die Geschenkboutique **Memory Station**. Die Blue Note Lounge wurde in der **Corner Tavern** in Winterset gefilmt (während von außen ein anderes Gebäudes zu sehen ist). Die Steinbrücke, an der Eastwood und Streep picknicken, findet sich im **City Park** von Winterset, südlich der Cutler-Donahue Bridge. Die Flussüberquerung, an der Streeps Kinder über ihre Tagebücher sprechen, liegt im **Pammel State Park** südwestlich von Winterset.

BUBE, DAME, KÖNIG, GRAS

(1998, R: Guy Ritchie)
Jason Flemyng, Dexter Fletcher, Nick Moran
• **LONDON**

Das Versteck: Park Street, Borough

Eine großartige schwarze Komödie, die sich bei *Performance, Rififi am Karfreitag, Pulp Fiction* und *Charlie staubt Millionen ab* sowie unzähligen anderen Filmen bedient. Die Gang hängt in der schummrigen Gegend rum, die schon in *Wiedersehen in Howards End* zu sehen war: **15 Park Street, SE1**, gegenüber Borough Market. Dogs Zuhause ist eine Tür weiter in **13 Park Street**. Gefilmt wurde auch in der **Brick Lane, E1**; das Kartenspiel inszenierte man in der **Repton Boxing Gym** – einem alten Schlupfwinkel der Kray-Zwillinge. Das Büro des schmierigen Sexclubs in Soho ist tatsächlich die **Bethnal Green Town Hall**, J.D.s Bar ist das **Vic Naylor, 40 St. John Street**, Smithfield, EC1.

BUFFALO SOLDIERS

(2001, R: Gregor Jordan)
Joaquin Phoenix, Ed Harris, Anna Paquin
• **DEUTSCHLAND**

Film nach Robert O'Connors Roman, komplett gedreht

im Rhein-Neckar-Gebiet, vorwiegend in den **Kasernen in Karlsruhe**.

BUFFY, DER VAMPIRKILLER

(1992, R: Fran Kazui)
Kristy Swanson, Luke Perry, Paul Reubens
• **LOS ANGELES**

Swanson ist ein kalifornischer Hohlkopf, deren Bestimmung es ist, die Ms. van Helsing der Westküste zu werden. Der geistreiche und satirische Horrorfilm war kein Kinoerfolg, dennoch diente er als Vorlage für eine (deutlich erfolgreichere) TV-Serie. Gefilmt wurde im Großraum L.A. Buffy wird vom häufig eingesetzten Ballsaal des **Park Plaza Hotel** aus aktiv, **607 South Park View Street**, mitten in L.A.

Buffys Schule: John Marshall High School, L.A.

Ihre Schule ist die bestens vertraute **John Marshall High School, 3939 Tracy Street, Silverlake**, die den jungen Leonardo DiCaprio zu ihren Schülern zählte.

BUGSY

(1991, R: Barry Levinson)
Warren Beatty, Annette Bening, Ben Kingsley
• **KALIFORNIEN**

Filmbiographie des Mannes, der der Legende zufolge Las Vegas baute. Der echte Bugsy – sorry, Benny – Siegel wurde umgebracht, indem man ihm in seinem Haus in Beverly Hills, **810 Linden Drive**, in die Augen schoss (siehe das geschmackvolle Foto in Kenneth Angers *Hollywood Babylon*).

Das Hotel Nacional de Cuba: Castle Green Apartments, Pasadena

Das Beverly Hills der vierziger Jahre wird weitestgehend auf dem Vorort von Pasadena gedoubelt, in dem auch die Häuser von Jack Dragna und Bugsy selbst gefilmt wurden. Das Zuhause von Virginia Hill ist der Distrikt Wilshire im Gebiet von

Die Lobby gehört zum Park Plaza Hotel.

Hancock Park. Siegel trifft bei seiner Ankunft in L.A. an der **Union Station, 800 North Alameda Street**, mit George Raft zusammen. Dabei ist in beeindruckender Weise auf die Details geachtet worden. So lautet der berühmte Schriftzug auf den Hügeln im Hintergrund, der nur einen kurzen Augenblick lang zu sehen ist, „HOLLYWOOD-LAND", so wie es 1949 der Fall war.

Der Flamingo im Film unterscheidet sich sehr von der heutigen Vegas-Version, darum musste er in seiner ursprünglichen Form in **Thermal** südlich der Interstate 10 zwischen Palm Springs und Salton Sea in der südkalifornischen Wüste rekonstruiert werden. In Charlton Hestons erstem Hollywood-Film *Stadt im Dunkel* können Sie Szenen des Vegas-Strips von 1950 sehen, also vier Jahre nach der Eröffnung des original Flamingo. Der rosa Neon-Flamingo, wie er sich heute darbietet, tritt am Ende des Films in Erscheinung. Bugsys Rosengarten (es gab – nur zur Hälfte scherzhaft gemeinte – Anspielungen, einige seiner Feinde hätten dort ihre letzte Ruhestätte gefunden) wurde 1990 geplant, und 1993 wurde Siegels Penthouse abgerissen. Das umbenannte Flamingo Hilton liegt am 3555 Las Vegas Boulevard South.

Das Hotel Nacional de Cuba, wo sich die Gangführer versammeln, um über Bugsys Zukunft zu diskutieren, ist eine Kombination aus zwei Gebäuden. Die prachtvolle Lobby gehört dem vertrauten **Park Plaza Hotel, 607 South Park View Street**, Downtown L.A. Die Außenansicht ist die des beeindruckenden **Castle Green Apartments, 99 South Raymond Avenue**/Ecke East Green Street südlich des Colorado Boulevard in Pasadena. Dieses maurische Phantasiewerk, das man sehen muss, um es sich vorstellen zu können, wurde um die Jahrhundertwende als Erweiterung eines älteren Hotels auf der anderen Seite der Raymond Avenue gebaut. Das ältere Hotel wurde in den dreißiger Jahren abgerissen, zurück blieb der seltsame Rumpf der Verbindungsbrücke, die sich über die Straße erstreckt.

BULLETS OVER BROADWAY

(1994, R: Woody Allen)
John Cusack, Chazz Palminteri, Dianne Wiest
• **NEW YORK CITY**

Die Stallungen: Claremont Riding Academy, West 89th Street

Einmal mehr gelingt es Woody Allen, die herzlosen Straßen von New York in einen warmherzigen, strahlenden, visuellen Genuss zu verwandeln. Das Theater, in dem Woodys Lichtdouble John Cusack sein Stück mit dubiosen Geldern auf die Bühne bekommt, ist das **Belasco Theater, 111 West 44th Street** zwischen 6th Avenue und 7th Avenue. Die Lobby des Hotels von Cusacks zwielichtigem Finanzier Nick Valenti erkennen Sie womöglich als den Ort wieder, an dem Luca Brasi in *Der Pate* erdrosselt wird. Seit den siebziger Jahren hat man durch Renovierungsarbeiten vorgenommen, doch das **Edison Hotel, 228 West 47th Street** *(Tel. 212 840 5000)* ist nach wie vor eine Deco-Augenweide.

An der Upper West Side finden Sie die Stallungen, in denen Cheech ausgequetscht wird: die **Claremont Riding Academy, 175 West 89th Street** zwischen Amsterdam Avenue und Columbus Avenue (dort holen sich die Hippies aus Milos Formans Film *Hair* die Pferde für den Ritt durch den Central Park). Noch weiter nördlich befindet sich Helen Sinclairs Penthouseapartment in der **110th Street**/Ecke **Riverside Drive**. Das wunderschöne Dach

vom Anfang des 20. Jahrhunderts mit dem seltenen Blick auf eine von Wolkenkratzern freie Skyline von Manhattan findet sich allerdings auf einem Bürogebäude in der **Nassau Street** in Lower Manhattan. Der Nachtclub Three Deuces wurde mitten in Manhattan im Ballsaal des **New Yorker Hotel, 481 Eighth Avenue** *(Tel. 212 971 0101)*, gefilmt. Der Ballsaal ist mit abweichender Dekoration auch in *Radio Days* zu sehen. Das alte Kino unter der Hochbahn befindet sich auf der anderen Seite des East River in Williamsburg, Brooklyn.

BULLITT

(1968, R: Peter Yates)
Steve McQueen, Robert Vaughn, Jacqueline Bisset
• **SAN FRANCISCO**

Der britische Regisseur Yates setzte mit diesem in San Francisco angesiedelten Polizeifilm den Maßstab für Verfolgungsjagden. Detective Frank Bullitt muss Killer aufspüren, bevor durchsickert, dass ein wichtiger Zeuge umgebracht worden ist. Der dem Untergang geweihte Zeuge Johnny Ross wird von den Schurken zum ersten Mal in der Lobby des luxuriösen **Mark Hopkins Hotel** gesehen, **1 Nob Hill**/Ecke California Street *(Tel. 415 392 3434; Website: hotels.sanfrancisco.interconti.com)*. Errichtet wurde es auf dem einstigen Standort einer der bedeutendsten Villen der Stadt. Zu sehen ist es auch in *Der Clan* und *Der Mann mit dem Katzenkäfig*. Für Ross geht es von da an nur noch bergab. Das weit weniger prachtvolle Hotel, in das er gebracht wird, stand am Embarcadero am Fuß der zweistöckigen **Oakland Bay Bridge** und ist inzwischen abgerissen worden. Bullitts unverändert gebliebenes Apartment können Sie in der **1153-1157 Taylor Street** sehen. Es befindet sich in einem stilvollen, dreistöckigen, von 1906 stammenden Gebäude an der Ecke zur Clay Street. Gegenüber können Sie noch immer bei **V.J. Groceries** einkaufen, wo sich

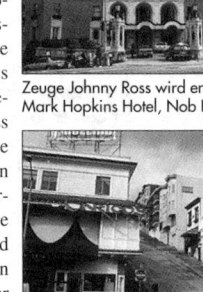

Zeuge Johnny Ross wird entdeckt: Mark Hopkins Hotel, Nob Hill

Bullitt trifft sich mit einem Informanten: Enrico's, Broadway

Das Geschäft, in dem er einkauft: V.J. Groceries, Taylor Street

Frank Bullitts Apartment: Taylor Street

Robert Vaughn und der Haftbefehl: Grace Cathedral

Bullitt seinen Vorrat an Fertig-essen aufstockt. Die Kirche, in der Robert Vaughn dem Polizei-chef eine Vorladung überreicht, ist die **Grace Cathedral, 1051 Taylor Street**, ein paar Häuser-blocks südlich von Bullitts Zuhause. Die Bar, in der sich Bullitt mit seinem Informanten Eddie trifft, existiert auch noch. Es ist **Enrico's, 504 Broad-way**/Ecke Kearney Street. Die Verfolgungsjagd (der Wagen ist ein Mustang Shelby) wurde vorwiegend auf der **Fillmore Street** zwischen Broadway und Vallejo Street gefilmt. Die Schießerei spielt sich im **San Francisco International Airport** ab.

BUMERANG
(1947, R: Elia Kazan)
Dana Andrews, Jane Wyatt, Lee J. Cobb
• **CONNECTICUT; NEW YORK STATE**

Innovatives, halbdokumentarisches Melodrama basierend auf der wahren Geschichte eines Mordes in einer ameri-kanischen Kleinstadt: Ein Unschuldiger wird gerettet, aber der echte Killer wird untypischerweise nicht ent-larvt. Ebenfalls untypisch für diese Zeit – aber typisch für Kazan – war die Tatsache, dass der Film komplett an au-thentischen Motiven entstand. Die Straßenszenen wurden in **Stamford**, Connecticut, gefilmt, die Gerichtsverhand-lung im Gerichtsgebäude von **White Plains**, New York.

BUNNY LAKE IST VERSCWUNDEN
(1965, R: Otto Preminger)
Carol Lynley, Keir Dullea, Laurence Olivier
• **LONDON**

Die Little People's Garden School: Netherhall Gardens, Hampstead

Premingers schwarze Komödie mit einer wunderbar exzentri-schen Besetzung ent-stand rund um Lon-don, wo Polizist Olivier versucht, die v e r s c h w u n d e n e , möglicherweise aber nur imaginäre Toch-ter der vielleicht be-knackten Carol Lynley zu finden. Lynleys Wohnung, die dem unglaublich schmierigen Noël Coward gehört, befand sich in unmittelbarer Nähe des Trafalgar Square, ist aber längst abgerissen worden. Die Little People's Garden School, aus der Bunny verschwindet, existiert dagegen noch heute. Es ist die **South Hampstead High School, 5 Netherhall Gardens**, nahe Finchley Road, Hampstead, NW3 (U-Bahnstation: Finchley Road). Lassen Sie sich nicht von den Straßenschildern Frognal End, NW3 irritie-ren – einen solchen Ort gibt es nicht. Der Art-Nouveau-Pub, in den Olivier die aufgelöste Lynley für einen Drink mitnimmt, ist das **Warrington Arms, 93 Warrington**

Crescent – einst ein beliebter Schlupf-winkel von Marie Lloyd – in Maida Vale, W9 (U-Bahn-station: Maida Vale). Das pompö-se Zuhause von Keir Dullea in Hampstead und zu-gleich Schauplatz des Höhepunkts gehörte einst dem Schauspieler Gerald du Maurier. Es ist **Cannon Hall, 14 Cannon Place** am Squire's Mount, versteckt gelegen hinter der East

Laurence Olivier lädt Carol Lynley auf einen Drink ein: Warrington Arms, W9

Fragnall End, Keir Dulleas Haus: Cannon Hall, Hampstead

Heath Road, NW3, abseits von Hampstead Heath (U-Bahn-station: Hampstead).

BUS STOP
(1956, R: Joshua Logan)
Marilyn Monroe, Don Murray, Betty Field
• **ARIZONA; IDAHO**

Der Film nach dem Stück von William Inge über einen dümmlichen Machocowboy und dessen Versuche, während eines Zwischenstopps in einer kleinen Wes-ternstadt eine Sängerin für sich zu gewinnen, wurde in **Phoenix**, Arizona, gedreht, außerdem im **Sun Valley** und **Ketchum**, dicht hintereinander auf der Route 75, dem malerischen Highway im Norden von Twin Falls am Sawtooth National Forest, Idaho. Der **North Fork Store**, den man im Film zu sehen bekommt, liegt etwa 15 Kilo-meter nördlich von Ketchum an der Route 75 im Natio-nal Forest selbst. Während der Dreharbeiten in Arizona logierte M.M. im Sahara Motor Hotel, 401 North 1st Street, Phoenix.

BUSTER
(1988, R: David Green)
Phil Collins, Julie Walters, Larry Lamb
• **LONDON; LEICESTERSHIRE; BERKSHIRE; MEXIKO**

Ein unerfreulicher Versuch, aus einem Verbrechen eine Volksbelustigung zu machen. Gefilmt wurde an echten Mo-tiven, allerdings fast ausschließlich nördlich der Themse. Busters Wohnung ist in Hackney, E8, soll aber den Süden von London darstel-len. Die Wohnung von Schwiegermut-ter Sheila Hancock ist das **Abady House, Page Street** nahe Regency Street auf dem Grosvenor

Die Wohnung der Schwiegermutter: Abady House, Westminster

Estate, Westminster, SW1 *(U-Bahnstation: Pimlico)*. Der zeitgenössisch aussehende Eingang ist echt und bis heute nicht verändert worden. Das noblere Viertel, in das er nach dem Überfall umzieht, ist **Wraysbury**, nordwestlich von Staines in Berkshire *(Bahnhof: Wraysbury)*.

Der Überfall auf den Zug (der in Wirklichkeit auf der Strecke Euston-Northampton nahe Tring, Hertfordshire, verübt wurde) entstand auf dem vier Kilometer langen Abschnitt der Central Steam Railway von Northampton zwischen Loughborough und Rothley, Leicestershire.

Busters Zeit in Mexiko wurde in den Restaurants, Bars und am Strand von **Acapulco** gefilmt.

BUTCHER BOY – DER SCHLÄCHTERBURSCHE
(1997, R: Neil Jordan)
Eamonn Owens, Stephen Rea, Fiona Shaw
• **IRLAND**

Jordans phantasievolle Verfilmung des Romans von Patrick McCabe über einen psychotischen Jungen, der von bizarren Visionen verfolgt wird, wurde in der Heimatstadt des Autors gefilmt: in **Clones**, Co Monaghan, an der A34 rund 55 Kilometer westlich von Dundalk.

C

CABAL – DIE BRUT DER NACHT
(1990, R: Clive Barker)
Craig Sheffer, Anne Bobby, David Cronenberg
• **BUCKINGHAMSHIRE; ONTARIO, KANADA**

Barkers Faszination von der „Schönheit" des Schreckens, die zum ersten Mal in *Hellraiser – Das Tor zur Hölle* zu begutachten war, wird fortgesetzt mit dieser Geschichte eines jungen Mannes und eines Psychiaters, der von einer uralten Monsterrasse besessen ist. Angesiedelt im fiktiven Shere Neck in Kanada (eine Woche lang wurde tatsächlich in der Umgebung von **Calgary**, Ontario, gedreht) entstand der Film größtenteils in den **Pinewood Studios** in Buckinghamshire und bezog die echten Studiogebäude ein. Sheriff Eigermans Büro ist das Produzentenbüro von Pinewood; sowohl von innen als auch von außen hielt für die Polizeiwache von Shere Neck das Produktionsgebäude des Studios her. Die Nekropolis wurde auf dem schäbigen Gelände von Pinewood errichtet.

CABARET
(1972, R: Bob Fosse)
Liza Minnelli, Joel Grey, Michael York
• **DEUTSCHLAND**

Sally und Brian: unterhalb der S-Bahnstation Savignyplatz

Gemäßigtere Version des Musicals, dennoch nach wie vor eine stilvolle Verfilmung von Christopher Isherwoods Geschichten aus dem Vorkriegs-Berlin. Der Kit Kat Club wurde in den Münchner Bavaria-Studios aufgebaut. Michael Yorks Ankunft am Berliner Hauptbahnhof wurde am alten Bahnhof von **Lübeck** gefilmt, nordöstlich von Hamburg. Das Schloss des Barons ist **Schloss Eutin**, rund 30 Kilometer von Lübeck entfernt. Die Aufnahmen am See und die Innenaufnahmen entstanden auf dem Anwesen des Herzogs von Oldenburg. Weitere Dreharbeiten fanden bei **Dahlem**, in verschiedenen Straßen rund um **Berlin**, im **Tiergarten** sowie in **München** statt. Unterhalb der S-Bahnstation Savignyplatz an der Bleibtreustraße bringt Sally Bowles Brian dazu, lockerer zu werden und loszuschreien, als der Zug über sie hinwegdonnert. Marisa Berensons großartiges Haus befand sich im Bezirk Dahlem im Süden Berlins.

CABLE GUY – DIE NERVENSÄGE
(1996, R: Ben Stiller)
Jim Carrey, Matthew Broderick, George Segal
• **KALIFORNIEN**

Der Kabelfernsehinstallateur Carrey dringt in Matthew Brodericks Leben ein. Carreys Zuflucht, eine 18 Meter durchmessende Satellitenschüssel, wurde im **Angeles Forest** nördlich von L.A. errichtet und später für die Stu-

dioaufnahmen im alten Spruce Goose Hangar in Long Beach nachgebaut. Ob Sie es glauben oder nicht, aber das mittelalterliche Restaurant, in dem Carrey und Broderick in ein Turnier hineingezogen werden, gibt es wirklich. Sie finden das **Medieval Times** im Bezirk Buena Park südlich von L.A. nahe Knott's Berry Farm. Es liegt am **7662 Beach Boulevard**. Rufen Sie vorher an, um Details über Vorführungen zu erfahren *(Tel. 714 521 474)*.

CADDYSHACK
(1980, R: Harold Ramis)
Chevy Chase, Rodney Dangerfield, Bill Murray
• **FLORIDA**

Schwerfällige Farce auf einem Golfplatz, gefilmt im **Rolling Hills Golf and Tennis Club, 3501 West Rolling Hills Circle**/Ecke South West 36th Street, Davie, rund 15 Kilometer von Downtown Fort Lauderdale, Florida, entfernt. Die Eskapaden am Wasser entstanden im **Boca Raton Hotel and Country Club, 501 East Camino Real** im wohlhabenden Küstenort **Boca Raton**, nördlich von Fort Lauderdale.

DER CAMPUS
(1996, R: Sönke Wortman)
Heiner Lauterbach, Axel Milberg, Barbara Rudnik
• **DEUTSCHLAND**

Als dem Soziologieprofessor Lauterbach sexuelle Belästigung einer Studentin vorgeworfen wird, versucht in Sönke Wortmans bissiger Satire jeder, die Situation für sich auszunutzen. Der Film entstand auf dem echten Campus der **Universität von Hamburg.**

CANDYMANS FLUCH
(1992, R: Bernard Rose)
Virginia Madsen, Tony Todd, Xander Berkeley
• **CHICAGO**

Clive Barkers Horrorgeschichte wird von Liverpool nach Chicago verlegt, wo der rachsüchtige Geist eines hingerichteten Sklaven nach **Cabrini Green** zurückverfolgt wird.

CAPRONA – DAS VERGESSENE LAND
(1974, R: Kevin Connor)
Doug McClure, John McEnery, Susan Penhaligon
• **KANARISCHE INSELN**

Eine schiffbrüchige Crew findet sich in diesem Abenteuer nach einer Geschichte von Edgar Rice Burroughs auf einer Insel voller prähistorischer Monster wieder. Die prähistorische Landschaft findet sich bei **La Palma**, Santa Cruz de Tenerife, Kanarische Inseln.

CAR WASH
(1976, R: Michael Schultz)
Franklin Ajaye, Sully Boyar, Richard Pryor
• **LOS ANGELES**

Kapriolen in einer Waschanlage in L.A. Es kam zu erheb-

Standort der Waschanlage:
Rampart Boulevard/Ecke Sixth
Street, Downtown L.A.

lichen Verkehrsstörungen, als die Pointer Sisters ihren großen Auftritt hatten. *The De Luxe Car Wash*, eine tatsächlich existierende und mit allen technischen Raffinessen ausgestattete Anlage, stand auf dem **Rampart Boulevard** an der Sixth Street nahe Lafayette Park in Downtown L.A. Inzwischen wurde die Waschanlage abgerissen.

CARLITO'S WEG

(1993, R: Brian De Palma)
Al Pacino, Sean Penn, Penelope Ann Miller
• **NEW YORK CITY**

Pacino beobachtet Miller:
Joffrey Ballet School,
Sixth Avenue

Penelope Ann Millers Apartment in
Greenwich Village: Gay Street

Pacino und Miller schwelgen in Erinnerungen: Le Figaro Cafe, Bleecker Street

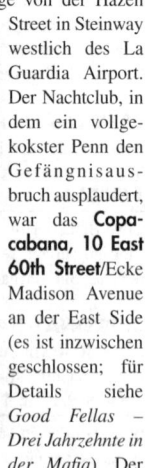

Pacino ist ein ehemaliger Betrüger, der in De Palmas schwungvollem Thriller erfolglos versucht, nicht mehr mit dem Gesetz in Konflikt zu geraten. Der schmierige Anwalt Sean Penn verwickelt ihn in einen verrückten Plan, um einen Klienten von der berüchtigten **Riker's Island Prison Barge** zu befreien. Die Insel im East River nördlich von Astoria, Queens, erreicht man über die Riker's Island Bridge von der Hazen Street in Steinway westlich des La Guardia Airport. Der Nachtclub, in dem ein vollgekokster Penn den Gefängnisausbruch ausplaudert, war das **Copacabana, 10 East 60th Street**/Ecke Madison Avenue an der East Side (es ist inzwischen geschlossen; für Details siehe *Good Fellas – Drei Jahrzehnte in der Mafia*). Der aus dem Gefängnis entlassene Pacino beobachtet seine alte Flamme Penelope Ann Miller von einem regengepeitschten Dach aus. Der Tanzunterricht findet in der **Joffrey Ballet School** an der Ecke **Sixth Avenue**/10th Street statt. Das mit Türmen verzierte Gebäude, an dem Pacino vorübergeht, als er Miller folgt, ist die alte **New York Public Library** an der **Sixth Avenue**. Das Café, in dem sich Pacino und Miller über alte Zeiten unterhalten, ist das **Le Figaro Cafe, 168**

Bleecker Street/Ecke MacDougal Street. Millers Apartment ist **17 Gay Street** in Greenwich Village. Am Ende der Gay Street an der Kreuzung **Waverly Place** wird Pacino verhaftet.

Auf der Flucht vor den Bösen springt er an der **125th Street Station** in der Park Avenue in Harlem in die Bahn der South-Ferry-Linie. Die letzte Konfrontation spielt sich in der **Grand Central Station**, 42nd Street/Ecke Park Avenue ab, die Schießerei ereignet sich im Park-Avenue-Aufzug.

Die Schießerei: Grand
Central Station

CARRIE – DES SATANS JÜNGSTE TOCHTER

(1976, R: Brian De Palma)
Sissy Spacek, Piper Laurie, William Katt
• **LOS ANGELES**

Bates High School: Hermosa Beach Community Center,
Hermosa Beach

Unbestritten die bislang beste Verfilmung einer Geschichte von Stephen King, in der die unterdrückte Spacek sich an ihren grausamen Klassenkameraden und ihrer religiös fanatischen Mutter Laurie rächt. Bates High School (wie sonst sollte sie in einem Film von De Palma auch heißen?) ist eine Kombination aus dem **Hermosa Beach Community Center** (das früher die Pier Avenue School war), Pier Avenue/Ecke Pacific Coast Highway, Hermosa Beach zwischen Manhattan Beach und Redondo Beach, Highway 1 südlich des LA International Airport, und der **Pacific Palisades High School**. Das Innere der Turnhalle wurde in den **Culver City Studios, 9336 Washington Boulevard**, Culver City, für die abschließende Feuersbrunst nachgebaut – dem Studio, in dem bei *Vom Winde verweht* Atlanta niedergebrannt wurde.

John Travolta und Co erhalten den Eimer voll Blut, mit dem Carries Abend ein unrühmliches Ende gesetzt wird, von einer Schweinefarm in der Industriestadt Vernon, im Südosten von L.A. Die Farm liegt verborgen hinter großen Bildern von Schweinen, die es sich auf einer grünen Weide gut gehen lassen. Es handelt sich um **Farmer John's Pig Mural**, eines der größten Wandgemälde der Welt, das einen kompletten Block bedeckt. Begonnen wurde es 1957 vom Künstler Les Grimes, der zu Tode kam, als er während der Arbeit an diesem Projekt vom Gerüst fiel. Sehen können Sie das Gemälde an der **3049 East Vernon Avenue, Vernon**, L.A.

CASABLANCA

(1942, R: Michael Curtiz)
Humphrey Bogart, Ingrid Bergman, Paul Henreid
• LOS ANGELES

Der Weg zum Flughafen von Casablanca: Waterman Drive, Van Nuys

Eine verworrene Produktion, bei der das Drehbuch täglich umgeschrieben wurde und noch während der Dreharbeiten nicht über das Ende entschieden war. Und doch fügte sich alles zu einem der größten Schmachtfetzen der Filmgeschichte zusammen. Grundlage bildete das nie aufgeführte Bühnenstück *Everybody Comes To Rick's* von Murray Burnett und Joan Alison.

Der Film ist fast komplett im Studio auf dem Gelände von Warners in Burbank entstanden und bediente sich in der für Jack Warner typischen Weise der Kulissen aus vorangegangenen Produktionen. Die den Osten simulierenden Sets stammten aus *Liebeslied der Wüste*, während der Bahnhof ein Überbleibsel aus Bette Davis' Rührstück *Reise aus der Vergangenheit* war. Wenn Sie das original Flugzeug aus dem Film sehen und sich aller Illusionen berauben lassen wollen: Angeblich ist es ein Teil der Casablanca-Kulisse im Disney-MGM Studios Theme Park in Orlando, Florida, wo mit Audio-Animatronik „großartige Filmszenen" nachgestellt werden. Im Lighting Prop Shop auf der Warner Bros Studio Tour können Sie eindeutig die großen Deckenlampen aus Rick's Bar erkennen.

Die große Abschiedsszene entstand nicht auf einem echten Flughafen, sondern bei Warners, und zwar entweder auf Bühne 21 oder Bühne 1 – je nachdem, an welche Version Sie glauben möchten.

Ein echtes Motiv kann man aber besichtigen: Die Ankunft von Captain Strasser (der wunderbare fiese Conrad Veidt) wurde am alten Metropolitan Airport in Van Nuys nahe Burbank gefilmt. Er ist heute ein Teil des **Van Nuys Airport, 6590 Hayvenhurst Avenue**, der den Bereich zwischen Woodley Avenue im Osten, Balboa Boulevard im Westen sowie zwischen Roscoe Boulevard und Vanowen Street belegt. Der Tower ist inzwischen abgerissen worden, aber ein alter Hangar aus dem Film ist immer noch vorhanden. Als der Flughafen neu ausgerichtet wurde, standen die beiden Hangars nicht mehr auf dem Gelände des Flughafens. Als Werkstätten für Ingenieure umfunktioniert, standen sie am **Waterman Drive**, einer winzigen Privatstraße, die westlich der Woodley Avenue zwischen Blythe Street und Arminta Street, nordöstlich des Flughafengeländes liegt. Zwar ist eines der beiden Gebäude mittlerweile abgerissen worden, aber wenigstens hat bis heute noch ein Überrest von *Casablanca* überlebt.

CASINO

(1995, R: Martin Scorsese)
Robert de Niro, Sharon Stone, Joe Pesci
• LAS VEGAS, NEVADA; KALIFORNIEN

Das fiktive Tangier-Casino: Riviera Hotel and Casino, Las Vegas Boulevard

Scorseses knisternde Schilderung der Übernahme von Vegas durch gesichtslose Unternehmen litt darunter, dass sie unmittelbar nach dem grandiosen *Good Fellas – Drei Jahrzehnte in der Mafia* in die Kinos kam. Gefilmt wurde zu einem großen Teil in Vegas selbst. Das fiktive Tangier Casino ist das

Joe Pesci vergnügt sich mit Sharon Stone: La Concha, Las Vegas Boulevard

Riviera Hotel and Casino, 2901 Las Vegas Boulevard South *(Tel. 702 732 5110)*. Joe Pescis Todesszene entstand in Fresno, Kalifornien. Gedreht wurde außerdem in Baker in der Mojave-Wüste und in Hanford, Kalifornien. Das kitschige Motel, wo Joe Pesci eine kurze Affäre mit Sharon Stone genießt, ist **La Concha, 2955 Las Vegas Boulevard South** *(Tel. 702 735 1255)*.

CASTAWAY – DIE INSEL

(1986, R: Nicolas Roeg)
Amanda Donohoe, Oliver Reed, Georgina Hale
• LONDON; SEYCHELLEN

Oliver Reed sucht per Anzeige nach einer „hübschen Frau", die mit ihm auf eine Südseeinsel zieht. Donohoe reagiert, auch wenn sie es hätte besser wissen sollen. Gefilmt wurde (untypischerweise in der Reihenfolge des Drehbuchs) rund um London und auf den Seychellen. Donohoe arbeitet zu Beginn für die Finanzverwaltung im **Charles House, High Street Kensington**. Das gar nicht so idyllische Paradies wurde auf den Inseln **Praslin, Cousin** und **La Digue** gefilmt.

CAT BALLOU – HÄNGEN SOLLST DU IN WYOMING

(1965, R: Eliot Silverstein)
Jane Fonda, Lee Marvin, Michael Callan
• COLORADO

Jane Fonda heuert den einstigen Revolverschützen Marvin an, damit der einen Schurken (abermals Marvin) umlegen soll, um den Tod ihres Vaters zu rächen. Westernparodie, die im **Buckskin Joe Studio Theme Park** westlich von Cañon City, Colorado, entstand.

CATCH 22

(1970, R: Mike Nichols)
Alan Arkin, Jon Voight, Richard Benjamin
• MEXIKO

Jahrelang wollte Orson Welles Joseph Hellers surrealen Antikriegsfilm verwirklichen, doch wie bei *Moby Dick* musste er sich mit einem Cameoauftritt im Film eines anderen Regisseurs begnügen. Gefilmt wurde in **Guayamos**, einem Hafen und Fischerdorf an der Westküste im Norden von Mexiko, Route 15, gut 480 Kilometer südlich der Grenze bei Nogales.

CHAN IST VERSCHWUNDEN

(1982, R: Wayne Wang)
Wood Moy, Marc Hayashi, Laureen Chew
• **SAN FRANCISCO**

Auf der Suche nach Chan: Ross Alley, Chinatown

Der erste amerikanische Kinofilm, der komplett von einem chinesisch-amerikanischen Team gedreht wurde, ist zugleich Wangs erster US-Film (vor *Töchter des Himmels* und *Smoke*). Zwei Taxifahrer versuchen vergeblich, Chan ausfindig zu machen, der mit 2000 Dollar verschwunden ist. Gefilmt wurde größtenteils in und um Chinatown in San Francisco, der größten chinesischen Gemeinde in den USA (abgesehen von New York), die im frühen 19. Jahrhundert am Portsmouth Square ihren Anfang nahm, als chinesische Auswanderer vor Krieg und Hungersnot aus Kanton flohen. Der Bezirk erstreckt sich zwischen Broadway, Bush Street, Powell Street und Kearny Street im Osten. Grant Avenue, die in Nord-Süd-Richtung durch das Gebiet verläuft, ist das, was Touristen als Chinatown zu sehen bekommen. **Stockton Street**, die in westlicher Richtung parallel verläuft, bildet das eigentliche Herz des Viertels. Ein großer Teil dieses Films entstand rund um die **Ross Alley**, eine kleine Straße zwischen Grant und Stockton.

CHAPLIN

(1992, R: Richard Attenborough)
Robert Downey Jr, Dan Aykroyd, Geraldine Chaplin
• **KALIFORNIEN; LONDON; SUSSEX; SCHWEIZ**

Das Theater Aldershot: Wilton's Music Hall, E1

Attenboroughs Verfilmung von Chaplins Leben ist eine enttäuschende Reise durch die Vergangenheit des großen Sentimentalisten, aber sie bedient sich einer Fülle interessanter Drehorte. Chaplins frühes Leben im Londoner Stadtteil Lambeth wurde hinter der Kings Cross Station an der Kreuzung **Cheney Road** und **Battle Bridge Road, NW1**, gedreht. Die Häuser – darunter auch Charlies Zuhause – sind eine riesige Kulisse, an der vier Monate lang gebaut wurde, während die Gasometer echt sind (wahrscheinlich wirken sie recht vertraut, schließlich waren sie unter anderem in *Ladykillers, Der Verführer*

lässt schön grüßen, *Backbeat* und *Shirley Valentine – Auf Wiedersehen, mein lieber Mann* zu sehen). Das Gebiet ist derzeit in Gefahr, da über einen Neubau des Kanaltunnel-Bahnhofs Kings Cross nachgedacht wird. Die Szene, in der der kleine Chaplin als Retter in der Not einschreitet, als der Auftritt seiner Mutter gründlich danebengeht, spielt in Aldershot, wurde aber in der berühmten **Wilton's Music Hall** gefilmt, **1 Grace's Alley, Wellclose Square**, nahe Cable Street, E1. Die Halle, die 1858 erbaut wurde, war die erste und eine der erfolgreichsten Musikhallen in London. Sie wurde um 1880 von empörten Methodisten übernommen und bis 1956 als Mission betrieben, bis ein Lagerhaus daraus wurde. Viele Jahre lang blieb das Gebäude ungenutzt, um nur hin und wieder für Dreharbeiten zu Filmen (unter anderem *Isadora* und *Die Krays*) und Musikvideos („Relax" von Frankie Goes To Hollywood muss es ge-

Chaplins erster Erfolg: Hackney Empire

Chaplins Zuhause in Lambeth: Cheney Road, Kings Cross

Chaplin kehrt zurück in den Londoner Pub: The Salisbury, Haringay

Ein Köder für Edgar J. Hoover: Ballsaal des Park Plaza Hotel, Downtown L.A.

schafft haben, dass sich die Methodisten im Grab umdrehten) genutzt zu werden. Heute befindet sich dort die Broomhill Opera.
Chaplins erster Erfolg als Komiker wurde im bildhübschen **Hackney Empire, 291 Mare Street, E8**, gefilmt. Das Cane Hill Asylum, in dem Chaplins geistesgestörte Mutter eingesperrt ist, wurde im nicht mehr betriebenen **St. Pancras Hotel** über der **St. Pancras Station, Euston Road, NW1**, aufgenommen. Es ist seit Jahren geschlossen und wird nur gelegentlich an einem Tag im Jahr für Besucher geöffnet, die einen Blick auf das atemberaubende Innere werfen wollen.
Das Vorsprechen für Fred Karno wurde auf dem früheren Astor-Anwesen in **Cliveden** gefilmt (für Details über Cliveden siehe *Hi – Hi – Hilfe!*). Nachdem man ihn aus einem versnobten Restaurant hinauskomplimentiert hat, führt Chaplin seine erste Liebe Hetty Kelly für eine Tasse Tee am

Die Premiere von Rampenlicht: Los Angeles Theater, Downtown L.A.

alten Gemüsemarkt im Covent Garden aus, wo es möglich war, zu jeder Tages- und Nachtzeit eine Tasse zu bekommen – oder auch ein Bier um sieben Uhr morgens, was einer speziellen Schankerlaubnis wegen der Marktbeschicker zu verdanken war. In den siebziger Jahren zog der Markt an einen moderneren Platz in Nine Elms um, sodass die Szene in Wahrheit auf dem **Smithfield Meat Market** zwischen Charterhouse Street und Long Lane, EC1, gedreht werden musste. Den echten Markt auf dem Covent Garden können Sie in seiner Blütezeit in Hitchcocks *Frenzy* sehen. Chaplin macht sich schon bald auf den Weg in die Staaten, wo die Filmbranche flügge wird. Mack Sennetts Keystone Studio, wo Chaplin seinen ersten Job erhielt, stand in der 1712 Allessandro Street. Chaplins eigenes Studio, in dem er 1916 und 1917 *The Immigrant, Charlie Chaplins Lachparade* und *Easy Street* drehte, fand sich in 1025 Lillian Way, südlich des Santa Monica Boulevard zwischen Eleanor Street und Romaine Street. Von beiden ist keine Spur mehr zu sehen. Das Hollywood der zwanziger Jahre war immerhin noch eine Stadt der Zitronenbäume, sodass die Studios nördlich von L.A. in **Fillmore** nachgebaut wurden, Route 126 zwischen Ventura und Valencia. Das „Hollywoodland"-Schild, vor dem Chaplin mit Fairbanks spielte, war ebenfalls ein Nachbau.

Das Studio ist eine Nachbildung des Studios, das Chaplin ab 1918 benutzte, obwohl es erstaunlicherweise bis heute überdauert hat. A&M Records ist dort zu Hause, **1416 La Brea Avenue**, zwischen Sunset Boulevard und Fountain Avenue. Chaplins Fußabdrücke wurden in Zement auf Bühne 3 der Nachwelt erhalten. Charlies Zuhause befand sich am Summit Drive in Beverly Hills, doch der Film bedient sich eines Hauses vom selben Architekten Wallace Neff im Vorort **San Marino**.

William Randolph Hearsts Party nach dem Ende des Zweiten Weltkriegs, auf der Chaplin dem FBI-Boss J. Edgar Hoover mit seinem Brötchentanz die Schau stiehlt, findet im viel genutzten Ballsaal des **Park Plaza Hotel, 607 South Park View Street** in Downtown L.A. statt (für Details über dieses legendäre Filmmotiv siehe *New York, New York*).

Wieder in England, wurde die Zugreise von Southampton nach London auf der zuverlässigen alten **Bluebell Line** gefilmt, einem acht Kilometer langen Streckenabschnitt zwischen Horstead Keynes und Sheffield Park, nordöstlich von Haywards Heath in Sussex. Der begeisterte Empfang in der Hauptstadt, der tatsächlich an der Waterloo Station stattfand, wurde in der **St. Pancras Station** gefilmt, einem der großen Londoner Bahnhöfe, der sich bis heute am wenigsten verändert hat. Der Pub im Covent Garden, in dem Chaplin feststellen muss, dass er nicht mehr zu den Kumpels gehört, ist das großartige, aber recht verschossene **Salisbury, Green Lanes** an der Ecke St. Ann's Road, Harringay, N15.

Die Schiffsszenen, die Chaplin auf dem Weg zurück in die Staaten zeigen, entstanden an Bord der **Queen Mary** an ihrem Liegeplatz am Pier J in Long Beach, L.A. – die Skyline von Manhattan wurde später eingefügt. Die Premiere von *Rampenlicht* drehte man im Foyer des von 1931 stammenden **Los Angeles Theater, 615 South Broadway** im lebendigen, wenn auch ein wenig heruntergekommenen spanischen Zentrum in Downtown L.A.

Anthony Hopkins' fiktiver Biograph interviewt den älteren Chaplin auf dem echten Chaplin-Anwesen, das seine Witwe Oona zur Verfügung gestellt hatte – die auch dem Film ihren Segen gab. Es befindet sich in **Vevey**, knapp 20 Kilometer östlich von Lausanne am Nordufer des Genfer Sees in der Schweiz. Die Schlussszenen von der verspäteten Verleihung eines Oscars für das Lebenswerk Chaplins entstanden zwar in den Shepperton Studios, wurden aber mit Aufnahmen der tatsächlichen Veranstaltung im **Dorothy Chandler Pavilion** zusammengeschnitten, der einen Teil des Music Centers bildet, **135 North Grand Avenue** zwischen First Street und Temple Street im Distrikt Bunker Hill in L.A.

CHARADE
(1963, R: Stanley Donen)
Audrey Hepburn, Cary Grant, Walter Matthau
● **PARIS**

Unbeschwerter ironischer Thriller von der Art, wie man sie heute anscheinend nicht mehr drehen kann. Die Story spielt in Paris, Hepburn und Grant steigen im **Hotel Saint Jacques** (wo Grant in seinem Anzug unter die Dusche geht) ab, nahe der U-Bahnstation St. Jacques. Hepburn wird in den Hauptgarten des **Palais Royal** gelockt, während sich der Höhepunkt des Films in der **Comedie Français, 2 Rue de Richelieu**, abspielt *(Metro-Station: Palais-Royal)*.

CHARLIE STAUBT MILLIONEN AB
(1969, R: Peter Collinson)
Michael Caine, Noël Coward, Benny Hill
● **TURIN, ITALIEN; LONDON; IRLAND**

Das Innere von Wormwood Scrubs, wo Mr. Bridger (Noël Coward) seinen Job plant, ist eigentlich das **Kilmainham Gaol, Dublin** (auch zu sehen in *Im Namen des Vaters*). Michael Caines ach-so-sechziger-Jahre-typisch mit Krimskrams voll gepackte Wohnung findet sich in der **18 Denbigh Close**, einer Seitenstraße am nördlichen Ende der Portobello Road, W11, gleich neben Alice' Trödelladen. Der Raubüberfall findet während eines gewaltigen Verkehrsstaus in Turin statt. Der Stau beginnt am **Palazza Madama** auf der **Piazza Castello**. Im Gegensatz zu BMC, seinerzeit Produzent des Mini, der nur minimale Unterstützung anbot, erwies sich Fiat als besonders hilfsbereit. Der Sprung vom Dach entstand so auf dem Werksgelände von Fiat, wo man die Fabrik dermaßen umdekoriert hatte, dass sie wie eine Straße in Turin aussah. Die Verfolgungsjagd durch die Kanalisation entstand in England. Zwar wurden Ein- und Ausstieg in Turin gefilmt, der unterirdische Gang war aber ein neues Rohrsystem, das man in Coventry unter die Erde gebracht hatte.

Das berühmte Ende, der Wunschtraum eines Studiobosses von Paramount in Hollywood, von Regisseur Collinson und Darsteller Caine gleichermaßen gehasst und deshalb dem zweiten Kamerateam übertragen, entstand in einem Staubecken bei **Ceresole Reale** rund 65 Kilometer nordwestlich von Turin.

CHARLIE UND DIE SCHOKOLADENFABRIK

(1971, R: Mel Stuart)
Gene Wilder, Jack Albertson, Peter Ostrum
• **DEUTSCHLAND**

Musicalversion von Roald Dahls Kinderbuch, gedreht in **München**. Der Schluss mit dem fliegenden Glasaufzug wurde im bayrischen **Nördlingen** aufgenommen.

CHASING AMY

(1997, R: Kevin Smith)
Ben Affleck, Joey Lauren Adams, Jason Lee
• **NEW JERSEY; NEW YORK CITY**

Kevin Smiths Liebesgeschichte spielt so wie seine früheren Arbeiten *Clerks – die Ladenhüter* und *Mall Rats* an der Westspitze der Küste von New Jersey, rund um Red Bank, Leonardo und Asbury Park, während von Manhattan nur wenig zu sehen ist. Das Apartment von Ben Affleck und Jason Lee befindet sich in **30 Broad Street, Red Bank**, über Jack's Music Shop. Die Manhattan Comicon Convention, auf der Affleck zum ersten Mal Joey Lauren Adams begegnet, findet in **Berkely Cartaret Hotel and Convention Center, Ocean Avenue**/Ecke Deal Lake Drive am Asbury Park statt. Der Park, in dem sie sich dem jeweils anderen öffnen, ist der **Victory Park, River Road, Rumson**, am äußersten westlichen Zipfel. Lees Kumpel plaudert die Geschichte über Adams' Spitznamen vor dem **Quick Stop, 58 Leonard Avenue** in **Leonardo**, aus – dem berühmten Motiv aus Smith' filmischem Durchbruch *Clerks – die Ladenhüter*. Affleck nimmt sich Adams beim Eishockeyspiel am **Ocean Ice Palace** vor, **197 Chambersbridge Road, Brick**. Und natürlich haben Jay und Silent Bob ihren typischen Auftritt in **Marina Diner, Highway 36/Ecke East Road, Belford**.

CHERIE BITTER – SO WIE WIR WAREN

(1973, R: Sydney Pollack)
Barbra Streisand, Robert Redford, James Woods
• **LOS ANGELES; NEW YORK CITY; NEW YORK STATE**

Die linksgerichtete Aufwieglerin Streisand erduldet eine ungleiche Beziehung mit dem neureichen Schriftsteller Redford in Pollacks nostalgischem Starvehikel. Das

Streisand und Redford auf der Flucht: Union Station, Downtown L.A.

fiktive Wentworth College, wo sich das ungleiche Paar zum ersten Mal begegnet, ist das **Union College, Schenectady**, New York State. Streisand redet zu den studentischen Aktivisten vor dem 16-seitigen Kuppelbau **Nott Memorial**. Auch zu sehen ist die **Chester Arthur-**

Statue, und der Abschlussball wurde im **Memorial Field House** in Szene gesetzt. Motive in L.A. sind unter anderem das **Beverly Hills Hotel, 96641 Sunset Boulevard**, Beverly Hills. Streisand lässt eine Demonstration hysterischer antikommunistischer Hetzer an der **Union Station, 800 North Alameda Street**, Downtown, über sich ergehen. Das letzte Treffen zwischen Streisand und Redford spielt sich in NYC vor dem zur Fifth Avenue gelegenen Eingang des **Plaza Hotel, 59th Street** ab.

CHEYENNE

(1964, R: John Ford)
Richard Widmark, Carroll Baker, Karl Malden
• **UTAH; COLORADO; WYOMING**

Mit dieser Geschichte über die Zwangsumsiedlung der Cheyenne um 1860 versucht John Ford, alle Sünden seiner filmischen Vergangenheit wieder gutzumachen. Den Cheyenne, die von Navajos und Dolores Del Rio gespielt werden, wird ihre grasbewachsene Heimat genommen, um sie 2400 Kilometer weiter weg im ungastlichen Norden anzusiedeln. Die Folgen dieser Umsiedlung werden ein wenig dadurch verwässert, dass sie **Monument Valley** nie zu verlassen scheinen. Ford nutzte auch die Region rund um **Moab**, Utah, einschließlich **White's Ranch, Castle Valley, Professor Valley, Fisher Canyon, Arches National Park** und **Mexican Hat**. Gefilmt wurde ferner im Gunnison Canyon in Colorado und in **Fort Laramie**, Wyoming.
An diesem Punkt in seiner Karriere begann Ford, in einigen seiner Filme zur Schlampigkeit zu neigen, und das Attentat auf Kennedy, das sich während der Dreharbeiten ereignete, trug nur zu Fords lustloser Haltung bei. Ein Großteil der Aufnahmen im Monument Valley wurde einfach vor dem Lager der Filmcrew bei **Goulding's Lodge** aufgenommen.

DAS CHINA-SYNDROM

(1979, R: James Bridges)
Jack Lemmon, Jane Fonda, Michael Douglas
• **KALIFORNIEN**

Zu seiner Zeit ein hochaktueller Thriller mit einer Botschaft, der Gefahr lief, als Anti-Atomkraft- und Ökohysterie abgetan zu werden, als es in Three Mile Island zu einem als „unmöglich" geltenden Zwischenfall kam. Es verwundert nicht, dass keine Szene des Films in einem echten Atomkraftwerk entstand, sondern drei konventionelle Kraftwerke im Großraum L.A. einsprangen (wenn auch von starken Anfeindungen begleitet, die vor allem gegen „Hanoi Jane" gerichtet waren). Für die Außenaufnahmen kam die **Scattergood Power Plant, 12700 Vista del Mar** – die Küstenstraße, die am Los Angeles Airport entlang verläuft – am Playa del Rey zum Einsatz.

CHINATOWN

(1974, R: Roman Polanski)
Jack Nicholson, Faye Dunaway, John Huston
• **LOS ANGELES**

Berichten zufolge war es eine schwierige Produktion, doch Polanski ergänzte Robert Townes brillantes Drehbuch (das

Das Brown Derby: The Windsor, West Seventh Street

Das finstere Mar Vista Rest Home: Eastern Star Home, Sunset Boulevard

„Das ist Chinatown!" – Ord Street, Chinatown

auf dem Korruptionsfall des Wasserprogramms von Los Angeles basierte) um viel Atmosphäre und ein tragisches Ende – und heraus kam ein Neo-Film-noir-Klassiker. Zwar benutzt der Film zahlreiche zeitgenössische Motive in L.A., es wurden aber auch einige atemberaubende Sets gebaut: Das Innere der Hall of Records, das Department of Water and Power, Gittes Wohnzimmer und das Innenleben des alten Hauses in Pasadena sind allesamt nur Kulisse.

Der See, der inmitten der Verwicklungen zu sehen ist, ist echt: **Lake Hollywood**, ein Reservoir, das 1925 im Rahmen des Wasserprogramms von Wasserkommissar William Mulholland angelegt wurde, erreicht man über die Zufahrten am Lake Hollywood Drive (im Norden) und Weidlake Drive (im Süden). Jack Nicholson verfolgt den Wasserkommissar in einem Ruderboot über den von Palmen gesäumten, gut sechs Hektar großen See im **Echo Park**, Glendale Boulevard und Park Avenue, Silver Lake. Das ausgetrocknete Flussbett, in dem mysteriöse Wasserströme andeuten, dass etwas stinkt, ist der **Big Tujunga Wash** am Foothill Boulevard, Sunland. Nicholsons Nase wird (von Regisseur Polanski) in **Point Fermin**, Point Fermin Park, Gaffey Street/Ecke Paseo del Mar, San Pedro, im Süden von L.A. aufgeschlitzt. Er begibt sich zu John Huston, der Macht hinter allem Ränkeschmieden, auf **Catalina Island** vor der Küste von L.A. Es handelt sich um das im Jahr 1928 erbaute, weiße **Avalon Casino** nahe dem Landesteg am nordwestlichen Ende der Crescent Bay (es umfasst ein wunderschönes Kino mit 1000 Plätzen, einen großen Ballsaal sowie ein kleines Museum und eine Kunstgalerie), **1 Casino Way, Avalon**.

Dunaways Villa ist eines der pompösen Häuser von Pasadena an der **South Oakland Avenue**. Angeblich trifft sie sich mit Nicholson im alten Restaurant Brown Derby, doch gefilmt wurde die Szene im **Windsor**, einem teuren französischen Restaurant in der **3198 West Seventh Street** hinter dem Ambassador Hotel, mitten in L.A. Das Mar Vista Rest Home, das das Paar aufsucht, um „einen Platz für Dad zu finden", und dabei eine ganze Kompanie ahnungsloser reicher Bewohner entdeckt, ist das **Eastern Star Home, 11725 Sunset Boulevard**, am westlichen Ausläufer der Straße in Brentwood. Der scho-

nungslos pessimistische Höhepunkt des Films entstand in Chinatown selbst in der **Ord Street**.

CHINESISCHES ROULETTE

(1976, R: Rainer Werner Fassbinder)
Margit Carstensen, Ulli Lommel, Anna Karina
• DEUTSCHLAND

Zynischer Film über eine junge Frau, die ihre Eltern sowie deren Geliebte für ein Wochenende in ein Landhaus einlädt. Wunderschön gefilmt von Scorsese-Mitarbeiter Michael Ballhaus (*Goodfellas*, *Die Farbe des Geldes*). Gedreht wurde im **Schloss bei Stockach am Bodensee** sowie am **Münchner Flughafen**.

CHRISTIANE F. – WIR KINDER VOM BAHNHOF ZOO

(1981, R: Ulrich Edel)
Nadja Brunckhorst, Thomas Haustein, Jens Kuphal
• DEUTSCHLAND

Absehbare, aber trotzdem erschütternde Geschichte über das Abgleiten junger Berliner in Drogenabhängigkeit und Prostitution, erzählt nach einer wahren Geschichte. Gefilmt wurde im Stil einer Dokumentation an den berüchtigten Treffpunkten rund um den **Berliner Bahnhof Zoo**. Das Dach mit dem riesigen, sich drehenden Mercedes-Stern, wo die Jugendlichen rumhängen, ist das Europa-Center gegenüber dem Bahnhof. Doch Berlin hat sich seitdem stark verändert. Der Bahnhof ist heute sauber, die Dealer sind weitergezogen, und auf das Dach des Europa-Center kommen Sie heute nicht mehr.

Beliebter Treffpunkt: Bahnhof Zoo

Dem Bahnhof gegenüber: Europa-Center

CHUCKY – DIE MÖRDERPUPPE

(1988, R: Tom Holland)
Catherine Hicks, Chris Sarandon, Brad Dourif
• CHICAGO

Ein überragender und witziger Schocker unter der Regie des Autors von *Psycho II*, in dem der sterbende Psychopath Brad Dourif von einer Puppe Besitz ergreift und damit für eine ganze Reihe von Fortsetzungen sorgt. Catherine Hicks' Apartmentblock, in dem die unheimliche Puppe Chucky wütet, ist das **Brewster, 2800 North Pine Grove Avenue**/Ecke West Diversey Parkway im Chicagoer Distrikt Lake View.

Das Haus von Chucky: North Pine Grove Avenue, Chicago

CHUCKY UND SEINE BRAUT

(1998, R: Ronny Yu)
Jennifer Tilly, Brad Dourif, Alexis Arquette
• ONTARIO

„Hello, Dolly!": Jennifer Tilly nimmt Chucky in der Parliament Street mit.

Der vierte, sehr ironische Teil der Serie wurde in Ontario in **Brampton, Pickering** und **Toronto** selbst gefilmt. Jennifer Tilly tötet den Cop und nimmt die Chucky-Puppe zum ersten Mal im heruntergekommenen, aber markanten Gebäude in der **45 Parliament Street** an sich. Das Paar versteckt sich in Zimmer 121 des wunderbar nach den fünfziger Jahren aussehenden

Das Motel: Hillcrest Motel, Lakeshore Boulevard West, Toronto

Hillcrest Motel, 2143 Lakeshore Boulevard West am Ufer des Lake Ontario *(Tel. 416 255 7711).* Die bezaubernden Hochzeitskapellen finden sich ganz in der Nähe der Tingeltangelbuden und Wachsfigurenkabinette des wunderbar kitschigen **Clifton Hill** in Niagara Falls. Kulissen wurden in Lagerhäusern in der **373 Front Street East, 15 Fraser Avenue** und **153 Eastern Avenue** gebaut. Gefilmt wurde außerdem in einem alten Lager der Army in **Oshawa**.

CHUNGKING EXPRESS

(1994, R: Wong Kar-wai)
Takeshi Kaneshiro, Brigitte Lin, Tony Leung Chiu-wai
• HONGKONG

Die gesamte ungezügelte Energie aus *Außer Atem* findet Eingang in Wong Kar-wais Geschichten in der schicken, frenetischen Downtown von Hongkong, während zwei liebeskranke Cops (in separaten Geschichten) damit fertig werden müssen, verlassen worden zu sein. Das Touristenhotel, das dem Film seinen Titel gibt, ist das **Chungking House** (alias Chungking Mansions), **40 Nathan Road** im Distrikt Tsim Sha Tsui in Kowloon. Das Haus mit seinen 75 Zimmern für Rucksacktouristen ist ein alter Apartmentblock, der in Pensionen unterschiedlichster Qualität aufgeteilt worden ist. Die öffentlichen Bereiche sind ein wenig schmuddelig und locken Kriminelle an *(Tel. 852 2366 5362).* Die Bar, in der Kaneshiro die mysteriöse, eine blonde Perücke tragende Drogendealerin Lin trifft, ist **Bottoms Up** im **Mohan's Building**, ebenfalls in Tsim Sha Tsui. Das Fastfoodlokal, in dem sich Kaneshiro aufhält und in dem sich die zweite Geschichte abspielt, ist **Midnight Express, 3 Lan Kwai Fong** im Central District.

CINCINNATI KID

(1965, R: Norman Jewison)
Steve McQueen, Edward G Robinson, Karl Malden

• NEW ORLEANS, LOUISIANA

McQueen ist „the Kid" – ein umherziehender Kartenspieler – in diesem Pokerfilm über die Zeit der großen Depression, der in **New Orleans**, Louisiana, gedreht wurde. Der Film wurde von Sam Peckinpah begonnen, den das Studio feuerte, als er darauf bestand, mehr nackte Haut zu filmen (wenn auch nur flüchtig), als es für ein großes Studio 1965 vertretbar war.

CINEMA PARADISO

(1988, R: Giuseppe Tornatore)
Philippe Noiret, Jaques Perrin, Salvatore Cascio
• SIZILIEN, ITALIEN

Schwelgerischer Ausflug in die Kinonostalgie mit Noiret als altem Filmvorführer, der seine Liebe zum Film seinem jungen Assistenten vererbt. Ein großer Teil des Films entstand rund um **Bagheria**, den Geburtsort von Regisseur Tornatore, östlich von Palermo im Norden von Sizilien (die Villa Palagonia war in Antonionis *Die mit der Liebe spielen* zu sehen). Der Stadtplatz, an dem die Fassade des alten Kinos stand, findet sich im Dorf **Palazzo Adriano**, rund 50 Kilometer südlich von Palermo nahe den Städten Prizzi und Corleone, deren Namen in Hollywood unsterblich geworden sind.

Weitere auf Sizilien spielende Szenen wurden in **Palermo** selbst gefilmt, außerdem in **Cefalu, Castelbuono** und **Lascari**.

CITIZEN KANE

(1941, R: Orson Welles)
Orson Welles, Joseph Cotten, Everett Sloane
• LOS ANGELES; NEW YORK STATE

Das original Xanadu: Hearst Castle, San Simeon

Ein weiterer Klassiker aus der Blütezeit der Studiofilme. *Kane* entstand fast vollständig im alten **RKO Studio, 780 Gower Street**/Ecke Melrose Avenue, Hollywood. Das Studio, das 1920 als die Robertson-Cole Studios gebaut wurde, wurde 1948 von Howard Hughes und 1957 von Lucille Ball gekauft. Danach wurde es ein Teil der Paramount Studios, aber Sie können den riesigen RKO-Globus nicht übersehen, der in die Studiofassade der Bühne an der nordwestli-

Das alte RKO-Studio, Gower Street/Ecke Melrose Avenue, Hollywood

chen Ecke Gower Street/ Melrose Avenue eingelassen ist. Aus wirtschaftlichen Gründen nahm Welles in seinen Film Szenen auf, die angeblich „Probeaufnahmen" gewesen sein sollen. Der Vorführraum, in dem die einleitende Nachrichtenfilmrolle gezeigt wird, war der echte Vorführraum von RKO (eine Szene mit Joseph Cotten und einem damals noch unbekannten Alan Ladd unter den Reportern); Susan Alexanders Nachtclub war ein altes Western-Set; und ihr Selbstmordversuch fand überhaupt nicht in einem richtigen Set statt, sondern inmitten ein paar zusammengestellter Kulissen.

Sie sollten sich aber einmal das Hearst Castle ansehen, jenen architektonischen Mischmasch, auf dem von der Idee her Kanes „Xanadu" basierte. Das Gebäude wurde nie fertig gestellt, und es wird auch niemals dazu kommen. Hinter der beeindruckenden Fassade mit ihrem ausgefeilten Dekor wird schnell das Betonskelett des Baus sichtbar – so wie bei einer richtigen Filmkulisse. Hearst Castle liegt am Coastal Highway 1 an der zentralkalifornischen Küste nahe San Simeon, etwa auf halber Strecke zwischen Los Angeles und San Francisco. Es ist in Staatseigentum übergegangen und trägt heute den Namen Hearst State Historical Monument. Für Besucher werden täglich vier Führungen angeboten, ausgenommen an Thanksgiving, Weihnachten und Neujahr. Für Details siehe die Website *www.sansimeonsbest.com/hearst_castle*.

Die Bilder von Xanadu in der Scheindokumentation zu Beginn des Films waren Ansichten des **Oheka Castle, 135 West Gate Drive, Huntington**, auf Long Island, New York. Dieses Privathaus *(Website: www.oheka-castle.com)* wurde 1919 für den Tycoon Otto Hermann Kahn gebaut (daher der Name des Hauses), der auch die verschwenderische Villa in Manhattan in Auftrag gab, die in *Der Anderson-Clan* zu sehen war. Derzeit ist geplant, das Gebäude in eine luxuriöse Gesundheitsfarm umzubauen.

Das Grundstück rund um Xanadu wurde in Busch Gardens, Pasadena, gefilmt, einem Anwesen, das die Brauerfamilie Busch baute. Die weitläufigen Gärten existieren schon seit langer Zeit nicht mehr, Teile der Anlage sind aber in den Gärten von einigen der prachtvollen Häuser in dem Gebiet rund um den **Arroyo Boulevard** zwischen Bellefontaine Street und Madeline Drive noch zu erkennen.

CITY SLICKERS – DIE GROSSSTADT-HELDEN

(1991, R: Ron Underwood)
Billy Crystal, Daniel Stern, Jack Palance
• **NEW YORK CITY; NEW MEXICO; COLORADO**

Crystal fährt zur Arbeit: East River Tram, East Side

In New York nimmt Crystal die **East River Tram, Second Avenue** zwischen East 59th Street und East 60th Street Richtung Roosevelt Island. Die Westernszenen wurden im Norden von New Mexico gefilmt, außerdem auf der **Steward's Ranch** bei Lightner Creek nahe Durango an der Route 160 im Südwesten von Colorado.

CLAIRES KNIE

(1971, R: Eric Rohmer)
Jean-Claude Brialy, Aurora Cornu, Béatrice Romand
• **HAUTE-SAVOIE, FRANKREICH**

Verfilmung einer weiteren von Rohmers moralischen Geschichten über die Jungen der Mittelklasse, gefilmt in der französischen Region der Haute-Savoie am **See von Annecy**, knapp 100 Kilometer östlich von Lyon am Fuß der Alpen.

CLERKS – DIE LADENHÜTER

(1994, R: Kevin Smith)
Brian O'Halloran, Jeff Anderson, Marilyn Ghigliotti
• **NEW JERSEY**

Kevin Smiths Independent-Produktion mit Minimalbudget, die per Kreditkarte finanziert und in dem Geschäft gefilmt wurde, in dem der Regisseur gearbeitet hat – **Quick Stop Groceries, 58 Leonard Avenue, Leonardo**, am westlichsten Zipfel von New Jersey. Die Videothek ist **RST Video** ein Haus weiter in Nummer 60. Beim Beerdigungsinstitut handelt es sich um **Postens Funeral Home, 59 East Lincoln Avenue, Atlantic Highlands**.

CLIFFHANGER

(1993, R: Renny Harlin)
Sylvester Stallone, John Lithgow, Michael Rooker
• **ITALY**

Höhenangst-Thriller, in dem Sly angeblich in den Colorado Rockies herumhängt. Jahrzehntelang mussten die Rockies und Sierras für alle möglichen Gebirgsketten der Welt von den Alpen bis zum Himalaya herhalten, aber diesmal werden sie selbst von ihren europäischen Verwandten gedoubelt. Da die Umweltlobby Gefahren für die Rockies fürchtete, wurden die meisten Szenen für *Cliffhanger* in den italienischen Dolomiten bei **Cortina d'Ampezzo** auf dem **Falzargo** gefilmt. Die mit dem Film verbundenen Studioarbeiten bedeuteten einen letzten großen Einsatz der im Zerfall begriffenen Cinecittà Studios in Rom. Die Flugzeugentführung wurde dagegen über den Rockies in über 4000 Metern Höhe gefilmt, als eine US Treasury DC9 von einer Lockheed JetStar „gekidnappt" wurde.

CLOCKERS

(1995, R: Spike Lee)
Harvey Keitel, Mekhi Phifer, Delroy Lindo
• **NEW YORK CITY**

Richard Price' Roman über 24-Stunden-Drogendealer – die titelgebenden „Clockers" – war in New Jersey angesiedelt und sollte von Martin Scorsese verfilmt werden. Scorsese machte aber einen Rückzieher und wurde Produzent des Films, während Spike Lee den Regiestuhl übernahm. Damit verlagerte sich der Drehort logischerweise von Manhattan nach Brooklyn. Gefilmt wurde in den **Gowanus Housing Projects** zwischen Wyckoff Street und Baltic Street, Hoyt Street und Bond Street in der Brooklyner Region Boerum Hill. Der kleine Park, in dem sich die Clockers die Zeit vertreiben und Delroy Lindo seinem Geschäft nachgeht, liegt an der Südseite der **Wyckoff Street** zwischen Hoyt Street und Bond Street. Strikes Apartment,

Rodneys Lebensmittelgeschäft und die Kirche, in der Victor sich ergibt, finden sich alle in der unmittelbaren Umgebung. Suchen Sie aber nicht nach Mobys Restaurant, in dem sich der Mord ereignet, und auch nicht nach der Kool Breeze Bar auf der gegenüberliegenden Seite. Zusammen mit der Polizeiwache wurden hier für den Film lediglich leer stehende Gebäude dekoriert.

DER CLOU

(1973, R: George Roy Hill)
Paul Newman, Robert Redford, Robert Shaw
• CHICAGO; LOS ANGELES

Das Chicagoer Karussell: Santa Monica Pier, Santa Monica

Dieser überwältigend erfolgreiche Gaunerfilm spielt im Chicago der dreißiger Jahre, doch ein Großteil der zeitgenössischen Motive fand sich in L.A. Genau genommen entstanden sehr viele Szenen bei Universal in Hollywood auf der vielseitig einsetzbaren „Main Street" auf dem Studiogelände. Paul Newmans Karussel ist noch immer in Betrieb und steht am **Santa Monica Pier** am Ende der Colorado Avenue, Santa Monica. Mit ein paar Tricks wurde aus der Pier selbst die Chicagoer Hochbahn. Die Hochbahn an sich, die im Film zu sehen ist, findet sich auf dem Universal-Gelände, wo man sie für Norman Jewisons zeitgenössische Komödie *Gaily Gaily* gebaut hatte. Mehrere echte Bars dienten als Kulisse: Das feudale New Yorker Spielcasino ist eine Lounge in den **Castle Green Apartments, 99 South Raymond Avenue, Pasadena**. Das altehrwürdige L.A.-Hotel Castle Green wurde zwangsverpflichtet, als das Budget für den Bau der Kulissen knapp wurde. Es hielt auch her für die Korridore des Hotels in Chicago. Das bizarre maurische Äußere des Blocks können Sie in *Bugsy* sehen. Die Bank ist die mit italienischem Marmor ausgekleidete Lobby der aus dem Jahr 1912 stammenden, sieben Stockwerke hohen **Commercial and Savings Bank, Pasadena**. In der Nähe befindet sich der Chicago Alleyway. Das Versteck des FBI ist die alte **Koppel Plant**, ein Lagerhaus für Getreidelieferungen im Hafenbezirk von San Pedro. Das burleske Theater ist die alte Kulisse von *Phantom der Oper* in den Universal Studios in Hollywood.

Die Bahnhöfe Joliet, Chicago und New York befinden sich allesamt in Chicago. Zwei der Bahnhöfe waren stillgelegt und zu Büros umgewandelt worden, was bedeutete, dass neu gebaute Abschnitte entfernt und die alten Fahrkartenschalter wiederhergestellt werden mussten. Die Bahnhöfe sind **Union Station** (noch in Betrieb), **La Salle Street Station** (noch in Betrieb, aber das historische Äußere existiert nicht mehr); **Penn Central Freight Yards** und **Illinois Central Station**.

Die schwache Fortsetzung *Zwei ausgekochte Gauner* (1983) entstand unter anderem auf dem **Santa Cruz Boardwalk, 400 Beach Street, Santa Cruz**, an der Küste südlich von San Francisco (Details siehe *The Lost Boys*).

DER CLUB DER TOTEN DICHTER

(1989, R: Peter Weir)
Robin Williams, Robert Sean Leonard, Ethan Hawke
• DELAWARE

Delawares bislang einziger Anspruch auf Filmruhm ist dieses gut umgesetzte, wenn auch absehbare Rührstück aus dem Genre „inspirierender Lehrer, der mich geformt hat". Die Welton Academy ist die **St. Andrew's School, Noxontown Pond Road, Middletown**, eine Privatschule umgeben von 800 Hektar Farmland rund drei Kilometer vom Noxontown Pond entfernt, gelegen zwischen Wilmington und Dover im Norden von Delaware.

Das Theater, in dem Robert Sean Leonard den Part des Puck (aufgewertet zur „Hauptrolle") in *Ein Sommernachtstraum* spielt, ist das historische **Everett Theatre** von St. Andrew's, das speziell für den Film renoviert wurde. Die Stadt ist **New Castle**, gut zehn Kilometer von Wilmington auf der Route 9 entfernt. Das Haus von Leonards Vater befindet sich im gehobenen Stadtteil Westover Hills. Die Höhle, in der sich der Club trifft, ist **Wolf Cave**, ein historisches Wahrzeichen, dessen Innenleben allerdings in einem Lagerhaus in New Castle nachgebaut wurde.

CLUELESS – WAS SONST?

(1995, R: Amy Heckerling)
Alicia Silverstone, Stacey Dash, Brittany Murphy
• LOS ANGELES

Treffsicheres Update von Jane Austens *Emma* (und näher am Geist des Originals als die ein Jahr später folgende historische Version), angesiedelt in Beverly Hills. Alicia Silverstones Schule ist das **Occidental College, 1600 Campus Road** in Eagle Rock, das Sie vielleicht auch als die California University aus der TV-Serie *Beverly Hills 90210* kennen. Einkaufen geht sie natürlich auf dem Rodeo Drive – die Treppen und der Brunnen sind **Rodeo II**, gegenüber dem Wilshire Beverly Hotel. Die Shopping Mall ist der **West Side Pavilion, 10800 Pico Boulevard**, und die Skateboardszene entstand auf dem Parkplatz von **Shoreline Village, 407 Shoreline Village Drive**, Long Beach. Das bizarre Hexenhäuschen, an dem Silverstone in Beverly Hills entlanggeht, ist das **Spadena House, 515 Walden Drive**, ursprünglich eine Filmkulisse. Für Details siehe Roger Cormans *The Undead*.

COCKTAIL

(1988, R: Roger Donaldson)
Tom Cruise, Bryan Brown, Elisabeth Shue
• NEW YORK CITY; ONTARIO; JAMAIKA

Cruise lernt den Wert wahrer Liebe genauso wie das Jonglieren von Flaschen. Diese absehbare Hochglanzseifenblase wurde vor allem in und um New York gefilmt. Die Bar an der East Side, in der Cruise und Brown ihren Synchronauftritt proben, war das TGI Friday's (es ist inzwi-

Cruise und Brown jonglieren mit Flaschen: TGI Friday, First Avenue

Und wieder hält Toronto für New York her: Beardmore Building

Früher Soupy's Tavern, heute Stoopy's Tavern, Dundas East, Toronto

schen geschlossen worden), das sich an der **1152 First Avenue**/ Ecke 63rd Street befand (die Innenaufnahmen entstanden in einem Nachbau der Bar in einem kanadischen Studio). Cruise' Erfolg führt ihn nach Jamaika, wo die Szenen in der Strandbar bei **Port Antonio** inszeniert wurden. Einen Großteil der Dreharbeiten erledigte man in Toronto: in **Soupy's Tavern** (heute **Stoopy's**), **376 Dundas East, Lee's Palace, 529 Bloor West**, im **Old Don Jail, Knox College** an der University of Toronto, **Casa Loma, Canada Life Building**, im **Beardmore Building** und auf dem **St. John's Norway Cemetery**.

COCKTAIL FÜR EINE LEICHE

(1948, R: Alfred Hitchcock)
John Dall, Farley Granger, James Stewart
• LOS ANGELES

Hitchcocks erste Produktion, die nicht unter den Fittichen des alles kontrollierenden David O. Selznick entstand, war ein Experiment eines Films, der in einem Take gedreht wurde. Zwar gibt es keine echten Schnitte, aber da eine Filmrolle maximal zwanzig Minuten Filmmaterial fasst, mussten für den Austausch immer wieder schwarze Überblendungen eingeschoben werden. Für die Kulisse des Penthouses, von dem aus man 50 Kilometer New Yorker Skyline überblickt, waren 8000 Glühbirnen, 200 Neonschilder und sogar winzige rauchende Kamine erforderlich, um die technische Anforderung zu erfüllen, dass es vor laufender Kamera Nacht wurde. Der Filmdreh erfolgte komplett im Warner Brothers Studio in Burbank.

COCOON

(1985, R: Ron Howard)
Don Ameche, Wilford Brimley, Hume Cronyn
• FLORIDA; BAHAMAS; KALIFORNIEN

Unterhaltsamer Wohlfühl-SF-Film, in dem der Außerirdische Dennehy und seine Kumpels unbeabsichtigt eine Gruppe Senioren verjüngen. Gefilmt wurde im „Seniorenzentrum" St. Petersburg an der Westküste von Florida. Das Zuhause der Senioren ist das **Sunny Shores Rest**

Home, 125 56th Avenue South, während der „magische" Pool Teil eines Anwesens in der **Park Street**, St. Petersburg, ist, wo das Poolhaus speziell für den Film gebaut wurde. Die Szenen auf der „Manta III"entstanden vor der Küste von **Tierra Verde** in der **Boca Ciega Bay** und in **Nassau** auf den Bahamas. Der Ballsaal ist der **Coliseum Ballroom, 535 Fourth Avenue North**, Downtown St. Petersburg (*Tel. 813 892 5202*). Wilford Brimley wird abgewiesen, als er im **St. Petersburg Municipal Building** seinen Führerschein machen will.
Die lahme, nur auf einen schnellen Dollar ausgerichtete Fortsetzung *Cocoon II – Die Rückkehr* wanderte von St. Petersburg nach Miami, während weitere Szenen in San Francisco entstanden. Die Bungalows der älteren Herrschaften sind die Sunrise Court Apartments, Miami. Jack Gilford und Elaine Stritch gehen zusammen aus in den **Desiree Supper Club, 9674 Coral Way** (*Tel. 305 559 0969*) in Miami, außerdem wurde im **Miami Seaquarium** gefilmt, **4400 Rickenbacker Causeway**, Virginia Key (*Tel. 305 361 5705*).

CODENAME: NINA

(1993, R: John Badham)
Bridget Fonda, Gabriel Byrne, Anne Bancroft
• KALIFORNIEN; LOUISIANA; WASHINGTON D.C.

Ein weiteres US-Remake, das praktisch Einstellung für Einstellung das Original, den Arthaus-Erfolg *Nikita*, kopiert. Bridget Fonda übernimmt hier den Part der Kriminellen, die eine Amnestie und eine neue Identität zugesichert bekommt, wenn sie als Killerin im Regierungsdienst aktiv wird. Während man im Original Paris und Venedig sieht, präsentiert das Remake den kalifornischen **Venice Beach** und **New Orleans** während des Mardi Gras. Der einleitende Überfall, Fondas Ausbildung und der erste Auftrag wurden in **Washington D.C.** gefilmt. Nach ihrer Entlassung sucht sie sich ein Apartment am Venice Beach in L.A. (in dieser Version lässt sie sich mit einem Fotografen in der Warteschlange ein – so viel zu den klassenlosen USA). Der nächste Auftrag der Killerin, nämlich das Abliefern einer Bombe, spielt sich im **J.W. Marriott Hotel, 2152 Avenue of the Stars** (*Tel. 310 277 2777*) in Century City ab – einst ein Teil des alten Fox-Geländes. Die idyllische Reise nach Venedig im französischen Original wird hier durch einen Trip zum Mardi Gras nach New Orleans ersetzt, bei dem wie üblich die Menschenmengen auf der **Bourbon Street** im French Quarter fotogen ins Bild gerückt werden.

COMEDIAN HARMONISTS

(1997, R: Joseph Vilsmaier)
Ulrich Noethen, Ben Becker, Heino Ferch
• DEUTSCHLAND; ÖSTERREICH; TSCHECHISCHE REPUBLIK; NEW YORK

Die titelgebende sechsköpfige Vokalgruppe ist im Begriff, die Welt zu erobern, als der immer stärker werdende Nationalsozialismus drei von ihnen zwingt, aus Deutschland zu fliehen. Unter Zuhilfenahme restaurierter Aufnahmen der echten Comedian Harmonists spielt Joseph Vilsmaiers Film vorwiegend in **Berlin**, aber es kamen auch Motive in **Wien und Prag** zum Einsatz. Der

Pool, an dem Ulrich Noethen von Antisemiten bedroht wird, ist in Bad Fischau, Österreich.

Bei der Reise nach New York ist der echte **Central Park** zu sehen, wobei die Kameraeinstellungen sorgfältig gewählt werden mussten, um keine modernen Wolkenkratzer ins Bild zu bekommen. Um das Bild der Stadt in den dreißiger Jahren zu erzeugen, wurde auf der anderen Seite des East River in **Brooklyn** gefilmt. So kommt es dann auch, dass das Algonquin Hotel in der West 44th Street und damit mitten in Manhattan am Fuß der Manhattan Bridge zu liegen scheint. Die Szenen an Bord der *Saratoga* in New York gehörten zu den kunstvoll ausgeführten Effekte-Aufnahmen, da die Kulisse des Flugzeugträgers digital um die Skyline von Manhattan ergänzt worden war.

THE COMMITMENTS

(1991, R: Alan Parker)
Robert Arkins, Andrew Strong, Michael Aherne
• **IRLAND**

Ungeschminkte Verfilmung von Roddy Doyles Roman

Keyboardplayer adé: Bray Head Hotel, Bray

Die Band löst sich im Gallagher's auf: Sir John Rogerson's Quay

über eine Dubliner Soulband. Angesiedelt im fiktiven Barrytown, das auf Kilbarrack basiert, einer Arbeiterklasse-Siedlung in der Dubliner Northside, und gefilmt an nicht weniger als 44 Motiven, die die gesichtslose Northside mit dem älteren und charaktervollen Stadtzentrum kombinieren. Die Eröffnungsszene, in der Jimmy versucht, Cassetten abzuladen, wurde in der **Sherriff Street**, Dublin, gefilmt. Jimmys Zuhause ist in Darndale. Das Haus von Joeys Mutter liegt in der **Pembroke Road** in Ballsbridge. Das Konzert, bei dem Jimmy beschließt, den Keyboarder loszuwerden, findet im **Bray Head Hotel** in **Bray** an der Küste südlich von Dublin statt. Die Kirche, in der „A Whiter Shade of Pale" auf der Orgel gespielt wird, ist die **St. Francis Xavier's, Gardiner Street**. Der Probenraum der Commitments befindet sich über einem Billardsalon in der **Lower Camden Street**. Die Halle, in der die Band auftritt, ist die **Guide Hall** in der **Synge Street**. Die Bar Gallagher's, in der die Band schließlich auseinander bricht, als sie während eines Auftritts auf Wilson Pickett wartet, ist die **Waterside Rock Bar** am **Sir John Rogerson's Quay**. Auf diesem Kai entdeckt Jimmy letztlich Picketts Limousine.

CON AIR

(1997, R: Simon West)
Nicolas Cage, John Malkovich, John Cusack

• **LAS VEGAS, NEVADA; UTAH; LOS ANGELES**

Und wieder ein Hochgeschwindigkeitsthriller mit einer erstklassigen Besetzung aus dem Stall von Jerry Bruckheimer, in dem ein ganzes Rudel Schwerverbrecher ein Flugzeug kapert. An Bord gehen sie scheinbar am Oakland Airport auf der anderen Seite der Bucht von San Francisco, tatsächlich befinden sie sich aber in **Salt Lake City** in Utah. Entsprechend bedient sich die Wüstenladung in Carson City, Nevada, bei der der Serienkiller Steve Buscemi mit an Bord kommt, des Flughafens von **Ogden**, Utah. Die Landung im Death Valley findet bei **Wendover** auf den gesichtslosen Salzebenen an der Grenze zwischen Utah und Nevada statt.

Das Flugzeug wird schließlich auf dem Strip in Las Vegas vom Himmel geholt, und wie in *Mars Attacks!* erfasst auch hier die Kamera die letzten Augenblicke im Leben eines Wahrzeichens von Vegas, um sie in ein fiktives Szenario einzubeziehen. Diesmal ist es der Abriss des altehrwürdigen Sands Hotels, das scheinbar demoliert wird, als die Maschine in die Lobby rast. Um die Illusion noch perfekter zu machen, wurden rund 75 Meter des Vegas Strips nachgebaut, wobei die Tragfläche des Flugzeugs scheinbar die Neongitarre des Hard Rock Café berührt. Der Straßentunnel ist der **Second Street Tunnel** in L.A., zwischen Hill Street und Figueroa Street, Downtown. Gefilmt wurde außerdem rund um **Moab**, Utah, bei **Determination Towers** in **Mill Canyon**.

CONAN – DER BARBAR

(1981, R: John Milius)
Arnold Schwarzenegger, Sandahl Bergman, James Earl Jones
• **SPANIEN**

Der grimmige und ausladende Film von „Zen-Faschist" Milius über den Pulp-Charakter wurde in Spanien gedreht – im eisigen **Segovia** und in der glutheißen Wüste von **Almeria**. Die etwas unterhaltsamere Fortsetzung, *Conan der Zerstörer*, entstand in Mexiko in **Samalayuca**, 80 Kilometer südlich von El Paso an der Route 45, und bei **Juarez**.

CONTACT

(1997, R: Robert Zemeckis)
Jodie Foster, Matthew McConnaughey, Tom Skerritt
• **ARIZONA; WASHINGTON D.C.; NEW MEXICO; PUERTO RICO; VIRGINIA; FIDSCHI**

Die rationale Wissenschaftlerin Foster empfängt in dieser schlussendlich enttäuschenden Verfilmung des Romans von Carl Sagan Signale, die anscheinend außerirdischen Ursprungs sind.

An diesem Film ist so sehr mit Effekten gearbeitet worden – und das nicht nur bei den SF-Elementen –, dass das Identifizieren der Drehorte gar nicht so einfach ist. Das Zuhause der jungen Foster ist in **Herndon**, Virginia, allerdings entstanden die Innenaufnahmen auf einer Bühne in L.A. Das riesige Radioteleskop ist das **Arecibo Observatory** in Puerto Rico, das auch in der Eröffnungszene von *James Bond 007 – Goldeneye* zu sehen ist. Es war allerdings nicht ganz so strahlend sauber, wie es im Film den Anschein hat, und musste anschließend per Computer ein wenig aufpoliert werden. Betrieben wird es von der Cornell University, und es wartet mit einem Besucherzentrum auf, das von Mittwoch bis Freitag von 10 bis 16 Uhr, sowie samstags, sonntags und an Feiertagen von 9 bis 16 Uhr geöffnet ist. Besuchen Sie die Website unter www.naic.edu. Die Ansammlung von Teleskopen trägt den so phantasievollen Namen **Very Large Array** und umfasst aus 27 Schüsseln, die an drei jeweils 20 Kilometer langen Armen der San Augustin Plains in **Socorro**, New Mexico, stehen. Das Besucherzentrum liegt an der Route 52: eine Wanderroute, die zu den Teleskopen führt. Die Website finden Sie unter www.aoc.nrao. edu/AOC. Suchen Sie aber nicht nach dem nahe gelegenen Cañon, um sich an dessen Rand zu setzen und über das Universum nachzudenken. Auch wenn es so aussieht, ist der scheinbar benachbarte Cañon der atemberaubende **Canyon de Chelly**, eine große Spalte, die durch das Defiance Plateau nahe Chinle in Arizona verläuft. Für Details siehe *MacKenna's Gold* oder die Website www.nps.gov/cach. Die Schüsseln im Hintergrund wurden später ins Bild einkopiert.

Auf ähnliche Weise – wenn auch offensichtlicher – ist die riesige Maschine, die Jodie Foster durch ein Wurmloch ins All schicken soll, ein Werk der Effektekünstler. Das CGI-Bild wurde in Aufnahmen der echten Küste von Cape Canaveral in Florida eingefügt (für Details über die Startrampe siehe *Apollo 13*). Das verrückte UFO-Lager war ebenfalls weit weg von den Teleskopen, diesmal in **Victorville**, einem typischen Hollywood-Wüstenmotiv in der Mojave-Wüste, Kalifornien. Ebenfalls in Kalifornien liegt der Flughafen, wo Foster in John Hurts Privatmaschine einsteigt. Gedreht wurde auf dem **Van Nuys Airport, Burbank**, einem weiteren Lieblingsmotiv, dessen Geschichte noch in die Zeit vor *Casablanca* zurückreicht. Schauplatz in Washington D.C. war auch das **Hotel Washington, 15th Street**/Ecke Pennsylvania Avenue NW *(U-Bahnstation: Metro Center) (Tel. 202 638 5900)*, wo die Party stattfand. Von der **Sky Terrace** des Hotels aus hat man einen wunderbaren Blick auf das Weiße Haus und die Mall. Das Finale wurde entgegen dem Anschein nicht am Capitol gefilmt, sondern auf den Stufen des leichter verfügbaren **Treasury Building, Pennsylvania Avenue NW**/Ecke 15th Street. Damit ist auch das Spiegelbild der Kuppel des Capitols im Wagenfenster ein Effekt aus dem Computer, um die Illusion vollkommen wirken zu lassen.

COOGANS GROSSER BLUFF

(1968, R: Don Siegel)
Clint Eastwood, Lee J Cobb, Don Stroud
• **NEW YORK CITY; KALIFORNIEN**

Ein Westernsheriff „reitet" zum Big Apple und zeigt den Jungs aus der Stadt mal, wo es langgeht. Es ist mal wieder die Story vom alten Einzelgänger gegen das System, die Siegel bereits in *Nur noch 72 Stunden* mit Richard Widmark angegangen war und der er sich mit Eastwood in *Dirty Harry* abermals zuwandte. Nach Möglichkeit mied Siegel Studios und filmte lieber an echten Motiven. Die Eröffnungsszene (Arizona), wurde in der Mojave-Wüste in der Nähe von Mojave, Kalifornien, gefilmt.

Von hier aus geht es nach New York City. Clint trifft per Helikopter auf dem Hubschrauberlandeplatz des **Pan Am Building** (von wo er zum Ende des Films auch wieder abreist) ein, das die Grand Central Station an der **200 Park Avenue** erdrückt. Sie werden allerdings einen solchen Auftritt nicht nachmachen können, da der wegen seines Lärms ohnehin unbeliebte Landeplatz 1977 nach einem tödlichen Unfall geschlossen wurde, bei dem offenbar der Regisseur des berüchtigten, wenn auch getürkten Films *Big Snuff*, Michael Findlay, geköpft wurde.

Die Polizeiwache ist der **23. Bezirk** von New York. Die unheimliche, homophobische Szene in der Pigeon Toed Orange Peel Disco wurde im Studio gefilmt. Es handelt sich um das alte Opernhaus-Set von Universal, das 1925 für Lon Chaneys *Phantom of the Opera* gebaut worden war. Coogans und Julies Liebesszene filmte man im **Fort Tryon Park** nördlich von Washington Heights. Die abschließende Verfolgungsjagd per Motorrad wurde rund um The Cloisters gefilmt, eine Ansammlung architektonischer Teile von Klöstern aus Südfrankreich und Spanien im Fort Tryon Park, **West 193rd Street**/Ecke Fort Washington Avenue Richtung Inwood.

COP LAND

(1997, R: James Mangold)
Sylvester Stallone, Robert De Niro, Ray Liotta
• **NEW JERSEY**

Die Geschichte spielt in der fiktiven Stadt Garrison, New Jersey, gleich auf der anderen Seite der George Washington Bridge, wo man von Manhattan kommt. Gedreht wurde in **Edgewater**, New Jersey. Das Büro des Sheriffs ist in Wahrheit das Gebäude der Wasser- und Elektrizitätsversorgungswerke von Edgewater. Die Schießerei spielt sich auf der **George Washington Bridge** ab.

COTTON CLUB

(1984, R: Francis Coppola)
Richard Gere, Gregory Hines, Diane Lane
• **NEW YORK CITY**

Die potenziell faszinierende Geschichte des legendären Harlemer Nachtclubs, in dem in den zwanziger Jahren ein rein weißes Publikum zusammenkam, um schwarze Künstler bei ihren

Diane Lanes Luxusapartment: Apthorp Apartments, Broadway

Auftritten zu erleben, litt unter einer entsetzlich problematischen Produktion. Produzent Robert Evans, der Regie hätte führen sollen, wurde von Drehbuch-Doktor Coppola ersetzt. Al Pacino und Sylvester Stallone waren für die Rolle vorgesehen, die schließlich an Richard Gere ging. Richard Pryor wurde durch Gregory Hines ersetzt. Roy Radin, ein Varieteeproduzent, bot an, die Finanzierung des Films durch Kontakte nach Puerto Rico aufzubessern, wurde aber wenig später in einem Cañon nördlich von L.A. erschossen aufgefunden.

Designer Richard Sylbert konnte den Cotton Club in den **Kaufmann-Astoria Studios, 34-12 36th Street** in Queens, originalgetreu nachbauen. Die original Speisekarten wurden kopiert, man verwendete Blumen, die zu der Zeit beliebt waren, und die künstlerische Leitung des Films wurde völlig zu Recht für einen Oscar nominiert. Außendrehs fanden in Manhattan statt. Die recht düstere Party, zu der Gere von Dutch Schultz eingeladen wird und wo der rivalisierende Gangster Flynn niedergestochen wird, wurde im **Plaza Hotel, Fifth Avenue**/Ecke 59th Street, gefilmt. Der großartige Wohnblock, in dem Diane Lane von Schultz mit allem erdenklichen Luxus umgarnt wird, ist das **Apthorp Apartments, 2211 Broadway** zwischen West 78th Street und West 79th Street.

Die Kirche, in der Gregory Hines Lonette McKee einen Heiratsantrag macht, ist der Ballsaal der **Prospect Hall** in Brooklyn. Ein anderer Teil der Halle wird für den Hoofers' Club genutzt sowie für die Szene in der Bar, in der Hines Laurence Fishburne mitteilt, dass er Mike tot sehen möchte. Der Vergeltungsschlag mit Maschinengewehren durch Cages Männer auf Julian Beck, der gehörig danebengeht, als Kinder ins Schussfeld geraten, wurde auf der **West 131st Street** in Harlem gefilmt.

Das kunstvolle theatralische Finale setzte man im Bahnhof **Grand Central**, 89 East 42nd Street, in Szene.

CRASH
(1997, R: David Cronenberg)
James Spader, Deborah Kara Unger, Holly Hunter
• **ONTARIO, CANADA**

Cronenbergs umstrittener Film nach J.G. Ballards Roman über Menschen, die der Anblick von Unfallautos sexuell erregt, wurde auf dem Highway in **North York** nördlich von Toronto gefilmt.

CRAZIES
(1973, R: George A. Romero)
Lane Carroll, W.G. McMillan, Harold Wayne Jones
• **PENNSYLVANIA**

Chemische Waffen gelangen versehentlich in die Wasserversorgung einer Stadt. Raten Sie mal, was passiert. Dieser Romero-Schocker wurde in **Evans City** gefilmt (Schauplatz für *Die Nacht der lebenden Toten* vom selben Regisseur), nördlich von Pittsburgh; außerdem im nahe gelegenen **Zelienople**, abseits von Route 79.

CROCODILE DUNDEE – EIN KROKODIL ZUM KÜSSEN
(1986, R: Peter Faimar)
Paul Hogan, Linda Koslowski, John Meillon
• **QUEENSLAND, AUSTRALIEN; NORTHERN TERRITORY, AUSTRALIEN; NEW YORK CITY**

Ein Australier kommt in die große Stadt – mit zwerchfellerschütternden Folgen! Das ist auch schon die ganze Geschichte in diesem unerklärlich erfolgreichen Langeweiler. Die Stadt Walkabout Creek ist **McKinlay** in Queensland. Dem Federal Hotel wurde eine neue Fassade verpasst, um daraus die Walkabout Creek Bar zu machen. Es ist danach umbenannt worden in **Walkabout Creek Hotel** und konnte beim anschließenden Verkauf einen doppelt so hohen Preis wie zuvor erzielen. Die Szenen im Outback wurden im Kakadu National Park gefilmt, Northern Territory, und an den **UDP Falls**.

Mick Dundees Hotel: Plaza Hotel

Alles ist sehr wild und hübsch, bis einem klar wird, dass UDP die Abkürzung für Uranium Development Project ist. Der Kakadu National Park beginnt 150 Kilometer östlich von Darwin und erstreckt sich auf einer Länge von 100 Kilometern bis zur Westgrenze von Arnhem Land – ein Gebiet, das ausschließlich den Aboriginals vorbehalten ist. Um dorthin zu gelangen, fahren Sie 35 Kilometer von Darwin in südlicher Richtung nach Humty Doo, dann biegen Sie nach Osten ab auf den Arnhem Highway, der durch den Park verläuft, bis Sie

Die Kampfszene: Cortlandt Alley

das Hauptquartier des Parks in Jabiru erreicht haben. Das New Yorker Hotel, in dem Hogan absteigt, ist natürlich das allgegenwärtige **Plaza Hotel, Fifth Avenue**/Ecke 59th Street. Die Inneneinrichtung wurde im Studio nachgebaut – in den Badezimmern des Plaza gibt es eigentlich keine Bidets, aber der Gag ist so zum Brüllen, wen interessiert das dann schon? Hogan verscheucht mit seinem riesigen Messer Angreifer auf dem Platz vor dem **Municipal Building** an der Ostseite der Centre Street/Ecke Chambers Street. Die Gasse, in der er in einen Kampf verwickelt wird, ist die häufig gezeigte **Cortlandt Alley**, die zwischen Canal Street und Franklin Street neben dem Broadway in Lower Manhattan verläuft.

Die Bar, in der Dundee – zum Schreien komisch – mit einem Mann verkuppelt wird, der Frauenkleider trägt, ist **Vazac's**, genannt das Seven und B, **108 Avenue B** an der Ecke zum Tomkins Square in East Village (neben vielen anderen Filmen auch in *Der Pate Teil II* zu sehen).

Das Happy End in der U-Bahn ist die Station **Columbus Circle** an der südwestlichen Ecke des Central Park – geographisch unsinnig, da die nächste U-Bahnhaltestelle Plaza ist. Aber so werden einige schöne Bilder des Central Park möglich.

Die gleichermaßen „zum Brüllen komische" Fortsetzung kehrte die Formel um, begann also in New York City und begab sich dann nach Down Under.

THE CROW – DIE KRÄHE
(1994, R: Alex Proyas)
Brandon Lee, Ernie Hudson, Michael Wincott
• **NORTH CAROLINA**

Finsterer Thriller, berüchtigt für den Unfall auf dem Set, bei dem Brandon Lee getötet wurde. Der Schauplatz Detroit wurde fast komplett auf dem Gelände des De Laurentiis Studios, **Wilmington**, North Carolina, nachgebaut. Für einige Innenaufnahmen fanden sich Motive in Wilmington selbst, der Stadt, die in David Lynchs *Blue Velvet* den Namen Lumbertown trug.

CRUISING

(1980, R: William Friedkin)
Al Pacino, Karen Allen, Paul Sorvino
• **NEW YORK CITY**

Pacino begibt sich undercover auf die Suche nach einem Mörder, der in der New Yorker Sadomaso-Szene der Schwulen sein Unwesen treibt. Gefilmt wurde vor Ort in New York, obwohl Schwulenaktivistengruppen lautstark protestierten, nachdem sie von dem Projekt Wind bekommen hatten.

Friedkin gelang es, in echten Schwulenbars zu filmen, von denen viele heute noch existieren, darunter das **Badlands, 388 West Street**/Ecke Christopher Street in Greenwich Village. Der Sexshop ist gleich nebenan, es ist das **Underground Erotic Emporium, 390 West Street**/Ecke Dock Strip. Zu den weiteren Motiven gehörten das **Eagle's Nest, 142 Eleventh Avenue**/Ecke West 21st Street in Chelsea, und die bekannten Schwulenviertel Christopher Street und West Street im Village. Polizeiszenen wurden im **Police Plaza** im **Municipal Building** an der östlichen Seite der Centre Street/Ecke Chambers Street gefilmt.

CRY BABY

(1990, R: John Waters)
Johnny Depp, Amy Locane, Ricki Lake
• **BALTIMORE; MARYLAND**

Mainstream-Waters aus seiner Post-Divine-Zeit, dem es am Schockgehalt der früheren Filme fehlt, der aber noch immer viel Gefühl für Überzogenes aufweist und mit einer Besetzung aufwartet, zu der Joe Dallesandro, Patty Hearst, Willem Dafoe und Ex-Pornostar Traci Lords gehören. Es ist eine Mischung aus den Teenfilmen der fünfziger Jahre, die sich auf den fortwährenden Kampf zwischen den Straights und den Drapes konzentriert. Depp ist als böser Bube Cry Baby Anführer der Drapes. Natürlich spielt die Geschichte im **Milford Mill Swim Club, 3900 Milford Mill Road, Windsor Mill**. Depp endet schließlich eingesperrt im **Maryland House of Correction**.

THE CRYING GAME

(1992, R: Neil Jordan)
Stephen Rea, Jaye Davidson, Miranda Richardson
• **IRLAND; LONDON**

Jaye Davidsons Apartment: Hoxton Square

Der IRA-Mann Rea fängt eine Affäre mit der Partnerin eines britischen Soldaten an, den er hatte umbringen sollen. Die einleitenden Szenen in Irland entstanden in **Laytown** in South Armagh. Rea zieht nach London und begegnet der Friseurin Dil (Davidsons Oscar-Nominierung für den Besten Darsteller verriet die entscheidende Wendung im Plot) in Millie's

Hairdressing Salon, Spitalfields, in Wahrheit eine leer stehende Bekleidungsfabrik in der **3 Fournier Street**. Die Metro Bar, in der Davidson das Titellied singt, war der London Apprentice Pub, früher einmal eine berühmte Schwulenbar in der **333 Old Street** und heute ein ganz gewöhnlicher Pub mit dem Namen **333**. Die Außenansicht gehört dagegen zu einem leer stehenden Ladenlokal hinter dem Pub an der Ecke

Angriff auf den Richter: Eaton Place, SW1

Coronet Street/Boot Street, Hoxton, N1. Das „Metro"-Logo ist noch immer zu sehen. Das Brachland dahinter, wo Rea sich Davidsons Problem annimmt, ist seitdem bebaut worden. Der Garten, in dem er sich versteckt, um Davidson zu beobachten, befindet sich am nahe gelegenen Hoxton Square. Davidsons Apartment, in dem den Goldfisch ein trauriges Ende ereilt, befindet sich am 9 Hoxton Square.

Die irische Terroristin Miranda Richardson spioniert dem Paar im Clifton Restaurant nach, 126 Brick Lane, E1. Davidson folgt Rea zum Lowndes Arms, 37 Chesham Street, SW1, nordöstlich von Sloane Square, gegenüber dem Geschäft am 100 Eaton Place, wo die IRA ihren blutigen Anschlag auf den Richter verübt.

Die Metro Bar von außen: Coronet Street, Hoxton

CYRANO VON BERGERAC

(1990, R: Jean-Paul Rappeneau)
Gérard Depardieu, Anne Brochet, Vincent Perez
• **FRANKREICH; UNGARN**

Breit angelegte Filmversion von Edmund Rostands Drama in Versen – dem Vorläufer für alle Hollywood'schen Schmachtfetzen – mit Depardieu in Bestform als der Poet, der sich wegen seiner unmöglich großen Nase nicht traut, seine Liebe zu gestehen. Der Film entstand in verschiedenen malerischen Städten Frankreichs.

Die Stadt am Fluss, in der Cyrano zum ersten Mal seine Gefühle für Roxane offenbart, ist **Moret-sur-Loing**, rund 70 Kilometer südöstlich von Paris, nahe Fontainebleau in der Region Ile-de-France. Der Impressionist Alfred Sisley lebte hier bis zu seinem Tod im Jahr 1899 und verewigte das Dorf in vielen seiner Gemälde. Die Straßen, in denen Cyrano verrückt spielt um de Guiche nachstellt, finden sich in **Le Mans** (Heimat des 24-Stunden-Rennens), 200 Kilometer südwestlich von Paris an der Sarthe im Loire-Tal. Die gotischen Mauern und Strebepfeiler im Hintergrund gehören der mittelalterlichen **Kathedrale Saint-Julien**, der letzten Ruhestätte von König Berengera, der Witwe von Richard Löwenherz. Weitere zeitgenössische Hintergrundbilder liefern **Dijon**, die Hauptstadt von Burgund, sowie **Uzes**, knapp 25 Kilometer nördlich von Nimes in der Region Languedoc-Rousillon.

Die Abtei, in der der sterbende Cyrano endlich mit seiner Roxane vereint wird, ist die **Abtei von Fontenay**, fünf Kilometer nordöstlich der kleinen Industriestadt Montbard, nordwestlich von Dijon. Die Abtei, die 1118 von St. Bernard gegründet wurde, wurde während der Revolution zu einer Papiermühle, jedoch stellte man 1906 im Rahmen von Restaurationsarbeiten den ursprünglichen Zustand wieder her.

Die Innenaufnahme und die Balkonszene wurden in den ungarischen **Budapest Studios** gefilmt, während die Schlacht von Arras am Stadtrand von Budapest entstand.

D

D.O.A. – BEI ANKUNFT MORD

(1988, R: Rocky Morton, Annabel Jankel)
Dennis Quaid, Meg Ryan, Charlotte Rampling
• TEXAS

Hier unterrichtet Quaid:
State Capitol Building, Austin

Unterhaltsames Remake mit Quaid als vergiftetem Englischprofessor. Ich erlaube mir, das zu wiederholen: Dennis Quaid als Englischprofessor! Diesmal wurde die Geschichte in der texanischen Hauptstadt **Austin** gefilmt. Das College, an dem Quaid unterrichtet, ist das **State Capitol Building, Congress Avenue** zwischen 11th Street und 14th Street. Als ein Student aus dem Fenster springt, ersäuft Quaid seinen Kummer im **Continental Club, 1315 South Congress Avenue**, einer der vielen beliebten und überlaufenen Musikbars in Austin.

DIE DÄMONISCHEN

(1956, R: Don Siegel)
Kevin McCarthy, Dana Wynter, King Donovan
• LOS ANGELES

Flucht vor den Doppelgängern: Westshire Drive, Hollywood Hills

Trotz des aufgesetzten „guten" Endes ist Don Siegels SF-Noir ein Klassiker geblieben. Die fiktive Stadt Santa Mira basierte auf Mill Valley am Highway 1, von San Francisco kommend hinter der Golden Gate Bridge. Dort wollte der Regisseur drehen, doch was soll man sagen? Allied Artists fand heraus, dass das Gebiet rund um ihr Studio in East Hollywood in Silverlake exakt so aussah wie Mill Valley. Das Studio – heute die KCET TV Studios – gibt es noch immer auf dem **4401 Sunset Boulevard**. Ein großer Teil des Films entstand in nur 23 Tagen im Studio, dessen Eingang als Krankenhaus von Santa Mira dient. Echte Drehorte waren das nahe gelegene **Glendale, Chatsworth**, im nordwestlichen L.A. sowie die Umgebung von Los Feliz. Der Stadtplatz von Santa Mira liegt in Wahrheit in **Sierra Madre**, einer reizenden kleinen Gemeinde östlich von Pasadena. Auch wenn vieles umgebaut worden ist, können Sie noch immer den Platz an der Kreuzung **Sierra Madre Boulevard/Baldwin Avenue** erkennen.
Weitere Aufnahmen für Santa Mira entstanden bei **Beachwood Canyon** und **Belden Drive** in dem Straßengewirr östlich des Hollywood-Freeway, der im Süden des Hollywood Reservoir verläuft. Die Treppe, über die McCarthy und Wynter vor den Außerirdischen entkommen, kann man am **2744 Westshire Drive** an der Ecke **Beachwood Drive/Woodshire Drive**, besichtigen. Am Kopf der

Stadtplatz von Santa Mira: Sierra Madre

Treppe angekommen, verstecken sie sich in den **Bronson Canyon Caves** nördlich des Griffith Park.

DIE DAMBUSTERS

(1954, R: Michael Anderson)
Michael Redgrave, Richard Todd, Ursula Jeans
• LINCOLNSHIRE; LAKE DISTRICT; WALES

Michael Redgrave ist Barnes Wallis, Erfinder der Bombe, die während des Zweiten Weltkriegs deutsche Staudämme zerstörte. Die Flugplatzszenen entstanden am echten Schauplatz in Scampton (dort wurde 1990 auch *Memphis Belle* gedreht), rund acht Kilometer nördlich von Lincoln in Lincolnshire, und im Dorf Hemswell, das ein paar Kilometer weiter nördlich gelegen ist. Getestet wurde die Bombe am Gibraltar Point an der Küste von Lincolnshire nahe Skegness, während ein zweites Kamerateam die Angriffe auf diese „Dämme" bei Lake Windemere im Lake District und im Elan Valley in Powys, Wales, filmte.

EINE DAME VERSCHWINDET

(1938, R: Alfred Hitchcock)
Margaret Lockwood, Michael Redgrave, Paul Lukas
• LONDON; HAMPSHIRE

Hitchcocks in der Schweiz spielender Comedy-Thriller entstand fast völlig in den alten Gaumont-British Studios, die bis vor kurzem in Lime Grove, W12, an der U-Bahnlinie Goldhawk Road/Shepherds Bush standen. Die Eisenbahnszenen bedienten sich des British Southern Railway Boat Train und der schon lange nicht mehr existierenden Longmoor Military Railway in Hampshire, ein häufiger gezeigtes Filmmotiv. Ein Remake von 1979 mit Cybill Shepherd und Elliott Gould entstand im österreichischen **Feistritz im Rosental** auf der Strecke zwischen Klagenfurt und Rosenbach.

DANCE WITH A STRANGER

(1985, R: Mike Newell)
Miranda Richardson, Rupert Everett, Ian Holm
• LONDON

Schnörkellose Schilderung des Falls Ruth Ellis, der letzten Frau, die in Großbritannien als Mörderin erhängt wurde, da sie ihren Freund erschossen hatte. Studiodrehs fanden in einer stillgelegten Fabrik für Flugzeugteile im Norden von London statt.

Da die Geschichte in den fünfziger Jahren spielt, wählte man bei den Außenaufnahmen fast nur Nahaufnahmen, um nicht zu umfangreiche zeitgenössische Umgestaltungen vornehmen zu müssen. Gedreht wurde am **Well Walk, Hampstead**, NW3, aber nicht am wirklichen Tatort.

David Blakeley wurde vor der Magdala Tavern, South Hill Park, NW3, gegenüber dem Bahnhof Hampstead Heath niedergeschossen. Den Pub gibt es noch, und Einschusslöcher in der Fassade weisen ebenso auf den Vorfall hin wie eine Gedenktafel.

DANTE'S PEAK

(1997, R: Roger Donaldson)
Pierce Brosnan, Linda Hamilton, Jeremy Foley
- **IDAHO; WASHINGTON STATE**

Einer von vielen Vulkanausbruchsfilmen, die 1997 in die Kinos kamen. Während *Volcano* L.A. hochgehen ließ, läuft in Donaldsons Film die heiße Lava über den Nordwesten des Landes. Die fiktive Stadt Dante's Peak ist **Wallace** in den Bitteroot Mountains, einem Teil der Western Rockies in Idaho. Das Innere des Kraters ist **Mount St. Helens, Washington State**.

DANTON

(1982, R: Andrzej Wajda)
Gérard Depardieu, Wojciech Pszoniak, Patrice Chereau
- **FRANKREICH**

Der altgediente polnische Regisseur Wajda verfilmte rund um Paris ein Bühnenstück von Stanislawa Przybyszewska über die Spaltung zwischen Robespierre und Danton. Die Druckerei von Camille Des Moulins (gespielt von der brillanten Opern- und Theaterregisseurin Patrice Chereau), die von Revolutionswachen geschlossen wird, befindet sich

Die Druckerei Des Moulins: Cour du Commerce St. André

am **Cour du Commerce St. André** gegenüber dem Hintereingang zum historischen Café Le Procope (eines der ältesten Cafés der Welt, zu dessen Gästen Leute wie Rousseau, Voltaire, Balzac und Benjamin Franklin ebenso gehörten wie Marat, Napoleon, Robespierre und Danton; der Eingang ist in der 13 Rue l'Ancienne Comedie). Der Prototyp einer Guillotine wurde vor 9 Cour du Commerce St. André, St. Germain-des-Pres, errichtet *(U-Bahnstation: Odeon)*.

DARK SOCIETY

(1989, R: Brian Yuzna)
Billy Warlock, Devin DeVasquez, Evan Richards
- **LOS ANGELES**

Ein phantasievolles Drehbuch von Woody Keith und Rick Fry über Oberklasse-Fieslinge, die sich im wahrsten Sinne des Wortes an den Untergebenen gütlich tun, wird von der tollpatschigen Regiearbeit des ehemaligen Produzenten

Yuzna fast völlig ruiniert, allerdings gehen einem bei den Effekten von Screaming Mad George buchstäblich die Augen über. Gefilmt wurde rund um L.A. in Villen in **Pasadena** und **Malibu**, außerdem im **Griffith Park**. Das Krankenhaus ist das **Veteran's Administration Medical Center** zwischen Lassen Street und Plummer Street in Northridge im Norden von L.A. Die Schule ist die **Birmingham High School**, die unter anderem auch Sally Field besucht hat.

DARLING

(1965, R: John Schlesinger)
Julie Christie, Dirk Bogarde, Laurence Harvey
- **LONDON; BUCKINGHAMSHIRE; SURREY; FLORENZ, ITALIEN**

Christie erhielt einen Oscar für ihre Rolle als – man soll es kaum glauben – „Prinzessin Diana", die in dieser zynischen Satire von Schlesinger in einer lieblosen Ehe gefangen ist.

Bogardes Zuhause: South End Road, Belsize Park

Christie flirtet mit TV-Produzent Bogarde (eine Rolle, die eigentlich ein US-Kolumnist hatte sein sollen und für die Montgomery Clift vorgesehen war) am Vorland der Themse bei **Strand on the Green** in Chiswick, W4. Bogardes Zuhause ist in der **South End Road**, Belsize Park, mit Blick auf Hampstead Heath, NW3.

Christie zieht sich aufs Land zurück und gelangt nach **Skindles** in Maidenhead. Sie begegnet Laurence Harvey bei dessen Haus in der **40-41 Wimpole Street**, W1, betätigt sich zusammen mit Roland Curram bei **Fortnum and Mason's** in Piccadilly als Ladendiebin und verbringt den Rest ihres Lebens unglücklich in Rom, obwohl sie sich tatsächlich in einem Palazzo in Florenz befindet.

DAS WAR DER WILDE WESTEN

(1962, R: Henry Hathaway, John Ford, George Marshall)
Carroll Baker, Henry Fonda, Gregory Peck
- **SOUTH DAKOTA; COLORADO; WEST KENTUCKY; UTAH**

Lange, ausgebreitete Geschichte des Wilden Westens, gefilmt als Cinerama-Spektakel. Das gewaltige Format bescherte Dutzende von Problemen und warf unter anderem die Frage auf, wo man in einem so breiten Bild die Mikrofone unterbringen sollte.

Fondas Heimat: Lone Pine Campground

Der Teil mit Henry Fonda – die Eisenbahn und die Büffel-Stampede unter der Regie von George Marshall – wurde im **Custer State Park** nahe Rapid City, South Dakota, gefilmt. Fondas Hütte stand dagegen in Kalifornien, unweit der **Whitney Portal Road** oberhalb von **Lone Pine**, Route 395, vor dem atemberaubenden Hintergrund des Mount Whitney und der High Sierras. Dort befindet sich heute der Lone Pine Campground, der ein paar Kilometer westlich der Stadt gelegen ist. Der Angriff der Indianer entstand in den **Alabama Hills**, jener beeindruckenden roten Felsformation oberhalb von Lone Pine (für Details siehe *Aufstand in Sidi Hakim*). Die Bürgerkriegs-Sektion unter der Regie von John Ford wurde – wie nicht anders zu erwarten – im **Monument Valley**, Utah, gefilmt.

Zu den anderen Drehorten gehörten **Paducah** an der Route 24 in West Kentucky sowie **Duck Creek Village**, 50 Kilometer östlich von Cedar City, Utah (auch Schauplatz der TV-Serie *Flicka*). Um das Epos auszufüllen, hat man sich auch ein wenig bei anderen Filmen bedient. Sie sehen Santa Anas Armee aus John Waynes *Alamo* und Schlachtszenen aus Edward Dmytryks *Das Land des Regenbaums* von 1958. Der in die Gegenwart verlegte Epilog, in dem Spencer Tracy als Sprecher die Wunder der Freeway-Systems lobt, entstammt dem Demofilm „*This Is Cinerama*".

DAS WAR ROY BEAN

(1972, R: John Huston)
Paul Newman, Anthony Perkins, Ava Gardner
● **ARIZONA**

Das echte Gerichtsgebäude/Opernhaus: Langtry, Texas

Mythenbildendes Drehbuch des ultrarechten Poseurs John Milius, das durch John Hustons ungewöhnliche Umsetzung gerettet wurde. Die wirklich existierende Stadt Langtry, in der der exzentrische Richter Bean das „Gesetz westlich des Pecos" verkörperte, ist nach Beans Besessenheit mit Sängerin Lillie Langtry benannt. Die Kombination aus Saloon, Gerichtssaal und Opernhaus ist als das Judge Roy Bean Visitor Center erhalten geblieben. Langtry liegt an der US 90, südwestlich von Texas nahe der Grenze zu Mexiko. Für den Film wurde die Stadt allerdings in der Wüste in Arizona nahe **Tucson** nachgebaut.

DAZED AND CONFUSED

(1993, R: Richard Linklater)
Jason London, Joey Lauren Adams, Milla Jovovich
● **TEXAS**

Noch mehr texanische Faulpelze von Linklater, und wieder einmal ist die Hauptstadt Austin Schauplatz, ebenso wie **Georgetown**, etwas über 30 Kilometer nördlich an der Interstate 35. Die Robert E. Lee High ist die **Bedichek Middle School, 6800 Bill Hughes Road** in Austin, und das Burger-Lokal ist das **Top Notch Restaurant, 7525 Burnet Road**. Die Party unter freiem Himmel entstand

im **West Enfield Park** am Moontower – der hoch aufragenden Beleuchtungsanlage für das örtliche Kraftwerk –, den die Jungs erklimmen wollen.

THE DEAD – DIE TOTEN

(1987, R: John Huston)
Angelica Huston, Donal McCann, Rachael Dowling
● **DUBLIN, IRLAND; KALIFORNIEN**

Regisseur John Huston war bereits schwerkrank, als er diese Geschichte von James Joyce verfilmte. Die Innenaufnahmen für seinen – wie sich herausstellen sollte – letzten Film wurden in einem Lagerhaus nördlich von L.A. in Valencia an der Interstate 5 erledigt. Bei den Außenaufnahmen ist dagegen wirklich Dublin zu sehen. Das Haus steht

Das Totenhaus: Usher's Island, Dublin

in der **15 Ushers Island**. Andere echt irische Motive sind die **Halfpenny Bridge** über die Liffey, **Temple Bar, Anglesea Street** und **Henrietta Street**.

DEAD MAN

(1996, R: Jim Jarmusch)
Johnny Depp, Gary Farmer, Lance Henriksen
● **ARIZONA; OREGON; WASHINGTON STATE**

Seltsamer Schwarzweiß-Western von Jarmusch, gefilmt in **Cococina National Forest, Sedona; Camp Verde** und **Peoria**, Arizona, **Grants Pass**, Oregon und **Neah Bay**, Washington State.

DEEP END

(1970, R: Jerzy Skolimowski)
John Moulder-Brown, Jane Asher, Diana Dors
● **LONDON; DEUTSCHLAND**

Sexuelles Erwachen bei den jungen Mitarbeitern eines Londoner Schwimmbads. Bei dem Bad handelt es sich um die **Fulham Pools, North End Road**/Ecke Fulham Broadway, SW6, aller-

Das Schwimmbad: North End Road, Fulham

dings wurden die Korridore in einem Studio in München nachgebaut. Das echte Bad ist heute geschlossen, aber das Gebäude ist immer noch gut zu erkennen.

DEIN SCHICKSAL IN MEINER HAND

(1957,
R: Alexander Mackendrick)
Tony Curtis, Burt Lancaster, Marty Milner
● **NEW YORK CITY**

Der unheimliche Journalist Curtis macht in diesem brillant zynischen Melodrama das, was Kon-

Burt Lancasters Zuhause: Brill Building, Broadway

trollfreak Lancaster von ihm verlangt. Lancasters Apartment ist **Brill Building, 1619 Broadway** zwischen 49th Street und 50th Street.

DEM HIMMEL SO NAH

(1995, R: Alfonso Arau)
Keanu Reeves, Aitana Sanchez-Gijon, Anthony Quinn
• **KALIFORNIEN**

Das Weinfest: Pasadena City Hall, Pasadena

Keanu Reeves kehrt aus dem Zweiten Weltkrieg zurück und strandet mitten im Nichts, als er die ungewollt schwangere Aitana Sanchez-Gijon vor dem Zorn ihrer Familie bewahrt, indem er sich als ihr Ehemann ausgibt. Araus schrullige Romanze ist im nordkalifornischen Wine Country angesiedelt, gefilmt wurde rund um die Weingüter des Napa Valley, einschließlich **Mayacamus Vineyards, 1155 Lokoyo Road, Napa; Mount Veeder Winery, 1999 Mount Veeder Road, Napa; Haywood Vineyards, 1000 Pratt Avenue, Saint Helena; Charles Krug Winery Redwood Cellar, 2800 Main Street (Hwy 29), Saint Helena** und **Duckhorn Vineyards, 3027 Silverado Trail, Saint Helena**. Weitere Dreharbeiten fanden in **San Pedro** statt, dem Hafen südlich von L.A. Das faszinierendste Motiv muss aber das Weinfestival gewesen sein, das tatsächlich auf dem Großen Hof der **Pasadena City Hall, 100 North Garfield Avenue**, Pasadena, im Osten von L.A., inszeniert wurde.

DEMOLITION MAN

(1993, R: Marco Brambilla)
Sylvester Stallone, Wesley Snipes, Sandra Bullock
• **KALIFORNIEN**

Sandra Bullocks futuristisches Apartment: Pacific Design Center, Melrose Avenue

San Angeles der Zukunft: Museum of Contemporary Art, Grand Avenue

In dieser unterbewerteten Satire spielt Stallone einen politisch unkorrekten Cop, der aufgetaut wird, um gegen den Psycho-Kriminellen Snipes im verbrechensfreien, politisch völlig korrekten 21. Jahrhundert in der Westküstenregion San Angeles anzutreten. Nigel Hawthorne ist der oberste Schurke, der sich für die Rolle durch seinen Part in *King George – Ein Königreich für mehr Verstand* qua-

lifizierte, den er zum ersten Mal auf der Bühne in London gespielt hatte.

San Angeles, das Metroplex aus den Städten Santa Barbara-Los Angeles-San Diego, ist eine Kombination aus allen drei Städten. Das riesige spiralförmige Gefängnis basiert auf Frank Lloyd Wrights Guggenheim Museum in New York – Produzent Joel Silver ist ein Fan dieses Architekten und lebt in einem Wright-Haus in L.A. Das Poster in Bullocks Büro ist das von *Brennpunkt L.A. – Die Profis sind zurück*, ebenfalls eine Silver-Produktion. Sandra Bullocks futuristischer Apartmentblock findet sich im Innenhof des **Pacific Design Center, 8687 Melrose Avenue** in West Hollywood. Das Hauptquartier des San Angeles Police Department, von dem aus Bullock operiert, ist das **Prudential Building, Thousand Oaks Boulevard**, nördlich des Highway 101, Westlake Village im San Fernando Valley.

Weitere futuristische Motive fanden sich am **New L.A. Convention Center, 1202 South Figueroa Street** zwischen Pico Boulevard und 11th Street, Downtown L.A., am **Museum of Contemporary Art, 250 South Grand Avenue**, Downtown L.A., **Sawpit Dam, Monrovia Mountain Park, North Canyon Boulevard**, nördlich von Monrovia im Osten von L.A., und am **San Diego Convention Center**.

DENEN IST NICHTS HEILIG

(1937, R: William Wellman)
Carole Lombard, Fredric March, Walter Connolly
• **NEW YORK CITY; KALIFORNIEN**

Die Presse baut Lombard zu einer nationalen Prominenten auf, als man glaubt, dass sie an einer seltenen und tödlichen Krankheit leidet. March ist der zynische Taxifahrer, der sie nach New York bringt. Die Dreharbeiten fanden am **Rockefeller Center** statt, das sich zu der Zeit noch im Bau befand. Heute nimmt es fast neun Hektar von der West 48th Street bis zur West 51st Street zwischen Fifth Avenue und Sixth Avenue in Anspruch. March und Lombard segeln auf dem East River unter der **Brooklyn Bridge** durch. Andere Szenen entstanden in **Agoura Hills**, nördlich von Los Angeles, und in **San Pedro**, dem Hafen im Süden.

DENEN MAN NICHT VERGIBT

(1960, R: John Huston)
Audrey Hepburn, Burt Lancaster, Audie Murphy
• **MEXIKO**

Audrey Hepburn könnte ganz bestimmt eine Indianerin sein! Die weiten Ebenen von Texas im Jahre 1850 sind das Gebiet rund um **Durango** in Mexiko. Knapp 1000 Kilometer nordwestlich von Mexiko-Stadt liegt dieser Drehort, der für Western sehr beliebt war, auch wenn er gemeinhin als „schlechte Gegend" bezeichnet wird. Wie fragte doch ein hohes Tier aus der Region: „Warum kommen hier bloß nicht mehr Touristen hin?" Dann wurde er von einem Schuss unterbrochen. Muss ich mehr sagen?

... DENN SIE WISSEN NICHT, WAS SIE TUN

(1955, R: Nicholas Ray)
James Dean, Natalie Wood, Sal Mineo

• LOS ANGELES

Schauplatz der Schießerei: Griffith Observatory, Griffith Park

James Deans neue Schule, die Dawson High, University/Ecke 10th ist eigentlich die **Santa Monica High School, 601 Pico Boulevard**/Ecke 4th Street, Santa Monica. Einige Innenaufnahmen entstanden allerdings in der **John Marshall High School, 3939 Tracy Street**, Los Feliz. Marshall High ist nicht nur Leonardo DiCaprios alte Schule, sondern auch in zahlreichen Filmen zu sehen gewesen, darunter in *Buffy, der Vampirkiller*.

Das Haus, in dem Dean, Sal Mineo und Natalie Wood zusammenleben, ist auch zu sehen in *Boulevard der Dämmerung*. Es stand am 641 Irving Boulevard/Ecke Wilshire Boulevard. Zwei Jahre nach Entstehung dieses Films wurde es abgerissen. Das Planetarium, das die Schulkinder besuchen, und der Schauplatz der letzten Schießerei ist das **Griffith Observatory, 2800 East Observatory Road**, im Griffith Park. Der Film machte das Observatorium weltweit

bekannt, heute findet sich dort eine Büste von Dean. Zufälligerweise war James Deans erster professioneller Schauspieljob ein Werbespot für Coca Cola, der im Griffith Park gefilmt wurde.

Dawson High: Santa Monica High School, Pico Boulevard

DER MIT DEM WOLF TANZT
(1990, R: Kevin Costner)
Kevin Costner, Mary McDonnell, Graham Greene
• SOUTH DAKOTA; WYOMING; KANSAS

Die Zyniker amüsierten sich köstlich über Costners ersten Einsatz als Regisseur, aber ein Oscar für den Besten Film strafte sie alle Lügen. Dieses gut gemeinte Rührstück wurde in South Dakota gefilmt, größtenteils nahe der **Triple U Standing Butte Ranch** bei **Pierre** an der Route 14 am Missouri River, South Dakota, wo 3500 Büffel die größte Privatherde der Welt darstellen. Die Herde bestimmte den Drehort, und der Drehort bestimmte wiederum eine Veränderung der Story von den Comanche in Oklahoma und Texas – so wie es in Michael Blakes Roman der Fall war – zu den Sioux.

Die Bürgerkriegsschlacht in Tennessee wurde ebenfalls in der Nähe von Pierre gefilmt. Das Winterlager befindet sich

im **Spearfish Canyon** außerhalb von Rapid City, Route 90 im Südwesten von South Dakota. Amerikanische Ureinwohner aus den Reservaten Rosebud, Pine Ridge und Eagle Butte wurden als Statisten rekrutiert.

Costner macht sich von Fort Hays, Kansas, rund 160 Kilometer westlich von Salina an der Interstate 70, auf seine Reise. Ein zu diesem Zweck entwickeltes Set wurde knapp sieben Kilometer südlich von Rapid City errichtet; nach den Dreharbeiten wurden die Gebäude an den Tomahawk Drive umgesiedelt, um als Touristenattraktion zu dienen. Die Wagenfahrt von Fort Hayes nach Fort Sedgewick entstand im **Sage Creek Wilderness Area** des **Badlands National Park**, während ein zweites Kamerateam die atemberaubenden Landschaften von **Jackson**, Wyoming, auf Zelluloid bannte.

DÉSIRÉE
(1954, R: Henry Koster)
Marlon Brando, Jean Simmons, Merle Oberon
• KALIFORNIEN

Fehlbesetzte Verfilmung von Napoleons Leben. So wie der in eine thematisch ähnliche Richtung gehende Film *Maria Walewska* wurden auch hier die auf der Insel Elba spielenden Szenen in **Lone Cypress, Pebble Beach** an der Küste von Monterey gefilmt.

DESPERADO
(1995, R: Robert Rodriguez)
Antonio Banderas, Salma Hayek, Joaquim de Almeida
• MEXIKO

Rodriguez legt im Ergebnis eine neu verpackte Version seines Films El Mariachi vor. Visuelle Feuerwerke stehen im Vordergrund, Dialog im Hintergrund. Gedreht wurde in **Ciudad Acuna**, Coahuila, Mexiko.

DER DIALOG
(1974, R: Francis Ford Coppola)
Gene Hackman, John Cazale, Allen Garfield
• SAN FRANCISCO

Von *Der Pate* und *Apokalypse Now* abgesehen ist dies unbestritten Coppolas Meisterwerk, eine Audioversion von Antonionis *Blowup* mit dem Überwachungsexperten Hackman, der scheinbar einen Plan zur Ermordung eines Liebespaares aufdeckt. Angesiedelt ist die Geschichte in San Francisco, wo die entscheidende Un

Der Dialog wird aufgezeichnet: Union Square

Hackmans Traum: Alta Plaza Park, Steiner Street

terhaltung am **Union Square** aufgezeichnet wird. Hackmans bizarrer Traum wurde im **Alta Plaza Park, Stei** ner **Street** gefilmt, dem Schauplatz des Autostunts in *Is'* *was, Doc?* Das bedrohliche schwarze Gebäude, vor dem sich Hackman ärgert, nachdem er von einem jungen Harrison Ford abgewiesen wurde, ist das **Alcoa Building, 1 Maritime Plaza** an der Battery Street zwischen Clay und Washington Street.

DICK UND DOOF – LANGE LEITUNG

(1938, R: John G. Blystone)
Stan Laurel, Oliver Hardy, Billy Gilbert
• **LOS ANGELES**

Ollie entdeckt Stan, der zwanzig Jahre nach dem Ende des Ersten Weltkriegs immer noch einen Schützengraben bewacht und in einem „alten Soldatenheim" untergebracht ist, im Veterans Administration Complex in L.A. Der Eingang des Komplexes, der für die Dreharbeiten benutzt wurde, ist mittlerweile abgerissen worden, aber er befand sich an der Kreuzung Sawtelle Boulevard und Ohio Avenue, westlich des San Diego Freeway zwischen Westwood Village und West L.A. (es ist auch das Krankenhaus, in dem ein über hundert Jahre alter Dustin Hoffman die Geschichte von Little Big Man zum Besten gab). Der Waffen schwingende Billy Gilbert jagt das Paar in der letzten Szene durch eine Gasse zwischen zwei Gebäuden. Diese ziemlich unverändert gebliebene Gasse zwischen den **St. Arthur Apartments, 2014 West 8th Street**, und dem **Westmont, 807 South Westlake Avenue**, südlich von MacArthur Park mitten in L.A., ist heute noch zu sehen und wiedererkennbar.

... DIE ALLES BEGEHREN

(1965, R: Vincente Minnelli)
Elizabeth Taylor, Richard Burton, Eva Marie Saint
• **KALIFORNIEN**

Schwerfällige, kitschige Romanze zwischen der kalifornischen Künstlerin Elizabeth Taylor und Richard Burton, dem Leiter der Schule, die ihr Sohn besucht. Taylors Hütte stand am Strand in **Monterey**, weitere Dreharbeiten fanden ein Stück an der Küste entlang in **Big Sur** statt.

DIE ALLES ZUR SAU MACHEN

(1971, R: Michael Tuchner)
Richard Burton, Ian McShane, Joss Ackland
• **LONDON**

Liz Taylor zapft Bier: Assembly House, Kentish Town Road

Ein schrecklich fehlbesetzter Burton übertreibt es als mutterfixierter schwuler Gangster aus dem East End (wobei er gar nicht mal so weit von dem wahren Ganoven Ronnie Kray entfernt war) in diesem brutalen Thriller, der im Großraum London und dabei vorwiegend im Bereich **Nine Elms** gefilmt wurde. Der Pub ist das **Assembly House, Kentish Town Road** gegenüber der U-Bahnstation Kentish Town. Ein bekanntes Publicityfoto zeigt Liz Taylor, die Burton bei den Dreharbeiten besucht und dabei hinter der Theke Bier zapft.

DIE DURCH DIE HÖLLE GEHEN

(1978, R: Michael Cimino)
Robert De Niro, John Cazale, John Savage
• **PENNSYLVANIA; WEST VIRGINIA; OHIO; WASHINGTON STATE; THAILAND**

Der umstrittene Vietnam-Film, dem sowohl Rassismus vorgeworfen wurde als auch kaum verständliche Dialoge (auch wenn er für den Ton eine Oscar-Nominierung erhielt und – aus unerklärlichen Gründen – sogar für sein völlig unglaubwürdiges Drehbuch nominiert wurde), spielt dem Namen nach in der Stahlarbeiterstadt Clairton, rund 15 Kilometer südlich von Pittsburgh, Pennsylvania. Die Stadt ist aber eine Mischung von acht verschiedenen Motiven. Drei davon finden sich in Pennsylvania: das echte **Clairton**, **McKeesport** am anderen Ufer des Monongahela River, und **Pittsburgh** selbst. Folgende Städte liegen im Westen von West Virginia zwischen dem Ohio River und Pennsylvania: **Weirton** und **Follansbee**. Drei weitere Motive finden Sie direkt auf der anderen Seite des Ohio River in Ohio: **Steubenville** und **Mingo Junction** an der Route 7, und **Struthers**, gut 40 Kilometer nördlich in der Nähe von Youngstown gelegen. Entsprechend ist das Stahlwerk, das das Stadtbild beherrscht, nicht in allen Szenen dasselbe. Die Stahlfabrik in den Eröffnungsszenen ist der US Steel **Central Blast Furnace, Cleveland**; gedreht wurde aber erst, nachdem ein nervöses Studio seine Stars für 5 Mio. Dollar versichert hatte – die Fabrik trägt immerhin den Spitznamen „Witwenmacher".
Die Kirche, in der John Savage und Rutanya Alda heiraten, ist die **St. Theodosius Russian Orthodox Cathedral, 733 Starkweather Avenue**, in Cleveland, bei der es sich angeblich um ein exaktes Duplikat der Kathedrale des Zaren im Moskauer Kreml handeln soll. Der Empfang wird in derselben Stadt in der **Lemko Hall, 2335 West 11th Street**, gegeben. Der Eagle Supermarket, in dem Meryl Streep arbeitet, befindet sich ebenfalls in der Starkweather Avenue.
Welshs Bar, in der De Niro und seine Macho-Kumpels Pool spielen, wurde hinter einer existierenden Ladenfront auf der **Commercial Street** in **Mingo Junction** errichtet. Über Product Placement muss man sich hier nicht beklagen, denn alle Flaschen Rolling Rock stehen mit dem Etikett zur Kamera. Und De Niro spricht die unvergesslichen Worte: „Ein gutes Bier – das beste hier in der Gegend." Der Gerechtigkeit halber sollte man sagen, dass es sich um eine regionale Marke handelt, die von der Latrobe Brewery zwischen Pittsburgh und Johnstown, Southern Pennsylvania, gebraut wird.
Bei der Bowlingbahn handelt es sich um das **Bowladrome Lanes, 56 State Street, Struthers**, Ohio.
Die Jagd in den Allegheny Mountains wurde rund 3000 Meter über dem Meeresspiegel im Gebiet **Heather Meadows** am **Mount Baker**, Washington State, nahe der Grenze zu British Columbia gefilmt.
Die Vietnam-Szenen entstanden in Thailand – **Bangkok** sprang dabei für Saigon ein – und im Distrikt **Katchanburi** im Norden Thailands nahe der Grenze zu Burma.

Das Gefangenenlager wurde am **Kwai** aufgebaut (ja, genau, der aus *Die Brücke am ...*). Die Evakuierung von Downtown Saigon im Jahre 1973 inszenierte man auf der **Throng Wad Road** in Bangkok mit 6000 enthusiastischen Statisten, obwohl nur 800 angefordert worden waren. Der US-Flugplatz ist der internationale Flughafen von Bangkok, **Don Muang Airport**.

Zurück in den Staaten findet De Niro Savage als verbitterten Patienten in Clevelands (echtem) **Veteran's Administration Hospital** vor. Walken wird (nach einer recht beeindruckenden Runde russischen Roulettes) auf dem **Pennsylvania Versailles Cemetery, McKeesport**, beerdigt.

Das äußerst erfolgreiche Thema des Films war ursprünglich für den kläglich untergegangenen Schmachtfetzen *Die Krücke* von 1970 mit David Hemmings und Samantha Eggar geschrieben worden, bloß hat die Musik so gut wie kein Mensch jemals zu hören bekommen.

DIE MIT DER LIEBE SPIELEN

(1960, R: Michelangelo Antonioni)
Monica Vitti, Gabrielle Ferzetti, Lea Massari
• ROM; SIZILIEN

Eine Gruppe Italiener aus der Mittel- und der Oberklasse besuchen eine menschenleere Vulkaninsel. Als eine Frau aus der Gruppe verschwindet, gleitet die sich anschließende Suche in Trägheit ab, und das Rätsel wird nie gelöst.

Die Eröffnungsszene vor der Villa von Annas Vater wurde am Stadtrand von **Rom** gefilmt – im

Vor der Reise: Ponte Fabricia, Rom

Hintergrund sieht man die Kuppel des Petersdoms. Das Zuhause ihres Freundes Sandro ist Lady Montagues Apartment auf der **Isola Tiberina**, einer winzigen Insel im Tiber zwischen Palatino und dem Bezirk Trastevere. Man erreicht sie über die **Ponte Fabricio**, die älteste noch existierende Brücke über den Fluss. Sandros Apartment befindet sich gleich links der Brücke (die man im Film durch das offene Fenster erblicken kann). Davor ist der winzige Platz, auf dem Claudia wartet.

Von hier aus gehts nach Süden zum Tyrrhenischen Meer und auf einer Yacht rund um die **Liparischen** oder **Äolischen Inseln** vulkanischen Ursprungs. Es gibt insgesamt 14 Inseln, von denen sieben bewohnt sind. Auf Panarea, der kleinsten der bewohnten Inseln, ließen sich während der Dreharbeiten Besetzung und Crew häuslich nieder. Anna verschwindet von **Lisca Bianca**, einem menschenleeren, zerklüfteten Vulkanfelsen gut fünf Kilometer östlich, wo die vergebliche Suche beginnt. Einige Kilometer weiter nördlich liegt die steile, konisch geformte Insel **Basiluzzo**, der die Gruppe auf dem Weg nach Lisca Bianca als erstes begegnet.

Sandro und Claudia melden Annas Verschwinden den Behörden auf Sizilien in Milazzo (der nächste sizilianische Hafen von Lipari aus, von dem aus Sie auch ablegen, wenn Sie die Insel besuchen wollen). Das prachtvolle, wenn auch ausgeblichene Zollgebäude ist einen Besuch wert, allerdings werden Sie es in Milazzo nicht finden. Es ist eigentlich die **Villa Palagonia** in **Bagheria** in westlicher Richtung nahe Palermo. Sie wurde von Palatino entworfen und

Das Innere des Zollhauses: Villa Palagonia, Bagheria

verfügt über einen Garten, der ursprünglich von 200 grotesken Statuen bevölkert war – Giganten, Zwerge, Mischwesen –, die vom Eigentümer der Villa als Karikaturen der angeblichen Liebhaber seiner Frau in Auftrag gegeben worden waren, dem eindeutig verrückten Ferdinand, Prinz von Palagonia. Das Innere der Villa war gleichermaßen verrückt – Stühle mit unterschiedlich langen Beinen, Kissen mit versteckten Dornen und schief aufgehängte Spiegel. Die Kissen und Stühle existieren nicht mehr, und die Zahl der Liebhaber ist auf 62 gesunken. Aber das Gebäude wird komplett restauriert, und Sie können es besuchen. Es befindet sich am **Piazza Garibaldi** neben dem Corso Umberto, einen kurzen Fußweg vom Bahnhof in Bagheria entfernt. Alternativ fährt jede halbe Stunde ein AST-Bus vom Piazza Lolli in Palermo nach Bagheria. Die Villa ist täglich zwischen 9 und 13 Uhr sowie zwischen 16 und 19 Uhr geöffnet.

Sandro und Claudia beginnen mit ihrer Reise durch Sizilien, um den mutmaßlichen Sichtungen von Anna nachzugehen. Zuerst fahren sie mit dem Zug nach **Milazzo** an der Nordküste entlang. Sandro kommt in **Castoreale** an, doch sobald er festen Boden unter den Füßen hat, wird aus dem Schauplatz das stimmungsvollere **Cefalu** weiter westlich an der Küste nach Palermo. Er setzt die Suche an der nordöstlichen Spitze der Insel in **Messina** fort, wo er der publicitysüchtigen „Schriftstellerin" Gloria Perkins begegnet. Claudia bleibt unterdessen in der Villa Montaldo (oder Montalto, wie es im veröffentlichten Drehbuch heißt), wo Giulia vom Enkel der Prinzessin verführt wird. Es ist eigentlich die **Villa Niscemi** nahe Palermo, dem Zuhause von Prinzessin Lampedusa, die im Film Princess Montaldo spielt. Die Villa am **Piazza Niscemi**, Via di Fante, nahe dem Eingang zum Parco Della Favorita nördlich von Palermo in Richtung Mondello, war die Inspiration für das Haus von Tancredi in Giuseppe de Lampedusas *Der Leopard*, der 1963 von Luchino Visconti verfilmt wurde. Sie ist inzwischen von der Kommune erworben worden. Von der Terrasse der Villa aus überblickt man die fernen Höhenzüge von San Ferracavallo und Monte Gallo im Westen bis zum Golf von Palermo im Osten. Sandro reist weiter nach Troina, um den Apotheker zu befragen, der Anna gesehen haben könnte. Gedreht wurde die Szene aber auf der **Ebene von Catania**.

Hier trifft sich Claudia mit ihm und gemeinsam reisen sie Richtung Süden nach **Noto**. Die unheimliche, menschenleere, moderne Stadt, in der sie einen Zwischenstopp einlegen, ist eine der neu errichteten Cassa-del-Mezzogiorno-Städte nahe **Caltanisetta** in der Mitte der Insel. Der Eisenbahntunnel, in dem Sandro und Claudia es schließlich auf die Reihe bekommen, ist **Santa Panagia**, nörd-

Die Treppe des Zollhauses: Villa Palagonia, Bagheria

lich von Syrakus an der südöstlichen Küste. Noch weiter südlich und ein Stück weg von der Küste liegt ihr eigentliches Ziel, die beeindruckende, barocke Stadt **Noto**, wo sie im fiktiven Trinacria Hotel absteigen. Noto wurde aus honigfarbenem Kalkstein Ende des 17. Jahrhunderts gebaut, nachdem die bestehende Stadt durch ein Erdbeben völlig zerstört worden war. Wie Sandro selbst feststellt, sieht sie aus wie eine kunstvolle Kulisse. Vom Turm der **Chiesa del Collegio**, der Collegio-Kirche, wo Claudia die Glocken erschallen lässt, sieht man die atemberaubende **Piazza Municipio**, die vom **Duomo** und dem ausladenden, stufenweisen Zugang überragt wird. Sandro versucht, ins **Museo Civico** zu gelangen, das im Orden von Santissimo Salvatore rechts des Duomo seine Heimat hat. Er hat nicht viel Glück, aber Ihnen dürfte es besser ergehen.

Auf der Piazza Municipio kippt Sandro „versehentlich" Tinte auf die architektonische Zeichnung des Studenten. Das Gebäude, das als die Trinacria eingesetzt wird, befindet sich hinter dem Museo Civico, von seinem Balkon aus hat man einen guten Blick auf die beeindruckende Fassade der Kirche **San Francesco** an der **Piazza Immacolata**. Der Film endet in **Taormina** mitten in der verschwenderischen Umgebung eines unglaublich prächtigen Hotels, wo Sandro – der die vermisste Anna mit Claudia betrogen hat – nun Claudia mit der schrecklichen Gloria Perkins hintergeht. Das **San Domenico Hotel, Piazza San Domenico 5, Taormina** *(Tel. 0942/23701)* ist eines der luxuriösesten Hotels der Welt und ist in einem Kloster aus dem 15. Jahrhundert untergebracht. Die letzte Szene, ein wortloses, wie betäubt wirkendes Akzeptieren zwischen Claudia und Sandro, spielt sich auf einer Hotelterrassen vor dem zerfallenen Turm der Kirche San Domenico ab – mit dem Gipfel des Ätna am Horizont.

DER DIEB VON BAGDAD
(1940, R: Ludwig Berger, Michael Powell, Tim Whelan)
Sabu, Conrad Veidt, John Justin
• CORNWALL; ARIZONA

Alexander Kordas verschwenderische Verfilmung aus 1001 Nacht begann in Großbritannien, wurde dann aber in die USA verlegt, da der Zweite Weltkrieg die Produktion gefährdete. Gefilmt werden sollte auch im Nahen Osten, was dann aber aus verständlichen Gründen unmöglich wurde. Der Strand, an dem Sabu den Flaschengeist freilässt, ist **Sennen Cove**, knapp eineinhalb Kilometer nördlich von Land's End an der Westspitze von Cornwall. Die anderen spektakulären Motive fanden sich in den USA am **Grand Canyon** und in der **Painted Desert**, dem vielfarbigen Plateau des Little Colorado River im Südosten.

DIEBE WIE WIR
(1974, R: Robert Altman)
Keith Carradine, Shelley Duvall, Louise Fletcher

• MISSISSIPPI

Altmans Remake von *Sie leben bei Nacht* entstand in Mississippi in den Städten **Jackson** und **Canton**.

DER DIENER
(1963, R: Joseph Losey)
Dirk Bogarde, James Fox, Sarah Miles
• LONDON

Bogarde spielt den finsteren Diener, der sich in diesem Klassiker aus den sechziger Jahren nach einem Roman von Robin Maugham, verfilmt vom Team Losey-Harold Pinter-Bogarde, auf ein Machtspiel mit dem zügellosen Aristokraten Fox einlässt. Fox' Haus liegt an der **30 Royal Avenue**, Chelsea SW3, gegenüber dem einstigen Haus von Somerset Maugham, aus dem man sich einige Gemälde borgte, um

Das Haus des Aristokraten James Fox: Royal Avenue, Chelsea

James' Zuhause eine angemessen „homozentrische" Atmosphäre zu verleihen. Das Sanitärgeschäft aus der Anfangsszene, „Thomas Crapper, Sanitary Engineer", war eine Zeit lang die Laura-Ashley-Filiale in der King's Road gegenüber der Royal Avenue, heute The Vestry. Gefilmt wurde auch in der **St. Pancras Station**.

DIESES OBSKURE OBJEKT DER BEGIERDE
(1978, R: Luis Buñuel)
Fernando Rey, Carole Bouquet, Angela Molina
• FRANKREICH; SPANIEN

Auf der Reise von Sevilla nach Madrid erzählt Fernando Rey die Geschichte seiner sexuellen Besessenheit von der wandelbaren Conchita (abwechselnd gespielt von Bouquet und Molina). Die Eröffnungsszenen, in denen Rey einen Eimer Wasser über Conchita ausschüttet, entstanden am **Bahnhof von Sevilla**. Rey wird in seinem Hotel in Lausanne ausgeraubt, wo er auch erneut mit Conchita zusammentrifft. Zurück in Sevilla trifft sich Rey abermals mit Conchita, besucht die dortige **Kathedrale** (die drittgrößte in Europa nach dem Petersdom in Rom und St. Paul's in London) und die **Giralda**, ursprünglich einmal ein Minarett. In **Madrid** brechen Rey und Conchita in eine „explosive" Zukunft auf.

DIM SUM – ETWAS FÜRS HERZ
(1984, R: Wayne Wang)
Laurene Chew, Kim Chew, Victor Wong
• SAN FRANCISCO

Wayne Wang legt seinem Hollywooddebüt *Chan ist verschwunden* eine Komödie über die Kluft zwischen den Generationen nach, die in der chinesisch-amerikanischen Gemeinde angesiedelt ist und abermals in San Francisco in **Chinatown** gefilmt wurde, aber auch im Distrikt **Richmond** – New Chinatown rund um die Clement Street nördlich des Golden Gate Park.

DINER

(1982, R: Barry Levinson)
Steve Guttenberg, Daniel Stern, Mickey Rourke
• **BALTIMORE, MARYLAND**

Levinsons Ensemblefilm zeigte eine Gruppe Collegestu-denten, die 1959 in einem örtlichen Diner zusammenkom-men, um über ihre Probleme zu sprechen. Das Lokal wur-de von einem Schrottplatz in Oakland, New Jersey, hergeschafft, nachdem der Eigentümer eines bestehenden Lokals von den Produzenten einen deutlich höheren Preis für die Nutzung gefordert hatte. Aufgestellt wurde es auf ei-nem freien Grundstück an der Ecke Boston Street/Mont-ford Avenue mit Blick auf den North West Harbor südlich des Patterson Park. Das Art Department hielt es für eine tol-le Idee, das Diner in Richtung des Wassers blicken zu las-sen, aber Regisseur Levinson stellte die Logik über das Er-scheinungsbild und ließ es zur Straße hin ausrichten. Die Gegend ist seitdem neu bebaut worden, aber das Diner können Sie immer noch sehen. Es ist verlegt worden an die Ecke **400 East Saratoga Street**/Holliday Street. Guttenberg feiert seine Hochzeit in der **Engineer's So-ciety, 11 West Mount Vernon Place**. Zu sehen ist das Di-ner auch in zwei anderen Filmen von Levinson – *Tin Men* und *Avalon*, in letzterem wird es gerade errichtet –, und es diente als Capitol Diner in *Schlaflos in Seattle*.

DAS DING AUS DEM SUMPF

(1982, R: Wes Craven)
Ray Wise, Adrienne Barbeau, Louis Jourdan
• **SOUTH CAROLINA**

Ray Wise wird in dieser Verfilmung eines Comics von Cra-ven vor dessen Nightmare-Zeit zum grünen Ökokrieger. Die beängstigenden und undurchdringlichen Sümpfe sind die Cypress Gardens und die Magnolia Plantations von **Charleston** an der südöstlichen Küste von South Carolina.

DAS DING AUS EINER ANDEREN WELT

(1951, R: Christian Nyby und Howard Hawks)
James Arness, Robert Cornthwaite, Kenneth Tobey
• **LOS ANGELES; MONTANA**

Das RKO-Original mit James Arness (Matt Dillon in der TV-Serie *Rauchende Colts*) als menschliches Gemüse aus dem All. Das „arktische" Motiv, wo die Kreatur ent-deckt wird (eine Szene, die in John Carpenters erstem *Halloween*-Film im Fernsehen läuft), ist in Montana zu finden. Erste Wahl waren Fairbanks oder Nome in Alas-ka, aber da dort wichtige Basen der USAF lagen, schritt sofort das Pentagon ein und machte die Überlegungen hinfällig. Die Wahl fiel letztlich auf **Cut Bank** im Glacier National Park rund 160 Kilometer nordwestlich von Great Falls an der Interstate 2, im Norden von Montana, wo die Besetzung im Glacier Hotel untergebracht war. Das Feuer und die Explosion wurden auf der **Iverson Movie Ranch**, Chatsworth, 50 Kilometer nördlich von L.A. gefilmt. Szenen aus der Arktis entstanden auch in der Kühlhaus eines Fleischverpackungsunternehmens in der Mesquit Street am Los Angeles River, südöstlich von Downtown, das ebenfalls die Schneeszenen für Frank Capras *In den Fesseln von Shangri-La* ermöglichte.

DAS DING AUS EINER ANDEREN WELT

(1982, R: John Carpenter)
Kurt Russell, A. Wilford Brimley, Richard Dysart
• **BRITISH COLUMBIA, KANADA; ALASKA**

John Carpenters mit Effekten überladenes Remake war an den Kinokassen zwar ein Reinfall, aber sein Ruf hat sich seitdem deutlich gebessert. Die Schneeszenen ent-standen in British Columbia. Die Eröffnungsszenen zei-gen Eislandschaften oberhalb von **Juneau**, Alaska.

DINOSAURUS

(1960, R: Irvin S. Yeaworth)
Ward Ramsay, Paul Lukather, Greg Martell
• **VIRGIN ISLANDS**

Ein Rudel Dinosaurier und ein Höhlenmensch werden auf einer tropischen Insel zum Leben wiedererweckt. Ge-filmt wurde auf **St. Croix** auf den Virgin Islands.

DIRTY DANCING

(1987, R: Emile Ardolino)
Jennifer Grey, Patrick Swayze, Jerry Orbach
• **VIRGINIA; NORTH CAROLINA**

Teenagerfilm über das Erwachsenwerden, der nur müh-sam ernste Themen als vorlaute Plotelemente einbezieht. In den sechziger Jahren in den Catskills angesiedelt, han-delt es sich beim Gebirge tatsächlich um die Appalachen, Haupthandlungsort ist das **Mountain Lake Hotel, Moun-tain Lake**, nahe der Interstate 460 westlich von Roanoke, Virginia. Weitere Dreharbeiten erfolgten bei **Lake Lure**, südöstlich von Asheville, North Carolina, einer maleri-schen Gegend, die in der Ära des Stummfilms ein be-sonders beliebtes Motiv war.

DIRTY HARRY

(1971, R: Don Siegel)
Clint Eastwood, Andy Robinson, Harry Guardino
• **SAN FRANCISCO**

Ein paar dubiose, weil ziemlich rechtsgerichtete Ansich-ten beflecken diesen brillant inszenierten Thriller, der bravourös Friedenssymbole mit dem Widersacher Scor-pio verbindet. Der Film wurde fast vollständig in und um San Fran-cisco gedreht, wo Scorpio vom Dach des **Bank of America World HQ, 555 Califor-nia Street**/Ecke Kearney Street, auf ahnungslose Bürger von San Francisco zielt (das Gebäude diente übrigens auch als Eingangs-bereich in *Flam-mendes Inferno*).

Ein Priester soll sterben: Saints Peter and Paul, Filbert Street

Die Suche nach Scorpio: Broadway

Scorpio wird auf dem Dach gesehen: Stockton Street

Der Pool auf dem Dach, in dem das erste Opfer eine Weile schwimmt, befindet sich auf dem Dach des **Holiday Inn at Chinatown, 750 Kearny Street** zwischen Washington Street und Merchant Street.

Detective Harry Callahan wird kurz darauf ins Büro des Bürgermeister bestellt – und findet sich dann wirklich im Büro des Bürgermeisters in der **City Hall** von San Francisco wieder, das über das Wochenende am Memorial Day praktischerweise nicht benutzt wurde. Die beeindruckende Kuppel ist von der Polk Street zwischen McAllister und Grove zu sehen. Die Schießerei rund um das Café, nachdem Harry einen gerade laufenden Überfall bemerkt hat, ist die einzige Arbeit im Studio. Gefilmt wurde diese Szene bei **Warner Bros.** auf dem Gelände in **Burbank**, L.A., wo Autozusammenstöße leichter einzurichten sind. Das erklärt auch, warum San Francisco mit einem Mal so flach wirkt.

Das Police Department, in dem Harry arbeitet, war das alte **Pacific Gas and Electric Building, 245 Market Street** im Finanzdistrikt. Der Helikopter entdeckt Scorpio auf dem Dach **1606 Stockton Street** mit Blick auf den Washington Square, wo er sich gerade ein neues Opfer aussucht. Die Kirche im italienischen Stil mit zwei Türmen auf der gegenüberliegenden Seite ist **Saints Peter and Paul, 666 Filbert Street**, in die er zurückkehrt, um seine Drohung wahrzumachen, einen katholischen Priester umzulegen.

Die nächtliche Suche nach dem Killer führt Harry und seinen jungen Partner über den **Broadway**, vorbei an Lokalkolorit in Gestalt von Schuppen wie dem **Big Al's** und dem **Roaring Twenties**. Der Bahnhof ist **Forest Hill MUNI Station** zwischen Twin Peaks und Mount Davidson.

Harry wird durch die Stadt gelotst, um sich mit Scorpio an dem 30 Meter hohen Betonkreuz auf dem **Mount Davidson** zu treffen, mit 121 Metern der höchste Gipfel von San Francisco. Der Weg hinauf zum Gipfel beginnt an der Ecke Myra Way/Sherwood Court. Harry spürt den Killer schließlich im **Kezar Stadium** auf, **Kezar Drive** im Golden Gate Park. Als der Verdächtige entlassen wird, folgt Harry ihm in ein Striplokal – mal wieder das Roaring Twenties auf dem Broadway.

Für den großen Showdown fährt der entführte Schulbus über die **Golden Gate Bridge** auf den **Sir Francis Drake Boulevard** und durch den **Waldo Tunnel** auf dem Highway 101. Der Höhepunkt, als Scorpio endgültig sein Leben aushaucht, spielte sich im alten Steinbruch von **Larkspur** ab, rund 15 Kilometer nördlich der Golden Gate Bridge. Das Gebiet ist seitdem als Larkspur Landing völlig neu bebaut worden.

DIRTY HARRY KOMMT ZURÜCK

(1983, R: Clint Eastwood)
Clint Eastwood, Sondra Locke, Pat Hingle
• **KALIFORNIEN**

Vierter Kinoausflug von Dirty Harry Callahan. Da er im netten, touristischen und liberalen San Francisco angeblich nicht willkommen war, spielt die Geschichte zum größten Teil im fiktiven San Paula. Gedreht wurde in **Santa Cruz** ein Stück weiter die Küste entlang am Highway 1 (für Details siehe *Lost Boys*). Die Hochzeitsfeier, auf der Harry bei einem Verdächtigen einen Herzanfall auslöst, entstand im **Cocoanut Grove Ballroom** am **Santa Cruz Boardwalk**. Ein ziemlich ungeschickt gemachter Film, der aber den Satz von Eastwood enthält, der in die Filmgeschichte eingegangen ist: „Go ahead, make my day." Das Restaurant existiert immer noch, es ist **Burger Island, 901 Third Street** in Townsend, San Francisco.

DER DISKRETE CHARME DER BOURGEOISIE

(1972, R: Luis Buñuel)
Fernando Rey, Delphine Seyrig, Stephane Audran
• **PARIS**

Das Haus von Fernando Rey: Rue de Franqueville, Passy-la-Muette

Eine Gruppe ach so wohlerzogener Bürgerlicher ist immer wieder aufs Neue frustriert von den Versuchen, zu einem Mahl zusammenzukommen. Buñuels surreale schwarze Komödie entstand in Paris. Das Haus des extrem zynischen Fernando Rey, der in seinem Diplomatengepäck Kokain schmuggelt, findet sich in der **Rue de Franqueville**/Ecke Rue Verdi im von Botschaften überlaufenen Distrikt Passy-la-Muette, 16. Arrondissement.

DIVA

(1981, R: Jean-Jacques Beineix)
Frederic Andrei, Wilhelmina Wiggins Fernandez
• **PARIS**

Das mitgeschnitteneKonzert: Theatre des Bouffes du Nord, Boulevard de la Chappelle

Der Pariser Postbote Andrei nimmt heimlich ein Konzert seiner Heldin – der Operndiva – auf, und muss feststellen, dass das illegale Band zum MacGuffin einer Story um Drogen und Prostitution ... vergessen Sie den Plot, alles, was hier zählt, sind Paris und Stil. Fernandez' heimlich mitgeschnittenes Konzert findet im **Theatre des Bouffes du Nord, 37bis, Boulevard de la Chappelle** im 18. Arrondissement statt. Das Gebäude, das lange Zeit leer stand und als Lager genutzt worden war, wurde vom legendären Peter Brook übernommen, der dort die Basis für seine internationale Theatertruppe schuf. Zwar wurde das Theater renoviert, aber nicht neu gestrichen, was den sonderbar mitgenommenen Zustand erklärt.

Die Frau, die die kompromittierende Cassette in Andreis Posttasche deponiert, wird am **Gare St. Lazare** (drittgröß-

Die Jagd: Étoile-Foch-Entertainmentkomplex

Die Überreste von Bohringers Lagerhaus: Quai de la Seine

ter Bahnhof der Welt), **Rue St-Lazare**, von einem Stilett in den Rücken getroffen, während ein anderer Zeuge auf dem Boulevard Barbes, parallel zum Boulevard de la Chappelle, ebenfalls mit dem Stilett traktiert wird.

Andrei trifft Deruaz beim Ladendiebstahl im Schallplattengeschäft **Lido Musique** auf den **Champs Elysées**, und er bringt ein gestohlenes Kleid zurück zu Frau Fernandez, die ihre Suite im unfassbar luxuriösen **Hotel Royal Monceaux** hat, **35-39 Avenue Hoche**, nahe dem Place Charles de Gaulle. Er entkommt dem Attentäter, indem er mit seinem Fahrrad in die Pariser Metro fährt. Das Laufband findet sich in der **Station Opéra**.

Richard Bohringers Apartment ist inzwischen abgerissen worden – es befand sich am **Quai de la Seine** in der Rue

Das Hotel der Opernsängerin: Hotel Royal Monceaux, Avenue Hoche

de Crimée im Bassin de la Villette. Andreis Treffen mit einer Prostituierten wurden in einer der wenigen noch verbliebenen gläsernen und mit einem „Schmetterlingsdach" versehenen Art-nouveau-Metrohaltestellen von Hector Guimard in der **Avenue Foch** gefilmt. Er wird in den nahe gelegenen Unterhaltungskomplex **Étoile-Foch** mit Arkadengängen und Bowlingbahn gejagt.

DJANGO
(1966, R: Sergio Corbucci)
Franco Nero, José Bódalo, Eduardo Fajardo
• SPANIEN

Spaghetti-Western, gefilmt in **Colmenar Viejo, La Pedriza** und **Torremocha de Jarama**, Madrid.

DO THE RIGHT THING
(1989, R: Spike Lee)
Danny Aiello, Spike Lee, Ossie Davis
• NEW YORK CITY

Rassenunruhen flammen während einer brütenden Hitzewelle in New York auf. Lees umstrittenes polemisches Werk wurde im Gebiet Bedford-Stuyvesant in Brooklyn gefilmt. Sal's Famous Pizzeria befand sich in der **Stuyvesant Street** zwischen Quincy und Lexington. In den Fußweg ließ man eine Metallplatte ein, um an das

Ereignis zu erinnern, doch sie ist inzwischen längst gestohlen worden.

DOCTOR DOLITTLE
(1967, R: Richard Fleischer)
Rex Harrison, Samantha Eggar, Anthony Newley
• WILTSHIRE; WEST INDIES; KALIFORNIEN

Puddleby-on-the-Marsh: Castle Combe, Wiltshire

Diese grausame, teure und zum Musical verwurstete Version von Hugh Loftings Geschichte wurde überraschend für einen Oscar als Bester Film nominiert. Um die kleine Küstenstadt Puddleby-on-the-Marsh zu zeigen, wählten die Filmemacher das „hübscheste Dorf von England" aus, **Castle Combe** in Wiltshire. Die Produktion hatte von Anfang an Probleme. Da Castle Combe kilometerweit vom Meer entfernt mitten in einem ländlichen Gebiet liegt, wurde der winzige Bach, der durch das Dorf fließt, zur Küste verwandelt, und die unberührte Lieblichkeit des Drehortes, die ihn für 20th Century-Fox ursprünglich so attraktiv gemacht hatte, blieb auch nicht erhalten. Die sich einstellende Unruhe verbunden mit der permanenten ohrenbetäubenden Beschallung mit den Musikstücken ließ die Beziehungen zu den Dorfbewohner deutlich eisiger werden. Angeblich wurde sogar ein Dorfbewohner daran gehindert, mit Dynamitstangen die Kulisse ein für allemal aus der Welt zu schaffen. Trotzdem können Sie auf der Hauptstraße immer noch die Küste, das Gefängnis und das Haus des Doctors wiedererkennen. Der britische Sommer hielt sich allerdings bedeckt, statt-

Das Haus des Doktors: Castle Combe

dessen wurde das schlechte Wetter noch schlechter, sodass die Filmcrew nach L.A. reiste, um das Dorf im Studio nachzubauen. Die Strandszenen mit der riesigen Schnecke wurden in **Marigot Bay, Santa Lucia** auf den West Indies, gefilmt. Wie kaum anders zu erwarten, traf die Filmcrew rechtzeitig zu Beginn der Regenzeit ein.

DOGMA
(1999, R: Kevin Smith)
Ben Affleck, Linda Fiorentino, Matt Damon
• PENNSYLVANIA; NEW JERSEY

Die katholische Kirche war ziemlich verärgert über Kevin Smiths abschweifende, aber phantasievolle Satire, in der Affleck und Damon als ein Paar aus dem Himmel geworfene Engel versuchen, durch ein Schlupfloch in der katholischen Doktrin wieder „nach Hause" zurückzukehren. Von Smiths üblichen Motiven wie **Red Bank** und **Asbury**

Park (wo der alte Mann zu Beginn des Films zusammengeschlagen wird) ist aber nur wenig zu sehen, da der Film größtenteils in und um Pittsburgh gedreht wurde, auch wenn er in New Jersey und Illinois spielen soll. Beispielsweise ist der General Mitchell Airport, Milwaukee, wo Affleck und Damon eine Nonne dazu überreden, sich unerlaubt zu entfernen, in Wahrheit der **Pittsburgh International Airport**. Und das mexikanische Restaurant, in dem der Engel Alan Rickman Linda Fiorentinos übernatürliche Mission erklärt, ist das **Franklin Inn, 2313 Rochester Road, Franklin Park** *(Tel. 412 366 4140)*, im Nordwesten von Pittsburgh.

An der North Side von Pittsburgh begeistert sie die Muse Salma Hayek als Stripperin mit silbernem BH im **Park View Cafe, 2 East North Avenue**/Ecke Federal Street. Weiter südwestlich von der Stadt finden Sie in **Dormont** das **Dormont Cafe, 2887 West Liberty Avenue**, wo der dämonische Jason Lee aus einem heiligen Golfclub geworfen wird. Ebenfalls in Dormont befand sich Mooby's Fast-Food-Lokal, ein altes Burger-King-Restaurant und Schauplatz von Chris Rocks Verkündungen über den wahren Christus, heute ein Rite Aid Drugstore in der **3210 Banksville Road**, Highway 19, gegenüber Dormont Park. In Pittsburgh selbst können Sie das Mooby Corp Building, **USX Tower, 600 Grant Street**, ebenso wenig übersehen – es ist der höchste Wolkenkratzer von Pittsburgh – wie das Software Engineering Institute der **Carnegie Mellon University, 4500 Fifth Avenue** zwischen Dithridge und Craig Street, das für den Sitzungssaal von Mooby verwendet wurde, wo Matt Damon die Direktoren niederstreckt. Das Nobelrestaurant, in dem Rickman erklärt, dass Gott vermisst wird, ist das **Grand Concourse Restaurant** *(Tel. 412 261 1717)*, der restaurierte Wartesaal des alten P & LE-Bahnhofs am **Station Square**. St. Michael's Church – angeblich in Red Bank, NJ, gelegen, wo Kardinal Glicks „Katholizismus WOW!"-Bewegung das deprimierende Kruzifix durch den positiv gestimmten Buddy Christ ersetzt (zugleich Schauplatz des apokalyptischen Filmhöhepunkts). Dabei handelt es sich um die **Everlasting Covenant Cathedral, 130 Larimer Avenue** in **East Liberty** (seien Sie aber wachsam, das ist nicht gerade ein gemütliches Stadtviertel).

DOKTOR SCHIWAGO

(1965, R: David Lean)
Omar Sharif, Julie Christie, Alec Guinness
• SPANIEN; FINNLAND; KANADA

Leans schwerfällige, mit einem Zuckerguss versehene Romanze, die sich stellenweise an Boris Pasternaks Roman orientiert, scheint sich immer am Rande eines Musicals zu bewegen. Trotz der endlosen Schneelandschaften wurde der größte Teil des Films in Spanien gefilmt. Die wichtigsten Sets standen in **Canillas**, einem kleinen Vorort von Madrid. Das Cottage, das mit seinen niedlichen Eiszapfen und dem Gipsschnee von einer Weihnachtskarte stammen könnte, wurde in der Bergregion von **Soria** rund 160 Kilometer nordöstlich von Madrid errichtet. Zu den anderen spanischen Drehorten gehörten **Granada, Guadalajara, Aljalvir** und **Aranjuez**.

Die Zugszenen filmte man in Finnland auf der Strecke,

die 1940 während der russischen Invasion bei **Joensuu** verlegt wurde, gut 650 Kilometer nördlich von Helsinki. Der Flüchtlingstreck wurde am **Phyhaselka-See** in Finnland aufgenommen, etwa 160 Kilometer von der russischen Grenze entfernt. Einige Szenen drehte ein zweites Kamerateam in den kanadischen Rockies, was für weitere Bergansichten während der Zugfahrt sorgte. Der gigantische Staudamm, der das Ende der Geschichte markiert, ist der **Aldeadavila-Damm** am Duero, gut 90 Kilometer westlich von Salamanca.

DONNIE BRASCO

(1997, R: Mike Newell)
Al Pacino, Johnny Depp, Anne Heche
• NEW YORK CITY

Der Regisseur des vergnüglichen, wenn auch völlig überbewerteten *Vier Hochzeiten und ein Todesfall* nahm eine radikale Kehrtwendung vor, als er sich entschloss, einen der besten, in New York spielenden Gangsterfilme zu verwirklichen.

Pacino und Depp treffen sich zum ersten Mal: Mare Chiaro, Mulberry Street, Little Italy

Der Film basiert auf der wahren Geschichte des Polizisten Joe Pistone (Depp), der in den siebziger Jahren unter dem Namen Donnie Brasco die Mafia infiltrierte. Pacino ist brillant als der zum Scheitern verurteilte

Bei den Dreharbeiten zu Donnie Brasco in der Mott Street

Gangster, der sein eigenes Todesurteil unterschreibt, als er für Brasco bürgt.

Die Handlung spielt größtenteils in New York und wurde auch komplett dort gedreht – die kurze Szene in Miami eingeschlossen. Die Little-Italy-Bar, in der sich Pacino und Depp zum ersten Mal treffen, ist das **Mare Chiaro, 176 Mulberry Street** zwischen Broome Street und Grand Street. Die Bar, die auch als Tony's bekannt ist, war in vielen Filmen zu sehen, unter anderem in *9 1/2 Wochen, Im Vorhof der Hölle* und *Der Pate III*. Eine Liste aller Filme hängt an einer Wand der Bar. Auch wenn das Innenleben mit Fotos geschmückt ist, die den Eigentümer mit Stars wie Frank Sinatra zeigen, bedeutet das unerbittliche Vordringen aus Chinatown ins alte Little Italy, dass diese einstmals italienische Bar heute unter chinesischer Leitung steht.

Depp trifft sich mit seinen Kontaktleuten in **Katz's Delicatessen, 205 East Houston Street** zwischen Ludlow Street und Orchard Street in East Village, bestens bekannt als das Restaurant, in dem Meg Ryan für Billy Crystal in **Harry & Sally** einen Orgasmus vortäuscht. Depp und Pacino treffen sich mit dem Gangsterboss auf der **Mott Street** in Little Italy, wo die Genco Olive Oil Company in *Der Pate* ihren Sitz hatte.

THE DOORS

(1991, R: Oliver Stone)
Val Kilmer, Meg Ryan, Frank Whaley
• KALIFORNIEN; NEW YORK CITY; PARIS

Morrison pinkelt gegen die Bar: Barney's Beanery, Santa Monica Boulevard

Morrisons Grab: Friedhof Père Lachaise, Paris

Stones dümmlich-mystische Verfilmung des Lebens von Doors-Singer/Songwriter Jim Morrison entstand an rund 80 Drehorten, die vorwiegend in Kalifornien gelegen waren. Die Band kommt zum ersten Mal in L.A. am **Venice Beach** zusammen. Für einige Szenen geht es dann ab nach San Francisco in voller Sechziger-Jahre-Inkarnation, dann blamieren sie Ed Sullivan in **New York** (obwohl Morrison eigentlich nicht „Girl we couldn't get much higher" live im Fernsehen gesungen hat, nachdem er angewiesen worden war, diese Zeile zu ändern).

In L.A. gibt es eine ganze Reihe altehrwürdiger Institutionen zu sehen. The Doors treten im **Whisky-a-Gogo, 8901 Sunset Boulevard** in West Hollywood auf. Die Bar, in der der böse Bube Morrison an die Theke pinkelt, ist **Barney's Beanery, 8447 Santa Monica Boulevard**, ein berühmt-berüchtigtes Lokal in West Hollywood – es heißt, Jean Harlow habe sich hier früher ihre Männer geangelt. Nach seinem Zusammenbruch genießt Morrison einen Drink auf einem Fenstersims des **Chateau Marmont, 8221 Sunset Boulevard**, das 1929 gebaut wurde und lange Zeit als Hotel für Stars wie Boris Karloff, Greta Garbo, Errol Flynn und wieder mal Harlow diente. Am bekanntesten ist es aber dafür, dass John Belushi hier 1982 eine Überdosis an Kokain und Heroin nahm. Das Konzert in New Haven, das abrupt endet, als Morrison wegen Beleidigung von Polizisten festgenommen wird, wurde im hübschen **Orpheum Theater, 630 South Broadway**, Downtown L.A. gefilmt. Weitere Szenen entstanden im leer stehenden **Ambassador Hotel, 3400 Wilshire Boulevard**, mitten in L.A.

Die Wüstenszenen wurden im **Providence Mountains State Park** gedreht, einem fast 2500 Hektar großen Erholungsgebiet an einem Berghang, von dem aus man eine ausgedehnte Wüste überblicken kann. Es liegt in etwa mitten im Nichts und ist über die Interstate 40 gut 160 Kilometer östlich von Barstow zu erreichen, von der Sie dann nach Nordwesten in die Essex Road abbiegen. Die Filmgesellschaft bekam Schwierigkeiten, als die nachgemachten Piktogramme der amerikanischen Ureinwohner sich nicht so einfach entfernen ließen wie zunächst versprochen.

Die letzte Szene wurde an Morrisons Grab auf dem größten Friedhof von Paris gefilmt – dem **Père Lachaise, 65**

Boulevard de Menilmontant im 20. Arrondissement. Das auf das heftigste mit Graffitis versehene Grab befindet sich im Abschnitt 16. Vom Haupteingang nehmen Sie die Avenue Principale bis zur Avenue de Puits, biegen rechts ab und folgen der Avenue Casimir-Perier. Zu den übrigen Prominentengräbern, die im Film zu sehen sind, gehören das von Oscar Wilde, Bizet, Marcel Proust, Sarah Bernhardt, Bal-

Morrison auf Selbstzerstörungskurs: Chateau Marmont, Sunset Boulevard

zac und Rossini. Sie finden hier auch das Grab von Abelard und Heloise, Simone Signoret, Edith Piaf, Gericault, Chopin, Colette, Isadora Duncan, Max Ophüls, Marie Walewska (Bonapartes Geliebte) und von Kinopionier Georges Méliès.

DAS DOPPELLEBEN DER SISTER GEORGE

(1968, R: Robert Aldrich)
Beryl Reid, Susannah York, Coral Browne
• LONDON

George trinkt im Marquis of Granby: The Hollybush, Hampstead

Diese drastische Vermarktung von Frank Marcus' schwarzer Komödie über eine Soapdarstellerin, die im Begriff ist, ihren Job und ihre junge Geliebte zu verlieren, wird durch phantastische dar-stellerische Leistungen gerettet, vor allem von Beryl Reid, die die Rolle schon auf der Bühne schuf. Dem Film hängt an, dass er in Norwich nicht gezeigt werden darf. Der Club, in den Reid die hochnäsige BBC-Dame Coral Browne einlädt, war das Gateways, jener legendäre, aber seit langem geschlossene Lesbenclub, der in Bramerton Gardens stand, ganz in der Nähe der Kings Road, Chelsea, SW10. Der Pub, The Marquis of Granby, in dem sich Reid zu Beginn des Films aufhält, ist in Wahrheit das wundervolle alte **Hollybush, 22 Holly Mount, NW3**, das hinter der Heath Street in Hampstead *(U-Bahn-Station: Hampstead)* versteckt liegt. Das Lokal existiert noch immer und sieht so gut wie unverändert aus. Während der Titelsequenz schreitet Reid durch eine enge Gasse zwischen **Heath Street** und **Hampstead Grove**, um dann auf der anderen Seite von London herauszukommen, nämlich am **Embankment** nahe Chelsea.

DORF DER VERDAMMTEN

(1995, R: John Carpenter)
Christopher Reeve, Kirstie Alley, Michael Paré
• KALIFORNIEN

John Carpenters enttäuschendes Remake verlegt die Handlung an die gleichen kalifornischen Schauplätze, die er bereits für *The Fog – Nebel des Grauens* verwendete

Das „Dorf der Verdammten":
Point Reyes Station

und die zufälligerweise gleich bei ihm zu Hause um die Ecke liegen. Diesmal ist Midwich die Stadt **Point Reyes Station**. Weitere Szenen filmte man nahe **Inverness**, und die Picknickszene entstand im nahe gelegenen **Nicasio**.

DAS DORF DER VERDAMMTEN

(1960, R: Wolf Rilla)
George Sanders, Barbara Shelley, Michael Gwynn
• HERTFORDSHIRE

Das „Dorf der Verdammten": Letchmore Heath, Hertfordshire

Unheimlicher SF-Horror nach John Wyndhams Geschichte *The Midwich Cuckoos* über eine Gruppe emotionsloser und hochintelligenter Kinder, die alle zur gleichen Zeit in einem kleinen englischen Dorf zur Welt kommen. Das Dorf der Verdammnis namens Midwich ist **Letchmore Heath** östlich von Watford und – so ein Zufall aber auch – gerade mal sechs Kilometer von den Borehamwood Studios von MGM entfernt.

DR. DOLITTLE

(1998, R: Betty Thomas)
Eddie Murphy, Ossie Davis, Oliver Platt
• KALIFORNIEN

Weg mit der Musik, her mit ausgefeilten Spezialeffekten: So könnte das Motto für diese modernisierte Version lauten, die in San Francisco spielt. Das Apartment des Doktors befindet sich in der **Webster Street**. Das Volksfest findet im **Aquatic Park** nahe Fisherman's Wharf statt, und die Szene mit dem Tiger entstand am **Coit Tower** (für Details siehe *Vertigo – Aus dem Reich der Toten*). Gefilmt wurde außerdem in **Pacific Heights** sowie außerhalb von San Francisco in **Big Bear**, Pasadena und **Lake Sherwood**.

DR. SELTSAM ODER WIE ICH LERNTE, DIE BOMBE ZU LIEBEN

(1963, R: Stanley Kubrick)
Peter Sellers, George C. Scott, Sterling Hayden
• SURREY

Kubricks bitterböse Farce entstand fast völlig im Studio

in **Shepperton**. Die Luftaufnahmen sind von einem B-17-Bomber über der Arktis, Grönland, Island, dem Nordwesten von Kanada und über den Rockies gemacht worden. Außendrehs fanden am London Airport statt. Die Computerszenen entstanden im Computersaal bei IBM. Die Filmgesellschaft versicherte den IBM 7090 – einer von nur drei auf der ganzen Welt – für vier Millionen Dollar. Der New Yorker Fotobesessene WeeGee (in *Der Reporter* gespielt von Joe Pesci) war bei den Standfotos für den Film beratend tätig.

DRACULA

(1931, R: Tod Browning)
Bela Lugosi, Helen Chandler, Edward Van Sloan
• LOS ANGELES

Die erste Hollywood-Version von Bram Stokers Vampirgeschichte, auch wenn sie inoffiziell bereits 1921 von F. W. Murnau in Deutschland als *Nosferatu – Eine Symphonie des Grauens* verfilmt worden war. *Dracula*, der damit die Serie von stilvollen, atmosphärischen Horrorfilmen der dreißiger und vierziger Jahre aus dem Hause Universal eröffnete, ist im Wesentlichen eine Verfilmung der britischen Bühnenfassung von Hamilton Deane, die 1927 in London mit dem 23 Jahre alten Raymond Huntley in der Titelrolle Premiere gefeiert hatte. Am Broadway verkörperte diese Rolle der ungarische, klassisch ausgebildete Schauspieler Lugosi, der auch die Filmrolle erhielt, nachdem der todkranke Lon Chaney Sr. und Conrad Veidt, der nach Deutschland zurückkehren wollte, das Projekt weitergereicht hatten.

Die Sets, die Transsylvanien und Yorkshire darstellen, wurden in Carl Laemmles **Universal Studios** im Norden von Hollywood gebaut und in der Folgezeit oft wieder verwendet (für Details über das Studio siehe *Frankenstein*).

Die Außenaufnahmen des Schlosses von Dracula sind die vom Designerassistenten Herman Rosse geschickt überarbeiteten Mittelalter-Sets der alten Universal-Stummfilme. Die Sets für die transsylvanische Herberge und deren Hof entstanden bei Universal und lagen dort, wo heute der Zug der Studiorundfahrt anhält. In England angekommen gelingt es Dracula, Lucy und Mina in die Albert Hall einzuladen – eigentlich die alte Kulisse von *Das Phantom der Oper* (die noch 1973 eingesetzt wurde – so zu sehen in *Der Clou*).

Nur die Eröffnungsszene, in der sich Renfields Kutsche durch eine unheimliche mitteleuropäische Landschaft bewegt, entstand nicht im Studio. Der Dreh erfolgte vielmehr bei **Vasquez Rocks**, jener bizarren Felsformation in der Nähe von L.A., die in zahlreichen Western und SF-Filmen zu sehen ist (für Details über Vasquez Rocks siehe *Massai*).

DRACULA

(1958, R: Terence Fisher)
Christopher Lee, Peter Cushing, Melissa Stribling
• BERKSHIRE; BUCKINGHAMSHIRE

Hammer Films wiederholte das Universal-Muster und begann nach dem erfolgreichen Remake von *Frankenstein*, alle Klassiker aus den dreißiger Jahren neu zu verfilmen – in Farbe und mit viel Blut. Dracula entstand fast völlig auf dem Gelände der Hammer-eigenen **Bray Studios, Down Place**, zwischen Maidenhead und Windsor. Die transsylvanische Landschaft wurde nahe den Pinewood Studios im **Black Park Country Park** gefilmt.

DRACULA

(1979, R: John Badham)
Frank Langella, Laurence Olivier, Kate Nelligan
• **CORNWALL**

Draculas Schloss: St. Michael's Mount

Frank Langella beißt sich durch (nachdem er die Rolle am Broadway gespielt hatte), während Olivier in diesem üppigen, romantischen Melodrama Knoblauch und Pfahl schwingt.

Obwohl in England gedreht, bedient sich der Film nicht des im Buch beschriebenen Schauplatzes Whitby in Yorkshire, sondern entstand in Cornwall. Das Schloss von Graf Dracula ist **St. Michael's Mount**,

Sewards Anstalt: King Arthur's Castle Hotel, Tintagel

knapp einen Kilometer von **Marazion** entfernt vor der Küste gelegen – und durch einen Damm mit dem Festland verbunden –, und damit gut fünf Kilometer östlich von Penzance in Cornwall. Das Schloss aus dem 17. Jahrhundert, das Heim von Lord St. Levan, gehört dem National Trust und ist für Besucher geöffnet: von montags bis freitags, von April bis Oktober *(Tel. 01736/710507)*.

Sewards Anstalt unter der Leitung von Donald Pleasence ist das **King Arthur's Castle Hotel, Tintagel**. Das Dorf, in dem Dracula versucht, an Bord eines Schiffs zu gelangen, ist **Mevagissey**, ein Fischerdörfchen im Westen, acht Kilometer südlich von St. Austell gelegen.

DRACULA BRAUCHT FRISCHES BLUT

(1973, R: Alan Gibson)
Christopher Lee, Peter Cushing, Freddie Jones
• **LONDON; HERTFORDSHIRE**

Nach *Dracula jagt Minimädchen* ein weiteres Update mit dem Grafen als blutrünstigem Stadtentwickler in London. Pelham House in Croxted Heath – Hauptquartier der Psychical Examination and Research Group, der Fassade für den Vampirkult – ist eigentlich **High Canons, Bucketts-land Lane, Well End**, nördlich von Borehamwood in Hertfordshire. Das Genre ist dem Haus bestens bekannt, immerhin wurden dort zahlreiche Filme gedreht, unter anderem *Die Braut des Teufels*.

DRACULA JAGT MINIMÄDCHEN

(1972, R: Alan Gibson)
Christopher Lee, Peter Cushing, Christopher Neame

• **LONDON; HERTFORDSHIRE**

Grausiger Versuch, die Hammer-Serie auf den Stand der Swinging Seventies zu bringen. Angesiedelt ist der Film rund um die Kings Road, Chelsea,

Die coole Coffeebar der siebziger Jahre: King's Road, Chelsea

viele Jahre nach der glorreichen Zeit von Chelsea. Die Kirche ist erkennbar Kulisse, aber die Coffeebar, in der sich die trendigen jungen Dinger treffen, ist heute das italienische Restaurant **La Bersagliera, 372 Kings Road** Richtung World's End. Die ländlichen Szenen entstanden am **Tykes Water Lake** im **Aldenham Country Park**, westlich von Elstree zwischen Bushey und Borehamwood, Hertfordshire.

DRAGONHEART

(1996, R: Rob Cohen)
Dennis Quaid, Sean Connery (Sprecher, OV), David Thewlis
• **SLOWAKEI**

Ein zeitgenössisches Fantasy-Abenteuer, das in der Slowakei gefilmt wurde. Die Eröffnungsszene entstand in der Ruine von **Cachtice Hrad**, einst die Heimat der berüchtigten Erzsebet Bathory, der legendären „Blutgräfin", die angeblich im Blut von Jungfrauen badete und die in der Hammer-Produktion *Comtesse des Grauens* aufs Wildeste dargestellt wurde. Die Ruine des Turms liegt oberhalb der Stadt Cachtice. Der Film bedient sich der wunderschönen Landschaften des Slowakischen Nationalparks nahe der mittelalterlichen Stadt **Levoca**, während es sich bei Einons Schloss um das **Schloss Spis** im Osten der Slowakei handelt, das zu den größten in Europa gehört. Es steht vor der Kulisse des Tatra-Gebirges und bietet den Blick über die alten Städte Spisska Kapitula und Spisska Podhradie.

DAS DRECKIGE DUTZEND

(1967, R: Robert Aldrich)
Lee Marvin, Ernest Borgnine, Robert Ryan
• **HERTFORDSHIRE**

Zwölf verurteilte GIs im Großbritannien des Zweiten Weltkriegs können sich von der Todesstrafe oder lebenslanger Inhaftierung freikaufen, indem sie sich auf ein Selbstmordkommando hinter die feindlichen Linien begeben.

Das fiktive Marston-Tyne Military Prison, in dem sich Lee Marvin seine Rekruten aussucht, ist das **Ashridge Management College** in der Nähe des Dorfs Little Gaddesden, rund zehn Kilometer nordöstlich von Hemel Hempstead in Hertfordshire *(Bahnhof: Tring)*.

Die Airbase, wo „Major" Donald Sutherland Robert Ryan bei der Inspektion der Truppen kräftig an den Karren fährt, ist das **Hendon Aerodrome**, rund 25 Kilometer nördlich von London. Das Dorf in Devon, Red Force Division 1 Headquarters, in dem das Dutzend Militärmanöver stört und die befehlshabenden Offiziere gefan-

Manöver im Städtchen Devon: Aldbury, Hertfordshire

Marston-Tyne Military Prison: Ashridge College, Little Gaddesden

gen nimmt, ist das historische Dorf **Aldbury** einige Kilometer westlich von Little Gaddesden in Hertfordshire. Dieser beliebte Drehort ist auch in Gainsboroughs Melodrama *Zigeunerblut* und im Swinging Sixties Comedy-Thriller *Tödlicher Salut* zu sehen.

Was Sie aber nicht besuchen können, ist das französische Schloss, das Ziel der Mission. So massiv und beeindruckend es auch aussehen mag, ist das gesamte Bauwerk nichts weiter als eine gewaltige Kulisse auf dem Gelände der MGM Studios in Borehamwood. Es war fast 750 Meter breit, 15 Meter hoch und nahm einen Platz von gut zwei Fußballfeldern in Anspruch.

DREI MÄNNER UND EINE KLEINE LADY

(1990, R: Emile Ardolino)
Ted Danson, Tom Selleck, Steve Guttenberg
• OXFORDSHIRE; BERKSHIRE

Der englische Landsitz: Broughton Castle, Banbury

Das Zuhause des Mannes, der die Mutter der „kleinen Lady" heiraten will, ist **Broughton Castle**, drei Kilometer westlich von Banbury in Oxfordshire. Für umfassende Details siehe *King George – Ein Königreich für mehr Verstand*. Ebenfalls zu sehen ist die katholische theologische **Douai Abbey School, Upper Woolhampton**, nahe Reading in Berkshire.

DIE DREI MUSKETIERE

(1973, R: Richard Lester)
Michael York, Oliver Reed, Richard Chamberlain
• SPANIEN

Schräge Version des Dumas-Klassikers. Natürlich angesiedelt in Frankreich, wurde der Film zusammen mit seiner Fortsetzung *Die vier Musketiere – Die Rache der Mylady* in Spanien gedreht. Der dekadente Hof von Versailles, an dem Geraldine Chaplin auf einem von Menschen betriebenen Karussell fährt, Jean-Pierre Cassel lebendes Schach spielt und Michael York endlich ein Musketier wird, ist der **Palacio Real, Aranjuez**. Der königliche Palast von 1722 wurde im klassischen Stil erbaut, nachdem ein Feuer den von Karl V. vorgenommenen Erweiterungsbau an den ursprünglichen Jagdsitz von Philipp II. vernichtet hatte.

Die Bastille, in der Spike Milligan von Charlton Heston verhört wird, ist das **Alcazar, Segovia**, ein Gebäude aus der Mitte des 14. Jahrhunderts, das im 15. Jahrhundert modernisiert wurde. Bis 1570 diente es als königliche Residenz, dann wurde es in ein Gefängnis umgebaut. Das Rathaus, Schauplatz des großen Balls, ist **La Granja de San Ildefonso**, ein Miniatur-Versailles 50 Kilometer nordwestlich von Madrid, gebaut um 1720 als Sommersitz für Philipp V. Das Feuerwerk findet hier am **Gran Cascada** statt. Weitere „französische" Motive fanden sich am Palast von **Riofrío**, rund 65 Kilometer nordwestlich von Madrid.

DIE DREI MUSKETIERE

(1993, R: Stephen Herek)
Kiefer Sutherland, Charlie Sheen, Chris O'Donnell
• ÖSTERREICH; CORNWALL

Das Bratpack-Remake vom Regisseur des ersten *Bill & Ted*-Films entstand in Österreich, wo der Stadtplatz gleich neben der Dorfkirche von **Perchtoldsdorf** südwestlich von Wien eingerichtet wurde. Weitere Szenen entstanden in Cornwall (wo Mylady sich von der Klippe in den Tod stürzt) am **Charlestown Harbour** an der Südküste bei St. Austell.

DIE DREI TAGE DES CONDORS

(1975, R: Sydney Pollack)
Robert Redford, Max von Sydow, Faye Dunaway
• NEW YORK CITY

In New York angesiedelter Verschwörungsthriller mit Redford, der nach einem Massaker in dem Büro, in dem er arbeitet, auf der Flucht vor den Attentätern ist. Das Büro ist das **Ansonia Hotel, 2107-2109 Broadway**, zwischen West 73rd Street und West 74th Street an der West Side. In der Gasse hinter dem Ansonia gerät er in eine Falle und entkommt nur knapp dem Tod. Das Büro des Widersachers Cliff Robertson befand sich im **World Trade Center, Church Street**, zwischen Vesey Street und Liberty Street, Lower Manhattan. Dunaway lebt in Brooklyn Heights, und Redford trifft mit Robertson auf der **Brooklyn Heights Promenade** von Lower Manhattan auf der anderen Seite des East River zusammen.

23 – NICHTS IST SO, WIE ES SCHEINT

(1998, R: Hans-Christian Schmid)
August Diehl, Fabian Busch, Dieter Landuris
• DEUTSCHLAND

Entstanden nach der wahren Geschichte des computerbegeisterten Teenagers Karl Koch, der von Robert Anton Wilsons paranoiden SF-Kultromanen über die Illuminaten besessen war, und der sich in Regierungs- und Militärcomputer hackte, bevor er sich einer tödlichen Kokssucht hingab. Der Film spielt größtenteils in **Hannover**, gefilmt wurde aber auch in Helmstedt an der E30 in östlicher Richtung, sowie **Berlin**, **Köln** und **München**.

DRESSED TO KILL

(1980, R: Brian De Palma)
Michael Caine, Angie Dickinson, Keith Gordon
• NEW YORK CITY; PHILADELPHIA

Die New Yorker Kunstgalerie: Philadelphia Museum of Art, 26th Street

Michael Caines Büro: East 70th Street, East Side

De Palma verarbeitet seine Hitchcock-Besessenheit mit einer stilvollen und bösartigen Variante von *Psycho*, die in New York angesiedelt ist. Das Büro des Psychiaters Michael Caine befindet sich im Kellergeschoss in der **162 East 70th Street** nahe Lexington Avenue an der East Side. Er soll im Bellevue Hospital in der First Avenue seiner Arbeit nachgehen, zu sehen bekommen wir aber das Innere des **Tweed Courthouse, 52 Chambers Street** im Civic Center.

Die Kunstgalerie, in der Angie Dickinson sich vor der umstrittensten Sequenz des Films aufhält, ist nicht das, was sie zu sein scheint. Zwar soll es das New Yorker Metropolitan Museum of Art in der Fifth Avenue/Ecke 82nd Street sein, doch das Innere der Galerie wurde tatsächlich im **Philadelphia Museum of Art, 26th Street**/Ecke Benjamin Franklin Parkway, gefilmt. Philadelphia ist die Stadt, in der De Palma aufgewachsen ist. Sie taucht regelmäßig in seinen Arbeiten auf.

DER DRITTE MANN
(1949, R: Carol Reed)
Joseph Cotten, Orson Welles, Alida Valli
• ÖSTERREICH

Harry Limes „Kuckucks-uhren-Rede": Prater

Graham Greenes Roman über den Schwarzmarkt in Wien nach dem Zweiten Weltkrieg erhält eine stark impressionistische Behandlung mit extremen Kamerawinkeln. Nachdem der erfahrene Regisseur William Wyler den Film gesehen hatte, schickte er Reed eine Wasserwaage. Der Film wurde in **Wien** gedreht, allerdings wurden einige Abwasserkanäle im Studio nachgebaut. Orson Welles hat einen großartigen Auftritt in einer Türöffnung, während eine kleine Katze an seinen Schnürsenkeln knabbert (die Schnürsenkel waren in Ölsardinen getaucht worden). Diese Stelle ist unverändert in der **Schreyvogelgasse Nr. 8** zu finden. Der Friedhof ist der **Wiener Zentralfriedhof, Simmeringer Hauptstraße** im 11. Bezirk. Die Einführungsaufnahme, die das sofort erkennbar macht, da sie die Gräber von Brahms und Beethoven zeigte, wurde allerdings herausgeschnitten.

Das **Riesenrad**, an dem Welles und Cotten ihre entscheidende Szene spielen und Welles seine (selbst verfasste) Kuckucksuhrenrede hält, wurde 1896 erbaut und 1948

Harry Limes erster Auftritt: Schreyvogelgasse, Wien

nach dem Krieg restauriert. Es steht nach wie vor im **Prater** im 2. Bezirk zwischen der Donau und dem Donau-Kanal (U-Bahnstation: Praterstern).

Der **Casanova Club, Dorotheengasse 6**, ist immer noch ein Nachtclub, und Sie können auch heute noch Aufführungen im **Theater in der Josefstadt, Josefstadter-straße 26** *(Tel. 0222/4025127)* besuchen. Wenn Sie es sich leisten können, dann können Sie so wie Joseph Cotten im altehrwürdigen **Hotel Sacher, Philharmonikerstraße 4** *(Tel. 0222/514560)* absteigen, gleich hinter dem Opernhaus. Sie können auch das berühmte Mozart Café, Albertinaplatz 2, besuchen, aber gefilmt wurde die Szene tatsächlich in der **Tegetthofstraße**. Welles' Apartment befindet sich im **Palais Pallavicini, Josefsplatz 5**. Andere Motive waren die Treppe in der **Stiftgasse** und der **Wiener Hauptbahnhof**. Sie können an einer „Der dritte Mann"-Führung durch die Stadt teilnehmen, www.viennawalks.tix.at.

DRIVER
(1978, R: Walter Hill)
Ryan O'Neal, Bruce Dern, Isabelle Adjani
• LOS ANGELES

Dern ist „der Bulle" (es handelt sich um einen existenzialistischen Thriller, darum haben die Figuren keinen Namen), der den „Fahrer" festnehmen will, einen Experten, wenn es darum

Standort des berühmten Torchy's: West Fifth Street, Downtown L.A.

geht, schnell die Flucht anzutreten. Walter Hills temporeicher Thriller entstand auf den Straßen von L.A. Die Bar, von der aus Dern tätig wird, war Torchy's, **218 1/2 West Fifth Street**, Downtown L.A. Offenbar handelt es sich um eines von Hills Lieblingsmotiven, denn Torchy's ist auch in *Nur 48 Stunden* zu sehen. Torchy's ist mittlerweile geschlossen worden, stattdessen hat dort ein Geschäft für Elektrogeräte eröffnet. O'Neal trifft sich mit Adjani auf dem beleuchteten Fußweg des futuristischen **Westin Bonaventure Hotel, 404 South Figueroa Street** (für Details über das Bonaventure siehe *In the Line of Fire – Die zweite Chance*). Die Gepäckschließfächer, in denen die Taschen gelagert und ausgetauscht werden und wo Dern eine Falle für O'Neal aufbaut, befinden sich in der **Union Station, 800 North Alameda Street**.

DRUGSTORE COWBOY

(1989, R: Gus van Sant)
Matt Dillon, Kelly Lynch, James Remar
• OREGON

Diese im Jahr 1971 angesiedelte kleine Studie des Lebens einer Gruppe von Drogenabhängigen entstand in Portland, Oregon. Dillons und Lynchs Apartment ist im **Irving Apartments, 2127 Northwest Irving Street**, im Stadtzentrum, zu finden. Die Apotheke, die sie ausrauben, ist die **Nob Hill Pharmacy, 2100 Northwest Glison Street**/Ecke Northwest 21st Avenue, einige Häuserblocks weiter südlich.

DUELL

(1971, R: Steven Spielberg)
Dennis Weaver, Jacqueline Scott, Eddie Firestone
• KALIFORNIEN

Spielbergs erster Kinofilm (auch wenn er ursprünglich fürs Fernsehen gedreht wurde) ist nach wie vor eines der großen Kinodebüts, obwohl es innerhalb von gerade mal zwei Wochen entstand. Der einfache Plot dreht sich um den Pkw-Fahrer Weaver, der von einem Monstertruck verfolgt wird, dessen Fahrer er nie zu sehen bekommt. Der Film beginnt in Downtown L.A., wo Weaver auf dem **South Broadway** entlangfährt und sich in Richtung Norden auf dem Highway 5 bewegt, dem Golden State Freeway in Fahrtrichtung Bakersfield. Der Großteil der Dreharbeiten erfolgte auf der **Route 14** und im **Angeles National Forest** nördlich von L.A. Die Tankstelle, an der er vor dem defekten Kühlwasserschlauch gewarnt wird, und der Waschsalon, von dem aus er seine Frau anruft, finden sich in **Acton**, direkt südlich der Route 14. Er besiegt das Monster schließlich am **Soledad Canyon** abseits der Route 14 in Fahrtrichtung Ravenna.

DUELL IN DER SONNE

(1946, R: King Vidor; Josef von Sternberg; William Dieterle, B. Reeves Eason und David O. Selznick)
Jennifer Jones, Joseph Cotten, Gregory Peck
• KALIFORNIEN; ARIZONA

Eitles Projekt von Selznick, mit dem er *Vom Winde verweht* überbieten und seinen Schützling Jennifer Jones angemessen präsentieren wollte. Jones ist das indianische

„Halbblut", das Mädchen, das sich in den Sohn der Rancherfamilie verliebt, bei der sie wohnt. Gefilmt wurde in der glutheißen Wüste von Arizona auf der Texas Ranch, heute die **Triangle T Ranch** nahe **Dragoon**, und in **Lasky Mesa**, westlich des San Fernando Valley in Kalifornien (für Details siehe *Der Verrat des Surat Khan*). Der ursprüngliche Regisseur Vidor verließ die Produktion, da er sich so wie viele andere Regisseure auch nicht permanent von Selznick in seine Arbeit hineinreden lassen wollte. Dieterle sprang ein und stellte den Film mit Unterstützung von von Sternberg und Reeves Eason – und natürlich von Selznick persönlich – fertig.

DIE DUELLISTEN

(1977, R: Ridley Scott)
Keith Carradine, Harvey Keitel, Edward Fox
• FRANKREICH; SCHOTTLAND; LONDON

Scotts erster Kinofilm, einschließlich seines Markenzeichens – stimmungsvoller Nebel und üppige Bilder – ist die Verfilmung von Joseph Conrads Geschichte über eine Reihe von Duellen zwischen zwei Offizieren während der Napoleonischen Kriege. Gefilmt wurde rund um das schöne mittelalterliche Städtchen **Sarlat La Caneda**, ca. 60 Kilometer südöstlich von Perigueux in der Dordogne. Weitere Dreharbeiten fanden in **Aviemore** an der A9 südöstlich von Inverness, Schottland, statt. Zeitgenössische Innenaufnahmen wurden im Restaurant **Simpsons** am Strand, London, gedreht.

DÜSTERE LEGENDEN

(1998, R: Jamie Blanks)
Jared Leto, Alicia Witt, Rebecca Gayheart
• ONTARIO, KANADA

Stanley Hall, New Hampshire: University of Toronto

In diesem ironischen Beitrag zum Slashergenre werden nach dem Muster diverser urbaner Mythen College-Kids umgebracht. Das New England College Stanley Hall, Melbourne, New Hampshire, ist in Wirklichkeit der Campus der **University of Toronto** mitten in der Innenstadt von Toronto, Ontario. Als Haus der Bruderschaft fungiert das **Lakeshore Psychiatric Hospital**.

DER DUFT DER FRAUEN

(1992, R: Martin Brest)
Al Pacino, Chris O'Donnell, Gabrielle Anwar
• NEW YORK CITY; NEW YORK STATE

Collegeschüler O'Donnell begleitet den blinden, zum Selbstmord entschlossenen Ex-Soldaten Pacino auf einer letzten Tour durch New York. Und da gibt es nur das Feinste und Beste. Sie steigen im **Waldorf-Astoria Hotel, 301 Park Avenue** (*Tel. 212 355 3000*) zwischen East 49th Street und East 50th Street, Manhattan, ab. Sie gehen stilvoll essen im **Oak Room** des **Plaza Hotel, West 59th Street**/Ecke Fifth Avenue. Pacino tanzt Tango im

Pacino und O'Donnell in New York: Waldorf-Astoria Hotel, Park Avenue

Der Tango: Hotel Pierre, East 61st Street

O'Donnells Schule: Hempstead House, Long Island

Ballsaal des großartigen alten Pierre Hotel, **2 East 61st Street**/ Ecke Fifth Avenue an der East Side. Und er fährt den Wagen am East River unterhalb der Williamsburg Bridge entlang. O'Donnells Schule ist eine Kombination aus zwei Bauwerken: **Hempstead House**, eines der vier Gebäude (ein anderes dieser Gebäude wurde in *Der Pate* für die Szene ausgewählt, in der der Filmproduzent einen Pferdekopf in seinem Bett vorfindet) des **Sands Point Preserve, 95 Middleneck Road, Port Washington** auf Long Island; außerdem die **Emma Willard School, 285 Pawlings Avenue, Troy** (die Stadt im Staat New York, die in *Zeit der Unschuld* als Manhattan um die Jahrhundertwende herhielt).

DUMM UND DÜMMER
(1994, R: Peter Farrelly)
Jim Carrey, Jeff Daniels, Lauren Holly
• **COLORADO; UTAH; RHODE ISLAND**

Carrey und Daniels reisen von Providence nach Aspen, um Lauren Holly die mit Geld randvoll gepackte Aktentasche zurückzubringen. Mit diesem Film begannen die Farrelly-Brüder ihre Serie von eigentlich nur geschmacklosen Produktionen.
Gefilmt wurde größtenteils in Colorado und Utah. In Providence, Rhode Island, wird zwar der Schauplatz eingeführt, aber Mary Swansons New England-Villa steht tatsächlich in Utah. Es ist das **La Caille**, ein acht Hektar großes Anwesen, das 1975 gebaut wurde und sich am **Quail Run, Little Cottonwood Canyon** in der Stadt **Sandy** befindet. Der größte Teil der transkontinentalen Reise, die Highways, die Fast-Food-Restaurants und Truckstops wurden rund um **Fort Morgan** (dort war Bandleader Glenn Miller in seiner Jugend zu Hause) in den östlich gelegenen Ebenen von Colorado gedreht.
Die Ankunft von Carrey und Daniels in Aspen entstand in Wahrheit auf der **Main Street, Breckenridge**, die höher gelegen ist als das Skigebiet und bei der die Chancen besser stehen, dass sie im Spätfrühling noch schneebedeckt ist. Vielleicht war Breckenridge auch nur um einiges billiger ... Die Fahrt durch Aspen wurde auf der **Main Street, Park City** in Utah, gefilmt. Das verschwenderische

Danbury Hotel, in dem Carrey und Daniels von dem Geld einen Lamborghini kaufen und in der Presidential Suite übernachten, ist das **Stanley Hotel, 333 West Wonder View Avenue, Estes Park** (*Tel. 001 970 586 3371*) in Colorado. Das äußerst beeindruckende Hotel wurde zur Inspiration für Overlook in *Shining*, nachdem Stephen King dort 1973 übernachtet hatte. Nicht Kubricks Film entstand hier, sondern das von King gutgeheißene TV-Remake (er hasste die Kinofassung). Das Avalanche Bar & Grill, wo Carrey vergeblich auf Lauren Holly wartet, ist Stanley's Bar. Daniels trifft sich unterdessen mit ihr im **Copper Mountain Resort** in Breckenridge, wo er das Eis vom Skilift zu lecken versucht.
Das Snowy Owl Benefit wurde im **Union Pacific Railroad Department** gefilmt, einem früheren Bahnhof, der 1909 gebaut wurde und heute als ein historisches Wahrzeichen von **Salt Lake City**, Utah, gilt. Das Aspen-Chalet und das Heim des Schurken Nicholas Andre wurden beide in **Dee Valley** gleich neben Park City, Utah, gefilmt. Der Großteil der Innenaufnahmen entstand übrigens in den **Intermountain Studios**, Orem in Utah, dem Studio, das die Osmonds für *The Donnie and Marie Osmond Show* gründeten.

DER DUMMSCHWÄTZER
(1997, R: Tom Shadyac)
Jim Carrey, Maura Tierney, Cary Elwes
• **LOS ANGELES**

Das Superior Court Building: Los Angeles City Hall

Story, die auf dem einzigen Gag beruht, dass Carrey als Anwalt in L.A. den Geburtstagswunsch seines Sohnes erfüllen muss und 24 Stunden lang nur die Wahrheit sagen darf. Gedreht wurde im City Jail. Das Superior Court Building, wo Carrey seine Fälle durchboxt, ist die **Los Angeles City Hall, 200 North Spring Street**, Downtown L.A. Die Stufen zum Gerichtsgebäude sind der Westeingang des Rathauses. Das Restaurant, in dem Cary Elwes Carreys Ex-Frau einen Heiratsantrag macht, ist das **Bistro Garden, 12950 Ventura Boulevard**, Studio City. Der filmische Höhepunkt spielt sich dann am Los Angeles International Airport LAX ab, während einige weitere Szenen in South Pasadena gedreht wurden.

E

Elliots Haus: Dos Rios Drive, Tujunga

E.T. – DER AUSSERIRDISCHE
(1982, R: Steven Spielberg)
Henry Thomas, Drew Barrymore, Peter Coyote
• LOS ANGELES

Die fliegenden Räder: White Oak Boulevard, San Fernando Valley

Spielbergs tränendrüsenstrapazierender SF-Film, der zu seiner Zeit der erfolgreichste Film aller Zeiten war, entstand zu großen Teilen auf den Bühnen der Culver Studios (vormals Pathe, Pathe-de Mille und RKO-Pathe Studios), **9336 Washington Boulevard** in Culver City, wo viele andere bedeutende Filme wie *King Kong und die weiße Frau* sowie *Vom Winde verweht* gedreht wurden. Hier entstanden alle Innenaufnahmen mit Ausnahme der High School, außerdem einige der Außenaufnahmen, darunter die Rückseite des Hauses sowie der Garten, in dem Elliot eine Spur aus M&Ms legt, um den Außerirdischen anzulocken.

Die Waldszenen nahm man im **Redwood National Park** bei **Crescent City**, Route 101, ganz im Norden Kaliforniens an der Grenze zu Oregon auf.

Elliots von Fröschen heimgesuchte Schule findet sich in L.A.: Es ist die **Culver City High School, Elenda Street**/Ecke Franklin Avenue. Der Schulleiter wurde von Harrison Ford gespielt, dessen Szenen allerdings auf dem Boden des Schneideraums landeten. Es heißt aber, dass wahre Fans in der Lage sein sollen, seinen Hinterkopf und seine Schulter zu erkennen, die man angeblich immer noch im Film sehen kann.

Die für den Film ausgewählte Nachbarschaft war Northridge – das Epizentrum des verheerenden Erdbebens von 1994 – im Nordwesten von L.A. im San Fernando Valley. Die Halloween- und die Verfolgungsszenen entstanden im **Porter Ranch** Distrikt, und die Jagd auf das fliegende Fahrrad wurde auf dem **White Oak Boulevard** zwischen Tribune Road und San Fernando Mission Road gefilmt, während Elliots Haus knapp 25 Kilometer östlich gelegen ist.

Spielberg wollte einen dramatischer wirkenden Hintergrund und begab sich in die Ausläufer der San Gabriel Mountains. Das eigentliche Haus steht in der **7121 Dos Rios Drive, Tujunga**, einer Stadt im Norden von Burbank.

EASY RIDER
(1969, R: Dennis Hopper)
Peter Fonda, Dennis Hopper, Jack Nicholson
• LOS ANGELES; ARIZONA; NEW MEXICO; NEW ORLEANS, LOUISIANA

Fonda entledigt sich der Rolex: Geisterstadt Ballarat

Dieser Überraschungshit der sechziger Jahre, der mit einem Minimalbudget entstand, die Studios revolutionierte und Dutzende von Nachahmern unterschiedlichster Qualität auf den Plan rief, wurde bis auf eine Ausnahme in der Reihenfolge gefilmt, wie die Geschichte erzählt wird. Die Ausnahme ist die Mardi-Gras-Szene in New Orleans, die als erstes gefilmt wurde. Da hatte man doch wenigstens immer das Ziel vor Augen!

Die Reise quer durchs Land auf der berühmten alten Route 66 beginnt in L.A. Der den Film einleitende Drogendeal (ein Cameo-Auftritt des legendären Plattenproduzenten Phil Spector) entstand am **Los Angeles International Airport**, doch ab da wurde quer durch den Südwesten der USA immer an Ort und Stelle gefilmt. Die Schlüsselszene, in der Fonda seine Rolex auf den Boden wirft, wurde in **Ballarat** gedreht, einer Geisterstadt östlich der Route 178 zwischen Trona und Stovepipe Wells am westlichen Rand des Death Valley. Viel weiter südlich auf der Interstate 40 in Richtung Osten überqueren Fonda und Hopper bei **Topock** den Colorado River und gelangen nach Arizona. Von hier aus geht die Reise weiter auf der Route 95 am Colorado River entlang, bevor sie auf der Interstate 60 Richtung Süden zur Route 71 und 89 fahren, jener malerischen Strecke durch die Städte Prescott und Cottonwood bis nach **Flagstaff**.

Von Flagstaff aus geht es in nördlicher Richtung auf der Route 89 weiter, wo man auf die **Magic-Mountain-Tankstelle** (nicht mehr in Betrieb) und die geologischen Wunder **Painted Desert** und **Monument Valley** stößt. Der Straßenumzug wurde in Las Vegas gefilmt – nicht in der glitzernden Glücksspielerstadt in Nevada, sondern in dem gleichnamigen winzigen Grenzstädtchen in New Mexico. Nachdem das Paar ins Gefängnis geworfen worden ist, trifft es mit dem kommenden Star Jack Nicholson zusammen. Das Äußere des alten Gefängnisses kann man immer noch in **Las Vegas, 157 Bridge Street**, besichtigen, doch die Innenaufnahmen entstanden in **Taos**, der einstigen Heimat von D.H. Lawrence, zugleich die letzte Ruhestätte des Schriftstellers. Das städtische Gefängnis ist heute eine Kunstgalerie: **Bryans Gallery, Camino de la Placitas**. Der nächste Halt ist das unheimliche Redneck-Café, das gleichfalls seit langem nicht mehr existiert. Es stand in der Kleinstadt **Morganza**, Louisiana, am Mississippi, rund 50 Kilometer nordwestlich der Hauptstadt Baton Rouge. Von hier aus ist es nur ein Katzensprung vorbei an einer Reihe von Plantagenhäusern, die man aus vielen anderen Filmen kennt, um New Orleans und Mardi Gras zu erreichen.

ED WOOD
(1994, R: Tim Burton)
Johnny Depp, Martin Landau, Sarah Jessica Parker
• **LOS ANGELES**

Das Bestattungsunternehmen: North Cherokee Avenue

Burtons überraschend bewegendes Tribut an den legendären „schlechtesten Regisseur aller Zeiten" entstand an 68 echten Schauplätzen rund um L.A. Erstaunlicherweise gelang es Burton, zeitgenössische Drehorte zu finden, darunter die Vororte **Torrance, Sierra Madre, Long Beach, Norwalk, Gardena** und **Eagle Rock**. Und er schaffte es sogar, mitten im protzigen und neu bebauten Hollywood ein paar Ecken zu finden, die unverändert geblieben waren. Woods entsetzliche Bühnenaufführung entstand im **Theatre/Theater, 1713 Cahuenga Boulevard**/Ecke Hollywood Boulevard. Ermutigung in den Kritiken findet der aufstrebende Regisseur zusammen mit dem Rest seiner Truppe in **Boardner's Bar, 1652 North Cherokee Avenue**, nahe dem Hollywood Boulevard, seit den 40er Jahren traditionell eines der Lokale, in denen sich früher die Hollywood-Leute trafen. Links von Boardner's kann man ein leer stehendes Geschäft sehen, das als Beerdigungsinstitut Hollywood Funeral Home dekoriert wurde und wo Wood zum ersten Mal Bela Lugosi sieht, wie er in Särgen zur Probe liegt. Wood beginnt, seine große Familie schräger Typen um sich zu scharen, als er dem Ringer Tor Johnson im **Olympic Auditorium, Grand Avenue**/Ecke Olympic Boulevard, in Downtown L.A. begegnet – dort entstanden auch die Boxszenen für die *Rocky*-Filme und für *Wie ein wilder Stier*. Das Brown Derby Restaurant, in dem Wood eine Spendensammlung veranstaltet, existiert seit langem nicht mehr. Nachempfunden wurde es im Ambassador Hotel am

Ed Wood liest die Kritiken: Boardner's Bar North Cherokee Avenue, Hollywood

Wilshire Boulevard. Man kann außerdem die Kirche sehen, die die Besetzung von Plan 9 besucht, als Wood unorthodoxe Unterstützung erhält: die **Toluca Lake First United Methodist Church, 4301 Cahuenga Boulevard** in Burbank. Es gab auch einige authentische Drehorte: Die Sequenz aus *Die Rache des Würgers*,

Wood trifft Welles: Musso and Frank's Grill, Hollywood Boulevard

Wood sammelt für sein Meisterwerk: Taluca First United Methodist Church, Burbank

in der Lugosi mit einem Gummikraken kämpft, wurde an genau der Stelle gefilmt, an der der echte Ed Wood seinen Klassiker im **Griffith Park** drehte, und Woods Zuhause im Film ist das letzte Apartment des Regisseurs in Hollywood. Sein inspirierendes Treffen mit seinem Idol Orson Welles wurde in einem weiteren klassischen Hollywood-Wahrzeichen, dem ältesten Restaurant in der Stadt, **Musso and Frank's Grill, 6667 Hollywood Boulevard** (nicht weit entfernt von Boardner's und vom Bestattungsunternehmen) aufgenommen. So unglaublich es klingt, wurden Woods Filmpremieren vor dem wunderschönen **Pantages Theater, 6233 Hollywood Boulevard**/Ecke El Centro, gedreht, während es sich bei dem Innenleben eigentlich um das nicht ganz so glanzvolle **Orpheum Theater, 842 South Broadway**, Downtown Los Angeles, handelt, das auch in *Schatten der Vergangenheit* und *Der letzte Action Held* zu sehen war.

EDIPO RE – BETT DER GEWALT
(1967, R: Pier Paolo Pasolini)
Franco Citti, Silvana Mangano, Alida Valli
• **ITALIEN; MAROKKO**

Pasolinis sehr freudianisch ausgelegte Verfilmung des griechischen Mythos reicht von der Geburt eines Kindes in den dreißiger Jahren bis hin zu seiner Reife in den sechziger Jahren. Für die antiken griechischen Städte Korinth und Theben benutzte Pasolini die schön anzusehenden Kasbahs und die beeindruckenden Wüsten im Süden Marokkos.

Den modern gehaltenen Prolog und Epilog filmte Pasolini in seiner italienischen Heimatstadt Bologna. Aus dem Ödipus der Neuzeit wird ein blinder Bettler, der auf den Stufen von **San Petronio** Flöte spielt – eine der größten Kirchen der Welt am **Piazza Maggiore** –, während sein Sohn Angelo vor dem **Palazzo Communale** Tauben verjagt.

EDWARD MIT DEN SCHERENHÄNDEN
(1990, R: Tim Burton)
Johnny Depp, Winona Ryder, Dianne Wiest

• FLORIDA

Die heimelige, pastellfarbene Gegend, in der Edward aus Büschen Skulpturen schneidet, ist **Tinsmith Circle, Carpenter's Run** in **Lutz**, rund acht Kilometer nördlich von Tampa auf der Route 41, Florida. 44 Häuser wurden hier für den Film hergerichtet, aber leider sind sie nicht alle bonbonfarben geblieben, und von den extravaganten Büschen ist auch nichts zu sehen. Dinosaurier, Elefant, Elvis und der Pinguin in Buschgestalt bestanden aus einem Drahtgeflecht, das mit Blättern überzogen worden war. Der Schönheitssalon, in dem Kathy Baker versucht, Edward zu verführen, liegt im **Southgate Shopping Center, 2500 South Florida Avenue**, Lakeland, östlich von Tampa.

EHEKRIEG

(1949, R: George Cukor)
Katharine Hepburn, Spencer Tracy, Judy Holliday
• LOS ANGELES; NEW YORK CITY

Hepburn und Tracy versöhnen sich im Finanzamt: Bayard Street, New York

Eine der großartigen Tracy/Hepburn-Komödien, in der Anwältin Hepburn Judy Holliday verteidigt, als ihr versuchter Mord vorgeworfen wird, während Ehemann Tracy die Anklage vertritt. Angesiedelt in New York, wurde aber überwiegend auf den Bühnen von MGM in Culver City, L.A. gefilmt, während die wenigen Außendrehs dem Ganzen ein wenig Authentizität verleihen sollten. Das Bürogebäude, vor dem Holliday auf den im Irrtum befindlichen Ehemann Tom Ewell wartet, um ihm dann in die U-Bahn zu folgen, ist an der **Bowling Green, Broadway**/Ecke Battery Place, Lower Manhattan zu finden. Tracy und Hepburn fahren am East River entlang auf dem **Franklin D. Roosevelt Drive** zum Gericht – allerdings mit

Tracy und Hepburn vor Gericht: Criminal Courts Building, Centre Street

Hilfe einer Rückprojektion. Das beeindruckende Äußere des Gerichtsgebäudes kann man in Manhattan in Chinatown nach wie vor sehen. Es ist das **Criminal Courts Building**, auch bekannt als „The Tombs", **100 Centre Street** zwischen Leonard Street und White Street. Das Büro des Buchhalters, in dem Tracy und Hepburn zusammenkommen, um ihre Steuererklärung auszufüllen, können Sie in der **Bayard Street** im Schatten von The Tombs sehen, unter der Bridge of Sighs, die das Municipal Prison mit dem Gerichtsgebäude verband.

EHEMÄNNER UND EHEFRAUEN

(1992, R: Woody Allen)
Woody Allen, Mia Farrow, Judy Davis
• NEW YORK CITY

Skakespeares King Lear: 68th Street Playhouse, Third Avenue

Vielschichtiges Drama um eheliche, nacheheliche und außereheliche Beziehungen, im halbdokumentarischen Stil gefilmt. Mia Farrow trifft sich zum Lunch mit der gerade wieder zum Single gewordenen Judy Davis im **Dean & DeLuca Cafe, 121 Prince Street** zwischen Wooster Street und Greene Street in SoHo. Das Café wird geführt von Dean & DeLuca, dem nahe gelegenen Delikatessengeschäft. Woody Allen lehrt Juliette Lewis kreatives Schreiben im **Barnard College**, einem Teil der bekannten **Columbia University**, auf der anderen Seite des Broadway westlich des Hauptcampus, **West 116th Street** und **20th Street** zwischen Claremont Avenue und Broadway in Morningside Heights. Sydney Pollack und seine neue Freundin sehen sich Kurosawas Version von Shakespeares „King Lear" im 68th Street Playhouse, Third Avenue/Ecke 68th Street, an.

DIE EHRE DER PRIZZIS

(1985, R: John Huston)
Jack Nicholson, Kathleen Turner, Anjelica Huston
• NEW YORK CITY; LOS ANGELES; LAS VEGAS, NEVADA

Nicholsons Zuhause: die Breukelen Apartments

Nicholson und Turner sind beide Mafiakiller, die sich ineinander verlieben, aber den Auftrag erhalten, den jeweils anderen zu beseitigen. Die New Yorker Nachbarschaft in Hustons wunderbar schwarzer Komödie ist Brooklyn Heights, das italoamerikanische Gebiet, das auch in *Mondsüchtig* zu sehen war. Die einleitende Hochzeitsszene, in der Nicholson zum ersten Mal Turner sieht, spielt in der **Church of St. Ann and the Holy Trinity**, heute ein Kunstzentrum an der nordwestlichen Ecke der **Montague Street** und der **Clinton Street**. Mafiaboss Don Corrado lebt am **2 and 3 Pierrepoint Place**, während sich Jack Nicholsons Apartment mit dem wundervollen Blick auf die Brooklyn Bridge in den **Breukelen Apartments**

Die Hochzeit: Church of St. Ann and the Holy Trinity

Don Corrado's: Pierrepoint Place, Brooklyn

auf der anderen Straßenseite in **57 Montague Street** findet. Er denkt über Ehe oder Mord auf der nahe gelegenen **Brooklyn Heights Promenade** nach.

EINE WIE KEINE
(1999, R: Robert Iscove)
Freddie Prinze Jr., Rachael Leigh Cook, Matthew Lillard
• LOS ANGELES

Neunziger-Jahre-Version von *Pygmalion* mit Freddie Prinze Jr., der aus Rachel Leigh Cook die Prom Queen macht. Die High School ist die **Torrance High School, El Prado Avenue**/Ecke Carson Street, Torrance.

EINE ZU VIEL IM BETT
(1963, R: Michael Gordon)
Doris Day, James Garner, Thelma Ritter
• LOS ANGELES

James Garner beobachtet seinen Machorivalen Chuck Connors, wie der auf dem Trampolin angibt, das am Pool des **Beverly Hills Hotel, 9641 Sunset Boulevard**, steht. Doris Days Haus liegt an der Ecke **Wyton Drive** in Beverly Hills.

EINER FLOG ÜBER DAS KUCKUCKSNEST
(1975, R: Milos Forman)
Jack Nicholson, Louise Fletcher, Brad Dourif
• OREGON

Diese manipulative Allegorie entstand in einem Flügel des **Oregon State Mental Hospital**, gelegen an der **Center Street** zwischen der 24th Street und 25th Street, **Salem**, nahe dem Highway 5 und rund 80 Kilometer von Portland, Oregon, entfernt. Eine Bedingung bei den Dreharbeiten in der Klinik besagte, dass die ursprünglich im Jahr 1963 spielende Handlung nicht in die Gegenwart verlegt wurde. Schließlich werden Menschen derart heute nicht mehr behandelt.

EINER MIT HERZ
(1982, R: Francis Coppola)
Frederic Forrest, Teri Garr, Raul Julia
• LOS ANGELES

Aus einem einfachen Set in Vegas wurde ein aufgeblasenes Monster, als der Regisseur beschloss, die Stadt anderswo nachzubauen. Dass Francis Coppola die Möglichkeiten des Mediums ausloten wollte, ist bewundernswert, aber die extravaganten Bilder begraben die bescheidene kleine Geschichte völlig unter sich. Alle in Las Vegas spielenden Szenen entstanden im Studio des **Hollywood Center** (zu der Zeit die Zoetrope Studios), **1040 North Las Palmas Avenue**, an der Romaine Street in Hollywood.

EIN EINFACHER PLAN
(1998, R: Sam Raimi)
Bill Paxton, Billy Bob Thornton, Bridget Fonda

• MINNESOTA; WISCONSIN

In einer verschneiten Kleinstadt stoßen zwei Brüder auf eine gewaltige Summe Geld, die unvermeidbare Komplikationen mit sich bringt. Die Kleinstadt ist **Delano** an der Interstate 12, rund 40 Kilometer westlich von Minneapolis, Minnesota. Da für die Jahreszeit zu warmes Wetter den Schnee schmilzen ließ, musste man nach Wisconsin umziehen, um schneebedeckte Landschaften filmen zu können.

EINSAM SIND DIE TAPFEREN
(1962, R: David Miller)
Kirk Douglas, Walter Matthau, Gena Rowlands
• NEW MEXICO

Ein düsterer Film über das Schwinden alter Werte, nach dem Roman von Edward Abbey. Gefilmt wurde in den **Manzano Mountains** südlich von Albuquerque, New Mexico.

EIN EINSAMER ORT
(1950, R: Nicholas Ray)
Humphrey Bogart, Gloria Grahame, Frank Lovejoy
• LOS ANGELES

Bogarts Zuhause: Villa Primavera, North Harper Avenue, Hollywood

Bogart ist ein verbitterter Drehbuchautor in Hollywood, den man des Mordes verdächtigt. Die **Beverly Hills City Hall, North Crescent Drive**/Ecke Santa Monica Boulevard (für Details siehe *Beverly Hills Cop – Ich lös' den Fall auf jeden Fall*) ist zu sehen, außerdem wurde in der im europäischen Stil gebauten, abgeschieden gelegenen **Villa Primavera, 1300-1308 North Harper Avenue**, West Hollywood, gefilmt.

DIE EINSAMKEIT DES LANGSTRECKENLÄUFERS
(1962, R: Tony Richardson)
Tom Courtenay, Michael Redgrave, James Fox
• SURREY

Courtenay ist der inhaftierte Junge mit Durchhaltevermögen in dieser harten Charakterstudie, die am Motiven rund um London entstand. Bei der Jugendstrafanstalt handelt es sich um **Ruxley Towers**, die

Die Jugendstrafanstalt: Ruxley Towers, Claygate

bis vor kurzem leer stand und nach und nach zerfiel. Sie steht am Ende von **Ruxley Ridge** an der Common Road, **Claygate**, südöstlich von Esher in Surrey *(Bahnhof: Claygate Station)*. Die Einrichtung wurde zwischenzeitlich von der Armee genutzt, ist aber vor kurzem gründlich renoviert worden und ist heute ein sehr luxuriöses Privatgebäude.

EINST KOMMT DER TAG ...

(1970, R: Vincente Minnelli)
Barbra Streisand, Yves Montand, Jack Nicholson
• NEW YORK CITY; SUSSEX

In diesem sonderbaren Reinkarnationsmusical singt der Hypnotiseur Yves Montand „Come Back to Me" vom Dach des **Pan-Am-Gebäudes** in Central Manhattan, von wo aus er seine Ge-

Barbra Streisand trauert: Brighton Pavilion, Sussex

dankenwellen auf Streisand an der Ecke **Lexington Avenue**, in den **Central Park** und zum **Lincoln Center** aussendet. Die Rückentwicklungsszenen spielten im **Brighton Pavilion**, Brighton/Sussex in England.

DER EINZIGE ZEUGE

(1985, R: Peter Weir)
Harrison Ford, Kelly McGillis, Lukas Haas
• PENNSYLVANIA

Lukas Haas ist fasziniert von der Engelsstatue: 30th Street Station

Als ein kleiner Amish-Junge einen Mord mit ansieht, wird eine gewaltige Korruptionsaffäre bei der Polizei aufgedeckt, und der gute Cop Ford muss in der Religionsgemeinschaft untertauchen. Im Originaldrehbuch ereignete sich der erste Mord an einer Busstation in Phila-

Kelly McGillis wartet, während Lukas Haas einen Mord mitansieht: 30th Street Station

delphia, aber die Filmkommission des Bundesstaates schlug die fotogenere **30th Street Railway Station** vor, wo der junge Lukas Haas von der riesigen Engelsstatue fasziniert ist. Das Café, in dem Harrison Ford nicht für sein Essen dankt und Haas ein Hot

Haas genießt ein Hot Dog: Xando, 15th Street/Ecke Locust

Dog genießt, ist heute die **Xando Coffee Bar, 235 South 15th Street**/Ecke Locust Street. Der Rest des Films wurde tatsächlich in Amish-Gebiet gefilmt – in Lancaster County, Eastern Pennsylvania, mit der Unterstützung durch die liberaler eingestellten Mitglieder der Gemeinde. Die Farm, auf der sich Ford versteckt, ist die **Paul Krantz Farm** nahe **Strasburg**, ein paar Kilometer südlich von Lancaster, rund 80 Kilometer westlich von Philadelphia. Die von Touristen überlaufene Stadt, die Ford besucht, ist **Intercourse**, 15 Kilometer östlich von Lancaster, wo er vor dem **W.L. Zimmerman & Sons** General Store ein Telefonat führt.

DIE EISERNE MASKE

(1929, R: Allan Dwan)
Douglas Fairbanks, Nigel de Brulier, Belle Bennett
• KALIFORNIEN

Dumas' Nachfolger zu *Die drei Musketiere*, ein großes Stummfilmabenteuer, bediente sich für die Außenaufnahmen **Point Lobos** auf der Monterey-Halbinsel im Süden von San Francisco.

DAS EISERNE PFERD

(1924, R: John Ford)
George O'Brien, Madge Bellamy, Cyril Chadwick
• NEVADA

1923 hatte Paramount einen großen Erfolg mit dem epischen Western *The Covered Wagon*, und Fox war entschlossen, diesen Erfolg mit einem eigenen Film von ähnlichen Dimensionen zu wiederholen. Mit 450.000 Dollar war die Verfilmung der Geschichte vom Bau der ersten transkontinentalen Eisenbahnstrecke der zu dieser Zeit teuerste Film aus dem Hause Fox. Gedreht wurde er in **Wadsworth**, knapp 50 Kilometer östlich von Reno, Nevada, auf der Route 80. Drei Hüttensiedlungen, die in dem Moment zu Geisterstädten wurden, als die Dreharbeiten beendet waren, dienten als Unterkunft für die Crew, die Köche und 5000 Statisten.

EISKALT IN ALEXANDRIEN

(1958, R: J. Lee Thompson)
John Mills, Sylvia Syms, Anthony Quayle
• LIBYEN

Wüstenthriller, der vor den Toren der libyschen Hauptstadt **Tripolis** in den Tagen vor Gaddafi entstand, während die berühmte Barszene – die man später für eine Bierwerbung missbrauchte – im Studio in Elstree gefilmt wurde. Und, ja, genau, es war echtes Lager, von dem sich John Mills gleich sechs Gläser gönnte, bis die Szene im Kasten war.

EISKALTE ENGEL

(1999, R: Roger Kumble)
Sarah Michelle Gellar, Ryan Phillippe, Reese Witherspoon
• NEW YORK STATE; LOS ANGELES

Die aktualisierte Version des Klassikers *Gefährliche Liebschaften* von Regieneuling Roger Kumble als düsterer Teen-Film ist in der New Yorker High Society angesiedelt, ein Großteil wurde aber in L.A. gefilmt. Mrs. Rosemonts

Das Haus der Valmonts: Fifth Avenue/Ecke 79th Street

Landhaus findet sich in den **Old Westbury Gardens** auf Long Island (für Details siehe *Der unsichtbare Dritte*). Das Innere des Hauses wurde in zwei Villen und einem Hotel an der Westküste gefilmt. Die Villen liegen beide im exklusiven Distrikt Hancock Park in L.A. – eines ist das **Otis Chandler Mansion**, das andere ist das Zuhause des Drehbuchautors Shane Black. Den Swimmingpool, in dem Phillippe der nichts ahnenden Jungfrau Witherspoon etwas fürs Auge bietet, befindet sich im **Biltmore Hotel, 506 South Grand Avenue**, in Downtown L.A. (für Details über diesen beliebten Drehort siehe *Ghostbusters – Die Geisterjäger*). Im Hancock Park liegt auch das Seniorenheim, in dem Phillippe und Witherspoon freiwillig aushelfen. Dabei handelt es sich um den **Ebell Club, 4400 Wilshire Boulevard**. Die Innenaufnahmen für Ceciles Cellounterricht wurden am **Blue Jay Way** in den Hollywood Hills gedreht, das Büro der Psychiaterin in der Eröffnungsszene des Films liegt in Downtown L.A., und Joshua Jacksons moderne Wohnung findet man in **Brentwood**.

Das Haus der Valmonts ist das **Ukranian Cultural Center, Fifth Avenue** auf der 79th Street. Für die Innenaufnahmen im Haus von Witherspoon hielt das **Marriott Essex House Hotel, 160 Central Park South**, her. Die Boutique, in der Gellar ein wenig Klatsch weitererzählt, findet sich auf dem **Robertson Boulevard** in L.A., und Penn Station, wo es zu einer tränenreichen Versöhnung zwischen Phillippe und Witherspoon kommt, ist in Wirklichkeit eine der Stationen der neuen U-Bahn in Downtown L.A.

DER EISKALTE ENGEL

(1967, R: Jean-Pierre Melville)
Alain Delon, François Périer, Nathalie Delon
• **PARIS**

Regisseur Melville hatte einen Cameo-Auftritt in Jean-Luc Godards bahnbrechendem Film *A Bout de Souffle*, und sein cooler, minimalistischer Gangsterfilm entstand ebenfalls in den Straßen von Paris. So wie Jean-Paul Belmondo entkommt auch Delon den Gesetzeshütern, indem er auf den Champs Elysées in einem Eingang an der **1 Rue Lord Byron** (hinter den Champs) verschwindet, um in der **116 bis** am Lido wieder aufzutauchen und dann in der **Metro-Station George V.** unterzutauchen. Er nimmt die Vincennes-Linie bis **Porte d'Ivry**, wo er angeschossen wird, als er auf seinen Kontaktmann wartet. Es schließt sich eine komplexe Verfolgungsjagd an, als die Gesetzeshüter Delon von der **Metro-Station Telegraphe** (in der Nähe seines Apartments) zum **Place des Fêtes** nachjagen. Er steigt in **Jourdain** aus, während die Polizei Wagen anfordert, die sich zum Place des Fêtes, **Botzaris** und **Pre Saint Gervais** begeben sollen. Delon entkommt schließlich an der **Chatelet Les Halles** (dem zentralen Schauplatz von *Subway*).

EISKALTE LEIDENSCHAFT

(1992, R: Phil Joanou)
Richard Gere, Kim Basinger, Uma Thurman
• **KALIFORNIEN**

Ein hanebüchener, aber unterhaltsamer Psychothriller, der in San Francisco spielt, aber einige Drehorte in L.A. dafür herhalten lässt. In San Francisco führt Richard Gere Kim Basinger ins **Bix Restaurant, 56 Gold Street**, aus, ein Nobellokal im Art-déco-Stil zwischen Sansome und Montgomery im historischen Viertel Jackson Square. Der Teesalon ist eigentlich das mit Kronleuchtern verzierte Foyer des Sir Francis Drake Hotels (heute das Westin St. Francis), **335 Powell Street**/Ecke Sutter Street nördlich des Union Square. Die zwei Krankenhäuser im Film sind die beiden Flügel des stillgelegten **Presidio Hospital**, das 1950 erbaut und beim Erdbeben von 1989 beschädigt wurde. Andere Schauplätze in San Francisco waren der Rokoko-Rundbau des **San Francisco Courthouse** und der **Presidio Yacht Club** auf der anderen Seite der Golden Gate Bridge in Marin County.

Gere nimmt sich Basinger vor: Bix Restaurant, Gold Street

Ein Großteil des Films spielt aber wirklich in L.A. Der Gerichtssaal ist der holzgetäfelte Ballsaal des **Park Plaza Hotel, 607 South Park View Street**, mit Blick auf den MacArthur Park, mitten in L.A. gelegen. Das wunderbar stilvolle Restaurant, in dem Basinger einen „pathologischen Rausch" zur Schau stellt, ist das Art déco **Rex II Ristorante** im **Oviatt Building, 617 South Olive Street**, Downtown L.A. (auch zu sehen in *Ein unmoralisches Angebot* und *Pretty Woman*). Zu den anderen Drehorten in L.A. zählen die **Royce Hall** von 1919, eines der Gebäude, das zum original Viereck der UCLA (University of California at Los Angeles) gehörte. Der Eingang befindet sich in der **405 Hilgard Avenue**, Westside.

Auch wenn die Filmemacher uns das glauben machen wollen – neben der Golden Gate Bridge gibt es keinen Leuchtturm. Für den Höhepunkt des Films kombinierte man ein in L.A. gebautes Set mit dem echten Leuchtturm bei **Pigeon Point**, der gut 80 Kilometer südlich von San Francisco gelegen ist. Und natürlich wurde er nur für den Film um einen Friedhof ergänzt.

DER EISSTURM

(1997, R: Ang Lee)
Kevin Kline, Joan Allen, Sigourney Weaver
• **CONNECTICUT; NEW YORK CITY**

Die seelenlose Nachbarschaft in Ang Lees in den siebziger Jahren angesiedeltem Familiendrama ist **New Canaan** am nordöstlichen Rand von Stamford, Connecticut, der Heimat von Star-Architekten die Geschichte von Philip Johnson, der das original „Glashaus" entwarf. Sowohl das von Glaswänden umgebene Haus von Sigourney Weaver und das im Stil der fünfziger Jahre erbaute Haus von Kevin Kline und Joan Allen sind hier anzutreffen. Gedreht wurde auch in **Greenwich**, Connecticut. Katie Holmes' Apartment in New York befindet sich in der Park Avenue.

EKEL
(1965, R: Roman Polanski)
Catherine Deneuve, John Fraser, Ian Hendry
• **LONDON**

Madame Denise' Schönheitssalon:
Thurloe Place, South Kensington

Fish & Chips für Deneuve: Dino's, South Kensington

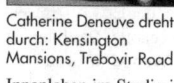

Catherine Deneuve dreht durch: Kensington Mansions, Trebovir Road

Brillante, kühle und erschreckende Fallstudie einer sexuell unterdrückten und berückend psychotischen Deneuve, die Männer mordet. Madame Denise' Schönheitssalon, in dem Deneuve arbeitet, ist noch immer ein Schönheitssalon am **31 Thurloe Place, South Kensington**, SW1. Ein paar Türen weiter findet sich das **Hoop and Toy**, der Pub, in dem Möchtegernfreund John Fraser mit seinen abstoßenden Freunden trinkt. Er lädt Deneuve zu einer Portion Fish'n'Chips im **Dino's** ein, das ebenfalls immer noch gut läuft und gleich an der U-Bahnstation South Kensington liegt. Gegenüber dem Eingang zur U-Bahn wird Deneuve von Mike Pratt belästigt. Deneuves düsterer Apartmentblock (dessen unglaublich weitläufiges Innenleben im Studio in Twickenham nachgebaut wurde) ist **Kensington Mansions, Trebovir Road**, abseits Warwick Road hinter der U-Bahnstation Earls Court, SW5.

EL CID
(1961, R: Anthony Mann)
Charlton Heston, Sophia Loren, Herbert Lom
• **SPANIEN**

Von allem, was das Goldene Zeitalter der Kinoepen hervorbrachte, zählt dieser Film zu den besten, in dem recht untypisch das „Toga-Land" verlassen wird, um die Geschichte des legendären spanischen Helden Don Rodrigo de Bivar zu erzählen.
Der Film entstand in drei Studios rund um Madrid, **Chamartin, Sevilla** und **Cea** sowie an echten Drehorten in Spanien. Die Kathedrale von Burgos, Schauplatz der Kreuzigungen, wurde seit dem 11. Jahrhundert allerdings so sehr verändert, dass sie in den Sevilla Studios als Kulisse nachgebaut werden musste.
Das Turnier, bei dem eine verbitterte Sophia Loren ihre

Gunst dem Widersacher schenkt, entstand vor dem gotischen Schloss **Belmonte** aus dem 15. Jahrhundert, das für den Schriftsteller und Krieger Don Juan Manuel gebaut worden war. Als eines der besterhaltenen Bauwerke seiner Art in Spanien (es wurde mittlerweile zum nationalen Denkmal erklärt) überblickt das Schloss von seiner Hügellage aus die Provinz La Mancha rund 120 Kilometer südöstlich von Madrid auf der Strecke zwischen Alcazar de San Juan und Olivares.
Cids Exil entstand im **Guadarrama-Gebirge** nördlich von Madrid, weitere zeitgenössische Szenen wurden rund um **Valladolid** in Kastilien gedreht, 160 Kilometer nordwestlich von Madrid.
Bei den abschließenden Kampfszenen sprang das von einer Stadtmauer umgebene **Peñíscola** für Valencia ein, eine alte Festungsstadt auf einem Berg, der zu drei Seiten vom Meer umgeben ist und knapp 100 Kilometer nördlich von Valencia an der spanischen Ostküste gelegen ist. Die Mauern der Festung stammen aus der Zeit Philipp II. und sind mit seinem Wappen geschmückt. Festung und Schloss dienten einst als päpstlicher Hof für Benedict XIII. Die Kapelle und die Räumlichkeiten können besichtigt werden. Die riesigen maurischen Tore, die für den Film errichtet wurden, überließ man der Stadt nach den Dreharbeiten als Geschenk.

EL DORADO
(1967, R: Howard Hawks)
John Wayne, Robert Mitchum, James Caan
• **ARIZONA**

Hawks' Western entstand in den **Old Tucson Studios, 201 South Kinney Road**, Tucson. Das Studio, das 1940 für den Western *Arizona* gebaut worden war, wird noch immer benutzt – *Tombstone* entstand hier 1993 – und ist zudem ein Western-Themenpark, der täglich geöffnet hat *(Tel. 602 883 6457)*.

ELECTION
(1999, R: Alexander Payne)
Matthew Broderick, Reese Witherspoon, Chris Klein
NEBRASKA; NEW YORK

Forsche High-School-Satire, gedreht in der Umgebung von **Omaha**, Nebraska. Regisseur Payne wählte **Dundee** aus, wo er selbst aufgewachsen ist. Die High School ist **Papillion-La Vista Senior High, 504 South Washington Street, Papillion**.

DER ELEFANTENMENSCH
(1980, R: David Lynch)
John Hurt, Anthony Hopkins, John Gielgud
• **LONDON**

Lynch, der mit dieser unheimlichen, romantischen Geschichte mehr als üblich zum Mainstream tendiert, lässt in diesem Film eine an Besessenheit grenzende Aufmerksamkeit für die zeitgenössische Detailtreue erkennen. Von den Drehorten des Films ist in London heute nur noch wenig wiederzufinden. Lynch scheint den Stadtentwicklern immer um einen Schritt voraus gewesen zu sein. Die rauchverhangenen Eröffnungsszenen wurden am

Dr. Carr-Gomms Büro:
Liberal Club, Whitehall Palace

„Ich bin ein Mann!":
Liverpool Street Station

Südufer der Themse in Höhe der London Bridge bei **Shad Thames** gedreht, einem bekannten Drehort (auch zu sehen in *Die Geliebte des französischen Leutnants*), der jetzt nicht mehr zur Verfügung steht, da die Lagerhäuser im Zuge einer „Veredelung" des Viertels Weinbars und Restaurants weichen müssen. Auch in den engen Kopfsteinpflastergassen zu beiden Seiten der **Clink Street** und am **St. Mary Overies Dock** hinter der Southwark Cathedral und dem Borough Market, SE1, herrscht diese besondere Atmosphäre seit langem nicht mehr. Die Lagerhäuser hat man abgerissen, auch wenn der alte Straßenplan und das Kopfsteinpflaster beibehalten worden sind. Das Gebiet ist dennoch einen Besuch wert, da sich dort die Überreste des Bankettsaals des Bischofs von Winchester aus dem 14. Jahrhundert und das alte Clink-Gefängnis befinden – heute ein Museum.

Verschwunden ist auch das alte Eastern Hospital an der Homerton Row, Lower Clapton, E9, das man durch das strahlende Homerton Hospital ersetzt hat. Das Eastern diente als das London Hospital in der Whitechapel Road, E1, wo der echte John Merrick sich tatsächlich aufgehalten hat. Dieses Krankenhaus existiert noch immer (es liegt gegenüber der U-Bahnstation Whitechapel), doch die modernen Anbauten haben dafür gesorgt, dass es sich für Filmaufnahmen nicht mehr eignet. Die Korridore des Krankenhauses und Dr. Carr-Gomms Büro wurden im **Liberal Club, 1 Whitehall Court** am Whitehall Place, SW1, gefilmt, der mittlerweile in das Royal Horseguards Hotel einbezogen worden ist.

Der wunderbar baufällige viktorianische Bahnhof, an dem Merrick nach seiner Flucht aus der Freakshow nach London zurückkehrt, ist die alte **Liverpool Street Station, Bishopsgate**, EC2. Seit den Dreharbeiten hat man die Station gründlich ausgeweidet. Die hölzernen Laufgänge, der fotogene Schmutz und die weiß gekachelten Toiletten sind nicht mehr, aber wenn Sie nach oben zum strahlend weißen Mauerwerk oberhalb des Eingangs zum Bahnsteig 1 blicken, dann werden Sie die Außenhülle des Gebäudes wiedererkennen, das im Film zu sehen war. Der Laufgang, auf dem Merrick vom Mob verfolgt wird, verlief in groben Zügen so wie der Neubau oberhalb des Zugangs zum Bahnsteig. Die brandneue Liverpool Street Station ist in Brian De Palmas *Mission: Impossible* zu sehen.

ELIZABETH

(1997, R: Shekhar Kapur)
Cate Blanchett, Joseph Fiennes, Kathy Burke

• DERBYSHIRE; NORTHUMBERLAND; COUNTY DURHAM; YORKSHIRE; BERKSHIRE; MIDDLESEX

Machtspiele am Tudor-Hof, für die echte Schauplätze in ganz England ausgewählt wurden. **Haddon Hall** südlich von Bakewell, Derbyshire *(Tel. 01629/812855)*, dient als Ersatz für das Hatfield House, Elizabeth' Zuhause während ihrer Kindheit ist ein Drehort, dem man oft wiederbegegnet, auch wenn vieles aus der Zeit Jakobs verändert worden ist.

Mehrere Drehorte wurden in Northumberland ausgemacht. Die Verbrennung der Märtyrer bei Bishopsgate in London spielt sich im **Alnwick Castle** ab *(Tel. 01665/510777)*, ebenso Leith Castle, wohin Maria Stuart nach der Schlacht reitet. Nicht allzu weit entfernt findet man die Jagdhütte, in der sich Elizabeth und Dudley treffen, sowie Leith Castle, wo Mary of Guise wohnt, für die in beiden Fällen **Chillingham Castle** *(Tel. 01668/215359)* herhielt. Zwölf Kilometer südlich von Alnwick liegt **Warkworth Castle** *(Tel. 01665/711423)*, Sitz der Familie Percy. Dort wurden die im Tower of London spielenden Gefängniszellen gefilmt, während sich die Folterkammer und Walsinghams Zuhause im **Aydon Castle** nahe Corbridge finden *(Tel. 01434/632450)*.

County Durham stellte den Whitehall Palace in Gestalt des Raby Castle, Staindrop, knapp 20 Kilometer westlich von Darlington *(Tel. 01833/660202)*, außerdem die Durham Cathedral, deren Kapitel zum Whitehall Palace State Room und deren Hauptschiff zum Hof der Königin wurde.

North Yorkshire ersetzt den Hof des Tower of London, das französische Bordell und die Waffenkammer, die sich alle auf **Bolton Castle** finden (wo die echte Maria Stuart sechs Monate lang im Gefängnis saß), rund zehn Kilometer von Leyburn entfernt *(Tel. 01969/623981)*, während Elizabeth in York Minster gekrönt wird. Lord Arundels Zuhause ist **Dorney Court**, ein Gutshaus im Tudor-Stil nahe Maidenhead, Berkshire *(Tel. 01628/604638)*. Die letzte Szene sowie die Krönungsfeier wurden in der **St. Alban's Church, Teddington**, Middlesex, gedreht, heute ein Kunstzentrum der Gemeinde.

ELLIOT – DAS SCHMUNZELMONSTER

(1977, R: Don Chaffey)
Sean Marshall, Mickey Rooney, Helen Reddy

• KALIFORNIEN

Disneys Teil-Zeichentrickfilm mit Sean Marshall als Junge mit einem Streicheldrachen ist im Maine um die Jahrhundertwende angesiedelt. Gefilmt wurde an der Küste von Kalifornien, wo Mickey Rooneys Leuchtturm an der **Morro Bay** errichtet wurde, rund 50 Kilometer südlich von San Simeon am Highway 1.

EMIL UND DIE DETEKTIVE

(2001, R: Franziska Buch)
Tobias Retzlaff, Anja Sommavilla, Kai Wiesinger

• DEUTSCHLAND

Erich Kästners Buch von 1928 wurde bereits in den dreißiger und fünfziger Jahren verfilmt, und jetzt verpasst Franziska Buch ihm das Update für das 21. Jahrhundert – einschließlich Skateboards, Rap und Computern. Emils

Im neuen Glanz: Hotel Adlon, Berlin

Zuhause ist an der Ostseeküste von Mecklenburg-Vorpommern, aber gedreht wurde vorwiegend im **Großraum Berlin**. Das Hotel ist das altehrwürdige **Hotel Adlon, Unter den Linden 77**, neben dem Brandenburger Tor.

EMMA

(1996, R: Douglas McGrath)
Gwyneth Paltrow, Toni Collette, Jeremy Northam
• **DORSET; BUCKINGHAMSHIRE; HAMPSHIRE; MIDDLESEX**

Schnörkellose Verfilmung des Romans von Jane Austen, die von dem beherzteren Neunziger-Jahre-Update *Clueless – Was sonst?* in den Schatten gestellt wurde. Das fiktive Dorf Highbury ist **Evershot**, 13 Kilometer südlich von Yeovil in Dorset, wo Szenen in der **Fore Street** und am **Old Manor** gedreht wurden, das für das Schulgebäude herhielt. Mrs. Westons Haus Randalls steht in **Mapperton**, acht Kilometer nordöstlich von Bridport, Dorset, und taucht auch in *Zeit der Sinnlichkeit – Restoration* auf. Die Gartenanlage ist im Sommer für die Öffentlichkeit zugänglich *(Tel. 01308/862645)*. Zu den anderen zeitgenössischen Drehorten gehören **Stratfield Saye**, Heimat des Herzogs von Wellington, zwischen Reading und Basingstoke *(Tel. 01256/882882)*; **Claydon House**, Middle Claydon, gut 20 Kilometer nordwestlich von Aylesbury in Buckinghamshire, ein Haus aus dem 18. Jahrhundert mit Rokoko-Dekor *(Tel. 01296/730349)*, **Stafford House** in West Stafford, östlich von Dorchester und **Breakspear House, Bury Street**, Ruislip, ein ausgedientes Altersheim in Middlesex.

EMMANUELA

(1974, R: Just Jaeckin)
Sylvia Kristel, Marika Green, Alain Cuny
• **SEYCHELLEN**

Die Frau eines französischen Botschaftsangehörigen erkundet die Variationen des Weichzeichner-Sex in Siam in diesem Klassiker der Softcore-Kitschwelle aus den siebziger Jahren. Gedreht wurde in einem alten Plantagenhaus auf der Seychelleninsel **La Digue**. Das Haus steht an der Straße zwischen der Hauptstadt (und der einzigen Stadt überhaupt) La Reunion und dem Hauptstrand bei Grand Anse.

DAS ENDE EINER GROSSEN LIEBE

(1967, R: Bo Widerberg)
Pia Degermark, Thommy Berggren, Lennart Malmer
• **SCHWEDEN**

Liebevoll gefilmte Tragödie, die in den sechziger Jahren wie die absolute, zum Scheitern verurteile Romanze schien. Armeeoffizier Berggren brennt mit der Hochseilakrobatin Degermark durch, doch ihre Idylle währt nur kurz, und anstatt getrennt zu werden, schließt das Paar einen Selbstmordpakt. Gefilmt in **Skane, Nordsjallend** und **Karlbergs slott och Solliden** in Stockholm.

ENDSTATION SEHNSUCHT

(1951, R: Elia Kazan)
Vivien Leigh, Marlon Brando, Kim Hunter
• **LOS ANGELES; NEW ORLEANS, LOUISIANA**

Die recht bühnenmäßige Verfilmung des Stücks von Tennessee Williams ist am heißen New Orleans angesiedelt, wurde aber fast vollständig bei Warner Bros. im Burbank Studio gefilmt. Stanley Kowalskis Bowlingbahn ist einer der echten Schauplätze, der sich aber auch nicht im tiefen Süden be-

Die echte Straßenbahn: Esplanade Avenue, New Orleans

Die echten Elysian Fields, New Orleans

findet, sondern am Pico Boulevard in L.A. Es wurden allerdings auch Szenen in New Orleans gedreht. So ist der Bahnhof die **L&N Train Station** am Ende der Canal Street, der breiten Nord-Süd-Verbindung, die ans French Quarter angrenzt. 1951 ersetzte man die Straßenbahnen komplett durch Busse, doch für die Dreharbeiten holte man einen alten Wagen wieder aus dem Ruhestand. Bedauerlicherweise wurde der größte Teil der vor Ort entstandenen Szenen aus dem Film geschnitten.

Sie können einen Waggon der Desire-Linie besichtigen, der hinter dem Mint an der 400 Esplanade Avenue, New Orleans, ausgestellt ist. Elysian Fields ist keineswegs eine poetische Erfindung des Schriftstellers, sondern eine echte Straße in einem Armenviertel, die von Holzhütten gesäumt ist.

EIN ENGEL AN MEINER TAFEL

(1990, R: Jane Campion)
Kerry Fox, Alexian Keogh, Karen Ferguson
• **NEUSEELAND; SPANIEN; PARIS; LONDON**

Jane Campions liebevoll verfilmte Version von Janet Frames Autobiographie beschreibt den Werdegang der neuseeländischen Autorin vom tollpatschigen, in sich gekehrten Schulmädchen über acht Jahre Aufenthalt in einer Anstalt nach einer Fehldiagnose bis hin zum letztlichen literarischen Erfolg. Der Film entstand zum größten Teil in Neuseeland: die Außenaufnahmen in der Umgebung von **Auckland**, die Innenaufnahmen in **Morningside**. Die ältere Frame reist nach Europa, hält sich in London und Paris auf und findet kurzzeitig eine Idylle in der kleinen Küstenstadt **Puerto de la Selva** nördlich der Halbinsel Cabo de Creus. Sie liegt im Norden der Costa Brava und damit nahe bei Salvador Dalis früherem Haus in Port Lligat.

DER ENGLISCHE PATIENT

(1996, R: Anthony Minghella)
Ralph Fiennes, Juliette Binoche, Kristin Scott Thomas

• ITALIEN; TUNESIEN

Das ägyptische Wüstencamp von Ralph Fiennes:
Camel's Neck, nahe Nefta, Tunesien

Minghellas visuell ausschweifende Verfilmung von Michael Ondaatjes Weltkriegsromanze, die in Italien und Ägypten angesiedelt ist, auch wenn die beeindruckenden Wüstenlandschaften eigentlich Tunesien zeigen. **Tunis** ist Kairo um 1940, da das ägyptische Original heutzutage wesentlich weiter entwickelt ist. Die Medina der Stadt wurde in **Sfax** an der tunesischen Küste gefilmt. Die Invasion von Tobruk entstand im Hafen von **El Mahdia** zwischen Sfax und Sousse. Ralph Fiennes' Wüstenlager befindet sich in der westtunesischen Wüste nahe **Nefta** und damit nicht allzu weit entfernt vom Set von *Star Wars Episode I: Die dunkle Bedrohung* unterhalb einer sonderlichen Felsformation, die aus offensichtlichen Gründen den Namen **Kamelhals** trägt. Die einzige praktikable Methode, um an diesen Drehort zu gelangen, ist eine Tour mit Führer und in Allradfahrzeugen. Der riesige flimmernde Salzsee ist **Chott el Jerid**, ein ausgetrockneter See, den man durchqueren muss, um sowohl Nefta zu erreichen als auch die Höhle, in der Kristin Scott Thomas stirbt. Die liegt in der Nähe der alten Karawanenstation **Tozeur**. Wer in den Urlaubsgebieten Hammamet, Sousse oder Monastir *(Tunesisches Fremdenverkehrsbüro: Tel. 020/7224 5561)* absteigt, kann diese Drehorte bequem im Rahmen von Expeditionen oder Ausflügen erreichen.

Das alte Shepheard's Hotel, Kairo – im Krieg war es Treffpunkt für Entdecker, Diplomaten und Spione, in den fünfziger Jahren wurde es abgerissen – befindet sich gleichfalls nicht in Ägypten. Auch nicht in Tunesien. Es ist das **Grand Hotel des Bains** in Venedig, Schauplatz für Viscontis *Tod in Venedig*. Zu den echten italienischen Drehorten gehören das Dorf, bei dem es sich um Pienza in der Toskana handelt, sowie die Kapelle, in der Binoche die Fresken studiert. Die ist die **Bacci-Kapelle** aus dem 13. Jahrhundert in der Kirche **San Francesco** in **Arezzo**, ebenfalls in der Toskana gelegen. Die Fresken, die zwischen 1453 und 1466 von Piero Della Francesca gemalt worden sind, wurden vor kurzem restauriert. Wer sie besichtigen will, muss sich vorher anmelden, und ehe Sie auf dumme Gedanken kommen: Sie dürfen weder ein Feuer entzünden noch von der Decke herabhängen.

ENTFÜHRT – DIE ABENTEUER DES DAVID BALFOUR

(1960, R: Robert Stevenson)
Peter Finch, James MacArthur, Peter O'Toole
• SCHOTTLAND

Diese Version von Robert Louis Stevensons Abenteuer,

die Hollywood bereits 1938 und 1948 verfilmte, wurde von Disney in den Pinewood Studios und in Schottland gedreht. Die schottischen Drehorte sind **Ardgour**, die entlegene Wildnis nahe Fort William, **Ballachulish** in der Nähe von Glencoe in Argyll sowie **Glen Nevis**. Ein weiteres Remake von 1971 mit Michael Caine und Trevor Howard entstand auf **Seil Island** – etwa 16 Kilometer südwestlich von Oban – und in **Stirling Castle, Stirling** *(es wird Eintritt verlangt)*.

ENTSCHEIDUNG IN DER SIERRA

(1941, R: Raoul Walsh)
Humphrey Bogart, Ida Lupino, Arthur Kennedy
• KALIFORNIEN

Die dramatische Verfolgungsjagd: Whitney Portal Road, Lone Pine, Kalifornien

Bogart ist „Mad Dog" Earle, der in diesem Klassiker auf der Flucht ist und sich in den Bergen oberhalb von **Lone Pine** an der Route 395 in Zentralkalifornien versteckt hält. **Cedar Lake** in den San Bernardino Mountains wurde ebenfalls einbezogen. Die letzte Verfolgungsjagd beginnt bei Lone Pine und führt in Richtung Westen auf der kurvenreichen **Whitney Portal Road** bis zu den schneebedeckten High Sierras und Mount Whitney selbst, der 1941 (bevor Alaska sich anschloss) die höchste Erhebung in den USA war.

ER

(1953, R: Luis Buñuel)
Arturo De Cordova, Delia Garces, Luis Beristain
• MEXIKO

De Cordova ist der bourgeoise Gentleman, der Delia Garces mitreißt (und sich dabei zuerst in ihre Füße verliebt – schließlich ist das hier ja ein Buñuel-Film), um dann in eine gefährliche Paranoia abzusteigen. Der Film, der aus der Zeit stammt, als der spanische Regisseur im Mexiko im Exil lebte, wurde in **Mexiko-Stadt** gefilmt. Das gar nicht so glückliche Paar verbringt seine bedeutungsschweren Flitterwochen in **Guanajuato**, einer eleganten und sehr europäischen Stadt, die gut 330 Kilometer nordwestlich von Mexiko-Stadt liegt.

ERASERHEAD

(1978, R: David Lynch)
Jack Nance, Charlotte Stewart, Jeane Bates
• PHILADELPHIA, PENNSYLVANIA; LOS ANGELES

Lynchs erster Kinofilm mit normaler Laufzeit ist ein

klaustrophobischer, erdrückender Albtraum über sexuelle Schuld. Gedreht wurde in einer düsteren, industriell städtischen Landschaft in der Umgebung von Philadelphia. Die Innenaufnahmen entstanden in den Stallungen des American Film Institute, das sich zu der Zeit im **Greystone Mansion, 501 North Doheny Road**, Beverly Hills, befand. Die Villa selbst und das weitläufige Grundstück sind vertraute Drehorte, die schon in *Tod in Hollywood*, *Der Tölpel vom Dienst* und *Der Tod steht ihr gut* zu sehen waren. Das prächtige Anwesen wurde für den Ölmagnaten E.L. Doheny gebaut. 1929 fand man Dohenys Sohn und dessen Sekretär hier erschossen auf, vermutlich handelte es sich um einen Mord mit einem anschließenden Selbstmord.

ERBARMUNGSLOS

(1992, R: Clint Eastwood)
Clint Eastwood, Gene Hackman, Morgan Freeman
• **ALBERTA, KANADA; KALIFORNIEN**

Nach einer Reihe bedeutungs- und harmloser Haudrauf-Filme entpuppte sich Eastwoods düsterer, introspektiver Western als Überraschungserfolg an der Kinokasse und bei der Oscar-Verleihung. Gefilmt wurde in verschiedenen Städten rund um Calgary, Alberta, Kanada: **Brooks, Drumheller, Stettler** und **Longview**.

Eisenbahnszenen entstanden auf der guten alten **Sierra Railroad, Jamestown**, im Norden Kaliforniens (für Details siehe *Die Marx Brothers: Go West*).

ERBE DES BLUTES

(1960, R: Vincente Minnelli)
Robert Mitchum, George Hamilton, George Peppard
• **MISSISSIPPI; TEXAS**

Südstaaten-Familiensage, die in satten Farben rund um William Faulkners Heimatstadt **Oxford** an der Route 6 westlich von Tupelo im nördlichen Mississippi entstand. Die Rennszene wurde im Gebiet des gelben Sands nahe **Paris**, Texas, Route 82, nordöstlich von Dallas gedreht (bekannt dafür, in *Paris, Texas* nicht aufzutauchen).

ERDBEBEN

(1974, R: Mark Robson)
Charlton Heston, Ava Gardner, Geneviéve Bujold
• **LOS ANGELES**

Der Sankt-Andreas-Graben macht L.A. in diesem recht pessimistischen Beitrag zu den Katastrophenfilmen der siebziger Jahre den Garaus, der mit dem kurzlebigen Gimmick Sensurround in die Kinos kam. Der Film entstand in und um L.A., ausgenommen die Eröffnungsszene des Sankt-Andreas-Grabens, die in

Sunset-Vine Tower, Sunset Boulevard

den **Carrizo Plains** rund 160 Kilometer weiter nach Norden gefilmt wurde. Die ersten erschreckenden Anzeichen für die nahe Katastrophe werden am **Mulholland Dam** am Lake Hollywood in den Hollywood Hills entdeckt (für

Details siehe *Chinatown*). L.A. selbst entstand aus einer Mischung auf Modellen, Sets und echten Drehorten. Zu den markanten Gebäuden, die als Modell nachgebildet wurden, gehörten das Taft Buil-

Überlebende sammeln sich am Wilton Plaza: Ahmanson Center, Wilshire Boulevard

ding an der Ecke Hollywood und Vine (das viele Jahre lang das Hauptquartier des verhassten puritanischen Hays Office war) und der Capitol Records Tower, 1750 Vine Street, der einem Stapel aufeinander getürmter Singles nachempfunden wurde.

Die Straßenszenen entstanden größtenteils in Hollywood in der Umgebung der berühmten Kreuzung Hollywood und Vine (allerdings filmte man zahlreiche Actionszenen in der „New York"-Straße auf dem Universal-Gelände), südlich davon befindet sich Charlton Hestons Bürogebäude, der **Sunset-Vine Tower, 6290 Sunset Boulevard**/Ecke Vine. Mit 20 Stockwerken ist es das höchste Gebäude in Hollywood, das 1964 nach der Aufhebung der Höhenbeschränkung für Gebäude gebaut wurde. Wilson Plaza, das Katastrophenzentrum, ist das **Ahmanson Center Building, 3701 Wilshire Boulevard**/Ecke Oxford Avenue, während es sich bei der Mall um das **Broadway Plaza, 700 West Seventh Street**/Ecke Broadway, handelte. Die freitragenden Häuser, in denen Geneviève Bujold während des Bebens festsitzt, kann man am **Coldwater Canyon** nördlich von Hollywood sehen. Die verwüstete Autobahn war ein Abschnitt des noch nicht fertig gestellten Freeways in der Nähe von Glendale.

DER EROBERER

(1955, R: Dick Powell)
John Wayne, Susan Howard, Pedro Armendariz
• **UTAH**

John Wayne als Dschinghis Khan? In einem Film von Howard Hughes? Was eigentlich ein Spaß hätte werden sollen, wurde dank Dirty Harry zu einer erheblich düsteren Angelegenheit. Dirty Harry ist der Spitzname, der einem Testgebiet für Atombomben in den Yucca Flats in Nevada gegeben wurde, deren Fallout die gesamte Umgebung verstrahlte, einschließlich St. George in Utah. Im **Snow Canyon State Park**, rund 15 Kilometer nordwestlich von St. George, wurde ein Jahr nach den Tests *Der Eroberer* gefilmt. Was die Sache noch weiter verschlimmert, ist die Tatsache, dass der rote Sand auch noch tonnenweise ins RKO Studio nach Hollywood gebracht wurde, um die Studioszenen zu drehen.

1979 waren viele der Stars – einschließlich Wayne und Hayward –, der Regisseur Powell und Crewmitglieder an Krebs gestorben. Wayne war 72, Hayward 57, Agnes Moorehead 68 und Powell 59. Zufall? Wenn Sie die Gegend wirklich besuchen wollen (immerhin ist das jetzt 45 Jahre her), dann finden Sie St. George in der südwestlichen Ecke von Utah an der Interstate 15 nahe der Grenze zu Arizona.

EROTISCHE GESCHICHTEN AUS 1001 NACHT

(1974, R: Pier Paolo Pasolini)
Ninetto Davoli, Franco Citti, Franco Merli
• NORDAFRIKA; NAHER OSTEN; NEPAL; INDIEN

Letzter Teil von Pasolinis Trilogie des Lebens nach *Decameron* und *Pasolinis tolldreiste Geschichten*, wundervoll gefilmt in Nordafrika und im Nahen Osten. Die Szenen in Afrika entstanden im Nordosten des Kontinents in **Äthiopien** und **Eritrea**, und jenseits des Roten Meers in **Jemen**. Gefilmt wurde auch in Nepal und Indien. Die Hochzeitsszene wurde in **Isfahan** im **Iran** auf dem Hof des atemberaubend in Hellblau gekachelten **Mesjed-e Imam** gefilmt (vormals Mesjed-e Shah), der 1638 nach 26 Jahren Bauzeit fertig gestellt wurde. Der riesige Platz im Zentrum von Isfahan liegt an der Südseite des Meidun-e Imam.

ERPRESSUNG

(1929, R: Alfred Hitchcock)
Anny Ondra, Donald Calthrop, John Longden
LONDON

Hitchcocks erster Tonfilm (er begann noch als Stummfilmer), in dem Anny Ondra ihren Angreifer tötet, nachdem sie den Versuch einer Vergewaltigung hat abwehren können. Die Verfolgungsjagd

Die Verfolgungsjagd: Trinkwasserbrunnen am British Museum

spielt sich im **British Museum** ab, das mit großen Fotos der Galerien nachgebaut wurde. Die Außenansichten sind allerdings echt.

DER ERSTE RITTER

(1995, R: Jerry Zucker)
Sean Connery, Richard Gere, Julia Ormond
• WALES; BUCKINGHAMSHIRE; HAMPSHIRE; HERTFORDSHIRE

Lichtjahre von den Komödien entfernt, die man von Jerry Zucker normalerweise gewöhnt ist, wendet er sich hier der bekannten Geschichte von den Rittern der Tafelrunde zu. Camelot – jedenfalls ein Teil davon – wurde am See bei **Trawsfynydd** an der A487 errichtet, gut zehn Kilometer südlich von

Die Hochzeit: St. Alban's Cathedral

Blaenau Ffestiniog in Nordwales, ein großer Teil der Stadt stammt jedoch aus dem Computer. Es kommen auch eine Reihe anderer bekannter Drehorte zum Einsatz: Das Dorf entstand auf dem **Ashridge Estate** des National Trust, in der Nähe von Tring in Hertfordshire (für Details siehe *Das dreckige Dutzend*, gedreht beim Ashridge College); die Hochzeit wurde in der **St. Albans Cathedral** gefilmt; im Wald spielende Szenen entstanden in **Burnham Beeches**

– dem Standort von Robin Hoods Lager in *Robin Hood – König der Diebe*, sowie im **Black Park Country Park**, dem so günstig neben den Pinewood Studios gelegenen Waldgebiet, das für Hunderte von Filmen hergehalten hat: von James Bond bis zu den Hammer-Filmen. Die Kampfszene wurde an der Römerstraße gefilmt, die in das Gebiet nördlich von **Stratfield Saye** in Hampshire verläuft, rund zehn Kilometer südlich von Reading.

DAS ERWACHEN DER SPHINX

(1980, R: Mike Newell)
Charlton Heston, Susannah York, Jill Townsend
• LONDON; ÄGYPTEN; CAMBRIDGESHIRE

Einige großartige Motive, aber in jeder anderen Hinsicht kommt diese Verfilmung eines der schwächeren Romane von Dracula-Autor Bram Stoker, *The Jewel of Seven Stars*, leider nicht in Fahrt. Es war der erste Film des Regisseurs Mike Newell, der später *Vier Hochzeiten und ein Todesfall* und den hervorragenden *Donnie Brasco* drehen sollte. Im Gegensatz zu vielen anderen, weit lebhafteren Mumien-

Ruhestätte der Mumie: Museum of Egyptian Antiquities, Kairo

filmen, die sich mit einer beengten Bühne in Hollywood oder Bray begnügten, wartet dieser Film mit einem Novum auf, da er als erster tatsächlich in Ägypten im **Tal der Könige** gedreht wurde, der eigentlich letzten Ruhestätte der Pharaonen, bis Grabräuber und Archäologen eine Zwangsräumung der besonderen Art vornahmen. Das Tal ist nur ein Teil der **thebischen Nekropolis**, eines riesigen Komplexes aus Gräbern und Tempeln am Nil bei Luxor, gut 1000 Kilometer südlich von Kairo – einem beliebten Zwischenstopp der Touristen. Der Fluss markiert die uralte Grenze zwischen der Stadt der Toten am Westufer und der Stadt der Lebenden, Luxor, am östlichen Ufer. Hinter dem Tal der Könige liegen das Tal des Zauberers und die beiden Sandsteingipfel, die das Grab der Königin Kara überragen. Das entdeckt Archäologe Charlton Heston und öffnet es dummerweise genau in dem Moment, in dem bei seiner Frau die Wehen einsetzen.

Eine Fähre bringt Sie von den Docks in Luxor zur Nekropolis, aber wenn Sie die verschiedenen Monumente betreten wollen, müssen Sie am Kiosk am Landesteg Karten kaufen. Der in Ruinen liegende Tempel, den Heston später mit seiner erwachsenen Tochter besucht, findet sich ebenfalls in diesem Komplex. Es handelt sich um das **Ramesseum**, den Grabtempel von Ramses II., den der Pharao unglücklicherweise in einem Rücklaufbecken des Nils hatte bauen lassen.

Kairo, das Ziel der seit langem toten Königin Kara und ihrer Schätze, liefert einen authentischen Hintergrund, als die Mumie im zu Recht berühmten **Museum für ägyptische Antiquitäten** untergebracht wird. Es beherbergt die größte Sammlung der Welt – das Museum kann unter anderem mit dem Inhalt des Grabs von Tut-ench-amun aufwarten – und befindet sich in Kairo am **Midan**

Das British Museum: University College, Gower Street, London

el-Tahrir am Ostufer des Nils. Um das Maximale aus der Reise zum Motiv herauszuholen, kommt die ägyptische Hauptstadt erneut ins Spiel, als Heston zurückkehrt, um die vermeintlich zerfallende Mumie zu bergen. Diesmal sehen wir das islamische Kairo, den historischen Bezirk östlich des Stadtzentrums. Heston schreitet mannhaft durch den Souk, den berühmten, brechend vollen Basar, der von den Nadelspitzen gleichen Minaretten der **Sultan-Hasan-Moschee** am **Sharia el-Qala** überragt wird. Sie können die historische Moschee besuchen (*freier Eintritt*), aber denken Sie daran, sich angemessen zu kleiden und im Voraus die Gebetszeiten zu erfragen. Die mit einer Kuppel versehene und auffallend verlassene Moschee, die ebenfalls zu sehen ist, stellt eine der heiligsten überhaupt dar und ist für Nicht-Moslems nicht zugänglich – was erklärt, warum Heston nicht mit im Bild ist. Es ist die **Sayyidna el-Husayn-Moschee** am **Midan el-Husayn**, die angeblich im Besitz des Kopfs von Hussein ist, dem Enkel von Mohammed.

In London im British Museum können Sie Kopf und Schulterpartie der gigantischen Statue von Ramses II. sehen, die im Ramesseum in Luxor fehlt. Zwar arbeitet Heston angeblich im British Museum und hält dort auch Vorlesungen, doch die mit Säulen geschmückte Front zeigt tatsächlich das **University College** in der **Gower Street**. Auch der Ägyptische Raum des Museums ist eine Studiokulisse. Das Radioteleskop dagegen, wo sich Hestons Verdacht über die Bewegungen der sieben Sterne – der Konstellation des Großen Bären – bestätigen, ist ein echtes Motiv. Das **Mullard Observatory** der Cambridge University, wo der erste Pulsar entdeckt wurde, liegt westlich von Cambridge in **Lords Bridge**.

ES WAR EINMAL
(1946, R: Jean Cocteau)
Jean Marais, Josette Day, Mila Parely
• FRANKREICH

Cocteaus surreale und visuell berauschende Version des alten Märchens. Das Haus des Kaufmanns ist **Rochecorbon**, ein winziges Gebäude unterhalb der Straße bei Tours. Verwechseln Sie es nicht mit dem Roche Courbon Chateau zwischen La Rochelle und Saintes im Gebiet Poitou-Charentes, das als das „Dornröschen"-Schloss bekannt ist. Das Schloss der Bestie ist das aus dem 17. Jahrhundert stammende **Chateau Raray** in Picardy, knapp zehn Kilometer nordöstlich von Senlis. Es ist nicht für Besucher geöffnet, doch ein Blick ins Innere würde nach Cocteaus phantasievoller anthropomorpher Architektur nur enttäuschen. Von außen können Sie es natürlich betrachten.

ES WAR EINMAL IN AMERIKA
(1984, R: Sergio Leone)
Robert De Niro, James Woods, Elizabeth McGovern

• ITALIEN; FRANKREICH; KANADA; NEW YORK CITY; NEW JERSEY; FLORIDA

Das Viertel in Brooklyn: South 8th Street, Brooklyn

Leones gewaltiges Epos, das das Leben einer Gruppe von Gangstern von 1922 bis 1968 erzählt, bediente sich einer erstaunlichen Bandbreite an Schauplätzen, darunter **Rom, Venedig, Paris, Toronto** und **New York**, wo ein kompletter Häuserblock nachgebaut wurde. Die Gegend in Brooklyn befindet sich auf der **South 8th Street** nahe der Bedford Avenue und unterhalb der **Williamsburg Bridge**. Die **Hoboken Railway Station** in New Jersey und der **Don CeSar Palace, 3400 Gulf Boulevard, St. Petersburg Beach** in Florida *(Tel. 813 360 1881)* fanden ebenfalls Verwendung. Die Grand Central Station im New York der dreißiger Jahre ist der **Gare du Nord** in Paris.

Das exklusive Restaurant auf Long Island, in das De Niro seine Traumfrau ausführt, ist in Wahrheit das **Hotel Excelsior, Lungomare Marconi 41** am Lido in Venedig. Das um 1900 erbaute Hotel war eines der Spitzenhotels der Welt und ist heute bei den Besuchern des Filmfestivals besonders beliebt.

Das Restaurant auf Long Island: Hotel Excelsior, Lido, Venedig

EVITA
(1996, R: Alan Parker)
Madonna, Jonathan Pryce, Antonio Banderas
• ARGENTINIEN; UNGARN

Alan Parker verleiht dem langatmigen alten Kutschergaul von Lloyd Webber-Rice visuelle Erhabenheit. Es gelang der Produktion in **Buenos Aires** zu filmen (trotz einer künstlich herbeigerufenen Anti-Madonna-Hysterie), doch in vielen Fällen sprang **Budapest** für die argentinische Hauptstadt ein. Der große Coup bestand natürlich darin, „Don't Cry For Me Argentina" auf dem Balkon der **Casa Rosada**, an der **Plaza de Mayo**, zu filmen. Der Bahnhof befindet sich ebenfalls in Argentinien, es ist die **British Victorian Retiro Station**.

Die Modernisierung von Buenos Aires brachte die Produktionsgesellschaft allerdings nach Europa. Der Einfall der Panzer entstand auf dem **Freiheitsplatz**, Budapest.

Evitas grandiose Beerdigung wurde nicht auf der Avenida de Mayo von Buenos Aires aufgenommen, sondern nahe dem Parlamentsgebäude von Budapest. Doch sogar Budapest brachte Probleme mit sich. So liegt Evita nicht wie geplant in der Stephans-Basilika feierlich aufgebahrt, sondern im städtischen **Völkerkundemuseum**.

Die Bar, in der Magaldi auftritt sowie die diversen Nachtclubs und Hotels, in denen sich Evita langsam an die Spitze arbeitet, sind allesamt Sets im Studio in Shepperton. Die echte Evita trat übrigens im Colón-Opernhaus von Buenos Aires auf und ist auf dem Friedhof Recoleta beerdigt.

EXCALIBUR

(1981, R: John Boorman)
Nigel Terry, Helen Mirren, Nicol Williamson
• **IRLAND**

Boormans Fantasyfilm meidet echte Burgen (da zu naturalistisch) und bedient sich stattdessen der wilden Landschaften im Süden Irlands in Wicklow, Kerry und Tipperary. Der Wald ist der 400 Jahre alte Eichenwald bei **Lough Dan** in den Wicklow Mountains, rund dreißig Kilometer südlich von Dublin, und der **Childer's Wood** nahe Roundwood. Er wurde für Turnierszenen und für die Hochzeit von Artus und Guinevere eingesetzt. Die Schlachtszenen spielen sich vor dem mittelalterlichen Hintergrund von **Wicklow Head** an der Ostküste bei Wicklow, und in **Lamb's Head**, County Kerry, ab.

Cahir Castle, das auch in Stanley Kubricks *Barry Lyndon* zu sehen ist, wird hier für die ersten Szenen des „finsteren Zeitalters" verwendet.

DER EXORZIST

(1973, R: William Friedkin)
Linda Blair, Ellen Burstyn, Max von Sydow
• **WASHINGTON D.C.; NEW YORK CITY; IRAK**

Das besessene Haus: Prospect Avenue, Georgetown

Von einem massiven Hype begleitet und von protestierenden fundamentalistischen Christen attackiert – die Art von Publicity, die man für kein Geld der Welt kaufen kann –, setzte *Der Exorzist* neue Maßstäbe im Horrorgenre. Autor William Peter Blattys erklärte Absicht war ein Film über den katholischen Glauben. Zum Glück übernahm Regisseur Friedkin nicht Blattys verschroben religiöses Ende über die Seelen, die wie tausend Lichtpunkte am Himmel blinken.

Die Eröffnungsszene, in der sich Father Merrin dem Dämonen Pazuzu stellt, wurde im Irak vor der Zeit Saddam

Husseins gefilmt. Drehort war eine echte Ausgrabungsstätte nahe **Al Mawsil**, und die Stadt, in der Father Merrin leiden muss, ist **Hatra**.

Burstyns Studentenprotestfilm: Georgetown University

Die Filmschauspielerin Chris MacNeil (eine Figur, die angeblich auf Shirley MacLaine basieren soll) dreht einen Film über Studentenproteste auf dem Campus der **Georgetown University**, Washington D.C. – die Blatty besucht hatte. Auf diesem Campus findet sich die **Dahlgren Chapel**, die auf obszöne Weise entweiht wird.

Die entweihte Kirche: Dahlgren Chapel, Georgetown

Father Karras besucht seine kranke Mutter im New Yorker **Goldwater Memorial Hospital** auf Roosevelt Island im East River (lange Zeit Standort für geschlossene Anstalten und Gefängnisse – hier saß Mae West auch ihre achttägige Haftstrafe ab, nachdem sie in dem Bühnenstück *Sex* aufgetreten war). Das Krankenhaus tauchte in einem grundlegend anderen *Exorzist II: Der Ketzer* wieder auf.

Die Treppe: M Street

Das besessene Haus selbst steht an der **3600 Prospect Avenue**/Ecke 36th Street NW, nahe dem Potomac River in Georgetown, südwestlich von D.C., sieht aber nicht exakt so aus wie im Film. Sie werden das Fenster in Regans Zimmer nicht finden können, durch das die Lichtstrahlen auf das Poster fallen. Dieser Flügel des Hauses war nichts weiter als eine Fassadenattrappe, die für den Film errichtet worden war. Sie können aber die Stufen sehen, auf denen Father Karras das Gleichgewicht verlor. Sie verlaufen am Haus entlang und führen von der Prospect Avenue zur **M Street**.

Die komplexe Innendekoration mit beweglichen Wänden und einer Kühlanlage wurde in den Ceco Studios aufgenommen (die heute Cameramart heißen), **450 West 54th Street** zwischen 9th und 10th Avenue in New York.

EXORZIST II – DER KETZER

(1977, R: John Boorman)
Richard Burton, Linda Blair, Louise Fletcher
• **NEW YORK; ARIZONA; LOS ANGELES**

Weder hinsichtlich des Stils noch des Inhalts auch nur annähend mit *Der Exorzist* vergleichbar. Das Georgetown-Haus wurde auf einer Bühne in den Burbank Studios von Warner Bros. nachgebaut, nachdem der Versuch gescheitert war, dort erneut eine Dreherlaubnis zu erhalten. Louise Fletchers Klinik, in der sie Linda Blairs Albträume untersucht, war das leer stehende **Goldwater Hospital, Roosevelt Island** im East River, New York. Das Krankenhaus, das man – wie in *City Slickers – Die Großstadthelden* zu sehen – per Aerial Tramway erreicht, diente in *Der Exorzist* als die Einrichtung, in der die Mutter von Father Karras untergebracht war. Linda Blairs Apartment in New York ist im **CBS Building, Sixth Avenue**, zwischen der 52nd Street und der 53rd Street zu finden, während sich die Dachterrasse, bis zu der die Blair 35 Stockwerke nach oben wankt, auf dem **Warner Communications Building** befindet, zwischen der **Fifth** und **Sixth Avenue** mit Blick auf die 51st Street und die St. Patrick's Cathedral.

Das African Mission Center steht in **Lone Rock**, am Ufer des künstlich angelegten Lake Powell nahe Page im Norden von Arizona. Ebenfalls bei Page liegt das Dorf am Fuß der Ethiopian Rock Church bei **Crazy Canyon**. Sowohl *Die größte Geschichte aller Zeiten* als auch *Planet der Affen* bediente sich dieser spektakulären Felsformation. Die Schlammstadt Jepti war ein Set in den Burbank Studios, das auf den echten afrikanischen Dörfern Mopti und Djenne in Mali basierte.

DER EXORZIST III

(1990, R: William Peter Blatty)
George C. Scott, Brad Dourif, Jason Miller
• **WASHINGTON D.C.; NORTH CAROLINA**

Dieser verwirrende, religiöse Schocker schließt an das Original *Der Exorzist* an, nicht aber an *Exorzist II – Der Ketzer*, und dabei ist er zufälligerweise auch noch recht Furcht einflößend. Unter der Regie des Mannes, der die Originalgeschichte geschrieben hatte, wurde ein weiteres Mal im Gebiet von Georgetown in Washington D.C. gedreht, wobei die Umgebung stärker genutzt wurde als bei den vorangegangenen Filmen. Einmal mehr sind der Campus der **Georgetown University**, die Stufen entlang der **M Street** und das Haus in der Prospect Avenue zu sehen. Die Traumsequenz, die sich in einer Mischung aus Grand Central Station und einem Krankenhaus abzuspielen scheint, wurde im Gebäude der stillgelegten Ideal Cement Factory in **Wilmington**, North Carolina, gedreht (auch der Standort von Dinohattan in *Super Mario Bros.*). Und wenn Nicol Williamsons Exorzismusszene ein wenig deplatziert wirkt, dann liegt das daran, dass sie einfach angehängt wurde (für gut 4 Mio. Dollar), nachdem die Hauptdreharbeiten bereits abgeschlossen waren, wohl um den Titel zu rechtfertigen.

DAS EXPERIMENT

(2001, R: Oliver Hirschbiegel)
Moritz Bleibtreu, Christian Berkel, Oliver Stokowski
• **DEUTSCHLAND**

Der erste Kinofilm des Fernsehregisseurs Hirschbiegel basiert auf dem berüchtigten 1971er Stanford Prison Experiment, das im Norden von Kalifornien durchgeführt wurde. Im Film erhalten zwanzig Personen 4000,- DM, um an einer Studie über Aggressionen teilzunehmen, die durch ein Rollenspiel als Wärter und Gefangene zu Tage treten sollen. Die Universität ist die **Universität zu Köln**. Weitere Dreharbeiten fanden in Wuppertal statt.

EXPLORERS – EIN PHANTASTISCHES ABENTEUER

(1985, R: Joe Dante)
Ethan Hawke, River Phoenix, Jason Presson
• **KALIFORNIEN**

In Dantes unterhaltsamer und satirischer SF-Produktion spielen Hawke, Phoenix (in seinem ersten Film) und Presson drei Schulkinder, die mit einem selbst gebauten

Ethan Hawke beobachtet seine Traumfrau: D Street, Pasadena

Raumschiff Aliens besuchen. Die haben ihr Wissen über die Erde ausschließlich aus aufgefangenen TV-Signalen gewonnen. Die Kleinstadt, in der die Kinder starten, ist **Petaluma** in Sonoma County, Route 101, 50 Kilometer nördlich von San Francisco, wo George Lucas *American Graffiti* drehte. Der Film eröffnet in der D Street von Petaluma, und das Haus, in dem Ethan Hawke seiner Traumfrau nachspioniert, befindet sich in der **920 D Street**. Das Drive-In, in dem das Raumschiff in die Snackbar stürzt, ist das **Pickwick Drive-In Theater** im **Pickwick Recreation Center, 1001 West Riverside Drive**, Burbank.

EYES WIDE SHUT

(1999, R: Stanley Kubrick)
Tom Cruise, Nicole Kidman, Sydney Pollack
• **LONDON; BEDFORDSHIRE**

Nach all dem Hype und der Geheimnistuerei wurde Kubricks letzter Film ungewöhnlich ruhig aufgenommen, dennoch kann man nichts dagegen sagen, wie wunderbar das Ergebnis aussieht. Obwohl die Geschichte in New York spielt, sieht man von der echten Stadt nur flüchtige Eindrücke, was dem

Greenwich Village, New York: Hatton Garden

Außenansicht der Orgie: Mentmore Towers

Zweiten Kamerateam zu verdanken ist. Die Villen von Long Island stehen eigentlich in den Grafschaften, die Straßen von Greenwich Village wurden in Pinewood nachgebaut oder mitten in London gedreht.

Die große Partyszene, in der sich Cruise um die Nutte von Gastgeber Sydney Pollack kümmert, wurde im **Luton Hoo** gefilmt (für Details siehe *Vier Hochzeiten und ein Todesfall*). Die meisten in Greenwich Village spielenden Szenen entstanden in gewaltigen und detaillierten Sets in

Pinewood (die Fülle an Straßeneinmündungen anstelle von Kreuzungen verrät das sofort), für ein paar Aufnahmen wurden aber auch die Straßen Londons auf New York getrimmt. Nachdem er sich zu intensiv nach dem Schicksal seines musizierenden Freundes erkundigt hat, wird Cruise von einem finsteren Mann durch die **Worship Street**, EC2 – eine Seitenstraße der City Road nahe Old Street in der Innenstadt bis in den **Hatton Garden** verfolgt. Aus der **Berner Street** und **Eastcastle Street** wurde ebenfalls Greenwich Village. Die Innenaufnahmen für den New Yorker Jazzclub Club Sonata entstanden im **Madame Jo-Jo's, Brewer Street**, in Soho. Gedreht wurde auch in der Royal Suite im **Lanesborough Hotel, 1 Lanesborough Place**, SW1. Testaufnahmen für die „Orgien"-Szene wurden im Knebworth House (Wayne Manor in Tim Burtons *Batman*) vorgenommen, für das man sich aber nicht entschied. Letztlich wurden zwei verschiedene Drehorte gewählt. Von außen ist es **Mentmore Towers** im Dörfchen **Mentmore**, Buckinghamshire (für Details siehe *Brazil*). Die Öffentlichkeit hat dort keinen Zutritt mehr. Das exotische Innenleben mit den Schnitzereien im Indianerstil findet sich in **Elveden Hall**, einem Privathaus an der A11 rund sechs Kilometer von Thetford in Suffolk entfernt. Die weihnachtliche Versöhnungsszene entstand im Erdgeschoss des bekannten Londoner Spielwarengeschäfts **Hamley's, Regent Street**, London W1.

F

DIE FABELHAFTEN BAKER BOYS

(1989, R: Steve Kloves)
Jeff Bridges, Beau Bridges, Michelle Pfeiffer
• SEATTLE, WASHINGTON; LOS ANGELES

Das Feriendomizil: Greystone Mansion, Loma Vista Drive, Beverly Hills

Zwar spielt diese Geschichte von zwei heruntergekommenen Barpianisten, die Karriere machen, zugleich aber daran zerbrechen, als sie die Sängerin Michelle Pfeiffer aufnehmen, in **Seattle**, Washington State. Gedreht wurde aber vorwiegend fernab von Regen und Nebel im sonnigen Los Angeles. Der echte Nordwesten wird nur eingesetzt, um die Szene vorzustellen: Jeff Bridges befindet sich nach einem One-Night-Stand zuerst an der **First Avenue**/Ecke Vine Street in Bohemian Belltown, einem Distrikt von Seattle. Sein Apartment ist ein dreistöckiges Lagerhaus am berühmten Pioneer Square, oberhalb von **Masin's Furniture Co., 220 Second Avenue South**/Ecke South Main Street. Nach der Trennung glaubt er, Pfeiffer vor dem **WestCoast Roosevelt Hotel** zu sehen, **1531 Seventh Avenue**/Ecke Pine Street (auch zu sehen in *Frances*). Der Pianosalon, in dem das Vorsingen stattfindet, liegt im östlichen Vorort von Los Angeles, **Pasadena**, das Deli findet sich in **Fairfax**. Die Brüder haben ihre Auftritte in verschiedenen bekannten Veranstaltungsräumlichkeiten in L.A.: im **Ambassador Hotel, 3400 Wilshire Boulevard**, das für eine ganze Reihe von Drehorten herhielt (für Details siehe *A Star Is Born* von 1954); das **Variety Arts Theatre, 940 South Figueroa Street**, Downtown; das **Hollywood Roosevelt Hotel, 7000 Hollywood Boulevard**, Hollywood. Das teure Kurhotel ist eine „Gemeinschaftsarbeit". Das Äußere gehört dem **Greystone Mansion, 905 Loma Vista Drive**, Beverly Hills (für Details siehe *Tod in Hollywood*), während Sie das beeindruckende Foyer und den **Crystal Ballroom**, in dem Pfeiffer mit ihrer Version von „Makin' Whoopee" für Herzstillstände sorgt, vielleicht wiedererkennen werden: Es ist das **Biltmore Hotel, 506 South Grand Avenue**, Downtown L.A. (siehe *Beverly Hills Cop – Ich lös' den Fall auf jeden Fall*).

FACE/OFF – IM KÖRPER DES FEINDES

(1997, R: John Woo)
John Travolta, Nicolas Cage, Joan Allen
• LOS ANGELES

Woos erster echter Erfolg in Amerika, nachdem er von Hongkong dorthin umgezogen war. Travolta und Cage haben in diesem frechen und absurden Thriller über einen Gesichtstausch einen Riesenspaß, die Verhaltensweisen des jeweils anderen zu imitieren. Das riesige Atrium, in dem der vermeintliche Priester Nicolas Cage eine Bombe deponiert, ist das **New Los Angeles Convention Center, Figueroa Street** zwischen 11th Street und Venice Boulevard, Down-

town L.A. Sie können es auch als Weltraumbahnhof in *Starship Troopers* sehen. Das futuristische Labor, in dem sich der Gesichtstausch abspielt, ist ein Privatgebäude in Agoura

Der falsche Priester Cage legt die Bombe: New L.A. Convention Center, Downtown

Hills, das 1993 von Ed Niles entworfen wurde und der zufälligerweise auch in *Starship Troopers* auftauchte (als Haus von Casper Van Dien). Die Speedboat-Szenen entstanden im **San Pedro Harbor** im Süden der Stadt.

THE FACULTY

(1998, R: Robert Rodriguez)
Josh Hartnett, Shawn Hatosy, Elijah Wood
• TEXAS

Noch eine hippe, postmoderne Horrorpersiflage von *Scream*-Autor Kevin Williamson, entstanden unter der Regie des Independent-Meisters Rodriguez. Gefilmt wurde in **Lockhart** („Die Barbeque-Hauptstadt von Texas") sowie in **Austin** und **San Marcos**. Herrington High ist die **Texas School for the Deaf, 1102 South Congress Avenue**, Austin.

DER FÄNGER

(1965, R: William Wyler)
Terence Stamp, Samantha Eggar, Mona Washbourne
• LONDON; KENT; LOS ANGELES

Stamp sieht viel zu gut aus, um in diesem psychologischen Thriller als unterdrückter und aus dem Gleichgewicht geratener Schmetterlingssammler durchzu-

Die Entführung: Mount Vernon, Hampstead

gehen, der die Kunststudentin Eggar entführt, um sie seiner Sammlung einzuverleiben. Stamp verfolgt Eggar in Hampstead und entführt sie in der winzigen Straße **Mount Vernon** abseits von Holly Hill, hügelaufwärts von der U-Bahnstation Hampstead. Das Haus, in dem Stamp Eggar festhält, ist ein 400 Jahr altes Farmhaus im Tudor-Stil auf einem riesigen Anwesen nahe **Edenbridge**, rund 15 Kilometer nordwestlich von Tunbridge Wells an der B2026 im westlichen Kent. Das Dorf ist **Westerham**, acht Kilometer weiter nördlich. Die Innenaufnahmen entstanden allerdings auf einer Bühne im Gower Street Studio von Columbia in Hollywood.

FAHR ZUR HÖLLE, LIEBLING

(1975, R: Dick Richards)
Robert Mitchum, Charlotte Rampling, Sylvia Miles

• LOS ANGELES

Marlowe wird im Jules Amthor's unter Drogen gesetzt: Sunset Towers, Hollywood

Atmosphärisches und unverblümtes Remake mit Mitchum als relativem Softie. Aus Jules Amthor wurde die Lesbe Francis Amthor (mit einem jungen Sylvester Stallone als Handlanger). Ihr Bordell ist heute die **Milbank and McFie Residence, 3340 Country Club Drive**/Ecke Arlington Avenue, zwischen Pico Boulevard und Olympic Boulevard mitten in der Stadt (*nicht für Besucher geöffnet*). Der schicke White Orchid Nachtclub, in dem sich Marlowe mit dem korrupten Burnett trifft, ist der alte Myron's Ballroom, heute umbenannt in **Grand Avenue, 1024 South Grand Avenue**, Downtown L.A. (auch zu sehen in *New York, New York*).

FAHRENHEIT 451

(1966, R: François Truffaut)
Oskar Werner, Julie Christie, Cyril Cusack
• FRANKREICH

Ray Bradburys SF-Roman in der Verfilmung von Truffaut, mit Musik von Bernard Herrmann und Nicolas Roeg hinter der Kamera. Gedreht wurde in den Pinewood Studios in England. Die futuristisch aussehende Monorail-Bahn findet sich aber in Frankreich in **Chateauneuf-sur-Loire**, rund 25 Kilometer von Orleans entfernt.

FAHRRADDIEBE

(1948, R: Vittorio De Sica)
Lamberto Maggiorani, Enzo Staiola, Lianella Carell
• ROM

Der Langzeitarbeitslose Maggiorani bekommt einen Job als Plakatkleber, muss aber feststellen, dass man sein dringend benötigtes Fahrrad gestohlen hat. De Sicas neorealistischer Klassiker entstand auf den Straßen von Rom. Maggioranis Zuhause befindet sich im trostlosen Wohnungsbauprojekt **Citta Valmelaina** in der Via Salaria in den nördlichen Ausläufern von Rom. Maggiorani setzt seinen Sohn an der **Porta Pingiana** ab und holt ihn abends von der Piazza an der **Porta Pia** im Bezirk Montesacro zurück. Gemeinsam suchen sie auf dem Markt auf der **Piazza Vittoria** nach dem gestohlenen Fahrrad, bevor sie den Dieb auf dem Markt an der **Porta Portese** südlich des Bezirks Trastevere entdecken.

FAHRSTUHL ZUM SCHAFOTT

(1957, R: Louis Malle)
Maurice Ronet, Jeanne Moreau, Georges Poujouly
• PARIS

Louis Malles erster Kinofilm ist ein dichter Thriller mit einem coolen Score von Miles Davis. Ronet plant zusammen mit Moreau, deren Ehemann – seinen Chef – umzubringen, doch der Plan schlägt fehl, als ein Halbstarker mit mörderischen Absichten Ronets Wagen stiehlt, während Ronet über Nacht in einem Aufzug feststeckt.

Mercedes adieu: Pont de Bir-Hakeim

Die innovative Kameraarbeit zeigt eine besorgte Moreau, die nachts über die **Champs Elysées** geht und nur vom Licht der Schaufenster angestrahlt wird. Das Motel, in dem die Halbstarken die deutschen Touristen umbringen, befand sich in der Normandie, da es zu der Zeit in Paris nichts in dieser Art gab.

Sie lassen den Wagen an der **Pont de Bir-Hakeim** stehen, der zweistöckigen Brücke für Züge und Fahrzeuge, die sich westlich des Eiffelturms befindet. Die Brücke, die ursprünglich das Passy Viaduct war, wurde 1949 zu Ehren der französischen Armee in ihrem Kampf gegen Rommel in der libyschen Wüste 1942 umbenannt (*U-Bahnstation: Bir-Hakeim, Passy*). Bekannter ist sie Ihnen womöglich aus Bertoluccis *Der letzte Tango in Paris*. Der letztlich verpfuschte Selbstmordpakt wird im Apartment geschlossen, das ein Stück südlich der Pont de Bir-Hakeim auf dem **55 Boulevard de Grenelle** liegt. Das Art-Nouveau-Gebäude ist weitestgehend unverändert geblieben, aber es hat heute eine höhere Preisklasse, sodass sich wahrscheinlich nicht mehr allzu viele junge Verkäuferinnen dort eine Wohnung leisten können.

Der Selbstmordpakt: Boulevard de Grenelle

DER FALL PARADIN

(1947, R: Alfred Hitchcock)
Gregory Peck, Alida Valli, Charles Laughton
• LONDON; LAKE DISTRICT

Das Paradin-Anwesen: Langdale Chase Hotel, Cumbria

Obwohl Hitchcocks Gerichtsdrama – seine letzte Arbeit für David O. Selznick – in den RKO Studios in Hollywood entstand, spielt sie in Großbritannien, wo ein zweites Kcamerateam die Außenaufnahmen beschaffte. In London ist die Außenansicht des **Central Criminal Court**, des **Old Bailey**, EC4, wo Alida Valli wegen Mordes ange-

Peck steigt im Station Hotel ab: Drunken Duck Inn, Barngate

klagt ist, das echte Gebäude, das noch die massiven Beschädigungen aufweist, die es bei der Bombardierung durch die Deutschen erlitten hatte. Der Gerichtssaal wurde dagegen äußerst penibel im Studio nachgebaut. Auf die gleiche Weise wurden die Bow Street Police Station und

Gregory Pecks Haus:
Portlond Place, W1

das alte Holloway-Frauenge-
fängnis anhand von Fotos nachempfunden. Das Haus von Ver-
teidiger Gregory Peck steht in
der **60 Portland Place**/Ecke
Weymouth Street, W1. Wenn er
in Cumberland Vallis Vergangenheit beleuchtet, steigt er im Station Hotel ab, das eigentlich das
Drunken Duck Inn, Barngate,
ist, abseits der B5286 südwestlich von Langdale Chase.
Hindley Hall, das Paradin-Anwesen, wurde 1891 erbaut
und ist heute das **Langdale Chase Hotel** an der A591 zwischen Brockhole und Ambleside am Nordufer des Lake
Windermere, Cumbria *(Tel. 015394/32201)*.

FALLING DOWN – EIN GANZ NORMALER TAG

(1993, R: Joel Schumacher)
Michael Douglas, Robert Duvall, Frederick Forrest
• **LOS ANGELES**

Ein Mann flippt aus: Venice Pier,
Venice Beach

Für Michael Douglas
alias D-FENS ist es
einer von diesen Ta-
gen. In einem Stau in
Lincoln Heights öst-
lich von Downtown
L.A. gefangen, greift
er zur letztmöglichen
Geste des Aufbegeh-
rens: Er steigt aus seinem Wagen aus und macht sich zu
Fuß auf den Heimweg nach **Venice**. Ist das radikal oder
was? Douglas' Weg führt ihn über den Wilshire Boulevard,
vorbei am **The Dark Room, 5370 Wilshire Boulevard**,
einem Fotofachgeschäft, das im Stil einer Leica-Kamera
verkleidet ist. Die Golden State Savings and Loan, wo der
unzufriedene Kunde seinen einsamen Protest inszeniert,
befindet sich auf dem **5350 Wilshire Boulevard**. An der
Ecke **Sunset Boulevard/Laurel Avenue** in West Hollywood zerschießt er eine Telefonzelle, und auf dem Pier
am Meer erkennt D-FENS schließlich, dass er keiner von
den Guten ist. **Venice Pier** befindet sich am Ocean Front
Walk am Ende der Washington Street.

DER FALSCHE MANN

(1957, R: Alfred Hitchcock)
Henry Fonda, Vera Miles, Anthony Quayle
• **NEW YORK CITY; NEW YORK STATE**

Ein für Hitchcock untypisch pessimistisches Drama im
Stil einer Dokumentation, in dem Jazzmusiker Fonda mit
einem bewaffneten Dieb verwechselt und festgenommen
wird. Der Film basiert auf der wahren Geschichte von
Manny Balastrero und wurde nach Möglichkeit an den
authentischen Schauplätzen gefilmt.
Der Stork Club, in dem Fonda Jazz spielt, befand sich in
der 3 East 53rd Street, bis er 1965 geschlossen wurde.
Seit 1967 nimmt seinen Platz das Samuel Paley Plaza ein.
Hitchcock benutzte die Zellen, in denen Balastrero fest-

gehalten wurde, und den Gerichtssaal, in dem das Verfahren gegen ihn anlief. Zu den übrigen Drehorten
gehören das **Prudential Insurance Office** in der **Victor
Moore Arcade, Queens**; das Zuhause des wahren Christopher Balastrero in der **74th Street, Queens**; Balast-
reros' Erholungsort auf der **Edelweiss Farm**, Cornwall,
Route 9W am Hudson, gleich nördlich der West Point
Military Academy; das **Greenmont Sanatorium**, in dem
Mrs. Balastrero nach ihrem Zusammenbruch behandelt
wurde, in Ossinning, Route 9 östlich des Hudson River,
im Norden von NYC.
Halten Sie im Film Ausschau nach dem wahren Schuldigen: vor dem Stork Club, in der Victor Moore Arcade und
in einer der Spirituosenhandlungen, wo die Cops Manny
festnehmen.

FALSCHES SPIEL MIT ROGER RABBIT

(1988, R: Robert Zemeckis)
Bob Hoskins, Christopher Lloyd, Joanna Cassidy
• **LONDON; KALIFORNIEN**

Das Kino: Gray's State Theatre, Essex

Beeindruckende Mi-
schung aus Zeichen-
trick und Live Ac-
tion, angesiedelt im
Toontown-Ghetto
von L.A. Die Acme-
Fabrik an der Grenze
zu Toontown ist eine
leer stehende elektri-
sche Teststation in **Shepherds Bush** im Westen Londons.
Das Kino, in dem sich Eddie und Roger einen Trickfilm
mit Goofy ansehen, ist das mittlerweile geschlossene,
2000 Sitzplätze große Gray's State Theatre, Grays in
Essex. Zu der Zeit war der Filmpalast aus den dreißiger
Jahren das größte Kino mit nur einem Saal in Europa.
Danach war es kurzzeitig ein Nachtclub und ist gegenwärtig geschlossen.
Der Ink and Paint Club, Eddies Büro und die Terminal Bar
sind Kulissen, die in den Elstree Studios gebaut wurden.
Zu den Motiven in L.A. gehören das **Dodger Stadium,
1000 Elysian Park Avenue** nahe Silverlake, und **Griffith Park**. Die Maroon Studios sind die **Ren-Mar Studios, 846 North Cahuenga**, Hollywood. Die Straßenszenen spielen sich ab in der Hope Street zwischen 11th
Street und 12th Street, Downtown L.A., die massiv umgestaltet wurde, um alles Moderne zu verdecken. Weitere Dreharbeiten erfolgten in **Oakland** auf der anderen
Seite der Bucht von San Francisco.

FAME – DER WEG ZUM RUHM

(1980, R: Alan Parker)
Irene Cara, Lee Curreri, Gene Anthony Ray
• **NEW YORK CITY**

Die Geschichte vom Hoffen und Bangen einer Gruppe
aufstrebender Talente in der New Yorker **High School of
Performing Arts**. Die Schule befand sich in der **120
West 46th Street**, zog 1984 aber ins Lincoln Center um.
Das Gebäude brannte 1988 völlig aus, wurde später um-
gebaut und beherbergt heute die Jacqueline Kennedy

High School of Performing Arts: West 46th

Onassis High School. Verwendet wurde es nur für Außenansichten. Der Großteil der Dreharbeiten fand in der ausgedienten Haaren High School, 10th Avenue/Ecke 59th Street statt, die 1976 geschlossen wurde. Sie diente 1967 auch in *Gegen die Strom die Treppe hinauf* als Kulisse. Mittlerweile ist das Gebäude abgerissen worden.

FAMILIENGRAB

(1976, R: Alfred Hitchcock)
Karen Black, Bruce Dern, Barbara Harris
• KALIFORNIEN

Das Kaufhaus: Southwestern Law School, Wilshire Boulevard, L.A.

Hitchcocks letzter Film, ein unbeschwerter Comedy-Thriller, spielt in San Francisco. Zu den echten Wahrzeichen zählt das **Fairmont Hotel, 950 Mason Street** *(Tel. 415 772 5000)*, das auch in *Petulia* und *The Rock – Fels der Entscheidung* zu sehen ist. Barbara Harris hinterlässt dem Taxifahrer Bruce Dern am Einfahrtstor eine Nachricht. Die Kathedrale, in der Hitch die Sequenz inszeniert, in der ein

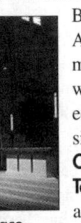

Die Entführung des Bischofs: Grace Cathedral, Taylor Street

Bischof vor den Augen seiner Gemeinde entführt wird, ist ebenfalls echt. Es handelt sich um die **Grace Cathedral, 1051 Taylor Street**, die auch in *Bullitt* Verwendung fand. Viele Szenen entstanden aber an der Küste in L.A. Das Geschäft, in dem Dern die Tochter des Chauffeurs befragt, war das Bullock's, ein Art-déco-Juwel von 1928 mitten in Los Angeles. Das Geschäft ist zwar geschlossen worden, das Gebäude beherbergt heute aber die **Southwestern Law School,**

Barbara Harris hinterlässt eine Nachricht: Fairmont Hotel, Mason Street

Barlow Creek Cemetery: Pioneer Cemetery, Sierra Madre

3050 Wilshire Boulevard (für Details siehe *Topper – Das blonde Gespenst*). Der Friedhof Barlow Creek Cemetery, auf dem Katherine Helmond verfolgt wird, ist tatsächlich der **Pioneer Cemetery** im **Sierra Vista Park, Sierra Madre Boulevard**, Sierra Madre, nordöstlich von Pasadena. Der kleine Friedhof wurde Monate vor dem Drehbeginn gebucht und bis zum Drehbeginn nicht mehr gepflegt, damit er überwuchert wirkte. Cathleen Nesbitts Rainbird Mansion, angeblich in Pacifica, ist eine edle Villa in South Pasadena, während die Fahrt mit dem außer Kontrolle geratenen Wagen auf dem **Angeles Crest** in L.A. gefilmt wurde.

FANGT UNS, WENN IHR KÖNNT!

(1965, R: John Boorman)
The Dave Clark Five, Barbara Ferris, Robin Bailey
• LONDON; DEVON

Während der sechziger Jahre glaubte man eine Zeit lang, der Tottenham Sound der Dave Clark Five könne den Beatles den Rang ablaufen, und dementsprechend brachten sie ihre Nachahmung von *Hard Day's Night* in die Kinos. Hatten die Beatles ihren Richard Lester, punkteten die Five, als sie sich den Regieneuling John Boorman holten. Sie spielten Stuntmen (Dave Clarks Beruf vor seiner Zeit als Drummer), die aus dem langweiligen London entkommen und im Westen des Landes einer ganzen Reihe erstklassiger (und unterbewerteter) Charakterdarsteller begegnen. Die Insel, auf die sie sich zurückziehen und die – symbolisch – bei Ebbe nach wie vor mit dem Festland verbunden ist, ist **Burgh Island**. Die Verbindung besteht in einem seltsamen Seetraktor – der am Ende des Films zu sehen ist – nach Bigbury-on-Sea, Devon, knapp 20 Kilometer östlich von Plymouth an der B3392.

FANNY UND ALEXANDER

(1982, R: Ingmar Bergman)
Gunn Walgren, Ewa Froeling, Erland Josephson
• SCHWEDEN

Überraschend mildes Dickens'sches Drama von Bergman, mit ernsten Pastoren, freundlichen alten Verwandten und einem Happy End. Hauptdrehort ist **Uppsala**, 65 Kilometer nördlich von Stockholm.

DIE FARBE DES GELDES

(1986, R: Martin Scorsese)
Paul Newman, Tom Cruise, Mary Elizabeth Mastrantonio
• ILLINOIS; NEW JERSEY

Scorseses fesselnder Nachfolger zu Robert Rossens *Haie der Großstadt* von 1961, in dem Newman noch einmal die Rolle des Billardkönigs Fast Eddie Felson übernimmt, vorgeblich, um den talentierten Cruise zum Star zu machen. Auch wenn die Geschichte Chicago hinter sich lässt und quer durch die Staaten zu einem Turnier in Atlantic City führt, wurde fast der komplette Film in Chicago gedreht. Der Billardsalon, in dem Newman zum ersten Mal auf Cruise aufmerksam wird, als dieser John Turturro besiegt, ist das **Fitzgerald's, 6615 West Roosevelt Road** in Berwyn, westlich der Stadt (*Bahnhof: Berwyn*). Der Salon,

Cruise macht Newman zum ersten Mal auf sich aufmerksam: Fitzgerald's, Berwyn

Lektion für Cruise und Mastrantonio: O'Brien's Steakhouse, North Wells Street

der 1915 eröffnet wurde, ist auch als Suds Bucket zu sehen, Schauplatz des ausgelassenen Tanzes in *Eine Klasse für sich*. Das Sir Loin Inn, in das Newman Cruise und Mastrantonio für ein Essen und eine Lektion in menschlichem Verhalten mitnimmt, ist **O'Brien's Steakhouse, 1528 North Wells Street** nahe West North Avenue im Old Town Distrikt *(Tel. 312 787 3131)*.

Eine weitere Bar in Chicago, die zu einem Billardsalon umgewandelt wurde, war die **Gingerman Tavern, 3720 North Clark Street**/Ecke West Waveland Avenue nordwestlich von Wrigley Field in Wrigleyville. Echte Billardsalons waren **St. Paul's Billiards** (vormals das Vaudeville Theatre), **1415 West Fullerton Avenue** in Lincoln Park-De Paul, wo Cruise zusammengeschlagen wird; **Chris's Billiards, 4637 North Milwaukee Avenue** zwischen Laurence und Montrose im Nordwesten von Chicago; das **Gaslight, 2858 North Halsted**/Ecke West Diversey und **North Center Bowl, 4017 North Lincoln Avenue**, wo ein desillusionierter Newman Cruise schließlich fallen lässt. Weitere Szenen entstanden im deutschen Humtata-Restaurant **Zum Deutschen Eck, 2924 North Southport Avenue** in Diversey im Norden von Chicago. Das Billardturnier wird im oft eingesetzten **Resorts International Hotel** am Boardwalk in Atlantic City, New Jersey, veranstaltet, aber auch das ist wieder Chicago. Zwar gibt es Einführungsaufnahmen des Hotels, doch die gigantische gewölbeartige Halle ist der **Navy Pier**, öst-

Ex-Bar, jetzt Billardsalon: Gingerman Tavern, North Clark Street

Quer durch die USA: Chicago, Zum Deutschen Eck, Southport Avenue

lich des Distrikts Streeterville. Dieser fast einen Kilometer lange Pier wurde 1916 gebaut (eigentlich sollte er einer von zweien sein, doch das Gegenstück wurde nie Wirklichkeit), als der Lake Ontario für kommerziellen Schiffsverkehr genutzt wurde. In der Zeit nach den dreißiger Jahren verfiel er zusehends, bis 1976

eine umfassende Renovierung anstand. Der Eingang zum Pier befindet sich am **Streeter Drive**/Ecke 600 East Grand Avenue nahe dem Lake Shore Drive nördlich vom Chicago River. Auch Tom Cruises

Billardklassiker in Atlantic City: Navy Pier, Chicago

Atlantic City Hotel befindet sich in Chicago. Es ist das **Blackstone Hotel, 636 South Michigan Avenue**/Ecke East Balbo Drive *(Tel. 312 427 4300)* – der Drehort, der auch Schauplatz des blutigen Banketts in Brian De Palmas *The Untouchables – Die Unbestechlichen* war.

DIE FARBE LILA
(1985, R: Steven Spielberg)
Whoopi Goldberg, Margaret Avery, Oprah Winfrey
• **NORTH CAROLINA; KALIFORNIEN**

Spielberg im David-Lean-Arbeitsmodus mit Blickrichtung Oscar-Verleihung, bei der er wieder nicht ins Schwarze traf, liefert eine gesäuberte Version des Romans von Alice Walker über eine missbrauchte Schwarze, die schließlich ihre eigene Freiheit findet. Die Geschichte spielt in Georgia, wurde aber in der Umgebung von **Wadesboro** in North Carolina gefilmt, u.a. auch im alten **Wadesboro Courthouse** und in den Städten **Marshville, Ansonville** und **Lilesville**, 30 bis 50 Kilometer östlich von Charlotte (auch die meisten in Afrika spielenden Szenen entstanden in North Carolina).

FARGO
(1996, R: Ethan Coen)
Francis McDormand, William H. Macy, Steve Buscemi
• **MINNESOTA; NORTH DAKOTA**

Der phantasievolle Thriller der Coens (nach einer „wahren Geschichte") entstand vorwiegend in der Umgebung von **Brainerd**, Minnesota. Doch wie der Zufall es wollte, erwischten sie einen besonders milden Winter, sodass die Produktion für Schneeszenen weiter nach Norden ziehen musste: bis **Fargo** selbst, und bis **Grand Forks**, North Dakota. Zu sehen ist auch **Embers Restaurant, 7525 Wayzata Boulevard**/Ecke Pennsylvania Avenue South im Bereich St. Louis Park in Minneapolis. Zwar gibt es in Brainerd eine riesige Paul-Bunyan-Statue (sie steht im Paul Bunyan Amusement Center am westlichen Rand der Stadt), doch für den Film wurde eine ähnliche Statue am **Pembina County Highway 1** aufgestellt, gut sechs Kilometer westlich von **Bathgate**, North Dakota, in Richtung zur kanadischen Grenze.

DIE FAUST IM NACKEN
(1954, R: Elia Kazan)
Marlon Brando, Eva Marie Saint, Karl Malden
• **NEW JERSEY**

Kazans Drama über Bandenkämpfe in der Hafenarbeitergewerkschaft wurde im Hafenviertel von **Hoboken**, New Jersey (dem Geburtsort von Frank Sinatra), gedreht.

Brando und Eva Marie Saint spazieren im Park: Stevens Park, Hoboken

Von der unteren Ebene des World Trade Center verkehrte eine Pendelbahn, die Piers und Lagerhäuser existieren schon lange nicht mehr, und Hoboken ist heute eine auf Hochglanz polierte Mittelschichtvorstadt, aber einige Drehorte des Films haben überlebt. Die Kirchenszene z.B. entstand in der **Our Lady of Grace Church, 400 Willow Avenue**, allerdings ist der Park vor der Kirche in Wahrheit der vier Häuserblocks entfernte **Stevens Park** vor der **St. Peter and St. Paul Church, 400 Hudson Street**, in der auch die Innenaufnahmen gefilmt wurden.

Karl Maldens Kirche: Our Lady of Grace Church, Hoboken

FAUSTRECHT DER PRÄRIE
(1946, R: John Ford)
Henry Fonda, Linda Darnell, Victor Mature
• ARIZONA

Das Ende: Monument Valley

Fonda und Mature sind Wyatt Earp und Doc Holliday in diesem klassischen Ford-Western, angesiedelt in Tombstone, Arizona (im Süden am Highway 80, nahe der Grenze zu Mexiko). Gefilmt wurde in dem wesentlich spektakuläreren **Monument Valley** im Norden von Arizona an der Grenze zu Utah. Der konisch zulaufende Gipfel, an dem Fonda und Darnell die letzte Konfrontation austragen, ist am Highway 163 nördlich von Kayenta zu sehen. Ist Ihnen aufgefallen, dass der Kuss eine völlig andere Einstellung zeigt und im Studio entstand? Ursprünglich gehörte diese Szene nicht zum Film, sondern wurde erst angehängt, nachdem man zu dem Schluss gekommen war, dass ein wenig Körperkontakt nicht schaden könnte. Der Film wurde anschließend von Produzent Zanuck weiter „verbessert", indem er 30 Minuten Material herausschnitt.
Der echte Doc Holliday liegt in Glenwood Springs beerdigt, 150 Kilometer westlich von Denver an der Interstate 70, Colorado. Auf dem Grabstein steht: „Er starb im Bett."

FEGEFEUER DER EITELKEITEN
(1990, R: Brian De Palma)
Tom Hanks, Melanie Griffith, Bruce Willis
• NEW YORK CITY; LOS ANGELES

De Palmas Film, der gründlich fehlbesetzt ist und eine massive Kürzung durchmachen musste, ist nur wenig mehr als ein Abspulen des Plots von Tom Wolfes satirischem Roman. Die gesamte Geschichte über die Entstehung des Films ist höchst detailliert in Julie Salamons faszinierendem Buch *The Devil's Candy* festgehalten – das Buch an sich wäre es schon wert, verfilmt zu werden.

Zuhause der ‚Master of the Universe': Park Avenue, East Side

„Master of the Universe" Hanks lebt in der **800 Park Avenue** nahe der 75th Street, natürlich an der angesehenen East Side von Manhattan *(U-Bahnstation: 77th Street)*, während die Lobby in Nummer 77 gefilmt wurde, ein ganzes Stück südlich von Midtown entfernt. Seinen Arbeitsplatz hat er im Bond Trading Room bei **Merrill-Lynch** in **Two, World Financial Center**, dem höchsten der vier asymmetrischen Türme des Komplexes, den Architekt Cesar Pelli auf die Südspitze von Manhattan setzte. Merrill-Lynch kooperierte mit dieser gar nicht so freundlichen Darstellung des Lebens in N.Y.C., allerdings unter der Bedingung, dass der Name nicht genannt wird. Hoppla.
Hanks und Griffith, die sich in einer umstrittenen Karikatur der Bronx im Distrikt High Bridge an der **167th Street** zwischen Sherman Avenue und River Avenue *(U-Bahnstation: 167th Street Station, Green Route nach Woodlawn)* verlieren, werden dort in den schicksalhaften Unfall unter der **Third Avenue Bridge** verwickelt, wo die Third Avenue nördlich von East Harlem den East River überquert. Hanks bringt man in die nüchterne Festung des **Bronx County Courthouse Building, 851 Grand Concourse** an der südwestlichen Ecke East 161st Street. Die U-Bahnstation ist 161st Street/Yankee Stadium ein paar Blocks weiter westlich, doch dort wird Hanks nicht von Willis hineingedrängt, da es sich um einen falschen Eingang handelte, der dort aufgebaut wurde, um die Handlung reibungslos voranzubringen.
Rev Bacon (eine Karikatur von Al Sharpton) nutzt den Fall für sich: mit einer Demonstration für die Medien anlässlich eines Wohnungsbauprojekts an der **171st Street** zwischen Fulton Avenue und Third Avenue, westlich des Crotona Park in der Bronx. Nachdem er auf Kaution freigekommen ist, besucht Hanks nach einer Opernaufführung eine Party, die weit weg an der Westküste inmitten der ausgestopften Tiere des **Los Angeles County Museum of Natural History** gefilmt wurde, einem Teil des Exposition Park aus Museen und Galerien in Downtown L.A. am Exposition Boulevard.
Wieder an der Ostküste befindet sich das Gerichtsgebäude, das für Hanks' – stark geschnittene – Gerichtsszene benutzt wird. Es liegt in Queens und ist das **Queens**

County Courthouse am **Sutphin Boulevard** im Jamaica District. Die Eröffnungs- und Schlussszene mit Willis spielt sich auf der Plaza des **Winter Garden** mit seinem riesigen Fenster ab, von dem aus man den Hudson River überblickt. Zufälligerweise ist es derselbe verschwenderische Komplex in Battery Park City, in dem die Büros von Merrill-Lynch untergebracht sind.

FEINDE AUS DEM NICHTS

(1957, R: Val Guest)
Brian Donlevy, John Longden, William Franklyn
• **ESSEX; HERTFORDSHIRE**

Der zweite Film zu Nigel Kneales TV-Serie ist eine wahrhaft Furcht einflößende Low-Budget-Produktion. Eine streng geheime militärische Forschungsstation, in der angeblich synthetisches Essen hergestellt wird, entpuppt sich als Hort der Außerirdischen.
Die aus dem Boden wachsende Region stellt die im Aufbau befindliche neue Stadt **Hemel Hempstead** in Hertfordshire dar. Die militärische Anlage ist die riesige Shell-Hafenraffinerie auf **Canvey Island** nahe Southend-on-Sea in Essex.

FELD DER TRÄUME

(1989, R: Phil Alden Robinson)
Kevin Costner, James Earl Jones, Amy Madigan
• **IOWA; MASSACHUSETTS**

„Wenn du es baust, werden sie kommen", versprachen die übersinnlichen Stimmen, und tatsächlich kamen sie. Kevin Costners übernatürliches Baseball-Rührstück hat Iowa eine echte Touristenattraktion beschert. Das Baseballfeld, das heute gut ausgeschildert ist, liegt etwas mehr als sechs Kilometer nordöstlich von **Dyersville**, nahe dem Highway 20 westlich von Dubuque. Der Drehort erstreckte sich auf zwei Grundstücke, und nach dem Ende der Dreharbeiten wurde eine Hälfte auseinander genommen und wieder zu einer landwirtschaftlichen Nutzfläche gemacht, doch als auf einmal die Touristen kamen, lenkte der Farmer ein und stellte den Zustand aus dem Film wieder her. Das Baseballfeld, auf dem Costner und James Earl Jones auf der Anzeigetafel unterbewusste Botschaften erhalten, ist die Heimat der Boston Red Sox, **Fenway Park, Boston**, in Massachusetts. Das kleinste Stadion der amerikanischen Major League (zugleich der Ort, an dem Babe Ruth 1914 seinen ersten professionellen Auftritt hatte) liegt am **Yawkey Way** – der Kartenverkauf findet in Haus Nr. 4 statt.

FELLINIS ROMA

(1972, R: Federico Fellini)
Peter Gonzales, Stefano Majore, Anna Magnani
• **ROM**

Brillante und phantasievolle, kaleidoskopartige Collage aus Erinnerungen und Bildern von Rom, gefilmt fast ausschließlich auf den Bühnen in **Cinecittà**. Die halluzinatorische Motorradfahrt nach Rom ist genauso real – ausgenommen der letzte Verkehrsstau am absichtlich künstlichen Colosseum – wie die abschließende Stadtrundfahrt auf dem Motorrad.

FELLINIS SATYRICON

(1970, R: Federico Fellini)
Martin Potter, Hiram Keller, Max Born
• **ITALIEN**

Wie üblich lässt Fellini die meisten seiner surrealen und satirischen Bilder in den **Cinecittà** Studios in Rom entstehen. Die Szenen an Bord des Schiffs mit dem riesigen Fisch und einem einäugigen Alain Cuny wurden bei **Fregene** an der Küste westlich von Rom und auf der Insel **Ponza** rund 55 Kilometer von Gaeta entfernt im Tyrrhenischen Meer zwischen Rom und Neapel gedreht. Einige Szenen mit Potter und Keller in der unterirdischen Grotte, die nicht in Cinecittà nachgebaut werden konnten, filmte man in den Gewölben unter dem **Colosseum**.

FEMALE TROUBLE

(1974, R: John Waters)
Divine, Edith Massey, David Lochary
• **BALTIMORE, MARYLAND**

Das tragische Leben von Dawn Davenport wurde natürlich in den weniger glanzvollen Gegenden von Waters' Geburtsstadt Baltimore gefilmt. Dawn genießt mit ihren Eltern das traditionelle Singen von Weihnachtsliedern in ihrem Zuhause im Distrikt **Orchard Hills**. Sie spaziert mit dem entschlossen heterosexuellen Friseur und künftigen Ehemann Gator durch **Fell's Point**, gelegen am südlichen Ende des Broadway mit Blick auf den North West Harbor. Dort befindet sich auch das Hochzeitsmodengeschäft, in dem sie ihr durchsichtiges Hochzeitskleid kauft. „The Most Beautiful Woman in the World" trägt sie im **Theater Club Theater** vor.

DAS FENSTER ZUM HOF

(1954, R: Alfred Hitchcock)
James Stewart, Grace Kelly, Raymond Burr
• **LOS ANGELES**

Hitchs Klassiker mag wohl in Greenwich Village, New York, spielen, gedreht wurde der Film aber in einer riesigen Kulisse in den Paramount Studios in Hollywood. 31 Apartments, von denen zwölf komplett eingerichtet waren, sind von Stewarts Fenster aus zu sehen.

DIE FERIEN DES MONSIEUR HULOT

(1953, R: Jacques Tati)
Jacques Tati, Nathalie Pascaud, Michèle Rolla
• **FRANKREICH**

Das Hotel, in dem Monsieur Hulot ungewollt für Chaos sorgt, existiert immer noch, ist aber seit den Dreharbeiten in den fünfziger Jahren erheblich verändert worden. Es ist das **Hotel de la Plage, 37 Rue Commandant Charcot, St. Marc-sur-Mer** *(Tel. 02 40 91 9901, www.hotel-de-la-plage-44.com/htgb/home.htm)* an der Mündung der Loire zwischen dem Nobel-Erholungsgebiet La Baule und der Marinebasis St. Lazaire, rund 70 Kilometer westlich von Nantes im westlichen Tal der Loire.

FERRIS MACHT BLAU

(1986, R: John Hughes)
Matthew Broderick, Alan Ruck, Mia Sara

• CHICAGO

Ferris Buellers Zuhause in Chicago: Country Club Drive, Long Beach, L.A.

Blaumacher: Art Institute of Chicago, South Michigan Avenue

Deutsch-Amerikanische Parade: Dearborn Street

Matthew Broderick wurde zum Kultvorbild für die Faulenzergeneration, als er die Schule sausen ließ, um einen Tag in Chicago rumzuhängen. Brodericks Schule ist die **Glenbrook North High School, Dee Road**, Des Plaines (heute die Central Management Services for the State of Illinois, und zuvor von Hughes in *The Breakfast Club – Der Frühstücksclub* eingesetzt). Zu den Wahrzeichen, die besucht werden, zählen das Skydeck Observatory auf dem 103. Stock des (zu der Zeit) höchsten Gebäudes der Welt, des **Sears Tower** zwischen West Adams Street, West Jackson Boulevard, South Franklin Street und South Wacker Drive im Loop *(Tel. 312 875 9696)*; **Wrigley Field**, die Heimat der Chicago Cubs, 1060 West Addison Street/Ecke North Clark Street in Wrigleyville und das **Art Institute of Chicago, South Michigan Avenue**/Ecke East Adams Street im Loop *(Tel. 312 443 3600)*. Die Parade, der sich Broderick anschließt, ist die echte Deutsch-Amerikanische Parade, die einmal jährlich auf der **Dearborn Street** stattfindet. Eingeschnitten wurden extra für den Film nachgestellte Szenen, die eine Woche später entstanden und für die sich 10.000 Bewohner der Stadt einfanden, nachdem im Radio und in den Zeitungen dafür geworben worden war. Aber selbst in einem Film von John Hughes ist nicht alles Chicago, was so aussieht: Matthew Brodericks Haus befindet sich in L.A. auf dem **4160 Country Club Drive**, südlich des Virginia Country Club in Long Beach.

DIE FEURIGE ISABELLA

(1953, R: Henry Cornelius)
Dinah Sheridan, Kay Kendall, John Gregson
• BUCKINGHAMSHIRE; BERKSHIRE; LONDON

Zwei Paare nehmen in dieser klassischen, bezaubernden

Komödie mit ihren Oldtimern am Autorennen von London nach Brighton teil. In Wahrheit wurde aber ein Großteil des Films auf den Straßen rund um die Pinewood Studios gefilmt. Die Nachrichtencrew filmt das Rennen vor den Toren des **Moor Park Golf Course, Anson Walk**, an der A404 zwischen Rickmansworth und Northwood in Buckinghamshire. Den Pub **Jolly Woodman** findet man in **Burnham**, Berkshire, während der **One Pin Pub**, in dem die Paare einen Drink zu sich nehmen, in der Parish Lane/Ecke One Pin Lane in **Hedgerley**, Buckinghamshire, liegt. Die **Collinswood Road**, ebenfalls in Hedgerley, und die **Common Road, Fulmer**, lieferten weitere Abschnitte der Landstraße. Zum Zeitpunkt der Dreharbeiten waren die alten Straßenbahnschienen, die über die Westminster Bridge verliefen, bereits entfernt worden, was zur Folge hatte, dass die Nahaufnahmen der ramponierten Wagenräder auf einer Strecke in **Lewisham** gedreht werden mussten.

FIEBER IM BLUT

(1961, R: Elia Kazan)
Natalie Wood, Warren Beatty, Pat Hingle
• NEW YORK STATE

Angesiedelt in einer Kleinstadt in Kansas in den zwanziger Jahren, gefilmt wurde aber in New York, auf Staten Island und im Norden von New York bei High Falls, nordwestlich von Poughkeepsie. Natalie Woods Haus, das ein wenig umgestaltet wurde, ist das Eckhaus am **4144 Victory Boulevard, Travis**, im Westen von Staten Island.

FIGHT CLUB

(1999, R: David Fincher)
Ed Norton, Brad Pitt, Helena Bonham-Carter
• LOS ANGELES

So wie in *Sieben* macht Fincher auch diesmal aus dem normalerweise sonnigen L.A. einen finsteren Albtraum, um Chuck Palahniuks satirischen Roman zu verfilmen. Brad Pitts düstere Wohnung in der fiktiven Paper Street war eine Fassade, die im Hafengebiet von **San Pedro** errichtet wurde. Das explodierende Fernsehgeschäft befindet sich an der Ecke des 500er Blocks der **Sixth Street**. Helena Bonham-Carters Zimmer ist im **Bristol Hotel, 423 West Eighth Street** zu sehen. Das Restaurant, in dem sie einen verwirrten Ed Norton trifft, ist **Clifton's Restaurant, 648 South Broadway** zwischen der Seventh Street und der Eighth Street.

Das schmierige Hotel: Bristol Hotel, West Eighth Street

DIE FIRMA

(1993, R: Sydney Pollack)
Tom Cruise, Gene Hackman, Jeanne Tripplehorn
• MEMPHIS, TENNESSEE; CAYMAN ISLANDS; MASSACHUSETTS; WASHINGTON D.C.; ARKANSAS

Übles droht, als der ehrgeizige junge Harvard-Absolvent

Tom Cruise einen Job bei einer mächtigen, aber dubiosen Anwaltskanzlei in Memphis bekommt. Die Eröffnungsszenen in Harvard wurden tatsächlich an der **Harvard University, East Cambridge** und **Harvard Square**, Massachusetts, gedreht. Die unglaublich luxuriöse Hotelsuite, in der das Gespräch zwischen Bendini, Lambert und Locke stattfindet, befindet sich im Bostoner **Copley Plaza Wyndham Hotel, 138 St. James Avenue** am Copley Square.

In Memphis spielt sich die Dachgartenparty auf dem **Peabody Hotel, 149 Union Avenue**, ab (Heimat der marschierenden Enten, die jeden Morgen aus ihrem Penthouse herunterkommen, um in der Lobby im Brunnen zu planschen). Im Peabody stellt Cruise auch die Gangsterbrüder zum Ende des Films zur Rede. Weitere Drehorte in Memphis waren der **Elmwood Cemetery**, Schauplatz der Beerdigung der Ex-Mitarbeiter der Firma, sowie Gary Buseys Detektivagentur, die sich im **Cotton Exchange Building, 65 Union Avenue**, befindet. Die Hunderennbahn, auf der FBI-Agent Ed Harris in eine Falle gelockt wird, ist der **Southland Greyhound Park, 1550 North Ingram Boulevard** direkt über den Mississippi auf der Interstate 40 oder 55 in West Memphis, Arkansas.

Die luxuriöse Zufluchtsstätte der Firma findet sich auf **Grand Cayman**, der größten der drei Cayman Islands (Die Firma war der erste Film, der auf diesen Inseln gedreht wurde). Das Treffen zur „Steuervermeidung" spielt sich im eindrucksvollen, 240 Zimmer umfassenden **Hyatt Regency Grand Cayman Resort and Villas** am **Seven Mile Beach** an der West Bay Road nördlich von Georgetown ab. Und auch wenn das Abanks Diving Lodge ein Set war, das am North Sound der Insel errichtet wurde, beabsichtigte man, es als Touristenattraktion bestehen zu lassen. Die Firmenwohnung selbst ist das **Great House** am **Seven Mile Beach**. Die nächtliche Party, die Cruise' kleine Indiskretion am Strand nach sich zieht, wurde in **Rumheads** gedreht, der zum Strand hin gelegenen Bar des Holiday Inn.

Weiter geht es nach Washington, wo Cruise im **Hotel Washington, 15th Street**/Ecke Pennsylvania Avenue NW, an einem Seminar teilnimmt (*Tel. 202 638 5900*, auch in *Contact* zu sehen). Ein heimliches Treffen mit dem FBI spielt sich am **Reflecting Pool** vor dem Lincoln Memorial am Fuß der Mall ab.

Mud Island in Memphis ist der Schauplatz für die große Verfolgungsjagd. Zum 20 Hektar großen Park gehört das Mississippi River Museum, wo Cruise sich zu verstecken versucht, sowie River Walk, ein fünf Blocks langes, maßstabsgetreues Modell des Mississippi. Die **Monorail** und die Fußgängerbrücke, die zur Insel führen, sind beide Teil des Höhepunkts der Handlung. Sie haben ihren Ausgangspunkt in der **125 Front Street**/Ecke Adams Avenue, Downtown.

EIN FISCH NAMENS WANDA

(1988, R: Charles Crichton)
John Cleese, Jamie Lee Curtis, Kevin Kline
• **LONDON; OXFORD; SURREY**

Genial gestrickte schwarze Komödie unter der Regie von Crichton. Kipling Mansions, Michael Palins Bude und das Zuhause des Fisches Wanda, ist das **Aubrey House,**

7 Maida Avenue, W2, am Grand Union Canal (wenn Sie in der Gegend sind, können Sie ein paar Häuser weiter das Haus finden, das sich Lynn Redgrave und Charlotte Rampling in *Georgy Girl* teilten).

Kipling Mansions: Maida Avenue, Maida Vale

Der Juwelendiebstahl wird im Zentrum des Londoner Diamanthandelbezirks inszeniert, **Hatton Garden**, EC1, nördlich von Holborn, wo Jamie Lee Curtis das **Diamond House, 37-38 Hatton Garden**, auskundschaftet. Aus Hatton Garden wurde übrigens Greenwich Village, als Stanley Kubrick dort *Eyes Wide Shut* drehte. Die Flucht wurde in einiger Entfernung gefilmt, nämlich in Clerkenwell. Die Schnauzbart tragende Jamie Lee wartet mit dem Wagen in **Clerkenwell Green**, EC1, wo Patricia Hayes ihre Hunde ausführt. Die Treppe, an der die Diebe die Wagen tauschen, befindet sich zwischen **Roberts Place** und **Clerkenwell Close**, gleich nördlich von Clerkenwell Green. Das Tor, an dem Michael Palin sich des Beweisstücks entledigt, ist das **St. John's Gate** an der Clerkenwell Road am St. John's Square. Patricia Hayes' Haus, wo Palin einen katastrophalen Anschlag auf sie zu verüben versucht, ist in **69 Onslow Gardens**, South Kensington. Den Tierfriedhof, auf dem die kleinen Hunde beerdigt werden, gibt es wirklich: **Silvermere** bei **Cobham** in Surrey.

Die Gerichtsszenen entstanden rund um **Old Bailey**, EC4, und die **Inns of Court, Inner Temple Garden**, nördlich des Victoria Embankment, ebenfalls EC4 – einem ruhigen und altehrwürdigen Platz, der in Tony Richardsons *Tom Jones – Zwischen Bett und Galgen* das London des 19. Jahrhunderts verkörpert.

Wagentausch nach dem Überfall: Roberts Place

Das Innere des Old Bailey ist allerdings in Wahrheit die **Oxford Town Hall**, St. Aldgate's in Carfax im Stadtzentrum. Auch das Gefängnis befindet sich in Oxford. Der ländliche Eingang zum **HM Prison Oxford**, wo Kline und Curtis zum ersten Mal Rechtsanwalt Cleese sehen, ist in der New Road am Castle Mound. Die Seitenstraße, in der sich Curtis an Cleese her-

Jamie Lee Curtis macht sich an John Cleese heran: Osney Lane, Oxford

Das Innere des Old Bailey: Oxford Town Hall, St. Aldgate's

SWINGING LONDON

WEST-LONDON: An der Themse am **Strand-on-the-Green**, Chiswick W4, befindet sich der historische Pub **City Barge**, in dessen Keller die Beatles in *Hi-Hi-Hilfe!* (**1a**) einen Tiger entdeckten. Östlich der Eisenbahnbrücke schäkerte Julie Christie mit Dirk Bogarde am schlammigen Ufer in John Schlesingers *Darling* (**1b**). Im nahe gelegenen Hammersmith steht das ‚White Pad' an der 1 Melrose Terrace, W6 (**2**), der Mittelpunkt aller hektischen Ereignisse in *Der gewisse Kniff*, während der normalerweise brechend volle **Shepherd's Bush Market** an der **Goldhawk Road** (**3**) den finsteren Durchgang abgab, in dem *Quadrophenia* Rocker Ray Winstone von der Mods-Gang brutal zusammengeschlagen wurde. Notting Hill hat zahlreiche klassische Motive zu bieten. Michael Caines Sechziger-Jahre-Apartment in *Charlie staubt Millionen ab* war in der **18 Denbigh Close** (**4a**) abseits der Portobello Road. Am **25 Powis Square** (**4b**) liegt das Zuhause des ausgebrannten Rockstars Mick Jagger in *Performance*, und in der **Lancaster Road** bei St. Mark's Grove (**4c**) findet sich der Pub, aus dem in der englischen Erfolgskomödie *Withnail and I* das legendäre, aber fiktive Camdener Mother Black Cap wurde. Weiter östlich befindet sich das Zuhause des Frauenhelden

Alfie in *Der Verführer lässt schön grüßen*, in **22 St. Stephen's Gardens**, W2 (**4d**). David Naughton veränderte sein Aussehen in Earl's Court, um zum *American Werewolf* zu werden – so geschehen in der Wohnung der Krankenschwester Jenny Agutter in der **64 Coleherne Road**, SW10 (**5**).

ZENTRAL-LONDON: Der alte Markt ist zwar nach Süden an den Fluss umgezogen, aber im **The Globe, Bow Street**, WC2 (**6**), können Sie immer noch ein Pint bestellen. Dort arbeitete Jon Finch in Hitchcocks *Frenzy*. Auch wenn es das alte Scala Theatre nicht mehr gibt, das in *Yeah! Yeah! Yeah!* für die Konzertszenen benutzt wurde, sieht man die Gasse gegenüber dem Motiv in der **Charlotte Street** (**7**) noch immer. Dort kamen die Fab Four rechtzeitig für ihren TV-Auftritt heraus.

CITY UND OST-LONDON: Nahe dem Smithfield Market ist **Vic Naylor, 40 St. John Street**, EC1 (**8**), aus dem in Guy Ritchies *Bube, Dame, König, Gras* ,JD's Bar' wurde. Der unheimliche Park, in dem David Hemmings in Antonionis *Blow up* möglicherweise einen Mord mitangesehen hat, ist der **Maryon Park** (**9**), südlich der Woolwich Road, SE7. Und am **Binsley Walk** in **Thamesmead South** finden Sie den Flat Block Marina, das Zuhause von Alex und den Droogs in *Uhrwerk Orange* (**10**).

129

STAR WARS WORLD TOUR

TUNESIEN: George Lucas bediente sich der Architektur von Tunesien, um für *Krieg der Sterne* das Aussehen der Wüstenwelt Tatooine zu schaffen. Bekanntestes Motiv dürfte die Wüstenstadt **Matmata** sein, deren Behausungen aus dem weichen Sandstein geschnitzt sind, um vor der sengenden Hitze zu schützen. Das Innere von Luke Skywalkers Zuhause ist der Innenhof des **Sidi Driss Hotel** (**1a**, **1b** & **1c**), wo man auch die Frühstücksecke sehen kann, die für den Film um Wandmalereien und Kacheln ergänzt wurde (**1d**). Die Mos Eisley Cantina entstand in **Ajim** auf der Ile de Jerba vor der Zentralküste. Die Außenansicht von Lukes Zuhause und die gesichtslosen Weiten der Wüste zeigen den riesigen Salzsee **Chott El Jerid** (**1e**) im Westen, der das Zentrum des Landes bis hin zur Grenze nach Algerien bedeckt. Am westlichsten Rand des Chott liegt die Oasenstadt Nefta. Sie benötigen ein Allradfahrzeug und wahrscheinlich einen Führer, um die Dünen von **Chott el Gharsa** zu besuchen, die im Norden von Nefta liegen, wo noch immer die Kulissen von Mos Espa (**1f** & **1g**) aus *Episode I: Die dunkle Bedrohung* zu sehen sind. Hier finden sich die Überreste von zwei Kulissen, zusammen mit den seltsamen Felsfor-

mationen, die im Wüstenkampf mit Darth Maul zu sehen sind. Das Sklavenheim des jungen Anakin findet sich hinter dem Hauptplatz von **Medenine** (**1h**), einer Stadt, die rund 55 Kilometer südöstlich von Matmata liegt. Die Rückseite der Sklavenquartiere, wo Anakin mit Jar Jar an seinem Pod Racer arbeitet und wo seine Mutter bedeutungsschwangere Bemerkungen über eine unbefleckte Empfängnis fallen lässt, ist das leer stehende **Hotel Ksar Hadada, Ksar Hadada** (**1i** & **1j**) nahe Ghomrassen im Süden von Medenine in Richtung Tataouine.

KALIFORNIEN: Da der Bantha in *Krieg der Sterne* in Wahrheit ein verkleideter Elefant aus Marine World war, entstanden die Szenen im kalifornischen **Death Valley** (**2**). Die Wüste in *Die Rückkehr der Jedi-Ritter* findet sich ebenfalls in Kalifornien. Es handelt sich um die endlosen Sanddünen des **Buttercup Valley** (**3**) nahe Yuma, in der südöstlichsten Ecke des Bundesstaates. Am gegenüberliegenden Ende finden sich die Riesenbäume des Mondes Endor: Sie stehen an der gemäßigteren Pazifikküste nahe der Grenze zu Oregon, im **Jedediah Smith Redwood State Park, 4241 Kings Valley Road, Crescent City** (**4**).

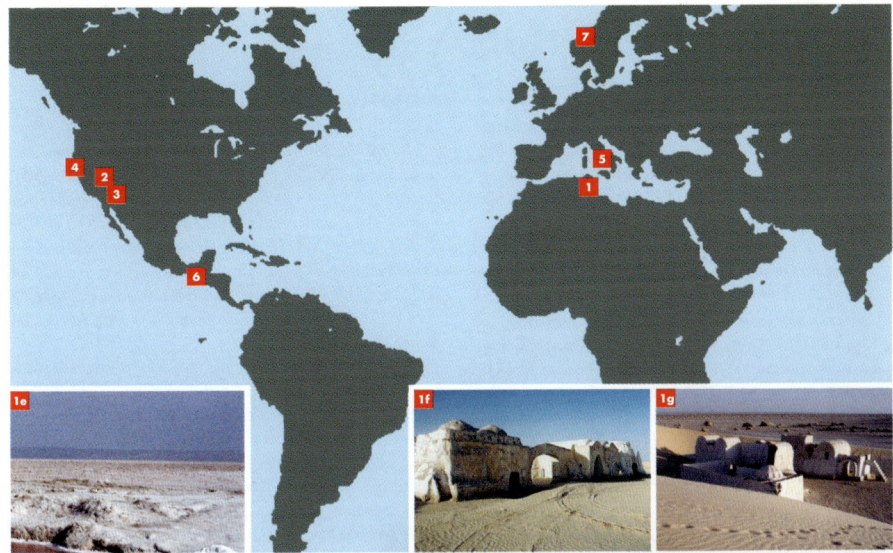

ITALIEN: Die Säle und Treppenhäuser von Königin Amidalas Palast in *Die dunkle Bedrohung* finden sich im wunderbar mit Marmor verzierten **Palazzo Reale** an der **Piazza Carlo III., Caserta** (**5a** & **5b**) gleich gegenüber dem Bahnhof, rund 25 Kilometer nördlich von Neapel.

GUATEMALA: Die Rebellenbasis aus *Krieg der Sterne* auf dem vierten Mond von Yavin ist der riesige Maya-Tempelkomplex von **Tikal** (**6**) im Regenwald des **Parque Nacional Tikal** im Norden von Guatemala.

NORWEGEN: Der Eisplanet Hoth in *Das Imperium schlägt zurück* ist der **Gletscher Hardanger Jøkulen** in **Finse** (**7**).

131

STAR TREK, USA

Wie von einer im Weltall spielenden Filmserie nicht anders zu erwarten, entstanden die ersten drei Star Trek-Filme fast komplett im Studio, aber danach wurden in zunehmendem Maß echte Motive eingesetzt, meist in Kalifornien.

SAN FRANCISCO: Die original TV-Serie endete 1969, aber erst 1979 kam der erste Star Trek-Film in die Kinos. Fast alles wurde im Studio gedreht, aber man sieht das Hauptquartier der Starfleet an der Golden Gate Bridge in San Francisco. Es tauchte abermals in *Star Trek VI: Das unentdeckte Land* auf. In *Star Trek IV: Zurück in die Gegenwart* reist die Crew ins Jahr 1986 nach San Francisco. Die Gruppe teilt sich an der Kreuzung **Columbus Avenue, Kearney Avenue** und **Pacific Avenue** auf (**1**).

NOVATO: Der am See gelegene Campus von Camp Khitomer, Schauplatz der Friedenskonferenz in *Star Trek VI: Das unentdeckte Land* ist das **Fireman's Fund Building, 777 San Marin Drive** (**2**) in Novato in Marin County, nördlich von San Francisco.

MONTEREY: 185 Kilometer südlich von San Francisco ist das **Monterey Bay Aquarium, 886 Cannery Row** (**3**) gelegen, aus dem das Sausalito Cetacean Institute wurde, wo Kirk und die Crew in *Star Trek IV: Zurück in die Gegenwart* die Buckelwale finden.

BISHOP: In Zentralkalifornien nahe der Grenze zu Nevada liegen die Ausläufer der spektakulären Gebirgskette der Sierra Nevada. 30 Kilometer westlich von Bishop im Inyo National Forest liegt der friedliche **Lake Sabrina** (**4a** & **4b**). Ein nahezu unzugänglicher Gipfel, von dem aus man den See überblicken kann, wurde in *Star Trek: Der Aufstand* als Zufluchtsstätte des Volkes der Ba'ku benutzt.

OWENS LAKE: Dieser riesige ausgetrocknete See (**5**) im Süden von Lone Pine an der I-395 in Zentralkalifornien wurde zum Planeten des galaktischen Friedens in *Star Trek V: Am Rande des Universums.*

TRONA: In südlicher Richtung nach Ridgecrest in der Mojave-Wüste finden sich die **Trona Pinnacles** (**6**), ein Gebiet bizarrer Tuffsteinformationen, die sich bildeten, als die Gegend vor langer Zeit von einem See bedeckt wurde. Daraus schuf man die Oberfläche des Planeten Shakaree, wo Captain Kirk in *Star Trek V: Am Rande des Universums* eine unheimliche Begegnung mit ‚Gott' hat.

LOS ANGELES: Die wundervolle, im Art-Déco-Stil gehaltene **Union Station, 800 North Alameda Street** (**7**) in Downtown L.A. wurde zum Dreißiger-Jahre-Nachtclub aus *Star Trek: Der erste Kontakt.* Die verschneiten Weiten des Knik Glacier in Alaska stellten die Oberfläche von Rura Penthe, dem Strafasteroiden, auf den Kirk und McCoy in *Star Trek VI: Das unentdeckte Land* verbannt wurden, während das Straflager selbst im Bronson Canyon im Griffith Park von L.A. gebaut wurde.

VALLEY OF FIRE: Jenseits der Grenze in Nevada, rund 80 Kilometer östlich von Las Vegas, liegt der beeindruckende **Valley of Fire State Park** (**8**), aus dem Viridian 3 wurde. Dort segnete James T. Kirk in *Star Trek: Treffen der Generationen* das Zeitliche.

SAN FRANCISCO

LAS VEGAS

LOS ANGELES

MONTEREY BAY AQUARIUM

PORTOLA SARDINES

THE WORLD OF **JAMES BOND**

AMSTERDAM: Die Edelsteinhauptstadt Europas muss natürlich eine Rolle in *Diamantenfieber* spielen. Eine Fahrt durch die Grachten lässt Sie an der **Magere Brug** vorbeifahren, wo die alte Dame aus dem Wasser gezogen wird. Bond-Girl Tiffany Case wohnt in einem der eleganten, schmalen Häuser in der **Reguliersgracht 36** (**1**).

PARIS: In *Im Angesicht des Todes* springt die Widersacherin May Day mit einem Fallschirm vom **Eiffelturm**. Das Jules-Verne-Restaurant wurde aber im Studio nachgebaut. Lassen Sie sich ein auf eine Bootsfahrt auf der Seine unter der **Pont Alexandre III.** (**2**) hindurch, von der Bond auf das Ausflugsschiff springt.

COTE D'AZUR: Eine völlig natürliche Umgebung für einen Mann wie Bond. Üblicherweise gibt es eine Casinoszene, und in *GoldenEye* spielt Bond sogar im berühmtesten von allen, im **Casino de Monte Carlo** (**3a**) in Monaco. In der **Bucht von Monte Carlo** (**3b**) stiehlt Xenia Onatopp den Hi-Tech-Helikopter. Besuchen Sie sie nachts, wenn die Lichter funkeln. Monte Carlo ist am Tag ein äußerst hässliches Beispiel für ungehemmte Bebauung. Fahren Sie auf der Küstenstraße nach Westen in das malerische Fischerdorf **Villefranche-sur-Mer**, ein beliebtes Motiv, das auch im *Feuerball*-Remake *Sag niemals nie* zu sehen war. Largos Palmyra-Festung ist **Fort Carré d'Antibes** bei Antibes, etwas weiter westlich entlang der Küste.

SPANIEN: Das stilvolle neue **Guggenheim Museum, Bilbao** (**4**), ist der Hintergrund für die Eröffnungsszene in *Die Welt ist nicht genug*.

VENEDIG: Zu sehen in zwei Bond-Filmen, aber wenn Sie in *Liebesgrüße aus Moskau* einen Moment lang woanders hinsehen, verpassen Sie, dass Bonds Gondel unter der **Seufzerbrücke** hindurch in Richtung Canale Grande fährt. Mehr Zeit verbringt er in der Stadt in *Moonraker – Streng geheim*. Der Eingang zu Draxs Glasarbeiten ist **Venini, 314 Piazzetta dei Leoni (5)**, nordöstlich von San Marco. Die Verfolgungsjagd per Boot endet damit, dass Bond über den **Markusplatz** schwebt, wo Sie die **Torre dell'Orologio** sehen können, jene Turmuhr, in der sich Bond mit den Bösen herumschlägt.

KAIRO: Legen Sie einen Zwischenstopp ein, um die angestrahlte **Cheopspyramide (6)** so zu erleben wie in *Der Spion, der mich liebte*.

ST. PETERSBURG: In Wahrheit wurde der größte Teil der Verfolgungsjagd per Panzer aus *GoldenEye* in Hertfordshire gedreht, doch der beeindruckende Platz zeigt den echten **Schlossplatz (7)**.

UDAIPUR: Der Maharani wandelte zwei seiner spektakulären Paläste in Luxushotels um, die beide in *Octopussy* zu sehen sind. Bond steigt im **Shiv Niwas Hotel (8a)** am Seeufer ab, aber ein kurzer Bootstrip bringt Sie schnell zum wunderbaren **Lake Palace Hotel (8b)**, dem schwimmenden Palast von Octopussy mitten im See Pichola. Wahrscheinlich steht Ihnen keine Barke mit Dienerinnen an den Rudern zur Verfügung, aber im Film mogelte man auch, da ein versteckter Motor zum Einsatz kam.

THAILAND: Bond lässt sich in *Der Morgen stirbt nie* vom **Westin Banyan Tree Hotel**, Bangkok, herab. Und im Süden in Phuket können Sie **Khow-Ping-Kann (9)** sehen, das Inselversteck von Scaramanga in *Der Mann mit dem goldenen Colt* in **Phang Nga Bay**, Phuket auf der malayischen Halbinsel.

JAPAN: Die Ninja Training School in *Man lebt nur zweimal* ist der **Himeji Palast (10)**, Himeji, 55 Kilometer westlich von Kobe.

SAN FRANCISCO: Das State Office Building in *Im Angesicht des Todes* ist die **San Francisco City Hall (11a)**; das Öffnen der **Lefty O'Doul Bridge, Third Street (11b)**, sorgt für ein Ende der Verfolgungsjagd per Feuerwehrwagen.

LAS VEGAS: Das Whyte House in *Diamantenfieber* ist das **Las Vegas Hilton (12a)**. Gönnen Sie sich einen Besuch im **Circus Circus (12b)**, dem Casino, in dem über Ihren Köpfen Akrobaten ihr Können zeigen.

NEW ORLEANS: Das **French Quarter (13)** von New Orleans ist während der Jazz-Beerdigung in *Leben und sterben lassen* zu sehen.

BAHAMAS: Auf den Bahamas entstand *Feuerball*, und Largos anderes Palmyra-Anwesen befand sich auf **New Providence Island (14)**.

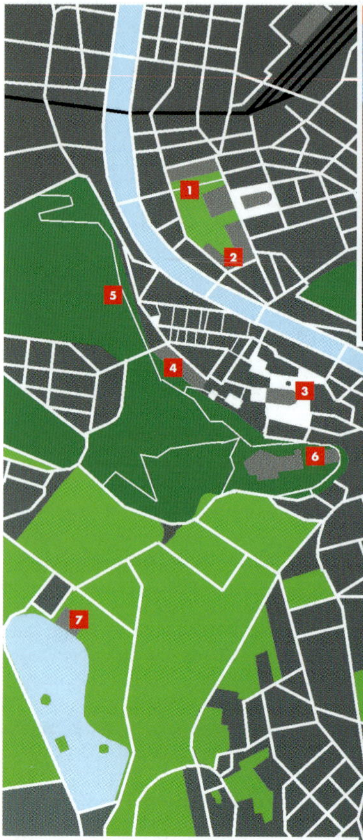

SALZBURG'S SOUND OF MUSIC

MIRABELL-GARTEN: (**1**) hinter dem Mirabell-Palast gelegen. Am Nordrand der Gärten befinden sich die ‚Do Re Mi'-Stufen und der Pegasusbrunnen, der südlich der ‚springenden' Statuen am Eingang gelegen ist (**2**).

RESIDENZPLATZ: (**3**) Dort springt Maria auf dem Weg zum Haus der von Trapps in den Residenzbrunnen, und später marschieren dort die Nazis auf, als Österreich ans Deutsche Reich angeschlossen wird.

FELSENREITSCHULE: (**4**) Die Familie trägt auf dem Gesangsfest ‚Edelweiß' vor, bevor sie die Flucht antritt.

WINKLER-TERRASSE: (**5**) Nehmen Sie den Aufzug zu diesem Restaurant, von dem aus man die Stadt überblicken kann. Die Kinder begannen hier ihr ‚Do Re Mi', und sie diente auch als Terrasse des Klosters. Folgen Sie dem Pfad in Richtung Südosten am Mönchsberg entlang.

NONNBERG-ABTEI: (**6**) Sie können einen Blick auf den Hof (im Film zu sehen) und in die Kapelle werfen (nicht zu sehen). Begeben Sie sich von dort weiter nach Westen zum Leopoldskroner Teich. Vom Westufer des Sees können Sie Leopoldskron sehen.

LEOPOLDSKRON: (**7**) ein privates Anwesen, auf dem sich die zum See gelegene Terrasse der von Trapps befindet.

SCHLOSS FROHNBURG: (**8**) Wenn Sie den Vordereingang des Hauses der von Trapps sehen wollen, benutzen Sie den kleinen Radweg abseits der Hellbrunner Allee in Richtung Süden. Nach kurzer Zeit erkennen Sie die gelb gestrichene Wand, an der Maria aus dem Bus aussteigt und vor den beeindruckenden Toren stehen bleibt.

SCHLOSS HELLBRUNN: (**9**, nicht auf der Karte) Um zu vermeiden, dass der Pavillon unerlaubt betreten wird, verlegte man ihn vom Grundstück von Leopoldskron nach Schloss Hellbrunn.

MONDSEE: (**10**, rund 25 km östl. von Salzburg) In der Kathedrale von Mondsee heirateten Maria und Georg von Trapp.

Das Haus von Pat Hayes: Onslow Gardens, South Kensington

anmacht, liegt ein paar Blocks weiter westlich hinter Morrell's Brewery. Es ist die **Osney Lane** zwischen Woodbine Place und The Hamel.

St. Trevor's Wharf, wo Cleese sich die luxuriöse Unterkunft für ein zum Scheitern verurteiltes Techtelmechtel mit Curtis ausborgt, ist das **New Concordia Wharf, Bermondsey Wall West**, eines der renovierten Lagerhäuser an der Themse mit einem phantastischen Blick auf die Tower Bridge. Der Stunt am Fenster entstand einige Blocks weiter am noch unverändert gebliebenen **Reed's Wharf**.

FITZCARRALDO

(1982, R: Werner Herzog)
Klaus Kinski, Claudia Cardinale, Jose Lewgoy
• **PERU; BRASILIEN**

Kinski spielt den besessenen Iren Fitzgerald, der um jeden Preis ein Opernhaus im Dschungel am Amazonas bauen will, auch wenn das bedeutet, dass sein Schiff buchstäblich über einen Berg gezogen werden muss. Die Entstehung des Films ist in Les Blanks Dokumentation *Die Last der Träume* festgehalten.

Kinski und Cardinale treffen in **Manaus** – der Stadt, an der der Negro und der Amazonas zusammenfließen – im Norden Brasiliens ein, um ein Konzert von Caruso zu besuchen. Ihr Schiff dockt am Landungssteg unterhalb des städtischen Marktes **Mercado** an.

Das Opernhaus ist das **Teatro Amazonas**, erbaut auf dem Höhepunkt des Kautschukbooms zwischen 1896 und 1910, als eingeborene Indianer und arme Weiße als Sklavenarbeiter benutzt wurden, damit die Kautschukbarone ein immenses Vermögen scheffeln konnten. Dieser faszinierende Palast, aus dessen Brunnen in den ersten Nächten echter französischer Champagner sprudelte, war einst die Spielstätte für Namen wie Jenny Lind, das Ballet Russes und Sarah Bernhardt – die bizarrerweise zu großen Arien die Lippen bewegte, während ein Ersatzsopran im Orchestergraben drauflos schmetterte. Es befindet sich am **Placa Sao Sebastio** in Manaus und erstrahlte erst kürzlich nach langen Renovierungsarbeiten im alten Glanz.

Fitzcarraldo kehrt in sein Haus zurück, das rund 1500 Kilometer stromaufwärts am Amazonas in **Iquitos**, Peru, gelegen war. Das Haus stand am **Plaza de Armas**, dem Stadtzentrum von Iquitos, Hauptstadt des Departments Loreto. Auf dem Platz findet sich auch das metallene Haus von G. Eiffel (bekannt durch den gleichnamigen Turm). Die Boote aus *Fitzcarraldo* sind am nahe gelegenen Hafen vertäut.

Zwei Boote mit verstärktem Rumpf wurden für die Dreharbeiten benutzt: eines, um durch die Stromschnellen zu navigieren (ja, das wurde tatsächlich gemacht) und ein anderes, das über den Berg gezogen werden musste. Herzog

ging sogar noch einen Schritt weiter als der echte Fitzcarraldo, der so klug war, das Boot auseinander zu nehmen und in Einzelteilen über den Berg zu schaffen. Die Molly Aida wurde von 500 indianischen Statisten über eine Entfernung von eineinhalb Kilometern auf eine Höhe von rund 180 Metern geschleppt. Die Szene, in der das Boot dann wieder im Fluss zu Wasser gelassen wurde, entstand in einer einzigen Einstellung ohne Schnitte.

Die Flussszenen wurden in einer unzugänglichen Region des Urubamba nahe **Rio Comisea** gedreht – im Territorium der Machiguenges und der benachbarten Campas, etliche hundert Kilometer südlich von Iquitos. Vorräte mussten aus der nächstgelegenen Stadt Pucallpa herangeschafft werden, die einige hundert Kilometer flussaufwärts gelegen ist. Die Stelle, an der das Boot über den Berg gezogen wird, „Istmo de Fitzcarrald" liegt noch einmal rund 500 Kilometer weiter südlich.

Peru kann ein riskantes Reiseland sein, in den meisten Städten ist es jedoch relativ sicher (auch wenn Raubüberfälle eine konstante Gefahr darstellen). Alle Straßen von Iquitos aus verlieren sich nach einer kurzen Strecke im Dschungel, zu erreichen ist die Stadt nur aus der Luft oder über das Wasser. Wenn Sie wirklich in Kinskis Fußstapfen treten wollen: Es werden Dschungelreisen auf dem Amazonas angeboten, die von Iquitos aus starten.

FLAMMENDES INFERNO

(1974, R: John Guillermin)
Paul Newman, Steve McQueen, William Holden
• **KALIFORNIEN**

Fox und Warners planten beide einen Film über eine Feuersbrunst in einem Hochhaus, basierend auf den Romanen *The Tower* und *The Glass Inferno*. Sie beschlossen, ihre Ressourcen zusammenzuwerfen und *Flammendes Inferno* zu produzieren. Fünf Stockwerke des zum Untergang verdammten Gebäudes wurden auf der Malibu Ranch von Fox gebaut. Für die in San Francisco spielende Handlung zeigte man dieses Haus in der Eröffnungseinstellung an der Stelle der Transamerica Pyramid einkopiert. Der Eingang gehört eigentlich dem **Bank of America World Headquarter, California Street**/Ecke Kearney Street. Das Foyer mit den gläsernen Aufzügen findet sich im **Hyatt Regency Hotel, 5 Embarcadero Center**, ein Schwindel erregendes Motiv, das auch in *Mel Brooks: Höhenkoller* und dem SF-Abenteuer *Flucht in die Zukunft* zu sehen war. Da es sich zum Teil um einen Film von Twentieth Century Fox handelte, wurde das Computer gesteuerte Überwachungszentrum für das Gebäude eines Bürohauses in Century City gefilmt.

FLASHDANCE

(1983, R: Adrian Lyne)
Jennifer Beals, Michael Nouri, Lilia Skala
• **PENNSYLVANIA**

Beals ist eine Stahlarbeiterin mit dem Ehrgeiz, Tänzerin zu werden. Der Film wurde von Joe Eszterhas mitgeschrieben und in **Pittsburgh**, Pennsylvania, aufgenommen. Beals bringt sich im berühmten **Carnegie Institute, 4400 Forbes Avenue, Oakland** *(Tel. 412 622 3131)*,

Heimat des Museum of Art und des Carnegie Museum of Natural History, in Schwierigkeiten.

FLATLINERS

(1990, R: Joel Schumacher)
Kiefer Sutherland, Kevin Bacon, Julia Roberts
• **CHICAGO**

Eine Gruppe Medizinstudenten benutzt nach Dienstschluss die Collegeeinrichtungen, um das Leben nach dem Tode mit der Hilfe von Sterbe- und Wiederbelebungsexperimenten zu erforschen. Gefilmt wurde in Chicago, der Universitätscampus gehört zur winzigen **Loyola University, 6225 North Sheridan Road**/Ecke West Devon Avenue am Ufer des Lake Michigan. Die Außenaufnahmen des Taft Building zeigen das **Chicago Museum of Science and Industry, South Lake Shore Drive**/Ecke East 57th Street.

DIE FLIEGE

(1986, R: David Cronenberg)
Jeff Goldblum, Geena Davis, John Getz
• **ONTARIO, KANADA**

Geena Davis begegnet Goldblum: Walker Court, Art Gallery of Ontario

Goldblum mutiert in Cronenbergs eindringlichem Remake des SF-Kultklassikers von 1958 zu einem riesigen Insekt. Gedreht wurde in Toronto, vorwiegend in den **Kleinburg Studios** im Norden der Stadt. Die Eröffnungskonferenz, bei der sich Goldblum und Davis begegnen, wurde im **Walker Court** inszeniert, an der **Art Gallery of Ontario, 317 Dundas Street W**/McCaul Street, Downtown Toronto. Die Klinik, in der Davis nach dem entsetzlichen Traum von Maden ihr Kind abtreiben lassen will, ist das **Chinese Consulate, 240 St. George Street**, Yorkville, nördlich von Downtown. Goldblums Labor ist ein Lagerhaus aus der Zeit um die Jahrhundertwende und liegt in einem heruntergekommenen Viertel von Toronto, das inzwischen aufgemöbelt worden ist.

Goldblum entführt Davis aus der Klinik: Chinesisches Konsulat, St. George Street

FLINTSTONES – DIE FAMILIE FEUERSTEIN

(1994, R: Brian Levant)
John Goodman, Elizabeth Perkins, Rick Moranis
• **KALIFORNIEN**

Die Besetzung ist das Beste an dieser Live Action-Verfilmung der Zeichentrickserie. Falls Sie es nicht schon erkannt haben: Downtown Bedrock wurde im sehr vertrauten **Vasquez Rocks County Park** aufgebaut, einem atemberaubenden Abschnitt des San Andreas Fault, der sich zu phantastischen Sandsteinformationen auftürmt. Er liegt an der **10700 Escondido Canyon Road**, abseits des Highway 14 zwischen Newhall

Bedrock: Vasquez Rocks County Park

und Palmdale, nördlich von L.A. (für Details siehe *Massai*). Der Steinbruch, in dem Fred arbeitet, ist der **Cal Mat Quarry, Sun Valley**, im Süden Kaliforniens.

DER FLUCH DES DÄMONEN

(1958, R: Jacques Tourneur)
Dana Andrews, Niall MacGinnis, Peggy Cummins
• **HERTFORDSHIRE; LONDON; WILTSHIRE**

Brillante und wahrhaft gruselige Verfilmung von M.R. James' klassischer Horrorgeschichte „Casting the Runes", die ein wenig darunter litt, dass das Studio auf Nahaufnahmen des Dämons zu Beginn des Films beharrte. Die Eröffnungs-

Lufford Hall: Brocket Hall, Welwyn Garden City

szene spielt bei **Stonehenge** auf der Salisbury Plain, Wiltshire. Dämonenbeschwörer MacGinnis folgt Dana Andrews in den großen, kreisförmigen **Reading Room** im **British Museum**, wo die todbringenden Runensteine übergeben werden. MacGinnis' Villa Lufford Hall, Warwickshire, ist tatsächlich **Brocket Hall** westlich von Welwyn Garden City in Herfordshire. Das Gebäude, das auch im TV-Film *Mord mit doppeltem Boden* und im 1991er Remake von *Der Kuss vor dem Tode* zu sehen ist, war das Zuhause des in Ungnade gefallenen Lord Brocket, der wegen Versicherungsbetrugs ins Gefängnis wanderte. Das Haus ist später verkauft worden und dient heute als Privatsitz. Sehen können Sie es vom Bürgersteig auf der Ostseite der Marford Road aus, fast genau gegenüber des Pubs Crooked Chimney. Der Dämon nimmt schließlich auf der Eisenbahnstrecke bei **Bricket Wood** zwischen St. Albans und Watford Gestalt an.

FLUCHT IN DIE ZUKUNFT

(1980, R: Nicholas Meyer)
Malcolm McDowell, David Warner, Mary Steenburgen
• **KALIFORNIEN**

Unterhaltsamer kleiner Film, in dem H.G. Wells mit seiner Zeitmaschine Jack the Ripper folgt, der ins San Francisco der achtziger Jahren des 20. Jahrhunderts entkommen ist. Das Museum, in dem Wells materialisiert, ist eine Mischung aus der **California Academy of Sciences** am Music Concourse im Golden Gate Park, und dem **Oakland Museum**, 10th und Oak, in Oakland von San Francisco aus auf der anderen Seite der Brücke. Wells verfolgt Jack bis zu dessen Zimmer im **Hyatt Regency Hotel, 5 Embarcade-**

H.G. Wells stellt sich Jack the Ripper: Palace of Fine Arts

ro **Center** (die Glasaufzüge sind auch zu sehen in *Flammendes Inferno* und *Mel Brooks: Höhenangst*), und er verfolgt ihn – ja, genau – in den Glasaufzug. Die Suche nach dem Ripper wird im **San Francisco General Hospital, 1001 Potrero Avenue** nahe 22nd Street im Mission District, fortgesetzt. Das sich drehende Restaurant, in das Steenburgen Wells zum Mittagessen mitnimmt, ist das **Equinox**, das Dachrestaurant des Hyatt Regency. Es gibt die unvermeidbare Überquerung der Golden Gate Bridge hin zu den Redwood-Wäldern im Norden von Kalifornien. Steenburgens Wohnung ist **2340 Francisco Street** im Marina District, nahe dem **Palace of Fine Arts**. Bernard Maybecks ausgefeiltes Wunderwerk, das in einem kleinen Park am Ostrand der Golden Gate National Recreation Area zu finden ist, ist ein zentraler Schauplatz für den Rest des Films. Gebaut wurde er ursprünglich für die Panama-Pacific International Exposition um 1916, erwies sich aber als so beliebt, dass man ihn stehen ließ, als die Ausstellung geschlossen wurde. Ende der sechziger Jahre wurde die Originalkonstruktion aus Holz und Gips durch ein Betonmodell ersetzt. Sie ist auch in *Vertigo – Aus dem Reich der Toten* und *The Rock – Fels der Entscheidung* zu sehen. Der Eingang befindet sich **3601 Lyon Street**/Ecke Marina Boulevard.

FLUCHT IN KETTEN

(1958, R: Stanley Kramer)
Sidney Poitier, Tony Curtis, Theodore Bikel
• **KALIFORNIEN**

Typisches Kramer-Melodrama, in dem der weiße Rassist Curtis die Flucht antrat und dabei mit Sidney Poitier durch eine Kette verbunden ist. Der Film spielt natürlich im tiefsten Süden, gefilmt wurde aber überwiegend auf der Newhall Land and Farming Company, einem 16.000 Hektar großen Filmgelände am Nordrand von L.A. **Newhall** ist noch immer sehr beliebt: Der Raptoren-Angriff im hohen Gras in *Vergessene Welt: Jurassic Park* wurde hier gedreht. Das Gelände liegt einige Kilometer westlich der Interstate 5 an der Route 126 Richtung Valencia. Die Eisenbahnszenen, in denen Poitier und Curtis auf den Güterzug klettern, entstanden knapp 25 Kilometer nordwestlich in **Piru** (wohin Judy Garland und James Mason in *A Star Is Born* fliehen, um zu heiraten). Die gefährliche Flussüberquerung entstand noch weiter nördlich in Kern County am Kern River (wieder ein beliebtes Motiv: dieser Fluss wurde in John Fords *Ringo* überquert).

FLUCHT VOM PLANET DER AFFEN

(1971, R: Don Taylor)
Roddy McDowall, Kim Hunter, Bradford Dillman
• **KALIFORNIEN**

Drei der futuristischen Affen reisen in dieser zweiten Fortsetzung von *Planet der Affen* zurück ins L.A. des 20. Jahrhunderts. Die Dreharbeiten fanden im Natural History Museum in Los Angeles County, L.A., sowie südlich von San Clemente, Kalifornien, statt.

FLUCHT VON ALCATRAZ

(1979, R: Don Siegel)
Clint Eastwood, Patrick McGoohan, Roberts Blossom
• **SAN FRANCISCO**

Düstere, pessimistische Darstellung der einzigen dokumentierten Flucht vom berüchtigten Rock, auch das unterstellte Überleben des Entflohenen ist umstritten. Einige Dekors mussten bei Paramount in Hollywood nachgebaut werden, doch der größte Teil des Films entstand tatsächlich in dem geschlossenen Gefängnis auf **Alcatraz Island** in der San Francisco Bay. Umfangreiche Renovierungsarbei-

Das wahre Innenleben von Alcatraz

ten wurden an der maroden Gebäudestruktur vorgenommen, die dazu beigetragen haben, sie als Touristenattraktion zu erhalten. Die Farbe, die aufgetragen werden musste, um der Einrichtung das Erscheinungsbild einer früheren Ära zu verleihen, musste leicht ablösbar sein, damit die Graffiti erhalten blieben, die aus der Zeit der Besetzung durch amerikanische Ureinwohner in den Jahren 1969-1971 stammen. Diese Besetzung gilt heute als ein legitimer Teil der Geschichte dieser Insel.

Die Insel war seit 1934 ein staatliches Gefängnis, im Grunde diente sie aber nur als Abschiebestelle für schwierige Gefangene. Obwohl das Gefängnis Ruhm genoss, waren die Namen der wenigsten Insassen jemandem geläufig. Bekannt waren vor allem „Machine Gun" Kelly, Robert Stroud, „The Birdman" (siehe *Der Gefangene von Alcatraz*), und natürlich Al Capone. Capone, der nach The Rock verlegt wurde, da er in Atlanta versucht hatte, auch hinter Gittern sitzend sein Imperium zu führen, wollte sich auch hier Einfluss erkaufen, indem er Geld dafür anbot, wenn er sich länger auf dem Gefängnishof aufhalten dürfe. Sein freundliches Angebot fand keinen Anklang, und der König der Unterwelt wurde zum Arbeiten in die Gefängniswäscherei versetzt.

Als 1963 das Konzept einer Gefangenschaft ohne Hoffnung auf Wiedereingliederung überholt war und die Kosten für die Unterhaltung der Insel jeden vernünftigen Rahmen sprengten, wurde das Gefängnis geschlossen. Alcatraz ist heute ein Nationalpark und kann von Fisherman's Wharf in San Francisco aus per Boot besichtigt werden. Besuchen Sie die Website unter www.nps.gov/alcatraz.

FLUCHTPUNKT SAN FRANCISCO

(1971, R: Richard C. Sarafian)
Barry Newman, Cleavon Little, Dean Jagger
• **UTAH; NEVADA; COLORADO**

Hätten sich die Studiobosse hingesetzt, um nach *Easy Rider* ein Kompendium aller gängigen Klischees zusammenzustellen, dann wäre das hier dabei herausgekommen.

Barry Newman – Ex-Cop, Ex-Rennfahrer, Ex-Surfer und jetzt Drogenkurier – rast durch die Wüste und begründet eine geistige Verbindung mit dem blinden Soul-DJ Cleavon Little, während Rückblenden im gleichmäßigen Rhythmus von Werbepausen in die Handlung einfließen. Einen Ausgleich dafür bieten die phantastischen staubigen Weiten der Wüsten von Nevada und Utah. Newmans Reise beginnt in Denver, Colorado, und führt durch drei wichtige Countys von Utah: Lander, Nye und Esmeralda. Der blinde DJ Super Soul sendet aus dem heute leer stehenden **Goldfield Hotel, Goldfield**, einer Beinahe-Geisterstadt in Utah. Die Kleinstadt, in der sich der Polizeiwagen überschlägt, ist **Salina**, Utah. Die Städte, durch die Newman eilt, sind **Thompson Springs, Green River** und **Wendover**, Utah; **Glenwood Spring** und **Grand Junction**, Colorado; **Tonopah; Elko** und **Austin**, Nevada. Die Zerstörungsorgie auf dem Höhepunkt des Films spielt sich bei **Cisco** an der Interstate 70 nahe Moab, Utah, ab.

FLUSS OHNE WIEDERKEHR
(1954, R: Otto Preminger)
Robert Mitchum, Marilyn Monroe, Rory Calhoun
• **ALBERTA, KANADA**

Landschaftlich schönes Drama, gefilmt in **Banff**, in den Rockies von Alberta, Kanada. Die Szenen mit dem Floß wurden auf dem **Bow River** gedreht. Monroe stieg im Banff Springs Hotel ab (wo Betty Grable *Springtime in the Rockies* drehte). Das Hotel ist heute Kulisse für eine japanische Soap Opera, und in der Folge davon wimmelt es dort von asiatischen Motivsuchern.

THE FOG – NEBEL DES GRAUENS
(1979, R: John Carpenter)
Adrienne Barbeau, Jamie Lee Curtis, Hal Holbrook
• **KALIFORNIEN**

Der Leuchtturm: Point Reyes Lighthouse

Unterhaltsamer früher Gruselfilm von Carpenter, in dem die vor langer Zeit ertrunkene Crew eines untergegangenen Schiffs das macht, was Untote am liebsten machen. Entstanden ist der Film in den Städten **Port Reyes Station** und **Inverness** in Marin County an der Küste nördlich von San Francisco, Highway 1. Der Leuchtturm ist das **Point Reyes Lighthouse**. Gedreht wurde auch in **Bodega Bay**, wo Hitchcock *Die Vögel* inszenierte.

FOOTLOOSE
(1984, R: Herbert Ross)
Kevin Bacon, Lori Singer, John Lithgow
• **UTAH**

Bacon ist der junge Newcomer, der in der US-Kleinstadt Bomont für Skandale sorgt und der den religiösen Schwätzer Lithgow mit dem gottlosen Konzept des Tanzens gegen sich aufbringt. Passenderweise liegt die Stadt **Payson**, aus der das fiktive Bomont wurde, gleich südlich unterhalb

von Provo, dem Sitz des Utah County am Ufer des Lake Utah – weißer, konservativer und mormonischer als die Hauptstadt des Staates selbst. Sie finden Payson rund 25 Kilometer nach Süden auf der Interstate 15. Gefilmt wurde auch in Provo, außerdem in **American Fork** und an den **Lehi Roller Mills, Lehi**, wo die Tanzsequenzen entstanden.

FOREVER YOUNG
(1992, R: Steve Miner)
Mel Gibson, Jamie Lee Curtis, Elijah Wood
• **KALIFORNIEN**

Romantischer phantastischer Film mit Gibson als Pilot aus dem Ersten Weltkrieg, der 1939 eingefroren und 50 Jahre später vom jungen Elijah Wood aufgetaut wird. Das fiktive Alexander Field, auf dem Mel 1939 eine Bruchlandung hinlegt, entstand aus einer alten Landebahn in **Moorpark** an der Route 118, nordwestlich von L.A. entlang der Straße nach Ventura. Die 1992er Version des Towers steht auf dem **Van Nuys Airport, 6590 Hayvenhurst Avenue** zwischen Roscoe Boulevard und Vanowen Street, Van Nuys (auch zu sehen in *Casablanca* und in *Dick und Doof in der Fremdenlegion*). Das Lokal von 1939 wurde an einer Straßenecke in Claremont nördlich von Pomona im Osten von L.A. aufgebaut, dann auf Alt getrimmt, modernisiert und für die 1992 spielenden Szenen um acht Kilometer nach **Northridge** im Norden von L.A. verschoben. Die Luftfahrtshow „Wings of Freedom" wurde auf dem **Los Alamitos Army Airfield** gefilmt, an der Interstate 405 östlich von Long Beach. Das mit Schindeln bedeckte Cottage, das für den Film neben einen bestehenden Leuchtturm gebaut und danach wieder abgerissen wurde, stand auf einer felsigen Anhöhe bei **Point Arena**, gut 200 Kilometer nördlich von San Francisco auf der Route 1. Der Leuchtturm kann besichtigt werden.

FORMICULA
(1954, R: Gordon Douglas)
Edmund Gwenn, James Whitmore, Joan Weldon
• **KALIFORNIEN**

Klassischer SF-Film aus den fünfziger Jahren, in dem Atomtests zur Entstehung riesiger mutierter Ameisen führen. Die Ameisen tauchen zunächst in der Wüste in New Mexico auf – tatsächlich die Mojave-Wüste rund um **Palmdale**, Kalifornien –, aber schon bald machen sie sich auf den Weg nach L.A. und tauchen am **Sixth Street Viaduct**, Downtown, auf.

FORREST GUMP
(1994, R: Robert Zemeckis)
Tom Hanks, Robin Wright, Gary Sinise
• **SOUTH CAROLINA; GEORGIA; WASHINGTON D.C.; LOS ANGELES; UTAH; MAINE**

Bewegende Bekräftigung für die einfachen Werte oder ein reaktionäres Bejubeln knochenköpfiger Sentimentalität? Die Academy entschied sich für ersteres und gab Hanks zum zweiten Mal einen Oscar für den Besten Schauspieler. Die Bank, auf der Gump jeden anspricht, der ihm zuhören will, wurde am **Chippewa Square, Savannah**,

Georgia, aufgebaut und anschließend wieder entfernt. Wenn Sie wirklich wissen wollen, wie sehr das Leben einer Schachtel Pralinen gleicht, dann gibt es ein Stück weiter eine Sitzgelegenheit.

Viele Drehorte des Films fand man in einem Gebiet in South Carolina rund um **Beaufort**. Die Vietnam-Szenen entstanden auf **Fripp Island** und im **Hunting Island State Park** vor der Küste von Beaufort. Die fiktive Stadt Greenbow, Alabama, in der der junge Gump aufwächst, ist **Varnville** an der Route 68 rund 55 Kilometer nordwestlich von Beaufort. Viele Geschäfte auf der Hauptstraße, die für den Film umgestaltet wurden, haben den Gump-Look beibehalten. Die Gump-Pension, Jennys Haus und die Bushaltestelle wurden auf der **Bluff Plantation, Twickenham Road**, errichtet, südöstlich von Yemassee am Combahee River zwischen Varnville und Beaufort gelegen. Die Four Square Baptist Church, in der Gump mit dem Chor für Shrimps betet, ist die **Stoney Creek Chapel, McPhersonville**, Hampton County. In Beaufort selbst wurde die **University of South Carolina** zur University of Alabama, wo Gump unabsichtlich in Governor George Wallace' Bemühungen verstrickt wird, die Rassentrennung aufrechtzuerhalten. Das Beaufort Performing Arts Center wurde zum Bayou le Batre Hospital. Bubbas Zuhause in Louisiana lag nicht im fiktiven Bayou La Batre, sondern am **Lucy Creek** im Südosten von Beaufort auf **Ladys Island**.

Gumps Marathonlauf führt ihn zunächst zum **Santa Monica Yacht Harbor** an der Westküste, dann zum **Marshall Point Lighthouse** nahe **Point Clyde**, Maine, im Osten. Drei Jahre, zwei Monate, vierzehn Tage und sechzehn Stunden später beschließt er, nach Hause ins **Monument Valley** in Utah zurückzukehren.

Um in Washington D.C. Richard Nixon zu treffen, steigt Gump im **Watergate Hotel, 2650 Virginia Avenue NW**, ab und meldet sonderbare Männer mit Taschenlampen im gegenüberliegenden Gebäude (für Details zu diesem Drehort siehe *Die Unbestechlichen*). Er spricht zu den Menschen am **Lincoln Memorial** in D.C., ehe er sich mit Jenny am **Reflecting Pool** trifft. Nach der Antikriegsdemo überreicht Gump Jenny seine Tapferkeitsmedaille auf der **Maine Avenue SW** vor dem **Jefferson Memorial** im East Potomac Park.

EINE FRAGE DER EHRE
(1992, R: Rob Reiner)
Tom Cruise, Demi Moore, Jack Nicholson
• **KALIFORNIEN; WASHINGTON D.C.**

Die US Naval Academy: St. Elizabeth's Hospital, Washington D.C.

Von den U.S. Marines war kaum Unterstützung zu erwarten, da die sich massiv gegen Jack Nicholsons fast psychotische Rolle in Aaron Sorkins Filmversion seines eigenen Bühnenstücks aussprachen. Als Folge davon wurde der größte Teil des Films auf dem Studiogelände von Warner in Burbank gedreht. Die US Navy-Basis in der kubanischen Guantanamo Bay setzt sich aus mehreren Drehorten zusammen: die Umzäunung befindet sich im **Crystal Cove State Park**, zwischen Newport Beach und Laguna Beach südlich von L.A.; andere Teile der Basis sind am **Fort McArthur** und auf der **Point Magu Naval Air Station** zu sehen. Das Treffen auf der Veranda bei Nicholson zu Hause wurde im Sitz des Coast Guard Commander in **San Pedro** gefilmt, von wo aus man den Hafen überblicken kann.

Das echte Washington D.C. taucht aber auch auf. Markante Einstellungen zeigen die **Memorial Bridge** über den Potomac zwischen dem Lincoln Memorial und dem Arlington Cemetery. Cruises Apartment liegt in einer ruhigen Straße nordwestlich von Georgetown, aber nach dem Stand in der **18th Street**, an dem er eine Zeitung kauft, werden Sie vergeblich suchen. Er wurde nur für den Film dort aufgebaut. Die U.S. Naval Academy ist tatsächlich das **St. Elizabeth's Hospital, 2700 Martin Luther King Jr. Avenue SE**.

FRANKENSTEIN
(1931, R: James Whale)
Boris Karloff, Colin Clive, Mae Clarke
• **LOS ANGELES**

Mary Shelleys Roman wurde vom homosexuellen Regisseur Whale zu einem Filmklassiker gemacht, in dem sein Liebhaber Colin Clive den original Doktor spielt, und der fast ausschließlich auf dem Gelände und den Bühnen von Universal entstand. Das europäische Dorf war ein Überbleibsel von Lewis Milestones *Im Westen nichts Neues*.

Das wunderschön gestaltete und oft kopierte Labor überlebte und fand in den *Flash Gordon*-Serials Wiederverwendung, die sich zudem bei der Musik von *Bride of Frankenstein* bedienten. Die Szene, in der die Kreatur das kleine Mädchen in den See wirft, um festzustellen, ob es treibt, entstand am **Sherwood Lake** in Sherwood Forest nordwestlich von L.A.

FRANKENSTEIN JUNIOR
(1974, R: Mel Brooks)
Gene Wilder, Peter Boyle, Marty Feldman
• **LOS ANGELES**

Liebevolle Hommage an die Universal-Horrorfilme der dreißiger Jahre, in der sogar die Requisiten und die Laborausstattung aus *Frankenstein* von 1931 verwendet wurden. Der Hörsaal, in dem Frankenstein unterrichtet, ist die **Hoffman Hall** an der **University of Southern California** im Bereich Exposition Park, südlich von Downtown L.A.

FRANKENSTEIN MUSS STERBEN
(1969, R: Terence Fisher)
Peter Cushing, Freddie Jones, Simon Ward
• **MIDDLESEX**

Diesmal kein Monster, aber ein Hirntausch beschert dem armen alten Freddie Jones eine Naht am Kopf. Das Haus, in dem sich Peter Cushing

Baron Frankenstein versteckt sich: Stanmore Hall, Middlesex

versteckt, ist **Stanmore Hall, Wood Lane**, nördlich von Stanmore nahe der A4140, Middlesex. Das um einige moderne Elemente erweiterte Gebäude ist heute der Sitz des Anglo-Swedish Consulting Service, auf den man durch die Tore an der Wood Lane einen Blick werfen kann, der aber für Besucher nicht geöffnet ist.

FRANKENSTEINS FLUCH

(1957, R: Terence Fisher)
Peter Cushing, Christopher Lee, Hazel Court
• BUCKINGHAMSHIRE

Der Film, der Hammer Films mit einem Schlag bekannt machte, als sich das Studio zu einem farbigen Remake des Universal-Klassikers von 1931 entschloss und es mit Blut und Leichenteilen aufpeppte. Nach einem heftigen Rechtsstreit mit Universal, die eifersüchtig über ihren Beitrag zur Geschichte wachten und ein Urheberrecht für die Maske anmeldeten (darum sieht Lee auch so elend aus) begann Hammer mit seiner Horrorreihe. Baron Frankensteins schweizerisches Schloss, stets schön dunkel gehalten, um seine englische Herkunft zu verdecken, ist Oakley Court, heute das **Oakley Court Hotel**, gleich bei den Bray Studios von Hammer in Buckinghamshire, wo der übrige Teil des Films – und auch die meisten nachfolgenden Filme – gedreht wurde. (Für Details über Oakley Court siehe *Die Rocky Horror Picture Show*, die hier ebenfalls gefilmt wurde.) Der junge Frankenstein wird übrigens von Melvyn Hayes gespielt.

FRANKENSTEINS HORROR-KLINIK

(1973, R: Antony Balch)
Michael Gough, Robin Askwith, Dennis Price
• HERTFORDSHIRE

Trash-Horror, der trashiger nicht sein könnte. Dr. Michael Gough herrscht über ein bizarres Hotel, in dem scheinbar ohne Ende Blut fließt. Brittlehurst Manor entpuppt sich als **Knebworth House**, Hertfordshire (für Details siehe *Batman*).

FRANTIC

(1988, R: Roman Polanski)
Harrison Ford, Emmanuelle Seigner, Betty Buckley
• PARIS

Harrison Fords Hotel in Paris: Grand Hotel, Rue Scribe

Harrison Ford ist ein Amerikaner in Paris, dessen Frau entführt wird. Das Nobelhotel, in dem das Paar absteigt, ist das **Grand Hotel, 2 Rue Scribe** *(Tel. 40 07 32 32; Metro-Haltestelle: Opéra)*, 1860 von Charles Garnier entworfen, dem Mann, der auch für das maßlos übertriebene Opernhaus gleich nebenan verantwortlich ist. Es ist mittlerweile radikal renoviert worden und sieht heute uninteressant modern aus, auch wenn es eines der ältesten Luxushotels in Europa ist.

Ford vereinbart ein Treffen mit den Entführern auf der Gelben Ebene in der Tiefgarage des **Centre George-Pompidou, Rue Saint Martin** im 4. Arrondissement.

DIE FRAU AUS DEM NICHTS

(1968, R: Joseph Losey)
Elizabeth Taylor, Mia Farrow, Robert Mitchum
• LONDON; NIEDERLANDE

Sonderliches Psychodrama mit Farrow, die Taylor als Ersatzmutter adoptiert. Der Film richtete sich nach dem Motiv: Regisseur Losey war schon seit langem von einem bizarren Haus in West Kensington

Elizabeth Taylors Villa: Addison Road, Holland Park

fasziniert gewesen und wollte das Melodrama hier filmen (auch wenn einige Innendekors im Studio nachgebaut werden mussten). Das seltsame, düstere Haus mit den hohen Schornsteinen und den beunruhigenden türkisfarbenen Kacheln steht in der **8 Addison Road**, zwischen Holland Park Avenue und High Street Kensington. Gleich um die Ecke in der Melbury Road stand das Gebäude, wo Michael Powell *Augen der Angst* drehte. Die Busfahrt erfolgt mit der Linie 31 durch Kentish Town. Die Ferienszenen entstanden an der niederländischen Küste.

DIE FRAU IN ROT

(1984, R: Gene Wilder)
Gene Wilder, Charles Grodin, Kelly LeBrock
• SAN FRANCISCO

Wilder als Mann im mittleren Alter verliebt sich in das unerreichbare Sexobjekt LeBrock. Gefilmt wurde in San Francisco; Wilders Haus steht in der **Steiner Street** zwischen Hayes Street und Fulton Street. Der Apartmentblock, in dem sich Wilder auf den Fenstersims begibt, ist **Brocklebank Apartments, 1000 Mason Street** (für Details siehe *Vertigo – Aus dem Reich der Toten*, wo sich Kim Novaks Apartment im Brocklebank befindet).

EINE FRAU IST EINE FRAU

(1961, R: Jean-Luc Godard)
Jean Paul Belmondo, Jean-Claude Biraly, Anna Karina
• PARIS

Der stets unberechenbare Godard legte seinem bahnbrechenden *Außer Atem* diesen Tribut an die Hollywood-Musicals nach. Gefilmt auf den Straßen von Paris, bei **Porte St. Denis, Rue du Faubourg St. Denis**.

FRAU OHNE GEWISSEN

(1944, R: Billy Wilder)
Barbara Stanwyck, Fred MacMurray, Edward G. Robinson
• LOS ANGELES

Fred MacMurray ist der Versicherungsvertreter, der sich von der Femme fatale Stanwyck dazu verleiten lässt, ihren – bestens versicherten – Ehemann aus dem Weg zu räumen. Stanwycks Haus, das in Los Feliz stehen soll, findet sich im Gewirr winziger, kurvenreicher Straßen in den Hollywood Hills, **6301 Quebec Drive**, nahe Beachwood nördlich der Franklin Avenue. Im Film steht es alleine da, aber heute behauptet es – äußerlich unverändert – in einem dicht bebauten Gebiet äußerst teurer Grundstücke seinen Standpunkt. Die Pasadena Station wurde in der **Glendale Amtrak Station** an der **Cerritos Avenue** nahe Vassar Avenue am Forest Lawn Memorial Park gedreht.

Barbara Stanwycks Haus: Quebec Drive, Hollywood Hills

FRAU OHNE HERZ
(1945, R: Leslie Arliss)
Margaret Lockwood, James Mason, Griffith Jones
• NORFOLK

Margaret Lockwood ist die verruchte Lady Skelton, die Ehemänner verführt, alte Gefolgsleute vergiftet und des Nachts an der Landstraße Reisende ausraubt. Die für ihre Zeit skandalös tief ausgeschnittenen Kostüme sorgten dafür, dass für die ahnungslosen und unschuldigen amerikanischen Kinogänger einige Szenen neu gedreht werden mussten. Lady Skeltons ansehnliches Anwesen Maryiot Cells, angeblich bei Maiden Worthy in Buckinghamshire, ist die **Blickling Hall**, im Nordwesten von Aylsham in Norfolk. Das aus roten Ziegelsteinen erbaute Gebäude ist zwischen März und Oktober an verschiedenen Tagen in der Woche für Besucher geöffnet *(es wird Eintritt verlangt; Tel. 01263/733084)*.

DIE FRAUEN VON STEPFORD
(1975, R: Bryan Forbes)
Katharine Ross, Paula Prentiss, Nanette Newman
• CONNECTICUT

Ira Levins düstere Allegorie überlebt nur mit Mühe eine grandiose Fehlbesetzung, die das gesamte Konzept der Geschichte über den Haufen wirft (die ganze Geschichte findet sich in William Goldmans Buch *Adventures in the Screen Trade*). Eine grüne Vorstadt in den USA ist der perfekte Ort für alle Männer – eine Stadt, in der hübsche und willige Frauen voller Begeisterung die Hausarbeit machen. Ross und die wunderbare Prentiss bekommen das kalte Grausen. Stepford ist **Westport**, Route 95, an der Südküste von Connecticut.

FREI GEBOREN
(1966, R: James Hill)
Virginia McKenna, Bill Travers, Geoffrey Keen
• KENIA

Die Adamsons ziehen junge Löwen auf und müssen die Löwin Elsa an ein Leben in der Wildnis gewöhnen. Gefilmt wurde in **Naro Moru** im Meru National Park, dem am wenigsten in Mitleidenschaft gezogenen und am wenigsten besuchten Park in Kenia. Eine Nachbildung des Adamson-Hauses entstand auf einer 300 Hektar großen Farm im kenianischen Hochland, gefilmt wurde auf den angrenzenden Ebenen und am **Naro Moro River**.

FREITAG, DER 13.
(1980, R: Sean S. Cunningham)
Betsy Palmer, Adrienne King, Harry Crosby
• NEW JERSEY

Archetypischer Billig-Slasher, der eine schier unendliche Reihe losgetreten hat. Hier hat Kevin Bacon eine seiner ersten Rollen inne. Camp Crystal Lake ist das **Camp No Be Bo Sco, 11 Sand Pond Road**, ein 1927 gegründetes Pfadfinderlager am **Lake Cedar**, südlich von Blairstown an der Route 818 im Nordwesten von New Jersey.

DER FREMDE IM ZUG
(1951, R: Alfred Hitchcock)
Robert Walker, Farley Granger, Ruth Roman
• NEW YORK CITY; NEW YORK STATE; LOS ANGELES; WASHINGTON D.C.; CONNECTICUT

Hitchcock schaffte es, die Rechte am Roman von Patricia Highsmith für ein Taschengeld zu erwerben. Der unheimliche Walker bietet dem mannhaften, strammen Tennisspieler Granger an, Morde zu tauschen, und ehe man sich versieht, hat er seinen Teil der Abmachung erfüllt. Angesiedelt ist die Geschichte zu weiten Teilen in Washington D.C. und in der fiktiven Stadt Metcalf. Die Eröffnungsszene, in der Granger und Walker in den Zug einsteigen, spielt in D.C. in der **Union Station, Massachusetts Avenue NE**, zwischen First Street und Second Street. Nachdem man das grandiose Beaux-Arts-Bauwerk jahrelang vernachlässigt hatte, wurde es 1988 komplett restauriert. Grangers Heimatstadt Metcalf, wo er sich mit seiner Frau streitet, ist der **Bahnhof Danbury**, Connecticut, an der Interstate 84, rund 80 Kilometer nördlich von New York City an der Staatsgrenze von New York. Hier hat Hitch seinen Auftritt, wenn er sein Gepäck in den Zug hebt, während sich Granger gerade hinsetzt.
Der Vergnügungspark, in dem Walker Grangers Mord begeht, und der Schauplatz des Karussellzwischenfalls sind eine Kombination aus einer Kulisse, die auf der Ranch des Filmregisseurs Roland V. Lee (Frankensteins Sohn) in Chatsworth – einem Vorort von L.A. – erbaut wurde, und aus dem echten **Canoga Park Fairground**, wo sich der Tunnel of Love befindet, in dem Walker seinem Opfer folgt. Walker schüchtert Granger ein, indem er sich auf den Stufen des **Jefferson Memorial, East Potomac Park**, herumtreibt, 14th Street/Ecke East Basin Drive SW, Washington. Nach dem spannungsgeladenen Tennismatch folgen misstrauische Cops Granger zur New

Yorker **Pennsylvania Station**, 31st-33rd Street zwischen Seventh Avenue und Eighth Avenue.

Die Totalen des Tennisspiels auf dem Höhepunkt des Films wurden während des Davis-Cup-Turniers zwischen Amerika und Australien im berühmten **West Side Tennis Club** gefilmt, **1 Tennis Place, Forest Hills** (*Tel. 718 268 2300*), während für andere Szenen die **South Gate Tennis Courts** im Südosten von L.A. benutzt wurden.

FREMDE SCHATTEN

(1990, R: John Schlesinger)
Melanie Griffith, Matthew Modine, Michael Keaton
• **KALIFORNIEN**

Das Haus in Pacific Heights: 19th Street, Potrero Hill

Die San Franciscoer Yuppies Griffith und Modine vermieten ein Zimmer ihres Hauses in Pacific Heights an den finsteren, Kakerlaken züchtenden Untermieter aus der Hölle, Michael Keaton. Als Adresse wird zwar 275 Pacific Street in Nobelvorort im Norden von San Francisco genannt, aber das gezeigte Haus befindet sich gar nicht in Pacific Heights, sondern liegt im Süden der Stadt im deutlich preiswerteren Potrero Hill District, **1243 19th Street/** Ecke Texas Street. Wenn Keaton nach L.A. flieht, holt Griffith ihn im **Park Hyatt Los Angeles** wieder ein (zu der Zeit das J.W. Marriott Hotel), **2151 Avenue of the Stars** in Century City, (*Tel. 310 277 2777*), dem Standort des alten Fox-Geländes (o ja, es ist auch ein Film von Twentieth Century Fox). Hier baut Schlesinger seinen Hitchcock'schen Cameo-Auftritt ein.

FREMDER OHNE NAMEN

(1972, R: Clint Eastwood)
Clint Eastwood, Verna Bloom, Marianna Hill
• **KALIFORNIEN; NEVADA**

Standort von Lago: Mono Lake, Zentralkalifornien

Surrealer Rache-Western. Die fiktive Stadt Lago wurde einschließlich Inneneinrichtungen in der seltsamen, an den Mond erinnernden Landschaft von **Mono Lake** errichtet, östlich des Yosemite National Park am Fuße der Sierra Nevadas. Er liegt am Highway 395 in Zentralkalifornien. Die Anfangs- und Schlussszenen, die eine völlig leere Einöde zeigen, entstanden am **Winnemuca Dry Lake** nahe Fallon, östlich von Carson City, Nevada.

FRENCH CONNECTION I

(1971, R: William Friedkin)
Gene Hackman, Roy Scheider, Fernando Rey
• **NEW YORK CITY; WASHINGTON D.C.; FRANKREICH**

Der zum Scheitern verurteilte Detective (allerdings muss man das Drehbuch lesen, um das herauszufinden – der Film gibt darauf keinen Hinweis) folgt Fernando Rey und Marcel Bozzuffi zu Beginn des Films durch die Straßen von **Marseille**. Ab da ist es allerdings New York. Die

Devereaux' Hotel: Doral Park Avenue Hotel, Park Avenue

schmierige Bar, in der sich Hackman besäuft, befindet sich auf der **South Street**/Ecke Market Street am Fuß der Manhattan Bridge an der Lower East Side. Die Zollbrücke, auf der Tony Lo Bianco beschattet

Das Hotel von Frog One: The Westbury, East 69th Street

Die Jagd beginnt: Bay 50th Street Station, Brooklyn

wird, ist die **Triborough Bridge** in Richtung Randall's Island am Ostende der 125th Street. Um sieben Uhr morgens observieren Hackman und Scheider **Ratner's Restaurant, 138 Delancey Street** an der Lower East Side in Höhe der Auffahrt zur Williamsburg Bridge.

Scheider begegnet Rey – „Frosch eins" – zum ersten Mal am Eingang zum **Roosevelt Hotel, East 45th Street**/Ecke Madison Avenue. Reys Hotel ist das **Westbury, 15 East 69th Street**/Ecke Madison Avenue an der East Side. Er entkommt Hackman, indem er in das noble Blumengeschäft **Ronaldo Maia Flowers** verschwindet, das einige Blocks entfernt in der **27 East 67th Street**/Ecke Madison liegt. Er hängt ihn mit der beliebten Ein- und Aussteigemethode in der U-Bahn an der Station **Grand Central** ab. Lo Bianco und Rey treffen sich in Washington D.C. vor dem **Capitol**. Hackmans Zuhause ist das **Marlboro Housing Project** an der Avenue V, Avenue W und Avenue X zur Stillwell Avenue in Brooklyn. Er beschlagnahmt einen vorbeifahrenden Wagen und beginnt die berühmte Verfolgungsjagd des Films an der **Bay 50th Street Station**.

Die Verfolgungsjagd per Auto wurde (fünf Wochen lang)

Die Observierung:
Ratner's, Delancey Street

unter der **Bensonhurst Elevated Railway** gefilmt – 26 Häuserblocks (zählen Sie ruhig mit) parallel zur Brooklyner Stillwell Line von der Bay 50th Street Station über die **Stillwell Avenue** in die **86th Street** und schließlich auf die **New Utrecht Avenue**, um an der **62nd Street Station** zu enden, wo Frosch zwei erschossen wird. Unüblich und nicht ganz legal war bei dieser Verfolgungsjagd die Tatsache, dass bei voller Fahrt mit echten Fußgängern und Fahrzeugen gefilmt wurde, auch wenn es fünf inszenierte Stunts gab.

Der französische TV-Star „Devereaux" steigt im **Doral Park Avenue Hotel, 70 Park Avenue**/Ecke 38th Street im Distrikt Murray Hill ab. Lo Bianco holt den mit Drogen vollgestopften Wagen aus der Tiefgarage des Hotels gleich um die Ecke in der **37th Street**. Für den letzten Drogendeal und die Schießerei geht es zurück zur Triborough Bridge auf **Wards Island**, wo Lo Biancos Bruder arbeitet.

FRENCH CONNECTION II

(1975, R: John Frankenheimer)
Gene Hackman, Fernando Rey, Bernard Fresson
• **FRANKREICH**

Überragende Fortsetzung, die in und um Marseille gedreht wurde.

FRENZY

(1972, R: Alfred Hitchcock)
Jon Finch, Barry Foster, Barbara Leigh-Hunt
• **LONDON**

Barry Fosters Wohnung:
Henrietta Street, Covent
Garden

Ein enttäuschendes und scheinbar in einer Zeitblase in den dreißiger Jahren gefangenes Aufeinandertreffen zwischen Anthony Shaffers ironischem Drehbuch und dem bohrenden Frauenhass des Regisseurs, für das Hitchcock nach Jahren wieder nach London zurückkehrte. In der Themse wird in Höhe der **County Hall** eine Leiche gefunden, während ein Politiker vor Publikum – darunter ein lüsterner Hitch mit Bowler Hat – über Umweltverschmutzung spricht. Der Großteil der Handlung spielt sich aber rund um den alten Covent Garden in einer Zeit ab, als der noch ein blühender Markt für Obst und Gemüse war. Mitte der siebziger Jahre zog der Markt nach Nine Elms nahe Vauxhall um, und Covent Garden wurde zu einer adretten Touristenfalle.

Viele Drehorte erkennt man aber noch heute wieder. **The Globe, Bow Street**, der Pub, in dem Jon Finch seinen Job als Barmann verliert, existiert noch, auch wenn er völlig renoviert wurde. Der Pub, in dem das Gespräch über die

Welle von Sexualmorden mit anhört, sieht noch so aus wie damals. Es handelt sich um das **Nell of Old Drury, 29 Catherine Street**, WC2, gegenüber dem Drury Lane Theatre. Die Wohnung des Schurken Barry Fosters, wo Hitch die unheimliche stumme Kamerafahrt auf der Treppe inszeniert, ist in der **3 Henrietta Street**. Es gibt allerdings einen – wenn auch kaum wahrnehmbaren – Schnitt, als jemand an der Kamera vorübergeht: Das Innenleben ist im Studio gebaut. Finch bringt Anna Massey zum **Coburg Hotel, 129 Bayswater Road**, gegenüber Hyde Park. Barbara Leigh-Hunts Ehevermittlungsbüro, in dem sie vergewaltigt und erwürgt wird, existiert nicht mehr. Und die schmale Gasse, in der es sich befand, die südlich der Oxford Street verlief, ist heute in das Geschäft World of Football integriert.

Gespräch über die
Morde: Nell of Old
Drury, Drury Lane

FRESHMAN

(1990, R: Andrew Bergman)
Matthew Broderick, Marlon Brando, Frank Whaley
• **NEW YORK CITY; ONTARIO, KANADA**

Brandos italo-amerikanischer Club:
Hester Street, Chinatown

Der naive Filmstudent Broderick schafft es, bei seiner Ankunft in New York in die Machenschaften der Mafia und eines Übelkeit erregend dekadenten Gourmetclubs verstrickt zu werden. Sein College ist die **Tisch School of the Arts**, Teil der New York University, an der südöstlichen Ecke des Washington Square Park am **La Guardia Place**, Greenwich Village.

Lange vor dem intelligenten Postmodernismus von *Scream* erhält Marlon Brando in diesem Film die Rolle des Sabatini, jenes Mannes, auf dem *Der Pate* angeblich basierte, während *Der Pate Teil II* der Film ist, den Broderick studiert. Broderick erreicht Brandos Italo-amerikanischen Club über die **Mulberry Street** (noch ein Insidergag: Mulberry Street war ein Hauptschauplatz in Little Italy in den *Pate*-Filmen). Der Club selbst befindet sich in der **175 Hester Street**, einem Gebiet, das inzwischen von Chinatown absorbiert worden ist.

Brodericks erster Job für Brando besteht darin, eine Komodo-Echse vom JFK Cargo Terminal nach New Jersey zu bringen. Zwar spielt der Film in New York, ein Großteil von *Freshman* entstand aber in Kanada. Die Mall, in der die Echse entkommt und der im gläsernen Aufzug fährt, ist das **Woodbine Centre**, Toronto, nahe dem Woodbine Racetrack. Broderick geht FBI-Agenten aus dem Weg, indem er den Lastenaufzug in der **East 12th**

Street gegenüber Cinema Village im East Village nimmt. Weitere Drehorte in Toronto waren: **Front Street East; Wellington Street East; Dunvegan Road; St. Joseph Street; Seaton Street.**

EIN FRESSEN FÜR DIE GEIER

(1969, R: Don Siegel)
Clint Eastwood, Shirley MacLaine, Manolo Fabregas
• MEXIKO

Was denn, Sie haben Shirley den Part der Nonne wirklich abgekauft? Siegels Westernkomödie entstand in **Cocoyoc**, einer kleinen Stadt im winzigen Bundesstaat Morelos südlich von Mexico City. Clint und Shirley verstecken sich hier in den Überresten der von Zapata während der Revolution bombardierten Zuckerrohrplantagen vor den Truppen.

FREUT EUCH DES LEBENS

(1948, R: Alexander Mackendrick)
Basil Radford, Joan Greenwood, Gordon Jackson
• SCHOTTLAND

Nach wahren Begebenheiten entstandener Film über die *S.S. Politician*, die 50.000 Kisten Scotch an Bord hatte und 1941 an der Isle of Eriskay Schiffbruch erlitt. Im Film wird aus der Insel Todday, gefilmt wurde aber auf der Hebriden-Insel **Barra**.

FROM DUSK TILL DAWN

(1996, R: Robert Rodriguez)
George Clooney, Quentin Tarantino, Harvey Keitel
• KALIFORNIEN

Mexiko? Nein. Aber auch wenn die von Tarantino geschriebene, rückhaltlose Vampir-Blutorgie im leichter zugänglichen Kalifornien entstand, wird es Ihnen nicht möglich sein, die Titty Twister Bar zu besuchen. Die Truckerkneipe wurde mit allem, was dazugehört, auf der Salzebene des **Calico Dry Lake Bed** aufgebaut, gleich unterhalb der Calico Ghost Town an der Interstate 15, etwa eineinhalb Kilometer östlich von Barstow in der Mojave-Wüste.

Standort der Bar Titty Twister: Calico Dry Lake Bed, Mojave-Wüste

FRÜCHTE DES ZORNS

(1940, R: John Ford)
Henry Fonda, John Carradine, Jane Darwell
• KALIFORNIEN; OKLAHOMA

John Fords bewegende, aber politisch abgeschwächte Verfilmung von Steinbecks Geschichte über Farmer in den dreißiger Jahren entstand zum größten Teil auf dem Fox-Gelände am **Pico Boulevard, L.A.**, wo die Hooverville-Siedlung gebaut wurde. Echte kalifornische Motive waren unter anderem das San Fernando Valley und die Szene am Fluss, die in **Needles** an der Interstate 40 nahe der Grenze zu Arizona gedreht wurde. Weiter hatte es die Besetzung allerdings nicht verschlagen. Ein zweites Kamerateam sorgte für die Aufnahmen der Farm, die sich in **McAlester**, Oklahoma, am Highway 69 gut 160 Kilometer südlich von Tulsa befand.

FRÜHLING FÜR HITLER

(1967, R: Mel Brooks)
Zero Mostel, Gene Wilder, Kenneth Mars
• NEW YORK CITY

Brooks' beste Komödie, angesiedelt und gedreht in New York in den **Production Center Studios, 221 West 26th Street**. Der große Augenblick, in dem Wilders Part schließlich den Verführungskünsten von Mostel unterliegt und der Brunnen zum Leben erwacht, wurde am **Lincoln Center**, Broadway, zwischen 62nd Street und 66th Street, gefilmt.

FRÜHSTÜCK BEI IHR

(1990, R: Luis Mandoki)
James Spader, Susan Sarandon, Eileen Brennan
• MISSOURI

Spader ist in diesem dezenten und hervorragend gespielten Drama über Alters- und Klassenunterschiede ein Yuppie, der sich in die ältere Kellnerin Sarandon verliebt. Gedreht wurde in St. Louis, Missouri. Das Burgerlokal White Palace ist das **White Knight Cafe, 1801 Olive Street**. Die Werbeagentur, für die Spader arbeitet, befindet sich in **Laclede's Landing** am Ufer von St. Louis. Die Junggesellenparty wurde im **Lemp Mansion** gedreht, **3322 DeMenil Place**. Das New Yorker Restaurant, in dem das Paar schließlich wieder zusammenkommt, befindet sich ebenfalls in St. Louis. Es handelt sich um **Duff's Restaurant, 392 North Euclid Avenue**.

FRÜHSTÜCK BEI TIFFANY'S

(1961, R: Blake Edwards)
Audrey Hepburn, George Peppard, Mickey Rooney
• NEW YORK CITY

Ein Film nach dem Buch wäre nett gewesen, aber diese bereinigte Reise durch die ausgewählten Höhepunkte ist unterhaltsam genug, um sich mit ihr zufrieden zu ge-

Kaffee und Gebäck zum Mitnehmen? Tiffany's, Fifth Avenue

ben. Und Audrey Hepburn ist wie immer etwas ganz Besonderes. Holly Golightly ist das flippige Playgirl, dem nichts besser gefällt als ein Frühstück unter freiem Himmel beim gleichzeitigen Blick ins Schaufenster des Edeljuweliers **Tiffany's, 727 Fifth Avenue**/Ecke 57th Street. Die grün-weiß gestreiften Markisen von Golightlys

Apartmentgebäude, in dem Mickey Rooney mit Gummiaugenlidern ausgestattet den nicht zu ihm passenden japanischen Vermieter spielt, existieren zwar nicht mehr, aber das Haus an sich erkennen Sie dennoch wieder. Es steht in der **169 East 71st Street** an der East Side, New York.

Holly Golightlys Apartment: East 71st Street

FRÜHSTÜCK IM GRÜNEN

(1959, R: Jean Renoir)
Paul Meurise, Catherine Rouvel, Jacquline Moran
• **FRANKREICH**

Renoirs absonderliche Romanze erzählt von einem Wissenschaftler, der sich auf künstliche Befruchtung spezialisiert und den es aufs Land zieht, wo er sich in echter Befruchtung mit dem Dienstmädchen übt. Schließlich wird er menschenfreundlicher und heiratet das Mädchen. Gefilmt wurde im Wald **Les Collettes** in der Auvergne sowie rund um **Cagnes-sur-Mer** an der Côte d'Azur.

FÜR EIN PAAR DOLLAR MEHR

(1965, R: Sergio Leone)
Clint Eastwood, Lee van Cleef, Klaus Kinski
• **SPANIEN**

Ein recht angemessener Titel für diese Fortsetzung zur Low-Budget-Produktion *Für eine Hand voll Dollar*, die ebenfalls in Spanien gefilmt wurde. Die einleitende Eisenbahnszene bedient sich eines Gleisabschnitts in der südöstlichen Ecke des Landes zwischen **Almeria** und **Guadix**. Das zentrale Westernset entstand bei Tabernas, rund 13 Kilometer von Almeria im Süden Spaniens, wo es noch heute als Teil der Touristenattraktion **Mini Hollywood** besichtigt werden kann (nicht zu verwechseln mit Little Hollywood und Western Leone, Attraktionen, die aus dem Boden geschossen sind, um aus dem Bekanntheitsgrad der Region Kapital zu schlagen). Die Stadt Agua Caliente ist **Los Albaricoques**, ein winziges Dörfchen im Cabo de Gata Naturpark, nördlich von San Jose im Osten von Almeria. Die Kirche, in der sich Indio und seine Gang verschanzen, ist **Santa Maria** in **Turrillas**, knapp zwanzig Kilometer nordwestlich. Szenen entstanden auch in den Westernsets von **Colmenar Viejo** und **Hoyo de Manzanares** in Madrid, ferner in **La Calahorra**, Granada.

FÜR EINE HAND VOLL DOLLAR

(1964, R: Sergio Leone)
Clint Eastwood, Gian Maria Volonté, Marianne Koch
• **SPANIEN; ROM**

Der erste Spaghetti-Western, was eigentlich eine falsche Bezeichnung ist, denn abgesehen von den Innenaufnahmen, die in den **Cinecittà** Studios in Rom entstanden, wurde der Film in Spanien gedreht. Die Eröffnungsszene, in der Eastwood auf dem Weg in die finstere Stadt San Miguel am Brunnen hält, wurde in **Cortijo El Sotillo** gefilmt, in der Nähe des Erholungsgebiets von San Jose in der Cabo de Gata, dem Küstenstreifen im Südosten Spaniens östlich von Almeria. Die Westernlandschaften sind die altbekannten Wüstenregionen in diesem Gebiet, die in unzähligen Filmen auftauchen, seit 1962 *Lawrence von Arabien* hier gedreht wurde. Die Hauptstraße von San Miguel ist **Hoyo de Manzanares** in der Nähe von Colmenar, etwas mehr als 30 Kilometer nördlich von Madrid. Es handelt sich um eine Westernstadt, die als Kulisse für Dreharbeiten benutzt wurde und sich exakt in dem baufälligen Zustand befand, den Leone benötigte, um das todgeweihte Aussehen zu vermitteln. Der Sitz der bösartigen Rojo-Brüder ist Teil des Museums für traditionelles Leben im Madrider Park **Casa de Campo**.

FULL METAL JACKET

(1987, R: Stanley Kubrick)
Matthew Modine, Adam Baldwin, Vincent d'Onofrio
• **LONDON; CAMBRIDGESHIRE; NORFOLK**

Kubricks sonderbarer Vietnam-Film, der genau genommen ein Film in einem Film ist, unterscheidet sich völlig von allen anderen seiner Art. Kein üppiger Wald, keine grünen Hügel, nur die ausgebombten Städte in Fernost. Die Trainingssequenz auf Paris Island in der ersten Filmhälfte entstand in den PEA **Bassingbourn Barracks, Bassingbourn**, nördlich von Royston an der A505 zwischen Cambridge und Letchworth in Cambridgeshire. Die in Vietnam spielenden Szenen wurden im gewaltigen, leer stehenden Gaswerk bei **Becton** am Nordufer der Themse aufgenommen, das von Designer Anton Furst (der für *Batman* das wundervolle Gotham City schuf) gestaltet und mit (welkenden) Palmen bepflanzt wurde. Die Szenen mit den Delta-Helikoptern entstanden nicht am Mekong, sondern in den **Norfolk Broads**.

G

GALLIPOLI

(1981, R: Peter Weir)
Mark Lee, Mel Gibson, Bill Kerr
• SÜDAUSTRALIEN; ÄGYPTEN

Peter Weirs Darstellung des tragischen Feldzugs während des Ersten Weltkriegs (als die australische und die neuseeländische Armee schwere Verluste hinnehmen mussten, nachdem ein miserabel organisierter Versuch unternommen worden war, die taktisch entscheidende Dardanellenstraße in der Türkei zu sichern) entstand zum größten Teil in Australien. Mark Lees westaustralisches Zuhause ist **Beltana** in der Flinders Mountain Range, im Süden Australiens. Die westaustralische Wüste, die er mit Mel Gibson durchquert, ist die Salzebene des **Lake Torrens**, westlich der Flinders Mountain Range. Anzac Cove, Schauplatz der verheerenden Schlacht, ist **Port Lincoln** an der südlichsten Spitze der Eyre Peninsula am Spencer Gulf. Der ägyptische Basar wurde tatsächlich in **Kairo** gefilmt.

THE GAME

(1997, R: David Fincher)
Michael Douglas, Sean Penn, Carroll Baker
• KALIFORNIEN; MEXIKO

Michael Douglas' Haus in San Francisco: Filoli, Woodside

Finchers enttäuschend aufgebauter Nachfolger zu seinem grandiosen *Sieben* ist ein finsteres Überlebensspiel, das außer Kontrolle gerät und das Leben des reichen Geschäftsmanns Douglas auf den Kopf stellt. Angesiedelt ist es in San Francisco, aber Douglas' Villa liegt gut 40 Kilometer südlich der Stadt. Es handelt sich um das **Filoli Mansion, Canada Road, Woodside** – bekannt aus der Titelsequenz von *Der Denver-Clan* (für Details siehe *Der Himmel soll warten*). Zu den Motiven in San Francisco gehören das **Presidio**, die Militärbasis an der Golden Gate Bridge, **Embarcadero, Chinatown** und das **Sheraton Palace Hotel, 639 Market Street** im Finanzdistrikt der Stadt. Es handelt sich um das älteste Luxushotel am Ort und ist natürlich dementsprechend teuer. Weitere Szenen entstanden in **Palo Alto** im Süden der Stadt.
Douglas wird von den Spielern im mexikanischen **Mexicali**, Baja California, ausgesetzt.

GANDHI

(1982, R: Richard Attenborough)
Ben Kingsley, Candice Bergen, Edward Fox
• INDIEN; LONDON

Ben Kingsleys schauspielerische Leistung und die großartigen Kulissen unterstützen diese gelungene Verfilmung von Gandhis Leben, die fast komplett in Indien gedreht wurde, die Szenen in Südafrika eingeschlossen.

Das Büro von General Smuts ist das **Hyderabad House** in Delhi. Die gewaltige Trauerprozession entstand so wie viele andere Szenen am Schauplatz der tatsächlichen historischen Ereignisse und ging vom **Rashtrapati Bhavan** – der Palast des Vizekönigs in Delhi – entlang am **Rajpath** bis zum **India Gate**. Gefilmt wurde auch in Gandhis Geburtsort **Porbandar**. Der Protest der Salzarbeiter und die Aufstände in Kalkutta entstanden in Bombay, die auf dem Schiff spielenden Szenen wurden an Bord der MS Dwarka im Hafen der Stadt gefilmt. Gedreht wurde auch im **Aga Khan Palast** in **Pune**, südöstlich von Bombay. Ebenfalls in Pune inszeniert wurden die in der südafrikanischen Moschee spielenden Szenen sowie der Protest im Imperial Theatre. **Patna** im Nordosten war der Schauplatz für die Aufstände der Indigo-Bauern, die Zugszenen entstanden in **Udaipur**. Das Attentat wurde dort gefilmt, wo Gandhi tatsächlich erschossen wurde: in den Gärten des **Birla House, Neu Delhi**.
Zu den englischen Drehorten gehörten die **Kingley Hall, Powis Road**, Bow E3, im East End, **Buckingham Palace** und **10 Downing Street**. Der indische Gerichtssaal, in dem Trevor Howard den Vorsitz über das Verfahren hat, wurde in der **Staines Old Town Hall** gefilmt.

EINE GANZ KRUMME TOUR

(1978, R: Colin Higgins)
Goldie Hawn, Chevy Chase, Dudley Moore
• KALIFORNIEN

Kein Hitchcock, aber ein unterhaltsamer Comedythriller, in dem Hawn und Chase einen Attentatsversuch auf den sonderbar müßigen Papst verhindern. Gefilmt in der Traumstadt aller Filmemacher – San Francisco – einschließlich der unvermeidbaren, aber recht gut gemachten Verfolgungsjagd, die auf einen Höhepunkt im **San Francisco War Memorial Opera House** während einer Aufführung von The Mikado zusteuert. Das Opernhaus und die großzügige Eingangshalle finden sich in der **401 Van Ness Avenue**/Ecke Grove Street, während das Innenleben dem **Shrine Auditorium** gehört, **665 West Jefferson Boulevard**, Downtown Los Angeles (für Details siehe *King Kong und die weiße Frau*). Goldie Hawns Apartment befindet sich in der **430 Vallejo Street**.

EINE GANZ NORMALE FAMILIE

(1980, R: Robert Redford)
Timothy Hutton, Donald Sutherland,
Mary Tyler Moore
• ILLINOIS

Redfords erstklassige Soap spielt in den sehr gehobenen Kreisen der Mittelschicht im Vorort **Lake Forest** am Ufer des Lake Michigan nördlich von Chicago. Die Eröffnungsszenen entstanden vor dem Supermarkt in **Marshall Fields** am Market Square, Chicago. Viele Innenaufnahmen wurden in der aufgegebenen Wäscherei des Fort Sheridan Military Compound gedreht, das vorübergehend zu einem Studio umgewandelt wurde.

EIN GANZ NORMALER HOCHZEITSTAG

(1991, R: Paul Mazursky)
Bette Midler, Woody Allen, Bill Irwin

• LOS ANGELES; CONNECTICUT; NEW YORK CITY

Die Mall: Beverly Center, Beverly Hills

Die Mall, in der die Ehe von Allen und Midler während eines Shoppingtrips zerbricht, ist scheinbar das **Beverly Center, Beverly Boulevard**/Ecke La Cienega Boulevard, mitten in L.A., das tatsächlich aber nur für die Außenaufnahmen eingesetzt wurde. Woody Allen entfernt sich nur ungern von New York, und ganz sicher würde er sich nicht an die verhasste Westküste begeben. Die Innenaufnahmen der Mall mit ihren ermüdenden Pantomimen, Sangesgruppen und Sushibars entstanden im **Stamford Town Center, Atlantic Street, Stamford**, Connecticut, während der größte Teil der Studioaufnahmen in den Kaufman-Astoria Studios, Queens, New York, gefilmt wurde.

GANZ ODER GAR NICHT

(1997, R: Peter Cattaneo)
Robert Carlyle, Tom Wilkinson, Mark Addy

• YORKSHIRE

Diese unterhaltsame Story über überflüssig gewordene Stahlarbeiter, die aus ihren natürlichen Vorzügen Kapital schlagen, entstand rund um **Sheffield**, Yorkshire. Die geschlossene Stahlfabrik ist **Sanderson Special Steels, Newhall Road**, in Newhall nordwestlich des Stadtzentrums. Ein Stück weiter nach Süden liegt der Sheffield and Tinsley Canal, auf dem Gaz und Dave in Höhe der **Bacon Lane Bridge** in Attercliffe auf dem Dach eines versinkenden Autos in die Falle geraten. Ein paar Kilometer weiter nach Westen liegt Hillfoot, wo sich die Schule befindet, in der Gaz seinen Sohn absetzt, heute das Sheffield Boxing Centre, **73 Burton Street** an der Lang-

Gaz auf dem sinkenden Auto in der Falle: Sheffield and Tinsley Canal, Attercliffe

Die Schule von Gaz' Sohn: 73 Burton Street

Lompers Selbstmordversuch: Pickering Road

sett Road. Das **Langsett Music Centre** wurde zum Arbeitsamt, wo die Jungs in der Warteschlange von ihrer Striproutine übermannt werden. Auf dieses Gebiet hat man vom Sheffielder Ski Village einen guten Blick. Auf der **Pickering Road** gleich gegenüber dieser todschicken neuen Freizeitanlage wird Lompers Selbstmordversuch vereitelt. Den kleinen Park, in dem sich die Jungs mit Gerald versöhnen, nachdem sie sein Vorstellungsgespräch gestört haben, liegt im Südwesten der A61 Penistone Road vor dem **Blake Pub, 53 Blake Street**, während

Versöhnung mit Gerald: Blake Street

Der echte Club: Shiregreen Working Men's Club, Shiregreen Road

Geralds von Zwergen befallenes Haus: Whirlow Park Road

Crookes Cemetery, wo Lompers Mutter beerdigt wird, im Westen der Stadt in Crookes nördlich der A57 Manchester Road zu finden ist. Im Südwesten in Whirlow findet sich Geralds von Gartenzwergen heimgesuchtes Zuhause in der **34 Whirlow Park Road**.

Millthorpe Working Men's Club, in dem die Jungs schließlich auftreten, ist eine Kombination aus dem **Shiregreen Working Men's Club, 136 Shiregreen Lane**, in Shiregreen nördlich der Stadt, wo der Auftritt tatsächlich stattfand, und aus dem **Regency House, Idsworth Road** an der Firth Park Road, einem Möbellager, das für das äußere Erscheinungsbild des Clubs sorgt.

Ganz oder gar nicht: Idsworth Road

GARP – UND WIE ER DIE WELT SAH

(1982, R: George Roy Hill)
Robin Williams, Mary Beth Hurt, Glenn Close

• NEW YORK STATE; NEW JERSEY; CONNECTICUT

Verworrene und ermüdende Verfilmung von John Irvings komplexem Roman, in der Robin Williams als Garp versucht, ein Schriftsteller zu werden. Glenn Close ist Jenny Fields, seine bizarre protofeministische Mutter, und John Lithgow spielt einen Ex-Footballer nach einer Geschlechtsumwandlung.

Das Strandhaus von Close' Eltern ist ein privates Anwesen auf **Fishers Island**, New York State. Fishers Island war lange Zeit ein Zankapfel zwischen New York und Connecticut, wurde schließlich aber im Jahre 1879 N.Y. zugeschlagen, auch wenn es Connecticut viel näher ist und die Bewohner sich eher mit diesem Staat identifizieren. Die Insel ist eine abgeschiedene Sommerresidenz für die ganz Reichen. Die Everett Steering School, die Garp besucht, ist der 240 Hektar große Campus der **Millbrook School, School Road, Millbrook**, rund 20 Kilometer nordöstlich von Poughkeepsie, Route 44, im Hudson Valley nördlich von New York (auch zu sehen in *In Sachen Henry*).

Das Haus, das Jenny Fields für Garp und seine Frau kauft, ist **2 Brassie Road, Eastchester**, an der Route 22, nördlich von New York City an der Straße nach White Plains. Für die Szene, in der ein Flugzeug in das Haus rast, wurde am Ende des Gangs im **Lincoln Park Airport** an der Interstate 80 im Norden von New Jersey eine zusätzliche Fassade aufgebaut.

Ebenfalls in Lincoln Park befindet sich das College, an dem Garps Frau unterrichtet – **Rutgers University Campus**. Auf Fields wird vor dem Rathaus von **Madison**, New Jersey – dem **Hartley Dodge Memorial Building, Kings Road**/Ecke Green Avenue – ein Anschlag verübt. Weitere Dreharbeiten fanden statt in **Norwich**, Connecticut, **Roslyn**, Nassau County, Long Island und **Tuckahoe**, N.Y.

DER GARTEN DER FINZI-CONTINI

(1970, R: Vittorio De Sica)
Dominique Sanda, Lino Capolicchio,
Helmut Berger
• ITALIEN

Der Oscar für den Besten Ausländischen Film ging an De Sicas Studie einer aristokratischen jüdischen Familie im Italien vor dem Zweiten Weltkrieg, deren Mitglieder den Kopf in den Sand stecken, als der Faschismus droht. Gedreht wurde in **Ferrara**.

G.A.S.S. ODER: ES WAR NOTWENDIG, DIE WELT ZU VERNICHTEN, UM SIE ZU RETTEN

(1970, R: Roger Corman)
Bud Cort, Cindy Williams, Robert Corff
• DALLAS, TEXAS; NEW MEXICO

Cormans wilde anarchistische Satire, in der ein Chemikalienleck jeden über 25 tötet, wurde vom Studio schlecht umgesetzt. Der Film wurde rund um Dallas gefilmt, wo man auf dem gerade fertig gestellten, aber noch nicht für den Verkehr freigegebenen **LBJ Freeway** einen gewaltigen Stau inszenierte. Weitere Dreharbeiten wurden in New Mexico im **Acoma Indian Reservation**, Route 40 westlich von Albuquerque, erledigt.

GATTACA

(1997, R: Andrew Niccol)
Ethan Hawke, Uma Thurman, Jude Law
• KALIFORNIEN

Die finstere Gattaca Corporation in diesem dystopischen SF-Film ist eigentlich Frank Lloyd Wrights **Marin County Civic Center, Civic Center Drive, San Rafael**, auf der anderen Seite der Golden Gate Bridge

Die Gattaca Corporation: Marin County Civic Center, San Rafael

rund 25 Kilometer nördlich von San Francisco. Das flache, mit einer blauen Kuppel versehene futuristische Gebäude – Lloyd Wrights letzte Arbeit – wurde erst nach dem Tod des Architekten 1959 eingeweiht. Zu sehen ist es auch in George Lucas' erstem Film *THX1138*.

GEBOREN AM 4. JULI

(1989, R: Oliver Stone)
Tom Cruise, Raymond J. Barry, Willem Dafoe
• TEXAS; PHILIPPINEN; MEXIKO

Cruise versucht sich am traditionellen Behinderten-Oscar, indem er – strähniges Haar und Bart eingeschlossen – den echten Vietnam-Veteran Ron Kovic spielt, der die Opposition gegen den Vietnamkrieg anführte, nachdem er von der Hüfte an abwärts gelähmt war. Der Film entstand in den Los Colinas Studios in Dallas, Texas, und sowohl Kovics Nachbarschaft in Massapequa, Long Island, als auch die Miami-Szenen wurden im Gebiet um Dallas gefilmt. Die Vietnam-Szenen entstanden auf den Philippinen.

Das Zuhause der Kovics auf Long Island liegt am **Creekside Drive** abseits der Houghton Road, im Südwesten von Dallas nahe dem Hawn Freeway. Die High-School des jungen Ron ist die **Henderson Elementary School, 2200 South Edgefield Avenue, Elmwood** in Oak Cliff, Dallas. Nach den Todesfällen an der Kent State University führt Abbie Hoffman die Proteste in der **Dallas Hall** an, Standort des **Dedman College, Boaz Lane** abseits der Daniel Avenue auf dem Campus der **Southern Methodist University**. Das Chicago Convention Center ist das **Dallas Convention Center, 650 South Griffin Street**.

GEBURT EINER NATION

(1915, R: D.W. Griffith)
Henry B. Walthall, Mae Marsh, Miriam Cooper
• LOS ANGELES

Griffith' Bürgerkriegsepos und Lobeshymne auf den Ku Klux Klan wurde im Großraum L.A. gefilmt, lange bevor Hollywood zum Zentrum der Filmbranche wurde. Die „Schlacht von Petersburg" wurde nördlich der Stadt im San Fernando Valley inszeniert. Ein Großteil der Außendrehs fand in dem Gebiet statt, das heute vom Forest Lawn Hollywood Hills Cemetery belegt wird, der letzten Ruhestätte von Charles Laughton, George Raft, Stan Laurel, Buster Keaton und Liberace, **6300 Forest Lawn Drive** in Burbank.

GEFÄHRLICHE BRANDUNG

(1991, R: Kathryn Bigelow)
Patrick Swayze, Keanu Reeves, Gary Busey
• HAWAII; OREGON

FBI-Agent Reeves tarnt sich als Surfer, um The Ex-Presidents auszuheben, eine Gruppe Bankräuber, die mit Gummimasken vor-

Der kalifornische Strand: Sunset Beach, Oahu

geht. Angesiedelt ist die Story in L.A., aber die Strandszenen im Süden Kaliforniens wurden tatsächlich auf Hawaii gedreht, und zwar an verschiedenen Surferparadiesen: **Pipeline Beach, Sunset Beach** und **Waimea Bay** am Nordufer von Oahu, Route 83. Lori Petty bringt dem Neuling Reeves am Sunset Beach von Oahu Surfen bei. Das stürmische Finale, das am australischen Bell's Beach spielt, wurde an der Küste von Oregon bei **Wheeler** gefilmt, Ecola State Park, an der Interstate 101, rund 30 Kilometer südlich von Cannon Beach und 100 Kilometer westlich von Portland, während die haushohen Wellen, in denen Swayze (oder sein Double) schließlich verschwindet, wieder auf Oahu bei Waimea aufgenommen wurden.

GEFÄHRLICHE LIEBSCHAFTEN

(1988, R: Stephen Frears)
John Malkovich, Glenn Close, Michelle Pfeiffer
• FRANKREICH

Aufwändige Verfilmung von Christopher Hamptons Bühnenstück nach dem Roman von Laclos', *Gefährliche Liebschaften*. Gefilmt wurde größtenteils am **Chateau de Champs-sur-Marne**, östlich von Paris mit Blick auf die Marne. Dieses Schloss aus dem 18. Jahrhundert wurde von Madame de Pompadour angemietet, die ein kleines Vermögen ausgab, um dort Verbesserungen ausführen zu lassen (der ursprüngliche Eigentümer, der Bankrott gegangen war, verlor bei seiner Festnahme das Gleichgewicht und starb auf den Stufen seines Schlosses). Mme. de Rosemondes Landhaus ist **Chateau Maisons-Lafitte**, ein grandioses Renaissance-Schloss aus dem 17. Jahrhundert knapp 20 Kilometer nordwestlich von Paris, in dem schon Louis XIV., XV. und XVI. wohnten. Das Theater, in dem die Gluck-Oper aufgeführt wird, ist das **Theatre Montansier** neben dem Schloss von Versailles.

GEFÄHRLICHER URLAUB

(1953, R: Carol Reed)
James Mason, Hildegard Neff (= Hildegard Knef), Claire Bloom
• BERLIN

Abklatsch von *Der dritte Mann*, vom selben Regisseur, gefilmt in Berlin. Nach dem vorangegangenen Film wurde allerdings die Erlaubnis verweigert, in Ost-Berlin drehen zu dürfen. Die Außendrehs mussten schnell vonstatten gehen, da man damit beschäftigt war, die fotogenen Ruinen aus dem Zweiten Weltkrieg zu beseitigen und die Stadt neu aufzubauen. Gedreht wurde unter anderem am **Moritzplatz**, im berühmten **Resi Restaurant**, wo die Tische mit Telefonen untereinander verbunden waren, sowie im **Sportpalast am Funkturm**, der als Lager für Flüchtlinge aus dem Osten herhielt.

GEFAHR AM DORO-PASS

(1938, R: Zoltan Korda)
Sabu, Roger Livesey, Raymond Massey
• WALES

Action-Melodrama, angesiedelt im indischen Raj. Als Nordwestgrenze Indiens musste die Umgebung von **Harlech** in North Wales herhalten.

DER GEFANGENE VON ALCATRAZ

(1962, R: John Frankenheimer)
Burt Lancaster, Karl Malden, Thelma Ritter
• KALIFORNIEN

Das Federal Bureau of Prisons war nicht von der Idee angetan, die Geschichte von Robert Stroud zu verfilmen, und verweigerte jegliche Kooperation. Also wurden Leaven-

Langzeitzuhause für Lancaster: Alcatraz Island

worth (wo Stroud ursprünglich untergebracht war) und Alcatraz auf dem Studiogelände nachgebaut. Interessant ist, dass der ursprünglich für den Film vorgesehene Regisseur Charles Crichton, der zahlreiche Ealing-Komödien vorweisen konnte und ein spätes Comeback mit *Ein Fisch namens Wanda* feierte, hier nach nur drei Wochen Arbeit den Job hinwarf.
Die echte **Alcatraz Island** ist in einer Totalen von der San Francisco Bay aus zu sehen. Für Details über Besuche dieses Nationaldenkmals siehe *Flucht von Alcatraz*, der dort gefilmt wurde.

GEGEN JEDE CHANCE

(1984, R: Taylor Hackford)
Jeff Bridges, Rachel Ward, James Woods
• LOS ANGELES; MEXIKO

James Woods, der zwielichtige Eigentümer des Hollywood-Nachtclubs Jake's Palace, heuert den ruinierten Footballspieler Bridges an, damit der in diesem verworrenen Remake des Film Noir, *Goldenes Gift* von 1947, Rachel Ward findet. Das „Palace" ist das **Hollywood Palace Theater, 1735 North Vine Street**, gegenüber dem Capitol Records Tower am Hollywood Boulevard. Als das Hollywood Playhouse im Jahr 1927 erbaut, wurde aus dem Theater 1942 das El Capitan, Schauplatz für zahlreiche TV-Serien in den fünfziger Jahren, unter anderem für *This is Your Life*. 1964 entstand daraus das Palace, das heute ein Rock/Jazz-Nachtclub ist *(Tel. 213 462 3000)*.
Bridges' Nachforschungen führen ihn nach Mexiko. Die exotische Insel, auf der er Ward findet, ist die winzige und relativ unbehelligte Insel **Cozumel** vor der Ostküste der

Jacks Palast: Hollywood Palace Theater, North Vine Street, Hollywood

Fußballplatz der Maya: Chichen Itza, Mexiko

Die Pyramide: El Castillo, Chichen Itza

Bridges wird die Leiche los: Sacred Cenote, Chichen Itza

mexikanischen Halbinsel Yucatan, rund 30 Flugminuten vom Touristenmekka Cancun entfernt. 120 Kilometer südlich von Cancun an der Route 307 in Tulum können Sie die Maya-Ruinen sehen, wo Bridges und Ward schließlich zusammenkommen. Es sind zwar nicht die spektakulärsten Ruinen, doch die Alabastertempel sind insofern einzigartig, dass sie als einzige Stätte der Maya direkt an der Küste gebaut wurden *(Tel. 988 3 1505, es wird Eintritt verlangt).* Die spektakuläreren Ruinen, an denen Coach Sully schließlich das Paar einholt, bilden die Toltec-Stätten von **Chichen Itza**. Erstaunlicherweise sind Wards Ausführungen um das Fußballspiel der Maya insgesamt wahr. Auf dem über 80 Meter langen Feld wurde eine bestimmte Form des Fußballs gespielt, und tatsächlich endete das Spiel damit, dass die Verlierermannschaft rituell geköpft wurde (allerdings behaupten einige Gelehrte, dieses Schicksal habe die Gewinner getroffen, die auf diese Weise geehrt werden sollten). Die Ruinen sind meist von Touristen überlaufen – am besten begibt man sich früh am Tag dorthin. Busse fahren von Cancun oder Merida ab. Sie können die Anlage auch im Frühjahr oder Herbst zur Tagundnachtgleiche besuchen, um die phantastische optische Illusion mitzuerleben, wenn aus den sorgfältig arrangierten Schatten der Körper des riesigen gefiederten Schlangengottes Quetzlcoatl wird, der sich von der Spitze des **El Castillo** hinabwindet (die riesige Pyramide, die Sie im Film im Hintergrund sehen können) bis zum in Stein gehauenen Schlangenkopf am Fuß der Pyramide.
Nach dem Mord an Coach Sully entledigt sich Bridges der Leiche im **Sacred Cenote**, einer gut 60 Meter breiten Quelle, die nördlich des Schauplatzes nicht ganz einen Kilometer entfernt im Dschungel liegt. Er scheint einer Tradition zu folgen: Warum genau das Wasser so

massiv mit Skeletten bestückt ist, weiß man nicht, aber die meisten Theorien gehen davon aus, dass Opfer dort hineingeworfen wurden.

DAS GEGENTEIL VON SEX
(1998, R: Don Roos)
Christina Ricci, Martin Donovan, Lisa Kudrow
• **KALIFORNIEN**

Hervorragende Mischung aus Komödie und Drama, die es sich zum Ziel gesetzt hatte, andere vor den Kopf zu stoßen, und die sich mit den emotionalen Folgen beschäftigt, nachdem Erzählerin Ricci mit dem Freund ihres schwulen Stiefbruders durchbrennt. Obwohl vor allem in Indiana angesiedelt, entstand der Film in Kalifornien. Das Art-déco-Hotel am Meer, in dem Donovan und Kudrow unterkommen, als sie Ricci nach Santa Monica folgen, ist das **Georgian Hotel, 1415 Ocean Avenue**, nahe dem Santa Monica Pier *(Tel. 310.395. 9945, www.georgianhotel.com).* Das Motel, in dem Riccis Freund erschossen wird, ist das **Royal Sun Inn, 1700 South Palm Canyon Drive, Palm Springs** *(Tel. 760.327.1564, www.royalsuninn.com).* Die friedliche Hütte am See gleich hinter der kanadischen Grenze steht in Wirklichkeit am **Big Bear Lake**, San Bernardino, östlich von L.A.

DAS GEHEIMNIS DER AGATHA CHRISTIE
(1979, Michael Apted)
Vanessa Redgrave, Dustin Hoffman, Helen Morse
• **YORKSHIRE; AVON; LONDON**

Die ins Fiktive verlagerte Geschichte des Verschwindens von Agatha Christie 1926 konzentrierte sich ursprünglich auf die Beziehung zwischen Ms. Christie und der Geliebten ihres Ehemanns. Auftritt für Hoffman in einer kleinen Rolle als untypischer amerikanischer Interviewer, Abgang für die zentrale Beziehung der beiden Frauen, stattdessen Auftritt der Romanze zwischen Redgrave und Hoffman. Christie verlässt London mit Ziel Harrogate, wo ein Großteil der Handlung gefilmt wurde. Allerdings wird für ihre Ankunft die zeitgenössischer wirkende **York Station** eingesetzt. Das Hotel, in dem sie absteigt, ist echt. Aus welchen Gründen auch immer verbrachte Ms. Christie diese mysteriöse Zeit im **Old Swan Hotel, Swan Street** in Harrogate. 1926 hieß es noch Hydro Hotel, doch für den Film wählte man den heutigen Namen. In den **Royal Baths, Parliament Street** in **Harrogate**, den berühmten heißen Quellen der Stadt, die auch heute noch für die Öffentlichkeit frei zugänglich sind, plant sie eine seltsame Rache. Die fotogene Stadt Bath wurde auch als Double für das Harrogate der zwanziger Jahre benutzt.

DAS GEHEIMNIS DES VERBORGENEN TEMPELS
(1985, R: Barry Levinson)
Nicholas Rowe, Alan Cox, Sophie Ward
• **BERKSHIRE; OXFORDSHIRE; KENT; LEICESTERSHIRE; LONDON**

Enttäuschend schwache und mit Effekten überladene Story über die Schulzeit von Holmes und Watson, Produzent ist

Die Tore der Brompton School:
Brasenose College, Oxford

Der Hof der Brompton School:
Eton College, Berkshire

Die Türme der Brompton School:
Belvoir Castle, Lincolnshire

Die Turnhalle der Brompton School:
Barons Hall, Penshurst Place, Kent

Spielberg, Regie führt Barry Levinson – der für Filme wie *Diner* und *Rain Man* verantwortlich zeichnet –, geschrieben hat das Drehbuch Chris Columbus, der Regisseur von *Kevin – Allein zu Haus*. Die fiktive Brompton School ist eine höchst ausgefeilte Mischung. Das Äußere ist das **Brasenose College** am **Radcliffe Square** gegenüber dem Radcliffe Camera in Oxford, im Hintergrund sieht man den Turm von St. Mary the Virgin. Sind erst einmal die Tore durchschritten, ist der Schulhof eigentlich der Hof des **Eton College, Eton**, Berkshire (für Details über Eton siehe *Die Stunde des Siegers*). Wenn Holmes und Watson dann aufsehen, um Waxflatter dabei zu beobachten, wie der seine Flugmaschine vorführt, sind zinnenbesetzte Türme zu sehen, die zum **Belvoir Castle** nahe Grantham in Leicestershire gehören. Belvoir, der Sitz des Herzogs von Rutland, wurde 1816 auf dem Areal eines normannischen Schlosses errichtet. Er liegt rund 11 Kilometer westlich von Grantham zwischen der A52 und der A607 und ist von Anfang April bis Ende September für Besucher geöffnet, ausgenommen montags und freitags *(es wird Eintritt verlangt; Tel. 01476/870262)*.

Die Turnhalle der Schule, in der Holmes mit Rektor Rathe ficht, ist die **Barons Hall** des **Penshurst Place**, einer Villa im Tudor-Stil in Kent (für Details siehe *Königin für tausend Tage*) – „Geht es dir gut, Penshurst?" fragt Rathe einen der Schuljungen. Das mit Zinnen besetzte Zuhause von Cragwitch ist abermals Belvoir Castle. Und wieder einmal springt **Shad Thames** am Südufer der Themse in London SE1, wo sich heute Geschäfte und Restaurants angesiedelt haben, für das viktorianische London ein.

GEHEIMNISVOLLE ERBSCHAFT

(1946, R: David Lean)
John Mills, Bernard Miles, Valerie Hobson

• KENT; LONDON

Vielleicht die großartigste Dickens-Verfilmung, die größtenteils im Studio in Denham entstand. Für die Eröffnungsszenen wurden die **St. Mary's Marshes** an der Südseite des Thames Estuary einige Kilometer nordöstlich von Rochester ausgesucht. Hier kommen bei Flut auch Pip und Herbert Pocket mit einem Ruderboot an (und legen später wieder ab), und gut eineinhalb Kilometer ins Landesinnere wurde Joe Gargerys Schmiede gebaut. Das Rotterdam Paddle Boat befuhr den **River Medway**. Pips Ankunft in London wurde vor der echten **St. Paul's Cathedral** gefilmt, wobei man die Kameraeinstellung so wählte, dass weder moderne Gebäude noch ausgebombte Ruinen zu sehen waren.

GEISTERKOMÖDIE

(1945, R: David Lean)
Rex Harrison, Kay Hammond, Constance Cummings
• BUCKINGHAMSHIRE

Noël Coward hielt sein Bühnenstück für „das Beste, was ich jemals geschrieben habe". Doch mit David Leans Filmversion war er ganz und gar nicht einverstanden. Harrisons Ehe gerät in Gefahr, als der Geist seiner Ex-Frau auftaucht (verpackt in eine grausliche grüne Maske). Die Landschaftsaufnahmen wurden nahe dem Studio rund um das Dorf Denham gefilmt, gelegen an der A40, Buckinghamshire. Das Haus steht in **Fairway, Denham**.

DAS GEISTERSCHLOSS

(1999, R: Jan De Bont)
Liam Neeson, Catherine Zeta-Jones, Owen Wilson
• FLORIDA; LINCOLNSHIRE

Die Zuschauer amüsierten sich zu Recht über dieses alberne, an Effekten überladene Remake. Das Hill House der neunziger Jahre ist das grandiose **Harlaxton Manor**, eine erstaunliche, neo-elisabethanische Torheit, die in *The Ruling Class* das Zuhause von Lord Peter O'Toole war. Es liegt fünf Kilometer von Grantham entfernt an der A607 in Lincolnshire und ist heute das Harlaxton College, der British Campus of the University of Evansville, Indiana. Die Garageneinfahrt wurde für den Film angebaut, und das bizarre Innenleben – nicht mit dem echten Harlaxton zu vergleichen – wurde in den USA auf der Studiobühne gebaut. Der Billardsaal ist dagegen die Great Hall des Harlaxton. Die Küchenszenen entstanden im **Belvoir Castle**, dem Heim des Duke of Rutland, das rund zehn Kilometer von **Grantham** entfernt ist (für Details siehe *Das Geheimnis des verborgenen Tempels*).

GELIEBTE APHRODITE

(1995, R: Woody Allen)
Woody Allen, Mira Sorvino, F. Murray Abraham
• NEW YORK STATE; ITALIEN

Das Amphitheater: Teatro Greco, Taormina

Woody Allens Manhattan wird mit einem klassischen griechischen

Chor gekrönt, der das Geschehen kommentiert. Das Amphitheater ist das **Teatro Greco, Taormina**, auf Sizilien. Die Rennbahn ist **Belmont Racetrack**, Nassau County, Long Island, zudem wurde in **North Tarrytown** und im Dörfchen **Quogue**, New York, gefilmt.

DIE GELIEBTE DES FRANZÖSISCHEN LEUTNANTS

(1981, R: Karel Reisz)
Meryl Streep, Jeremy Irons, Leo McKern
• **DORSET; DEVON; BERKSHIRE; LONDON**

Meryls Stuntdouble: The Cobb, Lyme Regis, Dorset

Ein Kinoerfolg, wenn auch keine sehr gelungene Verfilmung des Romans von John Fowles, die den literarischen Kommentar durch eine parallele Liebesgeschichte in der Gegenwart ersetzt. Aber das Bild, das wirklich im Gedächtnis bleibt, zeigt Meryl Streep (bzw. ihr Stuntdouble) in einem weiten Umhang auf dem **Cobb** in **Lyme Regis**, Dorset. Das Cobb ist ein Wellenbrecher aus dem 13. Jahrhundert, der auf Veranlassung von Edward I. gebaut wurde, um den Hafen zu schützen. Zu den Drehorten rund um Lyme Regis gehörten der aufgegebene Bahnhof, der tatsächlich 1965 geschlossen wurde, das **Undercliff**, der Küstenabschnitt zwischen Lyme Regis und Axmouth, sowie **Broad Street** einschließlich des **Royal Lion Hotel** und **Mr. Chapman's Bookshop**, der so geblieben ist, wie man ihn für den Film gestaltet hatte.

Die Exeter-Szenen wurden tatsächlich in **Kingswear** gedreht, auf der Dartmouth gegenüberliegenden Seite des River Dart in Devon. Die Bar- und Schlafzimmerszenen im Endicott-Familienhotel entstanden im **Steam Packet Inn, Fore Street**, während das **Royal Dart** braun und beige gestrichen wurde, um ins Jahr 1867 zu passen. Die St. David's Station in Exeter war **Windsor Central Station**, Berkshire, die seitdem radikal modernisiert worden ist. Zeitgenössische Straßenszenen entstanden in den engen Allzweckgassen zwischen den Lagerhäusern von **Bermondsey** in London. Das Hafenbüro ist ein komplexes Set, das bei **Shad Thames** ans Themseufer gesetzt wurde. Das einzige, was vom echten Drehort zu sehen ist, sind die Lagerhäuser auf der gegenüberliegenden Seite.

GELIEBTER SPINNER

(1963, R: John Schlesinger)
Tom Courtenay, Julie Christie, Wilfred Pickles
• **YORKSHIRE; LONDON**

Der Leichenbestatter: Southgate, Bradford

Als sich durch die New Wave der sechziger Jahre der Schwerpunkt des britischen Kinos von der Mittelklasse der Grafschaften auf die Arbeiter-

klasse in den Großstädten verlagerte, war im Norden nicht alles nur deprimierend. Schlesinger integrierte Traumsequenzen und derbe Satire in seine Verfilmung des Bühnenstücks von Keith Waterhouse und Willis Hall über den Angestellten eines Bestattungsunternehmens, der von einem erfüllten Leben träumt, letztlich aber seine Chance verpasst, zusammen mit der freigeistigen Julie Christie die Flucht anzutreten. Gefilmt wurde vor allem in der Gegend von Bradford, wo Tom Courtenay am Kriegsdenkmal der

Billy und seine Freundin: Undercliffe Cemetery, Bradford

Auftritt im Stadtzentrum: War Memorial, Princes Way, Bradford

Billy macht einen Rückzieher: Marylebone Station, London

Stadt am **Prince's Way** herumalbert (schockierend respektlos, waren doch seit dem Ende des Zweiten Weltkriegs noch keine zwanzig Jahre vergangen). Das Geschäft, das als Beerdigungsinstitut diente und in dem Billy arbeitet, befindet sich ganz in der Nähe am Fuß der Treppe bei **Southgate** abseits der Sunbridge Road. Der pompöse viktorianische Friedhof, den er mit einer seiner beiden Verlobten besucht, findet sich nordöstlich des Stadtzentrums. Die rußigen Monumente des **Undercliffe Cemetery** überblicken Bradford an der **Undercliffe Lane** nahe der Otley Road. Auch wenn es so aussieht, als würde Billy bis ins Stadtzentrum nur ein paar Minuten benötigen, liegt sein Zuhause in einem der besseren Vororte an der **37 Hinchcliffe Avenue, Baildon**, nördlich von Shipley *(Bahnhof: Baildon)* und damit über sechs Kilometer von der Innenstadt entfernt.

Der Tanzsaal, in dem Billy von seinen romantischen Verstrickungen eingeholt wird, war das alte, inzwischen

Billys Haus: Hinchcliffe Avenue, Baildon

nicht mehr bestehende Locarno an der Manningham Lane. Billys Parade der siegreichen Truppen im Phantasiereich „Ambrosia" wurde in der **Leeds Town Hall** gefilmt. Achten Sie auf Regisseur Schlesinger, der in bester Hitchcock-Manier als russischer Offizier in einer der Traumsequenzen zu sehen ist. Die letzte Szene, die an der Central Station, Bradford, spielt und in der Christie nach London abreist, wurde ironischerweise genau dort an der **Marylebone Station** gefilmt.

DER GENERAL

(1926, R: Buster Keaton, Clyde Bruckman)
Buster Keaton, Marion Mack, Glen Cavender
• **OREGON**

Keatons Klassiker beruht auf tatsächlichen Ereignissen aus der Zeit des Bürgerkriegs (in einer familienfreundlichen Version auch verfilmt von Disney im Jahr 1956 unter dem Titel *In geheimer Mission*), als Soldaten der Union einen Zug in Atlanta, Georgia, entwendeten und versuchten, nach Chattanooga, Tennessee, zu fahren. Keaton strebte nach größtmöglicher Authentizität und wollte den echten Zug einsetzen, der zu der Zeit immer noch im Bahnhof von Chattanooga stand (Chattanooga Choo-Choo and Terminal Station, 1400 Market Street, erinnert heute an den ersten größeren öffentlichen Passagierverkehr zwischen dem Norden und dem Süden), aber den Menschen in Tennessee gefiel es nicht, dass ihre Geschichte zum Gegenstand einer Komödie werden sollte, und so verweigerten sie ihre Erlaubnis. Der Streckenabschnitt, den man schließlich im Film sehen konnte, lag bei **Cottage Grove**, rund 30 Kilometer südlich von Eugene an der Interstate 5, westlich von Oregon.

GEORGY GIRL

(1966, R: Silvio Narizzano)
Lynn Redgrave, Alan Bates, Charlotte Rampling
• **LONDON**

James Masons Haus: Harley Road, Primrose Hill

Die lärmende Metalltreppe, die zum Apartment im obersten Stockwerk führte, das sich Lynn Redgrave und Charlotte Rampling in dieser Komödie aus den Swinging Sixties teilten, findet sich in der Gasse seitlich zur **Maida Avenue** am Grand Union Canal entlang, an der Ecke zur Edgware Road, und ist tatsächlich die Rückseite der **449 Edgware Road**. Ein Stück weiter auf der Maida Avenue zwischen Nummer 15 und 22 liegt die **St. Mary's Church**, in der James Mason schließlich Redgrave einen Heiratsantrag macht. Maida Avenue ist auch die Heimat von

Die Treppe zu Georgys Wohnung: Maida Avenue

Michael Palins Wohnung in *Ein Fisch namens Wanda*. Masons luxuriöses Zuhause ist das ehemalige Haus der Opernsängerin Dame Clara Butt, nahe Primrose Hill in **7 Harley Road**, NW3. Das Standesamt, in dem Rampling schließlich Alan Bates heiratet, ist die Council Tax Division des **Camden Council's Finance Department, Rosslyn Hill**/Ecke Belsize Avenue, Belsize Park.

GERMINAL

(1993, R: Claude Berri)
Gérard Depardieu, Renaud, Miou-Miou
• **FRANKREICH**

Berris Verfilmung von Zolas Roman, der in der Mine Wallers-Arenberg angesiedelt ist, entstand im Gebiet des **Lewarde-Bergbaumuseums** östlich von Douai, im Süden von Lille in der Region Nord-Pas-de-Calais nahe der Grenze zu Belgien.

GESCHENKT IST NOCH ZU TEUER

(1986, R: Richard Benjamin)
Tom Hanks, Shelley Long, Alexander Godunov
• **NEW YORK CITY; NEW YORK STATE; FLORIDA**

Aktualisierte Version von *Nur meiner Frau zuliebe*, mit Hanks und Long, die durch die Hölle gehen, um ihr günstig gekauftes Haus in Schuss zu bringen. Das Haus ist **Northway, Feeks Lane, Lattingtown**, nordöstlich von Glen Cove an der Nordküste von Long Island, abseits der Route 107. Die Szenen in New York zeigen das romantische **Café des Artistes** im **Hotel des Artistes, 1 West 67th Street**/Ecke Central Park West, und die **Apthorp Apartments, 2211 Broadway** zwischen West 78th Street und West 79th Street an der West Side. Das Haus, das zum Schluss zu sehen ist, ist die **Villa Vizcaya, 3251 South Miami Avenue**/Ecke 32nd Road in Coconut Grove an der Küste südlich von Miami, Florida (für Details siehe *Ace Ventura – Ein tierischer Detektiv*).

DAS GESICHT

(1958, R: Ingmar Bergman)
Max von Sydow, Gunnar Bjornstrand, Ingrid Thulin
• **SCHWEDEN**

Der verknöcherte alte Bjornstrand unterzieht die Theateraufführung des Scharlatans von Sydow einer offiziellen Untersuchung und beginnt, das schließlich zu bedauern. Um das Theatralische des Films zu wahren, entstand er zum größten Teil im Studio. Aber Gunnar Bjornstrands Haus und die Kopfsteinpflasterstraße existieren im **Skansen-Freiluftmuseum, Djurgardsslaten 49-51, Stockholm**. Das Museum – eine Sammlung von 150 historischen Bauwerken (einschließlich eines Zoos) – zählt seit 1891 zu den Attraktionen von Stockholm. Außer an Weihnachten ist es täglich geöffnet (*Tel. 08 442 8000*).

GESPRENGTE KETTEN

(1963, R: John Sturges)
Steve McQueen, James Garner, Richard Attenborough
• **DEUTSCHLAND**

Nachdem man in Kalifornien vergeblich nach einer geeigneten Kulisse gesucht hatte, entstand Stalag Luft III in einem Waldgebiet hinter den Studios in **Geiselgasteig** bei München. Die Eisenbahnszenen wurden in der Nähe von München aufgenommen. Steve McQueens Motorradszenen drehte man bei **Füssen** an der Grenze zu Österreich.

GETAWAY

(1972, R: Sam Peckinpah)
Steve McQueen, Ali MacGraw, Ben Johnson
• **TEXAS**

McQueen und MacGraw auf der Flucht: River Walk, San Antonio

Ein zwielichtiger Deal bringt Steve McQueen aus dem **Huntsville State Penitentiary**, Highway 190, rund 100 Kilometer nördlich von Houston, um eine Bank auszurauben. Er tritt mit Partnerin Ali MacGraw die Flucht nach **San Marcos** im Nordosten von San Antonio an, nach **San Antonio** selbst über den **River Walk**, schließlich nach **El Paso**, wo es zur Schießerei im alten Laughlin Hotel kommt, bevor das Paar nach Mexiko davonfährt. Kurz nach den Dreharbeiten wurde das Laughlin abgerissen, um dem Sheraton Platz zu machen.

Das Remake von 1993 mit Alec Baldwin und Kim Basinger verlegte die Handlung nach **Phoenix** und **Prescott, Arizona**.

DER GEWISSE KNIFF

(1965, R: Richard Lester)
Rita Tushingham, Michael Crawford, Ray Brooks
• **LONDON**

Protzige und surreale Verfilmung von Ann Jellicoes stilisiertem Bühnenstück, angesiedelt im Swinging London der sechziger Jahre. Die naive Rita Tushingham erreicht die Stadt an der **Victoria Coach Station, SW1**. Die Straßenszenen entstanden rund um Shepherd's Bush und Notting Hill Gate; der Swimmingpool befindet sich im **Ruislip Lido, Ruislip**, West-London, und Ray Brooks' wilde, sexistische Phantasie spielt sich in der **Royal Albert Hall, Kensington**, ab. Das berühmte „White Pad", wo sich ein großer Teil des Films abspielt, ist die **1 Melrose Terrace, W6**.

GHOST – NACHRICHT VON SAM

(1990, R: Jerry Zucker)
Patrick Swayze, Demi Moore, Whoopi Goldberg
• **NEW YORK CITY**

Dieser in New York angesiedelte übernatürliche Comedy-Thriller vom Regisseur von *Die unglaubliche Reise in einem verrückten Flugzeug*, entpuppte sich als Überraschungserfolg. Demi Moores Wohnung befindet sich in einem von Tribecas beeindruckenden und angesagten Apartmentgebäuden in der **104 Prince Street** zwischen Greene und Mercer, New York. Patrick Swayze wird in der **Crosby Street** zwischen Prince Street und Spring Street ermordet, kehrt dann aber zurück und verfolgt seinen Mörder in die U-Bahnstation an der **Franklin Street**.

Das italienische Restaurant, in dem Medium Whoopi Goldberg Moore zum ersten Mal begegnet, ist das **Mezzogiorno, 195 Spring Street**/Ecke Sullivan Street *(Tel. 212 334 2112)*. Zum Schluss des Films spendet Goldberg das Geld den Nonnen am Sockel der Statue von George Washington vor der **Federal Hall, 28 Wall Street**.

Demi Moores New Yorker Wohnung: Prince Street, Soho

GHOSTBUSTERS – DIE GEISTERJÄGER

(1984, R: Ivan Reitman)
Bill Murray, Dan Aykroyd, Harold Ramis
• **NEW YORK CITY; LOS ANGELES**

Diese phänomenal erfolgreiche Horrorkomödie spielt in New York, die Drehorte sind auf die Ost- und die Westküste aufgeteilt. Die erste von einigen übernatürlichen Erscheinungen ereignet sich in der **New York Public Library**, vor der in den ersten Szenen die Marmorlöwen die breite Treppe zur **Fifth Avenue** zwischen 40th Street und 42nd Street flankieren.

Die verfluchte Bibliothek von außen: New York Public Library, Fifth Avenue

Und von innen: Los Angeles Central Library, Fifth Street

Die verfluchten Buchregale wurden aber auf der anderen Seite des Kontinents in der **Los Angeles Central Library, Fifth Street** und **Hope Street**, gefilmt. Nachdem sie aus der New Yorker **Columbia University** (die keine Abteilung für Parapsychologie und auch keine Weaver Hall hat) geworfen worden sind, entwickeln Murray, Aykroyd und Ramis ihren Geisterjägerplan auf den Stufen der universitätseigenen **Low Memorial Library** am **Upper Quadrangle** des Campus, nördlich vom College Walk, zwischen Amsterdam Avenue und Broadway, West 114th Street und West 120th Street. Die fiktive Manhattan City Bank, bei der sie das Darlehen ausgibt, ist eigentlich das **Irving Trust Building, 1 Wall Street**.

Die schräge kleine Feuerwache (ja, die ist echt), die als Hauptquartier dient, findet sich in der **14 North Moore Street**, einer Seitenstraße zum West Broadway im Gebiet Tribeca, aber das Innenleben gehört einer stillgelegten Feuerwache an der Westküste in Downtown L.A. Ebenfalls in L.A. befindet sich das fiktive Sedgewick Hotel, wo die Geisterjäger im Ballsaal ihre

Die Feuerwache: North Moore Street, Tribeca

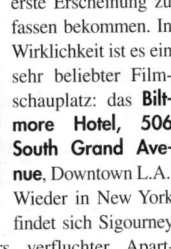

Campus der Universität: Columbia University

Der besessene Apartmentblock: Central Park West

erste Erscheinung zu fassen bekommen. In Wirklichkeit ist es ein sehr beliebter Filmschauplatz: das **Biltmore Hotel, 506 South Grand Avenue**, Downtown L.A. Wieder in New York findet sich Sigourney Weavers verfluchter Apartmentblock in **55 Central Park West**/Ecke 65th Street, dem für den Film noch ein paar Stockwerke aufgesetzt wurden. Eigentlich hätte an der 1 Fifth Avenue in Greenwich Village in einem Art-déco-Apartmentgebäude gedreht werden sollen, doch dessen Bewohner sprachen sich schließlich dagegen aus. In dem Gebäude befand sich das Restaurant One Fifth, das in Woody Allens *Verbrechen und andere Kleinigkeiten* zu sehen war. Gleich gegenüber von Weavers Apartment, also im Central Park – ist das Restaurant, an dem Rick Moranis gegen das Fenster trommelt, um einem rasenden Höllenhund zu entkommen. Auch dieses Motiv wird gerne eingesetzt – es ist die **Tavern on the Green, Central Park West**/Ecke 67th Street. Die Autos der Geisterjäger können Sie auf dem Studiogelände von Warner in Burbank sehen, wenn Sie eine Studiotour bei **Warner Bros., 4200 Warner Boulevard**, unternehmen *(Tel. 818 972 8687)*.

GHOSTBUSTERS II

(1989, R: Ivan Reitman)
Bill Murray, Dan Aykroyd, Sigourney Weaver
• NEW YORK CITY

Das Museum: Museum of the Native American, Broadway

In dieser recht müden Fortsetzung ist das Museum das alte United States Customs House in New York, heute das **Museum of the Native American, Broadway**/Ecke Bowling Green, das in jüngerer Zeit als Schauplatz von Riddlers Party in *Batman Forever* zu sehen war.

GIER

(1924, R: Erich von Stroheim)
Gibson Gowland, Zasu Pitts, Jean Hersholt
• KALIFORNIEN

Nachdem er für *Närrische Weiber* Monte Carlo auf dem Universal-Gelände nachgebaut hatte, ging der extravagante wie geniale Erich von Stroheim für seine Verfilmung von Frank Norris' Roman *McTeague: A Story of San Francisco* einen völlig anderen Weg und drehte an echten Schau-

plätzen, vorwiegend in der Umgebung von San Francisco. Er nahm fast einen gesamten Häuserblock in Beschlag, filmte auf den Straßen und in den Häusern, und seine Besetzung lebte und übernachtete in diesem Set. Die daraus resultierenden 96 Stunden Material wurden zunächst auf neun, dann auf fünf Stunden geschnitten. Schließlich griff das Studio ein und verstümmelte den Film, bis er nur noch etwas mehr als zwei Stunden lang war.

McTeagues Zahnarztpraxis in der Polk Street erkennt man noch heute in der **611 Laguna Street**/Ecke Hayes Street. Die Kirche, die McTeague und seine Braut aufsuchen, ist die St. Paulus Lutheran Church, die an der Ecke Eddy Street/Gough Street stand (das ist die Kirche, die Sie in *Vertigo – Aus dem Reich der Toten* gegenüber Mckittrick's Hotel sehen können), vor einigen Jahren aber bei einem Feuer völlig vernichtet wurde. Der berühmte schockierende Höhepunkt in der Wüste, wenn McTeague mit Handschellen an den Leichnam seines einstigen Freundes gefesselt ist, entstand in der glühenden Wildnis des **Death Valley**.

McTeagues Zahnarztpraxis: Laguna Street, San Francisco

GIGANTEN

(1956, R: George Stevens)
James Dean, Elizabeth Taylor, Rock Hudson
• TEXAS

Erinnerungsstücke in der Lobby: Paisana Hotel, Marfa

Edna Ferbers in Texas spielende Familiensage wird mit dieser gewaltigen Produktion von George Stevens ihrem Titel gerecht. Die Studiodreharbeiten an James Deans letztem Film fanden im Warner-Studio in Burbank statt, während die texanischen Landschaften bei **Marfa** entstanden, einer winzigen Stadt an der Route 90 in der westtexanischen Wüste zwischen El Paso und Del Rio. Hier stand das Set für das Reata-Ranchhaus, das in den achtziger Jahren völlig in sich zusammenfiel. Die Ruinen stehen auf der **Ryan Ranch** westlich von Marfa. Das Land ist Privatbesitz, aber das Skelett des Hauses kann man links von der Interstate 90 sehen, wenn man Richtung Valentine fährt. Little Reata ist ein paar Kilometer westlich von Marfa zu sehen, und zwar rechts der Interstate 90 – halten Sie Ausschau nach der Windmühle. Robert Altmans Film *Komm zurück,*

Jimmy Dean zeigte eine Gruppe von Dean-Fans in der (fiktiven) nahe gelegenen Stadt McCarthy, die Überreste des alten Sets sammeln. In *Fandango* besuchen Kevin Costner und seine Kumpels die zerfallenen Überreste.

Das Paisana Hotel in Marfa stellte im Foyer signierte Fotos und Erinnerungsstücke an den Film aus. Während die zweitrangigen Crewmitglieder in dem recht verlorenen und leeren Paisana unterkamen, verbrachten die Hauptdarsteller hier die Abende nach Drehschluss. Wenn Sie schon die Stadt besuchen, dann sollten Sie sich auch für etwas anderes interessieren, was Marfa berühmt gemacht hat: die Marfa Mystery Lights.

GIGI

(1958, R: Vincente Minnelli)
Leslie Caron, Maurice Chevalier, Louis Jourdan
• PARIS; LOS ANGELES

Echte Schauplätze in der französischen Hauptstadt verleihen der Musicalversion von Colettes Roman über eine junge Frau in Paris um die Zeit des Fin de Siècle sehr viel Atmosphäre. Die Anfangs- und Schlussszenen wurden im **Bois de Boulogne** gedreht, dem weitläufigen Park im Westen der Stadt. Die Szenen im **Maxim's, 3 Rue Royale**, entstanden tatsächlich in dem berühmten Restaurant,

Die Eislaufszene: Palais de Glace, Rue du Faubourg du Temple

während die Eislaufszene im **Palais de Glace, 37 Rue du Faubourg du Temple**, gefilmt wurde. Louis Jourdans elegantes Haus ist das **Musée Jacquemart-Andre, 158 Boulevard Haussmann**

Louis Jourdans Haus: Musée Jacquemart-Andre, Boulevard Haussmann

im 8. Arrondissement. Das luxuriöse Haus aus dem 19. Jahrhundert wurde einschließlich einer Gemälde- und Möbelsammlung dem Institut de France vermacht und ist für Besucher geöffnet. Schlechte Wetterbedingungen hatten zur Folge, dass die Strandszenen nicht bei Trouville gefilmt wurden, sondern später in Los Angeles am **Venice Beach**.

GILBERT GRAPE – IRGENDWO IN IOWA

(1993, R: Lasse Hallström)
Johnny Depp, Leonardo DiCaprio, Juliette Lewis
• TEXAS

Drama, in dem sich Depp mit seinem gestörten jüngeren Bruder DiCaprio und seiner extrem fettleibigen Mutter herumschlagen muss. Zwar spielt die Story im fiktiven Endora, Iowa, gefilmt wurde aber in der texanischen Stadt **Manor** östlich der Hauptstadt Austin. Der Marktplatz befindet sich in der Nähe von **Lockhart**. Das Haus der Grapes befand sich auf der **Hodde Lane** vor Pfluger-

ville, aber nach der Feuersbrunst zum Ende des Films ist davon nichts übrig geblieben.

GLADIATOR

(2000, R: Ridley Scott)
Russell Crowe, Joaquin Phoenix, Oliver Reed
• SURREY; MAROKKO; MALTA

Der wilde Eröffnungskampf, der in Germanien spielen soll, wurde in **The Bourne** nahe **Farnham**, Surrey, inszeniert und löste Proteste von Umweltschützern aus, nachdem für den Film große Waldflächen gerodet worden waren – obwohl man dieses Areal ohnehin schon zur Rodung vorgesehen hatte. Die afrikanische Stadt, in der Russell Crowe in die Sklaverei verkauft wird, ist **Aït Ben Haddou** nahe Ouarzazate in Marokko. Die Arena wurde dem existierenden Dorf hinzugefügt, in dem schon Filme wie *Lawrence von Arabien, Sodom und Gomorra* und *Auf der Jagd nach dem Juwel vom Nil* gedreht worden waren.

Die riesigen römischen Sets (mit CGI-Ergänzungen) wurden auf den Überresten von **Fort Ricasoli** auf **Malta** errichtet.

Die afrikanische Arena: Aït Ben Haddou

DER GLANZ DES HAUSES AMBERSON

(1942, R: Orson Welles)
Joseph Cotten, Dolores Costello, Tim Holt
• LOS ANGELES

Welles' zweiter Kinofilm wurde vom Studio gnadenlos in die Mangel genommen, nachdem es in Pomona eine verheerende Testvorführung gegeben hatte, während der Regisseur in Südamerika *It's All True – Orson Welles auf einer Reise durch Brasilien* drehte. Der historische Kontext wurde herausgenommen, und ein unheimliches Happy End wurde von Welles' damaligem Cutter Robert Wise angehängt. Man drehte fast ausschließlich in den RKO Studios, 780 Gower Street in Hollywood. Die einzigen Szenen, die nicht im Studio entstanden, waren die Schneeszenen, die – um so echt wie möglich zu wirken – in einem Kühlhaus in East Los Angeles gefilmt wurden.

DIE GLENN MILLER STORY

(1954, R: Anthony Mann)
James Stewart, June Allyson, Harry Morgan
• KALIFORNIEN

Filmbiographie des Bandleaders, der nach dem „Sound" suchte. Zu sehen ist der Ballsaal auf dem **Santa Monica**

Glenn Miller sucht den Pfandleiher auf: Angel's Flight, Downtown L.A.

Pier am Ende der Colorado Avenue. Die Pfandleihe stand in der Clay Street gleich neben dem beliebten Wahrzeichen **Angel's Flight**, der Seilbahn in Downtown L.A., die die Hill Street mit der Clay Alley verband, 1969 aber aufgegeben wurde. Die Konstruktion wurde eingelagert und schließlich wieder aufgebaut. Die Umgebung ist nicht wiederzuerkennen – die Seilbahn verläuft jetzt über einen grasbewachsenen Hang –, aber Sie können wieder mit ihr fahren.

DER GLÖCKNER VON NOTRE-DAME

(1939, R: William Dieterle)
Charles Laughton, Cedric Hardwicke, Maureen O'Hara
• **LOS ANGELES**

Eine von Laughtons wirklich großartigen Schauspielleistungen in einem absolut mitreißenden Film. Dieser RKO-Film bedient sich der Sets bei Universal in Hollywood, die für Lon Chaneys Stummfilmfassung von 1923 gebaut worden waren. Beim Inneren soll es sich um den toskanisch anmutenden Glockenturm der **Mudd Hall of Philosophy, University Avenue**/Ecke Exposition Boulevard, auf dem Campus der **University of Southern California**, südlich von Downtown L.A., handeln (für Details siehe *Die Reifeprüfung*). Die Universität behauptet, das Motiv sei für Lon Chaneys Version benutzt worden, aber Mudd Hall wurde erst 1928 erbaut, daher ist das nicht sehr wahrscheinlich.

DIE GLORREICHEN SIEBEN

(1960, R: John Sturges)
Yul Brynner, Steve McQueen, James Coburn
• **MEXIKO**

Sieben bezahlte Schützen vertreiben eine Horde Banditen in diesem Remake von Kurosawas *Die sieben Samurai*, das in einer Kulisse entstand, die in der Wüste bei Cuernavaca nahe Mexico City errichtet wurde.

GLORY

(1989, R: Edward Zwick)
Matthew Broderick, Denzel Washington, Morgan Freeman
• **GEORGIA; MASSACHUSETTS**

Matthew Broderick in einer Geschichte über das erste Farbigenregiment in der U.S. Armee. Die Bostoner Szenen entstanden in **Savannah**, Georgia. Der einstige große Baumwollumschlaghafen Savannah geriet zusehends ins Abseits, ehe in den fünfziger Jahren ein umfassendes Restaurationsprojekt in Angriff genommen wurde. Der sehenswerte Bereich der Downtown ist heute der größte Urban Historic Landmark-Bezirk der USA. Schauplatz für die Parade ist die **River Street**, die am Südufer des Savannah River, Savannah, entlang verläuft. Brodericks Wohnhaus ist das **Hugh W. Mercer House, Bull Street** – die im Süden von der River Street über den

Chippewa Square (Standort von Tom Hanks' Parkbank in *Forrest Gump*) –, ein Privatgebäude, das nicht für Besucher geöffnet ist. Das Readville Camp, Massachusetts, wurde im **Battlefield Park** gefilmt.

Der Angriff auf Fort Wagner wurde rund 100 Kilometer weiter südlich auf **Jekyll Island** gedreht, einst der private Tummelplatz für die Stinkreichen – soll heißen: Leute wie Vanderbilts, Rockefellers und Astors. Es wurde vom Staat Georgia 1947 gekauft (für 650.000 Dollar, wenn Sie's wissen wollen). Die Schlacht von Antietam wurde nahe **McDonough** inszeniert.

DAS GLÜCK KAM ÜBER NACHT

(1951, R: Charles Crichton)
Alec Guinness, Stanley Holloway, Sidney James
• **LONDON; MIDDLESEX; PARIS**

Der sanftmütige Alec Guinness ist der Kopf eines Goldraubs in diesem Ealing-Klassiker, und da die Story den Schmuggel des Golds in Form von kleinen Eiffeltürmen enthält, wurde auch in Paris gefilmt. Der größte Teil des Films entstand allerdings im Nachkriegs-London. Die Flughafenszene sollte ursprünglich in Victoria Station spielen, doch die Absperrung eines bedeutenden Londoner Bahnhofs hätte zehnmal so viel gekostet wie bei einem kleinen ländlichen Flugplatz, also wurde die Szene auf dem **Northolt Airport**, Middlesex, gedreht. Die Verfolgungsjagd in London endet bei **Bramley Arms** in Notting Hill, London.

DIE GLÜCKSRITTER

(1983, R: John Landis)
Eddie Murphy, Dan Aykroyd, Ralph Bellamy
• **PENNSYLVANIA; NEW YORK CITY; NEW YORK STATE; VIRGIN ISLANDS**

Die reichen alten Männer Bellamy und Don Ameche bekommen ihre wohlverdiente Strafe, nachdem sie für eine Wette den Lebensstil des Bettlers Murphy mit dem des Börsenmaklers Aykroyd vertauscht haben. Der Film ist vorwiegend in Philadelphia angesiedelt, wo der „beinlose" Murphy am **Rittenhouse Square**

Der „beinlose" Murphy bettelt am Rittenhouse Square.

bettelt, an der 18th Street und Walnut

Die Duke and Duke Bank: Fidelity Bank, South Broad Street, Philadelphia

Street, südwestlich des Stadtzentrums. Im Edelbezirk ein wenig weiter nach Südwesten liegt Dan Aykroyds Haus – das Eddie Murphy übernommen hat – in der **2014 Delancey Street** nahe 21st Street. Bellamys und Ameches Duke and Duke Bank ist die **Fidelity Bank, 135 South Broad Street**, gleich südlich der City Hall. Nach-

Aykroyd wird von Jamie Lee Curtis gerettet: Clothespeg an der 15th Street

Dan Aykroyd's Haus: Delancey Street

dem seine Kreditkarten beschlagnahmt worden sind, bietet die Nutte Jamie Lee Curtis dem verzweifelten Aykroyd in der **15th Street** vor Claes Oldenburgs gut 15 Meter hoher stählerner Clothespeg-Statue, Market Street westlich von City Hall, ihre Hilfe an. Murphy und Aykroyd machen sich von der eleganten Bahnhofshalle der Thirtieth Street Station, 30th Street, Philadelphia (auch zu sehen in *Blow out – Der Tod löscht alle Spuren* und *Der einzige Zeuge*), auf den Weg nach New York. Dukes' Villa befindet sich gar nicht in Pennsylvania, sondern ist das **Mill Neck Manor for the Deaf, Mill Neck**, Nassau County, Long Island. Der hektische Höhepunkt des Films, als sich Murphy und Aykroyd zusammenschließen, um ihre Folterer in den Ruin zu treiben, spielt sich im **Comex Commodities Exchange Center** des **World Trade Center, Church Street** zwischen Liberty Street und Vesey Street in N.Y.C. ab. Die Guten sitzen schließlich am tropischen Strand von St. Croix auf den Virgin Islands.

GLUT UNTER DER ASCHE

(1957, R: Mark Robson)
Lana Turner, Diane Varsi, Hope Lange
• MAINE

Archetypisches Sex-in-einer-Kleinstadt-Melodrama, die Mutter aller TV-Soaps. Die Kleinstadt ist **Camden** an der Küste von Maine. Lana Turners Haus steht in der **Chestnut Street** und ihr Geschäft findet sich in der **Main Street**.

GO!

(1999, R: Doug Liman)
Sarah Polley, Desmond Askew, Scott Wolf
• LOS ANGELES; NEVADA

Jons Supermarkt: South Central Avenue, L.A.

Diese Story über Drogendeals, Waffen und gestohlene Autos ist Limans ironischer Nachfolger zu *Swingers*, der fast völlig an Schauplätzen in Los Angeles und Las Vegas entstand. Das Geschäft ist **Jons, South Central Avenue**/Ecke East Adams Boulevard in L.A., das wegen seines altmodischen Erscheinens ausgewählt wurde. Die Filmemacher mussten entsetzt feststellen,

dass der Eigentümer das Honorar für die Überlassung des Geschäfts dafür benutzt hatte – erraten Sie's? –, um vor Drehbeginn die Fassade streichen zu lassen. Die Inspiration für das Geschäft hatte ihren Ursprung in Ralph's Grocery in L.A. auf dem Sunset Boulevard in Hollywood. Die Vegas-Motive sind das **Riviera Hotel and Casino, 2901 Las Vegas Boulevard South**/Ecke Riviera Boulevard *(Tel. 702 734 5110)*, sowie das **Frontier Hotel and Casino, 3120 Las Vegas Boulevard South** *(Tel. 702 794 8200)*.

Das Vegas-Hotel: Frontier Hotel and Casino, Las Vegas Boulevard South

GODS AND MONSTERS

(1998, R: Bill Condon)
Ian McKellen, Brendan Fraser, Lynn Redgrave
• LOS ANGELES

Fiktive Darstellung der letzten Tage des Hollywood-Regisseurs James Whale, einschließlich einer mutmaßlichen Beziehung zu seinem gut aussehenden Gärtner Brendan Fraser. James Whales Haus steht am Amalfi Drive in Pacific Palisades, aber für die Außenaufnahmen wurde ein ähnliches Haus in **Altadena** im Osten von L.A. benutzt. George Cukors Anwesen, Schauplatz der Gartenparty, auf der Prinzessin Margaret Whale mit Cecil Beaton verwechselt, ist das **Arden Estate, 1145 Arden Road**, Pasadena – ein häufig genutztes Motiv, das auch in *Die Marx Brothers im Krieg* und in der TV-Serie *Der Denver-Clan* verwendet wurde. Die Villa ist ein Privatgebäude, das man von der Straße aus nicht sehen kann.

GODZILLA

(1954, R: Terry Morse, Inoshiro Honda)
Raymond Burr, Takashi Shimura, Momoko Kochi
• JAPAN

Die Mutter aller Monsterfilme um die radioaktive Echse, die zum ersten Mal auf der fiktiven Odo Island auftaucht, angeblich vor der Izu Peninsula gelegen. Die Odo-Szenen wurden in der Umgebung von **Toba City** gedreht, dem Eingang zum Ise-Shima National Park auf der Shima Peninsula. Das Monster macht sich natürlich auf den Weg in die japanische Hauptstadt **Tokio**, wo es zunächst einen Zug an der **Shinagawa Railway Station** zerstört, dem großen Bahnhof, der den Süden der Stadt und Yokohama bedient. Godzilla stapft durch Minato-Ku und Shimbashi auf dem Weg zum zentralen Shoppingdistrikt Ginza. Er setzt den **Matsuzakaya Department Store, 6-10-1 Ginza, Chuo-ku** (U-Bahnstation: Ginza), in Flammen, reißt am **Wako Department Store, 4-5-11 Ginza, Chuo-ku** an der Hauptkreuzung von Ginza, Yonchome, die Uhr herunter und begibt sich dann in nordöstlicher Richtung über die Sukiya-Brücke. Er zerstört das **Tokyo Marion Building** (vormals das Nichigeki Theatre), **2-5-1 Yurakucho**, Chiyoda-ku, und wechselt über in den Akasaka-

Distrikt – dort befinden sich die wichtigsten Regierungs- und Mediengebäude –, wo er das **Diet Building, Nagatacho 1-chome** (U-Bahnstation Kokkaigijido), in Trümmer legt. Keine Sorge, das Gebäude von 1936 steht noch immer, und Sie können sogar einen Blick hineinwerfen, um einer laufenden Debatte beizuwohnen (*Eintritt frei*). Danach zerstört er die **Kachidoki-Brücke** an der Mündung des Sumida, bevor er in den Ozean zurückkehrt.

GODZILLA
(1998, R: Roland Emmerich)
Matthew Broderick, Jean Reno, Hank Azaria
• **HAWAII; NEW YORK CITY**

Godzilla wütet in New York: Fifth Avenue/Ecke 42nd Street

Godzillas Nest: Madison Square Garden

Nuklearer Fallout führt zur Geburt eines riesigen Monsters von der Größe eines Wolkenkratzers, dem es irgendwie gelingt, nach New York City zu kommen. Die tropische Insel, auf der zum ersten Mal der gigantische Klauenabdruck entdeckt wird, ist die hawaiianische Insel **Kauai** (für Details siehe *Jurassic Park*). In New York wütet das Monster an der **Fifth Avenue**/Ecke 42nd Street, bevor es sich am **Madison Square Garden**, Seventh Avenue zwischen West 31st Street und West 33rd Street ein Nest baut.

DAS GOLDENE ZEITALTER
(1930, R: Luis Buñuel)
Gaston Modot, Lya Lys, Max Ernst
• **PARIS; SPANIEN**

Buñuel und sein Co-Autor Salvador Dali beschlossen, die Schockeffekte und den sexuellen Symbolismus ihrer ersten Zusammenarbeit *Der andalusische Hund* mit einer provokativen aufhetzenden Mischung aus Sex, Obszönitäten und Blasphemie (ursprünglicher Titel war *La Bête Andalouse*) zu übertrumpfen. Damit hatten sie auf Anhieb Erfolg. Bei der Erstaufführung im Studio 28 in Paris kam es zu Unruhen, die von einer unheilvollen Allianz aus aufgebrachten rechts gerichteten Katholiken, Patrioten und Anti-Semiten inszeniert wurden. Die Leinwand wurde mit Tinte bespritzt, und die Ausstellung surrealistischer Kunst im Foyer wurde zerstört. Aber auch heute noch zeigt **Le Studio 28** (benannt nach dem Jahr, in dem es eröffnet wurde) Filme. Besuchen können Sie es in der **10 Rue de Tholoze** in Montmartre (U-Bahnstation: Blanche oder Abesses). *Das goldene Zeitalter* wurde sofort verboten und war bis Anfang der siebziger Jahre so gut wie nirgends zu sehen.
Es heißt, dass es sich bei der im Film gezeigten Villa um

das Zuhause des Vicomte de Noailles handelte, des wohlhabenden Aristokraten, der viele Projekte von Surrealisten finanziell unterstützte. Doch auch wenn der Film hier erdacht und geschrieben wurde, fanden die Dreharbeiten überwiegend in Paris statt. Trotz allem aber war die Villa de Noailles der Mittelpunkt ausgelassener Partys, mit denen Dali, Picasso und andere um jeden Preis versuchten, die Bourgeoisie zu schockieren. Man Ray drehte hier seine surrealen Filme. Die Villa de Noailles finden Sie im **Parc St-Bernard, Hyères**, im Süden von Frankreich an der N96 zwischen Toulon und St. Tropez. 1923 wurde sie für Noailles erbaut, und vor kurzem wurde sie von Grund auf restauriert. Von Mitte Juni bis Mitte September finden jeden Freitagnachmittag Führungen durch die Villa statt (buchen Sie im Voraus vom Tourist Office aus, *Tel. 04 94 65 18 55*).

Ein Großteil von *Das goldene Zeitalter*, der eine Mischung aus Stumm- und Tonfilm darstellt, entstand im Studio. Die tonlosen Szenen wurden in den **Billancourt Studios** gefilmt, **50 Quai du Pont-du-Jour**, am Nordufer der Seine im Südwesten von Paris (*Metro-Station: Billancourt oder Marcel Sembat*), während die Tonsequenzen in den Studios de la Tobis, Epinay-sur-Seine, aufgenommen wurden. Die Außenaufnahmen erfolgten in Montmorency, Seine-et-Oise, und im 16. Arrondissement.

Die beeindruckende, Dali-hafte Landschaft aus der Eröffnungsszene ist **Cabo de Creus** an der Costa Brava, Cataluña. Die Felsformation ist ein Ausläufer der Pyrenäen, die zugleich den östlichsten Punkt von Spanien bilden. Der junge Dali verbrachte seine Ferien im nahe gelegenen Cadaqués, im Alter lebte er in Port Lligat.

GOLDRAUSCH
(1925, R: Charles Chaplin)
Charles Chaplin, Georgia Hale, Mack Swain
• **KALIFORNIEN**

Chaplin ist ein Goldgräber am Yukon, der letztlich zu Reichtum gelangt. Zum Film gehört der berühmte Brötchentanz ebenso wie die Szene, in der er seinen Schuh verspeist. Die verschneiten Drehorte finden sich in **Truckee** in der Sierra Nevada an der Route 80 nordwestlich des Lake Tahoe.

GOOD FELLAS – DREI JAHRZEHNTE IN DER MAFIA
(1990, R: Martin Scorsese)
Ray Liotta, Joe Pesci, Robert De Niro
• **NEW YORK CITY; NEW JERSEY; LONG ISLAND**

Scorseses großer Gangsterfilm entstand komplett an Schauplätzen in und um New York City in den Stadtteilen Queens und New Jersey. Das Brooklyner Zuhause des Antihelden Ray Liotta befindet sich tatsächlich in **Astoria**, Queens, unterhalb der Linie N. Liotta prahlt im alten Copacabana

Scorseses klassische Kamerafahrt: das alte Copacabana, East 60th Street

Die Bamboo Lounge: 49th Street/Ecke Broadway

Nightclub (inzwischen geschlossen), **10 East 60th Street/** Ecke Fifth Avenue in Manhattan. Der Eingang, der für die fesselnde Kamerafahrt verwendet wurde, ist heute noch zu sehen. Die kitschige Bamboo Lounge, in der Pesci seinen Furcht einflößenden „witzigen Kerl" gibt, war das Hawaii Kai Restaurant, **49th Street**/Ecke Broadway. Heute ist es ein edles japanisches Restaurant und das wundervolle Südseedekor ist nur noch eine Erinnerung. Die Flughafenszenen entstanden an den Frachtgebäuden des **Kennedy Airport**. Das Airline Diner ist das **Jackson Hole Wyoming Diner**, das am 6935 Astoria Boulevard in Queens stand, inzwischen aber umgezogen ist. Der vornehme Strandclub, den Liotta nach seinem ersten großen Auftrag am Flughafen mit Lorraine Bracco besucht, ist der **Catalina Beach Club** am **Atlantic Beach** an der südwestlichen Küste von Long Island. Das Treffen mit dem paranoiden De Niro wurde auf der **Smith Street**/Ecke 9th Street am Gowanus Canal gedreht – unter der Eisenbahnbrücke der Linie F im Brooklyner Distrikt Red Hook. Gefilmt wurde auch auf dem **Palisades Parkway**, der am Westufer des Hudson River in New Jersey verläuft; bei **Fort Lee**, direkt am Ende der George Washington Bridge in New Jersey; in **New Rochelle** an der Route 95 nördlich von New York City; auf der **Coney Island Avenue** in Brooklyn; im Brooklyner **Prospect Park** und am **Valley Stream**, Long Island. Liottas Gerichtsverfahren, bei dem er den Boss Paul Sorvino ans Messer liefert, entstand im **New York County Courthouse, 60 Centre Street**.

GOOD MORNING, VIETNAM

(1987, R: Barry Levinson)
Robin Williams, Forest Whitaker, Tung Thanh Tran
• THAILAND

Thalang in der Provinz Phuket hielt in Levinsons schwarzer Komödie für Saigon her.

GOOD WILL HUNTING

(1997, R: Gus Van Sant)
Matt Damon, Robin Williams, Ben Affleck
• BOSTON, MASSACHUSETTS; TORONTO, ONTARIO

Co-Stars Matt Damon und Ben Affleck erhielten einen Oscar für ihr Drehbuch, dessen Geschichte in der Umgebung von South Boston und Harvard Square angesiedelt

Damon erklärt seine Begabung: Au Bon Pain, Harvard Square

ist. Auch wenn viel Aufhebens um die Drehorte in Boston gemacht wurde, entstand der Film zu großen Teilen in Toronto. Echte Bostoner Motive sind das College,

wo Damon als Hausmeister arbeitet und bei dem es sich um das **Massachusetts Institute of Technology, Cambridge**, handelt. Von außen ist es das **McLaurin Building** des MIT.

Die Bostoner Collegebar: Upfront Bar & Grill, Front Street, Toronto

Robin Williams' College ist das **Bunker Hill Community College, Rutherford Avenue, Charlestown**, während sich Minnie Drivers Collegezimmer auf der anderen Seite des

Das Spielzeuggeschäft: Ontario Specialty Co., Church Street, Toronto

Charles River im **Dunster House, Harvard University**, Cambridge, befindet. Harvard Square ist der Standort des **Au Bon Pain, 27 Brattle Street**, wo Damon Driver seine Begabung zu erklären versucht. Dort findet man auch das inzwischen geschlossene Tasty Café. Abseits der Massachusetts Avenue war der Harvard-Studententreff der ebenfalls nicht mehr existierende Bow and Arrow Pub. Die Arbeiterklasse-Bar, in der sich Affleck mit seinen Kumpels aufhält, ist **Woody's L Street Tavern, 658 East Eighth Street A**. Williams führt ein offenes Gespräch mit Damon im **Boston Public Garden**, südwestlich von Downtown.

Die University of Toronto wurde für zahlreiche Innenaufnahmen verwendet: **Knox College, Whitney Hall, St Michael's College** und **McLennan Hall**. Auch die **Central Technical High School** kam zum Zuge. Die Innenaufnahmen der Wohnheime wurden im **Wycliffe College, Hoskin Avenue**, erledigt. In Downtown Toronto befinden sich das **Ontario Specialty Co., 133 Church Street**/Ecke Queen Street – das Spielwarengeschäft, in dem Damon seinen Zaubertrick vorführt –, sowie das **Crown Life Building, 120 Bloor Street East**, jene Hochglanzumgebung, die Damon ablehnt. Das Innere der Collegebar, in der Damon einen Geschichtsstudenden erniedrigt, ist die **Upfront Bar and Grill, 106 Front Street East**, Downtown Toronto.

Die South Boston Bar: Woody's L Street Tavern, Eighth Street

GORILLAS IM NEBEL

(1988, R: Michael Apted)
Sigourney Weaver, Bryan Brown, John Omirah Miluwi
• RUANDA

Kraftvolle und bewegende Verfilmung des Lebens der Anthropologin Dian Fossey, die sich um die Rettung der Berggorillas in Afrika einsetzte und 1985 ermordet wurde. Der Drehort des Films wurde durch die Heimat der verbliebenen 650 Gorillas bestimmt, die in nur noch zwei Kolonien im Grenzgebiet zwischen Ruanda, Kongo und Uganda leben. Fosseys **Karisoke Research Centre** liegt im **Virunga Conservation Area** rund 15 Kilometer westlich von Ruhengeri in Ruanda. Sigourney Weaver engagierte sich während der Dreharbeiten so sehr (der Film entstand keine drei Jahre nach dem Mord an Fossey), dass sie zur Ehrenvorsitzenden des Dian Fossey Gorilla Fund International ernannt wurde. Da das Schutzgebiet sehr unsicher ist, dürfte es besser sein, einfach nur die DFGFI-Website unter www.gorillafund.org zu besuchen.

DAS GRAB DER LIGEIA

(1964, R: Roger Corman)
Vincent Price, Elizabeth Shepherd, John Westbrook
• NORFOLK

Price' tote Frau wird zur Katze und von da an zur Lady Rowena. Für diese Drehbuchfassung der Geschichte von Edgar Allen Poe durch Robert Towne – den Autor von Chinatown – verließ Roger Corman die AIP Studios in L.A., in denen er seine Reihe stimmungsvoller Poe-/Price-Filme gedreht hatte, um sich die Praxis der British Studios zu Nutze zu machen, alte Sets kostenlos benutzen zu dürfen. In einem für Corman untypischen Zug begab er sich an einen wirklich existierenden Drehort: Die in Ruinen liegende Abtei ist **Castle Acre**, ein 900 Jahre altes Priorat rund sechs Kilometer nördlich von Swaffham in Norfolk. Der Friedhof befindet sich in **Swaffham**.

GRAF ZAROFF – GENIE DES BÖSEN

(1932, R: Ernest B. Schoedsack, Irving Pichel)
Leslie Banks, Joel McCrea, Fay Wray
• KALIFORNIEN

Exzellenter und oft nachgeahmter Horrorthriller mit Banks als Schurke, der Menschen als Beute jagt. Joel McCrea – genauer: sein Stuntman Wes Hopper, der die Szene spielte – schwimmt nahe **San Pedro** südlich von L.A. an einen steinigen Strand. Die Szenen auf der Klippe wurden bei **Redondo** gefilmt, während die Ansichten der Bucht von Banks' im Studio befindlichen Schloss aus die Klippen bei **Marineland** zeigen, der südwestlichen Spitze der Palos Verdes Peninsula.

DAS GRAUEN AUF SCHLOSS WHITLEY

(1965, R: Daniel Haller)
Boris Karloff, Nick Adams, Susan Farmer
• BERKSHIRE

Als Roger Corman in den sechziger Jahren nach England kam, um *Satanas – Das Schloss der blutigen Bestie* und *Das Grab der Ligeia* zu filmen, kam auch sein begabter Art Director mit – der für das Erscheinungsbild der Poe-Filme verantwortlich zeichnete – und drehte diesen SF-Horrorfilm. Adams ist der junge Amerikaner, der nach seiner englischen Verlobten sucht und dabei feststellt, dass ihr Vater Boris Karloff ist, während ihre Mutter nicht nur ans Bett gefesselt, sondern auch tief verschleiert ist. Klingt nicht gut. Karloffs Haus ist Oakley Court, heute das **Oakley Court Hotel** an der A308 zwischen Maidenhead und Windsor, gleich neben den alten Hammer-Studios in Bray (für Details über Oakley Court siehe *Die Rocky Horror Picture Show*).

GREASE – SCHMIERE

(1978, R: Randal Kleiser)
John Travolta, Olivia Newton-John, Stockard Channing
• LOS ANGELES

Die Rydell High ist eine Kombination aus drei Schulen. Die Art-déco-Fassade gehört der **Venice High School, 13000 Venice Boulevard**. Beim Finale findet der Sportplatz der **John Marshall High School, 3939 Tracy Street** in Silverlake, LA, Verwendung, die auch 1957 in *The Young Stranger* und in *Buffy, der Vampirkiller* zu sehen war. Das Autorennen findet auf der Betonbahn des Los Angeles River zwischen der **First Street Bridge** und der **Seventh Street Bridge** östlich der Downtown statt. *Grease 2*, die enttäuschende Fortsetzung mit Maxwell Caulfield als Ersatz für Travolta und einer relativ unbekannten Michelle Pfeiffer in Olivia Newton-Johns Stilettos, bediente sich der **Excelsior High School** in Norwalk, südöstlich von L.A. an der Route 5.

Rydell High: Venice High School, Venice Boulevard, Venice

THE GREEN MILE

(1999, R: Frank Darabont)
Tom Hanks, David Morse, Bonnie Hunt
• TENNESSEE; NORTH CAROLINA

Ein weiteres Gefängnisdrama nach Stephen King vom Regisseur von *Die Verurteilten*, angesiedelt im Cold Mountain Penitentiary, South Georgia, ist größtenteils aber in Tennessee entstanden. Die Außenansicht des Gefängnisses gehört dem alten **Tennessee State Penitentiary, Nashville**, das auch in Sharon Stones *Last Dance* zu sehen war. Weitere Szenen entstanden in **Lewisburg, College Grove, Columbia, Nolensville** und **Shelbyville**. Georgia Pines Pflegeheim ist das **Flat Top Manor** (*freier*

Eintritt), das aus der Zeit um die Jahrhundertwende stammende Zuhause des Geschäftsmannes Moses Cone im **Moses Cone National Park** am Blue Ridge Parkway in **Blowing Rock**, gelegen zwischen Asheville und Winston-Salem, North Carolina.

GREGORYS GIRL

(1981, R: Bill Forsyth)
Gordon John Sinclair, Dee Hepburn, Clare Grogan
• SCHOTTLAND

Die schottische Stadt ist Cumbernauld, eine neue Ansiedlung nördlich von Glasgow. Gregorys Schule ist die **Abronhill High School** im Distrikt Abronhill. Gregory wartet an der großen Uhr auf dem **New Town Plaza**. Gedreht wurde auch im **Partick Thistle FC** und im **Cumbernauld Theatre**.

GREMLINS II – DIE RÜCKKEHR DER KLEINEN MONSTER

(1990, R: Joe Dante)
Zach Galligan, Phoebe Cates, Christopher Lee
• NEW YORK CITY; LOS ANGELES

Bösartig witzige und sehr selbstironische Fortsetzung zum im Studio entstandenen Vorgänger *Gremlins – Kleine Monster*, die in ihren anarchistischen Plot mehr Insiderwitze verpackt, als man auf den ersten Blick überhaupt erfassen kann. Diesmal gelangen die kleinen Kreaturen nach New York, allerdings ist das Geschäft in Chinatown, in dem der Gremlin entdeckt wird,

Clamp Tower: Park Avenue, New York

in der so genannten New York Street auf dem Gelände von Warner Bros. in **Burbank** angesiedelt. In New York selbst steht der Clamp Tower in der **101 Park Avenue**, unmittelbar im Süden der Grand Central Station. Die Cathedral of St. Eva-Marie (denken Sie mal darüber nach!) ist die **St. Patrick's Cathedral, Fifth Avenue**, zwischen der 50th Street und 51st Street.

GREYSTOKE – DIE LEGENDE VON TARZAN, HERR DER AFFEN

(1984, R: Hugh Hudson)
Christopher Lambert, Ralph Richardson, Ian Holm
• SCHOTTLAND; HERTFORDSHIRE; OXFORDSHIRE; LONDON; KAMERUN

Gut aussehende, aber holprige Neuverfilmung des alten Schinkens. Als Drehbuchautor wird P.H. Vazak genannt, aber das Drehbuch wurde ursprünglich von Robert Towne geschrieben, der nach dem ersten Blick auf den Film darauf bestand, dass sein Hund als Drehbuchautor genannt wird. Der Hund wiederum verdankt seinen Namen P.H. Vazaks Bar in Greenwich Village, einem beliebten Filmmotiv *(Der Pate Teil II)*. Die Afrika-Szenen entstanden in **Kamerun**.
Die Greystoke-Villa ist das **Floors Castle**, nördlich von **Kelso** in Schottland, rund 40 Kilometer südwestlich von

Berwick-upon-Tweed. Es ist für Besucher geöffnet *(Tel. 01573/23333, es wird Eintritt verlangt)*. Floors stellte die Außenansichten und den Ballsaal, alle anderen im Inneren spielenden Szenen wurden aber im **Hatfield House, Hatfield** in Hertfordshire, sowie im **Blenheim Palace, Woodstock** in Oxfordshire, gefilmt. Die große Empfangshalle, in der Ralph Tarzan willkommen heißt und wo James Fox Andie MacDowell einen Heiratsantrag macht, ist die grandiose Marble Hall (für Details siehe *Batman*). Die schmuckvolle Treppe, auf der Ralph Richardson auf einem Teetablett sitzend hinunterrutscht findet sich ebenfalls in Hatfield. Es ist die Grand Staircase, eine der wenigen noch existierenden Treppen aus der Zeit Jakobs I. und ein Wunderwerk der Schnitzkunst. Tarzan wird zur Eröffnung des Greystoke-Flügels im **Natural History Museum, Cromwell Road**, in der Dinosaur Hall, eingeladen. Er befreit den gefangenen Affen, der guten Geschmack beweist und sich schnurstracks auf Gilbert Scotts wunderbar kitschiges und erst unlängst restauriertes **Albert Memorial** zu bewegt, das ein Stück weiter entlang der Straße in den **Kensington Gardens** gegenüber der Royal Albert Hall zu finden ist.

GRIFTERS

(1990, R: Stephen Frears)
Anjelica Huston, John Cusack, Annette Bening
• KALIFORNIEN; PHOENIX, ARIZONA

Film noir des britischen Regisseurs Frears, in dem Huston, Cusack und Bening drei Hochstapler spielen, die in einer unangenehm inzestuösen Beziehung zueinander stehen. Das Hotel in L.A., in dem Cusack rumhängt, ist das **Bryson, 2701 Wilshire Boulevard**, Downtown (es war auch das deutlich schmuddeligere Hotel zu sehen, in dem Mickey Rourke und Faye Dunaway in *Barfly* vor der Polizei untertauchen, außerdem erschien es in der Eröffnungssequenz von Paul Thomas Andersons *Magnolia*). Gedreht wurde auch in **San Diego**. Die Rennbahn ist **Turf Paradise Race Horse Track, 19th Avenue**/Ecke Bell Road, Phoenix, Arizona, und als Flughafen trat der **Sky Harbor Airport** in Phoenix in Erscheinung.

DIE GRÖSSTE GESCHICHTE ALLER ZEITEN

(1965, R: George Stevens)
Max von Sydow, Charlton Heston, Carroll Baker
• UTAH; NEVADA; KALIFORNIEN

Das gewaltige Budget dieses unterbewerteten Epos schrie nach Stars, Stars, Stars. Da aber die Hauptrollen an relativ unbekannte Darsteller gegangen waren, wirkte eine Reihe von Cameo-Auftritten prominenter Gesichter eher ablenkend.
Stevens wollte in Israel filmen, doch praktische Erwägungen und die Macht der Gewerkschaften führten zu der Entscheidung, ausschließlich auf US-Territorium zu arbeiten. Und so begab es sich, dass „Utah mehr wie das Gelobte Land aussah, als das Gelobte Land selbst". Tatsächlich sehen die Außenaufnahmen atemberaubend aus, auch wenn sie geographisch daneben liegen. Und das visuelle Gerüst fällt nur durch die miserable, da im Studio entstandene Kreuzigungsszene, die in den **Culver Ci-**

ty Studios gedreht wurde, da schlechtes Wetter für ein vorzeitiges Ende der Dreharbeiten vor Ort gesorgt hatte. Der Südwesten der Vereinigten Staaten bildet die Kulisse für den größten Teil des Films, wobei der Colorado River für den Jordan herhält und die Navajo einmal eine Auszeit nehmen konnten und nicht Sioux, Cheyenne oder Apachen spielen mussten, sondern als römische Armee vor die Kamera traten.

Kane County an der südlichen Grenze von Utah stellte das Gelobte Land dar. Die Stadt Bethlehem wurde nahe **Moab** zwischen dem phantastischen Arches National Park und dem Canyonlands National Park nachgebaut. Der See Genezareth liegt ein ganzes Stück entfernt im Westen von Nevada. Es handelt sich um den **Pyramid Lake** in der Pyramid Lake Indian Reservation, 50 Kilometer nördlich von Reno. Capernaum wurde am Ufer dieses Sees errichtet. Besetzung und Crew verbrachten die Dreharbeiten in der Stadt Page, Arizona, nahe dem Glen Canyon Dam. Die Öffnung des Damms wurde während der Dreharbeiten verschoben, und nachdem die Crew abgezogen war, flutete man das Gebiet. Zahlreiche Drehorte des Films befinden sich heute unter der Wasseroberfläche des Lake Powell.

DIE GRÖSSTE SCHAU DER WELT

(1952, R: Cecil B. DeMille)
Charlton Heston, Betty Hutton, James Stewart
• FLORIDA; PENNSYLVANIA; WASHINGTON D.C.

DeMilles unwiderstehliche Zirkusposse wurde zum Teil in **Sarasota**, südlich von Tampa an der Westküste Floridas gedreht, dem Hauptquartier des Ringling Brothers Barnum and Bailey Circus. Das erst kürzlich renovierte Ringling Museum, zu dem auch John Ringlings im Stile des Dogenpalastes von Venedig gebaute Villa gehört, liegt nicht ganz einen Kilometer südlich des Sarasota-Bradenton Airport an der US41 *(Tel. 813 355 5101)*.

DIE GRÖSSTEN GAUNER WEIT UND BREIT

(1970, R: Silvio Narizzano)
Hywel Bennett, Lee Remick, Richard Attenborough
• SUSSEX

Joe Ortons Theaterfarce wird umgewandelt zu einer ausgelassenen schwarzen Komödie, die in einer Pension in Brighton spielt. Der Friedhof, auf dem Mrs. McLeavy nicht beerdigt wird, ist **Lewes Road Cemetery** östlich des Stadtzentrums. Der außer Kontrolle geratene Trauerzug bewegt sich über die **Bear Road**. Den Eingang von McLeavys Hotel kann man am oberen Ende der Bear Road/Ecke Warren Road gegenüber dem Brighton Racecourse sehen.

DER GROSSE COUP

(1973, R: Don Siegel)
Walter Matthau, Andy Robinson, Joe Don Baker
• NEVADA

Matthau ist ein kleiner Bankräuber, dem in diesem netten kleinen Thriller vom stets zuverlässigen Regisseur Siegel eine beträchtliche Summe in die Finger fällt, die der Mafia gehört. Die Stadt Tres Cruces ist **Genoa**, ein paar Kilometer südlich von Carson City in Nevada, nahe der Grenze zu Kalifornien. Die Tres Cruces Western Fidelity Bank ist das **Courthouse Museum** von Genoa, **191 First Street**.

Die Tres-Cruces-Bank: Courthouse Museum, Genoa

DER GROSSE DIKTATOR

(1940, R: Charles Chaplin)
Charles Chaplin, Jack Oakie, Paulette Goddard
• KALIFORNIEN

Chaplins Beitrag zum Zweiten Weltkrieg in Gestalt einer entlarvenden Satire auf Hitler und Mussolini, in der er einen jüdischen Friseur spielt, der mit dem faschistischen Diktator Adenoid Hynkel verwechselt wird. Oakie ist sein Faschistenkumpel Napaloni. Der größte Teil entstand natürlich im Studio in Hollywood, aber Hynkels Rede wurde im Norden im **San Fernando Valley** gedreht, und die Kriegsszenen sowie die Entenjagd entstanden rund um den **Malibu Lake**, südlich des Mulholland Highway nahe Cornell in den Santa Monica Mountains. Die Außenansicht von Hynkels Palast, die man zu sehen bekommt, wenn Jack Oakie eintrifft, zeigt die **Pasadena City Hall, 100 North Garfield Avenue**, Pasadena (für Details zu diesem beliebten Motiv siehe *Beverly Hills Cop II*).

GROSSE ERWARTUNGEN

(1998, R: Alfonso Cuarón)
Ethan Hawke, Gwyneth Paltrow, Anne Bancroft
• NEW YORK STATE; FLORIDA

Überraschend erfolgreiches Update von Dickens´ Geschichte, verlegt nach New York und Florida. Die Villa von Anne Bancroft, die die Miss Havisham-Rolle spielt,

Miss Havishams Villa: Hempstead House, Long Island

ist das **Hempstead House**, eine von drei für Besucher geöffneten Villen auf dem Guggenheim Estate, **Sands Point Preserve** am Nordufer von Long Island, auch zu sehen in *Malcolm X* und *Der Duft der Frauen*. Für Details siehe *Der Pate* (die Szene mit dem Pferdekopf wurde auf dem Anwesen gedreht).

DER GROSSE FRUST

(1983, R: Lawrence Kasdan)
Kevin Kline, William Hurt, Glenn Close
• SOUTH CAROLINA

Kevin Costner, dessen Selbstmord eine Gruppe ehemaliger Studenten aus den sechziger Jahren zusammenbringt, wurde am Ende komplett aus dem Film geschnitten. Kevin Klines Villa, wo alle für die Totenwache zusammenkommen und alte Geschichten wieder aufwärmen, ist **Tidalholm, 1 Laurens Street, Beaufort** an der Küste von South Carolina. Es handelt sich um ein Privatgebäude, das nicht für Besucher geöffnet ist. Gebaut wurde es 1853 für den Baumwollhändler Edgar Fripp – eine von vielen Villen in dem Gebiet, die den Reichtum widerspiegeln, der durch den Baumwollanbau angehäuft werden konnte.

DER GROSSE GATSBY

(1974, R: Jack Clayton)
Robert Redford, Mia Farrow, Bruce Dern
• **RHODE ISLAND; NEW YORK CITY**

Scott Fitzgeralds Roman spielt auf Long Island und dreht sich um die unüberwindbare Klassenteilung zwischen Ost und West, altem Wohlstand und Neureichen, die durch den Long Island Sound getrennt werden. Die zunehmende Verstädterung der Neureichen zwang Paramount, sich nach anderen Drehorten umzusehen. Fündig wurde man schließlich auf Rhode Island.

Daisys Zuhause aus ihrer Kindheit, wo sie Gatsby begegnet, ist eine Villa im Südstaatenstil an der **Hope Street, Bristol**, rund 16 Kilometer nördlich von Newport abseits der Route 114. Das Gatsby-Haus steht in **Newport**, Rhode Island. Es ist das **Rosecliffe, Bellevue Avenue**, eine Nachahmung des Petit Trianon in Versailles, 1909 erbaut. Das Innere des Bellevue diente als Schweizer Schloss, aus dem Arnold Schwarzenegger in der Eröffnungsszene von *True Lies – Wahre Lügen* die Flucht ergriff.

Das Gebiet ist äußerst exklusiv: Die Filmstars mieteten hier Cottages auf dem Hammersmith Farm Estate, das den Eltern von Jackie Onassis – der Familie Auchincloss – gehörte. Der Hochzeitsempfang der Kennedys fand hier statt, und Anfang der sechziger Jahre zog sich der Präsident des Öfteren hierher zurück. Ironischerweise wurde die **Hammersmith Farm, Ocean Drive**, im Film als Gatsbys Haus der „unwürdigen" Gegenseite untergeschoben. Sowohl Rosecliffe als auch Hammersmith Farm sind für Besucher geöffnet.

Andere Motive waren das **Marble House** auf Rhode Island sowie zwei große New Yorker Hotels: das **Waldorf-Astoria Hotel, 301 Park Avenue** zwischen East 49th Street und East 50th Street, und das **Plaza Hotel, Fifth Avenue**/Ecke 59th Street. Die Innenaufnahmen wurden in den **Pinewood Studios** in England gefilmt. Dort steht immer noch das Konservatorium, das als Erweiterung zum original Pinewood-Gebäude Hertherden Hall errichtet wurde.

DIE GROSSE ILLUSION

(1937, R: Jean Renoir)
Jean Gabin, Pierre Fresnay, Erich von Stroheim
• **FRANKREICH**

Das Hallbach-Kriegsgefangenenlager für Offiziere, in dem Jean Gabin anfangs interniert ist, findet sich in der Kaserne im elsässischen **Colmar** nahe der deutschen Grenze. Die Gefangenenfestung Winterborn unter der Leitung von Erich von Stroheim, in die er verlegt wird, ist das **Schloss Haut-Koenigsbourg** oberhalb des Dörfchens St. Hippolyte, gut 100 Kilometer weiter südwestlich.

DER GROSSE IRRTUM

(1969, R: Bernardo Bertolucci)
Jean-Louis Trintignant, Stefania Sandrelli, Pierre Clementi
• **PARIS; ROM**

Seltsamer Psycho-Polit-Thriller von Bertolucci, in dem ein massiv unterdrückter Trintignant im Italien der dreißiger Jahre dem Faschismus erliegt. Trintignants Hotel, in dem er auf Be-

Trintignants Hotel: Gare d'Orsay, Rue de Bellchasse

fehle seines faschistischen Bosses wartet, um einen gegen die Nazis eingestellten Professor umzubringen, gehört zum alten Pariser **Gare d'Orsay, 1 Rue de Bellechasse** (siehe *Der Prozess* von Orson Welles, der in dem Bahnhof entstand, der heute eine Kunstgalerie beherbergt). Die Adresse und die Telefonnummer sind tatsächlich die von Jean-Luc Godard, die als Gag aufgenommen wurden, nachdem die beiden Regisseure sich entzweit hatten.

In Rom überquert Trintignant die Brücke **Sant' Angelo** zum **Kolosseum**, und im Kolosseum tritt Trintignant dem Fahrer gegenüber, von dem er glaubt, er hätte ihn schon vor Jahren umgebracht.

DER GROSSE LEICHTSINN

(1987, R: Jim McBride)
Dennis Quaid, Ellen Barkin, Ned Beatty
• **NEW ORLEANS, LOUISIANA**

Ellen Barkin hasst Dennis Quaid so sehr, dass man sofort weiß, dass die beiden zusammenkommen werden, während sie in einem von seiner touristischen Seite gezeigten New Orleans Korruptionsfälle untersuchen.

Eine Leiche wird im Brunnen auf der **Piazza d'Italia** an der **Poydras Street** nahe der Tchoupitoulas Street entdeckt, einem von mehreren „europäisch" – französisch, spanisch, britisch – gestylten Plätzen in diesem Viertel. Quaid nimmt Barkin in eine Nachbildung der berühmten örtlichen Institution Tipitina's mit. Den echten Musikclub finden Sie in der 501 Napoleon Avenue. Ellen Barkin bekommt später einen Anruf im **Antoine's**, einem sehr teuren French-Creole Restaurant – das älteste Lokal in den USA, das ununterbrochen in Familienbesitz war – in der **713 St. Louis Street** im French Quarter.

DIE GROSSE LÜGE

(1946, R: Curtis Bernhardt)
Bette Davis, Glenn Ford, Dane Clark
• **KALIFORNIEN**

Bette Davis mal zwei in einem Remake eines britischen Films von 1939 mit Elisabeth Bergner und Michael Redgrave. Dieser Film – die erste Produktion von BD Inc. (raten Sie mal, wessen Produktionsgesellschaft das wohl war) spielte in New England, wurde aber in Kalifornien am höchst exklusiven **Pebble Beach** zwischen Monterey und Carmel gefilmt. Der Leuchtturm an der Ostküste wurde am **Laguna Beach**, Orange County südlich von L.A., gebaut, nahe dem Zuhause von Davis. Es heißt, dass Bette bei den Dreharbeiten der Sturmszenen beinahe im fünf Meter tiefen, gigantischen Wassertank auf dem Warner-Gelände ertrunken wäre.

GROSSE POINTE BLANK – ERST DER MORD, DANN DAS VERGNÜGEN

(1997, R: George Armitage)
John Cusack, Minnie Driver, Alan Arkin
• **MICHIGAN; KALIFORNIEN**

Eingerichtet wird in dieser schwarzen Komödie die Szene in **Detroit** und im Nobelvorort **Grosse Pointe** selbst, doch gefilmt wurde vorwiegend in den

Der Coffeeshop: South Myrtle Avenue, Monrovia

östlichen Vororten von L.A., namentlich in Pasadena, Duarte und Monrovia. Die Grosse-Pointe-Nachbarschaft, in der Cusack mit seiner alten Flamme Minnie Driver ein erneutes Techtelmechtel anfängt, ist der 400er Block der **South Myrtle Avenue**, Monrovia. Das Café, in dem er sich mit dem rivalisierenden Killer Dan Aykroyd trifft, ist **Natick's Hobby Shop, 405 South Myrtle Avenue**. Pointes High ist die **John Marshall High School, 3939 Tracy Street, Silverlake** – ein vertrautes Motiv, das in *Buffy, der Vampirkiller*, der Körpertauschkomödie *Wie der Vater, so der Sohn* und *Das nackte Gesicht* zu sehen war.

DAS GROSSE RENNEN RUND UM DIE WELT

(1965, R: Blake Edwards)
Jack Lemmon, Tony Curtis, Peter Falk
• **ÖSTERREICH; KALIFORNIEN; OREGON**

Kunstvoll realisierte, kostspielige Farce über das Autorennen von New York nach Paris im Jahre 1908. Potsdorf ist das österreichische **Salzburg**. Die Eisenbahnszenen entstanden auf der Sierra Railroad, die Sie in Jamestown im Norden Kaliforniens besuchen können. Weitere amerikanische Drehorte waren die **Alabama Hills, Lone Pine** in Zentralkalifornien, sowie **Gearhart**, Oregon.

GROSSRAZZIA

(1954, R: Jack Webb)
Jack Webb, Richard Boone, Ben Alexander
• **LOS ANGELES**

Der Film zur TV-Serie *Dragnet*, der in den achtziger Jahren als Veralberung neu aufgelegt wurde, während die Serie in *L.A. Confidential* als *Badge of Honor* auftauchte. Das bekannteste Bild, das auf der LAPD-Marke zu sehen ist, zeigt die **Los Angeles City Hall** von 1928, **200 North Spring Street**, Downtown L.A. Auf dem 27. Stockwerk gibt es eine Aussichtsplattform. Ebenfalls zu sehen ist das wesentlich modernere **Parker Center** (das frühere Police Administration Building) im Südwesten der City Hall in der **150 North Los Angeles Street**.

GRÜNE TOMATEN

(1991, R: Jon Avnet)
Mary-Louise Parker, Mary Stuart Masterson,
Kathy Bates
• **GEORGIA**

Diese in Birmingham, Alabama, angesiedelte Geschichte über Frauen auf Selbstentdeckungskurs, die für die Verfilmung deutlich zurückgeschraubt wurde (im Roman ist die im Mittelpunkt stehende Freundschaft eindeutig lesbischer Natur), entstand in **Juliette**, 100 Kilometer südöstlich von Atlanta, Georgia, östlich der Interstate 75 in Fahrtrichtung Macon. Das Café war ein Kolonialwarenladen an der **McCrackin Road**. Und jetzt raten Sie mal. Ja, es ist umbenannt worden und heißt jetzt wie im Film Whistle Stop Café. Das Eisenbahndepot dagegen war ein verfallenes Bauwerk, das ursprünglich mitten im nahe gelegenen Wald stand. Es wurde repariert und umgesiedelt, um neben einer bestehenden Gleisanlage wieder aufgebaut zu werden. Das Rose Hills Nursing Home, in dem Bates ihre Mutter besucht und eine ihr Leben verändernde Freundschaft mit Jessica Tandy knüpft, ist das **Starcrest Nursing Home**, einst ein Krankenhaus ausschließlich für Schwarze, in **Newman**, 50 Kilometer südwestlich von Atlanta abseits der Interstate 85.

GRUFT DER VAMPIRE

(1970, R: Roy Ward Baker)
Ingrid Pitt, Peter Cushing, Pippa Steele
• **HERTFORDSHIRE**

Softcore-Beißereien in dieser Verfilmung von J. Sheridan Le Fanus Novelle *Carmilla* über lesbische Vampire, die in die Spätphase der Hammer-Produktionen fällt. Peter Cushings palastartiges Zuhau-

George Coles Villa: Wall Hall College, Aldenham

se, in dem Marcilla zunächst bleibt, ist der **Moor Park Golf Club, Anson Walk**, an der A404 nordwestlich von Northwood (auch zu sehen in der farbenfrohen zeitgenössischen Romanze *Jassy*). George Coles etwas bescheideneres Anwesen ist das **Wall Hall College** (heute die University of Hertfordshire) im Norden von Aldenham und nordöstlich von Watford – im Hammer-Schocker *War es wirklich Mord?* mit Bette Davis – als psychiatrische Klinik zu sehen.

H

HACKERS
(1995, R: Iain Softley)
Jonny Lee Miller, Angelina Jolie, Matthew Lillard
• **NEW YORK CITY**

Ansprechender Thriller für das Computerzeitalter, der in New York, in der Grand Central Station und in East Village spielt. Die High School ist die **Stuyvesant High School, 345 Chambers Street, Battery Park City**, New York.

HAFEN DES LASTERS
(1948, R: John Huston)
Humphrey Bogart, Lauren Bacall, Claire Trevor
• **LOS ANGELES; FLORIDA**

Eine völlig inhomogene Gruppe sitzt in einem Hotel in Key Largo fest, da sich ein verheerender Hurrikan nähert. Largo ist einer der Florida Keys, jener Kette von Inseln, die durch ein Korallenriff miteinander verbunden sind, das sich von Miami bis Key West erstreckt. Es wird behauptet, dass der Film in der vor kurzem wiederaufgebauten Bar Caribbean Club gedreht wurde, doch da scheint bei den Eigentümern eher der Wunsch der Vater dieses Gedankens gewesen zu sein. Regisseur Huston beharrte darauf, dass der gesamte Film bei **Warners** in **Burbank** entstanden ist, die Sequenzen auf See eingeschlossen, die im Studiotank entstanden. Die einzigen verbrieften Aufnahmen vor Ort finden sich in den Auftakteinstellungen zu Beginn des Films, wenn der **Overseas Highway** von Florida zu sehen ist, der die Inseln miteinander verbindet.

DIE HAFENKNEIPE VON TAHITI
(1963, R: John Ford)
John Wayne, Elizabeth Allen, Lee Marvin
• **HAWAII**

John Fords grobschlächtige Macho-Story spielt auf einer Südseeinsel, wurde aber auf **Kauai**, Hawaii, gedreht (für Details siehe *Jurassic Park*). „Ich glaube an Gott, so wie wir alle, aber ich respektiere den Glauben und die Gebräuche meines Volkes", sagt die Eingeborene und geht auf Nummer Sicher, während sie zum Gott des Cañon betet.
Den atemberaubenden **Waimea Canyon** – „der Grand Canyon des Pazifik" – finden Sie in der Wildnis an der Westseite der Insel. Folgen Sie dem Kaumualii Highway (Highway 50) an der Südküste entlang bis nach Waimea, von dort fahren Sie weiter Richtung Norden auf der Waimea Canyon Road. Zwei Aussichtspunkte auf der Strecke, Waimea Canyon Lookout und Puu Hinahina, erlauben einen faszinierenden Blick auf das kilometerbreite Tal.

HAIE DER GROSSSTADT
(1961, R: Robert Rossen)
Paul Newman, Jackie Gleason, George C. Scott
• **NEW YORK CITY; LOS ANGELES**

Rossens pessimistischer Billardfilm mit Newman als Fast Eddie Felson – in der Rolle, die er 25 Jahre später in *Die Farbe des Geldes* noch einmal aufnahm. Gedreht wurde in L.A. in der **Union Station, 800 North Alameda Street**, sowie im Edison Studio, Decatur Avenue und **Oliver Place** in der Bronx, N.Y.

HALLO, PAGE!
(1960, R: Jerry Lewis)
Jerry Lewis, Alex Gerry, Bob Clayton
• **MIAMI, FLORIDA**

Jerry Lewis, der das Drehbuch schrieb und Regie führte, spielt einen tollpatschigen Pagen. Gefilmt wurde in Miami im Fontainbleu Hotel (auch zu sehen in *Goldfinger* und *Bodyguard*) – heute das **Fontainbleau Hilton Resort and Spa, 4441 Collins Avenue**, Miami Beach.

HALLOWEEN – DIE NACHT DES GRAUENS
(1978, R: John Carpenter)
Jamie Lee Curtis, Donald Pleasence, Nancy Loomis
• **LOS ANGELES**

Das Original und immer noch der beste Film der Reihe, der mehr auf Grauen und weniger auf Blut setzt. Der im fiktiven Illinoiser Vorort Haddonfield (Produzentin Debra Hill wuchs auf in Haddonfield, New Jersey) spielende Film vermischt Motive in Hollywood und South Pasadena. Das Haus von Jamie Lee Curtis befindet sich in South Pasadena in der **Oxley Street**/Ecke Fairview Avenue, South Pasadena. Haddonfield High ist die **South Pasadena High School, Lyndon Street**/Ecke Fremont Avenue. Bei Nichols Haushaltswarenhandlung, die von Michael Myers ausgeraubt wird („nur ein bisschen Seil, ein Messer und eine Halloween-Maske ... müssen Kinder gewesen sein") handelt es sich um **The Frame Shop, 964 Mission Street**/Ecke Meridian Avenue in South Pasadena. Auf der gegenüberliegenden Ecke vom Meridian steht das **Century House, 1000 Mission Street**, das mittlerweile renovierte und herausgeputzte Myers-Haus. Wenn die Ansicht ein wenig seltsam wirkt, liegt es daran, dass

Die High-School: South Pasadena High School, Lyndon Street

Der Handwerkershop: Mission Street, South Pasadena

Jamie Lee Curtis als Babysitter: Orange Grove Avenue, Hollywood

das gesamte Haus einfach von seinem früheren Standort um die Ecke in die 707 Meridian Avenue verlegt wurde. Die Häuser von Doyle und Wallace finden Sie in Hollywood im

Das alte Myers-Haus: Mission Street, South Pasadena

1500er Block auf der Orange Grove Avenue zwischen Sunset Boulevard und Selma Avenue. Das Haus, in dem Jamie Lee Curtis als Babysitter arbeitet, ist **1530 Orange Grove Avenue**, während der Schauplatz der Morde auf der anderen Straßenseite sich in **1537 Orange Grove Avenue** befindet.

Schauplatz der Morde: Orange Grove Avenue, Hollywood

HALLOWEEN II – DAS GRAUEN KEHRT ZURÜCK

(1981, R: Rick Rosenthal)
Jamie Lee Curtis, Donald Pleasence, Jeffrey Kramer
• **KALIFORNIEN**

Der Stadtplatz: Kersting Court, Sierra Madre

Michael Myers entkommt in diesem zweiten Aufguss der Story erneut. Der Stadtplatz ist **Kersting Court, Sierra Madre Boulevard/ Ecke Baldwin Avenue, Sierra Madre**, östlich von Pasadena. Santa Mira könnte Ihnen bekannt vorkommen, wenn Sie Don Siegels *Die Dämonischen* gesehen haben. Das Krankenhaus, in dem sich ein Großteil der Handlung abspielt, ist in den meisten Szenen das **Morningside Hospital, 8711 South Harvard, Inglewood**, und hin und wieder auch das **Pasadena Community Hospital, 1845 North Fair Oaks Avenue**, Pasadena.

HALLOWEEN III

(1983, R: Tommy Lee Wallace)
Dan O'Herlihy, Tom Atkins, Stacey Nelkin
• **KALIFORNIEN**

Vom Namen und von der Tatsache abgesehen, dass John Carpenter produziert und komponiert hat, gibt es keinen Zusammenhang zur Halloween-Serie. Das Originaldrehbuch stammte von Nigel Kneale (Erfinder von *Quatermass*), der darauf bestand, dass sein Name aus dem Vorspann genommen wurde. Spielzeughersteller Dan O'Herlihy versucht mit einer Reihe von verfluchten Halloween-Masken, Kinder zu verslaven. Irritierenderweise in Santa Mira (der fiktiven Stadt, in der *Die Dämonischen* spielte; siehe *Halloween II – Das Grauen kehrt zurück*) angesiedelt, wurde in **Loleta** gedreht, an der Nordküste Kaliforniens rund 15 Kilometer südlich von Eureka.

HALLOWEEN IV

(1988, R: Dwight H. Little)
Donald Pleasence, Ellie Cornell, Danielle Harris
• **UTAH**

Nach dem sonderbaren dritten Teil wurde dieser Film in **Ogden** nahe Salt Lake City, Utah, gedreht.

HALLOWEEN H20

(1998, R: Steve Miner)
Jamie Lee Curtis, Adam Arkin, Josh Hartnett
• **LOS ANGELES**

Zwanzig Jahre nach den Ereignissen des Originals spürt Michael Myers seine Schwester auf, die als verstörte Alkoholikerin eine Privatschule leitet. Die fiktive Stadt Summer Glen ist in Wirklichkeit **La Puente**, L.A.

Myers sucht die Privatschule heim: Micheltorena Street, Silverlake

Und die Schule ist ein Gebäudekomplex, der in den zwanziger Jahren für den Filmstar Antonio Moreno gebaut wurde. Viele Jahre lang diente das Haus als Franziskanerkloster, steht heute aber leer. Nur die schmiedeeisernen Tore und das Wachhäuschen sind zu sehen. **Canfield-Moreno Residence and Complex** befindet sich in der **1923 Micheltorena Street, Silverlake**, L.A. (auch in *Scream 3* zu sehen).

HAMLET

(1990, R: Franco Zeffirelli)
Mel Gibson, Glenn Close, Alan Bates
• **SCHOTTLAND; KENT**

Solide, raditionelle Shakespeare-Verfilmung, die Außenansichten von echten Burgen verwendet. Elsinore ist eine Mischung aus zwei britischen Burgen. Die erste ist **Dunnottar Castle** an der schottischen Ostküste, die fast völlig vom Festland abgetrennt ist und damit eine der uneinnehmbarsten schottischen Festungen war. Um sie zu finden, müssen Sie von Aberdeen aus in südlicher Richtung fahren, durch Stonehaven an der A92. Die Schlachten, bei denen der Geist erscheint, und Ophelias Beerdigung wurden hier gefilmt. Für die „Sein oder nicht Sein"-Szene wurde dagegen **Dover Castle** oberhalb von Dover in Kent benutzt. Es ist von März bis Ende Oktober für Besucher geöffnet *(Tel. 01304/211067, es wird Eintritt verlangt)*. Ein weiterer Drehort war **Blackness Castle** an der B903 östlich von Falkirk in West Lothian.

HAMLET

(1996, R: Kenneth Branagh)
Kenneth Branagh, Julie Christie, Derek Jacobi
• **OXFORDSHIRE**

Gewaltige Breitwandproduktion (der erste britische Film seit Jahren, der in 70 mm gedreht wurde), die größtenteils im Studio entstand. Die Außenaufnahmen von Elsinore zeigen **Blenheim Palace** im Dorf **Woodstock**, 13 Kilometer nördlich von Oxford. Das Haus, das das Heim des Duke of Marlborough ist, kann von Mitte März bis Ende Oktober besichtigt werden *(Tel. 0993811325, es wird Eintritt verlangt).*

HANNAH UND IHRE SCHWESTERN

(1986, R: Woody Allen)
Mia Farrow, Dianne Wiest, Michael Caine
• **NEW YORK CITY; ITALIEN**

Das Dörfchen im Tudor-Stil: Pomander Walk

Diese Führung durch Manhattan verbindet Allen mit den unterschiedlichen Beziehungen der Schwestern Mia Farrow, Barbara Hershey und Dianne Wiest zwischen drei Thanksgiving-Essen. Farrows Apartment befindet sich im **Langham, 135 Central Park West**. Architekt Sam Waterston nimmt Wiest und Carrie Fisher auf eine Führung an seinen (und damit wohl an Allens) bevorzugten New Yorker Gebäuden mit: **Dakota Apartments, 172nd Street**/Ecke Central Park West (siehe *Rosemaries Baby*); die alten Fenster in der West 44th Street; das strahlende **Chrysler Building, 405 Lexington Avenue**/Ecke East 42nd Street (siehe *American Monster*); Abigail Adams' altes Haus, **421 East 61st Street**/Ecke York Avenue und First Avenue an der East Side (es ist heute ein Museum und für Besucher geöffnet) und das **Waldorf-Astoria Hotel, 301 Park Avenue** zwischen East 49th Street und East 50th Street. Er führt sie auch durch das charmante kleine Dorf am **Pomander Walk, 260-266 West 95th Street**/94th Street, mit seinen im Tudor-Stil gebauten Häusern. Um ebenfalls einen so romantischen Spaziergang zu unternehmen, müssen Sie allerdings sehr viel Glück haben – die Straße ist normalerweise für das Publikum gesperrt.
Wenn Michael Caine „zufällig" Barbara Hershey in East Village begegnet, bringt sie ihn zum Pageant Print and Book Store – heute die **Pageant Bar and Grill, 109 East Ninth Street**. Ihrer Affäre gehen sie ins **St. Regis-Sheraton Hotel** nach, **2 East 55th Street** an der südöstlichen Ecke der Fifth Avenue.
Allen nimmt eine zutiefst unbeeindruckte Wiest mit ins **Cafe Carlyle**, um sich den Jazz-Entertainer Bobby Short anzuhören. Das geschieht im **Carlyle Hotel, 35 East 76th Street**/Ecke Madison Avenue an der East Side. Nach ihrem verheerenden Vorsingen trifft sich Wiest mit Carrie Fisher vor dem **Booth Theatre, 222 West 45th Street** zwischen Broadway und Eighth Avenue. Die Produktion verlässt kurzzeitig New York, wenn Waterston

Wiest in die Oper ausführt. Die Aufführung von *Manon Lescaut* wurde im **Regio Theater** in Turin gedreht.
Wenn der hypochondrische Allen erfährt, dass er keinen Hirntumor hat, tanzt er aus dem **Mount Sinai Hospital, East 98th Street**/East 101st Street zwischen Fifth Avenue und Madison Avenue an der Upper East Side. Die plötzliche Nähe zum Tod lässt ihn nach einer Religion suchen, und zwar in der **Church of the Transfiguration, 1 East 29th Street** nahe Madison Square. Trost findet er aber schließlich, als er sich *Marx Brothers' Duck Soup* im **Metro Cinema** ansieht, **2626 Broadway**/Ecke 99th Street an der Upper West Side.

HARLEY DAVIDSON 344

(1973, R: James William Guercio)
Robert Blake, Billy Green Bush, Jeannine Riley
• **UTAH; ARIZONA**

Kultfilm um Biker und Cops, entstanden in der Folge von *Easy Rider*. Der einzige Film von Guercio, dem Manager der Rockband Chicago – er schrieb auch die Musik für den Film. Gedreht wurde in **Phoenix** und **Carefree** in Arizona, die großartige mythische letzte Einstellung zeigt das **Monument Valley**.

HAROLD LLOYD – DER TRAUMTÄNZER

(1930, R: Clyde Bruckman)
Harold Lloyd, Barbara Kent, Robert McWade
• **LOS ANGELES; HAWAII**

In dieser Rückkehr zu seinem berühmten Stummfilm *Ausgerechnet Wolkenkratzer* spielt Harold Lloyd einen Schuhverkäufer, der mit Gangstern verwechselt wird und – Überraschung! – schließlich an der Fassade eines großen Gebäudes baumelt. Diesen Wolkenkratzer kann man noch immer in seinem ursprünglichen Erscheinungsbild sehen, er steht am **848 South Broadway**/Ecke 9th Street am Orpheum Theater in Downtown L.A. Gedreht wurde auch im Gebiet um den **Aloha Tower** auf **Oahu**, Hawaii.

Harold Lloyd baumelt wieder: 848 South Broadway, Downtown L.A.

HARRY UND SALLY

(1989, R: Rob Reiner)
Billy Crystal, Meg Ryan, Carrie Fisher
• **NEW YORK CITY; CHICAGO**

Es ist ja so absehbar, dass Crystal und Ryan letzten Endes doch zusammenkommen werden, aber der Weg dorthin macht sehr viel Spaß. Sie treffen sich auf dem Hauptplatz der **University**

„Ich nehme das, was sie hatte ...": Katz's Delicatessen, East Houston Street, East Village

of Chicago, University **Avenue**/Ecke 58th Avenue. Nachdem sie von der Universität abgefahren sind, lässt Ryan Crystal am **Washington Arch, Washington Square Park** in Greenwich Village,

Harry erklärt ihr auf der Neujahrsparty endlich seine Liebe: Puck Building, Lafayette Street

New York, aussteigen. Jahre später begegnen die beiden sich wieder bei **Shakespeare & Co Booksellers, 2259 Broadway**/Ecke 81st Street an der West Side. Sie besuchen das **Metropolitan Museum of Art, Fifth Avenue**/Ecke 82nd Street. Das Café, in dem Ryan einen Orgasmus vortäuscht – eine der bekanntesten Szenen des Films –, ist das **Katz's Delicatessen**, 205 East Houston Street/Ecke Ludlow Street im East Village. Im Restaurant gibt es ein Hinweisschild: „Sie sitzen am Tisch von Harry und Sally".

Harry und Sally helfen, ein Treffen zu viert im **Cafe Luxembourg** zu arrangieren, **200 West 70th Street** nahe der Amsterdam Avenue, und sie singen zu den Klängen der Karaokemaschine im Haus des Chefs, **The Sharper Image, 4 West 57th Street**. Gefilmt wurde auch in der **West 96th Street Station** an der Upper West Side. Die Silvesterparty, auf der Crystal ihr schließlich seine Liebe gesteht, findet im **Puck Building, 295 Lafayette Street** statt.

HART AUF SENDUNG
(1990, R: Alan Moyle)
Christian Slater, Scott Paulin, Ellen Greene
• KALIFORNIEN

Slater ist der unauffällige Schuljunge, der nebenbei als subversiver D.J. Happy Harry Hard-on für Aufruhr in der fiktiven Stadt Paradise Hills, Arizona, sorgt. Die Stadt ist tatsächlich **Saugus**, nördlich von L.A. abseits der Interstate 5 östlich von Valencia. Hinter allen „HHH"-Logos der Hubert H. Humphrey High School steckt die **Saugus High School**.

HARTE JUNGS
(1995, R: Michael Bay)
Will Smith, Martin Lawrence, Tea Leoni
• FLORIDA

Ärger auf der Party: Biltmore Hotel, Anastasia Avenue, Coral Gables

Ein weiterer Actionfilm von Simpson-Bruckheimer, in dem die gegensätzlichen Cops Lawrence und Smith einer Riesenladung Heroin nachspüren, die aus dem Polizeirevier verschwunden ist. Die Party, bei der Tea Leoni im Pool untertaucht, nachdem sie einen Mord mit angesehen hat, findet im **Biltmore Hotel, 1200 Anastasia Avenue**/Ecke De Soto Boulevard, Coral Gables, im Südwesten von Miami statt (*Tel. 305 445 1926*). Das Hotel, das 1926 nach Plänen der Architekten erbaut wurde, die das Waldorf-Astoria und die Grand Central Station in New York entworfen hatten, kann auf eine wechselhafte Geschichte

zurückblicken, da es wiederholt geschlossen und weiterveräußert wurde. Heute ist es ein nationales historisches Wahrzeichen, durch das einstündige Führungen angeboten werden.

Will Smith' Apartment: Tyler Adams Hotel and Apartments

Will Smiths mondänes Apartment ist im **Tyler-Adams Hotel and Apartments** (vormals das Collins Park Hotel), **2030 Park Avenue** im Art-déco-Bezirk von Miami.

HARTE ZIELE
(1993, R: John Woo)
Jean-Claude Van Damme, Lance Henriksen, Arnold Vosloo
• NEW ORLEANS, LOUISIANA

Hongkong-Actionregisseur Woo legte mit diesem Film sein US-Debüt ab, das das Studio anschließend erheblich veränderte. Gefilmt wurde in New Orleans im **French Quarter** und in einem der großen Mardi-Gras-Lagerhäuser.

HASS
(1995, R: Mathieu Kassovitz)
Vincent Cassel, Hubert Kounde, Saïd Taghmaoui
• PARIS

Kassovitz' ungeschminkter Film über Rassismus zeigt eine Seite von Paris, die man nur selten auf der Leinwand zu sehen bekommt. Gefilmt wurde in den Straßen der Trabantenstadt **Chanteloupe-les-Vignes**.

HATARI
(1962, R: Howard Hawks)
John Wayne, Hardy Kruger, Elsa Martinelli
• TANSANIA

Comedy-Action mit Wayne in Afrika, wo er Tiere zusammentreibt, die in Zoos gebracht werden sollen. Gefilmt wurde im **Serengeti National Park**, Tansania, in den Ausläufern des **Mount Meru**, des kleinen Bruders des Kilimanjaro.

EIN HAUCH VON NERZ
(1962, R: Delbert Mann)
Cary Grant, Doris Day, Gig Young
• LOS ANGELES; NEW YORK CITY

Sechziger-Jahre-Sexkomödie mit Grant als Direktor, der seiner Sekretärin Day nachstellt. Die in Bermuda spielenden Szenen entstanden in L.A. im **Miramar Sheraton Hotel, 101 Wilshire Boulevard**, Santa Monica. Außerdem wurde im **Yankee Stadium** in der Bronx, N.Y.C., gefilmt.

DER HAUPTMANN VON PESHAWAR
(1953, R: Henry King)
Tyrone Power, Michael Rennie, Terry Moore
• KALIFORNIEN

Tyrone Power ist der mit sich selbst in Konflikt geratene halbindische Offizier, der in diesem Cinemascope-Abenteuer gegen seinen Stiefbruder antreten muss. Wieder einmal kommt die Felslandschaft der **Alabama Hills** zum Einsatz, westlich von Lone Pine an der Route 395, Zentralkalifornien, um den in Indien gelegenen Khyber-Pass darzustellen, während die schneebedeckte Sierra Nevada als Himalaja Verwendung findet (für Details siehe *Kim – Geheimdienst in Indien*).

DAS HAUS AUF DEM GEISTERHÜGEL

(1958, R: William Castle)
Vincent Price, Richard Long, Carol Ohmart
• LOS ANGELES

Price spielt in diesem amüsanten Geisterkrimi den Millionär, der eine nächtliche Party in einem angeblich verfluchten Haus veranstaltet, um das sich der nervöse Elisha Cook Jr. kümmert. Bei der Erstaufführung in den USA sollte den Zuschauern ein Schreck eingejagt werden, indem ein Plastikskelett über ihre Köpfe flog.
Das Schloss meidet das übliche Gruselaussehen, stattdessen wurde in Frank Lloyd Wrights phantastischem **Ennis-Brown House** gefilmt, einem von den Tempeln der Maya inspirierten Gebäude, das aus vorgefertigten Betonblöcken errichtet wurde. Das 1924 gebaute Haus ist jahrelang vernachlässigt worden, und nach dem Filmstart wurde es Nacht für Nacht von Säufern belagert, die es mit Flaschen bewarfen. Beim Erdbeben von 1994 wurde es zudem leicht beschädigt. Es ist oft in Filmen, Werbespots und Musikvideos zu sehen. In *Grand Canyon – Im Herzen der Stadt* und *Der Tag der Heuschrecke* dient es als Haus eines Filmproduzenten. In *Black Rain* und *Karate Kid III – Die letzte Entscheidung* ist es das Versteck des Schurken. Am bekanntesten dürfte das Gebäude aber als das futuristische Zuhause von Harrison Ford in *Der Blade Runner* sein. Heute ist es in Privatbesitz, um seinen Erhalt wird gekämpft. Von Zeit zu Zeit finden Führungen statt. Das Haus befindet sich an einem Hang unterhalb des Griffith Park bei **2607 Glendower Avenue**, Los Feliz, L.A. *(Tel. 213 660 00607).*
Beim überzogenen 1999er Remake war der Vergnügungspark größtenteils ein Modell, das einem echten Park in Orlando, Florida, nachempfunden war. Das Haus selbst bestand aus Miniaturen und Matte-Zeichnungen. Lediglich der Eingang ist real. Es handelt sich um die Art-déco-Front des **Griffith Observatory, 2800 East Observatory Road** in Griffith Park, L.A. (für Details siehe *... denn sie wissen nicht, was sie tun*).

Das titelgebende Haus: Ennis-Brown House, Los Feliz

DAS HAUS IN DER 92. STRASSE

(1945, R: Henry Hathaway)
William Eythe, Lloyd Nolan, Signe Hasso
• NEW YORK CITY

Höchst einflussreiches Drama im Dokumentarstil, in dem das FBI Nazi-Spione in New York aushebt. Das war einer der ersten Hollywood-Filme, für die man das Studio verließ. Das Haus, das angeblich auf der Nordseite der 92nd Street nahe Madison Avenue stand, wo Elsa Gowns für den Spionagering als Strohfrau agierte, war tatsächlich die 53 East 93rd Street. Es wurde inzwischen abgerissen, aber sein Zwilling mit der Hausnummer 55 steht noch immer. Zu den weiteren New Yorker Schauplätzen gehörte das **Brill Building, 1141 Broadway**.

HEAR MY SONG

(1991, R: Peter Chelsom)
Adrian Dunbar, Ned Beatty, Shirley Anne Field
• IRLAND; LANCASHIRE

Der Liverpooler Club ist die Dubliner Merrion Hall, heute das **Davenport Hotel, Merrion Square**. Die Klippe, über die man Dunbar baumeln lässt, befindet sich bei **Howth**, nördlich von Dublin. Gefilmt wurde auch an den

Der Club in Liverpool: Davenport Hotel, Merrion Square, Dublin

Klippen von **Moher** in County Clare. Der Turm, in dem Dunbar mit Ned Beatty (als Sänger Josef Locke) trinkt, ist **O'Brien's Tower** nahe den Klippen von Moher.

HEAT

(1995, R: Michael Mann)
Robert De Niro, Al Pacino, Val Kilmer
• LOS ANGELES

Michael Mann liefert nach sieben Jahren sein eigenes Remake von *Showdown in L.A.* in Form einer bewussten Liebeserklärung an die Architektur von L.A. Der erste

De Niro befasst sich mit Metallurgie: Broadway Deli, Third Street, Santa Monica

Überfall findet auf dem **Venice Boulevard** zwischen Figueroa Street und Flower Street unterhalb des Santa Monica Freeway südlich von Downtown statt. Die Bank, die von De Niro und seinen Leuten ausgeraubt wird, steht in der **444 South Flower Street**/Ecke Fifth Street, Downtown L.A. – und die sich anschließende Mutter aller Schießereien dehnt sich auf die South Figueroa Street zwischen Fifth Street und Fourth Street aus.
Das Restaurant, in dem Amy Brenneman sich an De Niro heranmacht, während er ein Buch über Metallurgie liest, ist das **Broadway Deli, 1457 Third Street**/Ecke Broad-

Die Schießerei: South Figueroa Street

Banküberfall: Flower Street, Downtown L.A.

Die Observierung: Zen Zero, Ocean Avenue, Santa Monica

way an der Third Street Promenade in Santa Monica (nicht zu verwechseln mit dem Broadway Bar and Grill an der gegenüberliegenden Ecke). Nicht weit entfernt an der Küste in Santa Monica befindet sich das japanische Restaurant, das Pacino überwacht: **Zen Zero, 1535 Ocean Avenue**. De Niro und Pacino begegnen sich in einem der wenigen noch verbliebenen original **Bob's Big Boy, 4211 Riverside Drive** in Burbank. Eine Tafel an diesem Tisch erinnert an dieses legendäre Treffen. Das Restaurant, in dem De Niro und Pacino aneinandergeraten, ist das **Kate Mantilini, 9101 Wilshire Boulevard**, Beverly Hills – das Restaurant ist übrigens nach einer weiblichen Box-Promoterin aus den 40er Jahren benannt. Das Krankenhaus ist das **St. Mary Medical Center, 1050 Linden Avenue** in Long Beach.

HEATHERS
(1989, R: Michael Lehmann)
Christian Slater, Winona Ryder, Shannen Doherty
• **LOS ANGELES**

Teenager-Rachephantasien an den rebellierenden, versnobten „Heathers" und Machosportlern erreichen mörderische Dimensionen, wenn Slater auf Ryders High School überwechselt. Diese hervorragende schwarze Komödie wäre noch bissiger geworden, wenn das ursprüngliche Ende beibehalten worden wäre. Die in Sherwood, Ohio, gelegene Westerburg High ist eine Kombination aus mehreren

Westerburg High: Osaka Sangyo University of Los Angeles, Laurel Canyon Boulevard, Studio City

Schulen, aber der Hauptdrehort war die alte Corvalis High School, heute die **Osaka Sangyo University of Los Angeles, 2921 Laurel Canyon Boulevard**/Ecke Maxwellton Road, etwa einen Kilometer vom Ventura Boulevard, Studio City, im San Fernando Valley entfernt. Die Schule wurde 1987 geschlossen. Die Turnhalle gehört der **Verdugo Hills High School, Tujunga**, die in zahlreichen anderen Filmen zu sehen ist, so unter anderem in *Der Hexenclub, 187* und *Das Messer am Ufer*. Die **John Adams Middle School, 2425 16th Street, Santa Monica**, wurde ebenfalls eingesetzt. Der Name Westerburg ist eine Verbeugung vor Paul Westerberg, Leadsänger von Ryders damaliger Lieblingsband *The Replacements*.

Das „Cow-Pushing" (Umstoßen schlafender Kühe) der Sportler findet in einem ruhigen Eckchen des **Griffith Park**, L.A., statt.

HEAVEN'S GATE
(1980, R: Michael Cimino)
Kris Kristofferson, Christopher Walken, John Hurt
• **MONTANA; IDAHO; OXFORDSHIRE**

Als Film ist *Heaven's Gate* nicht die Katastrophe, die er der Legende nach sein soll. Aber er kostete ein Vermögen und trieb United Artists beinahe in den Ruin. Der Prolog ist an der Harvard University angesiedelt, doch nachdem die jegliche Dreherlaubnis verweigert hatte, entschied sich Cimino überraschend für die Oxford University als Ersatz, und so begab sich die Produktion nach England. Der Sonnenaufgang, mit dem der Film eröffnet, wurde am **Tom Tower** von **Christ Church**, gedreht. Die Band marschiert für die Abschlusszeremonie auf der **New College Lane** unter der **Bridge of Sighs** hindurch und in Richtung **Sheldonian Theatre**, wo Joseph Cotten die Ansprache hält. Der Tanz unter freiem Himmel nutzt den großzügig bemessenen Platz des **Mansfield College, Mansfield Road**.

Marsch zur Abschlussfeier: New College Lane, Oxford

Hauptdrehort für den Film ist allerdings **Kalispell**, Montana, in Flathead County. Kalispell ist das Tor zum Glacier National Park, Blackfoot Indian Territory. Die Stadt Sweetwater wurde über einem Parkplatz im Glacier National Park am Ufer des **Two Medicine Lake** erbaut. Der gegenüberliegende Berg ist **Painted Teepee**. Die Main Street von Casper, Wyoming, liegt in **Wallace**, Idaho,

Der Harvard-Abschluss: Sheldonian Theatre, Oxford

Der Tanz unter freiem Himmel: Mansfield College Quad, Mansfield Road

an der Interstate 90, einer unauffälligen Bergbaustadt, deren berühmteste Tochter der Stadt Lana Turner ist.

HEIMLICHE FREUNDE
(1998, R: John Duigan)
Kathleen Quinlan, Sam Rockwell, Mischa Barton
• KENTUCKY

Rockwells Freundschaft zu einem zehnjährigen Mädchen wird in Duigans Kleinstadtdrama gründlich missverstanden. Gefilmt wurde in **Prospect** am Cincinnati Highway, Route 42, rund acht Kilometer nördlich von Louisville, Kentucky.

Die arabische Wüste: Wadi Rumm, Jordanien

HEIMWEH
(1943, R: Fred M. Wilcox)
Roddy McDowall, Donald Crisp, Elizabeth Taylor
• KALIFORNIEN; WASHINGTON STATE

Der erste Lassie-Film, der im prächtigen **Point Lobos State Reserve** gedreht wurde, einem Abschnitt an der Felsenküste gut sechs Kilometer südlich von Carmel am Highway 1, Zentralkalifornien, außerdem am **Lake Chelan**, Washington State.

HEINRICH V.
(1944, R: Laurence Olivier)
Laurence Olivier, Leslie Banks, Robert Newton
• IRLAND

Oliviers heroische Kriegsversion von Shakespeare, größtenteils gefilmt in stilisierten Kulissen in den Rank Studios in Denham/England. Nach dem Beginn in Shakespeares Globe-Theater wird die Handlung zunehmend naturalistischer, bis sie in der fesselnden Schlacht von Agincourt gipfelt. Knapp ein Kilometer Schienen wurde auf dem Anwesen von Lord Powerscourt in **Enniskerry** nahe Dublin für die berühmte Szene verlegt, in der die Kamera den französischen Rittern folgt.

HEINRICH VIII. UND SEINE SECHS FRAUEN
(1972, R: Waris Hussein)
Keith Michell, Donald Pleasence, Charlotte Rampling
• HERTFORDSHIRE; KENT

Dieses historische Drama entstand im Zuge der erfolgreichen BBC-Fernsehserie und ließ auch denselben Star zum Einsatz kommen. Das Turnier des jungen Heinrich wurde am **Hatfield House, Hatfield**, Hertfordshire (*Bahnhof:*

Hatfield) (*Tel. 01707/262823*) gefilmt. Catherine Howard wird am **Eton College** festgenommen, das den Hampton Court darstellen sollte. Auf dem dortigen Hof wurde sie dann auch hingerichtet (für Details zu Eton siehe *King George – Ein Königreich für mehr Verstand*). Gefilmt wurde auch in **Woburn Abbey**, dem Zuhause des Duke of Bedford, 14 Kilometer nordwestlich von Dunstable an der A4012 (*Bahnhof: Leighton Buzzard oder Bletchley*), und auf **Allington Castle**, einige Kilometer nördlich von Maidstone in Kent (*Bahnhof: Maidstone*).

HEISSBLÜTIG – KALTBLÜTIG
(1981, R: Lawrence Kasdan)
William Hurt, Kathleen Turner, Richard Crenna
• FLORIDA; HAWAII

Hitziges Beinahe-Remake von *Frau ohne Gewissen* in dem Anwalt Hurt zusammen mit Turner plant, ihren Ehemann umzubringen. Die Handlung war ursprünglich in Atlantic City angesiedelt, doch für den Film wurde der Schauplatz nach Florida verlegt. Gefilmt wurde im Gebiet von **Lake Worth** in Palm Beach im Süden von Florida. Die Brücke befindet sich am **Delray Beach**, die Strandpromenade ist der **Hollywood Beach** südlich von Fort Lauderdale in Richtung Miami. Die Drehs erfolgten auf der Garteninsel **Kauai**, Hawaii.

HELLO, DOLLY!
(1969, R: Gene Kelly)
Barbra Streisand, Walter Matthau, Michael Crawford
• NEW YORK STATE; LOS ANGELES

Zwei Millionen Dollar gab Twentieth Century-Fox aus, um die New York Street aus der Zeit um die Jahrhundertwende zu bauen, die sich heute noch bezahlt macht. Zu sehen ist sie zum Beispiel in der Fotomontage in *Zwei Banditen*. Für den Außendrehs „verschönerte" man die Stadt **Garrison** am Hudson River nördlich von New York für eine halbe Million Dollar. Garrison liegt am Highway 9d, rund 50 Kilometer nördlich von New York City, gleich hinter dem Hudson von der West Point Military Academy kommend. Einige der Dekorations-Elemente des Films sind erhalten geblieben, so zum Beispiel der Gazebo im **Waterfront Park** (der allerdings in den siebziger Jahren ersetzt wurde, nachdem das Holz des Originals zu verrotten begonnen hatte) und die Fassade des angeblichen Frisiersalons. Horace Vandergelders Lebensmittelgeschäft ist das **Golden Eagle Inn** (*Tel. 914 424 3067*), an dessen Hoteltür sich noch das „V" aus dem Film befindet. Der Bahnhof von Yonkers ist eigentlich der von Garrison.

HELLRAISER – DAS TOR ZUR HÖLLE
(1987, R: Clive Barker)
Andrew Robinson, Clare Higgins, Sean Chapman
• LONDON

Der Film, der die Cenobites ins Leben rief, perverse Vergnügungssüchtige aus der Hölle, allen voran Pinhead. Das Haus im Film, in dem Clare Higgins Zufallsbekanntschaften entsorgt, um Sean Chapman mit frischem Blut zu neuem Leben zu erwecken, ist bekannt als „66 Lodovico Street". Das echte Haus ist deutlich eindrucks-

666 Lodovico Street: Dolis Hill Lane, NW2

voller und weit weniger baufällig als im Film. Außerdem wird die Rückseite des Hauses gezeigt. Es handelt sich eigentlich um die **187 Dollis Hill Lane**, NW2, auf dem Hügel, mit einem rückwärtigen Ausblick über Cricklewood, wo die Innenaufnahmen im **Production Village Studio, 100 Cricklewood Lane**, entstanden.

HENRY V.

(1989, R: Kenneth Branagh)
Kenneth Branagh, Derek Jacobi, Brian Blessed
• **SUSSEX**

Eine nüchterne Version für die achtziger Jahre mit natürlicheren Kulissen, dennoch zum größten Teil im Studio in **Shepperton** gedreht. Der Prolog wurde auf den Klippen von **Crowlink** gefilmt.

HENRY: PORTRAIT OF A SERIAL KILLER

(1990, R: John McNaughton)
Michael Rooker, Tom Towles, Tracy Arnold
• **CHICAGO**

Umstrittener, gediegener Film im Dokumentarstil über einen Massenmörder, der kein Motiv für seine Taten hat. Gedreht wurde in Chicago, wo Henrys Kumpel Otis seinen Opfern am **Lower Wacker Drive** nachstellt.

DIE HERBERGE ZUR SECHSTEN GLÜCKSELIGKEIT

(1958, R: Mark Robson)
Ingrid Bergman, Curt Jürgens, Robert Donat
• **WALES; HAMPSHIRE**

Missionarin Ingrid Bergman führt gut gelaunt eine Gruppe von Waisenkindern über den Himalaja. Ursprünglich sollte in Taiwan, China, gefilmt werden, aber abfällige Bemerkungen über die Praxis, die Füße einzuschnüren, verärgerten die chinesischen Behörden. Snowdonia rund um die Dörfer **Beddgelert** und **Capel Curig** ersetzt nun den Himalaja. Die von Mauern umgebene Stadt wurde in **Nantmor** am Fuß des Cwm Bychan Valley nahe Beddgelert errichtet.

DER HERR DER FLIEGEN

(1963, R: Peter Brook)
James Aubrey, Tom Chapin, Hugh Edwards
• **PUERTO RICO**

Brooks Verfilmung von William Goldings Buch über eine Gruppe englischer Schuljungs, die sich zu Wilden zurückentwickeln, nachdem sie mit einem Flugzeug auf einer einsamen Insel gestrandet sind. Gefilmt wurde in **Frenchman's Cove** östlich von Port Antonio, Puerto Rico. Das amerikanische Remake von 1990, in dem aus englischen Schuljungs amerikanische Militärkadetten wurden, entstand auf **Kauai**, Hawaii.

DER HERR DES WILDEN WESTENS

(1939, R: Michael Curtiz)
Errol Flynn, Olivia de Havilland, Anne Sheridan
• **KALIFORNIEN**

Für diesen frühen Farbfilm wurde Dodge City teilweise im Studio von Warner Bros. nachgebaut, zum Teil aber auch vor Ort in **Modesto**, 130 Kilometer südlich von Sacramento, wo die staubigen Weiten für Kansas herhalten mussten. Langhornrinder wurden für den Dreh zusammengetrieben, vorhandene Zäune wurden beseitigt, und ein zeitgenössischer Zug wurde ins Bild gestellt.

HERR IM HAUS BIN ICH

(1953, R: David Lean)
Charles Laughton, Brenda de Banzie, John Mills
• **MANCHESTER**

Laughtons wundervoller Auftritt als tyrannischer Patriarch in Lancashire mit grandios finsteren Motiven rund um **Salford** bei Manchester am Ufer des River Irwell.

DIE HERRIN VON THORNHILL

(1967, R: John Schlesinger)
Julie Christie, Alan Bates, Terence Stamp
• **DORSET; WILTSHIRE**

Schlesinger bediente sich aller naturalistischen Innovationen des New-Wave-Kinos der sechziger Jahre – die stimmungsvolle Kameraführung von Nicolas Roeg eingeschlossen –, um Thomas Hardys tragischen Roman zu verfilmen. Angesiedelt im fiktiven Weatherbury (das auf Puddletown basiert, gut acht Kilometer nordöstlich von Dorchester an der A35), entstand der Film in Dorset und Wiltshire. Gabriel Oaks Caravan,

Gabriel Oak trifft ein in Weatherbury: Gold Hill, Shaftesbury

Captain Troy zeigt sein Geschick mit dem Schwert: Maiden Castle, Dorchester

wo die Tragödie ihren Lauf nimmt, als ein außer Kontrolle geratener Schäferhund die Herde über eine Klippe treibt, stand an den Klippen von **Scratchy Bottom** zwischen Worbarrow Bay und Osmington nahe **Durdle Door** am Dorset Coast Path. Bathshebas bescheidene Farm war ein aufgegebenes landwirtschaftliches Gebäude nahe dem Hardy Monument (das für Captain Hardy errichtet wurde, nicht für den Schriftsteller) bei Portesham, westlich von Dorchester. Während Oaks Glücksstern sinkt, steigt der von Bathsheba, als sie die Weatherbury Farm erbt (die im Buch dem Waterston Manor in Puddletown nachempfunden war), die im Film vom **Bloxworth House** verkörpert wurde, einem Haus aus dem 17. Jahrhundert nahe **Bere Regis** (*es ist zeitweise für Besucher geöffnet*).

Oak kommt in Weatherbury an, um nach Arbeit zu suchen. Die steile Kopfsteinpflasterstraße ist **Gold Hill**, Generationen von britischen Fernsehzuschauern aus einem Werbespot bekannt. Sie befindet sich hinter dem Rathaus von **Shaftesbury**, Wiltshire, an der A30 rund dreißig Kilometer westlich von Salisbury. Die Arbeitsvermittlung selbst findet dagegen auf dem **Market Place, Devizes** statt, fast 50 Kilometer weiter nördlich. An diesem Platz sieht man das **Bear Hotel** *(Tel. 01380/722444)*, in dem sich die Farmbesitzer erholen, sowie die **Corn Exchange**, wo Bathsheba beweist, dass sie es mit Leichtigkeit mit den örtlichen Händlern aufnehmen kann. Ebenfalls in Devizes liegt die **St. John's Church**, die als die All Saints zu sehen ist, wo Fanny ihre Vermählung mit Captain Troy verpasst.

Das Innere des Hauses von Squire Boldwood findet sich gleichfalls in Wiltshire; **Thornhill House** liegt im Dörfchen Sturminster Newton zwischen Shaftesbury und Sherborne, während das Äußere dem **Friar Waddon House** in Dorset nahe Weymouth gehört. Zu den weiteren Drehorten nahe Dorchester gehören Fannys Grab auf dem Friedhof von **St. Nicholas** in **Sydling St. Nicholas**, rund zwölf Kilometer nordwestlich von Dorchester (Bahnhof: Maiden Newton), die nächtliche Party, die sich in der **Tithe Barn, Abbotsbury**, nahe der Küste abspielt, 13 Kilometer südwestlich von Dorchester, sowie die grasbewachsenen kleinen Hügel, auf denen Captain Troy sein Geschick im Umgang mit dem Schwert demonstriert. Dabei handelt es sich um **Maiden Castle**, ein vier Hektar großes neolithisches Lager rund zwei Kilometer südwestlich von Dorchester an der Straße nach Martinstown. Das Lager war Schauplatz einer blutigen Schlacht mit den römischen Invasoren. In der Folge wurde es zu einem römischen Lager.

Den Hahnenkampf filmte man im sechsstöckigen **Horton Tower** aus dem 18. Jahrhundert, gleich vor **Horton**, etwa 15 Kilometer nördlich von Bournemouth.

EIN HERZ UND EINE KRONE

(1953, R: William Wyler)
Audrey Hepburn, Gregory Peck, Eddie Albert
• **ROM**

Der amerikanische Reporter Peck bandelt mit der europäischen Prinzessin Hepburn an, während wir alle touristischen Attraktionen von Rom zu sehen bekommen, darunter die **Spanische Treppe**, den **Bocca della Verita** – jenes aus Stein gehauene Gesicht, das angeblich einem Lügner die Hand abbeißt und das sich in der Kirche **Santa**

Der Mund der Wahrheit: Santa Maria in Cosmedin **Maria in Cosmedin, Piazza Bocca della Verita**, befindet.

Gefilmt wurde auch im aus dem 19. Jahrhundert stammenden **Palazzo Brancaccio, Viale del Monte Oppio 7**, heute ein Konferenzzentrum, gelegen zwischen dem Kolosseum und der Basilika Santa Maria Maggiore, außerdem an einem der größten Paläste von Rom, dem **Palazzo Colonna, Piazza Santa Apostoli**. Geöffnet ist er nur samstags, der Eingang befindet sich in der Via della Pilotta 17.

HESTER STREET

(1975, R: Joan Micklin Silver)
Steven Keats, Carol Kane, Mel Howard
• **NEW YORK CITY**

Ruhige Studie des Lebens jüdischer Immigranten in der New Yorker East Side um 1890. Die Lower East Side wurde in einem Häuserblock der **Morton Street** zwischen Seventh

Hester Street: Morton Street, Greenwich Village

Avenue und Bleeker Street im Herzen von Greenwich Village nachgebaut. Das Picknick filmte man in den **Rambles** im Central Park. Die Great Hall von Ellis Island, wo die Immigranten die USA erreichen, ist eigentlich das **Tweed Courthouse, 52 Chambers Street**, ein weiteres beliebtes Motiv in New York (für Details siehe *Kramer gegen Kramer*).

HEUT GEHN WIR BUMMELN

(1949, R: Gene Kelly)
Gene Kelly, Frank Sinatra, Jules Munshin
• **NEW YORK CITY; LOS ANGELES**

Drei Matrosen verbringen 24 Stunden Landurlaub in New York. Kelly wollte den kompletten Film auch dort drehen, doch das Studio bestand auf Hollywood als Drehort. Der Kompromiss bestand in lediglich einer Woche Dreharbeiten in New York, auch wenn man das dem Film nicht ansehen kann. Bekannte Drehorte in New York sind: **Liberty Island**; das **Empire State Building** an der Fifth Avenue/Ecke 34th Street; **Central Park**; Federal Hall, 26 Wall Street; Coney Island; Rockefeller Plaza zwischen der Fifth and Sixth Avenue sowie der 49th und 50th Street; außerdem das Dach des 70 Stockwerke hohen **RCA-Gebäudes** (heute das GE-Gebäude), Sixth Avenue. Die Eröffnung mit dem singenden Hafenarbeiter und die Schlussszenen wurden am **Brooklyn Naval Yard** an der Flushing Avenue gedreht, gleich über die Manhattan Bridge auf der anderen Seite des East River.

DIE HEXE DES GRAFEN DRACULA

(1968, R: Vernon Sewell)
Boris Karloff, Christopher Lee, Rupert Davies
• **MIDDLESEX; HERTFORDSHIRE**

Eine großartige Besetzung und die hervorragende Kameraarbeit von John Coquillon – der auch gleichermaßen exzellente Arbeit bei den Landschaftsaufnahmen in *Witchfinder General* leistete – werden in diesem okkulten Thriller von dem Team sinnlos vergeudet, das uns gigantische Motten in *Das Blutbiest* bescherte. Und wahrhaftig, es ist sogar derselbe Drehort. Das

Das verfluchte Haus: Grim's Dyke Hotel

Norman Shaw-Haus von 1870 war einst das Zuhause von W.S. Gilbert (von Gilbert und Sullivan), der schließlich im dortigen See ertrank. Heute ist es das **Grim's Dyke Hotel, Old Redding** in Harrow Weald nördlich von Harrow abseits der A409 (www.grimsdyke.com). Neben Horrorfilmen wurde das Haus auch für *Die besten Jahre der Miss Jean Brodie* und den halbdokumentarischen *It Happened Here* eingesetzt. Das Dorf im Film ist **Ridge Village**, gut fünf Kilometer westlich von Potters Bar in Hertfordshire.

DIE HEXEN VON EASTWICK

(1987, R: George Miller)
Susan Sarandon, Cher, Michelle Pfeiffer
• **MASSACHUSETTS; KALIFORNIEN**

Jack Nicholsons Villa: Castle Hill, Ipswich

Little Compton, Rhode Island, war der ausgewählte Drehort für George Millers Verfilmung des Romans von John Updike, bis die Bewohner vom frevlerischen Inhalt des Drehbuchs erfuhren. Der Stadtrat sprach sich zwar letztlich für den Film aus, doch da hatte sich Warner Bros. bereits für **Cohasset**, Massachusetts, entschieden. Die Kirche ist die **First Parish Unitarian Church, 23 North Main Street**. Jack Nicholsons Villa ist **Castle Hill, 290 Argilla Road, Ipswich** *(Tel. 978 356 4351)*, rund 50 Kilometer nördlich von Boston, während das Innenleben im bekannten **Greystone Mansion** gefilmt wurde, **905 Loma Vista Drive, Beverly Hills** (für Details siehe *Tod in Hollywood*).

DER HEXENJÄGER

(1968, R: Michael Reeves)
Vincent Price, Rupert Davies, Ian Ogilvy
• **SUFFOLK; BUCKINGHAMSHIRE**

Regisseur Reeves wollte Donald Pleasence für den Part des Matthew Hopkins haben, der im 17. Jahrhundert eine einträgliche Karriere als Hexenjäger machte. Das Studio bestand aber auf dem besser anpreisbaren Price, und nach einem anhaltenden Kampf mit dem erfahrenen Star holte der 24 Jahre alte Regisseur aus ihm eine Schauspielleistung heraus, bei der das Düstere das Kitschige überwog. Auf diese Weise gelang ihm ein echter Klassiker – brutal, depressiv und wunderschön. Dies war der letzte von den insgesamt drei Filmen, die Reeves drehte, da der begabte Regisseur 1969 an einer Überdosis Drogen starb.
Auf einer wahren Begebenheit basierend, bedient sich der Film einiger authentischer Schauplätze, unter anderem der Kirche von **Brandeston**, fünfzehn Kilometer nordöstlich von Ipswich in Suffolk, wo der Priester John Lowes tatsächlich als Hexer hingerichtet wurde.
Die Hexenverbrennung wurde auf dem Marktplatz von **Lavenham** an der A1141 gut 25 Kilometer westlich von Ipswich gefilmt, auf dem im Mittelalter auch tatsächlich Hexen verbrannt wurden. Die Szene an der Küste, in der Ian Ogilvy die Fischer befragt, spielt in **Dunwich** nördlich von

Orford. Das Haus des Magistraten, Schauplatz von John Lowes' Hexenprobe, steht am Stadtgraben von **Kentwell, Long Melford**, an der A134, fünf Kilometer nördlich von Sudbury, Suffolk *(Tel. 01787/310207, es ist an bestimmten Tagen im Sommer geöffnet, und es wird Eintritt verlangt)*. Die Zuflucht der Handlanger des Hexenjägers ist **Langley Park** an der A412, nördlich von Slough in Buckinghamshire; für den Angriff der Soldaten wurde der oft eingesetzte **Black Park** an den Pinewood Studios benutzt, der auch aus vielen Bond- und Hammer-Filmen bekannt ist.
Der befestigte Turm, in dem ein rachsüchtiger Richard Marshall Hopkins ein blutiges Ende beschert, ist **Orford Castle, Orford**, gut 20 Kilometer südöstlich der B1084 am River Alde. Von Heinrich II. um 1173 erbaut, wies es für seine Zeit ein ziemlich fortschrittliches Design auf. Es war eine bedeutende königliche Residenz, die 1280 dem Earl of Norfolk übergeben wurde. Es ist für Besucher geöffnet *(Tel. 03944/50472)*.

HEXENKESSEL

(1973, R: Martin Scorsese)
Harvey Keitel, Robert De Niro, David Proval
• **LOS ANGELES; NEW YORK CITY**

Die Bar Volpe: Via Tutto, Cleveland Place

Scorseses archetypischer Film über Italo-Amerikaner in Little Italy, N.Y., entstand innerhalb von nur acht Tagen im Big Apple (und die waren schon von geplanten vier Tagen ausgeweitet worden). Gefilmt wurde auch in Belmont, der italienischen Gemeinde in der Bronx, die für das stark veränderte Manhattan herhielt. Alle Innenaufnahmen und auch ein großer Teil der Außenaufnahmen entstanden in L.A., die abschließende Schießerei und der

De Niro und Keitel sprechen sich aus: Mulberry Street, Little Italy

Crash eingeschlossen. Tony's Bar ist eine Kulisse auf einer Studiobühne in Hollywood. Charlies Apartment ist in einem Bürogebäude am Hollywood Boulevard beheimatet. Der Kirchhof, auf dem Keitel und De Niro eine Aussprache haben, befindet sich dagegen wirklich in New York, es ist die **Old St. Patrick's Cathedral, 264 Mulberry Street** zwischen East Houston Street und Prince Street in Little Italy (auch zu sehen in *Der Pate*). Die Bar befand sich am **23 Cleveland Plaza**, heute Via Tutto *(Tel. 212 841 0286)*, ein kleines toskanisches Restaurant nördlich der Broome Street und des Polizeigebäudes.

HI – HI – HILFE!

(1965, R: Richard Lester)
The Beatles, Eleanor Bron, Leo McKern

• LONDON; WILTSHIRE; BUCKINGHAMSHIRE; ÖSTERREICH; BAHAMAS

Die Luxuswohnung: Ailsa Avenue, St. Margaret's

Der zweite Kinoausflug der Beatles – diesmal in Farbe – ist eine surrealere, freiere Angelegenheit. Die vier Hausfassaden, hinter denen die Fab Four in einer einzigen, riesigen Luxussuite leben, sind die Hausnummern **5,7,9 und 11 der Ailsa Avenue** westlich der St. Margaret's Road gleich hinter der Twickenham Bridge in St. Margaret's in der Nähe der Twickenham Studios. Ringo versucht vergeblich, einen Opferring im Juweliergeschäft **Asprey's, 165 New Bond Street**, W1, von seinem Finger entfernen zu lassen. Das indische Restaurant „Rajahama" war das Dolphin Restaurant, heute die **California Pizza Company, 8 Blandford Street**, W1, nahe Marylebone High Street.

Die Beatles treten in einem Kreis aus Chieftain-Panzern auf, während die Army sie schützt. Gefilmt wurde diese Szene in **Knighton Down** an der B3086 rund 16 Kilometer nördlich von Salisbury bei Larkhill, Salisbury Plain. Wenn sich die Protagonisten im Buckingham Palace verstecken, befinden sie sich in Wahrheit in **Cliveden** (Schauplatz der Ereignisse, die in *Scandal* wiedergegeben werden), fünf Kilometer nordöstlich von Maidenhead an der B476 Hedsor Road *(Bahnhof: Taplow)*. Cliveden, Eigentum des National Trust und früher einmal das Zuhause der Astor-Familie, ist für Besucher geöffnet *(Tel. 01628/605069, es wird Eintritt verlangt)*.

Der Pub am Flussufer mit dem von Beethoven begeisterten Tiger im Keller ist das historische **City Barge, 27 Strand-on-the-Green, Gunnersbury**, W4, östlich der Kew Bridge an der Post Office Alley. Der Pub aus dem 15. Jahrhundert ist nach der Barke des Oberbürgermeisters benannt, die in der Nähe vertäut war. Wenn Sie etwas wirklich Kurioses erleben wollen, besuchen Sie den Pub bei Flut, wenn die Terrasse unter Wasser steht und die Themse gleich vor der Bar verläuft.

Die Skiszenen wurden auf den Abfahrten des österreichischen **Obertrauen** gefilmt, während die Strände in **Nassau** und der Umgebung der **New Providence Island** auf den Bahamas zu finden sind. Der Flughafen befindet sich in Nassau. „Another Girl" wird auf **Paradise Island** zum Besten gegeben. Die Insel, die ein wichtiges Motiv für *James Bond 007 – Feuerball* war, liegt vor der Nordostküste von New Providence und ist heute durch eine Betonbrücke mit ihr verbunden. Das edle Restaurant ist das berühmte **Cafe Martinique** (ebenfalls in *James Bond 007 – Feuerball* zu sehen), früher das Gasthaus von Dr. Axel Wenner-Gren, der Land auf der Insel kaufte und ihre Entwicklung vorantrieb. Es steht am Ufer des künstlich angelegten Paradise Lake *(Tel. 809 326 3000)*. Gezeigt werden der **Cabbage Beach**, jener weiße Sandstrand hinter Paradise Towers und dem Grand Hotel, und **Victoria Beach**, Schauplatz der Chaosszene auf dem Höhepunkt des Films, ein Stück auf dem **Casuarina Drive** am nordwestlichen Strand der Insel entlang.

HIGH HOPES

(1988, R: Mike Leigh)
Philip Davis, Ruth Sheen, Edna Dore
• LONDON; ESSEX

Die Wohnung von Philip Davis und Ruth Sheen befindet sich in der **Stanley Passage** hinter der Kings Cross Station, N1. Die verläuft zwischen Pancras Road und dem berühmten Abschnitt der Cheney Road an den Gasometern, unter anderem zu sehen in *Ladykillers* und *Chaplin*. Davis und Sheen besuchen auf dem **Highgate Cemetery** das Grab von Karl Marx. Richard Rodgers geliebtes oder gehasstes **Lloyd's Building** ist auch zu sehen.

Die Wohnung von Davis und Sheen: Stanley Passage, Kings Cross

HIGHLANDER – ES KANN NUR EINEN GEBEN

(1986, R: Russell Mulcahy)
Christopher Lambert, Sean Connery, Clancy Brown
• SCHOTTLAND; NEW YORK CITY

Wenn das nicht international ist: Der Schotte Connery spielt den spanischen Edelmann Ramirez, während der Franzose Lambert den unsterblichen Schotten MacLeod gibt. Gedreht hat diesen grellen Unsinn ein Werbefilmer – und das sieht man auch.

Die Konfrontation mit Kurgan: Silvercup Studios, Queens

MacLeods Zuhause ist das aus dem 13. Jahrhundert stammende **Eilean Donan Castle** auf einer Insel in **Dornie**, 13 Kilometer östlich von Kyle of Lochalsh an der A87, Wester Ross *(Tel. 01599/ 555202, es wird Eintritt verlangt)*. Die Schlacht zwischen den Clans wurde in **Glencoe** an der A82 in Argyllshire inszeniert. Der Strand ist die **Refuge Bay** in **Curtaig** nahe Morar, während die sehenswerte zerklüftete Gipfel, auf dem Ramirez Unterricht im Schwertkampf gibt, **Cioch** in den **Cuillin Hills** auf der Isle of Skye ist. Im New York der Neuzeit köpft MacLeod einen feindseligen Schwertkämpfer im Parkhaus des **Madison Square Garden**. Die zwielichtige Gasse ist die für alle möglichen Kämpfe eingesetzte **Cortlandt Alley** zwischen Canal Street und Franklin Street gleich neben dem Broadway in Lower Manhattan (dort vertreibt Crocodile Dundee Angreifer). Die letzte Konfrontation mit Kurgan findet praktischerweise auf dem Dach der **Silvercup Studios, 42-25 21st Street** in Queens, statt, wo die Innenaufnahmen für den Film entstanden.

Die erste Fortsetzung wurde in Buenos Aires in Argentinien gedreht, während der dritte Teil nach Schottland zurückkehrte und in Glencoe, **Glen Nevis** und **Ardnamurchan** gefilmt wurde.

DER HIMMEL SOLL WARTEN

(1978, R: Warren Beatty, Buck Henry)
Warren Beatty, Dyan Cannon, Julie Christie
• **KALIFORNIEN**

Die Villa: Filoli, Woodside

Ein Remake, allerdings nicht von Ernst Lubitschs *Ein himmlischer Sünder* von 1943 (wie der Originaltitel *Heaven Can Wait* vermuten lassen könnte, den beide Filme gemein haben), sondern von *Urlaub vom Himmel* aus dem Jahre 1941. Die luxuriöse Villa, in der sich Beatty wiederfindet, ist das **Filoli Mansion, Canada Road, Woodside**, nahe dem Highway 280 zwischen San Francisco und San Jose. Die Villa, deren Name sich aus dem Familienmotto „Fight, Love, Life" ableitet, war auch im Vorspann der TV-Serie *Der Denver-Clan* zu sehen, außerdem in Wayne Wangs *Töchter des Himmels* und in jüngerer Zeit als das Haus von Michael Douglas in David Finchers *The Game*. Haus und Garten sind von Februar bis Oktober für Besucher geöffnet *(Tel. 650 364 8300, es wird Eintritt verlangt)*. Besuchen Sie die Website www.filoli.org für Details und einen virtuellen Rundgang.

DER HIMMEL ÜBER BERLIN

(1987, R: Wim Wenders)
Bruno Ganz, Solveig Dommartin, Peter Falk
• **BERLIN**

Wenders' romantisch-phantastischer Film (der in Kalifornien als *Stadt der Engel* erneut verfilmt wurde) mit Bruno Ganz, einem Engel, der über Berlin seine Kreise zieht und der sich danach sehnt, seine Flügel einzutauschen, um ein Mensch zu werden. Wundervoll gefilmt in der zu dieser Zeit noch geteilten Stadt, in der Ganz neben dem gewaltigen goldenen Engel auf der **Siegessäule, Straße des 17. Juni**, im Berliner Tiergarten sitzt. Ein Großteil des Films entstand rund um den Potsdamer Platz und entlang der Mauer, einem Gebiet, das durch die massiven Neubaumaßnahmen nicht wiederzuerkennen ist. Es existiert aber noch das kleine **Second Hand-Geschäft**, in dem der Mensch gewordene Ganz sein farbenfrohes Outfit auswählt. Es befindet sich in der **Goebenstraße 6**, nahe der S-Bahnstation Yorkstraße.

HIMMEL ÜBER DER WÜSTE

(1990, R: Bernardo Bertolucci)
Debra Winger, John Malkovich, Campbell Scott
• **MAROKKO; ALGERIEN; NIGER**

Lange und zähe, aber wunderschön anzusehende Verfilmung des Romans von Paul Bowles, die in Afrika entstand. Oran, der Ankunftshafen, ist **Tanger** in Marokko, wo die Dreharbeiten unterbrochen werden mussten, als die Yacht von König Hussein II. einlief. Der Film beginnt und endet hier auf den alten Boulevards und im Labyrinth der Medina. Das Hotel ist das **Hotel Palace, 2 Rue des Postes** *(Tel. 09 93 61 28)*, in der Medina. Gefilmt wurde auch im **Hotel**

Continental, Rue Dar el Baroud, ebenfalls in der Medina. Das südliche Oasengebiet von Marokko im Südosten von Ouarzazate in Richtung Atlasgebirge war Schauplatz des größten Teils der Dreharbeiten. Das Hotel Majestic, Ain Krofa, befindet sich eigentlich in der Nähe von Efroud, südlich von Er Rachidia, in der kleinen Stadt **Rissani** nahe der algerischen Grenze. Die Ankunft an den Toren von El Gala entstand auf dem Markt von **Gla Gla**. Debra Winger und der Führer werden von der allgegenwärtigen Steadicam durch die Trockenlehmstraßen von **Maadid** verfolgt. Die Radfahrt endet in der Kleinstadt **Zagora** im Westen am Ende des atemberaubenden Draa Valley. Die Liebesszene wurde auf dem Gipfel des seltsamen, ziemlich unecht aussehenden Bergs gefilmt, von dem aus man die Stadt und die sie umgebende Wüste überschauen kann.

Die engen Straßen des historischen Stadtkerns von Ouarzazate (in einem Gebiet, in dem unter anderem für *Gladiator, Lawrence von Arabien* und *Der Mann, der König sein wollte* gedreht wurde) führen zum Filmhotel Hotel Transatlantique in Bou Noura, obwohl die Terrasse des Hotels in Boussif in Wahrheit ein Nachbau im Dörfchen **Ait Saoun** ist. Die Außenaufnahmen von Bou Noura zeigen das aus Lehmziegeln errichtete Dorf **Tamnougalt** auf halber Strecke zwischen Ouarzazate und Zagora. Das Bordell ist die **Kasbah** von Ouarzazate.

Algerische Motive waren unter anderem die Oase **Beni Abbes**, wo das Fort von Sba im Schutz der großen Düne gebaut wurde. Hier befindet sich auch der weiße Raum, in dem John Malkovich sein Leben aushaucht, sowie das Sandmeer mit dem Namen Großer westlicher Erg. *Himmel über der Wüste* war der erste Film, der in Niger entstand, einem der ärmsten Länder der Welt. Die dort spielende Szene mit Winger und Eric Vu-An wurde in **Agadez** gedreht.

Das Bordell: Kasbah, Ouarzazate

HINTER DEM RAMPENLICHT

(1979, R: Bob Fosse)
Roy Scheider, Jessica Lange, Ann Reinking
• **NEW YORK CITY**

Fosses Story eines arbeits- und sexsüchtigen Choreographen, die mehr als nur ein wenig autobiographisch wirkt, wurde in der Umgebung von New York gedreht. Das einleitende Vorsprechen der hoffnungsvollen Kandidaten inszenierte man in Manhattan im **Palace Theater, Seventh Avenue**/Ecke 47th Street *(Tel. 212 730 8200)* im Theatre District.

HITCHER – DER HIGHWAY-KILLER

(1986, R: Robert Harmon)
Rutger Hauer, C. Thomas Howell, Jennifer Jason Leigh
• **KALIFORNIEN**

Schlechte Nachrichten für Anhalter. Nach diesem Gruselschocker werden Sie niemals wieder einen Anhalter mitnehmen, wenn Sie gesehen haben, was mit Howell passiert, nachdem er den psychotischen Rutger Hauer hat einsteigen lassen. Die gesichtslose Wüstenlandschaft befindet sich in der Umgebung von **Amboy, Barstow**, und in **Death Valley**, Kalifornien.

EINE HOCHZEIT

(1978, R: Robert Altman)
Carol Burnett, Paul Dooley, Desi Arnaz
• **CHICAGO**

Großartige 48-köpfige Ensemblebesetzung (und damit doppelt so viel wie in *Nashville*), und Altman in bester Verfassung – überlappende Dialoge, präzise Cameo-Auftritte – bei einer gesellschaftlich wichtigen Hochzeit. Schauplatz ist der feine Chicagoer Vorort **Lake Bluff**, wo die palastartige Residenz, die für den Empfang benutzt wird, das **Armour Mansion** ist.

DIE HOCHZEIT MEINES BESTEN FREUNDES

(1997, R: P. J. Hogan)
Julia Roberts, Rupert Everett, Dermot Mulroney
• **CHICAGO**

Julia Roberts trifft an Amerikas geschäftigstem Flughafen ein, dem riesigen **O'Hare Airport**, 27 Kilometer nordwestlich der Stadt, um sich dann zur High Society von Chicago zu begeben. Der zukünftige Brautvater ist Eigentümer der Baseballteams Chicago White Sox, die im **Comiskey Park** spielen, **333 West 35th Street**/Ecke Shields Street. Andere hochklassige Motive in Chicago sind der exklusive **Union League Club, 65 West Jackson Boulevard**, die Conrad Hilton Suite im **Hilton Hotel and Towers, 730 South Michigan Avenue** *(Tel. 312 922 4400)*, der Gold Coast Room des **Drake Hotel, 140 East Walton Place**/Ecke Michigan Avenue *(Tel. 312 787 2200)*, **Union Station** und der Büroturm am **77 West Wacker Drive**. Das Nobelrestaurant ist das teure und exklusiv, dass sie exklusiv, dass ein Wochenenden für Monate im Voraus ausgebucht sind) **Charlie Trotter's, 816 West Armitage Avenue**/Ecke North Halsted Street, südlich der DePaul University *(Tel. 773 362 6228, www.charlietrotters.com)*. Das erdrückende Anwesen der Brauteltern ist **Cuneo Museum and Gardens, 1350 North Milwaukee Avenue, Vernon Hills**, an der Route 60 rund 50 Kilometer nordwestlich von Chicago *(Tel. 847.362.3042, www.lake-online.com/cuneo/)*. Das Gebäude, das 1914 für Thomas Edisons Partner Samuel Insull gebaut wurde, ging 1937 in den Besitz des Chicagoer Geschäftsmanns John Cuneo über und blieb bis 1990 der Familiensitz. Heute ist es für Besucher geöffnet. Die Hochzeit soll auf der Chicagoer Magnificent Mile stattfinden, in der **Fourth Presbyterian Church, 125 East Chestnut Street**/Ecke Michigan Avenue.

EINE HOCHZEIT ZUM VERLIEBEN

(1998, R: Frank Coraci)
Drew Barrymore, Adam Sandler, Steve Buscemi
• **LOS ANGELES**

Der Hochzeitsempfang findet in einem der Ballsäle des **Ambassador Hotel, 3400 Wilshire Boulevard**, mitten in L.A, statt.

DIE HÖLLE SIND WIR

(1968, R: John Boorman)
Toshiro Mifune, Lee Marvin
• **SÜDPAZIFIK**

Boormans allegorisches Zweipersonenstück handelt von einem US-Piloten und einem japanischen Offizier, die zusammen auf einer tropischen Insel festsitzen. Drehort ist **Palau Islands** in der südwestlichen Ecke von Mikronesien. Der Film bediente sich des aus dem Krieg stammenden japanischen Kommunikationszentrums in **Airai** auf der größten Insel **Babelthuap**, gleich neben dem Flughafen von Palau.

DIE HÖLLENFAHRT DER POSEIDON

(1972, R: Ronald Neame)
Gene Hackman, Shelley Winters, Ernest Borgnine
• **KALIFORNIEN**

Der erste von einer ganzen Welle von Katastrophenfilmen in den siebziger Jahren. Hier steht ein gekenterter Luxusliner im Mittelpunkt. Vor dem Kentern ist die Poseidon eigentlich die **Queen Mary**, die dauerhaft am **Pier J** angedockt ist, **Long Beach** am südlichen Ende des Long Beach Freeway, südlich von L.A. Das Art-déco-Erlebnis wartet unter anderem mit einem Restaurant und Geschäften auf. Das feudale Innenleben ist auch in Ridley Scotts *Someone to Watch Over Me* zu sehen, wo es die New Yorker Disco darstellt. Es scheint sich der Mythos entwickelt zu haben, dass es sich bei dem auf dem Kopf stehenden Ballsaal um den Crystal Ballroom des Biltmore Hotels, Downtown L.A., handelt. Tatsächlich war es eine komplette Nachbildung des Ballsaals der **Queen Mary**, die auf Bühne 6 im 20th Century Fox Studio gebaut worden war. Das Modell, das für die Dreharbeiten benutzt wurde, können Sie neben vielen anderen Modellschiffen im Los Angeles Maritime Museum, Berth 84 im Los Angeles Harbor in San Pedro, westlich von Long Beach, besichtigen.

DER HÖLLENTRIP

(1980, R: Ken Russell)
William Hurt, Blair Brown, Bob Balaban
• **NEW YORK CITY; MASSACHUSETTS; LOS ANGELES; MEXIKO**

Keine gute Stimmung herrschte zwischen Drehbuchautor Paddy Chayevsky (der seinen Namen von diesem Film zurückzog) und Regisseur Ken Russell bei dieser Geschichte eines besessenen Wissenschaftlers, der mit einer Mischung aus Drogen und Entzug aller Sinneswahrnehmungen versucht, Urzustände des Bewusstseins zu erforschen. Die Fakultät, in der William Hurt seine ersten zaghaften Experimente unternimmt, ist die New Yorker **Columbia University** zwischen Amsterdam Avenue und Broadway, West 114th Street und West 120th Street in Richtung Mornington Heights. Als bei abgedrehten Ermittlern des Übersinnlichen sehr beliebt, brachte sie ein paar Jahre später auch ein Geisterjäger-Trio hervor.

Hurt zieht nach Boston um, wo er im Distrikt **Beacon Hill** lebt und seine Experimente an der **Harvard Medical School** fortsetzt. Die bizarren Felsformationen, zu denen er fliegt, liegen in Mexiko (sie sind echt – die *Fantasy Island*-Kulisse in Burbank, die nach dem Willen des Studios hätte genommen werden sollen, war Russell zu disneyartig). Er kehrt zurück über den Bostoner Logan Airport. Der in der Evolution zurückentwickelte Hurt besucht die Tiere im **Bronx Zoo**, dem größten Zoo in einer Stadt in den USA, im **Bronx Park** am **Southern Boulevard**, N.Y. Die Szenen, in denen sich Hurt weiter zurückentwickelt zu einem Ur-Etwas, wurden im **Biltmore Hotel** gefilmt, **506 South Grand Avenue**, Downtown L.A.

HONEYMOON IN VEGAS – ABER NICHT MIT MEINER BRAUT

(1992, R: Andrew Bergman)
Nicolas Cage, James Caan, Sarah Jessica Parker
• **LAS VEGAS, NEVADA; NEW YORK CITY; HAWAII**

Schräge Komödie, in der Caan und Cage um Parker in einem Vegas wetteifern, in dem es vor Elvis-Doppelgängern wimmelt. Gefilmt wurde im **Bally's Casino Resort, 3645 Las Vegas Boulevard South** *(Tel. 702 739 4111)*. Von Las Vegas selbst abgesehen, wo Cage über das mit Türmen und Zinnen überladene, 4000 Zimmer umfassende **Excalibur Hotel** (zu der Zeit das größte der Welt) an der Ecke Tropicana Avenue/Strip fliegt, fanden die Dreharbeiten in New York statt. Caans hawaiianisches Anwesen wurde auf der Insel **Kauai** gedreht. Das Restaurant ist das **Inn on the Cliffs, 3610 Rice Street**. Cage und Caan prügeln sich vor dem **Kauai Marriott Resort and Beach Club**.

HOOK

(1991, R: Steven Spielberg)
Robin Williams, Dustin Hoffman, Maggie Smith
• **LOS ANGELES; HAWAII**

Eine fehlgeleitete, sentimentale Verkitschung der Geschichte über Peter Pan, die fast komplett im Studio auf exakt den Bühnen des alten MGM-Geländes entstand, auf denen schon **Das zauberhafte Land** verfilmt wurde: **9336 Washington Boulevard, Culver City**. Die wenigen Außenaufnahmen von Neverland entstanden auf der hawaiianischen Garteninsel **Kauai**, die um echte Matte-Zeichnungen ergänzt wurde. Viel besser zum Einsatz kam Kauai in Spielbergs *Jurassic Park*. Das Great Ormond Street-Bankett zu Ehren von Wendy wurde im Ballsaal des **Park Plaza Hotel, 607 South Park View Street**, in Downtown L.A. gefilmt.

HOSPITAL

(1971, R: Arthur Hiller)
George C. Scott, Diana Rigg, Barnard Hughes
• **NEW YORK CITY**

Paddy Chayevskys bitterböse schwarze Satire über das Gesundheitssystem der USA überlebt die charakterlose Re-

giearbeit von Hiller. Das Hospital, in dem die Sterblichkeitsrate beim Personal höher ist als bei den Patienten, ist das **Metropolitan Hospital Center, 1902 First Avenue** an der Upper East Side.

Das Krankenhaus: Metropolitan Hospital Center, First Avenue, Upper East Side

HOT SHOTS – DIE MUTTER ALLER FILME

(1991, R: Jim Abrahams)
Charlie Sheen, Valeria Golino, Cary Elwes
• **KALIFORNIEN**

Top-Gun-Parodie, die es aber nicht mit *Die unglaubliche Reise in einem verrückten Flugzeug* & Co aufnehmen kann. Die Beerdigung findet auf dem **Hollywood Memorial Cemetery, 6000 Santa Monica Boulevard**, zwischen Gower und Van Ness, Hollywood statt (dort wurde auch der Drehbuchautor in Robert Altmans *The Player* beigesetzt). Die Flugsequenzen entstanden über dem Gebiet Ridgecrest in Zentralkalifornien.

HOTEL DU NORD

(1938, R: Marcel Carné)
Jean-Pierre Aumont,
Annabella, Louis Jouvet
• **PARIS**

Marcel Carnés wundervoll atmosphärische, romantische Tragödie, die in einem am Kanal gelegenen Hotel in Paris spielt, entstand größtenteils im Studio, das echte Hotel können Sie heute immer noch sehen: **Hôtel du Nord, 102 Quai de Jemappes** am Kanal St. Martin.

Das wirkliche Hotel: Hotel du Nord, quai de Jemappes, Paris

DAS HOTEL NEW HAMPSHIRE

(1984, R: Tony Richardson)
Beau Bridges, Rob Lowe, Jodie Foster
• **QUEBEC, KANADA**

John Irvings Roman muss nicht unbedingt einen erfolgreichen Film ergeben, aber einzelne Episoden machen durchaus Spaß. Die kanadische Provinz Quebec dient als New Hampshire. Das Hotel ist das 140 Zimmer große **Hotel Tadoussac, 165 Rue Bord de l'Eau** *(Tel. 418 235 4421)*. Tadoussac liegt an der Route 138 am Nordufer von St. Lawrence (es gibt dort eine kostenlose Fährverbindung), rund 270 Kilometer östlich von Quebec.

HOUSE – DAS HORRORHAUS

(1986, R: Steve Miner)
William Katt, Kay Lenz, George Wendt
• **KALIFORNIEN**

William Katt erbt das Spukhaus, in dem eine alte Dame starb und in dem er von seinem toten Kameraden aus

Vietnam verfolgt wird. Das reizvolle viktorianische Haus steht in der **329 Melrose Avenue, Monrovia**, östlich von Pasadena, Kalifornien. Die Fortsetzung *Haus 2 – Das Unerwartete*

Das heimgesuchte Haus: Melrose Avenue, Monrovia

bediente sich eines anderen, extravaganten Motivs: **Stimson House, 2421 South Figueroa Street, Exposition Park**, südlich von Downtown L.A., das heute den Nonnen des Mount St. Mary's College gehört.

HUDSON HAWK
(1991, R: Michael Lehmann)
Bruce Willis, Danny Aiello, James Coburn
• **NEW YORK CITY; UNGARN; ITALIEN; LONDON**

Kostspieliger Reinfall vom Regisseur des wundervollen Films *Heathers*. Zum Teil in New York angesiedelt, gibt es eine verrückte Verfolgungsjagd über die **Brooklyn Bridge** zu sehen. Das Gefängnis ist das berüchtigte **Sing Sing Prison** am Hudson River nördlich von NYC. Gefilmt wurde außerdem in **Budapest; Rom; London** und im **Castello di San Leo**, der riesigen mittelalterlichen Festung, in der Cagliostro gefangen gehalten wurde und wo er auch starb. Sie liegt rund 25 Kilometer südwestlich von Rimini, Italien.

HUDSUCKER – DER GROSSE SPRUNG
(1994, R: Joel Coen)
Tim Robbins, Jennifer Jason Leigh, Paul Newman
• **CHICAGO**

Im New York der fünfziger Jahre angesiedelt, spielt dieser Film vorwiegend in gigantischen stilisierten Kulissen, doch für authentische Schauplätze zog die Produktion nach Chicago. Das Hudsucker-Gebäude ist der Chicagoer **Merchandise Mart** am Nordufer des Chicago River zwischen Wells Street und Orleans Street. Das 1931 von Marshall

Das Hudsucker Building: Merchandise Mort, Chicago

Field gebaute Haus konnte lange Zeit damit prahlen, die größte Quadratmeterzahl je Etage auf der ganzen Welt zu haben, bis das Pentagon in Washington D.C. errichtet wurde. Die Wohltätigkeitsveranstaltung entstand im Ballsaal des **Blackstone Hotel, 636 South Michigan Avenue** (für Details siehe *The Untouchables – Die Unbestechlichen*).

DIE HUNDE DES KRIEGES
(1980, R: John Irvin)
Christopher Walken, Tom Berenger, Colin Blakeley
• **BELIZE**

Es geht um Söldner in Westafrika, nach einem Roman von Frederick Forsyth. Hauptdrehort ist **Chateau Caribbean, 6 Marine Parade** *(Tel. 02 30800)*, an der Ostküste. Heute ist es ein luxuriöses Hotel im Kolonialstil.

DIE 120 TAGE VON SODOM
(1975, R: Pier Paolo Pasolini)
Paolo Bonacelli, Giorgio Cataldi, Caterina Boratto
• **ITALIEN**

Pasolinis eiskalter und verstörender letzter Film, der in Großbritannien immer noch verboten ist, überträgt de Sades *120 Tage von Sodom* auf die letzten Tage des faschistischen Regimes in Norditalien während des Zweiten Weltkriegs. Vier aufrechte Mitglieder der Gemeinde ködern eine Gruppe junger Leute aus der Gegend für eine letzte sadistische Orgie. Das Anwesen ist die zerfallene prä-umbertinische **Villa Mirra**, überwuchert von Rosensträuchern, bei Cavriana, einige Kilometer von Mantua im Norden Italiens entfernt. Heute findet sich dort das **Archäologische Museum von Alto Mantovano** *(Tel. 0376.806330)*. Eine weitere emilianische Villa, die nicht allzu weit von Bologna entfernt liegt und die heute ein öffentlicher Park ist, diente als Motiv für die Szene, in der die Teenager ausgewählt werden. Für die letzten Folter- und Mordszenen wurde der Hof der Villa Mirra im Studio in Cinecittà, Rom, nachgebaut.

HUNDSTAGE
(1975, R: Sidney Lumet)
Al Pacino, John Cazale, Chris Sarandon
• **NEW YORK CITY**

Autor Frank Pierson bekam für sein Drehbuch einen Oscar, während Pacino, Sarandon und Lumet nominiert wurden. Der Film erzählt die wahre Geschichte von unfähigen Bankräubern, von denen einer versucht, Geld zu bekommen, um die Geschlechtsumwandlung seines Freundes zu bezahlen. Die Bank in Brooklyn, in der das Paar sich versteckt, war in Wirklichkeit eine Garage in der **10th Street** in Flatbush, Brooklyn.

HURRICANE
(1999, R: Norman Jewison)
Denzel Washington, Vicellous Reon Shannon
• **NEW JERSEY; TORONTO, ONTARIO**

Zweifelhafte Verfilmung des zu Unrecht ins Gefängnis gesteckten Boxers Rubin „Hurricane" Carter, die an vielen echten Schauplätzen in New Jersey und in Toronto, Ontario, gedreht wurde. Gefängnisszenen entstanden im **Rahway State Penitentiary, Woodbridge Road, Rahway** (auch zu sehen in *Malcolm X*) an der Route 1 am River Rahway, und im **Trenton State Prison**, New Jersey. Für den Überfall wählte man den wahren Schauplatz **Lafayette Bar and Grill, Patterson**, New Jersey, der für den Film in den alten Zustand versetzt werden musste. Ein Großteil des Films entstand aber nördlich der Landesgrenze in Toronto: in der **Dupont Street**/Ecke Dundas Street; an der **Harbourfront; Kingswood Road; 15** und **53 Fraser Avenue; Riverside Drive; St. Joseph's Health Centre, 30 The Queensway; Booksworth, 347 Bay Street; Old City Hall; Winchester Hotel, 537 Parliament** in Gerrard; **11 King Street West; Branksome Hall School, 10 Elm Avenue**.

ICH GLAUB', MICH TRITT EIN PFERD

(1978, R: John Landis)
John Belushi, Tim Matheson, Donald Sutherland
• OREGON

Mit diesem Film begann das Comedygenre des Säufer-campus, gefilmt an der **University of Oregon, Eugene**, an den Highways 99 und 126 (die Universität, die *Die Reifeprüfung* nicht in ihren Räumlichkeiten gedreht sehen wollte). Das unberechenbare Wetter in Oregon sorgte dafür, dass vor Drehbeginn Schnee geschaufelt und Rasenflächen grün gestrichen werden mussten. Die Homecoming-Parade wurde auf der Main Street von **Cottage Grove** gefilmt, mehr als 30 Kilometer südlich von Eugene. Das Delta House stand an der 751 East 11th Street, Eugene, ist inzwischen aber abgerissen worden.

ICH LIEBE DICH ZU TODE

(1990, R: Lawrence Kasdan)
Kevin Kline, Tracey Ullman, Joan Plowright
• WASHINGTON STATE

Unterbewertete kleine schwarze Komödie mit brillanter Besetzung, gedreht in Tacoma, Washington State. Kevin Klines Pizzeria (speziell für den Film gebaut) findet sich im **Bostwick Building, 764 Broadway**, an der Antique's Row. Das Café in Form einer Kaffeekanne, in dem Ullman die auf Entzug befindlichen William Hurt und River Phoenix anheuert, damit sie ihren Mann aus dem Weg räumen, ist (man soll es nicht glauben) ganz und gar echt – es handelt sich um **Bob's Java Jive, 2102 South Tacoma Way**. Die Polizeiwache, in der die verhinderten Mörder verhört werden, ist das **Elks Club Building, 565 Broadway**. Zu sehen ist auch die **Stadium Bowl High School, 111 North E Street**, sowie die **Holy Rosary Church, 512 South 30th Street**.

Tracy Ullman heuert den Killer an: Bob's Java Jive, Tacoma

ICH WEISS, WAS DU LETZTEN SOMMER GETAN HAST

(1997, R: Jim Gillespie)
Jennifer Love Hewitt, Sarah Michelle Gellar, Ryan Phillippe
• NORTH CAROLINA; KALIFORNIEN

Dieser von Kevin Williamson geschriebene Slasher bediente sich überwiegend realer Schauplätze – das Fischerdorf ist wirklich **Southport**, North Carolina, wo auch

Verbrecherische Herzen und *Die Vögel II: Die Rückkehr* (die spurlos verschwundene TV-Fortsetzung von Hitchcocks Klassiker) sowie Williamsons TV-Serie *Dawson's Creek* entstand. Das Geschäft „Shivers" ist ebenfalls ein tatsächlich existierendes Geschäft am Stadtplatz.

Der Autounfall wurde auf einem unheimlichen Straßenabschnitt des Pacific Coast Highway gedreht: zwischen **Meyers Grade Road** und **Timber Cove Road**, nördlich von **Jenner** im Norden Kaliforniens. In der gleichen Ecke finden sich die Drehorte **Campbell Cove** an der **Bodega Bay** (der berühmte Schauplatz für Hitchcocks *Die Vögel*), **Kolmer Cove** nördlich von Fort Ross und **Schoolhouse Beach** nahe Carmel. Das College ist die **Duke University, Durham**, North Carolina.

Die unvermeidbare Fortsetzung *Ich weiß noch immer, was du letzten Sommer getan hast* zog nach Mexiko um und wurde an der mexikanischen Goldküste bei **El Tecuan Marina Resort** und **El Tamarindo, Jalisco**, gedreht. Weitere Dreharbeiten fanden an der **University of Southern California** im Exposition-Parkbereich in Downtown L.A. statt.

IF ...

(1968, R: Lindsay Anderson)
Malcolm McDowell, David Wood, Richard Warwick
• GLOUCESTERSHIRE

Beeindruckender erster Teil der Trilogie, die über den zusammengeschusterten, aber unterhaltsamen *Der Erfolgreiche* bis hin zum elenden *Britannia Hospital* immer tiefer sank. Die öffentliche Schule, in der Malcolm McDowell vor einem surrealen Hintergrund des britischen Klassensystems eine Revolte anführt, ist das **Cheltenham College** in Gloucestershire.

IHR ERSTER MANN

(1931, R: James Whale)
Mae Clarke, Kent Douglass, Bette Davis
• LOS ANGELES

Mae Clarke ist eine Chorsängerin, die in die Prostitution gerät, nachdem ihr Ehemann in diesem tragischen Melodrama für vermisst erklärt wird. Angesiedelt in London, wurde der Film in L.A. gedreht. Eine Brücke über den Los Angeles River nahe den Universal Studios wurde so verkleidet, dass sie der Londoner Waterloo Bridge ähnelte. Der englische Landsitz Wetherby House liegt in **Pasadena**.

IHR ERSTER MANN

(1940, R: Mervyn LeRoy)
Vivien Leigh, Robert Taylor, Lucile Watson
• KALIFORNIEN

Dieses Remake wurde in der Gegend um **Chico** in Zentralkalifornien gedreht, unter anderem auch im **Bidwell Park**, in der **Pentz Road** und auf der **M and T Ranch**.

IHRE MAJESTÄT MRS. BROWN

(1997, R: John Madden)
Judi Dench, Billy Connolly, Antony Sher

• ISLE OF WIGHT; SCHOTTLAND; WILTSHIRE

Judi Dench erhielt für ihre Rolle als Queen Victoria in dieser Schilderung ihrer Freundschaft zum Schotten John Brown eine Oscar-Nominierung. Windsor Castle wird dargestellt vom **Wilton House, Wilton** nahe Salisbury (für Details siehe *Tschaikowsky – Genie und Wahnsinn*). Die Schottlandszenen entstanden in **Duns Castle**, gut 25 Kilometer von Berwick entfernt. Das Privatgebäude von 1320 ist normalerweise nicht für Besucher geöffnet, ausgenommen nach vorheriger Absprache *(Tel. 01361/ 883211)*. Es ist das echte **Osborne House** auf der Isle of Wight, in das sich die Queen zurückzieht. Das Haus, das vor East Cowes an der Nordküste der Insel liegt, ist von März bis Oktober für Besucher geöffnet *(Tel. 01983/ 200022, es wird Eintritt verlangt)*.

IM AUFTRAG DES TEUFELS
(1997, R: Taylor Hackford)
Keanu Reeves, Al Pacino, Charlize Theron
• NEW YORK CITY; FLORIDA

Das Apartment des Bauunternehmers: Trump Tower, Fifth Avenue

Der ehrgeizige, vom Land stammende junge Anwalt Reeves bekommt wie aus heiterem Himmel einen Job in Pacinos äußerst erfolgreichem New Yorker Unternehmen. Die Kleinstadt, aus der er kommt, ist **Gainesville** an der Interstate 75 im Norden von Florida, aber schon bald geht es ab in Richtung Big Apple. Die Schauplätze in New York spalten sich auf in die Gerichtssäle und die Büros in Lower Manhattan und in die edlen Penthouse-Wohnungen der East Side. Die Gerichtssäle finden sich am **Foley Square** im Bezirk Civic Center, und Reeves ist zu sehen, wie er den Surrogate's Court, **31 Chambers Street** verlässt (Nicole Kidmans Büro in *Batman Forever* und Schauplatz des blutigen Höhepunkts in *Romeo is Bleeding*). Der finstere Pacino, der sich in einer Stretchlimousine durch die Stadt fahren lassen könnte, verschwindet lieber in der **Chambers Street Subway Station**. Penta Plaza, sein Bürogebäude, ist das **Continental Plaza, Wall Street**, von dem aus man drei Brücken überblicken kann, die sich über den East River erstrecken. Doch die Szene auf dem Dach, wo er Reeves in Versuchung führen will, entstand auf dem Dach des **Continental Tower**. Dort gibt es allerdings keinen Garten – der wurde als digitaler Effekt hinzugefügt. Pacinos Apartment hat natürlich eine der ersten Adressen der Stadt: **Fifth Avenue/Ecke 94th Street, Carnegie Hill**. Reeves' Ehefrau Charlize Theron wird von den unverschämt reichen Ehefrauen der anderen zum „Power

Pacino lässt Weihwasser kochen: Central Presbyterian Church, Park Avenue

Shopping" nach SoHo ins Yohji Yamamoto's, 103 Grand Street, mitgenommen.
Das hoffnungslos kitschige Neureichen-Wohnzimmer von Alex Cullen kann natürlich nur einem Mann gehören: Es ist das Apartment von Donald Trump, das die obersten vier Stockwerke des **Trump Tower, 725 Fifth Avenue**, belegt. Die „St. Andrew's Catholic Church", in der Pacino das Weihwasser mit seiner teuflischen Berührung zum Kochen bringt, ist die **Central Presbyterian Church, 593 Park Avenue** nahe der 64th Street.

IM JAHR DES DRACHEN
(1985, R: Michael Cimino)
Mickey Rourke, John Lone, Ariane
• NORTH CAROLINA; NEW YORK CITY

Vietnamveteran Rourke bekämpft in diesem von Oliver Stone geschriebenen Thriller die Korruption in Chinatown, New York. Die meisten Drehorte im Big Apple stellte das Gelände der Laurentiis Studios in **Wilmington**, North Carolina.

IM LAND DER RAKETENWÜRMER
(1990, R: Ron Underwood)
Kevin Bacon, Fred Ward, Finn Carter
• KALIFORNIEN

Horrorkomödie mit riesigen Fleisch fressenden Würmern, die in den **Alabama Hills** von Lone Pine, Route 395 in Zentralkalifornien, und im nahe gelegenen **Olancha** aus der Erde schießen.

IM LAUF DER ZEIT
(1975, R: Wim Wenders)
Rüdiger Vogler, Hanns Zischler, Lisa Kreuzer
• DEUTSCHLAND

Wenders' langes und ausschweifendes Roadmovie, in dem Vogler und Zischler von Stadt zu Stadt fahren, um Filmprojektoren zu reparieren. Die 80 Kinos im Originaldrehbuch wurden schließlich auf zwölf reduziert, während die Reise von **Lüneburg** in **Niedersachsen** durch **Hessen** bis ins bayerische **Passau** geht. Die VW-Fabrik steht natürlich in **Wolfsburg**.

IM NAMEN DES VATERS
(1993, R: Jim Sheridan)
Daniel Day-Lewis, Pete Postlethwaite
• LIVERPOOL; MANCHESTER; DUBLIN

Leicht überzogene, in ihren Grundzügen aber wahre Geschichte von Gerry Conlon und dessen Vater Guiseppe, zwei Mitgliedern der „Guildford Four", die fälschlich für den Bombenanschlag auf den Pub 1974 ins Gefängnis geschickt wurden. Der Pub in Guildford ist eigentlich das **Brunswick Vaults, Tithebarn Street**, Liverpool – mit einem zusätzlichen Anbau, der weggesprengt wurde. Das Old-Bailey-Gericht ist eine Kombination aus dem Liverpool Museum (für die Vorderseite) und der **Manchester Town Hall** (für die Rückseite), während das Innenleben in die **St. George's Hall**, Liverpool, gehört. Das Gefängnis mit den vertraut aussehenden Metalltreppen ist das **Kilmainham Gaol, Dublin** (es dient auch als Noël Cowards Ort der Inhaftierung in *Charlie staubt Millionen ab*). Für Außenaufnahmen hielten das Gerichtsgebäude **St. Patrick's Institution** und das **Mountjoy Prison** her.

IM RAUSCH DER TIEFE

(1988, R: Luc Besson)
Rosanna Arquette, Jean-Marc Barr, Jean Reno
- **FRANKREICH; ITALIEN; KORSIKA; VIRGIN ISLANDS; NEW YORK CITY; GRIECHENLAND; PERU**

Luc Bessons wunderschöner, aber prätentiöser Unterwasserfilm wurde an diversen Schauplätzen gefilmt, darunter an der französischen Riviera, Sizilien, Korsika, Paris, New York City, Virgin Islands, Peru und in den Alpen. Tauchszenen entstanden bei **Taormina** an der Ostküste von Sizilien. Die Versicherungsmitarbeiterin Rosanna Arquette begegnet dem Taucher Jean Marc Barr zum ersten Mal in **La Raya**, einem Bahnhof auf dem 1200 Meter hoch gelegenen Altiplano-Plateau in Peru. Sie folgt ihm nach Taormina an die Ostküste von Sizilien, wo er an der Weltmeisterschaft teilnimmt. Barr und Erzrivale Jean Reno kommen im unglaublich großen **San Domenico Palace Hotel, Piazza san Domenico 5**, unter. Dieses Gebäude aus dem 15. Jahrhundert war als Kloster erbaut worden und tauchte auch schon in Antonionis Entfremdungsklassiker *L'Avventura* auf. Das Delphinarium ist **Marineland** in **Antibes** an der französischen Riviera. Ganz in der Nähe befindet sich das altehrwürdige Carlton Hotel an der Croisette in Cannes (für Details siehe Hitchcocks *Über den Dächern von Nizza*), in dem Barr und Arquette kurzzeitig absteigen. Das gestrandete Boot liegt bei **Amorgos**, einer Insel der Kykladen, wo in der Bar **Le Grand Bleu** gefilmt wurde. Gedreht wurde auch auf **Manganari**, einer abgelegenen griechischen Insel, auf der Luc Besson einen Teil seiner Kindheit verbrachte und die ihn zu diesem Film inspirierte.

IM SCHATTEN DES ZWEIFELS

(1943, R: Alfred Hitchcock)
Joseph Cotten, Teresa Wright, Macdonald Carey
- **KALIFORNIEN**

Onkel Charlie trifft in Santa Rosa ein: Old Railroad Depot, Fourth Street

Teresa Wrights Lieblingsonkel Charlie ist in Wahrheit der Serienkiller in Hitchcocks ruhigem und subtilem Thriller, den Bühnenautor Thornton Wilder mitgeschrieben hatte. Hitchcocks Absicht, den Film an echten Motiven zu filmen und damit alle Details des Lebens in einer amerikanischen Kleinstadt, wurde letztlich nicht entsprochen, dennoch filmte man viele Szenen im Norden von Kalifornien in der Gegend um **Santa Rosa**, an der Route 101 rund 80 Kilometer nördlich von San Francisco. Der größte Teil des Stadtzentrums ist seitdem neu gebaut worden, aber Sie können noch immer den alten Bahnhof sehen, an dem Onkel Charlie ankommt. Die Eisenbahnlinie selbst ist heute still-

gelegt, im Bahnhof befindet sich nun das Fremdenverkehrsbüro, **Old Railroad Depot, 9 Fourth Street**. Hier können Sie auch ein Video von *Im Schatten des Zweifels* kaufen. Erstaunlich ist, dass das Haus der Familie

Teresa Wrights Haus: McDonald Avenue, Santa Rosa

unverändert gleich außerhalb der Stadt an der 904 Mc Donald Avenue/Ecke 15th Street steht.

IM WESTEN NICHTS NEUES

(1930, R: Lewis Milestone)
Lew Ayres, Louis Wollheim, John Wray
- **KALIFORNIEN**

Der Erste Weltkrieg, gesehen aus dem Blickwinkel junger Soldaten auf der deutschen Seite, ist die Grundlage für diesen Antikriegsfilm, der bis heute nichts von seiner Wirkung verloren hat. Die riesigen Sets wurden auf dem Gelände von Universal errichtet und in der Folgezeit immer wieder aufs Neue benutzt (zu sehen sind sie zum Beispiel in James Whales Klassiker *Frankenstein*). Die Szenen im Schützengraben wurden auf der **Irvine Ranch** nahe Santa Ana gefilmt, an der Route 405 in Orange County südöstlich von L.A., während weitere Einstellungen in **Balboa** an der südkalifornischen Küste zwischen Newport Beach und Laguna Beach entstanden. Mit nur 150 Statisten musste Milestone meisterliche Techniken bei den Schlachtszenen zur Anwendung bringen. In der klassischen letzten Einstellung sehen wir die Hand des Regisseurs selbst, die nach dem Schmetterling greift.

IM ZEICHEN DES BÖSEN

(1958, R: Orson Welles)
Charlton Heston, Janet Leigh, Orson Welles
- **LOS ANGELES**

Welles kehrte auf Zehenspitzen zurück nach Hollywood, um einen Roman von Whit Masterson zu verfilmen, aus dem er selbst das Drehbuch entwickelte. Er wollte im korrupten und zerfallenden Labyrinth einer mexikanischen Grenzstadt wie zum Beispiel Tijuana oder Juarez filmen, aber die mexikanischen Behörden sprachen sich gegen die Verschlagenheit im Drehbuch aus. Universal wollte, dass Welles im Studio drehte. Am Ende war es der Schriftsteller

Die mexikanische Grenzstadt: Windward Avenue, Venice

Aldous Huxley, der auf die Idee kam, in **Venice** zu filmen. Die einst elegante Nachbildung der italienischen Stadt mit Kanälen und Bogengängen war im Zerfall begriffen, die Gebäude waren heruntergekommen, in den Kanälen stand das Wasser und verbreitete einen fauligen Geruch, und Ölfördertürme verunzierten die Landschaft. Das Ende des Drehbuchs wurde umgeschrieben, da es an den Schauplatz angepasst werden musste. Die Gegend hat sich seit den fünfziger Jahren immens verbessert und ist eine lebendige Althippie-Nachbarschaft. Die verbliebenen Arkaden finden sich in der **Windward Avenue** zwischen Pacific Avenue und Speedway; die Kanäle liegen südöstlich von Pacific Avenue und Venice Boulevard.

IMMER ÄRGER MIT BERNIE

(1989, R: Ted Kotcheff)
Andrew McCarthy, Jonathan Silverman
• **NORTH CAROLINA; NEW YORK CITY**

Schwarze Farce im Stile von *Immer Ärger mit Harry*, in der McCarthy und Silverman versuchen, den Tod ihres Chefs zu vertuschen, während sie in seinem Strandhaus das pralle Leben genießen. Das Versicherungsbüro, in dem die beiden Jungs arbeiten, befindet sich im **Metropolitan Life Insurance Building, 1 Madison Avenue**, zwischen 23rd Street und 25th Street, New York. Hampton Island wurde tatsächlich in North Carolina gefilmt, nicht weit entfernt von dem Filmzentrum an der Ostküste in Wilmington. Der größte Teil des Films entstand auf **Bald Head Island**, rund 50 Kilometer südlich von Wilmington an der Mündung des Cape Fear River. Der Leuchtturm, der Silverman kurzzeitig erblinden lässt, ist Old Baldy Light. Bernies ultramodernes Strandhaus wurde in der **Fort Fisher Recreation Area** zwischen Bald Head Island und **Carolina Beach State Park** speziell für den Film gebaut (und nach dem Dreh wieder zerlegt).

IMMER ÄRGER MIT HARRY

(1955, R: Alfred Hitchcock)
Edmund Gwenn, Mildred Natwick, Shirley MacLaine
• **VERMONT**

Diese liebenswürdige, heiter-bissige Komödie, die zu Hitchcocks eigenen Lieblingsfilmen zählte, dreht sich um den Versuch, eine Leiche zu beseitigen. Gleichzeitig debütiert Shirley MacLaine damit auf der Kinoleinwand. Dank der Kameraarbeit von Robert Burks im herbstlichen **East Craftsbury**, 50 Kilometer nördlich von Montpelier nahe Vermont, ist der Film auch eine visuelle Augenweide. Wegen schwerer Unwetter musste ein Großteil des Drehplans umgestellt werden. Die Innenaufnahmen wurden in Kulissen erledigt, die rund 25 Kilometer entfernt in der Turnhalle einer Schule in Morrisville gebaut worden waren.

DAS IMPERIUM SCHLÄGT ZURÜCK

(1980, R: Irvin Kershner)
Mark Hamill, Carrie Fisher, Harrison Ford
• **NORWEGEN**

Das Drehbuch für Teil V der Star-Wars-Saga war die letzte Arbeit von Leigh Brackett, der Autorin von *Tote schlafen fest* und *Rio Bravo*.

Der Millennium Falcon wurde im Studio in Elstree gebaut, wo auch der Großteil der Dreharbeiten stattfand – auf 64 Sets mit 250 Szenen über einen Zeitraum von vier Monaten. Der Eisplanet Hoth war der **Hardanger Jøkulen-Gletscher** in **Finse**, am höchst gelegenen Bahnhof Norwegens.

IN 80 TAGEN UM DIE WELT

(1956, R: Michael Anderson)
David Niven, Cantinflas, Shirley MacLaine
• **LONDON; PARIS; SPANIEN; INDIEN; HONGKONG; JAPAN; KALIFORNIEN; COLORADO; OKLAHOMA**

Erst einmal die Statistik verlesen: 50 Gaststars; 68.894 Personen auf der Leinwand (zählen Sie ruhig nach); Dreharbeiten in acht verschiedenen Ländern; insgesamt 6,5 Millionen Flugkilometer zurückgelegt; 112 Außenmotive; 140 Kulissen in sechs Hollywood-Studios, außerdem Studios in England, Hongkong und Japan; 34 Tierarten; 33 Regieassistenten.

Cantinflas und die Kutsche: Upper Cheyne Row, Chelsea

Geplant war, dass aus jedem Land ein Regisseur die jeweils dort spielende Sequenz drehen sollte. Doch der britische Regisseur Anderson leistete in London effiziente, wenn auch uninspirierte Arbeit, sodass Produzent Mike Todd ihm den gesamten Film übertrug. Der Beteiligte Produzent William Cameron Menzies, jener brillante Produktionsdesigner, der das Storyboard zu *Vom Winde verweht* zeichnete, war für die Außenmotive in Europa, Colorado und Oklahoma verantwortlich.

Die Eröffnungsszenen entstanden in London, **Rotten Row, Hyde Park**. Die Parade der Scots Guards wurde bei den **Wellington Barracks** gefilmt, wobei die inoffiziellen Aufnahmen mit einer einem Obststand versteckten Kamera gemacht wurden. Niven nahm die Herausforderung, einmal um die Welt zu reisen, im Reform Club an, einem echten, noch immer florierenden Londoner Club in der **104 Pall Mall, SW1** (die Innenaufnahmen entstanden allerdings in einer nachgebauten Kulisse in Elstree, so wie auch Baggotts Stellenvermittlungsbüro und Lloyd's of London). Cantinflas begibt sich entlang der **Upper Cheyne Row** abseits der Oakley Street und nördlich der Albert Bridge, Chelsea, SW3, zum **Victoria Square**, einem ruhigen Platz, der versteckt nordwestlich der Buckingham Palace Road, SW1, gelegen ist (dort leben im Merchant-Ivory-Film *Wiedersehen in Howards End* die Schlegel-Schwestern). Das Gebäude, das als Hesketh-Baggotts Stellenvermittlungsbüro benutzt wird, in dem sich John Gielgud beim Chef der Agentur Noël Coward beschwert, ist unverändert geblieben. Es befindet sich am **5, Lower Grosvenor Place** an der Ecke zum Victoria Square, SW1 (*U-Bahnstation: Victoria*). Niven und Cantinflas treffen in Paris am **Gare du Nord**, Rue du Faubourg Saint Martin, ein. Sie fahren mit dem Taxi über den **Place Vendôme** und die Rue de Castiglione zu Thomas Cook's in den Arkaden der **Rue de Rivoli**. Der Film kam hier mit dem Gesetz in Konflikt, als ohne Erlaubnis rund vierzig Fahrzeuge verscheucht wurden, die nicht in die Zeit der Filmhandlung passten. Suchen Sie aber gar nicht erst nach dem niedlichen französischen Dörfchen, von dem aus Niven und Cantinflas mit dem Ballon aufsteigen – es ist bloß eine Studiokulisse. Der spanische Seehafen, in dem der Ballon landet, ist ebenfalls ein Set im Studio, auch wenn einige Szenen auf der Straße nahe **Toledo** gefilmt wurden. Der Stierkampf wurde in **Chinchon** inszeniert, rund 40 Kilometer südöstlich von Madrid an der M311 nach Valencia. Der

Noël Cowards Arbeitsvermittlung: Grosvenor Place, Victoria

mit Arkaden umgebene Plaza Mayor mit seinen fotogenen Holzloggias wurde für eine Fiesta dekoriert, und die 6500 Einwohner wurden in zeitgenössische Kleidung gesteckt. Der Plaza Mayor wird im Spätsommer für Stierkämpfe genutzt, aber die zivilisiertere Art, sich den Platz anzusehen, besteht darin, sich in einem der vielen kleinen Restaurants ringsum niederzulassen.

Die Suez-Docks wurden auf einer Bühne in den RKO Studios in Hollywood nachgebaut, wo wir auch zum ersten Mal die HMS *Mongolia* zu sehen bekommen, die Niven und Co. nach Bombay bringt. Ein wenig Erfindungsreichtum des Art Departments sorgt dafür, dass wir dasselbe im Film immer wiedersehen: als SS *Rangoon* von Kalkutta nach Hongkong, als SS *General Grant* auf dem Weg nach San Francisco, und schließlich als schicksalhafte *Henrietta* von New York nach Liverpool.

Die Zugreise durch Indien ist echt, doch die Straße in Bombay und die Pagode von Pillaji, wo Shirley MacLaine einem Ritual entgeht, sind Hollywood in Reinform. Die Passage von Kalkutta nach Hong Kong spielt sich wieder bei RKO ab – die Reise nach Dschunke nach Yokohama enthält echte Aufnahmen des Mount Fuji, aber RKO liefert hier das japanische Theater, in dem Cantinflas auftrat. Die Wahlveranstaltung in San Francisco und Clancy's an der Barbary Coast, wo George Raft sich mit Marlene Dietrich zusammentut, während Frank Sinatra auf dem Klavier klimpert, entstanden allesamt in Hollywood. Die transkontinentale Bahnreise mit (einem sprechenden!) Buster Keaton als Wachmann wurde auf der **Durango and Silverton-Schmalspurbahn** gefilmt, die auf einer Strecke von 70 Kilometern zwischen Durango und Silverton neben der Route 550 verläuft und dabei die spektakulären 1000 Meter hohen San Juan Mountains im Südwesten von Colorado durchquert. Sie können den Zug nehmen (fahren Sie mit dem Bus bis Silverton und lösen Sie dort eine einfache Fahrt; oder holen Sie sich weitere Informationen in der 479 Main Avenue, Durango, Colorado [Tel. 303 247 2733]), aber die Hin- und Rückfahrt nimmt einen ganzen Tag in Anspruch. Die Stampede der Büffel (2448 Stück – o ja, die können Sie auch gerne nachzählen) wurde in Oklahoma gefilmt – ebenso das indianische Pow-wow, bei dem Cantinflas geröstet wird –, und zwar in **Lawton**, rund 110 Kilometer südwestlich von Oklahoma City an der Interstate 44 im Südwesten des Staates.

Die abschließende Seereise von New York nach Liverpool, bei der die *Henrietta* in Einzelteile zerlegt wird, um die Maschinen am Laufen zu halten, wurde vor dem **Newport Beach** südlich von L.A. gefilmt.

IN AND OUT
(1996, R: Frank Oz)
Kevin Kline, Joan Cusack, Tom Selleck
• **NEW JERSEY; NEW YORK STATE**

Kline spielt einen Englischlehrer, der während der Dankesrede des mit einem Oscar ausgezeichneten Ex-Schülers Dillon geoutet wird (die Story basiert auf Tom Hanks' Erwähnung seines Schauspiellehrers, als er für *Philadelphia* seinen Oscar entgegennahm – obwohl Hanks behauptet, er habe zuvor mit dem Lehrer Rücksprache genommen). In der fiktiven Stadt Greenleaf angesiedelt, entstand dieser Film in New York State und New Jersey, vorwiegend in **Northport**, NY. Greenleaf High ist die **Pompton Lakes High School, Pompton Lakes**, New Jersey. Die Barszenen wurden in **Riverdale**, New Jersey, gefilmt. Die Außenaufnahmen bei der Oscar-Verleihung entstanden vor dem **Lincoln Center for the Performing Arts**, New York. Ein weiterer Drehort war die Konzerthalle im **Performing Arts Center of Purchase College, 735 Anderson Hill Road, Purchase**, nördlich von New York.

IN DEN FESSELN VON SHANGRI-LA
(1937, R: Frank Capra)
Ronald Colman, Jane Wyatt, John Howard
• **KALIFORNIEN**

Die Eröffnungsszene in Capras Klassiker spielte am alten Los Angeles Metropolitan Airport, heute ein Teil des **Van Nuys Airport, 6590 Hayvenhurst Avenue, Van Nuys**. Die San Bernardino Mountains ersetzten die Berge von Baskul. Der Metropolitan Airport diente auch als Casablanca Airport in *Casablanca*. Das Flugzeug wird wieder aufgetankt am **Lucerne Dry Lake**, östlich von Victorville in der Mojave-Wüste. Die Luftaufnahmen des Himalaja zeigen tatsächlich die High Sierras nordwestlich von Lone Pine in Zentralkalifornien. Das Lamakloster von Shangri-La wurde auf der Columbia Ranch am 4000 Warner Boulevard, Burbank, gebaut, und das Tal des blauen Mondes mit dem tibetanischen Dorf liegt im **Sherwood Forest** hinter dem San Fernando Valley.

Die Wasserfallszene entstand im **Tahquitz Canyon** (er ist für Besucher nicht geöffnet, und wer dorthin will, benötigt eine besondere Erlaubnis). Tahquitz Canyon ist ein Teil des Palm Canyon, der sich gut 25 Kilometer lang in der Low Desert nahe Palm Springs erstreckt, rund 170 Kilometer östlich von L.A. Die Stelle, von der aus Ronald Colman in das Tal von Shangri-La hinabblickt, finden Sie nordwestlich von Los Angeles nahe Ventura. Rund 15 Kilometer weiter nördlich von Ventura liegt Ojai. Von Ojai folgen Sie der Route 150, **East End Drive**, ungefähr fünf Kilometer weit bis zu einem Ausläufer des Gebirges mit einer Steinbank und der Inschrift „The Ojai Valley".

Das linkische Musical-Remake von 1973 nutzte alte Camelot-Sets in Warners Burbank Studio, die ein wenig auf orientalisch getrimmt worden waren, sowie Gärten in L.A., in denen man weiße Tücher ausgelegt hatte, die

Schnee darstellen sollten. Die schneereichen Eröffnungsszenen wurden am **Mount Hood, Oregon**, gefilmt, der Heimat des Overlook Hotel aus Stanley Kubricks *Shining*.

IN DEN KLAUEN DER BORGIA

(1949, R: Henry King)
Tyrone Power, Orson Welles, Everett Sloane
• **ITALIEN**

Die Borgias in neuer Version als ein Gangsterfilm von Warners, verfilmt an authentischen Motiven in Italien: **Rom, Florenz, Venedig, San Gimignano, Terracina, San Marino** und in der **Kapelle des Palazzo Publico, Siena**.

IN DEN SÜMPFEN

(1941, R: Jean Renoir)
Walter Huston, Walter Brennan, Anne Baxter
• **GEORGIA**

Ein Flüchtling versteckt sich im **Okeefenokee Swamp** im Südwesten von Georgia, wo diese Szenen tatsächlich auch gefilmt wurden.

IN DER GLUT DES SÜDENS

(1978, R: Terrence Malick)
Richard Gere, Brooke Adams, Sam Shepard
• **ALBERTA, KANADA**

Die Härten des Farmerlebens in Texas Anfang des 20. Jahrhunderts. Visuell einer der atemberaubendsten Filme überhaupt, für den Kameramann Nestor Almendros zu Recht einen Oscar erhielt. Der verschlossene Regisseur Malick hatte zuvor nur einen Film gedreht – den herausragenden *Badlands* – und führte erst 1998 bei *Der schmale Grat* wieder Regie.
In der Glut des Südens wurde allerdings nicht in Texas gefilmt, sondern bei **Banff** und **Lethbridge** in Alberta, Kanada, bei einem den Amish ähnlichen Volk namens Hutteriten, deren Lebensart sehr nahe an die Zeit herankam, in der der Film spielte. Von privaten Sammlern lieh man sich authentische Getreidesilos und dampfbetriebene landwirtschaftliche Maschinen aus.
Man soll es kaum glauben, aber die original 70-mm-Kopien dieses visuellen Meisterwerks gingen für immer verloren, als ein Studioangestellter anwies, dass unerwünschte Filmrollen des Tom-Cruise-Flops *Tage des Donners – Days of Thunder* vernichtet werden sollten und dabei der falsche Titel in den Abfall wanderte.

IN DER HITZE DER NACHT

(1967, R: Norman Jewison)
Sidney Poitier, Rod Steiger, Warren Oates
• **ILLINOIS**

Detective Poitier verdient sich in diesem anspruchsvollen Film über zwei nicht zueinander passende Polizisten den Respekt des fanatischen Rod Steiger. Dafür gab es den Oscar für den Besten Film (in dem Jahr, in dem auch *Die Reifeprüfung* und *Bonnie und Clyde* anliefen). Sparta, Mississippi, ist tatsächlich **Sparta**, jedoch in Illinois, gut 65 Kilometer südöstlich von St. Louis. Weitere Szenen wurden in den Städten **Belleville** und **Freeburg** an der Route 15 gefilmt, die nach St. Louis führt.

IN DER MITTE ENTSPRINGT EIN FLUSS

(1991, R: Robert Redford)
Brad Pitt, Tom Skerritt, Craig Sheffer
• **MONTANA; WYOMING**

Reverend Skerritt lehrt in diesem Familiendrama von Redford seinen Sohn die Kunst des Fliegenfischens. Missoula ist eigentlich **Front Street, Livingston**, an der Interstate 91 im südlichen Montana. Die ausholenden Angelszenen wurden südlich der Stadt im **Paradise Valley** am **Yellowstone River** gefilmt, außerdem südlich von Bozeman am **Gallatin River** und südlich von Big Timber am **Boulder River**. Ein zweites Kamerateam filmte zudem in **Jackson**, Wyoming. Keinem Fisch wurde bei der Entstehung dieses Films etwas zu Leide getan.

IN DIE FALLE GELOCKT

(1940, R: William Wyler)
Gary Cooper, Walter Brennan, Fred Stone
• **ARIZONA**

Walter Brennan gewann einen Oscar als Richter Roy Bean, und er stahl dem darüber gar nicht glücklichen Cooper die Schau. Der Film entstand in der Stadt **Goldwyn** (raten Sie mal, nach wem die benannt wurde) nahe Tucson, Arizona. Als Nachbildung einer frühen texanischen Stadt errichtet, versprach Filmmogul Sam Goldwyn, sie als festes Set für alle seine Western zu benutzen.

IN EINEM FERNEN LAND

(1992, R: Ron Howard)
Tom Cruise, Nicole Kidman, Thomas Gibson
• **IRLAND; MONTANA**

Und wieder richtet sich ein verklärter, nostalgischer Blick ins alte Irland, wenn Cruise und Kidman in die Neue Welt auswandern. Für die Szenen an der irischen Küste nahm man **Dingle Peninsula**, wo (wie

Cruise und Kidman erreichen Boston: Market Street, Dublin

zuvor für *Ryans Tochter*) ein Dorf speziell für den Film gebaut wurde. Der Landsitz, auf dem der arme Bauernjunge Cruise sich in die Tochter des Gutsherrn verliebt, ist **Kilruddery** nahe Bray südlich von Dublin. Als Sitz des Earl of Meath existiert das Haus noch immer (sein Untergang in den Flammen entstand im Computer). Cruise und Kidman fliehen nach Amerika, aber die Dreharbeiten finden weiterhin in Irland statt. Ihre Ankunft im Boston um die Jahrhundertwende entstand auf der **Market Street** gleich hinter der Guinness-Brauerei in Dublin. Die übervollen Straßenszenen mit dem Bordell, in dem Cruise absteigt, entstanden in der **Temple Lane** nahe der Ha'penny Bridge. Molly Kays Bordell entstand in einer Baulücke zwischen einem Pub und einer Pizzeria.
Der Ansturm auf Grundstücke in Oklahoma wurde in den USA gefilmt: vor den Toren von **Billings**, Montana.

IN THE LINE OF FIRE – DIE ZWEITE CHANCE

(1993, R: Wolfgang Petersen)
Clint Eastwood, John Malkovich, Rene Russo
• **WASHINGTON D.C.; LOS ANGELES**

Clints Lokal in D.C.: Old Ebbitt Grill, Fifteenth Street

Da ist sie mal wieder, die alte Geschichte vom Psychopathen, der eine Vorliebe für einen unorthodoxen Cop entwickelt. Hier ist es Malkovich, der Eastwood als Leibwächter des Präsidenten verhöhnt.

Clint entspannt: Lincoln Memorial

Es überrascht auch nicht, dass die Geschichte in Washington D.C. angesiedelt ist. Seinen Drink nimmt Eastwood im traditionellen Taxifahrerlokal **Old Ebbitt Grill, 675 Fifteenth Street NW**, zu sich. Ein Eis genießt er dann auf den Stufen eines unvermeidbaren Drehorts in D.C., nämlich am **Lincoln Memorial**. Das Hotel in Denver, in dem Eastwood mit Rene Russo absteigt, ist das gute alte **Biltmore Hotel, 506 South Grand Street** am Pershing Square, Downtown L.A. (für Details siehe *Beverly Hills Cop – Ich lös' den Fall auf jeden Fall*). Er folgt dem Präsidenten nach L.A. Der Attentatsversuch und die sich anschließende Schießerei spielen sich im futuristischen und vollverglasten Hochhaus des **Westin Bonaventure Hotel, 404 South Figueroa Street**, Downtown L.A. ab *(Tel. 213 624 1000)*. Das Bonaventure präsentiert in diesem Film seinen **California Ballroom** – den größten in L.A. – und ist eines der Hotels, das in zahllosen Produktionen zu sehen ist, darunter im Echtzeitthriller *Gegen die Zeit*, Barry Levinsons *Rain Man*, im futuristischen *Strange Days*, in der klassischen Scheindokumentation *This Is Spinal Tap* und in James Camerons *True Lies – Wahre Lügen*.

INDEPENDENCE DAY

(1996, R: Roland Emmerich)
Will Smith, Jeff Goldblum, Bill Pullman
• **KALIFORNIEN; NEVADA; WASHINGTON D.C.**

Das Ziel der Aliens: First Interstate World Center, Downtown L.A.

Ein jugendlicher Kampfpilot als Präsident, eine bunt gemischte Truppe aus Helden und fliegenden Untertassen mit einem Durchmesser von 25 Kilometer sind alles Bestandteile dieses Überraschungserfolgs. Das Hotel der First Lady ist das **Biltmore Hotel, 506 South Grand Street**, Downtown L.A., von wo aus sie mit dem Hubschrauber entkommt (für Details siehe *Be-*

verly Hills Cop – Ich lös' den Fall auf jeden Fall). Die Airforce-Basis in der Wüste ist der **Wendover Airport** in Nevada, wo Will Smith den gefangen genommenen Alien über **White Sands** zerrt. Der Wolkenkratzer, auf dem die New-Age-Anhänger gemeinschaftlich die Aliens begrüßen und von ihnen als erste ausradiert werden, ist das Dach des **First Interstate World Center** an der Nordseite der 5th Street westlich der Grand Avenue, Downtown L.A. Der Stau im Tunnel entstand in L.A. im **Second Street Tunnel** zwischen Hill Street und Figueroa Street.

INDIANA JONES UND DER LETZTE KREUZZUG

(1989, R: Steven Spielberg)
Harrison Ford, Sean Connery, River Phoenix
• **UTAH; COLORADO; VENEDIG, ITALIEN; JORDANIEN; SPANIEN**

Der dritte Indiana-Jones-Film beginnt in **Moab**, Utah. River Phoenix verbringt als junger Indy den Prolog des Films im **Sevenmile Canyon** im spektakulären **Arches National Park**.

Indiana Jones unterrichtet: Rickmansworth Masonic School, Hertfordshire

Aber warum wird aus den beeindruckenden Felsformationen in dem Moment eine nichts sagende Graslandschaft, in dem der Zug auftaucht? Tja, das

Die venezianische Kirche: San Barnaba, Campo San Barnaba, Venedig

liegt daran, dass die Eisenbahnszenen auf der **Cumbras and Toltec Railroad** in Southern Colorado gefilmt wurden – übrigens eine Eisenbahn, mit der Sie wirklich reisen können. Die Hin- und Rückfahrt, die einen ganzen Tag in Anspruch nimmt, geht von Antonito, Route 285, südlich von Alamosa in Southern Colorado, rund 50 Kilometer südwestlich durch die San Juan Mountains nach Chama im Norden von New Mexico.

Flughafen Berlin: New Horticultural Hall, Westminster

Die Schule, in der Indy unterrichtet, ist die **Rickmansworth Masonic School, Chorleywood Road** (A404), die nur ein paar Minuten nördlich der Rickmansworth Station gelegen ist. Ebenfalls in Großbritannien findet sich der Schauplatz Berlin, wo es Indy gelingt, von Hitler ein Autogramm zu bekommen. Gedreht wurde in der **Stowe School** in Buckinghamshire, dem ehemaligen Zuhause des Herzogs von Buckinghamshire, dessen Landschaft von Capability Brown gestaltet wurde. Sie liegt etwas

Heimat des Grals, Halbmondcañon: Petra, Jordanien

mehr als sechs Kilometer nördlich der Stadt Buckingham und ist üblicherweise während der ersten beiden Aprilwochen sowie von Juli bis Anfang September für Besucher geöffnet *(Tel. 0280/813650).* Das strenge Innere des Berliner Flughafens findet sich tatsächlich in der **New Royal Horticultural Hall** an der Ecke **Greycoat Street/ Elverton Street** in Westminster, SW1. Sie ist zeitweise für Ausstellungen geöffnet. Für *The Saint – Der Mann ohne Namen* musste sie abermals als Berlin herhalten, und ein ähnlich faschistisches Aussehen erhielt sie auch für Ian McKellens Versammlung in *Richard III.*

Die Suche nach dem Gral führt Indy nach Venedig, wo er in der **Kirche von San Barnaba, Campo San Barnaba**, einen Hinweis findet. Sie liegt südlich des Rio di San Barnaba am Canal Grande im Südosten von Campo Santa Margherita im Bezirk Dorsoduro. Wenn Sie das echte Innenleben sehen wollen – die Kirche von 1749 ist jeden Tag von 7.30-12.00 und von 16.30-19.00 Uhr geöffnet. Zwar ist der Blick aufs Wasser in Venedig echt, aber wir sind schon recht bald wieder in England, da die Verfolgungsjagd durch die **Tilbury Docks** in Essex führt.

Das fiktive Iskenderun (offenbar handelte es sich um ein kleines Sultanat im Süden der Türkei und nördlich von Syrien) ist tatsächlich das spanische **Granada**. Der Bahnhof, in dem Denholm Elliott von Bettlern bestürmt wird, ist der Bahnhof **Guadix**, rund 50 Kilometer östlich von Granada an der N342.

Der Gral befindet sich im Halbmondcañon, in Wahrheit handelt es sich dabei um **Al Khazneh**, die Schatzkammer der Felsstadt **Petra** im Edom-Gebirge im Südwesten Jordaniens. Petra ist mit dem Auto drei Stunden von der jordanischen Hauptstadt Amman entfernt (man gelangt von Aqaba oder von Eilat in Israel allerdings einfacher dorthin), wenn man eine gut einen Kilometer lange Strecke (zu Fuß, per Kamel oder Pferd) durch den Siq zurückgelegt hat, eine schmale Felsspalte in den Klippen.

INDIANA JONES UND DER TEMPEL DES TODES

(1984, R: Steven Spielberg)
Harrison Ford, Kate Capshaw, Ke Huy Quan
• SRI LANKA; KALIFORNIEN; MACAU

Die Eröffnungsszene – „Shanghai, 1935" – im zweiten Abenteuer von Indiana Jones spielt in der **Rua de Felicidade** nahe dem Schwimmenden Casino in dem recht schäbigen Bezirk des Binnenhafens in Macau auf der von Hongkong abgewandten Seite der Flussmündung des Pearl River (für Details siehe *James Bond – Der Mann*

mit dem goldenen Colt). Die rosa Stadt Jaipur wurde als Wohnort des Maharadschas ausgewählt, doch die indischen Behörden bestanden auf Änderungen im Drehbuch, sodass man den Palast schließlich in den **Elstree Studios** nachbaute. Es wurde aber auch in Sri Lanka gefilmt, wo das indische Dorf mitten in der Teeplantage des **Hantane Tea Estate** hoch über der Stadt **Kandy** errichtet

Shanghai in den dreißiger Jahren: Macau

wurde. Die Sequenz auf der Hängebrücke entstand ebenfalls auf Sri Lanka über einer 100 Meter tiefen Schlucht nahe der Baustelle für einen Staudamm (was bedeutete, dass man auf genügend Ingenieure und Ausrüstung zugreifen konnte, um die Brücke zu spannen).

Shanghai Airport ist eigentlich die **Hamilton Air Force Base** in **Novato** nördlich von San Francisco. Ebenfalls in Kalifornien befindet sich das Skigebiet am **Mammoth Mountain** südlich des Yosemite National Park, der für den Himalaja einsprang. Zu den anderen Drehorten gehören der **Tuolumne River**, der in seinem eigenen „Grand Canyon" durch Yosemite verläuft, sowie der **American River**, der von Lake Folsom bis Sacramento reicht.

Der Himalaja: Mammoth Lakes, Kalifornien

DAS INDISKRETE ZIMMER

(1962, R: Bryan Forbes)
Leslie Caron, Brock Peters, Tom Bell
• LONDON

Die Pension in der Brockash Road: St. Luke's Road, Notting Hill

Abriss von Themen der sechziger Jahre über eine unverheiratete, werdende Mutter in Gestalt von Caron (ein internationaler Star war erforderlich, um den Film in Produktion gehen zu lassen), die in London eintrifft und sich mit einer bunten Mischung von Bewohnern eine von Ungeziefer befallene Unterkunft teilt. Gefilmt wurde im Großraum Notting Hill, die Pension in der fiktiven Brockash Road steht tatsächlich in der **4 St. Luke's Road**/Ecke Westbourne Park Road, W11.

INFERNO UND EKSTASE

(1965, R: Carol Reed)
Charlton Heston, Rex Harrison, Diane Cilento
• **ITALIEN**

Viel Inferno und wenig Ekstase in dieser dumpfen Sitcom aus dem 15. Jahrhundert, in der sich der langsame und temperamentvolle Innenarchitekt Charlton Heston mit dem geizigen Papst Rex Harrison streitet. Heston soll Michelangelo sein, dem man den Auftrag erteilt hat, die Sixtinische Kapelle mit einem Deckengemälde zu versehen. Die echte Kapelle konnte aus nachvollziehbaren Gründen nicht für die Dreharbeiten eingesetzt werden, also wurde sie in Rom in den Cinecittà Studios nachgebaut, wo einzelne Sektionen der Gipskulisse nach und nach entfernt wurden, um ein riesiges Foto von Michelangelos echter Arbeit freizulegen. Der „feuchte Verputz", der Heston unablässig in den Mund tropft, war übrigens Schokoladenpudding.
Heston wählt den Marmor für seine Skulpturen in den Steinbrüchen aus, die auch Michelangelo aufsuchte: in **Carrara**, südöstlich von La Spezia in den Apuan-Alpen der Toskana. Sie können eine Rundreise machen, um einige der 400 verschiedenen Steinbrüche in drei Tälern zu besuchen – Fantiscritti, Collonata und Torano –, die seit der Zeit der Römer den besten Marmor liefern. Der Petersplatz des Jahres 1508 wurde auf einem der schönsten mittelalterlichen Plätze in Italien nachempfunden, dem **Piazza del Popolo** in **Todi**, 40 Kilometer südlich von Perugia abseits der E45 in Umbrien.

INTERNAL AFFAIRS

(1990, R: Mike Figgis)
Richard Gere, Andy Garcia, Laurie Metcalf
• **LOS ANGELES**

Mike Figgis' düsterer und unbequemer Thriller über korrupte Polizisten ist eine Variation von *Othello*, bei der Gere gegen seinen Typ der Part des Iago-Charakters gegeben wurde. Angesiedelt ist der Film in L.A., womit das Hauptquartier des LAPD natürlich die **City Hall, 200**

Garcia spioniert Gere nach: **North Spring Street**, stellt.
Hollywood Roosevelt Hotel Andy Garcia beobachtet seine Frau bei deren heimlichen Mittagessen mit Gere im Restaurant des ehrwürdigen **Hollywood Roosevelt Hotel, 7000 Hollywood Boulevard**, Hollywood.

INTERVIEW MIT EINEM VAMPIR

(1994, R: Neil Jordan)
Tom Cruise, Brad Pitt, Kirsten Dunst
• **SAN FRANCISCO; LOUISIANA; PARIS**

Das leer stehende Gebäude, das als St. Martin's Hotel benutzt wurde, in dem Christian Slater von Brad Pitt die Story bekommt, befindet sich an der Kreuzung **Market Street/Golden Gate Avenue/Taylor Street** in San Francisco. Pitts Anwesen ist die **Oak Alley Plantation, 3645 Los Angeles Highway 18, Vacherie** in Louisiana. Eine

der restaurierten Villen zwischen New Orleans und Baton Rouge (die auch für das Remake von *Der lange, heiße Sommer* benutzt wurde), Oak Alley, erbaut 1839, verdankt ihren Namen 28 Eichen, die die dorthin führende Straße säumen. Das Haus ist an den meisten Tagen von 9 bis 17 Uhr für Besucher geöffnet *(Tel. 504 523 4351, es wird Eintritt verlangt).* Das Pariser Hotel ist in Wahrheit das **Pariser Opernhaus.**

Das St. Martin Hotel: Market Street

Pitts Anwesen: Oak Alley Plantation, Vacherie

INTOLERANCE

(1916, R: DW Griffith)
Mae Marsh, Lillian Gish, Constance Talmadge
• **LOS ANGELES**

Griffith' gewaltiges Historiendrama, das vier Geschichten von Intoleranz durch alle Zeitalter hindurch erzählt, war ein Meilenstein des Kinos. Das immense „Babylon"-Set mit den sich aufbäumenden Elefanten ist seit jeher ein Sinnbild für die alle Dimensionen sprengenden Hollywood-Epen gewesen. Natürlich existiert es schon seit langem nicht mehr, aber zu finden war es am 4500 Sunset Boulevard an der Kreuzung mit dem Hollywood Boulevard in Silverlake.

IPCRESS – STRENG GEHEIM

(1965, R: Sidney J. Furie)
Michael Caine, Guy Doleman, Nigel Green
• **LONDON**

Der erste von drei in den sechziger Jahren gedrehten Harry-Palmer-Spionagefilmen nach den Romanen von Len Deighton (Jahre später wurde die Reihe wiederbelebt und direkt auf Videokassette vertrieben) entstand an Schauplätzen rund um London. Die Haltestelle, an der der Wissenschaftler verschwindet, ist **Marylebone Station**, NW1.

IRRTUM IM JENSEITS

(1946, R: Michael Powell, Emeric Pressburger)
David Niven, Kim Hunter, Marius Goring
• **DEVON**

Powells und Pressburgers kunstvolles Traumszenario zeigt Niven als Kampfpiloten im Zweiten Weltkrieg, der nach dem Absturz seiner Maschine in einem surrealen Limbo gefangen ist. Die riesige Treppe in den Himmel ist ein Aufzug, der speziell für den Film vom London Transport Passenger Board und von Rowson, Drew and Clydesdale gebaut wurde. Der zweistufige 12-PS-Motor konnte mit 9 und 18 Metern pro Minute laufen. Der Film entstand größtenteils im Studio, doch The Burrows, jener menschenleere Strand, den Niven mit dem Himmel verwechselt und wo er dem merkwürdigen Ziegenhirten begegnet, ist **Saunton Sands** an der B3231 an der Nordküste von Devon südlich von Ilfracombe und westlich von Barnstaple.

IS' WAS, DOC?

(1972, R: Peter Bogdanovich)
Barbra Streisand, Ryan O'Neal, Kenneth Mars
• SAN FRANCISCO

Das Hotel Bristol: Hilton Hotel, O'Farrell Street

Bogdanovichs schwerfälliger Rückschritt zu den Screwballkomödien der dreißiger Jahre entstand in und um San Francisco. Das Hotel Bristol, in dem die verrückte Barbra Streisand dem Geologen Ryan O'Neal Probleme ohne Ende bereitet, ist das **Hilton Hotel, 333 O'Farrell Street**/Ecke Mason Street. Die Verfolgungsjagd ist unterhaltsam anzusehen, aber zum Ärger der Stadt hat sie nicht zu beseitigende Risse in den Stufen an der Südseite des **Alta Plaza Park** an der **Steiner Street**/Ecke Clay Street hinterlassen

Die Verfolgungsjagd: Alta Plaza Park

.

IS' WAS, SHERIFF?

(1974, R: Mel Brooks)
Cleavon Little, Gene Wilder, Harvey Korman
• LOS ANGELES

Der letzte wirklich ätzende Film von Mel Brooks, gewürzt mit einer kräftigen Breitseite gegen Rassismus. Das Gelände von **Warner Bros., 4000 Warner Boulevard** in Burbank, spielt die Hauptrolle in der letzten Kampfszene, die vor **Mann's** (ursprünglich Grauman's) **Chinese Theater, 6925 Hollywood Boulevard**, endet. Das Kino eröffnete 1927 mit der Premiere von DeMilles *König der Könige*, und sicher wissen Sie von den gut 180 Hand-, Fuß-, Nasen- und was auch immer für Abdrücken, die den Eingangsbereich schmücken – eine Tradition, die versehentlich (aber sicher doch) von Norma Talmadge, Mary Pickford oder Douglas Fairbanks Sr. begründet wurde, je nachdem, welcher der Legenden Sie glauben möchten.

ISADORA

(1968, R: Karel Reisz)
Vanessa Redgrave, Jason Robards, James Fox

• LONDON; DEVON; BUCKINGHAMSHIRE; FRANKREICH; ITALIEN; JUGOSLAWIEN

Reisz' episodenartige Verfilmung des Lebens der exzentrischen amerikanischen Tänzerin entstand an Drehorten rund um die Welt.

Das US-Theater, in dem „Peppy Dora" 300 Dollar verdient, um ihre Familie mit nach Europa zu nehmen, ist die **Wilton's Music Hall, 1 Grace's Alley, Wellclose Square** an der Cable Street, E1. Sie stand seit langem leer, ist aber in letzter Zeit wieder entdeckt worden; für Details siehe *Chaplin*. Bellevue, die französische Schule, die „fünfzehn Kilometer von Paris entfernt ist" und die der Nähmaschinenerbe Paris Singer für Isadora kaufte, findet sich in Buckinghamshire. Es handelt sich um das außergewöhnliche **Waddesdon Manor**, eine viktorianische Villa, die für Ferdinand de Rothschild im Stile eines Schlosses aus dem Loiretal erbaut worden war. Sehen können Sie es vom westlichen Rand des Dorfes Waddesdon aus, das zehn Kilometer im Nordwesten von Aylesbury an der A41 liegt. Das dem National Trust gehörende Haus ist von März bis Dezember mitsamt dem Grundstück für Besucher geöffnet (*Bahnhof: Aylesbury; Tel. 01296/822850, es wird Eintritt verlangt*). Sie können das Schloss auch in *Sag niemals nie* und in *Ist ja irre – Nur nicht den Kopf verlieren* sehen. Paris Singers beeindruckendes englisches Haus ist – es ist das **Oldway Mansion, Paignton** in Devon. Heute ist es das Paigntoner Civic Centre, aber das Grundstück und die Tennisanlage sind für Besucher geöffnet. Theaterszenen entstanden im **Theatre Royal, Drury Lane**, WC2. Weitere Dreharbeiten in London fanden statt im **British Museum, Great Russell Street**, WC1.

Das Berliner Theater ist das Nationaltheater in **Rijeka** im ehemaligen Jugoslawien. Die Szenen in Nizza, die zum Ende von Isadoras Karriere und damit in den zwanziger Jahren spielen, wurden in **Opatija** an der kroatischen Küste gedreht. Henri's Bar, jenes Strandlokal, in dem Isadora schließlich Mr. Bugatti begegnet, entstand am Strand von **Mostenica**, Jugoslawien. Die Bar war so beliebt und so stabil gebaut, dass die Bewohner darum baten, sie stehen zu lassen. Gefilmt wurde auch in **Ptuj** und **Zagreb** im ehemaligen Jugoslawien.

Der groteske Autounfall – der viel spektakulärer und unfassbarer war als in der Filmfassung – ereignete sich tatsächlich vor dem Hotel Negresco an der Küste bei Nizza, das als Drehort in Jean Vigos *A propos de Nice* und in *Der Schakal* zu sehen ist.

IST DAS LEBEN NICHT SCHÖN?

(1946, R: Frank Capra)
James Stewart, Henry Travers, Donna Reed
• LOS ANGELES

Kaum zu glauben, dass dieser Klassiker eine Pleite war, als er zum ersten Mal in die Kinos kam. Die Stadt Bedford Falls, in der der alte Engel Henry Travers den lebensmüden Stewart davon überzeugt, dass sein Leben nicht vergebens war, wurde komplett mit einem drei Häuserblocks langen Set auf der **Encino Ranch** von RKO im San Fernando Valley nachgebaut. Der Turnhallenboden, der sich öffnet, um einen Swimmingpool freizugeben, ist noch immer in Betrieb, und zwar in der **Beverly Hills High School, 255 South Lasky Drive**, am Moreno Drive in Beverly Hills, wo auf diese besondere Attraktion noch immer hingewiesen wird.

Tanzsaal und Swimmingpool: Swim-Gym, Beverly Hills High School

IST JA IRRE – DER DREISTE COWBOY
(1965, R: Gerald Thomas)
Kenneth Williams, Sidney James, Jim Dale
• **BUCKINGHAMSHIRE**

Gefilmt wurde im **Black Park Country Park** und **Chobham Common**.

IST JA IRRE – IN DER WÜSTE FLIESST KEIN WASSER
(1967, R: Gerald Thomas)
Phil Silvers, Jim Dale, Charles Hawtrey
• **KENT**

Im Grunde so wie die anderen Ist-ja-irre-Filme, hier mit Silvers als Gaststar. Die Wüste ist **Camber Sands** westlich von Dungeness an der Südküste von Kent.

IST JA IRRE – NUR NICHT DEN KOPF VERLIEREN
(1967, R: Gerald Thomas)
Kenneth Williams, Sidney James, Jim Dale
• **BUCKINGHAMSHIRE; SURREY**

Die Geschichte spielt während der französischen Revolution. Einem französischen Schloss in England kam nur eines am nächsten: das **Waddesdon Manor** am westlichen Ende des Dorfes Waddesdon an der A 41 zehn Kilometer nordwestlich von Aylesbury. Dieses Schloss im Stil der französischen Renaissance wurde für die Familie Rothschild erbaut. Es gehört heute dem National Trust und ist für Besucher geöffnet *(Tel. 01296/651142, es wird Eintritt verlangt)*. Zu sehen ist das Schloss auch in *Isadora* und *Sag niemals nie*. Weitere zeitgenössische Szenen entstanden bei **Cliveden** nahe Taplow, Buckinghamshire (für Details siehe *Hi – Hi – Hilfe!*), und **Clandon Park**, West Clandon, östlich von Guildford, Surrey (Bahnhof: Clandon) *(Tel. 01483.222482, Bandansage: 01483/223479; es wird Eintritt verlangt)*.

IST JA IRRE – EIN STREIK KOMMT SELTEN ALLEIN
(1971, R: Gerald Thomas)
Sidney James, Kenneth Williams, Charles Hawtrey

• **BUCKINGHAMSHIRE; SUSSEX**

Gefilmt wurde im **Black Park Country Park**, Buckinghamshire, und in **Brighton**.

IVANHOE – DER SCHWARZE RITTER
(1952, R: Richard Thorpe)
Robert Taylor, Joan Fontaine, Elizabeth Taylor
• **NORTHUMBERLAND**

Farbenprächtige historische leichte Kost, die unter anderem auf Bamburgh Castle östlich von Belford in Northumberland gedreht wurde. Das Schloss kann von April bis Oktober täglich besichtigt werden *(Tel. 01669/620314, es wird Eintritt verlangt)*.

J

JABBERWOCKY

(1977, R: Terry Gilliam)
Michael Palin, John Le Mesurier, Warren Mitchell
• **WALES**

Gilliams phantasievoller und blutiger Fantasyfilm über ein düsteres Zeitalter ist etwas für die Fans von *Die Ritter der Kokosnuss*. Die mittelalterlichen Schauplätze sind **Chepstow Castle**, Chepstow, Gwent, nahe der M4 Severn Bridge auf der M4 an der Grenze zwischen England und Wales; **Pembroke Castle**, Pembrokeshire, am südwestlichen Zipfel von Wales; außerdem **Bosherston Quarry**, rund elf Kilometer weiter südlich.

JACK RECHNET AB

(1971, R: Mike Hodges)
Michael Caine, Ian Hendry, Britt Ekland
• **TYNESIDE, ENGLAND**

Jack Carter fährt mit dem Zug nach Norden, um in diesem Kriminaldrama den Mord an seinem Bruder aufzuklären. Caine kommt in der **Newcastle Railway Station** an. Der nahe gelegene Pub, in dem Caine ein Pint trinkt, soll angeblich über die längste Theke in Europa verfügt haben, existiert aber nicht mehr. Die Schießerei zwischen Carter und den Jungs, die aus London kommen, um ihn zurückzuholen, spielt sich auf der Fähre zwischen North und South Shields ab. Die berühmten Brücken von Newcastle sind natürlich auch zu sehen: Carter trifft sich mit Margaret auf der **Tyne Bridge**, auf der **Swing Bridge** kauft er Heroin, um sie umzubringen. Das Wettbüro, in dem Carter mit dem Messer auf Albert losgeht, befindet sich in **South Shields**. Das Parkhaus, von dem Brumby in die Tiefe geworfen wird, stand in Gateshead und war zu der Zeit bereits geschlossen. Es soll in Kürze abgerissen werden. Das Haus von Jacks Bruder befand sich in der **Frank Street, Benwell**, und das Haus, in dem Jack selbst absteigt, lag in der **Coburg Street, Gateshead**. Das Zuhause des Schurken, der von John Osborne gespielt wurde, war das echte Heim eines Geldspielautomatenkönigs, der in einen Skandal um einen Mord in der Gegend verwickelt war. Es handelt sich um die **Dryderdale Hall, Hamsterley**, in County Durham. Das trostlose Ende entstand in **Blackhall Colliery** an der Küste zwischen Seaham und Hartlepool – nahe der Drehort, der für *Alien 3* verwendet wurde.

Ein Remake mit farbigen Schauspielern von 1972, *Hit Man*, mit Bernie Casey und Pam Grier, entstand in der Umgebung von L.A. und zeigte unter anderem die atemberaubenden **Watts Towers, 1765 107th Street, Watts**, und die **Milbank and McFie Residence, 3340 Country Club Drive** (für Details siehe *Murder, my sweet* von 1975). Das jüngste Remake mit Sylvester Stallone wurde rund um Seattle, Vancouver, und in Las Vegas gedreht.

JACKIE BROWN

(1997, R: Quentin Tarantino)
Pam Grier, Samuel L. Jackson, Robert Forster
• **LOS ANGELES**

Die Shoppingmall: Del Amo Fashion Center, Hawthorne Boulevard

Von ein paar gelegentlichen Regiefloskeln abgesehen, kann man diese Elmore-Leonard-Verfilmung kaum als die Arbeit des Mannes erkennen, der uns *Pulp Fiction* beschert hat. Die Bar „in der Nähe des Flughafens", in der Jackson und Robert De Niro rumhängen, ist das **Cockatoo Inn, 4334 West Imperial Highway**/Ecke Hawthorne Boulevard und liegt tatsächlich nicht allzu weit vom Flughafen Los Angeles International entfernt. Die weitläufige Shopping Mall, die sich weiter südlich in der Bay Area befindet, ist das **Del Amo Fashion Center, Hawthorne Boulevard**. Robert Forsters Kautionsbüro findet man in der **724 East Carson Street, Carson**.

Die Flughafenbar: Das Cockatoo Inn, West Imperial Highway, Hawthorne

JÄGER DES VERLORENEN SCHATZES

(1981, R: Steven Spielberg)
Harrison Ford, Karen Allen, Paul Freeman
• **HAWAII; TUNESIEN; FRANKREICH; KALIFORNIEN**

Die Eröffnungsszenen von Spielbergs besserem Samstagmorgen-Film, der in Südamerika spielt, entstanden auf der Insel **Kauai** in Hawaii, auf die der Regisseur für *Jurassic Park* zurückkehren sollte. Das Motiv ist der **Huleia River**, der zur Fern Grotto an der Ostküste nördlich von Lihue führt.

Der Hörsaal, in dem Ford Archäologie unterrichtet, ist das **Conservatory of Music of the University of the Pacific, Stockton**, Nordkalifornien. Studiokulissen, darunter die Raven Bar, der peruanische Tempel und der Brunnen der Seele wurden in Elstree in Hertfordshire gebaut. Das deutsche U-Boot (es ist das U-Boot aus *Das Boot*) wurde in einer echten Wehrmachtsbasis im französischen **La Rochelle** gefilmt.

Die Ägypten-Szenen bedienten sich der tunesischen Wüsten – des weitläufigen Salzsees von **Chott El Jerid** und, im Osten nahe der Grenze zu Algerien, der Oasenstädte **Nef-**

ta und **Tozeur**. Der Film hat einige Motive mit *Krieg der Sterne* gemeinsam, darunter **Sidi Bouhel**, heute bekannt als der Star Wars Canyon östlich von Tozeur am Rande von Chott. Der Schluss wurde auf den Stufen eines Regierungsgebäudes in Downtown San Francisco gefilmt.

JAGD AUF „ROTER OKTOBER"

(1990, R: John McTiernan)
Sean Connery, Alec Baldwin, Scott Glenn
• **KALIFORNIEN; WASHINGTON STATE;
  NORTH CAROLINA; LIVERPOOL**

Der sowjetische Admiral Connery entführt sein eigenes „unsichtbares" U-Boot und versucht in diesem Kalter-Krieg-Thriller überzulaufen, der in der Umgebung von **San Diego**, Kalifornien, und in **Port Angeles** an der Route 101 nördlich von Seattle am Strait of Juan de Fuca, Washington State, entstand. Die Russische Botschaft ist tatsächlich das **Sessions House**, ein Gerichtssaal in Liverpool. Studioaufnahmen wurden in den **Wilmington Studios**, North Carolina, gefilmt, weitere Dreharbeiten fanden im Festsaal des **Park Plaza Hotel, 607 South Park View Street**, mitten in L.A. statt.

EIN JAHR IN DER HÖLLE

(1982, R: Peter Weir)
Mel Gibson, Sigourney Weaver, Linda Hunt
• **PHILIPPINEN; NEW SOUTH WALES, AUSTRALIEN**

Der tatsächliche Schauplatz des Films ist Indonesien, aber aus nachvollziehbaren Gründen konnte dort nicht gefilmt werden. So begann die Produktion auf den Philippinen, doch Drohungen von islamischen Fundamentalisten sorgten für ein vorzeitiges Drehende. Die Produktion wurde ins deutlich sicherere Australien verlegt, gedreht wurde vorwiegend in der Umgebung von Sydney. Das Café und der Kai liegen in der Region **Metro Manila**, weitere Dreharbeiten fanden in **Chatsworth** statt, einem nördlichen Vorort von Sydney.

JAMES BOND – DIAMANTENFIEBER

(1971, R: Guy Hamilton)
Sean Connery, Jill St John, Charles Gray
• **LAS VEGAS, NEVADA; KALIFORNIEN;
  AMSTERDAM; DEUTSCHLAND**

Connery kehrt zum letzten Mal offiziell als Bond zurück – einer der besseren Filme, der allerdings von Produktionsproblemen geplagt war.
Der Diamantenschmuggel führt Bond natürlich in die europäische Edelsteinhauptstadt Amsterdam, wo entsetzte Touristen mit ansehen müssen, wie aus dem **Amstelkanaal** an der **Magere Brug** der Leichnam einer alten Frau geborgen wird. Das Apartment von Bond-Girl Tiffany Case befindet sich im dritten Stockwerk der **Reguliersgracht 36**. Aber dann führt es Bond auch schon wieder zu schillernderen Schauplätzen, in diesem Fall nach Las Vegas. Von der Verfolgungsjagd auf dem Parkplatz des Mint abgesehen, die auf dem Gelände von Universal gedreht wurde, entstanden die Vegas-Außenaufnahmen tatsächlich in der Spielerstadt. Das Slumber Mortuary, wo Bond um ein Haar eingeäschert wird, ist das **Las Vegas Visitors Bu-**

reau **Building** am Highway 10. Obwohl es in Vegas keinen Mangel an übertriebenen Dekorationen gab, beschlossen die Designer, die Inneneinrichtungen in Pinewood nach eigenem Gutdünken zu bauen. Genutzt wurden dagegen die „Themen"-Casinos, in denen sich Bond und Tiffany Case im **Circus Circus, 2880 Las Vegas Boulevard South**, treffen, und wo Trapezkünstler hoch über den Besuchern ihrer Tätigkeit nachgehen.
Willard Whytes Whyte House ist das **Las Vegas Hilton** (zu der Zeit das Las Vegas International Hotel). Im **Riviera Hotel and Casino, 2901 Las Vegas Boulevard South** *(Tel. 702 732 5110)* (dem Hauptdrehort für Martin Scorseses *Casino*) gewinnt Bond 50.000 Dollar und Plenty O'Toole, obwohl der Cameoauftritt von Sammy Davis Jr. auf dem Boden des Schneideraums endete. Bond besucht – wie sollte es anders sein – die Heimat der barbusigen Revue Folies Bergère, **The Tropicana, 3801 Las Vegas Boulevard South**. Die Verfolgungsjagd, die auf der **Fremont Street** entstand, bedeutete, dass dieser Bereich drei Nächte lang abgesperrt werden musste.
Die Techtronics Missile Laboratories sind eigentlich die **Johns Manville Gypsum Plant** am Rande von Vegas. Whytes Wintervilla ist ein Privatgebäude – die **Elrod Residence, 2175 Southridge Drive, Palm Springs**, entworfen von John Lautner, einem Fan von Frank Lloyd Wright. Blofeld startet seinen Satelliten von der **Vandenberg Air Force Base** an der Küste zwischen San Luis Obispo und Santa Barbara an der Interstate 1 im Süden von Kalifornien. Die Flugabwehrwaffen wurden auf einem vorübergehend aufgebauten Ölförderturm befestigt, der vor der Küste Südkaliforniens nahe Oceanside an der Route 5, zwischen Los Angeles und San Diego, im Meer errichtet worden war.
Es war eine verworrene und problematische Produktion, die einige recht ausgefallene Kontinuitätsfehler ergab, als die einzelnen Szenen zusammengefügt wurden. Der wohl bekannteste Fehler zeigt den Stuntwagen, der auf den beiden linken Rädern durch eine enge Gasse rast und auf den beiden rechten Rädern fährt, als er die Gasse verlässt.

JAMES BOND 007 – FEUERBALL

(1965, R: Terence Young)
Sean Connery, Claudine Auger, Adolfo Celi
• **BAHAMAS; FRANKREICH; FLORIDA;
  NORTHAMPTONSHIRE**

Der vierte Bond, der nach Goldfinger sehnlichst erwartet wurde, hatte das bis dahin höchste Budget und wurde im Panavision-Breitwandformat gedreht. Er erwies sich als äußerst erfolgreich, auch wenn es einen Unterwasserkampf gibt, der scheinbar kein Ende nehmen will. Der Teaser, in dem Bond bei einer Beerdigung die widerborstige Witwe zusammenschlägt und mit einem Jetpack entkommt, entstand am **Chateau d'Anet**, einem teilweise zerstörten Palast, der für Diane de Poitiers in Anet rund 80 Kilometer westlich von Paris erbaut wurde. Shrublands, die Gesundheitsfarm, auf der Bond Graf Lippe im Sitzbad kochen lässt, war das **Chalfont Park House, Chalfont Park**, im umgebautes Hotel nahe den Pinewood Studios. Die Einäscherung von Lippe in seinem Wagen wurde auf der Rennstrecke **Silverstone** in Northamptonshire gefilmt.

Das Hauptquartier von SPECTRE befindet sich in Paris. Die meisten anderen Motive finden sich – Überraschung! – in Nassau auf den Bahamas. Der schicke Nachtclub, in dem Bond mit Largo spielt und mit Domino tanzt, ist das **Cafe Martinique** auf **Paradise Island**, einem rund drei Kilometer langen Streifen aus Sand und Felsen am äußersten Rand des Hafens von Nassau. Die edel gekleideten Statisten sind Einheimische, die man mit dem Versprechen von kostenlosem Kaviar und Champagner dazu gebracht hatte, sich in Schale zu schmeißen – der typische Stil von Regisseur Terence Young. Zu der Zeit konnte man die Insel nur per Boot erreichen (heute gibt es eine Brücke), und damals trug sie auch noch den prä-touristischen Namen Hog Island.

Largos Palmyra-Anwesen mit dem von Haien bevölkerten Swimmingpool war die Sommerresidenz von Nicholas Sullivan und Familie aus Philadelphia (nein, ich habe auch keine Ahnung, wer das sein soll), **Rock Point, West Bay Street**, östlich von Compass Point auf **New Providence Island**. Das Junkanoo, Nassaus Boxing Day-Parade, entstand auf der **Parade Street** in Downtown Nassau. Der gestohlene Bomber stürzt bei **Rose Island** vor der nordöstlichen Küste von New Providence Island, ins Meer. Versteckt wird er bei **Clifton Wall**, einem Teil des Hafens von Nassau, wo das Gerippe des für den Dreh gebauten Requisits immer noch zu sehen ist und im *Feuerball*-Remake *Sag niemals nie* fast neben dem gesunkenen Frachter liegt. Für die Harpunen-Sequenz wurde die Golden Grotto benutzt, die heute – nach dem Originaltitel des Films – als **Thunderball Reef** bekannt ist.

Clifton Pier in Nassau Harbour ist der Schauplatz des Unterwasserrendezvous zwischen Bond und Domino, während der Strand, an dem sie an Land kommen und der passenderweise **Love Beach** heißt (obwohl er nach der Familie Love benannt ist), westlich von Gambier Village an der Nordwestküste von New Providence liegt. Der abschließende und ermüdend in die Länge gezogene Unterwasserkampf spielt sich auch am Clifton Pier ab. Inszeniert wurden die Unterwasserszenen von Ricou Browning, jenem Taucher, der in *Der Schrecken vom Amazonas* in das grüne Gummikostüm gestiegen war. Einige Nahaufnahmen wurden später in Silver Springs in Florida gedreht, wo man auch einen großen Teil des Gruselfilms aufgenommen hatte. **Silver Springs** ist eine Touristenattraktion östlich von Ocala, Route 40, Florida. Ebenfalls in Florida kommen die Froschmänner vom Himmel geflogen – im Hintergrund ist unverkennbar Miami zu sehen.

Bonds Aston Martin, der in *Feuerball* und *Goldfinger* eingesetzt wurde, ist im Carbo's Smoky Mountain Car Museum, Pigeon Forge, Route 66, südöstlich von Knoxville im Osten von Tennessee zu besichtigen.

JAMES BOND – GOLDENEYE

(1995, R: Martin Campbell)
Pierce Brosnan, Sean Bean, Izabella Scorupco
• LONDON; HERTFORDSHIRE; SURREY;
   ST. PETERSBURG, RUSSLAND; PUERTO RICO;
   FRANKREICH; SCHWEIZ; MONACO

Die zunehmend todgeweihte Serie befand sich am Rande des Ruhestands, als ihr durch Pierce Brosnan neues

Leben eingehaucht wurde. Die Eröffnungsszene mit Bonds spektakulärem Bungeesprung bei der russischen Einrichtung für chemische Waffen entstand tatsächlich am **Staudamm im Verzascatal** bei **Hittnau** in der Schweiz. Bonds Wettrennen mit Xenia Onatopp, das in den Hügeln oberhalb von Monte Carlo spielen soll, fand eigentlich auf den Gebirgsstraßen rund um **Thorenc** statt, gut 30 Kilometer nördlich von Grasse. Trotzdem trifft Bond im Casino de Monte Carlo, Monaco, ein, und in der Bucht vor Monte Carlo bringt Onatopp den Stealth-Helikopter in ihre Gewalt.

Die russische Kathdrale: St. Sofia's Greek Cathedral, Bayswater

Ms Büro ist endlich im echten Hauptquartier des MI6 im brandneuen Gebäude an der Themse nahe der **Vauxhall Bridge** untergebracht. Zwar wurde auch in **St. Petersburg** gefilmt, die Panzerverfolgung entstand aber in einem riesigen Set, das auf dem Gelände der alten Rolls-Royce-Flugzeugmotorenfabrik in **Leavesden**, Hertfordshire, gebaut wurde.

Auch zahlreiche andere russische Schauplätze wurden tatsächlich im Südosten Englands nachgestellt: Der Flughafen von St. Petersburg, wo sich Bond mit Joe Don Baker trifft, ist eigentlich **Queen's Stand, Epsom Racecourse, Epsom**, Surrey, während die Außenaufnahmen in St. Petersburg mit Baker im Hof des vor kurzem restaurierten **Somerset House, The Strand** entstanden. Die russische Kirche ist die **St. Sofia's Greek Cathedral, Moscow Road**, Bayswater, W2; und für die in St. Petersburg spielenden Innenaufnahmen wurde die grandiose Architektur der **Draper's Hall, Throgmorton Street, EC2** in der Innenstadt genutzt. Das riesige Radioteleskop ist **Arecibo** in Puerto Rico (für Details siehe *Contact*).

St. Petersburg: Somerset House, The Strand

JAMES BOND – GOLDFINGER

(1964, R: Guy Hamilton)
Sean Connery, Gert Fröbe, Honor Blackman
• MIAMI, FLORIDA; KENTUCKY; SCHWEIZ;
   BUCKINGHAMSHIRE

Auch der dritte Bond entstand noch mit einem recht bescheidenen Budget, und von einer Woche Dreharbeiten in der Schweiz abgesehen, wurden alle Szenen mit Sean Connery in England gedreht. Als Goldfinger beim Kartenspiel im Fountainebleau Hotel falsch spielte – heute das **Fountainebleau Hilton Resort and Spa, 4441 Collins Avenue, Miami**, Florida –, drehte Connery seine Szenen eigentlich in einer Kulisse in Pinewood. Tatsächlich entstand ein Großteil des Films nicht weit von Pinewood entfernt in Buckinghamshire. Die südamerikanischen Anlagen im Vorspann des Films sind ein

Bond spielt Golf mit Goldfinger:
Stoke Poges Golf Club, Slough

Tanklagerkomplex in **Stanwell**, westlich von London zwischen Staines und Hounslow; die Klippe, über die der Mercedes fliegt, ist in **Harefield Quarry** zu finden. Das Blue Grass Airfield, Kentucky, ist vielmehr das **Northolt Aerodrome**. Dementsprechend fand die Golfpartie zwischen Bond und Goldfinger nicht im Royal St. George's, Sandwich in Kent, statt, sondern im **Stoke Poges Golf Club** an der A332 einige Kilometer nördlich von Slough. Das Clubhaus, vor dem Oddjob mit seinem Hut eine Statue köpft, ist das **Stoke Park House, Stoke Poges Lane**.

Von außen ist es zwar das echte **Fort Knox**, Kentucky, südlich von Louisville nahe der Grenze zu Indiana, es wurde aber bei **Black Park Woodland** hinter dem Studiogelände von Pinewood nachgebaut. Ein komplett erfundenes Innenleben (Goldbarren in einer Gruft wirken nun mal überhaupt nicht fotogen) entstand auf einer Bühne. Bond verfolgt Goldfingers Rolls über Bergstraßen und begegnet Tilly Masterson bei **Andermatt**, einem kleinen schweizerischen Dorf rund 80 Kilometer südlich von Zürich nahe dem Simplon-Tunnel. Und obwohl die Totalen von Auric Enterprises die **Pilatus-Flugzeugfabrik** vor den Toren von Luzern zeigen, wurden die Szenen im Inneren von Goldfingers Komplex in den vertrauten Studiogebäuden von Pinewood gedreht.

Goldfinger spielt falsch: Fontainebleau Hotel, Miami

JAMES BOND – DER HAUCH DES TODES
(1987, R: John Glen)
Timothy Dalton, Maryam d'Abo, Jeroen Krabbe
• MAROKKO; ÖSTERREICH; GIBRALTAR; LONDON

Erster der ernsten Bonds, mit denen den zunehmend alberner werdenden Moore-Filmen entgegengewirkt werden sollte. Das Kriegsspiel in der Eröffnung des Films wurde auf **Gibraltar** gefilmt. Bonds Hauptquartier Universal Exports liegt auf der Südseite des Londoner **Trafalgar Square**. Bond trifft sich mit Saunders im **Prater-Café** im Wiener Prater, wo sich auch das Riesenrad aus *Der dritte Mann* befindet, das natürlich in die Handlung einbezogen wurde. Das Wiener Hotel ist das **Hotel im Palais Schwarzenberg, Schwarzenbergplatz 9**. Von sechs Hektar Park umgeben, liegt es im Herzen von Wien. Es

wurde vor 300 Jahren als Palast erbaut und später von den Nazis ausgeschlachtet. Das Theater ist der **Sofiensaal**, außerdem wurde am **Schloss Schönbrunn** gedreht. Der afghanische Flughafen ist **Ouarzazate Airfield** in Marokko (ein oft benutztes Motiv – für Details über Ouarzazate siehe *Lawrence von Arabien*). Bei der militaristischen Villa des Schurken Joe Don Baker handelt es sich um das **Forbes Museum, Palace El Mendoub, Tanger** (allerdings wurde das Innenleben im Studio nachgebaut), das vom Millionär Malcolm Forbes gegründet wurde.

JAMES BOND 007 – IM ANGESICHT DES TODES
(1985, R: John Glen)
Roger Moore, Christopher Walken, Grace Jones
• KALIFORNIEN; FRANKREICH; BERKSHIRE; SUSSEX; ISLAND; SCHWEIZ

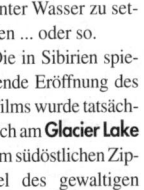

Der vierzehnte in der Reihe der Bond-Filme erzählt in großen Teilen die gleiche Geschichte wie *Superman* von 1978, da das Elektronikgenie Zorin versucht, den Sankt-Andreas-Graben zu aktivieren und das kalifornische Silicon Valley unter Wasser zu setzen ... oder so.

Bond springt auf das Ausflugsboot: Pont Alexandre III

Die in Sibirien spielende Eröffnung des Films wurde tatsächlich am **Glacier Lake** am südöstlichen Zipfel des gewaltigen

Bond trifft den CIA-Agenten Jack Lee: Fisherman's Wharf, San Francisco

Vatnajökull-Gletschers und im winzigen Dörfchen **Höfn** an der Südostküste Islands gefilmt. Bei einem Ausflug vom Hotel Höfn, 781 Hornefjöur *(Tel. 478 1240)* aus können Sie den Gletscher besuchen, allerdings sollten Sie bedenken, dass der Vatnajökull-Vulkan 1996 selbst unter der Eisdecke ausgebrochen ist. Die Jagd wird auf einem noch größeren Gletscher fortgesetzt – dem **Vadretta di Scerscen Inferiore** an der Grenze zwischen der Schweiz und Italien.

Ms Londoner Hauptquartier befindet sich nun in **Whitehall**. Bond nimmt Zorin zum ersten Mal auf der Rennbahn von **Ascot** unter die Lupe, gelegen an der A330 acht Kilometer südlich von Windsor, Berkshire.

In Paris trifft sich Bond mit dem französischen M Aubergine, der im **Restaurant Jules Verne** von einem Schmetterling getötet wird. Das teure Restaurant befindet sich auf der zweiten Ebene des Eiffelturms *(Tel. 01 45 55 61 44)*. Nachdem Zorins Handlangerin May Day den Absprung vom Turm gemacht hat, gibt es eine Verfolgungsjagd per Auto, die darin gipfelt, dass Bond mit seinem Wagen von **Pont Alexandre III** (einer wundervoll verspielten Konditorei, die auch in *Anastasia* und in *Moulin Rouge* zu sehen war, einem Film über das Leben von Toulouse Lautrec) aus auf einem Seine-Ausflugsboot landet.

Zorins Mine im Silicon Valley: Amberley Chalk Pits Museum

Zorins Anwesen ist das aus dem 18. Jahrhundert stammende (er behauptet, es sei aus dem 16. Jahrhundert, aber so sind Bond-Bösewichter nun mal) **Chateau Chantilly**, knapp über 30 Kilometer nördlich von Paris auf der N16 in der Region Picardy. Das beeindruckende Schloss ist für Besucher geöffnet *(Tel. 01 44 57 08 00, es wird Eintritt verlangt)*, liegt im Westen von Chantilly und ist von Gärten und Teichen umgeben. Vom Gare du Nord aus gelangt man zum Bahnhof Chantilly-Gouvieux, von wo aus der Weg zum Schloss ein gut 30-minütiger Spaziergang ist. Bei dieser Rennbahn handelt es sich um die beeindruckende **Piste d'Avilly**. Bond liefert sich im Wald von Chantilly ein Hindernisrennen mit Zorin, während Sir Godfrey in einer Autowaschanlage in Chantilly erdrosselt wird.

Bond folgt Zorin nach San Francisco, wo er sich mit dem CIA-Agenten Jack Lee am **Fisherman's Wharf** an der Bucht trifft. Das State Office Building, in dem sich das Büro von Zorins korruptem Beamten Howe befindet, ist die **San Francisco City Hall, Van Ness Avenue**/Ecke McAllister Street. Dieser Kuppelbau von 1915, der dem Petersdom in Rom nachempfunden ist, taucht nicht zum ersten Mal in einem Film auf – *Dirty Harry* scheint hier unverschämt viel Zeit damit zu verbringen, sich dem Willen der Stadtvertreter zu widersetzen. Den Filmemachern kam man mit ihrem Wunsch, ein Niederbrennen des Gebäudes zu simulieren, sehr weit entgegen und erlaubte ihnen unter anderem, die Balkone mit Gasbrennern zu versehen. Die Verfolgung per Feuerwehrwagen führt über die **Market Street** zur **Lefty O'Doul Drawbridge** an der Third Street/Ecke China Basin (ein Stück hinter dem Burgerstand, an dem Clint in *Dirty Harry kommt zurück* den unsterblich gewordenen Satz „Go ahead, make my day" sprach). Das Zuhause der Ölerbin Stacey Sutton ist **Dunsmuir House and Gardens, 2960 Peralta Oaks Court, Oakland** *(Tel. 510 615 5555, Führungen von April bis September)*, auf der anderen Seite der Bucht von San Francisco. Zorin's Main Strike, die verlassene Silbermine in Silicon Valley liegt gar nicht in Kalifornien,

nicht einmal in den Vereinigten Staaten. Den Eingang zur Mine können Sie auf dem 14 Hektar großen **Amberley Chalk Pits Museum** *(Tel. 01798/831370, es wird Eintritt verlangt; www.amberleymuseum.co.uk)* gegenüber der Amberley Station im westlichen Sussex finden.

JAMES BOND 007 – IM GEHEIMDIENST IHRER MAJESTÄT

(1969, R: Peter Hunt)
George Lazenby, Diana Rigg, Telly Savalas
• **SCHWEIZ; PORTUGAL; BUCKINGHAMSHIRE**

Diesmal etwas mehr Story, dafür etwas weniger Bond, was der hölzernen Darstellungskunst des Fernsehwerbemodels George Lazenby zu verdanken ist. Die Eröffnungssequenz, in der Bond Tracy aus dem Wasser rettet, wurde am **Guincho Beach** in der Nähe von Cascais westlich von Lissabon gedreht. Als Dracos Zuhause, Schauplatz der Geburtstagsfeier, diente das **Da Vinho Estate** in **Zambujal**. Bond wohnt im **Palacio Hotel, Rua Do Parque**, in **Estoril** nahe Lissabon *(Tel. 35121/4648000)*. Das Büro des Anwalts Gumpold, in dem Bond die aufregende Erfindung mit Namen Fotokopierer vorführt, ist das **Hotel Schweizer Hof, Bahnhofplatz 11, Bern** *(Tel. 31 326 8080)*.

Ms Haus ist Thames Lawn, eine am Wasser gelegene Villa in **Marlow** nahe den Pinewood Studios in Buckinghamshire. Ahnenforschung betreibt Bond am **Royal College of Arms, Queen Victoria Street**, EC4, nahe Blackfriars *(www.college-of-arms.gov.uk)*, wo er das Familienmotto der Bonds herausfindet: „Orbis non sufficit" – Die Welt ist nicht genug. Guter Titel für einen Film.

Die Stock-Car-Rallye wurde in **Lauterbrunnen** gedreht, drei Kilometer vom schweizerischen Mürren entfernt. Die Eislaufbahn befindet sich im nahe gelegenen **Grindelwald**. Blofelds auf einem Berg gelegene Allergieklinik ist **Piz Gloria**, ein sich drehendes Restaurant auf dem Gipfel des 3000 Meter hohen **Schilthorn** oberhalb von Mürren. Der fünf Stockwerke umfassende Komplex, der eine eigene Seilbahn hat, befand sich noch im Bau, als der Drehort entdeckt wurde. Die Dreherlaubnis erteilte man unter der Bedingung, dass die Filmgesellschaft die Inneneinrichtung und einen Hubschrauberlandeplatz bezahlte, was mit rund 60.000 £ zu Buche schlug. Das Restaurant wird heute noch betrieben.

JAMES BOND 007 – IN TÖDLICHER MISSION

(1981, R: John Glen)
Roger Moore, Carole Bouquet, Topol
• **GRIECHENLAND; ITALIEN; SPANIEN; BAHAMAS; LONDON**

Einer der besseren von den späten Moore-Bonds, der mit einer gruseligen Szene eröffnet, in der ein ausgeflippter Blofeld in einen Fabrikschornstein geworfen wird. Benutzt wurde dafür das Gaswerk North Thames bei **Becton** in London. Dort wurden auch die Vietnam-Szenen in Kubricks *Full Metal Jacket* gefilmt.

Der Anschlag auf ein Spionageschiff in der Ionischen See verärgert das britische Verteidigungsministerium, und

Staceys Villa: Dunsmuir House and Gardens

tatsächlich handelt es sich um dessen beruhigend stabile Türen des **Whitehall Court**, SW1. Melinas Eltern werden auf ihrer Yacht im Hafen von **Korfu** niedergeschossen. Im norditalienischen Wintersportort **Cortina d'Ampezzo** (Schauplatz des ersten *Rosaroten Panthers*) in den Dolomiten steigt Bond im **Hotel Miramonte Majestic** ab, **Localita Pezzie 103**. Er begegnet dem Erzschurken Kristatos an der **Olympischen Eisbahn**, die so wie viele Sportanlagen in Cortina für die Winterolympiade 1956 erbaut worden war. In der anschließenden Verfolgungsjagd kommen die **Skisprungrampe** und die **Bobbahn** zum Einsatz.

Nach einem kurzen Aufenthalt auf Korfu beginnen Bond und Melina mit der Suche nach St. Cyril's. Erster Halt ist eine Hochzeitsfeier, die im **Bouas-Danilia Village** inszeniert wurde, einer authentisch aussehenden, aber künstlich angelegten Touristenattraktion neun Kilometer nördlich von Korfu abseits der Paleokastrita Straße (sehr gut ausgeschildert und nicht so Disney-haft, wie es vielleicht klingt). Der Schauplatz, der für St. Cyrils benutzt wurde, ist weit schwieriger zu erreichen. Das auf einem Berg gelegene Kloster ist **Meteora**, 2 Kilometer nördlich von Kalambaka in Mittelgriechenland. Es gibt insgesamt noch fünf von einst 24 Klöstern, die an solch Schwindel erregenden Stellen errichtet wurden. Erbaut wurden sie während des serbisch-byzantinischen Kriegs im 14. Jahrhundert, zu erreichen waren sie nur über Holzleitern, die hereingeholt werden konnten. Heute sind sie über Stufen und Rampen zu erreichen (für jeden, der keine Probleme mit Höhenangst hat und züchtige Kleidung trägt – die ausgeliehen werden kann, wenn Ihre Bermudashorts eine Spur zu gewagt sind). Das im Film gezeigte Kloster ist das **Aghia Triatha** (Heilige Dreifaltigkeit), das über eine Wendeltreppe mit 139 Stufen erreicht werden kann. Die Bewohner der anderen Klöster, die von den Störungen der Filmcrew gar nicht begeistert waren, hängten angeblich ihre Wäsche zum Trocknen auf, um die Dreharbeiten zu stören.

JAMES BOND – LEBEN UND STERBEN LASSEN

(1973, R: Guy Hamilton)
Roger Moore, Yaphet Kotto, Jane Seymour
• **LOUISIANA; JAMAICA; NEW YORK CITY**

Einer der besseren Bond-Filme mit Moore, der mehr wie eine Hommage an *Der unsichtbare Dritte* wirkt: Er eröffnet mit einem Mord bei den Vereinten Nationen, der Held bringt sich vor einem Angriff aus der Luft in einem zugewachsenen Feld in Sicherheit, und zum Schluss gibt es noch eine Szene, die in einem Zug spielt. Das **United Nations Building** steht in der **46th Street**/Ecke First Avenue, New York, und Bond wird selbstverständlich in den Big Apple geschickt.

Das New Yorker Konsulat des fiktiven San Monique befindet sich in der **69th Street** mitten in Manhattan. Bond folgt einer Spur vom Oh Cult Voodoo Store, **33 East 65th Street** an der East Side, über die Fifth Avenue zum „Fillet of Soul und 124th Street" in Harlem. Gefilmt wurde das Fillet tatsächlich an der Upper East Side an der **Second Avenue/Ecke 94th Street**. Die sich anschließende Kampfszene entstand in der

118th Street nahe dem echten Harlem, während weitere Harlem-Szenen in der **117th Street** gefilmt wurden. Die Spur führt auf die Insel San Monique, die – wie es sich für einen Bond-Film gehört – in den West Indies liegt. Bonds Hotel, in dem Baron Samedi seine Voodoo-Nummer für die Touristen vorführt, ist das **Sans Souci Hotel, 2171 Magenta Drive** in **Ocho Rios**, Jamaica (das im ersten Bond-Film *Dr. No* als Miss Taros Zuhause zu sehen war). Der Friedhof war ein Set, das auf einem Hügel fünf Kilometer nördlich der Straße zwischen Montego Bay und Falmouth errichtet wurde. Die Verfolgungsjagd per Bus (unter dem Logo von San Monique steckt ein Londoner Doppeldecker) entstand auf dem Highway zwischen Montego Bay und Lucea.

Der baufällige Kai, von dem aus Bond und Rosie versuchen, an Quarrels Yacht zu gelangen, ist in der **Montego Bay** zu finden. Rosies Frühstücksveranda gehört zu einem Bungalow an der **Half Moon Bay**.

Weiter geht es zum New Orleans International Airport (**Moisant Field** in **Kenner**, 25 Kilometer östlich vom Big Easy daselbst entfernt), wo Bond zur Bleeker Flying School geschafft wird – in Wahrheit der Lakefront Airport – und wo mehrere Maschinen erheblich demoliert werden. Die Krokodilfarm (das Schild, das davor warnt, dass Unbefugte damit rechnen müssen, verspeist zu werden, ist echt) ist Ross Kanangas Farm, die Heimat von 300 Krokodilen und Alligatoren, die nicht in Louisiana zu finden ist, sondern auf Jamaika, rund 30 Kilometer von der Montego Bay entfernt. Kananga selbst, dessen Name für den Schurken des Films übernommen wurde, vollführt das Stunt, bei dem er über die Krokodile läuft. Bond entkommt per Boot und läutet damit die große Verfolgungsjagd durch die Bayous von Louisiana ein. Das Boot macht einen Satz über den Highway 11 in Höhe der **Crawdad Bridge** außerhalb von Phoenix auf dem Mississippi, südlich von New Orleans. Die unterbrochene Hochzeit wurde auf dem **Treadway Estate** gefilmt, einem ehemaligen Indianerreservat gut 50 Kilometer von New Orleans entfernt. Die Boote schießen über das Rasen des **Baldwin Estate**, Louisiana. Die Polizei blockiert den Fluss in Höhe der Miller's Bridge. Adam stirbt zwischen den rostigen Wracks der Werft in **Slidell**. Der Hafen des Southern Yacht Club liegt am Ufer des **Lake Pontchartrain**.

JAMES BOND – LIEBESGRÜSSE AUS MOSKAU

(1963, R: Terence Young)
Sean Connery, Robert Shaw, Lotte Lenya
• **SCHOTTLAND; TÜRKEI; VENEDIG, ITALIEN**

Ein Großteil des zweiten Bond-Films, der auch mit einem knappen Budget auskommen musste, entstand in den Pinewood Studios. Das Gebäude der Hauptverwaltung des Studios hielt in der Eröffnungsszene als SPECTRE-Hauptquartier her.

Bond reist nach Istanbul, um die potenzielle Überläuferin Tatjana Romanova abzuholen, mit der er sich heimlich auf der malerischen Fähre über den **Bosporus** trifft. Die Moschee, in der Donald Grant die Agentin tötet, ist die **Hagia Sophia**. Ebenfalls in Istanbul befindet sich Krilencus Apartment, diesmal im industriellen Sektor der

Stadt. In Ian Flemings Buch befindet sich vor dem Apartment eine riesige Werbetafel, die für den Film *Niagara* wirbt, und Marilyns Mund ist eine Klapptür. Im Film wirbt das Plakat für die Broccoli/Saltzman-Produktion *Bob auf Safari*, und der Mund gehört Anita Ekberg. Mehr muss dazu nicht gesagt werden.

Der Orient-Express fährt vom Istanbuler Bahnhof **Sirkeci** ab, der auch für den Bahnhof von Belgrad und Zagreb herhalten muss. Die Verfolgungsjagd per Motorboot begann vor der türkischen Küste bei einem kleinen Dorf namens **Pendik**, das nahe der griechischen Grenze liegt. Durch Verzögerungen und Probleme mussten diese Aufnahmen jedoch abgebrochen und später in **Crinan** an der schottischen Westküste beendet werden. Die Hubschrauberjagd wurde im schottischen **Lochgilphead** gefilmt, während die Schlussszene, in der Bond unter der Seufzerbrücke in Venedig hindurchsegelt, ein zweites Kamerateam erledigte.

JAMES BOND – LIZENZ ZUM TÖTEN
(1989, R: John Glen)
Timothy Dalton, Carey Lowell, Robert Davi
• MEXIKO; FLORIDA

Vielleicht der „ernsteste" aller Bond-Filme. Bonds alter Freund Felix Leiter heiratet Della Churchill in der **St. Mary's Star of the Sea Catholic Church, 1010 Windsor Lane, Key West** in Florida. Ebenfalls in Key West – auch wenn es sich um Bimini auf den Bahamas handeln soll – liegt die fiktive Barrelhead Bar. In Wirklichkeit ist es die **Harbor Lights Bar, 711 Eisenhower Drive**. Das echte Bimini können Sie am Ende von *Das Schweigen der Lämmer* sehen.

Als Bond beschließt, auf eigene Faust zu handeln, nachdem Leiter durch Sanchez' Haie ein Bein verloren hat, wird seine Lizenz zum Töten während einer Auseinandersetzung mit M im **Ernest Hemingway Museum, 907 Whitehead Street**/Ecke Truman Avenue, Key West, zurückgezogen. Das Haus von 1851 im spanischen Kolonialstil war das Zuhause des Schriftstellers von 1931 bis zu seinem Tod 1961. Es ist täglich von 9.00-17.00 Uhr geöffnet *(Tel. 305 296 5811, es wird Eintritt verlangt)*. Zu den anderen Motiven in Florida gehören **Garrison Bight Marina** am **Garrison Bight Causeway, Overseas Highway**, wo die Polizeieskorte ins Meer stürzt, und **Key West International Airport, South Roosevelt Boulevard**, wo Bond erfährt, dass Sanchez entkommen ist.

Der Großteil des Films wurde in Mexiko gedreht (in den Churubusco Studios). Das Haus von Bösewicht Sanchez ist das **di Portanova Estate** am Strand nahe **Las Brisas** in Acapulco. Isthmus City ist frei erfunden, die Szenen entstanden größtenteils in der Umgebung von Mexico City. Die Banco De Isthmus ist die Hauptpost von Mexico City. Bonds Hotel El Presidente ist im Innenleben das edle **Gran Hotel de la Ciudad de Mexico, Calle 16 de Septiembre** *(Tel. 5510 4040)* am Zocale, dem riesigen Platz mitten in der Stadt. Gebaut wurde es 1899, um das Centro Mercantil zu beherbergen, das erste Einkaufszentrum von Mexico City. Von außen ist die Bank eigentlich die **Biblioteca de la Banca de Mexico**, während für die Außenansicht von Sanchez' Büro das **El Teatro de la Ciudad, 36 Donceles**, ausgesucht wurde.

Das Isthmus Casino, wo Taliso Soto Bond aushilft, ist das **Casino Espagnol**, Mexico City. Das Heim von TV-Prediger Wayne Newton, das Olimpatec Meditation Institute, ist das **Otomi Ceremonial Center**, ein bizarres Bauwerk, das 1980 für die eingeborenen Otomi in **Toluca**, gut 55 Kilometer westlich von Mexico City am der Route 15, errichtet wurde. Bond und Leiter finden Sanchez auf der **Isla de Mujeres** nahe Cancun, wo alle Unterwasserszenen gedreht wurden. Die abschließende Verfolgungsjagd bei Paso El Diablo spielt sich am **Rumorosa Pass** ab, einer kurvenreichen Strecke gut 80 Kilometer westlich von Mexicali, gleich hinter der Grenze zu Kalifornien.

JAMES BOND – MAN LEBT NUR ZWEIMAL
(1967, R: Lewis Gilbert)
Sean Connery, Tetsuro Tamba, Akiko Wakabayashi
• JAPAN; GIBRALTAR; BAHAMAS; SCHOTTLAND; SPANIEN

Bond wird noch vor der Titelsequenz umgebracht, aber – Überraschung! – es ist nur eine Finte. Er erhält im Hafen von Hongkong eine Seebestattung, doch was geschieht bloß mit den Gebäuden, den Hügeln und den anderen Booten nach der ersten Einstellung? Die Bestattung wurde tatsächlich an Bord der H.M.S. Tenby gefilmt, die sicher im Hafen von **Gibraltar** vor Anker lag, während der Dreh der Unterwasser-Rettungsszene auf der anderen Seite des Atlantiks auf den Bahamas erfolgte.

Bonds Mission führt ihn nach Japan, wo er in Tokyo mit Mr. Henderson zusammentreffen soll – gespielt von Charles Gray, dem späteren Blofeld. Das Hauptquartier von Osato Chemicals ist das Tokioter **Hotel New Otani, 4-1 Kioi-cho, Chiyoda-Ku** *(Tel. 81 3 3265 1111, www.newotani.co.jp/tokyo/en)*, ein riesiger luxuriöser Klotz, der 1964 rechtzeitig für die Olympischen Spiele errichtet wurde.

Bond prügelt sich mit SPECTRE-Agenten in den Docks von **Kobe**, einem Industriehafen nahe Osaka (in jüngerer Zeit von einem verheerenden Erdbeben heimgesucht). Sein Absturz mit Helga Brandts Flugzeug irgendwo in Japan spielt sich tatsächlich bei **Finmere** in Schottland ab. Wiederum in Japan wurde der Helikopterflug über dem Dorf **Ebino** gedreht, wo Johnny Jordon – der Kameramann für Luftaufnahmen – ein Bein verlor, als ein anderer Hubschrauber zu nahe kam. Die Sequenz wurde später über **Torremolinos** in Spanien vervollständigt.

Die Ninja-Trainingsschule, in der sich Bond auflockert, ist das **Himeji-Schloss**, gut 50 Kilometer westlich von Kobe. Es ist gut zehn Minuten von der Himeji Station entfernt, von wo aus man einen guten Blick darauf werfen kann. Es gab einige Probleme mit der Presse, als behauptet wurde, einer der Stahlpfeile habe sich in die hölzerne Wand des altehrwürdigen Wahrzeichens gebohrt. Dieses Schloss ist auch in Kurosawas Epen *Kagemusha – Der Schatten des Kriegers* und *Ran* zu sehen. Der erloschene Vulkan, unter dem Blofeld sein Versteck eingerichtet hat, findet sich im **Kirishima National Park** nahe Kagoshima am Südzipfel der südlichsten japanischen Insel Kyushu. Das Innere ist ein gewaltiges, eine Million Dollar teures Set, das unter freiem Himmel in Pinewood entstand.

JAMES BOND – DER MANN MIT DEM GOLDENEN COLT

(1974, R: Guy Hamilton)
Roger Moore, Christopher Lee, Britt Ekland
• HONGKONG; MACAU; THAILAND

Bond verfolgt Scaramangas goldene Kugel zurück zum Waffenexperten Lazar in Macau, der ehemaligen portugiesischen Enklave westlich von Hongkong, wo es ihn unwiderstehlich ins Casino zieht, den **Floating Macau Palace, Inner Harbour, Rua das Lorchas**. Wie der Name erahnen lässt, ist das Casino ein ehemaliges Schiff, das am Westufer der Halbinsel angedockt liegt. Er fährt mit der Fähre über die Bucht nach **Kowloon**, wo er Maud Adams ins **Peninsula Hotel** folgt, **Salisbury Road**/Ecke Nathan Road *(Tel. 852 2920 2888; www.peninsula.com)*, das tatsächlich eine Flotte von grünen Rolls Royce unterhält und auch 1955 in dem antikommunistischen Abenteuerfilm *Treffpunkt Hongkong* mit Clark Gable und Susan Hayward zu sehen war.

Ebenfalls in Kowloon befindet sich der Club Bottoms Up – der inmitten des Neonröhrengeflimmers des Einkaufsbezirks **Tsim Sha Tsui** gelegen war – sowie Hai Fats Anwesen, der **Dragon Garden** an der **Castle Peak Road, Castle Peak**. Das regionale Hauptquartier des MI6 befindet sich tief im Inneren des Rumpfes der umgekippten, verrostenden Queen Elizabeth, die im Hafen von Hongkong auf Grund gesetzt wurde.

Die Spur von Scaramanga führt nach Bangkok und resultiert in einer Verfolgungsjagd per Boot durch die Klongs, jenes Netzwerk aus Kanälen, die kreuz und quer durch die Stadt verlaufen. Die Karateschule ist die Ancient City, das größte Freiluftmuseum der Welt mit maßstabsgerechten Nachbildungen berühmter Gebäude und Tempel vor Bangkok. Es liegt gut 30 Kilometer östlich der Stadt am **Sukhumvit Highway** in Changwat Samut Prakan *(es wird Eintritt verlangt; Tel. 226.1936)*. Das Kickbox-Match, bei dem Bond zum ersten Mal Scaramanga trifft, wurde in Bangkok im **Ratchadamnoen Stadium, Ratchadamnoen Nok Road**, gefilmt *(Tel. 281 4205)*.

Scaramangas Inselversteck ist **Khow-Ping-Kann**, eine von einer ganzen Reihe von winzigen, dschungelbewachsenen Kalksteinerhebungen in der **Phang Nga Bay** bei Phuket, an der Spitze der malaiischen Halbinsel. Zur Zeit der Dreharbeiten war es ein entlegenes und weitestgehend unbekanntes Paradies. Heute ist es dagegen von Touristen überlaufen, aber wenn Sie trotzdem dorthin wollen, müssen Sie eine gut 85 Kilometer lange Busfahrt in den Norden von Phuket Town in Kauf nehmen und dann einen Bootstrip unternehmen, um die „James Bond Island" zu sehen.

JAMES BOND: MOONRAKER – STRENG GEHEIM

(1979, R: Lewis Gilbert)
Roger Moore, Lois Chiles, Michael Lonsdale
• RIO DE JANEIRO, BRASILIEN; VENEDIG, ITALIEN; NEVADA; KALIFORNIEN; FLORIDA; FRANKREICH; GUATEMALA

Nach der phantastisch Höhenangst auslösenden Eröffnung wird aus *Moonraker* der wohl schludrigste aller

Bond-Filme. Bond trifft am **L.A. International Airport** ein, um das Verschwinden eines Space Shuttles zu untersuchen, und fliegt mit einem Hubschrauber über die Stadt, um das Anwesen des höflichen Schurken Drax zu besuchen. Drax' luxuriöses Häuschen wurde „Stein für Stein aus Frankreich herübergebracht". Stimmt nicht so ganz. Es ist wohl ein französisches Schloss, aber man hat es auf der anderen Seite des Atlantiks gelassen. Es ist das aus dem 17. Jahrhundert stammende Chateau **Vaux-le-Vicomte**, gut 30 Kilometer südöstlich von Paris. Erbaut wurde es für Fouquet, den Finanzminister von Louis XIV., ließ den König aber ob seiner Pracht neidisch werden. Mit der Überheblichkeit eines Bond-Schurken ließ Louis Fouquet in den Kerker werfen und begann mit der Planung des noch großspurigeren Schlosses von Versailles.

Bond folgt einer Spur nach Venedig, wo sich die Glasfabrik und das Museum von Drax nahe dem Markusplatz befinden. Der Eingang zur Glasfabrik ist **Venini, 314 Piazzetta dei Leoni**, nordöstlich der Markuskirche. Die dümmliche Verfolgungsjagd per Boot (bei der sich eine motorisierte Gondel aus unverständlichen Gründen in ein Luftkissenboot verwandelt) lässt Bond schließlich quer über den **Markusplatz** segeln, was zu einigen der lachhaftesten Gegenschüsse in der Filmgeschichte führt. Die Uhr, hinter der sich Bond mit den Schurken prügelt, gehört zum **Torre dell'Orologio**, dem Turm nördlich des Markusplatzes. Natürlich stürzt der Gegenspieler durch eine Attrappe. Das Uhrwerk kann besichtigt werden, wenn Sie sich ansehen möchten, wie es dort wirklich aussieht. Das Trainingslager ist **San Nicolo al Lido, Riviera San Nicolo**, ein Kloster an der Nordwestküste des Lido.

Danach geht es weiter nach Rio de Janeiro für einen Kampf mit dem Beißer in der Seilbahn zum **Zuckerhut** (nur in der Totalen – der Kampf selbst wurde in einer Attrappe in Pinewood gefilmt) und nach Guatemala für eine weitere Verfolgungsjagd per Motorboot, die zu Drax' Dschungelversteck führt. Ein US-Shuttle, das es mit Drax' Streitkräften aufnehmen soll, startet von der **Vandenberg Airforce Base**, zwischen San Luis Obispo und Santa Barbara am Coastal Highway 1, im Süden von Kalifornien (dort startete auch Blofelds Satellit in *Diamantenfieber*).

JAMES BOND – DER „MORGEN" STIRBT NIE

(1997, R: Roger Spottiswoode)
Pierce Brosnan, Jonathan Pryce, Michelle Yeoh
• LONDON; SUFFOLK; OXFORDSHIRE; HERTFORDSHIRE; DEUTSCHLAND; THAILAND; FRANKREICH; MEXIKO

Brosnans zweiter Auftritt als Bond. Die Eröffnung im Waffenbasar der Terroristen „an der russischen Grenze" entstand in **Peyresourde**, einem der wenigen in großer Höhe gelegenen Flugplätze, der sich in den französischen Pyrenäen befindet.

Das Oxford-College, in dem Bond eine neue Sprache lernt, ist das **New College**. Das Hauptquartier des MI6 ist **Somerset House, The Strand**, das in *James Bond 007 – Goldeneye* als St. Petersburg herhielt. Bond fliegt nach Deutschland, wo er am **Flughafen Hamburg** (dem echten) ankommt und sich mit Q trifft. Elliot Carvers Hauptquartier in Hamburg, wo Bond auf der Party seiner alten

Flamme Paris Carver begegnet, ist das **IBM Building** in **Bedfont Lakes** nahe Heathrow Airport. Carvers Druckerei ist eine Kombination aus zwei Londoner Druckereien: **Harmsworth Quays Printers Ltd., Surrey Quays Road**, SE16, und **Westferry Printers, 235 Westferry Road**, E14, am Millwall Dock (die Druckereien für den *London Evening Standard* und den *Daily Telegraph*).

Das Hotel, in dem Bond die tote Paris Carver vorfindet, ist das **Atlantic Hotel Kempinski, An der Alster 72-79** *(Tel. 040/28880)*, am Ufer der Außenalster im Zentrum von Hamburg. Die Verfolgungsjagd im Parkhaus spielt sich auf der vierten Etage des **Brent Cross Shopping Centre** in Golders Green, London, ab, zu dem die Feuerwehr gerufen wurde, nachdem einer der Stunts zu einer stärkeren Rauchentwicklung als erwartet geführt hatte. Der Sprung in die angebliche Avis-Filiale entstand dagegen an der Mönckebergstraße in Hamburg.

Die US Airbase in Okinawa im Südchinesischen Meer ist eigentlich **RAF Lakenheath** in Suffolk, auch wenn Joe Don Baker ein buntes Hemd und Shorts trägt. Die Seelandung erfolgte bei **Rosarito** in Baja California, Mexiko, wo auch *Titanic* gefilmt wurde.

Bond taucht in **Phuket Bay**, Thailand, zwischen den Kalksteintürmen auf, die schon in *Der Mann mit dem goldenen Colt* zu sehen waren. Die Saigon-Szenen wurden in Bangkok, Thailand, gedreht. Bei dem Hochhaus, von dem sich Bond und Wai Lin an einem Werbebanner hinunterlassen, befindet sich das **Banyan Tree Hotel, 21/100 South Sathorn Road, Sathorn** *(Tel. 66 2 679 1200; www.westin-bangkok.com)*. Die Verfolgungsjagd führt in Bangkok durch die **Tannery Row** und am **Mahogany Wharf** entlang, sie endet jedoch vor einem Set, das in den **Eon Studios** in Frogmore, Hertfordshire, gebaut worden war.

JAMES BOND – 007 JAGT DR. NO

(1962, R: Terence Young)
Sean Connery, Joseph Wiseman, Ursula Andress
• WEST INDIES; LONDON

Ian Flemings sadistischer, humorloser Snob verschwand für alle Zeiten, als Sean Connery zu James Bond wurde. Der erste in einer Reihe von einigen kitschigen Schurken ist der erfahrene Bühnenschauspieler Wiseman, der sich hinter dicken Augenlidern aus Kunststoff versteckt und vom fiktiven Crab Key in den West Indies aus operiert.

Die ersten Szenen spielen in **Kingston, Jamaika**, wo die „drei blinden Mäuse" durch die **Harbour Street** in Downtown schlendern. John Strangway wird von ihnen niedergeschossen und nach einer Partie im Queens Club weggeschafft, heute der **Liguanea Club**, ein Fitnessclub in **New Kingston** *(Tel. 926 8144)*. Strangways Cottage, wo seine Sekretärin umgelegt wird und Bond später einen Hinweis findet, stand in der **Kinsale Street**, nördlich von Kingston in den Ausläufern der Blue Mountains. Heute existiert es nicht mehr.

Bonds erster Auftritt auf der Kinoleinwand ereignet sich an einem Spieltisch im **Les Ambassadeurs, Hamilton Place**, hinter dem Hilton Hotel, abseits der Park Lane, London (nachgebaut im Studio, während die Beatles sich ein paar Jahre später in *Yeah, Yeah, Yeah* am echten Drehmotiv die Nacht um die Ohren schlagen). Wenn Sie Ihr Glück

herausfordern wollen – der Club existiert noch immer. Nach einem kurzen Geplänkel mit Miss Moneypenny beginnt Bond eine lang anhaltende Tradition, in die West Indies abzureisen. Er begegnet dem Betrüger „Mr. Jones" am **Norman Manley International Airport**, auf halber Strecke entlang der Palisadoes, der rund fünfzehn Kilometer langen Landzunge, die den Hafen von **Kingston**, Jamaika, schützt. Das Treffen mit dem Kolonialsekretär im Government House entstand im Anwesen des Governor General, **King's House**, mitten in Kingston. Das Ufer, an dem Bond Quarrel ausfindig macht, ist Morgan's Harbour nahe Port Royal an der Westspitze der Palisadoes.

Miss Taros Bungalow am fiktiven Magenta Drive ist eine Villa des kostspieligen **SuperClub Grand Lido Sans Souci Hotel**, in Ocho Rios – ein praktisches Motiv, da die Filmcrew ohnehin dort abgestiegen war – in den Ausläufern der Blue Mountains. 96 Suiten, acht luxuriöse Räumlichkeiten und sieben Penthouse-Wohnungen. Sogar in der Nebensaison sind Sie pro Nacht 250 Dollar los, und Kinder sind nicht zugelassen – nur Paare und Personen über 16 Jahre *(Tel. 876 974 2353)*.

Die Wasserfälle vor **Ocho Rios** sind der Strand vor Crab Key, wo Bond und Quarrel eintreffen. Der Strand, an dem die in einen Bikini gekleidete Andress auf unvergessliche Weise aus den Fluten steigt, ist **Laughing Waters**, seinerzeit ein privater Abschnitt des Roaring River, der das versteckt liegende Anwesen der zurückgezogen lebenden Mrs. Minnie Simpson beherbergte – die zudem ein Bond-Fan war. Die Wasserfälle finden Sie knapp eineinhalb Kilometer westlich des Dunn's Live River, fünf Kilometer westlich von Ocho Rios nahe dem Wasserkraftwerk.

Dr. Nos Bauxitmine in Crab Key ist tatsächlich eine Bauxitmine: **Kaiser Terminal** an der Küstenstraße A3 nahe Ocho Rios am nördlichen Ufer. Der Mangrovensumpf, wo der Drachenpanzer Bond und Honey in seine Gewalt bringt, ist Falmouth, rund 65 Kilometer weiter westlich.

JAMES BOND 007 – OCTOPUSSY

(1983, R: John Glen)
Roger Moore, Maud Adams, Louis Jourdan
• INDIEN; UTAH; MIDDLESEX

Wunderschön gefilmt, aber einer der unbedeutenderen Filme dieser Serie. Die südamerikanische Luftwaffenbasis in der Eröffnungsszene ist das **Northolt Aerodrome** in Middlesex, die spektakulären Luftaufnahmen entstanden über **Moab** im Südwesten von Utah. Die Außenaufnahme von **Sotheby's, 35 Bond Street**, W1, wo das

Bond in Berlin: Kurfürstendamm

Fabergé-Ei versteigert wird, ist echt, das Innere wurde dagegen im Studio in Pinewood nachgestellt.

Bond reist nach **Udaipur** in Indien (selbstverständlich über den Taj Mahal, obwohl der Hunderte von Kilometern abseits der Strecke nach Agra gelegen ist). Er residiert im luxuriösen **Shiv Niwas Hotel**, das zum Stadtpalast gehört und einer von drei Palästen des Mewar-Königshauses ist. Aus einem zweiten Palast, der ebenfalls zu einem Hotel – dem **Lake Palace Hotel** in

Lake Pichola, das auch zur HRH-Hotelgruppe gehört – umgewandelt worden ist, wurde Octopussys Heimat: der schwimmende Palast. Der Sommerpalast, von dem aus man das Gebiet überblicken kann, diente als Louis Jourdans Versteck, in dem Bond gefangen gehalten wurde. In Berlin wird Bond über die Shoppingmeile **Kurfürstendamm** bis zum damaligen deutsch-deutschen Grenzübergang Checkpoint Charlie auf der Friedrichstraße gefahren. Eine Nachbildung des alten Zollhäuschens kennzeichnet heute die Stelle, und ganz in der Nähe gibt es auch ein faszinierendes, wenn auch beengtes Museum: Haus am Checkpoint Charlie, Friedrichstraße 44. Bonds Flucht aus Karl-Marx-Stadt wurde auf dem Gelände der **Nene Valley Railroad** gedreht. Feldstadt, die angebliche US Air Force Base in Deutschland, ist tatsächlich die RAF-Basis in **Upper Heyford**.

JAMES BOND – DER SPION, DER MICH LIEBTE

(1977, R: Lewis Gilbert)
Roger Moore, Barbara Bach, Curt Jürgens
• **KANADA; SCHOTTLAND; SARDINIEN; ÄGYPTEN; BAHAMAS**

Der zehnte Bond hat mit dem gleichnamigen Buch von Ian Fleming wenig zu tun (der Autor hatte sich geweigert, seine Erlaubnis zu geben, die Geschichte zu benutzen, da sie ihm nicht gefiel). Herausgekommen ist eine verschwenderische Mega-Produktion, in der Jürgens alles Leben auf der Erdoberfläche vernichten will, um in einem Unterseereich zu herrschen. Der spektakuläre Skisprung zu Beginn des Films, der angeblich in Berngarten in Österreich zu sehen ist, wurde auf dem gut 1000 Meter hohen **Asgard Peak** gefilmt, 80 Kilometer von der Stadt Pangnirtung im Auquittuq Nationalpark entfernt an der Ostküste der Baffin Island, Kanada.

Die Marineeinrichtung, in der Bond über U-Boote informiert wird, ist die **Faslane Submarine Base** am Clyde nahe Glasgow. Der ägyptische Schwarzmarkthändler Fekkesh wird während der atemberaubenden Lightshow an der **Cheopspyramide** in **Gaza** nahe Kairo umgebracht. Bevor er sich auf den Weg zu Jürgens' Unterwasserversteck macht, halten sich Bond und KGB-Major Amasova (Bach) im riesigen **Hotel Cala de Volpe, Costa Smeralda** auf, gelegen auf den Klippen der Nordküste von Sardinien *(Tel. 39 0789 976 111)*.

Um das Innere von Jürgens' Super-Supertanker filmen zu können, das groß genug sein musste, um ganze U-Boote aufnehmen zu können, wurde die gigantische 007-Bühne in Pinewood gebaut. Mit einer Fläche von 114 mal 49 Metern und einer Höhe von über 16 Metern war sie zu ihrer Zeit die größte Bühne der Welt. Als 1985 Ridley Scott dort *Legende* filmte, wurde sie bei einem Brand schwer in Mitleidenschaft gezogen. Die Luftaufnahmen des Supertankers, der ein U-Boot schluckt, wurden im **Coral Harbor, Nassau** auf den Bahamas, mit Modellen gefilmt.

JAMES BOND 007 – DIE WELT IST NICHT GENUG

(1999, R: Michael Apted)
Pierce Brosnan, Robert Carlyle, Sophie Marceau

• **LONDON; SURREY; BUCKINGHAMSHIRE; HERTFORDSHIRE; WILTSHIRE; ASERBAIDSCHAN; FRANKREICH; SPANIEN; TÜRKEI; SCHOTTLAND; WALES**

Die Bootsjagd vom echten MI6 aus: Vauxhall

Der dritte Bond mit einem zunehmend selbstsicherer werdenden Brosnan, der mehr Gewicht als üblich verliehen bekam, da er eine erstklassige Besetzung und den Regisseur von *Gorillas im Nebel* vorweisen konnte. Die Eröffnungsszene spielt sich vor dem Hintergrund von Frank O. Gehrys atemberaubenden, titanverkleideten **Guggenheim Museum** am Fluss Nerrión im Zentrum von **Bilbao** ab (www.guggenheim-bilbao/es). Als das Testpublikum aber auf einen einzigen Stunt eher schlecht bedient reagierte, wurde die Titelsequenz weiter nach hinten geschoben, um die Verfolgungsjagd per Boot auf der Themse früher zu zeigen. Viel Aufmerksamkeit erregte der Schachzug, die Handlung selbst im echten Hauptquartier des MI6 an der Themse bei der **Vauxhall Bridge** beginnen zu lassen. Die nachfolgende Verfolgungsjagd per Boot (die stark gekürzt wurde) entstand überwiegend in Kanälen und Docks, weniger auf der Themse. Der Überschlag erfolgt am **Royal Victoria Dock** bei Canning Town – eigentlich auf der anderen Seite der Themse, wo sich der Höhepunkt der Verfolgungsjagd abspielte. Die Klappbrücke über die Themse ist die **Glengall Bridge, Milwall Inner Dock** an der Isle of Dogs. Danach geht es zurück zur Tower Bridge für den Sprung durch das Clubhaus der Kanuten beim **Tobacco Dock** auf dem winzigen **Ornamental Canal** an der **Wapping Lane** nahe Shadwell, E1. Ein geschickter Schnitt lässt Bonds Boot an der **Chatham High Street** in Kent an Land sausen, bevor es gegenüber dem zu der Zeit noch unvollendeten **Millennium Dome** in **Greenwich** wieder auftaucht.

Das vorübergehende Hauptquartier des MI6 in Schottland entstand an zwei verschiedenen Drehorten. Für die Beerdigungsszene kommt die Kapelle der **Stowe School** in Buckinghamshire zum Zuge (für Details siehe *Indiana Jones und der letzte Kreuzzug*), während sich Castle Thane selbst nördlich der Grenze befindet. Es ist das **Eilean Donan Castle** in **Dornie** nahe Kyle of Lochalsh, wohl am bekanntesten durch *Highlander – Es kann nur einen geben* *(Tel. 01599/555202, www.eileandonancastle.com).*

Die echten Ölfelder von Aserbeidschan sind echt und wurden bei **Baku** am Kaspischen Meer gefilmt, während die Nahaufnahmen in **Black Park** nahe den Pinewood Studios und bei **Hankley Common, Tilford Road** südlich von Tilford in Surrey entstanden. Der Standort der Pipeline ist **Cuenca** in Zentralspanien (suchen Sie aber nicht nach der hübschen kleinen Kapelle, die war nur eine Kulisse).

Die Skisequenz mit den angreifenden Paragldidern, die im Kaukasus spielen soll, entstand am Mont Blanc nahe **Chamonix** an der Grenze zwischen Italien und Frankreich. Ab hier wird Aserbeidschan größtenteils vorgetäuscht.

Das Äußere von Electras Palast in Baku ist eine Villa am Bosporus in Istanbul, während das Innenleben in **Luton Hoo**, Luton (für Details siehe *Vier Hochzeiten und ein Todesfall*), zu finden ist – ein bekanntes Motiv, das unter anderem in *Eyes Wide Shut* und *Oscar Wilde* zu sehen war. Außerdem dient es hier noch als die Bar des Casinos, während das Casino selbst die RAF-Offiziersmesse in **Horton**, Buckinghamshire, ist. Der Flughafen, von dem aus Bond seine nächtliche Flucht in Angriff nimmt, ist **Northolt Airport**.

Der Schauplatz in Kasachstan, wo Bond mit Christmas zusammentrifft, ist eigentlich **Bardenas Reales** nahe Tudela in Spanien, während das strahlende Pipeline-Terminal das **Motorola Building** in **Swindon**, Wiltshire, darstellt. Die Pipeline selbst liegt in den Bergen von Snowdonia in Wales, während die Explosion, vor der sich Bond und Christmas in Sicherheit bringen, in Black Park inszeniert wurde. M wird in **Kiz Kulesi** festgehalten, einem Leuchtturm aus dem 11. Jahrhundert an der Mündung des Bosporus bei Istanbul.

JAMON, JAMON – SCHINKEN, SCHINKEN
(1992, R: José Juan Bigas Luna)
Javier Bardem, Jordi Mollà, Penélope Cruz
• **SPANIEN**

Bigas Lunas sexuelle Satire wurde in der spanischen Region von **Monegros** gefilmt.

JANE EYRE
(1996, R: Franco Zeffirelli)
Charlotte Gainsbourg, William Hurt, Anna Paquin
• **DERBYSHIRE; YORKSHIRE**

Im Gegensatz zur im Studio entstandenen Hollywood-Version aus den 40er Jahren mit Joan Fontaine und Orson Welles begab sich der italienische Regisseur Zeffirelli nach Thornfield Hall, um die **Haddon Hall** südlich von Bakewell in Derbyshire als Drehort einzusetzen. Haddon Hall, die von März bis September für Besucher geöffnet ist *(Tel. 01629/812855, es ist Eintritt zu zahlen)*, kann man auch als den Sitz von Edward VI. in *Lady Jane – Königin für neun Tage* sehen. Jane Eyre trifft Rochester bei **Brimham Rocks** nahe der Pateley Bridge im Norden von Yorkshire.

JASON UND DIE ARGONAUTEN
(1963, R: Don Chaffey)
Todd Armstrong, Honor Blackman, Niall MacGinnis
• **ITALIEN**

Jason begibt sich in dieser Produktion, die einmal mehr Ray Harryhausens Kunst der Animation beweist, auf die Suche nach dem Goldenen Vlies. Die Musik komponierte der ruhmreiche Bernard Herrmann. Die Außendrehs wurden im italienischen **Palinuro** erledigt.

THE JAZZ SINGER
(1927, R: Alan Crosland)
Al Jolson, May McAvoy, Warner Oland
• **LOS ANGELES**

Der legendäre „erste Tonfilm" mit Jolson als jungem Mann, der eine Karriere als Sänger einschlagen will, wurde auf dem alten Warner-Bros.-Gelände in Hollywood gedreht, bevor die Gesellschaft 1929 auf ihr Gelände in Burbank umzog. Das Gebäude auf dem **5858 Sunset Boulevard** zwischen Bronson und der Van Ness Avenue steht heute noch und ist jetzt die Heimat des unabhängigen TV-Kanals KTLA.

JEAN FLORETTE
(1986, R: Claude Berri)
Gérard Depardieu, Yves Montand, Daniel Auteuil
• **PROVENCE, FRANKREICH**

Depardieu ist der bucklige Junge aus der Stadt, der fest entschlossen ist, aus einem geerbten Fleckchen Ackerland einen Erfolg zu machen. Dabei weiß er nicht, dass der habgierige Nachbar Montand den Brunnen blockiert hat, der dieses Feld mit Wasser versorgen sollte. So nimmt die Tragödie ihren Lauf. Der Film wurde unmittelbar vor *Manons Rache* gedreht, weniger eine Fortsetzung als vielmehr eine zweite Hälfte, die zum tragischen Abschluss führt.

Beide Filme wurden in der Provence im Süden Frankreichs gedreht, größtenteils im Dorf **Cuges les Pins** sowie im nahe gelegenen **Sommieres**. Zu den übrigen Drehorten zählten **Mirabeau, Vaugines** und **Ansouis**.

JENNY
(1948, R: William Dieterle)
Joseph Cotten, Jennifer Jones, Ethel Barrymore
• **MASSACHUSETTS; NEW YORK CITY**

Seltsame, übernatürliche Romanze, in der sich der Künstler Joseph Cotten in die himmlische Muse Jennifer Jones verliebt. Die Story spielt in New York, gefilmt wurde im **Central Park** und im **Tavern on the Green**, Central Park West/Ecke 67th Street – eine Gelegenheit, dieses oft eingesetzte Motiv so zu sehen, wie es vor seiner Komplettüberholung 1974 ausgesehen hat. Der Leuchtturm im stürmischen Höhepunkt des Films ist **Graves End Light** beim Boston Harbor.

JENSEITS DER STILLE
(1996, R: Caroline Link)
Sylvie Testud, Tatjana Trieb, Howie Seago
• **DEUTSCHLAND**

Es kommt zu familiären Spannungen, als das Kind taubstummer Eltern das Klarinettenspiel erlernt. Das heimatliche Dorf ist **Mainberg**. Der Gottesdienst in Gebärdensprache findet in der **Johann-Baptist-Kirche, München**, statt. Lara kommt in Berlin am **Bahnhof Zoo** an, und mit ihrer Tante besichtigt sie das **Brandenburger Tor**. Weitere Szenen entstanden im **Victoria Park** im Stadtteil Kreuzberg. Als Lara nach Berlin zurückkehrt, kommt sie am **U-Bahnhof Sophie-Charlotte-Platz** an. Sie trifft sich mit ihrer jüngeren Schwester bei den Elefantenstatuen am Eingang zum Zoologischen Garten, dann nimmt sie sie mit ins **Café Kranzler, Kurfürstendamm 18-19**, eines der ältesten Cafés von Berlin, das von Touristen überlaufen ist.

JENSEITS VON AFRIKA
(1985, R: Sydney Pollack)
Meryl Streep, Robert Redford, Klaus Maria Brandauer

• KENIA; TANSANIA

Karen Blixens Buch beschreibt ihre Erlebnisse in Afrika, als sie versuchte, auf den Ngong-Hügeln außerhalb von Nairobi Kaffee anzupflanzen. Der Film verfolgt die zum Scheitern verurteilte Affäre mit Denys Finch Hatton. Finch Hatton war ein kahlköpfiger, gut 2,10 Meter großer Eton-Abgänger mit einer Vorliebe für lateinische und griechische Dichter. Gespielt wird er von Robert Redford. Ja, so ist Hollywood. Die Schauplätze sind allerdings authentischer. Die Kleinstadt, die Nairobi 1914 noch war, entstand von Grund auf auf Weideland bei **Langata**, rund 50 Kilometer von der modernen Stadt entfernt. Die Osgood and Norfolk Hotels, ein Basar, eine Kirche und sogar der Bahnhof wurden nachgebaut. Karen Blixens Haus wird heute von der Regierung genutzt und ist von Neubauten umgeben. Ein existierendes Gebäude auf dem **Ngong-Molkereibetrieb** in **Karen** (ja, benannt nach Blixen), das nicht weit von Langata und vom echten Haus entfernt liegt, wurde renoviert, um als Abbild des Originals herzuhalten. Das Dorf Kikuyu und die Fassade des Muthiaga Clubs – wo Karen Bror Blixen heiratet – wurden ebenfalls dort errichtet. Der echte Muthiaga Club steht heute in einem der reicheren Vororte von Nairobi. Für die afrikanischen Landschaften sorgten **Masai Mara**, der in Kenia gelegene Teil der Serengeti-Ebene und das **Rift Valley** westlich von Nairobi. Der Zug der Tiere wurde vom zweiten Kamerateam am **Ngorongoro-Krater** und am **Manyara-See** in Tansania gefilmt.

JENSEITS VON EDEN

(1955, R: Elia Kazan)
James Dean, Raymond Massey, Julie Harris
• KALIFORNIEN

Diese Verfilmung des Romans von John Steinbeck entstand größtenteils an den Schauplätzen des Buchs im Norden Kaliforniens in der Umgebung von **Salinas** und der Küstenstadt **Mendocino** (die als Ersatz für das erheblich veränderte Monterey diente). Das Haus der Familie steht allerdings nicht mehr. Das Denslow-Morgan-Preston Mansion wurde ein Jahr nach den Dreharbeiten von einem Feuer vernichtet, und an seiner Stelle an der 45200 Little Lake Street findet man heute das Mendocino Art Center and Gallery. Es liegt in der Nähe von Angela Lansburys Haus aus der TV-Serie *Mord ist ihr Hobby* an der Ecke Little Lake Street und Ford Street. **Salinas Valley** war Schauplatz der meisten Außendrehs (die Bohnenfelder und das Kühlhaus der Trask-Farm wurden hier aufgenommen), weitere Dreharbeiten fanden in Salinas bei der **Spreckels Sugar Factory** statt. Der Rummelplatz wurde dagegen auf dem Studiogelände von Warner in Burbank gebaut.

JEREMIAH JOHNSON

(1972, R: Sydney Pollack)
Robert Redford, Will Geer, Stefan Gierasch
• UTAH

Der Film, der nach einer Geschichte von Edward Anhalt und John Milius entstand und ursprünglich *Liver Eatin' Johnson* heißen sollte, wurde rund um **Alpine Loop** und in **Provo Canyon**, Utah, gefilmt. Das Gebiet ist heute Teil von Redfords Sundance Resort.

JERRY MAGUIRE – SPIEL DES LEBENS

(1996, R: Cameron Crowe)
Tom Cruise, Cuba Gooding Jr., Renee Zellweger
• LOS ANGELES; ARIZONA; NEW YORK CITY

Crowes Oscar-preisgekrönte Geschichte eines Sportagenten spielt an rund 70 Drehorten rund um Los Angeles, außerdem wurden Szenen in **Tempe** und **Phoenix**, Arizona, gedreht. Das SMI-Hauptquartier ist ein riesiges Set, das in den Sony Studios in **Culver City** entstand. Es ist eine Hommage an das gewaltige und unpersönliche Büro in Billy Wilders *Das Appartement*. Cuba Goodings entscheidende Footballpartie wurde im Sun Devil Stadium auf dem Campus der **Arizona State University**, Tempe, gedreht. Der Film bediente sich auch der Drehorte **John Wayne Airport, Santa Ana** in L.A., **Manhattan Beach**, südlich von L.A., und **Times Square**, New York.

JESUS CHRIST SUPERSTAR

(1973, R: Norman Jewison)
Ted Neeley, Carl Anderson, Yvonne Elliman
• ISRAEL

Eine Horde Touristen spielt Lloyd-Webbers schreckliches und überholtes Musical mitten in der Wüste nach. Jesus ist ein Schwächling, die Schurken sind überzogen. Judas bekommt den besten Part und ersteht von den Toten auf. Die Krönung des Ganzen sind die Texte von Tim Rice. Gefilmt wurde in Israel in den Ruinen von **Pratzim**.

JESUS VON MONTREAL

(1989, R: Denys Arcand)
Lothaire Bluteau, Catherine Wilkening, Remy Girard
• MONTREAL, KANADA

Eine gewaltige Darstellung von Bluteau als einem Schauspieler, der Christus in einem radikalen Bühnenstück verkörpert. Gedreht wurde im **Way of the Cross, St Joseph's Oratory, 3800 Chemin Queen Mary** auf dem Mont-Royal, dem höchsten Punkt von Montreal, von dem aus man die gesamte Stadt überblicken kann.

JFK – JOHN F. KENNEDY – TATORT DALLAS

(1991, R: Oliver Stone)
Kevin Costner, Joe Pesci, Gary Oldman
• DALLAS, TEXAS; NEW ORLEANS, LOUISIANA; WASHINGTON D.C.

Irgendwie ist es Oliver Stone gelungen, die Erlaubnis zu bekommen, um zahlreiche authentische Drehorte in seinen umstrittenen Film über das Attentat auf Kennedy einzubeziehen, darunter sogar **Dealey Plaza** in Dallas, wo der Präsident von Unbekannten erschossen wurde. Die sechste Etage des Texas Book Depository – heute das **Dallas County Administration Building, 411 Elm Street** – ist ein faszinierendes Museum, das die vielen unterschiedlichen Attentatstheorien bietet. In Form von Videos und aufgezeichneten Kommentaren erfährt man zahlreiche Hintergrundinformationen. Das Museum ist sieben Tage die Woche geöffnet (*Tel. 214 747 6660, www.jfk.org/home.htm*). Für den Film wurde tatsächlich auf der siebten Etage gefilmt, was zum einen den Betrieb im Museum weniger störte, zum anderen aber auch erforderlich war, da der Baum, über den hinweg Lee Harvey Oswald angeblich geschossen hat, seit den sechziger Jahren um einiges größer geworden ist.

Zu den anderen echten Drehorten im Film gehören die Pension auf der **1026 North Beckley Avenue**, in der Oswald 1962 wohnte und in die er nach dem Attentat zurückkehrte (wo zudem Police Officer Tippit ums Leben kam); das **Texas Theater, 231 West Jefferson Street**, wo Oswald festgenommen wurde, und das alte **Dallas City Jail** in der **Main Street** in Harwood, wo er von Jack Ruby erschossen wurde.

Es sind aber nicht alle Drehorte authentisch. Das Parkland Hospital, in das Kennedy unmittelbar nach dem Attentat gebracht wird, ist in Wahrheit das **St. Joseph's Hospital, 5909 Harry Hines Boulevard, Fort Worth**, Texas. Jack Rubys zwielichtiger Nachtclub The Carousel ist ironischerweise im eleganten Venetian Room im **Fairmount Hotel, 1717 North Akard Street** Ecke Ross Avenue, in Downtown Dallas angesiedelt. Die Bar in New Orleans, in der Staatsanwalt Costner die Fernsehberichte vom Attentat mitverfolgt, ist das edle **Napoleon House, 500 Chartres Street**/Ecke St. Louis Street im French Quarter. Das Büro des schmierigen Ed Asner befindet sich in der **531 Lafayette Street**, der andere Eingang liegt gleich um die Ecke in der **544 Camp Street** und damit westlich des French Quarter.

Costner hat sein Büro im **Louisiana Supreme Court Building, 400 Royal Street**, New Orleans. Seine Konfrontation mit Anwalt John Candy spielt sich während einer Mahlzeit in **Antoine's Restaurant, 713 St. Louis Street**, New Orleans, ab. Die zentrale Gerichtsszene entstand am authentischen Schauplatz des Clay-Shaw-Verfahrens: im **Criminal Courts Building, Tulane/Ecke Broad Street**. In Washington D.C. wurde JFKs letzte Ruhestätte gefilmt, der Arlington National Cemetery an der **Arlington Memorial Bridge** *(U-Bahn-Haltestelle: Arlington Cemetery)*; außerdem Costners heimliches Treffen mit Donald Sutherland am **Lincoln Memorial**, 23rd Street NW *(U-Bahn-Haltestelle: Foggy Bottom)*.

Der einsame Schütze? Texas Book Depository, Dealey Plaza

JOHN CARPENTERS VAMPIRE

(1998, R: John Carpenter)
James Woods, Daniel Baldwin, Sheryl Lee
• NEW MEXICO

John Carpenters Vampire aus dem Südwesten stehen den Blutsaugern aus Kathryn Bigelows *Near Dark – Die Nacht hat ihren Preis* näher als dem mitteleuropäischen Adel der Hammer-Filme. Gedreht wurde in den roten Wüsten rund um **Santa Fe**, New Mexico. Das Sun God Motel ist ein Set, das rund um ein existierendes Schild gebaut wurde, das zu einem vor Jahren abgebrannten echten Motel gehört. Jäger Daniel Baldwin und die zur Vampirin werdende Sheryl Lee verstecken sich im **Plaza Hotel, 230 Plaza, Las Vegas** *(Tel. 505 425 3591)*, östlich von Santa Fe. Das Hotel weist bereits einen Eintrag in der Filmgeschichte auf. 1913 richtete dort Romaine Fielding das Hauptquartier für die Lubin Film Company ein, und später wurde es zur Heimat des Stummfilm-Westernstars Tom Mix, der viele Filme in der Umgebung von Las Vegas drehte und dabei immer wieder das Plaza als Drehort nutzte. Die fiktive Stadt Santiago ist eigentlich **Cerrillos**, eine kleine Wüstenstadt an der Interstate 14 zwischen Santa Fe und Albuquerque, die zuvor in *Young Guns* zu sehen war.

JOHN CHRISTOPHER, DER FRAUENWÜRGER VON LONDON

(1971, R: Richard Fleischer)
Richard Attenborough, John Hurt, Pat Heywood
• LONDON

Düsteres und nüchternes Portrait des Massenmörders John Christie, an dessen Stelle der unschuldige Timothy Evans erhängt wurde. Gefilmt wurde in Rillington Place selbst, bevor die berüchtigte Straße umgebaut und umbenannt wurde. Aus der Sackgasse wurde die Ruston Close, heute Ruston Mews, W11. Sie liegt an der Westseite der St. Mark's Road unmittelbar vor der Lancaster Road im Schatten des Westway. Nummer zehn war das letzte Haus links.

JUBILEE

(1978, R: Derek Jarman)
Jenny Runacre, Little Nell, Toyah Wilcox
• LONDON

Jarmans Beitrag zum Silberjubiläum der Queen ist eine in **Rotherhithe** entstandene, bittere Betrachtung der Punkszene der siebziger Jahre aus dem Blickwinkel einer zeitreisenden Queen Elizabeth. Queen Bess und ihr Astrologe John Dee wandern an den Klippen von **Winspit** entlang. Der Nachtclub, der sich von außen betrachtet in der **Westminster Cathedral** zu befinden scheint, ist das mittlerweile geschlossene Catacomb, ein zu seiner Zeit berüchtigter Schwulenclub in der Finborough Road an der Einmündung der Old Brompton Road in Earls Court, SW10. Jordan spielt „Rule Britannia" auf der Bühne des **Theatre Royal, Drury Lane**, vor dem Spiegelset des Musicals *A Chorus Line*.

JULES UND JIM

(1961, R: François Truffaut)
Oskar Werner, Jeanne Moreau, Henri Serre
• FRANKREICH

Truffauts klassische Dreiecksbeziehung zwischen Jeanne Moreau, dem Franzosen Henri Serre und dem Deutschen Oskar Werner vor und nach dem Zweiten Weltkrieg entstand in Paris und in Südfrankreich. Die Szenen in Paris wurden in den versteckt liegenden Gärten der **Villa Castel** hinter der Passage Plantin gedreht, die man über

Der „versteckte" Garten:
Villa Castel, Paris

eine enge Treppe von der 83 Rue Couronnes in Belleville aus erreicht *(Metro-Haltestelle: Couronnes)*. Auf der Rue du Transvaal oberhalb der Passage Plantin findet sich ein schmiedeeisernes Tor, durch das man einen Blick auf diese privaten Gärten werfen kann. Gedreht wurde auch im Elsass nahe der Grenze zu Deutschland sowie an der Côte d'Azur im malerischen Städtchen **St. Paul-de-Vence**, etwa 20 Kilometer nördlich von Cannes. Die Einäscherung und Beerdigung wurde auf dem Pariser Friedhof **Père Lachaise** gedreht (für Details siehe *The Doors*).

JULIA
(1977, R: Fred Zinnemann)
Jane Fonda, Vanessa Redgrave, Jason Robards
● **NORFOLK; CUMBRIA; OXFORDSHIRE; FRANKREICH**

Das Krankenhaus in Wien: Hôpital Villemin, Paris

Fonda spielt Lillian Hellman in einer dubiosen Darstellung ihrer Freundschaft mit der gegen die Nazis agierenden Aktivistin Julia in den dreißiger Jahren. Die in Amerika spielenden Szenen wurden in Großbritannien gedreht – **Winterton-on-Sea**, rund fünfzehn Kilometer nördlich von Great Yarmouth in Norfolk, nahm den Platz von Nantucket ein. Das Strandhaus von Hellman und Dashiell Hammett wurde hier auf die Dünen gesetzt. Das Adirondack-Gebirge lag in Wahrheit im Lake District, Cumbria, bei **Keswick**. Die Bootsszenen spielten sich auf dem **Lake Derwentwater** ab. Für die Aufnahmen an der Oxford University wurden das **St. John's College, New College** und die **Universitätsbibliothek von Oxford** verwendet.

In Paris logiert Julia im exklusiven **Hotel Meurice, 228 Rue de Rivoli**, das jahrelang das Zuhause des spanischen Königs Alphonse XIII. und von Salvador Dali war (der dort 30 Jahre lang blieb). Während des Zweiten Weltkriegs diente es tatsächlich als Hauptquartier der Deutschen *(Metro-Haltestelle: Tuileries; Concorde)*. An der Rue de Rivoli nahe dem Place de la Concorde bittet Maximilian Schell im **Jardin de Tuileries** Fonda, 50.000 Dollar zu schmuggeln. Die Aufstände im Paris des Jahres 1934 wurden in **Versailles** gedreht, der Stadt, die wohl durch ihr Schloss noch bekannter ist (deren gitterartige Struktur ist übrigens ein frühes Beispiel für das Prinzip der Stadtplanung). Fonda spaziert in den frühen Morgenstunden durch den weitläufigen **Jardin du Palais Royal** zwischen der Rue de Montpensier und der Rue de Valois *(Metro-Haltestelle: Palais Royal)*. Der Bahnhof, von dem sie abreist, ist der **Gare du Nord**, der so umgestaltet wurde, dass er weitestgehend seinem Aussehen von 1937 entspricht.

Das Wiener Krankenhaus wird vom **Hôpital Villemin** dargestellt, einem ehemaligen Militärhospital, das noch immer in Paris neben dem Gare de l'Est auf der **Rue du Faubourg** zu finden ist. Gebaut wurde es, um verwundete Soldaten aus dem Ersten Weltkrieg aufzunehmen, die mit dem Zug dorthin transportiert wurden. Die in Österreich und Berlin spielenden Szenen wurden in **Straßburg** gedreht. Der **Straßburger Bahnhof** mimte dabei den Berliner Bahnhof, während aus der **Universität** der Stadt die Universität von Wien wurde. Außerdem hielten die Straßen von Straßburg für die Unruhen in Florisdorf her. Der Grenzübergang an der deutschen Grenze ist **Schirmeck Station**, gut 65 Kilometer westlich von Straßburg.

JUMANJI
(1995, R: Joe Johnston)
Robin Williams, Bonnie Hunt, Jonathan Hyde
● **NEW HAMPSHIRE; MAINE; BRITISH COLUMBIA, KANADA**

Williams spielt wieder einmal das Kind im Manne, und diesmal wird er von einem finsteren Brettspiel ausgespuckt, nachdem er im Nichts groß geworden ist. Angesiedelt ist die Handlung in Brantford, New Hampshire, gefilmt wurde sie in der Gegend um **Keene** und **Swanzey** im südlichen New Hampshire; außerdem in **North Berwick** und **Kennebunk**, südlich von Portland, Maine. **Tsawwassen** an der Route 17 in Delta, der Halbinsel im Süden von Vancouver, British Columbia, fand ebenfalls Verwendung.

DIE JUNGFRAUENQUELLE
(1959, R: Ingmar Bergman)
Max von Sydow, Gunnel Lindblom, Brigitta Valberg
● **SCHWEDEN**

Als von Sydow die drei Männer tötet, die seine Tochter vergewaltigt und ermordet haben, entspringt in dieser sonderbaren, mittelalterlichen Fabel an der Stelle, an der sie ums Leben gekommen ist, eine Quelle. 1972 gab es ein in groben Zügen an diesen Film angelehntes Remake von Wes Craven unter dem Titel *Das letzte Haus links*. Bergmans Original wurde in den Wäldern rund um Styggforsen in Dalarna gedreht, damit also nicht allzu weit von Rattvik in Mittelschweden entfernt.

JUNGLE FEVER
(1991, R: Spike Lee)
Wesley Snipes, Annabella Sciorra, Spike Lee
● **NEW YORK CITY**

In Lees herausragendem Film über die Schwierigkeiten, über die Rassengrenzen hinweg Beziehungen einzugehen, ist Snipes ein New Yorker Architekt, der eine Affäre mit der italoamerikanischen Sekretärin Sciorra hat. Snipes' Nachbarschaft ist eine der Mittelklasse-Enklaven in Har-

Harlemer Institution: Sylvia's Restaurant, Lenox Avenue

lem: **Strivers' Row**, die in der Umgebung der West 138th Street und der West 139th Street gelegen ist. Gebaut wurden sie während des Siedlungsbooms in Harlem um 1919, um weiße Familien der gehobenen Mittelklasse zu beherbergen. Später wurden sie aber zum Dreh- und Angelpunkt für wohlhabende Afroamerikaner, die so genannten „Strivers", zu denen unter anderem W.C. Handy, Noble Sissle und Eubie Blake gehörten. Sciorras Zuhause ist **Bensonhurst** in South Central Brooklyn. Traditionell handelt es sich um eine italienisch-jüdische Gemeinde. Hier wurde der junge Schwarze Yusuf Hawkins im August 1989 zu Tode geprügelt. Lee war entschlossen, seinen Film in Bensonhurst zu drehen, obwohl die Anwohner massiv dagegen protestierten, Bombendrohungen und Angriffe eingeschlossen, bei denen Kameramann Ernest Dickerson von einem Stein getroffen wurde. Zu sehen ist **Sylvia's Restaurant, 326 Lenox Avenue/** Ecke 125th Street, Harlems legendäres Restaurant. Mittwochs muss man früh dort sein, wenn man kostenlose Karten für den Talentabend im Apollo Theater haben möchte.

JUNIOR BONNER

(1972, R: Sam Peckinpah)
Steve McQueen, Ida Lupino, Robert Preston
• **ARIZONA**

Subtiles Familiendrama über den alternden Rodeostar McQueen, der in seine Heimatstadt zurückkehrt. Gedreht wurde der Film in **Prescott**, Arizona, dem Schauplatz der Geschichte des Drehbuchautors Jeb Rosebrook. Das echte Prescott Rodeo bildete den Hintergrund.

Bei der Bar, in die sich während der Pausen alle begeben und die Schauplatz der Schlägerei ist, handelt es sich um die **Palace Bar**. Der Bahnhof ist natürlich die **Prescott Railroad Station**. Robert Prestons und Ida Lupinos Versöhnung wurde auf der Hintertreppe des **Palace Hotel** gefilmt.

JURASSIC PARK

(1993, R: Steven Spielberg)
Sam Neill, Laura Dern, Jeff Goldblum
• **HAWAII; KALIFORNIEN**

Spielbergs Blockbuster wurde zum größten Teil auf **Kauai** gefilmt, der kleinsten und zugleich schönsten Insel Hawaiis, auch wenn sich der Hurrikan Iniki alle Mühe gab, die Sets niederzureißen.

Die archäologische Ausgrabungsstätte wurde auf dem amerikanischen Festland gedreht, und zwar in einem Abschnitt des **Red Rock Canyon** nahe **Ridgecrest**, den man nur mit Allradfahrzeugen von der kalifornischen **Mojave-Wüste** erreichen kann. Alle Drehorte der Isla Nublar befanden sich allerdings auf Hawaii. Den Wasserfall, an dem John Hammonds Helikopter landet (die Landeplattform war nur für den Film errichtet worden), kann man auf dem Landweg nicht erreichen. Die meisten

Die Badlands: Red Rock Canyon nahe Ridgecrest, Kalifornien

Isla Nublar: Kauai, Hawaii

Helikopterausflüge auf Kauai werden allerdings zu den **Manawaiopuna Falls** im **Hanapepe Valley** angeboten. Der Standort der riesigen „Jurassic Park"-Tore ist fast genauso schwierig zu erreichen. Sie standen am Rande des **Blue Hole**, einem mit Wasser gefüllten Cañon nahe dem Mittelpunkt der Insel Kauai, für den man von Wailua an der Ostküste einen fünf Stunden langen Fußmarsch einkalkulieren muss. Der elektrische Zaun wurde im **Olokele Valley** auf Kauai errichtet, während weitere Szenen in **Lawai** entstanden. Für die Szenen, in denen sich die Dinosaurier-Herde wie ein Vogelschwarm vorwärts bewegt, wurde die bevölkerungsreichste und am umfassendsten erschlossene Insel Oahu genutzt, und dort insbesondere die **Kualoa Ranch, Kamehameha Highway, Ka'a'awa Valley**. Die Ranch ist für Besucher geöffnet, und der Baum, unter dem Sam Neill und die Kinder Schutz suchten, eignet sich noch immer bestens für einen Schnappschuss. Am besten gelangt man über den Kamehameha Highway nördlich von Honolulu dorthin, die Fahrtstrecke beträgt rund 30 Kilometer. Der Eingang befindet sich zur Linken, gegenüber dem Kualoa Regional Park *(Tel. 800 231 7321 oder: Kualoa Ranch and Activity Club, P.O. Box 650, Kamehameha Highway, Ka'a'awa, Hawaii 96730).*

K

EIN KÄFIG VOLLER NARREN
(1978, R: Edouard Molinaro)
Ugo Tognazzi, Michel Serrault, Michel Galabru
• FRANKREICH

Molinaros liebenswürdige Farce um einen Schwulen-Nachtclub (neu verfilmt in Hollywood als *Birdcage – Ein Paradies für schrille Vögel*) entstand an der bezaubernden und über-

Tognazzi und Serrault streiten: Place de l'Ormeau, St. Tropez

raschend unverbauten Küste von **St. Tropez** an der französischen Riviera. Den Club Cage Aux Folles gibt es nicht, aber Sie werden den **Place de l'Ormeau** am Ende der **Rue de l'Ormeau** als den Ort hinter dem Club erkennen, an dem sich Tognazzi und Serrault gestritten haben.

KAGEMUSHA – DER SCHATTEN DES KRIEGERS
(1980, R: Akira Kurosawa)
Tatsuya Nakadai, Tsutomo Yamazaki, Kenichi Hagiwara
• JAPAN

Der Schattenkrieger ist ein Doppelgänger, der angeheuert worden ist, um in diesem bewegenden Historienepos einen Clanchef zu mimen. Kurosawa drehte an mehreren Schlössern in Japan, wobei er meist aus einem flachen Winkel filmte, um eine störende, moderne Umgebung aus dem Bild zu verbannen. Die spektakulären Schlachtszenen entstanden auf der nördlichen Insel Hokkaido. Das weiße Schloss ist **Himeji Castle**, gelegen auf einer Klippe oberhalb der Stadt Himeji, gut 50 Kilometer westlich von Kobe. Zu Fuß ist es etwa zehn Minuten von der Himeji Station entfernt, von wo aus man es bereits deutlich ausmachen kann. Zu sehen ist das Schloss auch in *Ran*, Kurosawas Version von Shakespeares Tragödie *King Lear*, und in *James Bond 007 – Man lebt nur zweimal*.

KALIFORNIA
(1993, R: Dominic Sena)
Brad Pitt, Juliette Lewis, David Duchovny
• GEORGIA; KALIFORNIEN

Senas greller Thriller bedient sich heruntergekommener Landschaften rund um Atlanta, Georgia, und um die **Alabama Hills**, oberhalb von Lone Pine in Zentralkalifornien. Das Wüstencafé ist das geschlossene und zugenagelte **Ludlow Café, Ludlow**, an der Interstate 40, rund 50 Kilometer östlich von Newberry Springs (dem Standort des *Bagdad Cafe*) in der südkalifornischen Wüste. Ergänzende Wüstenszenen entstanden weiter westlich auf der Interstate 40 bei **Amboy**. Das alte Bradbury Textile Warehouse, Schauplatz der Pittsburgh-Morde, ist tatsächlich die **Murrays Mill, 1200 Foster Street, Atlanta**, Georgia, vormals E. Van Winkle Gin and Machine Works und heute eine offizielle historische Stätte.

KALTBLÜTIG
(1967, R: Richard Brooks)
Robert Blake, Scott Wilson, John Forsythe
• KANSAS; MISSOURI; NEVADA; COLORADO; TEXAS; MEXIKO

Verfilmung der wahren Geschichte – niedergeschrieben von Truman Capote – über die Ermordung einer Familie durch zwei junge Schläger. Der halbdokumentarische Stil wurde mit den echten Tatorten kom-

Das echte Gerichtsgebäude, das auch im Film zu sehen ist: Finney County Courthouse, Garden City

biniert und zeichnet die Flucht der Mörder vom Tatort in **River Valley Farm, River Road, Holcomb**, Kansas, quer durch Missouri, Nevada, Colorado, Texas und Mexiko nach. Das Gerichtsverfahren findet in dem Gerichtsgebäude statt, das auch Schauplatz des echten Verfahrens war – das **Finney County Courthouse, Garden City, Kansas**.

KAMPF DER WELTEN
(1953, R: Byron Haskin)
Gene Barry, Ann Robinson, Les Tremayne
• LOS ANGELES

Byron Haskins farbenprächtige Verfilmung verlegt die Geschichte von H.G. Wells aus einem englischen Dorf nach Kalifornien und ersetzt die schwerfälligen dreibeinigen Kampfmaschinen der Marsianer im Buch durch elegante Flugobjekte. **City Hall, 200 North Spring Street**, Downtown L.A., wird von den Marsianern zerstört.

Die Truppen werden aktiviert: US Government District Court Building, Spring Street, Downtown L.A.

Das Ende: St. Brendan's Church, Third Street

Gefilmt wurde auch am **United States Government District Court Building, 312 North Spring Street**/Ecke Aliso Street. Die Kirche, in der Barry schließlich Ann Robinson findet, ist die **St. Brendan's, Third Street**/Ecke Van Ness Avenue, Hollywood.

DER KANAL
(1956, R: Andrzej Wajda)
Teresa Izewska, Tadeusz Janczar, Emil Kariewicz
• WARSCHAU, POLEN

Die auf Tatsachen beruhende Geschichte über polnische Patrioten, die sich während des Warschauer Aufstands

1944 vor den Nazis verstecken. Das Loch in der Mauer findet sich an der Ecke **Dluga Straße** und **Miodowa Straße** nahe dem Krasinski Palast, Warschau. In der Nähe ist eine Gedenktafel aufgehängt.

DIE KANONEN VON NAVARONE

(1961, R: J. Lee Thompson)
Gregory Peck, David Niven, Stanley Baker
• RHODOS, GRIECHENLAND

Recht vergnügliche Abenteuergeschichte, aber da das Drehbuch von Carl Foreman geschrieben wurde, wird erst einmal kräftig moralisiert und philosophiert, bevor es kracht. Auf der Insel Rhodos angesiedelt, wurden die Innenaufnahmen in den **Shepperton Studios** gedreht, während die Außenaufnahmen in **Navarone** auf Rhodos entstanden – ob Sie es glauben oder nicht.

KANONENBOOT AM YANGTSE-KIANG

(1966, R: Robert Wise)
Steve McQueen, Richard Attenborough, Richard Crenna
• TAIWAN; HONG KONG; LOS ANGELES

Parallelen zu Vietnam ergeben sich, als sich 1926 ein US-Kanonenboot, die *San Pablo*, mit chinesischen Kriegsherren am Yangtse anlegt. Wise' Film entstand in **Taipeh** auf der Insel Taiwan an den Flüssen **Keelung** und **Tam Sui**. Im Bezirk Tam Sui wurden 900 der 5000 Einwohner als Statisten rekrutiert, um Fackeln gegen die *San Pablo* zu schleudern. Das Boot selbst, das mit 250.000 Dollar das teuerste Requisit seiner Zeit war, entstand nach dem Vorbild der Villa Lobos, die man nach dem Spanisch-amerikanischen Krieg den Spaniern abgenommen hatte. Der entscheidende Kampf mit 30 chinesischen Dschunken, angeblich auf dem Fluss Chien, wurde an einem Seitenarm des **Sai Kung** in Hongkong gedreht.
Die Innenaufnahmen entstanden bei Twentieth Century Fox in L.A. (Sie können dieselben Sets in der Zweitverwertung in Roger Cormans *Das Chicago-Massaker* sehen).

KAP DER ANGST

(1991, R: Martin Scorsese)
Robert De Niro, Nick Nolte, Jessica Lange
• FLORIDA

Scorseses erster im Studio gedrehter Genrefilm ist ein großes und gewalttätiges Breitwand-Remake des Thrillers *Ein Köder für die Bestie* von 1962 mit De Niro als Ex-Häftling und Nolte als Beschützer seiner Familie. Stars des Originals sind in Cameo-Auftritten zu sehen. Gefilmt wurde in Florida, rund um Fort Lauderdale und im südlichen Vorort Dania, Interstate 95 nördlich von Miami, und in der subtropischen Wildnis der Everglades an der Südspitze von Florida. Wenn Sie sie besuchen wollen: Der Haupteingang zum Everglades National Park liegt an der Route SR 9336 von Florida City oder nahe der Route 41 bei Shark Valley und Everglades City.
Das College, in dem De Niro Lewis in Versuchung führt, liegt in West Broward County, östlich vom Rolling Hills Golf Club aus *Caddyshack*. Es ist das **Broward Community College, 3501 SW Davie Road**. De Niro klammert sich am **Seminole Indian Truck Stop, North US**

Highway 27, an die Unterseite des Wagens.
Der Angriff auf De Niro, wenn er Nolte verhöhnt, entstand auf der **Brickel Avenue**. New Essex ist der **Hollywood Boulevard** in West Broward, und das Eiscafé ist das **Rainbo Cafe, 1909 Hollywood Boulevard**.

KARATE KID

(1984, R: John G. Avildsen)
Ralph Macchio, Noriyuki „Pat" Morita, Elisabeth Shue
• ARIZONA

Rocky als Remake für Teenager, und das auch noch vom selben Regisseur. Gefilmt wurde in **Sedona**, Arizona. In *Karate Kid Part II – Entscheidung in Okinawa* fliegt Pat Morita zurück nach Japan zu seinem kranken Vater und stellt fest, dass dort noch alte Rechnungen zu begleichen sind. Die hawaiianische Insel **Oahu** hält für Japan her. Alte Rivalitäten werden in der zweiten Fortsetzung *Karate Kid III – Die letzte Entscheidung* noch einmal aufgewärmt. Das hochmoderne Zuhause des Schurken ist das von Frank Lloyd Wright entworfene **Ennis-Brown House, 2607 Glendower Avenue, Los Feliz**, L.A. Für alle Details zu diesem Maya-Tempel aus Beton siehe *Das Haus auf dem Geisterhügel*.

KARUSSELL

(1956, R: Henry King)
Gordon Macrae, Shirley Jones, Cameron Mitchell
• MAINE

Macrae ersteht von den Toten auf, um für sein vergeudetes Leben Wiedergutmachung zu leisten. Diese Version des hervorragenden Musicals von Rodgers und Hammerstein wartet mit einigen veränderten Szenen auf, die der Geschichte nicht bekommen. Karussell, nach dem Stück Liliom von Ferenc Molnar, verlegt die Handlung von Ungarn an die Küste von New England. Als eines der wenigen Musicals seiner Zeit entstand es nicht völlig im Studio, sondern im Staat Maine in **Boothbay Harbor**, nahe der Interstate 1, rund 45 Kilometer südlich von Augusta. Gefilmt wurde auch in **Newcastle**, Maine.

DIE KATZE AUF DEM HEISSEN BLECHDACH

(1958, R: Richard Brooks)
Elizabeth Taylor, Paul Newman, Burl Ives
• NEW YORK STATE

Verwässerte Verfilmung nach Tennessee Williams, die durch eine Spitzenbesetzung in Bestform einiges wettmacht. Die Villa im tiefsten Süden ist eigentlich das **Coleman Estate, Muttontown** nahe Glen Cove – sie ist eine der grandiosen Villen am Nordufer von Long Island.

KATZENMENSCHEN

(1982, R: Paul Schrader)
Nastassja Kinski, Malcolm McDowell, John Heard
• NEW ORLEANS, LOUISIANA

Schrader zeigt, was in Val Lewtons subtilem Klassiker von 1942 nur angedeutet wurde. Nastassja Kinski verwandelt sich im Zoo in **Audobon Park**, New Orleans, in einen Panther. Ihr Haus befindet sich an der Ecke **Chartres/Esplanade**, gegenüber dem Germaine Wells Mansion.

KEINE ZEIT FÜR HELDENTUM
(1955, R: John Ford, Mervyn LeRoy)
Henry Fonda, James Cagney, Jack Lemmon
• MIDWAY; HAWAII

Ford und Fonda in ihrem achten gemeinsamen Film zerstritten sich während des Drehs der komisch-sentimentalen Geschichte von Thomas Heggen und Joshua Logan über das Leben an Bord eines Kriegsschiffs im Zweiten Weltkrieg. Fonda, der die Rolle im Theater gespielt hatte, sprach sich gegen die Ford'sche unverblümte Derbheit des Drehbuchs aus. Ford wurde schließlich ins Krankenhaus eingeliefert und durch den Warner-Bros.-Regisseur LeRoy ersetzt. Der Film entstand auf **Midway Island** im Pazifik und in der **Kanoehoe Marine Corps Air Station** auf Hawaii.

KENTUCKY FRIED MOVIE
(1977, R: John Landis)
Marilyn Joi, Saul Kahan, Marcy Goldman
• LOS ANGELES

Wüste Abfolge von Sketchen mit einem frühen Auftritt von John Landis, produziert vom Team Zucker-Zucker-Abraham. Das „Fühl-Kino" ist das **Rialto Theater, 1023 South Fair Oaks Avenue**/Ecke Oxley Street, South Pasadena (siehe dazu Robert Altmans *The Player*, der hier ebenfalls gedreht wurde). Der „Todessucher"-Sketch entstand im **Pasadena Department of Water and Power**.

KES
(1969, R: Ken Loach)
David Bradley, Colin Welland, Lynne Perrie
• YORKSHIRE

Aussichtsloses Leben im industrialisierten Norden, gefilmt in Loachs wirkungsvollem halb dokumentarischen, halb improvisierten Stil. Gedreht wurde rund um das winzige Dorf **Tankersley** an der Abfahrt 36 der M1 zwischen Sheffield und Barnsley, sowie in **Barnsley**, Yorkshire, selbst. Die ländliche Gegend, in der David Bradley lernt, den Turmfalken abzurichten, ist **Hoyland Common, Hoyland Road, Hoyland**, nordöstlich von Tankersley. Zur Schule geht er in die **St. Helen's County Secondary School, St. Helen's Way, St. Helen's**, im Nordosten von Barnsley.

KEVIN – ALLEIN IN NEW YORK
(1992, R: Chris Columbus)
Macaulay Culkin, Joe Pesci, Daniel Stern
• NEW YORK CITY; CHICAGO

Wieder einmal wird Culkin von seiner Familie getrennt, die auf dem Weg nach Florida ist, während es ihn nach New York verschlägt. **671 Lincoln Avenue** und **Chicago O' Hare** waren bereits im ersten Teil zu sehen. Culkin steigt im **Plaza Hotel, Fifth Avenue**/Ecke 59th Street, New York, ab. Aber das ist ein von John Hughes produzierter Film, und wenn etwas in Chicago gedreht werden kann, dann wird das auch so gemacht! Die Luxussuite, in der die Familie zum Ende des Films wieder zusammenkommt, soll den Blick auf den Central Park bieten, tatsächlich aber ist es die Conrad Hilton Suite des **Chicago Hilton and Towers, 720 South Michigan Avenue**.

Darum befindet sich Eddie Brackens Spielwarenhandlung auch unverkennbar am **Rookery Building, 209 South La Salle Street**/Ecke West Adams Street im Loop (für Details siehe *The Untouchables – Die Unbestechlichen*).

KEVIN – ALLEIN ZU HAUS
(1990, R: Chris Columbus)
Macaulay Culkin, Joe Pesci, Daniel Stern
• CHICAGO

Das Haus der MacAllisters: Lincoln Avenue, Winnetka

Macaulay Culkins Haus liegt im Norden von Chicago in der **671 Lincoln Avenue, Winnetka** *(Bahnhof: Winnetka, Metra Commuter Line ab der Northwestern Station)*. Nebenan befindet sich die Rasenfläche, wo Culkin den Weihnachtsmann besucht. Sie liegt vor der **Winnetka Village Hall, Green Bay Road**. Der Rasen mit dem Musikpavillon befindet sich eine Haltestelle nördlich von Winnetka, **Hubbard Woods**, während die Kirche weit entfernt im westlichen Vorort **Oak Park** gelegen ist. Der Flughafen, von dem die Familie abfliegt, ist natürlich **Chicago O'Hare**. Und der Pariser Flughafen ist ... na, was wohl? Auch O'Hare.

KILL ME AGAIN
(1989, R: John Dahl)
Val Kilmer, Joanne Whalley-Kilmer, Michael Madsen
• NEVADA

John Dahls facettenreicher Film Noir mit einem von Schulden getriebenen Privatdetektiv Kilmer, der der Femme Fatale Joanne Whalley-Kilmer hilft, ihren eigenen Tod vorzutäuschen.
Wo sonst könnte eine solche Story besser angesiedelt sein als im Spielerstaat Nevada?
Der Überfall in der Eröffnung des Films spielt sich in **Winnemucca** ab, an der Interstate 80 im Norden des Bundesstaates. Val Kilmer hat sein Büro in **Reno** (die Stadt mit dem bekannten Schild „Größte Kleinstadt

Reno: die größte Kleinstadt der Welt

Höhepunkt: Valley of Fire, Nevada

der Welt", das quer über die Hauptstraße gespannt ist). Whalley-Kilmer landet im immer wieder beliebten **Las Vegas Hilton, 3000 Paradise Road** (hier machte Robert Redford *Ein unmoralisches Angebot*, außerdem sieht man es als Willard Whyte's Whyte House im Bond-Film *Diamantenfieber*). Die Kilmers machen sich auf den Weg nach **Lake Mead**, wo ein zweiter Todesfall vorgetäuscht wird. Mead ist ein gewaltiger künstlicher See, der entstand, als der Colorado River durch den Hoover Dam gestaut wurde. Sie finden das Echo Bay Motel in **Echo Bay** am nordwestlichen Ufer des Lake Mead. Die Landschaft aus rotem Sandstein, die die Kulisse für den letzten Teil des Films bildet, kann man im nahe gelegenen **Valley of Fire State Park** sehen, gut 80 Kilometer nordwestlich von Las Vegas, abseits der Route 169 (für Details siehe *Star Trek: Treffen der Generationen*).

DIE KILLER-ELITE
(1975, R: Sam Peckinpah)
James Caan, Robert Duvall, Mako
• **SAN FRANCISCO**

Der in England spielende Roman von Robert Rostand wird nach San Francisco verlegt, weil Caan nicht außerhalb der USA drehen wollte. Aber der Film sieht gut aus und bedient sich etlicher Motive in der Stadt, darunter auch **Chinatown**, **Bethlehem Steel Pier** und der **San Francisco International Airport**. Dort überzeugte Peckinpah die Fluglinien, die sich Sorgen um die Sicherheit machten davon, dass ein Charakter, der tot zusammenbricht, einen Herzanfall erlitten hatte. Den Schuss fügte er natürlich erst später ein. Der Kampf auf dem Höhepunkt des Films spielte sich in der **Suisun Bay** ab, wo die eingemottete Flotte der Navy stationiert ist.

THE KILLING FIELDS – SCHREIENDES LAND
(1984, R: Roland Joffe)
Sam Waterston, Haing S. Ngor, John Malkovich
• **THAILAND; KALIFORNIEN**

Der New-York-Times-Reporter Sidney Schanberg entkommt dem Niedergang von Phnom Penh im Jahre 1975, doch sein Kameramann Dith Pran muss zurückbleiben. Obwohl er für tot gehalten wird, überlebt er das Pol-Pot-Regime. Tragischerweise wurde Dr. Haing S. Ngor, der als Pran einen Oscar für den Besten Nebendarsteller erhielt, 1996 bei einem Raubüberfall vor seinem Haus in L.A. niedergeschossen.
Dies ist ein weiterer Film, bei dem Thailand für Vietnam (und für Kambodscha) herhalten muss, wobei der Großteil der Dreharbeiten rund um **Phuket** erledigt wurde. Die französische Botschaft ist das **Colonial Town Hall, Narisarn Road**/Ecke Toh Sae Road in Phuket Town im Südosten der Insel. Das Phnom Penh Hotel ist das **Railway Hotel, Hua Hin**, das man von der Station Hua Lampong, Bangkok, mit einer Schmalspurbahn erreicht. Außerdem wurde in San Francisco gefilmt.

KILLING ZOE
(1994, R: Roger Avary)
Eric Stoltz, Jean-Hugues Anglade, Julie Delpy

• **PARIS; LOS ANGELES**

Dieser Gangsterfilm ist in Paris angesiedelt, aber die französische Hauptstadt bekommt man nur in Auftakteinstellungen zu sehen. Der Rest des Films entstand in Los Angeles: in der Gegend von **Long Beach** (wo eine Penthouse-Suite als Hauptquartier der Gang diente) sowie in Downtown (wo der Banküberfall inszeniert wurde). Das schicke Pariser Hotel, in dem Eric Stoltz sich mit Julie Delpy trifft, ist das in

Das Pariser Hotel: Mondrian Hotel, West Hollywood

West Hollywood gelegene, exklusive **Mondrian Hotel, 8440 Sunset Boulevard** *(Tel. 213 650 9999)*.

KIM – GEHEIMDIENST IN INDIEN
(1950, R: Victor Saville)
Errol Flynn, Dean Stockwell, Paul Lukas
• **INDIEN; KALIFORNIEN**

Buntes Abenteuer nach Rudyard Kiplings Roman, das zu einem großen Teil tatsächlich in Indien in **Jaipur** und **Bundi** entstand. Außerdem kamen die spekta-

„Indische" Landschaft: Alabama Hills, Kalifornien

kulären **Alabama Hills** zum Einsatz, von denen man auf Lone Pine in Zentralkalifornien blickt. Die Alabama Hills, eine beeindruckende Felsformation vor dem fesselnden Hintergrund der schneebedeckten Gebirgskette der Sierra Nevada, ist in unzähligen Filmen zu sehen gewesen, in vielen Fällen als Double für Indien und den Himalaja (siehe *Aufstand in Sidi Hakim*, *Der Hauptmann von Peshawar* und *Bengali*), außerdem als Westernlandschaft für *Das war der Wilde Westen* und *Sinola*. Mit dem jährlichen Lone Pine Film Festival wird das Kinovermächtnis der Region gefeiert, und sogar die Orte spiegeln die Bedeutung der Filmindustrie wider. Der Weg, der zu dem am häufigsten gefilmten Gebiet führt, heißt Movie Road. Eine detaillierte Karte mit den Drehorten in der Region bietet Dave Hollands unschätzbarer Reiseführer *On Location in Lone Pine*, der vor Ort verkauft wird.

KINDER DES OLYMP
(1945, R: Marcel Carné)
Jean-Louis Barrault, Arletty, Pierre Brasseur
• **FRANKREICH**

Carnés großer Klassiker über das Theaterleben in Paris um 1840 entstand während der Besetzung Frankreichs durch die Deutschen und war ständigen Kollaborationsvorwürfen ausgesetzt. Angesiedelt ist die Handlung auf dem Pariser Boulevard du Temple nahe den Arbeiterklassedistrikten Sainte-Antoine und Saint-Denis im 3. und 10. Arrondissement, benannt nach dem Templerorden, der einst mit der

Region in Verbindung gebracht wurde. Der Boulevard war eine Flaniermeile mit Bettlern und Schaustellern, und obwohl dies nach der Revolution von 1789 unterdrückt wurde, blühte der Boulevard in der Folgezeit wieder auf und wurde zum „Boulevard du Crime" – benannt nach der großen Anzahl Theater, die Melodramen aufführten, oder nach den zwielichtigen Marktschreiern, die davor ihren Geschäften nachgingen. Von den ursprünglichen Theatern hat nur das Theatre Dejazet überdauert.

Der Boulevard wurde für fünf Millionen Francs von Designer Alexander Trauner auf dem Gelände der **Studios la Victorine** in **Nizza** nachgebildet, wo man nahezu 50 Gebäude und Fassaden errichtete. Der Standort dieses gewaltigen Sets unter freiem Himmel ist heute der Parkplatz des Studios. Auch die meisten Innenaufnahmen entstanden in Victorine, selbst wenn einige Szenen in den Studios **Joinville** und **Francoeur** in **Paris** gedreht wurden. Die Studios la Victorine existieren noch heute (sie sind in Truffauts *Die amerikanische Nacht* zu sehen) an der **16 Avenue Edouard Grinda**, Nizza.

KINDERGARTEN COP

(1990, R: Ivan Reitman)
Arnold Schwarzenegger, Pamela Reed, Linda Hunt
• **LOS ANGELES; OREGON**

Sonderbare Mischung aus Kinderkomödie und brutalen Gewaltszenen. Die Mall in der Eröffnungsszene ist das **Main Place, 2800 North Main Street, Santa Ana**, in L.A. Nach dem Flug von L.A. nach Portland, Oregon, fährt Arnie auf der malerischen Route 26, **Sunset Highway**, durch **Tillamook** und die **Clatsop State Forests** nach Astoria, dem „San Francisco des Nordwestens", einer kitschigen, viktorianischen Stadt an der Mündung des Columbia River (auch bekannt aus *Nummer 5 lebt* und *Die Goonies*). Die Astoria Elementary School, in der er unter Schulleiterin Linda Hunt eine Stelle als Lehrer annimmt, ist die **Astor Elementary School, 3550 Franklin Avenue**, von der aus man einen wundervollen Ausblick über den Columbia River und auf die spektakuläre Zollbrücke nach Washington State hat.

KING GEORGE – EIN KÖNIGREICH FÜR MEHR VERSTAND

(1994, R: Nicholas Hytner)
Nigel Hawthorne, Helen Mirren, Rupert Everett
• **OXFORDSHIRE; LONDON; SUSSEX; BERKSHIRE; WILTSHIRE; MIDDLESEX**

Theaterregisseur Nicholas Hytner verfilmte Alan Bennetts Bühnenstück *King George – Ein Königreich für mehr Verstand* und bediente sich einer Vielzahl von Motiven. Das einleitende Konzert ist der prachtvolle, aus dem 17. Jahrhundert stammende Double Cube Room des **Wilton House** in **Wilton**, vier Kilometer

Der Palast von Westminster von außen: School Yard, Eton College

westlich von Salisbury an der A30, Wiltshire. Haus und Grundstück sind im Sommer geöffnet *(es wird Eintritt verlangt, Tel. 01722. 746720)*. Ein weiteres beliebtes Motiv, Wilton House, ist unter anderem auch zu sehen in *Barry Lyndon* und *Ihre Majestät Mrs Brown* (für Details siehe *Tschaikowski – Genie und Wahnsinn*).

Der Palast von Westminster von innen: Convocation, Oxford

Windsor Castle ist seit der Zeit George III. in erheblichem Umfang umgebaut worden, sodass für den Film Außenansichten von **Arundel Castle, Arundel** in West Sussex (Bahnhof: Arundel) verwendet wurden, das im 12. Jahrhundert das Heim des Duke of Norfolk war. Das Schloss ist im Sommer sonntags bis freitags geöffnet *(es wird Eintritt verlangt; Tel. 01903/883136)*. Der Eingang befindet sich in der Lower Lodge Mill Road, Arundel, gleich nördlich der A27 zwischen Worthing und

Die Lobby des House of Commons: Divinity School, Oxford

Chichester. Auch der Palast von Westminster ist bis zur Unkenntlichkeit verändert worden. Seine Außenansichten zeigen den **School Yard** des **Eton College**, nördlich von Windsor, Berkshire. Die Stufen führen hinauf zur großen nördlichen Terrasse von **College Chapel**. Denselben Hof sieht man auch in anderen Filmen, unter anderem in *Die Stunde des Siegers*, *Das Geheimnis des verborgenen Tempels*, *Das vierte Protokoll* und *Henry VIII. und seine sechs Frauen*. Der Eingang zur Schule (sie ist normalerweise von April bis Mitte Oktober geöffnet) ist in der Slough Road *(es wird Eintritt verlangt)*. Das Innere des House of Commons, mit Bennett selbst als MP, ist eigentlich **Convocation** in Oxford, wobei die nebenan gelegene Divinity School für das Foyer herhielt. Beide gehören zum Komplex der Bodleian Library, **Catte Street**, und sind für Besucher geöffnet. Rund 15 Kilometer östlich von Oxford findet sich das Motiv, das für Kew Gardens genommen wurde und wohin der König geschickt wird, um vom Doktor Ian Holm geheilt zu werden. Es ist **Thame Park, Thame Park Road**, südöstlich des Dorfs Thame. Das Privathaus wurde mit der Absicht gekauft, es in ein Hotel umzuwandeln, aber diese Pläne scheiterten, und so steht es gegenwärtig leer.

Die königlichen Gemächer der Queen finden sich in **Broughton Castle**, einem Schloss aus dem 14. Jahrhundert, das 1550 erweitert wurde. Es ist das Zuhause von Lord und Lady Saye und Sele und liegt gut drei Kilometer südwestlich von Banbury, Oxfordshire, an der B40355 Shipston-on-Stour. Für Besucher ist es im Sommer immer mittwochs und sonntags geöffnet *(es wird Eintritt verlangt; Tel. 01295.262624)*. Das Schloss ist auch zu sehen in *Shakespeare in Love* und *Drei Männer und eine kleine Lady*.

Das Konzert: Naval College, Greenwich

Windsor Castle: Arundel Castle, Sussex

Für die Unterkünfte des Prince of Wales wurde ebenfalls Wilton House genommen, außerdem das **Royal Naval College, Greenwich**, London SE10 (Bahnhof: Greenwich). In der verschwenderischen **Painted Hall** des Royal Naval College lässt die königliche Familie das Tischglockenkonzert über sich ergehen. In Wrens Gebäude, das bis vor kurzem als Speisesaal des Marinehospitals diente, arbeiteten der Maler James Thornhill und der Architekt Nicholas Hawksmoor neunzehn Jahre zusammen, um dieses trügerische Ausstattungsstück zu schaffen. Hier wurde der Leichnam von Lord Nelson aufgebahrt. Die Painted Hall ist für Besucher geöffnet. Die Long Gallery, in der der King Pitt sieht, befindet sich im **Syon House** (Bahnhof: Brentford oder Syon Lane) am Nordufer der Themse zwischen Brentford und Isleworth. Der Frühstückssalon des Prince of Wales ist ebenfalls im Syon House gelegen *(es wird Eintritt verlangt; Tel. 020/8560 0881)*. Für Details siehe *Accident – Zwischenfall in Oxford*.

KING KONG

(1976, R: John Guillermin)
Jeff Bridges, Charles Grodin, Jessica Lange
• NEW YORK CITY; HAWAII

Skull Island: Na Pali Coast, Kauai

Überzogenes Remake, dem der Charme des ruckelnden Originals völlig fehlt. Die Schädelinsel ist die unzugängliche Küste von **Na Pali** am nördlichen Ufer von Kauai, Hawaii; das Lager wird am **Honopu Beach** aufgeschlagen. In New York klettert Kong auf einen der Zwillingstürme des World Trade Center, um schließlich auf den World Trade Center Plaza hinabzustürzen.

KING KONG UND DIE WEISSE FRAU

(1933, R: Merian C. Cooper, Ernest B. Schoedsack)
Fay Wray, Robert Armstrong, Bruce Cabot
• LOS ANGELES; NEW YORK CITY

Die Ankunft auf der Schädelinsel wurde in **San Pedro** gefilmt, der Heimat des Hafens von L.A. im Süden der Stadt nahe Long Beach – die Berge waren als Matte-Zeichnung auf einer Glasscheibe in das Bild eingesetzt worden.
Mehrere alte Sets wurden vom Pfennigfuchser-Studio RKO benutzt, darunter das Eingeborenendorf (aus King Vidors *Insel der zornigen Götter* von 1932; die riesige Palisade stammt aus DeMilles *König der Könige* von 1927) auf dem Gelände der **Culver Studios, 9336 Washington Boulevard** in Culver City. Im Gegenzug wurden die Tore der Schädelinsel in *Vom Winde verweht* wieder verwendet, wo sie bizarrerweise während des Feuers in Atlanta deutlich zu sehen sind. Die Schädelinsel selbst wurde in der Hollywood-eigenen Wildnis gefilmt: in den Höhlen des **Bronson Canyon**, gut 400 Meter vom Ende des Canyon Drive in Griffith Park entfernt.
Das Innere des Theaters in New York, wo Kong zur Schau gestellt wird, ist das **Shrine Auditorium, 649 West Jefferson Boulevard**, südlich von Downtown L.A. Natürlich befinden wir uns zum Schluss auf dem **Empire State Building, Fifth Avenue**/Ecke 34th Street, New York, wenn Kong ums Leben kommt.

Das Theater in New York: Shrine Auditorium in L.A.

THE KING OF COMEDY

(1983, R: Martin Scorsese)
Robert De Niro, Jerry Lewis, Sandra Bernhard
• NEW YORK STATE

Massiv unterbewertetes Charakterstück, in dem De Niro einen schauderhaft schlechten Komiker mimt, der einen überraschend gemäßigten Jerry Lewis entführt, um einmal ins Fernsehen zu kommen. Die Geschichte ist in New York angesiedelt, Jerry Lewis' Büro befindet sich am Paramount Plaza, 51st Street/Ecke Broadway, die Bar ist der Club 478, 9th Avenue zwischen der 36th und 37th Street im Distrikt Theater-Garment. Die Restaurantszene spielt natürlich im Showbiz-Lokal Sardi's, 234 West 44th Street/ Ecke Broadway. Lewis' Landhaus liegt im Nassau County, Long Island.

Das Büro von Jerry Lewis: Paramount Plaza, 51st Street

KING OF NEW YORK

(1990, R: Abel Ferrara)
Christopher Walken, David Caruso, Larry Fishburne
• NEW YORK CITY

In Ferraras Kultthriller lenkt Drogenbaron Walken seine Geschäfte vom New Yorker **Plaza Hotel, 59th Street**/Ecke Fifth Avenue. Die dramatische Schießerei entstand auf dem **Times Square**.

DIE KLAPPERSCHLANGE

(1981, R: John Carpenter)
Kurt Russell, Lee Van Cleef, Donald Pleasence

• ST. LOUIS, MISSOURI; NEW YORK CITY

Kurt Russell wird losgeschickt, um den US-Präsidenten Donald Pleasence zu retten, nachdem dessen Flugzeug in Manhattan niedergegangen ist, das in der fernen Zukunft des Jahres 1997 (!) ein Hochsicherheitsgefängnis ist. Die meisten Szenen des futuristischen N.Y. in John Carpenters Kultthriller spielen dabei gar nicht im Big Apple, sondern in St. Louis, Missouri. Die Kampfszene, die im Madison Square Garden spielen soll, ist in der **Grand Hall** der **Union Station, 1 St. Louis Union Station**, angesiedelt, ein zu der Zeit aufgegebener Sackbahnhof, der inzwischen zu einem gewaltigen Komplex aus Mall und Hotel umgebaut worden ist. Die 59th Street Bridge ist die **Chain of Rocks Bridge** in St. Louis. Wenn Russell auf den Taxifahrer Ernest Borgnine trifft, der versonnen die Melodie eines Musicals in einem heruntergekommenen Broadway-Theater mitsingt, befinden die beiden sich im **Fox Theater, Grand Avenue**/Ecke Washington. Brains Versteck ist das **Civil Courts Building, 12th**/Ecke Market. Die Absturzstelle des Flugzeugs ist die Ecke **Broadway/St. Charles Street**, Downtown St Louis, ein Gebiet, das erst jüngst von einem schweren Brand heimgesucht worden ist.

EINE KLASSE FÜR SICH

(1992, R: Penny Marshall)
Geena Davis, Tom Hanks, Madonna
• ILLINOIS; INDIANA; KENTUCKY; NEW YORK STATE

Der Tanz: Fitzgerald's, West Roosevelt Road, Berwyn

Davis führt in dieser Komödie, die größtenteils in **Chicago** und dem nördlichen Vorort **Evanston** entstand, ein Frauenbaseballteam an. Harvey Field ist **Wrigley Field, 10060 West Addison Street**/Ecke North Clark Street, Heimat der Chicago Cubs im Distrikt Wrigleyville im Norden von Chicago. Racine Field ist **Bosse Field, Garvin Park** zwischen North Main Street und Heidelbach Street, Evanston. Die Bar, in der das Team einen draufmacht, ist **Fitzgerald's, 6615 West Roosevelt Road, Berwyn**, ein westlicher Vorort von Chicago. Diese beliebte Bar ist auch zu sehen in *Die Farbe des Geldes* und *Adventures in Babysitting*. Um sie zu erreichen, nehmen Sie die Des Plains A Branch 'el' bis Harlem Avenue, Berwyn.
Garry Marshalls Anwesen ist das **Cantigny Mansion, One South 151 Winfield Road, Wheaton**, drei Kilometer nördlich der Interstate 88, im Westen von Chicago. Das ehemalige Haus des Herausgebers der *Chicago Tribune* ist für Besucher geöffnet *(www.rrmtf.org/cantigny)*. Die diversen Kleinstädte fanden sich rund um Indiana, während die Pension an der **Ecke Fifth Street/Main Street, Henderson, Kentucky**, liegt. Der Film endet tränenreich in der **National Baseball Hall of Fame and Museum, 25 Main Street, Cooperstown**, New York State *(Tel. 607 547 7200, www.baseballhalloffame.org/index.htm)*.

KLEINE HAIE

(1992, R: Sönke Wortman)
Jürgen Vogel, Kai Wiesinger, Gedeon Burkhard
• DEUTSCHLAND

Wortmans Roadmovie-Komödie entstand in **Essen** und in **Gelsenkirchen**.

KLEINE MORDE UNTER FREUNDEN

(1994, R: Danny Boyle)
Ewan McGregor, Kerry Fox, Christopher Eccleston
• SCHOTTLAND

Rabenschwarzer Comedythriller, der in Edinburgh spielt, aber größtenteils in Glasgow gedreht wurde. Die echte Edinburgh New Town kommt zum Einsatz, um die Autofahrt einzuleiten, die über die **St. Vincent Street** führt und einen kurzen Blick auf den North East Circus Place erlaubt, bevor es nach links auf den North East Circus Place weitergeht. Die Wohnung, die sich McGregor, Fox und Eccleston teilen, ist **6 North East Circus Place** an der Ecke Royal Circus. Das Innenleben wurde dagegen in einem Lagerhaus im Glasgower Bezirk Anniesland errichtet. McGregors Büro ist der Nachrichtenraum der Glasgower

Die Wohnung: North East Circus Place, Edinburgh

Das Grab: Rouken Glen Park, Thornliebank, Glasgow

Evening Times, während es sich bei Fox' Krankenhaus um das **Royal Alexandra Hospital** handelt, abseits der Crow Road, Castlehead, westlich des Stadtzentrums von Glasgow. Dort befindet sich auch das Leichenschauhaus, in dem Christopher Eccleston schließlich endet.
Der überflutete Steinbruch, in dem man sich des Wagens entledigt, ist **Mugdock Loch** im **Mugdock Country Park, Mugdock Road** nördlich von Milngavie *(Bahnhof: Milngavie)*. Die Wohltätigkeitsveranstaltung, auf der Eccleston seine Männlichkeit verteidigt, findet im **Townhouse Hotel, 54 West George Street**, Glasgow statt *(Tel. 0141/332 3320)*.
Das Grab selbst, in dem Keith Allen deponiert wird, liegt in einem Teil des **Rouken Glen Park, Rouken Glen Road, Thornliebank** *(Bahnhof: Thornliebank)*. Das Produktionsteam kehrte nach Rouken Glen Park zurück, um für *Trainspotting* die „Sean Connery"-Szene zu drehen.

KLEINER LADEN VOLLER SCHRECKEN

(1960, R: Roger Corman)
Dick Miller, Jonathan Haze, Jack Nicholson
• LOS ANGELES

Die originale Low-Budget-Produktion der Horrorparodie, die das Musical inspirierte. Die Dreharbeiten fanden fast nur in einem winzigen Studio statt und erstreckten sich über gerade mal zwei Tage zwischen Weihnachten 1959 und Neujahr 1960. Das Zweite Kamerateam erledigte die Außenaufnahmen im Vergnügungsviertel und auf dem **Santa-Fe-Rangierbahnhof** in Downtown L.A.

KLEINES HERZ IN NOT

(1948, R: Carol Reed)
Bobby Henrey, Ralph Richardson, Michele Morgan
• **LONDON**

Die Botschaft, in der Butler Ralph Richardson in dieser Verfilmung einer Kurzgeschichte von Graham Greene beinahe fälschlicherweise wegen Mordes verhaftet

Die Botschaft: Belgrave Square

wird, ist das Hauptquartier der Organisation St. John's Ambulance in der nordöstlichen Ecke des **Belgrave Square** bei Wilton Crescent und Grosvenor Crescent (U-Bahn-Station: Hyde Park Corner). Das Gewirr aus engen Gassen, in dem sich Richardson heimlich mit Michele Morgan trifft und wo der junge Bobby Henrey verloren geht, hat die Atmosphäre, die Pubs und Cafés ausstrahlen, die man im Film sieht, lange hinter sich gelassen und ist deutlich nobler geworden. Es handelt sich um die **Belgrave Mews** und die **Kinnerton Street**, nördlich des Belgrave Square. Der Ausflug wurde im **Regents Park Zoo** gefilmt, und dort am alten Erfrischungsstand vor den **Mappin Terraces**.

DIE KLEINSTE SCHAU DER WELT

(1957, R: Basil Dearden)
Bill Travers, Virginia McKenna, Margaret Rutherford
• **LONDON**

Travers und McKenna erben ein Minikino. Leider gab und gibt es kein „Bijou", aber die Stelle, an der die Fassade aufgebaut wurde, kann man heute noch sehen. Das alte Kino

Standort des „Bijou": Kilburn

quetschte man in eine winzige Lücke zwischen zwei Eisenbahnbrücken, die das Kino zum Erzittern brachten, sobald die Züge darüber donnerten. Beide Brücken befinden sich gleich links vom Eingang zur **Kilburn Underground Station**, London NW6.

DER KLIENT

(1994, R: Joel Schumacher)
Susan Sarandon, Tommy Lee Jones, Brad Renfro
• **TENNESSEE; ARKANSAS; LOUISIANA**

Ein weiterer Rechtsthriller nach einem Buch von John Grisham, in dem Susan Sarandon für den minderjährigen Zeugen Brad Renfro agiert. Zwangsläufig wurde im Süden gefilmt, in Memphis und New Orleans. Der Film beginnt in Memphis. Während er heimlich mit seinem klei-

nen Bruder eine Zigarette raucht, wird der junge Renfro in den Selbstmord eines Mafiaanwalts verstrickt, der verrät, wo die Leiche eines Senators beerdigt liegt. Der Wald, in dem der Anwalt sich erschießt, ist der **John F. Kennedy Park, 4575 Raleigh-LaGrange Road** in Memphis. Renfro und sein traumatisierter Bruder werden in den Elvis-Presley-Flügel des Saint Peter Charity Hospital gebracht, eigentlich das **Memphis Regional Medical Center, 877 Jefferson Avenue**, auch bekannt als „das Med". In Hollywood ist es ja bekanntlich egal, wie arm man ist, es findet sich immer ein engagierter Anwalt, der bereit steht, ohne Honorar zu arbeiten. Und dementsprechend gerät Renfro an Sarandon, die im **Sterick Building, 9 North Third Street**, arbeitet, einem Motiv, das Grisham in seinem Buch ausdrücklich erwähnt. Das schummrige Café, in dem die Bösen einen Privatdetektiv anheuern, damit der ein Auge auf das Kind hat, ist ein bekanntes Motiv in Memphis, das in Jim Jarmuschs *Mystery Train* und der Verfilmung des Lebens von Jerry Lee Lewis, *Great Balls of Fire – Ein Leben für den Rock'n'Roll*, zu sehen ist: Es ist das **Arcade Restaurant, 540 South Main Street**. Ossie Davis' Gerichtsgebäude ist das **Memphis County Courthouse, 140 Adams Avenue**, und die Frauenstrafanstalt, in der Renfro zusammengeschlagen wird, ist das **Criminal Justice Center, 201 Poplar Avenue**. Die Bösen operieren von New Orleans aus. LaPaglia und sein Onkel werden im **Germanic Red Room** in **Antoine's Restaurant** abgehört, **713 St. Louis Street** (Tel. 504 581 4422), ein weiteres Lieblingsmotiv in Grisham, das auch in *Die Akte* zu sehen war. Der Höhepunkt des Films spielt angeblich in New Orleans, wo Sarandon über die Huey P. Long Bridge fährt, doch das Bootshaus, bei dem der Senator beerdigt ist, ist ein Landgasthaus am **Horseshoe Lake**, nahe **Hughes**, Arkansas, rund 30 Kilometer westlich von Memphis.

KLUTE

(1971, R: Alan J. Pakula)
Donald Sutherland, Jane Fonda, Charles Cioffi
• **NEW YORK CITY**

Exzellenter, stimmungsvoller Thriller, in dem Sutherland das Verschwinden eines Wissenschaftlers untersucht und dabei an die neurotische Prostituierte Fonda gerät. Gedreht wurde auf den Straßen von New York und in den heute nicht mehr existierenden **Filmways Studios, 246 East 127th Street**/Ecke 2nd Avenue in **East Harlem**. Heute steht dort ein riesiger Foodways-Supermarkt.

KNOCKIN' ON HEAVEN'S DOOR

(1997, R: Thomas Jahn)
Til Schweiger, Jan Josef Liefers, Moritz Bleibtreu
• **DEUTSCHLAND; BELGIEN; NIEDERLANDE**

1988 spielten Timothy Dalton (zwischen zwei Bond-Einsätzen) und Anthony Edwards aus *ER* in *Hawks – Die Falken*, einer weitestgehend missachteten Tragikomödie über zwei todkranke junge Männer, die sich für ein letztes Abenteuer aus dem Krankenhaus absetzen. Thomas Jahn bedient sich derselben Grundidee und spickt sie mit einer Fülle von filmischen Verweisen: Schweigers Charakter heißt „Martin Brest" (der Name des Regisseurs von *Beverly Hills Cop, Der Duft der Frauen* und des Kultfilms *Midnight Run – 5 Tage bis Mitternacht*), Liefers' Rolle ist die des „Rudi Wurlitzer" (Drehbuchautor von Sam Peckinpahs *Pat Garrett jagt Billy the Kid*). Der Film borgt sich auch die Todesszene am Wasser aus, begleitet von Bob Dylans titelgebendem Song, und lässt auch noch zwei gut angezogene Killer auftreten, die geradewegs aus *Pulp Fiction* stammen könnten.

Auf der Fahrt passieren sie die Städte Erfurt und Jena nahe der E40 im Südwesten von Leipzig, außerdem Erkelenz und Hückelhoven (den Geburtsort des Regisseurs). Die **Schwebebahn** – Schauplatz einer Schießerei – ist natürlich in **Wuppertal** zu finden (auch zu sehen in Wim Wenders' *Alice in den Städten*). Nachdem die Jungs einen Koffer voller Geld gefunden haben, lassen sie es sich im wunderbar verschwenderischen **Hotel Metropole, Place de Brouckère 31, Brüssel**, gut gehen *(Tel.: +32/2 217 2300)*.

EIN KÖDER FÜR DIE BESTIE

(1962, R: J. Lee-Thompson)
Robert Mitchum, Gregory Peck, Polly Bergen
• **GEORGIA**

Verbrecher Mitchum terrorisiert die Familie des Anwalts Peck, dem er die Schuld für einen langen Gefängnisaufenthalt gibt. Cape Fear River liegt tatsächlich in North Carolina (er ist zu sehen in *Blue Velvet* und *Track 29*), dieser Film entstand allerdings in der Umgebung von **Savannah**, Georgia.

KÖNIG ARTUS UND DER ASTRONAUT

(1979, R: Russ Mayberry)
Dennis Dugan, Jim Dale, Ron Moody
• **NORTHUMBERLAND; DURHAM**

Disney-Verfilmung von Mark Twains *Ein Yankee aus Connecticut an König Artus Hof* mit Dennis Dugan als NASA-Techniker, der in die Vergangenheit verschlagen wird. König Artus' Camelot in Cornwall ist eigentlich **Alnwick Castle**, Alnwick in Northumberland *(Bahnhof: Lesbury)*. Die Festung aus dem 14. Jahrhundert – die zweitgrößte bewohnte Burg in England – ist die Heimat der Percys, Dukes of Northumberland und steht Besuchern offen *(Tel. 01665/510777, es wird Eintritt verlangt)*. Dort ist auch eine beeindruckende Kunstsammlung untergebracht. Weitere Dreharbeiten spielten sich in **Raby Castle**, Staindrop, nahe Darlington, County Durham, ab *(Tel. 01833/660202)*.

KÖNIG DER FISCHER

(1991, R: Terry Gilliam)
Jeff Bridges, Robin Williams, Mercedes Ruehl
• **NEW YORK CITY; LOS ANGELES**

Ex-D.J. Bridges, der von Schuldgefühlen geplagt wird, da er unbeabsichtigt einen Massenmord ausgelöst haben könnte, kann in dieser in Manhattan angesiedelten Artus-Variante durch Williams' liebevoll verrückten Tramp Wiedergutmachung leisten.

Ein betrunkener Bridges spricht mit sich selbst am Sockel des goldenen Reiterstandbilds von General William Te-

cumseh Sherman, auf der Westseite der **Fifth Avenue** in Höhe des Plaza Hotel. Robin Williams und seine Armee aus Vagabunden retten Bridges am Fuß der Manhattan Bridge vor einer Bürgerwehr. Williams beobachtet das Objekt seiner Zuneigung, Amanda Plummer, an ihrem Arbeitsplatz, dem **Metropolitan Life Building, Madison Avenue** zwi-

Das rote Schloss: Hunter High School, Madison Avenue

schen 23rd Street und 24th Street. Pendler stören einen romantischen Walzer in der Bahnhofshalle der **Grand Central Station**. Der Rote Ritter, der Williams auf der Fifth Avenue verfolgt, wurde in Wahrheit auf der **Amsterdam Avenue** gedreht (wo der Verkehr in die entgegengesetzte Richtung fließt). Das „rote Schloss", in dem der Gral versteckt liegt, ist das Squadron A and Eighth Regiment Armory, heute die **Hunter High School**, Madison Avenue/ Ecke 94th Street an der Upper East Side.

Alle Innenaufnahmen mit Ausnahme des chinesischen Restaurants, das in New York zu Hause ist, entstanden in Los Angeles. Robin Williams' Kellerversteck ist der Heizungskeller des **Park Plaza Hotel, 607 South Park View Street**, Downtown L.A.

KÖNIG DER KÖNIGE

(1961, R: Nicholas Ray)
Jeffrey Hunter, Robert Ryan, Frank Thring
• **SPANIEN**

Durch Regisseur Ray (... denn sie wissen nicht, was sie tun) und Herzensbrecher Hunter war es so gut wie unausweichlich, dass aus diesem Film keine bibeltreue Version wurde. Hier führt Christus gar kein so schlechtes Leben. Gefilmt wurde in Spanien, vorwiegend in riesigen Sets, die in der Nähe von Madrid errichtet wurden. Nazareth ist eigentlich **Manzanares el Real**, etwa dreißig Kilometer nördlich von Madrid. Christus predigt auf dem Berg bei **Chinchón**, 30 Kilometer südöstlich von Madrid. Als Jordan dient der **Aldea del Fresno**, der See bei Galiläa ist **Lago Alberche**, und Golgatha ist in Wirklichkeit **Navacerrada** bei Madrid.

KÖNIG SALOMONS DIAMANTEN

(1950, R: Compton Bennett, Andrew Marton)
Stewart Granger, Deborah Kerr, Richard Carlson
• **KENIA; TANGANJIKA; BELGISCH KONGO; UGANDA; NEW MEXICO; KALIFORNIEN**

Klassisches Abenteuer, gefilmt in Afrika, in Kenia, Tanganjika, Belgisch Kongo und Uganda. Teilweise entstand der Film auch in Death Valley, Kalifornien. Die unterirdischen Minen sind die atemberaubenden Carlsbad Caverns, Carlsbad, an der Interstate 285 im Südosten von New Mexico (siehe *Die Rache der schwarzen Spinne*).

DER KÖNIG VON MARVIN GARDENS
(1972, R: Bob Rafelson)
Jack Nicholson, Bruce Dern, Ellen Burstyn
• NEW JERSEY; PENNSYLVANIA

Nicholson ist Talkshowmoderator im Radio, Dern ist sein verrückter, ehrgeiziger Bruder in dieser pessimistischen Charakterstudie, die vorwiegend in den traurigeren Vierteln der protzigen Spielerhauptstadt **Atlantic City**, New Jersey, gefilmt wurde. Gedreht wurde außerdem in **Philadelphia**, Pennsylvania.

KÖNIGIN FÜR TAUSEND TAGE
(1969, R: Charles Jarrott)
Richard Burton, Genevieve Bujold, Anthony Quayle
• KENT; LONDON

Der Tudor-Garten: Penshurst Place, Kent

Eine uninspirierte Schilderung der zum Scheitern verurteilten Ehe von Heinrich VIII. und Anne Boleyn, gefilmt in Kulissen in den Shepperton Studios, wo die wichtigsten Szenerien gebaut wurden (die später für Hammers *Comtesse des Grauens* wieder verwendet wurden). Echte Motive sind unter anderem Anne Boleyns tatsächliches Zuhause aus ihren Kindheitstagen auf **Hever Castle** zwischen Sevenoaks und East Grinstead, fünf Kilometer südlich von Edenbridge in Kent *(Bahnhof: Hever)*. Das von zwei Gräben umgebene Haus, das inmitten von 16 Hektar Garten liegt, ist von Mitte März bis Anfang November geöffnet *(Tel. 01732/865224)*. Die authentische Garten im Tudor-Stil gehört zu **Penshurst Place** – einem der schönsten Herrenhäuser aus dem 14. Jahrhundert in England – in Penshurst Village einige Kilometer östlich von Hever Castle (Bahnhof: Penshurst), heute das Zuhause des Viscount de l'Isle, vormals Governor General of Australia. Das Haus ist von Anfang April bis Anfang Oktober geöffnet *(Tel. 01892/870307)*. Die Jagdszenen entstanden im Londoner **Richmond Park**.

DIE KÖRPERFRESSER KOMMEN
(1978, R: Philip Kaufman)
Donald Sutherland, Brooke Adams, Leonard Nimoy
• SAN FRANCISCO

Das aktualisierte Remake ist in San Francisco angesiedelt und wurde auch dort gedreht. Don Siegel, Regisseur des Originals *Die Dämonischen*, hat ebenso einen Cameo-Auftritt wie Kevin McCarthy, der an der Ecke **Leavenworth/Turk** von einem Auto überfahren wird. Donald Sutherland lebt in der Union Street nahe Castle und arbeitet im **Department of Public Health, 101 Grove Street**. Brooke Adams lebt in der **720 Steiner Street**, in einem der hübschen viktorianischen Häuser mit Blick auf den Alamo Square. Im Hintergrund ist die Skyline zu sehen, die in unzähligen Filmen auftaucht, die in San Francisco spielen. Die Menschen entkommen über die Montgomery Street in Richtung **Filbert Steps**. Eine dritte

Version mit dem Titel *Body Snatchers – Die Körperfresser* wurde von Abel Ferrara auf der verlassenen Army-Basis Craig Field in **Selma**, Alabama, gedreht.

DER KOLOSS
(1957, R: Bert I. Gordon)
Glenn Langan, Cathy Downs, William Hudson
• NEVADA

Der Fallout einer Atomexplosion in der Wüste von Nevada lässt Colonel Glenn Langan in diesem SF-Filmchen des Billig-effektelieferanten Bert Gordon täglich um drei Meter wachsen. In einer

Der Koloss am Ende: Hoover Dam nahe Boulder City, Nevada

Kombination aus echten Motiven und Modellaufnahmen sorgt Langan für Chaos auf dem angenehm bescheidenen **Las Vegas Strip**, wie er sich 1957 präsentierte. Zwar existieren einige der Vegas-Wahrzeichen nicht mehr, darunter auch die Krone, die er vom Dach reißt, und der sich drehende Silver Slipper, so steht der rund 15 Meter große Las Vegas Vic, den Langan scheinbar zusammenknüllt, noch immer hoch aufragend auf dem **Pioneer Club, 25 East Fremont Street**, auch wenn er längst nicht mehr Zigarette raucht. Der Koloss wird schließlich vom **Hoover Dam** östlich von Vegas nahe Boulder City gestoßen. Der spektakuläre Damm, der den Colorado River staut und so den Lake Mead bildet und für den Strom sorgt, den all die Neonlichter benötigen, wurde zwischen 1930 und 1935 gebaut und forderte während der Bauzeit 96 Menschenleben. Er ist 50 Kilometer östlich von Vegas gelegen, und auf ihm verläuft die Route 93 – die Flagstaff-Straße, von der der Koloss in den Colorado River stürzt. Vom Besucherzentrum aus können Sie sich 44 Stockwerke tief nach unten bringen lassen, um dort an einer Führung teilzunehmen. Zu sehen ist es in *Kopfüber in Amerika*, in Kürze soll ein neues Zentrum eröffnen.

DER KOMÖDIANT
(1960, R: Tony Richardson)
Laurence Olivier, Joan Plowright, Roger Livesey
• LANCASHIRE; YORKSHIRE

Olivier verkörpert in John Osbornes bitterem Stück über den Zustand der Nation seine Bühnenrolle als gescheiterter, in einem Küstenort lebender Komiker. Die Geschichte spielt an der stürmi-

Die alte Konzerthalle: Alhambra Theatre, Bradford

schen Küste des farblos gewordenen Urlaubsorts **Blackpool** – der für die Arbeiter aus den Industriegebieten im Norden Englands zwei Wochen lang eine Flucht vor der

Realität ist – und wurde größtenteils auch dort gefilmt. Die Theaterszenen wurden dagegen im **Alhambra Theatre, Bradford**, Yorkshire, gedreht.

KONFLIKT DES HERZENS

(1951, R: Anthony Asquith)
Michael Redgrave, Jean Kent, Nigel Patrick
• **DORSET**

Verfilmung des Stücks von Terence Rattigan über den verknöcherten Lehrer Crocker-Harris, der in eine persönliche Krise gerät, als er in den Vorruhestand geht. Gefilmt wurde an der **Sherborne School, Sherborne** in Dorset. In einem guten Remake von Mike Figgis (Leaving Las Vegas) aus dem Jahr 1994 übernahm Albert Finney den Part des Schuldirektors. Die Innenaufnahmen der Schule entstanden abermals in **Sherborne**, während die Außenansichten die ebenfalls in Dorset gelegene **Milton Abbey School, Milton Abbas**, zeigen.

DER KONTRAKT DES ZEICHNERS

(1982, R: Peter Greenaway)
Anthony Higgins, Janet Suzman, Anne Louise Lambert
• **KENT**

Der erste von Greenaways eleganten Kinofilmen. Higgins ist der Zeichner, der von Janet Suzman den Auftrag erhält, eine Reihe von Zeichnungen anzufertigen, der aber in der Folge in einen rätselhaften Mordplan hineingezogen wird. Das Landhaus ist **Groombridge Place** von 1655, knapp sieben Kilometer südwestlich von Royal Tunbridge Wells an der Grenze zwischen Kent und Sussex. Das Gelände (aber nicht das Haus) ist von Ostern bis Ende Oktober täglich für Besucher geöffnet *(Tel. 01892/863999, es wird Eintritt verlangt)*.

KOPF HOCH – BRUST RAUS!

(1959, R: Gerald Thomas)
William Hartnell, Kenneth Williams, Bob Monkhouse
• **SURREY**

Eine kleine Nachkriegskomödie über Soldatenrekrutierung, die der Auslöser für die anscheinend nicht enden wollende Serie von zunehmend unflätiger werdenden *Ist ja irre*-Filmen war. Der miesepetrige Armeeoffizier Hartnell (der original Doctor Who) bringt Ordnung in einen Haufen Wehrpflichtiger. Gefilmt im Zuhause des Royal West Surrey Regiments (Ihre Majestät nahm hier ihre Fahrstunden), den Victorian Stoughton Barracks, die 1995 in Luxuswohnungen umgebaut und in **Cardwells Keep** umbenannt wurden, **Stoughton Road**, Stoughton, nördlich von Guildford, Surrey.

KOPFGELD

(1996, R: Ron Howard)
Mel Gibson, Delroy Lindo, Rene Russo
• **NEW YORK CITY; NEW JERSEY**

Der stinkreiche Fluglinienboss Gibson setzt alles aufs Spiel, nachdem es dem FBI nicht gelingt, seinen Sohn zu befreien, der bei einer Junior Science Fair in **Bethesda Terrace** im Central Park entführt wurde, **Terrace Drive**/Ecke 72nd Street, gleich gegenüber dem berühmten Dakota Buil-

ding. Gibsons Luxuswohnung findet sich an der Upper East Side, **Fifth Avenue** zwischen 87th Street und 88th Street, südlich des Guggenheim Museums mit Blick auf das Reservoir im Central Park. Die erfolglose Verfolgungsjagd mit zwei Millionen Dollar Lösegeld führt Gibson von der **125th Street** in Harlem durch

Die Vanderbilt Bank: Madison Avenue/Ecke 90th Street

Kopfgeldjagd: Madison Avenue/Ecke 90th Street

den **Holland Tunnel**, der von der Canal Street, SoHo, bis zur 12th Street, Jersey City, verläuft. Er befindet sich kurz darauf schon mitten in New Jersey, in **Paramus** an der Route 4 in westlicher Richtung zur Route 208, und nach Norden auf der Saddle River Road zum Steinbruch, wo der junge Laufbursche Donnie Wahlberg erschossen wird.

Als der Drahtzieher endlich entlarvt ist, bringt er Gibson dazu, Geld von der Vanderbilt Bank abzuholen, bei der es sich in Wahrheit um ein prachtvolles Privatgebäude an der **1261 Madison Avenue**/Ecke 90th Street handelt, nahe dem Zuhause von Gibson. Die endgültige Schießerei spielt sich vor dem Geschäft Bright Lights ab, das tatsächlich das Roberta, **1252 Madison Avenue**, ist.

KRAMER GEGEN KRAMER

(1979, R: Robert Benton)
Dustin Hoffman, Meryl Streep, Jane Alexander
• **NEW YORK CITY**

Schmachtfetzen, der vorwiegend in der eleganten Upper East Side von New York beheimatet ist. Hoffmans und Streeps Sohn besucht die **PS6 (Public School 6), Madison Avenue** an

Die Schule: PS6, Madison Avenue

der 82nd Street nahe dem Metropolitan Museum of Art. The Copper Kettle auf der gegenüberliegenden Seite, von wo aus Streep zusieht, existiert nicht mehr. Hoffman rennt mit seinem Sohn vier Häuserblocks bis zum **Lenox Hill Hospital, 100 East 77th Street**/Ecke Park Avenue. Ebenfalls zu sehen sind das wunderbare silberne **Chrysler Building** im Art-déco-Stil, **405 Lexington Avenue**/Ecke East 42nd Street, sowie das **Tweed Courthouse, 52 Chambers Street**, im Civic Center-Distrikt. Das Gerichtsgebäude (ungewöhnlich: es wurde für die Außen- und die Innenaufnahmen verwendet), in dem sich Streep und Hoffman um das Sorgerecht streiten, ist die **Federal Hall, 26 Wall Street**/Ecke Nassau Street im Financial District.

DIE KRAYS

(1990, R: Peter Medak)
Gary Kemp, Martin Kemp, Billie Whitelaw
• LONDON

Fort Vallance: Caradoc Street, Greenwich

Schräger, überzogener Film über die berüchtigten Londoner Gangster-Zwillinge. Fortress Vallance, das echte Zuhause der Krays, stand in der 178 Vallance Road, Bethnal Green, E2, aber das Gebiet ist seitdem neu bebaut worden. Die Suche nach einer passenden, unverändert gelassenen Straße im Terrassenstil führte zu einer Greenwich-Seitenstraße der Trafalgar Road, **Caradoc Street, SE10**.

Der Club der Krays: Richmond Theatre

Die beeindruckende Außenansicht des Nachtclubs der Krays ist das **Richmond Theatre, The Green, Richmond** *(Tel. 020/ 8940 0088)*, wo auch die Operetten in Mike Leighs *Topsy-Turvy* inszeniert wurden. Das Innenleben findet sich dagegen in der **Wilton's Music Hall, 1 Grace's Alley, Wellclose Square**, seitlich der **Cable Street, E1**. Sie ist auch in *Chaplin* und *Isadora* zu sehen.

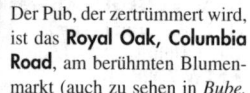

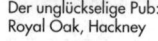

Der unglückselige Pub: Royal Oak, Hackney

Der Pub, der zertrümmert wird, ist das **Royal Oak, Columbia Road**, am berühmten Blumenmarkt (auch zu sehen in *Bube, Dame, König, Gras* sowie in der TV-Produktion *Goodnight Sweetheart*).

KRIEG DER STERNE

(1977, R: George Lucas)
Mark Hamill, Carrie Fisher, Harrison Ford
• KALIFORNIEN; TUNESIEN; GUATEMALA

Es spielte sich ja vielleicht in eine, weit, weit entfernten Galaxis ab, aber einige der Motive können Sie dennoch besuchen. Für Luke Skywalkers Zuhause, den Wüstenplaneten Tatooine, griff George Lucas auf die Landschaften und die einheimische Architektur von Tunesien zurück (Tatauoine ist eine tatsächlich existierende tunesische Stadt, einige Kilometer südlich des Drehorts).
Lukes versunkenes Zuhause war die Höhlenstadt **Matmata**, in der die Häuser vom Rand kreisförmiger Gruben aus in den Grund gegraben werden. Das Innere ist einer der Innenhöfe des **Sidi Driss Hotel** *(Tel. 216 230 066)*, wo Sie noch immer die Wandmalereien und einige der Dekorationen aus dem Film sehen können. Viele der Bewohner, die entweder der permanenten Touristenströme oder aber des Lebens in den traditionellen Grubenhäusern überdrüs-

sig geworden sind, haben sich zu einem Umzug nach Nouvelle Matmata entschlossen, einige Kilometer nördlich gelegen. Die Außenansichten des Heims, wo Luke zu den beiden Sonnen hinaufblickt, sind Teil des riesigen **Chott el Jerid**, einer weißen Salzebene, die sich über Zentraltunesien bis zu den Oasen von Tozeur und Nefta erstreckt. Der Standort von Lukes Zuhause – heute nichts weiter als eine Reihe aufgeschütteter kreisrunder Gruben, findet sich einige Kilometer südlich des Highway 3 an einer Ausfahrt westlich von Nefta. Knapp zehn Kilometer weiter nördlich von dieser Ausfahrt gelangt man nach **La Grande Dune**, Motiv der Ebene, durch die C3P0 und R2D2 ziellos umherwandern. Halten Sie die Augen offen, wenn Sie auf dem Highway 3 fahren: Wenn Sie unbeabsichtigt die Grenze überqueren, können Sie in allerlei Schwierigkeiten geraten. Die Schlucht, in der R2D2 von den Jawas gekidnappt wird – heute auch als „Star Wars Canyon" bekannt (ebenfalls zu sehen in *Jäger des verlorenen Schatzes*) –, ist **Sidi Bouhel**, östlich von Tozeur am Rande von Chott el Jerid. Mos Eisley, der schäbige Weltraumbahnhof, wo Luke und Obi-Wan auf Han Solo treffen, ist **Ajim**, ein Fischerdorf nahe der Ile de Jerba. Hier können Sie die Außenansicht der Cantina sehen. Ein wenig weiter nach Norden mit Blick über den Golf von Gabes liegt Obi-Wans abgeschiedenes Zuhause, ebenso eine Moschee, die für den Eingang von Mos Eisley herhielt. Zusätzliche Wüstenszenen mit R2D2, Lukes Landspeeder und den Banthas entstanden im **Death Valley**, Kalifornien, und wurden mit Material aus Tunesien zusammengeschnitten. Unter dem Bantha-Kostüm steckt ein Elefant, den man bei Marine World ausgeliehen hatte.
Die Rebellenbasis – „der Massassi-Außenposten auf dem vierten Mond von Yavin" – die zum Schluss des Films zu sehen ist, ist der riesige Tempelkomplex der Maya in **Tikal**, Guatemala. Die atemberaubenden Ruinen, die rund 2500 Jahre alt sind und inmitten von gut 90 Hektar Regenwald im **Parque Nacional Tikal** liegen, finden sich im Norden von Guatemala, rund 65 Kilometer von Flores entfernt (es gibt dort eine zweispurige Straße, Sie können aber auch per Flugzeug vom nahe gelegenen Santa Elena Airport anreisen). Der Besuch erfolgt vom Tikal Visitor Centre aus.

DER KRIEGER UND DIE KAISERIN

(2000, R: Tom Tykwer)
Franka Potente, Benno Fürmann
• DEUTSCHLAND

Nach dem visuellen Feuerwerk von *Lola rennt* waren viele Kinogänger enttäuscht über dieses sonderbare Drama vom Team Tykwer/Potente. Angesiedelt in **Wuppertal**, ereignet sich der Unfall auch auf der Gräfratherstraße, während die Klinik „Wuppertal-Elberfeld" tatsächlich die **Diakonie Kaiserswerth** in Düsseldorf zeigt.

KUCK MAL, WER DA SPRICHT

(1989, R: Amy Heckerling)
John Travolta, Kirstie Alley, Olympia Dukakis
• BRITISH COLUMBIA, KANADA

Ein Film, der eigentlich nur aus einem Gag besteht, Mikey, dem sprechenden Baby, beschert Travolta einen unerwar-

Kirstie Alleys Apartment in New York: Thurlow Street, Vancouver

teten Karriereauftrieb. Die Story spielt in New York, wo Travolta als Taxifahrer arbeitet, aber der Big Apple hat noch nie so sauber, blass und anonym ausgesehen. Kein Artdéco und keine verschrobenen Wolkenkratzer. Wen wundert's, schließlich wurde in Kanada auf den Straßen von **Vancouver**, British Columbia, gedreht und auf fast jede Aufnahme verzichtet, die New York wenigstens aus der Ferne gezeigt hätte. Wenn Travolta Kirstie Alley ins Krankenhaus bringt, rast er über die **Hornby Street**, an der Vancouver Art Gallery entlang, durch die **Burrard Street** in Downtown Vancouver. Als Travolta Alley zu Grandpa fährt, kommen sie am **Hotel Georgia, 801 West Georgia Street**, vorbei, und ein paar Augenblicke später fahren sie dort schon wieder entlang, diesmal in der entgegengesetzten Richtung. Toller Taxifahrer.

Kirstie Alleys Apartmentgebäude ist **784 Thurlow Street/Ecke Robson Street**. Um Travolta und Alley zusammenzubringen, stellt sich Mikey an dem im englischen Stil aufgemachten Pub **Jolly Taxpayer, 828 West Hastings Street**/Ecke Howes Street, dem Straßenverkehr.

Der zweite Teil wurde ebenfalls in Vancouver gedreht, allerdings gab es etwas mehr von New York zu sehen.

KÜSS MICH – DUMMKOPF
(1964, R: Billy Wilder)
Dean Martin, Kim Novak, Ray Walston
• KALIFORNIEN; NEVADA

Bittere Satire von Wilder. Angesiedelt im fiktiven Climax, Nevada, wurde der Film in der Umgebung von **Twentynine Palms** in Nevada gefilmt sowie im **Aquarius Theatre, 6230 Sunset Boulevard** zwischen Argyle und El Centro, Hollywood, als das noch das Moulin Rouge war (für Details siehe *Solange es Menschen gibt*).

KUNDUN
(1997, R: Martin Scorsese)
Tenzin Thuthob Tsarong, Gyurme Tethong, Tulku Jamyang Kunga Tenzin
• MAROKKO

Scorseses Film über die frühen Jahre des Dalai Lama war von Anfang an kein leichtes Unterfangen und brachte den Regisseur auf die Liste der Personen, denen die Einreise nach Tibet verboten ist. Da die echten Schauplätze nicht länger zur Verfügung standen, kehrte Scorsese in das Land zurück, in dem er seinen vorangegangenen umstrittenen Film *Die letzte Versuchung Christi* gedreht hatte: nach Marokko. Das Dorf, in dem der Dalai Lama geboren wird, ist **Timlougite** zwischen Ouarzazate und Marrakesch. Das Dungkhar-Kloster ist in Wahrheit **La Kasbah de Toubkal**, ein Zentrum für Feldstudien in **Imlil**.

DIE KUNST ZU LIEBEN
(1971, R: Mike Nichols)
Jack Nicholson, Ann-Margret, Art Garfunkel

• VANCOUVER; NEW YORK CITY; MASSACHUSETTS

Erstklassige Arbeit des Regisseurs und der Schauspieler in einer brillant zynischen Sexkomödie von Jules Feiffer. Überwiegend in New York angesiedelt, wurde der Film zum größten Teil in und um Vancouver, Kanada, gedreht. Die Eislaufbahn, auf der ein einsamer, in weiß gekleideter Eisläufer durch das Ziehen seiner Runden das Verstreichen der Zeit verdeutlicht, während sich Nicholson und Garfunkel treffen, um

Nicholson und Garfunkel treffen sich: Wollman Skating Rink, Central Park

über ihr Leben nachzudenken, ist die im Central Park gelegene **Wollman Memorial Skating Rink, 59th Street/Ecke 6th Avenue**. Die Eislaufbahn wurde durch die tatkräftige Unterstützung von Donald Trump vor kurzem wieder aufgebaut.

Die Collegejahre von Nicholson und Garfunkel wurden am **Smith College** gefilmt, **Northampton**, Massachusetts (für Details siehe *Wer hat Angst vor Virginia Woolf?*).

DER KUSS VOR DEM TODE
(1991, R: James Dearden)
Matt Dillon, Sean Young, Max von Sydow
• LONDON; HERTFORDSHIRE; PENNSYLVANIA; VIRGINIA; NEW YORK CITY; MIDDLESEX

Remake des Films von 1956 nach Ira Levins Roman. In den USA angesiedelt, wurde der Film zu beiden Seiten des Atlantiks gefilmt. US-Drehorte waren unter anderem **Charlottes-**

Max von Sydows Anwesen in New York: Brockett Hall, Hertfordshire

ville, Virginia, und **Philadelphia**, Pennsylvania. Matt Dillon wirft den Koffer von der **Manhattan Bridge** in den East River – das ist das echte Manhattan, aber der New Yorker Landsitz, wo er mit dem Industriellen Max von Sydow angeln geht, ist **Brockett Hall, Marford Road, Lamsford**

Die Polizeiwache von Philadelphia: Long Acre, London

in Hertfordshire (für Details siehe *Der Fluch des Dämonen*). Das Hauptquartier der Philadelphia Central Police ist die **First National Bank of Chicago, First Chicago House, 90 Long Acre**, in London.

L

L.A. CONFIDENTIAL
(1997, R: Curtis Hanson)
Russell Crowe, Guy Pearce, Kevin Spacey
• **LOS ANGELES**

Die Drogenrazzia am Premierenabend: Gramercy Place, Hollywood

Zwar spielt Hansons stilvoller Actionfilm über korrupte Cops in den fünfziger Jahren, dennoch entstand er fast vollständig an authentischen Drehorten in L.A. Lediglich das baufällige Victory Motel, Schauplatz der letzten Schießerei, wurde speziell für den Film auf den **Baldwin Hills** Ölfeldern nahe Culver City errichtet. Die TV-Serie *The Badge of Honor*, für die Kevin Spacey als Berater tätig ist, wurde offensichtlich an *Dragnet* angelehnt und benutzt auf der LAPD-Marke ebenfalls die **L.A. City Hall** als ihr Logo. City Hall ist auch der Standort, von dem aus die Polizei operiert. Das vertraute Hochhaus mit der pyramidenartigen Spitze kann man in der **200 North Spring Street** in Downtown sehen. Das Büro des schmierigen Journalisten Danny DeVito befindet sich unterhalb der beleuchteten Spitze und der sich drehenden Erdkugel auf dem **Crossroads of the World, 6671 Sunset Boulevard** in Hollywood, einer großartigen Shopping Mall aus den dreißiger Jahren, die wie ein Ozeanriese angelegt ist – einschließlich Bullaugen (für Details siehe *Ein unmoralisches Angebot*). DeVito inszeniert den Drogen-Zwischenfall in einem Bungalow am **1714 Gramercy Place**, westlich der Western Avenue gleich am Hollywood Boulevard in Hollywood. Das beeindruckende El Cortez Theater, in dem *Der jüngste Tag* Premiere feiert, gibt es nicht. Es wurde als Fassade vor die Front eines leer stehenden Bankgebäudes am **5620 Hollywood Boulevard** gesetzt.

Patchetts Haus: Lovell House, Dundee Drive

Das Nite Owl Cafe: J & J Sandwich Shop, Sixth Street

Nur ein Stück weiter westlich zu Nick's Liquor Store (wo Russell Crowe zum ersten Mal der Veronica-Lake-Doppelgängerin Basinger begegnet), der am **Larchmont**

Boulevard nachgebaut wurde, gleich südlich der Paramount Studios auf der Melrose Avenue. Das Nite Owl Cafe, Schauplatz des Massakers, ist in Downtown L.A. zu finden: der **J & J Sandwich Shop, 119 East 6th Street**, gegenüber dem **Pacific Electric Building, 610 South Main Street**, wo Russell Crowe den zu Tode erschrockenen Staatsanwalt aus dem Fenster baumeln lässt.

Das Haus von Basingers hochkarätigem Zuhälter ist Richard Neutras **Lovell House** von 1929. Neutras Meisterwerk wurde für den Vegetarier und Gesundheitsfanatiker Lovell (auch bekannt als das Lovell Health House) erbaut. Es ist ein Privatgebäude am **4616 Dundee Drive, Los Feliz**, unterhalb des Griffith Observatory, das Sie im Film in der Skyline sehen können. Das Haus, in dem die Prostituierte festgehalten wird, soll in der Avalon Street in South Central liegen, befindet sich aber an der **Avenue 28** im Bezirk Lincoln Heights.

Bevor Spacey sich entschließt, den Schauspieler und Gauner zu überprüfen, trinkt er noch ein Gläschen im **Frolic Room, 6245 Hollywood Boulevard**, einer noch verbliebenen, neonbeleuchteten Bar aus den vierziger Jahren neben dem **Pantages Theater**. Er findet den ermordeten Schauspieler dann in Zimmer 203 des **Hollywood Center Motel, 6720 Sunset Boulevard**, einem echten Motel aus den zwanziger Jahren, das um 1950 erweitert wurde. Die andere Hollywood-Bar, die mit Starfotos tapeziert ist und in der Crowe und Pearce Johnny Stompanato und die „echte" Lana Turner belästigen, ist ein weiteres berühmtes Wahrzeichen: das **Formosa Cafe, 7156 Santa Monica Boulevard** nahe La Brea Avenue. In diesem chinesischen Restaurant waren neben vielen anderen Bogart, Monroe und Gable regelmäßig zu Gast, und noch heute gehen die Stars dort ein und aus, liegt es doch gleich gegenüber den alten Goldwyn Studios. Stompanato war übrigens der Ganove, der 1958 im Schlafzimmer von Turners Beverly-Hills-Villa erstochen wurde – angeblich von ihrer Tochter Cheryl Crane.

Mrs. Lefferts Haus, in dem eine Leiche gefunden wird, steht am **Elysian Park**, während Basingers Haus von 1927 auf der **Wilcox Avenue** beheimatet ist, gleich neben dem Wilshire Country Club im Bezirk Rossmore. Navarettes Versteck, angeblich im inzwischen umgestalteten Bunker Hill, wurde in der **San Marino Street** nahe der Kreuzung Olympic Boulevard und Hoover Street westlich von Macarthur Park gefilmt. Bidwells Haus, „südlich von Jefferson", befand sich in **Angelino Heights** nahe Echo Park.

L.I.S.A. – DER HELLE WAHNSINN
(1985, R: John Hughes)
Anthony Michael Hall, Ilan Mitchell-Smith, Kelly LeBrock
• **ILLINOIS**

Zwei scharfe Computertrottel erschaffen die Traumfrau Kelly LeBrock, aber die Idee in Hughes' Teenfarce führt zu nichts. Gefilmt wurde – wo auch sonst? – in der Umgebung von Chicago. Die Nachbarschaft, in der die Jungs leben, ist **Highland Park** im Norden der Stadt. Zu sehen ist die **Northbrook Court Mall, Northbrook**.

LACOMBE, LUCIEN

(1974, R: Louis Malle)
Pierre Blaise, Aurore Clement, Holger Löwenadler
• **FRANKREICH**

Lacombe ist ein junger Bauer, der von der Résistance abgewiesen wird, zum Kollaborateur mit den Nazis wird und dafür teuer bezahlt. Die Stadt ist **Figeac** am Fluss Cele. Sie befindet sich am Kreuzungspunkt der Straßen N140, N122, D122 und D653 im Norden der Mittleren Pyrenäen, gut 70 Kilometer nordwestlich von Rodez, verfügt über eine Kirche aus dem 11. Jahrhundert und eine Münzanstalt aus dem 13. Jahrhundert.

DIE LADY VON SHANGHAI

(1948, R: Orson Welles)
Orson Welles, Rita Hayworth, Everett Sloane
• **MEXIKO; KALIFORNIEN**

Das Aquarium: Steinhart Aquarium, Golden Gate Park

Welles' schräger Film noir nutzte Drehorte in Mexiko und Nordkalifornien. Die Yachtszenen entstanden an Bord von Errol Flynns Boot, der Zaca, in der **Acapulco Bay** in Mexiko. Rita Hayworth springt vom Wahrzeichen **Morro Rock** in den Ozean in der Morro Bay, nordwestlich von San Luis Obispo an der südkalifornischen Küste.
Das Restaurant war Sally Stanford's Valhalla, wurde aber zwischenzeitlich von der Kette Chart House übernommen. Es existiert immer noch unter dem Namen **Chart House, 201 Bridgway**, Sausalito (*Tel. 415 332 0804*), von San Francisco kommend gleich hinter der Golden Gate Bridge. Das Aquarium ist das **Steinhart Aquarium, Music Concourse**, Teil der California Academy of Sciences im Golden Gate Park (*Tel. 415 750 7145, www.calacademy.org/aquarium*). Die berühmteste Szene, die Schießerei im Spiegelkabinett, wurde natürlich im Studio gefilmt: Die Attraktion war fast in Originalgröße in den Columbia Studios aufgebaut worden. Die Außenaufnahmen entstanden aber im heute nicht mehr vorhandenen Playland, das sich am westlichen Ende des Golden Gate Park befand.

LADYKILLERS

(1955, R: Alexander Mackendrick)
Alec Guinness, Katie Johnson, Herbert Lom
• **LONDON**

Klassische schwarze Komödie, in der die kleine alte Dame Katie Johnson unwissentlich Zimmer an Alec Guinness (in einer Rolle, die für Alistair Sim vorgesehen war) und seine Ganovenbande vermietet, die sich als Streicherquartett ausgeben. Schauplatz ist King's Cross in London in den Tagen, bevor das Gebiet zu einem Synonym für Drogen und Prostitution wurde. Der Raubüberfall nimmt seinen Anfang bei den viktorianischen Gasometern in **Goods Way** hinter der

King's Cross Station und spielt sich auf der **Battle Bridge Road** ab. Die Kopfsteinpflasterstraße vor dem Hintergrund der Gasometer ist ein vertrautes Motiv, das man aus so unterschiedlichen Filmen wie *Der Missionar, L'accompagnatrice, Der Verführer lässt schön grüßen, Backbeat* und *Chaplin* kennt. Das Gebiet ist leider von einer kompletten Umgestaltung bedroht.

Der Raubüberfall: Battle Bridge Road, King's Cross

Johnsons Haus liegt am Ende einer Sackgasse gegenüber der St. Pancras Station in der Euston Road, NW1. Vom Blick auf den Bahnhof ausgehend, soll sich das Haus eindeutig in der Argylle Street befinden, die süd-

Mrs. Wilberforce' Haus: Frederica Street, wie sie heute aussieht

lich der Euston-Road verläuft. Die Argylle Street ist aber keine Sackgasse, und die Schienen verlaufen nördlich. Auch wenn der Blick vom Haus aus die Argylle Street suggeriert, befand sich das Haus selbst in der Frederica Street, knapp eineinhalb Kilometer weiter nördlich, westlich der Caledonian Road gegenüber Pentonville Prison verläuft. Das Haus ist eine Kulisse im Maßstab 1:1, die am Ende der kleinen Sackgasse errichtet wurde. Bedauerlicherweise ist die gesamte Straße seitdem komplett umgestaltet worden, sodass von den alten Häusern im Film nichts mehr verblieben ist.
Die Tunneleinfahrt, an der die Leichen auf Güterwagen geworfen werden, befand sich wirklich hinter der Frederica Street. Es handelt sich um die Einfahrt in den **Co-**

Beseitigung der Leichen: Copenhagen Tunnel, King's Cross

penhagen Tunnel. Es gibt dort drei voneinander getrennte Tunnels, für den Film wurde der benutzt, der praktischerweise zum Güterbahnhof von King's Cross führte. Von der Frederica Street aus kann man davon nichts mehr sehen, aber Vale Royal, eine Sackgasse östlich des York Way, N7, führt zu einem Parkplatz, von dem aus Sie das mit Unkraut überwucherte Grundstück entdecken können, auf dem Alec Guinness und Herbert Lom ihre letzte Schießerei austrugen. Sie haben von dort einen guten Blick auf die Tunneleinfahrten, die trotz ihres Zerfalls die einstige Pracht erkennen lassen. Die gefährlichen altmodischen Signale gibt es nicht mehr.

DAS LÄCHELN EINER SOMMERNACHT

(1955, R: Ingmar Bergman)
Gunnar Bjornstrand, Eva Dahlbeck, Harriet Andersson

• SCHWEDEN

Alternder Anwalt trifft sich mit seiner alten Flamme, einer alternden Schauspielerin, in einem eleganten Landhaus. Diese Komödie aus der Zeit um die Jahrhundertwende über sexuelle Verhaltensweisen bildet die Grundlage für Stephen Sondheims Musical *A Little Night Music*. Das Landhaus ist **Jordeberga Castle**, fünf Kilometer südlich von Malmö. Das Theater, in dem Desiree auftritt, ist einem Rokoko-Juwel in der Stadt Ystad nachempfunden.

DER LÄNGSTE TAG

(1962, R: Andrew Marton, Ken Annakin, Bernhard Wicki)
John Wayne, Rod Steiger, Robert Ryan
• FRANKREICH

Unzählige Stars geben sich die Hand in dieser Darstellung des Invasionstags im Jahr 1944 in der **Normandie**. Gefilmt wurde an den Strandabschnitten mit den Codenamen Gold, Juno, Sword, Utah und Omaha, die tatsächlich Schauplatz der Offensive waren.

DAS LAND DES REGENBAUMS

(1957, R: Edward Dmytryk)
Elizabeth Taylor, Montgomery Clift, Lee Marvin
• MISSISSIPPI; KENTUCKY; TENNESSEE

Dieser Versuch, *Vom Winde verweht* zu überbieten, wurde von einer ganzen Reihe von Problemen heimgesucht, darunter auch der verheerende Autounfall, bei dem Clifts Gesicht zerschnitten wurde. Die meisten Studioaufnahmen entstanden vor dem Unfall, die Außenaufnahmen erfolgten im Anschluss.
Motive fanden sich in **Natchez** am Highway 61, Mississippi, in **Danville**, Highway 127, 50 Kilometer südlich von Lexington mitten in Kentucky, und in **Paducah**, an der Interstate 24, McCracken County, ganz im Westen von Kentucky an der Grenze zu Illinois. Die Ruine des herrschaftlichen Hauses ist Windsor nahe Port Gibson, Mississippi. Nur 23 Säulen dieses Bauwerks haben ein Feuer im Jahr 1890 überlebt.
Der Höhepunkt des Films spielt sich ab am **Reelfoot Lake**, Tennessee, einem ungewöhnlichen, schönen Gebiet voller Zypressen. Der 5000 Hektar große See entstand, als ein Erdbeben Hochwasser auf dem Mississippi verursachte und ein tiefer liegender Wald überflutet wurde. Er liegt westlich von Union City an der Grenze zwischen Missouri und Kentucky. Reelfoot Lake State Resort Park ist eine Zufluchtsstätte für den seltenen American Bald Eagle. Es werden Führungen veranstaltet, um diesen Adler beobachten zu können.

LANG LEBE NED DEVINE

(1998, R: Kirk Jones)
Ian Bannen, David Kelly, Fionnula Flanagan
• ISLE OF MAN

Der Lotteriegewinn eines Toten in einem winzigen irischen Dorf bringt die zwei Alten Bannen und Kelly auf die Idee, einen Plan zu entwickeln, um an das Geld heranzukommen. Das fiktive Dorf Tullymore ist **Cregneish** an der Südspitze der Isle of Man.

DER LANGE, HEISSE SOMMER

(1958, R: Martin Ritt)
Paul Newman, Joanne Woodward, Orson Welles
• LOUISIANA

Ein in jeder Hinsicht überhitztes Melodrama aus dem tiefsten Süden, nach Geschichten von William Faulkner. Die Stadt Frenchman's Bend, in der sich der rastlose Newman niederlässt, ist **Clinton**, 50 Kilometer nördlich von Baton Rouge. Joanne Woodwards Haus ist **Asphodel, East Felicia Parish**, eines der vielen Plantagenhäuser am Mississippi zwischen New Orleans und Baton Rouge (www.asphodelplantation.com). Die Kirche, in der Newman bei der Wohltätigkeitsveranstaltung ein Picknick mit Woodward gewinnt, ist die **St. Andrew's Episcopal Church**.

LARRY FLYNT – DIE NACKTE WAHRHEIT

(1996, R: Milos Forman)
Woody Harrelson, Courtney Love, Edward Norton
• MEMPHIS, TENNESSEE; LOS ANGELES; WASHINGTON D.C.

Am Ende siegt die Meinungsfreiheit: Supreme Court Building, D.C.

Das Leben des Hustler-Verlegers als Film, neu erfunden in der Person des freundlichen Kämpfers für die Redefreiheit – Woody Harrelson. Der echte Flynt hat einen Cameo-Auftritt als Richter. Die meisten Szenen entstanden in und um Memphis, Tennessee. Die Szenen von Flynts Kindheit in Kentucky wurden am Memphis gegenübergelegenen Ufer des Mississippi River gedreht, und sein erster Nachtclub (den er in Columbus, Ohio, in den siebziger Jahren eröffnete) befindet sich im Gebiet Downtown. Auch die meisten Gerichtsszenen entstanden in Memphis, wo ein Bahnhof als US Supreme Court diente. Flynts Anwesen in Ohio, in dem er zur Zweihundertjahrfeier anno 1976 eine verschwenderische Party schmeißt, ist dasselbe Haus in Memphis, in dem Tom Cruise während der Dreharbeiten zu *Die Firma* wohnte. Weitere Motive in Memphis waren das berühmte **Peabody Hotel, 149 Union Avenue, Memphis State University, Shelby County Arena** und einige Besserungsanstalten.
Die erste Konfrontation vor Gericht mit Fernsehprediger Jerry Falwell spielt sich im Gericht von **Oxford**, Mississippi, ab. In L.A. gehörten zu den authentischen Schauplätzen das **Flynt Publications Building** in Beverly Hills und Flynts früheres Haus, **364 St. Cloud Road**, Bel Air, wo Harrelson festgenommen wird. Das Ergebnis der letzten Falwell-Anhörung wurde auf den Stufen des **Supreme Court Building, First Street NE**, Washington D.C., gefilmt.

LASST MICH LEBEN

(1958, R: Robert Wise)
Susan Hayward, Simon Oakland, Virginia Vincent
• KALIFORNIEN

Ein Oscar für Susan Hayward als Barbara Graham, die trotz zweifelhafter Beweislage in die Gaskammer ge-

Das Gefängnis: San Quentin, San Rafael

schickt wird. Robert Wises pessimistisches und halb dokumentarisches Drama gegen die Todesstrafe entstand im **San Quentin State Prison** in **San Rafael** an der Interstate 580 gleich hinter der Zollbrücke bei Richmond, Kalifornien. Für Interessierte gibt es dort ein Besucherzentrum mit Museum. Sie müssen sich allerdings vorher telefonisch anmelden *(Tel. 415 454 8808)*, und achten Sie darauf, dass Sie sich ausweisen können – einschließlich Foto.

LAWRENCE VON ARABIEN

(1962, R: David Lean)
Peter O'Toole, Omar Sharif, Alec Guinness
- **JORDANIEN; SPANIEN; MAROKKO; LONDON; SURREY; KALIFORNIEN**

Das Hotel in Kairo: Palacio Español, Sevilla

Leans letzter wirklich großartiger Film, bevor seine Vorliebe für das Überlebensgroße aus den Fugen geriet. Die Eröffnungsszene mit Lawrence' tödlichem Motorradunfall (angeblich in Wales) entstand in **Chobham**, Surrey. Lawrence' Trauerfeier wurde tatsächlich auf den Stufen der **St. Paul's Cathedral** in London gefilmt, aber ihr Innenleben wurde in einem Studio in Spanien nachgebaut. Tatsächlich entstanden sämtliche Innenaufnahmen sowie ein Großteil der Außenmotive in Spanien. Die Stadt Aqaba wurde an einem Strand namens **Playa del Algorocibo** nahe Carboneros errichtet, bei Almeria im Süden Spaniens. Der Angriff auf den Zug erfolgte am **Strand von San Jose** am **Cabo de Gato**. Für viele im Nahen Osten angesiedelte Schauplätze nutzte Lean die maurische Stadt Sevilla. Das Hotel in Kairo, in dem Lawrence' Begleiter nach der Durchquerung der Wüste etwas zu trinken verweigert wird, ist der **Palacio Español**, ein halbrundes Arkadengebäude am **Plaza de España, Sevilla**, das für die spanisch-amerikanische Ausstellung 1929 gebaut wurde. Der Hof des Officers' Club, Kairo, ist das luxuriöse **Alfonso XIII. Hotel** in Sevilla, **2 San Fernando 41004** *(Tel. 5422 2850)*. Lawrence und Allenby treffen sich an einem anderen Wahrzeichen von Sevilla, der **Casa de Pilatos, Plaza de Pilatos**, gebaut im Jahre 1519 und angeblich eine Kopie des Hauses von Pontius Pilatus in Jerusalem, das demnach erstaunlich nach dem Stil des 16. Jahrhunderts ausgesehen hätte. Die anderen Gebäude von Jerusalem stehen in Sevilla am **Plaza de los Americas**, und das britische Hauptquartier ist ein Ausstellungszentrum (in dem spanische Teppiche auslagen, da es zu kostspielig gewesen wäre, sie fortzuschaffen). Das Rathaus von Damaskus ist unterdessen ein Casino am Ort. Das visuelle Bonbon des Films besteht natürlich in den atemberaubenden jordanischen Wüstenlandschaften.

Lawrence kommt zum ersten Mal in der schwarzen Basaltlandschaft von **Jebel Tubayq** nahe der Grenze zu Saudi-Arabien mit der Wüste in Berührung. Auch die Karawane durch die Nefud-Wüste entstand hier. Die Szenen in Feisals Lager und an der Quelle, wo Lawrence erstmals seine arabische Kleidung erhält, spielen an den spektakulären roten Klippen von **Wadi Rumm**, 30 Kilometer nördlich des Golfs von Aqaba.

Omar Sharifs beeindruckender Auftritt auf dem Kamel (natürlich war das nicht wirklich Sharif in dieser berühmten Szene) entstand bei **Jafr** in Jordanien, genauso wie die Rettung des verirrten arabischen Jungen Gasim. Weitere Szenen wurden in Marokko in der sehenswerten Wüstenstadt **Ait Benhaddou** knapp 25 Kilometer nordwestlich von Ouarzazate gefilmt. Vor den Toren von Ouarzazate wurde die gigantische Glaoui Kasbah speziell für die Filmcrew in ein Hotel umgewandelt – heute das Kasbah Tifoultoutte, rund fünf Kilometer von Ouarzazate an der P31 gelegen *(Tel. 04 88 46 36)*.

Zusätzliche Wüstenszenen entstanden in den USA in den **Imperial Sand Dunes**, Highway 78, östlich von El Centro im Süden Kaliforniens nahe der Grenze zu Mexiko.

LE MANS

(1971, R: Lee H. Katzin)
Steve McQueen, Siegfried Rauch, Elga Andersen
- **FRANKREICH**

Für McQueens Rennfahrerfilm wurde die Rennstrecke von Le Mans zwölf Wochen lang in Beschlag genommen. Die alte historische Stadt **Le Mans** liegt 200 Kilometer südwestlich von Paris an der Sarthe. Dem Rennkurs ist ein hervorragendes Rennsportmuseum angeschlossen. Eine andere Seite der historischen Stadt können Sie in *Cyrano von Bergerac* sehen.

LEAVING LAS VEGAS

(1995, R: Mike Figgis)
Nicolas Cage, Elisabeth Shue, Julian Sands
- **NEVADA; KALIFORNIEN**

Nicolas Cage gibt alles auf, um sich in Las Vegas zu Tode zu saufen. Die Bar in L.A. aus der Eröffnungsszene ist der **Cock and Bull Pub, 2947 Lincoln Boulevard, Santa Monica**. Die Außenaufnahmen in Vegas waren zwar vor Ort gedreht, aber das Innere des Casinos filmte man gut 150 Kilometer weiter südlich in **Laughlin** an der Grenze zu Arizona. Die Stadt, die 1966 von Don Laughlin gegründet wurde, hat sich zu einem Mini-Vegas entwickelt, einschließlich maßstabsgerecht verkleinerten Gegenstücken zu den Casinos der großen Schwesterstadt. Der Film entstand im Gold River Casino und Resort. Inzwischen wurde es vom Unternehmer Alan Paulson gekauft und ist jetzt das **River Palms Resort Casino, 2700 South Casino Drive** *(Tel. 702 298 2242)*.

Cage begegnet Shue: The Flamingo, Las Vegas Boulevard

Shue und Cage reden unter dem Clown des Circus Circus

Als Cage L.A. verlässt, begibt er sich auf eine großartige Reise – die sechsstündige Fahrt auf der Interstate 15 durch die Mojave-Wüste nach Vegas. Die in Laughlin gedrehten Innenaufnahmen macht der Film dadurch gut, dass maßgebliche Szenen vor bekannten Casinos auf dem Strip spielen. Cage begegnet der Nutte Elizabeth Shue zum ersten Mal an einer roten Ampel auf dem Las Vegas Boulevard in Höhe des **Flamingo Hilton and Tower, 3555 Las Vegas Boulevard South**, dort, wo das neue Las Vegas beginnt, das 1946 von „Bugsy" Siegel ins Leben gerufen wurde (für diese Geschichte siehe *Bugsy*). Shue sieht Cage im Gegenzug vor **Bally's, 3645 South Las Vegas Boulevard**. Sie unterhalten sich vor dem riesigen beleuchteten Clown des **Circus Circus, 2880 Las Vegas Boulevard South**. Shue wird von College-Typen vor den Spielzeugtürmchen des **Excalibur, 3850 Las Vegas Boulevard South**, mitgenommen. Der Wasserfall, vor dem sie nach der Vergewaltigung ein Taxi ruft, gehört zum **Mirage, 3400 Las Vegas Boulevard South**.

LEBE LIEBER UNGEWÖHNLICH
(1997, R: Danny Boyle)
Ewan McGregor, Cameron Diaz, Holly Hunter
• UTAH; KALIFORNIEN

Der dritte Film des Teams von *Shallow Grave – Reise in die Hölle* und *Trainspotting – Neue Helden* wurde in **Salt Lake City, Utah** und **Los Angeles** gedreht.

DAS LEBEN DES BRIAN
(1979, R: Terry Jones)
Graham Chapman, John Cleese, Eric Idle
• TUNESIEN

Brian fällt vom Turm: Ribat, Monastir

Graham Chapman wird versehentlich für den Messias gehalten und leistet auf dem Posten in dieser ziemlich brillanten Satire gute Arbeit. Das Gelobte Land ist Tunesien, wo der Großteil des Films im **Ribat** entstand, dem befestigten Kloster in **Monastir**, vormals Schauplatz für Zeffirellis gleiche TV-Produktion *Jesus von Nazareth*. Monastir mit seinem Flughafen ist das Touristenzentrum am Golf von Hammamet. Die Stadt selbst ist recht klein und liegt fernab der Hotelkomplexe. Das Ribat mit seinem Labyrinth aus Mauern und Durchgängen ist für Besucher geöffnet *(es wird Eintritt verlangt)*. Die Stadtmauern gehören zur **Kasbah** von **Sousse**, der nächstgrößeren Stadt rund 40 Kilometer westlich von Monastir. Die Kasbah ist heute ein Museum,

Die Stadtmauer: Kasbah, Sousse

zu dessen Sammlung eine Reihe von römischen Mosaiken gehört. Die abschließende Kreuzigung wurde im Gebiet rund um **Tataouine** gefilmt, der Stadt, die Luke Skywalkers Heimatplaneten in dem ebenfalls in Tunesien gefilmten *Krieg der Sterne* seinen Namen gab.

„Welease Woger" – Ribat, Monastir

DAS LEBEN NACH DEM TOD IN DENVER
(1995, R: Gary Fleder)
Andy Garcia, Christopher Lloyd, Treat Williams
• COLORADO

Kurioses Kriminaldrama, in dem der kleine Geschäftsmann Garcia eine Gruppe von schrägen Vögeln zusammenstellt, um einen Auftrag zu erledigen, der gründlich danebengeht. Gefilmt wurde wahrhaftig in Denver. Die Silver Naked Lady ist das **Casino Cabaret, 2637 Welton Street**. Andy Garcia trifft sich mit Gabrielle Anwar im **Denver Museum of Natural History, 2001 Colorado Boulevard**. Gefilmt wurde zudem am **Coors Field**.

DAS LEBEN UND STERBEN DES COLONEL BLIMP
(1943, R: Michael Powell, Emeric Pressburger)
Roger Livesey, Deborah Kerr, Anton Walbrook
• LONDON

Powell und Pressburgers Meisterwerk war zu seiner Zeit immens umstritten, was nicht zuletzt Walbrooks sympathischer deutscher Rolle zuzuschreiben war. Der Film ist fast komplett auf dem Set entstanden. Für den eröffnenden Überfall auf Blimps Royal Bathers' Club donnerten die Armeelaster (die für den Film „ausgeliehen" wurden) durch die Western Avenue, rund um Marble Arch und auf dem Berkeley Square. Blimps Londoner Haus,

Blimps Zuhause in London: Ovington Square, South Kensington

das im Film zwar von einer Bombe zerstört wird, steht unverändert am **15 Ovington Square, SW3**, nahe der Brompton Road, Knightsbridge *(U-Bahnstation: South*

Kensington). Der winzige, voller Bäume stehende Platz auf der gegenüberliegenden Seite ist der Ovington Square.

LEGENDEN DER LEIDENSCHAFT

(1994, R: Edward Zwick)
Anthony Hopkins, Brad Pitt, Aidan Quinn
• **ALBERTA, KANADA; BRITISH COLUMBIA, KANADA; JAMAIKA**

Helena: Powell Street, Vancouver

Zwar in Montana angesiedelt, war Hopkins' abgeschiedenes Zuhause dennoch eine Ranch im Gebiet Ghost River, 65 Kilometer westlich von Calgary, Alberta. Die Schützengräben aus dem Ersten Weltkrieg wurden auch hier gefilmt. Brad Pitts Reise nach Afrika führt ihn tatsächlich nach **Ocho Rios** auf Jamaika, und die Stadt Helena, in der Aidan Quinn seinen Geschäftsbetrieb einrichtet, ist der Bezirk Gastown in Vancouver, östlich von Downtown. **Powell Street** und **Maple Leaf Square** wurden zeitgenössisch dekoriert. Das **Hotel Europe** in der Hauptstraße von Helena ist in der **43 Powell Street** zu finden.

EINE LEICHE ZUM DESSERT

(1976, R: Robert Moore)
Alec Guinness, Peter Sellers, Maggie Smith
• **BERKSHIRE**

Vergnügliche Detektiv-Verlade, geschrieben von Neil Simon. Das Zuhause des zimperlichen Schriftstellers Truman Capote, in dem sich die Spitzendetektive der Welt versammeln, ist Oakley Court, heute das **Oakley Court Hotel, Windsor Road** zwischen Maidenhead und Windsor (für Details über dieses häufig eingesetzte Motiv siehe *Die Rocky Horror Picture Show*).

LEMMY CAUTION GEGEN ALPHA 60

(1965, R: Jean-Luc Godard)
Eddie Constantine, Anna Karina, Akim Tamiroff
• **PARIS**

Lemmy Cautions Hotel: Scribe Hotel, Paris

SF-Film, in dem Special Agent Lemmy Caution durchs All reist (natürlich per Auto), um in der trostlosen futuristischen Stadt Alphaville zu ermitteln, für die ein sonderbar gefilmtes Paris der sechziger Jahre herhalten musste. Das Electricity-Board-Gebäude wird als ominöses Computerzentrum eingesetzt. Cautions Hotel ist das **Scribe Hotel, 1 Rue Scribe**, am Place de l'Opéra. Dieses großartige Gebäude, das während des Zweiten Weltkriegs das Pressehauptquartier der Alliierten war, hat sich durch einen anderen Film seinen Platz in der Kinogeschichte gesichert: Eine Inschrift gleich um die Ecke am Hoteleingang

vom Boulevard des Capucines aus (Nr. 14) vermerkt, dass hier – im Salon Indien des Grand Café – die Gebrüder Lumière am 28. Dezember 1895 zum ersten Mal eine kinematische Projektion vorführten.

Quentin Tarantinos Hommage an den Regisseur erfolgte dahingehend, dass er das Diamantengeschäft in *Reservoir Dogs – Wilde Hunde* Karina's nannte, nach dem Vornamen der Hauptdarstellerin, die zu der Zeit mit Godard verheiratet war. Außerdem heißt seine Produktionsgesellschaft A Band Apart nach Godards Film *Bande à Part* (*Die Außenseiterbande*) von 1964.

LÉON – DER PROFI

(1994, R: Luc Besson)
Jean Reno, Gary Oldman, Natalie Portman
• **NEW YORK CITY; NEW JERSEY; PARIS**

Luc Bessons stilsicherer Thriller, in dem Killer Reno gegen den völlig überdrehten und genauso korrupten Cop Oldman antritt, ist in New York angesiedelt, aber der größte Teil der Studioaufnahmen wurde in Paris erledigt. Echte New Yorker Drehorte sind zum Beispiel Spanish Harlem, Chinatown und

Natalie Portmans Hotel: 97th Street

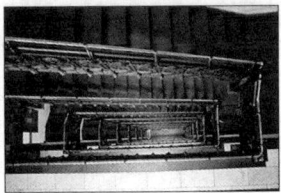

... und von innen: das Chelsea Hotel

Wall Street sowie **Hoboken** und **West New York**, New Jersey. Tony's, das Restaurant von Danny Aiello, das in Little Italy gelegen sein soll, ist **Guido's, 511 9th Avenue**/Ecke West 38th Street *(Tel. 212.564.8074)* südlich des Port Authority Bus Terminal. Die Außenansicht von Natalie Portmans Hotel ist das **71 97th Street**/Ecke Park Avenue an der Upper East Side, während die Treppe und die Korridore zum **Hotel Chelsea** gehören, **222 West 23rd Street**, zwischen Seventh Avenue und Eighth Avenue *(Tel. 212 243 3700)* (für Details siehe *Sid und Nancy*).

DER LEOPARD

(1963, R: Luchino Visconti)
Burt Lancaster, Claudia Cardinale, Alain Delon
• **SIZILIEN**

Schauplatz für Viscontis verschwenderische Version von Giuseppe di Lampedusas epischen Roman konnte nur Sizilien sein. Visconti wollte ursprünglich das mittelalterliche Dorf Palma di Montechiaro verwenden, um als Donnafugata – den Fami-

Schauplatz des verschwenderischen Balls: Palazzo Valguarnera Gangi, Palermo

liensitz der Prinzessin von Salina – herzuhalten. Doch das hätte bedeutet, dass eine Straße hätte gebaut werden müssen, und da schritten angeblich die Herren mit den Sonnenbrillen ein, um ein Stück vom Kuchen zu fordern. Visconti war so klug und verlegte die Produktion in das heruntergekommene Dörfchen **Ciminna**, 50 Kilometer südlich von Palermo. Die Piazza von Donnafugata ist der Stadtplatz von Ciminna, auf dem die Fassade von Salinas Palast aufgebaut wurde.

Weitere Szenen entstanden im bezaubernden Palazzo der **Villa Boscogrande, Via T Natale 91, Mondello**, einem Urlaubsgebiet an der Küste nördlich von Palermo. Die Villa ist heute ein In-Club. Der große Ball wurde im **Palazzo Valguarnera Gangi, Piazza Croce dei Vespri** in **Palermo** selbst inszeniert. Der Ballsaal ist für Besucher nicht geöffnet, aber im Palazzo ist heute ein Restaurant untergebracht. Und auch wenn in den echten Straßen von Palermo gedreht wurde, baute man einen Teil der Stadt für den Film nach.

LETHAL WEAPON 4 – ZWEI PROFIS RÄUMEN AUF

(1998, R: Richard Donner)
Mel Gibson, Danny Glover, Joe Pesci
• LOS ANGELES; NEVADA

Für die einleitende Flammenwerfer-Szene wurde die Attrappe einer Tankstelle an der Ecke **First Street**/Elm Street, Downtown L.A., errichtet. Ein Großteil der sich anschließenden Handlung spielt sich in der Umgebung von **Chinatown** ab. Aus einem unerfindlichen Grund wurde für die Verfolgungsjagd auf dem Highway die **Interstate 215** zwischen **Pecos Road** und **Windmill Lane**, Las Vegas, Nevada, genommen – sehr zum Ärger der dadurch behinderten Anwohner.

DER LETZTE ACTION HELD

(1993, R: John McTiernan)
Arnold Schwarzenegger, Art Carney, Charles Dance
• NEW YORK CITY; LOS ANGELES

Innenleben des Pandora Theaters:
Orpheum Theatre, South Broadway, L.A.

Mega-Hype, Mega-Budget, Mega-Star, sogar Werbung auf Raketen der NASA – und doch ging diese überraschend selbstironische und geistreiche Produktion in einem von Dinosauriern geprägten Kinosommer unter. Das Innenleben des Pandora Theaters, in dem Austin O'Brien seine magische Eintrittskarte benutzt, um in die Welt der Filme überzuwechseln, ist das **Orpheum Theater, 842 South Broadway**, Downtown L.A. Dieses Juwel von einem Kino, das unlängst renoviert wurde, war auch in *Schatten der Vergangenheit* und *Ed Wood* zu sehen. Schwarzeneggers fiktiver Blockbuster *Jack Slater IV* feiert seine Premiere an der anderen Küste im **RKO Twin Theater, Times Square** in New York, wo ein riesiger aufblasbarer Arnie über die Straße schwebt.

Premiere für Jack Slater IV: RKO Twin Theatre, Times Square, N.Y.

Das Haus, in dem Schwarzenegger fast in die Luft gesprengt wird, befindet sich im **1100er Block der Angelina Street**, Downtown L.A. Bei einer Wiederholung des Sprungs von einer Straße in einen Hochwasserkanal aus *Terminator 2* fliegt ein Wagen an der **First Street Bridge** in den L.A. River Channel. Die üppige Trauerfeier für Gangsterboss Leo entstand auf dem Dach des 502 Zimmer großen **Hyatt**

Beerdigung von Leo the Fart: Hyatt Regency, Long Beach, N.Y.

Regency Hotel, 200 South Pine Avenue/Ecke Shoreline Drive in Long Beach im Süden von L.A. Die La Brea Tar Pits, eigentlich am Wilshire Boulevard mitten in der Stadt gelegen, wurden neben dem Hyatt nachempfunden. O'-Briens Schule, die Lincoln Elementary, ist ein festes Set auf dem Gelände von Culver City, das bereits in den zwanziger Jahren gebaut wurde. Elsinore in der *Hamlet*-Szene ist das Schloss, das für Francis Coppolas *Bram Stoker's Dracula* errichtet wurde.

DER LETZTE BANDIT

(1941, R: David Miller)
Robert Taylor, Brian Donlevy, Ian Hunter
• ARIZONA

Der stets hölzerne Spangler Arlington Brugh (es war schon ein weiser Entschluss, sich Robert Taylor zu nennen) spielt in diesem Remake, das im **Monument Valley** und in **Sedona**, Arizona gedreht wurde, den Helden Billy. Dies war auch das erste Mal, dass man das spektakuläre Tal dank Technicolor in all seiner Farbenpracht erleben konnte. Für weitere Details über das Monument Valley siehe *Ringo*.

DER LETZTE BEFEHL

(1959, R: John Ford)
John Wayne, William Holden, Constance Towers
• LOUISIANA; MISSISSIPPI

Ford verlor das Interesse an diesem Bürgerkriegswestern, nachdem ein erfahrener Stuntman bei einem Unfall ums Leben gekommen war. Gefilmt wurde in den Mangrovensümpfen im Süden von Louisiana, in **Natchez**, Mississippi, wo die Szenen der Kadettenschule im **Jefferson Military College** entstanden, sowie auf dem Homochitto River, Mississippi, rund 30 Kilometer südlich von Natchez, wo sich der tödliche Unfall ereignete.

DAS LETZTE HAUS LINKS

(1972, R: Wes Craven)
Sandra Cassel, Lucy Grantham, David Hess

• CONNECTICUT; NEW YORK CITY

Wes Cravens erster Film, ein Kultschocker, der sich in groben Zügen an Ingmar Bergmans *Die Jungfrauenquelle* anlehnte. Er entstand ohne richtige Finanzierung im Guerillastil in **Westport**, Interstate 95, an der südwestlichen Küste von Connecticut. Weitere Szenen entstanden in **Manhattan**.

DER LETZTE KAISER

(1987, R: Bernardo Bertolucci)
John Lone, Joan Chen, Peter O'Toole
• CHINA

Bertoluccis visuell üppiges Epos, das das Leben des letzten chinesischen Kaisers nachzeichnete, wurde zu einem Meilenstein, da dieser Film als erster in der **Verbotenen Stadt** in Peking gedreht werden durfte.

DAS LETZTE KOMMANDO

(1973, R: Hal Ashby)
Jack Nicholson, Otis Young, Randy Quaid
• VIRGINIA; NEW HAMPSHIRE; MASSACHUSETTS; WASHINGTON D.C.; NEW YORK CITY

Nicholson und Young sind Marineoffiziere, die Quaid ins Gefängnis eskortieren und ihm auf dem Weg dorthin eine letzte Nacht in Freiheit erlauben. Quaid wird von der Marinebasis in **Norfolk**, Virginia, nach **Portsmouth**, New Hampshire, gebracht. Der erste Halt auf der Reise ist Washington D.C., wo Quaid das Haus seiner Mutter besuchen darf. Nächster Stopp New York City, dann verliert Quaid seine Unschuld in einem Bordell in Boston, Massachusetts. Gefilmt wurde am **South End** und in **Boston Common**.

DIE LETZTE MÉTRO

(1980, R: François Truffaut)
Catherine Deneuve, Gérard Depardieu, Jean Poiret
• PARIS

Truffauts klaustrophobisches Drama zeigt Depardieu, wie er sich während der Besetzungszeit vor den Nazis versteckt. Gedreht wurde in Paris bei einem sehr knapp bemessenen Budget. Verwendet wurden vor allem Sets, die in einer stillgelegten Schokoladenfabrik in **Clichy** errichtet wurden.

DER LETZTE MOHIKANER

(1992, R: Michael Mann)
Daniel Day-Lewis, Russell Means, Madeleine Stowe
• NORTH CAROLINA

Der entscheidende Kampf: Hickory Nut Falls, Chimney Rock Park

Fenimore Coopers Geschichte wurde in den Blue Mountains von North Carolina, im **Massacre Valley** in Burke County, und weiter westlich am Highway 40 auf dem **Biltmore Estate, Asheville**, gefilmt. Ein Großteil der Dreharbeiten spielte sich ab im **Chimney Rock Park**, US 74 und 64, 40 Kilometer südöstlich von Asheville, wo Sie **Inspiration Point**, Schauplatz der Liebesszene zwischen Day-Lewis und Stowe, und **Hickory Nut Falls**, Schauplatz des entscheidenden Kampfs, vorfinden können. Der Plan für den Park listet die Motive des Films auf. Eine Hollywood-Version von 1936 mit Randolph Scott schaffte es dagegen nicht weiter als bis zu den routinemäßigen Drehorten **Iverson Ranch, Iverson Lane, Chatsworth**, rund 50 Kilometer nördlich von L.A., sowie **Kern River** und **Sherwood Lake**.

DIE LETZTE NACHT DES BORIS GRUSCHENKO

(1975, R: Woody Allen)
Woody Allen, Diane Keaton, Harold Gould
• PARIS; UNGARN

In jenen Tagen, als Woody Allen gelegentlich auch einmal Manhattan verließ, begab er sich nach Europa, um seine witzige Version von *Krieg und Frieden* zu drehen, die an echten Schauplätzen in **Budapest** und **Paris** entstand.

DER LETZTE TANGO IN PARIS

(1972, R: Bernardo Bertolucci)
Marlon Brando, Maria Schneider, Jean-Pierre Léaud
• PARIS

Bertoluccis tragische Romanze wurde auf üppige Weise von Vittorio Storaro in und um Paris auf Zelluloid gebannt. Der geplagte Witwer Brando begegnet Maria Schneider auf der **Pont de Bir-Hakeim** im 15. und 16. Arrondissement. Ursprünglich war es das Passy Viaduct, aber 1949 wurde die Brücke im Gedenken an die Schlachten mit Rommel in der libyschen Wüste umbenannt.

Das Apartment: Rue de l'Alboni, Passy

Das Apartment, in dem sie ihrer anonymen Romanze nachgehen, liegt in der 1 Rue Jules Verne, ist aber eigentlich die **1 Rue de l'Alboni** am Ende der Brücke in Passy. Das schmiedeeiserne Tor ist am oberen Ende der Treppe an der Nordseite der Brücke zu sehen. Am Fuß der Treppe können Sie die – wenn auch ein wenig aufgebesserte – Bar sehen, in der Schneider telefoniert. Es ist die

Der letzte Tango: Salle Wagram, Avenue de Wagram

Kennedy Eiffel Bar, Avenue du President Kennedy. Stärker verändert hat sich der Salon, in dem Brando und Schneider den Tangowettbewerb unterbrechen. Der alte, neoklassizistische **Salle Wagram** ist zu einer Diskothek umgebaut worden. Die finden Sie nahe dem Arc de Triomphe in der **39 Avenue de Wagram**.

DAS LETZTE UFER

(1959, R: Stanley Kramer)
Gregory Peck, Ava Gardner, Fred Astaire

• AUSTRALIEN; KALIFORNIEN

Deprimierende postnukleare Warnung, die von der düsteren Annahme ausgeht, dass Australien als einziger Kontinent einen atomaren Schlag überlebt hat. Die meisten Szenen entstanden im australischen **Melbourne**, allerdings gibt es auch einen albtraumhaften U-Boot-Ausflug in ein beunruhigend menschenleeres San Diego.

DIE LETZTE VERSUCHUNG CHRISTI

(1988, R: Martin Scorsese)
Willem Dafoe, Harvey Keitel, Barbara Hershey
• MAROKKO

Scorseses unverständlicherweise sehr umstrittene, tatsächlich aber sehr werkgetreue Verfilmung von Nikos Kazantzakis' Roman über das Leben von Jesus benötigte Jahre, um in Gang zu kommen. Dabei musste Marokko als das gelobte Land herhalten. Nazareth und Magdala fanden sich beide im Dorf **Oumnast** rund 25 Kilometer südlich von Marrakesch.

Jerusalem sollte eine Kulisse sein, bis die Filmemacher **Mekenes** entdeckten, wo die **Stallung des Moulay Ismael** für das Innere des Tempels, das Pessahbad und für den Palast von Pontius Pilatus herhielt. Sultan Moulay Ismael herrschte von 1672 bis 1727 über Mekenes, und in der Zeit setzte er ein gewaltiges Bauprogramm in Gang, um aus der Stadt eine von Mauern umgebene Hauptstadt mit über 50 Palästen zu machen. Die Stallungen sind Teil seiner Villa Imperiale, ein gewaltiger Komplex aus Palästen, Gärten, Kasernen und Stallungen unterhalb der Medina von Mekenes. Von Ville Nouvelle kommend überqueren Sie den Fluss Oued Boufekrane, der die Stadt durchschneidet, und nehmen die Rue Rouamzine und Rue Dar Smen bis zum Tor Bab Mansour. Hier findet man Moulay Ismaels Mausoleum, doch dahinter führt ein Korridor zum Heri as-Souani (oder dem Dar el-Mar). Diese als „Stallungen" bezeichneten, hohen Räume waren aller Wahrscheinlichkeit nach Lagerräume und Kornspeicher. Die abschließende 35 Minuten lange „Versuchungs"-Szene entstand im Atlas-Gebirge und rund um die römischen Ruinen von **Volubilis**, rund 30 Kilometer nördlich von Mekenes.

DIE LETZTE VORSTELLUNG

(1971, R: Peter Bogdanovich)
Jeff Bridges, Timothy Bottoms, Cloris Leachman
• TEXAS

Bogdanovich hat es nicht geschafft, mit einem anderen Film diese schmerzend stimmungsvolle Beschwörung des Kleinstadtlebens in den fünfziger Jahren nach dem Roman von Larry McMurtry je wieder zu erreichen. Anarene, Texas, ist tatsächlich **Archer City**, Texas – „eine Straße, eine Ampel", wie sie von einem ihrer Bewohner beschrieben wurde. Die ausgebrannte

Das Kino in Anarene: Archer City, Texas

Ruine des Royal-Kinos bröckelt in der **115 East Main Street** immer noch langsam vor sich hin.

DIE LETZTEN AMERIKANER

(1981, R: Walter Hill)
Keith Carradine, Powers Boothe, Fred Ward
• LOUISIANA; TEXAS

Hills harte Vietnam-Allegorie, in der Angehörige der Nationalgarde bei einer Übung in den Sümpfen von Louisiana in ein tödliches Katz-und-Maus-Spiel mit den Bewohnern verwickelt werden, entstand in den Sümpfen von Louisiana und am **Caddo Lake**, Texas.

LETZTES JAHR IN MARIENBAD

(1961, R: Alain Resnais)
Delphine Seyrig, Giorgio Albertazzi, Sacha Pitoeff
• MÜNCHEN

Wenn man in den sechziger Jahren eine Gruppe Studenten sah, die um einen Tisch versammelt waren, um auf mysteriöse Weise Streichhölzer zu bewegen, dann standen die Chancen gut, dass es sich um Cineasten handelte, die Pitoeffs teuflisches Spiel aus diesem Arthaus-Film nachspielten. Nun, war es Marienbad? Oder Friedrichsbad? Oder keines von beiden? Sorry, aber so viel Nüchternheit muss sein: Es war **München**. Drei überreizte Barockschlösser wurden kombiniert, um ein einziges, riesiges und labyrinthartiges Hotel zu bilden. Man könnte verrückt werden, Resnais' verworrenes Puzzle zu lösen, da ein Motiv nahtlos in das nächste übergeht, der Grundriss des Gartens sich ständig verändert und Türen, die geöffnet werden, nicht immer in denselben Raum führen. Das Hauptmotiv, ein riesiger Rokokopalast, in dem elegant gekleidete Gäste geheimnisvolle Spiele spielen, war einst die Heimat des bekannt extravaganten Königs Ludwig I. Es ist das im Nordwesten der Stadt liegende **Schloss Nymphenburg**, an dem fast 200 Jahre lang gebaut wurde und das von Flügel zu Flügel gut 800 Meter misst. Ludwig, der mit seiner Sexualität kämpfte, schaffte es, die Gesellschaft zu schockieren, indem er eine Reihe von Frauenportraits in Auftrag gab – darunter auch die berüchtigte Kurtisane Lola Montes –, die heute in der Schönheitengalerie des Schlosses hängen. Es ist das größte seiner Art in Deutschland und liegt inmitten von 200 Hektar Parklandschaft, die von Wildwuchs bis zu den streng geometrischen Anlagen französischer Gärten reichen, die man auch im Film sehen kann. Nymphenburg erreicht man von München aus mit der Straßenbahnlinie 12 oder der Buslinie 41. Es ist von dienstags bis sonntags geöffnet.

Auf dem Gelände bietet die Jagdhütte **Amalienburg** den zweiten Schauplatz des Films. Wenn der Begriff „Jagdhütte" irgendwelche romantisch-rustikalen Bilder auslöst, dann wartet eine Überraschung auf Sie: Das Innere ist noch extravaganter als in Nymphenburg, eine Rokoko-Phantasie aus Weiß, Grün und Gold, angeordnet um den prachtvollen Spiegelsaal. Resnais vergnügt sich hier mit den schier unendlich vielen Spiegelbildern, die während des einleitenden Monologs zu sehen sind und die als Schauplatz für das Konzert am letzten Abend von Seyrig und Albertazzi benutzt werden.

Das schlichtere Äußere, das in Albertazzis Erinnerung als Friedrichsbad und während des gesamten Films in den gerahmten Bildern zu sehen ist, gehört zum **Neuen Schloss** von **Schloss Schleißheim**, in dem sich die Sammlung barocker Kunst der Bayerischen Staatsgalerie befindet. Sie liegt im Nordwesten von München entlang der S-Bahnlinie S-1 und der Buslinie 292 nach Oberschleißheim. Die klassischen Statuen von Karl III. und seiner Frau, die in den Gärten ständig ihre Position verändern, werden Sie allerdings nicht vorfinden können. Nach den Figuren aus einem Gemälde von Poussin wurden sie speziell für den Film hergestellt. Im Gegensatz zu den Bäumen werfen die Menschen im Film unmöglich lange Schatten – des Rätsels Lösung: Man hatte sie auf den Boden aufgemalt.

Das echte Marienbad – oder genauer gesagt: Marianske Lazne – steht in keiner Verbindung zum Film, sondern ist ein Badekurort in der Tschechischen Republik rund 130 Kilometer westlich von Prag, südlich von Karlovy Vary.

LIEBE AUF DEN ERSTEN BISS

(1979, R: Stan Dragoti)
George Hamilton, Susan St. James, Richard Benjamin
• **NEW YORK CITY**

Veralberung der Dracula-Story, in der Hamilton als Graf aus Transsylvanien abreist, um sich in New York niederzulassen. Er steigt im luxuriösen **Plaza Hotel, Fifth Avenue**/Ecke 59th Street, ab. Psychiater Richard Benjamin, der die Bewohner von Manhattan nicht davon überzeugen kann, dass Dracula mitten unter ihnen weilt, wird ins **Bellevue Hospital, First Avenue**/Ecke East 29th Street, eingeliefert. Susan St. James' Apartment ist das **Langham, 135 Central Park West**, auch zu sehen in *Hannah und ihre Schwestern*.

LIEBE 1962

(1962, R: Michelangelo Antonioni)
Alain Delon, Monica Vitti, Francesco Rabal
• **ROM**

Neben *Die mit der Liebe spielen* und *Die Nacht* eine weitere von Antonionis distanzierten, klassischen Studien bürgerlicher Entfremdung in den sechziger Jahren, angesiedelt in den seelenlosen Vororten von Rom. Nachdem sie ihren Mann verlassen hat, stürzt sich Monica Vitti in eine Affäre mit dem herzlosen jungen Börsenmakler Alain Delon, den sie im Gewirr an der **Börse von Rom** begegnet.

LIEBE, TOD UND TEUFEL

(1955, R: Richard Thorpe)
Robert Taylor, Kay Kendall, Robert Morley
• **FRANKREICH; SUSSEX**

Ungestümes, farbenfrohes Geschichtsspektakel nach einer Geschichte von Walter Scott, in dem eine Vielzahl britischer Charakterdarsteller umherstolziert. Ein etwas hölzerner Robert Taylor wird vom alten Ernest Thesiger losgeschickt, um Kay Kendall zu umschwärmen. Robert Morley ist der verschlagene Monarch und George Cole gibt den verschlagenen Zigeunerspion. Glaubwürdigkeit zählt nicht zu den Stärken dieses Films.
Ernest Thesigers schottisches Schloss ist **Bodiam Castle**,

eine mittelalterliche Festung nahe Robertsbridge in East Sussex *(Tel. 01580/830436, es wird Eintritt verlangt)*.
Die französischen Motive finden sich dagegen tatsächlich in Frankreich. Das Schloss des Herzogs von Burgund in Peronne, wo Taylor zum ersten Mal Kendall begegnet, ist das **Château de Chambord**, 18 Kilometer östlich von Blois im Tal der Loire. Chambord, das größte aller Schlösser an der Loire, wurde von François I. zwischen 1520 und 1535 erbaut *(Tel. 54 20 31 32, es wird Eintritt verlangt)*. Der Hof von Louis XI. in Plessis les Tours ist ein weiteres Schloss an der Loire, das **Château de Chenonceau**, knapp zehn Kilometer südöstlich von Amboise. Es wurde vor Chambord (1513-21) vom Steuereintreiber Thomas Bohier gebaut und befand sich später im Besitz von François I., Henri I. – der es später seiner Geliebten Diane de Poitiers vermachte – und Catherine de Medici (Henris Witwe, die es sich beim Tod des Königs zurückholte). Dessen Galerie ist auf Bögen über den Fluss Cher errichtet *(Tel. 47 23 90 07, es wird Eintritt verlangt)*. Gefilmt wurde auch im **Château de Maintenon**, 20 Kilometer nördlich von Chartres, dem Zuhause von Madame de Maintenon, der Geliebten von Louis XIV. *(auch hier wird Eintritt verlangt)*.

LIEBENDE FRAUEN

(1969, R: Ken Russell)
Glenda Jackson, Alan Bates, Oliver Reed
• **DERBYSHIRE; YORKSHIRE; SCHWEIZ**

Die beste Verfilmung eines Romans von Lawrence, für die Glenda Jackson ihren ersten Oscar erhielt. Das großartige Haus von Alan Bates und Eleanor Bron ist **Kedleston Hall**, gut sechs Kilometer nordwestlich von Derby an der Straße zwischen Derby und Hulland, Derbyshire. Das neoklassizistische Meisterwerk wurde 1759 für Sir Nathaniel Curzon von Robert Adam erbaut, der auch das grandiose Innenleben entwarf. Der kreisförmige Saal, in dem Eleanor Brons Auftritt sabotiert wird, basiert auf dem Design eines römischen Tempels *(Tel. 01332.842191, geöffnet von April bis November, es wird Eintritt verlangt)*. Shortlands, das Crich-Haus von Oliver Reed, in dem Christopher Gable während der Party ertrinkt, ist **Elvaston Castle, Borrowash Road, Elvaston**, Derby. Der Park ist das ganze Jahr über geöffnet, das Haus – das heute ein Museum ist – kann man von April bis November besichtigen *(Tel. 01332/571342)*. Andere Motive fanden sich in Derbyshire und Sheffield. Der Höhepunkt des Films im Schnee entstand im schweizerischen **Zermatt** am Fuß des Matterhorns.

DIE LIEBENDEN

(1958, R: Louis Malle)
Jeanne Moreau, Alain Cuny, Jean-Marc Bory
• **FRANKREICH**

Jeanne Moreau ist in Malles frühem Nouvelle-Vague-Film mit dem stocksteifen alten Alain Cuny verheiratet und hat eine Affäre in Paris, als auf einmal die Pferde mit ihr durchgehen und sie mit einem jüngeren Schönling durchbrennt. Moreaus und Cunys Villa ist eine Kombination aus einer echten Villa in **Dijon** – was sie ja auch sein soll – und aus Außenaufnahmen, die in der Nähe von

Paris gemacht wurden. Die benachbarten Straßen wurden in der Umgebung von Burgund gefilmt, während das Grundstück eigentlich tief im Süden in der Provence lag. Das kleine Dorf, in dem Moreau und ihr zukünftiger Liebhaber auf dem Weg nach Dijon anhalten, ist **Montbard**, etwas über 70 Kilometer nordwestlich der Stadt am Fluss Brenne und am Canal du Bourgogne.

DIE LIEBENDEN VON PONT-NEUF
(1990, R: Leos Carax)
Juliette Binoche, Denis Lavant, Klaus-Michael Gruber
• FRANKREICH

Eine bizarre Romanze zwischen der aus der Mittelklasse kommenden Künstlerin Binoche, die das Augenlicht verliert, und dem nihilistischen Feuer

Die echte Brücke: Pont Neuf, Paris

schluckenden Punk Lavant, angesiedelt auf der Pont Neuf in Paris während der Zweihundertjahrfeierlichkeiten 1989. Die Motive in Paris, die man zu sehen bekommt, umfassen die Straße, in der Lavant zu Beginn des Films von einem Wagen angefahren wird – **Boulevard Sebastopol**, der in Nord-Süd-Richtung von Strasbourg St. Denis Metro nach Chatelet verläuft –, und das **Nanterre-Nachtasyl**, in das er gebracht wird.

Die Metrostation, wo Lavant Binoche mit seinen akrobatischen Kunststücken beeindruckt, ist **Pont Neuf** selbst. Dagegen ist die Station mit dem beleuchteten Fußweg, in der Binoche gejagt wird, **Montparnasse Bienvenue**. Hinter Pont Neuf – der Brücke mit den Eisengittern, an die sich Binoche zurückzieht, nachdem sie Cafébesucher unter Drogen gesetzt hat – ist die mit Holzplanken bedeckte **Pont des Arts**, die vom Institut de France zum Louvre führt. Es ist tatsächlich der **Louvre**, in den sich Binoche nachts für eine private Besichtigung von Rembrandts Selbstportrait stiehlt. Die Szene, in der Binoche einen bedenklich nahen Blick auf das Gemälde wirft, während sie ein Feuerzeug in der Hand hält, wurde angeblich gefilmt, als der ständig anwesende Wachmann des Louvre für einen Moment auf die Toilette verschwunden war.

Pont Neuf selbst war von 1989 bis 1991 wegen Renovierungsarbeiten geschlossen. Ihre Türme bieten Schutz für die heruntergekommenen Charaktere des Films. Wenn Paris im Hintergrund etwas menschenleer aussieht, dann liegt das einfach daran, dass der Film zum größten Teil in einer riesigen Kulisse entstand, für die die Seine in verfälschter Perspektive angelegt wurde. Das erklärt auch, warum *Die Liebenden von Pont Neuf* bis zu Claud Berris Mammutverfilmung von Germinal im Jahre 1993 der teuerste französische Film aller Zeiten war. Die echte Brücke war für die Dreharbeiten vorgesehen, lediglich die spektakulären Nachtszenen sollten in einer Kulisse entstehen. Als sich Denis Lavant dann aber eine Sehne am Handgelenk verletzte, wurde die Produktion komplett in die Kulisse verlegt, die daraufhin so umgebaut werden musste,

dass sie auch die am Tag spielenden Szenen ermöglichte. 40 Bulldozer sollten eine Viertel Million Tonnen Erde bewegen, um auf einem Feld nahe **Montpellier** in **Lansargues**, südwestlich von Nimes in Richtung zur Südküste, die Seine nachzubauen. Doch das Geld ging aus, und so wurde die Produktion im Dezember 1988 geschlossen. Nachdem 1989 fünf Drehwochen aufgegeben wurden, ein neuer Produzent dazugestoßen war und Gerüchte die Runde machten, Elia Kazan oder Robert De Niro könnten als Regisseur einspringen, wurden die Dreharbeiten letztlich im Januar 1990 abgeschlossen. Angeblich bewegten sich die Gesamtkosten zwischen 100 und 160 Millionen Francs.

Die echte **Pont Neuf** – die entgegen ihrem Namen die älteste noch existierende Brücke über die Seine ist, die 1607 fertig gestellt wurde – überspannt den Fluss in einer Folge von zwölf Bögen der westlichen Spitze der Ile de la Cité, die die Brücke säuberlich in zwei Hälften teilt *(U-Bahnstation: Pont Neuf)*.

LIGHT SLEEPER
(1992, R: Paul Schrader)
Willem Dafoe, Susan Sarandon, Dana Delany
• NEW YORK CITY

Der dritte Teil von Schraders locker zusammenhängender Trilogie, die mit *Taxi Driver* begann und von *Ein Mann für gewisse Stunden* gefolgt wurde. Willem Dafoe ist der schlaflose Drogendealer in New York, wo Berge von Müll, die von der Designabteilung gezielt aufgetürmt wurden, um den moralischen Verfall anzudeuten, permanent von der übereifrigen städtischen Müllabfuhr weggeschafft werden. Drehorte waren unter anderem: **Hotel Pennsylvania, West 32nd Street** an der Penn Station; das teure Restaurant **Palio, 151 West 51st Street** im Equitable Center; das **Paramount Hotel, 235 West 46th Street**, zwischen Broadway und 8th Street und La Côte Basque, das französische Restaurant, in das Sarandon Dafoe mitnimmt und das heute nicht mehr existiert. Es befand sich in der 5 East 55th Street.

LITTLE BIG MAN
(1970, R: Arthur Penn)
Dustin Hoffman, Chief Dan George, Faye Dunaway
• MONTANA; ALBERTA, KANADA; KALIFORNIEN

Arthur Penns pikareske Geschichte über die knapp hundert Überlebenden von Little Big Horn. Die Schlacht am Little Big Horn wurde am authentischen Schauplatz gedreht, dem **Custer Battlefield National Monument** am Little Big Horn River, Route 94, rund 100 Kilometer östlich von Billings, Montana, und im benachbarten Crow-Reservat an der Route 90. Die Winterszenen wurden in Kanada gefilmt, in **Morley** nahe Calgary, Alberta. Die abschließenden Szenen im Krankenhaus der Gegenwart mit einem hundertjährigen Hoffman entstanden im mittlerweile abgerissenen Sawtelle Veterans Hospital im Westen von Los Angeles.

LITTLE VOICE
(1998, R: Mark Herman)
Jane Horrocks, Brenda Blethyn, Michael Caine

• YORKSHIRE

Intelligenter Film (nach dem Bühnenstück, bei dem ursprünglich *American Beauty*-Regisseur Sam Mendes Regie geführt hatte) für Jane Horrocks als eine sehr introvertierte junge Frau aus dem Norden, die ein untrügliches Gespür für Stimmenimitationen hat.

Boo's Nightclub: Clayton Bay, Yorkshire

Angesiedelt und gefilmt in **Scarborough** an der Küste von Yorkshire, wo sich das Haus von Horrocks und Blethyn an der Ecke **Barwick Terrace/Barwick Street** befindet. Boo's Nightclub, wo Horrocks auf die Bühne geholt wird, ist das ausgediente **Haven Holidays** in **Clayton Bay** an der A165 ein paar Kilometer südlich von Scarborough.

LOCAL HERO

(1983, R: Bill Forsyth)
Denis Lawson, Peter Riegert, Burt Lancaster
• SCHOTTLAND; TEXAS

Geschickte Einwohner eines kleinen schottischen Dorfs nehmen in dieser köstlichen Komödie eine texanische Ölgesellschaft aus. Das fiktive schottische Dorf Ferness ist eine Kombination aus zwei Drehorten. Der Strand ist **Morar Beach** in **Camusdarrach**, 60 Kilometer von Fort William entfernt. Das Dorf ist **Pennan** am anderen Ende von Schottland an der Nordküste, gut 60 Kilometer nördlich von **Aberdeen** an der B9032. In Pennan können Sie die Telefonzelle sehen, die heute Gegenstand eines Erhaltungsauftrags ist. Die Kirche ist nichts weiter als ein Cottage, das um eine Kulisse erweitert wurde. Das Innenleben zeigt allerdings **Our Lady of the Braes Roman Catholic Church** in **Polnish**. Das Hotel war entsprechend auch ein Privatgebäude, während die Innenaufnahmen im **Lochailort Inn, Lochailort**, an der A861, Invernesshire, entstanden. Das Geschäft im Dorf befindet sich in **Pole of Itlaw**, südlich von Banff an der B9121 in Banffshire, und die Halle ist in **Hilton** an der A948, rund 25 Kilometer nördlich von **Aberdeen** zu finden. Burt Lancaster leitet Knox Oil im Hauptquartier in **Houston**, Texas.

DAS LOCH IN DER TÜR

(1971, R: Michael Winner)
Marlon Brando, Stephanie Beacham, Thora Hird
• CAMBRIDGESHIRE

Dieser Film liefert die ideale Quizfrage: „In welchem Film spielte Thora Hird an der Seite von Marlon Brando?" Dieses schäbige Prequel zum exzellenten *Schloss des Schreckens* erklärt die Sadomaso-Beziehung des Gärtners Quint zur Gouvernante Miss Jessel, die die Kinder Miles und Flora auf Ideen bringt, für die sie noch zu jung sind. Bly House (das im Film von 1961 Sheffield Park, Sussex, war) ist **Sawston Hall**, ein Landgut im Tudor-Stil, gut acht Kilometer südlich von Cambridge an der A130. Heute ist es eine Privatschule, das Cambridge Centre for Languages.

LOCKENDE VERSUCHUNG

(1956, R: William Wyler)
Gary Cooper, Dorothy McGuire, Anthony Perkins

• KALIFORNIEN

Cooper ist der Patriarch einer pazifistischen Quaker-Familie, die in den Bürgerkrieg verstrickt wird. Gefilmt wurde in **Bidwell Park**, Zentralkalifornien (für Details siehe *Robin Hood, der König der Vagabunden*), und auf der **M and T Ranch**, Butte County.

LOCKENDER LORBEER

(1963, R: Lindsay Anderson)
Richard Harris, Rachel Roberts, William Hartnell
• YORKSHIRE

Düstere Geschichte über Rugbyspieler im trostlosen monochromen Norden. Der Rugbyclub ist der **Wakefield Trinity Rugby League Club**.

LOCKERE GESCHÄFTE

(1983, R: Paul Brickman)
Tom Cruise, Rebecca De Mornay, Joe Pantoliano
• ILLINOIS

Es sind die raffsüchtigen achtziger Jahre, Habgier ist gut, und der allein zu Hause sitzende Teenie Cruise startet ein lukratives Prostitutionsunternehmen, während seine Eltern fort sind. Der Film entstand in der Umgebung von Chicago, wo sich Cruise mit De Mornay im Palm Court des **Drake Hotel** trifft, **140 East Walton Place** (*Tel. 312 787 2200*), wo es sich der Betrüger Andy Garcia in *Ein ganz normaler Held* gut gehen lässt. Der Porsche von Cruise' Vater rutscht im Yachthafen des **Belmont Harbor** in den Lake Michigan. Cruise' Schule ist die **Highland Park High School**, und das Haus, in dem er durch seinen Tanz in Unterwäsche berühmt wurde, findet sich in der **Linden Street, Highland Park**.

DER LÖWE IM WINTER

(1968, R: Anthony Harvey)
Peter O'Toole, Katharine Hepburn, Anthony Hopkins
• WALES; FRANKREICH; IRLAND

James Goldmans Bühnenstück über die stürmische Beziehung zwischen Heinrich II. und Eleanor von Aquitaine sorgt zwar vielleicht nicht gerade für das grandioseste Kinoerlebnis, aber ein packendes Drehbuch mit den Zitaten, die jeder liebt, und heißblütige schauspielerische Darbietungen garantieren hochkarätige Unterhaltung. Die Innenaufnahmen entstanden in den Bray Studios nahe Dublin. Die Strandszenen wurden in **Marloes Sands** aufgenommen, westlich von Milford Haven, Pembrokeshire. Diverse Schlösser in Wales und Südfrankreich hielten für die Außenaufnahmen her. Hauptschauplatz ist die **Abtei von Montmajour** nahe Fontvieille in Südfrankreich. Eleanors Ankunft wurde auf der Rhône inszeniert. Der Schluss wurde im französischen **Tarascon** gefilmt.

LOLA RENNT

(1999, R: Tom Tykwer)
Franka Potente, Moritz Bleibtreu, Armin Rohde
• BERLIN

Regisseur Tykwer verleiht diesem atemlosen Thriller, in dem Franka Potente 20 Minuten Zeit hat, um ihren verzweifelten Freund zu finden und DM 100.000,– zu über-

Lolas Appartement:
Albrechtstraße 13-14

geben, die Atmosphäre eines Videospiels. Tykwer lässt seinen Vorstellungen von der Geographie Berlins völlig freien Lauf. Lolas Apartment ist in der **Albrechtstraße 13-14** am Schiffbauerdamm, gleich auf der anderen Seite der Spree von der Station Friedrichstraße im Bezirk Mitte hinter dem Berliner Ensembletheater. Ihr Freund Manni verliert die Geldtasche an der **U-Bahnstation Deutsche Oper** ganz im Westen in Charlottenburg. Er ruft Lola von einer Telefonzelle an, die sich vor der Apotheke an der Kreuzung Tauroggener Straße/Osnabrü-

Die Telefonzelle: Kreuzung Tauroggener Straße/Osnabrücker Straße

cker Straße befindet, also nördlich von Schloss Charlottenburg (U-Bahnhaltestelle: Mierendorffplatz). Doch Sie werden von dort nicht telefonieren können, da die Zelle nur für den Film dort aufgestellt wurde – so wie die Uhr und das „Spirale"-Zeichen (einer der vielen Verweise des Films auf das Motiv der Spirale in *Vertigo*). Sie können aber im Spar-Markt an der südwestlichen Ecke einkaufen, aus dem in der ersten Version des Films das Geschäft „Bolle" wurde, das von Manni überfallen wird.

Lola begibt sich zu ihrem Vater in der „Deutschen Transfer Bank", die gleich südlich ihres Apartments gelegen ist. Als sie die Spree überquert, geschieht das allerdings über die **Oberbaumbrücke** ganz im Osten der Stadt (U-Bahnhaltestelle: Schlesisches Tor; oder U- und S-Bahnhaltestelle: Warschauer Straße). In Sekundenschnelle ist sie wieder an der Friedrichstraße, jagt an der U-Bahnstation Französische Straße vorbei und biegt dann in die Behrenstraße in Richtung Bebelplatz ein. **Bebelplatz**, vormals Opernplatz, ist die weite, freie Fläche vor der Humboldt-Universität, wo in einem unterirdischen Denkmal, das aus leeren Bücherregalen besteht, an die Bücherverbrennung durch die Nazis 1933 erinnert wird.

Berlins schönster Platz:
Gendarmenmarkt

Lola gewinnt: Deutsches Historisches Museum, unter den Linden

Behrenstraße 39 an der Südseite des Platzes wurde so gestaltet, dass es nach einer Bank aussieht. Der stilvolle Platz, der in den ersten beiden Versionen nur von oben und in der letzten Version aus Augenhöhe gezeigt wird, ist der **Gendarmenmarkt**, Berlins schönster Platz, der ein paar Häuserblocks weiter südlich liegt. Lola wird **Unter den Linden** – in

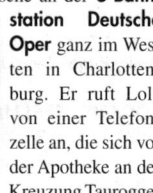

Höhe Hinter dem Gießhaus nordöstlich vom Bebelplatz – fast von einem Lastwagen überfahren, bevor sie das „Casino" entdeckt, in dem sie schließlich das Geld gewinnt. Das Innere, in dem man noch schnell ein hastig improvisiertes Portrait von Carlotta Valdes aus *Vertigo* aufgehängt hat, zeigt ein Regierungsgebäude, während die Außenansicht dem **Deutschen Historischen Museum** im Zeughaus gehört, Unter den Linden 2/Ecke Oberwallstraße. Minuten später trifft Lola in der Tauroggener Straße ein und sorgt im dritten Anlauf für ein Happy End.

LOLITA

(1962, R: Stanley Kubrick)
James Mason, Sue Lyon, Peter Sellers
• BUCKINGHAMSHIRE

In den USA hätte Kubrick Nabokows umstrittenen Roman nicht verfilmen können, also zog er nach Großbritannien um und blieb dort auch. Obwohl die Geschichte in einer städtischen Region der USA spielt, wurde

Lolitas Zuhause in New Hampshire:
Packhorse Road, Gerrards Cross

sie fast komplett in den Elstree Studios gefilmt. Ein zweites Drehteam sorgte in den Staaten für kürzestmögliche Einführungsaufnahmen und die Rückprojektionen, der Rest entstand in England. Shelley Winters' Quartier in West Ramsdale, New Hampshire, wo James Mason eine Besessenheit hinsichtlich der Nymphe Sue Lyon entwickelt, ist **Highburgh House, Packhorse Road, Gerrards Cross** *Bahnhof: Gerrards Cross)*, knapp einen Kilometer nördlich des Bahnhofs in Buckinghamshire. Auf der Packhorse Road wird Shelley Winters von einem Wagen angefahren.

LOLITA

(1997, R: Adrian Lyne)
Jeremy Irons, Melanie Griffith, Dominique Swain
• KALIFORNIEN; LOUISIANA; NEW MEXICO; NORTH CAROLINA; TEXAS

Umstrittenes Remake mit der 14 Jahre alten Swain in der Titelrolle, das vor allem in den USA Schwierigkeiten hatte, in die Kinos zu gelangen. Gefilmt wurde an den verschiedensten

Lolitas echtes Amerika: Petaluma Boulevard, Petaluma

Drehorten in den Staaten: **Petaluma** (die Stadt aus *American Grafitti*) am **Mystic Theater**, in der **D Street** und auf dem **Petaluma Boulevard; New Orleans**, Louisiana; **Las Cruces**, New Mexico; **Chinqua Penn Plantation**, North Carolina; **Wilmington** (die Heimat von *Blue Velvet*), North Carolina; **El Paso, Lake Buchanan, Luckenbach, Richmond, San Antonio** und **Wharton** in Texas.

LONG RIDERS

(1980, R: Walter Hill)
Die Gebrüder Carradine, Keach, Quaid und Guest

• GEORGIA; TEXAS; KALIFORNIEN

Hills exzellenter Western besetzt die James-Gang mit vier Brüder-Ensembles. Gefilmt wurde an hervorragenden Drehorten rund um **Parrott**, Georgia, sowie in Texas und im Norden von Kalifornien.

LOS ANGELES – ICH LIEBE DICH

(1991, R: Mick Jackson)
Steve Martin, Victoria Tennant, Sarah Jessica Parker
• **LOS ANGELES**

Liebenswürdig romantische Satire, die in einem bewusst gemütlichen Los Angeles angesiedelt ist. KYOY, wo Steve Martin als ausgeflippter Wettermann arbeitet, ist **KCET, 4401 Sunset Boulevard**. Heute handelt es sich zwar um einen Fernsehsender, doch anfangs befanden sich dort die Studios von Monogram Pictures, später gefolgt vom Filmstudio von Allied Artists. Das Gebäude können Sie auch in Don Siegels *Die Dämonischen* sehen. Das L'Idiot Restaurant ist das **Ambassador Hotel, 3400 Wilshire Boulevard** (für Details siehe *A Star ist Born* von 1954). Die Bank ist ein altes Gebäude der Bank of America in der **650 South Spring Street**, ein häufig in Filmen auftauchendes Motiv, unter anderem in *Solo für zwei* und *Sieben*. Die Kunstgalerie, durch die Martin auf Rollerskates fährt, ist das **Los Angeles County Museum of Art, 5905 Wilshire Boulevard**, mitten in der Stadt *(Tel. 213 857 6000, es wird Eintritt verlangt)*, während die Galerie, in der er abstrakte Kunst kritisiert, das **Museum of Contemporary Art, 250 South Grand Avenue**, ist *(Tel. 213.626.6222)*. Richard E. Grant isst einen Happen im **Tail'o'the Pup, 329 San Vicente Boulevard**/Ecke Beverly Boulevard – einem Fast-Food-Stand in der Form eines riesigen Hot Dogs. Die Werkstatt ist der **Gilmore Service Station, Auto Repair & Snack Shop, 859 Highland Avenue** in Willoughby.

LOST BOYS

(1987, R: Joel Schumacher)
Jason Patric, Corey Haim, Dianne Wiest
• **KALIFORNIEN**

Eine Gang jugendlicher Teenager in einer kalifornischen Kleinstadt. Gute Ideen – das Versteck der Vampire ist eine viktorianische Hotellobby, die beim Erdbeben von 1906 in eine Erdspalte gerutscht ist – und eine

Die Achterbahn: Santa Cruz Beach Boardwalk, Kalifornien

gute Besetzung werden vergeudet. „Ich hatte bei diesem Film das Gefühl, dass er mir Spaß machen würde, ohne dass er am Ende überzogen wirken müsste", sagte Regisseur Schumacher. Tja, so kann man sich täuschen.
Santa Carla ist **Santa Cruz**, eine exzentrische Küstenstadt zwischen San Mateo und Monterey südlich von San Francisco. Die Hauptattraktion ist der belebte **Santa Cruz Beach Boardwalk, 400 Beach Street**, der einzige noch verbliebene, traditionelle kalifornische Vergnügungspark am Strand. Hier findet sich das wundervolle Karussell von 1911, von dem die Jungs zu Beginn des Films ausgeschlossen werden, und die alte hölzerne Achterbahn.

LOST HIGHWAY

(1996, R: David Lynch)
Bill Pullman, Patricia Arquette, Balthazar Getty
• **KALIFORNIEN**

Lynchs Vorstoß in das Thema der fließenden Identitäten ist seit *Blue Velvet* sein beunruhigendster und erfolgreichster Anlauf. Bill Pullmans Zuhause ist das von Lynch selbst – er hat es selbst entworfen – und liegt in den Hollywood Hills verborgen. Das Wüstenmotiv stellt Silurian Dry Lake, östlich der Route 127, zwischen Baker und

Das Äußere des Lost Highway Hotels: Death Valley Building, Death Valley Junction

Das Innere des Lost Highway Hotels: Amargoso Hotel, Death Valley Junction

Shoshone in der Mojave-Wüste. Das Lost Highway Hotel ist eine Kombination aus zwei Gebäuden: Die Korridore finden sich im **Amargoso Hotel, Death Valley Junction**, eine winzige Stadt mit einer einzigen Straße an der Route 127, nördlich von Shoshone nahe der Grenze zu Nevada. Das Äußere ist das fotogene **Death Valley Building**, das gleich gegenüber liegt.

LOVE STORY

(1970, R: Arthur Hiller)
Ryan O'Neal, Ali MacGraw, Ray Milland
• **MASSACHUSETTS; NEW YORK CITY**

Der reiche Junge O'Neal verzichtet auf sein Familienvermögen, um die Studentin McGraw zu heiraten, die aus der Arbeiterklasse kommt. Doch er macht damit ein schlechtes Geschäft, da sie an einer von diesen mysteriösen tödlichen Hollywood-Krankheiten leidet, die keinerlei erkennbare Symptome zeigen. O'Neal und McGraw treffen sich in **Harvard**. Zusammen mit der Fortsetzung *Oliver's Story*, dem Rechtsdrama *Zeit der Prüfungen* und der schief gegangenen Komödie *Soul Man* ist es einer von wenigen Filmen, die tatsächlich auf dem heiligen Campus gedreht wurden. Gefilmt wurde auf dem **Harvard Yard** und im **Tercentuary Theatre**. Die beängstigend große Villa, die Ray Milland gehört – O'Neals

Liebe ist …: Oxford Street, Cambridge

Campus des Colleges: Harvard Yard

unerbittlichem Vater –, ist das **Phipps Estate House, Old Westbury Gardens, 71 Old Westbury Road** auf Long Island (für Details siehe *Der unsichtbare Dritte*), allerdings gehört das Tor, das zum Haus führt, zum **Planting Fields** auf Long Island.

Nach ihrer Hochzeit richten sich O'Neal und McGraw in einem bescheidenen Haus in der **119 Oxford Street, Cambridge**, ein. Auf dieser Türschwelle spricht McGraw den unsterblich gewordenen Satz: „Lieben bedeutet, niemals sagen zu müssen, dass es dir Leid tut." Nach dem Abschluss zieht das Paar nach New York City. Die Eislaufszene spielt sich auf dem **Wollman Skating Rink** im Central Park ab. Als McGraw erkrankt, halten sie am Central Park gegenüber dem **Hotel Pierre** ein Taxi an.

LÜGEN UND GEHEIMNISSE

(1996, R: Mike Leigh)
Brenda Blethyn, Marianne Jean-Baptiste, Timothy Spall
• **LONDON**

Brenda Blethyns Haus: Quilter Road, Bethnal Green

Timothy Spells Studio: Studio on the Green, Winchmore Hill

In Cannes wurden Mike Leigh als Bester Regisseur und Brenda Blethyn als Beste Schauspielerin ausgezeichnet. Der Film ist Lichtjahre entfernt von dem trostlosen Pessimismus in *Nackt*. In ihm spielt Marianne Jean-Baptiste die schwarze Tochter, die auf der Suche nach ihrer leiblichen weißen Mutter ist. Blethyns terrassenförmiges Haus ist **76 Quilter Road, Bethnal Green**, SE17. Jean-Baptiste erhält eine Kopie ihrer Geburtsurkunde im **St. Catherine's House** und trifft sich an der **Holborn Underground Station** mit ihrer Mutter. Timothy Spalls Geschäft ist ein echtes Fotostudio, das **Studio on the Green, 34 The Green, Winchmore Hill**; sein Haus liegt in der Nähe des **87 Whitehouse Way**, Hampden Way, **Southgate**.

M

M – EINE STADT SUCHT EINEN MÖRDER
(1931, R: Fritz Lang)
Peter Lorre, Otto Wernicke, Gustav Gründgens
• DEUTSCHLAND

Langs Klassiker, in dem Peter Lorre als Kindermörder sein Unwesen treibt, entstand fast vollständig in Kulissen, die im alten Zeppelinhangar in Staaken am Rande von Berlin errichtet worden waren, wo er eine Weile zuvor Teile von Metropolis gedreht hatte.

M*A*S*H
(1970, R: Robert Altman)
Donald Sutherland, Elliott Gould, Tom Skerritt
• KALIFORNIEN

Schwarze Komödie, die im Koreakrieg spielt, die aber – wie viele Altman-Filme – unter Hass auf Frauen und Angst vor Schwulen litt, ihren Biss dennoch durch das Blut erhielt – das man bei der entschärften TV-Serie schmerzlich vermisste. Die südkoreanische Zeltstadt wurde auf dem Gelände von Twentieth Century im **Malibu Creek State Park** erbaut, **Las Virgenes Road** und Mulholland Drive, bei Calabasas in den Santa Monica Mountains, nordwestlich von L.A. Das den filmischen Höhepunkte bestimmende Footballspiel wurde auf einem Spielplatz im **Griffith Park** in L.A. gefilmt.

MACBETH
(1971, R: Roman Polanski)
Jon Finch, Frankreichsca Annis, Martin Shaw
• NORTHUMBERLAND; WALES

Fehlgeschlagener Versuch, Shakespeares finsteren Albtraum als zu naturalistisches, historisches Blutbad zu verfilmen. Allerdings gibt es einige schöne Einstellungen. Dunsinane ist **Bamburgh Castle** in Northumberland (für Details siehe Die Teufel). Inverness ist **Lindisfarne Castle** auf Holy Island (für Details siehe Polanskis früheren Film Wenn Katelbach kommt ...). Der Film verwendet auch Motive in Wales – die einleitenden Strandszenen zeigen **Morfa Bychan**, nahe Portmadoc.

MACH'S NOCHMAL, COLUMBUS
(1992, R: Gerald Thomas)
Jim Dale, Bernard Cribbins, Rik Mayall
• SURREY

Ein trauriges, fades Ende einer langen Serie, die sich an die Columbus-Manie des Jahres 1992 anhängen sollte. Diesmal landet Chris am Strand bei **Frensham Ponds** an der A287, rund sechs Kilometer südlich von Farnham, Surrey.

MACKENNA'S GOLD
(1969, R: J. Lee Thompson)
Gregory Peck, Omar Sharif, Telly Savalas
• ARIZONA; UTAH

Bizarrer epischer Western mit unzähligen Gaststars, die alle das legendäre Valley of Gold finden wollen. Die be-eindruckenden Wüstenlandschaften sind **Glen Canyon**, Utah, und der phantastische **Canyon de Chelly**, Arizona. Die roten Klippen des Canyon de Chelly sind durchsetzt mit Höhlen und den Ruinen von Indianerdörfern *(www.nps.gov/cach)*. Das Besucherzentrum liegt in Chinle, rund fünf Kilometer von der Route 191 entfernt.

DIE MÄCHTE DES WAHNSINNS
(1995, R: John Carpenter)
Sam Neill, Julie Carmen, Jürgen Prochnow
• ONTARIO, KANADA

Eigentlicher Schauplatz ist New York, gedreht wurde aber in der Umgebung von Ontario: in **Scarborough** im Osten von Toronto sowie in **King City** nördlich von Toronto. Das New-England-Dorf Hobbs End ist **Unionville**, gut 30 Kilometer von Toronto entfernt. Carpenter schmuggelt wieder einmal eine Hommage an Nigel Kneale – der das Drehbuch zu *Halloween III* schrieb – in einen seiner Filme, indem er das Dorf nach der fiktiven Londoner U-Bahnstation aus *Das grüne Blut der Dämonen* benannte. Die Bibliothek ist die Saulter Street Library, Toronto.

MAD MAX
(1979, R: George Miller)
Mel Gibson, Joanne Samuel, Hugh Keays-Byrne
• VICTORIA, AUSTRALIEN

Mel Gibson wurde berühmt als futuristischer, in Leder gekleideter Cop Max Rockatansky, dessen Leben durch den Mord an seiner Frau und seinem Kind in George Millers Low-Budget-Actionfilm – der eine Reihe zunehmend spektakulärer werdender Fortsetzungen nach sich zog – aus den Fugen gerät. Gefilmt wurde auf den Straßen rund um Melbourne. Die Halls-of-Justice-Polizeiwache/Garage, in der sich Max von dem frisierten Motorrad verleiten lässt, ist der **Southern Car Park** der **Melbourne University**.

MAD MAX II – DER VOLLSTRECKER
(1981, R: George Miller)
Mel Gibson, Bruce Spence, Vernon Wells
• NEW SOUTH WALES, AUSTRALIEN

Die Fortsetzung schlägt eine epische Richtung, und der visuelle Stil zog eine ganze Heerschar von Imitatoren nach sich. Gefilmt wurde in der verlassenen Geisterstadt

Die letzte Auseinandersetzung: Silverton, New South Wales

Silverton, rund 22 Kilometer nordwestlich von Broken Hill. Einst eine aufblühende Silberminenstadt – hier wurde ein Drittel der Weltproduktion gefördert – ist Silverton heute ein oft eingesetztes Motiv, das in Filmen wie *Razorback* und dem TV-Remake von *A Town Like Alice* zu sehen war. Erinnerungsstücke der verschiedenen, an diesem Ort entstandenen Filme sind hier ausgestellt. Der Straßenabschnitt, der für den filmischen Höhepunkt benutzt wurde, liegt gleich vor der Stadt.

MAD MAX – JENSEITS DER DONNERKUPPEL

(1985, R: George Miller)
Mel Gibson, Tina Turner, Frank Thring
- **SOUTH AUSTRALIA; NEW SOUTH WALES, AUSTRALIEN**

Hauptschauplatz des letzten Teils der Trilogie ist die seltsame, mondartige, durch Opalabbau entstandene Landschaft rund um **Coober Pedy** in South Australia. Der Name bedeutet „Bau des weißen Manns", da die meisten Häuser, die Kirche und die Räume von zwei der fünf Motels in die Erde gegraben worden sind. Sie können die unterirdische Behausung besuchen, die zum Ende des Films zu sehen ist. Es handelt sich um **Harry's Crocodile Nest**, fünf Kilometer von Coober Pedy entfernt *(es wird Eintritt verlangt)*.

Gezeigt wird auch **The Castle**, Teil der Breakaways am Ende der Gebirgskette gut 30 Kilometer von der Stadt entfernt. Sie können mit dem Flugzeug nach Coober Pedy reisen, oder Sie nehmen den täglich verkehrenden Bus von Adelaide oder Alice Springs (Ihnen steht eine lange Reise bevor: 850 Kilometer von Adelaide, 730 von Alice). Mit dem Wagen nehmen Sie die National Route 1 von Adelaide nach Port Augusta und fahren dann weiter auf der Route 87, Stuart Highway. Die Stadt ist auch zu sehen in *Priscilla – Königin der Wüste*. Weitere Dreharbeiten fanden in den **Blue Mountains** statt, 80 Kilometer westlich von Sydney.

MAGERE ZEITEN

(1984, R: Malcolm Mowbray)
Michael Palin, Maggie Smith, Richard Griffiths
- **YORKSHIRE**

Barnoldswick

Alan Bennetts Kriegskomödie mit Maggie Smith, die zu einer Lady Macbeth der Vorstadt wird und ihren Ehemann bedrängt, die Härten der Lebensmittelrationierung zu umgehen, indem er ein illegales Schwein schlachtet, entstand in **Barnoldswick**, rund 15 Kilometer westlich von Skipton, Yorkshire, in **Bradford**, und östlich von Skipton bei **Ilkley Moor**. Das Kino, in dem Maggie Smith die altmodische Orgel spielt, liegt weiter südlich. Es ist das **Regal Cinema, 2 Boroma Way, Henley-on-Thames**, Oxfordshire.

Die Parade: Albert Road, Barnoldswick

MAGNOLIA

(2000, R: Paul Thomas Anderson)
William H. Macy, Julianne Moore, Tom Cruise
- **KALIFORNIEN; NEVADA**

Der Sprung in den Tod: Bryson Hotel, Wilshire Boulevard

Andersons mutiges, an Altman erinnerndes, auf mehreren Ebenen laufendes Drama wurde – wie sein früherer Film *Boogie Nights* – in der Nachbarschaft des Regisseurs gefilmt: San Fernando Valley, Burbank, North Hollywood und Van Nuys, nördlich von L.A. Benannt ist der Film nach einer der Hauptverkehrsachsen in Ost-West-Richtung, Magnolia Boulevard. Das neunstöckige Gebäude, wo aus einem erfolglosen Selbstmord ein erfolgreicher Selbstmord wird, ist das **Bryson, 2701 Wilshire Boulevard**, Downtown L.A., auch zu sehen in *Grifters*.

MAGNOLIEN AUS STAHL

(1989, R: Herbert Ross)
Shirley MacLaine, Sally Field, Dolly Parton
- **LOUISIANA**

Robert Harlings sentimentales Bühnenstück wurde in **Natchitoches** gefilmt, an der Interstate 1 zwischen Shreveport und Alexandria, Louisiana. Dolly Partons Schönheitssalon (nach dem Vorbild des Geschäfts von Liz Landrum in der 316 Sirod Street, Natchitoches, die angeblich über die Filmversion entsetzt war) befand sich in einem privaten Haus an der **Henry Street**, das um ein falsches Schaufenster erweitert wurde. Die „Ostereiersuche" spielt sich auf einem Damm hinter der Natchitoches-Handelskammer ab, ausgestattet mit 200 Krokussen, Tulpen, Schwertlilien und Gänseblümchen aus Seide. Mehr Statistik? Gerne: Die Produktion verschlang 13 dreistöckige Hochzeitstorten, 9000 gefärbte Ostereier und 600 Rosen. Und wenn die „Amseln" ein wenig gewichtig aussahen, dann liegt das daran, dass es sich eigentlich um Tauben handelte, die man mit Schuhcreme eingefärbt hatte.

MAHLER

(1974, R: Ken Russell)
Robert Powell, Georgina Hale, David Collings
- **CUMBRIA; HERTFORDSHIRE**

Russells filmische Interpretation der Musik von Mahler, die vom Budget stark eingeengt war, entstand vorwiegend im Lake District, wo man das Haus am See des Komponisten am Ufer des **Lake Derwentwater** errichtete. Zu den anderen Motiven zählen **Borrowdale** und **Keswick**, die Waldszenen wurden im **Black Park Country Park** nahe den Pinewood Studios gedreht.

MALCOLM X

(1992, R: Spike Lee)
Denzel Washington, Angela Bassett, Theresa Randle

• NEW YORK CITY; NEW YORK STATE; KAIRO, ÄGYPTEN; MEKKA, SAUDI-ARABIEN; SÜDAFRIKA

Willkommen für Joe Louis: Apollo, 125th Street, Harlem

Spike Lees epische Verfilmung des Lebens des schwarzen Anführers und Aktivisten entstand (allerdings nicht ohne Probleme) überwiegend in und um New York. Die große Eröffnungsszene soll die Dudley Street Station, Roxbury, zeigen, ein Schwarzenviertel in Boston, tatsächlich aber sehen wir Brooklyn. Die Bahnen von N.Y.C. wurden dafür mit den Farben der Bostoner Züge aus den vierziger Jahren versehen. Das Zuhause in der Kindheit von Malcolm X in Omaha, Nebraska, wurde in **Peekskill** gefilmt an der Route 9, New York State. Die Tanzsequenz im Bostner Roseland zeigt den Ballsaal des inzwischen abgerissenen Diplomat Hotel, 108 West 43rd Street. Die Küste von New England findet sich bei **Hempstead House, Sands Point Preserve, Port Washington**. Der Einbruch in ein vornehmes Apartment in Beacon Hill nach der Rückkehr von Malcolm X nach Boston wurde in Manhattan in der **Park Avenue** gedreht. In New York fühlt sich X nach Harlem hingezogen. Die Paradise Bar, in der er sich aufhält, ist die **Lenox Lounge, 288 Lenox Avenue**, das vor kurzem restaurierte Juwel aus dem Harlem der dreißiger Jahre, auch zu sehen in John Singletons Neuverfilmung von *Shaft*. Das Charleston State Prison, wo X zum Islam übertritt, ist **Rahway State Penitentiary, Rahway**, an der Route 1, New Jersey, am River Rahway. Der neugeborene Malcolm X hält Vorlesungen an der **Columbia University, 114th-120th Streets**, zwischen Broadway und Amsterdam Avenue und genießt ein erstes Date mit Betty Shabazz im **American Museum of Natural History, Central Park West**/Ecke West 79th Street. Der begeisterte Empfang für Joe Louis und der Marsch von der Polizeiwache zum Krankenhaus, nachdem Bruder Johnson entlassen worden ist, wurden in der 125th Street am berühmten **Apollo Theater, 253 West** 125th Street, gefilmt Der **Audobon Ballroom, 3940 Broadway**/Ecke West 166th Street in Washington Heights, Schauplatz des Attentats auf Malcolm X, war tatsächlich in Außenaufnahmen zu sehen. Das Audobon wurde Mitte der siebziger Jahre von der Stadt aufgekauft, und gegenwärtig plant die Columbia University, dort einen Forschungskomplex einzurichten. Für die Szenen im Audobon hielt wieder der Diplomat Ballroom her.

Die tatsächlich in Mekka spielenden Szenen wurden von einem zweiten Kamerateam gefilmt, da nur eine ausschließlich islamische Crew ins Land gelassen wurde. Die Mekka-Szenen, die in Kairo gefilmt wurden, zeigen die **Mohammed-Ali-Moschee**. Der Epilog wurde in der **Phakamani Combined School, Soweto** in Südafrika aufgenommen, wo Nelson Mandela die letzten Sätze des Films spricht, sowie im **Alexander** Township.

MALLRATS
(1995, R: Kevin Smith)
Shannen Doherty, Jeremy London, Jason Lee

• MINNEAPOLIS; NEW JERSEY
Nachfolger zu *Clerks – Die Ladenhüter* mit einer Gruppe zänkischer Teens, die in einer Shopping Mall rumhängen – in der **Eden Prairie Center Mall, Prairie Center Drive** abseits der Interstate 212 in Minneapolis. Gefilmt wurde auch in New Jersey.

MAN NENNT MICH HONDO
(1953, R: John Farrow)
John Wayne, Geraldine Page, Ward Bond
• MEXIKO
Wayne beschützt Geraldine Page und ihr Kind vor Indianern in New Mexico. Tatsächlich ist es aber das „alte" Mexiko in **Camargo** am anderen Ufer des Rio Grande südlich von Laredo.

MANCHE MÖGEN'S HEISS
(1959, R: Billy Wilder)
Marilyn Monroe, Jack Lemmon, Tony Curtis
• SAN DIEGO, KALIFORNIEN
Die Außenaufnahmen für diese klassische Komödie wurden in nur sieben Tagen am **Coronado Beach** nahe San Diego gefilmt, der für das Miami der zwanziger Jahre herhielt. Das Hotel, in dem Lemmon und Curtis sich als Frauen verkleidet verstecken und Tür an Tür mit Monroe wohnen, ist das **Hotel del Coronado, 1500 Orange Avenue** *(Tel. 619 435 4131)*. Dieses 700 Zimmer große viktorianische Meisterwerk, das 1888 gebaut wurde, ist seit langem Ziel für die Reichen und die Berühmten. Zu seinen Gästen zählten nicht weniger als acht US-Präsidenten, Sarah Bernhardt und Charlie Chaplin – und der Legende nach begegneten sich hier Edward und Wallis Simpson.

Die andere Verbindung zur Filmgeschichte besteht darin, dass hier Frank L. Baum einen Großteil von *Das zauberhafte Land* schrieb, und angeblich ließ er sich von dem Gebäude zur Beschreibung von Oz inspirieren. Dazu passend verbrachte Buddy Ebsen hier einen Monat, um sich von den Auswirkungen seiner Rolle als original Blechmann und dem damit verbundenen Einatmen von Aluminiumstaub zu erholen – und um über eine Klage gegen MGM nachzudenken.

Das Coronado ist auch Schauplatz für Richard Rushs brillanten und Oscar-nominierten Film von 1980, *Der lange Tod des Stuntman Cameron* mit Steve Railsback und Peter O'Toole.

Das Miami-Hotel: Hotel del Coronado, San Diego

MANHATTAN

(1979, R: Woody Allen)
Woody Allen, Diane Keaton, Mariel Hemingway
• **NEW YORK CITY; NEW JERSEY**

Der Prolog zu Woody Allens eleganter Schwarzweißhymne an New York ist eine Collage aus den Wahrzeichen der Stadt, darunter das in Edelstahl gehaltene **Empire Diner, 210 Tenth Avenue** zwischen West 22nd Street und West 23rd Street, die **Fähre von Staten Island, das Lincoln Center** und der **Tempel von Dendur**, ein ägyptischer Komplex, den man im **Metropolitan Museum of Art** an der Fifth Avenue wieder aufgebaut hat. Im Film findet sich der eine Satz, der Allen für alle Zeit nachlaufen sollte („Ich gehe mit einem Mädchen aus, das Hausaufgaben macht") und der während der Szene im **Elaine's** fällt, **1703 Second Avenue** zwischen 88th Street und 89th Street an der East Side – ein Restaurant, in das man geht, um gesehen zu werden, weniger um dort zu essen *(Tel. 212 534 8103)*. Er hat ein unheilvolles Treffen mit der neurotischen Diane Keaton bei einer Ausstellung in Frank Lloyd Wrights spiralförmigem **Guggenheim Museum, 1071 Fifth Avenue**/Ecke 89th Street, beginnt aber einen vorsichtigen Flirt nach einer zweiten Begegnung in der Skulpturengalerie des **MOMA**, des **Museum of Modern Art, 11 West 53rd Street**. Danach folgt die berühmte Szene, in der sich das Paar auf einer Bank sitzend den Anbruch des neuen Tages ansieht. Die Bank stand an der **Riverview Terrace** am **Sutton Square** unterhalb der **Queensboro Bridge**. Das Motiv inspirierte das bekannte Kinoplakat, aber in Wirklichkeit gibt es hier keine Bank. Außerdem wird die Aussicht heute durch eine Reihe von Pollern verunstaltet.

Das Delikatessengeschäft, in dem Allen und Mariel Hemingway Keaton kühl abservieren, ist **Dean and DeLuca Inc, 560 Broadway** zwischen Prince Street und Spring Street in SoHo. Allen jammert bei Michael Murphy in **Rizzoli's Bookstore, 31 West 57th Street** zwischen Fifth Avenue und Sixth Avenue (wo De Niro und Streep sich in *Der Liebe verfallen* begegnen), nachdem er seinen Job beim Fernsehen hingeschmissen hat. Keaton und Murphy treffen sich heimlich in der Parfümabteilung bei **Bloomingdale's, 59th Street** zwischen Lexington Avenue und Third Avenue, während Allen sein Kind bei seiner Ex-Frau Meryl Streep im (danach geschlossenen, aber inzwischen wieder renovierten) **Russian Tea Room, 150 West 57th Street** zwischen Sixth Avenue und Seventh Avenue abholt, die Showbiz-Kneipe, die auch in *Tootsie* zu sehen ist. Ein Gewitter im Central Park veranlasst die sich zunehmend besser verstehenden Allen und Keaton, sich am **Hayden Planetarium** unterzustellen, einem Teil des **American Museum of Natural History** bei **Central Park West** an der 81st Street. Mariel Hemingways Schule ist die fortschrittliche **Dalton School, 61 East 91st Street** an der Upper East Side. Die Pizzeria, in der sie Allen sagt, dass sie nach London reisen wird, ist **John's Pizza, 278 Bleecker Street**/Ecke Morton Street und Seventh Avenue in Greenwich Village. Es ist ein kleines Lokal, das meist hoffnungslos überfüllt ist – wen wundert's, schließlich hat der Regisseur erklärt, dass es dort die beste Pizza von New York gibt.

Allen spielt mit Murphy im **Uptown Racquet Club, Park Avenue** zwischen 52nd Street und 53rd Street Squash, besucht mit Keaton das **Whitney Museum of American Art, 945 Madison Avenue**/Ecke 75th Street, und sieht sich mit ihr Arthaus-Filme im heute geschlossenen Cinema Studio an, 1966 Broadway. Noch immer existiert dagegen **Zabar's, 2245 Broadway**/Ecke 80th Street, wo Allen und Keaton sich die ausgestellten Gourmetköstlichkeiten ansehen.

Bei einem Ausflug zu den **Palisades** bei **Englewood Cliffs** auf der anderen Seite des Hudson River in New Jersey sieht Allen Meryl Streeps veröffentlichte Schilderung über das Ende ihrer Ehe.

MANHATTAN MURDER MYSTERY

(1993, R: Woody Allen)
Woody Allen, Diane Keaton, Alan Alda
• **NEW YORK CITY**

Kleinere Allen-Komödie, entstanden aus Ideen, die bei Annie Hall verworfen worden waren und die ihr Leben als Mordmysterium begann. Allen und Keaton sind ein East-Side-Ehepaar, das vermutet, dass der freundliche alte Nachbar seine Frau umgebracht haben könnte. Das Paar erkundet die kulturellen Gewohnheiten, indem es sich ein Hockeyspiel der NY Rangers im **Madison Square Garden, Seventh Avenue** zwischen West 31st Street und West 33rd Street, Chelsea, ansieht und sich Wagner im **Lincoln Center** an der West Side erlaubt.

Keaton äußert ihre ersten Verdächtigungen beim Essen in Allens Lieblingslokal **Elaine's, 1703 Second Avenue** zwischen East 88th Street und East 89th Street an der Upper East Side (für Details siehe *Manhattan*). Allen und Keaton bringen ihren Sohn zum **21 Club, 21 West 52nd Street** zwischen Fifth Avenue und Sixth Avenue, mitten in der Stadt. Das prachtvolle Etablissement, in dem Keaton an einer Weinprobe teilnimmt und in einem Bus die für tot gehaltene Nachbarin sieht, ist der **National Arts Club, 15 Gramercy Park South**/Ecke Irving Place (für Details siehe Martin Scorseses *Zeit der Unschuld*). Anjelica Huston erteilt Allen eine Pokerlektion im **Cafe des Artistes, 1 West 67th Street**/Ecke Central Park West und Columbus Avenue an der West Side (siehe *Mein Essen mit André*, das hier gedreht worden sein soll). Das fiktive Hotel Waldron, in dem eine Leiche entdeckt wird, ist das **Hotel 17, 225 East 17th Street** im East Village, auch wenn die Inneneinrichtung das altehrwürdige **Chelsea Hotel** zeigt, **222 West 23rd Street**, zwischen Seventh Avenue und Eighth Avenue, Chelsea.

DER MANN AUS DEM SÜDEN

(1945, R: Jean Renoir)
Zachary Scott, Betty Field, Beulah Bondi
• **KALIFORNIEN**

Scott kämpft in Renoirs wunderschön gefilmter Schilderung des Elends von Pächtern in Texas um den Erhalt seiner Baumwollfarm. Das baufällige Farmhaus wurde am Ufer des San Joaquin River nahe **Madera** an der Route 99 nördlich von Fresno errichtet.

DER MANN AUS LARAMIE

(1955, R: Anthony Mann)
James Stewart, Arthur Kennedy, Donald Crisp
• NEW MEXICO

Eine weitere hervorragende Zusammenarbeit von Mann und Stewart, in der Stewart die Schurken aufspürt, die den Tod seines jüngeren Bruders zu verantworten haben. Gedreht wurde rund um **Santa Fe** und **Taos**, New Mexico.

DER MANN AUS SAN FERNANDO

(1978, R: James Fargo)
Clint Eastwood, Sondra Locke, Ruth Gordon
• KALIFORNIEN; NEW MEXICO; COLORADO

Diese Hau-drauf-Komödie mit einem süßen Orang-Utan an der Seite von Clint war an den Kinokassen ein Überraschungserfolg und zog mit *Mit Vollgas nach San Fernando* eine gleichermaßen dümmliche Fortsetzung nach sich. Gedreht wurde im Südwesten, angefangen im **San Fernando Valley** über **Santa Fe** und **Taos**, New Mexico, bis **Denver**, Colorado.

MANN BEISST HUND

(1992, R: Remy Belvaux, Andre Bonzel, Benoit Poelvoorde)
Benoit Poelvoorde, Remy Belvaux, Andre Bonzel
• BELGIEN; FRANKREICH

Diese gehässige schwarze Komödie kennt kein Pardon, wenn sie zeigt, wie ein Dokumentarteam dem extrovertierten Serienkiller Poelvoorde durch die Städte Belgiens folgt. Gefilmt wurde in der Umgebung von **Namur**, 55 Kilometer südöstlich von Brüssel. Poelvoorde entledigt sich seiner Opfer im Marmorsteinbruch bei **Neuville**, acht Kilometer nördlich von Lyon, Frankreich.

DER MANN, DEN SIE PFERD NANNTEN

(1970, R: Elliot Silverstein)
Richard Harris, Judith Anderson, Jean Gascon
• MEXIKO

Der englische Aristokrat Harris wird von Indianern gefangen genommen und lässt alle möglichen Prüfungen über sich ergehen, um ein Sioux zu werden. Obwohl die Geschichte in Dakota um 1820 spielt, wurde das standardmäßige Westernmotiv **Durango** in Mexiko eingesetzt.

DER MANN, DER HERRSCHEN WOLLTE

(1949, R: Robert Rossen)
Broderick Crawford, Joanne Dru, John Ireland
• KALIFORNIEN

Ein ursprünglich anständiger Mann kommt zu politischem Ruhm, wird korrupt und schließlich Ziel eines Attentats. Der Film basiert auf der Karriere von Huey Long, Gouverneur von Louisiana. Im Süden der USA angesiedelt, wurde der Film zum größten Teil in Nordkalifornien gedreht. Die Stadt **Suisun** abseits der Interstate 80 nordöstlich von San Francisco wurde für die Wahlszenen benutzt, und nachdem man 50 Tonnen Erde auf die geteerten Straßen gekippt hatte, besaß sie dann auch gleich noch ein ländlicheres Erscheinungsbild. Die nahe gelegenen Orte **Fairfield** und **Stockton**, Route 5, östlich von San Francisco, hielten für Südstaatenortschaften her.

DER MANN, DER KÖNIG SEIN WOLLTE

(1975, R: John Huston)
Sean Connery, Michael Caine, Christopher Plummer
• MAROKKO

Hustons Film nach einer Fabel von Rudyard Kipling ist in Indien, Afghanistan und Kafiristan angesiedelt, wurde aber komplett im Atlasgebirge nahe **Ouarzazate** in Marokko gedreht.

DER MANN, DER LIBERTY VALANCE ERSCHOSS

(1962, R: John Ford)
James Stewart, John Wayne, Vera Miles
• ARIZONA

Tellerwäscher Stewart wird zum Helden, als alle glauben, er habe den Schurken Marvin erschossen, obwohl es tatsächlich John Wayne war. Ein später Ford, der je nach Geschmack als düsteres Meisterwerk oder als schlampiger Reinfall gilt. Diesmal gibt es weder ein Monument Valley noch irgendwelche anderen weiten Flächen. Gedreht wurde fast ausschließlich im Studio in **Old Tucson, 201 South Kinney Road**, dem Filmset nahe Tucson, Arizona, das zur Touristenattraktion geworden ist.

DER MANN, DER VOM HIMMEL FIEL

(1976, R: Nicolas Roeg)
David Bowie, Candy Clark, Rip Torn
• NEW MEXICO; NEW YORK CITY

Dieses eine Mal ist Bowie die perfekte Besetzung für Roegs anti-naturalistisches Mosaik – auch wenn sonderbarerweise Autor Michael Crichton in den Augen des Regisseurs die erste Wahl für die Rolle gewesen war. Die Wüste liegt in New Mexico. Die kleine Wüstenstadt, in der die unwissende Alien Bowie Candy Clark begegnet, ist **Artesia** im südöstlichen Winkel des Staates, 50 Kilometer nördlich von Carlsbad an der Interstate 285. Die Kirche, in der Bowie beweist, dass er nicht singen kann, ist die **Presbyterian Church of Artesia**. Für die Raketenszenen nahm man die **White Sands Missile Range, Alamogordo**, an der Interstate 70 im Süden von New Mexico. Auf der Erde in die Falle geraten, landet Bowie schließlich in New York.

DER MANN, DER ZU VIEL WUSSTE

(1956, R: Alfred Hitchcock)
James Stewart, Doris Day, Bernard Miles
• MAROKKO; LONDON

Hitchs aufwändiges und farbiges Remake seines eigenen bescheidenen Spionagethrillers von 1934 entstand an vielen authentischen Motiven. Stewart und Day werden in Marokko in den Plan, einen Botschafter zu ermorden, hineingezogen, nachdem ihr Sohn entführt worden ist. Die Eröffnungsszene wurde in **Marrakesch** gedreht, das Paar steigt im berühmten **La Mamounia Hotel, Avenue Bab Jdid** *(Tel. 448981)* ab, das innerhalb der Stadtmauern liegt und von knapp drei Hektar Gärten umgeben ist. Zurück in London folgt Stewart einer falschen Fährte zur

„Ambrose Chapel", die sich als die Werkstatt eines Tier-präparators entpuppt. Hitchcock wollte die Szene auf einem Set in Hollywood filmen, entschied sich letztlich aber für ein authentisches Motiv bei Gerrard Family Taxidermists, die darauf spezialisiert waren, die Studios in Hollywood mit ausgestopften Tieren zu versorgen. Das Unternehmen gibt es nicht mehr, und die Straße ist komplett umgebaut worden, aber Sie können noch immer die Ecke **Plender Street** und **Royal College Street, NW1**, sehen, wo Stewart mit dem Taxi in **Camden Town** ankommt. Die echte Ambrose Chapel, in der Doris Day festgehalten wird, war die Halle der Kirche St. Saviour's in **Brixton**. St. Saviour's gibt es noch, aber die Halle ist verschwunden. Auch die Botschaft gibt es nicht mehr. Es war das Park Lane House, das abgerissen wurde, um dem Hilton Hotel an der Park Lane Platz zu machen. Der Höhepunkt des Films wurde in der **Royal Albert Hall, South Kensington**, gedreht.

DER MANN, DER ZWEIMAL LEBTE
(1966, R: John Frankenheimer)
Rock Hudson, Richard Anderson, Salome Jens
● NEW YORK CITY; CONNECTICUT; KALIFORNIEN

Hudson ist ein Geschäftsmann mittleren Alters, dem in John Frankenheimers Klassiker von einem finsteren Verjüngungsunternehmen ein neues Leben angeboten wird. Kirk Douglas (der zu der Zeit in *Einer flog über das Kuckucksnest* auf dem Broadway spielte) kaufte die Rechte und wollte eigentlich die Hauptrolle spielen, woran er aber durch anderweitige vertragliche Verpflichtungen gehindert wurde. Die Eröffnungsszene spielt in der New Yorker **Grand Central Station**. Zugszenen entstanden auf Strecken in New York, **New Haven** und **Hartford**, Connecticut. Hudsons Vorortzuhause vor der Operation ist Scarsdale, eine Vorstadt in Westchester County. Nach der Verjüngung zieht Hudson an die Westküste. Die Partyszene, auf der Hudson im betrunkenen Zustand sein Geheimnis ausplaudert (er war in der Szene tatsächlich betrunken), entstand in John Frankenheimers eigenem Haus am Strand von **Malibu**.

EIN MANN FÜR GEWISSE STUNDEN
(1980, R: Paul Schrader)
Richard Gere, Lauren Hutton, Hector Elizondo
● KALIFORNIEN

Gere ist ein Edelcallboy, der die Schattenseiten von Hollywood kennen lernt, als man ihm einen Mord anhängt. Schraders Film, dessen visueller

Geres Nachbarschaft: Westwood

Stil in Bertoluccis *Der große Irrtum* sein Vorbild hat, wurde in einem coolen, eleganten und pastellfarbenen L.A. gefilmt, vor allem in **Westwood Village**, einer einst exklusiven Enklave zwischen Hollywood und Bel-Air, wo sich angeblich Geres stilvolles Zuhause befindet, die

Gere bekommt ein Alibi: Probe, Highland Avenue

Westwood Hotel Apartments. Das Gebäude war in Wirklichkeit das Sunset Plaza Apartments, das am 1220 Sunset Plaza Drive stand, Mount Olympus, nördlich von Beverly Hills. Es war das Zuhause von Mitzi Gaynor, Katharine Hepburn und James Dean, hat aber den Kampf um die Erhaltung als Teil der Geschichte von Hollywood verloren und wurde 1987 abgerissen. Das Diner, in dem Gere von Detective Sunday befragt wird, war wirklich in Westwood: das Me & Me, 10975 Weyburn Avenue, in Schatten von Mann's Village Theatre, jenem weißen Turm im spanischen Stil im Hintergrund an der 961 Broxton Avenue. Auf der **Westwood Plaza** hängt sich die gelangweilte High-Society-Ehefrau Lauren Hutton an Gere, bis sie „versehentlich" bei **Tower Records** mit ihm kollidiert. Der weiße Kuppelbau im spanischen Stil, den man hier sehen kann, ist ein Wahrzeichen von Westwood, das aus dem Jahr 1929 datiert und gegenwärtig Eurochow beherbergt, eines von Mr. Chows todschicken Designerrestaurants. Westwood ist die Heimat der University of California, und die ruhige Lichtung, auf der Hutton ihm eröffnet, dass sie eine Weile fort sein wird, sind die **Mathias Botanical Gardens** der Universität, ein gut drei Hektar großer, bewaldeter Canyon südöstlich des Campus, abseits Hilgard Avenue und Le Conte Avenue.

Gere fährt ein paar Kilometer Richtung Osten nach Beverly Hills, wo er seine Klientinnen ins legendäre „Pink Palace" ausführt, das **Beverly Hills Hotel**, das nach umfangreichen Renovierungsarbeiten vor kurzem wieder eröffnet wurde. Das Gebäude, das aus dem Jahr 1912 stammt und die Heimat von Persönlichkeiten wie Howard Hughes, Gable und Lombard, Chaplin und – angeblich – Schauplatz von Monroes Liaison mit den Kennedy-Brüdern war, liegt versteckt hinter dichtem Strauchwerk am **9641 Sunset Boulevard** nahe Rodeo Drive *(Tel. 310 276 2251, 800 283 8885)*. Das Freiluftcafé, in dem Gere eine rätselhafte Warnung erhält, stand auf dem Rodeo Drive, gegenüber dem Polo Ralph Lauren Store, Hausnummer 444, doch die Geschäfte eröffnen und schließen auf diesem Image-besessenen Abschnitt so schnell, wie es die Mode diktiert. Weiter Richtung Osten in Hollywood befindet sich die Schwulendisko **Probe**, in der Gere ein Alibi hinbiegen muss, **836 North Highland Avenue** nahe Melrose Avenue. Das vornehme Restaurant, in dem unser aufgelöster Held kurz abgefertigt wird, als er um Hilfe bittet, war das **Perino's, 4101 Wilshire Boulevard**/Ecke Norton Avenue. Dieses klassische Hollywood-Restaurant ist mittlerweile geschlossen (für Details siehe *Meine liebe Rabenmutter*).

Gere bittet um Hilfe: Perino's, Wilshire Boulevard

Gere nimmt von L.A. aus die Route 111 in Richtung Osten für seinen Auftrag mit dem unheimlichen Voyeur und dessen Frau, der in **Palm Springs** gefilmt wurde.

DER MANN IM HINTERGRUND

(1987, R: Ridley Scott)
Tom Berenger, Mimi Rogers, Lorraine Bracco
• NEW YORK CITY; LOS ANGELES

Der aus der Arbeiterklasse kommende Cop Berenger soll auf die stinkreiche Augenzeugin Rogers aufpassen. Ridley Scotts typisch stilisierter Thriller spielt in New York und wurde dort auch zum größten Teil gedreht. Zu den gezeigten Wolkenkratzern gehören das **Chrysler Building, 405 Lexington Avenue**/Ecke East 42nd Street und das **Guggenheim Museum, Fifth Avenue**/Ecke East 89th Street. Berengers Zuhause befindet sich in **Long Island City**, und die teuren Einkäufe werden in dem luxuriösen **Bergdorf Goodman, 754 Fifth Avenue** zwischen West 57th Street und West 58th Street getätigt. Typisch für Scott ist der regelmäßig phantasievolle Einsatz von Motiven. Der prachtvolle Art-déco-Nachtclub ist in Wahrheit das in Walnuss und Chrom gehaltene Innere des Luxusliners **Queen Mary**, der am **Pier J, Long Beach**, südlich von L.A. vor Anker liegt.

DER MANN IN DER SCHLANGENHAUT

(1959, R: Sidney Lumet)
Marlon Brando, Anna Magnani, Joanne Woodward
• NEW YORK STATE

Der tiefste Süden, der unter Säufern, Unterdrückung und einer unheilbaren Krankheit leidet, wartet nur darauf, dass Brando in die Stadt kommt. Ja, es ist Tennessee Williams' Stück *Orpheus steigt herab*. Regisseur Lumet ist so wie Woody Allen nicht davon angetan, sich zu weit von New York zu entfernen, wenn es denn möglich ist. So ist diese Mississippi-Stadt tatsächlich im Norden des Staates New York gelegen. Es handelt sich um **Milton**, ein kleines Städtchen im Hudson Valley am Highway 9W nahe Poughkeepsie.

EIN MANN IN DER WILDNIS

(1971, R: Richard C. Sarafian)
Richard Harris, John Huston, John Bindon
• SPANIEN

Nach den Strapazen in *Der Mann, den sie Pferd nannten* spielt Richard Harris hier einen Pelzjäger, der um 1820 allerlei Strapazen im Nordwesten Kanadas erträgt. Tatsächlich handelt es sich um die Wüste von **Almeria** im Süden von Spanien.

DER MANN MIT DEN RÖNTGENAUGEN

(1963, R: Roger Corman)
Ray Milland, John Hoyt, Diana Van Der Vlis
• LOS ANGELES

Corman holt wieder einmal alles aus einem Minimalbudget heraus, um die Geschichte eines Wissenschaftlers zu erzählen, der einen Röntgenblick entwickelt und durch das zum Wahnsinn getrieben wird, was er sieht. Die Szenen in Las Vegas entstanden im Studio und rund um L.A.

Der Röntgenblick in Gebäude wurde erzielt, indem Baustellen über einen längeren Zeitraum hinweg fotografiert und die Bilder dann in umgekehrter Reihenfolge montiert wurden, um den Eindruck zu erwecken, dass sich die Mauern aufzulösen scheinen.

DER MANN MIT DER EISERNEN MASKE

(1939, R: James Whale)
Louis Hayward, Warren William, Alan Hale
• LOS ANGELES

Kostümfilm nach Dumas' Geschichte über den eingekerkerten Zwillingsbruder von Ludwig XIV. und über die drei Musketiere. Die Waldszenen entstanden im **Los Angeles State and County Arboretum, 301 North Baldwin Avenue, Arcadia**, östlich von L.A.

DER MANN MIT DER EISERNEN MASKE

(1998, R: Randall Wallace)
Leonardo DiCaprio, Gérard Depardieu, Jeremy Irons
• FRANKREICH

Nach dem Erfolg von *Titanic* spielt DiCaprio die Doppelrolle Ludwig XIV. und dessen Zwillingsbruder nach dem Roman von Alexandre Dumas. Gefilmt wurde an folgenden Schauplätzen in Frankreich: **Chateau Fontainebleau**; **Chateau Pierrefonds**, eine wieder aufgebaute mittelalterliche Festung rund 100 Kilometer nordöstlich von Paris; **Vaux-le-Vicomte**; im Dorf **La Ferté-Alais**, rund 40 Kilometer südlich von Paris, und in **Le Mans**.

DER MANN MIT DER TODESKRALLE

(1973, R: Robert Clouse)
Bruce Lee, John Saxon, Jim Kelly
• HONGKONG

Der Britische Geheimdienst verpflichtet Kampfsportmeister Lee in Hollywoods erstem Liebäugeln mit dem Genre des Kampfsportfilms, das mit einem Minimalbudget in Kowloon in den **Golden Harvest Studios** entstand. Die Sets für das Museum und das Verlies wurden hier gebaut, um dann Säufer und Penner aus Hongkong als Statisten zu verpflichten. Und da keine Frau in Hongkong, die etwas auf sich hält, eine Nutte spielen würde, wurden aus dem Maze Nightclub in der Stadt echte Prostituierte geholt. Die Dreharbeiten fanden in Hongkong und Kowloon statt. Während des Vorspanns ist das Menschengewühl auf der **Barker Street** in Hongkong zu sehen. Jim Kelly spaziert durch die engen Gänge des großen Warenmarktes der Stadt. Der Weg zwischen den Dschunken und Sampans hindurch bis zur Insel des Widersachers Han wurde im **Aberdeen Harbour** hinter einem schmalen Streifen Land an der zum Ozean gelegenen Seite Hongkongs gedreht. Von Hans Schloss aus überblickt man noch immer Aberdeen Harbour, und auch wenn es inzwischen von Hochhäusern umgeben ist, kann man vom Hafen immer noch die Stufen sehen, die zum Schloss führen. Der Turnierplatz war eigentlich der Tennisplatz des Hongkonger Anwalts M.W. Lo. Von gut zweieinhalb Meter hohen Mauern umgeben ist er oberhalb der **Tai Tam Bay** in den Hügel gebaut, jener Stelle, die bei der Invasion durch die Japaner 1941 die zentrale Rolle spielte.

DER MANN MIT ZWEI GEHIRNEN
(1983, R: Carl Reiner)
Steve Martin, Kathleen Turner, David Warner
• LOS ANGELES

Alberne Komödie, die durch eine perfekte Besetzung zu ungeahnten Höhen aufsteigt, wenn sich Steve Martin in ein Gehirn verliebt, zu dem es keinen Körper mehr gibt. Das Austrian Hotel, in dem Martin die Flitterwochen verbringt, ist das **Castle Green Apartments, 99 South Raymond Avenue, Pasadena**. Für Details zu diesem Motiv siehe *Der Clou.*

DER MANN OHNE GESICHT
(1993, R: Mel Gibson)
Mel Gibson, Nick Stahl, Margaret Whitton
• MAINE

Gibsons erste Regiearbeit, bei der er auch die Hauptrolle spielt: einen entstellten Mann, der eine Beziehung zu dem vaterlosen Nick Stahl aufbaut. Gibsons Haus ist ein Privathaus auf **Deer Isle**. Seine Einkäufe erledigt er im **Lincolnville General Store, Rockport**, Maine. Holyfield Academy ist **Bowdoin College, Brunswick**, rund 160 Kilometer südlich von Rockport.

EIN MANN SIEHT ROT
(1974, R: Michael Winner)
Charles Bronson, Hope Lange, Vincent Gardenia
• NEW YORK CITY; ARIZONA

Dieser enorme Erfolg an den Kinokassen war mit Bronson als äußerst liberalem und gerechtigkeitsliebendem Gewaltgegner, der zum rachsüchtigen Antihelden wird, nachdem sei-

Bronsons Apartment: Riverside Walk, East Side

ne Frau und seine Tochter aufs Schlimmste angegriffen worden sind, schrecklich fehlbesetzt. Die Handlung spielt zum größten Teil in New York und wurde dort auch gefilmt. Bronsons Apartment ist **33 Riverside**/Ecke 75th Street an der East Side, und im nahe gelegenen **Riverside Park** mit Blick auf den Hudson River schickt er den ersten Angreifer ins Jenseits. Das Architekturbüro, in dem er arbeitet, ist **2 Park Avenue**/Ecke 32nd Street im Distrikt Murray Hill.
Bronson sollte sich ursprünglich von *Zwölf Uhr mittags* inspirieren lassen, aber die Filmgesellschaft konnte die Rechte an einem Ausschnitt aus dem Film nicht bekommen. Stattdessen lässt sich Bronson bei einem Geschäftstrip nach Tucson, Arizona, inspirieren, wo er ein Wildwestduell in den **Old Tucson Studios, 201 South Kinney Road**, mit ansieht, einem Studiogelände bei Tucson, das zu einer Touristenattraktion umgewandelt worden ist.

EIN MANN WIRD GEJAGT
(1966, R: Arthur Penn)
Marlon Brando, Robert Redford, Jane Fonda
• KALIFORNIEN

Kleinstadtereignisse rund um einen entkommenen, aber sympathischen Kleinkriminellen Redford. Gut in Szene gesetzt, aber ein wenig enttäuschend, wenn man sich die Namen der Beteiligten ansieht – Arthur Penn als Regisseur eines Drehbuchs von Lilian Hellman mit einer Besetzung, für die so mancher töten würde. Obwohl in Texas angesiedelt, wurde in **Chico** gefilmt, nördlich von Sacramento, Kalifornien.

EIN MANN ZU JEDER JAHRESZEIT
(1966, R: Fred Zinnemann)
Paul Scofield, Wendy Hiller, Robert Shaw
• OXFORDSHIRE; HAMPSHIRE

Gelungene und gut gespielte Version von Robert Bolts Stück über die Sinnkrise von Thomas More angesichts der Scheidung von Heinrich VIII. Auch wenn es in Reiseführern geschrieben steht – es fanden keine Dreharbeiten im Hampton Court Palace statt. Wolseys Palast ist nichts weiter als eine Filmkulisse. Thomas Mores Haus an der Themse bei Chelsea ist dagegen echt. Es ist das **Studley Priory** – einst ein Benediktinerkloster, heute ein Hotel – in **Horton-cum-Studley**, rund elf Kilometer nordöstlich von Oxford. Die Themse ist der **River Beaulieu**, der durch das Anwesen der **Beaulieu Abbey** an der B3504 verläuft, südlich von Southampton in Hampshire. Die Mauer entlang des Flusses wurde in Studley Priory nachgebaut, womit es den Charakteren möglich war, mit einem Satz in einer anderen Grafschaft zu landen!

MANONS RACHE
(1986, R: Claude Berri)
Yves Montand, Daniel Auteuil, Emmanuelle Béart
• FRANKREICH

Der abschließende Teil von *Jean Florette* zeigt die erwachsene Tochter des dahingeschiedenen Depardieu, die sich an habgierigen Nachbarn rächt, die den Tod ihres Vaters verschuldet haben. Das Dorf ist **Cuges Les Pins** in der Provence, weitere Szenen entstanden in **Sommieres**.

MANTA, MANTA
(1991, R: Wolfgang Büld)
Til Schweiger, Tina Ruland, Martin Armknecht
• DEUTSCHLAND

Bevor er der *Bewegte Mann* wurde, war Til Schweiger Bertie, einer der jugendlichen Raser und Opel-Manta-Liebhaber, die in dieser romantischen Komödie den Fußgängern das Leben zur Hölle machen. Gefilmt wurde unter anderem in **Wuppertal** (im Städtischen Gymnasium Sedanstraße 4-14), **Hagen, Köln und Oberhausen**.

MANUEL
(1937, R: Victor Fleming)
Spencer Tracy, Freddie Bartholomew
• MAINE; KALIFORNIEN

Der verwöhnte Junge Bartholomew geht über Bord und lernt seine Lektion, als er bei armen Fischern leben muss. Nach einer Geschichte von Rudyard Kipling; Tracy erhielt für seine Rolle einen Oscar. Gefilmt wurde in der Hafenstadt **Camden** an der Küste von Maine, Interstate 1, 65 Kilometer südwestlich von Bangor, und in der **Monterey Bay** an der zentralkalifornischen Küste.

DER MARATHON-MANN

(1976, R: John Schlesinger)
Dustin Hoffman, Laurence Olivier, Roy Scheider
• **NEW YORK CITY; PARIS**

Olivier im Diamantendistrikt:
47th Street

Schlesingers eleganter Thriller spielt in Paris und New York. Dustin Hoffman läuft auf dem 2,5 Kilometer langen Joggingpfad rund um das **Reservoir** zwischen 86th Street und 96th Street in Central Park. Sein Bruder Roy Scheider wird am **Lincoln Center** niedergestochen, westlich des Broadway zwischen 62nd Street und 66th Street an der West Side. Die russische Botschaft ist ein beliebtes New Yorker Motiv, nämlich das **Carnegie Mansion, 22 East 91st Street/** Ecke Fifth Avenue an der Upper East Side, auch zu sehen in *Arthur – Kein Kind von Traurigkeit* und *Die Waffen der Frauen.*

Hoffman joggt: Joggingstrecke,
Central Park

Letzte Konfrontation: Reservoir,
Central Park

Die Straße, in der der Altnazi Laurence Olivier eine nachvollziehbare Panikattacke erleidet, liegt im überwältigenden Jewish Diamond District, **47th Street** zwischen Fifth Avenue und Sixth Avenue. Der Diamantenhandel blühte hier auf, als in den dreißiger Jahren die von der Verfolgung bedrohten Händler die europäischen Diamantenmetropolen Amsterdam und Antwerpen fluchtartig verließen und sich ein Gebiet aussuchten, das niedrige Mieten mit einer akzeptablen Nähe zu den zahlungskräftigen Kunden der Fifth Avenue vereinte.

Die letzte Konfrontation zwischen Hoffman und Olivier findet im **North Gate House** des **Reservoirs** im Central Park statt, auch wenn das mit Eisengittern ausgestattete Innere eine Studiokulisse war, die Designer Richard MacDonald so angelegt hatte, dass sie an eine elisabethanische Bühne erinnerte.

MARIA STUART, KÖNIGIN VON SCHOTTLAND

(1971, R: Charles Jarrott)
Vanessa Redgrave, Glenda Jackson, Patrick McGoohan

• **TYNESIDE; NORTHUMBERLAND; SUSSEX; SCHOTTLAND**

Historischer Prunk, der in einem völlig frei erfundenen Treffen der beiden Hauptcharaktere gipfelt. Verwendete Motive sind **Alnwick Castle**, abseits der A1, 50 Kilometer nördlich von Newcastle-upon-Tyne, sowie **Bamburgh Castle**, an der Küste noch einmal gut 25 Kilometer weiter nördlich (für Details siehe *Die Teufel*). Vanessa Redgrave geht bei **Seahouses** an Land, einige Kilometer von Bamburgh entfernt. Gefilmt wurde auch im **Hermitage Castle** an der B6399, rund 15 Kilometer südlich von Hawick an der schottischen Grenze. Hermitage ist von April bis September geöffnet *(es wird Eintritt verlangt; Tel. 013873/762225).* Das Treffen zwischen Elizabeth und Mary wurde im **Parham House** gefilmt, **Pulborough**, an der A283 rund 10 Kilometer nordwestlich von Worthing, Sussex *(Bahnhof: Pulborough).* Parham ist für Besucher an bestimmten Tagen von Ostern bis Ende Oktober geöffnet *(es wird Eintritt verlangt; Tel. 01903/744888).*

MARIA WALEWSKA

(1937, R: Clarence Brown)
Greta Garbo, Charles Boyer, Reginald Owen
• **KALIFORNIEN**

Garbo spielt in diesem klassischen Melodrama Walewska, die polnische Geliebte von Napoleon. Für die Insel Elba, auf der Napoleon im Exil ist, wurde **Point Lobos** auf der Monterey-Halbinsel südlich von San Francisco ausgewählt.

MARNIE

(1964, R: Alfred Hitchcock)
Tippi Hedren, Sean Connery, Diane Baker
• **PENNSYLVANIA; NEW JERSEY**

Seltsames Psychodrama mit Connery, der sich von der sexuell frigiden, kleptomanischen Tippi Hedren angesprochen fühlt. Der Film war unübersehbar studioorientiert und schuf so die Gelegenheit für Filmstudenten, darüber zu diskutieren, ob Hitchcock absichtlich eine beunruhigend unechte Atmosphäre schaffen wollte oder ob er einfach das Interes-

Marnies Hotel in Virginia: The Red Fox Inn, Middleburg

Marnie trifft in Philadelphia ein: 30th Street Station

se verloren hatte, nachdem Hedren angeblich einen Annäherungsversuch von seiner Seite zurückgewiesen und ihn damit in Verlegenheit gebracht hatte. Marnie trifft in Philadelphia an der **30th Street Station** ein. Sie wird am **Atlantic City Racetrack**, New Jersey, von einem Mann aus ihrer zwielichtigen Vergangenheit gesehen.

Die Szenen zu Pferd entstanden in der amerikanischen Hauptstadt von Pferd und Jagd, in **Middleburg**, einer Kleinstadt im Schatten der Blue Ridge Mountains im Nordwesten von Virginia, rund 55 Kilometer westlich von Washington D.C. Marnies Hotel ist das historische **Red Fox Inn, 2 East Washington Street** *(Tel. 540 687 6301)*. Es stammt von 1728 und ist eines der ältesten Gasthäuser der USA, das zudem immer noch geöffnet ist.

MARS ATTACKS!

(1996, R: Tim Burton)
Jack Nicholson, Glenn Close, Pierce Brosnan
• **LAS VEGAS, NEVADA; ARIZONA; WASHINGTON D.C.**

Burtons Hommage an die SF der fünfziger Jahre basiert auf einer Reihe von Kaugummikarten aus den sechziger Jahren. Das fiktive Perkinsville, Texas, ist **Burns** in Kansas, 40 Kilometer nordöstlich von Wichita – hier wurde der Donutshop gebaut, der von dem skurrilen Original in L.A. inspiriert worden war. Die Eröffnungsszene mit dem brennenden Vieh stammt direkt von einer der Karten und wurde in **Lawrence**, Kansas, gefilmt.

Der Landeplatz der Marsianer, Pahrump, Nevada, ist Red Lake, eine Staubwüste rund 30 Kilometer von Kingman, Arizona, entfernt. Es dauert aber nicht lange, da ist das Interesse der kleinen Grünen an der Hauptstadt der Nation geweckt worden – und natürlich am schillernden Las Vegas. Zu den Außenaufnahmen in Washington zählen das **Washington Monument** und die **Mall**. Pam Griers Nachbarschaft besteht aus einer Reihe von Häusern im Nordwesten von D.C. Das ausgebrannte Haus stand an der **Ecke 4th/Massachusetts**.

In Vegas tritt Tom Jones im **Luxor Hotel** auf, **3900 Las Vegas Boulevard South** *(Tel. 702 262 4000)*, jener gigantischen (30 Etagen, 2520 Zimmer) und – natürlich völlig authentischen – ägyptischen Pyramide am südlichen Ende des Strips (die Hochbahn verbindet es mit dem Excalibur im Norden und mit Mandalay Bay im Süden). Jack Nicholsons Galaxy Hotel ist – oder war – Howard Hughes' Landmark Hotel, ein gut 110 Meter hohes Bauwerk, das 1969 nahe dem Hilton eröffnet, das während der Dreharbeiten aber wirklich abgerissen wurde (natürlich nicht für die Dreharbeiten). Mit 31 Stockwerken war es einmal das höchste Gebäude in Nevada, doch wurde konstant von finanziellen Problemen geplagt, bis man es 1990 schloss. Der Neonfriedhof ist der alte Hof von **Yesco**, der Young Electric Sign Company, die seit Jahren die Neonreklamen für die Spielerstadt produziert.

DER MARSHAL

(1969, R: Henry Hathaway)
John Wayne, Glen Campbell, Kim Darby
• **COLORADO; KALIFORNIEN**

Wayne trägt als schrulliger Marshal Rooster Cogburn eine Augenklappe in diesem sympathischen Western, der im Gebiet **Gunnison** südlich von Montrose im Südwesten von Colorado entstand. Die Eröffnungsszenen zeigen **Wilson Peaks** im San Juan National Forest. Die Grenzstadt ist der Stadtplatz von **Ridgway** an der Inter-

state 550, rund 50 Kilometer südlich. Weitere Szenen entstanden bei **Mammoth Lakes**, Route 395, östlich des Yosemite National Parks in Zentralkalifornien.

DIE MARX BROTHERS: EIN TAG BEIM RENNEN

(1937, R: Sam Wood)
The Marx Brothers, Margaret Dumont
• **LOS ANGELES**

Dieser Film aus der mittleren Schaffensperiode zeigt die Brüder, wie sie für Chaos beim Pferderennen sorgen. Gefilmt wurde am **Santa Anita Racetrack, 285 West Huntington Boulevard, Arcadia**, zwischen L.A. und Pasadena. Durch seine hoch aufragenden Palmen und die markanten grün-gelben schmiedeeisernen Dekors ist Santa Anita seit 1934 bei den Hollywood-Filmen ein beliebtes Motiv (hier stürzte James Mason in *A Star Is Born* von 1954 vom Wagen).

DIE MARX BROTHERS: GO WEST

(1940, R: Edward Buzzell)
The Marx Brothers
• **KALIFORNIEN**

Die alte Eisenbahn: Jamestown

Die Eisenbahn, die in dieser Wild-West-Kapriole von Groucho & Co. geführt wird, ist die alte Sierra Railroad im Norden Kaliforniens, die in Dutzenden von Filmen wie zum Beispiel *Zwölf Uhr mittags*, *Mein kleiner Gockel* und *Erbarmungslos* zu sehen war. Sie ist immer noch in Betrieb als **Railtown 1897 State Park** und damit ein Teil des California State Railroad Museums an der **Fifth Street/Ecke Reservoir Street, Jamestown**, an der Route 49 rund 80 Kilometer östlich von Stockton. Von April bis Oktober können Sie an Wochenenden eine 40-minütige Rundfahrt unternehmen *(Tel. 916 445 6645; www.csrmf.org/railtown.html)*.

DIE MARX BROTHERS IM KRIEG

(1933, R: Leo McCarey)
The Marx Brothers, Margaret Dumont, Louis Calhern
• **LOS ANGELES**

Freedonia: Einfahrt zur Arden Villa, Arden Road, Pasadena

Groucho ist Rufus T. Firefly, der in einem der besten Marx-Filme Präsident von Freedonia wird. Zwar ist Freedonia fest in den **Paramount Studios** verankert, doch die Gartenparty des rivalisierenden Landes Sylvania, auf der Groucho Margaret Dumont beleidigt, wurde in der **Arden Villa, 1145 Arden Road**, gefilmt. Die Villa könnte Ihnen bekannt sein als das Haus der Carringtons aus der TV-Serie *Der Denver-Clan* und als George Cukors Anwesen in *Gods and Monsters*. Es ist ein Privatgebäude in Pasadena östlich von L.A., das von der Straße aus nicht einsehbar ist.

DIE MASKE

(1994, R: Charles Russell)
Jim Carrey, Cameron Diaz, Peter Riegert
• LOS ANGELES

Eingang zum Coco Bongo Club: Ambassador Hotel

Der Coco Bongo Club: Terrace Room, Park Plaza Hotel

Wenn man ihn ertragen kann, dann ist Carrey die ideale Besetzung für diesen Live-Action-Cartoon. Edge City ist natürlich L.A. Die Edge City Bank, in der der Trottel Stanley Ipkiss arbeitet, ist das alte Gebäude der Bank of America, **650 South Spring Street**, Downtown L.A. Der Coco Bongo Nightclub ist eine Kombination aus zwei Hotels: Das Äußere ist der Eingang zur **Cocoanut Grove** des **Ambassador Hotel, 3400 Wilshire Boulevard**, mitten in der Stadt (für Details siehe *A Star ist Born* von 1954). Das Innere dagegen ist – ohne Palmen, ohne Dekoleuchten und ohne violetten Wasserfall – der **Terrace Room** des **Park Plaza Hotels, 607 South Park View Street**, Downtown L.A. Die Maske wird schließlich vom **Sixth Street Viaduct**, Downtown, zurück ins Wasser geworfen.

MASKIERTE HERZEN

(1952, R: David Miller)
Joan Crawford, Jack Palance, Gloria Grahame
• SAN FRANCISCO

Die wohlhabende Autorin Joan Crawford entdeckt, dass ihr neuer Ehemann Jack Palance sie ins Jenseits befördern will. Gefilmt wurde dieser Thriller in San Francisco. Crawfords Zuhause ist die **2800 Scott Street**.

MASSAI

(1954, R: Robert Aldrich)
Burt Lancaster, Jean Peters, John McIntire
• KALIFORNIEN; ARIZONA

Burt Lancaster ist der letzte Krieger, der sich weigert, nach Florida umgesiedelt zu werden, nachdem das Volk der Apachen unterworfen worden ist. Die Eröffnungsszene von Geronimos Kapitulation, während der sich die Kavallerie und die Indianer zwischen Sandsteinformationen gegenüberstehen, wurde im **Vasquez Rocks County Park, Escondido Road**, Kalifornien, gefilmt. Benannt wurde die Gegend nach dem Gesetzlosen Tiburcio Vasquez aus dem 19. Jahrhundert, der sich hier versteckte. Das spektakuläre Motiv – ein Auswuchs der Sankt-Andreas-Spalte, wo Stein aus der Erde geschleudert wurde – ist in Hunderten von Western und SF-Filmen zu sehen gewesen, außerdem in *Flintstones – Die Familie Feuerstein* und *Austin Powers*. Der Park befindet sich in der höher liegenden Wüste nördlich von L.A., zwischen Newhall und Acton, abseits der Route 14 (*freier Eintritt*).

Die Waldlandschaften finden sich in **Tuolumne County**, östlich von San Francisco an der Grenze zu Nevada in der Sierra Nevada, während die roten Sandsteinfelsen, zwischen denen sich Lancaster mit Jean Peters versteckt, in Arizona bei **Sedona** südlich von Flagstaff an der Route 89A gelegen sind. Weitere Szenen wurden bei Warners auf der Calabasas Ranch gefilmt, die im San Fernando Valley nördlich von L.A. lag. Heute befindet sich dort ein Golfplatz.

Geronimo ergibt sich: Vasquez Rocks, Kalifornien

MATINEE

(1993, R: Joe Dante)
John Goodman, Simon Fenton, Omri Katz
• FLORIDA

Goodman ist ein Filmproduzent in den fünfziger Jahren, der sich nicht allzu sehr von William Castle unterscheidet und der seinen neuesten SF-Schocker *Mant* („Halb Mensch, halb Ameise!") in einem Kino in Florida während des echten Schreckens der Kubakrise präsentiert. Angesiedelt an der Spitze der Florida Keys in Key West handelt es sich bei der Stadt tatsächlich um **Cocoa**, Interstate 95, an der Küste von Florida östlich von Orlando. Das Key West Beach Theater ist das **Cocoa Village Playhouse, 3000 Brevard Avenue**, Cocoa (*Tel. 321 636 5050*). Erbaut wurde es 1924 als das Aladdin Theater, ein Kino, das vom Brevard Community College übernommen wurde und heute Theater live präsentiert. Das echte pinkfarbene Key West Beach Theater ist zu sehen in der 527 Duval Street zwischen Petronia Street und Olivia Street. Das einstige Kino, das 1918 von kubanischen Arbeitern erbaut wurde, ist heute Schauplatz von Rock- und Reggae-Konzerten.

MATRIX

(1999, R: Andy Wachowski, Larry Wachowski)
Keanu Reeves, Laurence Fishburne, Hugo Weaving
• NEW SOUTH WALES, AUSTRALIEN

Dieser Hi-Hi-Hi-Tech-Thriller ist so wie der Vorgängerfilm *Bound – Gefesselt* in der Heimatstadt der Wachowski-Brüder in Chicago angesiedelt. Doch wie *Bound – Ge-fesselt* wurde auch er nicht dort gefilmt. Die futuristische Metropole ist **Sydney**. Der Helikopter startet vom Dach des **Aon Tower, 201 Kent Street**. Morpheus wird im **Colonial State Bank Centre, Martin Place**, festgehalten. Der Helikopter stürzt in den **BT Tower** an der Ecke zur **Market Street**. Neo landet auf dem Dach des **Allianz Building** (vormals das MMI Centre) auf der anderen Seite der Market Street. Der Bahnhof, in dem Neo mit Agent Smith kämpft, wurde auf einem Schienenabschnitt hinter den Silos bei **White Bay** auf der Balmain zugewandten Seite der Anzac Bridge gefilmt. Neos Truppe landet schließlich im alten Postgebäude am **Railway Square**, dem digital einige Stockwerke aufgesetzt wurden. Die Telefonzelle, die von einem Lastwagen zermalmt wird, stand an einer Überführung auf der **Hickson Road**. Die Innenaufnahmen entstanden im Fox Studio in **Moore Park**.

MAURICE

(1987, R: James Ivory)
James Wilby, Rupert Graves, Hugh Grant
• **LONDON; CAMBRIDGESHIRE; WILTSHIRE; GLOUCESTERSHIRE; SIZILIEN, ITALIEN**

Der Wachmann wird aufgegriffen: das Black Friar

Nach ihrem Erfolg mit *Zimmer mit Aussicht* nahm sich das Team Merchant/Ivory E.M. Forsters posthum erschienenen Schwulenroman *Maurice* vor, um daraus eine überbordende Romanze zu verfilmen. Die Szenen in Cambridge wurden tatsächlich an Forsters alter Universität gedreht. Die Außenaufnahmen zeigen das **Trinity College, Cambridge**, auf dem **Quad** und unterhalb der **Wren Library**. Die William IV. Porter's Lodge ist das **King's College**, und dort wurde auch im Speisesaal gefilmt. Die Bootsfahrt findet auf dem River Cam an der **Clare Bridge** statt, und die romantische Szene zwischen Wilby und Grant auf dem Feld entstand nahe **Ely** in Cambridgeshire. In London begegnet Maurice seinem alten Schulleiter bei den assyrischen Statuen im **British Museum, Bloomsbury**, während es sich bei dem wundervollen Art-Nouveau-Pub – wo sein Kumpel mit einer Vorliebe fürs Militär Probleme bekommt – um das **Black Friar** handelt, **174 Queen Victoria Street**, EC4, gegenüber dem Bahnhof von Blackfriars. Das anschließende Verfahren wegen unzüchtigen Verhaltens wurde in der **Salisbury Town Hall** inszeniert, Salisbury, Wiltshire, die auch als Wilbys Londoner Büro herhielt. Wilby und Grant lenken sich ein wenig ab, indem sie ein Konzert in der **Wigmore Hall** besuchen.
Hugh Grants Landhaus, wo Wilby dem Platzwart Rupert Graves auffällt, ist **Wilbury Park, Newton Toney**, ein Privathaus, das der Schauspielerin Maria St. Juste gehört, gelegen an der A338 auf halber Strecke zwischen Andover und Salisbury, Wiltshire. Das Bootshaus, in dem sie sich treffen, liegt in **Crichel** in Dorset. Hugh Grants Zuhause in London ist das **Linley-Sambourne House, 18 Stafford Terrace**, abseits der High Street Kensington, W8

(siehe *Zimmer mit Aussicht* für Details). Das Familienmahl, nach dem Hugh Grant sich auf den Weg zum Kontinent macht, findet im **Café Royal, Regent Street**, W1, statt. Seine Europareise führt ihn zu einem griechischen Amphitheater, eigentlich in **Segesta**, nahe Castellammare im Nordwesten von Sizilien. Die Docks, an denen es Wilby gerade noch gelingt, Graves einzuholen, bevor der auswandert, sind die **Gloucester Docks** an der Severn.

MAXIMUM RISK

(1996, R: Ringo Lam)
Jean-Claude Van Damme, Natasha Henstridge, Jean-Hugues Anglade
• **FRANKREICH; NEW YORK CITY; ONTARIO, KANADA; PENNSYLVANIA**

Ringo Lam drehte *Cover Hard II*, den Film über einen fehlgeschlagenen Überfall, der die Vorlage für *Reservoir Dogs – Wilde Hunde* bildete, aber mit diesem Hollywood-Debüt schadete er seinem Ruf. Wenigstens überzeugen die Motive des Films. Van Damme spielt den Part von Zwillingen, von denen einer während einer

Die Jagd durch Südfrankreich: Villefranche-sur-Mer

Das russische Bad: The Stables, Casa Loma, Toronto

Verfolgungsjagd durch die malerisch engen Gassen **Villefranche-sur-Mer** östlich von Nizza stirbt. Er tritt seiner Mutter im **Hermitage du Col d'Eze** gegenüber, **Avenue des Diables Bleus, Eze** zwischen Villefranche und Monaco. Chantals Cottage ist **La Seguinière Restaurant, La Gaude**, nördlich von Cagnes. Zu den Motiven in Nizza gehörten Straßenzüge nahe der **Promenade des Anglais**, das Bürogebäude Palais Hispania office nahe dem Bahnhof von Nizza, die Kirche **L'Eglise du Port** und der **Blumenmarkt, Cours Saleya**. Das Anwaltsbüro, das ausbrennt, soll sich am Place Pigalle in Paris befinden, aber alle Szenen sind eindeutig im Süden von Frankreich gefilmt. Das Büro ist am **Zamenhof Square**, Nizza. Van Damme eilt nach New York, wo er an der **Brooklyn Bridge** auf den archetypischen schriftstellernden Taxifahrer trifft. Die Action konzentriert sich auf **Little Odessa** mit einer Verfolgungsjagd zur **Brighton Beach Station**, auch wenn sich der Bahnhof tatsächlich im Norden von Philadelphia befindet und die Verfolgungsszene in Kanada auf der **Yonge Street** gedreht wurde, der wichtigsten Nord-Süd-Verbindung von Toronto – der längsten Straße der Welt. Gefilmt wurde zudem auf der Bloor Street, wobei auch das Geschäft **Sam the Record Man** in **2252 Bloor Street West** zu sehen ist. Der Bohemia Club ist das **Left Bank Restaurant, 567 Queen Street West**, Downtown Toronto; die Arrestzelle befindet

Die Jagd durch New York: Yonge Street, Toronto

sich in der **Old City Hall, Queen Street West**/Ecke Bay Street; und das schmierige New York Hotel ist das **Waverley Hotel, 484 Spadina Avenue**, auch in Toronto. Weitere Motive in Toronto waren das **Canary Restaurant, 409 Front Street East**, und der **Zanzibar Strip Club, 359 Yonge Street**. Das Badehaus im russischen Stil sind eigentlich die Stallungen des **Casa Loma, 1 Austin Terrace**/Ecke Spadina Road, eines europäisch anmutenden Schlosses, das 1913 für Sir Henry Pellatt gebaut wurde. Dieses grandiose verspielte Bauwerk ist häufig in Filmen zu sehen (unter anderem in *Cocktail*, *Studio 54* und *X-Men*), außerdem ist es für Besucher geöffnet *(Tel. 416 923 1171, es wird Eintritt verlangt)*. Die abschließende Schießerei findet wieder in Nizza statt, angeblich in der Banque Nationale de Provence, bei der es sich in Wahrheit um das **Palais de Justice** handelt, **Place du Palais Square**. Das Innenleben der Bank zeigt dagegen das Canada Permanent **Trust Building, 320 Bay Street**, im Finanzdistrikt von Toronto. Die letzte Verfolgungsjagd verläuft durch die Straßen von **Vieille Port** in Nizza.

McCABE & MRS. MILLER
(1971, R: Robert Altman)
Warren Beatty, Julie Christie, René Auberjonois
• **BRITISH COLUMBIA, KANADA**

Altmans freudlos atmosphärischer Western, der beim Kinostart verrissen wurde, hat mittlerweile Klassikerstatus erlangt. Die Grenzstadt wurde komplett in **West Vancouver**, British Columbia, aufgebaut und von Vilmos Zsigmond wunderschön gefilmt.

MEDITERRANEO
(1991, R: Gabriele Salvatores)
Diego Abatantuono, Claudio Bigagli, Giuseppe Cederna
• **DODEKANES, GRIECHENLAND**

Der Oscar-Gewinner als Bester ausländischer Film 1993. Schauplatz ist **Kastellorizo**, eine winzige Insel mit einem Hotel (allerdings ohne Restaurant) in der Ägäis vor der türkischen Küste.

MEIN BRUDER KAIN
(1992, R: Brian De Palma)
John Lithgow, Lolita Davidovitch, Steven Bauer
• **KALIFORNIEN**

De Palma brüht erneut Elemente aus *Psycho* auf und erzählt den Plot über einen sadistischen Vater, den er sich bei Michael Powells *Augen der Angst* ausgeliehen hat. Der sich daraus ergebende Film strapaziert die Glaubwürdigkeit zu sehr, um wirklich noch zu fesseln, aber John Lithgow ist immer sein Geld wert. Und ein Schurke mit multiplen Persönlichkeiten sorgt für reichlich Spaß. Angesiedelt ist der Film in der fiktiven kalifornischen Stadt Bay View, gedreht wurde er in einem Gebiet südlich von San Francisco: **Los Altos, Mountain View, Menlo Park, Palo Alto** und **Woodside**, außerdem in San Francisco selbst. Der Kinderspielplatz im Camino Park, mit dem der Film eröffnet und schließt, ist **Shoup Park** abseits der University Avenue südlich der Burke Road, gleich westlich des G5, des Foothill Expressway, in Los Altos. Das Uhrengeschäft, in dem Davidovitch ihrer alten Flamme Steven Bauer wieder begegnet, befindet sich im weitläufigen **Stanford Shopping Center** in Palo Alto. Ebenfalls in Palo Alto steht das Krankenhaus, in dem Bauers Frau ihn mit Davidovitch sieht. Es handelt sich um das Old Stanford's Children's Hospital, 520 Sand Hill Road, das in der Nähe von Shirley Temples Haus in Woodside gelegen ist, in dessen Foyer man die Puppensammlung besichtigen kann *(freier Eintritt)*. Davidovitchs von Schuldgefühlen verursachter Traum, in dem sie vom Schwert einer Reiterstatue durchbohrt wird, spielte am **Palace of the Legion of Honor** in San Francisco. Das Kunstmuseum, das dem Palast der Ehrenlegion in Paris nachempfunden ist, findet sich am Legion of Honor Drive in Lincoln Park (für Details siehe *Vertigo – Aus dem Reich der Toten*). Die gewaltige, postmoderne Bay View-Polizeiwache, in der die Ärztin Frances Sternhagen eine Psycho-hafte Erklärung abliefert und von der Lithgow entkommt, ist die postmoderne dreistöckige **Mountain View City Hall, 500 Castro** zwischen Church Street und Mercy Street. Das unvermeidbare 60er-Jahre-Motel, in dem sich Lithgows Vater mit den entführten Kindern versteckt und wo es auch zum filmischen Höhepunkt kommt, ist das **Best Western Riviera Motel, 15 El Camino Real, Menlo Park** *(Tel. 415 321 8772)*.

MEIN ESSEN MIT ANDRÉ
(1981, R: Louis Malle)
Wallace Shawn, André Gregory
• **NEW YORK CITY; VIRGINIA**

Ausgiebige Unterhaltung während eines Essens nach einem Zwei-Personen-Stück, das es entgegen allen Erwartungen irgendwie gelingt, faszinierend zu sein. Wenn Sie die Erfahrung (zu einem recht hohen Preis) mit einem Ihnen lieben Menschen selbst machen wollen – kein Problem. Das Restaurant ist das romantische, aber teure **Cafe des Artistes** im **Hotel des Artistes, 1 West 67th Street**/Ecke Central Park West, Manhattan *(Tel. 212 877 3500, Jackett und Krawatte sind zwingend erforderlich)*. In dem Hotel stiegen einst Persönlichkeiten wie Isadora Duncan, Alexander Woollcott, Noël Coward und Norman Rockwell ab. So einfach, wie der Film aussieht, war er allerdings nicht zu produzieren. Auf Grund eines knappen Budgets wurde eine gewerkschaftlich nicht organisierte Crew engagiert, was wiederum bedeutete, dass nicht in New York gefilmt werden konnte. Die Innenausstattung des Restaurants wurde im Grand Ballroom des zur Zeit geschlossenen **Jefferson Hotel** nachgebaut, **Franklin Street**/Ecke Adams Street in Richmond, Virginia. Das grandiose Beaux-Arts-Bauwerk aus dem Jahre 1895 war durch ein Feuer schwer beschädigt worden, doch 1986 wurde es in vollem Glanz als Jefferson Sheraton wieder eröffnet *(Tel. 804 788 8000)*.

MEIN FREUND, DER OTTER
(1969, R: Jack Couffer)
Bill Travers, Virginia McKenna, Roddy Mc Millan
• **LONDON; SCHOTTLAND**

Nach *Frei geboren – Die Königin der Wildnis* arbeiten Travers und McKenna in einem weiteren Tierfilm mit, wobei Travers diesmal aus einem schottischen Dorf nach London kommt, als er in den Besitz eines Otters gelangt. Das schottische Motiv ist **Easdale, Sell Island**.

MEIN GROSSER FREUND SHANE
(1953, R: George Stevens)
Alan Ladd, Jean Arthur, Brandon de Wilde
• **WYOMING**

Ein mysteriöser Fremder hilft in diesem Westernepos einer Siedlerfamilie. Die ausschweifende, mit einem Oscar belohnte Kameraführung von Loyal Griggs nutzt in vollem Maß die Ansichten rund um **Jackson Hole**, Wyoming, am südlichen Ende des Grand Teton National Park. Dabei handelt es sich um ein weiteres bedeutendes Motiv, das schon zu Stummfilmzeiten regelmäßig Filmschauplatz war. Jackson Hole ist ein rund 80 Kilometer langes Tal entlang der Grand Tetons. Route 191 verläuft nördlich von Jackson in Richtung Yellowstone National Park entlang des Snake River durch das Tal. Die Hütte selbst, die zwar noch steht, aber sehr verfallen ist, befindet sich an der **Gros Ventre Road**, westlich von Kelly.

MEIN LEBEN IST DER RHYTHMUS
(1958, R: Michael Curtiz)
Elvis Presley, Carolyn Jones, Walter Matthau
• **NEW ORLEANS, LOUISIANA**

Presley ist ein Sänger in einem Nachtclub, der in dieser Verfilmung des Romans *A Stone for Danny Fisher* von Harold Robbins mit Gangstern aneinander gerät. Das Buch spielte in New York City, für den Film wurde aber der malerischere Drehort New Orleans ausgewählt.

MEIN LINKER FUSS
(1989, R: Jim Sheridan)
Daniel Day-Lewis, Brenda Fricker, Ray McAnally
• **IRLAND**

Oscar-Regen für Day-Lewis als Christy Brown und Fricker als seine Mutter in der Geschichte über die Leistungen des Schriftstellers, der nur die Zehen seines linken Fußes benutzen kann. Gefilmt wurde rund um Dublin und Wicklow und in den MTM Ardmore Studios. Die einleitende Wohltätigkeitsgala wurde im **Kilruddery House** gefilmt (dem Haus, das in *In einem fernen Land* „niederbrannte"), südlich von Bray, nahe Dublin. Christy Browns Haus findet sich am **St. Kevin's Square, Bray**. Die Kunstausstellung entstand im Haus des Filmproduzenten Noel Pearson in **Old Conna**, nahe Bray. Christy Brown erfährt im **Locks Restaurant, 1 Windsor Terrace, Portobello** *(Tel. 4538352)* am Ufer des Grand Canal in Dublin, dass Dr. Cole heiraten wird.
Das Ende des Films wurde am Steinmonument auf **Victoria Hill, Killiney**, an der Küste nahe Dublin gefilmt.

MEIN WUNDERBARER WASCHSALON
(1985, R: Stephen Frears)
Daniel Day-Lewis, Gordon Warnecke, Saeed Jaffrey
• **LONDON**

Der asiatische Unternehmer Gordon Warnecke beschäftigt den einstigen Rassisten Day-Lewis, um das Waschen von Socken zu einer Wohlfühl-Erfahrung zu machen.

Der Waschsalon: Wilcox Road, Wandsworth

Herausgekommen ist dabei ein kleines Juwel von einem Film. Das Zeitungsgeschäft ist **News Point, 169-171 Wandsworth Road**/Ecke Albion Avenue, Stockwell, SW8. Die Eisenbahnbrücke, unter der Warnecke angegriffen wird, verläuft über die Stewarts Road nahe Ascalon Street, Wandsworth, SW8. Der Waschsalon selbst ist heute ein Second-Hand-Geschäft: **Low Gear, 11 Wilcox Road, SW8**, abseits der Wandsworth Road, zwei Häuser neben einem ... Waschsalon.

MEINE BRAUT IST ÜBERSINNLICH
(1958, R: Richard Quine)
James Stewart, Kim Novak, Jack Lemmon
• **NEW YORK CITY**

Verfilmung der Bühnenkomödie von John Van Druten mit James Stewart als New Yorker Verleger, der allmählich zu der Ansicht gelangt, dass seine Freundin Novak einer Familie von Hexen entstammt. Gefilmt wurde größtenteils in einer Studionachbildung von Greenwich Village. Stewart und Novak werden auf magische Weise auf das Dach des **Flatiron Building, 175 Fifth Avenue**,

Die große Auseinandersetzung: Flatiron Building, Fifth Avenue

transportiert, jenes sonderbar geformten Wolkenkratzers, der die dreieckige Fläche am Schnittpunkt von Broadway und East 23rd Street belegt. Es wurde 1902 erbaut und war zu der Zeit das höchste Gebäude der Welt.

MEINE BRILLANTE KARRIERE
(1979, R: Gillian Armstrong)
Judy Davis, Sam Neill, Wendy Hughes
• **NEW SOUTH WALES, AUSTRALIEN**

Davis ist die proto-feministische Heldin im 19. Jahrhundert, die sich gegen ein Leben wehrt, das aus der Erfüllung weiblicher Pflichten besteht, und stattdessen zur unabhängigen Schriftstellerin wird. Gefilmt wurde in **Hay**, an der Macarthur-Heimstätte in **Camden Park** und in **Captain's Flat, Micalago**.

MEINE LIEBE RABENMUTTER
(1981, R: Frank Perry)
Faye Dunaway, Diana Scarwid, Steve Forrest

• LOS ANGELES

Crawford geht aus: Perino's, Wilshire Boulevard

Unglaublich kitschiger Film über das Leben von Joan Crawford auf der Grundlage der „Rache"-Autobiographie ihrer Tochter Christina, gefilmt wie ein altmodisches Crawford-Melodrama. Das echte Crawford-Haus, das für die Dreharbeiten nicht zur Verfügung gestellt wurde, ist nach wie vor an der 426 North Bristol Avenue zu sehen, nördlich des Sunset Boulevard in Brentwood. Als Crawford Douglas Fairbanks Jr. heiratete, wurde das Haus „El Jodo" getauft. Das Haus im Film war eine Villa im westlichen Teil des Sunset Boulevard. Die MGM Studios, wo La Crawford ihre Filme dreht, befinden sich am **10202 West Washington Boulevard** in Culver City. Die wundervolle Art-déco-Fassade aus dem Film kann man von der Straße aus nicht mehr sehen: Es ist der östliche Eingang am Ende der Grant Avenue abseits Madison Avenue oder Clarington Avenue, heute ein Teil des MGM-Geländes. Crawford speist im **Perino's, 4101 Wilshire Boulevard**/Ecke Norton Avenue. Das klassische Restaurant ist inzwischen geschlossen und steht zum Verkauf, aber sein rosafarbenes Äußeres können Sie sich immer noch ansehen. Perino's, das ursprünglich Hi-Hat hieß, befand sich in seiner Blütezeit am 3929 Wilshire Boulevard nahe Western Avenue. Zu sehen ist es in *Boulevard der Dämmerung* gegenüber dem Geschäft, in dem William Holden von Gloria Swanson ausgestattet wird. Die junge Christina wird zur **Chadwick School** geschickt, **26800 South Academy Drive** auf der Halbinsel Palos Verdes, südlich von L.A.

MEINE LIEDER – MEINE TRÄUME

(1965, R: Robert Wise)
Julie Andrews, Christopher Plummer, Peggy Wood

• ÖSTERREICH; LOS ANGELES

Ankunft im Von-Trapp-Haus: Hellbrunner Allee

Maria reist ab: Eingang zur Nonnberg-Abtei

Dieses phänomenal erfolgreiche Musical nach einer wahren Begebenheit entstand an authentischen Motiven rund um **Salzburg**, auch wenn zahlreiche Kulissen in den 20th Century-Fox Studios in Hollywood gebaut wurden. Die einleitenden Luftaufnahmen zeigen das **Salzkammergut**. Die Schlösser sind

Blick von der Winkler Terrasse auf die Stadt

Fuschl, 20 Kilometer östlich von Salzburg im **Fuschlsee** sowie **Schloss Anif** nahe der E55 einige Kilometer südlich von Salzburg. Marias Berg ist **Mellweg** nahe dem bayerischen Dorf Schellenberg, rund zehn Kilometer von Salzburg entfernt. Die Birken wurden für die Dreharbeiten hinzugefügt, und für denselben Zweck legte man auch den plätschernden Bach an.

Die Klosterinnenaufnahmen wurden im Studio erledigt, aber die Außenaufnahmen zeigen tatsächlich Marias Abtei. Es ist der **Benediktinerinnenstift Nonnberg, Nonnberggasse**. Sie können den Innenhof besichtigen und einen Blick in die Kapelle werfen. Es wird ein wenig gemogelt, da die Abtei nicht zur Altstadt von Salzburg hin liegt, sondern zu den unscheinbareren südlichen Stadtteilen. Die Gegeneinstellung, in der Maria die Abtei verlässt, wurde auf der anderen Seite der Stadt auf der **Winklerterrasse** gefilmt (wo später die „Do Re Mi"-Nummer beginnt). „I Have Confidence in Me", das Stück, bei dem Maria aufbricht, um sich den von Trapps anzuschließen, entstand in der Salzburger Altstadt auf dem **Residenzplatz**, wo Sie neben dem **Residenzbrunnen** die Bögen des **Domplatzes** sehen können, durch die Maria die Szene betritt.

Die Villa der von Trapps ist eine Kombination von zwei Motiven in Salzburg. Die von Bäumen gesäumte Straße, auf der Maria aus dem Bus aussteigt, ist die **Hellbrunner Allee**, die südlich der Altstadt verläuft. Hier können Sie das **Schloss Frohnburg** sehen, ein Landhaus aus dem 17. Jahrhundert, das heute das Mozarteum beherbergt. Hier wurden die einschüchternd gewaltigen Tore und der Vordereingang der Villa aufgenommen. Die zum See gelegene Terrasse wurde in **Schloss Leopoldskron** gefilmt, ein Rokoko-Klassiker am Leopoldskroner Teich, einem kleinen künstlich angelegten Gewässer im Südwesten der Stadt. Heute ist dort eine Privatschule untergebracht. Sehen können Sie Leopoldskron von der **König-Ludwig-Straße** aus. Die echte Villa Trapp liegt übrigens in Aigen, 30 Kilometer nordwestlich von Linz im Norden von Österreich nahe der Grenze zu Deutschland und Tschechien. Die „Do-Re-Mi"-Szene beginnt auf dem **Mönchsberg** an der Winklerterrasse, sie erreichen ist er mit dem Mönchsberg-Aufzug am Anton-Neumayr-Platz am Ende der Einkaufsstraße Gstattengasse. Das Picknick findet in **Werfen** statt, 25 Kilometer südlich von Salzburg im Salzachtal (Schauplatz für den Kriegsfilm *Agenten sterben einsam*). Die Geschichte wird im **Mirabell-Garten** an der **Schwarzstraße** auf der anderen Seite der Salzach hinter dem Schloss Mirabell fortgesetzt. Dort finden Sie die Brunnen, Statuen und die markante Stufe, auf der sich die Kinder aufhalten. Die kleine Brücke ist der **Mozartsteg** nördlich des Mozartplatzes.

Der Gartenpavillon der von Trapps, der für die Nummer „Sixteen Going on Seventeen" benutzt wurde, stand früher auf dem Gelände von Leopoldskron, doch wiederholtes unbefugtes Betreten führte dazu, dass er in die Gärten von **Schloss Hellbrunn** verlegt wurde, **Morzger**

Marias Hochzeit:
Pfarrkirche Mondsee
von außen

Marias Hochzeit:
Pfarrkirche Mondsee
von innen

Straße, südlich der Stadt. Marias Hochzeit, die in der Nonnberg-Abtei stattfindet, wurde in der barock ausgestatteten Pfarrkirche **Mondsee** gefilmt, rund 25 Kilometer östlich von Salzburg an der E55/E60. Die Anschlussszene, die den erzwungenen Anschluss Österreichs an das Deutsche Reich zeigt, wurde in der Stadtmitte auf dem **Residenzplatz** gefilmt. Das Musikfest, bei dem die Familie auftritt, findet in der **Felsenreitschule** am **Toscaninihof** statt, eine gewaltige Felsarena, die von den Römern für Turniere gebaut wurde und Teil des Festspielhauses ist. Der Friedhof, auf dem sich die von Trapps vor den Nazis verstecken, ist in groben Zügen dem Friedhof St. Peter nahe dem Kapitelplatz angelehnt, wurde aber in Hollywood aufgebaut. Der Berg, über den die Familie schließlich in die Freiheit gelangt, ist der **Obersalzberg** nahe Rossfeld, an der 319, 20 Kilometer südlich von Salzburg gelegen.

MEINE NACHT BEI MAUD

(1969, R: Eric Rohmer)
Jean-Louis Trintignant, Marie-Christine Barrault
• FRANKREICH

Trintignant muss während eines Schneesturms bei der Freundin seinen besten Freundes übernachten. Zwangsläufig flirten sie, diskutieren Jansenismus, denken über die Ehe nach und schlafen nicht miteinander. Trintignant erkennt aber schließlich, dass er eine Blondine liebt, die er auf einem Fahrrad gesehen hat. Die Stadt ist **Clermont-Ferrand**, das Innenleben von Mauds Apartment wurde aber in einem kleinen Studio in der Rue Mouffetard in Paris aufgebaut. Der Epilog spielt sich auf der Insel **Belle Ile** vor St. Nazaire und in **Paris** ab.

MEL BROOKS: HÖHENKOLLER

(1977, R: Mel Brooks)
Mel Brooks, Madeline Kahn, Harvey Korman
• KALIFORNIEN

Diese nicht immer ins Schwarze treffende Hitchcock-Parodie markierte den Anfang vom Abstieg Brooks' ins Mittelmaß. Angesiedelt ist der Film in der unvermeidbaren Hitchcock-Stadt San Francisco. Die Hotellobby mit den gläsernen Aufzügen, die Brooks' Höhenangst auslösen, ist das zwanzig Stockwerke hohe Atrium des **Hyatt Regency, 5 Embarcadero Center** im Finanzdistrikt von San Francisco – auch zu sehen als Foyer in *Flammendes Inferno*. Gefilmt wurde ferner in **Fort Point** am Fuß der Golden Gate Bridge – als Hommage an *Vertigo – Aus dem Reich der Toten*. Das Institut für die sehr, sehr Nervösen findet

sich dagegen in Los Angeles. Es ist der Campus des **Mount St. Mary's College, 12001 Chalon Road, Bel-Air,** nördlich der Bellagio Road, in der Hitchcock im Haus Nr. 10957 lebte. Der Park für die Parodie auf *Die Vögel*, in dem Mel tatsächlich mit Senf besspritzt wird, ist der **Brookside Park**, nördlich des Ventura Freeway Richtung Rose Bowl am westlichen Rand von Pasadena.

MEN IN BLACK

(1997, R: Barry Sonnenfeld)
Tommy Lee Jones, Will Smith, Rip Torn
• NEW YORK CITY; NEW JERSEY; LOS ANGELES

Das Juweliergeschäft: MacDougal Street, Greenwich Village

Das Furcht einflößende MIB-Hauptquartier ist tatsächlich der **Holland Tunnel Ventilator Shaft** am **Battery Place**, nördlich des Battery Park. Die Landung der Aliens ereignet sich auf dem Gelände der Weltausstellung 1964/65 in **Flushing Meadow**, Union Turnpike-44th Avenue, Queens. Hier finden Sie auch die beiden Türme und die **Unisphere** – den riesigen hohlen Globus –, die für den Film im Studio in Hollywood nachgebaut wurde. Will Smith begegnet seinem ersten Alien an der **Grand Central Station**. Nach einer kurzen Verfolgungsjagd klettern sie bereits auf das **Guggenheim Museum, Fifth Avenue**/Ecke

Hauptquartier der MIB: Ventilatorschacht, Battery Place

East 89th Street. Das Geschäft Rosenberg Jewellery, das in die Luft gesprengt wird, befindet sich in der **54 MacDougal Street**, Greenwich Village, während die „Tintenfischgeburt" im **Liberty Park** stattfindet, **Jersey City**, jener Spitze von New Jersey, die der Freiheitsstatue gegenüberliegt.

Die Aliens landen: Flushing Meadow, Queens

MENSCHEN OHNE SEELE

(1950, R: Rudolph Maté)
William Holden, Barry Fitzgerald, Nancy Olson
• CHICAGO; LOS ANGELES

Kidnapper benutzen den berühmten Chicagoer Bahnhof Union Station als den Ort der Lösegeldübergabe. Teil des

Trends der fünfziger Jahre, um das Studio zu verlassen und an echten Schauplätzen zu arbeiten. Na ja, beinahe. Es gibt zwar ein paar Szenen, die in der **Union Station, 210 South Canal Street**, Chicago, entstanden, aber die meiste Zeit über befand man sich in der **Union Station, 800 North Alameda Street**, Downtown Los Angeles.

DAS MESSER AM UFER
(1986, R: Tim Hunter)
Crispin Glover, Keanu Reeves, Ione Skye
• KALIFORNIEN

Eine Gruppe von Teenagern versucht in dieser Verfilmung einer wahren Geschichte damit zurechtzukommen, dass einer aus ihrer Mitte ein Mörder geworden ist. Die Schule ist die **Verdugo Hills High School, 10625 Plainview Avenue, Tujunga**, nördlich von L.A., auch zu sehen in *187 – Eine tödliche Zahl, Der Hexenclub* und *Heathers*.

METROPOLIS
(1927, R: Fritz Lang)
Alfred Abel, Rudolf Klein-Rogge, Brigitte Helm
• DEUTSCHLAND

Dieser spektakuläre SF-Film entstand größtenteils in Kulissen, die in den Studios Neubabelsberg nahe Potsdam und in einem alten Zeppelinhangar in Staaken am Stadtrand von Berlin gebaut wurden.

MEUTEREI AUF DER BOUNTY
(1935, R: Frank Lloyd)
Charles Laughton, Clark Gable, Franchot Tone
• KALIFORNIEN; TAHITI

Macho-Mann Gable führt in dieser klassischen Version der bekannten Geschichte die Revolte gegen den sadistischen Laughton an. Gefilmt wurde sie auf **Catalina Island** – einem Vielzweck-Motiv für alles, was mit dem Meer zu tun hat, gelegen rund 35 Kilometer vor der Küste von L.A. – und auf Tahiti. Es wird behauptet, dass die *Balclutha* im Film zu sehen ist, die heute im Maritime Museum am Hyde Street Pier in San Francisco vor Anker liegt, doch der echte Star – die *Bounty* selbst – wurde von der *Ellen* gespielt. Das Schiff war auch in Hawaii zu sehen, bevor es von den Columbia Studios verkauft wurde. Es befindet sich jetzt an einem erdbebensicheren Platz in San Francisco, wo es zum Restaurant umgewandelt worden ist. Das **Sailing Ship Restaurant** befindet sich an **Pier 42**, dem **Embarcadero** am South Beach Yacht Harbor, South of Market. Weitere Szenen entstanden im **Monterey Harbour**, südlich von San Francisco.

MEUTEREI AUF DER BOUNTY
(1962, R: Lewis Milestone, Carol Reed, George Seaton)
Trevor Howard, Marlon Brando, Richard Harris
• TAHITI; BORA BORA; HAWAII

Die Anzahl an Regisseuren zeugt vom Albtraum, den diese Produktion darstellte. Brando spielt Fletcher Christian als zimperlichen britischen Fatzke mit zugestopften Ohren – die Gründe dafür waren nur ihm bekannt. Die *Bounty* wurde für 750.000 Dollar speziell für diesen Film in Nova Scotia gebaut und segelte durch den Panamakanal nach Tahiti. Sie wurde von einem Dieselmotor angetrieben und war gut ein Drittel größer als das Original, das allerdings auch keinen Platz für ein Drehteam benötigt hatte.

Carol Reed wurde als Regisseur von Lewis Milestone ersetzt, nachdem die Angelszene und Howards absonderlicher Tanz auf **Bora Bora** gefilmt worden waren. Weitere Dreharbeiten fanden auf Tahiti statt (abgesehen von einigen frühen Szenen, die in **Honolulu**, Hawaii, entstanden). Danach ging es zurück nach Culver City für die Arbeit im Studio und schließlich noch einmal für einige Nachdrehs nach Tahiti, während Lewis Milestone durch George Seaton ersetzt wurde.

MICHAEL COLLINS
(1996, R: Neil Jordan)
Liam Neeson, Julia Roberts, Alan Rickman
• IRLAND

Verfilmung von Collins' Leben mit Neeson in der Titelrolle. Das Abgeordnetenhaus des Jahres 1922 wurde in einem Lesesaal des **Trinity College**, Dublin, gefilmt.

Die Brücke: Ha'penny Bridge, Dublin

Das GPO-Gebäude, das noch immer die Einschusslöcher aus der Zeit des Aufstands aufweist, wurde für 1,5 Mio. £ in **Broadstone**, Dublin als das größte, jemals in Irland gebaute Set errichtet. Das Bloody-Sunday-Massaker an den Besuchern und Spielern eines Gaelic-Football-Matches durch die Black and Tans in Croke Park wurde in **Carlisle Grounds, Bray**, gefilmt. Die Pier, auf der Neeson, Aidan Quinn und Roberts spazieren gehen, ist **South Pier, Dun Laoghaire**. Die Barke war an der **Ha'penny Bridge**, Dublin, vertäut. Gefilmt wurde ferner auch in der **Dame Street, Grafton Street, Four Courts, City Hall, Dublin Castle** und in den **Iveagh Buildings** – allesamt in Dublin.

MIDNIGHT RUN – FÜNF TAGE BIS MITTERNACHT
(1988, R: Martin Brest)
Robert De Niro, Charles Grodin, Yaphet Kotto
• NEW YORK CITY; LOS ANGELES; CHICAGO; ARIZONA; NEVADA; MICHIGAN; NEUSEELAND

Quer über den Kontinent gehende Verfolgungsjagd, die so ziemlich überall einen Zwischenhalt einlegt. Es beginnt in L.A., wo De Niro seinen Auftrag (den Mafia-Buchhalter Grodin aus New York herzuholen) im Kautionsbüro in der schäbigen Downtown erhält. Nachdem er Grodin gefunden hat, kommt das alte, in Warteposition befindliche Plotelement – Angst vorm Fliegen – zum Einsatz, woraufhin die beiden mit Fahrtziel L.A. von der New Yorker **Grand Central Station** abreisen. Der kleine Bahnhof, an dem FBI-Agent Yaphet Kotto in den Zug einsteigt und zu erkennen muss, dass De Niro und Grodin bereits einen Bus genommen haben, ist **Niles Station, 598 Dey Street, Niles**, an der Interstate 33 in der südwestlichen Ecke von Michigan in Richtung zur Grenze nach Indiana (auch zu sehen in *Mama, ich und wir zwei*). Die Busfahrt endet in Chicago, wo Scharfschützen am **Chicago Bus Terminal, North State Street**/Ecke Lake Street, warten.

Das Kleinstadtlokal, in dem sich De Niro und Grodin nicht einmal ein Frühstück leisten können, ist in **Globe**, Arizona, zu finden. Die Helikopterattacke spielt sich an der **Salt River Canyon Bridge** ab, auf der Interstate 60 rund 55 Kilometer nördlich von Globe, wo das Paar im Salt River landet. Die Stromschnellen wurden allerdings in wärmerem Wasser in Neuseeland gefilmt. Grodin versucht im **Cameron Indian Reservation**, ein Flugzeug zu stehlen. Andere Motive in Arizona sind die **Flagstaff Train Station, Williams, Cottonwood, Sedona**. Der Schurke Dennis Farina zieht von **Las Vegas** aus die Fäden, und am **McCarran International Airport** tauscht De Niro Grodin gegen den MacGuffin der 80er ein: Computerdisketten.

MILAGRO – DER KRIEG IM BOHNENFELD

(1988, R: Robert Redford)
Chick Vennera, Carlos Riquelme, Sonia Braga
• NEW MEXICO

Redfords zweite Regiearbeit, ein Bauern-gegen-Behörden-Rührstück, sollte in Chimayo, nördlich von Santa Fe, New Mexico, gefilmt werden. Als

Die Kirche von Milagro: Truchas

aber die Bewohner zu feilschen begannen und mehr Geld sehen wollten, wanderte das Filmteam 15 Kilometer weiter nach Osten am Hwy-76 entlang bis nach **Truchas**, wo die Kulissen aufgebaut und der Film gedreht wurde.

MILLER'S CROSSING

(1990, R: Joel Coen)
Gabriel Byrne, Albert Finney, John Turturro
• LOUISIANA

Noch mehr schräge Verrücktheiten von den Coen-Brüdern, diesmal in den zwanziger Jahren angesiedelt. Die anonyme Stadt vor der Prohibition ist ein nicht erkennbares, wenig touristisches New Orleans. Leos Club ist das im Tiefparterre gelegene Lokal des **International House** in New Orleans. Der riesige getäfelte Raum, in dem Tom Johnny Caspar zur Rede stellt, ist **Gallier Hall, 545 St. Charles Avenue**, vormals City Hall. Das Gebäude im griechischen Stil, das 1845 von James Gallier Sr. entworfen wurde, steht gegenüber dem Lafayette Square. Ein weiterer der großen Räume wurde als Büro des Bürgermeisters benutzt. Die Außenansichten und das Foyer von Caspars Haus wurden in der exklusiven **Louis S. McGehee School, 2343 Prytania Street** gefilmt. Leos Zuhause besteht tatsächlich aus vier verschiedenen Motiven: Northline, einer Straße im Stadtteil **Old Metairie** (wo der Wagen in die Luft gejagt wird) sowie zwei speziell gebauten Sets, die in einer riesigen Garage un-

tergebracht wurden, die den Immobilienmaklern Toye Brothers in der **Annunciation Street** gehören.

Motive, die bis zum heutigen Tag nicht verändert wurden, finden sich in der **Magazine Street**, Downtown, und in der **Picayune Street** (die nächtlichen Szenen zwischen Tom und Verna). Die Schießerei zwischen der Polizei und Angehörigen von Leos Bande, den Söhnen von Erin, wurde in der **Church** Street inszeniert.

Miller's Crossing selbst, der Wald, in dem Tom die Morde ausführen muss, ist eine Waldschonung rund 50 Kilometer östlich von Baton Rouge, nahe Hammond an der Route 190.

DAS MILLIARDEN-DOLLAR-GEHIRN

(1967, R: Ken Russell)
Michael Caine, Oscar Homolka, Francoise Dorleac
• LONDON; FINNLAND

Im dritten der Harry-Palmer-Filme muss der heruntergekommene Agent eine Flasche voller Eier an ein Ziel in Europa bringen. Außerdem wird er in die verrückten Pläne eines rechten Amerikaners zur Beherrschung der Welt verwickelt. Regisseur Russell kann in seinem zweiten Film nicht umhin, den Höhepunkt der Handlung in eine Hommage an die Schlacht auf dem Eis aus Eisensteins *Alexander Newsky* zu verwandeln.

Harry Palmers Unterkunft: Pentonville Road, Kings Cross

Harry Palmers schmuddeliges Zimmer oberhalb des Geschäfts für Körperersatzteile findet sich in der **297 Pentonville Road** an der Kreuzung zur Gray's Inn Road gegenüber der Kings Cross Station, N1 *(U-Bahnstation: Kings Cross)*. Er betrachtet den Inhalt der Flasche mit Hilfe eines Pedoskops (zu der Zeit verfügte jeder bessere englische Schuhladen über Röntgengeräte für die Füße) bei **Whiteley's** am Queensway, W2, dem Bayswater-Kaufhaus, dem erst vor kurzem durch einen massiven Umbau neues Leben eingehaucht worden ist *(U-Bahnstation: Bayswater)*. Sein Auftrag in Finnland führt ihn in die Hauptstadt **Helsinki** sowie 85 Kilometer weiter westlich an den eisigen baltischen Hafen **Turku**. Die Szenen in Texas entstanden im Studio in England.

THE MILLION DOLLAR HOTEL

(2000, R: Wim Wenders)
Jeremy Davies, Milla Jovovich, Mel Gibson
• LOS ANGELES

Das muss der erste Film sein, der von einem Dach inspiriert wurde. Wenn Sie den Videoclip zu „Where the Streets Have No Name" von U2 kennen, dann werden Sie die riesigen Schriftzug Million Dollar Hotel gesehen haben. Das war nur eine Nachbildung auf dem Dach einer Spirituosenhandlung. Das hier ist der echte Schriftzug auf dem Dach des **Frontier Hotel, 111 West Fifth Street**/Ecke Main Street, in einem schäbigeren Viertel in Downtown L.A.

MISERY

(1990, R: Rob Reiner)
Kathy Bates, James Caan, Richard Farnsworth
• **NEVADA**

Das Geschäft: Main Street, Genoa

Bates erhielt einen Oscar als gestörte Verehrerin, Krankenschwester und Wärterin des verletzten Autoren Caan in einer Geschichte von Stephen King. Im fiktiven Silver Creek, Colorado, angesiedelt, wurde der Film nahe Reno, Nevada, gedreht. Das Silver Creek Lodge ist eine kaum zugängliche Hütte des Forest Service. Das Geschäft und das Postamt liegen in der **2299 Main Street** in **Genoa**, einer hübschen kleinen Stadt westlich der Interstate 395, südlich von Reno, auch zu sehen in Don Siegels *Der große Coup*. Die Straße, auf der Caan mit seinem Wagen verunglückt, ist der **Old Donner Pass**, Interstate 80, westlich von Reno an der Grenze zwischen Nevada und Kalifornien, wo die Donner-Gruppe im verheerenden Winter des Jahres 1846 auf dem Weg nach Westen überlebte, indem sie dem Kannibalismus frönte.

MISS DAISY UND IHR CHAUFFEUR

(1989, R: Bruce Beresford)
Jessica Tandy, Morgan Freeman, Dan Aykroyd
• **GEORGIA**

Sehenswertes Rührstück, das sich auf die wachsende Freundschaft zwischen der reichen Miss Tandy und ihrem Chauffeur Freeman konzentriert. Gefilmt wurde in der Umgebung von Atlanta, Georgia. Miss Daisys prächtige Villa befindet sich in der **822 Lullwater Road** im Stadtbezirk **Druid Hills**.

MISSION

(1986, R: Roland Joffé)
Robert De Niro, Jeremy Irons, Ray McAnally
• **KOLUMBIEN; ARGENTINIEN**

Großartige Themen, großartige Bilder, großartige Musik. Irons und De Niro bringen jeder auf seine Weise Jesus zu den Eingeborenen. Dies war das ehrgeizige Projekt, das von den Gewinnen aus Hugh Hudsons entsetzlichem Film *Revolution* finanziert werden sollte.

Außendrehs fanden in Kolumbien und Argentinien statt. Der Wasserfall, an dem der gekreuzigte Priester in die Tiefe stürzt, sind die **Iguazu Falls**, die an der Grenze zwischen Brasilien, Paraguay und Argentinien liegen, wo die Flüsse Parana und Iguazu zusammenfließen. 350 Mitglieder vom Stamm der Wuanana spielten die zum Untergang verdammten Guaranis.

Father Gabriels San Carlos Mission wurde im Dschungel bei **Santa Marta**, Kolumbien, auf dem Land errichtet, das die Brauerei gehört, die das beliebteste Bier des Landes herstellt. Da es sich um Kolumbien handelte, war es auch eine äußerst beliebte Drogenroute, und es wurde notwendig, bewaffnete Wachleute Tag und Nacht auf dem Set patrouillieren zu lassen.

Die Stadt Ascension ist die aus dem 16. Jahrhundert stammende, von einer Mauer umgebene **Altstadt** von **Cartagena** an der nordöstlichen Küste von Kolumbien. Hier wurde eine weitere Mission erbaut, die zwar fast nur aus Gips bestand, die aber stehen gelassen wurde, da der Eigentümer des Landes darum bat, sie als Touristenattraktion zu belassen.

MISSION: IMPOSSIBLE

(1996, R: Brian De Palma)
Tom Cruise, Jon Voight, Vanessa Redgrave
• **LONDON; TSCHECHISCHE REPUBLIK; SCHOTTLAND; VIRGINIA**

Die amerikanische Botschaft: Nationalmuseum, Prag

Die Botschaft, in der die zum Scheitern verurteilte Mission ihren Anfang nimmt, ist das recht heruntergekommene **Nationalmuseum, Václavské nám 68** in Prag. Als die Mission zu scheitern beginnt, stürzt Jon Voight von der berühmten **Karlsbrücke** in die Moldau. Andere Drehorte in Prag sind der **Wenzelsplatz** inmitten der Altstadt und der **Lichtenstein Palast, Malostranské nám 13** auf der Kampa-Halbinsel. Vanessa Redgraves Art-déco-Hauptquartier ist das **Europa Hotel, Václavské nám 25**, ebenfalls am Wenzelsplatz (*Tel. 42223 65274*).

Entspannung: Anchor Tavern, Bankside

Die Außenansicht des CIA-Gebäudes in **Langley**, Virginia, ist echt, aber das Innere zeigt die alte Londoner **County Hall** am Südufer. Das Londoner Safe House liegt oberhalb der U-Bahnstation Liverpool Street, **Liverpool Street/Ecke Broad Street**, EC2, und Cruise trifft sich mit Voight in der **Liverpool Street Station**, die seit ihrem baufälligen Auftritt in *Der Elefantenmensch* massiv umgebaut worden ist. Die angeblich auf dem Streckenabschnitt des Eisenbahntunnels unter dem

Hauptquartier von Max: Europa Hotel, Prag

Jon Voight wird erschossen: Karlsbrücke

Ärmelkanal spielenden Szenen wurden in Schottland auf Streckenabschnitten zwischen **Annan** und **Dumfries** sowie zwischen **Dumfries** und **New Cumnock** gefilmt. Der Terrassenpub, in dem sich Cruise schließlich entspannt, ist die **Anchor Tavern, Bankside** an der Southwark Bridge.

MISSION: IMPOSSIBLE 2
(1999, R: John Woo)
Tom Cruise, Thandie Newton, Anthony Hopkins
• NEW SOUTH WALES, AUSTRALIEN; UTAH

John Woos elegante, aber inhaltsleere Fortsetzung entstand fast vollständig in Australien rund um Sydney, New South Wales, ausgenommen die Schwindel erregende Kletterpartie (es ist – bis auf eine Einstellung – wirklich Tom Cruise, allerdings wurden sämtliche Sicherungsseile digital aus dem Bild entfernt), die im **Dead Horse Point State Park** gefilmt wurde, rund 25 Kilometer südwestlich von Moab, nahe dem Schauplatz der letzten Szene in *Thelma & Louise*, im Südosten von Utah.

Dougray Scotts Inselversteck ist **Bare Island Fort** am Eingang zur Botany Bay, südlich von Sydney. Seine andere am Wasser gelegene Zuflucht wurde in **Ashton Park** am Mosman-Ufer errichtet. Die Rennbahn, auf der Thandie Newton die Bilder von der Digitalkamera stiehlt, ist der **Royal Randwick Racecourse** in Randwick, einem Vorort von Sydney. Die Verfolgungsjagd per Motorrad wurde in **Boora Point** nahe Malabar gefilmt. Weitere Actionszenen entstanden im Gebiet rund um den **Governor Macquarie Tower** und den **Governor Phillip Tower**, moderne Zwillingsbauten nahe **Circular Quay**, Sydney. Die in Sevilla spielenden Szenen wurden ebenfalls in Australien gefilmt: in **Argyle Place** in **The Rocks**, Sydneys wieder belebtem historischen Kern an der Westküste der Sydney Cove; außerdem in Sydneys teuerstem Anwesen, dem **Boomerang** am Ufer der **Elizabeth Bay**.

MISSISSIPPI BURNING – DIE WURZELN DES HASSES
(1988, R: Alan Parker)
Gene Hackman, Willem Dafoe, Frances McDormand
• MISSISSIPPI; ALABAMA

Ins Fiktive verlagerte Schilderung der Untersuchung des Todes von drei Mitgliedern der Bürgerrechtsbewegung in den sechziger Jahren, die sehr umstritten war, da sie weiße – und erfundene – FBI-Agenten in den Mittelpunkt der Geschichte stellte. Der Film, der auf dem Mord an Andrew Goodman, Michael Schwerner und James Chaney in Philadelphia, East Mississippi, im Jahr 1964 basiert, wurde in Mississippi und Alabama gedreht. Chaneys Beerdigung wurde auf dem **Cedar Hill Cemetery, Vicksburg**, Mississippi, gefilmt. Auch in Mississippi befindet sich das Büro des Sheriffs von Jessup County, bei dem es sich um das **Vaiden Courthouse** handelt. Der Stadtplatz von Philadelphia des Jahres 1964 ist tatsächlich in **Lafayette**, Alabama, zu finden. Das Kino wurde für 25.000 Dollar renoviert – es ist seit den sechziger Jahren geschlossen und beherbergt heute ein Geschäft für Autoersatzteile. Ein Großteil des Films entstand in Kleinstädten rund um Jackson, Mississippi. Ferner wurde im **Ross Barnett Reservoir** gefilmt, nordöstlich von Jackson, Mississippi, sowie in **Bovina**, Mississippi.

MISSWAHL AUF ENGLISCH
(1973, R: Gerald Thomas)
Sidney James, Bernard Bresslaw, Kenneth Connor

• BUCKINGHAMSHIRE; SUSSEX

Lahme und alte formelhafte Gags, wenn Frauenrechtlerinnen versuchen, einen Schönheitswettbewerb in einem Küstenort zu stören. Die Stadt Fircombe ist natürlich Brighton, und das Hotel, das deutlich großartiger ist, als es im Film wirken sollte, ist das Brightoner **Grand Hotel** an der Küste, das heute vor allem durch den Bombenanschlag der IRA auf Mitglieder der Konservativen im Jahre 1984 bekannt ist.

MO' BETTER BLUES
(1990, R: Spike Lee)
Denzel Washington, Joie Lee, Wesley Snipes
• NEW YORK CITY

Lees in New York spielender Film über das verworrene Leben eines Jazztrompeters, dargestellt von Denzel Washington, sieht einfach atemberaubend aus. Die Eröffnungsszene „Brooklyn, 1969" entstand an der Westseite des **Prospect Park** im edlen Bezirk **Park Slope**. Bleeks Wohnung wurde in **Brooklyn Heights** nahe dem Ufer im Schatten der Brooklyn Bridge gefilmt, während Clarkes Apartment ein Wahrzeichen in der Nachbarschaft von **Fort Greene** ist.

Der Club Beneath the Underdog ist eine Kombination: Das Innere ist eine Studiokulisse, aber das Äußere zeigt das in Greenwich Village gelegene **Cherry Lane Theater, 38 Commerce Street**, zwischen Bedford Street und Barrow Street, gestaltet als die West 52nd Street in den fünfziger Jahren. Sie können Cherry Lane auch in Woody Allens *Eine andere Frau*, Warren Beattys *Reds* und in *Das Haus in der Carroll Street* sehen.

Clarke arbeitet als Kassiererin in der Jazzabteilung von **Tower Records, 692 Broadway**/Ecke East Fourth Street im Village. Die Geburt von Bleeks Sohn ereignet sich im **Harlem Hospital, 135th Street**/Ecke Lenox Avenue. Die Veranda des Backsteingebäudes, auf der Indigo Bleek erwartet, ist in der **141st Street** zwischen Convent Avenue und Hamilton Place, Harlem.

Der Dizzy Club ist das 350 Plätze umfassende **America Restaurant, 9 East 18th Street** zwischen Broadway und Fifth Avenue, nordwestlich des Union Square – einst das absolut angesagteste Restaurant. Die Gasse, in der Giant und Bleek zusammengeschlagen werden, ist die **Shinbone Alley** abseits der Bond Street zwischen Broadway und Lafayette Street im East Village.

MOBY DICK
(1956, R: John Huston)
Gregory Peck, Richard Basehart, Friedrich Ledebur
• IRLAND; KANARISCHE INSELN

Orson Welles brachte Herman Melvilles Geschichte im Londoner West End auf die Bühne und wollte unbedingt bei der Verfilmung Regie führen, jedoch ging der Job letztlich an Huston, und Welles wurde mit der kleinen Rolle des Father Mapple entschädigt. Der Hafen von New Bedford, von dem aus die Pequod in See sticht, ist **Youghal**, gut 40 Kilometer östlich von Cork, im Bezirk Cork an der Südküste der Republik Irland. Die Szenen auf See wurden im St. George's Channel vor der Küste von Fishguard, South Wales, gefilmt. Die Dreharbeiten schleppten sich hin, was zum Teil auch mit Visaschwierigkeiten bei Huston und Peck zu tun hatte, die beide nur 90 Tage lang in England arbeiten durften. Das hatte zur Folge, dass sie jeden Freitag das Land verließen, das Wochenende in Paris verbrachten und montags zur Arbeit zurückkehrten. Als das Wasser für die Dreharbeiten zu kalt wurde, zog die Crew nach Las Palmas auf den Kanaren um, wo das Ende gedreht wurde – einschließlich der Szene mit Richard Basehart, der auf dem Sarg treibt. Die Szene, in der Peck an ein sich drehendes, gut sechs Meter langes Stück Gummiwal gebunden unter Wasser gezogen wird, wurde als letztes gedreht. Man kann ja nie wissen ...

MODESTY BLAISE – DIE TÖDLICHE LADY
(1966, R: Joseph Losey)
Monica Vitti, Terence Stamp, Dirk Bogarde
• NIEDERLANDE; ITALIEN; LONDON; HAMPSHIRE

Loseys zu selbstbewusste Persiflage auf Agentenfilme verwendet Motive in London, Amsterdam, der Bucht von Neapel und die Hänge des Vesuvs. Modesty wird im Foyer des **Opera House, Covent Garden**, aus dem Ruhestand gelockt, während die Lobby des Ritz Hotel eine Kulisse in Shepperton war. Ihr Privatflugzeug startet vom Hochsicherheitsflughafen in **Farnborough**, Hampshire. In Amsterdam wurde auch in den berüchtigten **Walletjes** gefilmt, dem Rotlichtbezirk zwischen Centraal Station, Dam und Nieuwmarkt, außerdem am **Old Square** mit seinem Dolls House. Der Bösewicht Bogarde versteckt sich im Schloss und in der Kapelle von **St. Alessio**, nahe Messina an der nordöstlichen Küste von Sizilien. Die Klippen darunter befinden sich bei **Tindari** an der sizilianischen Nordwestküste, die auch für den Landstrich aus Wüstensand und Vulkangestein sowie für das Finale am Strand sorgte. Der Frachter liegt in der **Bucht von Neapel**, und die Verfolgungsjagd spielt sich auf dem **Vesuv** ab.

MÖRDER AHOI
(1964, R: George Pollock)
Margaret Rutherford, Lionel Jeffries, Charles Tingwell
• BUCKINGHAMSHIRE

Vierter und letzter Film der Serie aus den sechziger Jahren nach den Romanen von Agatha Christie, in dem Miss Marple den Mord auf einem Schiff untersucht. Miss Marples' Cottage in Milchester findet sich an der **Village Road** nahe der Misbourne Bridge im Dörfchen **Denham**, Buckinghamshire.

Miss Marples Cottage: Denham

MOGAMBO
(1953, R: John Ford)
Clark Gable, Ava Gardner, Grace Kelly
• TANGANJIKA; UGANDA

Remake von Victor Flemings Film **Red Dust** von 1932, verlegt von einer Gummiplantage in Indochina nach Afrika, doch Gable nimmt erneut die Rolle des Mannes auf,

der sich auf einer Gorillajagd zwischen dem frechen Showgirl Gardner und der piekfeinen, aber verheirateten Kelly hin- und hergerissen fühlt. Mit 67 Drehtagen vor Ort war es der aufwändigste Film, der bis dahin in Afrika gedreht worden war. Zugleich bereitete er auch die schlimmsten Kopfschmerzen, was den temperamentvollen Stars ebenso zu verdanken war wie Fällen von Ruhr und dem Chor aus Tierlauten, von der Mau-Mau-Rebellion ganz zu schweigen. Die Drehorte waren die **Serengeti-Ebene** in Tanganjika und der **Kagera-Fluss**, Uganda, mit seinen spektakulären Stromschnellen und Wasserfällen.

MON ONCLE
(1956, R: Jacques Tati)
Jacques Tati, Jean-Pierre Zola
• FRANKREICH

Tatis Komödie, in der der exzentrische Onkel Monsieur Hulot gegen eine seelenlose moderne Welt antritt, erhielt den Oscar für den Besten ausländischen Film. Hulots alte Nachbarschaft ist **Saint-Maur-des-Fossés**, Paris.

MONA LISA
(1986, R: Neil Jordan)
Bob Hoskins, Cathy Tyson, Michael Caine
• LONDON; SUSSEX

Taxifahrer Bob Hoskins soll die Edelprostituierte Tyson in einem verdreckt aussehenden London zu ihren „Arbeitsplätzen" fahren. Tyson steigt normalerweise im **Ritz** in Piccadilly und im **Hilton St. Ermin's Hotel, Caxton Street, SW1**, ab, wo Hoskins in seiner hervorragenden neuen Aufmachung auftaucht. Tyson wird von Hoskins am **Hyde Park Corner** aus dem Wagen gekickt, aber er lenkt ein und lässt sich bei **Tommy Nutter's** ausstaffieren. Die Suche nach Tysons Freundin spielt sich im Gebiet von **King's Cross** und in den Striplokalen und Peepshows von **Soho** ab. Michael Caine erteilt seine Befehle von der **Raymond Revuebar, Walker's Court**, aus. Die schweren Jungs machen am Brighton Pier Ärger, und eine blutige Schießerei ereignet sich im **Royal Albion Hotel**, Brighton.

Tysons Versteck: St. Ermin's, Caxton Street

DER MONDMANN
(1999, R: Milos Forman)
Jim Carrey, Paul Giamatti, Courtney Love
• KALIFORNIEN; NEW YORK STATE

Milos Formans Interpretation des Lebens des legendären Medienguerillas Andy Kaufman, dessen Schicksal es war, als liebenswürdiger Sitcom-Charakter in Erinnerung zu bleiben. Die zahlreichen Motive fanden sich in L.A. und in New York.

Szenen, die Kaufmans Zuhause in seiner Kindheit zeigen, wurden wirklich in seiner Nachbarschaft in **Great Neck** im Nordosten von Long Island, New York, gefilmt, wenn auch nicht am tatsächlichen Haus. Der Auftritt in der Carnegie

Das Lokal, in dem Kaufman arbeitet: Jerry's Deli, Ventura Boulevard

Hall, ans Ende von Kaufmans Leben verlegt, zeigt von außen die echte **Carnegie Hall, 154 West 57th Street**, während das Innere – einschließlich Mormonen-Tabernakelchor, Rockettes und Weihnachtsmann – am anderen Ende der Staaten gedreht wurde: im **Los Angeles Theatre, 615 South Broadway**, Downtown L.A. (dasselbe prachtvolle Theater gibt es auch zu sehen in *Batman Forever, New York, New York* und *Chaplin*).

Ebenfalls in L.A. entstanden die Wrestlingszenen in Memphis, für die man das **Olympic Grand Auditorium** Downtown L.A., aussuchte. Das Lokal, in dem Kaufman arbeitet, existiert wirklich und ist noch immer geöffnet: **Jerry's Deli, 12655 Ventura Boulevard, Studio City**. Straßenszenen wurden auf der **Main Street, La Puente**, gefilmt, die auch die Stadt in *Halloween H20* war.

MONDSÜCHTIG

(1987, R: Norman Jewison)
Cher, Nicolas Cage, Danny Aiello
• **NEW YORK CITY; TORONTO, ONTARIO**

Cher muss sich in dieser vergnüglichen Beziehungsgeschichte unter Italo-Amerikanern in Brooklyn Heights zwischen dem bodenständigen, häuslichen Aiello und dessen gefährlichem Bruder Cage entscheiden. Angesiedelt ist die Geschichte natürlich in New York, aber gefilmt wurde auch in Toronto.

Cher lebt in einem edlen Backsteingebäude in der italienischen Nachbarschaft an der Brooklyn Bridge gleich gegenüber der Südspitze von Manhattan in der **19 Cranberry Street**/Ecke Willow Street mit Blick auf den East River. Nicolas Cage verliert Spiel und Braut in der **Cammareri Bros. Bakery, 502 Henry Street**, einige Blocks weiter südlich, wo er weiterhin arbeitet. Das Restaurant, in dem Danny Aiello Cher einen Heiratsantrag macht, ist angeblich das in Greenwich Village gelegene Grand Ticino Restaurant, 228 Thompson Street zwischen Bleecker Street und West Third Street, in Wahrheit handelt es sich aber um eine Szene, die in Ontario gefilmt wurde. Er nimmt Cher mit ins **Metropolitan Opera House** im **Lincoln Centre, Broadway**/Ecke 64th Street. Andere Motive in Toronto sind die **Colborne Street** und **Victoria Street, Dufferin Street** und **St. Claire Avenue** sowie das **Keg Mansion Restaurant, 515 Jarvis Street**.

MONTE CARLO RALLYE

(1969, R: Ken Annakin)
Tony Curtis, Gert Fröbe, Peter Cook
• **FRANKREICH; SCHWEDEN; MONACO**

Teurer (und damit alles andere als lustiger) Slapstick, gefilmt in **Paris** und Schweden mit dem unvermeidbaren Höhepunkt in **Monte Carlo** in den Tagen, als das einst so elegante Fleckchen am Meer noch nicht von einer Betonwelle geschluckt worden war.

MONTY PYTHON'S DER SINN DES LEBENS

(1983, R: Terry Jones)
Graham Chapman, John Cleese, Eric Idle
• **LONDON; BUCKINGHAMSHIRE**

Mr. Creosote: Porchester Hall, Queensway

Weitere Sketche von unterschiedlicher Qualität. Das „Finde den Fisch"-Zwischenspiel wurde damals in der **Chicheley Hall** gefilmt, **Newport Pagnell** in Buckinghamshire *(es wird Eintritt verlangt; Tel. 01234/391252)*. Das Restaurant, in dem der widerwärtig fettleibige Mr. Creosote explodiert, ist **Porchester Hall, Porchester Centre, Queensway**, London W2. Die Produktionsnummer „Jede Spermie ist heilig" entstand in der Gasse zwischen **Bankfield Street** und Hargreaves Street in Colne, Lancashire. Terry Jones' Haus befand sich in der **17 Bankfield Street**.

Jede Spermie ist heilig: Bankfield Street, Colne

MORD

(1940, R: Alfred Hitchcock)
Joel McCrea, Laraine Day, Herbert Marshall
• **LOS ANGELES**

Hitchcocks Kriegsdrama entstand zwangsläufig fast vollständig in den unabhängigen Studios von Samuel Goldwyn. Fast 100 Sets wurden gebaut, von einem Platz in Amsterdam über eine 25 Meter hohe, dreiflügelige Windmühle und die Kabine des abstürzenden Flugzeugs (die alleine schon 160.000 Dollar kostete und an Drahtseilen befestigt worden war, um sie schließlich in den Studiotank stürzen zu lassen) bis hin zu einem riesigen Nachbau der Londoner Waterloo Station.

MORD IM ORIENT-EXPRESS

(1974, R: Sidney Lumet)
Albert Finney, Ingrid Bergman, Lauren Bacall
• **PARIS; TÜRKEI; JUGOSLAWIEN; LONDON; HERTFORDSHIRE**

Erste und beste der mit Starbesetzung aufwartenden zeitgenössischen Agatha-Christie-Verfilmungen, die ein eigenes Genre geschaffen haben. Finneys vergnüglich überzogener Poirot löst einen Mord im Orient-Express. Der Film entstand größtenteils in den Elstree Studios, wo auf wunderbar altmodische Weise ein gemalter Hintergrund an den

Fenstern vorübergezogen wurde. Der Express fährt stilvoll aus den schäbigen **Ateliers de maintenance de Landy** in St. Denis, Paris, ab, das von dem erfahrenen Kulissendesigner Tony Walton kenntnisreich ausgestattet wurde. Achten Sie auch auf den Schaumstoff, der als Schnee herhalten muss und vom Wind verweht wird, wenn der Zug mit Hilfe eines Schneepflugs Befreiung erfährt.

Die im Schnee spielenden Szenen entstanden im **Jura** in Jugoslawien. Die Ankunft der Passagiere mit einer Fähre wurde in der Türkei am Bosporus gefilmt. Das Istanbul Restaurant aus der Eröffnungsszene ist das maurische Foyer des alten **Finsbury Park Astoria**, heute eine Kirche, an der **Seven Sisters Road** im Norden von London. Das Armstrong-Haus auf Long Island, New York, in dem in der Rückblende die Entführung stattfindet, ist **High Canons, Buckettsland Lane** in Hertfordshire.

MORD IM WEISSEN HAUS

(1997, R: Dwight H. Little)
Wesley Snipes, Diane Lane, Daniel Benzali
• **ONTARIO, KANADA**

Suche im Archiv: Metro Archive, Toronto

Snipes untersucht einen Mord im Weißen Haus, aber auch wenn der Film zwangsläufig in Washington D.C. spielt, wurde er größtenteils in Kanada rund um Toronto gedreht: in **Etobicoke** im Westen von Toronto und in **Mississauga** südwestlich von Toronto, **North York** im Norden von Toronto und

Das Abendessen in D.C.: Manulife Building, Bloor Street, Toronto

Scarborough östlich von Toronto. Das Archiv, in dem Diane Lane sucht, ist das **Metro Archives, Spadina Road**, Toronto. Der formelle Empfang findet im **Manulife Building, 200 Bloor Street East** statt, und Snipes folgte dem Sohn des Präsidenten in den **Venus Nightclub, 184 Pearl Street** zwischen Soho Street und Spadina Avenue. Das Motel ist das **Hillcrest Motel, 2143 Lakeshore Boulevard West** (für Details siehe *Chucky und seine Braut*). Andere Motive in Toronto sind das **Royal York Hotel, 100 Front Street West**, gegenüber der Union Station, die **Paddock Tavern, 178 Bathurst Street**, und der **County Court, 361 University Avenue**.

MORD MIT KLEINEN FEHLERN

(1972, R: Joseph L. Mankiewicz)
Laurence Olivier, Michael Caine, Alec Cawthorne
• **DORSET**

Laurence Oliviers ansehnliches Zuhause in dieser recht bühnenhaften Verfilmung des Stücks von Anthony Shaffer ist **Athelhampton** (allerdings wurde das Innenleben

in Pinewood nachgebaut). Es ist eines der schönsten mittelalterlichen Häuser in England und wurde 1485 auf dem Gelände des Palastes von König Athelstan errichtet. Umge-

Laurence Oliviers Landsitz: Athelhampton, Dorset

ben ist es vom River Piddle. Es liegt gut eineinhalb Kilometer östlich von Puddletown an der A35 von Dorchester nach Bournemouth. Für Besucher ist es von Ostern bis Ende Oktober geöffnet *(Tel. 01305/848135, es wird Eintritt verlangt)*.

MOSQUITO COAST

(1986, R: Peter Weir)
Harrison Ford, Helen Mirren, River Phoenix
• **BELIZE**

Harrison Ford gibt sein verlässliches, solides Image auf, um zu einem Messias zu werden, der aus dem tagtäglichen Kampf aussteigt und mit seiner Familie im Dschungel ein Le-

Das Hotel in Belize: Hotel Mona Lisa, Haulover Creek

ben als Selbstversorger aufbauen will. Gefilmt wurde in Belize City und der Umgebung von Belize. Das Hotel ist das **Hotel Mona Lisa** an der Südseite des **Haulover Creek** gleich hinter dem neuen dreistöckigen Markt. Die Brücke, die in Liverpool gebaut und 1923 eingeweiht wurde, ist die einzige noch existierende handbetriebene Klappbrücke in den USA. Der Fluss verdankt seinen Namen der Tatsache, dass das Vieh per Winde über die Wasserstraße gebracht wurde, die die Stadt teilt.

MOULIN ROUGE

(1952, R: John Huston)
José Ferrer, Zsa Zsa Gabor, Suzanne Flon
• **PARIS**

John Hustons Verfilmung der Lebensgeschichte des Malers Toulouse-Lautrec entstand fast komplett in Paris, wobei ein komplexes System aus Folien und Filtern zum Einsatz kam, um ein Kinopendant zum Stil des Malers zu erzeugen. Echte Motive waren unter ande-

Das echte Moulin Rouge, Clichy

Lautrec in Paris: Pont Alexandre III, Paris

rem das **Maxim's, 3 Rue Royale**, und die kunstvolle **Pont Alexandre III**, auch zu sehen in *James Bond 007 – Im Angesicht des Todes*. Das echte Moulin Rouge kann man nach wie vor in **Clichy** besuchen.

MISTER MILLER IST KEIN KILLER

(1960, R: Charles Crichton)
Peter Sellers, Constance Cummings, Robert Morley
• **EDINBURGH**

Schwarze Komödie nach einer Geschichte von Thurber, verfilmt von Regisseur Crichton, der später *Ein Fisch namens Wanda* drehte. Die amerikanische Wirtschaftlich-keitsexpertin Constance Cummings wird losgeschickt, um The House of MacPherson, eine traditionelle schottische Weberei, auf den Kopf zu stellen. Sie kommt in der Edinburgher **Waverley Station** abseits der Princes Street an. Das House of MacPherson selbst befindet sich in der **George Street**, Edinburgh, doch der Film spielt mit der Geographie der Stadt und verleiht ihr eine fotogene Ansicht von der Princes Street über die Waverley Bridge bis hin zum Balmoral Hotel. Das Tabakgeschäft, in dem Sellers Zigaretten kauft, ist am **Lawnmarket** gegenüber der St. Giles Cathedral. Das Versetzen der Wagen wurde am **Grassmarket** an der **King Stable's Road** unterhalb des Edinburgh Castle gefilmt. Die weit entfernten Scottish Highlands, wo die Kleinbauern arbeiten, befanden sich tatsächlich in **Holyrood Park**, Edinburgh.

MR. SMITH GEHT NACH WASHINGTON

(1939, R: Frank Capra)
James Stewart, Claude Rains, Jean Arthur
• **LOS ANGELES; WASHINGTON D.C.**

Archetypische Capra-Fabel nach dem Prinzip „Kleiner Mann gegen die Bürokratie". Mr. Smith geht wirklich nach Washington, aber nur so gerade eben. Der größte Teil des Films wurde in L.A. gedreht, während in der Hauptstadt der Staaten vorwiegend einige Hintergrundbilder entstanden. James Stewart steigt in D.C. an der (vor kurzem renovierten) **Union Station** aus, **Massachusetts Avenue NE**, wo er die vertraute Kuppel des **Kapitols** erblickt.

MRS. DOUBTFIRE – DAS STACHELIGE KINDERMÄDCHEN

(1993, R: Chris Columbus)
Robin Williams, Sally Field, Pierce Brosnan
• **KALIFORNIEN**

Diese derbe, sentimentale Komödie, die an den Kinokassen wie eine Bombe einschlug, ist in und um San Francisco angesiedelt. Das Fernsehstudio, in dem Robin Williams einen Job bekommt, ist **KTVU 2** an der East Bay. Dort finden Sie auch das Restaurant, in dem Williams zwischen zwei Gängen sein Aussehen grundlegend verändert. Es ist das **Bridges Restaurant, 44 Church Street, Danville**, östlich von Oakland. Ebenfalls in dem Gebiet befindet sich das **Claremont Resort Hotel, Claremont Avenue**/Ecke Ashby Avenue im Gebiet Tilden Regional Park nördlich von Berkeley, wo Mrs. Doubtfire Sally Fields Flirt mit Charmeur Pierce Brosnan sabotiert. Mrs. Doubtfire bringt die Kinder zum Fußball spielen nach **Crissy Field**, einer

Grünfläche an der Bay östlich der Golden Gate Bridge. „Sie" verjagt einen Angreifer auf der **Columbus Avenue** (das elegante blassgrüne Flatiron Building im Hintergrund ist das Hauptquartier von Francis Coppolas Filmimperium). Williams und Field leben in der **2640 Steiner Street**/Ecke Broadway in Pacific Heights.

Das Doubtfire-Haus: Steiner Street

DIE MUMIE

(1999, R: Stephen Sommers)
Brendan Fraser, Rachel Weisz, Arnold Vosloo
• **MAROKKO; BUCKINGHAMSHIRE; KENT; SURREY**

Verschwenderische Horrorkomödie, bis zum Hals in CGI-Effekte getaucht. Die Geschichte spielt natürlich in Ägypten, wurde aber zum größten Teil in Marokko gefilmt. Die verschollene Stadt Hamunaptra war eine Kulisse, die bei einem alten Fort in einem ruhenden Vulkan nahe **Erfoud** gebaut wurde.

Der Hafen von Gizeh, wo die Gruppe ein Nilschiff betritt, ist tatsächlich **Chatham Docks** in Kent, und nachdem das Schiff in Flammen aufgeht, kommt die Gruppe in **Frensham Ponds** an Land, an der A287 gut acht Kilometer südlich von Farnham in Surrey. Das Innere des Museum of Antiquities in Kairo ist **Mentmore Towers** in Mentmore, Buckinghamshire (für Details siehe *Brazil*).

MURDER IN THE FIRST

(1995, R: Marc Rocco)
Christian Slater, Kevin Bacon, Gary Oldman
• **KALIFORNIEN**

Kumpelfilm mit dem idealistischen, jungen, in Armani-Anzügen auftretenden Christian Slater, der den hoffnungslosen Fall von Kevin Bacon übernimmt und dabei die Gewaltherrschaft auf Alcatraz in den dreißiger Jahren anklagt, während der Soundtrack schamlos bei Vaughan Williams abkupfert. Die echte Alcatraz Island kommt für den größten Teil des Films zum Einsatz, allerdings ist die Zelle, in der Bacon drei Jahre lang in Dunkelhaft verbringt, im Studio präzise nachgebaut worden. Beim Gerichtsgebäude handelt es sich um die San Francisco City Hall, während der Gerichtssaal selbst wieder einmal eine Studiokulisse ist. Slater bekommt die Cable Car an der Hyde Street, von wo aus man einen hervorragenden Blick auf die Bucht mit Alcatraz Island genau mittendrin hat. Das Bürogebäude, in dem Slater arbeitet, befindet sich allerdings in Downtown Los Angeles. Es ist das Bradbury Building (für Details über dieses außergewöhnliche Bürogebäude siehe *Der Blade Runner*).

MURIELS HOCHZEIT
(1994, R: P. J. Hogan)
Toni Collette, Bill Hunter, Rachel Griffiths
• **AUSTRALIEN**

Die plumpe Muriel heiratet in dieser australischen Satire, in der bezaubernden, aber leider fiktiven, am Strand gelegenen Gemeinde Porpoise Spit, ihren Traum von einem Mann. Gefilmt wurde in **Coolangatta**, Queensland, und in Sydney, New South Wales. Zu den Motiven in Sydney gehören **Sea World Nara Resort, Surfers Paradise, House of Jean Fox** und **Park Avenue Bridal, Parramatta, Oxford Street, Darlinghurst, St. Mark's Anglican Church** in **Darling Point** und **Ryde Hospital**.

DER MUSTERSCHÜLER
(1998, R: Bryan Singer)
Ian McKellen, Brad Renfro, Elias Koteas
• **KALIFORNIEN**

Stephen-King-Verfilmung vom Regisseur von *Die üblichen Verdächtigen* über einen Schüler, der zunehmend von einem Ex-Nazi und Kriegsverbrecher fasziniert ist. Die Schule ist die **Eliot Middle School, 2184 North Lake Avenue, Altadena**, östlich von Los Angeles. Gefilmt wurde auch in **Alhambra**, einem Vorort von L.A.

MY GIRL – MEINE ERSTE LIEBE
(1991, R: Howard Zieff)
Dan Aykroyd, Jamie Lee Curtis, Anna Chlumsky
• **FLORIDA**

Die Tochter eines Bestattungsunternehmers wächst in den siebziger Jahren auf. Der Film ist die Eintrittskarte allein schon deshalb wert, weil Macaulay Culkin von Bienen totgestochen wird. Gefilmt wurde in Florida. Madison, Pennsylvania war tatsächlich **Sanford**, gut 30 Kilometer nördlich von Orlando. Der Sultenfuss Funeral Parlor ist in der **555 Sanford Street, Bartow**, Route 60, 40 Kilometer östlich von Tampa zu finden. Gefilmt wurde ferner in der **Ocoee Christian Church, Ocoee** nahe Lake Apopka an den westlichen Ausläufern von Orlando, in der alten **Plant City High School, Plant City**, Interstate 4 zwischen Tampa und Lakeland, und am **Mirror Lake**, nahe Clermont, westlich von Orlando. Das Café, in dem Chlumsky und Aykroyd Culkins Mutter sehen, ist **Cafe Jake's, 112 East First Street, Sanford**.

MY PRIVATE IDAHO
(1991, R: Gus Van Sant)
River Phoenix, Keanu Reeves, William Richert
• **OREGON; WASHINGTON STATE; ITALIEN**

Phoenix und Reeves sind kleine Gauner, Filmregisseur Richert (der mit River Phoenix den zu Unrecht übersehenen Film *Jimmy Reardon* drehte) spielt eine Falstaff'-sche Figur in Van Sants schrulligem Update von Shakespeares *Heinrich IV.*, oder genauer gesagt von Welles'

Falstaff. Gefilmt wurde in **Portland** und **Maupin**, Oregon; in **Seattle**, Washington State, und in Italien.

MYSTERY TRAIN
(1989, R: Jim Jarmusch)
Youki Kudoh, Masatoshi Nagase, Joe Strummer
• **MEMPHIS, TENNESSEE**

Und wieder kurioser Minimalismus von Jarmusch: drei Geschichten, die sich um ein schäbiges Hotel drehen, gefilmt in einem sehr baufällig aussehenden Memphis, vor allem im Bereich **Chaucer Street**. Das Hotel selbst,

Memphis, Heimat des Blues: Beale Street

das Arcade Hotel, ist seitdem abgerissen worden, aber das gezeigte **Arcade Café, 540 South Main Street**, ist immer noch zu sehen. Zu den verwendeten Motiven zählen die legendären **Sun Studios, 706 Union Avenue**, und **Schwab's Dry Goods Store, 163 Beale Street**. Die Beale Street, einst das Herz der pulsierenden Bluesszene von Memphis, ist generalüberholt worden und präsentiert sich heute sauber und sicher, aber so blass und glatt wie eine Filmkulisse.

N

NACH FÜNF IM URWALD

(1996, R: Hans-Christian Schmid)
Franka Potente, Axel Milberg, Dagmar Manzel
• DEUTSCHLAND

Nach einer katastrophalen Teenagerparty läuft Franka Potente von zu Hause fort und begibt sich in die Großstadt München. Nach einer Reihe von Begegnungen trifft sie im **Münchner Hauptbahnhof** schließlich auf einen ganz normalen Jungen aus ihrer Heimatstadt. Das Zuhause der Familie ist in **Altötting** an der E552 östlich von München in Richtung österreichische Grenze.

DIE NACHT DER LEBENDEN TOTEN

(1968, R: George A. Romero)
Judith O'Dea, Duane Jones, Karl Hardman
• PITTSBURGH, PENNSYLVANIA

Der erste der US-amerikanischen Zombiefilme, der sich in bis dahin unerforschte Bereiche der Abscheulichkeit vorwagte. Eine Low-Budget-Produktion, die durch die Verwendung von Schwarzweißfilm zur schmuddeligen Atmosphäre beitrug. Entstanden ist der Film so wie die meisten von Romeros Arbeiten in seiner Heimatstadt Pittsburgh, in diesem Fall in **Evans City** im Norden von Pittsburgh, wo die Friedhofsszene zu Beginn des Films gedreht wurde. Die Farm, die inzwischen abgerissen worden ist, stand am Ufer des Monongahela River. Der Keller der Farm befand sich im Untergeschoss der Produktionsgesellschaft Latent Image, Carson Street, auf der South Side von Pittsburgh. Das TV-Studio war Karl Hardmans Studio in Pittsburgh.
Das Remake von 1990 in Farbe, bei dem Romeros „Make-up-Magier" Tom Savini Regie führte, spielte ebenfalls in Pittsburgh. Die Farm steht in **East Buffalo**, Pennsylvania.

DIE NACHT DES LEGUANS

(1964, R: John Huston)
Richard Burton, Ava Gardner, Deborah Kerr
• MEXIKO

Burton ist der Ex-Priester und nunmehrige Fremdenführer, der Probleme mit Gardner, Kerr und Nymphchen Sue Lyon in diesem relativ unbeschwerten Stück von Tennessee Williams hat, das an der mexikanischen Westküste bei Puerto Vallarta gefilmt wurde. Obwohl seit den dreißiger Jahren Touristen in die Stadt kommen, machte Hustons Film **Puerta Vallarta** schlagartig bekannt. Im Park auf der Isla Río Cuale, einer ruhigen Insel mitten im Río Cuale, der durch die Stadt fließt, ist zu Ehren des Regisseurs tatsächlich eine Statue aufgestellt worden. Viel Aufmerksamkeit galt der Romanze zwischen Burton und Taylor, die sich zu der Zeit auf dem Höhepunkt befand. Burton, Taylor und Huston blieben während der Dreharbeiten alle im La Jolla de Mismaloya Resort and Spa *(Tel. 322 3 0660)*, **Mismaloya Beach**, zehn Kilometer südlich der Stadt, wo der Film auch gedreht wurde. Er wird übrigens jeden Abend im Iggy's gezeigt, dem Nachtclub des Hotels. Sie können noch

immer die Steingebäude besichtigen, die am südlichen Punkt oberhalb des Strands errichtet wurden.
Burton und Taylor kauften sich in Puerto Vallarta am „Gringo Gulch" Häuser, der hügeligen Nachbarschaft für Exilamerikaner am Nordufer des Rio Cuale. Beide Objekte, die durch eine Brücke verbunden sind, bilden heute das Gasthaus Casa Kimberley, Zaragosa 445 *(Tel. 322 2 1336)*.

DIE NACHT MIT DEM TEUFEL

(1942, R: Marcel Carné)
Arletty, Jules Berry, Marie Déa
• FRANKREICH

Eine sonderbare mittelalterliche Fabel, die während der Besetzung Frankreichs durch die Deutschen entstand. Der Teufel schickt seine Handlanger auf die Erde, um zwei Liebende zu korrumpieren. Das Ganze ist als politische Metapher angelegt. Das Dorf ist das hübsche **Tourette-Sur-Loup** oberhalb von Nizza im Süden Frankreichs.

DER NACHTPORTIER

(1974, R: Liliana Cavani)
Dirk Bogarde, Charlotte Rampling, Philippe Leroy
• ROM; WIEN

Als Rampling, Überlebende eines Konzentrationslagers, im Nachtportier ihres Hotels einen sadistischen SS-Kommandanten erkennt, beginnt sie mit ihm eine bizarre sado-masochistische Beziehung. Für die Szenen im Konzentrationslager wurde ein abbruchreifes TB-Sanatorium an der Via Tuscolona in Rom genutzt. Die in der Gegenwart spielenden Szenen entstanden in Wien, wo Rampling in der **Volksoper, Währinger Straße**/Ecke Währinger Gürtel, der Heimat der Operette, den Aufführungen beiwohnt, bei denen ihr Ehemann als Dirigent auftritt.

NACHTS UNTERWEGS

(1940, R: Raoul Walsh)
George Raft, Humphrey Bogart, Ann Sheridan
• KALIFORNIEN

Hartes, temporeiches Drama, das sich verschiedener Motive rund um **Wharf No. 2, Monterey**, im Norden von Kalifornien bediente.

NACKT

(1993, R: Mike Leigh)
David Thewlis, Katrin Cartlidge, Lesley Sharp
• LONDON

Mike Leighs bittere Komödie wurde 1993 in Cannes für die Beste Regie und den Besten Schauspieler (David Thewlis) ausgezeichnet. Sie können das Haus,

Herumstreuner: Lina Stores, Brewer Street

Thewlis' Zuhause in London: St. Mark's Rise, Dalston

in dem sich David Thewlis verkriecht, in der **33 St. Mark's Rise** sehen, einer Seitenstraße zur Downs Park Road, E8 (*Bahnhof: Dalston Kingsland*). Der Eingang zu dem Geschäft in Soho, wo sich Thewlis mit Ewen Bremner trifft, gehört zu **Lina Stores Ltd.**, 18 Brewer Street/Ecke Greens Court, W1.

DIE NACKTE KANONE

(1988, R: David Zucker)
Leslie Nielsen, Priscilla Presley, Ricardo Montalban
• **LOS ANGELES**

Der königliche Empfang: Ambassador Hotel, Wilshire Boulevard

Der Kinoableger von *Police Squad*, der unerklärlich kurzlebigen TV-Serie von den Machern von *Die unglaubliche Reise in einem verrückten Flugzeug*, wurde rund um L.A. gefilmt. Die Pressekonferenz, auf der die Ankunft von Queen Elizabeth II. bekanntgegeben wird, wird in der **City Hall, 200 North Spring Street**, Downtown L.A., abgehalten. Der Empfang für Ihre Majestät findet im **Ambassador Hotel, 3400 Wilshire Boulevard**, statt (für Details siehe *A Star Is Born* von 1954). Das Büro von Schurke Ricardo Montalban ist das **Park Plaza Hotel, 607 South Park View Street**, mit Blick über den MacArthur Park. Auf der anderen Seite des Parks findet sich das **Vagabond Cinema, 2509 Wilshire Boulevard**, wo sich Leslie Nielsen und Priscilla Presley köstlich über Oliver Stones *Platoon* amüsieren. Hafenszenen wurden im **Los Angeles Harbor, San Pedro** gedreht, die Verfolgungsjagd per Auto spielt sich auf der **Santa Fe Avenue** und dem **Fourth Street Viaduct**, Downtown, ab. Für das Baseballfeld während des Höhepunkts des Films wurden zwei verschiedene Drehorte genutzt: Die Außenaufnahmen und die Totalen zeigen das **Anaheim Stadium, 2000 Gene Autrey Way**, Anaheim in Orange County, wo die California Angels und die L.A. Rams zu Hause sind. Für die Innenaufnahmen diente dagegen das **Dodger Stadium, 1000 Elysian Park Avenue**, nördlich des Zentrums von L.A.
In der ersten Fortsetzung *Die nackte Kanone 2 1/2* ringt Nielsen mit seinem Taucheranzug auf dem Pier des San Pedro Harbor im Süden von L.A.

DIE NACKTE KANONE 33 1/3

(1994, R: Peter Segal)
Leslie Nielsen, Priscilla Presley, George Kennedy
• **LOS ANGELES**

Zurück ins Versteck des Schurken aus dem ersten Teil geht es, wenn Nielsen träumt und dabei eine Parodie auf die Schießerei aus *The Untouchables* – Die Unbestechlichen

herauskommt. Aus dem gewölbeartigen Foyer des **Park Plaza Hotel, 607 South Park View Street** wird ein Bahnhof, die Bahnhofsbuchhandlung ist eigentlich die Rezeption des Hotels. Der Gerichtssaal ist das **L.A. County Municipal Courts Building, 110 North Grand Avenue**, und die Oscars werden im **Shrine Auditorium, 649 West Jefferson Boulevard**, südlich von Downtown L.A., überreicht.

DIE NACKTE STADT

(1948, R: Jules Dassin)
Barry Fitzgerald, Don Taylor, Howard Duff
• **NEW YORK CITY**

Als erste von den acht Millionen Geschichten entstand dieser Polizeithriller in den Straßen von New York – eine deutliche Abkehr von den Studioproduktionen aus Hollywood. Die Wache, die für Innen- und Außenaufnahmen benutzt wurde, ist der **10th Precinct, 230 West 20th Street** in Chelsea. Warum von diesem Bezirk aus allerdings ein Mordfall untersucht wird, der sich in der **52 West 83rd Street** zugetragen hat, also weit entfernt an der Upper West Side, ist ein Rätsel, das nicht aufgeklärt wird. Weitere Drehorte in New York waren **Wall Street** im Financial District sowie das Foyer des alten Roxy Theater, das an der nordöstlichen Ecke 50th Street/Seventh Avenue stand und 1960 abgerissen wurde. Die letzte Konfrontation zwischen Cop und Killer entstand an der **Williamsburg Bridge**, von wo aus der Bösewicht einen Sprung in den East River macht. Die Auffahrt zur Brücke, die zum Washington Plaza, Brooklyn, führt, befindet sich an der Delancey Street und der Clinton Street in Chinatown.
Der Originaltitel *The Naked City* wurde von Universal vorgeschlagen und stammte von einem Buch mit Fotografien des berühmten Fotonarrs, Weegee (von Joe Pesci in *Der Reporter* gespielt), der bei diesem Film als Berater fungierte und dabei half, die geeigneten Drehorte zu finden.

NÄCHTE DES GRAUENS

(1966, R: John Gilling)
Andre Morell, Diane Clare, John Carson
• **BUCKINGHAMSHIRE**

Exzellenter kleiner Horrorstreifen aus dem Goldenen Zeitalter von Hammer – mit einer phantastischen Traumsequenz. Das Dorf, in dem John Carson die Toten auferstehen lässt, damit sie in seiner Mine arbeiten, ist ein Set in den Bray Studios nahe Maidenhead. Sein Haus befindet sich gleich neben dem Studio und ist heute das **Oakley Court Hotel** (für Details siehe *Die Rocky Horror Picture Show*, einer von Dutzenden von Filmen, die hier gedreht wurden).

NÄRRISCHE WEIBER

(1921, R: Erich von Stroheim)
Erich von Stroheim, Mae Busch, Maud George
• **KALIFORNIEN**

Legendär extravagantes Melodrama, entstanden unter der Regie eines der größten einzelgängerischen Talente des Kinos, bevor die Studios ihren Willen durchsetzten: Erich von Stroheim, der auch die Hauptrolle spielte. Angesiedelt ist die Geschichte in Monte Carlo, gedreht wurde sie aber auf der Monterey Peninsula im nördlichen Kalifornien. Das gewaltige Monte-Carlo-Set wurde bei **Sea Lion Point** im **Point Lobos State Reserve** errichtet. Weitere Dreharbeiten fanden entlang des **Seventeen Mile Drive** auf der Halbinsel statt.

NAKED LUNCH
(1991, R: David Cronenberg)
Peter Weller, Judy Davis, Ian Holm
• **ONTARIO, KANADA**

William Burroughs' unverfilmbares Buch wird von Cronenberg heterosexualisiert und mit einer Burroughs-Bio gekreuzt. Der studiolastige Film entstand zum größten Teil in einem Fabrikgebäu-

Ein verbliebenes Motiv: Backstage Cinema, Balmuto Street, Toronto

de von General Electric in Toronto. Viele der echten Drehorte des Films existieren mittlerweile nicht mehr, darunter Maple Green Landscaping, die Norman Elder Gallery und das El Toro Restaurant. Zu sehen ist aber noch das **Backstage Cinema, 31 Balmuto Street**/Ecke Bloor Street West, gleich hinter dem größeren Uptown Cinema,

Weller bekommt seine Waffe: Youri's Jewellery, Queen Street, Toronto

sowie das **Dunlan Restaurant, 1745 Dundas Street West**. Die Pfandleihe, in der Burroughs-„Double" Weller die Waffe für das fatale Wilhelm-Tell-Spiel erwirbt, ist **Youri's Jewellery, 702 Queen Street West**. Burroughs schrieb das Buch in Zimmer 9 im Hotel el Muniria, 1 Rue Magellan in Tanger, Marokko.

DER NAME DER ROSE
(1986, R: Jean-Jacques Annaud)
Sean Connery, Christian Slater, F. Murray Abraham
• **DEUTSCHLAND**

Mittelalterliche Mörderjagd, die sich durch Umberto Ecos Plot mogelt, während sie den philosophischen Existenzgrund des Romans außer Acht lässt. In einer Umkehr der üblichen Vorgehensweise ist das „italienische" Kloster, in dem Mönch Connery und Sidekick Slater ihre Ermittlungen anstellen, von außen eine gewaltige Kulisse, während das Innenleben echt ist.
Das Innere ist das **Kloster Eberbach**, ein Zisterzienserkloster aus dem 12. Jahrhundert im Taunus mitten in der Region Rheingau. Nach der Säkularisation 1803 wurde es zunächst ein Gefängnis, dann eine geschlossene Anstalt. Während des Ersten Weltkriegs wurde es als militärisches Rehabilitationszentrum benutzt. Rund 30 Kilometer südwestlich von Frankfurt gelegen, steht das Kloster Besuchern offen, und an den Wochenenden kann man sich Führungen anschließen, wenn man sich vorher anmeldet (*Tel. 06723/9178-0; www.kloster-ebersbach.de*).

NASHVILLE
(1975, R: Robert Altman)
Geraldine Chaplin, Keith Carradine, Ronee Blakley
• **TENNESSEE**

Altmans brillante, facettenreiche Satire auf die USA. Als Metapher dient die Branche der Countrymusik, die natürlich in **Nashville**, Tennessee, gefilmt wurde. Die politische Versammlung der Replacement Party auf dem Höhepunkt des

Die entscheidende politische Versammlung: Parthenon, Centennial Park, Nashville

Films wurde in der Nachbildung des Athener **Parthenon** im **Centennial Park** gefilmt. Sie finden sie westlich der Stadt (*Tel. 615 259 6358, Eintritt frei*).

NASHVILLE LADY
(1980, R: Michael Apted)
Sissy Spacek, Tommy Lee Jones, Levon Helm
• **KENTUCKY; VIRGINIA; TENNESSEE**

Die Verfilmung des Lebens der Country- & Westernsängerin Loretta Lynn durch den britischen Regisseur Apted brachte Spacek einen Oscar für die Titelrolle ein. Gefilmt wurde in **Whitesburg** und **Jenkins**, Kentucky, sowie gleich hinter der Grenze in Wise im westlichen Virginia. Spacek tritt auch beim Grand Ol' Opry im **Ryman Auditorium** auf, **116 Opry Place**, Fifth Avenue North zwischen Broadway und Commerce Street, Nashville, Tennessee.

NATURAL BORN KILLERS
(1994, R: Oliver Stone)
Woody Harrelson, Juliette Lewis, Robert Downey Jr.
• **NEW MEXICO; ARIZONA; ILLINOIS; INDIANA**

Stones Verfilmung von Tarantinos Drehbuch entstand an Drehorten quer durch die USA: in New Mexico bei **Albuquerque, Taos, Gallup, Redrock, San Jose, Farmington** und **Ship-**

Die Medien reißen sich um Mickeys Verfahren: Chicago Cultural Center, Washington Street, Chicago

rock. Die Brücke, an der Mickey und Mallory heiraten, ist **Taos Gorge Bridge** über den Rio Grande, rund zwölf Kilometer nördlich von Taos. Die blutige Spur der beiden zieht sich bei **Winslow** und **Holbrook** durch Arizona.
Der Medienauflauf vor dem Gerichtsgebäude nach der Festnahme von Mickey und Mallory spielt sich vor dem **Chicago Cultural Center, 78 East Washington Street**/Ecke Randolph Street, Chicago, ab, während die Gerichtsverhandlung selbst im **Hammond City Court** stattfand, **5925 Calumet Avenue, Hammond**, südlich der Stadt unmittelbar hinter der Grenze in Indiana. Das Gefängnis ist die **Stateville Correctional Facility** in **Joliet**,

ENGLISH HERITAGE

BLICKLING HALL: (**1**) Aus dieser Villa aus der Zeit Jakobs im Nordwesten von Aylsham in Norfolk wurde Maryiot Cells, die Heimat der Wegelagerin Lady Skelton, *Die Frau ohne Herz* von 1945.

DYRHAM PARK: (**2**) Dieses Haus aus dem 17. Jahrhundert, rund zehn Kilometer nördlich von Bath, sorgte für die Außenaufnahmen von Darlington Hall in *Was vom Tag übrig blieb*.

THAME PARK: (**3**) Ein privates Anwesen an der Thame Park Road südöstlich des Dorfes Thame nahe Oxford. Es war verkauft worden und stand leer, nachdem die Pläne gescheitert waren, es in ein Hotel umzuwandeln, als es ausgesucht wurde, um Kew Gardens darzustellen, wohin George III. in *King George – Ein Königreich für mehr Verstand* geschickt wird, um geheilt zu werden.

BROUGHTON CASTLE: (**4**) Das Heim von Lord und Lady Saye and Sele, drei Kilometer südwestlich von Banbury in Oxfordshire gelegen, war Violas Haus in *Shakespeare in Love*.

STUDLEY PRIORY: (**5**) Heute ist es ein Hotel, aber einst handelte es sich um ein Benediktinerkloster. Es steht im Dorf Horton-cum-Studley, rund 11 Kilometer nordöstlich von Oxford und war das in Chelsea gelegene Zuhause Thomas Mores in *Ein Mann zu jeder Jahreszeit*.

PEPPARD COTTAGE: (**6**) Ein privates Haus auf Peppard Common im Dorf Rotherfield Peppard, westlich von Henley-on-Thames. Es war zu sehen in *Wiedersehen in Howards End*.

TARANTINOS L.A.

Tarantinos Filme bevorzugen die Randgebiete der Stadt fernab der allgegenwärtigen touristischen Motive. *Reservoir Dogs – Wilde Hunde* konzentriert sich auf den nordöstlichen Stadtteil Highland Park, während *Jackie Brown* in der südlichen Bay Area entstand.

RAYMOND THEATRE: (1) 129 North Raymond Avenue, in der benachbarten östlichen Stadt Pasadena, ist der Schauplatz von Bruce Willis' Boxkampf in *Pulp Fiction*. Außerdem entstanden hier die Konzertszenen von *Die Jungs von Spinal Tap*.

HIGHLAND PARK: (2) Weiter westlich findet sich Highland Park, wo sich der Raubüberfall und die anschließende Schießerei in *Reservoir Dogs – Wilde Hunde* im Bereich 55th Avenue und 56th Avenue abspielen. Mr. Orange wird vor **5518 Marmion Way** (2a) nahe Avenue 56 angeschossen. Von dem Lagerhaus ist keine Spur zu finden, aber wenn Sie sich die Gegend ansehen wollen: Sie befindet sich an der Ecke **Figueroa Street** und **59th Avenue (2b)**.

PAT AND LORRAINE'S: (3) 4720 Eagle Rock Boulevard/Ecke North Avenue 46, ist das Lokal, in dem die Dogs zu Beginn des Films über Songtexte von Madonna diskutieren.

SAFARI INN: (4) 1911 Olive Boulevard, Buena Vista. Es ist das wundervoll kitschige Motel, in dem sich Clarence und Alabama in Tony Scotts Film *True Romance* nach einer Vorlage von Tarantino verstecken. Das Safari war auch das Fünfziger-Jahre-Motel in Florida, in dem die Ehefrauen der Astronauten in *Apollo* 13 warteten.

JOHNIE'S COFFEE SHOP: (5) 6101 Wilshire Boulevard/Ecke Fairfax Avenue mitten in L.A. ist das Lokal im Stil der fünfziger Jahre, in dem sich Mr. Orange in *Reservoir Dogs – Wilde Hunde* mit seinem Kontaktmann trifft.

RAE'S: (6) 2901 Pico Boulevard/Ecke 29th Street, Santa Monica, ist das Detroiter Lokal, in dem Clarence und Alabama in *True Romance* Kuchen essen. Das Detroiter Kino befand sich ebenfalls in L.A.

COCKATOO INN: (7) 4334 West Imperial Highway/Ecke Hawthorne Boulevard. Das zur Zeit geschlossene Cockatoo ist die Bar in der Nähe des Flughafens, in der Jackson und De Niro in *Jackie Brown* rumhängen.

HAWTHORNE GRILL: (8) 13763 Hawthorne Boulevard/Ecke 137th Street. Ein Stück weiter südlich ist der Standort des Hawthorne Grill, in dem Honey-Bunny und Pumpkin zu Beginn von *Pulp Fiction* ihren Überfall ausführen. Einige Jahre lang stand es leer und wurde schließlich abgerissen.

DEL AMO FASHION CENTER: (9) Hawthorne Boulevard/Ecke Sepulveda Boulevard. Weit unten im Süden der Bay Area befindet sich die ausgedehnte Shopping Mall aus *Jackie Brown*, in der der Coup ausgeführt wird.

LA **NEO-NOIR**

Das Hollywood der Dreißiger und Vierziger ist immer noch ziemlich heruntergekommen, kann aber auf der Leinwand sehr stilvoll daherkommen. Ein besonders gelungenes Beispiel dafür, wie die Film-noir-Stadt der Vierziger voller Farbenpracht ins Neo-noir der neunziger Jahre platzte, ist Curtis Hansons in den fünfziger Jahren spielender Film *L.A. Confidential*.

BOB'S BIG BOY: (**1**) 4211 Riverside Drive, Burbank. Zwar ist Michael Manns *Heat* eine Liebeserklärung an die Architektur von L.A., doch das Café, in dem De Niro und Pacino aufeinandertreffen, wird nie von außen gezeigt.

THE FROLIC ROOM: (**2**) 6245 Hollywood Boulevard. Mitten in Hollywood gelegen und in *L.A. Confidential* zu sehen, ist diese Neonbar neben dem Pantages Theater, wo Kevin Spacey seinen Kummer ertränkt.

CROSSROADS OF THE WORLD: (**3**) 6671 Sunset Boulevard. Danny DeVitos Redaktionsbüro befindet sich in diesem Gebäude, das einem Ozeanriesen nachempfunden ist.

HOLLYWOOD CENTER MOTEL: (**4**) 6720 Sunset Boulevard. Dieses Motel aus den zwanziger Jahren wurde in den fünfziger Jahren umgebaut und hat sich sein zeitgenössisches Aussehen bewahrt. Dort entdeckt Spacey den ermordeten Schauspieler.

FORMOSA CAFE: (**5**) 7156 Santa Monica Boulevard nahe der La Brea Avenue. Hollywood-Größen wie Bogart, Monroe und Gable waren hier anzutreffen, allerdings eher wegen der Spirituosen, weniger wegen des chinesischen Essens. Hier beleidigt Guy Pearce die „echte" Lana Turner.

WOODY ALLENS MANHATTAN

Woody Allens Manhattan ist ein stilisierter Deco-Traum einer Stadt, der unterschwellig mit Gefahr und Zerfall gewürzt ist. Es ist eine Stadt der Clubs und der Restaurants, in denen man sich sehen lassen muss, wenn man zu den weißen Medienleuten der Mittelklasse gehört und sich über seine Midlife Crisis auslässt.

EAST SIDE: Allen bescherte uns eines der unvergesslichsten Bilder der Stadt in *Manhattan*, nämlich den Blick auf die Queensboro Bridge von der **Riverview Terrace** am **Sutton Square** (**1**) aus, die sich nur ein kurzes Stück oberhalb des winzigen Parks am Ende der 59th Street befindet. Eine Bank steht hier nicht, die müssen Sie schon selbst mitbringen.

Elaine's, 1703 Second Avenue (**8**): Ein teures Lokal an der East Side zwischen 88th Street und 89th Street, wo Allen in *Manhattan* einen Abend zu viert inszeniert, und Diane Keaton in *Manhattan Murder Mystery* ihr Misstrauen zum Ausdruck bringt.

70th Street (**3**), zwischen Lexington Avenue und Park Avenue, war der Standort von Keatons Apartment in *Der Stadtneurotiker*.

MIDTOWN: Barbetta, 321 West 46th Street (**4**): Das elegante italienische Restaurant, in dem Mia Farrow in *Alice* unsichtbar wird; auch zu sehen in Allens *Celebrity*.

Carnegie Deli, 854 Seventh Avenue (**5**), ist das Lokal, in dem die alten Komiker in *Broadway Danny Rose* an früher denken. Dort gibt es ein Broadway Danny Rose Sandwich.

Russian Tea Room, 150 West 57th Street (**6**): Allen nimmt seinen Sohn in diese vor kurzem renovierte, ausgelassen extravagante New Yorker Institution mit, um in *Manhattan* Frauen anzuglotzen. Das Restaurant ist auch in *Tootsie* zu sehen.

Cafe des Artistes, 1 West 67th Street (**7**): Romantisches Restaurant des Hotel Des Artistes, in dem Anjelica Huston Woody in *Manhattan Murder Mystery* Pokerunterricht erteilt. Dies war auch der Schauplatz (allerdings nicht das tatsächlich verwendete Motiv) in *Mein Essen mit André*.

The Langham, 135 Central Park West (**8**): Mia Farrows echtes Apartment, zu sehen in *Hannah und ihre Schwestern*.

Edison Hotel, 228 West 47th Street (**9**) abseits des Times Square. Der Eingang in der 46th Street ist die Lobby des verschwenderischen Gangsterapartments in *Bullets Over Broadway*. Dies ist auch der Schauplatz des brutalen Mordes in *Der Pate*.

Belasco Theater, 111 West 44th Street (**10**), wo in *Bullets Over Broadway* John Cusacks Stück geprobt wird.

UNION SQUARE: National Arts Club, 15 Gramercy Park South (**11**): Keaton besucht eine Weinprobe in *Manhattan Murder Mystery*. Das prachtvolle Innere ist zu sehen in *Zeit der Unschuld*.

Hotel 17, 225 East 17th Street (**12**): Auf der Suche nach Hinweisen im fiktiven Hotel Waldron in *Manhattan Murder Mystery*.

CHELSEA: Empire Diner, 210 Tenth Avenue (**13**): Großartig altmodisches Lokal aus rostfreiem Edelstahl, ein New Yorker Wahrzeichen, das in der eröffnenden Montage von *Manhattan* zu sehen ist.

GREENWICH VILLAGE: John's Pizza, 278 Bleecker Street (**14**): Empfohlen wird hier die beste Pizza in New York, zu sehen in *Manhattan*.

Chumley's, 86 Bedford Street (**15**): Einstige Flüsterkneipe und einer der Jazzclubs in *Sweet and Lowdown*.

Cherry Lane Theater, 38 Commerce Street (**16**): Gena Rowlands' Off-off-Broadway-Traum in *Eine andere Frau*.

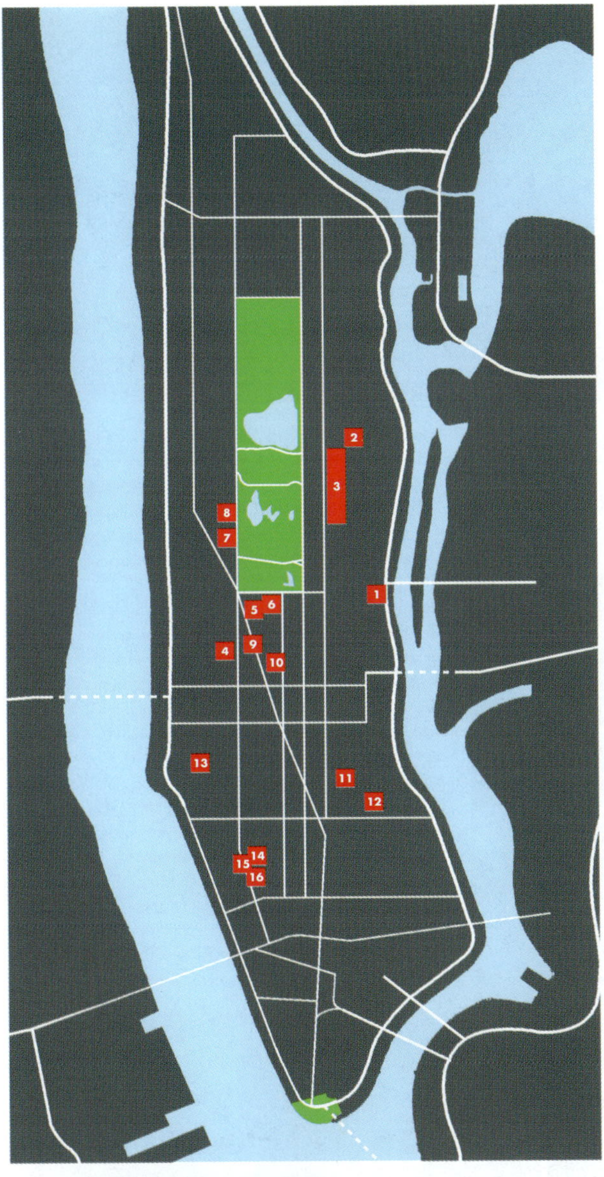
1
2
3
4
5
6
7
8
9
10
11
12
13
14
15
16

9

10

2
Elaine's
LOTTO

3

11
THE NATIONAL ARTS CLUB

7

14

12

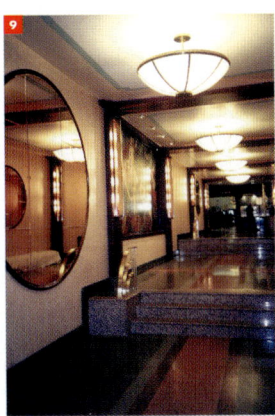

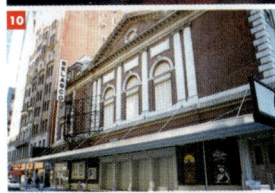

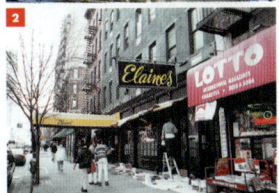

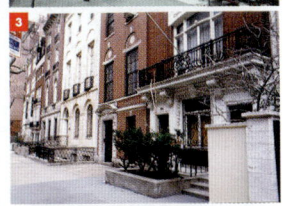

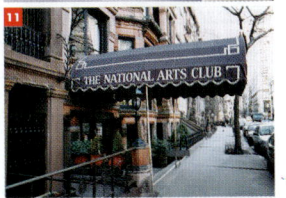

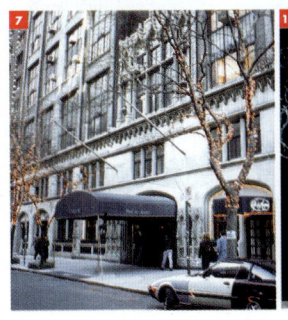

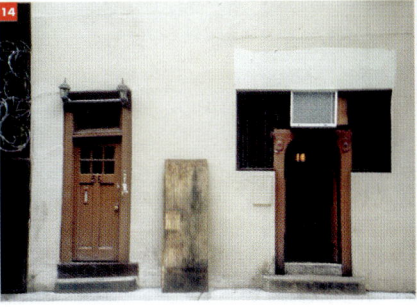

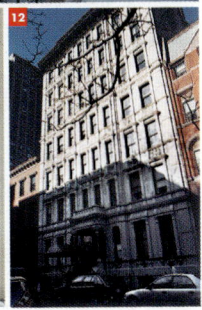

NEW YORKS MEAN STREETS

Die andere Seite von New York besteht aus Drogen, Waffen und harten Worten. Sie ist Schauplatz von Krimis, seit man Ende der vierziger Jahre die Studios verließ, um auf der Straße zu filmen.

10th Precinct, 230 West 20th Street (**1**): Dort begann es alles – in der Polizeiwache im New Yorker Thriller *Die nackte Stadt*.

Cleveland Plaza, Little Italy (**2**): Die Nachbarschaft aus Martin Scorseses folgenreichem *Hexenkessel* am westlichen Rand von Little Italy. Die Vulpe Bar befand sich in der Nummer 23.

Mare Chiaro, 176 Mulberry Street (**3**): Die Stimmung einer original italienischen Bar, in der Johnny Depp und Al Pacino in *Donnie Brasco* zu finden sind, wird heute von Chinatown bestimmt.

226 13th Street, East Village (**4**): Schauplatz der blutigen Schießerei zum Ende von Scorseses Meisterwerk *Taxi Driver*.

621 Hudson Street, Greenwich Village (**5**): Heute ist es ein Nobelrestaurant, im original *Shaft* war es die „No Name Bar".

5-7 Minetta Street, Greenwich Village (**6**): Al Pacinos Apartment im Village in Sidney Lumets Korruptionsthriller *Serpico*.

Guido's Restaurant, 511 Ninth Avenue (**7**): Tonys Restaurant aus Luc Bessons stilvollem *Léon – Der Profi* ist angeblich in Little Italy, liegt aber im Garment District. Großartiges Motiv, großartiges Essen.

P. J. Clarke's, 915 Third Avenue (**8**): Diese stimmungsvolle Bar, die sich zwischen den Hochhäusern gehalten hat, wird von Ray

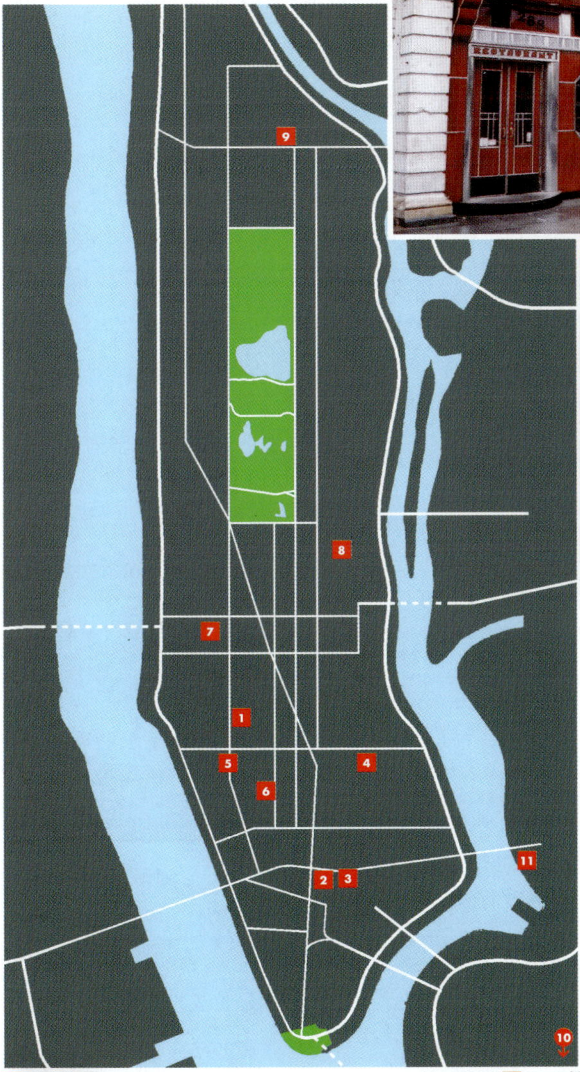

Milland in Billy Wilders *The Lost Weekend* benutzt, um seine Leber zu vernichten.

Lenox Lounge, 288 Lenox Avenue, Harlem (9): Vor kurzem renoviert und in den alten Déco-Ruhm zurückversetzt. Die Harlemer Legende ist im Remake von *Shaft* und in Spike Lees *Malcolm X* zu sehen.

New Utrecht Avenue, Borough Park, Brooklyn (10): *French Connection* wartet mit der unbestritten wundervollsten Verfolgungsjagd auf, die unter der Bensonhurst Elevated Railway verläuft.

8th Street South, Williamsburg, Brooklyn (11): Die Nachbarschaft der zwanziger Jahre in Sergio Leones faszinierendem Epos *Es war einmal in Amerika*.

VERTIGO'S
SAN FRANCISCO

FORT POINT (**1**), **Marine Drive** abseits der Long Avenue. Begeben Sie sich an den Fuß der riesigen Golden Gate Bridge bis an den Punkt, an dem Scottie Madeleines Selbstmordversuch vereitelt. Aber aufgepasst, es gibt dort keine Treppe.

900 LOMBARD STREET (**2**)/Ecke Jones Street, am Fuß der berühmten kurvenreichsten Straße der Welt, ist der Standort von Scotties Apartment, zu dem Madeleine auf der Suche nach Coit Tower gelangt.

ESSEX SUPPER CLUB (**3**), **537 Montgomery Street** im Jackson Square Historic District war 1958 Ernie's Restaurant, eines von Hitchcocks Lieblingslokalen, wo Scottie zum ersten Mal einen Blick auf Madeleine wirft. Für den Film wurde Ernie's bis ins letzte Detail im Studio nachgebaut.

BROCKLEBANK APARTMENT (**4**), **1000 Mason Street**/Ecke Sacramento Street. Auf dem höchsten Punkt Nob Hill direkt gegenüber dem Mark Hopkins Hotel befindet sich Elsters Luxusapartmentblock, vor dem Scottie beginnt, Madeleine zu verfolgen.

YORK HOTEL (**5**), **940 Sutter Street** zwischen Hyde Street und Leavenworth Street. Das York war Judys Pension – das Hotel Empire -, in der sie sich in Madeleine verwandelte.

MISSION DOLORES (**6**), **320 Dolores Street**/Ecke 16th Street. Hinter der alten Misión San Francisco De Asis (nach der die Stadt benannt ist) findet sich der winzige stimmungsvolle Friedhof, auf dem Madeleine das Grab von „Carlotta Valdes" aufsucht.

MISSION SAN JUAN BAUTISTA (**7**), Schauplatz des filmischen Höhepunktes außerhalb der Stadt in dem beschaulichen Städtchen San Juan Bautista, rund 150 Kilometer weiter südlich.

Highway 53, südlich von Chicago (dort war John Belushi zu Beginn von *Blues Brothers* inhaftiert).

NAZARIN
(1958, R: Luis Buñuel)
Francisco Rabal, Marga Lopez, Rita Macedo
• MEXIKO

Die buchstäblichen Versuche des mexikanischen Priesters Rabal, dem Christentum zu folgen, erweisen sich als vergebens. Es überrascht nicht, dass Buñuel den Roman von Benito Perez Galdos untergräbt. Überraschend ist dagegen, dass der Film in Cannes vom Office Catholique International du Cinema mit einem Preis ausgezeichnet wurde. Die Dreharbeiten erfolgten in **Mexiko-Stadt** und in den Dörfern der Region **Cuautla**. Buñuels typischerweise perverses Verhalten wurde einmal mehr offensichtlich, da er immer dann, wenn sein Kameramann Gabriel Figueroa eine wunderschöne Einstellung mit dem majestätischen Popocatepetl im Hintergrund eingerichtet hatte, den Blickwinkel der Kamera so veränderte, dass sie in die entgegengesetzte Richtung gewandt war und nur noch eine banale Landschaft erfasste.

DAS NERVENBÜNDEL
(1975, R: Melvin Frank)
Jack Lemmon, Anne Bancroft, Gene Saks
• NEW YORK CITY

Ein schwärzerer Neil Simon als sonst üblich, mit dem Ehepaar Lemmon und Bancroft, das vom Leben in der Stadt an den Rand des Wahnsinns getrieben wird. Achten Sie auf Broadway-Regisseur Gene Saks als Lemmons Bruder und auf die zukünftigen Oscar-Preisträger Sylvester Stallone (in einer Szene im Central Park) und F. Murray Abraham (als Taxifahrer). Lemmon arbeitet bis zu seiner Entlassung in der **Madison Avenue**/Ecke 47th Street. Das Apartment liegt an der Upper East Side im 14. Stock von **385 East 88th Street**/Ecke Second Avenue, Yorkville.

NESSIE – DAS GEHEIMNIS VON LOCH NESS
(1995, R: John Henderson)
Ted Danson, Joely Richardson, Ian Holm
• SCHOTTLAND; LONDON

Der Großteil des Films wurde wirklich am echten **Loch Ness** gedreht, auch wenn das Gebiet durch ein paar zusätzliche Motive aufgepeppt wurde. Die Schlossruine ist **Urquhart Castle**, die sich am Loch Ness befindet (sie ist auch in Billy Wilders exzellentem *Das Privatleben von Sherlock Holmes* im Bild), allerdings wurde sie mit Aufnahmen des beeindruckenderen **Eilean Donan Castle** zusammengeschnitten (auch zu sehen in *Highlander – Es kann nur einen geben*). Der Pier und die Bucht befinden sich in **Lower Diabag** am **Loch Torridon**, ebenso Joely Richardsons Hotel. Gedreht wurde zudem in den Dörfern **Dores**, **Foyers** und **Fort Augustus** am Loch Ness, sowie im **Natural History Museum** in South Kensington, London.

NETWORK
(1976, R: Sidney Lumet)
Peter Finch, Faye Dunaway, William Holden
• NEW YORK CITY; ONTARIO, KANADA

Paddy Chayevskys rabenschwarze Satire auf das US-Fernsehen wird von Lumet hervorragend umgesetzt und bescherte Peter Finch sogar posthum einen Oscar. Zwar spielt der Film in New York, ein großer Teil der Handlung wurde aber in **Toronto** gedreht, auch wenn es ein paar echte Drehorte in New York gibt. Holdens Büro ist das **MGM Building, 1350 Avenue of the Americas**/Ecke 55th Street. Er teilt sich ein Liebesnest mit der ehrgeizigen TV-Chefin Faye Dunaway im **Apthorp**

Holdens Büro: MGM Building, Avenue of the Americas

Apartments, 2211 Broadway zwischen West 78th Street und West 79th Street an der West Side. Das Paar trifft sich im Showbiz-In-Lokal **Elaine's Restaurant, 1703 Second Avenue** zwischen East 88th Street und East 89th Street an der East Side (für Details siehe Woody Allens *Manhattan*). Der Sitzungssaal, in dem sich Finch eine Predigt des ausgeflippten Geschäftsmanns Ned Beatty anhören muss, nachdem er die finanzielle Sicherheit des Senders aufs Spiel gesetzt hat, befindet sich in der **New York Public Library, Fifth Avenue** zwischen 40th Street und 42nd Street.

DAS NETZ
(1995, R: Irwin Winkler)
Sandra Bullock, Jeremy Northam, Dennis Miller
• KALIFORNIEN; MEXIKO; WASHINGTON D.C.

Bullock ist eine Computerexpertin, der in diesem Hitchcock'schen Thriller für das Internetzeitalter heiße Informationen in die Hände fallen. Die Eröffnungsszene mit dem homophoben Politiker entstand in Washington D.C. bei **Haines Point**, der südlichsten Spitze des West Potomac Park am Tidal Basin. Die bizarre Skulptur, die aus der Erde wächst, ist Seward Johnsons „The Awakening". Bullocks Zuhause liegt in **Venice** an der Küste von L.A. Nach einem Urlaub im mexikanischen Cozumel – eigentlich **Miguelterra, Ciudad Real** – stellt Bullock am **LAX, Los Angeles International Airport**, fest, dass sie ihrer Identität beraubt worden ist. Sie vereinbart ein Treffen mit dem gleichgesinnten Cyberbob am **Santa Monica Pier**, und zwar am berühmten Karussell, das schon in *Der Clou* zu sehen war. Die anschließende Verfolgungsjagd führt über den **Templin Highway** nördlich von Los Angeles.
Bullock verfolgt die Net-Verschwörung schließlich bis nach San Francisco, wo sich das Hauptquartier der „Cathedral" Corporation in der **1 Post Street**/Ecke Market Street befindet. Die Pan-Pacific Computer Convention wurde auf einer echten Apple Convention im **Moscone Center, Howard Street** zwischen Third Street und Fourth Street in San Francisco, gedreht.

9 1/2 WOCHEN
(1986, R: Adrian Lyne)
Mickey Rourke, Kim Basinger, Margaret Whitton

• NEW YORK CITY

Werbespotregisseur Lyne dreht in New York ein Softcore-Promo für „Sado-Maso light". Die Dreharbeiten fanden im **Algonquin Hotel, 59 West 44th Street** zwischen Fifth Avenue und Sixth Avenue in der Stadtmitte statt; in der schicken italienischen Bar **Mare Chiaro, 176 Mulberry Street**, Little Italy (unter anderem auch in *Donnie Brasco* zu sehen); außerdem im **Hotel Chelsea, 222 West 23rd Street** (für Details siehe *Sid und Nancy*).

39 STUFEN

(1935, R: Alfred Hitchcock)
Robert Donat, Madeleine Carroll, Godfrey Tearle
• LONDON; SCHOTTLAND

Dieser Hitchcock-Klassiker entstand fast komplett in den alten Lime Grove Studios, Shepherds Bush, die in den neunziger Jahren abgerissen wurden. Außendrehs gab es nur an der **Forth Bridge**, die den Firth of Forth zwischen Edinburgh und Dunfermline überspannt. Das blasse und langweilige Remake von 1959 (das buchstäblich Szene für Szene kopierte) zeigt auch diese Brücke.

DIE 39 STUFEN

(1978, R: Don Sharp)
Robert Powell, Karen Dotrice, John Mills
• LONDON; WORCESTERSHIRE; SCHOTTLAND

Die dritte Version ignoriert zu ihrem Glück Hitchcock und kehrt zurück zu John Buchans Originalgeschichte. Richard Hannays Wohnung befindet sich am **Albert Court** neben der Albert Hall, Kensington, SW7. Der Mord an John Mills spielt sich an der **Marylebone Station** ab. Die Eisenbahnszenen entstanden auf der Severn Valley Railway, und anstelle der Forth Bridge bekommen wir die **Victoria Bridge** über die Severn zu sehen. Schottische Motive waren unter anderem: **Castlemilk House** nahe Lockerbie, **Morton Castle**, eine Ruine nahe Thornhill, das Dorf **Durisdeer**, der **Forest of Ae** und das **Drumlanrig Estate**. Beim Höhepunkt des Films hängt Hannay an einer Attrappe der Uhr von Big Ben.

1900

(1976, R: Bernardo Bertolucci)
Robert De Niro, Gérard Depardieu, Burt Lancaster
• ITALIEN

Bertoluccis Auseinandersetzung mit dem italienischen Faschismus in Gestalt einer 45 Jahre umspannenden Familiengeschichte war mit Problemen behaftet. Maria Schneider stieg aus der Produktion aus, Orson Welles wurde durch Burt Lancaster ersetzt. So wie die frühere Arbeit des Regisseurs, *Vor der Revolution*, entstand dieser Film rund um **Parma** in der Provinz Emilia in Norditalien.

1984

(1984, R: Michael Radford)
John Hurt, Richard Burton, Cyril Cusack
• LONDON; WILTSHIRE

Vom Entwurf her ein dystopischer Albtraum aus den vierziger Jahren, entstanden in genau der Zeit, in der die Geschichte ursprünglich spielte (April/Mai 1984). Gedreht wurde in den Twickenham Studios und an verschiedenen Schauplätzen rund um London, darunter in der leer stehenden **Battersea Power Station** an der Battersea Park Road sowie am dortigen alten Bahnhof (der auch in Ian McKellens *Richard III.* Verwendung fand). Victory Square ist das Äußere des **Alexandra Palace**, Muswell Hill, N22, nachdem der völlig ausgebrannt war. Inzwischen ist er komplett restauriert worden. Das Goldene Land ist die ländliche Gegend von Wiltshire.

NEW JACK CITY

(1991, R: Mario Van Peebles)
Wesley Snipes, Ice T, Chris Rock
• NEW YORK CITY; NEW YORK STATE

Cops gegen Drogendealer, gefilmt auf den Straßen von New York City und in Nassau County, Long Island. Die Villa ist das **Hempstead House** bei **Sands Point Preserve, 95 Middleneck Road, Port Washington**, Long Island, das auch in *Der Duft der Frauen* und 1998 in *Große Erwartungen* zu sehen ist. Für Details siehe *Der Pate*, für den Szenen in einer anderen Villa in der Nähe entstanden.

NEW YORK, NEW YORK

(1977, R: Martin Scorsese)
Liza Minnelli, Robert De Niro, Lionel Stander
• LOS ANGELES

Scorseses mutiger Versuch, einem alten schillernden Musical echte Charaktere zu geben, entstand überhaupt nicht in New York, sondern in L.A., und dabei zum größten Teil auf Bühnen bei MGM. Unheimlich war dabei, dass Liza Minnelli die alte Garderobe ihrer Mutter zugeteilt bekam, während De Niro Garbos Garderobe bekam. Die Außendrehs fanden allesamt in Downtown L.A. statt, so auch im **Biltmore Hotel, 506 South Grand Avenue** am Pershing Square. Das Sullivan House, in dem De Niro für Bandleader Frankie Harte einspringt, als der Fowler freikaufen muss, ist der Ballsaal des **Park Plaza Hotel, 607 South Park View Street** mit Blick auf den MacArthur Park. Es ist einer der am häufigsten eingesetzten Drehorte von L.A., wenn nicht sogar der ganzen Welt. Den holzgetäfelten Ballsaal gibt es unter anderem zu sehen in *Barton Fink, The Big Picture, Chaplin, Hocus Pocus, Hook, Der letzte Komödiant – Mr. Saturday Night, Die wahren Bosse – Ein teuflisches Imperium, Zwielicht, Stargate* und *Tina – What's Love Got to Do With It?*, außerdem in unzähligen TV-Serien und Musikvideos. Der Terrace Room war in *Die Maske* zu sehen, das Foyer in *Die nackte Kanone 33 1/3* und *Wild at Heart*; der Außenansicht begegnet man in *Die nackte Kanone, Tango & Cash* und *Das Phantom*; die Toiletten sind in *Reservoir Dogs – Wilde Hunde* zu sehen, und sogar der Heizkeller fand Verwendung: in *König der Fischer*. Das hoch aufra-

De Niro spielt im Sullivan House: Ballsaal, Park Plaza Hotel, L.A.

Der Nachtclub: Grand Avenue, South Grand Avenue, Downtown L.A.

gende Bauwerk mit seinem spektakulären, gewölbeartigen Foyer entstand in den zwanziger Jahren und hieß zunächst Elks Building, das lange Zeit als Hotel diente. Als aber die Umgebung und vor allem Macarthur Park durch Drogenkriminalität ins Gerede kamen, zog es immer weniger Gäste an, bis es 1998 schließen musste. Das Gebäude wird heute nur noch für Dreharbeiten und private Veranstaltungen genutzt. Andere zeitgenössische Drehorte sind der alte Myron's Ballroom, heute umbenannt in **Grand Avenue, 1024 South Grand Avenue**, sowie das Foyer des edlen **Los Angeles Theater, 615 South Broadway**.

NEW YORKER GESCHICHTEN

(1989, R: Martin Scorsese, Francis Coppola, Woody Allen)

Nick Nolte, Rosanna Arquette, Woody Allen

• NEW YORK CITY

Lebensstudien: Nick Nolte ist in Martin Scorseses Segment ein Maler. Gefilmt wurde auf einem Speicher in **So-Ho/Tribeca**.

Leben ohne Zoe: Coppolas rührselige Story, die von seiner Tochter geschrieben wurde, ist das schwächste der drei Segmente. Zoe lebt in dem luxuriösen **Sherry-Netherlands Hotel, 781 Fifth Avenue**/Ecke East 59th Street. Die Partyszene wurde in der Unterführung am **Bethesda Fountain** im Central Park aufgenommen, wo man die üblicherweise anwesenden Herumtreiber verscheuchte und das Motiv so gestaltete, dass es nach dem Inneren einer Villa aussah.

Ödipus ratlos: Woody Allens Segment ist das beste von allen dreien, in dem die Übermutter Mae Questel (die Stimme der Zeichentrickfigur Betty Boop) verschwindet, kurz darauf im Himmel über Manhattan Gestalt annimmt und mit ihrem Sohn über dessen Unzulänglichkeiten diskutiert. Das Restaurant ist die **Tavern on the Green** im Central Park an der Central Park West und 67th Street.

NIAGARA

(1953, R: Henry Hathaway)

Marilyn Monroe, Joseph Cotten, Jean Peters

• ONTARIO, KANADA

Doppeltes Spiel am Wasser: Table Rock House

Monroe ist die Femme Fatale, die beabsichtigt, sich am titelgebenden Wasserfall ihres Ehemanns Joseph Cotten zu entledigen (dessen Rolle man für James Mason vorgese-

hen hatte). Der Film wurde auf der kanadischen Seite der **Horseshoe Falls** gedreht, bevor das Gebiet massiv kommerziell genutzt wurde. Inzwischen sind auch die hübschen Hütten, in denen das

Monroe und ihr Liebhaber: die Fußwege an den American Falls

Paar absteigt, der Hauptstraße gewichen, von der aus man den Wasserfall überblicken kann. Einige der Drehorte sind aber bis heute unverändert geblieben. Sie können noch immer das **Table Rock House** an den Horseshoe Falls besuchen, und ebenso gibt es nach wie vor den morsch aussehenden Steg an den **American Falls**, von dem aus Sie zu einer Bootstour an den Fuß des Wasserfalls aufbre-

Der Glockenturm: das Museum

chen können – ohne sich allerdings die Lieblingsmusik für die Fahrt auszusuchen. Der Glockenturm, über den Monroe die Verbindung zu ihrem Geliebten hält, ist das Falls Museum.

NICHT GESELLSCHAFTSFÄHIG

(1961, R: John Huston)

Marilyn Monroe, Clark Gable, Montgomery Clift

• NEVADA

Trauriger, stimmungsvoller Film, der den Makel des viel zu frühen Todes der drei Hauptdarsteller nicht loswerden kann. Gables Herz versagte wenige Wochen nach den anstrengenden Dreharbeiten, Monty Clifts Körper gab nach jahrelangem Tabletten- und Alkoholmissbrauch 1966 auf, und was genau mit Marilyn 1962 geschah, weiß niemand wirklich.

Der Film über das Einfangen wilder Mustangs in der Wüste beginnt in der Umgebung von **Reno**, Nevada, wo sich Monroe im **Washoe County Courthouse** scheiden lässt, **5 Virginia Street** zwischen Mill Street und Court Street, um dann ihr Hochzeitsband traditionsgemäß in den Truckee River zu werfen. Das Casino, in dem Gable und Monroe um Geld spielen, war das inzwischen abgerissene Mapes Casino im Mapes Hotel, 30 North Virginia Street, Reno. Der größte Teil der Filmcrew war in dem Hotel einquartiert. Marilyn und Arthur Miller hatten Zimmer 614, während Monty nach einem seiner berüchtigten Cocktails aus Barbituraten und Alkohol nackt im Aufzug entdeckt wurde.

Die Rodeotown ist **Dayton**, eine winzige, allerdings so gut wie menschenleere Stadt mit nur einer Straße. Essen können Sie dort in **Mia's Restaurant** – der überfüllten Bar im Film – im Odeon-Hall-Gebäude, **Pike Street**. Die Szenen, in denen die Pferde eingefangen werden, entstanden auf den weißen Salzebenen des **Pyramid Lake**, rund 50 Kilometer nördlich von Reno. Eli Wallachs Ranch ist **Quail Canyon Ranch**, abseits des Pyramid Highway.

NICHT SO TOLL, SÜSSER

(1961, R: Gerald Thomas)
Sidney James, Kenneth Connor, Joan Sims
• BERKSHIRE; LONDON; SCHOTTLAND

Dieser Film aus der *Ist ja irre*-Serie (der den Zusatz mal nicht aufweist) ist eine Abfolge von zusammenhanglosen Sketchen, die durch eine Arbeitsvermittlungsagentur miteinander verbunden sind – „Helping Hands Ltd.", das im Untergeschoss in **15 Park Street**/Ecke Sheet Street eingerichtet ist, südlich von Windsor Castle, Windsor. Der finstere Mann, der zum Bridge einen vierten Spieler braucht, übernachtet angeblich im **Dorchester Hotel, Park Lane**, London. Seine wirren Anrufe führen Kenneth Connor zur **Forth Bridge** (eine Rückprojektion) und parodieren *Die 39 Stufen*. Kenneth Williams und der Affe werden vor der Eisenbahn an der **Goswell Road**, Windsor, aus dem Bus geworfen. Der „Zoo" auf der anderen Straßenseite, in den Williams den Schimpansen bringt, ist **Alexandra Park**.

NIGHTMARE – MÖRDERISCHE TRÄUME

(1984, R: Wes Craven)
John Saxon, Ronee Blakely, Heather Langenkamp
• LOS ANGELES

Freddie terrorisiert die Teenies: North Genessee Avenue, Hollywood

Ein wilder, surrealer Film mit wechselnden Realitätsebenen, der allen Slasher-Filmen, mit denen er üblicherweise in einem Atemzug genannt wird, um Längen voraus war. Zahlreiche Innenaufnahmen entstanden im alten **Lincoln Heights Jail, 421 North Avenue 19, Lincoln Heights**, nahe Downtown L.A., das häufig in Filmen zu sehen

Johnny Depps Zuhause: North Genessee Avenue, Hollywood

ist. Heather Langenkamps Haus, in dem sie von Freddy Krueger verfolgt wird, befindet sich in der **1428 North Genessee Avenue**, zwischen Fountain Avenue und Sunset Boulevard, West Hollywood. Gleich gegenüber in der **1419 North Genessee Avenue** steht das Haus, in dem ihr Freund Johnny Depp (in seinem Filmdebüt) verflüssigt wird.

NIXON

(1995, R: Oliver Stone)
Anthony Hopkins, Joan Allen, James Woods
• WASHINGTON D.C.; KALIFORNIEN

Lange, impressionistische und überraschend einfühlsame Filmbiographie des US-Präsidenten. Nixon trifft sich mit den Kriegsgegnern (eine schier unglaubliche Szene, die aber auf Fakten basiert) im Lincoln Memorial in Washington D.C. Die unlauteren Machenschaften werden

auf dem **Santa Anita Racetrack** verabredet, **285 West Huntington Boulevard, Pasadena**, östlich von L.A. (für Details siehe *A Star Is Born* von 1954, der auch

Nixon trifft Mao: Plaza Room, Park Plaza Hotel, South Park View Street

dieses Wahrzeichen einbezog). Nixons erstes Treffen mit dem Vorsitzenden Mao in China findet tatsächlich im Plaza Room des **Park Plaza Hotel, 607 South Park View Street**, mitten in L.A. statt (für Details über das Park Plaza siehe *New York, New York*). Das Weiße Haus ist ein Set in den Sony Studios, das für *Hallo, Mr. President* gebaut worden war, während das Tor zum Weißen Haus im **El Dorado Park** nahe der Studebaker Road und East Los Arcos Street in Long Beach zu finden ist. Weitere Szenen entstanden im **Greystone Mansion, 905 Loma Vista Drive**, Beverly Hills.

NO WAY OUT – ES GIBT KEIN ZURÜCK

(1987, R: Roger Donaldson)
Kevin Costner, Gene Hackman, Sean Young
• WASHINGTON D.C.; VIRGINIA

Dieser gelungene Costner-Film, der mit einem überraschenden Ende aufwartet, wurde in der Umgebung von Washington D.C. gefilmt – und tatsächlich auch im Foyer und in den Korridoren des **Pentagon**, auch wenn natürlich der größte Teil dieser streng gesicherten Einrichtung im Studio entstand. Die Party, auf der Costner zum ersten Mal der wenig später ermordeten Sean Young begegnet, findet im **Omni Shoreham Hotel** statt, **2500 Calvert Street NW** *(Tel. 202 234 0700)* im Rock Creek Park im Nordwesten der Stadt. Die Verfolgungsjagd führt Costner zur „Georgetown Subway". Georgetown ist allerdings nicht an ein U-Bahn-Netz angeschlossen. Der Bahnhofskomplex ist in Wahrheit die **Georgetown Park Mall** (auch Schauplatz einer großen Schießerei in *True Lies*), **M Street**/Ecke Wisconsin Avenue. Das verspielte grün-goldene Design scheint dem beeindruckenden Bradbury Building (Sebastians Zuhause in *Blade Runner*) in L.A. nachempfunden zu sein. Gene Hackmans Haus, in dem Costner den Mord mit ansieht, stand an der **South Arlington Ridge Road** nahe Pentagon City, ist inzwischen aber abgerissen worden.

NOCH DREI MÄNNER, NOCH EIN BABY

(1987, R: Leonard Nimoy)
Ted Danson, Tom Selleck, Steve Guttenberg
• NEW YORK CITY; ONTARIO, KANADA

Dieses Remake des französischen Films *Drei Männer und ein Baby* von 1985 spielt in New York, ist aber einer von einer stetig wachsenden Zahl von Filmen, die aus finanziellen Gründen größtenteils in Toronto gedreht werden. Zu den echten New Yorker Motiven gehört das Junggesellenapartment, **50 Central Park West** – gleich neben dem von Geistern heimgesuchten Häuserblock von Sigourney Weaver in *Ghostbusters*. Zu den Drehorten in Toronto zählen das **Royal Alex**

Theatre, **260 King Street West**; das **John Innes Community Centre, Scotia Plaza**, und **Duncan Street**/Ecke Pearl Street. Wie bei vielen in Toronto produzierten Filmen wurden auch hier die Kulissen im alten **Gooderham and Worts Distillery Building** gebaut.

NOCHMAL SO WIE LETZTE NACHT

(1986, R: Edward Zwick)
Rob Lowe, Demi Moore, James Belushi
• **CHICAGO**

Hinter dem dezenten Titel versteckt sich David Mamets Bühnenstück *Sexual Perversity in Chicago*, und Chicago bildet auch den Hintergrund für diesen meist präzisen Blick auf das Hin und Her zwischen Freundschaften und Beziehungen. Wenn Sie sich die Singlebar ansehen wollen, in der Lowe und Belushi ihren Charme versprühen und sich von ihrer sensiblen Seite zeigen – es ist **Mothers, 26 West Division Street**/Ecke North Dearborn Street, in südlicher Richtung zum Chicagoer Gold-Coast-Distrikt. Wenn Ihnen aber der Biergarten unter der polternden Howard-Hochbahn lieber ist, wo sich Lowe und Moore nach einer Reihe von One-Night-Stands wieder begegnen – der ist das **Kelly's, 949 West Webster Avenue**/Ecke North Sheffield Avenue. Wegen seiner Nähe zur DePaul University ist es ein Lokal, das vorwiegend von Studenten besucht wird.

NORDWEST-PASSAGE

(1940, R: King Vidor)
Spencer Tracy, Robert Young, Walter Brennan
• **OREGON**

Tracy auf der Suche nach der titelgebenden Passage. Gefilmt wurde in den **Cascade Mountains** von Oregon.

NOSFERATU – EINE SYMPHONIE DES GRAUENS

(1922, R: F. W. Murnau)
Max Schreck, Alexander Granach, Gustav von Wangenheim
• **DEUTSCHLAND**

Phantasievoller Horrorfilm, bei dem es sich eigentlich um eine Variation von Bram Stokers *Dracula* handelt, die unter einem anderen Namen erschien, um Urheberrechte zu umgehen. Gedreht in **Nordrhein-Westfalen** und an der **Ostseeküste**.

NOSFERATU – PHANTOM DER NACHT

(1979, R: Werner Herzog)
Klaus Kinski, Isabelle Adjani, Bruno Ganz
• **DEUTSCHLAND; NIEDERLANDE; TSCHECHOSLOWAKEI**

Remake des Stummfilmklassikers von 1921 mit Kinski in der Rolle von Max Schreck. Die Karpaten sind in Wahrheit die Gebirgsregion der **Hohen Tatra** an der Grenze zwischen der Tschechoslowakei und Polen. Zeitgenössische Drehorte finden sich in den tschechoslowakischen Städten **Pernstein** und **Telc** sowie in **Lübeck**. Die Rattenplage ereignet sich im niederländischen **Delft** und zeigt den Marktplatz aus dem 17. Jahrhundert. Zum Schrecken der Behörden – von den Bewohnern ganz zu schweigen –

wurden 11.000 Laborratten freigelassen ... ohne Erlaubnis. Na ja, immerhin ist es ja auch ein Herzog-Film.

NOSFERATU IN VENEDIG

(1986, R: Augusto Caminito)
Klaus Kinski, Christopher Plummer, Donald Pleasence
• **VENEDIG**

Diese langatmige, ereignislose Fortsetzung von Werner Herzogs *Nosferatu* macht sich die düstere Atmosphäre der Stadt so gut zu Nutze, dass sie wie das denkbar natürlichste Zuhause für einen Vampirfilm wirkt. Das Zuhause der Prinzessin, bei der Vampirjäger Christopher Plummer unterkommt, ist der **Palazzo Barbaro, Canal Grande** an der Ponte dell'Accademia (auch zu sehen in Richard Attenboroughs Hemingway-Verfilmung *In Love and War* sowie in *Die Flügel der Taube*). Nosferatu schleicht über den nebelverhangenen **Markusplatz**, während eines seiner Opfer verträumt vom **Campanile** stürzt. Die Trauerprozession für die Prinzessin bewegt sich in Richtung **San Michele in Isola** (ebenfalls zu sehen in *Die Flügel der Taube*). Nosferatu lässt sich im **Lazzaretto Vecchio** nieder, einst ein Hospital und Friedhof für die Opfer der Pest – heute befindet sich dort ein Tierheim, aber das Grundstück soll neu bebaut werden. An der **Chiesa di Santa Maria Valverde, Campo dell'Abbazia**, ergötzt er sich auf blutige Weise an einem Opfer.

NOTTING HILL

(1999, R: Roger Michell)
Hugh Grant, Julia Roberts, Rhys Ifans
• **LONDON**

Das Team hinter *Vier Hochzeiten und ein Todesfall* legt eine weitere transatlantische Romanze nach, in der sich Superstar Roberts in den sanftmütigen englischen Buchhändler Grant verliebt. Der Titel ist der Schauplatz, auch wenn man den Eindruck bekommt, dass der so berühmte kosmopolitische Drehort – Schauplatz von Rassenunruhen in den fünfziger Jahren

Die Buchhandlung: Nicholls Antique Arcade, Portobello Road

Hugh Grants Wohnung: Westbourne Park Road, Notting Hill

– eine ethnische Säuberung erlebt hat: Weißer als dieses Notting Hill geht es wirklich nicht.
Zunächst einmal gibt es keine Travel Book Company, also jenes Geschäft, dessen Eigentümer Grant ist. Bei dem Geschäft handelt es sich vielmehr um **Nicholls Antique Arcade, 142 Portobello Road**. Der echte Travel Bookshop, auf dem Grants Geschäft basierte, ist gleich um die Ecke in der Blenheim Crescent. Grants Wohnung mit der massiv ins Bild gerückten blauen Tür war das Zuhause von Drehbuchautor Richard Curtis, das kurz

Das gescheiterte Restaurant: Golborne Road, W10

vor dem Filmstart für lockere 1,3 Mio. £ zum Kauf angeboten wurde. Wie Sie sich denken können, ist das Innenleben dieses Hauses eine Spur edler als das, was im Film zu sehen war – das wurde nämlich im Studio gebaut. Die eigentliche Wohnung ist eine umgebaute Kapelle mit Garten, einem 100 Quadratmeter großen Empfangssaal und einem galerieähnlichen Zwischengeschoss. Die berühmte ramponierte blaue Tür wurde verkauft und ist in **280 Westbourne Park Road** an der Portobello Road nicht länger zu besichtigen.

Das leer stehende Ladenlokal, vor dem Grant zum ersten Mal mit Roberts zusammenstößt, ist heute das **Coffee Republic**. Roberts und Grant sehen sich einen Film im **Coronet Cinema** in Notting Hill an, danach essen sie im **Nobu**, dem Schwindel erregend teuren japanischen Restaurant im **Metropolitan Hotel, Park Lane** *(Tel. 020 7447 4747)*. Das gescheiterte Restaurant von Grants Freund ist das Portfolio, eine Kunsthandlung an der Ecke **Golborne Road/Bevington Road, W10**, am Nordrand des Portobello-Road-Markts. Aus der ehemaligen Kunstgalerie wurde Brad Dourifs Restaurant, in einem Film, der das Viertel von einer völlig anderen Seite zeigte: Hanif Kureishi's *London Kills Me*. Der private Garten, in den Grant und Roberts nachts einbrechen, ist **Rosmead Gardens, Rosmead Road, W11**.

Außerhalb von Notting Hill gibt es eine Fülle von Londoner Wahrzeichen, um zahlungskräftige US-Touristen herzulocken. Roberts steigt im **Ritz, Piccadilly** ab, das nur selten Dreharbeiten im Inneren des Gebäudes erlaubt, bei dieser Produktion aber unerwartet kooperativ war. Der Schauplatz von Julia Roberts' Henry-James-Film ist **Kenwood, Hampstead Lane, NW3**, bei Hampstead Heath. Die Adam-Villa, einst das Zuhause von Lord Mansfield, beherbergt heute die Iveagh-Sammlung alter Gemälde, und auch wenn man es nicht glauben möchte: Der Eintritt ist frei. Roberts' Pressekonferenz, auf der Grant ihr einen Antrag macht, findet im **Lancaster Room** des **Savoy Hotel** am **The Strand** statt, während für den Hochzeitsempfang der Zen Garden des von Anouska Hempel entworfenen minimalistischen **Hempel Hotel, Craven Hill, W2** (www.the-hempel.co.uk) benutzt wird. Die Filmpremiere ist im **Empire, Leicester Square**.

NUMMER 5 LEBT

(1986, R: John Badham)
Steve Guttenberg, Ally Sheedy, Fisher Stevens
• OREGON

Recht nette Geschichte über einen liebenswürdigen Roboter, der zum Leben erweckt wird. Dem Film schadet allerdings Fisher Stevens als maßlos überzogener Asiate. Gefilmt wurde in **Astoria** im Nordosten von Oregon. Ally Sheedys Haus steht in der 197 Hume Street, Astoria. Gedreht wurde auch am **Bonneville Dam** am Columbia River, Route 84, 50 Kilometer östlich von Astoria und bei **Cascade Locks**, weitere gut 15 Kilometer östlich.

In der kläglichen Fortsetzung *Nummer 5 gibt nicht auf* fehlen Sheedy und Guttenberg, und Stevens' albernes Rassenstereotyp rückt in den Mittelpunkt. Der Möchtegern-Kuschelroboter begibt sich nach New York, wo es eine Spur zu sauber ist – kein Wunder, er befindet sich ja auch in Toronto.

EINE NUMMER ZU GROSS

(1959, R: Frank Capra)
Frank Sinatra, Edward G. Robinson, Eleanor Parker
• MIAMI, FLORIDA

Capras beste Tage lagen weit hinter ihm, als er Sinatra in der Rolle eines Hoteleigentümers filmte, der jeden Trick versuchte, um am Ball zu bleiben. Das Hotel ist das **Cardozo Hotel, 1300 Ocean Drive**/Ecke 14th Street, South Beach, Miami, ein Art-déco-Juwel, das in den achtziger Jahren restauriert wurde *(Tel. 305 534 2135)* und das auch in *Verrückt nach Mary* zu sehen ist. Sinatra fährt auf der Collins Avenue entlang.

NUR 48 STUNDEN

(1982, R: Walter Hill)
Eddie Murphy, Nick Nolte, Annette O'Toole
• KALIFORNIEN

Betrüger Murphy wird in diesem hektischen Comedythriller von Hill aus dem Gefängnis entlassen, um mit dem Cop Nolte zusammenzuarbeiten. Die Story spielt in San Francisco, wurde aber größtenteils in L.A. gefilmt. Die Country & Western-Bar, in der Murphy den schlimmsten Albtraum der Gäste verkörpert – „ein Nigger mit einer Marke" – war das **Torchy's, 218 1/2, West Fifth Street**, Downtown L.A. Ein beliebter Drehort von Hill (und auch von anderen), der das Lokal in *The Driver* zu Bruce Derns Stammkneipe machte. Es ist später geschlossen worden, heute findet sich dort ein Geschäft für Elektroartikel. Nolte und Murphy prügeln sich an der Ecke **Fifth Street/Spring Street**, Downtown L.A.

Die Fortsetzung von 1990 – *Und wieder 48 Stunden* – spielte ebenfalls in San Francisco, wurde diesmal aber auch dort gedreht. Die Pferderennbahn, auf der Nolte auf einen Verdächtigen schießt, liegt bei **Hunter's Point**, ein paar Kilometer südlich von Downtown San Francisco am Highway 101 – dort finden Sie auch Candlestick Park, das Baseballstadion, das 1989 während eines Spiels von einem Erdbeben heimgesucht wurde. Ein Großteil der Handlung konzentriert sich auf den zwielichtigen Distrikt **Tenderloin** zwischen Union Square und dem Civic Center. Die letzte Auseinandersetzung mit den Schlägern und Ice Man entstand im **Bird Cage Club**, einem der vielen Striplokale, die die Westküstenantwort auf Soho und 42nd Street, Broadway, sein sollen.

NUR DIE SONNE WAR ZEUGE

(1960, R: René Clément)
Alain Delon, Maurice Ronet, Marie Laforêt
• ITALIEN

Erste Verfilmung des Romans von Patricia Highsmith (das Remake kam unter dem Titel *Der talentierte Mr. Ripley* in die Kinos), mit Alain Delon als unmoralischem

Hochstapler. Mongebello war hier **Sant' Angelo** an der Südspitze von **Ischia** in der Bucht von Neapel.

NUR EIN HAUCH GLÜCKSELIGKEIT
(1962, R: John Schlesinger)
Alan Bates, June Ritchie, Thora Hird
• LANCASHIRE; MANCHESTER

Stan Barstows Roman des Lebens in der Arbeiterklasse im Norden Englands spielt im fiktiven Cressley, Yorkshire, wurde aber in Lancashire gefilmt. Das Haus, das die frisch vermählten Alan Bates und June Ritchie mit der gegen die Ehe eingestellten Schwiegermutter Thora Hird teilen, steht in der **Radcliffe New Road, Radcliffe**. Die Hochzeit findet in der **St. John's Church** statt, Radcliffe, Manchester. Ebenfalls in Radcliffe liegt Beacon's Park, wo Bates und Ritchie ihre Abende verbringen. Bei ihm handelt es sich tatsächlich um den städtischen **Coronation Park**. Die Passage, in der sich das Paar mit einem unerwünschten dritten Gast konfrontiert sieht, ist die **Miller Arcade** in **Preston** (die heute eine der Plaketten trägt, die 1996 angebracht wurden, um den hundertsten Geburtstag des Kinos zu feiern).

NUR MEINER FRAU ZULIEBE
(1948, R: H. C. Potter)
Cary Grant, Myrna Loy, Melvyn Douglas
• LOS ANGELES

Grant und Loy sind New Yorker, die sich ihr ideales Connecticut-Landhaus bauen (eine Idee, die 1986 in *Geschenkt ist noch zu teuer* mit Tom Hanks wiederverwertet wurde). Das Traumhaus entstand auf der Fox Ranch, heute der 1600 Hektar große **Malibu Creek State Park**. Das Land gehörte dem Filmproduzenten George Hunter, der aus dem Haus nach Drehende ein Ranchhaus machte. Es existiert heute noch und beherbergt die Büros der Santa Monica Mountains Conservancy Foundation, **3800 Solstice Canyon Road**, Malibu Canyon Road zwischen Mulholland Highway und Cold Canyon Road, in den Santa Monica Mountains oberhalb von Malibu.

NUR NICHT MILLIONÄR SEIN
(1967, R: Arthur H. Nadel)
Elvis Presley, Shelley Fabares, Bill Bixby
• LOS ANGELES; FLORIDA

Der reiche Presley tauscht seinen Platz mit einem Wasserskilehrer in Miami Beach. Gefilmt wurde vorwiegend auf dem Gelände der Universal Studios, Hollywood, es wurden aber auch Szenen in der Wildnis von Florida gedreht – das Finale entstand bei der Orange Bowl Regatta im **Miami Marine Stadium, 3601 Rickenbacker Causeway**, Virginia Key Richtung Key Biscayne. Gefilmt wurde auch am **Cape Florida Lighthouse, 1200 South Crandon Boulevard** an der äußersten Spitze von Key Biscayne. Der Leuchtturm wurde 1825 erbaut, ist fast 30 Meter hoch und das älteste Bauwerk im Süden Floridas, das für Führungen geöffnet ist *(Tel. 305 361 5811, es wird Eintritt verlangt)*.

NUR NOCH 72 STUNDEN
(1968, R: Donald Siegel)
Richard Widmark, Henry Fonda, Harry Guardino

• NEW YORK CITY; LOS ANGELES

Film über einen zornigen Cop, den Siegel später als *Dirty Harry* recycelte. Diesmal ist es Richard Widmark, und wir bekommen viele schäbige Motive in Brooklyn zu sehen. Henry Fondas Apartment befindet sich in der **57th Street**, Manhattan. Die abschließende Schießerei wurde in Downtown L.A. gedreht, dazu kam ein wenig geschickte Effektarbeit, mit der das L.A. Civic Center durch einen Wolkenkratzer aus New York ersetzt wurde.

NUR PFERDEN GIBT MAN DEN GNADENSCHUSS
(1969, R: Sydney Pollack)
Jane Fonda, Michael Sarrazin, Gig Young
• LOS ANGELES

Eine Ansammlung wunderbarer Schauspielleistungen, während mehrere Paare mit aller Macht versuchen, einen Tanzmarathon in der Zeit der Depression zu überstehen. Gig Young bekam für seinen zynischen Charakter den Oscar als Bester Schauspieler. Der Tanzsaal befindet sich am **Santa Monica Pier, Colorado Avenue**, Santa Monica, L.A. Weitere Szenen entstanden in Myron's Ballroom, heute der Tanzclub **Grand Avenue, 1024 South Grand Avenue**, Downtown L.A. (zu sehen in *New York, New York*).

NUR SAMSTAG NACHT
(1977, R: John Badham)
John Travolta, Karen Lynn Gorney, Barry Miller
• NEW YORK CITY

Die Disko 2001: Spectrum, 64th Street, Bay Ridge

Nik Cohns Darstellung gesellschaftlicher Rituale wird zu einem Diskohit der siebziger Jahre umgewandelt, in dem der Arbeitersohn Travolta aus Brooklyn mit seinen Tanzkünsten eine völlig neue Welt auf der anderen Seite des East River erschließt. Travoltas Wohngegend ist Bay Ridge. Die Eröffnungsszene zeigt die **86th Street**, Brooklyn. Die Jungs stellen ihr machohaftes Gehabe auf der

Travoltas Zuhause: 79th Street, Bay Ridge

Verrazzano Narrows Bridge zur Schau, wo die Interstate 278 die New York Bay südlich von Bay Ridge überquert. Travoltas Zuhause ist **221 79th Street, Bay Ridge**. Nicht weit davon entfernt liegt die Disko, in der Travolta im weißen Anzug zum Abbild der Tanzkultur der siebziger Jahre wurde. 1978 war es das 2001 Odyssey. Heute ist es das **Spectrum**, ein Homosexuellenclub, **802 64th Street**/Ecke Eighth Avenue *(Tel. 718 238 8213)*.

O

OB BLOND, OB BRAUN
(1963, R: Norman Taurog)
Elvis Presley, Gary Lockwood, Joan O'Brien
• SEATTLE, WASHINGTON STATE

Presley und Lockwood spielen zwei Piloten, die auf der Weltausstellung in Seattle die Sau rauslassen. Zu sehen sind heute so berühmte Wahrzeichen wie die **Space Needle** (für Details siehe *Zeuge einer Verschwörung*) und die **Hallweg Monorail**, die beide speziell für die Ausstellung gebaut wurden.

DIE OBEREN ZEHNTAUSEND
(1956, R: Charles Walters)
Bing Crosby, Grace Kelly, Frank Sinatra
• RHODE ISLAND

Dieses Remake von *Die Nacht vor der Hochzeit* mit Songs von Cole Porter verlegt die Handlung von Philadelphia nach Rhode Island. Die Villa, in der Sinatra und Crosby um Grace Kelly wetteifern, ist **Clarendon Court, Bellevue Avenue, Newport**. Es handelt sich um ein Privathaus, das für Besucher nicht geöffnet ist. Es war das Zuhause von Claus von Bülow, dem millionenschweren Geschäftsmann, der vom versuchten Mord an seiner Frau Sunny freigesprochen wurde. Diese Geschichte wird in *Die Affäre der Sunny von B.* erzählt. Gefilmt wurde sie – wie nicht anders zu erwarten – nicht in Clarendon Court.

EIN OFFIZIER UND GENTLEMAN
(1982, R: Taylor Hackford)
Richard Gere, Debra Winger, Louis Gossett Jr.
• WASHINGTON STATE

Richard Gere erlebt die Hölle in strahlendweißer Uniform, und das geschieht in **Fort Worden State Park, Port Townsend**, einer restaurierten, früheren Küstenbasis der Artillerie auf der Olympic-Halbinsel. Die Papiermühle, in der Debra Winger arbeitet, war die alte Champion International Corporation, die 1985 aufgekauft wurde und heute die **Simpson Tacoma Kraft Company, 801 Portland Avenue, Tacoma**, an der Commencement Bay ist. Bei der Kneipe handelt es sich um das **Tides Inn, 1807 Water Street, Port Townsend** (*Tel. 360.385.0595, www.tides-inn.com*).

OH! WHAT A LOVELY WAR
(1969, R: Richard Attenborough)
John Mills, Ralph Richardson, John Gielgud
• SUSSEX

Joan Littlewoods Bühnenproduktion legte Zitate und Lieder des Ersten Weltkriegs einer Pierrot-Truppe in den Mund. Attenboroughs Film sollte niemals die Schärfe der Bühnenversion erreichen, bedient sich stattdessen aber der verblassenden Erhabenheit des Brightoner **West Piers** (der inzwischen geschlossen und baufällig ist), der Küste in seiner Umgebung sowie der **Brighton Railway Station**. Die Kirchenparade wurde in den pittoresken Ruinen

Stilisierter Weltkriegshintergrund: West Pier, Brighton

der **Bayham Abbey** aus dem 13. Jahrhundert gefilmt, die knapp drei Kilometer westlich von Lamberhurst nahe Tunbridge Wells im Osten von Sussex gelegen ist.

OKLAHOMA!
(1955, R: Fred Zinnemann)
Gordon MacRae, Shirley Jones, Rod Steiger
• ARIZONA

Oklahoma? San Rafael Valley, Arizona

Nicht gerade die typische Wahl für ein großes Musical, und Zinnemann bleibt seinem Stil treu, indem er die ganze Produktion nicht im Studio filmte. Oklahoma selbst stand nicht zur Debatte – der Mais steht dort vielleicht so hoch, dass er einem Elefanten bis ans Auge reicht, aber die Ölfördertürme reichen viel höher. Eine geeignete Landschaft fand man schließlich in Arizona im **San Rafael Valley**, nahe Nogales an der Grenze zu Mexiko. Der Mais wurde mit Hilfe der Landwirtschaftlichen Abteilung der University of Arizona auf die erforderliche Höhe gebracht. Der Bahnhof, Schauplatz für die große Musikszene, liegt in **Elgin**, gut dreißig Kilometer westlich von Tombstone.

DAS OMEN
(1976, R: Richard Donner)
Gregory Peck, Lee Remick, David Warner
• LONDON; SURREY; ROM; ISRAEL

Der frucht- und furchtbare Horrorfilm, der ein ganzes Genre von Produktionen über den Antichrist nach sich zog. Bevor sich alles zum Hässlichen wendet, verbringen der junge Satanssohn Damien und seine Familie einen Tag auf dem **Parliament Hill** im Norden Londons. US-Botschafter Gregory Peck arbeitet selbstverständlich in der **Amerikanischen Botschaft** am **Red Lion Square**, wo er dem verrückten Priester Patrick Troughton (der zweite *Doctor Who*) begegnet, der an der Themse in Putney entlangläuft und Offenbarungen von sich gibt. Seine nahe gelegene Kirche, in der er gepfählt wird, ist die **All Saints Church, Fulham**, die sich tatsächlich auf der nördlichen Seite der

Der verrückte Priester: All Saints Church, Putney

Eingang zum Heim des US-Botschafters

Putney Bridge befindet. Unterdessen lässt sich Damien von seinem diabolischen Wissen verleiten und lässt es beim Eintreffen in der **Guildford Cathedral** ganz gewaltig zittern. Außerdem versetzt er die Affen im **Windsor Safari Park** in Angst und Schrecken. Das palastartige Zuhause des US-Botschafters, das in der Seven Hills Road zu finden sein soll, liegt in **Pyrford Court, Pyrford**, ein paar Kilometer östlich von Woking in Surrey. Das private Gebäude, das durch dicht beieinander stehende Bäume umgeben ist, kann man von der Straße aus nicht sehen. Zu sehen ist allerdings das kunstvoll verzierte Pförtnerhaus, **The Bothy**, von dem aus Gregory Peck seine endgültige, verzweifelte Fahrt entlang der **Pyrwood Common Road** nahe Upshot Lane beginnt. Die Beerdigung des Botschafters findet auf dem **Brookwood Cemetery, Brookwood**, Surrey, statt – einst der größte Friedhof des Landes.

OPERATION: BROKEN ARROW

(1996, R: John Woo)
John Travolta, Christian Slater, Samantha Mathis
• **ARIZONA; MONTANA**

Effektelastiger Abenteuerfilm mit dem bösen Travolta, der sich mit Atomwaffen des Militärs vergnügt. Der Film spielt in Utah, gedreht wurde in Arizona rund um die atemberaubenden Landschaften des **Glen Canyon**, am **Lake Powell** und in **Page**. Die Eisenbahnszenen entstanden auf einem knapp 65 Kilometer langen Abschnitt einer privaten Eisenbahn in Livingston, Montana.

OPFER DER UNTERWELT

(1950, R: Rudolph Maté)
Edmond O'Brien, Pamela Britton, Neville Brand
• **SAN FRANCISCO; LOS ANGELES**

O'Brien wird eine tödliche Dosis eines langsam wirkenden Gifts verabreicht, und er begibt sich auf die Suche nach seinem Mörder, bevor sein Ende gekommen ist. Gefilmt wurde dieser Thriller in San Francisco und Los Angeles. O'Brien begegnet seinem Mörder schließlich am Bradbury Building, 304 South Broadway, Downtown L.A (für Details über dieses markante Gebäude siehe *Der Blade Runner*).

ORLANDO

(1993, R: Sally Potter)
Tilda Swinton, Quentin Crisp, Billy Zane
• **RUSSLAND; HERTFORDSHIRE**

Tilda Swinton ist der elisabethanische Ehrenmann, der auf Geheiß von Königin Elizabeth I. (Quentin Crisp – wer auch sonst?) in Potters phantasievoller Verfilmung der Geschichte von Virginia Woolf nicht altert, dafür aber das Geschlecht wechselt. Alt-London feierte in St. Petersburg Auferstehung. Die öden Wüsten und die muslimischen Stadtansichten gehören zu Khiva in Usbekistan

(wer diese wunderschön erhaltene Museumsstadt besuchen möchte, sollte sich die Central Asia Experience unter www.trans-siberian.co.uk zu Gemüte führen). Das Große Haus, das wiederholt als Schauplatz dient, ist das Hatfield House, Hertfordshire (für Details siehe *Batman*). Königin Elizabeths ausschweifendes Bankett mit Zehntausenden von Rosen und viertausend Tulpen wurde in der Großen Halle des Hauses gedreht. Die junge Gloriana verbrachte tatsächlich einen Großteil ihrer Jugend auf diesem Anwesen, wenn auch nicht in diesem Haus, das aus der Zeit Jakobs stammt.

ORPHÉE

(1949, R: Jean Cocteau)
Jean Marais, François Périer, Maria Casarès
• **FRANKREICH**

Klassiker des poetischen Kinos mit Maria Casarès als Tod und einem Orpheus, der durch flüssige Spiegel in alternative Welten gelangt. Anstatt sich auf Kameratricks zu verlegen, setzte Cocteau fässerweise Quecksilber ein, um die beeindruckenden Effekte zu erzielen. Drehort waren die mittelalterlichen Ruinen von **Les Baux-de-Provence** nahe Arles in Südfrankreich.

OSCAR WILDE

(1998, R: Brian Gilbert)
Stephen Fry, Jude Law, Jennifer Ehle
• **LONDON; DORSET; OXFORDSHIRE; HAMPSHIRE; HERTFORDSHIRE; SPANIEN**

Stephen Fry in der Rolle seines Lebens in einem Film, der die Offenheit aufweist, die früheren Verfilmungen gefehlt hat. Beeindruckende zeitgenössische Motive gleichen die Tatsache aus, dass man mit der Geschichte, wie der extravagante Schriftsteller in Ungnade fiel, bestens vertraut ist. Die Eröffnungsszene in Leadville, Colorado, wurde in der Wüste bei **Alicante** an der Südostküste Spaniens gefilmt, während man das Innenleben der Mine in den Grip House Studios nahe London baute.

Die Außenansicht von Wildes West End Apartment ist der zentrale Hof des vor kurzem renovierten **Somerset House** am Strand, ein vertrautes Motiv, das unter anderem als New York in Tim Burtons *Sleepy Hollow – Köpfe werden rollen* und als St. Petersburg in *James Bond 007 – Goldeneye* zu sehen war. Das beeindruckende Äußere des St. James Theatre, wo *Lady Windermeres Fan* eröffnet, ist das **Palace Theatre, Cambridge Circus**, in dem lange Zeit *Les Miserables* gegeben wurde.

Der verwöhnte und gereizte Opportunist Bosie vertraut Wilde seine Angst vor Erpressung an, während sie sich am River Cherwell auf dem Gelände des **Magdalen College**, Oxford, aufhalten, bei dem es sich tatsächlich um Wildes Alma mater handelte (für Details über diesen Drehort siehe eine andere Homosexuellen-Romanze aus dieser Zeit: *Maurice*). Unterdessen deutet Wildes Ehefrau Constance gegenüber Lady Mount-Temple Eheprobleme an, während sie sich am Strand nahe Durdle Door aufhalten, westlich von West Lulworth zwischen Weymouth und Swanage an der B3070 in Dorset *(Bahnhof: Wool)*, einem Motiv, das auch in John Schlesingers *Die Herrin* *von Thornhill* zu sehen war. Und in **Swanage** befindet sich der Pier, auf den sich Wilde mit seinen Kindern zum Angeln begibt, während er unter einer Erkältung leidet. Das Queensberry-Landhaus, wo Bosie eine deutliche Warnung von seiner Mutter zu hören bekommt, ist **Knebworth House** nahe Stevenage in Hertfordshire (für Details siehe *Batman*). Oscar erzählt seinen Kindern die Geschichte vom selbstsüchtigen Riesen auf dem Landsitz, wo er in Ruhe schreiben kann. Das charmante Anwesen ist **Houghton Lodge Gardens**, ein Cottage südlich von **Stockbridge**, rund 20 Kilometer östlich von Salisbury in Hampshire. Der Garten ist von März bis September für Besucher geöffnet *(es wird Eintritt verlangt; Tel. 01264/810177)*.

Das Hotel, in dem sich Wilde und Bosie nach dem großen Streit aussöhnen, ist ein weiteres bekanntes Motiv: **Luton Hoo**, nahe Luton, Hertfordshire (für Details siehe *Vier Hochzeiten und ein Todesfall*). Die Außenaufnahmen des Gerichtsgebäudes zeigen **Middle Temple, Lincoln's Inn**, London. Reading Gaol, wo Wilde eingesperrt wird, ist das **HM Prison Oxford, New Road** am Castle Mound. Zeitgenössische Innenaufnahmen wurden im Londoner Athenaeum Club, im **National Liberal Club** in Whitehall (auch zu sehen in *Der Elefantenmensch*) und **25-26 Tredegar Square** in Bow, E3, erledigt.

Der Pub, in dem Robbie Ross Wildes fallengelassenen Geliebten John Gray tröstet, ist die **Jamaica Wine Lodge, St. Michael's Alley, Cornhill**, E3, ein historischer Pub, der versteckt im Herzen der Stadt liegt und der das erste Kaffeehaus in England war. Das Cadogan Hotel, wo Wilde festgenommen wird, ist die Privatresidenz in **2 South Audley Street** hinter dem Hilton Hotel. Der italienische Friedhof, auf dem Wilde das Grab seiner Frau besucht, und das französische Café, in dem er beschließt, Bosie wiederzusehen, finden sich beide in **Granada**, Spanien.

OTELLO

(1986, R: Franco Zeffirelli)
Placido Domingo, Katia Ricciarelli, Justino Diaz
• **ITALIEN; KRETA, GRIECHENLAND**

Eine für Zeffirelli typische, ausschweifende Verfilmung von Verdis Oper, finanziert von dem für Cannon Films tätigen und üblicherweise eher preiswerter arbeitenden Team Golan-Globus, das diesmal einen Beitrag zur Kunst leisten wollte.

Der Drehort für die Garnison ist das **Hohenstaufenschloss** aus dem 13. Jahrhundert bei **Barletta** an der Nordküste von Puglia, gelegen an der Route 16, rund 65 Kilometer nordwestlich von Bari (seit den siebziger Jahren werden dort nur sehr langsam Restaurationsarbeiten ausgeführt, zur Zeit ist es für die Öffentlichkeit nicht geöffnet).

Die Außenaufnahmen im Hafen fanden in **Heraklion** auf Kreta statt, wo buchstäblich ein kompletter Einfahrtsbereich zu den bestehenden venezianischen Gebäuden hinzugefügt wurde.

Otellos Galeone, die für 80.000 Dollar konstruiert wurde, filmte man nicht an der kretischen Küste, sondern vor der italienischen Küste nördlich von Rom. Diese Szenen wurden erst aufgenommen, als der restliche Film fertig gestellt war. Das Schiff existiert immer noch und lag erst kürzlich im Hafen von Marseilles vor Anker.

OTHELLO

(1951, R: Orson Welles)
Orson Welles, Suzanne Cloutier, Michael MacLiammoir
• **ITALIEN; MAROKKO**

Othellos Haus: Ca' d'Oro am Canal Grande

Nachdem er innerhalb von drei Wochen *Macbeth* in einer Pappmachékulisse in Hollywood abgedreht hatte, schlug Welles eine deutlich andere Richtung ein und verwirklichte diese klassische Shakespeare-Verfilmung im Verlauf mehrerer Jahre an diversen Drehorten in Europa. Michael MacLiammoir (der den Iago spielte) erzählt die ganze Geschichte

Brabantios Haus: Palazzo Contarini-Fasan

äußerst vergnüglich in seinen Memoiren *Put Money in Thy Purse*.

Die Vielzahl der Drehorte ist Schwindel erregend, da Welles mitten in der Szene von einem Land zum anderen schneidet. Viele der in Venedig spielenden Szenen sind tatsächlich dort entstanden. Die heimliche Hochzeit von Othello und Desdemona wurde in der **Santa Maria dei Miracoli** (auch zu sehen in *Wenn die Gondeln Trauer tragen*) am Rialto in Venedig gefilmt. Brabantios Haus ist der **Palazzo Contarini-Fasan** am Canal Grande bei **Rio delle Ostreghe** nahe der Piazza San Marco. Der Palazzo ist übrigens als Desdemonas Haus bekannt. Der Turm, in den Brabantios Diener eilen, befindet sich scheinbar auf der Rückseite des Gebäudes, ist aber eigentlich der **Palazzo Contarini dal Bovolo**, der auf einem winzigen Hof in der **Calle della Vida 4299** an der Ecke Rio dei Fuseri und Rio di San Luca versteckt liegt. Die einzigartige Wendeltreppe ist auch in der britischen Produktion *Irren ist mörderisch* zu sehen. Das Mitternachtskonzil versammelt sich im mit roséfarbenem und weißem Marmor verkleideten **Palazzo Ducale**, dem Palast des Dogen. Die beeindruckende Treppe ist die Scala dei Giganti im Hofraum des Palastes. Othellos Haus ist der prachtvolle gotische Palast Ca' d'Oro am Canal Grande. Die meisten der auf Zypern spielenden Szenen wurden in **Essaouira** an der marokkanischen Küste gedreht, rund 70 Kilometer westlich von Marrakesch. Die Stadt aus dem 18. Jahrhundert, die früher den Namen Mogador trug, ist umgeben von gotischen Zinnen, die bei der Trauerprozession zu Beginn des Films, Iagos Folterszenen sowie bei der Eifersuchtsszene Verwendung fanden.

Die berühmte Dampfbadszene entstand in einem örtlichen Hammam (ja, einem echten Dampfbad) in Essaouria. Hier war ein wenig Improvisation erforderlich. Die Kostüme waren nicht rechtzeitig zum Drehbeginn eingetroffen, sodass die Schauspieler schließlich nur in Handtücher gekleidet vor die Kamera treten konnten. In

Die Rückseite von Brabantios Haus: Palazzo Contarini dal Bovolo

Der Senat: Scala die Giganti, Palazzo Ducale

Safi, gut 50 Kilometer nördlich gelegen, finden sich die Stufen, auf denen Cassio seine im Rausch begangene Schlägerei bedauert. Zwar ist die Stadt heutzutage ziemlich industrialisiert, besitzt aber immer noch ihre alte, von Mauern umgebene und mit Türmchen verzierte Medina. Die Schlägerei selbst wurde in der aus dem 15. Jahrhundert stammenden **portugiesischen Zisterne** bei **El Jadida**, rund 50 Kilometer weiter nördlich an der Küste gelegen, gedreht. Es handelt sich um ein unterirdisches Gewölbe, dessen Boden mit Wasser bedeckt ist, in dem sich die Säulen und die Decke spiegeln. Zu finden ist sie in der Medina der Stadt – auch bekannt als Cite Portugaise – am Nordende des Boulevard de Suez. Die Zisterne ist für Besucher geöffnet, allerdings wird Eintritt fällig. Dem Kampf wird Einhalt geboten, als Othello die Szene betritt – im **Palazzo Papale** im italienischen **Viterbo**. Brabantios Szenen sowie Othellos Wutausbruch wurden im Kreuzgang einer Kirche auf **Torcello** gedreht, einer friedlichen grünen Insel rund zehn Kilometer nordöstlich von Venedig. Othello geht in der im 8. Jahrhundert erbauten Kirche **San Pietro**, einer früheren Kathedrale, deren Äußeres im 12. Jahrhundert überarbeitet wurde, auf Desdemona los. Der Bau liegt in **Tuscania**, fünfzehn Kilometer von Viterbo entfernt. Für die Senatsszenen kam die umbrische Stadt **Perugia** zum Einsatz, gelegen zwischen Rom und Florenz. Desdemonas Schlafzimmer ist die runde Kirche **Santa Maria della Salute** in Viterbo, die aus dem 13. Jahrhundert stammt

OTHELLO

(1995, R: Oliver Parker)
Laurence Fishburne, Kenneth Branagh, Irène Jacob
• **ITALIEN**

Diesmal sind die mittelalterlichen Zinnen die des **Castello Orsini** in **Bracciano** am Lago Bracciano rund 40 Kilometer nordwestlich von Rom.

OTTO, ZIEH' DIE BREMSE AN!

(1937, R: Marcel Varnel)
Will Hay, Moore Marriott, Graham Moffatt
• **HAMPSHIRE**

Klassische Komödie mit Will Hay und seinen Sidekicks Marriott und Moffatt, die Waffenschmugglern einen Strich durch die Rechnung machen und sich in einem kleinen irischen Bahnhof als Geister ausgeben. Die tatsächlich so gut wie baufällige Buggleskelly Station diente als **Cliddesden Halt**, die von Designer Alex Vetchinsky ge-

staltet wurde. Heute ist sie natürlich geschlossen, aber wer sich den Weg durch das Unkraut bahnt, kann gleich südlich von Basingstoke an der Strecke Basingstoke – Alton in Hampshire die Überreste sehen. Die alte viktorianische und ebenfalls altersschwache Dampflok war die Gladstone – leider wurde sie 1941 ausrangiert.

OUT OF SIGHT

(1998, R: Steven Soderbergh)
George Clooney, Jennifer Lopez, Ving Rhames
• **FLORIDA; MICHIGAN; LOUISIANA; KALIFORNIEN**

Das Hotel von Clooney und Rhames: Tyler Adams Hotel, Park Avenue, Miami

Elmore-Leonard-Verfilmung, die vor allem im sonnigen Florida und im düsteren Detroit, Michigan, stattfindet. Die Belle Glade Correctional Institution ist tatsächlich das **Angola State Prison** in Louisiana, echte Gefangene übernahmen hier den Part von Statisten. Lompoc Federal Penitentiary ist eine Einrichtung für Fälle von Verletzung der Einwanderungsbestimmungen im kalifornischen **Palmdale**. Die Gefängnisbibliothek befindet sich im guten alten **Lincoln Heights Jail, 421 North Avenue 19, Lincoln Heights**, nahe Downtown L.A.
Das Hotel in Florida, in dem Clooney und Rhames unterkommen, ist das **Tyler Adams Hotel and Apartments, 2030 Park Avenue, Miami Beach**, das vor allem bei älteren Gästen sehr beliebt ist.
Das Fitnesscenter in Detroit, in dem Clooney und Rhames die Konfrontation mit Snopop und White Boy Bob suchen, ist eine ehrbare Einrichtung: **Kronk's Recreation Center, 5555 McGraw Street**. Die Boxszenen entstanden im **State Theater, 2115 Woodward Avenue**. Ripleys Villa befindet sich im Bezirk **Bloomfield Hills** der Motor City.

OUTBREAK – LAUTLOSE KILLER

(1995, R: Wolfgang Petersen)
Dustin Hoffman, Morgan Freeman, Rene Russo
• **KALIFORNIEN; HAWAII**

Hoffman versucht, einem tödlichen afrikanischen Virus Einhalt zu gebieten, das an der amerikanischen Westküste eingeschleppt worden ist. Die in Zaire spielenden Szenen entstanden auf der hawaiianischen Insel **Kauai** (für Details über diese schöne Insel siehe *Jurassic Park*). Die infizierte Stadt Cedar Creek ist eigentlich **Ferndale**, wo vor einem Bankgebäude auf der Main Street die Fassade eines Krankenhauslabors errichtet wurde.

DIE OUTSIDERS

(1983, R: Francis Ford Coppola)
Ralph Macchio, C. Thomas Howell, Matt Dillon
• **OKLAHOMA**

S.E. Hintons Roman in der Verfilmung von Coppola unter Einsatz einer erstklassigen Truppe damals noch unbekannter Schauspieler entstand an einem Stück mit dem künstlerisch anspruchsvolleren *Rumblefish* in **Tulsa**, Oklahoma.

P

PAL JOEY
(1957, R: George Sidney)
Frank Sinatra, Rita Hayworth, Kim Novak
• SAN FRANCISCO

Rodgers' und Harts Musical über den verschlagenen Nachtclubentertainer Joey ist in San Francisco angesiedelt. Rita Hayworth' Zuhause ist tatsächlich der **Coit Memorial Tower, Telegraph Hill Park** am Telegraph Hill

Chez Joey: das Spreckels Mansion, Washington Street, San Francisco

Boulevard. Dieses Wahrzeichen der Stadt wurde für Lillie Hitchcock Coit gebaut, um „die Stadt zu verschönern". Hat's geholfen? Für Details siehe *Vertigo – Aus dem Reich der Toten*. Der Chez Joey Nachtclub ist das großartige **Spreckels Mansion, 2080 Washington Street**, mit Blick über den Lafayette Park in Pacific Heights, auch zu sehen im Thriller *Grüne Augen in der Nacht* von 1969. Es ist ein Privatgebäude, das 1990 von der Autorin Danielle Steele gekauft wurde.

PALE RIDER – DER NAMENLOSE REITER
(1985, R: Clint Eastwood)
Clint Eastwood, Michael Moriarty, Carrie Snodgress
• IDAHO

Clint hilft bedrängten Familien in einem spektakulären Western, der im **Sun Valley** in Idaho sowie in der nahe gelegenen **Sawtooth National Recreation Area** an der Interstate 75 gefilmt wurde.

PANDORA UND DER FLIEGENDE HOLLÄNDER
(1951, R: Albert Lewin)
Ava Gardner, James Mason, Nigel Patrick
• SPANIEN

Ava Gardner ist die herzlose Plage, die sich in dieser mürrischen Fabel des exzentrischen Regisseurs Albert Lewin in den geisterhaften Captain verliebt. Die kleine Küstenstadt ist **Tossa De Mar** nahe Gerona an der spanischen Costa Brava, gut 100 Kilometer nordöstlich von Barcelona.

PANIK AM ROTEN FLUSS
(1948, R: Howard Hawks)
John Wayne, Montgomery Clift, Walter Brennan
• ARIZONA

Wayne und Clift folgen der texanischen Chisholm Trail, auch wenn dieser Westernklassiker im Süden von Arizona im **Rain Valley** gefilmt wurde, 60 Kilometer östlich von Tucson. Weitere Dreharbeiten fanden im **Coronado National Forest** statt, südlich von Benson. Der Fluss ist der **San Pedro**.

PANIK IN NEW YORK
(1953, R: Eugene Lourié)
Paul Christian, Paula Raymond, Cecil Kellaway
• NEW YORK CITY; LOS ANGELES

Inspiriert von einer Kurzgeschichte von Ray Bradbury (über eine überlebende prähistorische Echse, die den Ton eines Nebelhorns für den Paarungsruf eines anderen Sauriers hält) entstand dieser Monsterfilm, dessen Stop-Motion-Szenen von Genie Ray Harryhausen geliefert wurden und bei dem Lourié Regie führte, der unter anderem für Jean Renoir als Produktionsdesigner bei dessen Filmen *La Grande Illusion* und *La Regle du Jeu* tätig geworden war. Der Film wurde schnell und billig zusammengeschustert, spielt in New York, wurde aber größtenteils im Studio in Hollywood gefilmt. Zu den echten Motiven in New York zählen der **Fulton Fishmarket**, wo der Rhedasaurus aus dem East River an Land kommt, sowie die **Wall Street**, Lower Manhattan. Der Höhepunkt, als das Monster auf Coney Island getötet wird, entstand im Vergnügungspark in **Long Beach**, L.A.

Das Dinosaurierskelett, das die Kulisse des Museums beherrscht, wurde von Cary Grant in Howard Hawks' *Leoparden küsst man nicht* in mühevoller Kleinarbeit zusammengesetzt. Entdeckt wurde es in einem Lagerhaus von RKO.

PANTHER
(1995, R: Mario Van Peebles)
Kadeem Hardison, Bokeem Woodbine, Joe Don Baker
• KALIFORNIEN

Die Geschichte der Black Panther, der Revolutionäre der sechziger Jahre, und der hinterlistigen Taktiken des FBI, um die Bewegung zu unterhöhlen, spielt vorwiegend in Oakland gegenüber von San Francisco auf der anderen Seite der Bucht. Auf der zweistöckigen **Oakland Bay Bridge**, die Oakland mit San Francisco verbindet, schüchtert ein Cop einen der Panther ein. Das Oakland Army Induction Center, wo die Versammlung der Panther inszeniert wird, ist das bekannte **Park Plaza Hotel, 607 South Park View Street**, mit Blick auf den Macarthur Park, Downtown L.A. (für Details siehe *New York, New York*). Gefilmt wurde auch im **Alameda County Courthouse, 1225 Fallon Street**, Oakland, und im **California State Capitol Building, Ninth Street** zwischen L Street und N Street, Sacramento.

PANZERKREUZER POTEMKIN
(1925, R: Sergej Eisenstein)
A. Antonow, Grigori Alexandrow, Wladimir Barski
• UKRAINE

Eisensteins Stummfilmklassiker schildert die Ereignisse der Meuterei auf dem titelgebenden Schiff im Jahr 1905 vor dem Hafen von **Odessa**. Das Massaker auf der Treppe (eine von Eisenstein erfundene Episode) ist eine der innovativsten Sequenzen des Kinos und dürfte gleich nach dem Mord unter der Dusche in *Psycho* rangieren, was die Menge der darauf basierenden Parodien angeht, die von Terry Gilliams *Brazil* bis zu Brian de Palmas *The Untouchables – Die Unbestechlichen* reichen. Odessa ist ein angenehmes ukrainisches Erholungsgebiet am Nordufer des Schwarzen Meeres, allerdings wird das Wasser zunehmend verschmutzt, da sich immer mehr Industrie dort ansiedelt.

Die Treppe wurde zwischen 1837 und 1841 gebaut und perspektivisch entworfen. Von 21 Metern Breite verjüngt sie sich nach oben auf 13 Meter, um von unten betrachtet beeindruckender auszusehen. Die Treppe führt von den Prachtbauten auf dem **Primorski Bulvar** zur heute stark frequentierten **ulitsa Suvorova** am Ufer. Wenn Ihnen die Treppe zu lang ist – gleich daneben ist heute ein Aufzug zu finden, der es allerdings noch nicht zu Filmehren geschafft hat. Odessa ist mit dem Flugzeug von Moskau zwei Stunden, mit dem Schnellzug 24 Stunden entfernt.

PAPER MOON

(1973, R: Peter Bogdanovich)
Ryan O'Neal, Tatum O'Neal, Madeline Kahn
• **KANSAS; MISSOURI; LOS ANGELES**

Die O'Neals, im wahren Leben Vater und Tochter, sind Bibeln verkaufende Betrüger, die im mittleren Westen der USA der dreißiger Jahre ihr Unwesen treiben. Die zeitgenössisch aussehenden Städte

Kendall Alley, Pasadena

sind **Hays**, Interstate 70, **Kansas**, die die Basis für die Dreharbeiten war, **Lacrosse**, 50 Kilometer südlich an der Interstate 283, und **St. George** an der Interstate 55 südwestlich von St. Louis, Missouri. Gefilmt wurde auch in der historischen **Kendall Alley** in Pasadena, dem östlichen Vorort von L.A. (auch zu sehen in *Pulp Fiction*).

PAPILLON

(1973, R: Franklin J. Schaffner)
Steve McQueen, Dustin Hoffman, Victor Jory
• **JAMAIKA**

McQueen und Hoffman leiden in diesem Epos, das vorwiegend auf Jamaika entstand, unter den Entbehrungen im berüchtigten Gefangenenlager in Französisch Guayana. Das Gefängnis wurde in **Falmouth** errichtet, und die Außenaufnahmen entstanden an der **Montego Bay**. Das indische Dorf befindet sich in **Ocho Rios** (einem maßgeblichen Drehort für den ersten Bond-Film *James Bond – 007 jagt Dr. No*), und die Ankunft des Gefangenenschiffs wurde in **Kingston** gefilmt. Das Arbeitslager ist der **Paradise Jungle Park** in **Savannah-la-Mar** am westlichen Ende der Bluefields Bay, ein 400 Hektar großes privates Anwesen rund 50 Kilometer südlich von Montego Bay *(es wird Eintritt verlangt, Tel. 809 999 5771)*.

PARASITEN-MÖRDER

(1975, R: David Cronenberg)
Paul Hampton, Joe Silver, Barbara Steele
• **QUEBEC, KANADA**

Früher Cronenberg-Schocker über sexuell übertragbare Parasiten, die aus Apartmentbewohnern Sexbesessene machen. Das Hochhaus Starliner Towers ist ein Deluxe-Wohnhaus auf **Nun's Island** an der Pont Champlain über den St. Lawrence im Südwesten von Montreal.

PARIS, TEXAS

(1984, R: Wim Wenders)
Harry Dean Stanton, Dean Stockwell, Nastassja Kinski
• **TEXAS**

Paris, Texas, eine wirklich existierende Stadt, ist der Godot unter den Filmmotiven. Langes Warten, aber es taucht nie auf. Harry Dean Stanton befindet sich zu Beginn von

Das Texas-Motel: Marathon Motel, Highway 90, Marathon, West Texas

Wenders' Roadmovie in **Marathon**, einer winzigen Stadt nördlich des grandiosen Big Bend National Park. Das Motel, in dem er übernachtet, ist das **Marathon Motel and RV Park**, West Highway 90, ein atemberaubend malerischer Anblick einer ganzen Reihe von Blockhütten entlang des Wüstenhighways und neben einer Eisenbahnstrecke. Von dort hat man einen wunderbaren Ausblick über die westtexanische Wüste bis zu den Chisos Mountains *(Tel. 915 386 4241)*. Die Reise führt Stanton und Stockwell nach **Port Arthur** und **Houston**.

Paris selbst, an der Interstate 82 gut 150 Kilometer nordwestlich von Dallas gelegen, ist eine reizende kleine Stadt, die in den zwanziger Jahren durch ein Feuer vernichtet und komplett wieder aufgebaut wurde, an der man aber seitdem kaum noch etwas verändert hat. Paris ködert mit seinem exotischen europäischen Namen, auch wenn seine Bedeutung kaum erfasst wird. Ein Geschäft am Ort trägt den wundervollen Namen *Le Anne's*.

PASOLINIS TOLLDREISTE GESCHICHTEN

(1971, R: Pier Paolo Pasolini)
Pier Paolo Pasolini, Hugh Griffith, Laura Betti
• **AVON; ESSEX; GLOUCESTERSHIRE; SUFFOLK; SUSSEX; WORCESTERSHIRE; SIZILIEN, ITALIEN**

Die gesamte Fülle von Chaucer – erfreulicherweise alle mit den damit einhergehenden Geschmacklosigkeiten seiner Zeit. Der zweite Teil von Pasolinis mittelalterlicher „Trilogie der Sinnlichkeit" (nach *Decameron* und vor *Erotische Geschichten aus 1001 Nacht*) konzentriert sich ausdrücklich auf die obszönen Aspekte der Geschichten. Gefilmt wurde an Schauplätzen rund um echte englische Dörfer wie **Chipping Campden**, 15 Kilometer südlich von Stratford-upon-Avon an der B4035 in Gloucestershire, **Lavenham** (wo in *Der Hexenjäger* die Hexenverbrennung stattfand), rund 15 Kilometer südlich von Bury St. Edmunds an der A1141 in Suffolk, **St. Osyth**, ein paar Kilometer westlich von Clacton-on-Sea an der B1027 in Essex, **Bath** in Avon, **Battle**, acht Kilometer nordwestlich von Hastings in Sussex, und **Rye**, 13 Kilometer nordöstlich von Hastings, ebenfalls in Sussex.

Die „Höllen"-Szenen, in denen der riesige Teufel Mönche furzt (ich habe ja gesagt, dass die zeitgenössischen Obszönitäten enthalten sind), wurden in den Vulkanlandschaften von Sizilien gedreht.

PASSION FISH

(1992, R: John Sayles)
Mary McDonnell, Alfre Woodard, David Strathairn
• **LOUISIANA**

Sayles' Film über die Beziehung zwischen der gelähmten Soapdarstellerin McDonnell und ihrer aufmerksamen Pflegerin Woodard entstand in **Jennings** und am **Lake Arthur**, Louisiana.

PAT GARRETT JAGT BILLY THE KID

(1973, R: Sam Peckinpah)
James Coburn, Kris Kristofferson, Bob Dylan
• **MEXIKO**

Wieder eine langsame, blutige Peckinpah-Hymne an den verdreckten und verschwitzten Männlichkeitswahn, der in diversen Variationen existiert. Nach seinen früheren Rundzügen durch Mexiko mit *Sierra Charriba* und *The Wild Bunch – Sie kannten kein Gesetz* blieb Peckinpah diesmal dem Western-Motiv **Durango** treu, das rund 800 Kilometer nordwestlich von Mexico City liegt, ein Gebiet, das in sehr vielen Filmen zu sehen war, unter anderem in *Cahill, Geier kennen kein Erbarmen, Chisum, Die Unbesiegten* und *Die Gewaltigen*.

DER PATE

(1972, R: Francis Ford Coppola)
Marlon Brando, Al Pacino, Diane Keaton
• **NEW YORK CITY; LONG ISLAND; LOS ANGELES; LAS VEGAS, NEVADA; SIZILIEN, ITALIEN**

Da Mafiafilme aus der Mode waren und ein relativ unbekannter Mann Regie führen sollte, war Paramount darauf aus, den Film in die Gegenwart zu verlegen und auf dem Studiogelände in Hollywood zu filmen. Als sich aber der Roman, nach dem der Film entstehen sollte, über 12 Millionen Mal verkauft hatte, ließ sich das Studio widerwillig auf Coppolas Forderungen ein, den Großteil des Films an echten Schauplätzen in New York zu drehen.

Sogar die Studiodrehs fanden an der Ostküste statt, und zwar in den New Yorker Filmways Studios, **246 East**

Das Corleone-Anwesen: Longfellow Road, Staten Island

127th Street, East Harlem/Ecke Second Avenue. Das Studio ist mittlerweile geschlossen worden, an seiner Stelle befindet sich ein riesiger Supermarkt der Kette Foodways.

Luca Brosi wird erwürgt: Sofia's Restaurant, Edison Hotel, 47th Street

Die Hochzeitsszene auf dem Corleone-Anwesen auf Long Island wurde sehr wohl auf einer Insel bei New York gefilmt – aber nicht auf Long Island, sondern auf **Staten Island**.

Das Büro von Genco Olive Oil: Mietz Building, Mott Street

Die Festlichkeiten unter freiem Himmel wurden im Garten in **120 Longfellow Road** in der wohlhabenden Nachbarschaft von Emerson Hill inszeniert. Die Corleone-Villa selbst ist gleich nebenan in **110 Longfellow Road**. Die Staten Island Rapid Transit Railway bringt Sie von der St. George Station dorthin, es sind vier Stationen bis Grasmere. Von dort geht man noch einmal gut eine halbe Stunde in Richtung Norden zur Longfellow Road, eine Sackgasse östlich der Ocean Terrace. Die Nummern 110 und 120 sind die letzten Häuser ganz am Ende der Straße.

Wenn Don Corleone Tom Hagen nach Hollywood schickt, um dem Studioboss ein Angebot zu machen, das der nicht ausschlagen kann, gibt es einen wunderbaren Ausschnitt aus einer Nachrichtensendung, in der das alte Hollywood zu sehen ist. Die **Hollywood United Methodist Church** in der Highland Avenue und **Grauman's Chinese Theater** (wie es damals hieß) am Hollywood Boulevard sind nicht im ursprünglichen Zustand zu sehen, bevor das ganze Gebiet zur Touristenfalle wurde.

Das Paramount-Gelände, **5451 Marathon Street**/Ecke Bronson Avenue hinter der Melrose Avenue in Hollywood hält als Woltz International Pictures her (für Details zum Studio siehe *Boulevard der Dämmerung*). Nachdem Woltz sich endlich zu einem Treffen mit Hagen bereit erklärt hat, kommt es zum seltenen Fall, dass die Ostküste für Hollywood einspringen muss. Das Schlafzimmer in Woltz' Villa, wo der Studioboss den Kopf seines Pferdes vorfindet, ist das Wohnzimmer von **Falaise** am **Sands Point Preserve**, dem Guggenheim-Anwesen an der **95 Middleneck Road** auf Long Island. Sie können es in den Sommermonaten besuchen. Dort befinden sich auch die Villen, die in *Große Erwartungen* von 1998 und in *Der Duft der Frauen* zu sehen waren. Von Point Washington sind es etwa sechs Kilometer in nördlicher

Michael Corleone erfährt vom Tod des Don: Radio City Music Hall

Das Hotel von Michael und Kay: St. Regis-Sheraton, East 55th Street

Richtung (in der Nähe des Bahnhofs gibt es ein Taxiunternehmen) mit der Long Island Railroad von der New Yorker Pennsylvania Station, Seventh Avenue. Das Äußere des Woltz-Hauses, das auch als Anwesen von Whitney Houston in *The Bodyguard* zu sehen war, befindet sich eigentlich in L.A. Es soll sich um die gigantische Beverly-Hills-Villa des Stummfilmstars Harold Lloyd handeln: **Greenacres, 1740 Green Acres Drive**. Für Details siehe *Westworld*.

Michael und Kay steigen im eleganten St. Regis Hotel ab, heute das **St. Regis-Sheraton, 2 East 55th Street** *(Tel. 212 767 0525)* an der Ecke Fifth Avenue. In der Nähe befand sich Best & Co, das New Yorker Warenhaus, in dem sie ihre Weihnachtseinkäufe erledigten: Fifth Avenue zwischen 51st Street und 52nd Street im modebewussten Abschnitt der so genannten „Ladies' Mile". Obwohl das Geschäft bereits geschlossen war, wurde es für den Film kurzzeitig wieder aufgemacht und anschließend abgerissen. Leider existiert der Modellbahntraum, Polk's Hobby Shop, der sich in 314 Fifth Avenue nahe 31st Street befand, auch nicht mehr. Hier kauft Tom Hagen weitere Geschenke, als Sollozzos Männer ihn zu einer kleinen Spritztour einladen. Heute befindet sich dort eine Pizzeria.

Die Bar, in der sich Sollozzo mit Luca Brasi trifft, ist das **Edison Hotel, 228 West 47th Street**. Den leicht umdekorierten Korridor mit seinen runden Spiegeln erkennen Sie in Woody Allens *Bullets Over Broadway* wieder. Im Inneren befindet sich heute **Sophia's Restaurant**, bei dem es sich um Edison's Coffee Shop handelte, in dem Brasi auf die Theke gedrückt und erdrosselt wird.

Das Gebäude der Genco Olive Oil, scheinbar am der Mulberry Street gelegen, vor dem der Don niedergeschossen wird, war das **Mietz Building, 128 Mott Street**, in einem zu der Zeit unveränderten Gebiet zwischen Little Italy und Chinatown. Die unbarmherzige Ausdehnung von Chinatown nach Little Italy hatte jedoch zur Folge, dass das Gebäude mittlerweile ausgeschlachtet und zu einem chinesischen Geschäft geworden ist, auch wenn man den Namen „Mietz" an der Hausfront immer noch sehen kann. Der Art-déco-Eingang wurde speziell für den Film geschaffen. Mit erstaunlicher Geschwindigkeit spricht sich die Nachricht herum, während sich Michael und Kay *The Bells of St Mary's* in der **Radio City Music Hall, 1260 Sixth Avenue**/Ecke 50th Street, ansehen. Die Außenansicht des Krankenhauses, in dem Michael seinen verletzten Vater besucht, gehört dem **Lincoln Medical Center, 234 East 149th Street** in der Bronx, aber das menschenleere Innere findet sich in der **New York Eye and Ear Infirmary, 310 East 14th Street** im East Village. Michael wird in der Folge vor Jack Dempsey's Broadway Bar (ein weiteres, seit langem nicht mehr existierendes Lokal, das für den Film in N.Y. nachgebaut wurde) abgeholt und nach New Jersey gebracht, was bedeuten würde, dass sie die George Washington Bridge benutzen, um den Hud-

son zu überqueren. Die Brücke für die Szene, in der sie wenden, ist aber die **Queensboro Bridge** über den East River. Louis' Restaurant, wo Sollozzo und McCluskey niedergeschossen werden, war das alte Luna Restaurant unter der White Plains Road IRT in **Belmont**, der größten italienischen Gemeinde in New York.

Barzani wird niedergeschossen: die Stufen des New York County Courthouse, Center Street

Michael wird zum Paten: St. Patrick's Cathedral, Mulberry Street

Nach der Flucht nach Sizilien taucht Michael in den Bergen rund um Taormina unter. Das Dorf ist **Forza d'Agro**, eine kleine mittelalterliche Gemeinde, die von der Ruine eines Schlosses aus dem 16. Jahrhundert beherrscht wird. Wenn Sie dorthin wollen, fahren Sie von Taormina einige Kilometer nach Norden bis zur Küstenstadt Mazzaro, biegen dann nach links in die Berge ab und fahren weitere vier Kilometer. Michaels Hochzeit wird in der kleinen holzvertäfelten **Bar Vitelli** im Dörfchen **Savoca** gefeiert, einige Kilometer nördlich von Forza d'Agro.

In N.Y. verprügelt Sonny seinen Schwager Carlo an der Ecke **118th Street/Pleasant Avenue**, östlich der First Avenue in East Harlem, bekommt aber schon bald die Quittung, als er in einem spektakulären Kugelhagel an den Zollhäuschen untergeht, die sich scheinbar auf dem Jones Beach Causeway, Long Island, befinden, tatsächlich aber auf dem nicht mehr benutzten Flughafen **Floyd Bennett Field** südöstlich von Brooklyn am Ende der Flatbush Avenue aufgebaut wurden. Bonaseras Beerdigungsinstitut ist die Leichenhalle im **Bellevue Hospital, First Avenue**/Ecke East 29th Street am East River im Distrikt Gramercy.

Das Gipfeltreffen der fünf Familien findet im Sitzungssaal der Penn Central Railroad oberhalb der **Grand Central Station** statt, 42nd Street und Park Avenue, während Michaels Vorstoß nach Las Vegas im **Tropicana, 3801 Las Vegas Boulevard South**/Ecke Tropicana Avenue, auf dem Strip gefilmt wurde. Nach Don Corleones verschwenderischer Beisetzung auf dem **Calvary Cemetery, Greenpoint Avenue** in Queens, wird Michael in einem Ritual zum Paten, das auf geniale Weise mit den blutigen Morden an den Köpfen der Familien zusammengeschnitten wurde. Clemenza feuert auf Stracci und Cuneo im Lift des **St. Regis-Sheraton** (wo Michael und Kay ihre Nacht in N.Y. verbrachten); Moe Greene wird im Dampfbad des **McBur-**

Die Taufe: Mount Loretto, Staten Island

ney YMCA, 215 West 23rd Street (*Tel. 212 741 9226*) ins Auge geschossen, und Erzrivale Barzini wird von dem falschen Polizisten Al Neri auf den Stufen des **New York County Courthouse, 60 Centre Street**/Ecke Pearl Street, Lower Manhattan, niedergestreckt (für Details über dieses beliebte Motiv siehe *Die zwölf Geschworenen*).

Die Taufe fand in der New Yorker **Old St. Patrick's Cathedral, 264 Mulberry Street** zwischen East Prince Street und Houston Street in Little Italy statt, während das Äußere zur **Mission of the Immaculate Virgin, Hylan Boulevard, Mount Loretto**, im südwestlichen Winkel von Staten Island, gehört (*Bahnhof: Pleasant Plains*).

DER PATE – TEIL II

(1974, R: Francis Ford Coppola)
Robert De Niro, Al Pacino, Lee Strasberg
• **NEW YORK CITY; KALIFORNIEN; NEVADA; CONNECTICUT; FLORIDA; SIZILIEN, ITALIEN; DOMINIKANISCHE REPUBLIK**

Der Angriff auf Pentangeli:
P.H. Varzac's, Avenue B, East Village

Caffe Reggio, MacDougal Street,
Greenwich Village

Der zweite Teil, der seinem Vorgänger um Längen überlegen war, wurde die erste Fortsetzung, die einen Oscar für den Besten Film erhielt.

Das Dorf, in dem Vito Andolini seine Jugend verbringt, ist angeblich Corleone, ein echtes Städtchen rund 30 Kilometer südlich von Palermo im Westen von Sizilien. Der Ort, den man im Film sieht, ist allerdings Taormina im Nordosten. Ellis Island in New York, Ankunftspunkt für alle Einwanderer aus Europa in der ersten Hälfte des 20. Jahrhunderts und der Ort, an dem aus Vito Andolini Vito Corleone wird, existiert noch heute und ist erst vor kurzem vollständig renoviert worden. Der Film bedient sich des **Alten Fischmarkts** in **Triest** im Norden Italiens.

Das am See gelegene Corleone-Anwesen ist **Fleur du Lac**, das **Henry Kaiser Estate** am westkalifornischen Ufer des **Lake Tahoe**. Der Uferstreifen ist inzwischen bebaut worden, und das Corleone-Gelände ist heute das Bootshaus eines eingezäunten Privatareals.

De Niros Little-Italy-Szenen im Jahr 1917 wurden auf der **Sixth Street** im East Village zwischen Avenue A und Avenue B gedreht, der Bereich wurde zeitgenössisch dekoriert. Ein Block weiter in Richtung Norden ist die Bar, in der die Rosato-Brüder versuchen, Pentangeli zu erdrosseln: **P.H. Vazac's, 108 Avenue B**/Ecke Seventh Street (bekannt als „Seven and B") an der südöstlichsten Ecke des Tompkins Square Park im East Village. Vazac's ist eine beliebte zwielichtige Bar, die unter anderem auch in *Crocodile Dundee* und *Angel Heart* zu sehen war. Die sich anschlie-

ßende Schießerei wurde auf der **East 7th Street** gefilmt. Wenn Michael Corleone Hyman Roth in Miami besucht, hält er sich tatsächlich dort auf, was man von den Szenen auf Kuba natürlich nicht sagen kann. Die vor der Revolution spielenden Szenen entstanden in der Dominikanischen Republik, und zwar auf dem östlichen Teil der Insel Hispaniola (Gulf & Western, Paramounts Muttergesellschaft besitzt dort praktischerweise Land). **Santo Domingo**, die Hauptstadt der Insel an der Südküste, hielt für Havanna her; Roths Hotel ist das **El Embajador Hotel, Avenue Sarasota** (*Tel. 809 2212131*); Batistas Palast, in dem die Neujahrsparty wegen der Revolution vorzeitig endet, ist der **Präsidentenpalast** von Santo Domingo.

Der Armeeposten, auf dem das FBI Pentangeli beschützt, ist das **California Institute for Men, Central Avenue**, fünf Kilometer südlich von **Chino** am Highway 60 östlich von L.A.

Zwei weitere Motive nehmen für sich in Anspruch, als Drehort benutzt worden zu sein, sind aber nicht so schnell zu erkennen: das **Doheny Mansion, Chester Place**, auf dem Campus des Mount St. Mary's College nahe dem West Adams Boulevard in Los Angeles, sowie das altehrwürdige Kaffeehaus **Caffe Reggio, 19 MacDougal Street**/Ecke West 3rd Street in Greenwich Village.

DER PATE III

(1990, R: Francis Ford Coppola)
Al Pacino, Andy Garcia, Diane Keaton
• **NEW YORK CITY; ROM; NEW JERSEY; SIZILIEN**

Das allzu ehrgeizige Ende der Trilogie eröffnet damit, dass Michael den Orden des Märtyrers St. Sebastian in der **Old St. Patrick's Cathedral, 264 Mulberry Street**, Little Italy, verliehen bekommt (Schauplatz der Taufe in *Der Pate*). Das italienisch-amerikanische Straßenfest, bei dem Zasa niedergeschossen wird, findet auf der **Elizabeth Street** statt, die parallel zur Mott Street verläuft, jenem Schauplatz in Little Italy, an dem im ersten Film auf Don Corleone geschossen wurde. Gefilmt wurde auch im **Mietz Building, 128 Mott Street**, das bereits in *Der Pate* verwendet worden war. Als weitere Drehorte in New York dienten die riesige Disko **The Red Zone, 440 West 45th Street** und das **Waldorf Astoria Hotel, 301 Park Avenue**. Diane Keatons Zuhause ist das **Trevor Manse, Mill Neck**, ein Privatgebäude auf Long Island. Der Helikopterangriff auf das Gangstertreffen in Atlantic City wurde in den **Cinecittà** Studios in Rom gefilmt, die Außenaufnahmen entstanden jedoch am **Trump Castle, Atlantic City**.

Das seit langer Zeit nicht mehr benutzte Rathaus von Palermo wurde für Michaels Rückkehr nach Sizilien wieder geöffnet und renoviert. Sizilianische Motive aus den Vorgängerfilmen tauchten erneut auf, darunter das Dörfchen **Forza d'Agro** im Norden von Taormina. Gefilmt wurde auch in **Villa Platania** nahe **Fiumefreddo**, rund zehn Kilometer südlich von Taormina und im **Marina de Cottone**. Der Toast auf Anthonys Debüt als Opernsänger wurde am Fuß der Treppe gefilmt, die zur **Villa Malfitano** hinaufführt. Das Büro des Erzbischofs befindet sich in der fünfeckigen **Villa Farnese** in **Caprarola**, einem kleinen Dorf gut 50 Kilometer nördlich von Rom. Michael erhält seine Absolution von dem zukünftigen Papst in der Kirche **Santa Maria della Quercia** in **Viterbo**. Der verschwenderische Höhepunkt des Films entstand im **Teatro Massimo** in **Palermo**, und auch wenn auf Grund von Renovierungsarbeiten die Innenaufnahmen in Cinecittà inszeniert werden mussten, entstand der tragische Schluss der Sage auf den Stufen des Opernhauses.

Der opernhafte Höhepunkt: Teatro Massimo, Palermo

PATTON – REBELL IN UNIFORM

(1970, R: Franklin Schaffner)
George C. Scott, Karl Malden, Michael Bates
• **SPANIEN; GRIECHENLAND; SIZILIEN, ITALIEN; MAROKKO; CHESHIRE**

Epische Verfilmung des Lebens des Generals aus dem Zweiten Weltkrieg, nach einem Oscar-preisgekrönten Drehbuch, an dem Francis Coppola mitgeschrieben hatte, und mit einem Oscar als Bester Schauspieler für Scott, den der nicht annahm.

Die Schlacht in den belgischen Ardennen wurde im Hochland von Segovia nachgestellt, gut 130 Kilometer nordwestlich von Madrid. Pattons Vorstoß durch Frankreich wurde im Gebiet von Pamplona im Baskenland gedreht. Spanien lieferte die diversen Motive für Nordafrika, Sizilien, Italien, Frankreich und Deutschland. Die Landung der Amphibienfahrzeuge entstand auf Sizilien, während die römischen Ruinen und die Inspektion der marokkanischen Truppen in Marokko gefilmt wurden. Weitere Dreharbeiten fanden in Griechenland statt.

Die Schlacht von El Guettar spielt in der vertrauten Wüste von **Almeria** im Süden Spaniens. Nach der Schlacht begegnet Patton seinem neuen Adjutanten im **Gouverneurspalast**, Almeria. Der lange Flur, durch den Patton hinausgeht, nachdem er in Eisenhowers Büro einen Rüffel erhalten hat, ist der **Raum mit den Wandteppichen** im **La Granja** (den Sie vielleicht wieder erkennen aus der Ballszene in Richard Lesters *Die drei Musketiere*). Patton lässt sein Portrait im Schloss von **Riofrio** malen, vor den Toren von Segovia (ein weiteres Motiv in *Die drei Musketiere*).

Pattons Kriegshauptquartier wurde am authentischen Schauplatz **Peover Hall** gefilmt, **Over Peover**, nahe **Knutsford**, Cheshire im Norden von England. Haus und Garten sind von April bis Oktober für Besucher geöffnet *(Tel. 01743/708100)*.

PEE-WEE'S IRRE ABENTEUER

(1985, R: Tim Burton)
Pee-Wee Herman, Jan Hooks, Elizabeth Daily

• LOS ANGELES; TEXAS

Kinoerstling von Burton. Die Shopping Mall, wo Pee-Wee magische Dinge einkauft und ihm sein Fahrrad gestohlen wird, ist die **Santa Monica Place Shopping Mall, Fourth Street**/Ecke Broadway, Santa Monica, L.A. Er sucht in der **Alamo, Alamo Plaza, San Antonio**, Texas, nach seinem Rad. Pee-Wee Hermans Version der Alamo-Tour ist wesentlich unterhaltsamer als die todernste echte Führung (für die kompletten Details siehe *Alamo*). Das Filmstudio ist das von **Warner Bros., 4000 Warner Boulevard, Burbank**. Durch das Studio werden auch Führungen angeboten. Im Gegensatz zum Themenpark der Universal Studios fällt die Führung bei WB deutlich kleiner aus (bis zu zwölf Personen), außerdem muss sie im Voraus gebucht werden *(Tel. 818 954 1744)*.

PEGGY SUE HAT GEHEIRATET

(1986, R: Francis Coppola)
Kathleen Turner, Nicolas Cage, Barry Miller
• **KALIFORNIEN**

Ein Oscar-nominiertes Starvehikel für Kathleen Turner, die beim Klassentreffen wieder zu ihrem 17 Jahre alten Selbst wird und die Beziehung zu ihrem Ehemann von vorne beginnt. Achten Sie auf einen frühen Auftritt von Jim Carrey als Mitglied von Nic Cages Gesangsgruppe. Der Film entstand in den Städten **Petaluma** und **Santa Rosa** in Nordkalifornien. Petaluma, eine kleine, weitestgehend unberührt gebliebene Stadt, ist ein oft auftauchendes Motiv und ist wohl vor allem durch **American Graffiti** bekannt geworden. Peggy Sues Sech-ziger-Jahre-Zu-hause ist **226 Liberty Street**, zwischen Prospect Street und Washington Street, Petaluma. Cage, ihr Freund Charlie, lebt in der

Das Donut Hole Cafe: Millie's Chili Bar, Petaluma

Peggy Sues Haus: Liberty Street

Das Haus von Freund Charlie: D Street

1006 D Street. Das Donut Hole Cafe, wo die junge Peggy Sue mit Kevin J O'Connor flirtet, ist **Millie's Chili Bar, 600 Petaluma Boulevard**/Ecke H Street. Gefilmt wurde auch in der **H Street** am Petaluma River. Die High School ist **Santa Rosa High School, 1235 Mendocino Avenue**/Pacific. Santa Rosa war auch die High School in *Die Abbotts – Wenn Hass die Liebe tötet*, und in *Scream* sollte sie zur Woodsboro High werden, doch die

Peggy Sues High School: Santa Rosa High School

Schulleitung verweigerte die Erlaubnis, nachdem man das Drehbuch gelesen hatte. Was dann auch das bissige „Kein Dank geht an ..." im Nachspann des Films erklärt.

PEGGY SUE HAT GEHEIRATET
(1994, R: Glenn Gordon Caron)
Warren Beatty, Annette Bening, Katharine Hepburn
• NEW YORK CITY; FRANZÖSISCH POLYNESIEN

Dritte Version der zeitlosen Geschichte (die zweite war *Die große Liebe meines Lebens*). Beatty und Bening begegnen sich, als ihre Maschine nach Sydney in **Moorea**, Französisch Polynesien landen muss, aber als Treffpunkt vereinbaren sie nach wie vor das **Empire State Building**. Gefilmt wurde auch im **Essex House, 160 Central Park South**, mitten in Manhattan.

PERFECT WORLD
(1993, R: Clint Eastwood)
Clint Eastwood, Kevin Costner, Laura Dern
• TEXAS

Eastwood und Costner arbeiten zusammen in diesem Film, der ausschließlich an Motiven in **Huntsville** und rund um Austin, Texas, entstand. Der entflohene Häftling Costner entführt einen Jungen an der **Columbus Street** nahe der Bouldin Avenue, Austin. Die fiktive Stadt Noodle ist **Martindale**, wo sich das von Costner betriebene Geschäft auf der **Main Street** befindet. Gedreht wurde auch am **State Capitol Building** in Austin. Die diversen texanischen Kleinstädte sind **Taylor, Wimberley, Niederwald, Manor, Cedar Creek, Bastrop, Utley, Volante** und **Canyon Lake**.

PERFORMANCE
(1970, R: Nicolas Roeg, Donald Cammell)
James Fox, Mick Jagger, Anita Pallenberg
• LONDON

Jaggers Drogenhöhle: Powis Square, Notting Hill

Der alte Art-Movie-Trick – der Persönlichkeitstausch – wird vom Traumteam Roeg und Cammell so stilvoll und innovativ aufgearbeitet, dass dies neben **Augen der Angst** einer der besten britischen Filme aller Zeiten sein muss. Das heruntergekommene Haus in Notting Hill, wo sich Gangster Fox mit dem ausgebrannten Rockstar Jagger versteckt, ist nicht 81 Powis Square (die Adresse, die im Film genannt wird), sondern **25 Powis Square**, W11, an der Talbot Road, einige Blocks östlich der Portobello Road. Das stimmungsvolle Heruntergekommene aus dem Film ist Vergangenheit, das Haus ist wunder-

schön renoviert worden. Die Innenaufnahmen entstanden in einem Haus im viel edleren **Lowndes Square**, SW1, in Knightsbridge.

PERSONA
(1966, R: Ingmar Bergman)
Liv Ullmann, Bibi Andersson, Gunnar Bjornstrand
• SCHWEDEN

Dieser Film über einen Persönlichkeitstausch wird in Bergmans Händen zu einer überwältigenden Kinoerfahrung, einschließlich eines Brecht'schen Filmbruchs. Gefilmt wurde auf der Insel **Faro**.

PETER'S FRIENDS
(1992, R: Kenneth Branagh)
Kenneth Branagh, Emma Thompson, Stephen Fry
• HERTFORDSHIRE

Alte Collegefreunde kommen zusammen, um über ihr Leben nachzudenken. Stephen Frys Haus ist **Wrotham Park, Hill Road** in **Bentley Heath**, an der A1000 nördlich von Barnet, Hertfordshire. Das Haus – von der Straße her nicht zu sehen, und nicht für Besucher geöffnet – wird gelegentlich für Konferenzen oder Dreharbeiten vermietet (zu sehen in Ken Russells *Gothic* und in *Prinzessin Caraboo*).

DER PFANDLEIHER
(1965, R: Sidney Lumet)
Rod Steiger, Jaime Sanchez, Geraldine Fitzgerald
• NEW YORK CITY

Steigers Pfandleihe existiert heute nicht mehr, stand aber an der **1642 Park Avenue**, zur Zeit noch immer ein unbebautes Grundstück, gleich nördlich der 116th Street in East Harlem. Die benachbarten Gebäude können Sie aber immer noch erkennen, da sie sich so gut wie nicht verändert haben. Die Radiant Bar in der 116th Street ist heute Ochun Botanica, ein Blumenladen.

DIE PHANTASTISCHE REISE
(1966, R: Richard Fleischer)
Stephen Boyd, Raquel Welch, Donald Pleasence
• LOS ANGELES

Skurriler SF-Spaß, in dem ein Chirurgenteam auf Bakteriengröße verkleinert und in den Körper eines Spitzenwissenschaftlers injiziert wird, um eine schwierige Operation am Gehirn vorzunehmen. Das Äußere des Hauptquartiers und der große, kreisförmig verlaufende Korridor gehören zur **Los Angeles Sports Arena, 3939 South Figueroa Street**, Heimat der L.A. Clippers, im Gebiet Exposition Park.

DAS PHANTOM IM PARADIES
(1974, R: Brian De Palma)
William Finley, Jessica Harper, Paul Williams
• LOS ANGELES; NEW YORK CITY; TEXAS

De Palmas wilde Rockvariante von *Das Phantom der Oper* und *Faust* entstand auf Sets in L.A., während die Außenaufnahmen vorwiegend New York zeigen, auch wenn der Rockpalast Paradise, der von dem entstellten

Das Paradise: Majestic Theater, Elm Street, Dallas

Komponisten heimgesucht wird, in Dallas, Texas, zu finden ist. Es handelt sich um das **Majestic Theater, 1925 Elm Street**, einen barocken Filmpalast, der 1921 als Hauptquartier der Interstate-Theaterkette erbaut wurde. Er wurde der Stadt Dallas geschenkt und in der Folge restauriert.

PHILADELPHIA

(1993, R: Jonathan Demme)
Tom Hanks, Denzel Washington, Antonio Banderas
• PHILADELPHIA, PENNSYLVANIA

Denzel Washingtons Kanzlei: Chestnut Street

Wheeler Building: Mellon Bank, Market Street

Washington und der schwule Student: Pickwick Pharmacy, Market Street

Demmes bewusst auf Mainstream zugeschnittener Film über AIDS-Vorurteile ist ganz gezielt angesiedelt in der Stadt der Freiheit, Unabhängigkeit und brüderlichen Liebe. Er beginnt mit einer Montage von Bildern aus Philadelphia wie der **Benjamin Franklin Bridge** über den Delaware River, die strahlenden modernen Wolkenkratzer am **Liberty Place** und die Liberty Bell selbst. So wie die meisten von Demmes Filmen entstand er fast vollständig an authentischen Schauplätzen. Das Action-Aids-Büro, in dem Hanks zu Beginn des Films untersucht wird, ist **1216 Arch Street** östlich der City Hall gegenüber dem Pennsylvania Convention Center. Das Büro der angesehenen Anwaltskanzlei Wyant, Wheeler, Hellerman, Tetlow und Brown, wo Hanks anfangs ein aufstrebender Star ist, gehört der Kanzlei Mesirov, Gelman, Jaffe, Cramer and Jamieson (die das Geld, was sie für die Dreharbeiten erhielten, an AIDS-Organisationen stifteten) im **Mellon Bank Building, 1735 Market Street**, westlich der City Hall. Etwas weiter südlich befindet sich Denzel Washingtons Kanzlei, **1901 Chestnut Street**/Ecke 19th Street. Die Apotheke, in der Washingtons Homophobie durch einen schwulen Jurastudenten provoziert wird, ist die **Pickwick Pharmacy, 1700 Market Street**, direkt gegenüber dem Mellon Bank Building. Washington überreicht Jason Robards während eines Ballspiels in der **Spectrum Sports Arena, Broad Street**/ Ecke Pattison Avenue, Heimat des Fußballteams Philadelphia Kixx, eine Vorladung.
Hanks und Banderas' erhabenes Apartment ist in der **10th Street**/ Ecke Bainbridge Street zu finden, und ebenfalls auf der Bainbridge Street befindet sich das **Famous Fourth Street Delicatessen**, wo Washington nach der Geburt seiner Tochter einkaufen geht. Hanks befasst sich westlich der Stadt in der **University of Pennsylvania Fine Arts Library**, Walnut Street, mit Rechtsfällen. Die Sauna, in der Tom Hanks' Coming-out durch das kumpelhafte Geplänkel der Partner vereitelt wird, findet sich im **Raquet Club, 215 South 16th Street**. Die Gerichtsszenen entstanden im Courtroom 243 der **Philadelphia City Hall, Penn Square**, an der Broad Street und Market Street. Hanks stirbt im **Mount Sinai Hospital, Fourth Street**/Reed.

Tom Hanks wird im Action-Aids-Büro untersucht: Arch Street

Das Verfahren: Philadelphia City Hall

DAS PIANO

(1993, R: Jane Campion)
Holly Hunter, Harvey Keitel, Anna Paquin
• NEUSEELAND

Oscar-preisgekröntes zeitgenössisches Drama mit zum Teil atemberaubenden Motiven, was auch Campion zu verdanken ist, die geschickt grundverschiedene Drehorte zusammenschneidet. Die Außenansichten der Häuser von Stewart und Baines finden sich in **Walkworth** nahe Auckland, North Island. Die Unterwassersequenz entstand an der **Bay of Islands**, weitere Dreharbeiten erfolgten an **Awakino Beach**. Der Strand, an dem das Schiffswrack liegt, ist der **Karekare Beach, Karekare Road**, abseits der Piha Road, nahe Glen Eden westlich von Auckland.

PICKNICK

(1955, R: Joshua Logan)
Kim Novak, William Holden, Rosalind Russell
• KANSAS

Der gut aussehende William Holden kommt in die Stadt und sorgt für Unruhe bei den Frauen in diesem Oscar-nominierten Film nach dem Stück von William Inge. Der Film wurde in **Hutchinson** gedreht, an der Interstate 50 rund 65 Kilometer nordwestlich von Wichita, Kansas, und **Halstead**, gut 40 Kilometer östlich. Die Wasserfallszene entstand in **Salina**, Interstate 135, etwa 130 Kilometer nördlich von Wichita.

PICKNICK AM VALENTINSTAG

(1975, R: Peter Weir)
Rachel Roberts, Helen Morse, Dominic Guard

• VICTORIA, AUSTRALIEN; SÜDAUSTRALIEN

Australische Geschichte aus der Zeit um die Jahrhundertwende, in der bei einem Picknick auf unerklärliche Weise Schulmädchen verschwinden. **Hanging Rock** gibt es wirklich und befindet sich dort, wo der Film gedreht

Appleyard Girls' School: Martindale Hall, Mintaro, Südaustralien

wurde. Das Wirrwarr aus Steinsäulen findet man nahe **Woodend** in Victoria, gut 55 Kilometer nordwestlich von Melbourne am Calder Highway. Der nahe gelegene, erloschene, 1000 Meter hohe Vulkan Mount Macedon erlaubt einen hervorragenden Blick auf die Felsen. Die Appleyard Girls' School ist **Martindale Hall** im Clare Valley nahe **Mintaro**, Südaustralien. Das Haus kann besucht werden *(Tel. 08/8843 9088)*, und wenn Sie möchten, können Sie eine Flasche Martindale Hall Chardonnay kaufen, die auf dem Gut abgefüllt wird.

PINK FLAMINGOS

(1972, R: John Waters)
Divine, Mink Stole, David Lochary
• MARYLAND

Das legendäre Meisterwerk aus der Underground-Zeit von John Waters mit Divine, die frischen Hundekot isst. Wer nur die Videoversion gesehen hat (in der die abstoßende Szene auf eine Abfolge von Standbildern reduziert wird), könnte glauben, dass sie nur vorgetäuscht wurde. Wer das Original kennt, weiß, dass das nicht der Fall war. So wie alle frühen Filme von Waters entstand auch dieser in und um **Baltimore**. Das Haus der Marbles ist **3900 Greenmount Avenue**. Was Sie aber bestimmt viel mehr interessiert, ist die Frage, wo Divine den Haufen verzehrt hat: vor der **894 Tyson Street**/Reed.

PINK FLOYD – THE WALL

(1982, R: Alan Parker)
Bob Geldof, Christine Hargreaves, James Laurenson
• DEVON; LONDON; SURREY; YORKSHIRE

Pompöse Umsetzung des Konzeptalbums von Pink Floyd, eine freie Autobiografie von Roger Waters, in der der Held Pink alle Phasen der Rockstar-Entfremdung durchmacht. Die Anzio-Strandszenen im Krieg, wo der Vater des jungen Pink ums Leben kommt, entstanden bei **Saunton Sands**, südlich von Ilfracombe an der nördlichen Küste von Devon. Pinks Zuhause in seiner Kindheit ist **East Molesey**, Surrey, der Spielplatz liegt in **Bermondsey**, London, und der wiederkehrende Kindheitstraum wurde bei **Epsom Downs** gefilmt. Die Väter der anderen Kinder kehren an der **Keighley Station** zurück neben der Keighley-Worth Valley Railway nahe Bradford in Yorkshire. Das US-Rockkonzert, das außer Kontrolle gerät, basiert auf einem Floyd-Konzert in der Sports Arena in L.A. und wurde in der **Wembley Arena** gefilmt (von einem kurzen, vom zweiten Kamerateam gedrehten Blick auf L.A.

abgesehen, wurden sämtliche in den USA spielende Szenen auf Sets in Pinewood gedreht). Als sich Pink aus nicht nachvollziehbaren Gründen in einen neofaschistischen Demagogen verwandelt, führt er eine Versammlung in der **Royal Horticultural Hall, Westminster** an (für Details siehe *Indiana Jones und der letzte Kreuzzug*). Der Ausschnitt von einem Gewaltausbruch bei einem Fußballspiel zeigt Muswell Hill, nahe Alexandra Palace. Der Schulaufstand spielt sich in den **Beckton Gasworks** ab, wo Stanley Kubrick die Vietnam-Szenen für *Full Metal Jacket* drehte.

PLAN 9 AUS DEM WELTALL

(1958, R: Edward D. Wood Jr.)
Bela Lugosi, Tor Johnson, Vampira
• KALIFORNIEN

Der legendäre „Schlechteste Film aller Zeiten", der in Tim Burtons *Ed Wood* liebevoll nachempfunden wird, entstand in der Umgebung von **San Fernando**, nördlich von L.A.

PLANET DER AFFEN

(1968, R: Franklin Schaffner)
Charlton Heston, Roddy McDowall, Kim Hunter
• KALIFORNIEN; ARIZONA

Der Wüstenplanet, der von Affen regiert wird, ist die Wüste rund um **Page, Glen Canyon** und **Lake Powell**, im nördlichen Arizona. Die Sets des Affendorfs wurden auf der Fox Ranch in **Malibu Creek State Park** gebaut, **Las Virgenes Road** abseits des Mulholland Highway südlich der Route 101, nordwestlich von L.A. Die Schlussszene, in der Heston erkennt, dass er sich die ganze Zeit über auf der Erde befunden hat, entstand in einer abgeschiedenen Bucht am östlichen Ende des **Westward Beach** zwischen Zuma Beach und Point Dume, Malibu.

PLATOON

(1986, R: Oliver Stone)
Charlie Sheen, Willem Dafoe, Tom Berenger
• PHILIPPINEN

Der erste Streifen in Stones Vietnam-Trilogie bekam einen Oscar als Bester Film. Starker Tobak, mit ein wenig Unterstützung von Samuel Barbers „Adagio". Gefilmt wie so viele andere Vietnam-Filme wurde auf den Philippinen im Dschungel, knapp 100 Kilometer von Manila entfernt.

EIN PLATZ AN DER SONNE

(1951, R: George Stevens)
Montgomery Clift, Elizabeth Taylor, Shelley Winters
• NEVADA; KALIFORNIEN

Theodore Dreisers *An American Tragedy* erhält von Stevens die angemessene Hollywood-Behandlung. Taylor ist reich, Clift ist arm, aber Winters ist schwanger. Gedreht wurde an **Lake Tahoe** in Nevada; in der Nähe des **Cascade Lake** an der Emerald Bay Road gleich hinter der Grenze in Kalifornien am südlichsten Zipfel des Tahoe. Die Geschichte basierte auf dem Gillette-Mordverfahren, das in New York State stattfand, im Herkimer County Courthouse in Little Falls, abseits der Interstate 90, etwa 30 Kilometer östlich von Utica.

THE PLAYER
(1992, R: Robert Altman)
Tim Robbins, Greta Scacchi, Whoopi Goldberg
• **KALIFORNIEN**

Robbins trifft den Autor: Rialto Theater, Pasadena

Das Restaurant auf dem Hügel: Geoffrey's, Malibu

Die Beerdigung: Hollywood Memorial Cemetery, Santa Monica Boulevard

Altman kehrte mit dieser vergnüglich gehässigen Satire über die Filmbranche ins Rampenlicht zurück. Das Kino, in dem der paranoide Studioboss Tim Robbins den Autor trifft – und schließlich umbringt –, von dem er glaubt, er würde ihm Todesdrohungen schicken, ist das **Rialto Theater, 1023 South Fair Oaks Avenue, Pasadena**. Im selben Haus feiert der Film *Stab* in *Scream 2* Premiere. Robbins erhält die Nachricht, sich mit „Joe Gilles" (der Name des von William Holden gespielten Drehbuchautors in *Sunset Boulevard*) zu treffen, im Patio des St. James' Club, einst und heute wieder die **Sunset Tower Apartments, 8358 Sunset Boulevard**, West Hollywood. In diesem Luxusblock, der 1931 errichtet wurde, lebten Errol Flynn, Clark Gable, Howard Hughes und die Gabor-Schwestern. Der Legende nach hielt sich John Wayne auf dem Balkon eine Kuh. Auf jeden Fall ist es ein Gebäude mit einer atemberaubenden Zickzack-Bauweise, das vor kurzem komplett restauriert worden ist und unter anderem in Filmen wie Jean-Claude Van Dammes *A.W.O.L.*, *Fahr zur Hölle, Liebling* und *Schnappt Shorty* zu sehen war.

Achten Sie auf die Beerdigungsszene, wenn der ermordete Autor beigesetzt wird. Der Grabstein, den man über der Schulter des finsteren Cops Lyle Lovett sehen kann, trägt den Familiennamen Douras, den wahren Namen von Marion Davies, lange Jahre Partner von William Randolph Hearst, dem ursprünglichen Vorbild für Charles Foster Kane. Auch zu sehen ist das **Cathedral Mausoleum**, in dem Rudolph Valentino, Peter Finch und die Asche von Peter Lorre beigesetzt sind. Unter dem Rasen hinter dem Douras-Monument liegt die Schauspielerin Virginia Rappé, die 1921 bei Fatty Arbuckles berüchtigtem Sex- und Saufgelage im St. Francis Hotel in San Francisco ums Leben kam (detailliert beschrieben im Buch *Hollywood Babylon*). Auf dem Friedhof finden sich auch die sterblichen Überreste von Tyrone Power, Douglas Fairbanks Sr., Cecil B. DeMille, John Huston, Paul Muni und Gangster Bugsy Siegel. Einst eine Toplage gleich neben dem Para-

mount-Gelände, ist das Niveau der Gegend inzwischen abgesunken, und der Friedhof liegt versteckt hinter einem kleinen Einkaufszentrum. Es handelt sich um den **Hollywood Memorial Cemetery, 6000 Santa Monica Boulevard**, zwischen Gower und Van Ness, Hollywood. Die Polizeiwache war die alte Pasadena Police Station, Holly und Arroyo Parkway, Pasadena. Sie ist inzwischen abgerissen, aber gehalten haben sich die Wahrzeichen der Stadt, die Altman als Hintergrund benutzt hat. Der von Stars überlaufene Wohltätigkeitsball findet im **L.A. County Museum Of Art, 5905 Wilshire Boulevard** statt (für Details siehe *Los Angeles – Ich liebe dich*). Das auf der Klippe gelegene Restaurant, in dem Burt Reynolds seinen Cameoauftritt hat, ist das noble Geoffrey's, 27400 Pacific Coast Highway in Malibu *(Tel. 310 457 1519)*. Und noch exklusiver ist das luxuriöse Bad, in das sich Robbins mit Greta Scacchi zurückzieht: **Two Bunch Palms, 67-425 Two Bunch Palms Trail, Desert Hot Springs**, nördlich von Palm Springs.

PLEASANTVILLE
(1998, R: Gary Ross)
Tobey Maguire, Reese Witherspoon, Joan Allen
• **LOS ANGELES**

Teenager der neunziger Jahre finden sich in der vollkommen sanftmütigen Welt der monochromen Soaps aus den fünfziger Jahren wieder. Technisch brillante Satire von Ross, nur gibt es leider kein Pleasantville. Die perfekte Stadt wurde komplett im Malibu Creek State Park errichtet.

POINT BLANK
(1967, R: John Boorman)
Lee Marvin, Angie Dickinson, Keenan Wynn
• **KALIFORNIEN**

Die Eröffnungsszene spielt auf **Alcatraz Island** (für Details siehe *Flucht von Alcatraz*) in der San Francisco Bay. Lee Marvin gelingt das bislang Unmögliche, indem er das gefährliche Gewässer durchschwimmt und die Stadt erreicht. Von da an wird die Handlung von San Francisco ins visuell geeignetere Los Angeles verlegt. Das Penthouse findet sich in Santa Monica, und das hochmoderne Ranchhaus ist auf der **Curson Avenue Mall** gelegen.

POLTERGEIST
(1982, R: Tobe Hooper)
JoBeth Williams, Craig T. Nelson, Heather O'Rourke
• **LOS ANGELES**

Produzent Spielberg ist offensichtlich die treibende Kraft, als bösartige Mächte durch einen Fernseher in einen Haushalt eindringen. Das „Freeling"-Haus befindet sich auf dem kleinen Anwesen **Forest Hills** im Simi Valley nördlich von L.A.
Poltergeist II – Die andere Seite war in Chicago angesiedelt und zeigte das **John Hancock Center, North Michigan Avenue** zwischen Chestnut Street und Delaware Street.

PREDATOR
(1987, R: John McTiernan)
Arnold Schwarzenegger, Carl Weathers, Jesse Ventura

• MEXIKO

Arnie stellt sich im Dschungel einem halb unsichtbaren und nahezu unbesiegbaren Monster. Nach der mitreißenden Steigerung der Spannung und einer wahrhaft gruseligen Raffinesse verfällt das Monster dann aber aus unerklärlichen Gründen auf Faustschläge. Gedreht wurde der Film in **Puerto Vallarta** an der Westküste von Mexiko, rund 650 Kilometer von Mexico City entfernt (für Details siehe *Die Nacht des Leguans*, durch den Puerto Vallarta bekannt wurde). Aus dem Set ist inzwischen ein Restaurant geworden, **El Edén** abseits des Highway 200, zwischen Camino Real und La Jolla Mismaloya. Es ist schwierig zu erreichen, da man gut fünf Kilometer auf einem Feldweg zurücklegen muss und es dort kein Telefon gibt. Viel Glück! Für die Dschungelszenen wurde das üppige Grün im Süden des Landes rund um **Palenque** ausgewählt.

PREDATOR II

(1990, R: Stephen Hopkins)
Danny Glover, Maria Conchita Alonso, Gary Busey
• KALIFORNIEN

Das halb unsichtbare Dreadlock-Monster taucht diesmal in der futuristischen Downtown von L.A. auf. Das Gebäude der City of L.A. Police Administration ist eigentlich die **Pacific Coast Stock Exchange, 618 South Spring Street**, Downtown

Die Polizeiwache: Pacific Coast Stock Exchange, Spring Street

Die Kreatur nimmt Gestalt an: Eastern Columbia Building, Broadway

L.A. Das Maya-Penthouse im Stil von Lloyd Wright ist eine Kulisse, aber das strahlende pfauenblaue Art-déco-Gebäude, an dem die Kreatur Gestalt annimmt, ist echt. Es ist das **Eastern Columbia Building, 849 South Broadway**, das auch in Antonionis *Zabriskie Point* zu sehen ist. Die strahlend saubere U-Bahn von Los Angeles – die es 1990 nicht gab – gehört zu BART, dem Bay Area Rapid Transport-System unter Oakland auf der anderen Seite der Bucht von San Francisco.

PRETTY BABY

(1978, R: Louis Malle)
Keith Carradine, Susan Sarandon, Brooke Shields
• NEW ORLEANS, LOUISIANA

Dubiose, aber schöne Geschichte (gefilmt von Bergman-Mitarbeiter Sven Nykvist) über Shields' Kindheit in einem Bordell in New Orleans um die Jahrhundertwende. Bellocqs Haus ist eine Villa in der **1221 Orange Street**, New Orleans, während die Innenaufnahmen im **Columns Hotel, 3811 St. Charles Street**, entstanden.

PRETTY IN PINK

(1986, R: Howard Deutch)
Molly Ringwald, Andrew McCarthy, Jon Cryer
• LOS ANGELES

Nette Teenager-Komödie, geschrieben von John Hughes. Der Abschlussball entstand im häufig zu sehenden Crystal Ballroom im **Biltmore Hotel, 506 South Grand Avenue** mit Blick auf den Pershing Square, Downtown L.A.

PRETTY WOMAN

(1990, R: Garry Marshall)
Richard Gere, Julia Roberts, Hector Elizondo
• LOS ANGELES

Ein Märchen für die achtziger Jahre, heißbegehrte Designerlabel eingeschlossen. Arme Nutte, die nach Filmstar aussieht, läuft einem Millionär über den Weg, der ebenfalls nach Filmstar aussieht. Da kann ja nur noch wahre Liebe folgen. Wie in allen Reiseführern betont wird, ist das beängstigend edle Luxushotel, in dem Roberts einen ersten Vorgeschmack auf ein besseres Leben bekommt, das 1928 im Beaux-Arts-Stil erbaute **Regent Beverly Wilshire, 9500 Wilshire Boulevard** *(Tel. 310 275 5200)* am Fuße des Rodeo Drive. Sehr praktisch, was das Einkaufen angeht. Es ist zu einem Mekka für die unanständig reichen Romantiker geworden, die dort ein „Pretty Woman"-Wochenende verbringen wollen. Aber leider, leider kann man sich diese Übernachtung für kein Geld der Welt erkaufen. Zwar gehören die Außenansicht und das Foyer dem wirklichen Beverly Wilshire, aber die Zimmer wurden im Disney Studio in Burbank erbaut und haben kaum etwas mit den echten Suiten gemein. Die Szene, in der die Hotelmanager Julia Roberts Unterricht erteilt, wurde im Ballsaal des

Die Edelboutique: Boulemiche Boutique, Santa Monica Boulevard

Das Hotel in Beverly Hills: Regent Beverly Wilshire, Wilshire Boulevard

Julia Roberts' Hotel: Las Palmas Hotel, Las Palmas Avenue, Hollywood

mittlerweile geschlossenen **Ambassador Hotel, 3400 Wilshire Boulevard**, aufgenommen, mitten in der Stadt (für Details siehe *A Star ist Born* von 1954).

Julia Roberts geht ihrem Job vor den kitschigen Souvenirshops auf dem **Hollywood Boulevard** nach. Die Boutique auf dem Rodeo Drive, aus der sie von den Mitarbeitern hinauskomplimentiert wird, um sich später in großem Stil zu rächen, und die sich alle erdenkliche Mühe gab, den Namen zu verstecken (was denn, wir wissen doch, dass es nur ein Film ist), ist die **Boulemiche Boutique**, die sich tatsächlich jedoch auf dem Santa Monica Boulevard befindet, wenn auch an der Ecke zum Rodeo Drive. Echte Romantiker wollen sich natürlich viel lieber die Feuerleiter ansehen, auf der Richard Gere zu den Klängen von *La Traviata* herumturnt, nicht aber die maßlose Pracht des Beverly Wilshire. Sie befindet sich am **Las Palmas Hotel, 1738 Las Palmas Avenue**, gleich am Hollywood Boulevard.

PRICK UP YOUR EARS

(1987, R: Stephen Frears)
Gary Oldman, Alfred Molina, Vanessa Redgrave
• LONDON; MAROKKO

Geschmackvolle Alan-Bennett-Adaptation von John Lahrs Biographie des Dramatikers Joe Orton, gedreht an verschiedenen Motiven in und um London. Für die Wohnung von Orton und Kenneth Halliwell, die in der Noel Road lag, Islington, N1, hielt ein Haus südlich von London in **Croydon** her. Ortons Kindheit in Leicester wurde nahe **Thornton Heath** gedreht, nördlich von Croydon. Der exotische Ferienort liegt in Marokko.

DER PRINZ UND DIE TÄNZERIN

(1957, R: Laurence Olivier)
Marilyn Monroe, Laurence Olivier, Sybil Thorndike
• LONDON

Die legendäre Fehlbesetzung Olivier/Monroe in einer Verfilmung eines Bühnenstücks von Terence Rattigan entstand fast komplett im Studio in Pinewood, abgesehen von den Szenen im Außenministerium, gefilmt in **St. James**, SW1. Das fiktive Theater, in dem Monroe auftaucht, ist in eine Aufnahme des Trafalgar Squares einkopiert.

PRISCILLA, KÖNIGIN DER WÜSTE

(1994, R: Stephan Elliott)
Terence Stamp, Hugo Weaving, Guy Pearce
• NEW SOUTH WALES, AUSTRALIEN; SÜDAUSTRALIEN; NORTHERN TERRITORY, AUSTRALIEN

Die von Abba inspirierte Dreiergruppe aus Drag Queens in diesem unterhaltsamen australischen Roadmovie unternimmt eine Reise durch das Outback in einem silbern lackierten und auf den Namen „Priscilla" getauften Bus nach Alice Springs. Die Reise beginnt in **Sydney** – „ooh" und „aah" für das **Opera House** und die **Harbour Bridge** – und führt dann durch die ungastliche Wüste von New South Wales. Der erste große Zwischenstopp wird in Broken Hill eingelegt, einer Bergbaustadt im Outback rund 1200 Kilometer westlich von Sydney, wo Mitzi, Felicia und Bernadette alle Blicke auf sich lenken, als sie auf der

Argent Street shoppen gehen. Das exzentrische Hotel, in dem die Mädels absteigen, ist Mario's Palace, Sulphide Street/ Ecke Argent Street (ja, alle Straßennamen lesen sich wie ein Chemiebuch und spiegeln die Bergbaugeschichte der Stadt wider: Bromide, Chloride, Oxide) *(Tel. 80 88 1699)*. Mario, der im Film als er selbst zu sehen ist, ist meistens anwesend. Wenn Sie in der Gegend sind, dürfte es Sie interessieren, dass sich ein paar

Innenansicht: Mario's Palace, Broken Hill, New South Wales ...

Kilometer nordwestlich von Broken Hill die Geisterstadt Silverton, eines der am häufigsten eingesetzten australischen Filmmotive (siehe *Mad Max II – Der Vollstrecker*) befindet. Einige Kilometer von hier finden Sie dann auch schon den nächsten Zwischenstopp, das **Mundi Mundi Plain Lookout**, wo die Drag Queens festsitzen, als Priscilla den Geist aufgibt.

Hilfe erscheint in der Gestalt des gutmütigen Bob und seiner seltsamen Frau Cynthia, die die drei nach **Coober Pedy** mitnehmen, 800 Kilometer weiter westlich in Südaustralien. Coober Pedy, ebenfalls eine Bergbaustadt, ist härter, rauer und sogar heißer als Broken Hill. Das Gebiet ist so ungastlich, dass die meisten Quartiere in den Untergrund gebaut worden sind (der Name des Ortes bedeutet „weißer Mann in einem Loch"). Die seltsame, vom Bergbau entstellte Landschaft ist ein weiteres, gern benutztes Motiv, das die postapokalyptischen Weiten für *Mad Max – Jenseits der Donnerkuppel* und Wim Wenders' *Bis ans Ende der Welt* lieferte. Wenn Sie unterirdisch übernachten wollen, müssen Sie sich ins **Underground Motel** begeben, **Umoona Road** *(Tel. 80 72 5324)*, im Norden der Stadt.

Von hier geht die Reise einige hundert Kilometer ins Northern Territory weiter, um dann endlich in **Alice Springs** einzutreffen und im **Lasseter's Casino** am **Barrett Drive** aufzutreten.

King's Canyon ist der Schauplatz von Felicias triumphaler Kletterpartie. Die atemberaubende Schlucht, ein Cousin des amerikanischen Grand Canyon, liegt im **Watarrka National Park** am westlichen Ende der **Ernest Giles Road**, einige hundert Kilometer westlich von Alice Springs. Das original Drehbuch hatte den wesentlich

... und Außenansicht

markanteren Ayers Rock vorgesehen – was wäre das für ein Bild geworden –, doch Ayers (alias Uluru) ist ein wichtiger Teil der Kultur der Aborigines, und der Gedanke, dass drei Drag Queens auf ihm umherstaksen würden, war ein Ding der Unmöglichkeit.

Felicias Traum erfüllt sich: King's Canyon, Watarrka National Park

DAS PRIVATLEBEN DES SHERLOCK HOLMES
(1970, R: Billy Wilder)
Robert Stephens, Colin Blakely, Genevieve Page
• LONDON; SCHOTTLAND; YORKSHIRE

Massiv unterbewertete, liebevoll romantische Verabschiedung vom Holmes-Mythos, in der es Holmes schafft, das Ungeheuer von Loch Ness zu jagen. Das rätselhafte Schloss liegt tatsächlich am Loch Ness. Es handelt sich um **Castle Urquhart**, eines der größten von Schottland, und liegt gut zweieinhalb Kilometer südöstlich von Drumnadrochit am Westufer des Loch, gut 20 Kilometer südwestlich von Inverness. Es ist für Besucher geöffnet. Die überzeugend aussehende Baker Street ist ein gewaltiges und entsprechend teures Set, gut 150 Meter lang und in Pinewood von Designer Alexander Trauner perspektivisch gebaut. Es wurde in der Folge häufig wieder verwendet. Die Eisenbahnszenen entstanden auf der **Keighley and Worth Valley Railway** in Yorkshire.

DER PROZESS
(1962, R: Orson Welles)
Anthony Perkins, Orson Welles, Jeanne Moreau
• JUGOSLAWIEN; PARIS; ROM; MAILAND

Gare d'Orsay, Paris

Zum Teil Kafka, zum Teil Welles, insgesamt brillant. Die großartigen und beeindruckenden Motive, die über ganz Europa verteilt sind, werden auf eine Weise zusammengefügt, dass sie eine albtraumhafte Landschaft ergeben. Joseph K.s Büro ist eine riesige Ausstellungshalle bei **Zagreb**, in die man 850 Schreibtische komplett mit Schreibmaschinen und Sekretärinnen gepackt hatte. Andere Drehorte waren **Dubrovnik**, Rom, Mailand und Paris. In einer typischen Bildfolge steht Perkins am **Gare d'Orsay**, Paris, geht dann die Stufen des **Palazzo di Giustizia**, Rom, hi-

nunter und spaziert zu einem Fabriktor in Mailand, um wenig später zu einem Wohnhaus in Zagreb zurückzukehren.

PSYCHO
(1960, R: Alfred Hitchcock)
Anthony Perkins, Janet Leigh, Martin Balsam
• LOS ANGELES; PHOENIX, ARIZONA

Das Bates-Haus: Universal Studios, Hollywood

Gefilmt wurde in den Revue Studios, dem Teil der Universal Studios, der von Paramount für Hitchcock angemietet wurde. Die Dreharbeiten begannen auf Bühne 18-A (wo der Mord unter der Dusche gedreht wurde – unbestritten die berühmteste Szene der Filmgeschichte). Marion Cranes Autofahrt wurde mit Rückprojektion verfilmt. Die Straßenszenen entstanden auf der Interstate 99 zwischen Fresno und Bakersfield, Kalifornien. Ein zweites Kamerateam filmte die Eröffnungsszenen in Phoenix, Arizona, wo Marion angeblich lebt. Ist Ihnen die Weihnachtsdekoration aufgefallen? Gefilmt wurde Anfang Dezember, aber Weihnachten wird nicht erwähnt, und das Wetter scheint ungewöhnlich warm zu sein. Um diesen Ausrutscher zu überdecken, wurde die Einstellung um eine Zeitangabe ergänzt („Freitag, elfter Dezember ..."), doch danach wird nie wieder auf das Datum Bezug genommen.

Der Film entstand mit einem Minimalbudget und wurde von einer Fernsehcrew fast komplett auf dem Studiogelände gedreht. Der Sumpf, in dem Norman Marions Wagen verschwinden lässt, sollte vor Ort bei Grizzly Island nahe Fairfield, nördlich von San Francisco, gefilmt werden, doch Budgetbeschränkungen hatten zur Folge, dass Hitch schließlich „Falls Lake" auf dem Gelände von Universal-Revue nutzte. Der See ist nach dem künstlichen Wasserfall benannt, der in den frühen Tagen des Studios gebaut wurde. Die fiktive Stadt Fairvale war nichts weiter als das Set der „Hauptstraße" bei Universal, und die Fairvale Presbyterian Church ist hier am Circle Drive zu sehen. Das Gerichtsgebäude von Fairvale war das Hauptverwaltungsgebäude des Studios, das mittlerweile abgerissen worden ist. Und natürlich ist da noch die Hauptattraktion der Universal Studio Tour – das Bates-Haus. Der Eingang befindet sich am **100 Universal City Plaza**, Universal City am Ven-

Die Werkstatt: Century West BMW, Lankershim Boulevard

tura Freeway nördlich von Hollywood *(Tel. 818 508 9600)*. Einige echte Motive fanden aber dennoch Verwendung: Marion wird von einem Cop auf der Interstate 5 angehalten, dem Golden State Freeway bei Gorman, nördlich von L.A. Und der Gebrauchtwagenhändler, bei dem Marion ihren Wagen gegen einen anderen eintauscht, existiert immer noch. Heute befindet sich dort **Century West BMW, 4270 Lankershim Boulevard**/Ecke Whipple Street und Valley Spring, nördlich des Studios. 1960 war es Harry Maher's Used Car Lot, gut bestückt mit Edsels, Fairlanes und Mercurys – einer der Sponsoren von Hitchcocks TV-Serie war Ford.

PSYCHO

(1998, R: Gus Van Sant)
Vince Vaughn, Anne Heche, Julianne Moore
• **LOS ANGELES; PHOENIX, ARIZONA**

Sonderbares Remake in Farbe, das in jeder Einstellung das Original kopiert. Das Motel ist das Original auf dem Universal-Gelände in Hollywood. Vor dem vertrauten alten Haus steht nun ein neues Gebäude. Die Szene mit dem Polizisten wurde an exakt der Stelle gedreht, die auch für das Original gewählt worden war.

PSYCHO II

(1983, R: Richard Franklin)
Anthony Perkins, Vera Miles, Meg Tilly
• **LOS ANGELES**

Nach 22 Jahren in einer Nervenheilanstalt kehrt Norman Bates nach Fairvale zurück. Marion Cranes Schwester ist darüber nicht sehr glücklich, und dann tauchen in der ganz und gar nicht unheimlichen Fortsetzung auf einmal die ersten Leichen auf.

Das Bates-Haus musste umziehen, als das Universal-Gelände umgestaltet wurde, um der einträglichen Studiotour mehr Platz einzuräumen, und das Motel-Set wurde zerlegt. Als *Psycho II* in Produktion ging, musste das Haus wieder verschoben werden, um an den ursprünglichen Platz zurückzukehren. Vom Motel wurde nur eine zwölf Meter lange Kulisse gebaut, der Rest – einschließlich Neonreklame – wurde mit Tricks ergänzt. Ein Großteil der Originalrequisiten und Dekorationen wurde im Studio zusammengesucht, um das Bates Motel so nah am Original wie möglich auszustatten.

PSYCHO III

(1986, R: Anthony Perkins)
Anthony Perkins, Diana Scarwid, Jeff Fahey
• **LOS ANGELES**

Perkins führt diesmal Regie, während sich Scarwid als selbstmordgefährdete Nonne ausgerechnet im Bates Motel versteckt. Der Tanztee, zu dem Norman seine Partnerin ausführt, ist

Norman Bates beim Tanztee: Park Plaza Hotel, South Park View Street

das Restaurant des **Park Plaza Hotel, 607 South Park View Street**, Downtown L.A. – später als Frühstückssaal des Hotels zu sehen (für Details über das Park Plaza siehe *New York, New York*).

PULP FICTION

(1994, R: Quentin Tarantino)
John Travolta, Samuel L. Jackson, Bruce Willis
• **LOS ANGELES**

Tarantinos Nachfolger zu *Reservoir Dogs* entstand in L.A. Das Lokal, in dem Tim Roth und Amanda Plummer den Überfall inszenieren, war der Hawthorne Grill, 13763 Hawthorne Boulevard/Ecke 137th

Kampf der Giganten: Raymond Theatre, Pasadena

Street, Hawthorne, südlich des Los Angeles Airport. Der Grill stand eine Zeit lang leer und ist jetzt abgerissen worden. Spurlos verschwunden ist auch das Motel, in dem sich Bruce Willis versteckt, nachdem er den Kampf gewonnen hat. Es war das River Glen Motel, das sich um 2934 Riverside Drive nahe dem Los Feliz Boulevard befand, westlich des Golden State Freeway im Südosten des Griffith Park. Der Apartmentblock, in dem Vince und Jules Big Kahuna-Burger verspeisen, ehe sie die Typen kaltmachen, die Marsellus reingelegt haben, befindet sich an der **Van Ness Avenue** nördlich des Hollywood Boulevards, Hollywood. Jack Rabbit Slim's ist ein riesiges Set, das im Lagerhaus der Filmgesellschaft in Culver City errichtet wurde. Falls Sie es nicht gemerkt haben: Die erhabene Tanzfläche des Lokals hat die Form eines Tachometers – als Hommage an Howard Hawks' *Rote Linie 7000* und Elvis Presleys *Speedway*. Gegessen wird in sechs klassischen Cabrios. Von außen ist das Lokal eine geschlossene Bowlingbahn. Auch wenn es weit, weit hergeholt ist, soll die Idee dazu entweder auf den Lokalen basieren, die Architekt John Lautner entworfen hat, oder auf dem Lokal im Stil der fünfziger Jahre von Ed Debevic am 134 North La Cienega Boulevard nahe Beverly Hills. Marsellus' Zuhause ist in **Beverly Hills**, das Heim der Junkies Eric Stoltz und Rosanna Arquette ist **Echo Park**. Schauplatz der Schlacht der Giganten, wo Bruce Willis nach dem Kampf einen eiligen Abgang hinlegt, ist das **Raymond Theatre, 129 North Raymond Avenue**, Pasadena.

Honey-Bunny und Pumpkin: Hawthorne Grill, Hawthorne

THE PURPLE ROSE OF CAIRO
(1985, R: Woody Allen)
Mia Farrow, Jeff Daniels, Danny Aiello
• NEW JERSEY; NEW YORK STATE

Einer von Allens besten Filmen mit einer Fülle von großartigen Ideen in nur 82 Minuten. Farrow ist Aiellos drangsalierte Ehefrau, die bei jeder Gelegenheit in die Traumwelt des Films abtaucht, bis ihr Leinwandidol aus dem Film in ihr Leben überwechselt. Die Kleinstadt, die sich Allen aussuchte, um die dreißiger Jahre darzustellen, ist **Piermont**, abseits der Interstate 9W, am Westufer des Hudson River, New York State. Das Äußere des Jewel Theater ist nur eine Fassade, die ein Parkhaus an der Main Street von Piermont verdeckt, aber das Innenleben finden Sie im südlichen Brooklyn, in Woody Allens heimatlichem Distrikt Midwood, Richtung Coney Island. Es war das Kent Movie Theater, heute das **Kent Triplex, 1168 Coney Island Avenue**. Der verlassene Freizeitpark, in den Daniels Farrow ausführt, ist **Bertrand's Island, Mount Arlington**, nördlich der Route 80 nahe Lake Hopatcong, im Norden von New Jersey. Das Karussell steht im **Prospect Park Zoo** in Brooklyn. Das Bordell, in dem Daniels die Freuden des Sex' zu genießen beginnt, ist eine Obdachlosenunterkunft in der **West 71st Street**, die zur Grace and St. Paul's Lutheran Church gehört – auch zu sehen in *Radio Days*.

QUADROPHENIA
(1979, R: Franc Roddam)
Phil Daniels, Leslie Ash, Sting
• LONDON; SUSSEX

Treffpunkt der Mods:
Alfredo's, Islington

Die Unruhen: East Street, Brighton

Page: Grand Hotel, Brighton

Das Album von The Who dient als Grundlage für diese Geschichte über Teenagerängste, gleichzeitig lässt der Film die unentwegten Kämpfe der sechziger Jahre zwischen den geschniegelten Mods und den in Leder gekleideten Rockern wieder auferstehen. The Who kommen ursprünglich aus Shepherds Bush in West-London, und dort sind die Londoner Szenen auch angesiedelt. Jimmy fährt mit seinem Scooter auf der **Goldhawk Road**, und von der U-Bahnstation Goldhawk Road wird sein pomadiger Kumpel bis zum **Shepherd's Bush Market** gejagt und verprügelt.

Die Rocker greifen Spider an, nachdem sein Scooter vor dem **Bramley Arms**, Notting Hill, eine Panne hat. Dem Bramley gegenüber liegt der Schrottplatz, auf dem Pete arbeitet. Das Londoner Lokal der Mods ist das **Alfredo's, 4-6 Essex Road, Islington**, gleich nördlich der U-Bahnstation Angel. Diese Art-déco-Institution aus den zwanziger Jahren ist auch in *Mojo* zu sehen.

In Brighton versammeln sich die rivalisierenden Gangs am **Palace Pier** vor dem heute geschlossenen Heart and Hand – damals eine der bekanntesten Schwulenbars von Brighton. Im Foyer des Kinos gleich nebenan wird für *Der Himmel soll warten* geworben – den Film mit Warren Beatty, der (hoppla) 1978 ins Kino kam. Weiter östlich an der Küste entlang treffen sich die Mods zum Frühstück im **Waterfront Cafe** an der **Peter Pan Play Area, Madeira Drive**. Auf der gegenüberliegenden Seite des Eingangs zum Pier sieht man die Fassade des Ballsaals, wo Jimmy Ace die Schau stiehlt, indem er vom Balkon springt. Das ist heute das **Brighton Sealife Centre**. Direkt gegenüber von Old Steine ist die **East Street**, wo die Unruhestifter von der Polizei gestoppt werden und wo Jimmy endlich ein Quickie mit Steph in der engen Gasse – die zur Little East Street führt – vor der Hausnummer 11 gelingt. Das zerstörte Café liegt ein Stück weiter westlich entlang der Küste an der Ecke **Kings Road** und **Ship Street**.

Das Hotel, in dem Jimmy schließlich seiner Illusionen beraubt wird, als er Ace sieht, der dort als Page arbeitet, ist das **Grand Hotel, Kings Road** *(Tel. 01273/224300, www. grandbrighton.co.uk)*. Die spektakulären weißen Klippen, von denen Jimmy am Ende auf Aces getuntem Scooter den Absprung wagt, liegen rund dreißig Kilometer östlich von Brighton am **Beachy Head**, im Südwesten von Eastbourne.

Der Tanzsaal: Brighton Sea Life Centre

Das Café: Kings Road/Ecke Ship Street

QUIZ SHOW
(1994, R: Robert Redford)
Ralph Fiennes, John Turturro, Paul Scofield
• NEW YORK CITY; NEW YORK STATE

Redford schildert in seinem Film den berühmt-berüchtigten Skandal aus den fünfziger Jahren, als die TV-Bosse dafür sorgten, dass der gut aussehende Charles Van Doren in der höchst erfolgreichen Quizsendung *Twenty-One* über den Juden Herbie Stempel triumphierte. *Twenty-One* wurde im Art-déco-Gebäude von **NBC, Rockefeller Plaza** produziert, das Innenleben der NBC Studios des Jahres 1958 baute man aber im **Red Zone, 440 West**

Das Fernsehstudio: NBC Building, Rockefeller Plaza

45th Street, einer großen Diskothek in Manhattan (in der auch schon einige Szenen für *Der Pate III* gedreht wurden), stilecht nach.

Herbie Stempels Nachbarschaft der Arbeiterklasse ist Astoria, Queens, während das Zuhause der Van Dorens in Cornwall, Connecticut, tatsächlich in Ossining, New York State, gelegen ist. Die Columbia University – selbst ein bekannter Drehort für Filme wie *Ghostbusters – Die Geisterjäger* – wird hier von der **Fordham University** gedoubelt, einem 34 Hektar großen Campus an der **Webster Avenue** in der Bronx. Als der Skandal ans Tageslicht kommt, finden die Anhörungen vor dem Kongress in der **New York Historical Society, 170 Central Park West**/Ecke 77th Street, statt. Die Büros der NBC-Bosse finden sich im **Murdoch Hall**, einem Art-déco-Gebäude aus den dreißiger Jahren auf der anderen Seite des Hudson River in Jersey City. Ein weiterer Drehort war die Lobby des **Roosevelt Hotel, East 45th Street**/Ecke Madison Avenue mitten in New York *(Tel. 212 661 9600)*.

R

RABID – DER BRÜLLENDE TOD
(1976, R: David Cronenberg)
Marilyn Chambers, Frank Moore, Joe Silver
• QUEBEC, KANADA

Cronenbergs früher, unter die Haut gehender Horrorfilm, in dem Pornostar Marilyn Chambers nach einer Gewebetransplantation vampirartige Gelüste bekommt. Das Krankenhaus ist das **Notre Dame Hospital, 1560 Sherbrooke Street East**; die Shopping Mall ist die **Cavendish Mall, 5800 Boulevard Cavendish** in Côte St. Luc, und beim Hotel handelt es sich um das teure **Hotel Meridian, 4 Complexe Desjardins** (Tel. 514 285 1450), Downtown.

DIE RACHE DER SCHWARZEN SPINNE
(1958, R: Bert I. Gordon)
Ed Kemmer, June Kenny, Geene Persson
• NEW MEXICO

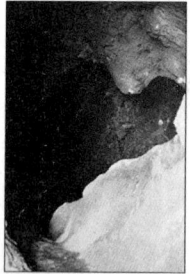

Eine Rockband einer High School bringt eine scheinbar tote Riesenspinne zurück ins Leben, die sie in den spektakulären **Carlsbad Caverns** gefunden hat, **Whites City**, an der Route 180/62, südlich von Carlsbad in der südöstlichsten Ecke von New Mexico. Die Kavernen – 83 voneinander getrennte Höhlen, die einen der größten unterirdischen Räume bilden – kann man im Rahmen unterschiedlich anstrengender

Das Versteck der Spinne: Eingang zu den Carlsbad Caverns

Touren besichtigen (Tel. 505 7852232; www.carlsbad. caverns.national-park.com; es wird Eintritt verlangt).

DIE RACHE DES WÜRGERS
(1955, R: Edward Wood Jr)
Bela Lugosi, Tor Johnson, Tony McCoy
• LOS ANGELES

Ein weiterer Klassiker des anerkannt schlechtesten Regisseurs aller Zeiten (es ist der Film mit dem falschen Octopus, der in *Ed Wood* zu sehen ist), der im Griffith Park, Los Angeles, gefilmt wurde.

RADIO DAYS
(1987, R: Woody Allen)
Woody Allen, Mia Farrow, Seth Green
• NEW YORK CITY; NEW JERSEY

Allen bedient sich üblicherweise bei Ingmar Bergman, aber von Zeit zu Zeit nimmt er sich auch Fellini als Vorbild. Wenn *Stardust Memories* seine Version von 8 ½ ist, dann ist Radio Days in seiner fragmentarischen, beziehungsreichen Nostalgie eine New Yorker Version von *Amarcord*. Mit seinem üblichen scharfen Blick für historische Motive lässt Woody Allen die Arbeiterviertel von Queens und das stilvolle Manhattan der vierziger Jahre

Little Joes Kindheitszuhause und das Haus seiner „kommunistischen" Nachbarn: Beach 115th Street, Rockaway Park

wieder aufleben. Die Nachbarschaft von Little Joe (der junge Allen) ist Rockaway, das Fleckchen Land an der Atlantikküste von South Queens. Sein Haus steht in der **180 Beach 115th Street** zwischen Ocean Promenade – dem Boardwalk – und **Rockaway Beach Boulevard**, dem benachbarten Einkaufszentrum, von dessen Dach aus die Schüler zusehen, wie ihre Lehrerin nackt tanzt. Die Radiowerkstatt, von der Little Joe gerade kommt, als er seinen als Taxifahrer arbeitenden Vater trifft, liegt ein paar Blocks östlich in der **Beach 97th Street**. Rockaway's Playland –

Little Joes Nachbarschaft: Beach 115th Street, Rockaway Park

Blick auf die nackte Lehrerin: Rockaway Beach Boulevard/ Ecke Beach 115th Street

Kinder auf dem Dach: Rockaway Beach Boulevard/Ecke Beach 115th Street

der Vergnügungspark, an dem Joe auf dem Weg zur Schule vorbeikommt, während er nach dem Masked Avenger Secret Compartment Ring trachtet – stand in der 185 Beach 97th Street, bis er 1987 kurz nach den Dreharbeiten zu *Radio Days* abgerissen wurde. Erbaut worden war er 1938 als Thompson's Amusement Park. Die riesige Achterbahn Atom Smasher, die im Film zu sehen ist, kam 1952 auch in *Das ist Cinerama* zum Einsatz.

Joe und seine Freunde verbringen ihre Zeit in **Breezy Point** am Nordufer des westlichen Ausläufers der Halbinsel Rockaway, und am **Coney Island Fishing Pier**, Boardwalk/Ecke 21st Street. Joes Schule, in der der anatomisch präzise Schneemann gebaut wird, ist **PS70, 30-**

Little Joe bekommt einen Chemiebaukasten: Macy's Art-déco-Eingang, West 34th Street

Das Ohr am Radio: Nam Wah Tea Parlor, Doyers Street, Chinatown

45 42nd Street in Manhattan, und der Hebräischkurs, bei dem Joe das Geld stiehlt, das für den Jewish National Fund bestimmt ist, hatte seine Heimat in der **Synagogue Congregation Mogen Abraham** an der Lower East Side. Tante Bea und ihr Liebhaber nehmen den jungen Joe mit ins Kino in die **Radio City Music Hall, 1260 Sixth Avenue**, wo er verständlicherweise von dem goldverzierten Foyer überwältigt ist (auch zu sehen in *Annie*). Das Fast-Food-Lokal, das sie besuchen, war Horn und Hardart, zu der Zeit eines der wenigen noch verbliebenen Automatenrestaurants, das sich in der 200 East 42nd Street befand. Das Grundstück ist seitdem neu bebaut worden. Was sich immer noch hält, ist **Macy's, 34th Street** zwischen Seventh Avenue und Broadway, wo Joe von Tante Beas Gewinn aus dem Radioquiz einen Chemiebaukasten gekauft bekommt. Die Familie begegnet dem hochnäsigen Radio-Wunderkind im **Prospect Park Zoo, Flatbush Avenue** in Prospect Park, Brooklyn *(Tel. 718 399 7399)*.

Der Nachtclub, den die weltklugen Manhattaner Roger und Irene oft besuchen und in dem Sally als Zigarettenmädchen arbeitet, ist der King Cole Dining Room im **St. Regis-Sheraton Hotel, Fifth Avenue**/Ecke East 55th Street *(Tel. 212 753 4500)*. Tatsächlich war bis 1950 Frauen der Zutritt in den King Cole Room verwehrt – und danach waren sie auch nur nach 16 Uhr zugelassen. Roger und Irenes schickes Stadthaus aus Chrom und Glas war eine der bekanntesten Schwulendiskos der Stadt, die Paradise Garage, die sich in der **84 King Street** befand. Nachdem ab den späten siebziger Jahren dort lautstark Garage Music ertönt war, schloss der Club 1987, das Gebäude an sich steht allerdings noch. Das Sendergebäude, von dem aus „Court of Human Emotions" ausgestrahlt wird, ist das **Metropolitan Life's North Building, Madison Avenue** zwischen 24th Street und 25th Street. Sally wird gefeuert, nachdem sie im RCA Building, 50th Street zwischen Fifth Avenue und Sixth Avenue, einen Werbespot für Abführmittel aufgenommen hat.

Zu den Bars, in denen sich die Leute versammeln, um die Tragödie des kleinen Mädchens mit zu verfolgen, das in einem Brunnen festsitzt, gehört der **Nam Wah Tea Parlor, 13 Doyers Street**/Ecke Pell Street, New Yorks ältester Dim-Sum-Salon, gelegen an einer sonderbar verwinkelten Straße in Chinatown. The Great Tonino's ist in der **West 71st Street** (ein Motiv, das auch in *The Purple Rose of Cairo* zu sehen ist). Der „Malt Shop Counter", wo die

Mädchen den Schnulzensänger anhimmeln, ist **Brummer's Confectionary, Grand Street**, in Jersey City, New Jersey. Andere New Yorker Wahrzeichen sind das **Brill Building, 1619 Broadway** (für Details über das Brill siehe *Dein Schicksal in meiner Hand*), sowie das **New Yorker Hotel, 481 Eighth Avenue** *(Tel. 212 971 0101)*. Der Ballsaal ist – anders dekoriert – auch in *Bullets Over Broadway* zu sehen. Studiokulissen wurden in den Kaufman-Astoria Studios, 34-12 36th Street in Queens aufgebaut.

DER RÄCHER IM LILA MANTEL

(1958, R: David MacDonald)
George Baker, Sylvia Syms, Marius Goring
• **WILTSHIRE; KENT**

Actionreicher prahlender Film über den Bürgerkrieg. Die Eröffnungsszene, in der sich George Baker mit seinen Mitverschwörern trifft, entstand in **Stonehenge** auf der Salisbury Plain, Wiltshire. Oliver Cromwells Hauptquartier ist **Leeds Castle** nahe Maidstone in Kent (für Details siehe *Adel verpflichtet*). Das Haus der Royalisten, das von Cromwells Truppen angegriffen wird, ist die **Lacock Abbey**, eine im gotischen Stil erbaute Abtei aus dem 13. Jahrhundert in Lacock, fünf Kilometer südlich von Chippenham in Wiltshire. Das Gebäude – das Zuhause der Familie Talbot – ist einschließlich des im Film zu sehenden mittelalterlichen Klosters von April bis Oktober täglich geöffnet (außer dienstags; *es wird Eintritt verlangt; Tel. 01249/730227)*.

RAIN MAN

(1988, R: Barry Levinson)
Dustin Hoffman, Tom Cruise, Valeria Golino
• **OHIO; KENTUCKY; INDIANA; OKLAHOMA; NEVADA; KALIFORNIEN**

Kartengeschick: Caesar's Palace, Las Vegas

Die Tankstelle: Cogar

Der kaltherzige Cruise reist von L.A. – wo er an den Docks von **San Pedro** seinen Firmensitz hat – nach Cincinnati, nachdem er vom Tod seines Vaters erfahren hat. Der mit Oscars belohnte Film entstand in allen Teilen der USA, hatte aber vier Wochen lang in Cincinnati seine Basis und benutzte Indiana und Kentucky als Drehorte. Der Cincinnati Trust, wo Cruise von der drei Millionen Dollar schweren Stiftung erfährt, ist die Lobby des **Dixie Terminal, 120 East Fourth Street**/Ecke Walnut Street, Downtown Cincinatti. Wenn Wallbrook, das Heim, in dem er seinen Bruder Raymond findet, mit den Statuen der Jungfrau an den Wänden ein wenig religiös aussieht,

„Du ... du bist der Rain Man!" – Big 8 $ Motel, El Reno

dann liegt das daran, dass es sich um das **St. Anne's Convent, 1000 Saint Anne Drive**, Melbourne, handelt, im Südosten von Cincinnati auf der anderen Seite des Ohio River an der Route 8, Kentucky. Gebaut wurde es 1919 vom Architekten Howard McClorey und ist heute die Heimat einer Montessori-Schule.

Weiter geht es nach **Newport**, Kentucky, für die erste Nacht außerhalb von Wallbrook, die sie im **Vernon Manor Hotel** verbringen, **400 Oak Street** *(Tel. 513 281 3300, www.vernon-manor.com)*, einem Wahrzeichen von 1924 im historischen Uptown-Distrikt, das in groben Zügen an das britische Hatfield House, Hertfordshire, angelehnt ist und in zahlreichen Filmen zu sehen ist. Die Brücke, die Cruise und Hoffman überqueren, als sie die Stadt verlassen, ist die **John A. Roebling Suspension Bridge**, ein Prototyp für die anschließend erbaute Brooklyn Bridge in New York.

Ebenfalls in Newport befindet sich das Café, wo Hoffman seine unglaublichen Fähigkeiten erkennen lässt, als er sich an die Telefonnummer der Bedienung erinnert und verstreute Zahnstocher zählt. Es ist die **Pompilio's Bar and Restaurant, 600 Washington Avenue** *(Tel. 606.581.3065)*. Das 1933 erbaute italienische Restaurant, Pompilio's, war eines der ersten Lokale, das nach dem Ende der Prohibition eine Schanklizenz erhielt.

Zurück geht es nach Ohio zum **Greater Cincinnati International Airport**, wo Hoffman einige nützliche Statistiken zum Besten gibt und zu dem Schluss kommt, dass es besser ist, mit dem Wagen zu reisen. Die beiden nehmen daraufhin den Highway, Interstate 275, bei dem es sich um den Ring rund um Cincinnati handelt. Cruise' und Hoffmans Zuhause aus ihrer Kindheit ist ein Gebäude im Tudor-Stil an der **Beechcrest Lane**, im Distrikt East Walnut Hills von Cincinnati am Nordufer des Ohio River, nordöstlich der Downtown. Ihr Vater ist auf dem **Evergreen Cemetery**, Newport, beerdigt.

Die Filmcrew ließ sich in Oklahoma City häuslich nieder, um von dort aus über die Staatsgrenze zu reisen. Das Motel in Amarillo, Texas, wo Cruise erkennt, dass Hoffman sein imaginärer Freund „Rain Man" ist, ist das **Big 8 $ Motel, 1705 East 66th Highway, El Reno**, an der Interstate 40 rund 24 Kilometer westlich von Oklahoma City. Das Zeichen „Amarillo's Finest" wurde für den Film aufgebaut und ist anschließend vom Motel dort belassen worden – zur Verwirrung der Autofahrer. Cruise und Hoffman hatten das Zimmer 117. Die Tankstelle, an der sie anhalten, um zu telefonieren, ist ein stillgelegter und mittlerweile

abermals verfallener Haltepunkt bei **Cogar**, rund 15 Kilometer südlich von El Reno auf der anderen Seite des South Canadian River. Etwas mehr als 30 Kilometer westlich von El Reno, südlich der Interstate 40, liegt **Hinton**, wo Hoffman im Fernsehen Judge Wapner sieht. Weitere rund 30 Kilometer nördlich von Oklahoma City an der Interstate 35 befindet sich die Stadt **Guthrie**, wo Cruise mit Hoffman in der Guthrie Clinic, **Oklahoma Street**/Ecke **Division Street**, einen Arzt aufsucht.

Weitere Dreharbeiten auf der Straße fanden in South Nevada auf dem Weg nach Las Vegas statt. Das Casino, in dem Hoffman sein Geschick mit Karten unter Beweis stellt und wo Cruise ihm in der Hotelsuite Tanzen beibringt, ist der vor kurzem erweiterte **Caesar's Palace, 3570 Las Vegas Boulevard South** *(Tel. 702 731 7110)*. Die Villa in L.A., in der Cruise wegen des Sorgerechts für Hoffman aktiv wird, ist **Wattles Mansion, 1824 North Curson Avenue** am südlichen Ausläufer des Runyon Canyon Park in Hollywood, ein 1905 erbautes Haus mit Garten, das als Winterresidenz für einen Geschäftsmann aus Omaha diente. Cruise lehnt im **Westin Bonaventure Hotel** 250.000 Dollar ab, **404 South Figueroa Street**, Downtown L.A. (für Details siehe *In the Line of Fire – Die zweite Chance*). Der Bahnhof, an dem sich Cruise tränenreich von Hoffman verabschiedet, ist **Santa Ana Train Station, 2800 North Main Street, Santa Ana**, südöstlich von L.A.

RAINING STONES
(1993, R: Ken Loach)
Bruce Jones, Julie Brown, Ricky Tomlinson
• MANCHESTER

Loach verleiht seinen Hyperrealismus der Geschichte von Jim Allen über einen arbeitslosen Lastwagenfahrer, der versucht, das Geld für das Kommunionskleid seiner Tochter aufzubringen. Gefilmt wurde in **Middleton** nahe Manchester auf dem **Langley Estate**, das Autor Allen mit aufgebaut hat. Jones versucht, im Falcon Pub auf dem Anwesen Fleisch von einem gestohlenen Schaf zu verkaufen.

RAMBO II – DER AUFTRAG
(1985, R: George Pan Cosmatos)
Sylvester Stallone, Richard Crenna, Steven Berkoff
• MEXIKO

Rambo kehrt in dieser ersten Fortsetzung mit noch größeren Waffen zurück. Gefilmt wurde rund um Acapulco, Mexiko, wo das Lager, das zugleich als Unterkunft für die Filmcrew diente, im nahe gelegenen Dschungel erbaut wurde. Das Hauptquartier des CIA ist das **Acapulco Convention Centre, Costera Miguel Alemán**. Rambo stattet sich in den elenden Verhältnissen eines Zimmers im **Acapulco Plaza Hotel, Costera Miguel Alemán 123**, mit Messer und Bogen aus *(Tel. 001/5 9050)*.

RAN
(1985, R: Akira Kurosawa)
Tatsuya Nakadai, Satoshi Terao, Jinpachi Nezu
• JAPAN

Kurosawas epische Variation von Shakespeares *King Lear* entstand an zahlreichen historischen Motiven in Japan, darunter im **Aso National Mountain Park** auf der westlichsten japanischen Insel Kyushu, und im **Kumamoto Castle**, Kumamoto, südwestlich des Aso National Park. Das gewaltige Schloss wurde 1960 mit einem verstärkten Betonfundament komplett wieder aufgebaut. **Nagoya Castle** – eines der schönsten japanischen Schlösser, das 1945 ausgebombt und später ebenfalls mit einem verstärkten Fundament neu errichtet wurde – kam ebenfalls zum Einsatz. Es liegt gut zweieinhalb Kilometer nordöstlich von Nagoya an der Südküste von Honshu, rund 340 Kilometer westlich von Tokio. Außerdem sieht man: **Gotemba**, ebenfalls auf Honshu am Fuß des „Mount Fuji" und **Himeji Castle**, Himeji, westlich von Osaka (für Details siehe *James Bond 007 – Man lebt nur zweimal*). **Kokonoe** und **Shonai** rücken ebenfalls ins Bild.

RATTENNEST

(1955, R: Robert Aldrich)
Ralph Meeker, Albert Dekker, Cloris Leachman
• **KALIFORNIEN**

Bizarre künstlerisch wertvolle Verfilmung des Mike-Hammer-Thrillers. Drehorte waren **Malibu** nördlich von L.A. und das baufällige Gebiet, das früher Bunker Hill war, inzwischen aber massiv neu bebaut worden ist. Vergessen Sie alle Internet-Theorien über das sonderbare Leuchten aus dem Koffer in *Pulp Fiction* – es ist eine Hommage an die Schlussszene in *Rattennest*, wenn die radioaktive Aktentasche schließlich geöffnet wird.

REBECCA

(1940, R: Alfred Hitchcock)
Laurence Olivier, Joan Fontaine, Judith Anderson
• **KALIFORNIEN**

Die Küste von Cornwall: Point Lobos State Reserve, Kalifornien

Hitchcocks erster amerikanischer Film nach dem Roman von Daphne du Maurier war in Monte Carlo und Cornwall angesiedelt, entstand aber vollständig in Kalifornien. Manderley hat natürlich nie existiert. Das Haus basierte angeblich auf Menabilly an der Ostküste der St. Austell Bay nahe Fowey in Cornwall. Die Kulisse für Hitchcocks herrschaftliches Haus wurde in den alten Selznick Studios gebaut, dort, wo einst die Kulissen von *Vom Winde verweht* gestanden hatten. Das Studio steht noch immer unverändert, heißt aber heute **Laird International Studios, 9336 West Washington Boulevard**, Culver City. Das Grundstück lag in der Region von **Del Monte** in Kalifornien, während die Strandszenen auf **Catalina Island** vor der Küste von L.A. gedreht wurden. Die zerklüfteten Klippen, bei denen Joan Fontaine zum ersten Mal Olivier begegnet, wurden von einem zweiten Kameramann mit Doubles im **Point Lobos State Reserve** gefilmt, fünf Kilometer südlich von Carmel. Das empfindliche Ökosystem des Gebiets geriet in Gefahr, als sich die Crew in gesperrtes Gebiet begab und mitgeführ-

te Ranken und Efeu mit den dort heimischen Zypressen in Kontakt brachte. Ausgleichende Gerechtigkeit stellte sich schließlich ein, als der größte Teil der Filmcrew nach dem Kontakt mit giftigem Efeu ins Krankenhaus eingeliefert werden musste. Den wunderschönen Park können Sie besuchen, allerdings ist der Boden nach wie vor von dem besucherfeindlichen Efeu überwuchert. Das ökologische Gleichgewicht würde aus dem Lot geraten, wenn man es entfernen würde, darum hat man überall Warnschilder aufgestellt.

DER REGENMACHER

(1997, R: Francis Ford Coppola)
Matt Damon, Danny DeVito, Jon Voight
• **TENNESSEE; KALIFORNIEN**

Und wieder ein Grisham'scher Rechtsthriller, in dem der Grünschnabel Damon das System bekämpft, um einem sterbenden Arbeiter eine Entschädigung von einem großen, bösen Unternehmer zu erkämpfen. Gefilmt wurde in **Memphis**, Tennessee, und in **San Francisco**.

DAS REICH DER SONNE

(1987, R: Steven Spielberg)
Christian Bale, John Malkovich, Miranda Richardson
• **SHANGHAI, CHINA; SPANIEN; BERKSHIRE; LONDON; KALIFORNIEN**

In Spielbergs Epos auf der Grundlage von J.G. Ballards autobiographischem Roman ist Bale ein Junge, der auf sich selbst angewiesen ist, als er während des Einfalls der Japaner in Shanghai im Zweiten Weltkrieg von seinen Eltern getrennt wird. Gefilmt wurde zum großen Teil direkt in Shanghai, außerdem in Spanien.

Bales Zuhause im Kolonialstil in Shanghai entstand in der englischen Siedlung dieser Stadt. Der Stil glich so sehr dem im so genannten „Börsenmakler-Gürtel" in England, dass es möglich war, die Innenaufnahmen in einem Haus in Sunningdale an der A30 zwischen Egham und Camberley an der exotischen Grenze zwischen Berkshire und Surrey im Südwesten Londons zu erledigen.

Die Szenen in Downtown Shanghai entstanden im alten Finanzbezirk, von dem aus man das Ufer des Huangpu überblickte, einem nahezu unverändert gebliebenen Teil der Stadt, wo Spielberg rund um den **Bund** (heutiger Name: Zhongshan Dongyilu) die Massenszenen koordinierte, um den Eindruck einer Massenhysterie zu erwecken. Das Hotel, von dem aus Bale dem japanischen Kriegsschiff Zeichen gibt, ist das **Peace Hotel**, das in den vierziger Jahren den Namen Cathay trug. Dieses wunderschöne, aus den zwanziger Jahren stammende Deco-Gebäude mit seinem markanten Pyramidendach findet sich in der **20 Nanjiang Dong Lu** (Nanjing Street). Es zählt zu den berühmtesten Zwischenstationen für Engländer auf Auslandsreisen, und hier schrieb Noël Coward *Private Lives* (*Tel. 8621/63216888; www.shanghaipeacehotel.com*). Die Brücke unterhalb des Hotels, auf der sich die in Panik befindlichen Massen drängen, ist die **Waibaidu-Brücke** über den Suzhou, der bei Huangpu Park in den Huangpu fließt, also an dem kleinen grünen Flecken, der einst dafür bekannt war, für gebürtige Chinesen gesperrt zu sein.

Das japanische Internierungslager entstand im riesigen aufgegebenen Gaswerkskomplex bei **Becton** an der Themse in Ost-London, wo Kubrick zuvor die Vietnam-Szenen für *Full Metal Jacket* gefilmt hatte. Das Set für das Gefangenenlager wurde in der Nähe von **Jerez** errichtet, rund 130 Kilometer nordwestlich von Sevilla im Südwesten Spaniens.

REICHTUM IST KEINE SCHANDE
(1979, R: Carl Reiner)
Steve Martin, Bernadette Peters, Catlin Adams
• LOS ANGELES

Martins erste Hauptrolle, in der er den trotteligen weißen Sohn eines farbigen Farmpächters spielt, der ein Vermögen gewinnt und wieder verliert. Die millionenschwere Villa, die er kauft, stand am **9561 Sunset Boulevard, Beverly Hills**. Sie wurde 1978 weithin bekannt, als der damalige Eigentümer Scheich Al-Fassi die klassischen nackten Studien anatomisch korrekt bemalen ließ. Die Villa wurde 1979 bei einem Feuer schwer beschädigt und später abgerissen.

DIE REIFEPRÜFUNG
(1967, R: Mike Nichols)
Dustin Hoffman, Anne Bancroft, Katharine Ross
• KALIFORNIEN

Treffpunkt Berkeley-Brunnen: USC Campus, Los Angeles

Das Taft Hotel, wo Benjamin seiner heimlichen Affäre mit seiner Nachbarin Mrs. Robinson nachgeht, ist tatsächlich das **Ambassador Hotel, 3400 Wilshire Boulevard**, mitten in L.A. Das Hotel ist seit 1989 geschlossen und ist gegenwärtig vom Abriss bedroht (für Details siehe *A Star Is Born* von 1954).
Die Universität, die von Benjamins wahrer Liebe besucht wird, bei der

Das Taft Hotel: Ambassador Hotel, Wilshire Boulevard

es sich um Mrs. Robinsons Tochter Elaine handelt, soll Berkeley auf der anderen Seite der Bucht von San Francisco sein. Meistens ist es jedoch der großzügige Campus der **University of Southern California (USC), Jefferson Boulevard**, umgeben von der Vermont Avenue, dem Exposition Boulevard und der Figueroa Street, Downtown L.A. Der Brunnen, an dem Benjamin sich beklagt, dass er auf Elaine warten muss, steht vor der **Edward L. Doheny Jr. Memorial Library** zwischen dem Hoover Boulevard und Childs Way. Elaines Wohnheim ist das **Von Kleinsmid Center of International and Public Affairs** der USC.
Die echte Berkeley taucht aber auch auf. Benjamin fährt in Richtung Süden über die zweistöckige **Oakland Bay Bridge**, allerdings entfernt er sich von Oakland. Wäre er in Richtung Oakland gefahren, hätte man ihn auf der un-

teren Ebene der Brücke nicht sehen können. Elaine spaziert über den **Sproul Plaza**, und das Bruderschaftshaus ist das **Theta Delta Chi Fraternity House, 2647 Durant Avenue**, zwischen Rowditch und College. Benjamin folgt Elaine zu ihrem Treffen am Affenhaus im **San Francisco Zoo**, südlich des Distrikts Sunset.
Die Tankstelle, in der Benjamin sich als Priester ausgibt, um herauszufinden, wo Elaine heiratet, liegt am **Winchester Canyon** nördlich von Santa Barbara. Die Kirche, in der die Hochzeit schließlich unterbrochen wird, befindet sich gar nicht in Santa Barbara. Es handelt sich um die **United Methodist Church of La Verne, 3205 D Street, La Verne**, östlich von Los Angeles.

Die unterbrochene Hochzeit: United Methodist Church, La Verne

REINE NERVENSACHE
(1999, R: Harold Ramis)
Robert De Niro, Billy Crystal, Lisa Kudrow
• NEW YORK STATE; NEW JERSEY; FLORIDA

De Niro ist der Gangsterboss, der unter Angstattacken leidet, während Crystal den unglücklichen Psychiater spielt, der ihn heilen soll. Gefilmt wurde in und um New York: **Katonah; Todt Hill, Staten Island** (nahe dem Haus aus *Der Pate*); **Sing Sing Penitentiary, Ossining**. Das Krankenhaus liegt in **Elmhurst**, Queens.
Zu den Motiven in New Jersey gehören **Montclair** und **Jersey City** (Schauplatz der Schießerei). **Fort Lauderdale**, Florida, wurde ebenfalls benutzt. Lisa Kudrows (erste) Hochzeit findet im teuren **Sheraton Bal Harbour Hotel, 9701 Collins Avenue**/Ecke 96th Avenue, **Bal Harbour, Miami Beach**, Florida statt *(Tel. 305 865 7511)*.

REISE AUS DER VERGANGENHEIT
(1942, R: Irving Rapper)
Bette Davis, Paul Henreid, Claude Rains
• LOS ANGELES

Davis ist in dieser klassischen Schnulze die von der Mutter dominierte alte Jungfer, die durch den Psychiater Rains neuen Lebensmut fasst, um sich dann in den verheirateten Henreid zu verlieben. Gedreht wurde angeblich in **Whitley Terrace**, dem im italienischen Stil erbauten und auf einem Hügel gelegenen Dorf in Whitley Heights, zu erreichen über die Milner Road östlich der Highland Avenue und nördlich des Hollywood Boulevards. Die Terrasse ist in *Der Tag der Heuschrecke* zu sehen, wo Burgess Meredith mit seiner angeblichen Medizin hausieren geht.

DIE REISE INS ICH
(1987, R: Joe Dante)
Martin Short, Dennis Quaid, Meg Ryan
• KALIFORNIEN

Comedy-Variante von *Die phantastische Reise*, angesiedelt in San Francisco. Die gläserne Kirche, in der Quaid und Ryan zum Ende des Films heiraten, ist Frank Lloyd Wrights **Wayfarer's Chapel, 5755 Palos Verdes Drive South**, Portuguese Bend/Ecke Abalone Cove, **Rancho Palos Verdes**. Entworfen wurde sie 1949 mit der Absicht, sich harmonisch in einen Hain einzufügen, von dem heute aber nichts mehr vorhanden ist. Dreharbeiten fanden auch in Northridge im San Fernando Valley nördlich von L.A. statt.

REISE NACH INDIEN
(1984, R: David Lean)
Judy Davis, Victor Bannerjee, Peggy Ashcroft
• INDIEN

Nach der Kritikerschelte für *Ryan's Daughter* zog sich Lean beleidigt zurück, um erst wieder mit diesem Film von sich reden zu machen. Man muss aber sagen, dass es abermals ein aus allen Fugen geratenes Epos ist. Im fiktiven Chandrapore angesiedelt, wurde der größte Teil des Films in der Umgebung von **Bangalore** im Süden Indiens gedreht, wo die Sets, darunter das britische Viertel, der Basar und das Haus von Dr. Azize, auf dem Grund und Boden des **Bangalore-Palastes** im Stadtzentrum stehen. Gefilmt wurde auch im **Bangalore Club, FM Cariappa Road**. Der maßgebliche Drehort der Marabar-Höhlen, wo Judy Davis sich der exotischen Atmosphäre hingibt, ist die Felsformation bei **Ramanagaram**, rund 50 Kilometer von Bangalore entfernt. Das Ende des Films spielt in **Srinagar** in Kaschmir im Norden Indiens, wo die Engländer, denen es verboten war, Land zu kaufen, auf Hausbooten im weitläufigen System aus Kanälen lebten.

DIE REISE ZUM MITTELPUNKT DER ERDE
(1959, R: Henry Levin)
James Mason, Pat Boone, Arlene Dahl
• SCHOTTLAND; NEW MEXICO

Die Militärparade: Mound Place, Edinburgh

Der Mittelpunkt der Erde: Carlsbad Caverns, New Mexico

Professor Lindenbrook beginnt und beendet seine Reise an der **Edinburgh University**, South Bridge. Gedreht wurden die Szenen im **Old Quad** der Universität. Gedankenverloren gerät er in eine Militärparade am **Mound Place**. Einige der beeindruckendsten unterirdischen Szenen dieser Jules-Verne-Verfilmung entstanden in den **Carlsbad Caverns, Carlsbad**, im Südosten von New

Mexico (für Details siehe *Die Rache der schwarzen Spinne*).

REISEN MIT MEINER TANTE
(1972, R: George Cukor)
Maggie Smith, Alec McCowen, Robert Stephens
• LONDON; PARIS; ITALIEN; MAROKKO; SPANIEN; TÜRKEI; JUGOSLAWIEN

Alles sah so viel versprechend aus. Dann stieg Katharine Hepburn aus und wurde von Maggie Smith ersetzt, die so extravagant und übertrieben spielt, dass man sich den Film nur ansehen kann, wenn man sich in einer strahlensicheren Bleiummantelung aufhält. Sie spielt die „befreiende" Tante, die dem alten verknöcherten McCowen neue Horizonte öffnet. In London befindet sich Smith' Basis im West End über dem Pub **The Salisbury** in der **St. Martin's Lane**, zu der Zeit eine der bekanntesten Schwulenbars von London. Der Ort, an dem einer der Charaktere Geld sammelt, ist nicht weit entfernt, im Pub **Lamb and Flag** in der **Rose Street**, Covent Garden. Das grandiose St. James and Albany Hotel ist das verschwenderische **George V. Hotel** in Paris, **31 Avenue George V.**, nahe den Champs Elysées. Das wundervolle Restaurant aus der Zeit um die Jahrhundertwende, in der Smith Rückblenden in ihre Jugendzeit erlebt, ist **Le Train Bleu** auf der ersten Etage des Gare de Lyon, Paris (auch zu sehen in Luc Bessons *Nikita*). Die Reisen wurden auch in Italien, Marokko, Spanien, in der Türkei und in Jugoslawien aufgenommen.

RENDEZVOUS MIT JOE BLACK
(1998, R: Martin Brest)
Brad Pitt, Anthony Hopkins, Claire Forlani
• NEW YORK CITY; RHODE ISLAND; NEW JERSEY

Pitt spielt den Tod in dieser überlangen Romanze mit phantastischen Elementen nach dem Bühnenstück *Death Takes a Holiday*, zuvor 1934 mit Fredric March verfilmt. Anthony Hopkins' Villa ist das **Aldrich Mansion, Warwick**, Rhode Island. Gefilmt wurde auch in **Teaneck**, New Jersey und New York.

THE REPLACEMENT KILLERS
(1998, R: Antoine Fuqua)
Chow Yun-Fat, Mira Sorvino, Michael Rooker
• KALIFORNIEN

Visuell ausschweifende, gewalttätige Schießerei, die rund um L.A. entstand. Die präkolumbianische Traumdisko in der ersten von zahlreichen Schießgelagen ist das **Mayan Theater, 1038 South Hill Street**,

Das Trickfilmfestival: Tower Theater, South Broadway

Downtown L.A., ein Cousin von Mann's Chinese Theater (für Details siehe *Bodyguard*). Das Kino, in dem Chow Yun-Fat und Mira Sorvino ein Attentat auf den Sohn des Polizisten vereiteln, ist das **Tower Theatre, 802 South Broadway**, ebenfalls Downtown.

Der Film bedient sich einer ganzen Reihe von Motiven, die zuvor in *Der Blade Runner* zu sehen gewesen waren. Mr. Weis stilisiertes Zuhause ist – fast unvermeidbar – Frank Lloyd Wrights **Ennis Brown House, 2607 Glendower Avenue**, Los Feliz, unterhalb des Griffith Park. Es war Harrison Fords Apartmentblock in Ridley Scotts Film, der aber auch als Versteck des Schurken in *Black Rain* und *The Karate Kid III – Die letzte Entscheidung* diente. Sorvinos schäbiges Büro war das Hotel Yukon in *Der Blade Runner* und das Zuhause des ausgemergelten Opfers in *Sieben*. Es ist das **Pan Am Building** am **South Broadway**/Ecke Third Street gegenüber dem Bradbury Building. Der Flughafen, an dem die Ersatzkiller eintreffen und von dem Yun-Fat schließlich abreist, ist eigentlich die stets wandlungsfähige **Union Station, 800 North Alameda Street**, also Downtown L.A. In *Der Blade Runner* wurde daraus das Polizeirevier.

REPORTER DES SATANS

(1951, R: Billy Wilder)
Kirk Douglas, Jan Sterling, Porter Hall
• **NEW MEXICO; LOS ANGELES**

Der völlig erledigte, in den Mittleren Westen verschlagene, besserwisserische New Yorker Schreiberling Kirk Douglas sieht eine Chance, wieder groß ins Geschäft zu kommen, als er die menschliche Seite der Geschichte über ein verschüttetes Opfer für seine Zwecke ausschlachten will, auch wenn das bedeutet, dass ein Rettungsversuch warten muss. Die Stadt, in der Douglas für die Sun-Bulletin arbeitet, ist **Albuquerque**, New Mexico, wo Regisseur Wilder mit einer getarnten und auf einem Lastwagen montierten Kamera authentische Szenen einfing.

Zwar wurden die im Untergrund spielenden Szenen in einer Kulisse bei den **Paramount Studios** an der **Melrose Avenue** in Hollywood gefilmt, das Wüstenmotiv selbst liegt aber in New Mexico. Den Weg zu den alten Indian Cliff Dwellings am Minosa Trading Post, wo Richard Benedict verschüttet wurde, können Sie allerdings nicht nachgehen. Der Film bediente sich einer gigantischen Kulisse, von der zu ihrer Zeit behauptet wurde, sie sei von einem Kriegsfilm abgesehen die größte jemals gebaute Kulisse. Sie erstreckte sich stolze 70 Meter in die Höhe und belegte eine Fläche von 365 Metern mal 490 Metern, wobei sie für die Klippen, die Indiansiedlung und die sich anschließende Feier Platz bot. Die atemberaubende Wüste in New Mexico können Sie dagegen schon besuchen. Die Kulisse befand sich rund 50 Kilometer westlich von **Gallup**, Interstate 40, an der Grenze zu Arizona. Die Interstate 40 ist übrigens ein Teil der alten Route 66.

RESERVOIR DOGS – WILDE HUNDE

(1992, R: Quentin Tarantino)
Harvey Keitel, Michael Madsen, Tim Roth
• **LOS ANGELES**

Vergessen Sie das Ego und die irritierenden Cameoauftritte, denn Tarantinos erster Film bringt es wirklich. Das Lokal, in dem die Dogs über Madonna-Songtexte diskutieren, ist **Pat and Lorraine's, 4720 Eagle Rock Boulevard, Eagle Rock**, zwischen Glendale und Pasadena, südlich

des Ventura Freeway östlich von L.A. Der Überfall auf Karina's (benannt nach Jean-Luc Godards Ehefrau Anna Karina) wurde ein Stück östlich des Distrikts **Highland Park** gefilmt. Es gibt aber noch mehr Filmbezüge – Mr. Blue ist „tot wie Dillinger" und Laurence Tierney (Gangleader Joe Cabot) spielte 1945 Dillinger für Monogram Pictures, die Gesellschaft, der Jean-Luc Godard *Außer Atem* widmete. Mr. Brown (Tarantino selbst) wird erschossen, während Mr. White die Bullen tötet, und das alles in der Gasse zwischen **55th Avenue** und **56th Avenue**. Mr. Orange zieht sich seine blutige Schusswunde im 5518 Marmion Way nahe Avenue 56 zu. Mr. Pink schießt sich in der **Figueroa Street** seinen Weg frei (in dieser Einstellung sollten Sie mal auf die Schaufenster achten und nach der Kamera im Bild suchen), südlich von und parallel zum Marmion Way. Er wird von einem Wagen an der Ecke **York Boulevard** und **57th Avenue** angefahren, bekommt ein Motorrad in seine Gewalt und macht sich auf der 57th aus dem Staub. Das Café, in dem sich Mr. Orange mit seinem Vorgesetzten trifft, ist **Johnie's Coffee Shop, 6101 Wilshire Boulevard**/Ecke Fairfax Avenue (ein vertrautes Motiv – hier arbeitet Lily Tomlin in *Short Cuts* und Anthony Edwards erfährt an dieser Stelle von der bevorstehenden Apokalypse in dem unterbewerteten Thriller *Nacht der Entscheidung – Miracle Mile*). Seine Ausflüchte wurden in der Toilette des **Park Plaza Hotel, 607 South Park View Street**, mitten in L.A. gefilmt. „Das Hotel ist in vielen Filmen zu sehen gewesen", behauptete Tarantino, „aber ich bin der einzige Regisseur, der nur im Klo gefilmt hat." Vielleicht, aber nur knapp. Die Toilette des Park Plaza war nämlich auch die Herrentoilette von Capitol Pictures im Coen-Film *Barton Fink*, allerdings wurde im Hotel ebenfalls die USO-Tanzszene gefilmt.

Die mit Graffiti beschmierten Wände, vor denen Orange seine Story noch einmal durchgeht, finden sich an der Kreuzung **Beverly Boulevard**, **Second Street** und **Toluca Street**, nordwestlich von Downtown (Seien Sie vorsichtig, wenn Sie diese Gegend besuchen!).

Das Lagerhaus der Dogs ist leider abgerissen worden, aber die Stelle, an der es gestanden hat (und die gegenwärtig noch nicht neu bebaut worden ist) erkennen Sie leicht, wenn Sie sich an der **Figueroa Street** und **59th Avenue** in Highland Park umsehen. Passenderweise ist es früher einmal eine Leichenhalle gewesen, und dort befand sich auch Mr. Oranges schäbiges Hotelzimmer.

REVOLUTION

(1985, R: Hugh Hudson)
Al Pacino, Nastassja Kinski, Donald Sutherland
• **NORFOLK; DEVON; CAMBRIDGESHIRE; NORWEGEN**

Würde ein Wunderkind, das gerade ein paar schicke Autowerbespots gedreht hat, nach Hause kommen, um die Miss-Wahl im heimatlichen Dorf zu filmen, dann würde das Resultat wohl an *Revolution* erinnern. Legendäre Pleiten wie *Heaven's Gate* sind selten so schlecht wie ihr Ruf, aber dies hier ist ein unglaublicher Müll, der der Geschichte von Vater und Sohn während einer nicht enden wollenden amerikanischen Revolution folgt.

Die einzig gute Idee ist der geschickte Einsatz der Motive. **King's Lynn** in Norfolk hält für das Manhattan des 18. Jahrhunderts her (Wall Street ist zu der Zeit kaum mehr als eine Gasse). Die an den Docks gelegenen Lagerhäuser sind die **South Quay**-Getreidesilos. New York Harbor, wo Pacino und Sohn mitten in die anti-englischen Unruhen segeln, ist das Gebiet rund um **Custom House** in King's Lynn. Gefilmt wurde auch am **King's Staithe Square**.

Das amerikanische Lager in Valley Forge ist **Thetford** in Norfolk, während die Briten im Gebiet von **Burrator** im Südwesten von **Dartmoor**, Devon, ihr Lager aufgeschlagen hatten. Für weitere Kampfszenen wurde **Kingston** an der Südküste ausgewählt. Die zweite Schlacht von Upper Manhattan entstand im **Deancombe Valley** oberhalb des Reservoirs von Burrator. Die Schlacht von Yorktown wurde in **Scobbiscombe Farm**, Kingston, gefilmt, außerdem entstanden einzelne Szenen an der **Bigbury Bay**. Eine Kamera im Wert von einer halben Million Pfund ging verloren, als sie während der Dreharbeiten in Devon nachts von einer Klippe stürzte. Die Staatsgebäude von Philadelphia sind die **Melton Constable Hall** in Norfolk, während andere in Philadelphia spielende Szenen in **Ely**, Cambridgeshire, gefilmt wurden.

RICHARD III.

(1995, R: Richard Loncraine)
Ian McKellen, Nigel Hawthorne, Maggie Smith
• **LONDON; SUSSEX; MIDDLESEX; LANCASHIRE**

„Lebe mit mir ...": St. Cuthbert's Church, Earl's Court

Verfilmung der Shakespeare-Geschichte nach der Produktion von Richard Eyre für das National Theatre, die auf erfindungsreiche Weise London und die umgebenden Grafschaften einsetzt, um ein alternatives England zu kreieren, in dem König Edwards alte Ordnung von dem sterilen Aussehen der neofaschistischen Diktatur Richards übernommen wird.

Der Londoner Palast der königlichen Familie ist **St. Pancras Chambers, Euston Road**, geschickt umgesiedelt ans Themseufer, während das Innere eine gelungene Kombination aus der **St. Cuthbert's Church, Philbeach Gardens, Earl's Court, SW5** (die eröffnende Musicalnummer), und dem **Holbein Room** des **Strawberry Hill House, Waldegrave Road, Twickenham** darstellt (Besuche nach Terminabsprache, Tel. 020/8892 0051), das kunstvolle Zuhause von Horace Walpole, dem Schriftsteller aus dem 18. Jahrhundert. Das königliche Frühstück wird tatsächlich in einem gewölbeartigen Durchgang unterhalb der Kapelle von **Lincoln's Inn Fields, WC2**, serviert. Der Zweitwohnsitz der königlichen Familie am Meer ist eine Kombination aus zwei Wahrzeichen in Sussex: **Brighton Pavilion** und die Küstenterrasse des **De La Warr Pavilion**, Bexhill-on-Sea.

Die Versammlung der Faschisten, auf der Richard die Krone angeboten wird, wird in der **New Horticultural Hall** an der Ecke **Greycoat** und **Elverton Street** in Westminster, SW1, veranstaltet (auch zu sehen in *Indiana Jones und der*

letzte Kreuzzug und *The Saint – Der Mann ohne Namen*), während die Vorbereitungen hinter den Kulissen unterhalb des **Earl's Court Exhibition Centre, Warwick Road, SW5**, vonstatten gehen. Das riesige Zifferblatt, vor dem Richard sich weigert, Buckingham den ihm versprochenen Titel zu geben, befindet sich auf dem **Shell Building** am Embankment.

Die alte Ordnung: Strawberry Hill House, Twickenham

Palast am Meer: Brighton Pavilion

Richards kühler, aber stilvoller Bunker ist das **Senate House, University of London, Malet Street** (das Sie vielleicht auch als die New Yorker Klinik in Tony Scotts *Begierde* gesehen haben), und sein militärisches Hauptquartier ist **Steam Town**, ein Eisenbahnmuseum in **Carnforth**, Lancashire. Zwei der berühmten ehemali-

Die neue Ordnung, Richards Hauptquartier: Senate House, Malet Street

Tower of London: Bankside Power Station, heute Tate Modern

gen Kraftwerke von London sind ebenfalls zu sehen: **Bankside Power Station**, heute das Tate Modern, dient als Tower of London, und der leer stehende Koloss der **Battersea Power Station** ist Schauplatz der Schlacht von Bosworth.

RIFIFI AM KARFREITAG

(1980, R: John Mackenzie)
Bob Hoskins, Helen Mirren, Derek Thompson
• **LONDON; SCHOTTLAND**

Einer der wenigen britischen Thriller, der sich mit dem Besten aus den USA messen kann. Unterweltboss Hoskins wird ungewollt in dubiose Geschäfte mit der IRA verstrickt. Gefilmt wurde in und um London, während Schottland für Belfast herhielt. Ein Großteil der Handlung konzentriert sich auf das Londoner **St. Katherine's Dock**, flussabwärts gleich neben der Tower Bridge. Die Straße, in der Paul Barber ausgequetscht wird, während eine Kindergang auf Hoskins' Wagen aufpasst, ist die **Villa Road, Brixton, SW9**. Das Boulevard Restaurant, wo die am Boden zerstörte Witwe von Hoskins' Chauffeur seinem Handlanger ins Gesicht spuckt, befand sich in der **Wigmore Street, W1**, existiert heute aber nicht mehr. Die Kontaktleute der Mafia steigen im **Savoy Hotel** am **Strand** ab, wo Hoskins in der Schlussphase des Films entführt wird (das ist übrigens ein junger Pierce Brosnan, der die Waffe zückt).

RINGO
(1939, R: John Ford)
John Wayne, Claire Trevor, Thomas Mitchell
• **KALIFORNIEN; UTAH**

John Fords Westernklassiker basiert auf der Kurzgeschichte *Stage to Lordsburg* von Ernest Haycox, die 1937 im Collier's Magazine erschien und auf Guy de Maupassants *Boule de Suif* basierte, angesiedelt im französisch-preußischen Krieg von 1870. Zum Glück wurde der Name von John Waynes Charakter von Malpais Bill in Ringo Kid geändert.

Der Film etablierte **Monument Valley** an der Grenze zwischen Arizona und Utah als das Wahrzeichen des amerikanischen Westens, obwohl John Wayne als einziger den Weg bis nach Utah zurücklegte, während alle anderen Hauptdarsteller nicht über das kalifornische San Fernando Valley hinauskamen.

Monument Valley war 1938 ein widriges Motiv, das am Ende einer über 300 Kilometer langen staubigen Straße von Flagstaff aus lag. Die Navajo, die ohnehin schon von Krankheiten und Arbeitslosigkeit geplagt wurden, engagierte man, damit sie Apachen spielten – und in den folgenden Jahren sollten sie noch eine ganze Reihe anderer Indianerstämme verkörpern. Das Valley ist kein National Park, wie man vielleicht erwarten sollte, sondern ein so genannter Tribal Park, der noch immer den Navajo gehört und von ihnen verwaltet wird. Man erreicht es über die Route 163, gut 40 Kilometer nördlich der Stadt Kayenta, Route 160. Es gibt ein Besucherzentrum (*es wird Eintritt verlangt; Tel. 435 727 3353*). Eine 22 Kilometer lange Straße schlängelt sich einmal durch den ganzen Park, aber nicht alle Wege sind für Besucher geöffnet. Auf einer Führung, die auf dem Parkplatz am Besucherzentrum startet, bekommen Sie mehr vom Park zu sehen.

Doch das Valley ist nur ein Teil von *Ringo*. Der Fluss, der überquert wird, ist der Kern River nahe **Kernville**, gut 65 Kilometer östlich von Bakersfield, Kalifornien. Der Einschnitt bei **Newhall** an der Interstate 5 – auch **Fremont Pass** genannt – ist der Eingang zum ausgetrockneten See. Die nahe gelegenen Orte **Chatsworth** und **Calabasas** steuerten ebenfalls Motive bei. Die Verfolgung durch die Indianer wurde auf den Salzebenen des **Muroc Dry Lake** nahe Victorville, Kalifornien, inszeniert – eine Nachbildung durch Stuntkünstler Yakima Canutt, der den Monogram-Film *Riders of the Dawn* von 1937 zum Vorbild nahm, den er an der gleichen Stelle gefilmt worden war. Um den Boden für die Dreharbeiten weicher zu machen, musste acht Hektar Land von Traktoren umgepflügt werden. Die tatsächliche Reise im Film führt allerdings von der Western Street der Republic Studios (der Stadt Tonto) in die Goldwyn Studios (Lordsburg), wo die Innenaufnahmen gedreht wurden.

RIO BRAVO
(1959, R: Howard Hawks)
John Wayne, Dean Martin, Ricky Nelson

• **ARIZONA**
Wayne und Martin kämpfen gegen eine Bande von Gesetzlosen in diesem Film, der 1966 von Hawks als *El Dorado*, 1970 abermals von Hawks als *Rio Lobo* und 1976 von John Carpenter in *Assault – Anschlag bei Nacht* in einer neuen Variante wieder verfilmt wurde. Die Drehs erfolgten in den **Old Tucson Studios, 201 South Kinney Road** nahe Tucson, die 1940 für den Film *Arizona* erbaut worden waren. Die heutige Touristenattraktion, die von sich behauptet, die größte Western-Straße in der Filmbranche zu haben, wurde für eine Million Dollar restauriert, darunter auch das Set für *High Chaparral*, der hier gefilmt wurde.

RIO GRANDE
(1950, R: John Ford)
John Wayne, Ben Johnson, Maureen O'Hara
• **UTAH**

Und wieder ein Wir-schlachten-Indianer-ab-Film von Ford & Wayne, gedreht in der Umgebung von Moab im Südosten von Utah in **White's Ranch, Professor Valley** und **Onion Creek Narrows**.

RITA WILL ES ENDLICH WISSEN
(1983, R: Lewis Gilbert)
Michael Caine, Julie Walters, Michael Williams
• **DUBLIN, IRLAND**

Die beiden Hauptdarsteller holten sich für ihre Leistung in Willy Russells Verfilmung seines eigenen, in Liverpool angesiedelten Bühnenstücks je eine Oscar-Nominierung. Auch wenn die Handlung vorgeblich immer noch in Liverpool spielt, wurde der Film vollständig in und um Dublin gedreht. Der Universitätscampus ist das **Trinity College**, und Caines Räumlichkeiten finden sich im **Graduates Memorial Building**. Der Pub, in dem Rita während eines trübsinnigen gemeinschaftlichen Singens fühlt, dass sie sich von ihrer Familie entfremdet, ist eine Kombination aus zwei Dubliner Institutionen. Das Innere ist das bevorzugte Lokal von Studenten des Trinity, **Stag's Head, 1 Dame Court**, während die Außensicht gleich auf der anderen Straßenseite zu finden ist: **Dame Tavern, 18 Dame Court**. Twenties, das Restaurant, in dem Rita zusammen mit Maureen Lipman kellnert, ist das **Dobbins Wine Bistro, 15 Stephens Lane**. Ein sehr betrunkener Caine sucht Rita in der alten Disko Flamingo, die heute nicht mehr existiert und die im aufgemöbelten **Stillorgan Park Hotel, Stillorgan Road** in Blackrock beheimatet war. Rita reist für die Sommerschule von der Dubliner Pearse Street Station ab, während die Hochzeit von Ritas schwangerer jüngerer Schwester in der **Church of the Holy Family, Aughrim Street**, gefilmt wurde, einer Gegend, die oft als Schauplatz für Filme dient – Szenen für *Michael Collins, Mein linker Fuß* und *The Boxer* wurden im Pfarrbezirk dieser Kirche gedreht.

RITT ZUM OX-BOW
(1943, R: William A. Wellman)
Henry Fonda, Harry Morgan, Dana Andrews
• **KALIFORNIEN**

Der stets aufrechte Fonda stellt sich in diesem kraftvollen Western einem Lynchmob in Nevada in den Weg. Zu sehen sind die kargen Felsformationen der **Alabama Hills** bei **Lone Pine** am Interstate 395 in Mittelkalifornien (für Details über diesen beliebten Drehort siehe *Kim*).

DIE RITTER DER KOKOSNUSS

(1975, R: Terry Gilliam, Terry Jones)
Graham Chapman, John Cleese, Michael Palin
• SCHOTTLAND

König Arthur und seine Männer, begleitet von ihren treuen Kokosnussschalen, nähern sich **Doune Castle**, einer Festung aus dem 14. Jahrhundert an der A84 einige Kilometer nordwestlich von Stirling *(Tel. 01786.841742, es wird Eintritt verlangt)*. Die Brücke des Todes findet sich am **Meeting of the Three Waters**, wo aus den Gebirgswasserfällen der River Cae in Glen Coe wird. Die Inselfestung, wo sich der Gral befindet, entpuppt sich als **Castle Stalker**, gut 30 Kilometer nördlich von Oban. Die Anlage aus dem 15. Jahrhundert ist nur ein paar hundert Meter vom Ufer des Loch Linhe entfernt und ist – je nach Wasserstand und Wetter – für Besucher geöffnet *(es wird Eintritt verlangt; Tel. 01883/622768)*.

DIE RITTER DER TAFELRUNDE

(1953, R: Richard Thorpe)
Robert Taylor, Ava Gardner, Mel Ferrer
• CORNWALL; DEVON

Artus-Legende im Hollywood-Stil. Gedreht wurde bei **Tintagel** an der Nordküste von Cornwall. Das Schloss wurde auf **Haytor Vale** in Dartmoor, Devon, errichtet.

RIVALEN

(1958, R: Delmer Daves)
Frank Sinatra, Tony Curtis, Natalie Wood
• KALIFORNIEN

Melodrama aus dem Zweiten Weltkrieg, in dem die GIs Sinatra und Curtis um Natalie Wood wetteifern. Angesiedelt im Süden Frankreichs, fanden die Dreharbeiten am **Yankee Point**, Monterey County, Nordkalifornien, und im **Lower Carmel Valley** statt.

ROB ROY

(1995, R: Michael Caton-Jones)
Liam Neeson, Jessica Lange, Tim Roth
• SCHOTTLAND

Mürrische Verfilmung der historischen Legende, die durch den von Tim Roth gespielten Schurken (für den er für einen Oscar nominiert wurde) belebt wird. Die Eröffnungsszene zeigt **Kinlochleven**. Rob Roys Cottage wurde speziell für den Film in **Bracorina** am Loch Morar erbaut und nach dem Dreh wieder demontiert. Das Zuhause des Marquis of Montrose mit den eleganten Gärten aus dem 17. Jahrhundert ist **Drummond Castle Gardens**, westlich der Muthill Road rund drei Kilometer südlich von Crieff. Das Schloss ist für Besucher nicht geöffnet, aber die Gärten können Sie besichtigen *(Tel. 01764/681257, es wird Eintritt verlangt)*. Der Dorfplatz ist der Hof von **Megginch Castle Gardens** an der A90, 13 Kilometer östlich von Perth. Auch hier sind die Gär-

ten zu besichtigen, nicht aber das Schloss *(Tel. 01821/642222, es wird Eintritt verlangt)*. Die Spielhöhle, in der Rob Roy Cunningham gegenübertritt, ist **Crichton Castle**, drei Kilometer südlich von Pathhead in Midlothian *(Tel. 01875/320017, es wird Eintritt verlangt)*. Gefilmt wurde außerdem bei **Loch Earn, Glencoe** und an der **Caig Falls Bridge, Loch Arkaig**.

ROBIN HOOD – KÖNIG DER DIEBE

(1991, R: Kevin Reynolds)
Kevin Costner, Alan Rickman, Morgan Freeman
• SUSSEX; WILTSHIRE; YORKSHIRE;
 BUCKINGHAMSHIRE; NORTHUMBERLAND;
 LONDON; FRANKREICH

Costners hyperaktives und eintöniges Ausstattungsstück, das Motive in ganz Großbritannien einbezieht, beginnt damit, dass Robin bei der Rückkehr von den Kreuzzügen an einem Strand landet, der mit strahlend weißen Klippen aufwartet. Wo könnte man das besser filmen als bei **Seven Sisters** an der Küste von Sussex westlich von Eastbourne in

Nottingham Cathedral: St. Bartholomew the Great, Smithfield

Nottingham mit Stadtmauer: Carcassonne, Südfrankreich

Richtung Cuckmore Haven? Von den Parkplätzen bei Exceat Barn und Birling Gap können Sie den Pfad erreichen, der auf die Spitze der Klippen führt, oder aber Sie betrachten sich die Sisters von Seaford Head aus.
Von der Küste führt Robins Weg Richtung Norden nach Nottingham, auch wenn er ein wenig über das Ziel hinausschießt und bis nach Northumberland gerät. Ohne auch nur eine Sekunde zu verlieren, weist er dann auch schon Morgan Freeman den Weg in **Sycamore Gap** am **Hadrianswall** nahe dem römischen Fort in Housesteads. Housesteads liegt an der B6318 rund 40 Kilometer westlich von Newcastle-on-Tyne *(Bahnhof: Bardon Mill, fünf Kilometer)*. Aber kurz danach geht es wieder in Richtung Süden nach Wiltshire zur Ruine von Locksley Castle, dem Heim von Robins Familie, das sich als **Wardour Castle** zwischen Salisbury und Shaftesbury abseits der A30 entpuppt. Wardour hat den Vorteil für den Film, dass es je nach Blickwinkel entweder völlig intakt oder völlig verfallen aussieht. Und weiter geht's nach Norden nach Yorkshire. Der Fluss, an dem Robin mit Bruder John kämpft, ist **Aysgarth Falls**, eine Reihe von breiten Kalksteinstufen im River Ure bei Aysgarth, an der A684, rund 40 Kilometer westlich von Northallerton in den Pennines.
Robin Hoods Lager im Sherwood Forest wurde nahe dem Filmstudio in Shepperton errichtet, rund 50 Meter entfernt von einem öffentlichen Fußweg in **Burnham Beeches**, abseits der A335, nördlich von Slough, Buckinghamshire.

Die holde Marian bleibt aber auf Distanz, da sie in **Hulne Priory**, Hulne Park, nordwestlich von Alnwick an der A1 in Northumberland, verweilt. Der Schurke Harold Innocent fällt aus dem Fenster und landet auf dem Hof des aus dem 12. Jahrhundert stammenden **Alnwick Castle** selbst. Der Hof des Nottingham Castle befand sich auf dem Gelände von Shepperton, während das Schloss in den Totalen die befestigte Stadt **Carcassonne** im Süden Frankreichs nahe der Grenze zu Spanien zeigt (ebenfalls zu sehen in *Die Braut*). Das Innere der Nottingham Cathedral ist die **Church of St. Bartholomew the Great**, eine winzige Kirche – Aufbewahrungsort der Knochen von St. Rahere –, hinter Smithfield, London, die versteckt liegt und auch in *Vier Hochzeiten und ein Todesfall* zu sehen ist.

ROBIN HOOD, DER KÖNIG DER VAGABUNDEN

(1938, R: William Keighley, Michael Curtiz)
Errol Flynn, Olivia de Havilland, Basil Rathbone
• **KALIFORNIEN**

Dieses großartige Starvehikel für Errol Flynn kostete 1,9 Mio. Dollar, spielte aber im Kino überraschend nur 1,5 Mio. Dollar ein. Der Film war nicht nur wegen seiner Kulissen so teuer, sondern auch deshalb, weil das brandneue Technicolor-System zum Einsatz kam.

Sherwood Forest ist **Bidwell Park, Chico**, mit authentischen Eichen und Platanen. Und den nicht ganz so authentischen wilden Kletterpflanzen. Ganz zu schweigen von den Gipsbäumen und -felsen, die Art Director Carl Jules Weyl ins Bild rückte.

Chico, 50 Kilometer östlich des Interstate 5 und auf halber Strecke zwischen Sacramento und Redding im Norden von Kalifornien gelegen, ist um den 15 Kilometer durchmessenden Park herum erbaut worden, den die Witwe des Stadtgründers William Bidwell gespendet hatte. Hier ist es die Stelle, an der Flynns Männer den Überfall auf Basil Rathbones Schatz durchziehen. Am **Big Chico Creek**, der durch den **Chico Canyon** im Park verläuft, fordert er Little John zu einem Kampf heraus und duelliert sich mit Bruder Tuck im Fluss.

Robin Hoods Lager, der Schauplatz des großen Banketts nach dem erfolgreichen Überfall, als Olivia de Havilland allmählich auftaut, war gut eineinhalb Kilometer vom Eingang zum Park entfernt rund um Hooker aufgebaut worden, die größte Eiche der Welt – 28 Meter hoch bei einem Durchmesser der Baumkrone von 45 Metern und benannt nach dem britischen Naturwissenschaftler Sir Joseph Hooker. Bidwell Park wurde auch für einige Außenaufnahmen in *Vom Winde verweht* benutzt. Chico liegt an der Eisenbahnlinie Seattle-Sacramento und an der von Norden nach Süden verlaufenden Greyhound-Route *(Besucherbüro Tel. 916 342 4258)*.

Das Bogenschützenturnier, wo der zu dreiste Robin festgenommen wird, wurde in Busch Gardens, Pasadena, gefilmt. Machen Sie sich nicht die Mühe, nach ihm zu suchen. Die Gärten, die auch in Citizen Kane zu sehen waren, sind eines von vielen großartigen Wahrzeichen von L.A., die über die Jahre hinweg einfach verschwunden sind. Zusätzliche Aufnahmen für den Angriff auf den Transport mit dem Vermögen wurden am **Sherwood Lake** und im Gebiet des **Sherwood Forest** gefilmt. Nein, es wurde kein Drehausflug nach England unternommen – dieser Sherwood Forest liegt rund 25 Kilometer westlich von L.A., südlich von Westlake Village an der Potrero Road gleich abseits des Highway 101 nahe den Santa Monica Mountains. Der Name ist kein Zufall, hat er doch seinen Ursprung darin, dass das Gebiet als Motiv für den Robin-Hood-Film mit Douglas Fairbanks von 1922 gedient hatte.

Der untere Teil von Nottingham Castle (die oberen Teile wurden als Matte-Zeichnung produziert) wurde auf der alten Calabasas Ranch von Warners errichtet, die auch nicht mehr existiert. Das Gebiet ist heute ein Golfplatz und Neubaugebiet südlich des Ventura Freeway an der Straße nach Westlake. Die Straßen von Nottingham sind die „Dijon Street" auf dem Gelände von Warners. Hier wurden auch die Innenaufnahmen gefilmt. Auf der **Warners-Studiotour** können Sie im Lighting Prop Shop nach wie vor die Kronleuchter aus dieser Produktion sehen, aber natürlich auch andere Kostbarkeiten wie die Lampen aus Ricks Bar in *Casablanca*. Im Gegensatz zum Themenpark der Universal Studios ist dies hier eine echte Führung in einer kleinen Gruppe über ein überraschend unverändert gebliebenes und einfaches Gelände, wo Jack Warner seine Stars an der kurzen Leine hielt und seine Filme mit einem knappen Budget verwirklichte. Sie müssen im Voraus buchen *(Tel. 818 954 1951)*. Der Eingang zur Tour findet sich auf dem **4000 Warner Boulevard** abseits des Ventura Freeway, Burbank.

ROBIN HOOD – EIN LEBEN FÜR RICHARD LÖWENHERZ

(1991, R: John Irvin)
Patrick Bergin, Uma Thurman, Jürgen Prochnow
• **CHESHIRE; WALES**

Diese Version, die von dem protzigen Kevin-Costner-Film, der im selben Jahr entstand, völlig verdrängt wurde, ist eigentlich der bessere Film. Gefilmt wurde größtenteils in der Umgebung von **Peckforton Castle** an der A49 südlich der A51, zwischen Chester und Nantwich, Cheshire, außerdem in den Höhlen des nahe gelegenen **Beeston Castle**. Auch zu sehen ist **Tatton Park**, Cheshire, und die ländliche Gegend rund um **Betwys-y-Coed** in North Wales.

ROBOCOP – DAS GESETZ IN DER ZUKUNFT

(1987, R: Paul Verhoeven)
Peter Weller, Nancy Allen, Ronny Cox
• **DALLAS, TEXAS; NEW YORK STATE; PENNSYLVANIA**

Hervorragender Actionfilm mit schwarzem Humor, in dem schmierige Techno-Freaks aus dem toten Polizisten Weller eine nahezu unzerstörbare Recht-und-Ordnung-Maschine machen. Angesiedelt ist die Geschichte in einem futuristischen New Detroit, die relativ vertraute Skyline gehört

OCP-Hauptquartier: City Hall, Marilla Street

aber dem Dallas der achtziger Jahre. Das düstere OCP-Hauptquartier ist die **Dallas City Hall, 1500 Marilla Street**, die mit einigen optischen Effekten auf 95 Etagen aufgestockt wurde. Das Schwindel erregende Atrium gehört dagegen zum **Plaza of the Americas Hotel, 650 North Pearl Street**. Der heruntergekommene Detroit Police Precinct, Metro West, ist die alte **Sons of Hermann Hall, 3414 Elm Street**/Ecke Exposition, 1911 vom Orden Sons of Hermann erbaut, einer Organisation deutscher Emigranten. Weitere Motive in Dallas sind der **Renaissance Tower, 1201 Elm Street** und die **Bomb Factory, 2713 Canton Street**. Die Fabrik in Detroit, in der Weller niedergeschossen wird, war eine stillgelegte Autofabrik auf Long Island. Der Höhepunkt des Films spielt sich in den **Duquesne Steel Works** ab, abseits der Route 837, **Duquesne**, Pennsylvania.

ROBOCOP 2

(1990, R: Irvin Kershner)
Peter Weller, Nancy Allen, Daniel O'Herlihy
• **TEXAS**

Robocop kommt in dieser Fortsetzung noch eine Nummer größer. Die futuristischen Stadtansichten fanden sich diesmal in **Houston**, Texas. Das Civic Centrum ist eine Kombination aus dem **Wortham Theater Center, 500 Texas Avenue** (außen) und dem **George R. Brown Convention Center, 1001 Avenue of the Americas** (innen).

Civic Centrum von außen: Wortham Theater Center, Texas Avenue

Civic Centrum von innen: George R. Brown Convention Center

Das OCP-Büro ist nun das **Cullen Center, 1600 Smith Street**.

ROBOCOP 3

(1993, R: Fred Dekker)
Robert John Burke, Nancy Allen, John Castle
• **GEORGIA**

In der zweiten Fortsetzung nimmt sich Robocop der Bürger von Detroit im Kampf gegen das – na, was wohl – korrupte Establishment an. Die Motor City wird diesmal von **Atlanta**, Georgia, verkörpert, gefilmt wurde auf der **Auburn Avenue**.

OCP-Hauptquartier: Cullen Center, Smith Street

ROBOT MONSTER

(1953, R: Phil Tucker)
George Nader, Claudia Barrett, Selena Royle

• **LOS ANGELES**

Legendärer Schrottfilm über die letzten sechs Menschen auf der Erde, die es mit einem unnachahmlich erfinderischen Monster zu tun haben – einem Typen in einem Gorillakostüm mit einem Taucherhelm. Gefilmt wurde das Ganze in der sagenumwobenen Technik des 3-D-Films. Entstanden ist das Kunstwerk in der Wildnis der **Bronson Caverns**, Griffith Park, L.A.

THE ROCK – FELS DER ENTSCHEIDUNG

(1996, R: Michael Bay)
Sean Connery, Nicolas Cage, Ed Harris
• **KALIFORNIEN**

Adrenalinfördernder Actionfilm, in dem der verbitterte Major Harris und seine Leute Alcatraz Island einnehmen und ein paar ziemlich unangenehme chemische Sprengköpfe auf San Francisco richten. Nur der ehemalige Insasse und politische Gefangene Connery kann zusammen mit dem nervösen Wissenschaftler Cage das Problem lösen. Es ist das echte **Alcatraz Prison** auf Alcatraz Island in der Bucht von San Francisco. Es war nicht möglich, das nationale Monument während der Dreharbeiten zu schließen, also musste um die Besuchergruppen herum gefilmt werden. Wenn Sie sich trotz allem in die Gefahr begeben wollen, zur Geisel zu werden, dann schlagen Sie die Details zu einem Besuch des Gefängnisses bei *Flucht von Alcatraz* nach. Nicolas Cages Apartment befindet

Connerys Luxussuite: Fairmont Hotel, Mason Street, San Francisco

Connery trifft seine Tochter: Palace of Fine Arts, Lyon Street

Cages Apartment in Washington D.C.: Hotel Rosslyn, West 5th Street, L.A.

sich angeblich in Washington D.C., aber der Blick aus dem Fenster zeigt eindeutig das World Interstate Centre in Downtown L.A., während das Schild auf dem Dach, wo er mit seiner Freundin tanzt, das Gebäude als das **Hotel Rosslyn, 112 West 5th Street** identifiziert *(Tel. 213 624 3311)*, Downtown L.A. (auch zu sehen in Sam Raimis *Darkman*).
Die FBI-Agenten richten ein mobiles Hauptquartier auf **Pier 39** in der San Francisco Bay ein. Cage wird in das FBI-Büro in der **City Hall** bestellt, **Van Ness Avenue**/Ecke McAllister Street im Civic Center. Connery fordert und bekommt eine Penthouse-Suite im **Fairmont**

Hotel, 950 Mason Street am Nob Hill *(Tel. 415 7725000)*, auch zu sehen in Hitchcocks letztem Film *Familiengrab*. Von hier entkommt Connery, nachdem er den FBI-Boss am Dach zappeln lässt. Aber sehen Sie doch noch einmal hin. Das Hotel, von dem aus Cage Connery folgt, ist das **Biltmore** am Pershing Square in Downtown L.A. (für Details über dieses häufig zu sehende Motiv siehe *Beverly Hills Cop – Ich lös' den Fall auf jeden Fall*). Die für San Francisco schon rituelle Verfolgungsjagd hügelabwärts mit entsprechend großen Sätzen machenden Autos wird durch einen spektakulären Crash mit einer Cable Car aufgepeppt, der in **Russian Hill** gefilmt wurde. Connery wird festgenommen, als er sich mit seiner Tochter am **Palace of Fine Arts** trifft, **3601 Lyon Street** zwischen Jefferson Street und Bay Street im Distrikt Marina, ein Hintergrund für *Vertigo – Aus dem Reich der Toten* und *Flucht in die Zukunft*. Die grandiosen Gebäude, die 1915 für die Panama-Pacific Exhibition errichtet wurden, blieben stehen, wurden restauriert und beherbergen heute ein Kindermuseum, das Exploratorium.

ROCKY

(1976, R: John G. Avildsen)
Sylvester Stallone, Burgess Meredith, Talia Shire
• PHILADELPHIA, PENNSYLVANIA; LOS ANGELES

Die Rocky-Treppe: Philadelphia Museum of Modern Art, Benjamin Franklin Avenue

Im Jahr von *Taxi Driver*, *Die Unbestechlichen* und *Network* kam dieses altmodische Märchen vom Underdog, der es bis nach oben schafft, quasi aus dem Nichts und kassierte den Oscar für den Besten Film und den Besten Regisseur. Die Motive, die Sie sich natürlich ansehen wollen, sind die 68 Stufen der Treppe am **Philadelphia Museum of Modern Art, 26th Avenue**/Ecke Benjamin Franklin Avenue. Doch obwohl *Rocky* in Philadelphia angesiedelt ist, entstand ein Teil des Films in Los Angeles. Rockys Nachbarschaft ist South Philly. Während des Trainings für seinen großen Durchbruch läuft er an der **Philadelphia City Hall** entlang und über den **Italian Market, Ninth Street** zwischen Federal Street und Chris-

Rocky trainiert weiter: Park Hyatt Philadelphia im Bellevue, Broad Street

tian Street. Der einleitende Boxkampf vor dem Hintergrund des unübersehbaren Wandgemäldes findet dagegen in L.A. statt. Es ist das **Oscar de la Hoya Boxing Youth Center, 1114 South Lorena Street** in East L.A. Die Pressekonferenz wird im **Ambassador Hotel, 3400 Wilshire Boulevard** abgehalten. Die Zukunft dieses Wahrzeichens von L.A., das von Donald Trump aufgekauft wurde, ist derzeit in der Schwebe. Sehen Sie es sich an, solange es noch existiert, auch wenn es gegenwärtig leer steht und fast nur noch für Dreharbeiten benutzt wird (für Details siehe *A Star is Born* von 1954). Rocky trainiert mit Rinderhälften bei **Shamrock Meats Inc., 3461 East Vernon Avenue**/Ecke Alcoa Avenue, südlich des Los Angeles River in Vernon, südöstlich der Downtown. Der Entscheidungskampf gegen Apollo Creed entstand wiederum in Los Angeles im **Olympic Auditorium, 1801 South Grand Avenue**/ Ecke Olympic Boulevard, Downtown. Gebaut wurde er für die Olympiade 1932. Die Szenen für *Wie ein wilder Stier*, die Wrestlingkämpfe in *Ed Wood* und *Der Mondmann* entstanden ebenfalls hier.

Das Ende des Laufs: Philadelphia von der obersten Stufe aus betrachtet

Rocky trainiert: Italian Market, Ninth Street

Der entscheidende Kampf: Olympic Auditorium, South Grand Avenue, L.A.

ROCKY II

(1979, R: Sylvester Stallone)
Sylvester Stallone, Talia Shire, Carl Weathers
• PHILADELPHIA, PENNSYLVANIA; LOS ANGELES

Rocky gerät ins Schleudern, kommt aber zu einem weiteren Sieg in dieser Fortsetzung, die achtmal so teuer war wie das Originalfilm. Wieder einmal trainiert Rocky in Philadelphia, läuft über den **Italian Market**, rennt die Stufen hinauf zum **Museum of Modern Art** und siegt über seinen Widersacher im **Olympic Auditorium** in L.A. (für Details siehe *Rocky*).

ROCKY III

(1982, R: Sylvester Stallone)
Sylvester Stallone, Talia Shire, Carl Weathers
• PHILADELPHIA, PENNSYLVANIA; LOS ANGELES

Rocky kriegt gleich zu Anfang eins auf die Mütze, aber keine Sorge – am Ende gewinnt er doch, und zwar abermals im **Olympic Auditorium** in L.A. Die Kampfarena ist der Crystal Ballroom des **Biltmore Hotel, 506 South Grand Avenue,** Downtown L.A. Unterdessen findet sich in Philadelphia eine Rocky-Statue gleich vor dem **Museum of Modern Art.** Nach den Dreharbeiten spendete Stallone die Statue großzügig dem Museum, wo man sich höflich, aber bestimmt gegen diese edle Geste aussprach und die Statue schließlich in Stallones Garten landete – bis lokale Petitionen dafür sorgten, dass sie im Spectrum Stadium aufgestellt wurde, der Heimat des Hockeyteams der Flyers und des 76ers Basketballteams (ein Motiv im Film *Philadelphia*). Rocky trainiert im ultraluxuriösen **Park Hyatt Philadelphia at the Bellevue, Broad Street**/Ecke Walnut Street *(Tel. 215 893 1776)*, südlich der City Hall.

ROCKY IV – DER KAMPF DES JAHRHUNDERTS
(1985, R: Sylvester Stallone)
Sylvester Stallone, Dolph Lundgren, Carl Weathers
• **WYOMING; BRITISH COLUMBIA, KANADA**

Rocky nimmt es in dieser bemühten Ost-West-Allegorie mit Blondie Lundgren auf. Gefilmt wurde in **Jackson,** Wyoming, das als Sibirien herhalten musste. Anstelle der Stufen in Philadelphia bekommen wir den **Rendezvous Peak** in Jackson zu sehen. Dreharbeiten fanden auch in Vancouver statt, wo sich die Statisten vor Ort während einer sommerlichen Hitzewelle in Pelzmänteln und Winterkleidung zu Tode schwitzen durften. Der Kampf, der angeblich in Caesar's Palace, Las Vegas, stattfindet, wurde im weitläufigen **Pacific National Exhibition Agrodome** gefilmt, Vancouver *(Tel. 604 253 2311)*, British Columbia.

ROCKY V
(1990, R: John G. Avildsen)
Sylvester Stallone, Talia Shire, Burt Young
• **LOS ANGELES**

Ein hirngeschädigter Rocky nimmt einen Schützling unter seine Fittiche – der sich dann gegen ihn wendet. Stallones Haus steht in der **160 San Rafael Avenue,** südlich der Colorado Avenue, Pasadena (auch zu sehen in *Die wahren Bosse – Ein teuflisches Imperium*).

DIE ROCKY HORROR PICTURE SHOW
(1975, R: Jim Sharman)
Tim Curry, Susan Sarandon, Richard O'Brien
• **BERKSHIRE**

Der Kultfilm schlechthin, auch wenn er ein wenig zu vorsätzlich kitschig war und das mikroskopisch kleine Budget wenig Spielraum bot. Die Innenaufnahmen entstanden passenderweise in den alten Bray Studios von Hammer Films.

Frank'n'Furters Zuhause:
Oakley Court Hotel, Windsor Road, Berkshire

Frank'n'Furters herrschaftliches Haus liegt – wie praktisch – gleich neben dem Studio und ist natürlich in einer ganzen Schwemme von Horrorfilmen zu sehen gewesen. Ursprünglich war es Oakley Court, das viele Jahre lang in einem dringend reparaturbedürftigen Zustand verbracht hatte. Seitdem hat es in Dutzenden von Filmen mitgewirkt, insbesondere in Hammer-Filmen wie *Frankensteins Fluch* und *Nächte des Grauens.* Inzwischen ist es von Grund auf renoviert worden und ist heute das ziemlich noble **Oakley Court Hotel, Windsor Road, Water Oakley** *(Tel. 01753/609988)*, an der A308 zwischen Maidenhead und Windsor.

ROLLERBALL
(1975, R: Norman Jewison)
James Caan, John Houseman, Maud Adams
• **DEUTSCHLAND; SCHWEIZ**

Jewisons futuristischer Film entstand in Europa, und zwar in Pinewood und in München. Das Rollerball-Stadion ist die große kreisrunde **Olympia-Basketballhalle** in München. Die zylindrischen Türme des Hauptquartiers der Energy Corporation sind das **BMW-Gebäude** in **München.** Die Weltbibliothek, in der Caan den Supercomputer Zero um Rat fragt, ist das **Völkerbund-Gebäude** in **Genf.**

ROM, STATION TERMINI
(1953, R: Vittorio De Sica)
Montgomery Clift, Jennifer Jones, Gino Cervi
• **ROM**

Der ursprüngliche Titel *Terminal Station* wurde in den USA vom tatkräftigen Produzenten David O. Selznick in *Indiscretion of an American Wife* umbenannt, der den Film benutzte, um seine damalige Frau Jennifer Jones in den Mittelpunkt der Aufmerksamkeit zu rücken, was den Star Clift und Autor Truman Capote verärgerte. Der Film hatte schließlich eine Laufzeit von brutal zusammengeschnittenen 75 Minuten. Gefilmt wurde fast ausschließlich am römischen Hauptbahnhof, **Stazione Termini, Piazza dei Cinquecento.**

ROMEO UND JULIA
(1968, R: Franco Zeffirelli)
Leonard Whiting, Olivia Hussey, Milo O'Shea
• **ITALIEN**

Wunderschön anzusehende, wenn auch etwas schmalzige Version von Shakespeares Bühnenstück. Nachdem er *Der Widerspenstigen Zähmung* komplett im Studio gedreht hatte, geht Zeffirelli bei diesem Schmachtfetzen an echte Motive in Italien. Zu den übrigen Schauplätzen zählt auch die toskanische Hügelstadt **Pienza** – deren größter Platz im Studio in Cinecittà nachgebaut wurde. Die Kampfszenen spielen sich in den Straßen der kleinen mittelalterlichen Stadt **Gubbia** am Hang des Monte Ingino in Umbrien ab. Weitere mittelalterliche Ansichten lieferten einige Städte in der **Toskana** am Fluss Marta 80 Kilometer nordwestlich von Rom; außerdem **Serravalle,** ein von einer Schutzmauer umgebenes Dorf unterhalb der Schlucht von Meschio, einem Teil von Vittorio Veneto, rund 70 Kilometer nördlich von Venedig. Für Baz Luhrmanns Neunziger-Jahre-Update siehe *Romeo & Julia*.

ROMEO & JULIA

(1996, R: Baz Luhrmann)
Leonardo DiCaprio, Claire Danes, Pete Postlethwaite
• **MEXIKO**

Baz Luhrmanns unverfroren erfindungsreiche Variation des Shakespeare-Stücks siedelt die Handlung am Verona Beach an und nutzt Schauplätze in Mexiko. Sycamore Grove, der Strand, an dem sich die Montagues entspannen und wo Mercutio getötet wird, ist das Küstendorf **Veracruz** am Golf von Mexiko rund 300 Kilometer östlich von Mexico City. Romeos Verbannung zwingt ihn, sich in einem Trailer in den Einöden von **Texcoco** zu verstecken.

Das Capulet-Anwesen ist **Castillo de Chapultepec** im Chapultepec Park, Mexico City. Dieses Gebäude, das von 1780 bis 1840 erbaut wurde, diente als Sommersitz mexikanischer Präsidenten, bis es 1940 zu einem Museum für Landesgeschichte wurde. St. Peter's, die Betonkirche im gotischen Stil, in der Romeo und Julia heimlich heiraten und zum Ende des Films gemeinsam in den Tod gehen, ist die **Immaculate Heart of Mary Church, Colonia Guerrero** in Mexico City.

ROMPER STOMPER

(1992, R: Geoffrey Wright)
Russell Crowe, Daniel Pollock, Jacqueline McKenzie
• **MELBOURNE, AUSTRALIEN**

Dümmliche Skinheads terrorisieren in Melbourne Immigranten. Dieser kontroverse Film entstand rund um die Melbourner Distrikte **Footscray** und **Point Addis**. Die vietnamesischen Teenager werden an der **Footscray Station** angegriffen.

DER ROSAROTE PANTHER

(1963, R: Blake Edwards)
David Niven, Peter Sellers, Capucine
• **ITALIEN**

Der Film, der Inspector Clouseau auf die Welt losließ, spielt vorwiegend im Jetset-Skidomizil **Cortina d'Ampezzo** im Ampezzo-Tal in den italienischen Dolomiten (für Details siehe *James Bond 007 – In tödlicher Mission*). Gefilmt wurde auch im antiken Dörfchen **Rocca di Papa**, rund 25 Kilometer westlich von Rom. Die Eröffnungsszene, in der Capucine die Flucht ergreift, spielt in **Venedig**. Die Schwindel erregenden Straßen von Amalfi, die Straßen von Rom nahe dem Colosseum und von Florenz kamen ebenfalls zum Einsatz.

ROSEMARIES BABY

(1968, R: Roman Polanski)
Mia Farrow, John Cassavetes, Ruth Gordon
• **NEW YORK CITY**

Das Branford, das düstere Gebäude, in das die frisch vermählten Farrow und Cassavetes einziehen, ist natürlich das **Dakota Apartments, 1 West 72nd Street**/Ecke Central Park West, wo über die Jahre hinweg zahllose Prominente gewohnt haben, darunter Judy Garland, Lauren Bacall, Boris Karloff und Leonard Bernstein. Bekannt ist es vor allem als die letzte Wohnung von John Lennon, der 1980 vor dem Haus erschossen wurde. Auf der anderen Straßenseite im Central Park findet sich Lennons Denkmal Strawberry Fields. Ira Levins Originalgeschichte wurde angeblich vom Alwyn Court Apartments inspiriert, einem Wohnblock im Renaissancestil mit Drachen aus Terrakotta in der 180 West 58th Street.

Das düstere Branford-Apartmentgebäude: Dakota Building, 72nd Street, West Side

DER ROSEN-KRIEG

(1989, R: Danny DeVito)
Michael Douglas, Kathleen Turner, Danny DeVito
• **LOS ANGELES; WASHINGTON STATE**

DeVitos köstlich rabenschwarze Komödie zeigt die Schauspielprofis Michael Douglas und Kathleen Turner, wie die aus einer Scheidung einen Kampf bis zum Tod machen. Nantucket, wo Douglas und Turner sich zum ersten Mal begegnen, ist nicht der noble Urlaubsort in New England, sondern **Coupeville**, Route 20, auf **Whidbey Island**, 65 Kilometer nördlich von Seattle, Washington State, an der pazifischen Nordwestküste. Und die reizende, schneebedeckte Straße in Cambridge, Massachusetts, wo Turner Douglas einen Morgan präsentiert, ist nichts weiter als das Studiogelände von Universal in L.A.

Der Film entstand zu großen Teilen auf den Bühnen bei Twentieth Century-Fox in L.A., wo ein riesiges, dreistöckiges Set errichtet wurde, das einem echten Haus am exklusiven **Fremont Place** entsprach, einer Privatstraße im Nobelviertel Hancock Park. Die Senatsanhörung findet in der **City Hall** von L.A. statt, **200 North Spring Street**, Downtown L.A. Gefilmt wurde auch am **California Institute of Technology (Cal Tech), 1201 East California Boulevard** zwischen Hill Avenue und Wilson Avenue, Pasadena.

ROSSINI

(1997, R: Helmut Dietl)
Mario Adorf, Götz George, Joachim Król
• **DEUTSCHLAND; ITALIEN**

Bezaubernd stilvolle Satire über Beziehungen und die Filmbranche, mit geschrieben von Patrik Süßkind, dem Autor von *Das Parfum*, und fast ausschließlich in einem fiktiven italienischen Nobelrestaurant angesiedelt. Leider können Sie dort keine Nudelspezialitäten kosten, da das komplette Restaurant eine Kulisse war, die man in einem alten Ausbesserungswerk der Deutschen Bundesbahn in

München errichtet hatte. Die Villa liegt am Gardasee, westlich von Verona in Norditalien.

DIE ROTE LOLA

(1950, R: Alfred Hitchcock)
Richard Todd, Marlene Dietrich, Jane Wyman
• **LONDON**

Jane Wymans Klasse: RADA, Gower Street

Schwächerer Hitchcock mit Jane Wyman (die sich weigerte, neben der glamourösen Marlene Dietrich allzu bieder auszusehen), die einen Job als Hausmädchen annimmt, um in dem Mord zu ermitteln, der Richard Todd vorgeworfen wird. Hitchcock kehrte für diesen Film, der die Kritiker massiv erzürnte, da er mit den Regeln brach und in Rückblenden betrog, nach London zurück. Er eröffnet mit einem Blick auf die St. Paul's Cathedral, die über dem Schutt der Nachkriegsjahre thront.

Wyman trifft den Detektiv: Shepherd's Tavern, Shepherd Street, Mayfair

Todd entkommt der Polizei, indem er in Jane Wymans Schauspielunterricht an der RADA platzt, der **Royal Academy of Dramatic Art, 62-64 Gower Street**, WC1. Das Haus von Charlotte Inwood (Dietrich), Schauplatz des Mordes, ist leider abgerissen worden. Sie könnten zwar die Hertford Street nahe der Ecke zur Stanhope Row, W1, wiedererkennen, aber der Häuserblock, zu dem die Hausnummer 78 gehörte, ist dem Hilton Hotel an der Park Lane gewichen. Ein Motiv, das überlebt hat, ist die **Shepherd's Tavern, 50 Shepherd Street**/Ecke Hertford Street, wo Wyman sich mit Detective Michael Wilding bei einem Brandy trifft, nachdem sie zum ersten Mal im Inwood-Haus gewesen ist.

DER ROTE KORSAR

(1952, R: Robert Siodmak)
Burt Lancaster, Nick Cravat, Eva Bartok
• **NEAPEL, ITALIEN**

Burt bleckt seine vielen, vielen Zähne und spult seine akrobatische Routine ab in diesem Piratenfilm, der irgendwie zu einer kitschigen Parodie wurde. Die West Indies wurden in den **Teddington Studios** und auf einer Insel in der **Bucht von Neapel** vorgetäuscht.

ROTE LATERNE

(1991, R: Zhang Yimou)
Li Gong, Jingwu Ma, Caifei He
• **SHANXI-PROVINZ, CHINA**

Yimous berauschend schöner Film entstand in der alten, erhaltenen **Villa der Familie Qiao** in **Qiaojiabao** nahe **Taiyuan**, der Hauptstadt der chinesischen Shanxi-Pro-

vinz. Sie ist als Museum geöffnet. Details über eine Tour zum Haus von Shanghai aus finden Sie unter *www.shanghaitonight.com*.

DIE ROTE TAPFERKEITSMEDAILLE

(1951, R: John Huston)
Audie Murphy, Bill Mauldin, Douglas Dick
• **KALIFORNIEN**

Kriegsheld Audie Murphy in einem massiv zurechtgestutzten Film von John Huston, der inzwischen nicht mal mehr 70 Minuten lang ist. Huston wollte diese Bürgerkriegsgeschichte in Virginia drehen, musste sie aber schließlich auf sein eigenes Anwesen in **Calabasas** verlegen, nordwestlich von L.A. in den Santa Monica Mountains abseits der Interstate 101. Weitere Szenen wurden in **Chico**, Zentralkalifornien, gefilmt.

DIE ROTE WÜSTE

(1964, R: Michelangelo Antonioni)
Monica Vitti, Richard Harris, Rita Renoir
• **ITALIEN**

Wunderschön anzusehen, faszinierender Einsatz von Farben, gefilmt in der Industrielandschaft von **Ravenna** in Norditalien.

DIE ROTEN SCHUHE

(1948, R: Michael Powell, Emeric Pressburger)
Moira Shearer, Anton Walbrook, Marius Goring
• **LONDON; FRANKREICH; MONACO**

Powells und Pressburgers extravagant romantisches Tanzdrama eröffnet im **Royal Opera House, Covent Garden**, London, doch schon bald tourt die Ballerina Moira Shearer durch Frankreich, und es endet in Monte Carlo. Aber Vorsicht, denn das Monte Carlo von heute hat mit dem von 1948 wenig zu tun. Die Eleganz ist einer massiven Bebauung gewichen, und die Stadt gleicht heute einer Müllkippe. Der mit Blumen geschmückte Bahnhof mit seinen schmiedeeisernen Verzierungen ist durch einen schäbigen Betonklotz ersetzt worden. Shearer steigt im **Hotel de Paris, Place du Casino** ab, das zum Glück noch existiert und sich auch nicht allzu sehr verändert hat. Allerdings liegt es hinter dem Casino versteckt. Hier findet sich auch das **Opernhaus von Monte Carlo**. Die Gruppe verbringt einen Abend in **Villefranche-sur-Mer**, der hübschen Kleinstadt an der Küste östlich von Nizza, auch zu sehen in *Maximum Risk* und *Sag niemals nie*. Die verlassene Villa mit der stimmungsvollen Treppe, wo Shearer Walbrook besucht, ist die **Villa Leopolda, Avenue Leopold II**, östlich von Centre Ville mit Blick auf Villefranche. Die geschwungene Art-Nouveau-Terrasse, von der sich Shearer schließlich stürzt, wurde abgerissen, um einem hässlichen Betonweg Platz zu machen. Die Terrasse befand sich am entgegengesetzten Ende des Fürstentums von der Stelle der Eisenbahnlinie, auf die sie sich stürzt.

ROUNDERS

(1998, R: John Dahl)
Matt Damon, Edward Norton, John Turturro

• NEW YORK CITY; NEW JERSEY

Damon ist ein Spielsüchtiger, der sich in eine riskante Situation bringt. John Dahls Pokerdrama ist in New York und Atlantic City angesiedelt. Die City Law School, wo Damon studiert, ist die **Rutger's Law School, 123 Washington Street, University Heights, Newark**, New Jersey.

ROXANNE

(1987, R: Fred Schepisi)
Steve Martin, Daryl Hannah, Rick Rossovich
• BRITISH COLUMBIA, KANADA

Wunderschön gefilmtes Update von Rostands *Cyrano von Bergerac*, der ohne das feige Ende ein klassischer Schmachtfetzen hätte werden können. Gefilmt wurde in British Columbia; die fotogenen steilen Straßen und die pinienbewachsenen Hügel finden sich in **Nelson** im südöstlichen Winkel des Staates im Norden der Grenze zu den USA.

DIE RÜCKKEHR DER JEDI-RITTER

(1983, R: Richard Marquand)
Mark Hamill, Carrie Fisher, Harrison Ford
• ARIZONA; KALIFORNIEN

Die Studioaufnahmen für den dritten Teil der original Trilogie entstanden abermals in England, aber die Außenaufnahmen konnten exotischere Drehorte vorweisen. Tatooine, in *Krieg der Sterne* noch in Tunesien gefilmt, lag diesmal im **Buttercup Valley** nahe Yuma in der Wüste von Arizona (*Jäger des verlorenen Schatzes* war bei den Dreharbeiten in Tunesien auf Schwierigkeiten gestoßen, auch wenn Lucas für *Star Wars Episode I – Die dunkle Bedrohung* wieder dorthin zurückkehrte). Die gewaltige schwebende Barke von Jabba the Hutt (24 Meter hoch, 65 Meter lang) wurde in Yuma gefilmt. Weitere außerirdische Landschaften fanden sich im **Death Valley** und am **Smith River**, Kalifornien. Die Riesenbäume des Mondes Endor, die fast 100 Meter in die Höhe ragen und einen Durchmesser von gut sechs Metern haben, sind die gigantischen Redwood-Haine im **Jedediah Smith Redwood State Park, 4241 Kings Valley Road, Crescent City**, im Norden von Kalifornien. Der Film wurde unter völliger Geheimhaltung gedreht und firmierte sogar unter dem falschen Titel *Blue Harvest – Horror Beyond Imagination*.

DIE RÜCKKEHR DER MUSKETIERE

(1989, R: Richard Lester)
Michael York, Oliver Reed, Frank Finlay
• SPANIEN

Mehr als fünfzehn Jahre nach *Die drei Musketiere* versammelt Lester fast die komplette Truppe um sich, um die Fortsetzung zu filmen. Heute erinnert man sich an den Film wohl nur noch wegen des tödlichen Reitunfalls, den Roy Kinnear während der Dreharbeiten erlitt. Wieder ins Bild gerückt werden einige der bedeutenden Wahrzeichen von Spanien, darunter die Städte **Toledo** und **Aranjuez** südlich von Madrid, **Manzanares el Real, Riofrio, La Granja, Rascafria** und **Talamanca** im Norden von Madrid.

RUHELOSE LIEBE

(1939, R: Leo McCarey)
Irene Dunne, Charles Boyer, Maria Ouspenskaya
• NEW YORK CITY

Erste von drei Versionen des klassischen Schmachtfetzens, in dem sich Dunne und Boyer auf einem Schiff begegnen und einander versprechen, sich am **Empire State Building, 350 Fifth Avenue**, wieder zu sehen. Dunne verpasst ihre Verabredung, als sie von einem Taxi angefahren wird und danach gelähmt ist.

RUMBLEFISH

(1983, R: Francis Ford Coppola)
Matt Dillon, Mickey Rourke, Diane Lane
• OKLAHOMA

Obwohl in einem Zug mit *Die Outsider* gefilmt und ebenfalls nach einem Buch von S.E. Hinton entstanden, könnte *Rumblefish* sich nicht stärker vom erstgenannten Film unterscheiden: sonderbare, traumartige und ausgebleichte Monochromfotografie, Landschaften im Zeitraffer und surreale Kulissen. Gefilmt wurde in **Tulsa**, Oklahoma (wo die Fische an der **21st Street Bridge** im Arkansas River ausgesetzt werden), sowie ein paar Kilometer südwestlich auf der Interstate 44 im Städtchen **Sapulpa**.

RUSH HOUR

(1998, R: Brett Ratner)
Jackie Chan, Chris Tucker, Tom Wilkinson
• LOS ANGELES; HONGKONG

Die Eröffnungsszene zeigt den **Hafen von Hongkong**, doch Tom Wilkinsons Zuhause befindet sich trotz der Aussicht von seinem Fenster in L.A. Es ist Frank Lloyd

Hollywood-Sightseeing: Mann's Chinese Theater, Hollywood Boulevard

Wrights **Ennis Brown House, 2607 Glendower Avenue**, Silverlake, unterhalb des Griffith Park. Chris Tucker nimmt Jackie Chan mit, um ihm John Waynes Fußabdrücke vor **Mann's Chinese Theater** zu zeigen, **6925 Hollywood Boulevard** in Hollywood. Die China Exposition findet im **New Los Angeles Convention Center, Figueroa Street** zwischen 11th Street und Venice Boulevard, Downtown L.A., statt. Zu sehen ist es auch in *Face/Off* und als Weltraumbahnhof in *Starship Troopers*.

RYAN'S TOCHTER

(1970, R: David Lean)
Sarah Miles, Robert Mitchum, Christopher Jones
• IRLAND; SÜDAFRIKA

Die Kritikerschelte für dieses aus allen Fugen geratene Epos veranlasste David Lean, sich 14 Jahre lang von der Kinoarbeit zurückzuziehen. Trotz der visuellen Fülle und einiger beeindruckender Sequenzen (der echte Sturm ist atemberaubend), kann die kleine Liebesgeschichte nicht fesseln. Das gesamte Dorf Kirrary war eine heute nicht mehr existente Kulisse, die man nahe Carhoo auf der **Dingle Peninsula** an der südwestlichsten Spitze von Irland errichtet hatte. Die meisten Strandszenen entstanden bei **Inch Strand**, fast 20 Kilometer östlich von Dingle, und am **Coumeenoole Strand** nahe Dunquin. Der Strand, an dem Rosie ihren Sonnenschirm verliert, liegt bei den **Cliffs of Moher**, County Clare, während für andere Szenen **Barrow Strand** nördlich von Tralee verwendet wurde.

Der Höhepunkt des Films, die mitreißende Sturmsequenz, entstand an der Felsenküste von **Bridges of Ross**, 50 Kilometer südlich. Da die von Problemen heimgesuchte Produktion auch noch anhielt, als der Winter anbrach, musste ein neuer Drehort gefunden werden. Der Selbstmord von Major Dorian wurde an einem Strand in Südafrika gefilmt, wo die dortigen weißen Felsen schwarz gestrichen werden mussten, um zu den Aufnahmen aus Irland zu passen.

S

SABOTAGE
(1936, R: Alfred Hitchcock)
Sylvia Sidney, Oscar Homolka, John Loder
• **LONDON**

Oscar Homolkas Bijou-Kino, die High Street Station sowie die angrenzende Straße sind eine Studiokulisse, doch finden sich in Hitchcocks frühem Thriller mehr echte Londoner Motive als in jedem anderen Film aus dieser Zeit. Die Eröffnungsszene zeigt die Sabotage an der **Battersea Power Station** am Südufer der Themse, die zahlreiche Londoner Wahrzeichen wie den Palace of Westminster, Trafalgar Square und Piccadilly Circus in Dunkelheit versinken lässt. Auf dem **Trafalgar Square** trifft sich Sylvia Sidney später mit dem verdeckt ermittelnden Cop John Loder, bevor sie sich zum Essen ins Simpson's in the Strand begibt. Das Restaurant, das zu den Favoriten von Hitchcock zählte und in dem er sich mit den Journalisten traf, um für den Film zu werben, wurde im Studio nachgebaut, aber in natura können Sie es in *Wiedersehen in Howards End* sehen. Die Lord Mayor's Show, wo Sidneys jüngerer Bruder nichts ahnend mit der Bombe wartet, ist ebenfalls eine Attrappe. Die Parade, die angeblich am Strand stattfindet, wurde in Wahrheit vor einem riesigen Foto vom Law Courts aufgenommen.

SABOTEURE
(1942, R: Alfred Hitchcock)
Robert Cummings, Priscilla Lane, Norman Lloyd
• **KALIFORNIEN; NEW YORK CITY; NEVADA**

Cummings ist der Unschuldige, den man verdächtigt, ein Saboteur in Kriegszeiten zu sein. Gefilmt wurde zwar überwiegend in den Universal Studios in Hollywood, dennoch sind viele für Hitchcock typische Wahrzeichen zu sehen, die vorwiegend vom Zweiten Kamerateam beigesteuert wurden. Cummings reist nahe **Lone Pine** an der Route 395, Zentralkalifornien, durch die Wüste, bevor er in der Geisterstadt ankommt, von der aus man einen Blick auf das nächste Ziel der Saboteure hat: **Boulder Dam** auf der anderen Seite des Colorado River nahe Las Vegas, Nevada. Nach der Ankunft in New York wird Priscilla Lane im Rockefeller Center festgehalten, es kommt während einer Filmvorführung in der **Radio City Music Hall, 1260 Sixth Avenue** zu einer Schießerei (auch wenn man das Innere zum größten Teil im Studio nachgebaut hatte). Dem Film wurde ein neues Ende angehängt, zu dem unter anderem Aufnahmen der SS *Normandie* gehören, die angeblich im Brooklyn Navy Yard vor Anker liegt. Das Schiff war in USS *Lafayette* umbenannt worden und fiel im Februar 1942 einem mysteriösen Feuer an einem Pier in Manhattan zum Opfer. Das Schiff, das durch die enormen Wassermengen, die nötig waren, um die Flammen zu löschen, Schlagseite bekam, wurde in den Film als scheinbares Sabotageziel aufgenommen. Die Navy war darüber nicht sehr erfreut, doch das Ende blieb im Film. Der berühmte filmische Höhepunkt auf der Freiheitsstatue entstand natürlich nahezu vollständig im Studio.

SABRINA
(1954, R: Billy Wilder)
Humphrey Bogart, Audrey Hepburn, William Holden
• **NEW YORK STATE**

Die reichen Brüder Holden und Bogart wetteifern in Wilders romantischer Komödie, die im **Welland House, Glen Cove,** an der Route 107 im nordöstlichen Küstenabschnitt von Long Island, New York, gefilmt wurde, um die Gunst der Chauffeurstochter Hepburn.

SABRINA
(1995, R: Sydney Pollack)
Harrison Ford, Julia Ormond, Greg Kinnear
• **NEW YORK STATE; MASSACHUSETTS; FRANKREICH**

Die Villa der Gebrüder Ford und Kinnear in diesem vergnüglichen, aber unnötigen Remake ist nur einen Katzensprung entfernt von dem Haus, das im Original zu sehen war. Das Privatgebäude, das 1929 für den Finanzier Junius Spencer Morgan gebaut wurde und für Besucher nicht geöffnet hat, ist das **Salutation House, Glen Cove,** das für die Dreharbeiten genutzt werden konnte, da es kurz zuvor zum Kauf angeboten worden war. Das Gebäude wurde umfangreich renoviert, und es wurde über der Garage ein kompletter falscher Flügel aufgebaut, in dem der Chauffeur wohnte.

Ford entführt Julia Ormond in die Sommerresidenz der Familie auf der exklusiven Insel **Martha's Vineyard** vor der Küste von Massachusetts (siehe *Der weiße Hai* für Details). Das Cottage selbst (das dem Sänger Billy Joel gehört) überblickt den Fischereihafen von **Chilmark** an der südwestlichen Küste der Insel. Die Stadt, zu der sie mit dem Rad fahren, ist Vineyard Haven an der Nordwestküste der Insel. Ormonds Aufenthalt in Paris präsentiert die üblichen touristischen Motive: **Pont Alexandre III, Place du Trocadero** am Fuß des Eiffelturms, die faszinierende Glaspyramide des **Louvre, Montmartre** und **Sacré Coeur.** Die abschließende Szene spielt sich auf der schmalen hölzernen **Pont des Arts,** südlich des Louvre ab.

EINE SACHLICHE ROMANZE
(1995, R: Mike Newell)
Georgina Cates, Hugh Grant, Alan Rickman
• **DUBLIN**

Volle Punktzahl für Hugh Grant, der seinen frisch gewonnenen Starstatus nach dem phänomenalen Erfolg von *Vier Hochzeiten und ein Todesfall* aufs Spiel setzt, indem er einen zwielichtigen schwulen Theaterregisseur in Newells Film über Beryl Bainbridges Tragödie hinter den Kulissen mimt.

Der im Liverpool der vierziger Jahre spielende Film wurde bis auf einige Einführungseinstellungen der Mersey in

Dublin gedreht, da die irische Regierung wieder einmal mit Steuervergünstigungen lockte. Das Playhouse ist eigentlich das wunderschöne, 1300 Plätze große viktorianische **Dame Theatre, 72 Dame Street** *(Tel. 677 7744)* nahe dem Bezirk Temple Bar.

Nicht weit davon entfernt ist eine andere Dubliner Institution, der Teesalon, wo die Mitglieder der Truppe Klatsch und Tratsch austauschen. Es ist das **Bewley's Oriental Café, 78-79 Grafton Street**. Die **Dublin Docks** doubeln ihr an der Mersey gelegenes Äquivalent in Liverpool, wo der famose Schauspieler Alan Rickman mit seinem Motorrad entlangfährt.

Der Probenraum des Theaters könnte Ihnen bekannt vorkommen – es ist der Probenraum über einem Billardsaal, den die Band in Alan Parkers *Commitments* benutzt und der südlich vom Stadtzentrum an der Lower Camden Street liegt.

SACRAMENTO

(1962, R: Sam Peckinpah)
Joel McCrea, Randolph Scott, Mariette Hartley
• **KALIFORNIEN**

High Country: Bishop, Zentralkalifornien

Randolph Scott verließ für diesen exzellenten frühen Peckinpah kurzzeitig sein Leben im Ruhestand. Schauplatz ist das fiktive Coarsegold in Crane Valley, ausgewählt wurde aber ein Gebiet jenseits der Berge in der Region **Mammoth Lakes** in den High Sierras nahe Bishop, Kalifornien. Peckinpah wollte die Veränderung in der Umgebung und der Vegetation erfassen, während die Gruppe in größere Höhen aufsteigt, doch für die Jahreszeit untypisches schlechtes Wetter beendete diese Dreharbeiten vorzeitig, und die Crew musste nach L.A. zurückkehren, um im für alles herhaltenden **Bronson Canyon** im Herzen des Griffith Park weiter zu filmen. Seifenlauge diente als Schnee, und die Segel der *Bounty*, die für die Version von *Meuterei auf der Bounty* aus dem Jahre 1962 gebaut worden war, wurden zu Zelten umfunktioniert! Andere Motive in dieser Region waren **Frenchman's Flat, Conejo Valley**, die Fox Ranch im Malibu Canyon und sogar das MGM-Gelände.

SADISTICO

(1971, R: Clint Eastwood)
Clint Eastwood, Jessica Walter, Donna Mills
• **KALIFORNIEN**

Clints Regiedebüt ist die Grundlage für *Eine verhängnisvolle Affäre*, in der Jessica Walter von D.J. Eastwood be-

sessen ist. Gefilmt wurde auf dem heimatlichen Territorium des Regisseurs in Monterey und Carmel an der Pazifikküste südlich von San Francisco. Der Radiosender ist KRML

Die Bar: Sardine Factory, Monterey

in Carmel. Das Pierrestaurant, in dem Walter Eastwoods Vorstellungsgespräch sabotiert, befindet sich in Monterey. Eastwoods Haus liegt in der **Spindrift Road, Carmel Highlands** (in derselben Straße wie Sharon Stones Strandhaus in *Basic Instinct*). Das Restaurant, in dem Dirty-Harry-Regisseur Don Siegel hinter der Theke steht, hat sich bis heute nicht verändert: Es ist die **Sardine Factory, 701 Wave Street**/Prescott, Fisherman's Wharf, Monterey.

SAG NIEMALS NIE

(1983, R: Irvin Kershner)
Sean Connery, Klaus Maria Brandauer, Kim Basinger
• **BAHAMAS; FRANKREICH; SPANIEN; BEDFORDSHIRE; BUCKINGHAMSHIRE**

Remake von *James Bond 007 – Feuerball* durch eine andere Produktionsgesellschaft, aber mit Connery und hervorragenden Co-Stars. Shrublands, der Fitnessclub, in den Bond von M verdonnert wird, ist der **Luton Hoo**, Luton, der bis vor kurzem für die Öffentlichkeit zugänglich war. Das Haus kann man in zahlreichen Filmen sehen,

Shrublands: Luton Hoo, Hertfordshire

Bond spielt mit Largo: Waddesdon Manor

so in *Eyes Wide Shut, Ein Schuss im Dunkeln* und *Wilde*. Für Details siehe *Vier Hochzeiten und ein Todesfall*.

Largos Yacht *Flying Saucer* ist die 100 Meter lange Nabila, die Adnan Khashoggi gehörte, inzwischen aber ins Eigentum von Donald Trump übergegangen und in *Trump Princess* umgetauft worden ist. Die Verfolgungsjagd per Motorrad entstand in den engen Gassen von **Villefranche-sur-Mer**, einem malerischen alten Fischereihafen östlich von Nizza an der Côte d'Azur.

Das 3-D-Spiel zwischen Bond und dem Schurken Largo wurde im „Französisches Rokoko"-Salon im **Waddesdon Manor** gefilmt, dem englischen Sitz der Rothschilds, der auch in *Nur nicht den Kopf verlieren* und *Isadora* zu sehen war. Er liegt am westlichen Rand des Dorfs Waddesdon (Bahnhof: Aylesbury), zehn Kilometer nordwestlich von Aylesbury an der A41, und ist für Besucher geöffnet *(es wird Eintritt verlangt; Tel. 01296/653226; www.waddesdon.org.uk)*.

Für den Film wurde ein 35 Meter langer Frachter vor

Das Ende der Motorradfahrt:
Villefranche-sur-Mer

Largos Palmyra-Anwesen: Fort Carré
d'Antibes

New Providence Island auf den Bahamas an der Südseite von **Clifton Wall** vernichtet. Das Hotel, in dem Fatima Blush versucht, Bond hochgehen zu lassen, ist das edle und renovierte **Best Western British Colonial Beach Resort, 1 Bay Street**/Ecke Marlborough Street westlich des Hafens von Nassau *(Tel. 242 322 3301)* – ein von 1923 stammendes Gebäude und im spanisch-amerikanischen Stil an der Stelle des im 17. Jahrhundert errichteten Fort Nassau gebaut. Bond geht über den **Straw Market** in Nassau, die Bar unter freiem Himmel befindet sich auf dem Nassau-Dock.

Largos Palmyra-Festung (in *James Bond 007 – Feuerball* war es New Providence Island in den Bahamas) ist das leer stehende **Fort Carré d'Antibes, Route du Bord du Mer**, nördlich des Hafens von Antibes an der Côte d'Azur.

THE SAINT – DER MANN OHNE NAMEN

(1997, R: Phillip Noyce)
Val Kilmer, Elisabeth Shue, Alun Armstrong
• **LONDON; OXFORDSHIRE; MIDDLESEX; KENT; RUSSLAND**

Die Londoner Basis des Saint: Halcyon
Hotel, Holland Park

Val Kilmer ist das Verbrechergenie, das durch falsche Bärte und sofort nachprüfbare falsche Namen 50 Mio. Dollar angesammelt hat. Elisabeth Shue, die Oxford-Professorin, die die Lösung für das Problem schwindender Rohölreserven gefunden hat, hat die Formel in ihrer Unterwäsche versteckt. Hitchcock hätte das alles ganz nebenbei einfließen lassen, aber dieser Thriller erstickt förmlich an seinem eigenen psychologischen Ballast. Das Londoner Zuhause des Saint ist das edle **Halcyon Hotel, 81 Holland Park, W11** *(Tel. 020.7 727.7288)*, Unterkunft für wichtige Persönlichkeiten aus Hollywood und für Rockstars auf der Durchreise. Shue arbeitet im **Queen's College, High Street, Oxford**, nach. Um Shue zu verführen, bringt sich Kilmer gegenüber dem aus weißem Marmor gehauenen **Shelley Memorial** am **University College, High Street**, in Positur. Die Statue, ein Entwurf von Edward Onslow Ford, war für Shelleys Grab auf dem englischen Friedhof in Rom vorgesehen, erwies sich aber als zu groß und wurde von Shelleys Witwe 1894 dem

College geschenkt. Zu sehen ist sie im Kuppelbau, den man von der nordwestlichen Ecke des Hofes aus erreicht. Der Oxford-Pub, wo Shue sich von „St. Thomas More" umschmeicheln lässt, ist das **Trout Inn**, ein am Ufer gelegener Pub (auch zu sehen in der TV-Serie *Inspector Morse*) in der **195 Godstow Road, Lower Wolvercote**, rund fünf Kilometer nordwestlich der Innenstadt *(Tel. 01865/ 554485)*.

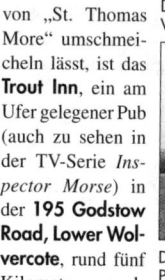

Der Pub in Oxford: Trout Inn, Lower
Wolvercote

Der wundersame Höhepunkt: Roter
Platz, Moskau

Der Flughafen Berlin Tempelhof ist in Wahrheit **New Royal Horticultural Hall** von Westminster an der Ecke **Greycoat Street/Elverton Street** in Westminster, SW1 (sie diente dem gleichen Zweck in *Indiana Jones und der letzte Kreuzzug*). Das wahrhaft exotische Motiv ist dagegen der Rote Platz in Moskau, wo Kilmer bei der ersten Verfolgungsjagd entkommt, und der nachts so wunderbar erleuchtet ist, als es zum Möchtegern-Höhepunkt des Films kommt. Das Moskauer Hotel ist das aus dem Jahr 1956 stammende **Peking Hotel, 1/5 Bolshaya Sadovaya Straße** *(Tel. 095/209 2215)*. Gefilmt wurde in Moskau außerdem das **Außenministerium**, das **Aerostar Hotel** und der **Leningrader Bahnhof**. Das Finale, bei dem Shue der Welt ihr Geheimnis verrät, soll sich in Oxford im **Sheldonian Theatre** abspielen, und das ist von außen auch zu sehen, wenn Kilmer am Clarendon Building vorbei in die **Catte Street** jagt.

Das dank *Mission: Impossible* ohnehin schon existierende Gefühl eines Déjà-vu – TV-Serie aus den sechziger Jahren, mit Hollywood-Stars kostspielig neu verfilmt, in London und Osteuropa angesiedelt, dazu ein unergründlicher Plot – bewegt sich spätestens dann im Bereich einer Verschwörungstheorie, wenn der Eurostar-Fahrer aus dem erwähnten Film (David Schneider) hier in einem · Restaurant wieder auftaucht.

Weitere Motive waren die **Harrow School**, Middlesex, das **Pearl Assurance Building, Holborn**, London und **Fort Amhurst, Chatham**, Kent.

SAMSTAGNACHT BIS SONNTAGMORGEN

(1960, R: Karel Reisz)
Albert Finney, Shirley Anne Field, Rachel Roberts
• **NOTTINGHAMSHIRE; LONDON**

Ein reizbarer Fabrikarbeiter hat eine Affäre mit einer verheirateten Frau, entscheidet sich letztlich aber für ein angepasstes Leben. Einer der zentralen Filme der britischen New Wave, mit dem Albert Finney über Nacht zum Star wurde. Die Dreharbeiten erfolgten in der Umgebung von Nottingham in den Midlands. Finney arbeitet in der

Raleigh Bicycle Factory in **Radford**, wo der Verfasser der Geschichte, Alan Sillitoe selbst, beschäftigt gewesen ist. Die Fabrik existiert noch, doch ringsherum ist vieles abgerissen worden, um Parkplätze anzulegen. Der Pub, in dem sich Finney bis zur Besinnungslosigkeit besäuft, ist noch anzutreffen: **White Horse Inn, 313 Ilkeston Road** in Radford. Die Kirmesszenen spielen in **Wimbledon**, und einige Innenaufnahmen entstanden im Studio in Twickenham.

ST. PAULI NACHT
(1999, R: Sönke Wortman)
Benno Fürmann, Kathleen Gallego, Armin Rohde
• **DEUTSCHLAND**

Drama von Wortman (auf dessen Konto auch der äußerst erfolgreiche *Bewegte Mann* geht), das sich auf die Prostituierten und Transsexuellen im Hamburger Rotlichtbezirk rund um die **Reeperbahn** in **St. Pauli** konzentriert.

SAYONARA
(1957, R: Joshua Logan)
Marlon Brando, Miyoshi Umeki, Red Buttons
• **LOS ANGELES**

Der American Officer's Club: Yamashiro, Sycamore Avenue, Hollywood

Parallele Romanzen im Nachkriegs-Japan. Der American Officers Club ist das **Yamashiro, 1999 North Sycamore Avenue**. Dieses japanische Restaurant, das 1913/14 von Hunderten von orientalischen Handwerkern gebaut wurde und die Nachbildung eines japanischen Palastes darstellt, umfasst ein Teehaus, Gärten und eine importierte, 600 Jahre alte Pagode. Es steht in den Hollywood Hills an einer einspurigen Straße nördlich des Vororts und bietet einen phantastischen Blick auf Hollywood.

SCANDAL
(1989, R: Michael Caton-Jones)
John Hurt, Ian McKellen, Joanne Whalley-Kilmer
• **LONDON; WILTSHIRE; MERSEYSIDE; NOTTINGHAMSHIRE**

Stephen Wards Wohnung: Bathurst Mews, Bayswater

Schnörkellose Darstellung des Christine Keeler/John Profumo-Skandals, der in den sechziger Jahren die britische Politik erschütterte. Stephen Ward, der sich wegen des Skandals das Leben nahm, lebte in der 17 Wimpole Mews in Marylebone. Da das Gebiet zu umfassend neu bebaut worden war, verlegte man Wards Wohnung für den Film in die **42 Bathurst Mews**, Bayswater. Das Landhaus, in dem sich die wohlhabende Elite am Pool ihren Vergnügungen hingab, war

Cliveden, das Zuhause der Familie Astor, gut drei Kilometer nördlich von Taplow an der Hedsor Road nahe Maidenhead, Buckinghamshire. Obwohl das Gebäude im Sommer für Besucher geöffnet ist (allerdings wird es zur Zeit in ein Hotel umgewandelt), wollten die Eigentümer nicht auf die Verbindung zur Keeler/Profumo-Affäre hinweisen und verweigerten eine Dreherlaubnis (allerdings ist Cliveden in zahlreichen anderen Filmen zu sehen, darunter in *Hi-Hi-Hilfe!*, wo es als Buckingham Palace herhielt). Der Landsitz im Film ist das oft benutzte **Wilton House, Wilton**, fünf Kilometer entfernt von Salisbury, Wiltshire, und das **Longleat House, Warminster**, ebenfalls in Wiltshire. Weitere Dreharbeiten erfolgten in Liverpool, und Old Bailey ist eine Mischung aus der **County Hall**, London (für Details siehe *Mission: Impossible*), und der **Shire Hall, High Pavement**, Nottingham.

SCANNERS – IHRE GEDANKEN KÖNNEN TÖTEN
(1980, R: David Cronenberg)
Jennifer O'Neill, Patrick McGoohan, Stephen Lack
• **QUEBEC, KANADA**

Der Bahnhof: Yorkdale, Toronto

Telepathen mit unglaublichen Fähigkeiten stehen im Mittelpunkt von Cronenbergs einflussreichem SF-Horror, der größtenteils rund um **Montreal** entstand. Der Bahnhof ist allerdings **Yorkdale Station** an der Downsview Line in **Toronto**, nördlich des Stadtzentrums.

SCARFACE
(1983, R: Brian De Palma)
Al Pacino, Steven Bauer, Michelle Pfeiffer
• **KALIFORNIEN; FLORIDA; NEW YORK CITY**

Tony Montana kommt in Miami Beach an: Ocean Drive/Ecke 13th Street

Als Fidel Castro im Mai 1980 den Hafen von Mariel öffnete, um 125.000 Kubanern die Möglichkeit zu geben, sich zu ihren Verwandten in den USA zu begeben, nutzte er die Chance, auch einige der schlimmsten Kriminellen zu „exportieren". Der kleine Ganove Tony Montana ergreift die Gelegenheit, um sich zum großen Drogenbaron aufzuschwingen.

Oliver Stones Film, der sich in groben Zügen bei den Gangsterfilmen der dreißiger Jahre bedient, spielt in Miami und Bolivien, doch die Motive wurden zwischen Florida und Kalifornien aufgeteilt. Das Internierungslager in Florida, wo Pacino die Freiheit erlangt, als er einen Castro-Agenten umbringt, wurde unter der Kreuzung der Interstate 10, dem Santa Monica Freeway, und der Interstate 110, dem Harbor Freeway, errichtet, gelegen in

Der Bombenanschlag in New York: Tudor City Place

Downtown L.A. hinter dem New L.A. Convention Center. Der „Little Havana"-Distrikt von Miami, wo Montana am Essensstand El Paraiso zu arbeiten beginnt, wurde in **Little Tokyo** in Downtown L.A. nachgebaut. Montanas Ankunft im Art-déco-Distrikt von Miami Beach ist dagegen unmöglich vorzutäuschen und wurde am **Ocean Drive**/Ecke 13th Street gefilmt. Die Sun Ray Apartments, wo Montanas Bruder Bekanntschaft mit einer Kettensäge macht, wurden neu ausstaffiert, um **Johnny Rocket's** darzustellen, **728 Ocean Drive** zwischen den Hotels Beacon und Colony nahe 7th Street.

Die beiden Anwesen des Films, eines angeblich in Bolivien, eines in Florida, befinden sich beide in der Stadt **Montecito** an der kalifornischen Küste einige Kilometer östlich von Santa Barbara. Sosas Anwesen in Südamerika, wo Omar hinausgeworfen wird, ist eine spanische Rokoko-Hazienda, entworfen vom Architekten Addison Mizener. Montanas Coral-Gables-Anwesen ist **El Fureidis** („Little Paradise"), eine mediterrane Villa, die von Bertram Goodhue für Waldron Gillespie gebaut wurde, einen reichen New Yorker. Keines der Anwesen ist für Besucher geöffnet. Das Gelände des Luxushotels, wo Pacino und sein Freund Steven Bauer Frauen angaffen, ist das des **Fontainebleau Hilton Resort and Spa, 4441 Collins Avenue**, Miami *(Tel. 305 538 2000*; für Details siehe *James Bond – Goldfinger*).

In New York ist der Apartmentblock des beabsichtigten Bombenopfers **5 Tudor City Place**/Ecke East 41st Street.

Das Sun-Ray-Apartment: Johnny Rocket's, Ocean Drive, Miami Beach

SCHACH DEM TEUFEL

(1954, R: John Huston)
Humphrey Bogart, Jennifer Jones, Gina Lollobrigida
• **ITALIEN**

Kitschige, kultige Spionagepersiflage, die in der kleinen mittelalterlichen Stadt Ravello entstand, gelegen an einem Berg rund sechs Kilometer von Amalfi entfernt, südlich von Neapel, in Campania. Die ungeschickt zusammengestellte Ansammlung zwielichtiger Charaktere hängt in Bars am **Piazza Duomo** herum. Bogarts Villa ist die **Villa Cimbrone** am Ort. Die mit Marmorbüsten dekorierte Terrasse, wo Bogart Jennifer Jones nimmt, ist die Terrasse der Unendlichkeit, von der aus man die Küste von Amalfi überblickt – „die schönste Aussicht der Welt", so Gore Vidal, der sich an dieser Stelle in Ravello häuslich niederließ. Die Villa, die aus der Zeit vor dem 11. Jahrhundert stammt, hat schon Gäste wie D.H. Lawrence und Greta Garbo – die hier eine Affäre mit dem Komponisten Leopold Stokowski hatte – gesehen. Und noch etwas: Der junge Mann, der bei diesem Film die Klappe hielt, war der zukünftige Komponist und Texter Stephen Sondheim.

DER SCHAKAL

(1973, R: Fred Zinnemann)
Edward Fox, Michel Lonsdale, Eric Porter
• **FRANKREICH; ÖSTERREICH; ITALIEN; LONDON**

1963 heuert der OAS einen Profikiller an, damit der ein Attentat auf General de Gaulle verübt. Zinnemanns detaillierte, episodenhafte Verfilmung von Frederick Forsyths Roman entstand an Drehorten quer durch ganz Europa.

Der Attentatsversuch auf De Gaulle: Rue de Rennes, Montparnasse

Fox, eiskalter Profikiller, trifft sich zunächst mit den OAS-Führern im Wiener **Prater**, wo das aus *Der dritte Mann* bekannte Riesenrad zu finden ist.

Die Motive in Großbritannien existieren heute zum größten Teil nicht mehr: Fox liest den Le Figaro im alten kreisrunden **Reading Room** der **British Museum Library**. Im **Somerset House in the Strand**, wo bis zum Umzug des Amtes ins St. Catherine's House sämtliche Geburten, Eheschließungen und Todesfälle aus ganz Großbritannien erfasst wurden, erhält er eine gefälschte Geburtsurkunde. Somerset House ist seitdem ein beliebtes Drehmotiv geworden, unter anderem in *James Bond 007 – Goldeneye* (als St. Petersburg), *The Portrait of a Lady* und *Wilde*. Die britische Polizei hat ihre Zentrale im alten **Scotland Yard-Gebäude** am **Victoria Embankment** nördlich der Westminster Bridge, SW1.

Die Stadt, in der Fox von Cyril Cusack seine Waffe und von Ronald Pickup seinen gefälschten Ausweis erhält, ist **Genua** an der norditalienischen Küste. Die gefährliche Grenzüberquerung zurück nach Frankreich geschieht in **Ventimiglia** auf der Küstenstraße einige Kilometer östlich von Monaco. Er trifft sich mit Delphine Seyrig in einem Hotel, das in der Nähe von Grasse gut 16 Kilometer nordwestlich von Cannes an der N85 liegen soll, bei dem es sich tatsächlich aber um ein verfallenes Schloss bei Paris handelt. Seinen Zug nach Paris bekommt er in **Tulle**, um im **Gare d'Austerlitz**, Place Valhubert am Quai d'Austerlitz, anzukommen. Der Schakal unternimmt seinen Attentatsversuch auf de Gaulle von einem Hotelfenster gegenüber den U-Bahnstation Montparnasse Bienvenue. Das Hotel ist bis heute nahezu unverändert geblieben und steht in der **150 Rue de Rennes** am Place du 18 Juin 1940, Boulevard du Montparnasse.

SCHARF BEOBACHTETE ZÜGE

(1966, R: Jiri Menzel)
Vaclav Neckar, Jitka Bendova, Vladimir Valenta
• TSCHECHOSLOWAKEI

Ein Lehrling, der Zugbegleiter werden will, entdeckt in einem kleinen Dorfbahnhof während des Zweiten Weltkriegs Sex und Liebe. Als er aber in dieser kleinen, präzise beobachteten Komödie zum Saboteur wird, nimmt sein Leben eine tragische Wendung. Gefilmt wurde im Bahnhof von **Lodenice** in der Tschechoslowakei.

SCHATTEN DER VERGANGENHEIT

(1991, R: Kenneth Branagh)
Kenneth Branagh, Emma Thompson, Derek Jacobi
• LOS ANGELES, KALIFORNIEN

Vergnüglicher, in L.A. spielender Reinkarnationsthriller mit Emma Thompson als von Gedächtnisschwund betroffene Frau, die von Erinnerungen an ein früheres Leben verfolgt wird, in dem sie brutal ermordet wurde.

Die Einfahrt zu Branaghs Villa: San Rafael Avenue, Pasadena

Die Schwarzweiß-Rückblenden in die vierziger Jahre zeigen Privatdetektiv Branagh als Dirigent, der Thompson umschmeichelt. Branaghs pompöse Villa steht in der 380 South San Rafael Avenue in Pasadena. Von der Straße aus können Sie das oft gefilmte Gebäude nicht sehen, aber die Einfahrt ist als der Punkt wiederzuerkennen, an dem Steve Martin in der Hollywood-Satire *Bowfingers große Nummer* heimlich Eddie Murphy beim Verlassen seines Grundstücks fotografiert. Die Konzerthalle, in der Branagh dirigiert, ist das wundervoll erhalten gebliebene **Orpheum Theatre** von 1926, **842 South Broadway**, Downtown L.A., das immer noch als Kino genutzt wird (und in zahlreichen Filmen von *Ed Wood* bis *Der letzte Action Held* zu sehen war), während das glamouröse Restaurant Syd's eigentlich das legendäre **Perino's** ist, **4101 Wilshire Boulevard**/Ecke Norton (auch zu sehen in *Ein Mann für gewisse Stunden*).
In der Gegenwart ist die prunkvolle Gothicky Bridge, auf der Branagh von Campbell Scott zusammengeschlagen wird, die **Shakespeare Bridge** auf der Franklin Avenue zwischen Myra Avenue und St. George Street im Distrikt Los Feliz. Beim Gefängnis handelt es sich um das gute alte **Lincoln Heights Jail, 421 North Avenue 19, Lincoln Heights**. Es ist längst kein Gefängnis mehr, dient aber häufig als Drehmotiv – unter anderem zu sehen in *Ein Stern geht auf* und *Nightmare – Mörderische Träume*. Der Höhepunkt des Films wurde speziell auf seinen Schauplatz zugeschnitten: Emma Thompsons beein-

Der Höhepunkt: High Tower, High Tower Drive

druckender, italienisch anmutender Apartmentkomplex ist **High Tower, High Tower Drive**, nahe dem Camrose Drive westlich der Highland Avenue, North Hollywood. Derselbe Komplex war das Zuhause von Philip Marlowe in Robert Altmans *Der Tod kennt keine Wiederkehr*.

DER SCHATZ DER SIERRA MADRE

(1948, R: John Huston)
Humphrey Bogart, Walter Huston, Tim Holt
• MEXIKO; LOS ANGELES

Die ziemlich offensichtlichen Studiokulissen standen bei Warner Bros. in Burbank, aber es gab auch echte Außendrehs in den Bergen rund um das Dorf **Jungapeo** nahe San Jose Purua, Mexiko, westlich von Mexico City, im Distrikt Michoacan; außerdem bei **Tampico** und in **Durango**.

DIE SCHATZINSEL

(1950, R: Byron Haskin)
Robert Newton, Bobby Driscoll, Walter Fitzgerald
• CORNWALL

Farbenprächtige Disney-Version des klassischen Stoffs, verfilmt in **Falmouth**, Cornwall. Gedreht wurde bei **Carrick Roads** und **River Fal**. Die *Hispaniola* ist der Ryland-Trainingsschoner, umgebaut in Bideford. Einige Szenen entstanden auch am Oberlauf des **Helford River**, doch der Großteil der Dreharbeiten wurde an der Einmündung in den River Fal bei **Turnaware Bar** gegenüber Feock, und weiter flussaufwärts nahe **King Harry Ferry** erledigt. Bei den Szenen der Schatzinsel selbst wurden gemalte Palmen einkopiert.

SCHIESSEN SIE AUF DEN PIANISTEN

(1960, R: François Truffaut)
Charles Aznavour, Marie Dubois, Nicole Berger
• FRANKREICH

Truffauts zweiter Kinofilm nach einem Roman von David Goodis. Gefilmt wurde im Café **A la Bonne Franquette, Rue Mussard, Levallois** nahe Paris, und in **Le Sappey**, rund 25 Kilometer von Grenoble entfernt.

SCHINDLERS LISTE

(1993, R: Steven Spielberg)
Liam Neeson, Ben Kingsley, Ralph Fiennes
• POLEN; ISRAEL

Spielberg fand endlich Anerkennung und erhielt mit einiger Verspätung seinen Oscar für die Geschichte von Oskar Schindler, jenem Geschäftsmann, der über tausend Juden vor der Gaskammer bewahrte. Anfängliche Streitigkeiten mit den Verwaltern der Auschwitz-Gedenkstätte, die besorgt waren, der Hollywood-Schmalz könne alles überdecken, wurde dahingehend gelöst, dass nur vor dem Lager Birkenau in der polnischen Stadt **Oswiecim** gedreht wurde. Tatsächlich waren aber einige Hollywood-Filme, darun-

Das Ghetto wird geleert: Jozefa Straße

Oskar Schindlers Fabrik: Lipowa Straße, Krakau

ter *Triumph des Geistes*, im KZ selbst gefilmt worden.
Der Film entstand in **Krakau**, eine der wenigen polnischen Städte, die den Zweiten Weltkrieg relativ unbeschadet überstanden hatten und die von der UNESCO zu einer der großen historischen Städte erklärt worden ist. Vom Arbeitslager Plaszów dagegen, das am Hang des Krzemionki östlich der Altstadt gelegen war, ist gar nichts mehr erhalten. Die einzige Kulisse, die für den Film gebaut wurde – eine Nachbildung von Plaszów, bestehend aus 34 Baracken, sieben Wachtürmen und der ins Lager führenden, mit Grabsteinen jüdischer Opfer gepflasterten Straße –, entstand nach den original Plänen in einem stillgelegten Steinbruch nahe dem tatsächlichen Standort. Amon Goeths Villa wurde oberhalb des Lagers nachgebaut und stand damit nur knapp einen Kilometer von der Lage des tatsächlichen Gebäudes entfernt, das noch immer in der Jerozolimska Straße zu finden ist. Viele authentische Motive wurden verwendet, darunter Schindlers elegantes Apartment in der **Straszewskiego Straße 7**, nördlich des Bezirks Kazimierz und des Wawelhügels.
Der Ghettobezirk, der massiv neu bebaut worden ist, wurde für den Film in die **Szeroka Straße** im ehemaligen jüdischen Viertel von Kazimierz verlegt. In der Nähe befindet sich die **Ciemna Straße**, wo Poldek Pfefferberg nach einem Zusammentreffen mit Amon Goeth nur knapp dem Tod entkommt, indem er erklärt, er habe den Befehl, dafür zu sorgen, dass die Straßen menschenleer sind. Die Deportation der Juden aus dem Ghetto wurde auf dem Hof der **Jozefa Straße 12** gefilmt, von der aus man in die Meiselsa Straße gelangt. Die Brücke über die Weichsel, über die sie getrieben werden, befindet sich am Ende der **Krakowska Straße** (für den Film musste die Überquerung der Brücke in entgegengesetzter Richtung erfolgen). Schindlers Fabrik ist echt und steht nahezu unverändert in der **Lipowa Straße 4**. Heute werden dort elektrische Bauteile hergestellt. Für die Innenaufnahmen filmte man dann aber in der Lackfabrik in Olkusz in der Provinz Malopolska. Die Kirche, in der sich die Juden heimlich treffen, ist die wichtigste Krakauer Kirche: die aus dem 14. Jahrhundert

Die Brücke über die Weichsel: Krakowksa Straße

stammende **Marienkirche**. Der Bahnhof ist **Krakow Glowny**. Die Brinnlitz-Szenen nahm man in **Niepolomice**, rund 40 Kilometer östlich von Krakau auf.

SCHLACHT UM ALGIER
(1965, R: Gillo Pontecorvo)
Brahim Haggiag, Jean Martin, Yacef Saadi
• **ALGERIEN**

Der erste in Algerien gedrehte Film (der für einen Oscar als Bester ausländischer Film nominiert wurde) erzählt von den letzten Tagen im Kampf des Landes gegen die französische Herrschaft im Jahr 1954. Trotz des äußerst überzeugenden Dokumentarstils wurden keine echten Aufnahmen eingearbeitet. Pontecorvo filmte – mit einer nicht-professionellen Besetzung – ausschließlich an authentischen Motiven überwiegend in der *Kasbah* von Algier, wo sich die geschilderten Ereignisse auch zugetragen hatten. Als Häuser gesprengt werden mussten, baute man in den engen Straßen Konstruktionen, die zum größten Teil aus Styropor bestanden. Alis Haus, in dem er stirbt, als es zum Ende des Films zerstört wird, wurde an der Stelle aufgebaut, an der das Original gestanden hatte.

DER SCHLACHTER
(1969, R: Claude Chabrol)
Stephane Audran, Jean Yanne, Antonio Passalia
• **FRANKREICH**

Ein typisch hitchcockscher Thriller von Chabrol, in dem ein Serienmörder eine französische Kleinstadt heimsucht. Gefilmt wurde im Gebiet der Dordogne. Die Stadt ist **Tremolat**, ein hübsches kleines Dorf nahe Cingle de Tremolat, einer großen Schleife in der Dordogne rund 110 Kilometer östlich von Bordeaux.

DER SCHLÄFER
(1973, R: Woody Allen)
Woody Allen, Diane Keaton, John Beck
• **COLORADO; KALIFORNIEN**

Diese untypische futuristische Satire mit Allen, der nach 200 Jahren kryogenischem Tiefschlaf erwacht, bedient sich einer großen Vielfalt architektonischer Werke der sechziger und siebziger Jahre. Das Haus von Dr. Melik, wo der soeben aufgetaute Allen vor Regierungsagenten versteckt wird, ist das **Sculpture House** des Architekten Charles Deaton mit Blick auf die Interstate 70 in **Genessee**, westlich von Denver, Colorado. Die eiförmige Kapsel, die auf einem Stiel thront, wurde 1963 vom Architekten begonnen, aber nie vollendet. Es stand jahrelang leer und ist vor kurzem von einer Privatperson gekauft und renoviert worden. Weitere futuristische Ansichten bot das **Conservatory Building** des **Denver Botanical Garden, 1005 York Street** *(Tel. 303 331 4000)*, Denver. Das Versteck auf dem Land ist **Rancho San Carlos** in **Carmel Valley** im Norden von Kalifornien. Der finstere Regierungskomplex, wo Allen und Diane Keaton das Projekt Aries zur Klonung des quasi-faschistischen Führers vereiteln, ist I.M. Peis **Mesa Lab** im **National Center for Atmospheric Research, 1850 Table Mesa Drive, Boulder**, Colorado. Allens Wohnquartier befindet sich tatsächlich in L.A. und ist das geschwungene **Robert Lee Frost Auditorium** der **Culver City High School, Elenda Street**/Ecke Franklin Avenue, Culver City in L.A.

SCHLAFES BRUDER

(1995, R: Joseph Vilsmaier)
André Eisermann, Dana Vavrová, Ben Becker
- **ÖSTERREICH**

Verfilmung des Bestsellers von Robert Schneider über Johannes Elias Alder, ein musikalisches Wunderkind im 19. Jahrhundert, das Selbstmord beging, indem es sich jeden Schlafes verweigerte. Da sich kein Dorf fand, das den Anforderungen der Geschichte genügte, wurde der Schauplatz **Eschberg** als riesige Kulisse nahe Partenen im Südosten von Bludenz in **Österreich** errichtet. Bedenken von Umweltschützern wurden mit dem Versprechen beantwortet, nach den Dreharbeiten das Gebiet wieder in seinen ursprünglichen Zustand zurückzuversetzen. Sollte sich tatsächlich jemand mit dem Gedanken getragen haben, dieses Versprechen auch einzulösen, so wurde das hinfällig, da nach Abschluss der Dreharbeiten ein Großteil der Kulisse von einer Lawine mitgerissen wurde.

SCHLAFLOS IN SEATTLE

(1993, R: Nora Ephron)
Tom Hanks, Meg Ryan, Bill Pullman
- **SEATTLE, WASHINGTON STATE; CHICAGO; MARYLAND; NEW YORK CITY**

Nora Ephrons niedliche Romanze, brillant in Szene gesetzt vom langjährigen Bergman-Mitarbeiter Sven Nykvist, war der Schläferhit des Jahres 1993, und obwohl Vancouver als Drehort in Erwägung gezogen worden war, konnte sich das echte Seattle am Ende durchsetzen. Auch die meisten Innenaufnahmen von Chicago, Baltimore (hier auch einige der Außenaufnahmen) und New York finden sich in Seattle. Tom Hanks verlässt Chicago mit allen unerfreulichen Erinnerungen vom riesigen und modernen **O'Hare International Airport** aus.

Nach dem Umzug nach Seattle lässt er sich mit seinem kleinen Sohn in einem Hausboot an der **Westlake Avenue North** am Ufer des Lake Union im Distrikt Queen Anne Hill nieder. Die vornehme Nachbarschaft lieferte auch die Wohnungen für andere Charaktere. Hanks' Freund, der Regisseur Rob Reiner, gibt ihm von Mann zu Mann Ratschläge zum Thema Tiramisu, während sie im **Athenian Inn, 1517 Pike Place**, sitzen *(Tel. 206 624 7166)*, einem Lokal für Frühstück und Mittagessen in der Main Arcade des Pike Place Market in Seattle. Auf dem Markt geht Hanks auch mit Victoria einkaufen, seinem potenziellen Date. Essen geht er mit ihr in der **Dahlia Lounge**, einem der Spitzenrestaurants von Seattle, wo Meg Ryans Detektiv das Paar wiederholt fotografiert. Das Restaurant, das sich in der 1904 Fourth Avenue befand, ist vor kurzem umgezogen, allerdings nicht zu weit weg: in die **2001 Fourth Avenue**/Ecke Virginia Street *(Tel. 206 682 4142)*.

Ryan beobachtet Hanks, wie der mit seinem Sohn im **Alki Beach Park** spielt, **Alki Avenue SW**, am nordwestlichen Ufer von West Seattle. Die Neujahrsparty, die angeblich in Baltimore spielt und auf der Meg Ryan und Bill Pullman Zukunftspläne schmieden, ist der **Dome Room** des **Arctic Building, 700 Third Avenue**/Ecke Cherry Street, im Business District von Seattle. Das neunstöckige Gebäude wurde 1916 als Privatclub von Männern gebaut, die der Klon-

dike-Goldrausch am Yukon reich gemacht hatte – daher auch der Terrakottawalrosskopf, der die Fassade ziert. Angeblich ist es in Washington D.C., in Wahrheit befindet sich das Capitol Diner aber in Baltimore, wo es scheinbar im Schatten des Capitol Building steht. Es ist das **Hollywood Diner, 400 East Saratoga Street** *(Tel. 410 962 5379)* – der original Schauplatz von Barry Levinsons *Diner*. Ebenfalls in Baltimore befindet sich Ryans Apartment, und zwar am 904 South Broadway, östlich der Downtown und des **Sun Newspaper Building**, wo sie arbeitet. In New York bereiten sich Ryan und Pullman allmählich auf ein ereignisloses häusliches Leben vor und besuchen **Tiffany and Co., 727 Fifth Avenue**/Ecke 57th Street, aber Augenblicke später trennen sie sich schon im **Rainbow Room, 30 Rockefeller Plaza** *(Tel. 212 632 5115)*, dem hochpreisigen Restaurant im Rockefeller Center mit Blick über Manhattan.

Das **Empire State Building, 350 Fifth Avenue**/Ecke West 34th Street, ist nur zum Teil echt. Das gilt für die Außenansicht und die Lobby, aber zur Erleichterung der Dreharbeiten wurde eine Nachbildung der Aussichtsplattform in einem Hangar in der Sands Point Naval Base bei Puget Sound nachgebaut.

SCHLAGENDE WETTER

(1941, R: John Ford)
Walter Pidgeon, Maureen O'Hara, Donald Crisp
- **LOS ANGELES**

John Fords romantischer eingefärbter Traum vom Leben in einer Bergbaustadt in Wales sollte eigentlich unter der Regie von William Wyler entstehen, der den Film vorbereitete und am Drehbuch arbeitete. Das Herz ist irgendwie nicht am rechten Fleck, aber die Sentimentalität gewinnt letzten Endes. Das Dorf war ein gigantisches Set auf der Fox Ranch, **Malibu Creek State Park, Las Virgenes Road**, abseits des Mulholland Highway, Calabasas.

SCHLOSS DES SCHRECKENS

(1961, R: Jack Clayton)
Deborah Kerr, Megs Jenkins, Michael Redgrave
- **SUSSEX**

Gruselige, atmosphärisch dichte Verfilmung von Henry James' *Die sündigen Engel*. Sind die Kleinen besessen, oder bildet sich die zimperliche Gouvernante Deborah Kerr etwa alles nur ein? Das Haus und seine Umgebung finden sich im **Sheffield Park**: 16 Hektar Garten- und Teichanlagen, entworfen von Capability Brown, gelegen bei **Dane Mill**, acht Kilometer nordwestlich von Uckfield auf der Ostseite der A275 zwischen dem östlichen Grinstead und Lewes in Sussex. Die Gärten sind an bestimmten Wochentagen für Besucher geöffnet *(Tel. 01825/790231, es wird Eintritt verlangt)*. Eine bizarre Prequel, *Das Loch in der Tür* mit Marlon Brando, wurde von Michael Winner gedreht.

DAS SCHLOSS IM SPINNWEBWALD

(1957, R: Akira Kurosawa)
Toshiro Mifune, Isuzu Yamada, Takashi Shimura
- **JAPAN**

Kurosawas hervorragende Adaptation von Macbeth. Macbeth' Schloss wurde hoch oben auf dem Berg **Fuji** errichtet, während der Hof (mit Sand, den man vom Fuji hergeschafft hatte) im Studio gebaut worden war. Das herrschaftliche Haus steht auf der japanischen Halbinsel **Izu**.

DER SCHMALE GRAT

(1998, R: Terrence Malick)
Sean Penn, Jim Caviezel, Ben Chaplin
• **QUEENSLAND, AUSTRALIEN; SOLOMONISCHE INSELN**

Die sehnlichst erwartete Rückkehr des verschlossenen Regisseurs Malick (*Badlands – Zerschossene Träume* und *In der Glut des Südens*) ist ein Kriegsdrama zur Zeit der entscheidenden Guadalcanal-Offensive im Zweiten Weltkrieg, und tatsächlich wurde ein Teil des Films nahe **Honiara** gefilmt, der Hauptstadt von Guadalcanal, der größten der Solomonischen Inseln im Pazifik. Der üppige Dschungel ist dagegen in den meisten Szenen der **Daintree Rainforest**, rund 80 Kilometer nördlich von Cairns, Queensland, an der nordöstlichen Küste von Australien.

SCHMEISS' DIE MAMA AUS DEM ZUG

(1987, R: Danny DeVito)
Billy Crystal, Danny DeVito, Anne Ramsey
• **LOS ANGELES; HAWAII**

Schwarze (wenn auch nicht so rabenschwarz wie angekündigt) Komödie mit einem von seiner Mutter geplagten DeVito, der einen Mord mit Billy Crystal tauschen will – inspiriert von Hitchcocks *Der Fremde im Zug*. Das College, in dem Billy Crystal kreatives Schreiben unterrichtet, ist das **Los Angeles Valley College, 5800 Fulton Avenue**/Ecke Burbank Boulevard, North Hollywood im San Fernando Valley. DeVito reist heimlich nach Hawaii, um Crystals Frau aus dem Weg zu räumen, die im **Sheraton Princeville Hotel** abgestiegen ist, am Ende der **Ka Haku Road** mit Blick über die Hanalei Bay am atemberaubenden Nordufer von Kauai. Alles nimmt ein (relativ) glückliches Ende am nahe gelegenen **Ke'e Beach**.

SCHNAPPT SHORTY

(1995, R: Barry Sonnenfeld)
John Travolta, Rene Russo, Gene Hackman
• **LOS ANGELES**

Gene Hackmans Büro: UTB Building, Hollywood Boulevard

Der Geldeintreiber John Travolta findet seine Berufung in der Filmproduktion, als er in Elmore Leonards satirischem Thriller von Miami nach Hollywood kommt. Gedreht wurde der Film komplett in L.A., die Szenen in Miami eingeschlossen. Sie entstanden in der Gegend von **Westside** und in einem italienischen Restaurant in **Santa Monica**.
Travolta trifft am **LAX**-Flughafen ein, und ein Großteil der Handlung dreht sich um Fundsachen am Southern Terminal. Er steigt im **Sunset Towers, 8358 Sunset Boulevard**, West Hollywood, ab (für Details siehe *The Player*). Das **UTB Building, 6605 Hollywood Boulevard**, gegenüber dem gefeierten Unterwäschepalast Frederick's of Hollywood, wurde zum Büro des Trashfilm-Produzenten Gene Hackman. Wenn Travolta und Hackman

Travolta und Hackman entdecken de Vito: Café Med, West Sunset Boulevard

auf dem westlichen Ausläufer des Sunset Boulevard entlangfahren, entdecken sie den selbstsüchtigen Filmstar Danny DeVito beim Essen im **Café Med, 8615 West Sunset Boulevard**. Rene Russos Haus liegt in **Carbon Canyon, Malibu**.

SCHOCK

(1955, R: Val Guest)
Brian Donlevy, Jack Warner, Richard Wordsworth
• **BERKSHIRE; LONDON**

Film zu Nigel Kneales exzellenter und gruseliger TV-Serie aus den fünfziger Jahren, in der der Astronaut Richard Wordsworth von einem außerirdischen Pilz befallen wird. Seine Rakete stürzt auf einem Feld neben den Bray Studios nahe **Bray**, südöstlich von Maidenhead in Berkshire auf die Erde. Die Krankenwagen rasen durch die **Bray High**

Der Krankenwagen auf dem Weg: Bray High Street

Der mutierende Astronaut stiehlt Medikamente: Queen Charlotte Street, Windsor

Street zur A308, vorbei an der Bray Garage, die noch immer in der Form existiert, wie sie im Film zu sehen ist.
Die Apotheke, in der der langsam mutierende Wordsworth Medikamente stiehlt, ist **Woods of Windsor, Queen Charlotte Street** (mit 15,80 m die kürzeste Straße Großbritanniens, was durch eine Tafel offiziell verkündet wird). Es ist eine Parfümerie an der Ecke Windsor High Street, die noch immer floriert. Die Frankenstein-artige Uferszene mit dem kleinen Mädchen wurde am **Deptford Creek** im Süden Londons gefilmt.
Für die Entdeckung der Schleimspur geht es zurück nach Windsor, wo sie in der schmalen Gasse **Goswell Hill**, einer Seitenstraße der Peascod Street, an einer steilen Wand fast zehn Meter nach oben reicht. Im Höhepunkt des Films ist nicht in einer einzigen Einstellung die echte Westminster Abbey zusammen mit dem Monster zu sehen. Da wie kaum anders zu erwarten keine Erlaubnis erteilt worden war, am Originalschauplatz zu filmen, wurden einzelne Sektionen im Studio nachgebaut.

DER SCHRECKEN VOM AMAZONAS

(1954, R: Jack Arnold)
Richard Carlson, Julie Adams, Ricou Browning
• FLORIDA; LOS ANGELES

Am Oberlauf des Amazonas entdecken Wissenschaftler in diesem Urvater aller Monsterfilme der fünfziger Jahre ein Schuppenwesen, halb Mensch, halb Amphibie. Ein Großteil der Lagune am Amazonas ist Park Lake auf dem Universal-Gelände in Hollywood, wo die Rita in die unheimlichen Gewässer vorstößt. Die Eröffnungssequenz von der Entstehung der Welt wurde am **Will Rogers State Beach** von Pacific Palisades aufgenommen, wo der Sunset Boulevard den Ozean erreicht. Dr. Maias Camp, wo der versteinerte Mann und die zermalmten Körper der Eingeborenen gefunden werden (und wo die Kreatur nach Julie Adams Fußgelenk greift) ist **Sierra Canyon**, Chatsworth, nordwestlich von L.A.

Julie betrachtet die Fische im **Hermosa Beach Aquarium, Route 1** südlich von L.A. in Richtung Palos Verdes. Das Schnellboot, das angeblich die brasilianische Morajo Bay durchfährt, wurde in **Portuguese Bend** gefilmt, einem Abschnitt mit beeindruckenden Felsformationen am **Palos Verdes Drive South** an der Südküste der Palos Verdes Peninsula.

Das zweite Kamerateam sorgte für die erstklassigen Unterwasseraufnahmen (im Gummianzug des Monsters steckt der Taucher Ricou Browning) bei **Wakulla Springs**, 22 Kilometer südlich von Tallahassee an der Route 267 im Norden von Florida. Die Tiefe von Wakulla Springs ist unbekannt, bislang ist es noch keinem Taucher gelungen, den Grund zu erreichen. In der Sprache der Eingeborenen bedeutet „Wakulla" so viel wie „mysteriöses Gewässer". Die Gegend ist Schauplatz für unzählige Dreharbeiten unter Wasser gewesen, darunter auch für die alten *Tarzan*-Filme.

DAS SCHRECKENSKABINETT DES DR. PHIBES

(1971, R: Robert Fuest)
Vincent Price, Joseph Cotten, Peter Jeffrey
• HERTFORDSHIRE; LONDON

Das Haus von Dr. Phibes: Rosary Priory High School, Bushey

Stil und Intelligenz siegen über ein Minimalbudget und einen Hochgeschwindigkeitsdreh in diesem Horrorfilm, der zum größten Teil in den Elstree Studios in Kulissen gedreht wurde, die ein kitschiges Bild der dreißiger Jahre vermittelten. Wenn Sie die Außenansicht von Phibes' Villa sehen wollen, begeben Sie sich zur Elstree Road zwischen Bushey und Elstree in Hertfordshire. An der Kreuzung mit der A409 können Sie gar nicht den hoch aufragenden Turm der **Rosary Priory High School** übersehen – ein viktorianisches extravagantes Bauwerk, das früher das Caldecote Towers Hotel war (auch zu sehen in Tom Sellecks Actionfilm *Höllen-*

jagd bis ans Ende der Welt) (*Bahnhof: Elstree oder Stanmore*). Der Friedhof, auf dem Phibes und seine Frau angeblich beerdigt wurden, ist der zugewucherte und unheimliche alte Teil des Highgate Cemetery an der Westseite der **Swain Road, London N6** (*U-Bahnstation: Archway*). Der neuere Teil von Highgate ist normalerweise geöffnet (es wird Eintritt verlangt), aber von der viel beeindruckenderen alten Section können Sie nur während einer der sonntäglichen Führungen richtig etwas zu sehen bekommen.

DER SCHREI NACH FREIHEIT

(1987, R: Richard Attenborough)
Kevin Kline, Penelope Wilton, Denzel Washington
• SIMBABWE

Attenborough legt nach *Gandhi* ein weiteres liberales Epos vor, das Donald Woods' Flucht aus Südafrika zeigt, nachdem sein Freund Steve Biko in der Haft gestorben ist. Gefilmt wurde nicht in Südafrika. Laut Woods verkündete ein wütender südafrikanischer Filmproduzent, er drehe seine eigene Version – Biko: die wahre Geschichte –, um zu demonstrieren, dass in seinem Land das Recht auf freie Meinungsäußerung existiert. Die Produktionsbüros wurden von der Sicherheitspolizei durchsucht, der Film kam nie zu Stande.

Die Dreharbeiten vor Ort fanden im benachbarten Simbabwe statt, größtenteils in und um die Hauptstadt Harare. Hier wurde im Vorort **Avondale** die Kulisse von Woods' Haus auf einem freien Grundstück an der **Ridge Road** errichtet (die Innenaufnahmen wurden in den Shepperton Studios ausgeführt). Woods' Zeitungsredaktion befindet sich in Harare; die Rückblende zu Bikos Kreuzverhör während des SASO-Verfahrens wurde im **Obersten Gericht** von **Harare** gefilmt; die Demonstrationen in Soweto inszenierte man in **Bulawayo**; Biko nimmt Woods mit in das **Mbare Township**, um ihm zu zeigen, wie die schwarzen Südafrikaner leben; in **Gweru** wendet er sich an die Zuschauer eines Fußballspiels; Bikos zu seinem Tod führende Inhaftierung wurde in echten Polizeizellen in Harare gedreht.

Die Leichenhalle von King Williams Town, in der Woods Bikos Leichnam begutachtet, ist eine Turnhalle in **Mutare**, und die Beerdigung mit 15.000 Statisten entstand im **Chibuku Stadium**, einem Fußballstadion in **Chitungwiza**, einem Vorort von Harare. Woods macht sich von **Gweru** aus auf den Weg in die Freiheit; die Stadt **Shurugwi** hält für das südafrikanische Stutterheim her – und das hiesige **Grand Hotel**, das seit mehr als einem Jahr geschlossen war, wurde für die Silvesterfeier teilweise renoviert; der Grenzposten an der Telle-Brücke wurde am Fluss **Macheke** nahe der Grenze zu Mosambik errichtet; Woods' Ankunft in Maseru wurde in **Mutare** gefilmt. Maseru Airport ist der **Charles Prince Airport**, ein kleiner Zivilflughafen für Charterflüge rund 17 Kilometer westlich von Harare; Johannesburg Airport ist eigentlich **Sandown Racetrack** in England.

SCHREIE UND FLÜSTERN

(1972, R: Ingmar Bergman)
Harriet Andersson, Ingrid Thulin, Liv Ullmann

• STOCKHOLM, SCHWEDEN

Harriet Andersson stirbt langsam an Krebs, während die Schwestern Ingrid und Liv und die Erdmutter Kari Sylwan sich in Bergmans wunderschönem, elegischem Film um sie kümmern. Das Haus ist das **Taxinge-Nasby-Anwesen**, ein verfallenes altes Gebäude, das sich in einem so heruntergekommenen Zustand befand, dass man der Filmcrew bei der Gestaltung absolut freie Hand ließ – wozu es auch gehörte, die Wände im Haus blutrot zu streichen (ein beliebtes Stilmittel von Bergman). Das Haus befindet sich nahe Mariefried in Bezirk Malar westlich von Stockholm.

EIN SCHUSS IM DUNKELN

(1964, R: Blake Edwards)
Peter Sellers, Herbert Lom, Elke Sommer
• HERTFORDSHIRE

Die französische Villa in diesem Nachfolger zu *Der rosarote Panther* steht fest verankert in den Grafschaften. Es handelt sich um **Luton Hoo**, Luton, in Hertfordshire. Bis vor kurzem war es für Besucher geöffnet, aber inzwischen steht es zum Verkauf. Für Details siehe *Vier Hochzeiten und ein Todesfall*.

Das französische Schloss: Luton Hoo, Luton

DER SCHWAN

(1956, R: Charles Vidor)
Grace Kelly, Alec Guinness, Agnes Moorehead
• NORTH CAROLINA

Warum soll man gute Publicity ungenutzt lassen? Wenn Grace Kelly die Filmbranche verlässt, um einen Prinzen zu heiraten, dann könnte man sie doch noch schnell in einer romantischen Komödie mitspielen lassen, in der eine Frau einen Prinzen heiraten will. Ferenc Molnars Stück wurde gebührend exhumiert. Das Haus ist Vanderbilts **Biltmore House, Asheville**, North Carolina (für Details siehe *Willkommen, Mr. Chance*).

DER SCHWARZE FALKE

(1956, R: John Ford)
John Wayne, Jeffrey Hunter, Natalie Wood
• ARIZONA; COLORADO; UTAH; KALIFORNIEN

Unbestritten Waynes beste Rolle als besessener Ethan Edwards, der Indianer aufspürt, die seine Nichte entführt haben. Die Eröffnung mit der Einblendung „Texas 1868" steht im krassen Widerspruch zum Anblick von Fords so geliebtem **Monument Valley** in Arizona, wo ein Großteil des

Ethan Edwards zieht los: Monument Valley

Films entstand. Weitere Dreharbeiten fanden in Utah statt, am San Juan River bei **Mexican Hat**, einige Kilometer weiter nördlich. Ein zweites Kamerateam erledigte Aufnahmen von schneebedeckten Landschaften und Büffelherden, die sich unter anderem in **Aspen** und im Südwesten von Colorado fanden. Der staubige Höhepunkt, in dessen Verlauf Wayne schließlich Wood findet, spielt eigentlich im Griffith Park, Los Angeles.

Scar wird gefunden: Twelve Dancers, Monument Valley

DIE SCHWARZE FÜCHSIN

(1950, R: Michael Powell, Emeric Pressburger)
Jennifer Jones, David Farrar, Cyril Cusack
• SHROPSHIRE

Powells und Pressburgers maßlos überzogene historische Liebesgeschichte bedient sich mehrerer Dörfer in Shropshire: **Much Wenlock**, 20 Kilometer südöstlich von Shrewsbury an der A458, **Church Stretton**, knapp 20 Kilometer südlich von Shrewsbury an der A49, und **Craven Arms**, weitere elf Kilometer südlich an der A49.

SCHWARZE NARZISSE

(1947, R: Michael Powell, Emeric Pressburger)
Deborah Kerr, Kathleen Byron, David Farrar
• SUSSEX

Regisseur Powell macht aus diesem aussichtslosen Melodrama über eine Gruppe Nonnen, die im Himalaya ein Kloster errichten wollen, eine bizarr-schöne Erfahrung. Erstaunlicherweise entstanden die fernöstlichen Schauplätze fast vollständig im Studio in Pinewood, während die Dschungelszenen im tiefsten Sussex gefilmt wurden. Den üppigen Wald nahm man in den **Leonardslee Gardens** auf, einer der größten Anlagen in Großbritannien mit exotischen Pflanzen. Sie liegt etwas mehr als sechs Kilometer von Horsham in Sussex entfernt *(Bahnhof: Horsham Station)* und ist von Anfang April bis Ende Oktober geöffnet *(Tel. 01403/891212, es wird Eintritt verlangt)*.

DIE SCHWARZE NATTER

(1947, R: Delmer Daves)
Humphrey Bogart, Lauren Bacall, Agnes Moorehead
• SAN FRANCISCO

Ein Verurteilter, den man reingelegt hat, tritt die Flucht an, begegnet Lauren Bacall und wird von einem Schönheitschirurgen in Humphrey Bogart verwandelt. Um zu

Lauren Bacalls beeindruckendes Apartment: Montgomery Street

vermeiden, Bogies Gesicht vor der Operation zu zeigen, wird die komplette Eröffnungssequenz aus einer sehr subjektiven Perspektive erzählt.

Das Gefängnis, aus dem Bogart in einem Fass entkommt, ist **San Quentin**, Marin County, auf der anderen Seite der Bucht von San Francisco (für Details über das berüchtigte Gefängnis siehe *Lasst mich leben*). Die beeindruckende Szene mit dem rollenden Fass wird in einem anderen in San Francisco angesiedelten Film wiederholt: *Foul Play*. Auf dem Weg nach Süden wird Bacall angehalten und befragt, eine Szene, die später von Hitchcock in *Psycho* wieder aufgegriffen wurde. Bei der Überquerung der Golden Gate Bridge erleidet sie bei den prächtigen Art-déco-Zollhäusern einen Paranoia-Anfall, die seit den vierziger Jahren deutlich modernisiert worden sind. Unverändert geblieben ist dagegen Bacalls unglaublich stilvolles Apartment, in dem sich Bogart versteckt. Es sieht aus wie der Traum eines jeden Art Directors, und Sie können sich das Wunderwerk aus Silber, Weiß und Glas immer noch in **1360 Montgomery Street**/Ecke Filbert Street ansehen. Als das Haus 1996 verkauft werden sollte, wurde ein lebensgroßer Aufsteller von Bogart ins Fenster gestellt. Es befindet sich am oberen Ende der **Filbert Steps**, jener endlosen Treppe, auf der sich Bogart nach seiner Operation zu Beginn des Films nach oben kämpft.

DAS SCHWEIGEN DER LÄMMER

(1991, R: Jonathan Demme)
Jodie Foster, Anthony Hopkins, Scott Glenn
• **PITTSBURGH, PENNSYLVANIA; VIRGINIA; BAHAMAS**

Auch wenn Schauplätze wie Ohio, West Virginia und Tennessee zu sehen sein sollen, beschränkte sich Demme in seinem überragenden Thriller vorwiegend auf Motive rund um Pittsburgh im Westen von Pennsylvania. Clarice Starling trifft sich mit dem Insektenkundler im **Carnegie Museum of Natural History** im **Carnegie Institute, 4400 Forbes Avenue, Oakland** (dort wird Jennifer Beals in *Flashdance* abgelehnt). Das Äußere der Anstalt, in der Lecter untergebracht ist, das Baltimore Hospital, zeigt das Western Center, eine alte psychiatrische Einrichtung in Canonsburg an der Interstate 79 rund 25 Kilometer südlich von Pittsburgh. Es ist inzwischen abgerissen worden. Memphis Town Hall, wo Lecter aus der Zelle entkommt und sich das Gesicht seines Bewachers ausborgt, ist das **Allegheny County Soldiers and**

Sailors Memorial Hall, 4141 Fifth Avenue, ein Bürgerkriegsmuseum und Teil der University of Pittsburgh. Viele Innenaufnahmen des Films entstanden in der leer stehenden Westinghouse-Turbinenfabrik (heute bekannt als **Keystone Commons**). Das Grieg Funeral Home, wo Clarice sich das Mordopfer ansieht und eine Rückblende zur Beerdigung ihres eigenen Vaters erlebt, war ein ungenutztes Haus, in dem sich zuvor ein Beerdigungsinstitut befand und das an der **Main Street** gelegen war, **Rural Valley**, rund 65 Kilometer östlich von Pittsburgh. Gefilmt wurde ferner im **Allegheny County Jail, 950 Second Avenue**, Pittsburgh, und am **Greater Pittsburgh National Airport**, westlich der Stadt. Clarice Starling trainiert im echten **Trainingshauptquartier des FBI** in Quantico, Virginia, auf einer US Marine Corps Base rund 65 Kilometer südwestlich von Washington D.C.

Dr. Lecters tropischer Alterssitz zum Ende des Films zeigt **Alice Town** auf der Insel **North Bimini** in den Bahamas. Die Bimini Islands, 80 Kilometer vor der Küste von Florida, liegen von den gesamten Bahamas den USA am nächsten. So wie bei vielen Inselgruppen im Atlantik glaubte man auch bei den Biminis, dass sich dort Atlantis befindet und dass sie angeblich die Heimat des Jungbrunnens sind, in diesem Fall des Healing Hole, das Sie auf South Bimini finden.

SCHWEIGENDE LIPPEN

(1948, R: Jean Negulesco)
Jane Wyman, Lew Ayres, Charles Bickford
• **KALIFORNIEN**

Überschwängliches Melodrama mit einer taubstummen Wyman, die wegen des Mordes an ihrem Vergewaltiger angeklagt ist. Auf der Insel Cape Breton angesiedelt, wurde der Film rund um **Mendocino** an der nordkalifornischen Küste und am **Pebble Beach-Pacific Grove** in Kalifornien gedreht.

SCHWEINCHEN BABE IN DER GROSSEN STADT

(1998, R: George Miller)
Magda Szubanski, James Cromwell, Mickey Rooney
• **NEW SOUTH WALES, AUSTRALIEN**

Robertson (siehe *Ein Schweinchen namens Babe*) ist wieder Standort für Hoggetts Farm in der kommerziell fehlgeschlagenen, aber düsteren und phantasievollen Fortsetzung unter der Regie von George Miller. Das Flealands Hotel und seine verschrobene Umgebung wurde in den neuen **Fox Studios** in **Sydney** gebaut. Das Metro Theatre im Art-déco-Stil ist eine Kopie des echten Saals in der **624 George Street**, Sydney. Dort befinden sich auch die Produktionsbüros des Unternehmens.

EIN SCHWEINCHEN NAMENS BABE

(1995, R: Chris Noonan)
James Cromwell, Magda Szubanski,
Christine Cavanaugh
• **NEW SOUTH WALES, AUSTRALIEN**

Eine unwiderstehliche Tiergeschichte, geschrieben von George Miller, der die *Mad-Max*-Filme gedreht hat.

Hoggetts Farm wurde in der grünen Landschaft von **Robertson** erbaut, 130 Kilometer südlich von Sydney am Illawara Highway in den Southern Highlands von New South Wales.

SCOTTS LETZTE FAHRT

(1948, R: Charles Frend)

John Mills, Derek Bond, James Robertson Justice
• **NORWEGEN; ANTARKTIS; CORNWALL**

Die Geschichte von Captain Scotts zum Scheitern verurteilter Expedition zum Südpol im Jahre 1912, unterlegt mit einem Score von Vaughan Williams. Die Schneelandschaften fanden sich auf einem Gletscher nahe **Finse** in Norwegen (eine Region, aus der in *Das Imperium schlägt zurück* Hoth wurde), während ein Zweites Kamerateam Szenen von **Grahamland** in der echten Antarktis filmte. Die Abreise der *Discovery* entstand an den **Falmouth Docks** im Südwesten von Cornwall.

SCREAM – SCHREI

(1996, R: Wes Craven)

Neve Campbell, Courteney Cox, Skeet Ulrich
• **KALIFORNIEN**

Stadtplatz von Woodsboro: Healdsburg

Erster Vertreter des neuen Genres eines postmodernen, ironischen Slasherfilms, aus der Feder von Kevin Williamson. Gefilmt wurde im Norden von Kalifornien. Drew Barrymores isoliert gelegenes Haus befindet sich an der **Sonoma Mountain Road, Glen Ellen**, Route 12 südöstlich von Santa Rosa. Neve Campbells Zuhause ist an der **Calistoga Road**, nördlich von Santa Rosa in Richtung Calistoga gelegen. Woodsboro High hätte die Santa Rosa High School sein sollen, aber die Schulleitung weigerte sich, nachdem man das Drehbuch gelesen hatte (was auch die Bemerkung „No thanks at all to ..." im Nachspann des Films erklärt). Schließlich hielt für die Schule das **Sonoma Community Center** her, **276 East Napa Street, Sonoma**, ein paar Kilometer südlich von Glen Ellen. Der Stadtplatz des fiktiven Woodsboro, wo sich die Teenager am Brunnen treffen, um über die blutigen Einzelheiten zu reden, ist der **Town Square,**

Schauplatz des Blutbads: Tomales

Healdsburg, und die Polizeiwache ist die **Healdsburg Police Station**. Die Videothek, in der Filmkenner Jamie Kennedy arbeitet, ist **Bradley Video, 3080 Marlow Road, Santa Rosa**. Beim Haus, in

Polizeiwache von Woodsboro: Healdsburg Police Station

dem das große Blutbad stattfindet, handelt es sich um ein privates Anwesen östlich der Stadt und südlich der **Petaluma Road** mit Blick über **Tomales**.

SCREAM 2

(1997, R: Wes Craven)

Neve Campbell, Liev Schreiber, David Arquette
• **GEORGIA; KALIFORNIEN**

Zwei Jahre nach den Woodsboro-Morden geht Neve Campbell aufs College, als die fiktive Version der Todesfälle, *Stab*, in die Kinos kommt. Windsor College ist **Agnes Scott College, Decatur**, vor

Die Premiere von Stab: Vista Theater, Hollywood

den Toren von Atlanta, Georgia. Die Filmpremiere von *Stab* wurde im **Vista Theater, 4473 Sunset Drive, Hollywood**, gefilmt (auch zu sehen als das Detroiter Kino zu Beginn von *True Romance*), während die Außenaufnahmen das **Rialto Theater** zeigen, **1023 South Fair Oaks Avenue, Pasadena** (für Details siehe *The Player*). *Stab* an sich wurde in Malibu aufgenommen.

SCREAM 3

(2000, R: Wes Craven)

Neve Campbell, David Arquette, Courteney Cox Arquette
• **KALIFORNIEN**

Stab 3 geht in Produktion und ... na ja, den Rest können Sie sich bestimmt denken. Angelegt ist die Handlung in Hollywood, das Büro des Filmproduzenten liegt mit Blick zum MacArthur Park, Downtown. Die Villa ist die **Canfield-Moreno Residence and Complex, 1923 Micheltorena Street, Silverlake**, auch zu sehen als Privatschule in der *Halloween*-Fortsetzung *H20*.

SEA OF LOVE – MELODIE DES TODES

(1989, R: Harold Becker)

Al Pacino, Ellen Barkin, John Goodman
• **NEW YORK CITY; ONTARIO, KANADA**

Fesselnder Thriller mit Ellen Barkin, der in New York spielt und zahlreiche echte Motive einbezieht. Allerdings wurde ein Großteil der Szenen nördlich der Grenze in den Kleinburg Studios in Toronto gedreht. Die eröffnende Gaunerei der Polizei bediente sich des alten Savoy Manor Ballroom in der **East 149th Street**. Er ist heute Teil

Die Single-Falle: O'-Neal's Baloon, West 63rd Street

Der erste Mord: West End Avenue an der West Side

Jerry's Diner, Dundas Street, Toronto

Willis hält den Termin ein: Striped Bass Restaurant, Walnut Street

Die Kirche: St. Augustine's Church, Fourth Street

des Hostos Community College in Hamilton Heights. Der erste Mord spielt sich in der **365 West End Avenue** ab, nahe der 78th Street an der West Side von Manhattan. Pacino lebt ein Stück weiter nördlich in der 85th Street, Barkin noch weiter nördlich in 45 88th Street. Der zweite Mord geschieht auf dem **Yellowstone Boulevard**, der in Nord-Süd-Richtung zwischen dem Long Island Expressway und dem Queens Boulevard, Queens, verläuft. Das Restaurant, in dem Pacino und Goodman einen ausgefeilten Plan entwickeln, um die verdächtigen Singles zu überprüfen, ist **O'-Neal's Baloon, 48 West 63rd Street**/Ecke Columbus Avenue nahe dem Lincoln Center. Ellen Barkin verkauft edle Ware bei **Maud Frizon, 19 East 60th Street** an der East Side. Weitere Dreharbeiten fanden an folgenden Orten statt: auf dem **Broadway; Amsterdam Avenue; East 57th Street; Eighth Avenue** und in den **Taft Houses** an der Madison Avenue zwischen 112th Street und 115th Street in East Harlem. Motive in Toronto halten für New York her, darunter **Jerry's Diner, 132 Dundas Street** (auch als New York zu sehen in *Cocktail* und im Bette-Midler-Rührstück *Stella*); **Metro Hall, St. John Street; Sutton Place Hotel, 955 Bay Street** (zu sehen in *Im Zeichen der Jungfrau* und *Suspect*); die **Horseshoe Tavern, 368 Queen Street West**, und **St. Nicholas Ukranian Catholic Church, 4 Bellwoods Avenue**.

DER SECHSTE SINN
(1999, R: M. Night Shyamalan)
Bruce Willis, Haley Joel Osment, Toni Collette
• **PHILADELPHIA, PENNSYLVANIA**

M. Night Shyamalans übermütiger und -sinnlicher Thriller, der sich zu einem der Überraschungserfolge des Jahres entwickelte, wurde in Philadelphia gedreht. Die Gartenstraße, in der der junge Osment und seine Mutter leben, im Süd-

westen der Stadt am **2302 St. Alban's Place, St. Alban's Street**/Ecke 23rd Street. Bruce Willis' besseres Zuhause in der Locust Street befindet sich tatsächlich in der **Delancy Street** im vornehmen Distrikt Society Hill. Die Kirche, in die sich Osment zurückzieht, ist die **St. Augustine's Roman Catholic Church, 4th Street**/Ecke New Street nahe der Auffahrt zur Benjamin Franklin Bridge. Das Restaurant, in dem sich Willis mit seiner Frau trifft, ist das feine **Striped Bass, 1500 Walnut Street** (*Tel. 215 732 4444*), das die Marmorpracht eines ehemaligen Maklergeschäfts im Stadtzentrum für sich in Anspruch nimmt.

16 UHR 50 AB PADDINGTON
(1961, R: George Pollock)
Margaret Rutherford, Charles Tingwell, Muriel Pavlow
• **LONDON; BUCKINGHAMSHIRE**

Erster der gemütlichen Miss-Marple-Krimis aus den sechziger Jahren mit der unbezahlbaren, wenn auch fehlbesetzten Margaret Rutherford (Agatha Christie selbst hasste diese Besetzung). Die Eröffnungsszene entstand tatsächlich an der **Paddington Station**. Der Bahndamm befindet sich bei **Gerrards Cross** südöstlich von Beaconsfield, Buckinghamshire, in der Nähe von Rutherfords Zuhause in Elm Close.

SEHNSUCHT
(1953, R: Luchino Visconti)
Alida Valli, Farley Granger, Massimo Girotti
• **VENEDIG, ITALIEN**

Melodrama von Visconti, mit Valli als venezianischer Ehrendame, die sich in einen Offizier der verhassten eingefallenen österreichischen Armee verliebt. Die Eröffnungsszene, in der loyale Venezianer eine Opernaufführung stören, spielt sich im **Teatro La Fenice** ab. Dieses schicksalhafte Opernhaus von Venedig brannte 1836 nieder, wurde wieder aufgebaut – daher auch der italienische Name für „Phoenix" – und fiel 1996 einem erneuten Feuer zum Opfer. Gegenwärtig ist es eingerüstet und wird wieder aufgebaut. Ursprünglich war es 1792 errichtet worden und stellte auf dem Schauplatz für die Premiere vieler berühmter Werke dar, unter anderem *Rigoletto* und *La Traviata*. Es war Treffpunkt für venezianische Patrioten nach der österreichischen Invasion 1866. Finden können Sie es am **Campo San Fantin**, westlich der Piazza San Marco.

Grangers Kaserne steht auf dem **Campo di Ghetto Nuovo**, einer winzigen Insel im Bezirk Cannaregio, die durch drei Brücken mit dem Festland verbunden ist – und wo sich das ursprüngliche jüdische Ghetto befand. Das Wort

„Ghetto" war ein venezianischer Begriff für die Eisengießerei, die sich dort einst befand. Über die Juden war eine Ausgangssperre verhängt worden, und so wurden nachts die Tore zur Insel mit einem Vorhängeschloss versehen. Die untypischen Hochhäuser sind die Folge der Überbevölkerung. Der Brunnen, an dem sich Valli und Granger treffen, ist einer von insgesamt drei im Zentrum des Campo.

Als die Sonne aufgeht, spazieren Valli und Granger auf dem nahe gelegenen **Fondamenta di Cannareggio** am Canale di Cannareggio. Valli sucht Granger im **Arsenale, Campo dell'Arsenale**.

SEID NETT ZU MR. SLOANE

(1969, R: Douglas Hickox)
Beryl Reid, Harry Andrews, Peter McEnery
• **LONDON**

Beryl Reids Friedhof: Camberwell Old Cemetery, Honor Oak

Eine vergnügliche schwarze Komödie mit phantastischen Schauspielerleistungen. Der Film entstand auf dem **Camberwell Old Cemetery** in **Honor Oak**, Süd-London. Die Hütte, in der Beryl Reid Peter McEnery unterhält, ist der Eingang zum Friedhof an der **Forest Hill Road**, gegenüber Marmora Road, SE22. Das Haus aus dem Jahr 1856 war in einem bemitleidenswerten Zustand, als der Eigentümer Southwark Council es 1993 für 100.000 £ anbot: Der Wintergarten existiert nicht mehr, die bleiverglasten Fenster hat man zugemauert.

SEIN GRÖSSTER BLUFF

(1954, R: Ronald Neame)
Gregory Peck, Jane Griffiths, Ronald Squire
• **LONDON**

Das Belgravia-Anwesen: Belgrave Square

Gregory Peck ist ein mittelloser Amerikaner in London, der in diesem Vorläufer zu Eddie Murphys *Die Glücksritter* im Rahmen einer Wette eine Ein-Millionen-Pfundnote von den Höhergestellten Wilfrid Hyde White und Ronald Squire erhält. Hyde Whites pompöse Belgravia-Villa befindet sich am **47 Belgrave Square**, SW1. Peck jagt der vom Winde verwehten Banknote über den Belgrave Square und um die Ecke zum **Montrose Place** nach.

SEIN LETZTES KOMMANDO

(1941, R: Raoul Walsh)
Errol Flynn, Olivia de Havilland, Arthur Kennedy
• **NEW YORK STATE**

Diese stilisierte Darstellung von Custers letztem Gefecht entstand zum Teil an der **West Point Military Academy**, die als Rekrutierungsbüro diente. Regisseur Walsh wurde in einer groß angelegten PR-Aktion gegen Ende der Dreharbeiten zu einem Bruder der Sioux ernannt. Als der neunte Weiße, dem eine solche Ehre zuteil wurde, erhielt er den Namen Thunder Hawk. Die Academy liegt am Hudson River, Route 9W, nördlich von New York City.

SERIAL MOM – WARUM LÄSST MAMA DAS MORDEN NICHT?

(1994, R: John Waters)
Kathleen Turner, Sam Waterston, Ricki Lake
• **MARYLAND**

Als einziger Vertreter eines Genres, des Serienmörderwohlfühlfilms, ist dies John Waters' beste Arbeit seit seinen Undergroundtrash-Zeiten. Gefilmt wurde – wo sonst? – in der Umgebung von Baltimore, Maryland. Die Kirche, in der Turner den Cops entkommt, ist die **Church of the Good Shepherd, 1401 Carrolltown Avenue**. Die Videothek, in der ihr Sohn arbeitet und wo man auf eigene Gefahr ausgeliehene Kassetten nicht zurückspult, ist **Video America, Cold Springs Lane**. Turner wird schließlich bei einem Camel-Lips-Auftritt in der **Inner Harbor Concert Hall** festgenommen (zu der Zeit Hammerjacks), **1101 South Howard Street**. Das anschließende Verfahren gegen sie entstand im **Baltimore County Courthouse, 400 Washington Avenue, Towson**.

SERPICO

(1973, R: Sidney Lumet)
Al Pacino, John Randolph, Jack Kehoe
• **NEW YORK CITY**

Lumets eindringliche Studie über Korruption in Polizeikreisen beruhte auf Tatsachen und entstand an authentischen Motiven in New York. Pacino überquert die **Williamsburg Bridge** von Brooklyn aus, um in Greenwich Village ein neues Leben anzufangen. Sein neues Apartment befindet sich in der **5-7 Minetta Street**. Er lernt an der **New York University** in Greenwich Village an der Ostseite des Washing-

Serpicos Apartment in Greenwich Village: 5-7 Minetta Street

ton Square Park Spanisch. Obwohl seine Klassenkameradin sagt, dass sie im Caffe Reggio arbeitet, 19 MacDougal Street/Ecke West 3rd Street, bekommen wir – entgegen den Behauptungen vieler New-York-Reiseführer – das berühmte Lokal im Village gar nicht zu sehen. Es taucht dagegen in Sean Connerys Thriller *Öl* auf. Serpico besucht ein Ballettaufführung im **New York State Theater** an der Südseite des **Lincoln Center Plaza, 150 West 65th Street**/Ecke Broadway an der West Side. Die U-Bahnstation, in der Serpico die Flucht ergreift, als er einen Überfall mitbekommt, dann aber von den Cops beschossen wird, ist **Ditmars Boulevard**, Astoria, im Norden von Queens am Ende der Bahnlinie Broadway Local. Auf der gleichen begegnet er nach einer Drogenlektion an der **57th Street Station** einem Cop.

SEX, LÜGEN & VIDEO

(1989, R: Steven Soderbergh)
James Spader, Andie MacDowell, Laura San Giacomo
• **LOUISIANA**

Beziehungsprobleme im tiefen Süden, als Spader mit seiner Videokamera in die Stadt kommt. Treffsichere Charakterstudien, die in Lousianas Hauptstadt Baton Rouge entstanden. Die Bar, in der Laura San Giacomo Drinks serviert, ist das **Bayou, 124 West Chimes Street** zwischen Infirmary Drive und Highland Road, Baton Rouge. Nicht weit davon entfernt in östlicher Richtung hin zur Interstate 10 liegt das Restaurant **Zee Zee Gardens, 2904 Perkins Road** *(Tel. 225 346 1291)*.

SHADOW UND DER FLUCH DES KHAN

(1994, R: Russell Mulcahy)
Alec Baldwin, John Lone, Penelope Ann Miller
• **KALIFORNIEN**

Mulcahys visuell stilvoller, jedoch inhaltsleerer Comic spielt in N.Y., bedient sich aber zahlreicher klassischer Motive rund um L.A. und in **Alabama Hills** bei Lone Pine an der Route 395, Zentralkalifornien. Die Villa ist die **Mayfield Senior School, 500 Bellefontaine Street**, Pasadena – Richard Attenboroughs Haus in *Vergessene Welt: Jurassic Park*. Der heruntergekommene Bereich vor dem Barclay Hotel an der Ecke **Fourth Street/Main Street** kam ebenfalls zum Einsatz.

SHADOWLANDS

(1993, R: Richard Attenborough)
Anthony Hopkins, Debra Winger, Joseph Mazzello
• **OXFORDSHIRE; LONDON; HEREFORDSHIRE; LEICESTERSHIRE**

Lewis' College: Magdalen College, Oxford

C.S. Lewis trifft Joyce Gresham: Randolph Hotel, Beaumont Street

Der stocksteife alte C.S. Lewis entdeckt in dieser Verfilmung des Stücks von William Nicholson seine Gefühle für Joy Gresham, als die feststellt, dass sie unheilbar krank ist. Lewis, Autor von *The Lion, the Witch & the Wardrobe*, ist ein Oxford-Lehrer. Das College, an dem er lehrt und unter dem Zynismus seiner Kollegen leidet, ist **Magdalen College**, mit seiner Kapelle aus dem 15. Jahrhundert und einem Speisesaal mit edlen Holzschnitzereien. Andere Motive in Oxford sind **Christ Church Meadow; Duke Humphrey's Library**, ein Teil des Bodleian-Komplexes; der kreisrunde Lesesaal der **Radcliffe Camera**, wo Lewis Vorlesungen hält, und das **Sheldonian Theatre**. Der Teesalon, in dem er zum

ersten Mal Gresham begegnet, ist die Fellows Lounge des **Randolph Hotel, Beaumont Street** *(Tel. 01865. 247481)*. Hopkins Winger und Regisseur Attenborough stiegen dort während der Dreharbeiten in Oxford ab. Kann man sich eine bessere Empfehlung vorstellen? Die Oxford Station ist komplett neu gebaut worden, sodass die Eisenbahnszenen in der **Great Central Railway, Loughborough Station**,

Die Hochzeit: BT Office, Hastings Street, Kings Cross

Der Chor in der Morgendämmerung: Magdalen College, Oxford

Leicestershire (auch zu sehen in *Buster*) gedreht werden mussten, der einzigen Einrichtung, die komplett in ihrem Urzustand erhalten geblieben ist. Das Hotel, in dem Lewis und Gresham auf dem Weg ins Golden Valley absteigen, ist **Pengethley Manor Hotel, Pengethley Park** *(Tel. 01989/730211)* abseits der A49 nahe Ross-on-Wye. Die Flitterwochen im Golden Valley finden in der Hügellandschaft von Herefordshire an der Grenze zu Wales statt, denn das Original erwies sich einfach nicht als fotogen genug. Statthalter wurde **Symond's Yat Rock** nahe Goodrich, rund 50 Kilometer entfernt. Die Hochzeit wurde nicht in der Camden Town Hall gefilmt, wie manchmal behauptet wird, sondern gleich um die Ecke am Hintereingang des **BT Office** in der **Hastings Street** gegenüber der Thanet Street. Die Fenster auf der gegenüberliegenden Seite gehören Salvationist Publishing, und die zeitgenössischen Busse fahren durch die Judd Street.

SHAFT

(1971, R: Gordon Parks)
Richard Roundtree, Moses Gunn, Charles Cioffi
• **NEW YORK CITY**

Die No Name Bar: Hudson Street, Greenwich Village

Roundtree ist ein schwarzer Privatdetektiv in New York in einem Film, der nicht nur zwei Fortsetzungen und eine TV-Serie nach sich zog, sondern das Genre der Blaxploitation-Filme begründete. Shafts Apartment ist **55 Jane Street** im westlichen Greenwich Village. Auf der anderen Seite der Hudson Street stand die No Name Bar, die heute ein Restaurant ist, **Piccolo Angelo, 621 Hudson Street**. Ein wei-

Shafts Apartment: Jane Street, Greenwich Village

teres Motiv ist **Caffe Reggio, 119 MacDougal Street**/Ecke West Third Street (für Details siehe *Der Pate Teil II*). Ein Großteil der Action spielt sich auf der **125th Street** in Harlem ab.

SHAFT

(2000, R: John Singleton)
Samuel L. Jackson, Christian Bale, Busta Rhymes
• **NEW YORK CITY; NEW JERSEY**

Das Lokal: River Diner, 11th Avenue

Samuel L. Jackson tritt in Roundtrees Fußstapfen in dieser Wiederbelebung des Kulthits aus den siebziger Jahren. Shafts Lieblingslokal ist inzwischen die markante Harlemer Bar **Lenox Lounge, 288 Lenox Avenue** zwischen 124th Street und 125th Street *(Tel. 212 427 0253)*. Das Äußere der Polizeiwache findet sich in der Bronx, während es sich beim Innenleben um ein leer stehendes Beaux-Arts-Gebäude in **Jersey City**, New Jersey, handelt. Weitere Motive waren die Brooklyn-Nachbarschaft **Vinegar Hill; Red Hook; Bedford-Stuyvesant; Crown Heights**. Bösewicht Peoples Hernandez herrscht über die dominikanische Enklave in **Washington Heights** im Norden von Manhattan. Gezeigt wird auch das **River Diner, 452 11th Avenue**/Ecke 37th Street *(Tel. 212 868 1364)*.

SHAKESPEARE IN LOVE

(1998, R: John Madden)
Joseph Fiennes, Gwyneth Paltrow, Judi Dench
• **LONDON; BERKSHIRE; OXFORDSHIRE; HERTFORDSHIRE; NORFOLK**

Feuerwerk in Greenwich: Hatfield House, Hatfield

Shakespeare trifft Viola beim Tanz: Great Hall, Broughton Castle

Mehrfacher Oscar-Gewinner, darunter für den Besten Film, in dem ein junger, gut aussehender Shakespeare im Clinch mit sich liegt, um *Romeo and Ethel, The Pirate's Daughter* zu schreiben, während sich die Aristokratin Paltrow den Konventionen widersetzt und schauspielern will. Das Rose Theatre ist eine für den Film gebaute Kulisse. Nach den Dreharbeiten wurde es an Dame Judi mit der Absicht übergeben, daraus ein funktionstüchtiges Theater entstehen zu las-

sen. Das echte Rose wurde Ende der achtziger Jahre bei Bauarbeiten in Southwark entdeckt, woraufhin eine massive Kampagne zu seinem Erhalt gestartet wurde. Die Eigentümer erklärten sich schließlich bereit, das Theater im Keller des Neubaus zu erhalten, aber leider kann man es nicht besichtigen. Violas

Wessex informiert Viola über ihre Hochzeit: The Oak Room, Broughton Castle

Shakespeare umwirbt Viola im Garten: Broughton Castle

Heim, das Haus der de Lesseps, ist **Broughton Castle**, das Zuhause von Lord und Lady Saye and Sele, gut drei Kilometer südwestlich von Banbury, Oxfordshire. Der Tanz, bei dem Will zum ersten Mal Viola begegnet, findet im Haus in der Great Hall statt, während Wessex im Oak Room Viola davon in Kenntnis setzt, dass sie heiraten wird. Violas Schlafzimmer ist eine Studiokulisse, aber für die Außenansichten wurde Broughton Castle um einen Balkon erweitert, von dem aus man die Gärten überblickt. Das Schloss war auch in *Die Abenteuer des Joseph Andrews* zu sehen, Tony Richardsons Nachfolger zu *Tom Jones*, Trevor Nunns *Lady Jane – Königin für neun Tage*, *King George – Ein Königreich für mehr Verstand* und *Drei Männer und eine kleine Lady*. Für Besucher ist es an verschiedenen Tagen zwischen Mai und September geöffnet *(es wird Eintritt verlangt; Tel. 01295/262624)*. Die Aufführung von *Zwei Herren aus Verona* für Queen Elizabeth in der Banqueting Hall des Palace of White Hall findet eigentlich in der **Great Hall** des **Middle Temple** in London statt. Das Feuerwerk in Greenwich, wo Viola der Königin begegnet und Shakespeare sich auf eine Wette einlässt, entstand an der Rückseite des **Hatfield House** (für Details siehe *Batman*). Die Szenen am Fluss entstanden an der Themse in Barnes. Das Innere der Kirche, in der Shakespeare um Vergebung bittet, nachdem er vom Mord an Kit Marlowe gehört hat, ist die **Church of St. Bartholomew the Great**, ein winziges Bauwerk – in dem die Gebeine von St. Rahere aufbewahrt werden –, das hinter Smithfield versteckt ist und schon in *Robin Hood – König der Diebe* sowie *Vier Hochzeiten und ein Todesfall* zu sehen war. Die Außenansicht der Kirche nach der Heirat von Viola und Wessex ist der Hof der **Eton School**, Berkshire – der auch als Hintergrund für die Houses of Parliament in *King George – Ein Königreich für mehr Verstand* diente. Weitere Drehar-

Violas Balkon: Broughton Castle

beiten fanden im **Marble Hill House**, Twickenham, statt. Der atemberaubende Strand von „Illyria" am Ende ist **Holkham Beach**, Teil des Holkham-Hall-Anwesens, gut fünf Kilometer westlich von Wells-next-the-Sea an der A149 an der nördlichen Küste von Norfolk.

Illyria: Holkham Beach

SHAMPOO

(1975, R: Hal Ashby)
Warren Beatty, Julie Christie, Lee Grant
• **LOS ANGELES**

Christies Angebot: Bistro, North Canon Drive, Beverly Hills

Zu seiner Zeit war diese politische Satire mit Beatty als Friseur, der seine glamourösen Kundinnen am Vorabend der Wahl 1968 verführt, eine ganz heiße Sache. Gefilmt wurde in Beverly Hills, wo die Handlung auch spielt. Jack Wardens Haus – in Wirklichkeit Warren Beattys ehemaliges Haus – ist **1120 Wallace Ridge** abseits des Loma Vista Drive nördlich des Sunset Boulevard. Julie Christie bietet Beatty im nicht mehr existierenden Beverly-Hills-Lokal Bistro, 240 North Canon Drive, zwischen Sunset Boulevard und Santa Monica Boulevard an, ihm einen zu blasen. Gezeigt wird auch das exklusive **Beverly Hills Hotel, 9641 Sunset Boulevard**.

SHE'S GOTTA HAVE IT

(1986, R: Spike Lee)
Tracy Camilla Johns, Tommy Redmond Hicks, John Canada Terrell
• **NEW YORK CITY**

Spike Lees erster Kinofilm, eine Low-Budget-Komödie in Schwarzweiß über Tracy Camila Johns' zahlreiche Liebschaften, entstand in nur zwölf Tagen im Juli 1985 vor Ort in New York. Johns' Wohnung ist **1 Front Street**, Brooklyn, über dem einstigen Ferry Bank Restaurant, heute das Hot Spot – die einzige Schwulenbar in Brooklyn. Der Park ist der Brooklyner **Fort Greene Park** mit seinem Blick hinüber nach Manhattan. Er liegt südöstlich von Brooklyn Heights und wird umschlossen von der De Kalb Avenue, der Myrtle Avenue, der St. Edwards Street und Washington Park. In einer Gruft unter dem Park (die nicht besichtigt werden kann) finden sich die Überreste von 12.000 amerikanischen Soldaten, die zwischen 1780 und 1783 auf britischen Gefängnisschiffen in der Wallabout Bay ums Leben kamen.

SHINE – DER WEG INS LICHT

(1996, R: Scott Hicks)
Geoffrey Rush, Armin Mueller-Stahl, Lynn Redgrave
• **SÜDAUSTRALIEN; LONDON**

Scott Hicks' mit Oscar-Ehren ausgezeichnete Verfilmung des Lebens des komplizierten Pianisten David Helfgott entstand in Südaustralien an 40 verschiedenen Motiven rund um Adelaide, darunter **Carrick Hill**

Helfgott studiert in London: Royal College of Music, Prince Consort Road

und **Adelaide Botanic Garden, North Terrace**. Helfgott tritt in der **Adelaide Town Hall, 126 King William Street** auf. Die Psychiatrie ist **Glenside Hospital, 226 Fullarton Road, Eastwood**. In London studiert der junge Helfgott am **Royal College of Music, Prince Consort Road, South Kensington**, SW7, gegenüber der Royal Albert Hall.

SHINING

(1980, R: Stanley Kubrick)
Jack Nicholson, Shelley Duvall, Danny Lloyd
• **OREGON**

Nicholson ist der von einer Schreibblockade betroffene Autor, der in Kubricks sehr freier Interpretation eines Romans von Stephen King in einem unheimlichen Hotel mitten in einer Schneelandschaft durchdreht. Der Film entstand fast komplett im Studio in Elstree, wo das Innenleben des Hotels errichtet wurde. Die Außenansichten des Overlook Hotels zeigen das **Timberline Lodge, Mount Hood** im Gebiet Hood River im Norden von Oregon. Es wurde während der Depression gebaut und liegt etwas mehr als 70 Kilometer östlich von Portland im Osten von Zig Zag an der Route 26 *(Tel. 503 272 3311)*. Die Kulissen für das Hotelinnere basierten zum Teil auf dem Ahwanne Hotel, Yosemite, Kalifornien.

Das Hotel, das die Inspiration für die Geschichte lieferte, ist das Stanley Hotel in Colorado, wo King 1973 abgestiegen war. Der Autor hasste Kubricks Verfilmung, die zu Gunsten der Stimmung auf einen großen Teil der Handlung verzichtete. Stattdessen gab er grünes Licht für eine Fernsehfassung, die tatsächlich im Stanley entstand. Für Details zum Hotel siehe *Dumm und dümmer*, der ebenfalls dort gefilmt wurde.

SHIRLEY VALENTINE – AUF WIEDERSEHEN, MEIN LIEBER MANN

(1989, R: Lewis Gilbert)
Pauline Collins, Tom Conti, Joanna Lumley
• **LONDON; MERSEYSIDE; GRIECHENLAND**

Erweiterung des Ein-Personen-Stücks von Willy Russell über eine Merseyside-Hausfrau, die sich auf den Weg zu

Shirleys Schule: Waldegrave School for Girls, Twickenham

Shirley trifft ihre Freundin: Marlborough Hotel, Bloomsbury

den griechischen Inseln macht. Zwar spielt die Geschichte in Russells Geburtsstadt Merseyside, doch es sind nur ein paar Einführungseinstellungen von Liverpool zu sehen. Shirley Valentines Haus steht in Twickenham, nicht weit vom Filmstudio entfernt. Shirleys Schule ist die **Waldegrave School for Girls, Fifth Cross Road** bei Twickenham. Sie kauft exotische Unterwäsche in **Littlewoods, Oxford Circus**, und das Foto für ihren Pass lässt sie in der **Marylebone Station** machen. Das Hotel, in dem sie ihrer alten Schulfreundin Joanna Lumley begegnet, ist das luxuriöse **Marlborough Hotel, Bloomsbury Street**, WC1 *(Tel. 020/7636 5601)*. Die griechische Insel, auf der sie sich endlich befreit fühlt, zeigt den Strand von **Aghios Ioannis** im Südwesten von Mykonos, wo sie im **Manoulas Beach Hotel** ein Zimmer hat.

SHOOTING FISH
(1997, R: Stefan Schwartz)
Stuart Townsend, Dan Futterman, Kate Beckinsale
• LONDON

Eingang zum Gasometer-Haus: Lee Road, Mill Hill East

Townsend und Futterman sind zwei Waisen, die sich in dieser Komödie, die erst gegen Ende zu sentimental wird, als Betrüger durchschlagen. Das Gasometer, in dem die Jungs leben, kann man in Mill Hill East sehen, wo es die Endhaltestelle der Northern Line überragt. Der Eingang zu ihrem Zuhause liegt zwischen **12** und **13 Lee Road, NW7**. Sie kramen in einem Müllhaufen vor dem Alexandra Palace. Der Landsitz, den Kate Beckinsale rettet, ist **Poleseden Lacey**, eine Regency-Villa nahe **Dorking**, Surrey *(es wird Eintritt verlangt; Tel. 01372/452023)*.

DER SHOOTIST
(1976, R: Don Siegel)
John Wayne, Lauren Bacall, James Stewart
• NEVADA

Waynes elegischer letzter Auftritt als Revolverheld, der an Prostatakrebs stirbt (Wayne weigerte sich, an Blasenkrebs zu sterben, wie es in der Buchvorlage der Fall war). Zwar ist es ein Paramount-Film, aber die Straßenszenen entstanden auf der Western Street des Geländes von Warner Bros. in Burbank. Authentische Motive filmte man in **Carson City**, östlich des Lake Tahoe an der Interstate 395, Nevada. Die Fahrt im Pferdewagen entstand im **Washoe Lake State Park**. Lauren Bacalls Pension, wo Wayne seine letzten Tage verbringt, ist das von 1914 stammende **Krebs-Paterson House, 500 Mountain Street**, Carson City. Das Haus ist eine der historischen Stätten entlang der Kit Carson Trail, einem vier Kilometer langen Weg durch den historischen Distrikt von Carson City. Geräuscheffekte und aufgezeichnete Nachrichten sind bei 24 der Häuser auf einer speziellen Mittelwellenfrequenz zu hören – das Krebs-Paterson lässt natürlich die Stimme von John Wayne erklingen. Details gibt es von der Carson City Chamber of Commerce, 1900 South Carson Street *(Tel. 775 882 1565)*.

Lauren Bacalls Pension: Mountain Street, Carson City

SHORT CUTS
(1993, R: Robert Altman)
Anne Archer, Lily Tomlin, Tim Robbins
• KALIFORNIEN

Altman kombiniert eine Auswahl aus Kurzgeschichten von Raymond Carver und verlegt den Schauplatz vom pazifischen Nordwesten nach L.A. Das Krankenhaus ist das **Panorama Community Hospital, Panorama City** im San Fernando Valley nördlich von L.A. Das Café, in dem Lily Tomlin als Kellnerin arbeitet, ist **Johnie's Coffee Shop, Wilshire Boulevard**/Ecke Fairfax Avenue, mitten in L.A., auch zu sehen in *Reservoir Dogs – Wilde Hunde* und *Miracle Mile*. Der Angelausflug erfolgt an den Kern River, und der tragische Abschluss, der von einem Erdbeben verkürzt wird, spielt im **Bronson Canyon** im Griffith Park.

Lily Tomlins Café: Johnie's, Wilshire Boulevard

SHOWGIRLS
(1995, R: Paul Verhoeven)
Elizabeth Berkley, Kyle MacLachlan, Gina Gershon
• NEVADA

Paul Verhoevens wilder, schrottiger Abstieg zur dunklen Seite von Vegas spielt in der Hauptstadt der Einarmigen Banditen in Nevada, doch die Musicalnummern wurden im **Horizon Casino Resort** *(Tel. 775 588 6211)* an der Interstate 50, Stateline, Lake Tahoe an der Grenze zu Kalifornien, inszeniert.

SID UND NANCY
(1986, R: Alex Cox)
Gary Oldman, Chloe Webb, Drew Schofield

• NEW YORK CITY; LONDON

Sid und Nancy checken aus: Hotel
Chelsea, West 23rd Street

Oldman und Webb sind Sex Pistols-"Bassist" Sid Vicious und dessen Freundin Nancy Spungen in dieser deprimierenden Schilderung einer zum Scheitern verurteilten Beziehung (Sid brachte sich mit einer Überdosis um, während er auf das Gerichtsverfahren wegen des Mordes an Nancy wartete). Gefilmt wurde in London und N.Y.C., wo das Paar im **Hotel Chelsea, 222 West 23rd Street**, zwischen Seventh Avenue und Eighth Avenue *(Tel. 212 243 3700)*, absteigt und wo Nancy stirbt. Das markante Hotel, in dem man mehr für das Ambiente zahlt als für den Service, ist über die Jahre hinweg Ziel zahlreicher Prominenter gewesen (worauf auch die Fülle von Hinweistafeln am Eingang zurückzuführen ist), darunter O. Henry, Thomas Wolfe, Arthur Miller, Brendan Behan, Mary McCarthy, Vladimir Nabokov, Sarah Bernhardt und Dylan Thomas. Lobby und Treppenhaus sind mit Kunstwerken unterschiedlicher Qualität dekoriert, die von den Gästen spendiert wurden. Hotel und Korridore des Hotels sind auch in *Léon – Der Profi* zu sehen.

SIE KÜSSTEN UND SIE SCHLUGEN IHN

(1959, R: François Truffaut)
Jean-Pierre Léaud, Patrick Auffay, Claire Maurier
• PARIS

Der Priester wird beleidigt:
Sacré Coeur, Montmartre

Truffauts erster Kinofilm, der die Figur des heranwachsenden Antoine Doinel einführt, ist einer der Schlüsselfilme der französischen Nouvelle Vague, die die Filmemacher aus den Studios und auf die Straßen von Paris holte. Doinels Haus ist **82 Rue Marcadet**, die zwischen den Metro-Haltestellen Guy Moquet und Marcadet Poissonniers im 16. Arrondissement verläuft. Die Kinder beleidigen einen Priester auf den Stufen von Sacré Coeur in Montmartre.

SIE LEBEN BEI NACHT

(1948, R: Nicholas Ray)
Farley Granger, Cathy O'Donnell, Howard da Silva
• LOS ANGELES

Rays elegantes Melodrama, von Robert Altman 1974 als *Diebe wie wir* neu verfilmt. Granger spielt einen jungen Betrüger, der mit einer Gruppe Schwerkrimineller die Flucht antritt und dabei eine zum Scheitern verurteilte Romanze mit O'Donnell genießt. Gefilmt in den RKO Studios und in der Umgebung von L.A. Die einleitende Einstellung vom Helikopter aus zeigt **Canoga** Park im Nordwesten von L.A.

SIE LIEBT IHN – SIE LIEBT IHN NICHT

(1998, R: Peter Howitt)
Gwyneth Paltrow, John Hannah, John Lynch
• LONDON

Gwyneth Paltrows Leben verläuft in Peter Howitts phantasievoller Romanze in zwei verschiedene Richtungen, abhängig davon, ob sie ihre U-Bahn bekommt oder nicht. Die Motive in London werden sehr geschickt eingesetzt. Zwar sieht es so aus, als würde Paltrow an der Station **Embankment** ein- und aussteigen. Tatsächlich erwischt/verpasst sie die Bahn aber auf dem Waterloo-and-City-Bahnsteig der **Waterloo Underground Station**. Der versuchte Überfall, der sich ereignet, nachdem Paltrow den Zug verpasst hat, spielt sich sonderbarerweise vor dem **Landmark Hotel, Melcombe Place** gegenüber der Marylebone Station ab. Paltrow lebt mit John Lynch am **62 Princes Square, Notting Hill**, W8. Das Restaurant, in dem sie entweder mit Hannah trinkt oder arbeitet, um Lynch zu unterstützen, ist **Bertorelli's, 19 Charlotte Street** hinter der Tottenham Court Road, W1. Paltrow und Hannah versöhnen sich schließlich an der Albert Bridge, Chelsea, SW3. Sie beteiligen sich an einem „epileptischen Massenanfall" im **The Blue Anchor, 13 Lower Mall, Hammersmith**, W6, neben dem Auriol Kensington Rowing Club.

Das Miststück Jeanne Tripplehorn arbeitet in der **66 Chiltern Street**, obwohl sich der Eingang in Wahrheit in der **Paddington Street**, W1, befindet. Ihr Apartment ist G4, **Pattern House, St. John Street**, Clerkenwell, EC1, wo Paltrow in einem ziemlich an den Haaren herbeigezogenen Ende die Treppe hinunterfällt. Gefilmt wurde auch im **Mas Cafe, All Saints Road**, Notting Hill.

Paltrows Wohnung: Princes Square, Notting Hill

Paltrow arbeitet/trinkt: Bertorelli's, Charlotte Street

Rudern auf der Themse: Lower Mall, Hammersmith

SIE SIND VERDAMMT

(1961, R: Joseph Losey)
Macdonald Carey, Shirley Anne Field, Oliver Reed
• DORSET

Sonderbarer und gruseliger SF-Film über eine Gruppe radioaktiv verstrahlter Kinder, die unterirdisch von der

Außenwelt abgeschlossen sind. Eine englische Produktion des amerikanischen Regisseurs Losey für Hammer Films, die in der Umgebung des Badeortes **Weymouth** in Dorset gefilmt wurde. Die Kinder halten sich in Höhlen in den Klippen nördlich der Stadt auf.

SIEBEN

(1995, R: David Fincher)
Morgan Freeman, Brad Pitt, Kevin Spacey
● **LOS ANGELES**

Das Pan-Am Building, Third Street, Downtown L.A.

Paltrow vertraut sich Freeman an: Quality Coffee Shop, West Seventh Street

Die trostlose, verregnete Stadt, in der Freeman und Pitt einen Serienmörder suchen, blieb im Film gezielt namenlos und ist entgegen allen Behauptungen weder New York noch Philadelphia. Es ist Downtown Los Angeles, deren Motive vor der Sonne abgeschirmt und massiv beregnet wurden. Die Bibliothek, in der Morgan Freeman die sieben Todsünden zu Tage fördert, ist das alte, leer stehende Gebäude der Bank of America in der **650 South Spring Street**. John Does Aufenthaltsort, wo der Killer knapp entkommt, ist nur ein paar Blocks entfernt: **Alexandria Hotel, 218 West Fifth Street** an der südwestlichen Ecke der South Spring Street. Während es in den zwanziger und dreißiger Jahren eine der Topadressen für Filmstars war, hat es in den letzten Jahren unter

Die Bibliothek: South Spring Street, Downtown L.A.

dem allgemeinen Verfall seiner Umgebung gelitten. Die anschließende Verfolgungsjagd wurde auf der **West Fifth Street** gefilmt. Gwyneth Paltrow verrät Morgan Freeman im **Quality Coffee Shop, 1238 West Seventh Street**, dass

John Does Apartment: Alexandria Hotel, West Fifth Street

sie schwanger ist. Das Apartment des komatösen Opfers befindet sich im **Pan-Am Building, Third Street**/Ecke South Broadway, auch zu sehen in *Der Blade Runner*.

DAS SIEBENTE SIEGEL

(1957, R: Ingmar Bergman)
Max von Sydow, Gunnar Bjornstrand, Bibi Andersson
● **SCHWEDEN**

Eines der unvergesslichsten Bilder des europäischen Kinos ist das von Max von Sydow, der mit dem Tod Schach spielt. Bergmans Fabel, die religiösen Glauben in Frage stellt, wurde größtenteils in den Studios im schwedischen **Rasunda** gefilmt. Die Eröffnungsszenen, in denen der mittelalterliche Ritter von Sydow am felsigen Strand ankommt und sich dem Tod stellt, zeigen **Hovs Hallar** in der Provinz Skane im Südwesten von Schweden. Die Umgebung wurde auch für andere Einstellungen benutzt, darunter für den beeindruckenden tanzenden Tod gegen Ende.

DER SIEGER

(1952, R: John Ford)
John Wayne, Maureen O'Hara, Barry Fitzgerald
● **IRLAND**

Ex-Boxer Wayne kehrt in dieser farbenprächtigen irischen Posse – die Feministinnen nicht gefallen dürfte – zu den Wurzeln seiner Familie zurück, um sich eine Frau zu nehmen. Der harte Ford, der auf seine irische Abstammung sehr stolz war, drehte den Film auch in Irland in der Umgebung des Dorfs **Cong** zwischen Lough Mask und Lough Corrib, Connemara, außerdem im **Maam Valley** und auf dem Grund von **Ashford Castle**. Die Eisenbahnszene spielt bei **Ballyglunin** auf der Strecke zwischen Sligo und Limerick. Das Quiet Man Hostel in der Abbey Street in Cong zeigt den Film jeden Abend und bietet außerdem eine Tour zu den Drehorten.

SIERRA CHARIBA

(1965, R: Sam Peckinpah)
Charlton Heston, Richard Harris, James Coburn
● **MEXIKO**

Brutaler Western, der in Mexiko angesiedelt ist und dort gefilmt wurde, vorwiegend in der alten, in Bereitschaft stehenden Westernstadt **Durango**, während die Innenaufnahmen in den Churubuscu Studios in Mexico City erledigt wurden. Für das am Film eröffnende Massaker wurde die Rostes Ranch in **La Marquesa** errichtet, 40 Kilometer südwestlich von Mexico City. Andere Außenaufnahmen entstanden in verschiedenen mexikanischen Städten, darunter **Cuautla, Tequesquitengo, Tehuixtla** und **Vistahermosa** – alle südlich von Mexico City an der Straße nach Acapulco. Die abschließende Kampfszene wurde am Rio Balsas nahe **Chilpancingo** gefilmt.

SINDBAD UND DAS AUGE DES TIGERS

(1977, R: Sam Wanamaker)
Patrick Wayne, Taryn Power, Jane Seymour
● **JORDANIEN; SPANIEN; MALTA**

John Waynes Sohn ist der Star in dieser schwachen Fortsetzung von *Sindbads gefährliche Abenteuer*, die mit der üblichen Ansammlung von Magiern, Schurken und Harryhausens Stop-Motion-Monstern aufwartet. Zu sehen ist die rosenrote Stadt **Petra** in Jordanien (für Details siehe *Indiana Jones und der letzte Kreuzzug*). Gefilmt wurde auch in Spanien und auf Malta.

SINGLES

(1992, R: Cameron Crowe)
Campbell Scott, Kyra Sedgwick, Matt Dillon

• SEATTLE, WASHINGTON STATE

Die Grunge-Szene von Seattle bildet den Hintergrund für Cameron Crowes schrägen Blick auf Beziehungen. Zu den Rockclubs gehören unter anderem das **Off-Ramp, 109 Eastlake Street**/Ecke Denny Way

Der Grunge-Club: Off-Ramp, Eastlake Street, Seattle

und Stewart Street, sowie die **Re-Bar, 1114 East Howell Street** abseits der Boren Avenue. Kyra Sedgwick sagt „ja" zu Campbell Scott im so romantisch klingenden **Gasworks Park, North Northlake**/Ecke Meridian North. Matt Dillon spielt am Grab von Jimi Hendrix auf dem **Evergreen Memorial** in **Renton**, östlich von Seattle, Gitarre. Scott und Sedgwick treffen sich im **Virginia Inn, 1937 First Avenue**/Ecke Virginia Street. Gegenüber in **1936 First Avenue** findet sich die Partnervermittlung, in der Regisseur Tim Burton einen Cameo-Auftritt als Videoregisseur hat.

SINN UND SINNLICHKEIT

(1995, R: Ang Lee)
Emma Thompson, Kate Winslet, Alan Rickman

• DEVON; WILTSHIRE; SOMERSET; LONDON

Ang Lee haucht diesem englischen Filmgenre mit seiner Verfilmung des Romans von Jane Austen neues Leben ein. Norland Park, Heimat der Familie Dashwood, ist **Saltram House**, ein Haus

Mrs. Jennings Haus in London: Mompesson House, Cathedral Close, Salisbury

aus der Zeit König Georgs II. Es ist von April bis Oktober für Besucher geöffnet *(Tel. 01752/336546)* und liegt gut fünfeinhalb Kilometer östlich von Plymouth zwischen der A38 und der A379 in Devon. Das Londoner Zuhause der Dashwoods ist **Chandos House, 2 Queen Anne Street**, nahe dem Broadcasting House. Dieses 1769 erbaute Haus wurde vor kurzem von einer Investmentgesellschaft gekauft und wird nun nach jahrelanger Vernachlässigung komplett restauriert.

Das vordere Zimmer von Mrs. Jennings' Haus in London ist das **Flete Estate**, rund 18 Kilometer östlich von Plymouth, geöffnet jeden Mittwoch und Donnerstag von Mai bis September. Für den Rest des Hauses wurde das

Mompesson House genommen, **Cathedral Close** an der nördlichen Seite von Choristers' Green in Salisbury. Dieses möblierte Stadthaus kann von Mai bis Oktober besichtigt werden *(Tel. 01722/335659)*.

The London street: Queen's House, Greenwich

Cleveland, das Zuhause der Palmers (Imelda Staunton und Hugh Laurie), ist das faszinierende **Montacute House** im Dorf Montacute, sechseinhalb Kilometer westlich von Yeovil in Somerset, das auch in Derek Jarmans *The Angelic Conversation* zu sehen gewesen ist. Besuchen können Sie es von April bis Oktober *(Tel. 01935/823289)*. Die Szene im Ballsaal, wo Greg Wise Kate Winslet begegnet, bedient sich eines anderen vertrauten Motivs: **Wilton House**, Wilton, vier Kilometer westlich von Salisbury an der A30 *(Tel. 01722/743115)*, unter anderem zu sehen in Ken Russells *Tschaikowskij – Genie und Wahnsinn* und in *Die Bounty*.

Die überlaufenen Londoner Straßen zeigen eigentlich die Umgebung des sorgfältig restaurierten **Queen's House, Greenwich** *(Tel. 020/8858 4422)*. Die abschließende Hochzeit entstand in der Kirche des Dorfs **Berry Pomeroy**, zwischen Torbay und Totnes, Devon.

SISTER ACT

(1992, R: Emile Ardolino)
Whoopi Goldberg, Maggie Smith, Kathy Najimy

• KALIFORNIEN; NEVADA

Die Nachtclubsängerin Whoopi Goldberg muss sich als Nonne ausgeben, nachdem sie einen Mord mit angesehen hat, und führt das Kloster bei einem Sängerwettstreit zum Sieg.

Goldberg tritt in Reno auf: Fitzgerald's Casino, North Virginia Street

Harvey Keitels Casino, in dem Goldberg alte Motown-Nummern zum Besten gibt, ist von außen der **Nevada Club, Commercial Street, Reno**, aber das Innenleben findet sich auf der anderen Straßenseite. Es ist **Fitzgerald's Casino, 255 North Virginia Street**, gleich

Die Schule der jungen Goldberg: St. Thomas Aquinas Church, West Second Street

Die Polizeiwache: Reno Post Office, South Virginia Street

neben der berühmten Leuchtre-
klame „Biggest Little City in the
World". Ebenfalls in Reno finden Sie die Polizeiwache, bei
der es sich in Wahrheit um das
**Reno Post Office, 50 South
Virginia Street**, handelt, sowie
die Schule, die die junge Goldberg besucht: **St. Thomas
Aquinas Church, 310 West
Second Street**. St. Katherine's,
das Kloster, in dem sich Goldberg versteckt, ist eigentlich **St.**

Goldberg versteckt sich:
St. Paul's Church, Valley
Street, Noe Valley

Paul's Church, 221 Valley Street/Ecke Church, im San
Franciscoer Viertel Noe Valley, gelegen an den östlichen
Ausläufern von Twin Peaks. Einige Innenaufnahmen er-
folgten in der **First United Methodist Church, 6817
Franklin Avenue**, Hollywood.

SKLAVIN DES HERZENS
(1949, R: Alfred Hitchcock)
Ingrid Bergman, Joseph Cotten, Michael Wilding
• **KALIFORNIEN**

Unterbewertetes Kostümmelodrama von Hitchcock in
prächtigen Farben. Für die in Australien angesiedelte Geschichte wurden die ausgefeilten Wechselsets – Hitchcock
experimentierte seit *Cocktail für eine Leiche* noch immer
mit langen Einstellungen ohne Schnitte – in den MGM
Studios in Elstree gebaut. Das australische Dorf stand auf
dem Studiogelände der Warners-Ranch in L.A. Das Government House, Sydney, ist die mit Säulen geschmückte Fassade der alten, inzwischen abgerissenen Canoga
Park High School. Gefilmt wurde auch in **Los Angeles
State and County Arboretum, 301 North Baldwin
Avenue**, Arcadia, östlich von Pasadena *(Tel. 818 821
3222)*. Für Details siehe *Tarzan und die Amazonen*.

SLACKER
(1991, R: Richard Linklater)
Richard Linklater, Rudy Basquez, Jean Caffeine
• **TEXAS**

Independent-Produktion über eine Reihe von Begeg-
nungen, gedreht rund um **Austin**, Texas. Das gezeigte
Café ist **Quackenbush's, 2121 Guadalupe Street**
(Tel. 512 472 4477).

SLEEPERS
(1996, R: Barry Levinson)
Brad Pitt, Kevin Bacon, Robert De Niro
• **NEW YORK CITY; NEW YORK STATE;
CONNECTICUT**

Schlagfertiges Rache-Melodrama angeblich nach einer
wahren Begebenheit, auch wenn niemand auch nur irgend-
einen Hinweis finden kann, der die Ereignisse bestätigen
würde. Gefilmt wurde vorwiegend rund um New York. Für
die Nachbarschaft in Hell's Kitchen aus den sechziger Jahren, die radikal neu bebaut worden ist, nahm man im Film
Greenpoint, Brooklyn, wo die Kirche die **Holy Trinity
Church** und das Gerichtsgebäude das **County Courthouse**,

Yonkers, New York State, ist. Das Wilkinson Home for
Boys ist **Fairfield Hills Hospital**, eine Einrichtung für geis-
tig Behinderte nahe **Newtown**, Connecticut.

SLEEPY HOLLOW
(1999, R: Tim Burton)
Johnny Depp, Christina Ricci, Christopher Walken
• **HERTFORDSHIRE; BUCKINGHAMSHIRE; LONDON**

Burtons Verfilmung der Geschichte von Washington Irving
entstand größtenteils in den Leavesden Studios in Hertfordshire. Die Western Woods wurden auf der Bühne gebaut. Das Dorf Sleepy Hollow wurde vollständig auf dem
Hambledon Estate nahe Marlow in Buckinghamshire aus
dem Boden gestampft. New York um die Jahrhundertwende ist der zentrale Hof des **Somerset House, the Strand**
in London. Christopher Walken reitet auf dem mechanischen Pferd, das für Elizabeth Taylor in National Velvet
konstruiert worden war. Das echte amerikanische Sleepy
Hollow ist heute ein Teil von Tarrytown, New York State.

SLIVER
(1993, R: Phillip Noyce)
Sharon Stone, William Baldwin, Tom Berenger
• **NEW YORK CITY**

Das „Sliver"-Gebäude (ein spin-
deldürrer Wolkenkratzer, der auf
einem winzigen Grundstück
steht) dieses schwachen Thrillers, in dem Voyeur Baldwin seine Nachbarn ausspioniert, ist der
angesehene, 32 Stockwerke hohe New Yorker **Morgan Court**
im Gebiet Murray Hill. Als eines
der letzten „Splitter"-Projekte in
Manhattan belegt es eine Grund-

Das ‚Sliver'-Haus:
Madison Avenue

fläche von nur 10 mal 30 Me-
tern. Nach dem Filmstart ging hier ein Apartment für eine
Million Dollar weg. Das Gebäude, das angeblich in 113
East 38th Street steht, befindet sich in der **211 Madison
Avenue**, aber als Eingang für den Film wurde der eigentliche Hintereingang in der **East 36th Street** gezeigt, der für
die Dreharbeiten mit einer Glasfassade versehen worden
war. Eine Vulkansequenz, die auf Hawaii entsteht und beinahe ein tragisches Ende nahm, als der Helikopter mit
dem Kameramann in einen aktiven Krater stürzte, wurde
schließlich aus dem Film genommen.

DER SMARAGDWALD
(1985, R: John Boorman)
Powers Boothe, Meg Foster, Charley Boorman
• **BRASILIEN; LINCOLNSHIRE**

Nachdem er elf Jahre lang im Dschungel nach ihm gesucht hat, findet der Dammbauingenieur Boothe endlich
seinen Sohn wieder, der in jungen Jahren von Indianern
verschleppt wurde. Dieses wunderschön anzusehende
Drama entstand an Drehorten in Brasilien. Boothes
Amazco-Büro ist ein Regierungsgebäude am Ufer von
Belem südlich des Amazonas-Deltas. Der Damm wird
über den Fluss Araguaia bei **Tucurui** gebaut, rund 300 Ki-

lometer weiter südlich. Für die Szenen, in denen der Damm bricht, baute man ein kleines Modell an einer nicht ganz so exotischen Stelle nach, nämlich in **Spilsby**, Lincolnshire. Dschungelszenen entstanden in **Paraty** und **Carajas**, während der Wasserfall, an dem Boothe schließlich seinem Sohn begegnet, in **Itatiata** liegt.

SO EIN SATANSBRATEN
(1990, R: Dennis Dugan)
John Ritter, Amy Yasbeck, Jack Warden
• **TEXAS**

Film über ein „Kind aus der Hölle", irgendwo zwischen *Kevin – Allein zu Hause* und *Das Omen* angesiedelt und gefilmt in und um Dallas, Texas. Regie führte Comedy-Schauspieler Dennis Dugan, der einen der Väter spielt. Der Titelsong stammt von den Beach Boys. St. Brutus, das Waisenhaus, aus dem Ritter und Yasbeck ihr kleines Vergnügen holen, war die Lady of Victory Catholic Boarding School (inzwischen geschlossen), **3300 Hemphill Street, Fort Worth**. Juniors Brieffreund sitzt seine Strafe im **Old City Jail, Main Street** in Harwood ab, wo Lee Harvey Oswald nach den Schüssen auf J.F.K. festgehalten wurde.

SODOM UND GOMORRAH
(1962, R: Robert Aldrich, Sergio Leone)
Stewart Granger, Pier Angeli, Stanley Baker
• **MAROKKO**

"Die Zwillingsstädte der Sünde": Aït Ben Haddou, Marokko

Gott zerstört zwei für ihre maßlose Dekadenz berüchtigte Städte (auch wenn es nicht über lüsterne Blicke hinauszugehen scheint), während der Spießer Stewart Granger und seine Kumpanen entkommen können. Regie bei diesem schwülstigen Epos führten Robert Aldrich (*Was geschah wirklich mit Baby Jane?*) und Sergio Leone – vor dessen Westernzeit. Seinerzeit als echter Schocker bezeichnet, kann man den Film heute im TV-Nachmittagsprogramm finden. Wenigstens kann er aber spektakuläre Drehorte vorweisen. Die Schlachtszenen und die Flut wurden nahe Marrakesch in Marokko inszeniert. Die Zwillingsstädte der Sünde werden von **Aït Ben Haddou** dargestellt, der grandiosen Wüstenstadt gut 30 Kilometer nordwestlich von Ouarzazate an der Strecke nach Marrakesch.

SÖHNE UND LIEBHABER
(1960, R: Jack Cardiff)
Dean Stockwell, Trevor Howard, Wendy Hiller
• **NOTTINGHAMSHIRE**

Halbautobiographischer Roman von D.H. Lawrence, verfilmt vom ehemaligen Kameramann Jack Cardiff, der für die Kameraarbeit von Freddie Francis einen Oscar erhielt. Gedreht wurde vorwiegend an Ort und Stelle in Nottinghamshire. Das Haus ist Lawrence' tatsächliches Zuhause aus seiner Jugendzeit in **Eastwood**. Im Bergwerk **Brinsley Colliery** hat der Vater von Lawrence wirklich gearbeitet.

SOLANGE EIN HERZ SCHLÄGT
(1945, R: Michael Curtiz)
Joan Crawford, Ann Blyth, Zachary Scott
• **LOS ANGELES**

Finster schillernder Deco-Noir-Film mit Joan Crawford, die sich in der Restaurantbranche nach oben kämpft, wird aber dann von ihrer undankbaren Tochter brüskiert, womit auf unheimliche Weise *Mommie Dearest* vorweggenommen wird. Crawford wird vom Schönredner Zachary Scott im eleganten Malibu-Strandhaus des *Die Schlangengrube*-Regisseurs Anatole Litvak verführt. Nach den Schüssen auf Scott wird Joan in die **Los Angeles City Hall** gebracht, **200 North Spring Street**, Downtown L.A.

SOLANGE ES MENSCHEN GIBT
(1959, R: Douglas Sirk)
Lana Turner, Juanita Moore, Susan Kohner
• **LOS ANGELES**

Opulentes Hochglanzmelodram mit Lana Turner als Hollywoodschauspielerin und Juanita Moore als ihrer farbigen Haushälterin, deren Tochter Susan Kohner für eine Weiße durchgeht. Ihren großen Auftritt hat Kohner im alten Nachtclub Moulin Rouge in Hollywood. Eröffnet wurde er 1938 als Earl Carroll Theatre und verfügte als erster über eine doppelte, drehbare Bühne. 1953 wurde aus ihm das Moulin Rouge, später dann das **Aquarius Theatre**. Sie finden es in **6230 Sunset Boulevard** zwischen Argyle und El Centro, Hollywood.

DER SOLDAT JAMES RYAN
(1998, R: Steven Spielberg)
Tom Hanks, Tom Sizemore, Matt Damon
• **HERTFORDSHIRE; IRLAND**

Das französische Dorf wurde bei der ehemaligen British-Aerospace-Fabrik in Hatfield, Hertfordshire, errichtet. Die eindringlichen Omaha-Beach-Szenen entstanden am **Curracloe Beach, Ballinesker**, nördlich von Wexford, rund 110 Kilometer südlich von Dublin an der südöstlichen Küste der Republik Irland *(Bahnhof: Wexford)*.

SOMMER '42
(1971, R: Robert Mulligan)
Gary Grimes, Jennifer O'Neill, Jerry Houser
• **KALIFORNIEN**

Sentimentale Weichzeichner-Nostalgie über den Schuljungen Grimes, der seine erste sexuelle Erfahrung mit der frischgebackenen Witwe O'Neill genießt. Angesiedelt ist die Geschichte in New England, doch das Motiv findet sich in Wahrheit an der Westküste im Seehafen **Mendocino**. Gefilmt wurde auch am **Ten Mile Beach**.

EINE SOMMERNACHTS-SEXKOMÖDIE
(1982, R: Woody Allen)
Woody Allen, Mia Farrow, Jose Ferrer
• **NEW YORK STATE**

Woody Allens Variation von Bergmans *Das Lächeln einer Sommernacht* entstand in **Pocantico Hills** an der Route 448, nordöstlich von Tarrytown, nördlich von New

York. Ferrers Villa wurde speziell für den Film gebaut. Nachdem Veränderungen vorgenommen worden waren, damit das Gebäude den normalen Bauvorschriften entsprach, wurde es als richtiggehend bewohnbares Haus verkauft.

EIN SOMMERNACHTSTRAUM

(1999, R: Michael Hoffman)
Kevin Kline, Rupert Everett, Michelle Pfeiffer
• **ITALIEN**

Eine üppige Verfilmung, gedreht in Italien. Der belebte Stadtplatz und das Theater finden sich in **Montepulciano** in der Toskana. Theseus' Palast setzt sich aus zwei verschiedenen Motiven zusammen. Das Innenleben wurde in der **Villa d'Este** gefilmt. Die Außenaufnahmen sowie das Hochzeitsmahl entstanden im **Palazzo Farnese** in **Caprarola**. Der magische Wald ist eine Studiokulisse, die in Cinecittà in Rom errichtet wurde. Weitere Dreharbeiten fanden in **Sutri** nahe Caprarola statt.

SOMMERSBY

(1993, R: Jon Amiel)
Richard Gere, Jodie Foster, Bill Pullman
• **VIRGINIA**

US-Remake des französischen Films *Die Wiederkehr des Martin Guerre*, angesiedelt in Tennessee während des Bürgerkriegs. Das Ziegelsteinhaus ist heute ein Hotel, das **Hidden Valley Bed and Breakfast, Hidden Valley Road, Warm Springs** im George Washington National Forest, im Westen von Virginia. Ursprünglich war es das Warwickton Mansion, das zwischen 1848 und 1851 von Sklaven für Richter John Woods Warwick erbaut wurde. Die Dreharbeiten fanden in **Lexington** statt, gefilmt wurde dort auf der **Main Street** und **Washington Street**. Die Gerichtsszenen entstanden in **Charlotte**.

SONNENALLEE

(1999, R: Leander Haußmann)
Alexander Scheer, Alexander Beyer, Robert Stadlober
• **DEUTSCHLAND**

In diesem Film geht es um Teenager, die in den siebziger Jahren an der Berliner Sonnenallee aufwachsen, gelegen im Südosten der Stadt im Stadtteil Rixdorf, der sich im Osten von Berlin befindet *(S-Bahnstation: Sonnenallee)*. Der Film entstand im sich rasend schnell verändernden Berlin, wo die Sonnenallee aus der Zeit vor der Wende im Studio in Babelsberg nachgebaut werden musste (für Details siehe *Der Blaue Engel*).

SONNTAGS ... NIE!

(1960, R: Jules Dassin)
Melina Mercouri, Jules Dassin, Georges Foundas
• **GRIECHENLAND**

Ein Amerikaner in Griechenland verliebt sich in die Prostituierte Mercouri und versucht, sie zu retten. Gefilmt wurde in **Piräus** rund 50 Kilometer westlich von Athen, wo die Hauptdarsteller eine Aufführung von *Medea* im Amphitheater besuchen.

SOPHIES ENTSCHEIDUNG

(1982, R: Alan J. Pakula)
Meryl Streep, Kevin Kline, Peter MacNicol
• **NEW YORK CITY; JUGOSLAWIEN**

Streep ist die Überlebende eines Konzentrationslagers in Polen, die von Schuldgefühlen heimgesucht wird. Der Pink Palace (der in Wahrheit einfach nur grau ist) ist **101 Rugby Road, Flatbush** in Brooklyn. Meryl trinkt Champagner auf der **Brooklyn Bridge** und vergnügt sich mit Kevin Kline im **Coney Island Amusement Park**. Die Szenen in Polen entstanden in **Zagreb** in den Jadvan Studios.

SOUTH PACIFIC

(1958, R: Joshua Logan)
Mitzi Gaynor, Rossano Brazzi, Juanita Hall
• **HAWAII; SPANIEN**

Mitzi wäscht ihr Haar: Lumahai Beach, Kauai

Es gibt einige großartige Motive von Hawaii in diesem Musical, das unter Logans maßlosem Einsatz von grausigen Farbfiltern leidet. Mitzi Gaynor wäscht ihr Haar am **Lumahai Beach** auf Kauai. Und ein Stück weiter nördlich an der Na Pali Coast befindet sich **Makahoa Point**, der für die magische Insel Bali Hai herhielt.

SPACE INVADERS

(1988, R: Stephen Chiodo)
Grant Cramer, Suzanne Snyder, John Allen Nelson
• **KALIFORNIEN**

Killer-Clowns außer Rand und Band: Santa Cruz Boardwalk

Aliens, die verblüffend nach Zirkusclowns aussehen, übernehmen nach und nach eine Kleinstadt. Aber wer wird schon den Kindern glauben, die gesehen haben, was geschehen ist? Dieser vergnügliche, trashige Horrorfilm wurde auf dem **Santa Cruz Beach Boardwalk, Santa Cruz**, an der kalifornischen Küste südlich von San Francisco gedreht (für Details siehe *Lost Boys*).

SPARTACUS

(1960, R: Stanley Kubrick)
Kirk Douglas, Jean Simmons, Tony Curtis
• **KALIFORNIEN; SPANIEN**

Einer der besten, wenn nicht sogar der beste aller epischen Filme, die von Anthony Mann begonnen wurden. Mann ist verantwortlich für die Eröffnungssequenz, in der Peter Ustinov allen anderen die Schau stiehlt, als er Spartacus aus den sizilianischen Minen (in Wahrheit die ausgedörrte Landschaft des **Death Valley**, Kalifornien)

Crassus' Villa: Hearst Castle, San Simeon

für seine Gladiatorenschule auswählt. Nach zwei Wochen wurde Mann gefeuert, und es begann eine hektische Suche nach einem neuen Regisseur, bis schließlich Stanley Kubrick gefunden war. Der größte Teil des Films entstand auf dem Gelände von Universal in Hollywood, allerdings wurden die spektakulären Kampfszenen in Spanien gedreht, wo die spanische Armee bravourös die komplexen Manöver der alten Römer umsetzte. Der Ton war dagegen eine andere Sache. Das Kampfgebrüll entstammte den Kehlen von 76.000 Fußballfans, die ein Spiel zwischen Michigan State und Notre Dame angesehen hatten.

Das Äußere von Crassus' Haus zeigt den in weißem Marmor gehaltenen Swimmingpool des Zeitungsmagnaten William Randolph Hearst im **Hearst Castle, San Simeon**, an der kalifornischen Küste auf halber Strecke zwischen Los Angeles und San Francisco. Das Vorbild für Charles Foster Kanes Xanadu in *Citizen Kane* ist heute für Besucher geöffnet.

SPAWN
(1997, R: Mark A. Z. Dippé)
Martin Sheen, Michael Jai White, John Leguizamo
• KALIFORNIEN

Die Schweizer Botschaft: Fine Arts Building, West 7th Street, Downtown L.A.

Effektelastige Verfilmung des düsteren Comics. Die Botschaft der Schweiz ist das **Fine Arts Building, 811 West 7th Street**, Downtown L.A. (von außen betrachtet), während das Innere das **Los Angeles County Museum of Natural History** zeigt, **900 Exposition Boulevard**, südlich der Downtown. Die koreanische Chemiefabrik ist eine Ölraffinerie in Carson, Kalifornien.

SPECIES
(1995, R: Roger Donaldson)
Natasha Henstridge, Ben Kingsley, Michael Madsen
• KALIFORNIEN; UTAH; PUERTO RICO

Der Wissenschaftler Kingsley kombiniert außerirdische und menschliche DNS, um ein rasch wachsendes Supermodel zu kreieren, das innerhalb von Tagen Lesen und Schreiben lernt und außerdem ein Gefühl für stilvolle Kleidung entwickelt – und ebenfalls versteht, wie man ein Haarfärbemittel anwendet. Die Botschaften der Aliens werden zuerst im **Arecibo Radio Telescope** in Puerto Rico aufgefangen, einem vertrauten Motiv, das man schon in *James Bond 007 – Goldeneye* und *Contact* sehen konnte. Die Flucht der jungen Sil entstand im **Tooele Army Depot** in Northern Utah. Der viktorianische Bahnhof ist **Brigham**

City, ebenfalls in Utah. Erwachsen geworden und von einem Paarungstrieb angefeuert, kommt sie praktischerweise in L.A. in der **Union Station** an, **800 North Alameda Street**, Downtown. Das Geschäft für Hochzeitskleider, in dem sich Henstridge ein kleines Etwas zum Anziehen aussucht, findet sich an der Kreuzung Fifth Street und Broadway, Downtown L.A. Das Motel, in dem sie absteigt, ist das **Saharan Motor Hotel, 7212 Sunset Boulevard**/Ecke Alta Vista Boulevard in Hollywood (wo in Michael Manns *L.A. Takedown* der Leichnam der ermordeten Prostituierten entdeckt wird). Den Id Club, in den sich Henstridge auf der Suche nach einem Mann begibt, werden Sie allerdings vergeblich suchen, da es sich um ein fiktives Lokal handelt. Das kunstvoll dekorierte Motiv können Sie dagegen schon sehen – es handelt sich um das Foyer des **Pantages Theater, 6233 Hollywood Boulevard**, ein ehemaliges Kino, in dem jetzt Musicals aufgeführt werden *(Tel. 310 410 1062)*. Als Eingang zum Id dient der Hintereingang des Gebäudes in der **Yucca Street** – im Hintergrund sind die faszinierende blau-weiße Fassade des Hollywood Palace Theater und der Capitol Records Tower zu sehen. Das zusammengewürfelte Spezialistenteam, das hinter Henstridge her ist, hat seine Basis im **Biltmore Hotel, 506 South Grand Avenue**, Downtown L.A. – ein häufig auftauchendes Motiv (für Details siehe *Beverly Hills Cop – Ich lös' den Fall auf jeden Fall*). Der Parkplatz, auf dem Henstridge von ihrem nächsten Opfer mitgenommen wird, befindet sich in der **Appia Avenue** in Seaview Terrace, Santa Monica, neben dem Santa Monica Pier. Das großzügig gestaltete Haus, in das sie gelangt, liegt nördlich der Pacific Palisades. Die Verfolgungsjagd per Auto und Helikopter entstand in den Hügeln nahe des Elysian Park gleich oberhalb des Dodger Stadium und neben dem Rangierbahnhof der Union Station.

Sils Versteck: Das Saharan Motor Hotel, Sunset Boulevard

SPEED
(1994, R: Jan De Bont)
Keanu Reeves, Sandra Bullock, Dennis Hopper
• KALIFORNIEN

Ein simpler Plot wird zum Megablockbuster unter der Regie des ehemaligen Kameramanns De Bont. Das Bürogebäude, in dem Hoppers Bombenattentat auf den Aufzug vereitelt wird, ist das 52 Stockwerke hohe **Gas Company Towers, 555 West Fifth Street** an der nordwestlichen Ecke der Olive Street, Downtown L.A. Reeves feiert seine

Gescheitertes Bombenattentat: Gas Company Tower, West Fifth Street

Reeves spricht mit dem Busfahrer:
Firehouse Restaurant, Venice

Der Bus fliegt in die Luft: Main Street,
Venice

Die Geldübergabe: Pershing Square

Auszeichnung im **The Derby, 4500 Los Feliz Boulevard** *(Tel. 323 663 8979)*. Das alte Brown Derby Restaurant wurde renoviert und 1993 neu eröffnet. Für Details siehe *Swingers*. Reeves unterhält sich mit dem Busfahrer im **Firehouse Restaurant, 213 Rose Avenue**/Ecke Main Street, Venice, gegenüber dem Koo Koo Roo Californian Kitchen mit seiner markanten Clownsskulptur auf der Ecke. Der Bus explodiert in der **Main Street**, südlich von Rose Avenue, und hier wird Reeves von Hopper angerufen. Sandra Bullock steigt an der Haltestelle **Ocean Park Boulevard and Main Street** in den Bus ein. Ein Großteil der Busfahrt wurde auf der Interstate 105 in South Central L.A. rund um Watts gefilmt. Der spektakuläre Bussprung auf dem noch nicht fertig gestellten Freeway entstand auf dem kurz zuvor gebauten Glenn Anderson Freeway (Century Freeway). Die Kluft wurde später per Computer eingefügt. Der Bus wird schließlich auf die Landebahnen des **Los Angeles International Airport** gelotst. Gedreht wurde aber in Wirklichkeit auf dem **Mojave Airport** in Mojave in Kern County.

Die Geldübergabe findet an der Fifth Street/Hill Street an den Stufen zur nordöstlichen Ecke des vor kurzem renovierten **Pershing Square**, Downtown Los Angeles, statt. Auch hier ist der Bahnhof der kurz zuvor fertig gestellte erste Abschnitt der lange erwarteten U-Bahn von L.A., der Metrorail Red Line in der Pershing Square Station. Die meisten unterirdischen Szenen wurden in Studiokulissen aufgenommen, aber es ist der echte Hollywood Boulevard an der fast fertigen **Hollywood Metrorail Station** gleich vor Mann's Chinese Theater zwischen Highland und La Brea Avenues, wenn der Zug ans Tageslicht kommt.

SPIEL AUF ZEIT

(1998, R: Brian De Palma)
Nicolas Cage, Gary Sinise, John Heard
● **NEW JERSEY; QUEBEC, KANADA**

Thriller, der in der fiktiven Atlantic City Boxing Arena, Atlantic City, New Jersey, spielt. Die Außenaufnahmen entstanden in der Spielerstadt der Ostküste am berühmten **Atlantic City Boardwalk** in Donald Trumps **Taj Mahal Casino** und im **Bryant Park**. Ein Abschnitt des Boardwalk wurde außerdem auf dem Parkplatz der **Egg Harbor High School, Egg Harbor Township**, nachgebaut, einige Kilometer außerhalb der Stadt gelegen. Der größte Teil des Films wurde im **Montréal Forum** gedreht, **2313 Ste-Catharine Ouest**, zwischen Closse und Atwater in Montréal, Quebec. Diese altehrwürdige Arena, einst die Heimat der Montréal Canadiens, wurde vorübergehend geschlossen, da der Umbau in einen Entertainmentkomplex bevorstand.

SPIEL MIR DAS LIED VOM TOD

(1969, R: Sergio Leone)
Henry Fonda, Claudia Cardinale, Charles Bronson
● **SPANIEN; ROM; ARIZONA**

Nachdem er sich mit seiner „Dollar"-Trilogie in Form gebracht hatte, wandte sich Leone mit diesem langen, langsamen und opernhaften Rache-Western dem Epos zu. Die Dreharbeiten begannen in Arizona, doch nachdem sich Probleme mit der US-Crew ergaben und zu viele Telegraphenmasten im Weg standen, ging es nach **Almeria** im Süden Spaniens sowie in die Cinecittà Studios in Rom. Zu den echten Aufnahmen aus Arizona gehört das **Monument Valley**. Einen Hinweis darauf, welche Szenen tatsächlich in den USA entstanden, gibt der Einsatz echter amerikanischer Lokomotiven.

DIE SPIELREGEL

(1939, R: Jean Renoir)
Marcel Dalio, Nora Gregor, Jean Renoir
● **FRANKREICH**

Renoirs klassische satirische Komödie über die Beziehungen zwischen Aristokraten und ihren Dienern während eines Jagdwochenendes auf einem französischen Schloss galt als durch einen Bombenangriff im Zweiten Weltkrieg vernichtet. Zwar hatte der Film tatsächlich einige Schäden davongetragen, doch 1959 konnte eine komplette restaurierte Fassung vorgelegt werden. Das Bauwerk, für das man sich entschied, ist das aus dem 17. Jahrhundert stammende **Château la Ferté-Saint-Aubin** in der Sologne. Das in einem weitläufigen Park gelegene Schloss ist für Führungen geöffnet *(Bahnhof: Orleans, 18 Kilometer, Tel. 02 38 76 52 72, es wird Eintritt verlangt)*.

SPLASH – JUNGFRAU AM HAKEN

(1984, R: Ron Howard)
Tom Hanks, Daryl Hannah, John Candy
● **NEW YORK CITY; LOS ANGELES**

Der kleine Park: Sutton Place Park

Die Meerjungfrau Daryl Hannah folgt Tom Hanks nach New York und taucht auf **Liberty Island** am Fuß der Freiheitsstatue auf. Hanks arbeitet im **Fulton Fish Market, South Street/** Ecke Fulton Street. Er wohnt in **25 Tudor City Place** im Neubaugebiet East 40th Street bis East 43rd Street zwischen First Avenue und Second Avenue. Hannah lernt an einem Nachmittag in der Elektroabteilung des

Daryl Hannah lernt sprechen: Bloomingdale's, Third Avenue

Hannah in Haft: American Museum of Natural History

Tom Hanks' Apartment: Tudor City

Bloomingdale's, 1000 Third Avenue/ Ecke East 59th Street, Englisch. Der Fischbrunnen, den sie bewundert (suchen Sie gar nicht erst nach ihm, er wurde nur für den Film dort aufgestellt), steht im winzigen Park am **Sutton Place** am Ende der 57th Street unterhalb der Queensboro Bridge (nahe der Stelle, an der das Motiv für das Filmplakat von Woody Allens *Manhattan* entstand). Hannah und Hanks zerstreiten sich am **Wollman Memorial Rink**, 59th Street/Ecke Sixth Avenue im Central Park. Aber es ist nicht alles N.Y., auch wenn es so aussieht. Das Präsidentendinner, bei dem Eugene Levy für einen Attentäter gehalten wird, entstand im Crystal Ballroom des **Biltmore Hotel** in Los Angeles, ein vertrautes Motiv aus Filmen wie *The Bodyguard* und *The Fabulous Baker Boys*. Am Eingang des Hotels, **506 South Grand Avenue** am Pershing Square, wird Hannah nass und entpuppt sich als Meerjungfrau. Danach geht es zurück nach New York, wo sie im **American Museum of Natural History, Central Park West**/Ecke 79th Street, eingesperrt wird.

SPRUNG IN DEN TOD
(1949, R: Raoul Walsh)
James Cagney, Edmond O'Brien, Virginia Mayo
• LOS ANGELES

Klassischer, knallharter Gangsterfilm. Die letzte Verfolgungsjagd führt durch Downtown L.A. an der City Hall vorbei. Das Finale an der Ölraffinerie ereignet sich an der **198th Street** und **Figueroa, Torrance**, im Süden von L.A.

DIE SPUR DES FALKEN
(1941, R: John Huston)
Humphrey Bogart, Mary Astor, Sydney Greenstreet
• KALIFORNIEN

Hustons Regiedebüt, die klassische Detektivgeschichte schlechthin, spielt in San Francisco, wurde aber fast vollständig in den Warner Bros. Studios in Burbank gefilmt. Die einzigen Szenen, die wirklich San Francisco zeigen, sind ein Blick auf die **Golden Gate Bridge**, ein paar Nachtaufnahmen und der Mord an Spades Partner Archer in der **Bush Street**. Im Film nicht zu sehen, aber im Buch erwähnt wird John's Grill, 63 Ellis Street. Sam Spade geht hierher zum Essen, und noch heute kann man dort eine Vielzahl von Erinnerungsstücken bewundern.

SPURLOS
(1993, R: George Sluizer)
Jeff Bridges, Kiefer Sutherland, Sandra Bullock
• WASHINGTON STATE; WYOMING; KALIFORNIEN

Was an diesem Hollywood-Remake des niederländischen Films *Spurlos verschwunden* so verwundert, ist nicht so sehr die Tatsache, dass die Elemente fehlen, die das Original so großartig machten, sondern dass derselbe Regisseur dahintersteckt. Schauplatz ist das *Twin-Peaks*-Gebiet rund um Seattle im Nordwesten. Kiefer Sutherland und Sandra Bullock fahren durch die Region des **Mount St. Helens**, Washington State, doch der Tunnel, in dem ihnen das Benzin ausgeht, befindet sich auf der Interstate 14/16/20, gut zehn Kilometer westlich von **Cody** in Richtung des Yellowstone National Park, Wyoming. Die Tankstelle, an der Bullock verschwindet, ist die **Texaco Station, 742 SW Mount Si Boulevard, North Bend**, an der Interstate 90. Jeff Bridges' am See gelegene Hütte befindet sich in **Camp Omache, 24225 Woods Creek Road, Snohomish** am Lake Hughes nahe **Monroe** in den Cascade Mountains, Washington State. Die Frauen spricht er auf dem berühmten **Pike Place Market** in Seattle an. Gefilmt wurde auch in Kalifornien auf dem **234 North Canyon Boulevard, Monrovia**, östlich von Pasadena.

STAATSFEIND NR. 1
(1998, R: Tony Scott)
Will Smith, Gene Hackman, Lisa Bonet
• WASHINGTON D.C.; MARYLAND; LOS ANGELES

Auffälliger, viszeraler Überwachungsthriller vom hyperaktiven Scott, in dem Will Smith in Gefahr gerät, nachdem er Zeuge des Mordes an einem Politiker geworden ist. In Washington D.C. spielend, fanden die Dreharbeiten am **Dupont Circle** im Georgetown District und auf den Stufen des **Treasury Building** statt. Brills Versteck war die alte Dr. Pepper-Fabrik im Industriegebiet von Baltimore. Sie wurde für den Film abgerissen. Baltimore ist auch der Schauplatz der Verfolgungsjagd durch den **Consolidated Coal-Bahnhof** auf der **Newgate Avenue** hinunter zum Patapsco River. Weitere Drehorte wurden in L.A. nachgestellt, darunter Will Smiths Büro, bei dem es sich um das **Craven Estate 430 Madeline Drive**,

Will Smith' Anwaltskanzlei: 430 Madeline Avenue, Pasadena

Eine Hollywood-Institution: Canter's, North Fairfax Avenue

Pasadena, handelt (auch zu sehen in *Willkommen, Mr. Chance*). Zwei berühmte Restaurants in L.A. sperrte man für die Dreharbeiten: **Canter's, 419 North Fairfax Avenue**, Hollywood, und **Chasen's, 246 North Canon Drive**, in Beverly Hills.

STADT DER ANGST
(1955, R: John Sturges)
Spencer Tracy, Robert Ryan, Anne Francis
• KALIFORNIEN

Tracy kommt in diesem exzellenten, subtilen Thriller mit einem großen Geheimnis in eine kleine Stadt. „Black Rock" aus dem Originaltitel des Films – *Bad Day at Black Rock* – hat mit der Handlung gar nichts zu tun. Das Drehbuch trug den Titel *Bad Day at Hondo*, bis John Wayne 1953 mit einem Film namens *Hondo* auftrat. Autor Millard Kaufman hielt an einer Tankstelle im winzigen Städtchen Black Rock, Arizona, an – und ein neuer Titel war geboren. Der Film wurde zum größten Teil auf dem MGM-Gelände gedreht, allerdings gab es auch ein paar echte Motive vom Rand des Death Valley bei **Lone Pine** an der Route 395, Kalifornien (unter anderem auch der Schauplatz für *Im Land der Raketenwürmer* und Bogarts *High Sierra*).

DER STADTNEUROTIKER
(1977, R: Woody Allen)
Woody Allen, Diane Keaton, Shelley Duvall
• NEW YORK CITY; LOS ANGELES

Das Restaurant an der Westküste: Sunset Boulevard, West Hollywood

Ein Oscar für den Besten Film. Von vielen wird Allens innovative, episodenhafte Schilderung der wechselvollen Beziehung zwischen dem jüdischen Ostküstenintellektuellen Alvy Singer und der protestantischen weißen Annie, die schließlich an der Westküste Wurzeln schlägt, als Allens bester Film angesehen. Gefilmt wurde überwiegend in und um New York. Das Kindheitszuhause des jungen Alvy befindet sich unter dem Cyclone Ride auf **Coney Island**, am Eingang **West 10th Street**/Ecke Surf Avenue am Südufer von Brooklyn, zu erreichen mit den U-Bahn-linien D, Q, N, B und F. Das Holzhaus brannte im Mai 1991 ab, aber der Cyclone ist noch da, genauso wie **Steve's Famous Clam Bar** – zu sehen in der Rückblende – an der **515 Atlantic Avenue/Ecke Third Avenue**. Wie üblich besucht Allen eine ganze Reihe New Yorker Kinos. Das Kino, in dem Bergmans *Von Angesicht zu Angesicht* läuft, wo Alvy als jemand aus dem Fernsehen erkannt wird, während er auf Annie wartet, ist das **Beekman Cinema, 1254 Second Avenue**/Ecke East 65th Street an der East Side. Er zaubert Marshall McLuhan aus dem Nichts her, um ein Großmaul in der Schlange vor dem **New York Theater** zum Schweigen zu bringen, während das letzte Kino, wo Alvy Annie begegnet, die gerade mit ihrem neuen Kerl *The Sorrow and the Pity* an-

sehen will, das Thalia Cinema ist bzw. war, das bis 1987 in der 250 West 95th Street an der Upper West Side stand. Annies Apartment findet sich in der **70th Street**, zwischen Lexington Avenue und Park Avenue (die Hausnummer bleibt ein Rätsel, da wir das Haus nicht von außen zu sehen bekommen). Der Strand und das Strandhaus, wo Alvy und Annie Probleme mit Krebsen haben, ist **The Hamptons**, die exklusive Enklave am äußersten östlichen Ende von Long Island an der Route 27, während der angeberische Club, in dem sich Alvy und Annie zum ersten Mal begegnen, der **Wall Street Tennis Club** ist. Der unausweichliche Besuch des **Central Park** zeigt das Paar, wie es sich über Passanten lustig macht. An der Westküste – ein Gräuel für Woody Allen – befand sich das Reformkost-Restaurant, in dem Annie Alvys Heiratsantrag ablehnt. Damals war es das Source Restaurant, aber auch die Mode beim Essen wandelt sich, und heute ist es das **Cajun Bistro, 8301 Sunset Boulevard** in West Hollywood.

STAND BY ME – DAS GEHEIMNIS EINES SOMMERS
(1986, R: Rob Reiner)
River Phoenix, Wil Wheaton, Corey Feldman
• OREGON; KALIFORNIEN

Die Verfilmung dieser völlig untypischen Geschichte von Stephen King entstand in **Eugene** am Highway 5, östlich von Oregon, rund 160 Kilometer südlich von Portland. Die fiktive New-England-Stadt Castle Rock, nach der King seine Produktionsgesellschaft benannte, ist **Brownsville**, einige Kilometer westlich der Interstate 5 nördlich von Eugene. Die Eisenbahnbrücke überspannt den McCloud River im Gebiet von **Mount Shasta** im Norden Kaliforniens.

A STAR IS BORN
(1954, R: George Cukor)
Judy Garland, James Mason, Charles Bickford
• KALIFORNIEN

Erweitertes, zum Musical verändertes Breitwand-Remake des Films von 1937, das den Aufstieg der Sängerin Esther Blodgett und den Absturz des Idols Norman Maine schildert. Als einer der teuersten Filme seiner Zeit und die kostspieligste Produktion von Warner wurde er über einen Zeitraum von zehn Monaten gedreht, anschließend aber vom Studio verstümmelt. Einschließlich des Originalnegativs wurde jede Kopie geschnitten – der Pfennigfuchser Jack Warner wollte jedes Gramm Silber zurückholen. Von über drei Stunden wurde der Film auf zweieinhalb Stunden zusammengestutzt, und auch wenn bei einer umfangreichen Restauration 1983 der komplette Stereo-Soundtrack gefunden wurde, sind einige Szenen für immer verloren gegangen (in der restaurierten Fassung werden die Lücken mit Standfotos überbrückt). George Cukor, der noch vor Fertigstellung der restaurierten Fassung starb, hatte sich beharrlich geweigert, die verstümmelte Version zu betrachten.

Die Produktion begann in einer hysterischen Zeit, die durch die Ankunft des Fernsehens geprägt war und die die Filmgesellschaften verzweifelt nach jedem verfügbaren

Die Oscar-Verleihung: Ambassador Hotel, Wilshire Boulevard

Strohhalm greifen ließ. Gefilmt wurde somit in Technicolor und Cinemascope. Als erster ging Twentieth Century Fox mit *Das Gewand* aus dem Rennen hervor, dem ersten Film im neuen Breitwandformat. Warner wiederum schaffte es, in die Eröffnungsszene am **Grauman's (heute Mann's) Chinese Theater, 6925 Hollywood Boulevard**, Bilder einzuschneiden, die aus dem bekannten Scheinwerfer-Intro von Fox stammten. Bei dem Ereignis handelt es sich angeblich um die „Nacht der Stars" im **Shrine Auditorium, 655 West Jefferson Boulevard**, südlich von Downtown im Distrikt Exposition Park. Die scharfen, klaren Einstellungen wurden speziell im Shrine in Cinemascope gefilmt, während die körnigeren Szenen die Premiere im Grauman's zeigen. Das Shrine, ein 6700 Plätze großer Saal, der 1926 erbaut wurde, ist Schauplatz der Oscar-Verleihung (der übliche Dorothy Chandler Pavilion bietet nicht genug Platz für alle Mitglieder der Academy) – hier wurde James Cameron 1998 zum König der Welt gekrönt, und 1933 wurde hier ein anderer König, King Kong, ausgestellt (auch wenn die Szene in New York spielen soll), während ein weiterer Kinokoloss namens Arnold Schwarzenegger 50 Jahre später in Rot, Weiß und Blau gekleidet sowie 2000 andere wichtige Persönlichkeiten zu Bürgern der USA erklärt wurden.

Die echte Bühne und der Backstagebereich des Shrine wurden verwendet, als Blodgett zum ersten Mal mit Norman Maine zusammentraf. Der betrunkene Maine torkelt weiter in die Cocoanut Grove des **Ambassador Hotel, 3400 Wilshire Boulevard**, mitten in der Stadt. Die Außenansicht ist echt, aber das isolierte Innenleben der Grove wurde im Studio bei Warner nachgebaut. Das Ambassador – Schauplatz der Oscar-Verleihung in den dreißiger Jahren und des Attentats auf Bobby Kennedy 1968 – stand viele Jahre lang leer und diente ausschließlich als Filmmotiv. Derzeit droht dem Gebäude der Abriss.

Das Oleander Arms, wo Blodgett absteigt, war ein Apartmentkomplex an der Ecke Crescent Heights Boulevard und Fountain Avenue, West Hollywood. Bis 1983, als Fotos für die Restaurierung des Films gemacht wurden, war das Gebäude noch unverändert geblieben, doch 1984 wurde es abgerissen. Auch nicht mehr zu sehen ist Robert's Drive-in Restaurant, wo Blodgett arbeitet. Es stand am Sunset Boulevard und Cahuenga. Gleiches gilt für den Bomba Club in der 626 Spring Street, wo die verzweifelte Esther erfolglos versucht, einen Job als Sängerin zu bekommen.

Das Oliver Niles Studio ist offensichtlich das Studio von Warner selbst, **4000 Warner Boulevard, Burbank**. Cukor verteilt aber der visuellen Wirkung wegen die Aufgaben der Gebäude neu: Norman Maines großzügige Garderobe, in der er sich Esthers blonder Perücke und falscher Nase entledigt, ist eigentlich das Büro eines Angehörigen der Chefetage von Warner; die Abteilung für Öffentlichkeitsarbeit ist in Wahrheit der Garderobenkomplex; der Vorführraum, in dem sich Studiochef Studio Niles einen ohrenbetäubenden Western ansieht, ist das Tongebäude. Und an der Loge eines Lagerhauses gegenüber der Studiokantine erfährt Blodgett, dass ihr neuer Name Vicki Lester lautet – und ein Star ist geboren.

Geschnitten ist die Szene, die in den **Baldwin Hills** entstand und eine nervöse Newcomerin zeigt, der es auf dem Weg zur außerhalb der Stadt stattfindenden Preview ihres ersten Films, *It's a New World*, schlecht wird. Der Film, in dem die klassische Nummer „Born in a Trunk" zu finden ist, läuft im fiktiven Marcopia Theater, dessen Äußeres Teil der New York Street bei Warner ist, während das Innere einen Balkon des Shrine zeigt. Im Foyer des Marcopia wird für den Film *Another Dawn* geworben, den Standardtitel, der in Filmen von Warner in jedem Kino lief. Der Titel wurde schließlich 1937 einer Romanze mit Errol Flynn verliehen.

Maine und Lester schleichen sich für eine ruhige Hochzeit nach San Verdo davon. Die Kleinstadt, die für die Hochzeitsszene herhält, ist **Piru**, bestehend aus einer Hauptstraße und einer Eisenbahnlinie abseits der Interstate 126, nördlich von L.A.

Im Studio sieht Vicki in einer Szene noch frisch und ausgeruht, einen Schnitt weiter ist sie erschöpft und ausgelaugt. Eine komplette Musiknummer, „Lose That Long Face", war herausgeschnitten worden (ist aber in der restaurierten Fassung wieder enthalten). Der Hintergrund, der New Orleans zeigt, ist die alte Kulisse der Elysian Fields aus Elia Kazans *Endstation Sehnsucht*, die mit ein wenig weißer Farbe aufgepeppt wurde.

Norman Maine taucht am **Santa Anita Racetrack, 285 West Huntington Boulevard, Arcadia**, zwischen L.A. und Pasadena auf. Mit seinen hoch aufragenden Palmen und den markanten, in Grün und Gelb gehaltenen schmiedeeisernen Arbeiten ist Santa Anita seit 1934 in Hollywood sehr beliebt gewesen – und daran hat sich bis heute nichts geändert. Im nächsten Augenblick befindet sich Vicki Lester auch schon auf dem Sunset Boulevard, um die Kaution zu zahlen, und Norman damit aus der Ausnüchterungszelle des aus vielen Filmen bekannten **Lincoln Heights Jail** zu holen, **421 North Avenue 19, Lincoln Heights**. In ihrem Haus am Strand von Malibu zeigt Norman die absolute Hollywood'sche Geste der Selbstaufopferung zu Gunsten von Vickis Karriere. – Es ist allerdings nicht Malibu, sondern **Laguna Beach** an der Interstate 1 südlich von L.A., wo er ins Wasser geht.

Norman Maines Gedenkgottesdienst: Church of the Good Shepherd, Beverly Hills

Sein Gedenkgottesdienst wird in der **Church of the Good**

Shepherd, 505 North Bedford Drive, Beverly Hills, abgehalten (auch bekannt als *Our Lady of the Cadillacs*). Da es verboten ist, in der Kirche mit Blitzlichtern oder Scheinwerfern zu arbeiten, zeigt Cukor die aus der Kirche kommenden Figuren als Silhouetten vor den bleiverglasten Fenstern, um dann auf ein Sperrfeuer aus Blitzlichtern direkt vor dem Gebäude zu schneiden, wo kreischende Fans der trauernden Vicki den Schleier vom Kopf reißen. Und die letzte Szene zeigt einmal mehr das Shrine Auditorium: „Hallo, alle zusammen, hier spricht Mrs. Norman Maine ...“

A STAR IS BORN

(1976, R: Frank Pierson)
Barbra Streisand, Kris Kristofferson, Gary Busey
• **ARIZONA; LOS ANGELES**

Noch ein Star, noch eine Geburt, aber diesmal weder ein Oscar noch im Ambassador. Es ist die **Arizona State University, Tempe**, Arizona. Gefilmt wurde auch im häufig eingesetzten **Biltmore Hotel, 506 South Grand Avenue**/Ecke Pershing Square, in Downtown L.A.

STAR TREK – DER FILM

(1979, R: Robert Wise)
William Shatner, Leonard Nimoy, DeForest Kelley
• **KALIFORNIEN**

Im Studio entstandener Kinoableger der TV-Serie. Der Blick auf die Erde zeigt das Hauptquartier der Starfleet Academy nördlich von San Francisco im Bereich Presidio neben der **Golden Gate Bridge**. Wenn die TV-Serie mal das Studio verließ, ging es des Öfteren zu den Felsformationen im Vasquez Rocks County Park, 10700 Escondido Canyon Road, nordöstlich von Newhall, abseits der Route 14 (für Details siehe *Massai*).

STAR TREK IV: ZURÜCK IN DIE GEGENWART

(1986, R: Leonard Nimoy)
William Shatner, Leonard Nimoy, DeForest Kelley
• **KALIFORNIEN**

Nach ein paar ausschließlich im Studio entstandenen Fortsetzungen beginnt die Serie mit diesem umweltbewussten Abenteuer, echte Motive zu benutzen, da es die Crew der Enterprise ins San Francisco des Jahres 1986 verschlägt, um die Wale vor dem Aussterben zu bewahren. Die Gruppe teilt sich an der Kreuzung von **Columbus Avenue, Kearny Avenue** und **Pacific Avenue** auf. Das ausgeliehene klingonische Schiff fliegt unter der Golden Gate Bridge hindurch. Der Golden Gate Park, wo die Crew den *Bird of Prey* „parkt“ ist in Wahrheit der **Will Rogers State Park, 14253 Sunset Boulevard**, Pacific Palisades in L.A. Weitere Dreharbeiten fanden im Vasquez Rocks State Park statt (für Details siehe *Massai*). Das Sausalito Cetacean Institute, wo die *Enterprise*-Crew zwei Buckelwale entdeckt, befand sich angeblich auf der anderen Seite der Bucht, nördlich von San Francisco. Tatsächlich aber liegt es südlich der Stadt an der Küste. Es ist das **Monterey Bay Aquarium, 886 Cannery Row**, Monterey. Das Aquarium hat übrigens keine Wale zu bieten, dafür aber sehr viel anderes, nicht weniger Faszinierendes. Besuchen Sie die hervorragende Website des Aquariums unter *www.mbayaq.org*.

STAR TREK V: AM RANDE DES UNIVERSUMS

(1989, R: William Shatner)
William Shatner, Leonard Nimoy, DeForest Kelley
• **KALIFORNIEN; WYOMING**

Captain Kirk verbringt seinen Landurlaub damit, **El Capitan** und **Inspiration Point** im **Yosemite National Park**, Wyoming, zu besteigen (und sich schließlich auf dem Paramount-Gelände in Hollywood wieder zu finden). „Nimbus III in der Neutralen Zone, Planet des galaktischen Friedens“ ist der **Owens Dry Lake** in der Mojave-Wüste, südlich von Lone Pine, Zentralkalifornien, zwischen Route 395 und Route 136. Der Planet Shakaree, wo Kirk etwas misstrauisch wird, was das Auftauchen von „Gott“ angeht, ist **Trona Pinnacles**, ein Gebiet aus Tuffsteinspitzen, die sich aus dem Searles Dry Lake Bed erheben, Trona, nahe Ridgecrest, Kern County, Zentralkalifornien. Die seltsamen Säulen, die bis zu 45 Metern hoch aufragen, entstanden vor 10.000 Jahren aus Algen, als sich das Gebiet noch unter Wasser befand. Die Region erreicht man über eine holprige Geröllstraße, die sich über mehr als zehn Kilometer erstreckt und auch mit Fahrzeugen ohne Allradantrieb befahren werden kann. Sie zweigt gut 13 Kilometer südlich der Stadt Trona von der Route 78 ab.

STAR TREK VI: DAS UNENTDECKTE LAND

(1991, R: Nicholas Meyer)
William Shatner, Leonard Nimoy, DeForest Kelley
• **ALASKA; KALIFORNIEN**

„Definitiv der Letzte“, hieß es. Der Gefängnisasteroid Rura Penthe, auf dem Kirk und McCoy wegen des Anschlags auf den klingonischen Kanzler zur Strafarbeit in den Dilithiumminen verdonnert worden sind, ist der **Knik Glacier, Chugach State Park**, nördlich von Anchorage, Alaska, während die Kolonie selbst eine Kulisse war, die man in L.A. im **Bronson Canyon**, Griffith Park, errichtet hatte. Camp Khitomer, Standort der Friedenskonferenz, ist eine Kombination aus dem **Firemen's Fund Building, 777 San Marin Drive**, abseits der Interstate 101 in Novato, Marin County, Nordkalifornien (der Live Action-Vordergrund und der See), und dem **Brandeis-Bardin Institute, 1101 Peppertree Lane**, Brandeis, im Simi Valley nördlich von L.A. (das zylindrische Gebäude hinter dem See).

STAR TREK: TREFFEN DER GENERATIONEN

(1994, R: David Carson)
Patrick Stewart, William Shatner, Malcolm McDowell
• **NEVADA; KALIFORNIEN**

Der Captain der original Enterprise übergibt das Ruder an die Next Generation. Viridian 3, von wo aus Malcolm McDowell in die völlige Freude des Nexus zurückkehren will und wo Kirk schließlich den intergalaktischen Löffel abgibt, ist **Silica Dome** im **Valley of Fire State Park**, nordwestlich von Las Vegas, Nevada. Um dorthin zu gelangen, nehmen Sie die Interstate 15 in nördlicher Richtung von Vegas aus und fahren rund 52 Kilometer. Eine beschilderte Abfahrt führt auf die Route 169, auf der man kurvenreiche gut 30 Kilometer bis zum Eingang des Parks und zum Besucherzentrum fährt *(Tel. 702 397 2088; www.desertusa.com/nvval; es wird Eintritt verlangt)*. Silica Dome, ein beeindruckender weißer, abgerundeter Gipfel inmitten von feuerrotem Sandstein, befindet sich abseits der Fire Creek Road. Kirk und Picard treffen sich nahe **Hart Flat**, Kern County, in Zentralkalifornien. Die Szenen, in denen Captain Kirk auf dem Pferd seines Onkels reitet, zeigen Shatner auf seinem eigenen Pferd und auf seiner eigenen Farm.

STAR TREK: DER ERSTE KONTAKT

(1996, R: Jonathan Frakes)
Patrick Stewart, Jonathan Frakes, Brent Spiner
• KALIFORNIEN; ARIZONA

Die Crew kämpft in diesem actionreichen Teil der Filmreihe gegen die Borg. Die „Film Noir"-Holodecksequenz wurde in L.A. in der **Union Station** gefilmt, **800 North Alameda Street**, Downtown (zu sehen in zahlreichen Filmen, unter anderem als Polizeirevier in *Der Blade Runner*). Dreharbeiten fanden auch im **Angeles National Forest** nördlich von L.A. und im **Titan Missile Museum, 1580 West Duval Mine Road, Sahuarita, Green Valley**, Arizona, statt *(Tel. 520 625 7736; www.pimaair.org/titan_01.html; es wird Eintritt verlangt)*. Diese Heimat der Interkontinentalrakete Titan II ist die einzige von 54 Basen, die noch existiert und dann nach dem Ende das Raketenprogramms in den achtziger Jahren zum Museum umgewandelt wurde.

STAR TREK: DER AUFSTAND

(1998, R: Jonathan Frakes)
Patrick Stewart, Jonathan Frakes, Brent Spiner
• KALIFORNIEN

Wird sich Captain Picard tatsächlich über die Haltung der Föderation hinwegsetzen, um das einfache Volk der Ba'-ku davor zu bewahren, von den bösen Son'a zwangsweise umgesiedelt zu werden? Die idyllische Ba'ku-Kolonie wurde am **Lake Sherwood, Thousand Oaks**, nördlich von L.A., errichtet. Die Szenen am See entstanden am **San Gabriel River** in Höhe des **San Gabriel Dam**, rund elf Kilometer nördlich von Azusa, Los Angeles. Die Zuflucht der Ba'ku im Gebirge befand sich auf einem unzugänglichen Gipfel (natürlich nur dann unzugänglich, wenn man nicht über einen Hubschrauber verfügt, was für die Besetzung und die Crew kein Problem war) des Gebiets von **Lake Sabrina**, 30 Kilometer westlich von Bishop, Route 395, im Inyo National Forest.

STAR WARS EPISODE I: DIE DUNKLE BEDROHUNG

(1999, R: George Lucas)
Ewan McGregor, Liam Neeson, Natalie Portman
• ITALIEN; TUNESIEN

Wieder entstanden die Szenen auf Tatooine in Tunesien, diesmal in **Tozeur** – auch ein Drehort von *Der englische Patient*. Das Quartier des jungen Anakin ist ein Ksar (ursprünglich ein Getreidelager) in **Medenine**, rund 55 Ki-

lometer südöstlich von Matmata im Süden Tunesiens. Der letzte noch verbliebene Platz dieses früher gewaltigen Komplexes ist zu einem betriebsamen Basar an der Avenue 7 Novembre im Stadtzentrum geworden. Die enge Straße, in der sich Anakin von seiner Mutter verabschiedet, verläuft hinter dem Platz. Die Rückseite des Sklavenquartiers, wo Anakin an seinem Pod Racer arbeitet und wo seine Mutter gegenüber Qui-Gon Jinn etwas von einer unbefleckten Empfängnis erwähnt, ist das **Hotel Ksar Hadada, Ksar Hada-**

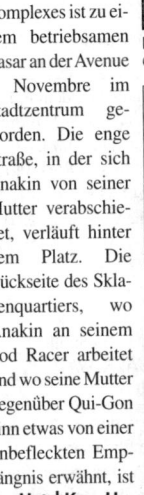
Der Kampf mit Darth Maul: Chott el Gharsa

Mos Espa: Wattos Werkstatt, Chott el Gharsa

Das Äußere des Palazzo Reale, Caserta

da nahe Ghomrassen, südlich von Medenine in Richtung Tataouine. Es dient nicht länger als Hotel, aber es sind immer noch Überreste der Kulissen zu finden.
Sie benötigen ein Fahrzeug mit Allradantrieb und vermutlich einen Führer, wenn Sie die Kulissen von Mos Espa besuchen wollen, die zwischen den Dünen von **Chott el Gharsa** verrotten. Chott liegt nördlich von Nefta, einer Oasenstadt auf der gegenüberliegenden Seite des Salzsees von Chott el Jerid im Westen von Tunesien nahe der Grenze zu Algerien. Hier kann man die Überreste von zwei Kulissen sehen, außerdem die sonderbaren Felsformationen aus dem Wüstenkampf mit Darth Maul. Der Standort liegt nahe der Position des Wüstencamps in *Der englische Patient*.
Die Räumlichkeiten und Treppenhäuser von Königin Amidalas Theed-Palast auf Naboo finden sich im überwältigenden, mit Marmor ausgeschmückten Inneren des **Palazzo Reale, Piazza Carlo III, Caserta**, rund 25 Kilometer nördlich von Neapel. Der barocke Palast, der 1752 für König Carlo III. von Neapel gebaut wurde, um dem französischen Versailles etwas entgegenzusetzen, ist für Besucher geöffnet. Von Neapel gibt es eine regelmäßig verkehrende Eisenbahnlinie, und der Palast liegt direkt gegenüber dem Bahnhof von Caserta.

STARDUST MEMORIES

(1980, R: Woody Allen)
Woody Allen, Charlotte Rampling, Jessica Harper
• NEW JERSEY

Woody Allens bittere Variation von Fellinis *8 ½* entstand rund um New Jersey. Motive waren unter anderem: der **Boardwalk** in **Asbury Park**, einem ziemlich abgehalfterten Ausflugsziel an der Küste von North Jersey,

Ocean Avenue in Ocean Grove weiter südlich und das Planting Fields Arboretum, Planting Fields Road, Oyster Bay auf Long Island *(Tel. 516 922 9206):* 160 Hektar Garten- und Waldlandschaft.

STARGATE
(1994, R: Roland Emmerich)
James Spader, Kurt Russell, Jaye Davidson
• KALIFORNIEN; ARIZONA

SF-Spektakel aus der Spielberg-Schule von dem Regisseur, der später den Blockbuster *Independence Day* drehte. Die Wüstenlandschaften finden sich in **Yuma**, Arizona. Viveca Lindfors trifft in der Lobby des **Park Plaza Hotel, 607 South Park View Street**, Downtown L.A., ein, wo James Spader im Ballsaal eine Vorlesung hält (für Details über das Park Plaza siehe *New York, New York*).

STARMAN
(1984, R: John Carpenter)
Jeff Bridges, Karen Allen, Charles Martin Smith
• TENNESSEE; NEVADA; ARIZONA; IOWA; COLORADO; NORTH CAROLINA

SF-Roadmovie mit Bridges als Alien, der das Aussehen von Allens kurz zuvor verstorbenem Ehemann annimmt. Gefilmt wurde quer durch die USA: Tennessee; Iowa; Colorado; **Las Vegas**, Nevada; an der **University of North Carolina**. Der Krater des Meteors, an dem sich Bridges zum letzten Mal mit seinem Schiff trifft, ist zu besichtigen. Er liegt gut 24 Kilometer westlich von **Winslow**, Arizona, südlich der Interstate 40 *(es wird Eintritt verlangt; Website: www.meteorcrater.com)*

STARSHIP TROOPERS
(1997, R: Paul Verhoeven)
Casper Van Dien, Dina Meyer, Neil Patrick Harris
• WYOMING; SOUTH DAKOTA; LOS ANGELES

Der Weltraumbahnhof: New Los Angeles Convention Center

Verhoeven legt seinem Möchtegern-Sexskandal-Schocker *Showgirls* einen brutalen und mit Effekten gespickten Monsterfilm nach, der in einer neofaschistischen Zukunft spielt. Die bizarren Felsformationen von Tango Urilla, der fremden Welt aus Robert Heinleins SF-Roman (von dem der größte Teil unter den Tisch fiel, um Menschen fressenden Käfern Platz zu machen) findet sich in **Hell's Half Acre**, einem County Park westlich von Casper, Wyoming. Das Kommandozentrum der Menschen wurde hier als gewaltiges Set errichtet. Weitere Landschaftsaufnahmen entstanden in **Kadoka** am Hwy-90 rund 160 Kilometer östlich von Rapid City in den Badlands von South Dakota. Van Diens Elternhaus stammt von 1993 und ist die Arbeit des Architekten Ed Niles in den **Agoura Hills**, nördlich von Malibu. Es dient auch als Labor in John Woos *Face/Off* und in *Mr. Wrong*. Für weitere futuristische Eindrücke rund um L.A. sorg-

ten das **California Institute of Technology (Caltech), 1201 East California Boulevard**, zwischen Hill und Wilson Avenues, Pasadena (auch zu sehen in *Beverly Hills Cop – Ich lös' den Fall auf jeden Fall*, *Was für ein Genie* und *Die Hexen von Eastwick*) und **The Pyramid, 1250 Bellflower Boulevard** an der **California State University, Long Beach**. Der Weltraumbahnhof ist die Halle des **New Los Angeles Convention Center, 1202 South Figueroa Street**, zwischen Pico Boulevard und 11th Street, Downtown L.A. – auch zu sehen in *Demolition Man* und *Face/Off*.

STEINER – DAS EISERNE KREUZ
(1977, R: Sam Peckinpah)
James Coburn, James Mason, Maximilian Schell
• JUGOSLAWIEN

Peckinpahs einziger Kriegsfilm wurde im Norden von Jugoslawien in einem Gebiet zwischen Triest und Zagreb gedreht. Ein leer stehender Fabrikkomplex in **Obrov** rund dreißig Kilometer südöstlich von Triest war Schauplatz für die Szenen in den Schützengräben.

EIN STERN GEHT AUF
(1937, R: William Wellman)
Fredric March, Janet Gaynor, Adolphe Menjou
• LOS ANGELES

Zweite Version *(What Price Hollywood?* war die erste) der klassischen Hollywood-Story, diesmal in üppigem Technicolor. Szenen entstanden in der **Hollywood Bowl,**

Klassisches Hollywood: Hollywood Bowl, North Highland Avenue

2301 North Highland Avenue, L.A. Die Oscar-Verleihung wurde am Originalschauplatz der dreißiger Jahre gedreht, dem Ballsaal und Nachtclub des **Ambassador Hotel, 3400 Wilshire Boulevard** (für Details siehe die 1954er Version *A Star is Born*). Weitere Szenen entstanden auf dem Patio des **Beverly Hills Hotel, 9641 Sunset Boulevard**, Beverly Hills und im seit langem nicht mehr existierenden Trocadero Nightclub, der sich am 8610 Sunset Boulevard befand. Die Szenen auf der Pferderennbahn zeigen den **Santa Anita Racetrack, 285 West Huntington Boulevard, Arcadia**, zwischen L.A. und Pasadena (auch zu sehen im 54er Remake und im Film *A Day at the Races* der Marx Brothers). Das rührselige Ende spielt sich vor **Grauman's (heute Mann's) Chinese Theater, 6925 Hollywood Boulevard**, ab.

DIE STERNE BLICKEN HERAB
(1939, R: Carol Reed)
Michael Redgrave, Margaret Lockwood, Edward Rigby
• CUMBERLAND

Carol Reed wollte bei dieser Verfilmung eines Romans von A.J. Cronin so viel wie möglich an authentischen Motiven drehen, doch Probleme mit dem Ton machten einige Studioarbeiten erforderlich. Das Ergebnis war eines der größten Sets, das jemals in Twickenham errichtet worden war und das zu echten Cottages der Minenarbeiter in **Great Clifton** vor den Toren von Workington passen musste. Das Bergwerk ist das St. Helen's Siddick Colliery in **Workington**, und das Fußballspiel wurde auf dem Gelände Borough Park des **Workington FC** gefilmt.

STIRB LANGSAM

(1988, R: John McTiernan)
Bruce Willis, Alan Rickman, Bonnie Bedelia
• **LOS ANGELES**

Das Nakatomi Building: Fox Plaza, Avenue of the Stars

Willis, der nur mit einem verschwitzten Unterhemd bewaffnet ist, befreit einen Büroblock von einer Gruppe Terroristen, aber Schurke Alan Rickman stiehlt dem gesamten Film die Schau. Der Block befand sich wieder mal auf dem ehemaligen Gelände von Fox; der Nakatomi Tower ist das 34 Stockwerke hohe **Fox Plaza, 2121 Avenue of the Stars**, Teil des Century-City-Komplexes, für den italienischer Marmor im Wert von etlichen tausend Dollar importiert wurde, um sämtlichen Fox-Marmor zu ersetzen, der während des explosiven Finales in Stücke zerlegt wurde.

STIRB LANGSAM 2

(1990, R: Renny Harlin)
Bruce Willis, Bonnie Bedelia, William Atherton
• **WASHINGTON D.C.; COLORADO; MICHIGAN; KALIFORNIEN**

„Wie kann das schon wieder passieren?", fragt sich Willis, als er erneut mit Terroristen zu tun hat, diesmal am **Washington Dulles International Airport**, rund 40 Kilometer westlich von Downtown D.C. auf der Route 66 in Harndon (das tatsächlich in East Virginia liegt). Ein Großteil des Films entstand in Colorado auf dem **Stapleton International Airport** am östlichen Ende der East 32nd Avenue in Denver, sowie in **Breckenridge** an der Route 9, südlich der Interstate 70 westlich von Denver in den Rocky Mountains. Der Flugzeugabsturz, der einen kräftigen Wind erforderlich machte, wurde am **Tehachapi Pass** in der Mojave-Wüste inszeniert, während in **Alpena** am Ufer des Lake Huron im nördlichen Michigan an der Route 23 nach Überlebenden gesucht wurde. Die kleine Kirche, aus der die Bösen ihr Hauptquartier machen, ist die **Highland Lake Church** in **Mead** an der Interstate I-35 rund 50 Kilometer nördlich von Denver, Colorado (die Teile der Kirche, die bei der Explosion zerstört wurden, hatte man speziell für den Film angebaut).

STIRB LANGSAM: JETZT ERST RECHT

(1995, R: John McTiernan)
Bruce Willis, Samuel L. Jackson, Jeremy Irons
• **NEW YORK CITY; SOUTH CAROLINA; MARYLAND**

Es stellt sich heraus, dass Alan Rickman einen Bruder hat, der nicht ganz so theatralisch ist und der Rache nehmen

will. Teil drei spielt in New York, wo Irons eine Katastrophe auslöst, um davon abzulenken, dass er die **Federal Reserve Bank, 33 Liberty Street**, im Finanzdistrikt von Manhattan ausraubt.

„Auf dem Weg zu St. Ives …": Broadway/Ecke 72nd Street

Willis und Jackson befolgen im **Tomkins Square Park**, East Village, die Anweisungen und lösen das Rätsel auf dem **Broadway/Ecke 72nd Street**. In einem beschlagnahmten Taxi rasen sie durch den Central Park. Gefilmt wurde auch im **Yankee Stadium** in der Bronx und in **Charleston**, South Carolina. Das Ende entstand im **Truckers Inn, Interstate 95 und Route 175, Jessup**, Maryland.

Jeremy Irons überfällt die Bank: Federal Reserve Bank, Liberty Street

STOPPT DIE TODESFAHRT DER U-BAHN 123

(1974, R: Joseph Sargent)
Walter Matthau, Robert Shaw, Martin Balsam
• **NEW YORK CITY**

Dieses eindringliche Drama erfand farbcodierte Schurken, was Tarantino später bei *Reservoir Dogs* übernahm, während Walter Matthau eine seiner wenigen ernsten Rollen spielen durfte. Die U-Bahn-Szenen entstanden in **Pelham Bay Line** (und in den Filmways Studios, deren Platz an der East 127th Street in East Harlem heute der Foodways Supermarket eingenommen hat). Die meisten Innenaufnahmen entstanden in der geschlossenen **Court Street Station** in Brooklyn, die dank einer Schienengabelung so viele unterschiedliche Blickwinkel ermöglicht, dass sich eine Vielzahl verschiedener Haltestellen darstellen ließ. Das Lösegeld wird in die **28th Street Station** an der 28th Street und Park Avenue South gebracht.

Die Lösegeldübergabe: 28th Street Station

LA STRADA

(1954, R: Federico Fellini)
Giulietta Masina, Anthony Quinn, Richard Basehart
• **ITALIEN**

Masina ist die schlecht behandelte Begleiterin des Machos Quinn in Fellinis Fabel, die in Mittel- und Süditalien entstand, größtenteils in **Viterbo, Ovindoli** und **Bagnoregio**.

THE STRAIGHT STORY – EINE WAHRE GESCHICHTE

(1999, R: David Lynch)
Richard Farnsworth, Sissy Spacek, Harry Dean Stanton

• WISCONSIN; IOWA

Exakt das, was der Filmtitel sagt. Der Meister des Absonderlichen produziert eine schnörkellose, dezente und ansprechende Geschichte in der Alvin Straight auf seinem Rasenmäher quer durchs Land fährt, um seinen Bruder zu finden, mit dem er sich vor langer Zeit verkracht hatte. Der chronologisch gedrehte Film folgt der Route des wahren Alvin von **Laurens** im Nordwesten von Iowa in Richtung Osten quer durch den gesamten Bundesstaat bis hin nach **Mount Zion**, Wisconsin. Er legt Zwischenstopps in **New Hampton, West Bend, West Union** und **Clermont** in Iowa ein. Dann überquert er den Mississippi nach Wisconsin bei **Prairie du Chien**, um schließlich Mount Zion zu erreichen.

DER STRAND

(1999, R: Danny Boyle)
Leonardo DiCaprio, Tilda Swinton, Robert Carlyle
• THAILAND

Gefilmt wurde auf **Phi Phi Leh Island**, nahe Phuket, Thailand, und begleitet von Vorwürfen des ökologischen Vandalismus, nachdem importierte Palmen gepflanzt worden waren, um den „vollkommenen" Strand noch vollkommener zu machen. DiCaprio als naiver Reisender macht sich vom Rucksacktouristenchaos der **Khao San Road**, Downtown Bangkok, auf den Weg. Der **Khao Yai National Park, Krabi** und **Phuket** dienten ebenfalls als Motive.

STRANGE DAYS

(1995, R: Kathryn Bigelow)
Ralph Fiennes, Angela Bassett, Juliette Lewis
• LOS ANGELES

Ein Technothriller aus der Zeit, als der Jahrtausendwechsel noch in ferner Zukunft lag, angesiedelt und gefilmt in L.A. Die riesige Millenniumsparty spielt sich vor dem **Bonaventure Hotel, South Figuroa Street**, Downtown, ab (für Details siehe *In the Line of Fire – Die zweite Chance*).

STRASSE ZUM JENSEITS

(1972, R: Barry Shear)
Anthony Quinn, Anthony Franciosa, Yaphet Kotto
• NEW YORK CITY

Quentin Tarantino verbeugte sich vor diesem klassischen Actionfilm aus den siebziger Jahren, indem er Bobby Womack und J.J. Johnsons Thema über die Titelsequenz von *Jackie Brown* legte. Schwarze und italienische Gangs kämpfen um die Kontrolle über Harlem, während schwarze und italienische Cops um die Kontrolle über das Revier streiten. Dieser düstere, im Stile eines Dokumentarfilms umgesetzte Thriller nach einem Roman von Wally Ferris macht sich reale Motive auf äußerst gelungene Weise zu Nutze. Die Titelsequenz gibt den Ton an, als ein 68er Cadillac mit weißen Gangstern in nördlicher Richtung durch Manhattan zur **110th Street** – dem Nordrand des Central Park, der die Upper West Side von Harlem trennt (das Straßenschild, das eine Metamorphose durchmacht und zum Filmtitel wird, ist „Lenox Avenue/110th Street") –, und von dort auf die **125th Street** fährt, vorbei am Harle-

mer Wahrzeichen, dem **Apollo Theater**, in der 253. Die Party der Italiener wurde am Südrand des Central Parks, **Central Park South**, unter Beschuss genommen. Von den rund 60 Motiven des Films befanden sich die meisten in Harlem, wo die Produktion in echten Polizeiwachen, Bars und privaten Apartments filmte. Viel zu sehen gibt es heute allerdings nicht mehr, da bereits zu der Zeit viele Gebäude zum Abbruch vorgesehen waren – eine Freude für die Filmemacher, die Wände mit Einschusslöchern schmücken wollten. Gebaut wurde zum Zeitpunkt der Dreharbeiten noch an dem halbfertigen Hochhaus, an dem Tony Franciosa und sein Handlanger den unglücklichen Ed Bernard zappeln lassen. Es ist das **Federal Building, 125th Street**/Ecke Lenox Avenue, Harlem. Die letzte, blutige Schießerei spielt sich auf der **Lenox Avenue** zwischen 141st Street und 142nd Street ab.

DIE STRATEGIE DER SPINNE

(1970, R: Bernardo Bertolucci)
Giulio Brogi, Alida Valli, Tino Scotti
• ITALIEN

Brogi besucht die Stadt, in der sein Vater in den dreißiger Jahren von Faschisten ermordet worden war, und muss feststellen, dass die Wahrheit gar nicht so einfach ist. Eine Geschichte von Jorge Luis Borges, hinter der Kamera Vittorio Storaro, und Bertolucci führte Regie. Der seltsame Schauplatz ist die Stadt **Sabbionetta**, ein Stück weit von Mantua entfernt. Erbaut wurde sie als „Ideale Stadt" von einem Mitglied der wohlhabenden Mantua-Familie, aber sie konnte sich nie durchsetzen und zerfällt nun allmählich, womit sie sich hervorragend als Kulisse für einen Film eignet.

STRICTLY BALLROOM

(1992, R: Baz Luhrmann)
Paul Mercurio, Tara Morice, Gia Carides
• NEW SOUTH WALES, AUSTRALIEN; VICTORIA, AUSTRALIEN

Fesselndes Kino mit einem phantastischen Mercurio und einer schlichten Morice, die sich gegen die in Stein gehauenen Regeln des Ballroom Dancing auflehnen und – man soll es nicht glauben – damit durchkommen. Gefilmt wurde im **Signal Room** nahe Pier 13, **Pyrmont**. Das Dach, auf dem Mercurio und Morice tanzen, ist das des Maklerbüros **L.J. Hooker, 322 Victoria Road**/Ecke Marrickville Road, **Marrickville**, Sydney. Der ausgelassene filmische Höhepunkt spielt sich im **Melbourne Sports and Entertainment Centre, Swan Street**, Melbourne, Victoria, ab.

STRIPTEASE

(1996, R: Andrew Bergman)
Demi Moore, Burt Reynolds, Armand Assante
• FLORIDA

Moore verliert das Sorgerecht für ihre Tochter an ihren rachsüchtigen Ex Robert Patrick und wird zur Stripperin in dieser Verfilmung des Romans von Carl Hiaasen. Gedreht wurde in Florida, vorwiegend rund um **Fort Lauderdale**. Das Don Shula Hospital ist das **Broward General Hospital**. Die Rojo-Zuckerrohrfelder wurden in **South Bay** gefilmt. Das Innere der Zuckerraffinerie zeigt die **Pennsuco Cement Plant, NW 72nd Avenue** in Miami, nahe Lake Joanne. Garcias Hütte am Lake Okeechobee wurde im **Quiet Waters Park** gebaut. Gedreht wurde auch im Miami Seaquarium. Die Yacht *Big Sugar* heißt eigentlich *Big Eagle* und wurde in Port Everglades aufgenommen. Die Autopsie entstand im echten **Dade County Morgue**, wo die echten Autopsien von den Kameras abgeschirmt ausgeführt wurden. Für die Clubs von Eager Beaver und Flesh Farm wurden reale Striplokale in **Pompano** genutzt.

STROMBOLI
(1949, R: Roberto Rossellini)
Ingrid Bergman, Mario Vitale, Renzo Cesana
• **ITALIEN**

Dieses Melodram, das auf dem Höhepunkt der skandalumwitterten Affäre zwischen Bergman und Rossellini entstand, wurde – ja, ganz genau – rund um den Vulkan **Stromboli** gedreht.

STUDIO 54
(1998, R: Mark Christopher)
Ryan Phillippe, Salma Hayek, Neve Campbell
• **NEW YORK CITY; ONTARIO, KANADA**

Die Geschichte des legendären New Yorker Drogenclubs der siebziger Jahre, mit Mike Myers in der Rolle des Steve Rubell. Die Außenansicht und das Foyer gehören zum echten **Studio 54, 254 West 54th Street** zwischen Broadway und Eighth Avenue, Manhattan. Das Innenleben wurde in Toronto nachgebaut (nur geringfügig kleiner als das Original). Nachdem die Eigentümer des Studio 54 wegen Steuerhinterziehung und Drogenvergehen ins Gefängnis geschickt worden waren, blieben die Prominenten rasch aus, und mit dem Auftreten von AIDS war dann gänzlich Schluss mit der hedonistischen, alles erlaubenden Szene. 1986 wurde der Club geschlossen und wäre beinahe abgerissen worden, überlebte jedoch als Schauplatz unterschiedlichster Aufführungen. Da passt es nur, dass er die Heimat von Sam Mendes' Produktion des Musicals *Cabaret* wurde.
Der Großteil des Films entstand in Toronto, unter anderem an folgenden Orten: im **Casa Loma, 1 Austin Terrace**/Ecke Spadina Road; **Marine Terminal 28**; im **Tulip Restaurant, 1606 Queen Street East; Hillsdale Avenue East; Music Hall, 147 Danforth Avenue** und im **Drake Hotel, 1150 Queen Street West**.

STÜRMISCHE HÖHEN
(1939, R: William Wyler)
Laurence Olivier, Merle Oberon, David Niven
• **LOS ANGELES; YORKSHIRE**

Die erste gelungene Verfilmung des Romans von Emily Brontë mit Außendrehs nahe **Chatsworth**, Kalifornien. Kiloweise Heidekraut wurde von Nordengland nach Kalifornien gebracht und dort angepflanzt, damit die Aufnahmen zu denen des Heidelandes von Yorkshire passten. Die Enten und Gänse sehen süß aus und sind bemerkenswert ruhig. Aber nur, weil man ihnen die Stimm-

bänder durchtrennt hat, damit sich auf der Tonspur keine unerwünschten Geräusche befanden.

STÜRMISCHE LEIDENSCHAFT
(1992, R: Peter Kosminsky)
Juliette Binoche, Ralph Fiennes, Janet McTeer
• **YORKSHIRE**

Nach Robert Fuests würdevoller, aber leidenschaftsloser Version von 1970, die in den West Riding von Yorkshire entstand, kommt hier das erfolglose Remake mit einer fehlbesetzten Binoche. Wuthering Heights liegt nördlich von **Grassington**, wo die Fassade des Hauses errichtet wurde. Thrushcross Grange, das Zuhause von Edgar Linton, ist **Broughton Hall, Skipton** *(Tel. 01756/792267, während des Sommers geöffnet)*. Heathcliff arbeitet in der Scheune und im Schuppen der aus dem 17. Jahrhundert stammenden **East Riddlesden Hall, Bradford Road**, Keighley *(es wird Eintritt verlangt; Tel. 01535/607075, Bahnhof: Keighley)*. Cathy und Heathcliff erklären sich ihre Liebe nahe den **Aysgarth Falls**, die auch in *Robin Hood – König der Diebe* zu sehen waren. Weiterhin wurde bei **Malham Rocks** und **Malham Cove, Malham**, im Norden von Yorkshire, gefilmt.

DIE STUNDE DER PATRIOTEN
(1992, R: Phillip Noyce)
Harrison Ford, Sean Bean, Anne Archer
• **LONDON; MARYLAND; VIRGINIA; KALIFORNIEN**

Blutiger und plakativer Thriller, in dem die CIA gegen den Hollywood-Flügel der IRA antritt, eindeutig auf ein amerikanisches Publikum zugeschnitten, dem die bizarre Londoner Geographie nicht auffallen würde. US-Agent Harrison Ford kommt von einer Vorlesung an der „Royal Naval Academy" in Greenwich, südlich der Themse im Südosten von London, biegt um eine Ecke und wird Zeuge eines terroristischen Anschlag auf den „Cousin der Königinmutter" vor einer außergewöhnlichen Version des „Buckingham Palace". Dieser „Palast" befindet sich nämlich tatsächlich in Greenwich und ist das **Greenwich Naval College** (die Filmemacher wollten die County Hall bekommen – das Hauptquartier der ehemaligen GLC, erhielten aber keine Erlaubnis). Für Details siehe *Vier Hochzeiten und ein Todesfall*. Die IRA nutzt ein maßlos verstaubtes und altes Antiquariat in der piekfeinen **Burlington Arcade, Piccadilly**, um Nachrichten weiterzuleiten. Als sie auffallen, stürmt der Bösewicht aus der Arcade und rennt in die nächste U-Bahnstation. Vielleicht Green Park, weil sie so günstig gleich nebenan liegt? Nix da. Es ist die **Aldwych Station**, fast zwei Kilometer entfernt, weil London Transport diese Haltestelle für Dreharbeiten zur Verfügung gestellt hat. Zurück in den USA besucht Ford das **CIA-Hauptquartier** in **Langley**, East Virginia, von Washington D.C. kommend gleich hinter dem Potomac. Im Gegensatz zum Buckingham Palace ist das ein echtes Motiv – zumindest, was den Eingang und das Foyer angeht. Damit ist auch schon klar, dass in diesem Film die CIA keine schmutzigen Tricks anwendet. *Mission: Impossible* nutzte dasselbe Foyer, aber die Korridore sind die der County Hall in

London. Hier ist das Innenleben natürlich eine für den Film gebaute Kulisse. Aber für wen sind bloß diese nützlichen Schilder wie „Terrorismus-Einschätzungen" gedacht? Für zufällige Besucher? Ford besucht die **US Naval Academy in Annapolis**, Interstate 301 bei Chesapeake Bay, Maryland. Die Autojagd verläuft auf dem Highway 301/50 über die Severn River Bridge. Die Verfolgungsjagd per Motorboot, die angeblich in der Chesapeake Bay spielt, wurde im knapp 9 Mio. Liter fassenden Wassertank auf dem Gelände von Paramount in Hollywood gefilmt. Das nordafrikanische Terroristenlager befand sich in **Brawley**, Route 86, südlich von Salton Sea in Southern California nahe der Grenze zu Mexiko.

STUNDE DER WAHRHEIT
(1966, R: Orson Welles)
Orson Welles, Keith Baxter, John Gielgud
• **SPANIEN**

Welles' Verfilmung beider Teile von *König Heinrich IV.* (einschließlich eines Teils von *König Heinrich V.*) entstand unter unmöglichen Bedingungen in Spanien und wartet mit der besten Kampfszene aller Filme auf. Wie bei praktisch allen unterbudgetierten europäischen Filmen von Welles mischt er auch hier wieder die unterschiedlichsten Schauplätze zusammen. Es wurde vor dem Hintergrund der alten und am besten erhaltenen mittelalterlichen Mauern Spaniens in **Avila** gefilmt, 80 Kilometer nordwestlich von Madrid an der Straße nach Salamanca. Die drei Kilometer lange Mauer wurde von 88 Türmen aus verteidigt. Für die Schlacht und den Überfall von Gadds Hill wurde **Casa de Campo** ausgewählt, einst ein königliches Jagdterritorium, heute ein riesiger und sehr beliebter Park in Madrid, den man mit der Metro oder dem Bus erreicht (Linie 33).
Der Palast von Heinrich IV. ist vorwiegend das **Castillo de Montjuich**, im Parque de Montjuich auf einem Hügel gelegen, von dem aus man Barcelona überschaut. 1640 als Burg erbaut, befindet sich dort heute ein Militärmuseum. Weitere Szenen am Hof von Heinrich wurden im Schloss von **Cardona** gefilmt, das auch für die Krönungsszene von Heinrich V. benutzt wurde. Die Rückansicht von Cardona wurde zu Hotspurs Schloss. Cardona liegt etwa 80 Kilometer nordwestlich von Barcelona und ist heute ein edles Hotel. Der Rest der Krönungsszene wurde in einer Kirche in Madrid gedreht. Die Szenen im Schnee entstanden im Norden von Soria und im Baskenland. Die romanische **Kathedrale von San Pedro** in **Soria**, die aus dem 12. Jahrhundert stammt (im 16. Jahrhundert aber zu einem großen Teil wieder aufgebaut wurde), kam ebenfalls zum Einsatz.
Zu den weiteren Dörfern gehören **Calatanazor**, ein mittelalterliches Städtchen gut 19 Kilometer westlich von Soria, **Colmenar Viejo** nördlich von Madrid, **Guipuzcoa** und **Puerto de San Vicente**, knapp über 100 Kilometer westlich von Toledo. Straßenszenen entstanden in **Pedraza**, einer alten Stadt, die knapp 90 Kilometer nördlich von Madrid liegt. Der hiesige Plaza Mayor ist einer der schönsten Plätze in Kastilien, und es gibt neben zahlreichen erhaltenen alten Straßen auch die mittelalterlichen Stadtmauern.

DIE STUNDE DES SIEGERS
(1981, R: Hugh Hudson)
Ben Cross, Ian Charleson, Nigel Havers
• **SCHOTTLAND; MERSEYSIDE; BERKSHIRE; BUCKINGHAMSHIRE; YORKSHIRE**

Diese überbewertete Lektion in Sachen Hurra-Patriotismus beruht angeblich auf einer wahren Geschichte, machte aber eine typische Hollywoodisierung durch, daher auch ein Oscar für den Besten Film. Zwar spielt die Handlung zum Teil in Frankreich, gedreht wurde aber ausschließlich in Großbritannien. Der berühmte Strandlauf in Zeitlupe,

Das Rennen um das Trinity College, Cambridge: Eton College, Windsor

Abrahams romantisches Essen: Cafe Royal, Edinburgh

mit dem der Film eröffnet, findet angeblich bei Broadstairs, Kent, statt, ist tatsächlich aber **West Sands** in St. Andrews an der Küste von Fife, wo das Carlton Hotel eigentlich das Clubhaus des Royal and Ancient Golf Club ist.
Da Harold Abrahams' alte Universität, Caius College, Cambridge, sehr empfindlich auf Vorwürfe von Antisemitismus reagiert, wurde die Dreherlaubnis verweigert, sodass das **Eton College** in Windsor einspringen musste. Eton ist auch zu sehen in *Heinrich VIII. und seine sechs Frauen, Das Geheimnis des verborgenen Tempels* und *King George – Ein Königreich für mehr Verstand*. Abrahams' „College-Spurt" rund um den Großen Hof des Trinity College führt um den Schulhof.

Liddell eilt zum religiösen Treffen: Assembly Hall, Edinburgh

Unterdessen verleiht Eric Liddell Preise bei den Highland-Spielen, eine Szene, die in **Sma Glen** entstand, an der A822 einige Kilometer nördlich von Crieff, Perthshire. Inverleith in Edinburgh ist der Rugbyplatz, auf dem Liddell nach dem Spiel Schottland-Irland zur Menschenmenge predigt, während das Spiel Schottland-Frankreich in **Goldenacre** gedreht wurde, dem Gelände von Heriots Rugby Club bei **Bangholm Terrace** in **Edinburgh**.
Das Londoner Restaurant, in das Abrahams die Sängerin Sybil Gordon ausführt, nachdem er sie in *The Mikado* gesehen hat, ist die **Oyster Bar** des Edinburgher **Café Royal, 17 West Register Street**/Ecke Rose Street. Liddell, dessen Besessenheit mit dem Laufen mit seinem Glauben wetteifert, kommt zu spät zum religiösen Treffen in der **Assembly Hall** auf dem **Mound** in Edinburgh. Anschließend blickt er zusammen mit seiner Schwester

Jennie vom **Holyrood Park** aus über die Stadt. Das weitläufige Anwesen, wo der aristokratische Lord Lindsay Sybil tröstet, bevor er über Hürden springt, auf die man volle Champagnergläser gestellt hat, ist **Hall Barn**, südlich von Beaconsfield in Buckinghamshire. Das Privathaus aus dem 17. Jahrhundert, das für den Dichter Edmund Waller gebaut wurde, ist auch im Film *Black Beauty* von 1994 zu sehen. Die relativ unverändert gebliebene **York Station** springt für die Londoner Kings Cross ein, während die Dover Station, von der die Athleten zu den olympischen Spielen in Frankreich abreisen, eigentlich der Hafen von **Birkenhead** an der Mersey auf der Liverpool gegenüberliegenden Seite ist.

Viele Szenen in Paris zeigen tatsächlich Merseyside. Der Ball der britischen Botschaft, wo der Prince of Wales Liddell zu überreden versucht, am Sabbat zu laufen, ist die **Liverpool Library and Town Hall**, und das französische Café ist die nicht länger benötigte Kapelle des **Royal Hospital**, Liverpool. Die Church of Scotland in Paris, in der Liddell predigt, befindet sich tatsächlich in Schottland. Es handelt sich um die **Broughton McDonald Church, Broughton Place** in Edinburgh. Das Pariser Stade des Colombes, Schauplatz der Olympiade, ist das **Bebington Oval Sports Centre, Old Chester Road, Wirral** bei Merseyside.

DIE STUNDE DES WOLFS

(1967, R: Ingmar Bergman)
Max von Sydow, Liv Ullmann, Ingrid Thulin
• SCHWEDEN

Kraftvoller Bergman-Film aus seiner besten Phase. Von Sydow leidet auf einer ausgeleichten friesischen Insel unter Albträumen, die geradewegs aus einem Universal-Horrorfilm der dreißiger Jahre zu stammen scheinen. Die Insel ist eine Kombination aus der Landzunge bei **Hovs Hallar** in Südwestschweden (wo von Sydow in *Das siebente Siegel* dem Tod begegnet) und der **Insel Faro** vor der Insel Gotland. Der Schauplatz vieler späterer Bergman-Filme ist eine Privatinsel, zu der Fremden der Zutritt strengstens untersagt ist.

DER STURM IN DEN WEIDEN

(1996, R: Terry Jones)
Terry Jones, Eric Idle, Steve Coogan
• SUFFOLK

Toad Hall ist **Kentwell Hall**, Long Melford in Suffolk, auch zu sehen in *Witchfinder General*. Die Eisenbahnszenen wurden auf der Bluebell Railway gefilmt.

STURM ÜBER WASHINGTON

(1962, R: Otto Preminger)
Don Murray, Charles Laughton, Henry Fonda
• WASHINGTON D.C.; LOS ANGELES

Eine phantastische Besetzung, einschließlich Charles Laughton in seiner letzten Rolle als ränkeschmiedender Südstaatensenator, vergnügt sich im Weißen Haus, als es Probleme damit gibt, dass Präsident Franchot Tone einen liberalen Henry Fonda zum Staatssekretär ernennen will. Das erstaunliche Ausmaß an Kooperation, das Preminger

mit den diversen Regierungsbehörden für einen Film erzielen konnte, in dem Themen wie Schikane, Erpressung und verheimlichte Homosexualität angesprochen werden, scheint auf einen ungesunden Stolz und auf deren skrupelloses Image hinzuweisen. Der Film entstand fast völlig an Motiven in D.C.; praktisch das einzige für den Film gebaute Set ist die überaus glaubwürdige Nachbildung der Senatskammer

Politikmaschinerie: das Kapitol in Washington D.C.

(ein seit langem gültiges Gesetz verbietet es, dort zu fotografieren) in den Columbia Studios in der Gower Street in Hollywood. Alan Drury, Autor des Originalbuchs, sitzt an einem der hundert Schreibtische. Mittelpunkt aller Machtspielchen und Manipulationen ist natürlich das **Capitol**, die Heimat des US-Kongresses, wo Szenen in der **Great Rotunda** unterhalb der Kuppel gefilmt wurden, außerdem im historischen **Reception Room** gleich neben der Senatskammer. Das Gebäude ist für Besucher geöffnet *(Tel. 202 225 6827)* und man kann sich kostenlosen Führungen anschließen. (Wenn der Senat oder das Repräsentantenhaus tagen, müssen Sie Ihren Ausweis vorlegen und sich am Appointment Desk für den Senat oder im Doorkeeper's Office für das Repräsentantenhaus einen Besucherausweis ausstellen lassen.) Der Eingang zur Führung ist in der East Capitol Street, Capitol Hill (U-Bahnstation: Capitol South, Union Station).

Charles Laughton vereinbart ein heimliches Treffen mit dem mysteriösen „Mr. Fletcher" an der Ellipse der **Mall** – dem drei Kilometer langen Rasenstück, das D.C. in Nord und Süd zerteilt – vor dem **Washington Monument**, dem 170 Meter hohen Obelisken an der Mall/15th Street (es gibt einen kostenlosen Aufzug nach oben, wenn Sie sich anstellen möchten) *(U-Bahnstation: Smithsonian)*. Er beschäftigt sich mit den alten Arbeitsnachweisen von Burgess Meredith im **Treasury Building, Pennsylvania Avenue NW**/Ecke 15th Street. Wenn Sie im Voraus buchen *(Tel. 202 622 0896)*, können Sie sich das phantastische Innere dieses beeindruckenden Gebäudes im griechischen Stil ansehen *(U-Bahnstation: Farragut West, McPherson Square)*. Die Kantine, in der Don Murray einen von zahlreichen Drohanrufen erhält, befindet sich ebenfalls im Treasury Building.

Die Anhörung des „Unterkomitees des Senatskomitees für Außenbeziehungen" – bei der erfolglos versucht wird, Fonda zu diskreditieren – wurde im **Caucus Room** gefilmt. Der Flughafen, von dem aus Murray seinen heimlichen Flug nach New York antritt, ist **DCA**, Washington National, auf der anderen Seite des Potomac, knapp sechs Kilometer südlich der Downtown am Washington Memorial Parkway. Fran-

Charles Laughton ermittelt: Treasury Building, Washington D.C.

355

chot Tones Ansprache vor dem Pressekorps des Weißen Hauses wurde im Ballsaal des Sheraton-Park-Hotels gefilmt, heute das **Sheraton Carlton, 923 16th Street NW**/Ecke K Street *(U-Bahnstation: Farragut West, Mc-Pherson Square)*, und zwar im Crystal Room, wo Washingtoner Journalisten regelmäßig Politiker interviewen *(Tel. 202 638 2626 oder 800 325 3535).*

SUBWAY
(1985, R: Luc Besson)
Christophe Lambert, Isabelle Adjani, Jean-Hugues Anglade
• PARIS

Stil ist alles in diesem Designerthriller, der fast vollständig in der Pariser Metro gefilmt wurde. Die Haltestelle, an der Lambert den Killern entkommt, indem er in eine Bahn einsteigt, ist **Dupleix** auf dem Boulevard Grenelle südlich der Pont de Bir-Hakeim. Der Inspektor trifft sich mit dem Blumenverkäufer Bohringer bei **Porte de Versailles**, südlich in Richtung Mairie d'Issy. Lambert hört dem Saxophonspieler an der östlichen Endstation **Gallieni** zu. Rollerskater Anglade wird in die Bahn an der **Concorde** verfolgt, bevor er bei **La Motte-Picqet-Grenelle** angekettet wird – also wieder zurück nach Dupleix. Der größte Teil der Handlung spielt sich rund um die weltgrößte U-Bahnstation **Chatelet-Les Halles** unterhalb des Forum des Halles ab.

DAS SÜSSE LEBEN
(1960, R: Federico Fellini)
Marcello Mastroianni, Anita Ekberg, Anouk Aimée
• ROM

Fellinis visuelles Delirium machte die Welt mit dem Wort Paparazzi genauso vertraut. Der größte Teil des Films wurde in den Cinecittà Studios vor den Toren Roms aufgenommen, aber Anita Ekbergs viel beachteter Ausflug in den Brunnen wurde an Ort und Stelle gefilmt. So wie Marilyn Monroes Szene auf dem Lüftungsschacht in

Ekbergs Vergnügen: Fontana di Trevi, Rom

Das verflixte siebente Jahr waren auch diese Dreharbeiten von einer massiven Vorabpublicity begleitet, da Ekberg mitten im eiskalten Januar vor 5000 Zuschauern (von denen einige dafür bezahlt hatten, um auf der gegenüberliegenden Seite in einem Zimmer unterzukommen) in den **Trevi-Brunnen** stieg.

DAS SÜSSE JENSEITS
(1997, R: Atom Egoyan)
Ian Holm, Sarah Polley, Bruce Greenwood
• ONTARIO, KANADA

Eine Verfilmung des Romans von Russell Banks, inszeniert rund um Ontario: in **Barrie**, am Westufer des Lake Simcoe, Interstate 400, in **Caledon**, nordwestlich von Toronto, in **Stouffville**, gut 30 Kilometer nördlich von Ost-Toronto; in **Goodwood**, nordöstlich von Stouffville, in **Whitevale** und am **Lake Mussleman**.

DER SÜSSE TRAUM VOM GLÜCK
(1985, R: Karel Reisz)
Jessica Lange, Ed Harris, Ann Wedgeworth
• WEST VIRGINIA; TENNESSEE; KALIFORNIEN

Verfilmung des Lebens der Countrysängerin Patsy Cline, zum Teil in Clines Heimatstadt **Martinsburg** gedreht, abseits der Interstate 81 im nordöstlichen Winkel von West Virginia. Zu den Motiven gehören der **Rainbow Road Club**, Route 340, und **Green Hill Cemetery, East Burke Street**. Gefilmt wurde ferner am unvermeidbaren Grand Ol' Opry im **Ryman Auditorium, 116 Opry Place, Nashville**, und in L.A.

SUGARLAND EXPRESS
(1974, R: Steven Spielberg)
Goldie Hawn, William Atherton, Michael Sacks
• TEXAS

Spielbergs erster Kinofilm (*Duell* war zwar auch im Kino zu sehen, wurde aber fürs Fernsehen produziert) ist eine Schwindel erregend in Szene gesetzte komödiantische Verfolgungsjagd, die zur Tragödie wird, als Goldie Hawn mit ihrem Ehemann William Atherton quer durch Texas fährt, um ihr Baby von einer Pflegefamilie in Sugarland zurückzuholen. Der Film beginnt in **Rosenberg** an der Interstate 59, 50 Kilometer südwestlich von Houston und rund 30 Kilometer westlich der echten Stadt Sugarland. Die Flüchtigen legen einen Tankstopp in **Humble** ein, Interstate 59, nördlich von Houston. Während der Medienzirkus um sie herum größer und größer wird, legen sie weitere Stopps in **San Antonio**, in **Pleasanton**, 50 Kilometer südlich, ein, wo Sheriff Ben Johnson seine Zweifel hat, das Pärchen mit Scharfschützen aufzuhalten, und nahe Floresville sowie in West Texas nahe der Grenze zu Mexiko in **Del Rio**. Johnson greift schließlich zum letzten Mittel, und so findet die Verfolgungsjagd im Rio Grande ihr Ende.

SUMMER OF SAM
(1999, R: Spike Lee)
John Leguizamo, Adrien Brody, Mira Sorvino
• NEW YORK CITY

Spike Lees Schilderung des glutheißen Sommers 1977 und der Auswirkungen des Serienkillers Son of Sam auf die Einwohner von New York. Das „Sackgassen"-Viertel ist die **Layton Avenue** im Distrikt **Country Club** an der Eastchester Bay in der Bronx. John Leguizamo und Mira Sorvino gesellen sich zu der recht anachronistischen Punktruppe im **CBGB's, 315 Bowery** zwischen First Street und Second Street *(Tel. 212 982 4052)*, und stellen sich zu den anderen, voller Hoffnung Wartenden vor dem **Studio 54, 254 West 54th Street** zwischen Broadway und Eighth Avenue, Manhattan. Die Zeiten als legendärer Nachtclub der siebziger Jahre sind allerdings lange vorbei (für Details siehe *Studio 54*).

SUNDAY, BLOODY SUNDAY
(1971, R: John Schlesinger)
Peter Finch, Glenda Jackson, Murray Head
• LONDON

Sowohl Finch als auch Jackson sind vernarrt in den Künstler Head in dieser makellos geschriebenen, gespielten und in Szene gesetzten Geschichte aus dem Leben im London der siebziger Jahre. Aber

Dr. Finchs Praxis: Pembroke Square, Kensington

die Krönung ist die Fülle unschätzbarer Cameo-Auftritte und Karikaturen, von denen die im Mittelpunkt stehenden Beziehungen umgeben sind.

Heim der Familie Hodson: Spencer Park, Wandsworth

Jackson und Head begeben sich mit den Kindern in den **Greenwich Park**, SE10, was von zu Hause ein beträchtlicher Fußmarsch ist. Der Weg, der von Grabsteinen ge-

Daniel Day-Lewis' erster Kinoauftritt: St. Alphege, Greenwich

säumt wird, liegt neben **St. Alphege** in Greenwich. Einer der Jugendlichen, die hier Autos beschädigen, ist Daniel Day-Lewis in seinem ersten Kinoauftritt. Auch wenn die entsetzliche Familie Hodson der Inbegriff von „Hampstead" ist, befindet sich das Haus eigentlich im Süden von London, knapp 20 Kilometer von Greenwich entfernt an der Nordseite von Wandsworth Common, **5 Spencer Park**, SW18. Dr. Finchs Praxis, wo er und Head 1971 mit einem leidenschaftlichen Filmkuss für einige sehr erstaunte Blicke sorgten, ist **37 Pembroke Square**, W8, abseits der Earls Court Road. Die Szene traf die Filmcrew völlig unvorbereitet, da man bis dahin geglaubt hatte, die beiden seien Onkel und Neffe.

DIE SUNNY-BOYS

(1975, R: Herbert Ross)
George Burns, Walter Matthau, Richard Benjamin
• NEW YORK CITY

Burns und Matthau, zwei alte Variétékünstler, die sich auf den Tod nicht ausstehen können, werden in dieser Verfilmung von Neil Simons Bühnenstück für eine TV-Reunion wieder zusammengebracht. Matthaus New Yorker Apartmentblock ist das **Ansonia Hotel, 2107-2109 Broadway** zwischen West 73rd Street und West 74th Street an der West Side. Der Belle-Epoque-Häuserblock ist nie ein Hotel gewesen. Das Erdgeschoss des Ansonia war übrigens die Heimat der Continental Baths, jenes Schwulenbadehauses und Cabarets, in dem Bette Midler begleitet von Pianist Barry Manilow, ihre Karriere begann. Ebenfalls zu

sehen ist der **Friars Club, 57 East 55th Street**, zwischen Park Avenue und Madison Avenue, mitten in New York.

SUPERMAN

(1978, R: Richard Donner)
Christopher Reeve, Margot Kidder, Gene Hackman
• **NEW YORK CITY; ALBERTA; KALIFORNIEN; NEVADA; NEW MEXICO**

Die Getreidefelder von Smallville, Clark Kents Kindheitszuhause, liegen bei Calgary in Alberta, Kanada, ebenso die Gegend am See, wo Lex Luthor und seine Spießgesellen Raketen in ihre Gewalt bringen. Das Gebäude des The Daily Planet ist das **News Building, 220 East 42nd Street** zwischen Second Avenue und Third Avenue, New York, vormals das New York Daily News Building (die Superman-Fernsehserie aus den

Das Haus des Daily Planet: New Building, East 42nd Street

fünfziger Jahren bediente sich der Los Angeles City Hall, 200 North Spring Street, Downtown). Das Dach, wo Lois Lane vor dem Hubschrauberabsturz in Sicherheit gebracht wird, ist das **US Post Office Building** an der **Lexington Avenue**. Lois' Apartment ist in **240 Central Park South**, von wo aus sie mit Supie einen nächtlichen Flug um die **Freiheitsstatue** unternimmt. Luthors Versteck soll sich unterhalb der Grand Central Station befinden, und wir sehen die echte Halle, in der Otis bis zu den Gleisen verfolgt wird. Das Versteck selbst ist aber eine kunstvolle Kulisse in den englischen Pinewood Studios. Superman rettet unter anderem einen Bus auf der **Golden Gate Bridge** in San Francisco und bringt Jimmie Olsen vor dem zusammenbrechenden Boulder Dam, Nevada, in Sicherheit. Weitere Dreharbeiten fanden im **Red Rock State Park** nahe Gallup, New Mexico statt (das Gebiet ist umbenannt worden in Superman Canyon).

SUPERMAN II – ALLEIN GEGEN ALLE

(1980, R: Richard Lester)
Christopher Reeve, Valerie Perrine, Terence Stamp
• **NEW YORK CITY; BUCKINGHAMSHIRE**

Die drei Superschurken landen auf der Erde gleich am guten alten Motiv **Black Park Lake, Black Park** hinter den Pinewood Studios in Iver Heath, Buckinghamshire. Die kleine Western-

Superman eilt zu Hilfe: Niagara-Fälle

stadt wurde in Chobham Common, Surrey, errichtet. Zu seiner Zeit war die Metropolis-Kulisse das größte bis dahin in Pinewood gebaute Set. Superman rettet einen kleinen Jungen, der in die **Niagara-Fälle** stürzt. Das Honeymoon Haven Hotel ist das **Table Rock House**, gleich an der kanadischen Seite der Horseshoe Falls gelegen.

SUPERMAN III – DER STÄHLERNE BLITZ

(1983, R: Richard Lester)
Christopher Reeve, Richard Pryor, Jackie Cooper
• **ARIZONA; ALBERTA**

Superman steht unter der Wirkung von synthetischem Kryptonit, während die Bösewichter Pryor und Robert Vaughn sich an einem Supercomputer zu schaffen machen. Gefilmt wurde am **Glen Canyon Dam** nahe Page im Norden von Arizona. Der umgestürzte Schornstein gehört zur **Turbo Resources Ltd. Oil Refinery** in Alberta, Kanada. Weitere Dreharbeiten fanden statt in **Calgary, Drumheller** und **High River** in Alberta.

SUPERMAN IV – DIE WELT AM ABGRUND

(1987, R: Sidney J. Furie)
Christopher Reeve, Gene Hackman, Margot Kidder
• **BUCKINGHAMSHIRE**

Und die Sage nimmt kein Ende ... Metropolis, die fade und seelenlose Stadt der Zukunft ist nicht länger New York, sondern **Milton Keynes**, die Buckinghamshire New Town. Das United Nations Building ist die **Milton Keynes Central Railway Station**. Das Gebäude des *Daily Planet* befindet sich in unmittelbarer Nähe. Mariel Hemingways Hotel ist das Hauptquartier von **Argos, Avebury Boulevard**. Die Studioarbeit in Elstree wurde problematisch, als das Set für *Willow*, der zur gleichen Zeit gedreht wurde, Auswirkungen auf das Set von *Superman IV* hatte. Natürlich wurde alles in beiderseitigem Einvernehmen gelöst.

SUPERVIXENS – ERUPTION

(1975, R: Russ Meyer)
Shari Eubank, Charles Pitts, Charles Napier
• **ARIZONA**

Ein weiteres bizarres Werk des von Brüsten besessenen Meyer, das diesmal blutiger als sonst ausfällt, als Charles Pitts auf Amazonen trifft, nachdem er seinen Job in Martin Bormanns Tankstelle hingeschmissen hat, da man ihm vorwirft ... na ja, irgendwas in der Richtung, Hauptsache, Meyer kann Brüste ins Bild rücken. Gefilmt wurde rund um **Quartzsite**, Arizona.

DAS SUPERWEIB

(1996, R: Sönke Wortman)
Veronica Ferres, Joachim Król, Thomas Heinze
• **DEUTSCHLAND**

Veronica Ferres muss in Wortmans satirischer Komödie plötzlich feststellen, dass sie geschieden ist. Gefilmt wurde in **München, Stuttgart** und an verschiedenen Motiven in Baden-Württemberg.

SUSAN ... VERZWEIFELT GESUCHT

(1985, R: Susan Seidelman)
Rosanna Arquette, Madonna, Aidan Quinn
• **NEW YORK CITY; NEW JERSEY**

Romantische Screwball-Comedy, in der eine gelangweilte Arquette Madonnas rätselhaften Kleinanzeigen nachjagt. Atlantic City in New Jersey ist der Standort des Hotels, in dem La Ciccone von sich selbst Polaroidfotos macht. Bei der Ankunft in New York deponiert sie ihr Gepäck am weltgrößten und betriebsamsten Busbahnhof, Port **Authority Bus Terminal, 8th Avenue** zwischen 40th Street und 42nd

Madonna wird ausspioniert: Gangway 1, Battery Park

Die Einkaufsmeile: St. Mark's Place, Greenwich Village

Street. Arquette lebt auf der anderen Seite des Hudson River in New Jersey, wo sie von ihrem kostspielig aussehenden Apartment die George Washington Bridge sehen kann. Sie liest Madonnas Kleinanzeige, als sie beim Friseur sitzt: **Nubest & Co. Salon, 1482 Northern Boulevard**, Manhasset. Sie beobachtet Madonnas Rendezvous am **Gangway 1, Battery Park** am südlichsten Zipfel von Manhattan, und schließlich folgt sie ihr nach East Village. Die belebte Einkaufsstraße, in der Arquette den Ladenbesitzer verärgert, ist **St. Mark's Place**, der Abschnitt der 8th Street zwischen Third Avenue und Tomkins Park Square. Madonnas Jacke kauft sie im Second-Hand-Shop **Love Saves The Day, 119 Second Avenue**/Ecke East 7th Street.

Aidan Quinn arbeitete als Filmvorführer im alten Bleecker Street Cinema, das in der **144 Bleecker Street** zwischen Thompson Street und La Guardia Place, Greenwich Village, stand und auch in Woody Allens *Verbrechen und andere Kleinigkeiten* zu sehen war. Heute ist dort eine Videothek zu finden. Der Tanzclub, in dem sich Arquettes Ehemann mit Madonna trifft – Danceteria in der 30 West 21st Street im Herzen von Chelsea – existiert ebenfalls nicht mehr.

Zu den Motiven in New Jersey zählen **Tenafly** und **Edgewater** im nördlichen New Jersey, im Norden von New York und westlich des Hudson; außerdem **Lakehurst** zwischen New York und Atlantic City. Gefilmt wurde zusätzlich in **Roslyn Heights**, Nassau County, Long Island.

SUSPECT – UNTER VERDACHT

(1987, R: Peter Yates)
Cher, Dennis Quaid, Liam Neeson
• **WASHINGTON D.C.; ONTARIO, KANADA**

Cher verteidigt den taubstummen Neeson, dem ein Mord vorgeworfen wird, während sie sich gleichzeitig mit dem Jurymitglied Quaid einlässt. Die Handlung spielt in Washington D.C., aber die Drehorte für den Film fanden sich teils im echten D.C., teils in Toronto, Ontario. Die Eröffnungseinstellung zeigt den **U.S. Supreme Court, First**

Street NE, zwischen Maryland Avenue und East Capitol Street. Der Mord ereignet sich auf dem Parkplatz an der K Street unterhalb der Francis Scott Key Bridge, Georgetown. Cher lebt im Distrikt Adams Morgan in D.C. Motive in Toronto waren unter anderem die **Ontario Hydro Substation, 451 Davenport Road**, das **Sutton Place Hotel, 955 Bay Street, Queen's Park, Liberty Street** und **Rosedale Road**.

SWEET AND LOWDOWN

(1999, R: Woody Allen)
Sean Penn, Samantha Morton, Uma Thurman
• NEW YORK STATE; NEW JERSEY

Zwar bediente sich Allen bei der Verfilmung des Lebens eines fiktiven Jazzmusikers des Teaneck Armory in New Jersey als Bühne, dennoch gibt es zahlreiche Motive im Stil der dreißiger Jahre zu sehen, die sich in diesem Bundesstaat ebenso fanden wie im Norden von New York und in New York City selbst. Der Talentwettbewerb für Amateure, den Penn gewinnt, findet im **Eagles' Club, 7 Old Albany Post Road, Ossining**, statt. Der Rangierbahnhof ist der **Sunnyside Railyards** in Queens, während die Chicagoer Viehhöfe eigentlich in **Patterson**, New Jersey, gelegen sind.

Der Nachtclub, aus dem ein betrunkener Sean Penn seinen Begleiter hinaus in die Nacht zerrt, um Züge zu beobachten, ist **Chumley's, 86 Bedford Street**, zwischen Grove Street und Barrow Street, Greenwich Village. Diese stimmungsvolle kleine Bar war früher eine Flüsterkneipe, und bis heute gibt es draußen kein Schild, das auf ihre Existenz hinweist. Das veraltete Innenleben ist auch zu sehen in *Die grellen Lichter der Großstadt*, Warren Beattys Epos *Reds* und Mike Wadleighs Ökohorror *Wolfen*. Ein weiterer Schauplatz: das alte Restaurant **Gage and Tollner** in Brooklyn. Die Tankstelle befindet sich am Highway 9W, nördlich von New York, und der Park ist **Rockland Lake State Park**, Route 9W in **Congers**.

SWINGERS

(1996, R: Doug Liman)
Jon Favreau, Vince Vaughn, Ron Livingston
• LOS ANGELES; NEVADA

Limans quälend präzise Komödie über die Verhaltensweise in der Szene von L.A. spielt vor dem Hintergrund der Retro-Swing-Tanzbewegung. Der Coffeeshop, wo sich die Swingers für ihre erste Aussprache treffen, ist **Hills Coffee Shop** im **Best Western, 6145 Franklin Avenue**, im Osten von Hollywood – dort wurde auch ein Großteil des Drehbuchs entwickelt. Die Reise nach Vegas führt Vaughn und Favreau ins **Fremont Hotel and Casino, 200 East Fremont Street** *(Tel. 702 385 3232)* im alten Distrikt Downtown, während die Außenansichten das **Star-**

Jon Favreau trifft die Starbucks-Kellnerin: Dresden Room, Los Feliz

dust Hotel und Casi-no, 3000 Las Vegas Boulevard *(Tel. 702 732 6111)* auf dem Strip zeigen. Zurück in L.A. spielt Favreau eine Runde im **Los Feliz Golf Club**. Der Autokonvoi von der Hollywood-Hills-Party fährt an einer Reihe

„Vegas, Bob, Vegas": Das Stardust Hotel and Casino, Las Vegas Boulevard

vertrauter Schauplätze vorbei – **Canter's** an der Fairfax, zu sehen in *Staatsfeind Nr. 1*, und die **Hollywood Star Lanes Bowling Alley** am Hollywood Boulevard aus *The Big Lebowski*. Das Ziel ist das **Dresden Room Restaurant, 1760 North Vermont Avenue**, nördlich des Barnsdall Park in Los Feliz *(Tel. 323.665.4294)*, wo Favreau der Starbucks-Kellnerin begegnet. Der Club, in dem Liman eine Parodie auf Scorseses berühmte Kamerafahrt aus *Goodfellas* abliefert, ist **The Derby, 4500 Los Feliz Boulevard** *(Tel. 323 663 8979)*. Das alte Brown Derby (aber nicht das berühmte Restaurant in Hutform, das auf dem Wilshire Boulevard stand) wurde 1993 im alten Hollywood-Glanz wieder eröffnet. Die ovale Bar war übrigens im Joan-Crawford-Film *Solange ein Herz schlägt* zu sehen. Besuchen Sie die Website unter *www.the-derby.com*.

T

DER TAG DER HEUSCHRECKE
(1975, R: John Schlesinger)
William Atherton, Karen Black, Burgess Meredith
• **LOS ANGELES**

Atherton ist der naive Art Director, dessen Erfahrungen mit dem Wahnsinn von Hollywood in den dreißiger Jahren zu apokalyptischen Visionen eines niederbrennenden L.A. führen.

Das Haus des Filmproduzenten: Ennis-Brown House, Glendower Avenue

Schlesingers Verfilmung von Nathanael Wests bissiger Satire erfasst so gelungen das Gefühl der dreißiger Jahre in L.A., dass es wirklich überrascht, wie viel des Films tatsächlich auf dem Paramount-Gelände gedreht wurde. Athertons Apartment in San Bernardino Arms wurde über dem Paramount-Tank errichtet, in dem Charlton Heston in *Die zehn Gebote* das Rote Meer teilte. Das Design war dem Zuhause von West nachempfunden, wo er den Roman geschrieben hatte: den Parva Sed Apartments, 1817 North Ivar Street, Hollywood (nur ein kurzes Stück von Alto Nido Apartments, wo William Holden in Hausnummer 1851 in *Boulevard der Dämmerung* in die Tasten haute).

Karen Blacks kitschiges, rosafarbenes, stuckverziertes Cottage steht auch auf dem Paramount-Gelände. Der blaue Himmel dahinter war nichts weiter als ein gemalter Hintergrund, was zur Folge hatte, dass die Dreharbeiten jeden Tag um die Zeit abgebrochen werden mussten, wenn die Schatten von in der Nähe befindlichen Telegrafenmasten auf den „Himmel" fielen.

Und wie immer ist der Hollywood-Schriftzug nicht echt, der in Wirklichkeit kaum zugänglich ist. Und mit dem Wagen kann man ihn erst recht nicht erreichen. Zwei der Buchstaben wurden in einem günstiger gelegenen Teil der Hollywood Hills aufgestellt.

Es gibt aber auch einige echte Drehorte: Das Edelbordell, in dem die Möchtegern-Schauspielerin Faye (Black) einen Teilzeitjob bekommt, ist eine Villa am **Cerro Crest Drive** in Beverly Hills, die früher einmal der Stripperin Gypsy Rose Lee gehörte. Das Haus des Filmproduzenten mit einem Pferd im Swimmingpool ist Frank Lloyd Wrights prachtvolles, im Stil eines Maya-Tempels gehaltenes **Ennis-Brown House, 2607 Glendower Avenue** unterhalb des Griffith Park in Los Feliz (für Details über dieses häufig verwendete Motiv siehe *Das Haus auf dem Geisterhügel*). Burgess Meredith versucht, seine Patentmedizin in

Big Sister's Temple: das Hollywood Palladium, Sunset Boulevard

der erschreckend exklusiven Gegend von **Whitley Heights** zu verkaufen, die einem italienischen Dorf nachempfunden ist und in der Bette Davis in *Reise aus der Vergangenheit* angeblich wohnte. Wenn noch kein Zaun errichtet worden ist – was inzwischen bei vielen exklusiven Straßen der Fall ist –, können Sie das Haus über die Milner Road an der Highland Avenue südlich der Hollywood Bowl erreichen. Nachdem Meredith einem Herzanfall erlegen ist, findet die Trauerfeier im Mausoleum des **Inglewood Memorial Park Cemetery** statt, gelegen an der nordöstlichen Ecke der **Manchester Avenue**/Ecke Prairie Avenue, Inglewood. Big Sister's Temple, wo Geraldine Page Wunder wirkt, ist der Ballsaal des alten **Hollywood Palladium, 6215 Sunset Boulevard**, dem Big-Band-Mekka in den vierziger Jahren und dem Schauplatz der Convention in der SF-Parodie *Galaxy Quest*.

Das Filmstudio, das im Mittelpunkt der Handlung steht, ist natürlich das von Paramount, 5451 Marathon Street. Weitere Details über das Paramount-Gelände finden Sie in *Boulevard der Dämmerung*. Der apokalyptische Aufstand wird bei einer hysterischen Premiere in Grauman's Chinese Theater, 6925 Hollywood Boulevard, ausgelöst. Das berühmte Wahrzeichen mit seinem kitschigen, pseudoorientalischen Äußeren existiert nach wie vor, heute als Mann's Chinese Theater, allerdings wäre es unmöglich gewesen, eine Szene von diesem Ausmaß und solcher Komplexität auf der Hauptstraße von Hollywood schlechthin zu inszenieren. Stattdessen wurden drei Häuserblocks des Hollywood Boulevard auf drei nebeneinander gelegenen Bühnen bei Paramount nachgebaut, was dazu führte, dass gleich gegenüber dem Kino eine nützliche Seitenstraße angelegt werden konnte, die es in Wirklichkeit nicht gibt.

DER TAG, AN DEM DIE ERDE FEUER FING
(1961, R: Val Guest)
Edward Judd, Janet Munro, Leo McKern
• **LONDON**

Ein überraschend deprimierender und präziser SF-Film, in dem die globale Erwärmung der Erde ins Extrem umschlägt, nachdem Atomtests zu einer Verschiebung der Erdachse führen. Einen großen Teil seines Realismus verdankt der Film der Tatsache, dass im Büro des *Daily Express*, **121 Fleet Street**, EC4, gefilmt werden konnte. Der Herausgeber der Zeitung wird von Arthur Christiansen gespielt, 25 Jahre lang wirklich der Herausgeber des Express, der auch als technischer Berater fungierte.

Das Met Centre, wo Reporter Judd die Wahrheit herauszufinden versucht, ist eigentlich das **Board of Trade Building** in Westminster. Der Protest der Atomgegner wurde zu einer Zeit auf dem **Trafalgar Square** gedreht, als tatsächlich Demonstranten regelmäßig von Aldermaston zwischen Reading und Newbury zu Märschen aufbrachen. Judd besucht mit seinem Sohn den alten Battersea-Freizeitpark, der in den siebziger Jahren endgültig geschlossen wurde. Den ehemaligen Standort im Battersea Park am

Südufer der Themse gleich gegenüber von Chelsea können Sie aber heute noch besichtigen.

DER TAG, AN DEM DIE ERDE STILLSTAND

(1951, R: Robert Wise)
Michael Rennie, Patricia Neal, Hugh Marlowe
• **WASHINGTON D.C.**

„Klaatu barada nikto!" – die Ellipse, Washington D.C.

Michael Rennie trifft zusammen mit seinem Roboterfreund Gort auf der Erde ein, um allen Kriegen ein Ende zu setzen. Gefilmt wurde in Washington D.C., die fliegende Untertasse landet auf der **Ellipse**, dem 20 Hektar großen Oval zwischen dem Weißen Haus und der Mall.

TAGEBUCH EINER KAMMERZOFE

(1964, R: Luis Buñuel)
Jeanne Moreau, Michel Piccoli, Georges Geret
• **FRANKREICH**

Moreau spielt in dieser Verfilmung des Romans von Octave Mirbeau (der in einer abgeschwächten Version bereits 1946 von Jean Renoir im Studio gedreht wurde) eine Kammerzofe bei einer sexuellen Ausschweifungen verfallenen gutbürgerlichen Familie, die einen faschistischen Diener beschäftigt. Die Kleinstadt ist **Milly-la-Foret**, knapp 20 Kilometer von Fontainebleau gelegen. Hier lebte der Filmregisseur Jean Cocteau, der die Chapelle Saint-Blaise-des-Simples ausschmückte, in der er beerdigt wurde.

DAS TAL DER PUPPEN

(1967, R: Mark Robson)
Barbara Parkins, Patty Duke, Susan Hayward
• **LOS ANGELES; NEW YORK CITY**

Jacqueline Susanns Melodram über eine unschuldige Schauspielerin, die auf den Sumpf aus Alkohol und Drogen zusteuert, spielt in New York und L.A. Als Barbara Parkins ihre heimatliche Kleinstadt verlässt, um in der Großstadt Arbeit zu finden, bezieht sie wohlweislich Quartier im Martha Washington Hotel for Women. Diese New Yorker Institution wurde 1903 eröffnet, um Frauen eine angemessene Unterkunft zu bieten, die alleine zu Besuch in die Stadt kamen. Es wurde geschlossen, um als (gemischtes) **Thirty Thirty Hotel, 30 East 30th Street** zwischen Madison Avenue und Fifth Avenue, Murray Hill, wieder zu eröffnen.
Die süße kleine Stadt in New England, aus der Barbara Parkins stammt und in die sie schließlich auch zurückkehrt, ist **Mount Kisco** knapp 50 Kilometer nördlich von New York City.

DER TALENTIERTE MR. RIPLEY

(1999 , R: Anthony Minghella)
Matt Damon, Jude Law, Gwyneth Paltrow
• **ITALIEN; NEW YORK CITY**

Die zweite Verfilmung des Romans von Patricia Highsmith (die erste war *Nur die Sonne war Zeuge* mit Alain

Delon als sexuell zweideutigem Antiheld) beschwört das Italien der sechziger Jahre durch ein Patchwork aus geschickt gewählten Drehorten, die nicht alle das sind, was sie zu sein scheinen.

Das Theater, in dem Ripley wohnt: Lyceum, West 45th Street, New York

Die Eröffnung spielt in New York, wo Tom Ripley im **Lyceum Theatre** arbeitet, **149 West 45th Street** zwischen Sixth Avenue und Seventh Avenue (ebenfalls zu sehen in George Cukors Melodrama *Ein Doppelleben* mit Ronald Colman von 1947).

Ripleys Apartment: Franklin Place, Tribeca

Das Innenleben von Ripleys bescheidenem Apartment war eigentlich das Erdgeschoss eines Wohnhauses in der Second Avenue/Ecke 26th Street im Bezirk Gramercy. Das

Ripley trifft Dickie Greenleaf: Bagno Antonio, Ischia

Marge hat Zweifel: Cafe Florian, Piazza San Marco, Venedig

Äußere mit der steilen Metalltreppe jedoch finden Sie in einer schmalen Gasse am **Franklin Place** zwischen White Street und Franklin Street in Tribeca.
Nachdem er den Job angenommen hat, den verwöhnten reichen Dickie Greenleaf aufzuspüren, trifft Ripley in Italien im Bahnhof von **Palermo** an der nordwestlichen Küste von Sizilien ein.
Um den fiktiven Urlaubsort Mongibello darzustellen, wo Dickie sich die Zeit mit seiner Freundin Marge vertreibt, bedient sich der Film der Insel Ischia in der Bucht von Neapel. Der mit Kopfsteinpflaster ausgelegte Platz, an dem Ripley aus dem Bus aussteigt, ist **Ischia Ponte** unterhalb des hoch aufragenden, aus dem 12. Jahrhundert stammenden Castello Aragonese, das die nordöstliche Küste beherrscht. Am besten erreicht man Ischia Ponte mit dem Bus, der gut eineinhalb Kilometer östlich von der Anlegestelle der Fähre bei Ischia Porto abfährt. Zwischen Ischia Ponte und Ischia Porte finden Sie **Bagno Antonio**, den Privatstrand, an dem Ripley zum ersten Mal Dickie und Marge entdeckt. In der Nähe befinden sich Dickies Haus und der kleine Hafen, in dem die Leiche von Dickies Freundin Silvana während der Madonnen-

Die venezianische Kirche, in der Smith-Kingsley mit dem Chor übt: Chiesa Martorana, Piazza Bellini, Palermo

Das römische Opernhaus: Teatro San Carlo, Neapel

Freddie taucht im Café auf: Piazza Navona, Rom

zeremonie auftaucht. Die Haupteinkaufsstraße und den Stadtplatz von Mongibello finden Sie dagegen auf **Procida**, einer Nachbarinsel, die mit der Fähre zwanzig Minuten entfernt ist.

Der Nachtclub Vesuvio, angeblich in Neapel, wo Dickie und Ripley „Tu Vuo' Fa L'Americano" zum Besten geben, ist das **Caffè Latino, Via Monte Testaccio 96** *(Tel. 06/5728 8384)* in Rom, während die Oper von Rom, wo sich Ripley für Dickie ausgibt, eigentlich das **Teatro San Carlo, Via San Carlo** in Neapel ist. Ebenfalls in Neapel befindet sich die beeindruckende, gewölbeartige Galleria, wo Dickie sein Geld abhebt, das er von seiner Familie zur Verfügung gestellt bekommt. Das San Remo Jazzfestival, währenddessen Ripley erstmals erkennt, dass sich die Idylle ihrem Ende nähert, ist die Küste von **Anzio** rund 50 Kilometer südlich von Rom (das echte San Remo liegt an der Grenze zu Frankreich).

Ripleys Hotel in Rom, das pompöse **Grand Hotel, Via Vittorio Emanuele Orlando 3** *(Tel. 06/47091)*, abseits des Piazza della Repubblica, steht wirklich in der ewigen Stadt, ebenso das Café, in dem Dickies lästiger Kumpel Freddie Miles auftaucht. Es befindet sich am **Piazza Navona** gegenüber Berninis Vierströme-Brunnen. Wenn er nach dem Mord an Dickie nach Rom zurückkehrt, die Ruinen des Forums vom **Capitol-Hügel** aus betrachtet und sich die monumentalen Skulpturen des **Capitol-Museum** angesehen hat, bleibt Ripley in einem Apartment am fiktiven Piazza Gioia, der in Wahrheit in der Nähe des alten jüdischen Ghettos an der **Piazza Mattei** liegt. Das Innere des Apartments – das auch als Suite des Grand Hotel herhielt – findet sich im aus dem 14. Jahrhundert stammenden **Palazzo Taverna, Via di Monte Giordano 36**. Das Terrassencafé, in dem Ripley ein Treffen zwischen Meredith, Marge und Peter Smith-Kingsley arrangiert, ist das **Cafe Dinelli, Piazza di Spagna** am Fuß der Spanischen Treppe.

In Venedig wohnt Ripley in einem Apartment, das eine Mischung aus dem leer stehenden **Ca' Sagredo** und dem **Palazzo Mosto** darstellen. Marge, die am Bahnhof **Santa**

Lucia – im Stil der fünfziger Jahre – am Nordende des Canale Grande angekommen ist, äußert schließlich ihren Verdacht, was Dickies Verschwinden im **Cafe Florian, Piazza San Marco 56-59**, angeht. Das Hotel, in dem Ripley Dickies Vater trifft, ist das **Europa e Regina, Calle Larga 22 Marzo, San Marco 2159** *(Tel. 520.0477)*, am Canale Grande gegenüber der Chiesa della Salute.

Die venezianische Kirche, in der Smith-Kingsley das „Stabat Mater" probt, ist tatsächlich die aus dem 14. Jahrhundert stammende **Chiesa Martorana, Piazza Bellini** in Palermo, Sizilien.

Tom Ripley trifft in Mongibello ein: Ischia Ponte, Ischia

TANZ DER TEUFEL
(1982, R: Sam Raimi)
Bruce Campbell, Ellen Sandweiss, Betsy Baker
• **TENNESSEE; MICHIGAN**

Raimis einflussreicher, blutiger und energiegeladener Schocker wurde von Detroiter Zahnärzten finanziert und im Format 16 mm gefilmt, um die Geschichte von fünf debilen Teenagern zu erzählen, die in einem verfluchten Wald in der Nähe einer Hütte festsitzen. Der Drehort befindet sich in der Nähe eines Campingplatzes bei **Morristown** nördlich der Interstate I-81, rund 65 Kilometer nordöstlich von Knoxville in East Tennessee. Die Animationssequenzen entstanden in einem Keller in Raimis Heimatstadt **Detroit**, Michigan.

TANZ DER TEUFEL II – JETZT WIRD NOCH MEHR GETANZT
(1987, R: Sam Raimi)
Bruce Campbell, Sarah Berry, Dan Hicks
• **NORTH CAROLINA; MICHIGAN**

Noch mehr Spaß in den Wäldern. Die kleine Hütte liegt jetzt bei Wadesboro, rund 65 Kilometer östlich von Charlotte am Highway 74, North Carolina. Für die Studioaufnahmen wurden die De Laurentiis Studios in Wilmington, North Carolina, genutzt, weitere Dreharbeiten fanden einmal mehr in Detroit, Michigan, statt.

TANZ DER TOTEN SEELEN
(1962, R: Herk Harvey)
Candace Hilligoss, France Feist, Sidney Berger
• **KANSAS; UTAH**

Dieser schräge kleine Independent-Horrorfilm – eine Einzelarbeit des Regisseurs Harvey – entstand, von der Hauptrolle abgesehen, mit einer komplett nicht-professionellen Besetzung. Gefilmt wurde rund um Harveys

Heimatstadt **Lawrence**, Kansas, rund 50 Kilometer westlich von Kansas City am Highway 70. Die einleitende Autokarambolage entstand in **Kaw Bridge, Lawrence**. Der bizarre Karneval selbst war eine heruntergekommene Kirmes – der **Saltair Pavilion**, Interstate 80, westlich von Salt Lake City, Utah. Der Holzpavillon aus dem Film ist inzwischen durch einen kitschigen Komplex im Vegas-Stil ersetzt worden, aber ein kleines Modell des Originals ist dort noch ausgestellt.

TARZAN UND DIE AMAZONEN

(1945, R: Kurt Neumann)
Johnny Weissmüller, Brenda Joyce, Johnny Sheffield
• **LOS ANGELES**

Für die Dschungelszenen begaben sich die Filmemacher in das **Los Angeles State and County Arboretum, 301 North Baldwin Avenue**, Arcadia, östlich von Pasadena *(Tel. 818 821 3222)*. Dieser 50 Hektar große tropische Garten bot den üppigen Hintergrund für unzählige Filme, einschließlich mehrerer *Tarzan*-Filme sowie *Anaconda*, *Die Teufelsinsel, Der Mann mit der eisernen Maske* (1939), *Fahrkarte nach Marseilles* und *Der Weg nach Singapur*.

TARZANS ABENTEUER IN NEW YORK

(1942, R: Richard Thorpe)
Johnny Weissmüller, Maureen O'Sullivan, Johnny Sheffield
• **NEW YORK CITY**

Tarzan verlässt den Dschungel, um seinen entführten Sohn zurückzuholen. Zu den Dreharbeiten in New York gehört auch der berühmte Sprung des Olympia-Schwimmers Weissmüller aus sechzig Meter Höhe von der **Brooklyn Bridge** in den East River.

TARZANS VERGELTUNG

(1934, R: Cedric Gibbons)
Johnny Weissmüller, Maureen O'Sullivan
• **KALIFORNIEN**

Der Dschungel ist **Sherwood Forest** und **Sherwood Lake**. Der Sumpf liegt im Woodland Park nahe Pico-Rivera in Whittier. Weitere Drehorte in Kalifornien waren **Big Tujunga** und **China Flats** (heute ein abgeriegeltes Naval Weapons Center, nördlich von Ridgecrest in der Mojave-Wüste).

TATIS SCHÜTZENFEST

(1948, R: Jacques Tati)
Jacques Tati, Guy Decomble, Paul Frankeur
• **FRANKREICH**

Tatis Kinodebüt über einen Dorfbriefträger, der nach amerikanischem Vorbild effizienter arbeiten will, spielt im hübschen Dörfchen **Sainte-Severe-sur-Indre**, etwa 65 Kilometer südlich von Bourges im Tal der Loire. Das Dorf liegt unmittelbar an der Landstraße D943 Tours – Montlucon *(Bahnhof: Le Châtre)*.

TAXI DRIVER

(1976, R: Martin Scorsese)
Robert De Niro, Jodie Foster, Harvey Keitel

• **NEW YORK CITY**

De Niro wird so sehr mit der Rolle des Einzelgängers Travis Bickle identifiziert, dass man kaum glauben kann, dass Sänger Neil Diamond die erste Wahl und Jeff Bridges die zweite Wahl in einem Film

Die Taxizentrale: 57th Street/Ecke 11th Avenue

waren, bei dem ursprünglich Robert Mulligan Regie führen sollte. Zum Glück gelangte das Drehbuch in die Hände des Dream Teams Scorsese und De Niro, die zusammen den unbestritten besten Film der siebziger Jahre schufen.

Scorsese drehte natürlich an Ort und Stelle in New York. Die Taxizentrale, für die De Niro arbeitet, befand sich am westlichen Ende der **57th Street** in Höhe 11th Avenue. Das Gebäude steht noch immer da, doch der fotogene Hintergrund ist plattgemacht worden, um dem West Side Highway Platz zu machen. Auch das Café, in dem sich De Niro mit Peter Boyle und den anderen Fahrern trifft, existiert nicht mehr. Es war ein echter Taxifahrer-Treff: die Belmore Cafeteria an der Ecke Park Avenue South/28th Street. Die Pornokinos, in denen De Niro seine Freizeit verbringt, finden sich im Block 48th Street/ Eighth Avenue. Die politische Kundgebung findet auf der Seventh Avenue/Ecke 38th Street statt. De Niro trägt einen Irokesenschnitt, als er den Senator am **Columbus Circle** erschießen will. Gefasst wird er schließlich bei Cybill Shepherd vor dem **St. Regis-Sheraton Hotel, 2 East 55th Street**/Ecke Fifth Avenue.

Das schäbige Hotel, in das De Niro die minderjährige Nutte Foster mitnimmt und das Schauplatz des Blutbads wird, steht in der **226 13th Street**, zwischen Second Avenue und Third Avenue im East Village.

TEENWOLF

(1985, R: Rod Daniel)
Michael J. Fox, James Hampton, Scott Paulin
• **KALIFORNIEN**

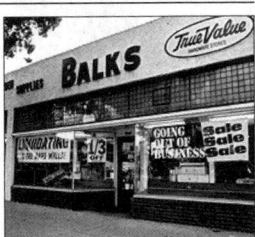

High-School-Basketballspieler Fox wird in dieser liebenswürdigen Komödie zum Tier. Das Haus der Familie ist **1727 Bushnell Avenue, South Pasadena** (dasselbe Haus, in das Fox in *Zurück in die Zukunft* gebracht wird). Das

Der Baumarkt: Mission Street, South Pasadena

Geschäft, in dem Fox arbeitet, war Balk's, **1518 Mission Street** in South Pasadena, das im Jahr 2000 geschlossen wurde. Tony's Liquor, wo Fox seinen Werwolfblick nutzt, um Bier zu kaufen, ist in **Tujunga** nordwestlich von L.A zu finden.

TENEBRAE

(1982, R: Dario Argento)
Anthony Franciosa, Veronica Lario, John Saxon
• **ROM; NEW YORK CITY**

Ein weiterer Sieg für Argento in Sachen Stil über Inhalt, mit einem exzellenten Schockeffekt, der mit einem Augenzwinkern bei Brian De Palmas Schluss von *Mein Bruder Kain* geborgt ist. Von einer kurzen Eröffnungsszene abgesehen, in der Autor Franciosa mit dem Fahrrad zum **JFK Airport** in New York fährt, wurde der Film in Rom gedreht. Ungewöhnlich war, dass Argento beschloss, den Film im grellen Sonnenschein zu drehen (die Ironie liegt im Titel, der „Finsternis" bedeutet). Drehort ist die nahezu menschenleere, antiseptische Vorstadt **EUR** (Esposizione Universale Romana), ein gewaltiges, von Mussolini geplantes, aber erst in den fünfziger Jahren fertig gestelltes Projekt gut sechs Kilometer südlich von Rom an der Via Cristoforo Colombo. Mehr von der faschistischen Architektur in dieser Gegend können Sie in *Titus* sehen.

TEOREMA – GEOMETRIE DER LIEBE

(1968, R: Pier Paolo Pasolini)
Terence Stamp, Silvana Mangano, Massimo Girotti
• **MAILAND**

Allegorische Fabel, gefilmt in Mailand, in der der gut aussehende Fremde Stamp alle Mitglieder einer spießbürgerlichen Familie und das Dienstmädchen verführt. Die Familie reagiert dabei ganz unterschiedlich: Mutter Silvana Mangano streift in den Straßen von Mailand umher und hält nach Männern Ausschau, der Vater zieht sich auf dem Bahnsteig des **Mailänder Hauptbahnhofs** aus.

TERMINATOR

(1984, R: James Cameron)
Linda Hamilton, Michael Biehn, Arnold Schwarzenegger
• **LOS ANGELES**

Der Terminator nimmt Gestalt an: Griffith Observatory

Schwarzenegger, der Cyborg, der aus dem Jahr 2029 zurückgeschickt wird, um die zukünftige Heldin Linda Hamilton zu eliminieren, materialisiert in einem Wirrwarr aus einkopierten Blitzen am **Griffith Park Observatory, Observatory Drive** in Griffith Park, wo er ein paar Punks das Herz aus dem Leib reißt und deren Kleidung an sich nimmt (und im Stillen Gott dafür dankt, dass er nicht in einem Kloster gelandet ist). Die nächtliche Szene zeigt einige wunderbare Ausblicke auf die gewaltige Ausdehnung von L.A.
Der menschliche Widerstand in Gestalt von Michael Biehn ist nicht weit entfernt, er landet in einer Seitenstraße in Downtown. Hamilton arbeitet als Kellnerin im Big Buns Café, bei dem es sich tatsächlich um das **Carrows Restaurant** handelt, **815 South Fremont Avenue**/Ecke Mission Street, South Pasadena. Die Verfolgungsjagd führt durch Downtown L.A., über die **Sixth Street** und die

Seventh Street sowie den **Broadway**. Sie endet vorläufig in einer Schießerei im Parkhaus des **Department of Power and Water, 111 North Hope Street**. Die Verfolgungsjagd im Tunnel, bei der Arnie selbst gebastelten Bomben ausweichen muss, wurde im **Second Street Tunnel** gefilmt, der zwischen Hill Street und Figueroa Street in den Untergrund führt. Die letzte Konfrontation, bei der der Terminator auf ein Metallskelett reduziert wird und dann in eine Metallpresse gerät, wurde bei **Kern's of California, 13010 East Temple Avenue**, in der City of Industry im Südosten von L.A. gefilmt.

Big Buns, Linda Hamiltons Arbeitsplatz: Carrow's Restaurant, South Fremont Avenue, South Pasadena

TERMINATOR 2 – TAG DER ABRECHNUNG

(1991, R: James Cameron)
Arnold Schwarzenegger, Linda Hamilton, Robert Patrick
• **KALIFORNIEN**

Einige Jahre nach dem ersten *Terminator*. Der zukünftige Widerstandsheld John Connor (Edward Furlong) ist ein Elfjähriger, der bei Pflegeeltern im nördlichen L.A.-Vorort Reseda untergebracht

Das Pescadero State Hospital for the Criminally Insane: Phoenix Academy, Lake View

wird (suchen Sie nicht nach der South Almond Avenue – sie ist frei erfunden), während Mama Linda Hamilton in einer Hochsicherheitsanstalt unter Beobachtung steht. Mit 94 Mio. Dollar war *T2* der bis dahin teuerste Film aller Zeiten (Teil 1 hatte gerade mal 6 Mio. Dollar gekostet), aber das lange vor *Titanic*. Cameron nutzte die Gelegenheit, Aspekte aus dem ersten Film in größerem Stil noch einmal zu verarbeiten. Der einleitende Krieg in der Zukunft wird erneut gezeigt, für den die Überreste eines abgerissenen Stahlwerks in **Fontana** am Rande von San Bernardino, Route 10 östlich von L.A., genutzt wurden. Mit einem Sinn für Sparsamkeit, der seinem alten Mentor gefallen würde (Cameron ist ein Abkömmling der Roger-Corman-Schule des Filmemachens – mit 26 erledigte er die Spezialeffekte des von Corman produzierten *Sador – Herrscher im Weltraum*), rückte er die ausgebrannten Autos, die geschmolzenen Motorräder und anderen verkohlten Schrott ins Bild, die die Folge eines Feuers in den

Der Truck taucht ab: Bull Creek bei Plummer und Hayvenhurst

Universal Studios im Jahre 1989 waren, als ein verärgerter Wachmann das berühmte Gelände in Brand steckte.

Das Pescadero State Hospital for the Criminally Insane, in dem Hamilton festgehalten wird, hat rein gar nichts mit Pescadero, einer kleinen Fischerstadt zwischen San Francisco und Santa Cruz, zu tun. Die Institution im Film liegt näher bei L.A. Es handelt sich um die **Phoenix Academy** (vormals das Lake View Medical Center), **11600 Eldridge** in Kagel Canyon, abseits des Foothill Boulevards nördlich von Hansen Dam Park im San Fernando Valley. Als medizinische Einrichtung Anfang der siebziger Jahre errichtet, wurde es wieder geschlossen. Entweder auf Grund von Erdbebenschäden oder wegen fehlender finanzieller Mittel – je nachdem, welche Version Sie glauben möchten. Es begann eine neue Karriere als Filmmotiv, scheint aber heute wieder auf dem alten Kurs zu sein.

Arnie hat besonderes Glück, dass er im San Fernando Valley nackt vor einer Biker-Kneipe materialisiert, **The Corral Bar, 12002 Osborne Street, Lakeview Terrace** *(Tel. 818 899 9944)*, wo er sich nicht nur eine Ledermontur beschafft, sondern auch eine coole Maschine und eine dicke Waffe. Unterdessen hat der verbesserte T-1000-Terminator, ein Gestaltwandler aus flüssigem Metall, den jungen Connor in Reseda aufgespürt. Die Verfolgungsjagd und die Konfrontation der beiden Terminators wurde allerdings nicht in Reseda gefilmt. Die Außenansicht ist nicht weit entfernt – es ist die **Northridge Mall, 9301 Tampa Avenue, Northridge** –, während sich das Innenleben an der Küste in Santa Monica befindet, nämlich im 162 Geschäfte umfassenden **Santa Monica Place Shopping Center, Fourth Street/** Ecke Broadway. Connor flieht auf seiner Crossmaschine und fährt in einen der Hochwasserkanäle im San Fernando Valley. Der Abflusskanal, der benutzt wird, ist der **Bull Creek**, der zur Sepulveda Flood Control Area führt (in trockeneren Zeiten der Balboa- und der Encino-Golfplatz). Der T-1000 verfolgt ihn in einem Lastwagen und vollführt an der Kreuzung **Plummer** und **Hayvenhurst** den spektakulären Sprung in den Bull Creek.

Nachdem sie Mom aus Pescadero herausgeholt haben, fahren Connor und der gute Terminator in ein Wüstenlager am westlichen Rand der Mojave-Wüste bei **Lancaster** in Antelope Valley. Hamilton, von Visionen heimgesucht, in denen sie sieht, wie L.A. von einem nuklearen Feuersturm erfasst wird, macht sich auf den Weg, um den Wissenschaftler Joe Morton zu töten, dessen Forschung das

Skynet System und damit den zukünftigen Krieg nach sich ziehen wird. Mortons Haus, wo Arnie auf beeindruckende Weise seinen nichtmenschlichen Status unterstreicht, ist ein Privathaus am **Pacific Coast Highway**, westlich der South Malibu Canyon Road, westlich von Malibu (allerdings kann man es von der Straße aus nicht sehen).

Das Cyberdyne-Hauptquartier, das Hochsicherheitszuhause des todbringenden Cyborgchips, liegt tatsächlich in Silicon Valley, dem Herzen der Computerindustrie. Das Gebäude ist das der **Renco Investment Company, 47131 Bayside Park**, am Gateway Boulevard, Fremont, einem Vorort von San Jose. Eine Glasfassade verlieh dem Gebäude ein drittes Stockwerk, und die tatsächlich verglasten Fenster wurden verkabelt, um sie alle gleichzeitig mit einem Feuerball nach außen zu sprengen. Der konfiszierte SWAT-Truck rast in eine speziell vorgebaute Lobby. Fremont liegt östlich der San Francisco Bay über die Dunbar Bridge, wo sich Route 17 und Route 84 kreuzen.

Der T-1000 verschafft sich in flüssiger Form Zugang zum Helikopter, um die Verfolgungsjagd einzuleiten. Die permanent stark befahrenen Freeways von L.A. sind wichtige Verkehrsadern, die immer am Rand des Infarkts stehen. Sperrt man dann noch einen Abschnitt, ist der Infarkt fast nicht zu vermeiden. Aber L.A. ist auch eine Filmstadt, und es gibt immer eine Möglichkeit. In Richtung San Pedro wurde schließlich ein vierspuriger Abschnitt entdeckt, und zwar im schäbigen Industriegebiet des Hafens, wo ein knapp fünf Kilometer langer, in Nord-Süd-Richtung verlaufender Abschnitt Sepulveda Boulevard mit der Marinebasis auf Terminal Island verbindet. Der **Terminal Island Freeway** konnte nachts gesperrt werden, ohne größere Behinderungen nach sich zu ziehen. In den meisten Szenen befand sich der Hubschrauber am Haken eines Krans, der auf einem Tieflader auf der Nebenfahrbahn montiert war. Für einen Stunt flog jedoch ein echter Helikopter unter der sechs Meter hohen Überführung des **Pacific Coast Highway** hindurch.

Zum Ende der Verfolgungsjagd schließt sich der Kreis des Films. Das Stahlwerk, angeblich am Ende des Freeways gelegen, befindet sich gleich neben den Ruinen in Fontana, die für die Eröffnungssequenz genommen worden waren. Hier wurde ein vor siebzehn Jahren stillgelegtes Stahlwerk mit einer ganzen Salve von Tricks wieder zum Leben erweckt. Geschmolzenes Metall verursacht bei Versicherungsgesellschaften Panikattacken – siehe *Die durch die Hölle gehen* –, darum wurde glühender Stahl durch weiße Farbe und beleuchtete Plastikflächen simuliert, begleitet von heftigem Funkenflug.

Das Cyberdyne-Hauptquartier: Bayside Park, Fremont

THE TERROR – SCHLOSS DES SCHRECKENS

(1963, R: Roger Corman)
Boris Karloff, Jack Nicholson, Sandra Knight
● KALIFORNIEN

„Mr. Wirtschaftlichkeit" Corman war mit den Dreharbeiten für *Der Rabe* ein paar Tage früher fertig als erwartet. Sets und Schauspieler standen ihm noch immer zur Verfügung, also schusterte er rasch diese kleine Nummer zusammen. Die Aufnahmen der baltischen Küste entstanden an der Küste von **Big Sur** zwischen San Francisco und Los Angeles, gefilmt vom Regisseur des zweiten Kamerateams, Francis Ford Coppola.

TESS

(1979, R: Roman Polanski)
Nastassja Kinski, Leigh Lawson, Peter Firth
● FRANKREICH

Verfilmung von Thomas Hardys Buch, aber nicht im West Country von England, sondern in der Bretagne in Nordfrankreich rund um die Stadt **Morlaix** in Richtung zur nördlichen Küste.

DAS TESTAMENT DES ORPHEUS

(1960, R: Jean Cocteau)
Jean Cocteau, Edouard Dermithe, Maria Casares
● FRANKREICH

Die unterirdische Sraße: Rue Obscure, Villefranche-sur-Mer

Cocteaus letzter Film mit Beiträgen von Yul Brynner und Picasso. Die seltsame unterirdische Straße ist die **Rue Obscure** in der Altstadt von **Villefranche-sur-Mer**, jenem hübschen kleinen Hafenstädtchen östlich von Nizza an der französischen Riviera. In diesem unterirdischen Labyrinth war es der Résistance möglich, während des Zweiten Weltkriegs der deutschen Armee aus dem Weg zu gehen.

DIE TEUFEL

(1970, R: Ken Russell)
Oliver Reed, Vanessa Redgrave, Gemma Jones
● NORTHUMBERLAND

Brillant gefilmte, rabenschwarze Komödie nach dem Stück von John Whiting, das wiederum auf Aldous Huxleys Buch *Die Teufel von Loudun* basierte. Einer von Russells großartigsten Filmen. Die von Mauern umgebene Stadt Loudun wurde nach einem phantastischen Design von Derek Jarman in **Pinewood** errichtet. Das Außenmotiv, das in den ersten Szenen hinter den verwesenden Leichen zu sehen war, ist das aus dem 12. Jahrhundert stammende **Bamburgh Castle**, gut 25 Kilometer nördlich von Alnwick in Northumberland. Es ist von Ostern bis Oktober geöffnet *(Tel. 01669/620314, es wird Eintritt verlangt).*

TEUFEL IN BLAU

(1995, R: Carl Franklin)
Denzel Washington, Jennifer Beals, Don Cheadle

● KALIFORNIEN

Central Avenue in den vierziger Jahren: South Main Street, Downtown L.A.

Ein stilvoller Privatdetektivfilm nach Walter Mosleys Roman, angesiedelt im Jahr 1948 in Los Angeles und gefilmt ausschließlich an Motiven in L.A., **Malibu, Pasadena** und **Piru**, rund 65 Kilometer weiter nördlich. Das Schwarzenzentrum der vierziger Jahre auf der Central Avenue wurde in einem oft eingesetzten und heruntergekommenen Gebiet in Downtown Los Angeles gefilmt, das sich über vier Häuserblocks an der **Main Street** erstreckt, rund um das **Regent Theater, 448 South Main Street**. Da nur wenige Fotos der Central Avenue überlebt haben, wurden die Geschäftsnamen – Lovejoy's Breakfast Club, Bluebird Market, Waters and Sons Record Shop – einem zeitgenössischen Branchenverzeichnis mit Geschäften schwarzer Besitzer entnommen. Die Villa ist die **Mayfield Senior School, 500 Bellefontaine Street**, Pasadena, deren Innenleben zu Richard Attenboroughs Haus in *Vergessene Welt: Jurassic Park* wurde.

DER TEUFELSHAUPTMANN

(1949, R: John Ford)
John Wayne, Joanne Dru, John Agar
● ARIZONA; UTAH

Wayne als Kavallerieoffizier kurz vor dem Ruhestand in einem gut aussehenden Western von Ford, der – wie könnte es anders sein – in **Monument Valley**, Arizona, sowie bei **Mexican Hat** am San Juan River, Utah, gefilmt wurde. John Waynes Fort steht im Schatten der **Mittens**, zwei der beeindruckendsten Felsformationen von Monument Valley.

Standort des Forts: The Mittens, Monument Valley

TEUFELSKERLE

(1938, R: Norman Taurog)
Spencer Tracy, Mickey Rooney, Henry Hull
● NEBRASKA

Tracy zieht in dieser rührseligen Tatsachenverfilmung als Father Flanagan alle Register (er wollte wirklich einmal Priester werden). Gedreht wurde in **Boys' Town** (die dem Film auch den Originaltitel gibt) am authentischen Motiv am Westrand von Omaha, Nebraska.

DER TEUFELSKREIS

(1961, R: Basil Dearden)
Dirk Bogarde, Sylvia Syms, Peter McEnery
• **LONDON**

Dieses Melodrama über die Erpressung eines bisexuellen Rechtsanwalts ist für seine Zeit ein mutiger Versuch, sich für eine Reform der britischen Gesetze gegen Homosexuelle zu en-

Die Schwulenbar im West End: Salisbury, St. Martin's Lane

gagieren. Viele Schauplätze finden sich im Londoner West End, darunter auch der Pub **Salisbury**, St Martin's Lane (wo Maggie Smith in *Reisen mit meiner Tante* abstieg), der zu dieser Zeit eine der bekanntesten Schwulenbars war. Charles Lloyd Packs Herrenfriseur hatte sein Geschäft am **Cambridge Circus**.

DER TEXANER

(1976, R: Clint Eastwood)
Clint Eastwood, Chief Dan George, Sondra Locke
• **UTAH; ARIZONA; KALIFORNIEN**

Brutaler Rache-Western, der in **Kanab**, Utah, im **Glen Canyon** und am künstlichen **Lake Powell** in Arizona sowie in **Oroville**, Butte County, Kalifornien, gedreht wurde.

TEXASVILLE

(1990, R: Peter Bogdanovich)
Jeff Bridges, Cybill Shepherd, Timothy Bottoms
• **TEXAS**

Nach 19 Jahren kehrte Peter Bogdanovich für diese enttäuschende Fortsetzung zu *Die letzte Vorstellung* nach **Archer City**,Texas, zurück.

Das fiktive Anarene, Texas: Archer City

THEATER DES GRAUENS

(1973, R: Douglas Hickox)
Vincent Price, Diana Rigg, Ian Hendry
• **LONDON; BERKSHIRE**

Price ist der für tot gehaltene Shakespeare-Darsteller, der zurückkehrt, um Mitglieder des verhassten Kritikerkreises auf Shakespeare'sche Weise zu töten – eine wunderbar geschmacklose schwarze Komödie, die komplett in London entstand.
Michael Horderns Wohnung befindet sich in **Digby Mansions, Hammersmith Bridge Road**/Ecke Lower Mall mit Blick auf die Hammersmith Bridge (gleich neben dem Ruderclub und dem Pub aus *Sie liebt ihn – Sie liebt ihn nicht*). Jack Hawkins, der ein äußerst erfolgreicher Kritiker sein muss, würgt Diana Dors in seinem Nobelhaus am Chelsea Embankment, **8 Cheyne Walk**,

SW3, mit Blick auf die Albert Bridge (ein weiteres Motiv in *Sie liebt ihn – Sie liebt ihn nicht*). Das Haus steht übrigens genau zwischen den früheren Häusern von Dante Gabriel Rossetti und George Eliot. Coral Browne erwischt es im (heute nicht mehr vorhandenen) Robert Fielding, Knightsbridge, SW7, gegenüber von Harrods. Diana Rigg arbeitet am **Long Walk** bei Windsor Castle an einem Film. Ian Hendrys Apartment und der Treffpunkt des Kritikerkreises, von dem aus Price in die Themse springt, ist das **Alembic House** am Albert Embankment zwischen Lambeth Bridge und Vauxhall Bridge. Der Friedhof, auf dem Dennis Price' Leiche gefunden wird, ist der **Kensal Green Cemetery**, Kensal Green.

Heimat des ersten Opfers: Digby Mansions, Hammersmith

Lionhearts Selbstmord: Thames Embankment

Das Theater selbst war das Putney Hippodrome an der Ecke Putney High Street/Felsham Road, SW15, das inzwischen abgerissen worden ist. Als Variétéhaus 1906 erbaut, wurde es in den dreißiger Jahren zu einem Kino umgebaut, war aber bereits seit 14 Jahren geschlossen, als es zum Versteck von Edward Lionheart auserkoren wurde. Das Proszenium wurde speziell für den Film gebaut und mit einem Kronleuchter ausgestattet, außerdem wurden 500 Plätze (zu je 50 p) vom Croydon Odeon gekauft, um den Raum zu füllen.

THELMA & LOUISE

(1991, R: Ridley Scott)
Susan Sarandon, Geena Davis, Brad Pitt
• **KALIFORNIEN; UTAH; COLORADO**

Feministisches Roadmovie oder Männerphantasie in Frauenkleidern? Sie haben die Wahl. Die Reise im Film führt von Arkansas durch Oklahoma und Colorado nach Arizona, aber Scott, der Meister der Vorspiegelung falscher Drehorte, filmte nur das letzte Drittel des Films in der Wüste rund um L.A. und Bakersfield, und das war vorwiegend in Utah.
Die grüne Landschaft von Arkansas ist eigentlich ein Gebiet rund um **Gorman**, nördlich von L.A. und des **Lockwood Valley**. Die Abfahrt ins Haupttal von Kalifornien bei **Bakersfield** wird genutzt, um den Übergang von den engen Bergen in Arkansas zu den weiten Ebenen von Oklahoma

Die Bar im mittleren Westen: The Silver Bullet, Long Beach

darzustellen. Die Zugszenen entstanden nördlich in Richtung **Shafter**, dann weiter ins staubige Gebiet von **Taft** und zu den Bohrinseln im westlichen zentralen Tal.

Die Country&Western-Bar im mittleren Westen, wo sich die Beinahevergewaltigung ereignet, die das Abenteuer eine bittere Richtung einschlagen lässt, liegt im Süden von L.A. Es handelt sich um das mittlerweile geschlossene, aber sofort identifizierbare **Silver Bullet, 3321 South Street**, zwischen Obispo Avenue und Downey Avenue. Das Motel, wo das Paar mit Brad Pitt zusammentrifft, ist ebenfalls in L.A. zu finden. Es ist das **Vagabond Inn, 3101 South Figueroa Street** *(Tel. 213 746 1531)*, südlich von Downtown L.A.

Gefilmt wurde auch in Colorado am **Unaweep Canyon, Grand Junction** an der Interstate 70 im Westen des Staates. Sarandon ruft den FBI-Agenten vom **Bedrock General Store, Bedrock**, Colorado, aus an. Die Wüstenszenen, die angeblich in New Mexico spielen, sind die atemberaubenden Sandsteinlandschaften der **La Sal Mountains**, Route 46, südöstlich von Moab im Osten von Utah; **Arches National Park**, nördlich von Moab und der **Canyonlands** im Südwesten. Die Verfolgung durch die Polizei spielt sich in Cisco, Utah, ab. Weitere Dreharbeiten erfolgten in **Thompson Springs** und **Valley City**. Und am Grand Canyon? Nix da. Die atemberaubende Schlussszene zeigt nicht den Grand Canyon, sondern **Dead Horse Point, Canyonlands** außerhalb von Moab, Utah.

Das Motel im mittleren Westen: Vagabond Inn, South Figueroa Street, L.A.

THIS BOY'S LIFE

(1993, R: Michael Caton-Jones)
Leonardo DiCaprio, Ellen Barkin, Robert De Niro
• WASHINGTON STATE

DiCaprios Leben wird zur Hölle, als seine Mutter den tyrannischen De Niro heiratet. Die Kleinstadt, in der sie sich niederlassen, ist das beziehungsreich klingende **Concrete**, rund 160 Kilometer nordwestlich von Seattle, Washington State.

THIS IS SPINAL TAP

(1984, R: Rob Reiner)
Christopher Guest, Michael McKean, Harry Shearer
• LOS ANGELES; TENNESSEE

Treffsichere Scheindokumentation, die sich ihren Platz auf der Liste der lustigsten Filme aller Zeiten verdient hat. Im Mittelpunkt steht die fiktive Rockband, die den Film den Titel gab. Das Gebäude von Atlanta Records ist das futuristische **Westin Bonaventure Hotel, 404 South Figueroa Street**, Downtown L.A. Die Gruppe verbeugt sich vor dem King mit einer bewegenden Version von „Heartbreak Hotel"

Das Atlanta-Plattenbüro: Westin Bonaventure Hotel, L.A.

an dessen Grab in **Graceland, 3717 Elvis Presley Boulevard, Memphis**, Tennessee *(Tel. 901 332 3322)*. Achten Sie darauf, wie die zwangsläufig erforderlichen ehrfürchtigen Totalen am Drehort selbst geschickt in Nahaufnahmen zerlegt werden, die gesondert gefilmt wurden. Für Konzertszenen wurde das **Raymond Theatre, 129 North Raymond Avenue**, Pasadena, benutzt, das auch in *Pulp Fiction* auftaucht.

Die Konzertszenen: Raymond Theatre, Pasadena

Tap-Version von „Heartbreak Hotel"am Grab des King: Graceland, Memphis

THOMAS CROWN IST NICHT ZU FASSEN

(1968, R: Norman Jewison)
Steve McQueen, Faye Dunaway, Paul Burke
• MASSACHUSETTS

Die uncharakteristische Versicherungsermittlerin Dunaway hängt sich an die Fersen des gelangweilten Tycoons McQueen, der einen Banküberfall durchgeführt hat. Jewisons glanzvoller und romantischer Thriller ist in den wohlhabenderen Regionen von **Boston** angesiedelt. Für den Banküberfall gleich zu Beginn wurde eine tatsächlich existierende Bank genommen (mit versteckter Kamera wurden sogar echte Reaktionen der Umstehenden aufgenommen), die sich in der **55 Congress Street** im Bankenviertel befindet. Die Polo-Partie, bei der Faye Dunaway zum ersten Mal Steve McQueen sieht, spielt im **Myopia Hunt Club, Hamilton**, an der Route 1A, dreißig Kilometer nordöstlich von Boston.

Der Banküberfall: Congress Street, Boston

DIE THOMAS CROWN AFFÄRE

(1999, R: John McTiernan)
Pierce Brosnan, Rene Russo, Denis Leary
• NEW YORK CITY; NEW YORK STATE; MARTINIQUE

Die Kunstgalerie von außen: Metropolitan Museum of Art, Fifth Avenue

... und von innen: New York Library, Fifth Avenue

In McTiernans geistreichem und stilvollem Update raubt Thomas Crown eine Kunstgalerie aus. Das Äußere der Galerie zeigt unverkennbar das New Yorker **Metropolitan Museum of Art, Fifth Ave**nue/Ecke 82nd Street *(Tel. 212.535.7710; w w w . m e t m u s e u m . org)*, es wurde als solches aber nie im Film genannt. Die Galerie hatte ein Problem damit einzuräumen, dass ein solcher Überfall möglich ist, und verweigerte daher die Kooperation. Verhindert werden konnte allerdings nicht, dass die Fassade mehrfach gefilmt wurde, die eben der Stadt New York gehört, was auch erklärt, warum die Ausstellungsbanner von Szene zu Szene wechseln. Das Innere der Galerien entstand im Studio, aber der Eingangsbereich gehört der **New York Public Library, Fifth Avenue**/Ecke 42nd Street *(Tel. 212 869 8089; www.nypl.org)* – deren Außenansichten auch die verfluchte Bibliothek in *Ghostbusters – Die Geisterjäger* darstellen.

Der Eingang von Crown Towers, Thomas Crowns luxuriösem Bürogebäude, gehört einem leer stehenden Haus nahe der New Yorker Börse. Den phantastischen Blick über den East River hat man allerdings vom Fenster von Lucent Technologies aus. Der National Arts Club (der echte Club ist in Martin Scorseses *Zeit der Unschuld* und Woody Allens *Manhattan Murder Mystery*) ist von außen der **India Club, Hanover Square**, von innen ist er das **Manhattanville College, Purchase**, New York. Der Ballsaal des Pierre Hotel, in dem sich Catherine Banning an Crown heranmacht, ist die alte Bibliothek des **Bronx College, University Avenue**/Ecke West 181st Street. Thomas Crowns exotische Zuflucht befindet sich auf **Martinique**.

THREE KINGS

(1999, R: David O. Russell)
George Clooney, Mark Wahlberg, Ice Cube
• ARIZONA; MEXIKO

Russells intelligentes und fesselndes Abenteuer, das in der Zeit nach dem Golfkrieg spielt, benötigte eine flache Landschaft, um die weiten Ebenen des Irak zu verkörpern. Die Eröffnungsszene spielt in einem ausgetrockneten See vor **Mexicali**, Mexiko. Der größte Teil des Films wurde in der verlassenen **Sacaton Copper Mine** bei **Casa Grande**, zwischen Tucson und Phoenix, Arizona, gefilmt, wo sämtliche Vegetation durch chemische Schadstoffe vernichtet worden ist. Die „irakischen" Dörfer wurden auf verschiedenen Plateaus aufgebaut, die nach dem Abbau des Mineralerzes verblieben waren.

THX 1138

(1970, R: George Lucas)
Robert Duvall, Donald Pleasence, Maggie McOmie
• KALIFORNIEN

George Lucas' erster Kinofilm – dem *American Graffiti* und der unglaublich erfolgreiche *Krieg der Sterne* folgte – ist die selbstbewusste Arbeit eines Filmstudenten. In einer klinisch dystopischen Zukunft angesiedelt, bedient sich der Film einer Reihe von echten Motiven in Kalifornien. Die klaustrophobische unterirdische Umgebung ist das (unvollendete) Tunnelsystem des **San Francisco Bay Area Rapid Transit**-Systems (BART). Zu den anderen Schauplätzen zählen die **Lawrence Hall of Science, 1 Centennial Drive**, in den Hügeln oberhalb des Hauptcampus der University of California in Berkeley, sowie Frank Lloyd Wrights grandiose Ausgelassenheit aus den fünfziger Jahren: das **County Civic Center, Civic Center Drive, San Rafael**, Nordkalifornien (auch zu sehen in *Gattaca*).

Die klinische Zukunft: Marin County Civic Center, San Rafael

EIN TICKET FÜR ZWEI

(1987, R: John Hughes)
Steve Martin, John Candy, William Windom
• LOS ANGELES; NEW YORK STATE; MISSOURI

Martin ist ein leitender Angestellter, der versucht, zu Thanksgiving sein Zuhause in Chicago zu erreichen (nun, es ist ja auch ein Film von John Hughes), dabei aber an Candy gerät, den schlimmsten Mitreisenden der Welt. Gefilmt wurde in L.A., am **St. Louis Lambert International Airport, St. Louis, Missouri** und in der **South Dayton Train Station, Buffalo**, New York.

TIGER BAY

(1959, R: J. Lee Thompson)
Hayley Mills, John Mills, Horst Buchholz
• WALES

Hayley Mills wird vom polnischen Seemann Horst Buchholz gekidnappt – und später beschützt –, der von der Polizei wegen des Mordes an seiner Freundin gesucht wird. Gefilmt wurde rund um **Cardiff** und auf See im Bristol Channel.

TIME BANDITS

(1981, R: Terry Gilliam)
Craig Warnock, David Rappaport, John Cleese
• MAROKKO; WALES; BUCKINGHAMSHIRE

Das Zuhause des jungen Zeitreisenden Kevin ist **Haywood, Birch Hill** in **Bracknell**, Buckinghamshire. Die Schlossruine, in der sich Napoleon damit vergnügt, kleinen Leuten zuzusehen, wie sie sich gegenseitig verprügeln, ist Raglan Castle in Wales. Das antike Griechenland, wo Kevin auf Agamemnon trifft, ist **Aït Ben Haddou** nahe Ouarzazate im Süden von Marokko (für Sean Connery in angenehmer Nähe zum Aloha Golf Course), einem bekannten Schauplatz für Filme wie *Auf der Jagd nach dem Juwel vom Nil* und *Gladiator*. Bei der versinkenden Titanic handelt es sich um koloriertes Filmmaterial der britischen Produktion *Die letzte Nacht der Titanic*.

TIMECOP

(1994, R: Peter Hyams)
Jean-Claude Van Damme, Mia Sara, Ron Silver
• **BRITISH COLUMBIA, KANADA; PENNSYLVANIA**

Angesiedelt in Pittsburgh, Pennsylvania, aber zum Teil gefilmt auf **Granville Island**, Vancouver, British Columbia.

TIN MEN

(1987, R: Barry Levinson)
Richard Dreyfuss, Danny DeVito, Barbara Hershey
• **MARYLAND**

Dreyfuss und DeVito sind konkurrierende Aluminiumverkäufer im Baltimore der sechziger Jahre. Das Haus, in dem der Life-Magazine-Trick bei einer gutgläubigen Hausfrau angewendet wird, ist das Zuhause von Regisseur Berry Levinson selbst, **4211 Springdale Avenue, Forest Park**, südlich der Liberty Heights Avenue. Der Cadillac-Ausstellungsraum befindet sich in der **242 West 29th Street**, nahe Remington Avenue, südlich des Campus von Johns Hopkins University. DeVito lebt nicht in der Pimlico Road, sondern in **3107 Cliffmount**. Das Restaurant mit Pianobar, in dem DeVito und seine Freunde ihre Freizeit verbringen, ist ein eleganter Speisesaal, der **John Eager Howard Room** des **Belvedere Hotel, 1 East Chase Street**. Das Belvedere, heute ein Restaurant und eine Eigentumswohnanlage, findet sich im Distrikt Mount Vernon. Dafür tritt Dreyfuss in die Scheinwerfer und rast auf der **East Chase Street** davon. Das Lokal, in dem DeVito und Dreyfuss essen, ist eine kleine Hommage an einen früheren Levinson-Film. Es ist das **Hollywood Diner, 400 East Saratoga Street**, Hauptschauplatz in *American Diner*.

TINA – WHAT'S LOVE GOT TO DO WITH IT?

(1993, R: Brian Gibson)
Angela Bassett, Laurence Fishburne, Vanessa Bell Calloway
• **KALIFORNIEN**

Das Leben von Tina Turner als Film, der quer durch die USA führt, entstand fast völlig im Großraum L.A. Konzertszenen wurden im **State Theater, 703 South Broadway**, und im **Embassy Auditorium, 851 South Grand Avenue**, gedreht. Für den Ritz Club, New York, der längst nicht mehr existiert, sprang das **Palace Theater** ein, **1735 North Vine Street** – in den fünfziger Jahren Heimat von *This Is Your Life*, als es noch unter dem Namen El Capitan bekannt war (für Details siehe *Gegen je-*

de Chance). Harlems berühmtes Apollo Theater wird vom **Warner Grand Theater, 478 West Sixth Street** in San Pedro verkörpert, und die Tanzsendung aus den sechziger

Tina Turner tritt auf: State Theater, South Broadway, Downtown L.A.

Jahren nutzt das **Star Search Theater**. Die nur kurz im Bild gezeigte Halle, in der Turner auftreten soll, dann aber zusammenbricht und die Flucht ergreift, ist das **Academy Theater, 3100 Manchester Boulevard**/Ecke Crenshaw Boulevard (heute eine Kirche), in Inglewood östlich des Los Angeles Airport. Das Fairmont Hotel, San Francisco, wo Tina ihr Solodebüt gibt, ist der Ballsaal des **Park Plaza Hotel, 607 South Park View Street**, Downtown L.A. Ike und Tina sind auf Sauftour im **Johnie's Broiler, 7447 Firestone Boulevard, Downey**. Im Film ist Tina Turners echtes Zuhause zu sehen. Während der Recherche für den Film stellte sich heraus, dass das Haus seit den sechziger Jahren so gut wie unverändert geblieben war. Das galt sogar für Lampen, die Tapeten und ein Portrait von Ike Turner.

TITANIC

(1997, R: James Cameron)
Leonardo DiCaprio, Kate Winslet, Gloria Stuart
• **MEXIKO; NORDATLANTIK; SAN FRANCISCO**

14 Oscar-Nominierungen, 11 Oscars – und damit gleichauf mit *Ben-Hur* für die meisten Oscars. Das gigantische Titanic-Set wurde innerhalb von 100 Tagen als voll funktionstüchtiges Studio am **Rosarito Beach** errichtet, gut 28 Kilometer südlich von Tijuana an der mexikanischen Küste, allerdings nicht ohne Proteste der Anwohner. In den Eröffnungsszenen wird Filmmaterial des echten Wracks der Titanic verwendet. Insgesamt unternahm man zwölf Tauchgänge – erst bei den letzten beiden drang die ferngesteuerte Kamera, die nur ein Requisit sein sollte, tiefer ins Schiff vor als bei jedem anderen zuvor unternommenen Tauchgang.
Der Maschinenraum ist die Triple Expansion Engine der **S.S. Jeremiah O'Brien**, das **National Liberty Ship Memorial**, das Sie auf **Pier 45**, Fisherman's Wharf, San Francisco, finden (auch zu sehen im SF-Film *Sphere*).

TITFIELD-EXPRESS

(1952, R: Charles Crichton)
Stanley Holloway, George Relph, Naunton Wayne
• **AVON; OXFORDSHIRE; LONDON**

Der Ränke schmiedende Eigentümer eines Kutschendienstes versucht, einen alten Dampflokbetrieb in die Knie zu zwingen. Als alles verloren scheint, treten in dieser archetypischen Bürger-gegen-Geschäftsleute-Komödie die Bürger rettend auf den Plan. Gefilmt wurde in üppigen Farben auf der mittlerweile stillgelegten Eisenbahnstrecke bei Limpley Stoke nahe Bath. Die fiktive Strecke Titfield-Mallingford ist ein rund elf Kilome-

Auf dem Weg zur Arbeit: Mill Lane

Standort des alten Bahnhofs: Monckton Coombe

Die Farm: Matt Farm

ter langes Stück zwischen **Limpley Stoke** und **Camerton**, südlich von Bath. Junction Point ist eigentlich Bristol. Die Station war ein baufälliger Zwischenhalt bei **Monckton Coombe**, ein paar Kilometer südlich von Bath. Das Dorf mit seinem markanten Schornstein kann man noch immer wiedererkennen. Die Straße, durch die die Leute eilen, um den Thunderbolt zu erwischen, ist **Mill Lane**, die sich im Lauf der Jahre kaum verändert hat. Die Kurve hin zum Bahnhof ist heute leider völlig zugewuchert, und die Fläche der Titfield Station ist unter Tennisplätzen begraben, auch wenn man den ursprünglichen Grundriss noch immer ebenso erkennt wie die Strecke durch das Tal entlang des River Misbourne. Auf der anderen Seite des Tals können Sie die **Mott Farm** finden, das Farmhaus, das nach Töpfen und Pfannen durchsucht wird, nachdem der Wassertank sabotiert worden ist. Stanley Holloways Haus liegt im Dorf **Freshford**.

Einen Tag lang wurde mit der Lok *The Lion* in der **Temple Meads Station** von Bristol gefilmt, die für Mallingford einsprang. Der entgleiste Zug, der auf die Straße überwechselt, war gar kein Zug, sondern ein Gehäuse, das auf ein Lastwagenchassis gebaut worden war. Die Nachtfahrt wurde in **Woodstock**, Oxfordshire, gedreht. Das Eisenbahnmuseum, aus dem die Bewohner eine Dampflok stehlen und über eine Treppe befördern, ist das alte, inzwischen abgerissene Imperial Institute, das an der Exhibition Road, Kensington, stand.

TO DIE FOR
(1995, R: Gus Van Sant)
Nicole Kidman, Joaquin Phoenix, Matt Dillon
• ONTARIO, KANADA; FLORIDA

Das Observatorium: McLaughlin Planetarium, Toronto

Schwarze Komödie des Independentregisseurs Van Sant, gefilmt rund um Toronto. Die High School ist **King City**, rund 25 Kilometer nördlich von Toronto. Der Film entstand in **Jackson's Point, Lake Simcoe; Brampton**, einem westlichen Vorort von Toronto; **Georgetown**, ebenfalls westlich von Toronto; **Hamilton**, einem südlichen Vorort am südlichen Ufer des Lake Ontario; **Mississauga** im Südwesten; **Oakville**, südwestlich von Mississauga; **Schomberg**, nördlich in Richtung Lake Simcoe; **Whitby**, gut 30 Kilometer östlich von Toronto, und **Port Hope**, am Ufer des Lake Ontario weitere 95 Kilometer östlich. Das Observatorium ist das **McLaughlin Planetarium**. Suzannes und Larrys Flitterwochen wurden dagegen in Florida gedreht.

TOD AUF DEM NIL
(1978, R: John Guillermin)
Peter Ustinov, David Niven, Bette Davis
• ÄGYPTEN; WARWICKSHIRE

Abfahrt zur Reise auf dem Nil: Hotel Pullman Cataract, Assuan

Vergessen Sie den Plot, genießen Sie die Besetzung. Dieser zweite Film nach einem Roman von Agatha Christie nach *Mord im Orient-Express* wartet mit einer imposanten Starbesetzung auf. Der Landsitz der unanständig reichen und bald zum Mordopfer werdenden Lois Chiles ist **Compton Wynyates**, rund 13 Kilometer westlich von Banbury in Warwickshire. Es ist heute ein Privatgebäude, das nicht für Besucher geöffnet ist.

Chiles und Simon MacCorkindale beginnen in Ägypten ihre Flitterwochen, wo die sitzengelassene Mia Farrow ihnen zu den Pyramiden von **Gizeh** folgt. Sie sollten aber nicht in ihre Fußstapfen treten und die Große Pyramide besteigen, das als offiziell nicht erlaubt und zudem recht gefährlich ist. Es kommen immer wieder Menschen durch herabfallende Steine zu Tode. Hier bei der **Sphinx** ist Poirot zum ersten Mal zu sehen.

Das große Nil-Hotel, wo alle zusammenkommen und von dem aus die „Karnak" ablegt, ist das **Hotel Pullman Cataract** (früher das Old Cataract Hotel), **Sharia Abtal el Tahrir, Asswan** *(Tel. 316000)*. Der Zwischenhalt, der den ersten Anschlag auf Chiles zur Folge hat, als von einem antiken Tempel ein Steinbrocken herabstürzt, ist **Luxor**. Die große Tempelanlage ist **Karnak**, wo Sie die Allee aus Sphinx-Figuren ebenso sehen können wie den **Tempel des Amun**, wo Chiles beinahe ums Leben kommt. Farrow taucht in **Abu Simbel** wieder auf.

DER TOD EINES KILLERS
(1964, R: Don Siegel)
John Cassavetes, Lee Marvin, Angie Dickinson
• LOS ANGELES

Remake des Films von 1946 nach einer Geschichte von Hemingway, zugleich Ronald Reagans letzter Film. Gedreht wurde in L.A., und Angie Dickinsons Haus steht am **Toluca Lake**.

TOD IN HOLLYWOOD
(1965, R: Tony Richardson)
Robert Morse, John Gielgud, Rod Steiger

• LOS ANGELES

Whispering Glades: Greystone Park, Loma Vista Drive, Beverly Hills

Tony Richardsons Satire auf die Filmbranche und die amerikanische Beerdigungsbranche nach dem Roman von Evelyn Waugh trifft nicht immer den Ton, aber wenn sie trifft, dann voll ins Schwarze, unter anderem, wenn Liberace als schmieriger Sargverkäufer auftritt. Robert Morse trifft am **Los Angeles International Airport, LAX**, ein. Die Megalopolitan Studios, in denen er arbeitet, sind eigentlich das Gelände von MGM. Hinter dem Logo von Megalopolitan steckt das Zeichen von Metro-Goldwyn-Mayer am Irving Thalberg Building. Whispering Glades ist der gut drei Hektar große **Greystone Park**, Heimat des **Greystone Mansion, 905 Loma Vista Drive, Beverly Hills**. Der Park, der täglich für Besucher geöffnet ist, verdeckt ein immenses unterirdisches Reservoir. Übrigens wird in vielen Reiseführern gesagt, John Gielguds Heim im Film sei das Spadena House, das Hexenhaus von Beverly Hills – zu sehen in Roger Cormans *The Undead* von 1957 –, aber das stimmt nicht.

TOD IN VENEDIG

(1971, R: Luchino Visconti)
Dirk Bogarde, Bjorn Andresen, Silvana Mangano
• ITALIEN

Aschenbach verfolgt Tadzio: Dietro la Fenice

Befragung der Einwohner: Campiello de Caleghieri

Die Wahrheit vom Bankmanager: Banca Commerciale Italiana, Piazza San Marco

Viscontis Film nach Thomas Manns Novelle funktioniert als hervorragendes romantisches Rührstück mit makellosem Produktionsdesign. So wie im Buch ist Gustav von Aschenbachs prächtiges Hotel das **Grand Hotel des Bains, Lungomare Marconi 41**, am Ostufer des Lido von Venedig, während die Innenaufnahmen in den Cinecittà Studios in Rom gemacht wurden. Der Lido, ein Landstreifen von fast fünfzehn Kilometern Länge bei einer

Breite von kaum mehr als einem Kilometer, ist mit dem Boot rund zehn Minuten von der Piazza San Marco entfernt. Um das Hotel von der Vaporetto-Haltestelle am Lido zu erreichen, nehmen Sie die Gran Viale Santa Maria Elizabetta quer über die Insel zum sandigen Ostufer. Das Hotel des Bains befindet sich an der Ecke Santa Maria Elizabetta auf der dem Privatstrand gegenüberliegenden Straßenseite. Überraschend ist dabei, dass es sich entgegen dem Eindruck im Film nicht direkt am Strand befindet (verwechseln Sie es auch nicht mit dem kunstvollen maurischen Hotel Excelsior, das weiter südlich am Strand gelegen ist). In den Wintermonaten von November bis März ist das Hotel geschlossen *(Tel. 5260201)*.

Der besessene von Aschenbach folgt Tadzio durch das Labyrinth winziger Kanäle und Gassen hinter dem Opernhaus La Fenice, **Dietro la Fenice**. Der kleine Platz, wo Aschenbachs Fragen nur eisiges Schweigen bewirken, ist der **Campiello dei Caleghieri** westlich des Opernhauses. Die Bank, deren englischer Geschäftsführer etwas entgegenkommender ist, ist die **Banca Commerciale Italiana** an der nordöstlichen Ecke der Piazza San Marco. Die Rückblenden zu von Aschenbachs Hochzeit wurden in einem Obstgarten rund 160 Kilometer nordwestlich von Venedig in **Bozen** in den Dolomiten gefilmt.

Aschenbachs Hotel: Hotel des Bains, Lido, Venedig

DER TOD KENNT KEINE WIEDERKEHR

(1973, R: Robert Altman)
Elliott Gould, Nina Van Pallandt, Sterling Hayden
• LOS ANGELES; MEXIKO

Aktualisierte Fassung von Chandlers Roman, geschrieben von der Drehbuchautorin Leigh Brackett, die auch am Drehbuch für *Tote schlafen besser* von 1946 gearbeitet hatte. Während er beim Kinostart verrissen wurde, wird der Film heute als Klassiker betrachtet. Gefilmt hat man fast alle Szenen in und um L.A.: im Büro des Sheriffs von **Malibu**, einem Altersheim in Pasadena, im neuen Wolkenkratzer am **9000 Sunset Boulevard**, in Büros in **Westwood** und **Hollywood** und im **Lincoln Heights Jail**. Nina van Pallandts Haus ist Robert Altmans Strandhaus in der **Malibu Colony**. Elliot Goulds Apartment befindet sich im schönen, italienisch anmutenden **High Tower, High Tower Drive** an der Camrose Avenue, Hollywood (für Details siehe *Schatten der Vergangenheit*). Gefilmt wurde auch in Mexiko.

DER TOD KOMMT ZWEIMAL
(1984, R: Brian De Palma)
Craig Wasson, Melanie Griffith, Deborah Shelton
• LOS ANGELES

Craig Wasson und Melanie Griffith gehen essen: Spago's, Horn Avenue

De Palma nimmt eine Zweitverwertung weiterer Hitchcock-Plots vor, diesmal mit einer Mischung aus *Vertigo – Aus dem Reich der Toten* und *Das Fenster zum Hof.* Der Film eröffnet am **Tail 'o' the Pup, 329 San Vicente Boulevard**, dem Hotdog-Stand, der selbst aussieht wie ein Hotdog. Das Cascade Theater, wo Wasson vorspricht und Gregg Henry trifft, ist eigentlich das **Callboard Theater, 8451 Melrose Place** nahe Orlando Avenue/La Cienega Boulevard in West Hollywood (die Fassade lässt deutlich „Callboard" erkennen). Wasson kauft im bekannten **Farmers' Market, 6333 West 3rd Street**/Ecke Fairfax Avenue in L.A., ein und nimmt einen Drink in Barney's Beanery, einem altehrwürdigen Hollywood-Lokal – Jean Harlow sprach hier angeblich Männer an, und Jim Morrison pinkelte hier in Oliver Stones *The Doors* gegen die Bar – am **8447 Santa Monica Boulevard**, West Hollywood. Das bizarre Haus auf Stelzen, in dem Wasson wohnt, ist das **Chemosphere House** von Architekt John Lautner, **3105 Torreyson Place**, abseits des Mulholland Drive in den Hollywood Hills. Von hier aus spioniert Wasson Deborah Shelton in ihrem Haus in den Hügeln am **Miller Drive** aus. Shelton kauft teure Unterwäsche am Rodeo Drive – unter der todschicken Dekoration des Bellini's verbirgt sich das Koffergeschäft **Louis Vuitton** in der **Rodeo Collection**, der exklusiven Mall am **421 North Rodeo Drive**. Wasson führt Melanie Griffith ins Prominentenlokal **Spago's Restaurant, 1114 Horn Avenue**, aus, von dem aus man West Hollywood überblickt.

DER TODESKUSS
(1947, R: Henry Hathaway)
Victor Mature, Brian Donlevy, Coleen Gray
• NEW YORK STATE; NEW JERSEY

Krimidrama mit halbdokumentarischem Ansatz, in dem Richard Widmark als grinsender Killer allen die Schau stiehlt. Des Raubes überführt wandert Mature in die Strafanstalt **Sing Sing Penitentiary, Ossining**, New York State. Drehorte in New York waren das **Chrysler Building** und das **Hotel Marguery**. Die Gerichtsszenen entstanden im Criminal Courts Building, auch bekannt als „The Tombs", **100 Centre Street** zwischen Leonard und White Street (für Details siehe *Ehekrieg*). Dreharbeiten fanden außerdem an der **Academy of the Holy Angels, Fort Lee**, New Jersey, statt. Ein Remake von 1995, das die Filmkarriere von *New York Cops*-Star David Caruso ins Rollen bringen sollte (was nicht geschah), wurde in der Umgebung von New York und **Elmhurst** gefilmt.

TODESMELODIE
(1971, R: Sergio Leone)
Rod Steiger, James Coburn, Romolo Valli
• SPANIEN

Der mexikanische Bandit Coburn und der IRA-Mann Steiger schließen sich 1913 zusammen, um eine Bank zu überfallen. So wie viele Spaghetti-Western wurde er in den Wüstenregionen von **Almeria** in Südspanien gefilmt.

TODESSTILLE
(1989, R: Philip Noyce)
Nicole Kidman, Sam Neill, Billy Zane
• QUEENSLAND, AUSTRALIEN

Auf einem Schiff spielender Thriller, in dem der verrückte Zane Kidman und Neill an Bord ihrer Yacht bedroht. Gefilmt wurde auf **Hamilton Island**, Queensland, und in der **Whitsunday Passage** am Great Barrier Reef.

TÖDLICHE WEIHNACHTEN
(1996, R: Renny Harlin)
Geena Davis, Samuel L. Jackson, Brian Cox
• ONTARIO, KANADA; NEW JERSEY

Samuel L. Jacksons Zuhause: Heward Avenue, Toronto

Actionknaller mit einer glücklich verheirateten Davis, die von einem acht Jahre während den Gedächtnisverlust geheilt wird und feststellen muss, dass sie früher eine gnadenlose Killerin im Dienst der CIA war. Der in New Jersey angesiedelte Film wurde größtenteils in Kanada gefilmt, auch wenn sich Davis und der unfähige Privatdetektiv Jackson in **Atlantic City**, New Jersey, verstecken, wo sie im **Taj Mahal** absteigen. Kanadische Schauplätze waren unter anderem **Collingwood** in der Nottawasaga Bay, nordwestlich von Toronto; **Hamilton** im Süden von Toronto;

Geena Davis gibt Jackson den Laufpass: Cherry Street

Historic Unionville in Markham, nördlich von Toronto; **Milton**, westlich von Toronto; **Concord; Dundas; Halton Hills; Milford Bay; Scarborough; Uxbridge; Wasaga Beach; Windmere** und **York Region**. Samuel Jacksons Zuhause ist **134 Heward Avenue an der Queen Street East** im Osten von Toronto. Geena Davis schmeißt ihn vor dem **Canary Restaurant, 409 Front Street East**/Ecke Cherry Street, aus dem Wagen (ein beliebtes Motiv, das unter anderem in Jean-Claude Van Dammes *Maximum Risk* und in Bette Midlers *Stella* auftaucht). Chesterman Station, Schauplatz der gewaltigen Schießerei und des Sprungs in den zugefrorenen Kanal, ist die **Old Hamilton Train Station**, die Sie vielleicht als den Bahnhof erkennen, vor dem Magneto in

X-Men seine Fähigkeiten demonstriert. Der filmische Höhepunkt wurde an den **Niagara-Fällen** gedreht, allerdings blieb die Brücke unversehrt.

DER TÖLPEL VOM DIENST

(1964, R: Frank Tashlin)
Jerry Lewis, Glenda Farrell, Everett Sloane
● **LOS ANGELES**

Whitestone Sanitarium: Greystone Mansion, Loma Vista Drive

Whitestone Sanitarium and Hospital, in dem der Krankenpfleger Jerry Lewis Chaos auslöst, ist die **Greystone Mansion, 905 Loma Vista Drive** in Beverly Hills. Das Haus selbst ist für Besucher nicht geöffnet, wohl aber der weitläufige Park um das Gebäude herum (für Details siehe *Tod in Hollywood*).

TOLLE NÄCHTE IN LAS VEGAS

(1964, R: George Sidney)
Elvis Presley, Ann-Margret, Cesare Danova
● **LOS ANGELES; NEVADA**

Presley (den in Vegas offenbar niemand kennt) nimmt an einem Talentwettbewerb teil, um seinen Rennwagen bezahlen zu können. So wie die meisten Presley-Filme entstand auch dieser zum größten Teil in Hollywood, auch wenn hier und da das echte Vegas zu sehen ist. Die „Folies-Bergère"-Nummer wurde im **Hotel Tropicana, 3801 Las Vegas Boulevard South**/Ecke Tropicana Avenue, gefilmt. Im Tropicana, dem verspieltesten und teuersten der Hotels auf dem Strip, die in den fünfziger Jahren gebaut wurden, findet man die beständigste Revue **Les Folies Bergère**, die 1959 Premiere feierte.

EIN TOLLER KÄFER

(1969, R: Robert Stevenson)
Dean Jones, Michele Lee, David Tomlinson
● **KALIFORNIEN**

Die kurvenreichste Straße der Welt: Lombard Street, San Francisco

Disney-Vergnügen mit dem menschenähnlichen VW auf seiner ersten großen Fahrt, die in San Francisco angesiedelt ist. So wie jede Verfolgungsjagd per Auto, die in Bay City spielt, wird natürlich auch hier die „kurvenreichste Straße der Welt" am **1000er Block der Lombard Street** zwischen Hyde und Leavenworth einbezogen. Die acht Serpentinen wurden 1922 gebaut, allerdings nicht von einer Filmgesellschaft, sondern mit der Absicht, die Straße für Autos befahrbar zu machen. Wenn Sie sie sehen wollen, gehen Sie zu Fuß dorthin oder nehmen Sie die Hyde-Powell Cable Car, die am oberen Ende der Straße entlangfährt, da es durch Schaulustige recht voll werden kann. Gefilmt wurde auch auf der **Monterey Peninsula** an der Küste im Süden der Stadt.

TOM BROWNS SCHULZEIT

(1951, R: Gordon Parry)
John Howard Davies, Robert Newton, Diana Wynyard
● **WARWICKSHIRE; LONDON**

Die Verfilmung des alten Klassikers benutzt tatsächlich den Schauplatz des Buchs: **Rugby School** in Warwickshire. Die Kutschertaverne ist das **George Inn, Borough**.

Die alte Taverne: George Inn, Borough

TOM JONES – ZWISCHEN BETT UND GALGEN

(1963, R: Tony Richardson)
Albert Finney, Susannah York, Hugh Griffith
● **DORSET; SOMERSET; LONDON**

Richardson zieht alle Register des Kinos für dieses Sexabenteuer, das vorwiegend in West Country entstand. Eines der Hauptmotive ist **Cranborne Manor** an der B3078, rund 28 Kilometer nördlich von Bournemouth, Dorset. Die Gärten aus dem 17. Jahrhundert sind für Besucher von März bis September geöffnet (*es wird Eintritt verlangt*). Die berühmte Szene mit Finney und Joyce Redman nutzt die Stallungen von **Nettlecombe Court**, der 1963 ein Mädchenpensionat war, nahe **Williton** an der A39, rund 13 Kilometer östlich von Minehead, im Norden von Somerset. Newgate Jail ist der Hof von Nettlecombe. Squire Allworthys Anwesen ist **Minterne** an der A352, drei Kilometer von Cerne Abbas und rund 15 Kilometer nördlich von Dorchester in Dorset. Der aus dem 18. Jahrhundert stammende Rhododendron- und Sträuchergarten ist von April bis Oktober geöffnet (*es wird Eintritt verlangt; Tel. 01300/341370*). **Castle Street, Bridgwater**, in Somerset sorgte für weitere malerische Kulissen.

Das Anwesen von Squire Allworthy: Minterne, Dorset

Lady Bellastons Haus war das Londonderry House – das inzwischen abgerissen wurde – am Hyde Park Corner, während für weitere zeitgenössische Londoner Straßen

Tom denkt übers Heiraten nach: Lincoln's Inn Fields

Lincoln's Inn Fields und die alten Lagerhäuser bei **Shad Thames, Southwark**, zum Einsatz kamen.

TOMBSTONE
(1993, R: George P. Cosmatos)
Kurt Russell, Val Kilmer, Michael Biehn
• **ARIZONA**

Das Tombstone-Set in den Old Tucson Studios, Arizona

Epischer Western, der in den zur Touristenattraktion gewordenen Kulissen von **Old Tucson** entstand, **201 South Kinney Road**, Tucson, Arizona. Das echte Tombstone mit dem O.K. Corral und dem Boot Hill Cemetery liegt rund 80 Kilometer südöstlich von Tucson entfernt.

TOMMY
(1975, R: Ken Russell)
Roger Daltrey, Ann-Margret, Oliver Reed
• **HAMPSHIRE; LAKE DISTRICT; LONDON; HERTFORDSHIRE**

Ende in Flammen: South Parade Pier, Southsea

Die Verfilmung der Rockoper von *The Who* beginnt phantastisch und erfindet im Grunde das Musikvideo, da Russell seiner Phantasie freien Lauf lässt. Aber ab der zweiten Hälfte strauchelt der Film über die unübersehbaren Budgetbeschneidungen, da eine schwerfällige Allegorie einsetzt. Die ländlichen Szenen zu Beginn und zum Ende des Films entstanden im Lake District.

Die Ferienhäuschen aus den fünfziger Jahren: Eastney Esplanade

Von Tommys Geburt abgesehen – die Szene entstand in **Harefield**, Hertfordshire – wurde der Film rund um **Portsmouth** und auf der nahe gelegenen **Hayling Island**, Hampshire aufgenommen.

Die eröffnende Blitz-Szene spielte auf der **Cumberland Road**, nahe Fratton Station – ein Straßenzug, der kurz vor dem Abriss stand. Heute finden sich dort elegante Neubauten. Der Tunnel, durch den Oliver Reed und Ann-Margret den jungen Tommy zur Kirmes bringen, liegt bei **Southsea Castle**, südlich von Southsea Common. Die Kirmes selbst befindet sich am dortigen nordwestlichen Rand. Oliver Reeds kitschiges Ferienlager werden Sie übrigens nicht finden. Es wurde aus mehreren Motiven zusammengesetzt. Die Gebäudezeile können Sie an der **Eastney Esplanade** in der St. George's Road östlich von Southsea sehen. Der Swimmingpool gehört zum **Hilsea Lido**, abseits der London Road, und das Karussell steht bei Port Creek, Hilsea, nördlich von Portsmouth.

Das „Pinball Wizard"-Theater: King's Theatre, Southsea

Der Ballsaal war das Theater auf dem alten South Parade Pier, Southsea. Der Pier fing während der Dreharbeiten Feuer und brannte völlig nieder. Aber das hielt niemanden davon ab, Aufnahmen des brennenden Piers in den Höhepunkt des Films einzubeziehen. Der Ersatz ist nichts weiter als ein trauriger, fader Abklatsch des Originals. Elton Johns „Pinball Wizard"-Nummer entstand im King's Theatre, Southsea.

Die Marilyn-Monroe-Kirche: Henderson Road, Eastney

„The Church of Marilyn Monroe", wo Eric Clapton „Eyesight to the Blind" zum Besten gibt, war die St. Andrew's Church, die heute zu einem luxuriösen Wohnhaus umgewandelt worden ist, das an der Henderson Road, Eastney, östlich von Southsea steht.

Der Drachen fliegende Tommy (welcher Film der siebziger Jahre wäre schon komplett ohne eine Drachenfliegerszene?) kreist um den verbliebenen Turm des **Warblington Castle**, das größtenteils während des Bürgerkriegs zerstört wurde. Es befindet sich auf Privatbesitz östlich von der B2149 an der Brücke nach Hayling Island, südlich von Havant.

Tommys Ferienlager, wo ein manischer Keith Moon für Aufregung sorgt, ist **Fort Purbrook**, eines von fünf viktorianischen Forts rund um Portsmouth. Gemeinsam sind sie bekannt als Palmerston's Folly, benannt nach dem Premierminister, der ihre Errichtung überwachte. Sie sollten die Südküste gegen eine Invasion der Franzosen schützen, zu der es allerdings nie kam. Purbrook, das östlichste der fünf Forts, befindet sich an der **Portsdown Hill Road**, abseits London Road, nordwestlich von Cosham.

Der Pool im Ferienlager: Hilsea Lido

Der Eingang zu Tommys Camp ist das Westtor des Forts. Im Inneren des Camps wurden bergeweise Bojen aufgestellt, die silbern gestrichen waren, um auf phantasievolle, wenn auch misslungene Weise an riesige Pins eines Flippers zu erinnern. Aufeinander

Tommys Ferienlager: Fort Purbrook, Portsmouth

gestapelt hatte man sie auf dem Schrottplatz Pound's Scrapyard, Twyford Avenue, am Alexandra Park.

TOOTSIE

(1982, R: Sydney Pollack)
Dustin Hoffman, Jessica Lange, Teri Garr
• **NEW YORK CITY; NEW YORK STATE; NEW JERSEY**

Der arbeitslose Schauspieler Hoffman bekommt in Frauenkleidung einen Job in einer Soap. Tootsie testet „ihr" neues Image, als sie sich mit Agent Sydney Pollack im **Russian Tea Room** trifft, **150 West 57th Street** – auch zu sehen in Woody Allens *Manhattan*. Tootsie streitet vor **Bloomingdale's, 1000 Third Avenue**/Ecke East 59th Street an der East Side, um ein Taxi.
Andere Motive in N.Y. sind: **Central Park; East Riverside Drive; Fifth Avenue; Sixth Avenue**; der (inzwischen geschlossene) Copacabana Nightclub, 10 East 60th Street/Ecke Madison Avenue (zu sehen in *Good Fellas – Drei Jahrzehnte in der Mafia*); **Plaza West Shopping Center**; eine Empore in **SoHo**, und **Fort Lee** auf der anderen Seite des Hudson in New Jersey. Das Farmhaus steht in **Kingston**, New York State. Das Restaurant, in dem Hoffman sitzt, nachdem er als Mann enttarnt wurde, ist das **Hurley Mountain Inn, Route 29A**, westlich der Route 209, zwischen Esopus Creek und Brinks Lane, **Hurley**, New York State *(Tel. 845 331 1780)*.

TOP GUN – SIE FÜRCHTEN WEDER TOD NOCH TEUFEL

(1986, R: Tony Scott)
Tom Cruise, Kelly McGillis, Val Kilmer
• **KALIFORNIEN; NEVADA**

Ein Navy-Rekrutierungsfilm von einem Regisseur, der aus der Werbung kam. Die Hardware ist ansprechend und es gibt etwas fürs Auge – Kilmer oder McGillis, je nach persönlicher Vorliebe. Der Film ist in San Diego angesiedelt, Heimat des 11th Naval District HQ, einer der größten Navy-Basen der Welt, gelegen an der Route 5, gut 200 Kilometer südlich von L.A. Ebenfalls zu sehen ist die **US Naval Air Station** in **Fallon**. Sie liegt östlich der Stadt Fallon an der Interstate 50, Nevada. Das Lokal der Piloten, wo Anthony „Great Balls of Fire" spielt, ist das **Kansas City Barbeque Restaurant, 610 West Market Street**/Ecke Kettner Boulevard an der Eisenbahnstrecke in Downtown San Diego.

TOP SECRET!

(1984, R: Jim Abrahams, David Zucker, Jerry Zucker)
Val Kilmer, Lucy Gutteridge, Omar Sharif
• **NORTHAMPTONSHIRE; DEVON**

Das Team von *Die unglaubliche Reise in einem verrückten Flugzeug* parodiert die Agentenfilme aus der Zeit des Kalten Krieges. Gefilmt wurde in Rockingham Castle, Rockingham, drei Kilometer nördlich von Corby, Northamptonshire *(Tel. 01536/770240, es wird Eintritt verlangt)*. Die Eröffnungsszene mit den Surfern in Kalifornien entstand eigentlich bei Saunton Sands an der Küste von North Devon, westlich von Barnstaple (auch zu sehen in *Irrtum im Jenseits* und *Pink Floyd – The Wall*).

TOPAS

(1969, R: Alfred Hitchcock)
Frederick Stafford, John Forsythe, Roscoe Lee Browne
• **DÄNEMARK; DEUTSCHLAND; FRANKREICH; NEW YORK CITY; WASHINGTON D.C.; KALIFORNIEN**

Der bei weitem schlechteste Hitchcock überhaupt – ein verworrener, uninteressanter, unkonzentrierter Spionagethriller mit einem verstümmelten Ende, das man sehen muss, um es zu glauben. Hitch, der spürte, dass sein exakter, detailliert vorgeplanter Stil für die lockeren sechziger Jahre überholt war, unternahm den fehlgeschlagenen Versuch, mit einem unfertigen Drehbuch und unzureichender Vorbereitung einen Film auf die Beine zu stellen. Der Film entstand in **Kopenhagen, Wiesbaden, Paris, New York, Washington D.C.** und **Salinas**, Kalifornien (das „Double" für Kuba).

TOPKAPI

(1964, R: Jules Dassin)
Melina Mercouri, Maximilian Schell, Peter Ustinov
• **TÜRKEI**

Klassische Komödie, in der Schell einen Dolch aus dem **Topkapi Palast-Museum** stiehlt. Es ist auf einem der sieben Hügel Istanbuls gelegen und bietet einen Blick auf das Marmarameer und den Bosporus, Istanbul *(Tel. 90 212 5120480; www.ee.bilkent.edu.tr/~history/topkapi)*.

TOPPER – DAS BLONDE GESPENST

(1937, R: Norman Z. McLeod)
Cary Grant, Constance Bennett, Roland Young
• **LOS ANGELES**

Cary Grant und Constance Bennett sind die Kirbys, ein kluges, aber totes Paar, das den spießigen Bankier Roland Young heimsucht. Youngs Anwesen in Connecticut ist in der **380 San Rafael Avenue, Pasadena** (ein Privatgebäude, das man von der Straße aus nicht sehen kann). Der Eingang zum Sea Breeze Hotel, angeblich auch in Connecticut, ist der Hintereingang des beeindruckenden Bullock's Department Store. Dieses hoch aufragende Wahrzeichen, das vor langer Zeit geschlossen wurde, ist inzwischen restauriert worden und beherbergt heute die **Southwestern Law School, 3050 Wilshire Boulevard**, mitten in L.A.

Das Sea Breeze Inn: Southwestern Law School, Wilshire Boulevard, L.A.

EINE TOTAL TOTAL VERRÜCKTE WELT
(1963, R: Stanley Kramer)
Spencer Tracy, Jimmy Durante, Milton Berle
• KALIFORNIEN

Eine unglaubliche Menge an Stars tummelt sich in diesem über drei Stunden langen Breitwand-Slapstick, in dem es um eine vergrabene Beute geht. Der Film entstand an zahlreichen Drehorten im Süden Kaliforniens, in **Palm Springs** – dem Tummelplatz für Millionäre – und südlich von L.A. am **Long Beach**. Das „W", nach dem alle Ausschau halten und das sich beim Anblick vier bestimmter Palmen ergibt, fand sich im Park bei **Portuguese Point**, dem südwestlichen Zipfel der Palos-Verdes-Halbinsel.

DIE TOTALE ERINNERUNG
(1990, R: Paul Verhoeven)
Arnold Schwarzenegger, Sharon Stone, Ronny Cox
• MEXIKO

Effektreicher SF-Film, in dem Schwarzenegger den Mars besucht und herausfindet, dass ihm eine falsche Erinnerung eingepflanzt worden ist. Allerdings hat man den Eindruck, dass eine letzte Wendung zum Schluss des Films herausgeschnitten worden ist. Gedreht wurde fast ausschließlich in den Churubuscu Studios in Mexico City. Regisseur Verhoeven wollte die futuristische Stadtansicht in Houston filmen, doch die Produktionskosten entschieden darüber, dass südlich der Grenze gedreht werden musste. Daher ist Arnies Nachbarschaft auf der Erde eine Militärakademie vor den Toren von Mexico City. Für andere Szenen wurden das Penthouse und das Foyer des 750 Zimmer großen **Hotel Nikko Mexico, Campos Eliseos 204, Mexico City**, nördlich des Chapultepec Park, verwendet.

DAS TOTAL VERRÜCKTE CAMPING-PARADIES
(1969, R: Gerald Thomas)
Sidney James, Barbara Windsor, Bernard Bresslaw
• BUCKINGHAMSHIRE

Der Campingausrüster:
High Street, Maidenhead

Das Geschäft, in dem Charles Hawtrey gezeigt wird, wie er eine Stange setzen muss (wie so oft in der *Ist ja irre*-Reihe geht es jetzt unter die Gürtellinie), war Courts (mittlerweile geschlossen), **19 High Street, Maidenhead**, an der Ecke St. Ives Road. Sid James und Bernard Bresslaw sehen durch das Fenster in der St. Ives Road, und im Hintergrund steht, jawohl, die Maidenhead Town Hall – das „Krankenhaus" aus *Das total verrückte Krankenhaus* und *Das total verrückte Irrenhaus*. Die Szenen im Ferienlager wurden im nasskalten **Burnham Beeches** gefilmt. Chayste Place, die Höhere Schule für junge Damen, ist nichts anderes als Heatherden Hall, das Verwaltungsgebäude der Pinewood Studios.

DAS TOTAL VERRÜCKTE IRRENHAUS
(1969, R: Gerald Thomas)
Jim Dale, Kenneth Williams, Charles Hawtrey
• BERKSHIRE

Körperfunktionen aller Art waren für die im Krankenhaus spielenden *Ist ja irre*-Filme immer ein guter Anlass für einen Gag, und dieser Film zählt da mit zu den besten. Das Long Hampton Hospital ist der Zeremonieneingang zur **Maidenhead Town Hall, St. Ives Road, Maidenhead**, auch zu sehen in *Das total verrückte Kranken-*

Dr. Nookeys Praxis:
Park Street, Windsor

Long Hampton Hospital:
Maidenhead Town Hall

haus und *Alles geht nach hinten los*. Die Moore-Nookey Clinic ist Heatherden Hall, das Gebäude im Herzen des Komplexes der Pinewood Studios, das für diese Billigserie häufig dienstverpflichtet wurde. Eigentlich ist es das Verwaltungsgebäude des Studios. Nach der Rückkehr von der tropischen Insel mit dem lukrativen Schlankheitsmittel richtet Dr. Nookey sein Sprechzimmer in **12 Park Street, Windsor**, ein, nur ein paar Türen neben dem bekannten Motiv aus *Ist ja irre – Liebe, Liebe, usw.* und *Nicht so toll, Süßer*.

TOTE SCHLAFEN FEST
(1946, R: Howard Hawks)
Humphrey Bogart, Lauren Bacall, Elisha Cook Jr.
• LOS ANGELES

General Sternwood heuert Philip Marlowe an, damit der in dieser Verfilmung von Raymond Chandlers Roman seine wilde Tochter beschützt. Gefilmt wurde komplett im Studio, aber viele Örtlichkeiten sind echten Schauplätzen nachempfunden. Marlowes Cahuenga Building war das Guaranty Building, heute die Bank of America, 6331 Hollywood Boulevard. Geigers zwielichtiger Buchladen ist in Wirklichkeit Book Treasury, 6707 Hollywood Boulevard, und das Apartment, in dem Joe Brody ermordet wird, befindet sich an der Ecke Palmerston Place/Kenmore nahe der Franklin Avenue.

TOTE TRAGEN KEINE KAROS
(1982, R: Carl Reiner)
Steve Martin, Rachel Ward, Carl Reiner
• LOS ANGELES

Da Reiners Hommage an den Film Noir auf geniale Weise Ausschnitte aus Hollywood-Klassikern verarbeitet, wurde der größte Teil des Films auf Sets gedreht, die exakt ihren Vorbildern aus den vierziger Jahren nachempfunden waren. Es gibt aber auch ein paar echte Motive in L.A., vor allem die **Union Station, 800 North Alameda**

Street, Downtown, wo Martin von Cary Grant verfolgt wird (ein Ausschnitt aus Hitchcocks *Verdacht*). Siehe *Der Blade Runner* für Details zur Union Station. Martin recherchiert in der **Los Angeles Central Library, South Flower Street**/Ecke West Fifth Street, Downtown L.A. (für Details siehe *Ghostbusters – Die Geisterjäger*).

TOTO DER HELD
(1991, R: Jaco van Dormael)
Michel Bouquet, Jo De Backer, Thomas Godet
• BRÜSSEL

In van Dormaels faszinierender, schrägen, schwarzen Komödie ist Bouquet davon überzeugt, dass er bei der Geburt vertauscht und seines Lebens beraubt worden ist. Der Film ist in Brüssel angesiedelt, vorwiegend im südöstlichen Vorort **Watermael-Boitsford**, in der **Rue Friquet; Rue de la Hulotte; Rue de Loriot** und **Rue du Troglodyte**. Ebenfalls zu sehen sind die Vororte **Uccle, Ixelles, Saint-Josse-ten-Noode** und **Schaerbeek**.

TRAINSPOTTING – NEUE HELDEN
(1996, R: Danny Boyle)
Ewan McGregor, Ewen Bremner, Jonny Lee Miller
• SCHOTTLAND; LONDON

Das Innere des Hotels: George Hotel, Buchanan Street, Glasgow

Irvine Welshs Drogenroman – verfilmt vom Team von *Shallow Grave – Reise in die Hölle* mit einer manischen Energie und dem Schwur, bei der Laufzeit unter 90 Minuten zu bleiben – entpuppte sich zu Recht als einer der einträglichsten britischen Filme. Zwar spielt er in Edinburgh, gedreht wurde aber wie bei *Shallow Grave – Reise in die Hölle* in Glasgow.

Die Eröffnungsszene erlaubt als einzige einen kurzen Blick auf Edinburgh, wenn Renton und Co. im **John Menzies Bookstore** zugreifen und dann über die **Princes Street** zur **Calton Street Bridge** rennen, wo Renton von einem Wagen angefahren wird. Von da an spielt der Film in Glasgow. Die Studioarbeiten bedienten sich einer stillgelegten Zigarettenfabrik (30 der insgesamt 50 Motive finden sich dort). Der heruntergekommene Pub, in dem sich nach dem Gerichtsverfahren alle versammeln, ist der alte Social Club der Fabrik.

Ladendiebstahl: Princes Street, Edinburgh

Das Hotel für den Drogendeal von außen: Royal Eagle Hotel, Craven Road, Bayswater

Die Fußballpartie wurde am **Firhill Health Complex, Hopehill Road**, nördlich der Maryhill Road, North Kelvin (*U-Bahnstation: St. Georges Cross*), gefilmt. Der Park, in dem Renton

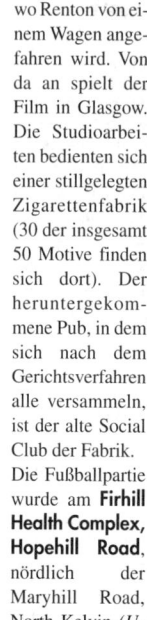

Vorbereitung auf das Vorstellungsgespräch: Cafe d'Jaconelli, Maryhill Road, Glasgow

und Sick Boy über Sean Connerys Karriere diskutieren und auf den Hintern des Hundes schießen, ist **Rouken Glen Park, Rouken Glen Park Road, Thornliebank**, südlich des Stadtzentrums auf der Strecke vom Hauptbahnhof. Der Park war auch der Standort des Grabs in *Shallow Grave – Reise in die Hölle*.

Das Café, in dem sich Renton und Spud einen Milchshake teilen, bevor sie losrennen, ist das **Cafe d'Jaconelli, 570 Maryhill Road** in North Kelvin, nicht weit entfernt vom Firhill Health Complex. Ein Stück weiter auf der Straße findet sich auf der linken Seite der Queen Margaret Drive.

Das Fußballspiel: Firhill Health Complex, Hopehill Road, Glasgow

Renton und der Wagen: Calton Street Bridge

Begbie und der Bierkrug: Crosslands, Queen Margaret Drive, Glasgow

Rentons Wohnung in London: Talgarth Road, West Kensington

Schüsse auf den Hund: Rouken Glen Park, Thornliebank, Glasgow

Der Drogendeal: Craven Road, Bayswater

Die Disko: Volcano, Benalder Street

Einige Minuten weiter zu Fuß stoßen Sie auf die Bar, in der Begbie die Menge mit seiner Billardstory unterhält und demonstriert, wie man sich eines Bierkrugs nicht entledigen sollte. Es ist das **Crosslands, 182 Queen Margaret Drive**.

Der Nachtclub, in dem Renton der Schülerin begegnet, ist das **Volcano, 15 Benalder Street**, nahe der Kelvinhall Station. Die Rückseite des Clubs ist das zur Dumbarton Road gelegene graue Gebäude. Der Bahnhof, in dem Tommy vergeblich versucht, Begeisterung für die ländlichen Gebiete Schottlands zu wecken, ist **Rannoch Moor** an der West-Highland-Linie hinauf nach Fort William.

Rentons West Londoner Wohnung ist in der **Talgarth Road** in West Kensington zu finden. Das Londoner Hotel, Schauplatz des Drogendeals, ist das **Royal Eagle Hotel, Craven Road**, Bayswater, während sich das Innenleben nach wie vor in Glasgow befindet: das **George Hotel, 235 Buchanan Street** nahe dem Hauptbahnhof.

DER TRAMP
(1915, R: Charles Chaplin)
Charles Chaplin, Edna Purviance, Bud Jamison
• KALIFORNIEN

Der Tramp rettet Purviance vor Schurken. Er bekommt einen Job auf der Farm ihrer Eltern, während sie auf ihn aufpasst, bis ihr Geliebter auftaucht und wir den ursprünglichen Spaziergang in den Sonnenuntergang zu sehen bekommen. Die letzte Einstellung entstand in **Niles**, Kalifornien, dem Schauplatz Hunderter von Stummfilmwestern.

TRANS-AMERIKA-EXPRESS
(1976, R: Arthur Hiller)
Gene Wilder, Jill Clayburgh, Richard Pryor
• ONTARIO, KANADA; ALBERTA, KANADA; CHICAGO; LOS ANGELES

Comedythriller in einem transkontinentalen Expresszug, dessen Höhepunkt sich in der Chicagoer **Union Station, 210 South Canal Street** abspielt (der spektakuläre Crash findet allerdings in einem Nachbau in einem Flugzeughangar bei Boeing statt). Ein Großteil der Union Station in Chicago ist in Wahrheit die **Union Station** in **Toronto**. Die eigentliche Linie ist die Southern

Der Unfall an der Union Station, Chicago: Union Station, Toronto

Pacific von Boulder Dam nach Chicago, allerdings entstand ein Großteil des Films auf Eisenbahnstrecken in L.A. sowie auf der CPR Railway in **Calgary**, Alberta.

TRAPEZ
(1956, R: Carol Reed)
Burt Lancaster, Tony Curtis, Gina Lollobrigida
• PARIS

Lollobrigida gerät in diesem Zirkus-Melodrama zwischen die Akrobaten Burt und Tony. Ein großer Teil der Atmosphäre entsteht durch die authentischen Motive. Fast der gesamte Film wurde in und um den 5000 Besucher fassen-

Der Zirkus: Cirque d'Hiver, Rue Amelot, Paris

den **Cirque d'Hiver, 110 Rue Amelot**, aufgenommen. Gebaut wurde er als Cirque Napoleon von Louis Dejean, einem der angesehensten Zirkusdirektoren um 1850, eröffnet wurde er in Anwesenheit von Napoleon III., und hier wurde auch von M. Leotard das fliegende Trapez erfunden. Eine Parade auf dem Grand Boulevard und den Champs Elysées wurde in Anwesenheit von 9000 Pariser Bürgern gefilmt.

TRAU KEINEM ÜBER 18
(1973, R: Claude Whatham)
David Essex, Ringo Starr, Rosemary Leach
• HAMPSHIRE

Essex spielt einen Arbeiter im Schaustellergewerbe in den fünfziger Jahren, der schließlich zum Popstar wird. Die Dreharbeiten fanden auf der **Isle of Wight** statt. Die Fortsetzung über den Aufstieg und Fall von Essex' Figur ist *Stardust*.

DER TRAUM MEINES LEBENS
(1955, R: David Lean)
Katharine Hepburn, Rossano Brazzi, Isa Miranda
• VENEDIG

Die steife „alte Jungfer" Hepburn verliebt sich während eines Urlaubs in Europa in den verheirateten Rossano Brazzi. David Leans unbeschwerte Romanze entstand in Venedig, bevor der

Hepburn trinkt unter freiem Himmel: Cafe Chioggia, Piazza San Marco

Massentourismus dort Einzug hielt. Allerdings verdoppelte sich nach dem Filmstart der Besucherstrom in der Stadt. Lean nutzt die angenommene Unkenntnis der Zuschauer über den Schauplatz, um nach Gutdünken mit der Geographie der Stadt zu spielen.

Hepburn kommt per Zug in der **Stazione Ferroviaria** Santa Lucia an, zu der Zeit der brandneue Bahnhof von

Rossano Brazzis Antiquitätengeschäft: 2808 Dorsoduro

Hepburns Hotel: Pensione Accademia, Fondamento Bollani

Venedig und eines der wenigen protzig modernen Bauwerke der Stadt auf dem **Fondamenta di Santa Lucia** am nördlichen Ende des Canal Grande. Um sofort die Atmosphäre von Venedig entstehen zu lassen, lässt Lean Hepburn per Dampfschiff auf einer im Kreis führenden Route ins Hotel gelangen, wobei sie die Kirche **Santa Maria della Salute** passiert, die am südlichen Ende des Kanals zu finden ist. In ähnlicher Weise weist die Pensioni Fiorini, in der sie absteigt, Fenster auf, die völlig unterschiedliche Gebiete der Stadt erblicken lassen. Das tatsächliche Hotel, eine allein stehende Villa mit Terrasse zum Kanal hin, ist die **Pensione Accademia, Fondamenta Bollani 1058**, im Bezirk Dorsoduro *(Tel. 5237846)* gleich westlich der Galleria dell'Accademia *(Dampfschiff: Accademia)*.

Kein in Venedig spielender Film kommt darum herum: Hepburn genießt einen Drink unter freiem Himmel im **Cafe Chioggia** gegenüber der Basilica San Marco auf der **Piazzetta San Marco**, wo sie auch zum ersten Mal Brazzi begegnet. Nordwestlich der Pensione Accademia befindet sich der Schauplatz für die berühmteste Szene des Films, in der Hepburn in den Kanal fällt. Der Kanal ist der Canal San Barnaba am **Campo San Barnaba** im Bezirk Dorsoduro. Am Fuß der reizenden kleinen Ponte San Barnaba auf dem Campo befindet sich Brazzis Antiquitätengeschäft, **2808 Dorsoduro**. Die das Bild beherrschende Kirche ist übrigens das wichtigste Motiv der Stadt für *Indiana Jones und der letzte Kreuzzug*.

Hepburn fällt ins Wasser: Campo San Barnaba

TRAUM OHNE ENDE

(1945, R: Cavalcanti; Charles Crichton; Robert Hamer; Basil Dearden)
Mervyn Johns, Roland Culver, Frederick Valk
• BUCKINGHAMSHIRE

Brillante Sammlung von Geistergeschichten, die durch einen wiederkehrenden Albtraum miteinander verbun-

den sind. Aufgelockert wird die Handlung durch eine Geschichte über einen Golf spielenden Geist mit Basil Radford und Naunton Wayne (das Team Charters und Caldicott aus Hitchcocks *Eine Dame verschwindet*). Der Golfplatz soll das Royal & Ancient im schottischen St. Andrews sein, tatsächlich handelt es sich um den **Stoke Poges Golf Course, Stoke Poges** (für Details siehe *James Bond – Goldfinger*, in dem Bond auf demselben Platz mit Auric Goldfinger Golf spielt). Die Kirche, in der der verstorbene Wayne Radfords Hochzeit stört, ist die **St. Mary the Virgin** in **Turville**, Buckinghamshire – Dorf und Kirche tauchten auch in dem exzellenten Kriegsdrama *Went the Day Well* auf.

Die Geisterhochzeit: St Mary the Virgin, Turville

THE TRIP

(1967, R: Roger Corman)
Peter Fonda, Susan Strasberg, Bruce Dern
• KALIFORNIEN

Von Jack Nicholson geschriebener Film mit Fonda auf dem Trip. Die Abstürze spielen sich auf dem Strip ab, dem Abschnitt des **Sunset Boulevard**, der durch West Hollywood verläuft. Die Rückblenden ins Mittelalter zeigen die kalifornische Küste bei **Big Sur**, Interstate 1; die Wüstenaufnahmen entstanden bei Big Dune, Yuma, Route 8 down im Südosten Kaliforniens an der Grenze zu Arizona.

TRISTANA

(1970, R: Luis Buñuel)
Catherine Deneuve, Fernando Rey, Franco Nero
• SPANIEN

Ein weiteres surreales psychosexuales Puzzle von Buñuel mit Deneuve als junger Frau, die in die Obhut des alternden spanischen Liberalen Rey übergeben wird. Der Film ist in **Toledo** angesiedelt, einer der ältesten spanischen Städte. Das Alabastergrab, das Deneuve so fasziniert, ist dem von Alonson Berruguete geschaffenen Grab des Kardinals Tavera in der Kirche des Krankenhauses von Tavera nördlich der Puerta de Bisagra vor den Stadttoren von Toledo nachempfunden.

TRUE LIES

(1994, R: James Cameron)
Arnold Schwarzenegger, Jamie Lee Curtis, Tia Carrere
• KALIFORNIEN; WASHINGTON D.C.; FLORIDA; RHODE ISLAND

Camerons Actionthriller wurde zu einem großen Teil in Washington D.C. aufgenommen. Schwarzenegger jagt den Terroristen Art Malik durch die **Georgetown Park Mall** auf die **M Street**, und borgt sich im **Franklin Park** das Pferd eines Polizisten. Das Hotel allerdings, in das Arnie auf dem Pferd reitet, ist nicht in D.C., sondern es handelt sich um das **Westin Bonaventure Hotel, 404 South Figueroa Street**, in Downtown L.A. Das phanta-

Der Sprung mit dem Pferd: Westin Bonaventura Hotel, L.A.

Die Jagd und Schießerei: Georgetown Mall, Washington D.C.

Angriff mit dem Harrier: Colonial Bank Center, Brickell Avenue, Miami

sievollste Motiv ist allerdings das schweizerische Chateau am See. Es ist eigentlich **Ochre Court** – heute die Salve Regina University –, Ochre Point Avenue, Rhode Island. Vor dem Gebäude wurde ein Kanal gegraben, und man montierte die Kamera auf der anderen Seite, um den Eindruck eines Standortes an einem See vorzuspielen. Das Innenleben zeigt das **Rosecliff, Bellevue Avenue** nahe Newport, eine weitere edle Villa auf Rhode Island (für Details über das Rosecliff siehe *Der große Gatsby*). Gefilmt wurde ferner in den High Sierra Mountains in Zentralkalifornien. Die Brücke, auf der sich die Szene zwischen dem Helikopter und den Limousinen abspielt, ist die **Old Seven Mile Bridge**, die in den Florida Keys Key Vaca mit Bahia Honda Key verbindet. Die 1910 erbaute Brücke diente eigentlich als Eisenbahnbrücke und war später der Overseas Highway US1, sie wurde aber 1982 durch ein neues Bauwerk ersetzt. Das strahlende schwarze Hochhaus, in dem sich die Terroristen verschanzen und das von Arnie mit einem Harrier-Senkrechtstarter zerlegt wird, ist das **Colonial Bank Centre, 1200 Brickell Avenue**/Ecke SE 13th Street, Downtown Miami. Der letzte Tango spielt sich im Crystal Ballroom des **Biltmore Hotel** in L.A. ab.

TRUE ROMANCE

(1993, R: Tony Scott)
Christian Slater, Patricia Arquette, Gary Oldman
• **LOS ANGELES; DETROIT, MICHIGAN**

Das Versteck: Safari Inn, Olive Boulevard, Burbank

Tony Scotts Film nach einem Drehbuch von Tarantino bedient sich schamlos beim Musicalstil und dem Erzähler aus Terrence Malicks *Badlands*. Aber wenn man schon klaut, dann bitte von den Besten. Der Film beginnt in Detroit, und dort finden Sie auch Dennis Hoppers Trailerpark am Detroit River. Er arbeitet in der **Packard Plant, East Grand Boulevard** in Mount Elliott.

Die Polizeiwache befindet sich in der **1300 Beaubien**, und Slater und Arquette heiraten im **Wayne County Building, 600 Randolph**. Das Sonny-Chiba-Street-Fighter-Programm, bei dem sich Slater und Arquette erstmals begegnen, ist in Hollywood im **Vista Theater, 4473 Sunset Drive** (dort fand in *Scream 2* die Premiere von *Stab* statt). Das Lokal, in dem sie anschließend Kuchen essen, heißt **Rae's Restaurant, 2901 Pico Boulevard**, und steht an der Ecke der 29th Street in Santa Monica *(Tel. 310 828 7937)*, auch zu sehen in der Satire *Bowfingers große Nummer*. Andere Motive waren: die Villen von **Pasadena**; **Hollywood**-Bungalows; Downtown L.A.; der Strand bei **Malibu** und die Wüste von **Palmdale**. Die Baustelle liegt neben den Landebahnen des **Los Angeles International Airport**. Die Achterbahn ist die **Viper** in **Six Flags Magic Mountain, Magic Mountain Parkway**, abseits der Interstate 5, Valencia, nördlich von L.A. Die riesige Suite von Filmproduzent Lee Donowitz im Beverly Ambassador wurde im **Ambassador Hotel, 3400 Wilshire Boulevard**, mitten in L.A. gefilmt. Das wunderbar kitschige Motel, in dem sich Slater und Arquette verstecken, ist das **Safari Inn, 1911 Olive Boulevard** *(Tel. 818 845 8586)*, nahe Buena Vista, nördlich der Disney Studios in Burbank – allerdings ist die Innenausstattung mit Leopardenfell nicht echt. Gefilmt wurde auch im **Athenaeum**, dem Speisesaal des California Institute of Technology, **551 South Hill Avenue** in Pasadena (für Details siehe *Beverly Hills Cop – Ich lös' den Fall auf jeden Fall*).

DIE TRUMAN SHOW

(1998, R: Peter Weir)
Jim Carrey, Laura Linney, Ed Harris
• **FLORIDA**

Weirs Überraschungshit mit Carrey als Truman Burbank – ahnungsloser Star einer Soap, die seit seiner Geburt 24 Stunden täglich läuft – benötigte einen leicht bühnenartigen Schauplatz. Seahaven ist in Wirklichkeit eine von diesen leicht beunruhigend am Zeichenbrett entworfenen Städten und heißt eigentlich **Seaside**. Sie liegt an der Golfküste von Florida an der Interstate 98 rund 50 Kilometer östlich von Panama City in Richtung Fort Walton Beach.

TSCHAIKOWSKI – GENIE UND WAHNSINN

(1970, R: Ken Russell)
Richard Chamberlain, Glenda Jackson, Christopher Gable
• **LONDON; BERKSHIRE; HAMPSHIRE; WILTSHIRE; BUCKINGHAMSHIRE; AVON**

Ein Großteil von Russells schwarzer Komödie über das Leben des Komponisten Tschaikowski entstand in den Bray Studios nahe Windsor, wo ein großer Teil von

Die Party in Brailov: West Wycombe House

Der Selbstmordversuch: Grand Union Canal, Camden

Tschaikowskis Hochzeit: St. Sofia's Cathedral, Bayswater

Madame von Meck in Brailov: der See bei West Wycombe

Moskau im 19. Jahrhundert – einschließlich des Jahrmarkts zu Beginn des Films und der strahlenden Kuppeln des Kreml im Hintergrund – auf dem Gelände errichtet wurde. Die gezielt kitschige Landidylle rund um das Haus von Dawidow, die Moskauer Grünanlagen und die Felder und Wälder für die Sequenz des Ersten Klavierkonzerts wurden in **Milford-on-Sea** gefilmt, östlich von Christchurch an der Küste von Hampshire, in Salisbury und in Russells Geburtsstadt Southampton. Das großzügige Innere von Brailow, dem Haus von Madame von Meck, ist Wilton House im Dorf Wilton, vier Kilometer westlich von Salisbury an der A30, Wiltshire. Das Haus, das Sie unter anderem in Filmen wie *Barry Lyndon, Die Bounty, King George – Ein Königreich für mehr Verstand* und *Der Mann, den sie Pferd nannten – 2. Teil* sehen können, war ursprünglich ein Haus im Tudor-Stil und wurde im 17. Jahrhundert von Inigo Jones umgebaut. Zum verschwenderischen Innenleben gehören der berühmte Single-Cube- und der Double-Cube-Salon. Wilton ist im Sommer geöffnet *(es wird Eintritt verlangt; Tel. 01722/746 729)*. Die Außenansicht des Anwesens ist dagegen **West Wycombe House**. Madame von Meck schreibt in einem der pseudoklassischen Tempel im Garten. Der Eingang, an dem Tschaikowski seine Partituren setzt und der Schauplatz der verheerenden Feuerwerkparty ist, auf der er vom rachsüchtigen Count Chiluvsky geoutet wird, ist die mit Säulen dekorierte Südfront des zweistöckigen Hauses. Die Darbietung von *Schwanensee* unter freiem Himmel wird auf dem Rasen vor der Nordfront gegeben, mit dem großen See als Hintergrund. West Wycombe Park liegt südlich der Oxford Road (A40), rund vier Kilometer westlich von High Wycombe, Buckinghamshire. Der Park ist von April bis August, das Haus ab Juni geöffnet *(es wird Eintritt verlangt; Tel. 01494/524411)*. Das Haus können Sie auch in vielen anderen Filmen sehen, einschließlich Agatha Christies *Mord mit verteilten Rollen* und Clint Eastwoods *Weißer Jäger, schwarzes Herz*. Tschaikowski und Nina heiraten in der **St. Sofia's Cathedral**, einer griechisch-orthodoxen Kirche, passenderweise in der **Moscow Road, Bayswater** (sie ist auch die russische Kirche in *James Bond 007 – Goldeneye*).

Der tragikomische Selbstmordversuch des Komponisten wurde am **Grand Union Canal** inszeniert, wo der Komponist unterhalb der Euston-Eisenbahnlinie an der **Gloucester Avenue Bridge** zwischen Camden Lock und Regent's Park, NW1, ins morastige Wasser springt. Die Irrenanstalt, in die Nina schließlich eingewiesen wird, sind die Räumlichkeiten der ausgedienten **Royal Artillery Barracks, Artillery Place, Woolwich**, SE18.

TSCHITTY TSCHITTY BÄNG BÄNG
(1968, R: Ken Hughes)
Dick Van Dyke, Sally Anne Howes, Lionel Jeffries
• **BUCKINGHAMSHIRE; ÖSTERREICH; FRANKREICH; DEUTSCHLAND**

Dick van Dykes Zuhause: Smock Windmill, Cadmore End

Musicalfilm nach Ian Flemings Kindergeschichte über einen exzentrischen Erfinder, der aus einem ausrangierten Rennauto ein magisches Spielzeug macht. Wer auf Insider-Gags achtet, wird schon längst wissen, dass der ursprüngliche Besitzer des Wagens niemand anderes ist als Desmond Llewellyn alias Q in *James Bond*.

Dick Van Dykes Zuhause ist die **Smock Windmill**, ein echtes, restauriertes Gebäude in **Cadmore End** an der B482 rund sechs Kilometer westlich von High Wycombe in Buckinghamshire. Es scheint aber so, als hätte der Wagen schon zu der Zeit wundersame Kräfte. Als Van Dyke mit Sally Anne Howes und den Kindern von Cadmore End zum Strand fährt, stehen sie schließlich an der Küste bei St. Tropez im Süden von Frankreich. Gert Fröbes Luftschiff schwebt über den Hügeln nahe des Dorfs Turville, südwestlich von Cadmore End.

Gefolgt von Tschitti fliegt der Ballon in das mystische, kinderhassende Königreich Vulgaria. Der Stadtplatz, auf dem Robert Helpmanns Furcht einflößender Kinderfänger und die Kavallerie (auf Pferden aus einem berühmten Stall bei München) nach Kindern suchen, ist in **Rothenburg ob der Tauber** zu finden. Rothenburg hatte das „Glück", vom Dreißigjährigen Krieg wirtschaftlich mitgenommen zu sein und fernab aller wichtigen Handelsrouten zu liegen, sodass dort über Jahre hinweg nichts modernisiert wurde. Obwohl heute vor allem eine Touristenfalle, handelt es sich um ein perfekt erhaltenes Zeitzeugnis aus dem 17. Jahrhundert.

Baron Bombursts vulgarisches Schloss, das als Vorbild für das Schloss in Disneyland zu erkennen ist, war in Wirklichkeit das wundersam kitschige Werk von Ludwig II.: das phantastische Schloss **Neuschwanstein**, rund 150 Kilometer südlich von Rothenburg. Erbaut wurde es zwischen 1870 und 1886, dem Jahr, in dem Ludwig auf mysteriöse

Das Königreich Vulgarien: Schloss Neuschwanstein

Weise ums Leben kam, doch entworfen hatte es kein Architekt, sondern ein Designer für Theaterkulissen (ein gewisser C. Jank, der unter anderem für die original Produktion von Wagners Tannhäuser verantwortlich zeichnete). Es liegt hoch über dem Schwansee und dem Alpsee und ist bei Führungen zu besichtigen (von Schwangau, rund einhalb Kilometer entfernt, gibt es einen Bus), im Sommer allerdings kann es dort sehr überlaufen sein.

12 MONKEYS
(1995, R: Terry Gilliam)
Bruce Willis, Brad Pitt, Madeleine Stowe
• PENNSYLVANIA; MARYLAND

Bruce Willis reist zurück ins 20. Jahrhundert: Philadelphia City Hall

Gilliams bislang bester Film ist ein Schwindel erregender SF-Film nach dem Experimentalfilm La Jetée von Chris Marker. Der in der Zeit zurückgeschickte Bruce Willis taucht zuerst vor einer winterlichen **City Hall, Penn Square** auf, zwischen Broad Street und Market Street, Philadelphia. Das Schlachtfeld aus dem Ersten Weltkrieg ist Baltimore. Die Anstalt, in die er in der Folge gesteckt wird, ist das **Eastern State Penitentiary** von Philadelphia, **22nd Street**/Ecke Fairmount Avenue *(Tel. 215 236 3300; www.easternstate.org)*. Als Charles Dickens die USA besuchte, wollte er zwei Dinge unbedingt sehen: die Niagara-Fälle und das Eastern State Penitentiary. Dieses architektonische Wunderwerk – eine zentrale Erhebung mit sieben nach außen reichenden „Speichen" – war das geistige Kind der Quäker-Bewegung, eine humane Alternative zu den korrupten, von Krankheiten heimgesuchten Stätten, die im 19. Jahrhundert als Gefängnis dienten. Das Grundprinzip bestand in Einzelhaft: Nur mit einer Bibel versehen, einer täglich zu verrichtenden Arbeit und keinerlei Kontakt zu anderen Menschen (sogar die Mahlzeiten wurden durch eine Wandöffnung geschoben, damit die Gefangenen keinen Kontakt zu den Wärtern bekommen konnten), sollte der Gefangene frei von jeder Versuchung sein und schon bald in einen natürlichen Unschuldszustand zurückkehren. Tatsächlich wurden die meisten aber wahnsinnig. Einer, der den Verstand nicht verlor, war Al Capone, der hier 1929 acht Monate lang in einer geschmackvoll eingerichteten Zelle untergebracht war – mit Schreibtisch, Musik und sonstigen Annehmlichkeiten, die sich ein Gangsterboss leisten kann. Auf einer Führung durch das Gefängnis können Sie die wiederhergestellte Zelle besichtigen.

Der Flughafen: Philadelphia Convention Center

Das Eastern State ist auch in *Rückkehr ins Paradies* (1998) zu sehen. Die Obdachlosen-Enklave, in der sich Willis mit bösartigen Mitbewohnern herumschlagen muss, ist das alte, geschlos-

Die geschlossene Anstalt: Eastern State Penitentiary, 22nd Street, Philadelphia

sene **Met Theatre, Broad Street**/Ecke Poplar, in einer armen Gegend nördlich des Stadtzentrums von Philadelphia. Ebenfalls verwendet wurde die einst majestätische, heute mit Graffiti überzogene **Ridgway Library, 901 South Broad Street**/Ecke Carpenter Street, also Philadelphia. Die Bibliothek, die 30 Jahre lang leer gestanden hatte, ehe der Film dort gedreht wurde, hat seitdem diverse Auszeichnungen für herausragende Wiederverwendung erhalten, da man sie renoviert hat und sie heute die Philadelphia High School for Creative and Performing Arts beherbergt. Die riesige unterirdische Kammer ist die stillgelegte **Delaware Power Station**, wo die Schleusen zum ersten Mal seit Jahren geöffnet wurden.

Das elegante Zuhause von Christopher Plummer, dem Wissenschaftler und Vater von Brad Pitt, ist das **Garrett-Jacobs Mansion, 11 West Vernon Place**, Baltimore *(Tel. 410 539 6914)*, Heimat des Engineers Club. Das Gefängnis der Zukunft ist die Richmond Power Station in Philadelphia. Und der Maschinenraum, in dem Willis verhört wird, ist die No.4 Turbine Basement der **Westport Power Plant** am Ufer des Patapsco River in Baltimore. Der Hörsaal der Universität wird von der **Memorial Hall, North Concourse Drive**, in West Fairmount Park verkörpert, einem Teil der

Madeleine Stowe erhält die blonde Perücke: Wanamaker's Store

383

Die Herumtreiber: Met Theatre, Broad Street

Jahrhundertausstellung von 1876 am Benjamin Franklin Parkway Richtung Schuylkill River, Philadelphia. Der Flughafen, der im wiederkehrenden Traum auftaucht, ist in Wahrheit das brandneue **Convention Center** zwischen 11th Street, 13th Street und Market Street. Es gibt dort täglich Führungen. Das riesige Kaufhaus, in dem Moore Perücken kauft, ist **Wanamaker's Department Store, Market Street**/Ecke 13th Street (für Details siehe *Mannequin*). Das Kino, in dem Willis und Moore ein 24-Stunden-Hitchcock-Festival absitzen, ist das **Senator Theater, 5904 York Road**, in Baltimore. Sie könnten es aus Barry Levinsons *Avalon* kennen.

TWIN PEAKS – DER FILM
(1992, R: David Lynch)
Sheryl Lee, Kyle MacLachlan, David Bowie
• WASHINGTON STATE

Enttäuschendes Prequel zur schrägen und wundervollen TV-Serie. Das Double R Diner, Heimat des legendären Kirschkuchen, ist das **Mar T Cafe, 137 West North Bend Way** am North Bend Boulevard in, richtig geraten, **North Bend** an der Interstate 90, rund 30 Kilometer östlich von Seattle, Washington State.
Das Great Northern Hotel, das im Film leider fehlt, aber in der TV-Serie oft zu sehen war, ist das Salish Lodge, 37807 SE Snoqualmie Falls Road, Snoqualmie, Route 202 nördlich von North Bend. Die Roadhouse Bar ist das **Colonial Inn, Fall City**, nordwestlich von Snoqualmie.

TWISTER
(1996, R: Jan De Bont)
Bill Paxton, Cary Elwes, Helen Hunt
• OKLAHOMA; TEXAS

Effekteüberladener, schwacher Actionfilm, in dem Paxton und Hunt computererzeugten Tornados quer durch den mittleren Westen der USA nachjagen. Die Produktion litt unter zu gutem Wetter. Um den Himmel dunkel wirken zu lassen, musste das Wageninnere entsprechend heller beleuchtet werden, was bei Paxton vorübergehend Augenprobleme nach sich zog. Der Zwischenstopp wird beim **Hot Pit Bar-B-Q, 309 Avenue F**, Del Rio, Texas, eingelegt. Ein Teil der Stadt **Wakita**, Oklahoma, der zum Abriss vorgesehen war, wurde vom Tornado für den Film „umgeweht". Warner Bros. gab dann 250.000 Dollar aus, um auf dem Gebiet einen Park anzulegen. Die dort verwendeten Ziegelsteine tragen die Aufschrift „Twister '95".

U

U-TURN - KEIN WEG ZURÜCK

(1997, R: Oliver Stone)
Sean Penn, Jennifer Lopez, Nick Nolte
• **ARIZONA**

Nachdem größere Projekte nicht zu Stande gekommen waren, drehte Oliver Stone diesen bescheidenen „Western Noir". Drehort ist die verlassene Bergbaustadt **Superior** rund 100 Kilometer von Phoenix, Arizona, entfernt, die so umgestaltet wurde, dass sie aussah wie eine Stadt, die seit den sechziger Jahren allmählich zerfiel. Das Waldorf Café, in dem Penn eine bizarre Ansammlung örtlicher Charaktere antrifft, war ein baufälliges Café, das für den Film wieder in Stand gesetzt wurde, dabei aber seinen alten Namen behielt. Der Höhepunkt des Films spielt sich am nahe gelegenen **Apache Leap** ab, einer Felsformation, die nach einem Zwischenfall im 19. Jahrhundert benannt ist, als die Mitglieder eines Apachenstammes sich lieber in den Tod stürzten, als sich von der U.S.-Kavallerie gefangen nehmen zu lassen.

ÜBER DEN DÄCHERN VON NIZZA

(1955, R: Alfred Hitchcock)
Cary Grant, Grace Kelly, Jessie Royce Landis
• **FRANKREICH; MONACO**

Der Blumenmarkt: Cours Saleya, Nizza

Grace Kellys Hotel: Carlton Hotel, Cannes

Schwächerer Hitchcock, der durch das wunderbare Zusammenspiel von Grant und Kelly am Leben erhalten wird. Schauplatz ist die schicke französische Riviera, wo Grant, den man verdächtigt, sich als Einbrecher zu betätigen, alles daran setzt, den wahren Schuldigen ausfindig zu machen. Grace Kelly steigt im **Carlton Hotel, 58 la Croisette, Cannes**, ab. Monte Carlo ist massiv und nicht zu seinem Vorteil neu bebaut worden, und das Terrassenrestaurant an der Bucht existiert seit langem nicht mehr. Cary Grants Villa liegt gleich unterhalb der Felsen von **Baou de St. Jeannet**. Der Blumenmarkt findet auf dem **Cours Saleya** in der Altstadt von Nizza statt. Die Brücke, die weiterhin zu sehen ist, liegt bei **Éze**. Die Jagd wurde auf dem **Grande Corniche** oberhalb von Monte Carlo gefilmt.

DIE ÜBLICHEN VERDÄCHTIGEN

(1995, R: Bryan Singer)
Gabriel Byrne, Chazz Palminteri, Kevin Spacey
• **LOS ANGELES**

Bryan Singers atemberaubendes und verstricktes Wer-hat-was-getan wurde zum großen Teil im alten **Herald Examiner**

Building, 1111 South Broadway, Downtown Los Angeles, gefilmt. Das alte Zeitungsgebäude lieferte das Innenleben der Polizeistation, während aus dem Foyer das New Yorker Restaurant für die Eröffnungsszene mit Gabriel Byrne entstand.

Innenaufnahmen: Herald Examiner Building, South Broadway, Downtown L.A.

Das Gebäude wurde 1912 von Julia Morgan entworfen, der Architektin von William Randolph Hearsts San-Simeon-Anwesen (für Details über Hearsts Prachtbau siehe *Citizen Kane*). Inspiriert wurde es vom California Building der Weltausstellung 1893 in Chicago, die Zeitung Herald Examiner war dort zu Hause. Seitdem die Zeitung eingestellt wurde, steht das Gebäude leer und wird nur hin und wieder für Dreharbeiten benutzt. Die große Glocke, an der sich die Verdächtigen mit Redfoot treffen, ist die **Korean Bell of Friendship, Angels Gate Park, South Gaffey Street** in San Pedro. Die Glocke, ein Geschenk der Koreaner zum 200. Geburtstag der Vereinigten Staaten 1976, befindet sich auf einer atemberaubenden Klippe, von der aus man von San Pedro im Osten bis zur Halbinsel Palos Verdes im Westen blicken kann.

Treffen mit Redfoot: Korean Bell of Friendship, Angels Gate Park, San Pedro

DIE UNBESTECHLICHEN

(1976, R: Alan J. Pakula)
Robert Redford, Dustin Hoffman, Jason Robards
• **WASHINGTON D.C.; LOS ANGELES**

Der dritte Film aus Pakulas hervorragender Paranoia-Trilogie (nach *Klute* und *Zeuge einer Verschwörung*), dem es gelingt, aus der Aufdeckung der Watergate-Affäre – die von ihrem Ablauf her nicht gerade der Stoff ist, aus dem man Filme dreht – eine fesselnde Handlung zu schmieden, ist von Kameramann Gordon Willis auf brillante Weise in einem nächtlichen D.C. in Szene gesetzt worden.

Authentizität ist alles. Der Einbruch wurde tatsächlich im **Watergate Complex** gefilmt (ganz in der Nähe des Georgetown-Hauses, das für *Der Exorzist* benutzt wurde), und Frank Wills – der Wachmann, der den Einbruch bemerkt –

Der Einbruch: der Watergate-Komplex

Spähposten: das Howard Johnson Motor Lodge

Das Büro von Woodward und Bernstein: das Washington Post Building

stellte die Szene an exakt der echten Stelle nach (der Officer, der die Festnahme durchführt, ist übrigens der spätere Oscar-Preisträger F. Murray Abraham). Die Büros der Demokraten befanden sich im sechsten Stockwerk des Gebäudes an der **2600 Virginia Avenue NW**, westlich von Downtown D.C. *(U-Bahnstation: Foggy Bottom)*. Wenn Ihnen nach einem Souvenir ist, können Sie sich eine Flasche Watergate Whisky kaufen, die im Geschäft in diesem Komplex angeboten wird.

Basis 1, der Ausguck, befindet sich – wie im wahren Leben – auf dem direkt gegenüberliegenden Balkon, der zum **Howard Johnson Motor Lodge, 2601 Virginia Avenue NW**/Ecke New Hampshire Avenue, gehört. Wenn Sie wollen, können Sie das Zimmer buchen, das die Einbrecher hatten *(Tel. 202 965 2700; 800 654 2000)*. Die Washington-Post-Reporter Bob Woodward und Carl Bernstein arbeiten im Gebäude der Zeitung in der **1150 15th Street NW** zwischen L Street und M Street, Downtown D.C. *(U-Bahnstation: Farragut North)*. Montags zwischen 10 und 15 Uhr gibt es eine Führung durch das Gebäude, die auch den echten Nachrichtenraum einbezieht *(buchen Sie im Voraus unter Tel. 202 334 7969)*. Der Raum, in dem sich das Paar Gedanken über die Einbrecherstory macht, ist dagegen ein komplexes Set, das auf den Bühnen von Warner Brothers in Burbank gebaut wurde. Das rund 3000 Quadratmeter große Set kostete eine halbe Million Dollar, und die Detailbesessenheit ging weit darüber hinaus, alle 250 Schreibtische der Reporter und Redakteure korrekt anzuordnen – die Papierkörbe wurden sogar noch mit echtem Abfall aus dem Büro gefüllt, der sorgfältig der jeweils richtigen Abteilung zugewiesen wurde.

Zu den echten Motiven in D.C. gehören natürlich das **Capitol** – der Eingang für Führungen befindet sich in der East Capitol Street, Capitol Hill *(Tel. 202 225 6827) (U-Bahnstation: Capitol South, Union Station)*.

Der faszinierende runde Lesesaal, in dem sich das Duo durch die Buchanforderungen des Weißen Hauses sucht, ist der Hauptlesesaal im Jefferson Building der **Library of Congress, First Street SE** zwischen East Capitol Street und Independence Avenue *(Tel. 202 707 5000) (U-Bahnstation: Capitol South, Union Station)*.

Das Konzertgebäude, vor dem Redford ein Taxi anhält, das ihn zu seinem ersten Treffen mit dem rätselhaften Insider bringen soll, ist das **Kennedy Center for the Performing Arts, Rock Creek Parkway**/Ecke New Hampshire Avenue NW *(U-Bahnstation: Foggy Bottom)*. Der Komplex, der 1971 eröffnet wurde, beherbergt zwei Theater, einen Konzertsaal und ein Opernhaus *(Tel. 202 416 8000)*. Die hoch gelegene Wildnis, in der Redford zum vereinbarten Treffen erscheint, findet sich am Potomac River in **Arlington**, Virginia, aber wenn Sie den Parkplatz sehen wollen, müssen Sie sich nach L.A. begeben. Die finstere Tiefgarage befindet sich unter dem **ABC Entertainment Center** an der **Avenue of the Stars**/Ecke Constellation Boulevard, Century City.

Hoffman trifft sich mit seinem Kontaktmann von der Telefongesellschaft an der Stelle, wo in den sechziger Jahren praktisch alle Antikriegsdemonstrationen stattfanden – im **Lafayette Park**, nördlich vom Weißen Haus, an der Pennsylvania Avenue und H Street NW zwischen Jackson Place und Madison Place *(U-Bahnstation: Farragut West)*. Die Spur führt ihn zum County Justice Building von Miami, wo er mit einem Trick mit Ned Beatty zusammentrifft. Das Gebäude steht weder in Miami noch in D.C. Es ist die **Los Angeles City Hall, 200 North Spring Street**, Downtown, die Heimat von *Dragnet* und *Superman*. Ebenfalls in L.A. finden Sie das Hamburgerlokal, in dem Redford und Hoffman den Plan entwickeln, wie sie Sloane dazu bringen, Haldemans Namen zu bestätigen (McDonald's in **Santa Monica**). Dort ist auch das Apartment des in Ungnade gefallenen Anwalts Donald Segretti beheimatet, von dem aus man den Yachthafen von **Marina del Rey** überblickt.

Das FBI arbeitet im **J. Edgar Hoover FBI Building, 10th Street** und Pennsylvania Avenue NW, Downtown D.C., doch das Innere des Gebäudes, wo Woodward und Bernstein dem Agenten auf die Nerven gehen, ist – Überraschung – nicht das echte Hauptquartier des FBI, sondern einmal mehr die City Hall, L.A. Im echten FBI-Gebäude werden kostenlose Führungen veranstaltet, zu denen auch eine Schusswaffendemonstration gehört. Der Eingang ist in der East Street NW zwischen 9th Street und 10th Street gelegen *(Tel. 202 324 3000) (U-Bahnstation: Metro Center, Gallery Place, Federal Triangle)*.

DER UNBEUGSAME

(1967, R: Stuart Rosenberg)
Paul Newman, George Kennedy, Jo Van Fleet
• **KALIFORNIEN**

Ein Oscar ging an George Kennedy, und Newman wurde für seine Rolle in dieser christusartigen Allegorie nominiert. Gefilmt wurde im Flussdelta des **San Joaquin River** nahe **Stockton**, Kalifornien.

DER UNBEUGSAME

(1984, R: Barry Levinson)
Robert Redford, Robert Duvall, Glenn Close
- **NEW YORK STATE**

Hollywood kaufte die Rechte an Bernard Malamuds sonderbarem Baseballroman und veränderte das Ende komplett, um zu einer völlig anderen Aussage zu gelangen. Der Film, der in den zwanziger und dreißiger Jahren angesiedelt ist, wurde vollständig in der Umgebung von **Buffalo** nördlich von New York gedreht, einer Region, die nur wenige Modernisierungen erlebt hatte und sogar über ein zeitgenössisches Baseballstadion verfügte: das 40.000 Besucher fassende **War Memorial Stadium, Jefferson Street/Ecke Best Street**, Heimat der Buffalo Bisons. Ein Großteil des Stadions ist inzwischen abgerissen worden, um Teil eines größeren Sportkomplexes zu werden. Gedreht wurde auch im **Buffalo Psychiatric Center, 400 Forest Avenue**. Das Farmhaus liegt in **South Dayton**, rund 65 Kilometer südwestlich von Buffalo, und beim Bahnhof handelt es sich um die **South Dayton Station**. Das Chicagoer Wrigley Field ist in Wirklichkeit das Spielfeld der **Bennett High School, 2895 Main Street**, und liegt damit ganz in der Nähe des Eissalons, wo sich Redford mit Glenn Close trifft: **Parkside Candy Store, 3208 Main Street**.

UND TÄGLICH GRÜSST DAS MURMELTIER

(1993, R: Harold Ramis)
Bill Murray, Andie MacDowell, Chris Elliott
- **ILLINOIS**

Murray bleibt in einer Zeitschleife hängen, woraufhin er in einer amerikanischen Kleinstadt immer wieder den gleichen Tag erlebt. Punxsutawney, Pa. ist tatsächlich **Woodstock**, gut 70 Kilometer nordwestlich von Chicago an der Route 14 in Illinois. Der Film zeigt das Gericht und das Gefängnis, die beide aus der Zeit vor dem Bürgerkrieg stammen, das restaurierte Opernhaus aus der Zeit um die Jahrhundertwende, und den Stadtplatz mit Gazebo.

DIE UNENDLICHE GESCHICHTE

(1984, R: Wolfgang Petersen)
Barret Oliver, Gerald McRaney, Noah Hathaway
- **BRITISH COLUMBIA, KANADA**

München ist in Wahrheit der alte Distrikt **Gastown**, östlich von Downtown, Vancouver, British Columbia.

UND IMMER LOCKT DAS WEIB

(1957, R: Roger Vadim)
Brigitte Bardot, Curt Jürgens, Jean-Louis Trintignant
- **FRANKREICH**

Regisseur Roger Vadim macht mit diesem Sex-Melodrama im Breitwandformat nicht nur Bardot in der Rolle des ursprünglichen „Sexkätzchens" zum Weltstar, sondern auch **St. Tropez**. In Anbetracht des Rufs, den dieser winzige Fischereihafen genießt, hat sich zumindest optisch seit den fünfziger Jahren wenig getan, sodass Sie die meisten Drehorte des Films mühelos wiedererkennen können. Bardots Zuhause ist im Bezirk **La Ponche** nördlich der Altstadt, der Großteil des Films wurde aber an der maleri-

schen Küste gedreht. Noch immer ist diese Stadt eine Mischung aus pastellfarbenen Cafés, und Curt Jürgens' Büro kann man am **Quai Jean Jaurès** sehen. Die Mauer und die Stufen am Meer, wo La Bardot schmollt und lockt, finden sich an der **Môle Jean Réveille** gegenüber dem Hafen von Belvedere de la Marine. In der Nähe befindet sich der leicht abfallende **Quai Frédéric Mistral**, wo sich die Bar des Amis befand, vor der Jean-Louis Trintignant in eine Schlägerei verwickelt wurde und in deren Keller der Film auf seinen Höhepunkt zusteuert. Die Bar ist heute ein Souvenirgeschäft namens Bleu Continu. Hinter den Cafés versteckt liegt die Nachrichtenagentur, in der Bardot arbeitet. Das Gebäude in der **2 Rue du Cepoun Louis Sanmartin** an der Kreuzung Montée Honnorat Coste steht heute leer.

Curt Jürgens' Büro: Quai Jean Jaurès, St. Tropez

Standort der Bar: Quai Frédéric Mistral, St. Tropez

Hier arbeitete die Bardot: St. Tropez

DIE UNGLAUBLICHE REISE IN EINEM VERRÜCKTEN FLUGZEUG

(1980, R: Jim Abrahams, David Zucker, Jerry Zucker)
Robert Hayes, Julie Haggerty, Peter Graves
- **LOS ANGELES**

Eine wilde Parodie, aber nicht auf die Airport-Filme, sondern auf Arthur Haileys Stück *Flight Into Danger* (1957 verfilmt als *714 antwortet nicht* mit Dana Andrews als Pilot mit Kriegsneurose, der ein Flugzeug landen muss, nachdem sich die Crew eine Lebensmittelvergiftung zugezogen hat). Der Flughafen ist **Los Angeles International**, LAX, südwestlich der Stadt am Ende des **Sepulveda Boulevard**, wo die 747er sich tatsächlich beunruhigend nah an die Fenster der Abflughalle bewegen. Das Space Shuttle in *Die unglaubliche Reise in einem verrückten Raumschiff* startet vom LAX.

DIE UNHEIMLICH VERRÜCKTE GEISTERSTUNDE

(1982, R: George A. Romero)
Carrie Nye, Viveca Lindfors, Leslie Nielsen
- **PENNSYLVANIA; NEW JERSEY**

Anthologie nach Stephen-King-Kurzgeschichten (er spielt in einer Episode auch mit) im Hau-drauf-Comicstil, gefilmt – wie fast alles, was den Namen Romero trägt – nahe Pittsburgh. Hauptschauplatz war die **Penn Hall**

Academy nahe **Monroeville** (die Mall aus Romeros *Zombie*). Die Innenaufnahmen wurden in der Turnhalle des Academy gedreht.

Der Vatertag: John Amplas kehrt von den Toten zurück, um sich an seiner Familie zu rächen. Gefilmt wurde in einer Villa in **Fox Chapel**, einem Edelvorort von Pittsburgh einige Kilometer nördlich der Stadt, gleich an der Interstate 28. Das Grundstück wurde so gestaltet, dass es einem überwucherten Friedhof glich.

Wenn das Grauen dich überrollt: Ted Danson und Gaylen Ross kehren von den Toten zurück, um sich an Leslie Nielsen zu rächen. Gedreht wurde in Pittsburgh, das leider nicht über eine Küste verfügt, sodass man die Strandszenen im **Island Beach State Park** an der Küste von New Jersey aufnahm.

Expedition ins Tierreich: Das gruselige Wissenschaftslabor und der Collegecampus sind die Penn Hall.

Mondgestein: Stephen King mutiert zu einer riesigen Pflanze. Ein Meteorkrater und ein Haus, das von mutierten Pflanzen überschwemmt wird, wurden auf einem Hügel nahe der Penn Hall errichtet.

Der Wanzenhasser: Weitere Innenansichten der Penn Hall, diesmal überlaufen von 28.000 (Sie können ruhig nachzählen) Küchenschaben mit einer Größe von gut acht Zentimetern, die aus Fledermaushöhlen in Trinidad herangeschafft wurden.

Creepshow 2 folgte mit drei weiteren Geschichten von Stephen King, bei denen er mehr zu sagen hatte und darauf bestand, dass die Episode *Der Anhalter* in seiner Heimatstadt **Bangor**, Maine, gedreht wurde.

UNHEIMLICHE BEGEGNUNG DER DRITTEN ART

(1977, R: Steven Spielberg)
Richard Dreyfuss, Melinda Dillon, François Truffaut
• **ALABAMA; WYOMING; KALIFORNIEN; WASHINGTON D.C.; INDIEN**

Spielberg lässt das Kino der Ehrfurcht auf eine Weise wiederaufleben, wie man es seit den Tagen der religiösen Epen (achten Sie nur einmal auf die zahlreichen Verweise auf *Die zehn Gebote*) nicht mehr gesehen hat, als die Erde von freundlichen Aliens besucht wird. Der einleitende Sandsturm und das in der Sahara gestrandete Schiff aus der Special Edition des Films wurden in Kalifornien in der Mojave-Wüste gedreht. Weitere Wüstenszenen entstanden in **Tequisquiapan** und **Bernal**, Querétaro, Mexiko. Nachrichtensprecher Howard K. Smith drehte seine Szenen in **Washington D.C.** Das Material, das Truffaut von Aufnahmen in Indien zeigt, entstand in **Bombay**. Das Flugkontrollzentrum findet sich in **Palmdale**, Kalifornien.

Der Großteil der Dreharbeiten wurde aber in Alabama gefilmt, wo man Hangars entdeckt hatte, die größer waren als jede Bühne in Hollywood und die die gewaltigen Sets beherbergen konnten. Als Folge davon zog die gesamte Produktion nach Alabama. Der Landeplatz war das größte, jemals gebaute Set in einem geschlossenen Raum. Gebaut wurde es auf der ehemaligen Air Force Base in Mobile, die heute ein Industriekomplex ist. Die Hangars sind die Nummern 5 und 6, Gebäude 17 auf dem **Brookley Field Industrial Complex, Old Bay Street,**

Landeplatz: Devil's Tower, Black Hills National Forest

Mobile. Andere in diesen Hangars gebaute Sets waren zum Beispiel die Kurve, in der die Polizeiwagen versuchen, dem außerirdischer Fluggefährt zu folgen, sowie das Innere des Hauses von Dreyfuss. Für die Bergszenen kamen künstliche Felsblöcke zum Einsatz, wobei man nur zwölf Grundformen sorgfältig in unterschiedlichen Winkeln aufstellte, um zu vermeiden, dass bestimmte Muster offensichtlich wurden. Das Haus von Dreyfuss steht wirklich in Mobile, während das Haus von Jillians Mutter in **Baldwin County** östlich von Mobile zu finden ist. Die große Evakuierung entstand in **Bay Minette** auf der anderen Seite des Mobile River und des Tensaw River, gut 50 Kilometer nordöstlich von Alabama an der Route 31.

Von der Landebahn abgesehen, existiert der Schauplatz der Landung tatsächlich und ist durch den Film zu einer echten Touristenattraktion geworden. Der faszinierende, wie abgesägt wirkende Gipfel des **Devil's Tower National Monument** findet sich im nordöstlichen Winkel von Wyoming im **Black Hills National Forest**. Der Legende von Eingeborenen zufolge bekam der Berg dadurch sein Aussehen, dass riesige Bären versuchten, die Hänge zu erklimmen, um eine Prinzessin auf dem Gipfel zu erreichen. Die wissenschaftliche Betrachtung besagt dagegen, dass es sich um den Pfropfen in einem erloschenen Vulkan handelt. Devil's Tower wurde 1906 zum ersten Nationalmonument der USA bestimmt. Er kann das ganze Jahr über besucht werden, und von April bis Oktober ist dort ein Besucherzentrum geöffnet, das gut fünf Kilometer vom Eingang entfernt liegt. Der Berg befindet sich rund 52 Kilometer nordöstlich von Moorcroft, Interstate 90. Die nächsten Flughäfen sind Gillette, Wyoming, und Rapid City, South Dakota. Details finden Sie unter *www.gorp.com/gorp/resource/us_nm/wy_ devil.htm*.

UNION PACIFIC

(1939, R: Cecil B. DeMille)
Joel McCrea, Barbara Stanwyck, Akim Tamiroff
• **OMAHA; NEBRASKA; IOWA; UTAH; KALIFORNIEN**

Breitwandige (na klar, ist ja auch von DeMille) Darstellung des Vordringens der Eisenbahn quer durch Amerika. Gefilmt wurde unter anderem in Omaha, Nebraska und im benachbarten **Council Bluffs**, gleich hinter der Grenze in Iowa, wo die Union-Pacific-Eisenbahn ihren Ursprung hatte. Das Städtchen Cheyenne wurde komplett in Frontier Movie Town in **Kanab**, Utah, nachgebaut. Die Szene mit dem „Goldenen Nagel" – dem letzten Nagel, der in die

Schwellen getrieben wird, um die Strecke zu komplettieren – wurde viel näher an Hollywood gefilmt: im Canoga Park im San Fernando Valley, nördlich von L.A. Es wurde der echte Nagel verwendet, den die Wells Fargo Bank in San Francisco als Leihgabe aus ihrem Tresor holte.

UNIVERSAL SOLDIER

(1992, R: Roland Emmerich)
Dolph Lundgren, Jean-Claude Van Damme, Ally Walker
• MEXIKO; ARIZONA

SF-Film, in dem tote Soldaten für einen aktiveren Dienst wieder belebt werden. Gedreht wurde in Mexiko und Arizona: **Clarkdale, Verde Valley, Kingman** und **Prescott.**

EIN UNMORALISCHES ANGEBOT

(1993, R: Adrian Lyne)
Demi Moore, Woody Harrelson, Robert Redford
• LOS ANGELES; LAS VEGAS, NEVADA

Redfords Anwesen: Huntington Library, San Marino

Redford bietet eine Million Dollar für eine Nacht mit Demi Moore. Das Casino in Vegas, in dem Harrelson und Moore versuchen, ihr Geld zurückzuholen, und dabei das bescheidene Angebot unterbreitet bekommen, ist das **Las Vegas Hilton, 3000 Paradise Road**. Das 1500 Zimmer große Hotel grenzt an das Las Vegas Convention Center an, knapp einen Kilometer weiter östlich auf dem Strip (in *Diamonds Are Forever* war es das Whyte House). Das Restaurant mit seinen bizarren singenden Statuen, das an den kitschigen Verzauberten Tiki-Salon in Disneyland erinnert, ist das **Benihana Village** des Hilton, ein (sehr) stilisiert dargestelltes japanisches Dorf. Der Anblick von Moore verfolgt einen aufgewühlten Harrelson auf den 46 Fernsehbildschirmen im Race and Sports Room des Casinos. Der Wasserfall mitsamt Vulkan ist einige Kilometer weiter südlich des Hilton vor dem **Mirage Hotel, 3400 Las Vegas Boulevard South**, zu besichtigen.

Redfords mediterran wirkendes Anwesen im Norden ist die **Huntington Library, 1151 Oxford Road, San Marino**. Moores Maklerbüro befindet sich im prachtvollen **Crossroads of the World, 6671 Sunset Boulevard/** Ecke Cherokee, Hollywood. Es wurde 1936 als nicht überdachtes Einkaufszentrum gebaut und dabei so entworfen, dass es wirkt wie ein Luxusliner, der in einer Traumwelt aus spanischen, französischen, maurischen und englischen Dörfern vor Anker gegangen zu sein scheint. Zu sehen ist es auch als Hintergrund in *L.A. Confidential*. Das Anwesen, auf dem Redford herumgeführt

wird, ist **Greystone Park and Mansion, 905 Loma Vista Drive, Beverly Hills** (für Details siehe *Tod in Hollywood*).

Harrelson verliert die Beherrschung: The Oviatt Building, South Olive Street

Das Art-déco-Restaurant, vor dem Harrelson Moore und Redford zur Rede stellt, war das Rex-II Ristorante im **Oviatt Building, 617 South Olive Street**/Ecke Sixth

Versöhnung: Paradise Cove Pier, Malibu

Street am Pershing Square, Downtown L.A. Es handelt sich um ein weiteres von einem Ozeanriesen – in diesem Fall der Rex aus den dreißiger Jahren – inspiriertes Design, das in diesem Fall das Innere des schwimmenden Palastes nachempfindet. Zu sehen ist das unglaublich gelungene Innenleben in Phil Joanous durchgeknalltem Thriller *Eiskalte Leidenschaft*. Inzwischen wurde es geschlossen und als Cicada neu eröffnet, ein Lokal im norditalienischen Stil, das zu Nicolas Cages Lieblingsrestaurants zählt *(Tel. 213 488 9488)*.

Die Versöhnungsszene am Ende entstand auf dem Pier von **Paradise Cove**, einem privaten Strandabschnitt westlich von Malibu.

DER UNSICHTBARE DRITTE

(1959, R: Alfred Hitchcock)
Cary Grant, Eva Marie Saint, James Mason
• NEW YORK CITY; NEW YORK STATE; ILLINOIS; SOUTH DAKOTA; KALIFORNIEN

Hitchcock in Spitzenform mit dem besten Comedy-Thriller aller Zeiten. Grant ist ein Werbefachmann, der in dem mittlerweile abgerissenen CIT Building arbeitet, das sich an der 650 Madison Avenue befand (Hitch hat hier seinen Cameo-Auftritt, als er den Bus verpasst). Grant wird irrtümlich an Stelle des mysteriösen Mr. Kaplan aus dem **Plaza Hotel, West 59th Street**/Ecke Fifth Avenue, entführt. James Masons Haus, angeblich 169 Baywood, Glen Cove, wo Grant von einem unheimlichen Martin Landau gezwungen wird, Bourbon zu trinken, ist ein herrschaftlicher Ziegelsteinbau in **Old Westbury Gardens, 71 Old Westbury Road**: das Phipps Estate einige Kilometer südlich von Glen Cove, Long Island. Das Anwesen nördlich von Westbury – von der New Yorker Pennsylvania Station kommend an der Long Island Railroad gelegen – ist zwischen Mai und Dezember für Besucher geöffnet *(es wird Eintritt*

Cary Grant wird entführt: Plaza Hotel, 59th Street

Der Mordplan: United Nations Building, First Avenue

Grant wird auf Glen Cove festgehalten: Old Westbury Gardens, Long Island

Grant trifft sich mit Eva Marie Saint: Omni Ambassador East, Chicago

verlangt; Tel. 516 333 0048).

Grant folgt einer Spur ins **United Nations Headquarters, First Avenue** zwischen 42nd Street und 48th Street, wo ihm ein Mord zur Last gelegt wird. Sie können völlig gefahrlos eine Führung durch das General Assembly Building mitmachen, die am Eingang in der 46th Street startet (Tel. 212 963 7113). Grant entkommt an der Twentieth Century aus der Grand Central Station, East 42nd Street/ Ecke Park Avenue, und trifft sich mit Eva Marie Saint, die ihm bei der Ankunft an der Chicagoer **LaSalle Street Station, 414 South LaSalle Street** zwischen West Van Buren Street und West Harrison Street dabei behilflich ist, Militärpolizisten aus dem Weg zu gehen.

Eine der berühmtesten Szenen des Kinos überhaupt findet sich in diesem Film, wenn Grant sich zu einem Treffen mit dem rätselhaften Mr. Kaplan begibt und dafür den Greyhound-Bus nach Indianapolis nimmt, um am Prairie Stop auf der Route 41 wieder auszusteigen, wo er dann von dem Pestizide verstreuenden Flugzeug angegriffen wird. Weit weg von Indiana liegen die Getreidefelder tatsächlich in **Wasco** nahe Bakersfield an der Route 99, rund 140 Kilometer südlich von L.A. mitten in der Wüste. Diese von Hitchcock bevorzugte Straße – sie verbindet Hollywood mit den Weingütern in Nordkalifornien – ist exakt die Strecke, auf der James Dean tödlich verunglückte.

Grant überlebt jedoch und verfolgt Kaplan weiter ins **Omni Ambassador East Hotel, 1301 North State Parkway**/Ecke East Goethe Street, Chicago (Tel. 312 787 7200). Das Ambassador East, das 1926 als Gegenstück zum Ambassador West von 1919 in der 1300 North State Street erbaut wurde, zählte mit seinem Pump-Room-Restaurant zu Hitchcocks Lieblingsdrehorten.

Das futuristische Zuhause des Widersachers James Mason ist ein Studionachbau eines Hauses von Frank Lloyd Wright. Der Höhepunkt der Handlung auf dem Mount Rushmore wurde größtenteils im Studio gefilmt – die Behörden waren nicht bereit, jegliches respektloses Verhalten gegenüber den toten Präsidenten zuzulassen (in einer Phase des Drehbuchs wollte Hitchcock, dass sich Grant durch ein Niesen verrät, während er sich in einem

der riesigen Nasenlöcher der Präsidenten versteckt). Den echten **Mount Rushmore** kann man im Black Hills National Forest, Route 385 südöstlich von Rapid City, South Dakota, besuchen.

DER UNTERGANG DES RÖMISCHEN REICHES
(1964, R: Anthony Mann)
Stephen Boyd, Alec Guinness, Christopher Plummer
• SPANIEN

Das letzte große der bedeutenden Epen der sechziger Jahre, das dank der Entscheidung, kostspielige dreidimensionale Sets zu bauen, phantastisch aussah. Der Nachbau des römischen Forums entstand an der Stelle einer anderen Produktion von Samuel Bronston, 55 Tage in Peking, auf dem Gut des Marques de Villabragima in **Las Matas**, 25 Kilometer von Madrid entfernt.

Die Eröffnungsszenen, in denen Marcus Aurelius gegen die Barbaren loszieht, wurden in den Bergen der **Sierra de Guadarrama** oberhalb von Segovia im Norden von Madrid gefilmt. Der Kampf gegen die Perser entstand 160 Kilometer südlich von Madrid auf einer Ebene nahe **Manzanares El Real. Sagunto** an der Ostküste, gut 30 Kilometer nördlich von Valencia gelegen, hielt für die römische Stadt Ravenna her. Zufälligerweise ist Sagunto eine der Städte, die in einem weiteren Bronston-Epos, El Cid, von den Mauren eingenommen wird. Die Szenen am See entstanden am Ufer des **Stausee Santillana**.

UNTERM HOLDERBUSCH
(1968, R: Clive Donner)
Barry Evans, Judy Geeson, Angela Scoular
• HERTFORDSHIRE

Verspielte, typische Sechziger-Jahre-Sexkomödie, die vom Amerikaner Larry Kramer mitgeschrieben wurde – heute in den USA ein führender Aktivist für die Rechte der Homosexuellen und für geschärftes Bewusstsein für die AIDS-Gefahr. Gefilmt wurde in der schicken neuen Stadt **Stevenage** an der A602, nördlich von London in Hertfordshire.

THE UNTOUCHABLES – DIE UNBESTECHLICHEN
(1987, R: Brian De Palma)
Kevin Costner, Sean Connery, Robert De Niro
• CHICAGO; MONTANA

Mit diesem Film kehrt De Palma auf unglaubliche Weise in Höchstform zurück, und die Oscar-Nominierungen für Produktionsdesign und Kostüme sind wohlverdient, wenn man sieht, wie hier vor Ort die Zeit der Prohibition nachempfunden worden ist.

Das Café, das von den Schutzgelderpressern zu Beginn des Films in die Luft gesprengt wurde, befand sich unter der Hochbahn in Wrigleyville, nörd-

Das Café geht hoch: West Roscoe Street/ North Clark Street

Das Hauptquartier der Unbestechlichen: Rookery Building, South La Salle Street

Ness trifft sich mit Malone: Michigan Avenue Bridge

Das Postermotiv: South La Salle Street

lich der Stadt an der Kreuzung **West Roscoe Street/ North Clark Street**. Ein paar Blocks weiter südlich von Wrigley Field sieht man den gleichen Drehort als John Candys Haus in der Komödie *Mama, ich und wir zwei* von John Hughes und Chris Columbus.

Eliot Ness' Polizeihauptquartier befindet sich im **Rookery Building, 202 South La Salle Street**. 1886 erbaut, wurde das Foyer 1907 von Frank Lloyd Wright umgebaut. Es ist erst vor kurzem renoviert worden. Die South La Salle Street mit dem Blick auf das Chicago Board of Trade Building ist in vielen Einstellungen zu sehen, und sie ist auch das Motiv auf dem Filmplakat. Die Razzia im Postamt findet hier statt, gegenüber der Rookery bei der **Continental Illinois Bank and Trust Company, 231 South La Salle Street**.

Ness trifft sich mit dem unbestechlichen irischen Cop Malone auf der unteren Fußgängerebene der **Michigan Avenue Bridge**, die man unter anderem aus *Rent-A-Cop* und *Die Killerbrigade* kennt. Malones Apartment befindet sich im unverändert gebliebenen Block aus terrassenartig angeordneten Häusern an der **1634 South Racine Avenue** in Harrison. Das Lexington Hotel, in dem Al Capone eine Suite hatte, existiert nicht mehr in seiner ursprüng-

lichen Form. Für den Film schuf man für die Innenaufnahmen eine Kombination aus zwei verschiedenen Drehorten. Beim ersten Blick ins Lexington, wo dem im Bett liegenden Capone die Zeitung ans Bett gebracht wird, sehen wir in Wahrheit das obere Foyer des **Chicago Theater, 175 North State Street**/Ecke East Lake Street. Das Äußere dieses Kinos ist Dank seines praktischen „Chicago"-Schilds unausweichlich die Einführungseinstellung für unzählige, in dieser Stadt

Capones Hotel: Chicago Theatre, North State Street

Capones Hotellobby: Roosevelt University

Capone lobt Pagliacci: Preston Bradley Hall

Außenansicht des gern genutzten Chicago Theatre, North State Street

Das blutige Bankett: Blackstone Hotel, South Michigan Avenue

Capones Lexington Hotel von außen: Roosevelt University

Ness bekommt etwas über Frank Nitti spitz: Grand Army of the Republic Rotunda

Die Schießerei am Bahnhof: Union Station

spielende Filme, während sich *The Untouchables – Die Unbestechlichen* des extravaganten barocken Innenlebens bedient. Das untere Foyer des Lexington ist in Wirklichkeit das Foyer der **Roosevelt University, 430 South Michigan Avenue**. Durch die Scheiben können Sie einen Blick auf die große Treppe werfen, auf der Ness Capone zur Rede stellt, nachdem die anderen Unbestechlichen ermordet worden sind.

Die Bankettszene, bei der Capone einige aufbauende Worte zum Thema Teamwork spricht, bevor er einem freien Mitarbeiter mit einem Baseballschläger den Schädel zertrümmert, wurde im Ballsaal des im Jahr 1910 erbauten **Blackstone Hotel, 636 South Michigan Avenue/** Ecke East Balbo Drive *(Tel. 312 427 4300)* mit Blick auf den Grant Park gefilmt.

Das Foyer des Opernhauses, wo Capone vor der Presse seine Unschuld beteuert, ist die Große Treppe des **Chicago Public Library Cultural Center, 78 East Washington Street**. Das Treppenhaus aus weißem Carrara-Marmor und die Mosaikarbeit aus buntem Glas kann man im südlichen Eingang an der Washington Street sehen *(Tel. 312 269 2900, außer sonntags täglich freier Eintritt)*. Sie führt hinauf zur Preston Bradley Hall im dritten Stockwerk, wo sich die sehenswerte, fast 12 Meter durchmessende Glaskuppel befindet, die angeblich die größte Tiffany-Kuppel der Welt sein soll. Sie wurde in den siebziger Jahren renoviert und ist etwa 35 Mio. Dollar wert. Hier stoßen Capone und Pagliacci nach dem Mord an Malone an.

Im Center findet sich eine weitere großartige Glaskuppel, nämlich in der **Grand Army of the Republic Rotunda**, im Stockwerk des nördlichen Eingangs an der Randolph Street gelegen. Die Wände des Rundbaus sind aus rosafarbenem Knoxville-Marmor aus Tennessee, die Kuppel weist eine Bleiverglasung im Renaissancestil auf. Dies ist das Foyer des Gerichtssaals, wo Ness in Frank Nittis Notizbuch auf Malones Adresse stößt. Die sich anschließende Verfolgung führt bis aufs Dach des Cultural Center, von dem Nitti schließlich heruntergestoßen wird. Die Schießerei, die De Palma mit einer Hommage an die furiose Treppenszene beim Regierungspalast in Odessa in *Panzerkreuzer Potemkin* verbindet, wurde in der beeindruckenden Chicagoer **Union Station, 210 South Canal Street**, gedreht.

Nicht in Chicago entstanden ist die Schießerei mit den Alkoholschmugglern auf der Brücke, bei der es sich um die **Hardy Bridge** nahe der **Great Falls** am Missouri in Montana handelt. Der echte Eliot Ness hatte das Zimmer

308 im Transportation Building, 608 South Dearborn Street, das noch immer existiert, heute aber Geschäfte und Apartments beherbergt.

DIE UNZERTRENNLICHEN

(1988, R: David Cronenberg)
Jeremy Irons, Genevieve Bujold, Heidi von Palleske
• **ONTARIO, KANADA**

Ungewöhnliches Drama über identische Zwillinge und Gynäkologen, das Irons den Oscar hätte einbringen sollen, den er später für *Die Affäre der Sunny von B*. erhielt. Gefilmt wurde in Toronto. In keinem der im Film gezeigten Restaurants werden Sie allerdings essen können. Das schicke italienische Lokal Giannino's ist inzwischen geschlossen worden, während

Bujold macht eine beunruhigende Entdeckung: das elegante Konservatorium des Casa Loma

Das Ende vor dem Apartment der Zwillinge: Trinity Square Park, Toronto

das Restaurant, in dem Genevieve Bujold bemerkt, dass sie sich mit zwei Männern trifft, in Wahrheit das Konservatorium **Casa Loma, 1 Austin Terrace**, ist. Für Details über dieses scheinbar mittelalterliche Bauwerk siehe *X-Men*, wo es als Professor Xaviers Schule herhält. Irons' Apartment ist das **Bell Trinity Square, 483 Bay Street** hinter dem Eaton-Place-Geschäftskomplex, und direkt davor – im **Trinity Square Park** – endet der Film.

URBAN COWBOY

(1980, R: James Bridges)
John Travolta, Debra Winger, Scott Glenn
• **TEXAS**

Diese Country&Western-Spelunke mit dem berühmten mechanischen Stier, in der John Travolta rumhängt und Debra Winger begegnet, war Gilley's, 4500 Spencer Highway, Pasadena, südöstlich von Houston im Osten Texas. Der Weg dorthin lohnt sich allerdings nicht, da die Bar vor einiger Zeit abgebrannt ist.

UHRWERK ORANGE

(1971, R: Stanley Kubrick)
Malcolm McDowell, Patrick Magee, Adrienne Corri
• **LONDON; HERTFORDSHIRE; BUCKINGHAM-SHIRE; MIDDLESEX**

Viele Jahre lang sorgte Kubricks Weigerung, den Film in Großbritannien zu zeigen, dafür, dass seine rabenschwarze Version von Anthony Burgess' Roman über freien Willen und Kontrolle den unverdienten Ruf hatte, es handele sich um eine beängstigende Gehässigkeit für die Augen. Ir-

Die Ludovico Medical Facility: Lecture Centre, Brunel University, Uxbridge

Die Rache der Tramps: Albert Bridge, Chelsea Embankment

gendwo im Norden des Landes angesiedelt, entstand der Film fast vollständig im Großraum London und in den umliegenden Grafschaften. Die Motive suchte der sich vor Reisen ängstigende Kubrick aus Architekturführern zusammen. Das praktisch einzige, speziell für den Film gebaute Set war die Korova Milk Bar, die in einer Fabrik abseits der Borehamwood High Street nahe der MGM Studios errichtet wurde (wo *2001* gedreht worden war).

Alex' Zuhause befindet sich in der unbeschreiblichen Betonkatastrophe **Thamesmead South**, einer riesigen, unwirtlichen und windigen Ansammlung von Häuserblocks, die durch beängstigende Wege miteinander verbunden sind. Die nächtlichen Unterführungen, die von den Droogs kontrolliert werden, finden sich dagegen in **Wandsworth** in West London. Der Yachthafen ist der künstlich angelegte **Southmere Lake** in Thamesmead. Alex unterstreicht seine Macht über die anderen Droogs, indem er Dim am **Binsley Walk** am westlichen Seeufer ins Wasser stößt, von wo aus man die Häuserblocks am Yarnton Way sehen kann. Weitere futuristische Stadtansichten entstanden im aus den sechziger Jahren stammenden Einkaufszentrum **Friar's Square** in **Aylesbury**, Buckinghamshire. Das Zentrum, das ebenfalls eine städtische Katastrophe darstellt, wurde 1990 drastisch umgebaut, um heute einen viel freundlicheren Eindruck zu machen.

Alex' Apartment im Municipal Flat Block 18A, Linear North ist eine Wohnung im Dorf Elstree. Kubrick erwies sich wieder einmal als Perfektionist: Das Paar, das hier lebte, wurde ausquartiert, dann investierte man 5000 £, um die Wohnung umzugestalten. Nachdem die Dreharbeiten beendet und das Paar in die Wohnung zurückgekehrt war, die man in den Originalzustand zurückversetzt hatte, musste es noch einmal ausziehen, damit zwei Nahaufnahmen nachgedreht werden konnten. Das Haus der Katzenfrau ist eine echte Villa im ländlichen Gebiet von Hertfordshire. Ebenfalls in Hertfordshire ist „Zuhause", Patrick Magees futuristische Wohnung und der Schauplatz der berüchtigten Vergewaltigung von Adrienne Corri zu den Klängen von „Singin' in the Rain" (als sich die beiden in Hollywood begegneten, soll Gene Kelly Kubrick angeblich über den Mund gefahren sein, weil der die Nummer in dieser Szene benutzt hatte). Das Haus ist **Skybreak**, das völlig versteckt im kleinen Dörfchen **Warren Radlett**, Hertfordshire, liegt.

Das Schallplattengeschäft aus Chrom und Glas, in dem Alex zwei Mädchen für eine schnelle Nummer entdeckt,

war der Chelsea Drugstore, der sich an der nordwestlichen Ecke Kings Road/Royal Avenue befand (er wurde in den siebziger Jahren geschlossen, heute gibt es dort ein McDonald's).

Die Ludovico Medical Facility, wo Alex die Therapie über sich ergehen lässt, ist der Campus der **Brunel University** in **Uxbridge**, Middlesex. Bei der riesigen Betonmonstrosität handelt es sich um das Vorlesungszentrum in der Mitte des Campus, auf dessen gegenüberliegender Seite Alex ins Art Centre eingelassen wird. Der Campus liegt an der Kingston Lane abseits von Hillingdon Hill, rund eineinhalb Kilometer südlich von Uxbridge *(U-Bahnstation: Uxbridge)*.

Der mit einem Mal wehrlose Alex begegnet einem früheren Opfer am **Chelsea Embankment** an der Oakley Street, SW3, und unter der **Albert Bridge** üben die Tramps Rache.

V

VALENTINO
(1977, R: Ken Russell)
Rudolf Nureyev, Leslie Caron, Michelle Phillips
• **SPANIEN; BUCKINGHAMSHIRE; DORSET**

Ken Russells überlange Filmbiographie des Stummfilmstars hat ihre großen Augenblicke, und die Mischung aus
üppigen Deko-Sets und phantasievoll ausgewählten
Drehorten lässt das fertige Produkt etliche Millionen
Dollar schwer wirken. Der in den USA spielende Film
entstand in Großbritannien und Spanien.

Die Dreharbeiten zu *Der Scheich* und *Die vier apokalyptischen Reiter* fanden in einem Wüstenstreifen im Lan-
desinneren rund 30 Kilometer von Almeria an der
Südküste Spaniens entfernt statt. Zahlreiche Spaghetti-
Western entstanden in **Almeria**, und auf einer dieser Wes-
ternstraßen kommt es zum Showdown zwischen Valentino und Studioboss Jesse Lasky, während im Hintergrund
parallel dazu ein weiterer Showdown zu sehen ist. Das
Set für Laskys Büro wurde im Gorillahaus im **Zoo von
Barcelona, Parc de la Ciutadella**, errichtet, damit der
Albinogorilla Snowflake in die Szenen miteinbezogen
werden konnte.

Der Strand, an dem sich Natasha Rambova und der arbeitslose Valentino auf einen Werbevertrag einigen, ist
bei **S'Agaro** an der Costa Brava. Der Vertrag führt zur
Präsentation von „Mineralava"-Schönheitsprodukten bei
einem Tango-Schautanzen, das im strahlenden Glanz des
Blackpool Tower Ballroom, Blackpool, an der Küste
von Lancashire gefilmt wurde. Und im **Blackpool Tower
Circus** spielt sich der Boxkampf zwischen Valentino und
dem Herausgeber der *New York Evening News* ab.

Valentinos Villa ist die aus der Zeit um die Jahrhundertwende stammende **East Cliff Hall**, das **Russell-Cotes Art
Gallery and Museum**, East Cliff, mit Blick über die
Poole Bay in Bournemouth *(Tel. 01202/451800,
www.russell-cotes.bournemouth.gov.uk)*.

VALMONT
(1989, R: Milos Forman)
Colin Firth, Annette Bening, Meg Tilly
• **FRANKREICH**

Einer dieser seltenen Zufälle, dass gleichzeitig zwei Versionen derselben Geschichte verfilmt werden. Diese Version von Laclos' *Les Liaisons Dangereuses*, mit einem doppelt so hohen Budget wie bei Stephen Frears' äußerst
erfolgreichem Film *Gefährliche Liebschaften* ging als erste in Produktion und wurde als letzte fertig gestellt, blieb
aber letztlich hinter dem kleineren Film zurück. Gedreht
wurde in Paris, Caen und Bordeaux. Mme. de Rosemondes
Anwesen ist das **Chateau de la Motte-Tilly** *(Tel. 03 25 39
99 67)*, ein Schloss aus dem 18. Jahrhundert in Nogent-sur-
Seine, rund 80 Kilometer östlich von Paris. Das Opernhaus,
in dem Valmont zum ersten Mal der unschuldigen Cecile
begegnet, ist die **Opéra Comique** in Paris. Die Innenaufnahmen entstanden im **Musée Nissim de Camondo, 63
Rue de Monceau**, einer Villa am Rande des Parc Monceau

in Paris *(Tel. 45 63 26 32; Metro-Haltestelle: Villiers)*,
und im **Hotel des Ambassadeurs de Hollande, 47 Rue
Vieille-du-Temple** im Bezirk Marais in Paris – wo Beaum-
archais *Die Hochzeit des Figaro* schrieb. Das Gebäude, das
übrigens nie die niederländische Botschaft beherbergt hat,
ist für Besucher leider nicht geöffnet.

Die Pferdestallungen sind eigentlich das **Musée Vivant
du Cheval** am **Chateau de Chantilly** (für Details siehe
James Bond 007 – Im Angesicht des Todes). Gedreht wurde auch im **Chateau de Versailles** und in der **Abbaye
aux Hommes** in Caen, die 1064 für William, den Herzog der Normandie, errichtet worden war. Die Abtei wird
gegenwärtig als Rathaus von Caen genutzt *(Führungen
unter Tel. 33 02 31 30 42 81)*. Weitere Drehorte waren
Meaux, eine an der Marne gelegene alte Stadt rund 55
Kilometer östlich von Paris, sowie **Bordeaux**.

VATER DER BRAUT
(1991, R: Charles Shyer)
Steve Martin, Diane Keaton, Martin Short
• **LOS ANGELES**

Dieses zuckersüße
Remake des Films
von Vincente Min-
nelli aus dem Jahr
1950 mit Spencer
Tracy lässt kein
Klischee über Vä-
ter, Töchter und
Hochzeiten aus.

Das Haus von Martin und Keaton: 843
South El Molino Avenue, Pasadena

Das Haus von Steve Martin und Diane Keaton steht in der
843 South El Molino Avenue in Pasadena. Der völlig
überdrehte Martin Short hat eine Boutique am **Melrose
Place** in West Hollywood. Die Hochzeit findet schließlich in der **Trinity Baptist Church, 2040 West Jefferson
Boulevard**, Santa Monica, statt.

VELVET GOLDMINE
(1998, R: Todd Haynes)
Jonathan Rhys Meyers, Ewan McGregor, Christian Bale
• **LONDON**

Mutiger, letztlich aber misslungener Versuch, das Glam-
rock-Phänomen der siebziger Jahre zu erfassen. Aufgebaut
wie *Citizen Kane*, mit Rhys Meyers als schmollender Bo-
wie-Gestalt und McGregor als Mischung aus Iggy Pop und
Kurt Cobain. Die bizarre Eröffnung, in der Aliens das Baby Oscar Wilde im Jahr 1854 auf den Stufen vor einer
Haustür in Dublin ablegen, spielt in der **Elder Street,
Spitalfields**, E1. Für die meisten Konzertszenen wurde in
der **Brixton Academy, 211 Stockwell Road**, SW9, gedreht. Christian Bales Reise nach New York im Jahr 1984,
um den verschwundenen Rockstar aufzuspüren, führt ihn
gerade mal bis zu den aus den sechziger Jahren stammenden Betonschluchten von Croydon. Die Orgie spielt sich
im **Mentmore Towers** ab, dem Gebäudekomplex im Dörfchen Mentmore in Buckinghamshire (das Äußere der Vil-

la auf Long Island, in der Tom Cruise bei der bizarren Orgie in Stanley Kubricks *Eyes Wide Shut* mitmacht; für Details siehe Terry Gilliams *Brazil*). Das Popvideo entstand am nördlichen Ende der **Portobello Road** in Notting Hill. Weitere Dreharbeiten fanden im **Bedford Arms, 409 Clapham Road**, SW9, Balham, statt.

DIE VERACHTUNG

(1963, R: Jean-Luc Godard)
Brigitte Bardot, Michel Piccoli, Jack Palance
• **ROM; CAPRI, ITALIEN**

Piccoli ist ein Drehbuchautor, der an der Verfilmung der *Odyssee* arbeitet und dessen Ehe mit Bardot dem Ende entgegenstrebt. Palance ist Produzent, Fritz Lang (der sich selbst spielt) ist der Regisseur. Das außergewöhnliche moderne Gebäude ist das **Casa Malaporte** im Süden von Capri, 1942 von Curxio Malaporte und Adalberto Libera entworfen.

DIE VERBORGENE FESTUNG

(1958, R: Akira Kurosawa)
Minoru Chiaki, Kamatari Fujiwara, Toshiro Mifune
• **JAPAN**

Historisches Drama im Breitwandformat, in dem ein Großteil der Handlung aus der Sicht von zwei kuriosen Charakteren erzählt wird – einem großen und einem kleinen. Erinnert Sie das an irgendwas? Dieser Film inspirierte offenbar die Handlungsstruktur von *Krieg der Sterne*. Gefilmt wurde an den schwarzen vulkanischen Hängen des **Mount Fuji**.

VERBRECHEN UND ANDERE KLEINIGKEITEN

(1989, R: Woody Allen)
Woody Allen, Martin Landau, Mia Farrow
• **NEW YORK CITY**

Parallele Geschichten, eine satirisch, eine todernst. Allen versucht um jeden Preis, Dokumentationen zu drehen, während Augenchirurg Landau sich von seiner Geliebten befreit. Woody Allen zieht sich mit seiner Nichte ins Bleecker Street Cinema zurück, um sich Hitchcocks einzige Screwball-Comedy *Mr. und Mrs. Smith* anzusehen, außerdem Edward G. Robinsons Film *Der letzte Gangster* von 1937, Betty Hutton in *Happy Go Lucky* von 1943 und Alan Ladd in *Eine Falle für den Killer*. Das Lichtspielhaus befand sich in der **144 Bleecker Street** in Greenwich Village, ist aber inzwischen geschlossen worden. 1996 war dort eine Videothek untergebracht. In diesem arbeitet übrigens Aidan Quinn in *Susan ... verzweifelt gesucht* als Filmvorführer. Der blasierte Alan Alda bietet Woody Allen während einer Party im Nobelrestaurant **Tavern On The Green** einen Regiejob an, **Central Park West**/Ecke 67th Street (für Details siehe *Ghostbusters – Die Geisterjäger*).
Allen und Joanna Gleason treffen sich mit Alan Alda und Mia Farrow im One Fifth Restaurant, das sich an der **1 Fifth Avenue**/Ecke Eighth Street befand, gleich nördlich des Washington Square im Village, inzwischen jedoch geschlossen wurde. Werfen Sie einen Blick auf das Art-déco-

Hochhaus, in dem sich das Restaurant befand. Dieses Gebäude war die ursprüngliche Wahl für Sigourney Weavers heimgesuchten Apartmentblock in *Ghostbusters – Die Geisterjäger*. Die

Standort des Bleecker Street Cinema: 144 Bleecker Street, Greenwich Village

Hochzeitsfeier, mit der der Film endet, wurde im **Waldorf-Astoria Hotel** gefilmt, **301 Park Avenue** zwischen East 49th Street und East 50th Street.

VERBRECHERISCHE HERZEN

(1986, R: Bruce Beresford)
Jessica Lange, Sissy Spacek, Diane Keaton
• **NORTH CAROLINA**

Heulsusenalarm! Beth Henley ist wieder außer Rand und Band, und Bruce Beresford hat nach ihrem Bühnenstück das Drehbuch entwickelt, das gerne eine schwarze Komödie wäre (aber nicht ist) und das einen Pulitzer Preis gewann. Die in Mississippi spielende Story wurde im **Harper House** gefilmt, **211 Caswell Avenue, Southport**, südlich von Wilmington an der Südküste von North Carolina (Southport ist auch der Schauplatz für *Ich weiß, was du letzten Sommer getan hast* und die TV-Serie *Dawson's Creek*). Das Botrelle-Haus, in dem Spacek ihren Ehemann erschießt, ist die **Orton Plantation, 9149 Orton Road**, Interstate 33 am Cape Fear River zwischen Southport und Wilmington. Das Haus ist für Besucher nicht geöffnet, wohl aber der Garten *(Tel. 910 371 6851; www.ortongardens.com/).*

VERDACHT

(1941, R: Alfred Hitchcock)
Cary Grant, Joan Fontaine, Nigel Bruce
• **KALIFORNIEN**

Will Playboy Cary Grant seine arme, naive und junge Ehefrau Joan Fontaine umbringen? Aber sicher. Jedenfalls so lange, bis Hitch auf Nummer sicher ging und zur Beruhigung der Studiobosse ein Happy End nachdrehte, in dem Grant von jeder Schuld freigesprochen wird. Angesiedelt ist die Handlung in England, doch die Küstenlandschaft findet sich im nördlichen Kalifornien zwischen **Carmel** und **Big Sur**.

VERDACHT AUF LIEBE

(1990, R: Hal Hartley)
Adrienne Shelly, Robert Burke, Christopher Cooke
• **NEW YORK STATE**

Schräge Indie-Komödie vom Meister seines Fachs. Burke spielt einen aus der Haft entlassenen Mörder, der in seine alte Umgebung zurückkehrt. Gedreht wurde in **Suffolk County**, dem östlichen Teil von Long Island.

VERDAMMT IN ALLE EWIGKEIT

(1953, R: Fred Zinneman)
Burt Lancaster, Deborah Kerr, Frank Sinatra

• HAWAII; KALIFORNIEN

Honolulu-Rührstück rund um Pearl Harbor. Dass die Army deutlich besser wegkommt als im Buch, ist nicht so verwunderlich, da es notwendig war, in den rund 15 Kilometer nördlich von Honolulu gelegenen **Schofield Barracks, Wilkina Drive**, auf Hawaii zu filmen. Das unvergesslichste Bild dieses Films ist aber zweifellos die Szene, in der sich Burt und Deborah an der Brandung am **Kuhio Beach** wälzen, der in **Halona Cove** bei Halona Blow Hole gelegen ist, östlich von Diamond Head, Waikiki, am Kalanianaole Highway.

VERDAMMT SIND SIE ALLE

(1959, R: Vincente Minnelli)
Frank Sinatra, Shirley MacLaine, Dean Martin

• INDIANA

Minnellis farbenfrohes Melodrama nach dem Roman von James Jones über das Leben in einer Kleinstadt nach dem Zweiten Weltkrieg ist in Parkman, Illinois, angesiedelt, entstand aber in **Madison** an der Interstate 421 im Südwesten von Indiana an der Grenze zu Kentucky. Arthur Kennedys Hirsh Jewelry Store ist in Wahrheit Stanton's Shoe Store, **110 East Main Street**. Smitty's Bar war ein leer stehendes Ladenlokal in der Nähe. Andere authentische Motive bilden das örtliche Hotel, die Bank sowie das **Hanover College**.

DIE VERDAMMTEN

(1969, R: Luchino Visconti)
Dirk Bogarde, Ingrid Thulin, Helmut Berger

• DEUTSCHLAND; ÖSTERREICH; ITALIEN

Der Sturz einer dekadenten Krupp-ähnlichen Familie im Nazi-Deutschland wurde von Visconti als Melodrama verfilmt.
Die deutschen Schauplätze umfassen die Städte **Düsseldorf** und **Essen**. Das Stahlwerk wurde in Italien in der umbrischen Industriestadt Terni gefilmt, rund 80 Kilometer nördlich von Rom. Das am See gelegene Hotel, in dem sich die „Nacht der langen Messer" abspielt und das am Wiessee liegen soll, befand sich in Wahrheit an der südwestlichen Spitze des **Attersee**, knapp über 30 Kilometer südöstlich von Salzburg in Unterach.

DAS VERFLIXTE SIEBENTE JAHR

(1955, R: Billy Wilder)
Tom Ewell, Marilyn Monroe, Evelyn Keyes

• NEW YORK CITY; LOS ANGELES

Tom Ewell bekommt Gefühle für seine Nachbarin Monroe. Angesiedelt ist die Handlung in New York, gefilmt wurde aber zum größten Teil in Hollywood. Das Apartment, aus dessen Fenster Marilyn Ewells Schuhe baumeln lässt, befindet sich tatsächlich in New York. Zu sehen ist es an der East Side in **164 East 61st Street** – bis heute ist es unverändert geblieben. Es gehörte Julian Bach, der für die Überlassung Whisky im Wert von 200 Dollar erhielt. Zum Zeitpunkt der Dreharbeiten im September 1954 kriselte es in der Ehe von Monroe und Joe DiMaggio. Untergebracht waren sie in den Suiten 1105 und 1106 im St. Regis-Sheraton Hotel, 2 55th Street/Ecke Fifth Avenue.

Die berüchtigte Szene auf dem Lüftungsschacht der U-Bahn wurde in großem Stil als Werbeaktion inszeniert. Das Studio sorgte dafür, dass die Presse genau wusste, wann und wo diese Szene gefilmt werden würde, und dass Marilyns Kleid den „Verkehr zum Erliegen bringen" sollte. Rund 2000 Schaulustige fanden sich für den Dreh ein, darunter ein wütender DiMaggio. Die Menge johlte, als Monroes Rock hochgewht wurde –

Marilyns Apartment in New York: East 61st Street, East Side

eines der dauerhaftesten Bilder Hollywoods war geboren. Am nächsten Tag wies Monroe blaue Flecken auf, und wenige Tage später trennte sie sich von DiMaggio. Die Nahaufnahmen ihrer Beine wurden in Hollywood nachgedreht.
Der U-Bahn-Lüftungsschacht befand sich vor dem Trans-Lux Theater, wo Ewell und Monroe sich gerade *Der Schrecken vom Amazonas* angesehen hatten.

Der Lüftungsschacht: Lexington Avenue/Ecke 52nd Street

Das Trans-Lux ist inzwischen in die 1221 Avenue of the Americas umgezogen, aber den Lüftungsschacht kann man noch immer sehen: an der nordwestlichen Ecke **Lexington Avenue** und **52nd Street**.

DIE VERFLUCHTEN

(1960, R: Roger Corman)
Vincent Price, Myrna Fahey, Mark Damon

• LOS ANGELES

Diese erste von Cormans stilisierten und kostengünstigen Poe-Verfilmungen entstand natürlich komplett im Studio, für die Außenansichten des Hauses wurden Matte-Zeichnungen verwendet. So geschickt wie immer nutzte Corman einen Brand, der in den Hollywood Hills tobte, um die Szenen zu filmen, in denen Damon durch eine vernichtete Landschaft voller Asche und verkohlter Bäume wandelt. Für die letzte Feuersbrunst erhielt Corman die Erlaubnis, eine vor dem Abriss stehende Scheune in Orange County im Süden von L.A. niederzubrennen. Das spektakuläre Material brennender, zu Boden stürzender Dachsparren wurde zu einem vertrauten Anblick, da diese Szenen über die Jahre hinweg mit beängstigender Regelmäßigkeit den Höhepunkt diverser Corman-Filme darstellten.

VERFLUCHTES AMSTERDAM

(1988, R: Dick Maas)
Huub Stapel, Monique van de Ven, Hidde Maas

• AMSTERDAM

Unterhaltsamer Low-Budget-Horrorfilm mit einer Öko-Botschaft. In den Grachten von Amsterdam lauert etwas Mörderisches, und Maas setzt die engen und bedrohlich wirkenden Grachten hervorragend ein. Das erste Opfer erfährt ein unangenehmes Ende an der Brücke, an der sich die **Keizersgracht** und die **Reguliersgracht** treffen. Die beiden Tratschtanten erwischt es am Südufer des Hauptwasserweges **Het lj**, nördlich von **Havens Oost** am Endpunkt der Buslinie 28. Die Spendensammlerin der Heilsarmee taucht am Nordufer der Amstel am **Oude Turfmarkt** auf.

DER VERFÜHRER LÄSST SCHÖN GRÜSSEN
(1966, R: Lewis Gilbert)
Michael Caine, Shelley Winters, Millicent Martin
• **LONDON**

Alfie erholt sich im Sanatorium:
York House, Twickenham

Caine wurde zum Star in der Rolle des abgebrühten Cockney-Frauenhelden, der sich den Aspekten Sterblichkeit, Abtreibung und Furcht erregenden amerikanischen Matronen stellen muss. Es überrascht nicht, dass die verschiedenen Motive rund um London zu finden sind. Die Eröffnungsszene zeigt zwar Einführungsaufnahmen von Westminster, gefilmt wurde aber in der **Camley Street**, NW1, hinter der King's Cross Station mit den berühmten viktorianischen Gasometern im Hintergrund. Die Industriegebäude, wo Alfies Wagen abgestellt ist, existieren nicht mehr,

Die Taufe: St Mary's,
Battersea

dort befindet sich zur Zeit der Camley Street Natural Park, ein Naturschutzgebiet, dessen Tage allerdings auch schon gezählt sind. Eine Neubebauung ist in Planung, für die auch die Gasometer weichen sollen. Sehen Sie es sich an, solange es diesen Anblick noch gibt.

Alfies schäbige möblierte Wohnung finden Sie in Notting Hill Gate in **22 St. Stephen's Gardens** abseits der Chepstow Road, W2 *(U-Bahnstation: Royal Oak)*. Dort hat sich nicht viel verändert, abgesehen davon, dass ein Teil dieses Gebiets in Fußgängerzonen umgewandelt worden ist. Jane Asher könnte also nicht so mir nichts dir nichts in einen Bus einsteigen. Auf der World's End, Chelsea, gegenüberliegenden Seite der Themse können Sie den grünen Turm von **St. Mary's** sehen, der **Battersea Parish Church** an der **Battersea Church Road**, SW11, wo Julia Foster ihre Frühstückspause mit dem Busfahrer Graham Stark verbringt und wo Alfie hasserfüllt mit ansieht, wie ihr Baby getauft wird.

Das Sanatorium, in dem Alfie sich erholt, nachdem man bei ihm einen Schatten auf der Lunge festgestellt hat und wo er Vivien Merchant verführt, die Frau eines anderen Patienten, ist **York House and Gardens, York Street** (die A305), Twickenham, praktischerweise nahe dem Filmstudio *(Bahnhof: Twickenham)*. Die aus dem 17. Jahrhundert stammende Villa am neuen Civic Centre beherbergt heute Büros des Stadtrats, der Garten ist aber für Besucher geöffnet (Eingang links des Hauses an der Sion Road).

Alfie und sein Freund Murray Melvin spazieren entlang des **Grand Union Canal** am Lock-Keepers Cottage bei King's Cross, auch hier sind die Gasometer im Hintergrund zu sehen. Er fotografiert die unersättliche Shelley Winters am Tower of London. Das Foyer von Winters' Apartment findet sich eigentlich im **Dorchester Hotel, Park Lane**, W1.

VERGESSENE WELT: JURASSIC PARK
(1997, R: Steven Spielberg)
Jeff Goldblum, Julianne Moore, Pete Postlethwaite
• **KALIFORNIEN; HAWAII**

Richard Attenboroughs Haus, wo sich Jeff Goldblum überreden lassen muss, um zur bis dahin unerwähnt gebliebenen Isla Sorna zu reisen, ist eigentlich eine katholische Mädchenschule in Pasadena, **Mayfield Senior School, 500 Bellefontaine Street** (auch zu sehen in *Teufel in Blau*). Zwar kommt das Hauptmotiv aus dem ersten Film auf der Insel **Kauai**, Hawaii, diesmal auch wieder vor, aber der größte Teil der Handlung wurde auf dem amerikanischen Festland im Norden von Kalifornien nahe Eureka in **Patrick's Point** gefilmt.

Der T-Rex wütet bei der Ankunft in **San Diego**, scheinbar im Stadtbezirk Gaslamp. Aber wieder einmal kommen Taschenspielertricks zum Zuge, denn San Diego ist nur in Aufnahmen des Zweiten Kamerateams zu sehen, um den Eindruck zu erwecken, die Geschichte spiele dort. Die meisten Szenen entstanden viel näher am Studio in **Burbank** in der **Golden Mall** am **San Fernando Boulevard** zwischen **Palm Grove** und **Orange Grove**, die mit Straßenschildern aus San Diego versehen wurden. Das Café Starbucks befindet sich auf dem **300 San Fernando Boulevard**. Die Buchhandlung, in der der Drehbuchautor David Koepp einen Cameo-Auftritt hat, um vom T-Rex gefressen zu werden, ist **Crown Books, 301 San Fernando Boulevard**. Das InGen-Dock, wo das Boot mit dem T-Rex strandet, ist tatsächlich der Hafen von **San Pedro** in L.A. Das Haus, in dem der T-Rex aus dem Swimmingpool trinkt und einen Hund verspeist, ist in **Granada Hills**,

John Hammonds Haus: Mayfield Senior School, Pasadena

T-Rex wütet in San Diego: Golden Mall, Burbank

T-Rex macht eine Tankstelle platt: Balboa Boulevard, Granada Hills

einem im Tal gelegenen Vorort von L.A. Hier befindet sich auch die Tankstelle, die **Chevron Filling Station, Balboa Boulevard**/Ecke Rinaldi.

DIE VERGESSENEN
(1950, R: Luis Buñuel)
Alfonso Mejia, Roberto Cobo, Estela Inda
• MEXIKO

Buñuels filmischer Durchbruch – er wurde 1951 in Cannes für die beste Regiearbeit ausgezeichnet – ist ein halb dokumentarischer, halb surrealer und bewusst unsentimentaler Blick auf Armut und Kriminalität unter den Jugendbanden in den heruntergekommenen Vororten einer Großstadt. Gedreht wurde in **Mexiko-Stadt** in nur 21 Tagen.

EINE VERHÄNGNISVOLLE AFFÄRE
(1987, R: Adrian Lyne)
Michael Douglas, Glenn Close, Anne Archer
• NEW YORK CITY; NEW YORK STATE

Michael Douglas macht einen fatalen Fehler: Mr. Chow of New York, East 57th Street

Schicke Neuauflage des Thrillers *Sadistico*, angesiedelt in New York. Das Restaurant, in dem Michael Douglas zum ersten Mal ein Auge auf Glenn Close wirft, ist **Mr. Chow of New York, 324 East 57th Street**, mitten in der Stadt, ein Ableger des edlen Beverly-Hills-Restaurants. Close' Apartment liegt in der **675 Hudson Street** zwischen 13th Street und 14th Street, aber der Aufzug, in dem sie ihrem Verlangen freien Lauf lassen, befindet sich in Wahrheit um die Ecke in der **400 East 14th Street**. Der Vergnügungspark, in den Close das Kind mitnimmt, ist **Rye Playland, Playland Parkway, Rye**, New York State.

Douglas' Haus außerhalb der Stadt ist eine Mischung aus zwei Immobilien: Das Äußere befindet sich in **Bedford**, östlich der Interstate 684 in Westchester County, New York State, wo es auch dazu im Film gedreht wurde (es handelt sich um das alte Anwesen von Irene Selznick), während die Innenaufnahmen in einem Haus in **Mt. Kisco** entstanden. Die Klinik ist das **Westchester Medical Center, Valhalla**, New York State.

VERHANDLUNGSSACHE
(1998, R: F. Gary Gray)
Samuel L. Jackson, Kevin Spacey, J.T. Walsh
• CHICAGO; LOS ANGELES

Die Abteilung für Innere Angelegenheiten des Police Department, in der sich der Unterhändler Spacey mit dem verärgerten Cop Jackson ein Kräftemessen liefert, findet sich am **77 West Wacker Dive**, am Chicago River, Chicago. Das Dach, auf dem das SWAT-Team landet, ist das Quaker Oats Building auf der anderen Seite des Flusses. Rund um Los Angeles fanden sich Ersatzdrehorte, so auch für den Chicago Park, bei dem es sich vielmehr um den Ententeich im **El Dorado Park**, Long Beach, handelt.

DAS VERLORENE WOCHENENDE
(1945, R: Billy Wilder)
Ray Milland, Jane Wyman, Philip Terry
• NEW YORK CITY

Düstere und realistische Alkoholikerstudie, die in New York gefilmt wurde. Die Bar ist **P.J. Clarke's Saloon, 915 Third Avenue**/Ecke East 55th Street. Diese wunderbare Institution ist immer noch geöffnet und stellt eine winzige Oase inmitten der Wolkenkratzer an der East Side dar. Der Lärm von der Hochbahn, die an der Bar entlangführte, hatte zur Folge, dass viele Szenen im Studio nachgedreht werden mussten. Milland wird im **Bellevue Hospital, First Avenue**/Ecke East 29th Street, ausgenüchtert. Millands erschütternde Wanderung entlang der **Third Avenue**, nördlich von der 55th Street bis zur 110th Street auf der Suche nach einem Pfandleiher wurde an einem ruhigen Sonntag mit einer versteckten Kamera aus einem Bäckereitransporter heraus gefilmt.

DAS VERMÄCHTNIS DES PROFESSORS BONDI
(1959, R: Roger Corman)
Dick Miller, Barboura Morris, Antony Carbone
• LOS ANGELES

Bevor er den Kultklassiker *Kleiner Laden voller Schrecken* drehte, führte Corman bei diesem kleinen Film nach einem Drehbuch desselben Autors, Chuck Griffith, Regie. Nachdem er versehentlich die Katze seiner Vermieterin getötet hat, packt der Bildhauer Miller (heute eine feste Institution in den Filmen von Joe Dante) sie in Ton und nennt das Werk „Tote Katze". Er wird zu einem Proto-Damien Hirst und wechselt zu Skulpturen von Menschen. Gedreht wurde der Film innerhalb von fünf Tagen vorwiegend im Studio, es gab aber ein paar Einstellungen in der Gegend von **Venice Beach**.

DIE VERMÄHLUNG IHRER ELTERN GEBEN BEKANNT
(1961, R: David Swift)
Hayley Mills, Maureen O'Hara, Brian Keith
• KALIFORNIEN

Ein Zwillingspaar (beide gespielt von Hayley Mills) versucht, die getrennt lebenden Eltern wieder zu vereinen. Gefilmt wurde am **Monterey Peninsula Airport**, in der Hütte am **Pebble Beach Golf Course** und in **Cypress Point**, Pebble Beach. Das Remake von 1998, das in London und San Francisco spielt, zeigt eine Villa des Staglin Family Vineyard, eines privaten Anwesens im Napa Valley, Nordkalifornien.

DIE VERMISSTE PATROUILLE
(1934, R: John Ford)
Victor McLaglen, Boris Karloff, Wallace Ford
• ARIZONA

Eine britische Armeepatrouille wird in der mesopotamischen Wüste während des Ersten Weltkriegs von Arabern aufgegriffen. Die Wüstenszenen entstanden rund um **Yuma** im Südwesten von Arizona.

VERNETZT – JOHNNY MNEMONIC

(1995, R: Robert Longo)
Keanu Reeves, Dolph Lundgren, Ice-T
• **ONTARIO, KANADA**

Udo Kiers Nachtclub: Opera House,
Queen Street East, Toronto

Das Krankenhaus: Union Station, Toronto

Keanus virtueller SF-Ausflug aus der Zeit vor *Matrix*, der eine reale Bruchlandung erlitt, spielt im Jahr 2021 in New Jersey und Peking, gefilmt wurde in Toronto und Montreal. Das Hotel in Peking befindet sich in **Mississauga**, einem Vorort südwestlich von Toronto. In Toronto selbst drehte man die Szenen in Udo Kiers Nachtclub New Jersey im **Opernhaus** in der **735 Queen Street East**, die Kirche von Priester Dolph Lundgren ist die **Riverdale Presbyterian Church, 662 Pape Street**, und Doktor Henry Rollins' Behelfskrankenhaus ist die **Union Station**. Reeves' wieder entdeckte Kindheitserinnerungen spielen im **Casa Loma, 1 Austin Terrace** (für Details siehe *X-Men*), während man das Treppenhaus im nahe gelegenen **Spadina House** in der **285 Spadina Road** findet.

DER VERRAT DES SURAT KHAN

(1936, R: Michael Curtiz)
Errol Flynn, Olivia de Havilland, David Niven
• **KALIFORNIEN**

Mitreißender Abenteuerfilm, der mit der Krim wenig bis gar nichts zu tun hat. Ein naturgetreues Duplikat der indischen Festung Chukoti Garrison wurde bei Lasky Mesa errichtet, einem abgelegenen Fleckchen, das trocken, von Winden heimgesucht und von Taranteln überlaufen ist, wenn man de Havillands Autobiographie Glauben schenken darf. Lasky Mesa, ein fast 3000 Hektar großes Areal nördlich von L.A., wurde vom Studio als Filmgelände aufgekauft und für zahlreiche Produktionen benutzt. Das Gebiet zwischen Agoura und Woodland Hills ist heute bekannt als die **Ahmanson Ranch**, deren Umbau unmittelbar bevorsteht. Für Details siehe *Vom Winde verweht*, der hier zum Teil gedreht wurde.

DIE VERRUCHTE LADY

(1983, R: Michael Winner)
Faye Dunaway, Alan Bates, John Gielgud
• **WARWICKSHIRE; HERTFORDSHIRE; YORKSHIRE; LONDON**

Freizügigeres Remake mit entblößten Brüsten und Auseinandersetzungen per Peitsche. Maryiot Cells ist diesmal eine Kombination aus zwei Häusern: das mit Türmchen und Giebeln geschmückte Heim von Lord Northampton, **Compton Wynyates** in Warwickshire, ein antikes Gebäude, das im 16. Jahrhundert wieder aufgebaut wurde, und **North Mymms Park** in Hertfordshire. Die Hinrichtungsszenen in Tyburn bedienten sich des Heidelandes vor Sheffield. Das Duke's Theatre, wo Lady Skelton Charles II. begegnet, ist die **Painted Hall** des **Royal Naval College, Greenwich** (für Details siehe *King George – Ein Königreich für mehr Verstand*).

Das Duke's Theatre: Painted Hall, Royal Naval College, Greenwich

VERRÜCKT NACH MARY

(1998, R: Bobby Farrelly, Peter Farrelly)
Cameron Diaz, Ben Stiller, Matt Dillon
• **MIAMI, FLORIDA; RHODE ISLAND**

Matt Dillon begegnet Jeffrey Tambor: Big Pink Restaurant, Collins Avenue, Miami Beach

Die Architekturausstellung: Dade Cultural Center, Miami

Die High School, wo Ben Stiller es nicht ganz bis zum Abschlussball mit Cameron Diaz schafft, ist **Plantation City Hall, Plantation**, Florida. Das Café, in dem Matt Dillon Jeffrey Tambor trifft, ist das **Big Pink Restaurant, 157 Collins Avenue**, südlich des Art-déco-Distrikts am South Beach. Diaz nimmt Dillon mit zu einer Architekturausstellung im **Center for the Fine Arts** im **Miami Dade Cultural Center, 101 West Flagler Street**, Downtown Miami. Cameron Diaz' Büro, wo Stiller sie nach dreizehn Jahren wiedersieht, ist am Uferbereich von Miami bei **Brickell Park**. Stillers Hotel in Miami, Schauplatz der berüchtigten Rohrreinigungsszene des Films ist das **Cardozo**

Großreinemachen: Cardozo Hotel, Ocean Drive, Miami Beach

Das Büro von Cameron Diaz: Brickell Park, Miami

Hotel, 1300 Ocean Drive/Ecke 14th Street *(Tel. 305 535 6500; www.cardozohotel.com)*. Dieses Juwel ist auch in *A Hole in the Head* zu sehen. Die am Wasser gelegene Bar, in der Dillon Ben Stiller Bericht erstattet, ist **The Hot Club, 575 South Water Street** nahe der Bridge Street *(Tel. 401 861 9007)*, **Providence**, Rhode Island.

DER VERRÜCKTE PROFESSOR

(1963, R: Jerry Lewis)

Jerry Lewis, Stella Stevens, Del Moore

• ARIZONA

Der richtige Film für frankophile Cineasten: Der bescheuerte Chemieprofessor Lewis verwandelt sich in den Salonlöwen Buddy Love. Der Campus ist die **Arizona State University, Tempe**.

DER VERRÜCKTE PROFESSOR

(1996, R: Tom Shadyac)

Eddie Murphy, Jada Pinkett, James Coburn

• LOS ANGELES

Erfolgreiches Remake mit modernsten visuellen Effekten. Der Universitätscampus ist eine Kombination aus zwei höheren Lehranstalten in L.A., der **University of California** in Westside und der **UCLA**, Los Angeles. Gedreht wurde auch in dem unvermeidbaren **Biltmore Hotel, 506 South Grand Avenue**, Downtown L.A., sowie in Beverly Hills. Dean Richmonds Büro ist in der **Mayfield Senior School, 500 Bellefontaine Street**, Pasadena, gelegen (für Details siehe *Vergessene Welt: Jurassic Park*).

VERTIGO

(1958, R: Alfred Hitchcock)

James Stewart, Kim Novak, Barbara Bel Geddes

• KALIFORNIEN

Carlottas Portrait: Palace of the Legion of Honor, Lincoln Park

Was als konventionell wirkender Thriller beginnt, in dem der Ex-Cop Scottie von einem besorgten Ehemann engagiert wird, um ein Auge auf das absonderliche Verhalten seiner Ehefrau Madeleine zu haben, wechselt unmerklich zu einer Furcht vor Sex und vor dem Tod über, während Scottie zu Hitchcocks Stellvertreter wird, der sein unerreichbares Objekt der Begierde wieder erstehen lässt und kontrolliert.

Hitchcock deutet das plötzliche Auflodern irrationaler Leidenschaft an, indem er die Pastellfarbgebung stört und Scotties ersten Blick auf Madeleine mit dem satten Rot des Inneren in Ernie's Restaurant nahe Washington Street im Jackson Square Historic District kombiniert. Ernie's, das zu einem von Hitchcocks bevorzugten Lokalen in San Francisco gehörte, servierten den

Scottie und Madeleine am Wasser: Seventeen Mile Drive

Besserbetuchten von 1934 Haute Cuisine, wurde dann aber geschlossen, um als **Essex Supper Club, 537 Montgomery Street** *(Tel. 415 397 5969)* wieder zu eröffnen. Sie werden zwar den Bereich der Bar wiedererkennen, wo sich James Stewart in Kim Novak verliebte, doch das scharlachrote viktorianische Dekor wurde in den achtziger Jahren durch geschmackvolles Zartrosa ersetzt, sodass es dort nicht länger so aussieht wie in einem Edelbordell in Paris.

Ein paar Blocks weiter südwestlich auf dem Gipfel des Nob Hill befindet sich Elsters beeindruckender Apartmentblock, von dem aus der verliebte Scottie Madeleine Elster verfolgt. Das 277 Zimmer umfassende **Brocklebank Apartments, 1000 Mason Street**/Ecke Sacramento Street, ist mit seinem unverwechselbaren Eingangsbereich und den kunstvollen Lampen auch ein wichtiger Schauplatz für Gene Wilders *Die Frau in Rot* von 1984. Außerdem kann man es in der Fernsehfassung von Armistead Maupins *Geschichten aus San Francisco* sehen.

Nichts mehr zu sehen gibt es dagegen an der nordwestlichen Ecke Gough Street/Eddy Street, wo Scottie Mrs. Elster bis zu McKittrick's Hotel verfolgt, dem alten Haus der seit langer Zeit toten Carlotta Valdes (das Gebiet nördlich des Distrikts Civic Center ist neu bebaut worden; die prächtige St. Paulus Lutheran Church aus dem Jahr 1872, die man hinter James Stewart sehen kann, wurde vor kurzem bei einem Brand vernichtet). Sie können aber den Palast mit den strahlend weißen Säulen besuchen, in dem Madeleine wie verzaubert Carlottas Portrait betrachtet. Zwischen China Beach und Ocean Beach am nordwestlichsten Zipfel von San Francisco gelegen, findet sich der **Palace of the Legion of Honor, Legion of Honor Drive** im Lincoln Park *(es wird Eintritt verlangt; Tel. 415 750 3659)*. Die Galerie in diesem Doppelgänger der Legion d'Honneur in Paris beherbergt weitaus beeindruckendere Gemälde als das kitschige Portrait von Carlotta Valdes, darunter Werke von Rembrandt, Tizian, Monet, Renoir und Degas neben einer der weltbesten Sammlungen von Rodin-Skulpturen.

Die Mammutbäume: Big Basin Redwoods State Park

Madeleine gibt ihrer Besessenheit weiterhin Ausdruck, indem sie das Grab von Valdes besucht. Der winzige Friedhof, auf dem Carlotta nach ihrem Freitod beerdigt liegen soll – und der exakt die gleiche Atmosphäre ausstrahlt wie im Film –, hat seine eigenen Ge-

Die Mission: San Juan Bautista

heimnisse mit ins Grab genommen. Zu finden ist er hinter der **Mission Dolores, 320 Dolores Street**/Ecke Sixteenth Street im Mission District *(BART-Metro: 16th Street-Mission)*. Nachdem Sie sich das kunstvoll verzierte Äußere angesehen haben, können Sie getrost die pompöse Basilika vergessen, die 1913 daneben angebaut wurde, denn das wirkliche Interesse gilt hier der Misión San Francisco De Asis, die 1791 fertig gestellt wurde und eine von 21 kalifornischen Missionen ist, die von den Spaniern im 18. Jahrhundert erbaut wurden. Sie ist zugleich die älteste noch existierende Mission, deren gut 1,20 Meter dicke Mauern aus Luftziegeln auch die schlimmsten Angriffe überstanden haben. San Andreas, die Mission des Heiligen Franz von Assisi ist nicht nur das älteste Gebäude in San Francisco, sondern hat der Stadt auch ihren Namen gegeben. Besuchen sollten Sie die angenehm kühle, dunkle Kapelle mit ihrem einzigartigen spanisch-mexikanischen Dekors und einem Deckengemälde, das im Stil der Kunst der Ramaytush gehalten ist – auch Costanoans („Küstenbewohner") genannt von den „netten" spanischen Franziskanern, die ihr Land besetzten, ihre Umsiedlung betrieben und die völlige Auslöschung leiteten. 1850 lebte noch ein einziger Ramaytush. Ein kleines Museum zeigt Höhepunkte aus der Geschichte der Mission, die während der vierziger und fünfziger Jahre des 19. Jahrhunderts zeitweise von den Mexikanern beherrscht wurde, die aus ihr ein Hotel und einen Spielsalon machten. Auf dem Platz der Dolores Street wurden Stierkämpfe veranstaltet. Vom Museum gelangt man auf den Friedhof, von dessen Größe Sie sich nicht täuschen lassen sollten. Mehr als 5500 amerikanische Ureinwohner, an die ein einziger steinerner Schrein erinnert, sind hier in einem großen Grab beerdigt worden. Die größeren Monumente erinnern dagegen an den Gründervater Palou, die hohen Tiere der Stadt und die vorwiegend irischen Einwanderer, die nach dem Goldrausch in die Stadt strömten.

Zurück im Nordwesten der Stadt, finden wir die Granitmauer unterhalb des südlichen Anschlussstücks der Golden Gate Bridge bei **Fort Point, Marine Drive** an der Long Avenue, die Stelle, an der Madeleine unerschrocken in die gefährlichen Gewässer der Bucht springt. Benannt ist die Stelle nach dem aus Steinen erbauten Fort, das in den fünfziger Jahren des 19. Jahrhunderts die Stadt vor Angriffen von See aus schützen sollte, also lange bevor der Gedanke an die Brücke überhaupt geboren war. Heute ist dort ein

Militärmuseum untergebracht *(Tel. 415 556 1693)*.

Scottie, der ihr die Besessenheitsnummer abkauft, rettet Madeleine und bringt sie zurück in sein Apartment. Scotties Zuhause befindet sich nahezu unverändert in der **900 Lombard Street**/Ecke Jones Street, genau am Fuß jener berühmten Serie von Haarnadelkurven auf der „krummsten Straße der Welt". Wenn Sie auf der Lombard Street in Richtung Osten sehen, wird Ihnen der Telegraph Hill mit dem darauf thronenden **Coit Memorial Tower, Telegraph Hill Boulevard**, nicht entgehen. Dieses Wahrzeichen merkt sich Madeleine, um später zu Scotties Apartment zurückzufinden. Der Turm wurde mit den Mitteln aus einem Vermächtnis errichtet, „San Francisco zu verschönern". Hinterlassen hatte Lillie Hitchcock Coit (nicht verwandt), eine Pionierin der Bay City, die offenbar von Feuerwehrleuten fasziniert war (als kleines Mädchen ernannte man sie zum Ehrenmitglied der Knickerbocker No. 5 Fire Company). Es wird – vorwiegend wohl von Menschen, die mit den Arbeiten von Freud nicht vertraut sind – behauptet, dass das Monument an den Stutzen eines Feuerwehrschlauchs erinnern soll. Wenn Sie den Ehrgeiz besitzen, die Spitze eines verstärkten Betonturms auf dem Gipfel eines steilen Hügels zu bewältigen, der in einem berüchtigten Erdbebengebiet liegt, dann können Sie den Aufzug nehmen, um eine Aussichtsplattform in gut 65 Metern zu erreichen, von der aus Sie tatsächlich einen phantastischen Blick auf die Bucht haben *(es wird Eintritt verlangt)*.

Über die Golden Gate Bridge und etwas mehr als 20 Kilometer nach Norden auf dem Shoreline Drive, Mill Valley, abseits der Route 1 finden Sie die Muir Woods *(geöffnet von 8 Uhr bis Sonnenuntergang, Tel. 415 388 2595)*, in denen einige der größten und ältesten Bäume der Erde stehen. Zwar findet man hier nahe dem Besuchereingang einen Baumstamm, auf dem wichtige geschichtliche Daten gekennzeichnet sind, tatsächlich aber fanden die Dreharbeiten der Szene, in denen es Madeleine anders wird, als sie über die Vergangenheit nachdenkt, im **Big Basin Redwoods State Park, 21600 Big Basin Way** statt – Route 236 – am Boulder Creek *(Tel. 408 338 6132)*, den man über den Pacific Coast Highway 1 südlich von San Francisco in Fahrtrichtung Santa Cruz erreicht. Der Küstenabschnitt, an dem Scottie der scheinbar verwirrten Madeleine folgt, ist **Cypress Point** am **Seventeen-Mile Drive** auf der Monterey-Halbinsel.

Als Madeleine schließlich ihrem Hang zum Selbstmord erliegt, erleidet Scottie einen Nervenzusammenbruch, von dem er sich im Sanatorium in der **351 Buena Vista Avenue East** erholt. Von seiner eigenen Besessenheit überwältigt, formt er die ihr ähnlich sehende Schauspielerin Judy Barton nach dem Abbild der toten Madeleine. Für die Rückverwandlung in Madeleine wartet Hitchcock mit einem seiner genialen visuellen Tricks auf, indem er das heruntergekommene Hotelzimmer in ein „unirdisches" grü-

Das Innere der Mission: San Juan Bautista

Die Stallungen: San Juan Bautista

Die Untersuchung: Plaza Hall,
San Juan Bautista

nes Neonleuchten taucht. Zwar ist das Hotel Empire aus dem Film inzwischen umbenannt und gründlich überholt worden, dennoch kann man Judys Zimmer noch immer wiedererkennen. Heutzutage ist das Hotel nicht nur ziemlich nobel, sondern auch die Heimat einer der bedeutendsten Cabaretbühnen, des Plush Room.

Das **York Hotel** finden Sie in der **940 Sutter Street** *(Tel. 415 885 6800)* zwischen Hyde Street und Leavenworth Street gleich westlich von Downtown.

Für den Höhepunkt des Films geht es zurück an den Ort von Madeleines Selbstmord/Mord. Gut 150 Kilometer südlich von San Francisco und unmittelbar östlich der Route 101 liegt das ruhige kleine Städtchen San Juan Bautista, dessen liebevoll restaurierte zeitgenössische Gebäude zu einem State Historic Park erklärt worden sind und erhalten bleiben müssen. Am zentralen Platz der Stadt finden Sie nicht nur die Mission, sondern auch die **Plaza Stables**, von denen Madeleine behauptet, sie aus einem früheren Leben zu kennen, sowie die **Plaza Hall**, den Gerichtssaal, in dem die Untersuchung stattfindet (allerdings wurde dieses Innenleben im Studio gebaut). Die aus dem 19. Jahrhundert stammende **Mission San Juan Bautista** ist die größte der spanischen Missionen und beherbergt ein kleines Museum, das täglich von 10 bis 16 Uhr geöffnet ist. Erwarten Sie aber nicht, den Glockenturm vorzufinden, von dem Judy schließlich in den Tod stürzt. Der Kirchturm war schon Jahre zuvor eingestürzt, und im Film kopierte man an dieser Stelle einen gemalten Turm ein.

DIE VERURTEILTEN

(1994, R: Frank Darabont)
Tim Robbins, Morgan Freeman, Bob Gunton
• OHIO

Shawshank State Prison: Mansfield Reformatory

Tim Robbins wird für zwanzig Jahre im Shawshank State Prison, Maine, inhaftiert, tatsächlich aber ist es das **Ohio State Reformatory, Mansfield**, an der Interstate 30, gut 100 Kilometer südwestlich von Akron, Ohio. Die Einrichtung war vier Jahre zuvor aufgegeben worden und sollte abgerissen werden.

VIDEODROME

(1982, R: David Cronenberg)
James Woods, Deborah Harry, Sonja Smits
• ONTARIO, KANADA

Ein Signal aus dem Fernseher verursacht das Wachstum eines neuen Organs im Gehirn. Ein weiterer Beitrag des Regisseurs zur Auslotung der verschwimmenden Grenze zwischen dem menschlichen Körper und neuen Technologien. Wenn es ein Cronenberg ist, dann stehen die Chancen gut für Toronto. Ist es auch. Die „Spectacular Optical"-Präsentation, bei der James Woods aufbegehrt und dem Videodrome-Chef den Kopf wegpustet, wurde im **Harbour Castle West** in **1 Harbour Square**, Toronto *(Tel. 416 869 1600)*, gedreht.

VIEL LÄRM UM NICHTS

(1993, R: Kenneth Branagh)
Kenneth Branagh, Emma Thompson, Keanu Reeves
• ITALIEN

Branaghs ausgelassene Shakespeare-Verfilmung, gedreht in der aus dem 15. Jahrhundert stammenden **Villa Vignamaggio**, dem Zuhause der Familie Gheradini, angeblich die Familie, aus der das Modell für die Mona Lisa stammt. Errichtet wurde die Villa, nachdem die Florentiner ihr Zuhause in Montagliari zerstört hatten. Das Gebäude liegt nahe **Greve** in Chianti, an einer Seitenstraße zur SS222 nach Lamole. Wenn Sie ein Souvenir haben wollen: Das Weingut im umgebenden Park produziert seine eigene Marke.

VIEL VERGNÜGEN

(1947, R: Ken Annakin)
Jack Warner, Kathleen Harrison, Flora Robson
• YORKSHIRE; LINCOLNSHIRE

Comedy-Thriller mit der vom BBC-Radio bekannten Huggett-Familie und einem Mörder, der in einem Ferienlager an der britischen Küste spielt. Gefilmt wurde im alten **Filey Holiday Camp**, ein paar Kilometer südlich der Stadt Filey an der Küste von Yorkshire zwischen Scarborough und Bridlington. Der Bahnhof, in dem die fröhlichen Camper ankommen, ist **Skegness Station** an der Küste von Lincolnshire.

VIER FEDERN

(1939, R: Zoltan Korda)
Ralph Richardson, John Clements, C. Aubrey Smith
• SUDAN

A.E.W. Masons Geschichte des Mannes, der zum Helden wird, nachdem man ihm die weißen Federn der Feigheit geschickt hat, wurde (in Farbe) teilweise im Sudan gefilmt. Die ausschweifenden Kampfszenen sind im Lauf der Jahre immer wieder verwendet worden und tauchten sogar im Cinemascope-Remake *Sturm über dem Nil* von 1955 auf.

VIER HOCHZEITEN UND EIN TODESFALL

(1994, R: Mike Newell)

Hugh Grant, Andie MacDowell, Simon Callow

- **LONDON; HERTFORDSHIRE; ESSEX; BEDFORDSHIRE; SURREY; BUCKINGHAMSHIRE; HAMPSHIRE**

Hochzeit Nr. 1: St. Michael's Church, Betchworth

Empfang Nr. 1: Goldington's, Church End

Diese unbeschwerte romantische Komödie, die sich zum erfolgreichsten Film aller Zeiten entwickelte (bis die Arbeitslosen aus Sheffield begannen, sich ihrer Kleidung zu entledigen), entstand komplett in London und in den Grafschaften.

Hugh Grants Londoner Wohnung finden Sie in der **22 Highbury Terrace** an der nordwestlichen Ecke der Highbury Fields an der Kreuzung Highbury Terrace Mews, N5.

Hochzeit Nr. 1 (Angus und Laura in der St. John's Church, Stoke Clandon, Somerset) findet in der **St. Michael's Church** im Dörfchen **Betchworth** einige Kilometer westlich von Reigate, Surrey, statt *(Bahnhof: Betchworth, sonntags geschlossen)*. Der Empfang einschließlich Schaf spielt sich im Goldington's ab, einem Privathaus auf einem 20 Hektar großen Grundstück in Hertfordshire. Sehen können Sie das Haus nahe der **New Road, Church End**, zwischen Chorleywood und dem Dorf Sarratt, nördlich der A404, Hertfordshire *(Bahnhof: Chorleywood)*.

Das in Schwarz und Weiß gehaltene Äußere des Lucky Boatman, wo Grant und MacDowell nach dem Empfang zum ersten Mal zusammentreffen, ist das **Kings Arms, Amersham** (nördlichste Haltestelle der Metropolitan-Linie) in Buckinghamshire. Ein Zimmer können Sie hier allerdings nicht buchen, es ist lediglich eine Bar. Das Innere zeigt das **Crown Hotel** einige Häuser weiter bei Nummer 16, wo man in der Queen Elizabeth I. Honeymoon-Suite des Hotels das Bett aus dem Film vorfindet (allerdings ist die Suite

Das Äußere des Lucky Boatman: Kings Arms, Amersham

... und das Innere: The Crown Hotel, Amersham

seit dem Film sehr lange im Voraus ausgebucht).

Hochzeit Nr. 2 (Bernard und Lydia in der katholischen St. Mary of the Fields, Cripplegate, EC2) wurde in der (anglikanischen) **Royal Naval College Chapel, King William Walk, Greenwich**, SE10, gedreht. Zwar ist die Zukunft des Colleges ungewiss, die Kapelle ist aber für Besucher geöffnet, woran sich wohl auch nichts ändern wird *(Bahnhof: Greenwich)*. Der zweite Empfang (The Holbein Place) war in **Luton Hoo** inszeniert, einige Kilometer südlich von Luton, 50 Kilometer nördlich von London nahe der M1, Bedfordshire. Das Robert-Adam-Haus von 1767 war bis vor kurzem für Besucher geöffnet und beherbergte eine faszinierende Sammlung von Romanov-Erinnerungsstücken. Als beliebter Drehort ist es in *Ein Schuss im Dunkeln, Eyes Wide Shut, Sag niemals nie* und *Wilde* zu sehen und wurde vor kurzem zum Kauf angeboten.

Das Restaurant, in dem MacDowell ihre sexuellen Leistungen auflistet, war das Dome in der **Wellington Street**, Covent Garden (heute das **Café Rouge**). Grant trifft sich mit seinem Bruder am Eingang des **National Film Theatre** an der South Bank, und auf der Terrasse der South Bank erklärt Grant MacDowell die Sache mit David Cassidy und der Partridge Family. MacDowell probiert Hochzeitskleider bei **Albrissi** an, einem Inneneinrichter am **1 Sloane Square**, genau genommen am Anfang des Cliveden Place am Sloane Square.

Hochzeit Nr. 3, bei der MacDowell in der Kapelle von Glenthrist Castle, Perthshire, heiratet, wurde tatsächlich in Surrey südöstlich von Guildford im **Albury Park** gefilmt, der von Mai bis September geöffnet ist *(es wird Eintritt verlangt)*. Das Innere des Schlosses ist das Victorian Gothic House, das Zuhause von Sir James Scott, Lord Lieutenant of Hampshire, **Rotherfield Park, East Tisted** an der A32 südlich von Alton, Hampshire (ja, es kann für Hochzeitsempfänge gebucht werden). Im Sommer ist das Schloss an Sonn- und Feiertagen gelegentlich auch für Besucher geöffnet *(Tel. 0142/058 204)*.

Simon Callows Beerdigung findet in **St. Clement, West Thurrock**, Essex, statt. Diese „überflüssige" Kirche, die im Ödland eines Industriegrundstücks gestrandet ist, wurde 1987 vom Waschmittelgiganten Procter and Gamble aus Anlass des 150-jährigen Firmenjubiläums renoviert, wird aber vom gigantischen und formlosen grauen Betonklotz des Unternehmens erdrückt. Es handelt sich um ein Naturschutzgebiet, das nicht so einfach zu erreichen ist. Von

Hochzeit Nr. 2: Royal Naval Chapel, Greenwich

Empfang Nr. 2: Holbein Place, Luton Hoo, Luton

Nicht-Hochzeit Nr. 4: St. Bartholomew The Great, Smithfield

Hugh Grants Wohnung: Highbury Terrace, Highbury Fields

West Thurrock (einige Kilometer westlich des Bahnhofs Grays) fahren Sie auf der Stoneness Road von der London Road in südlicher Richtung, biegen nach Osten in die Headley Avenue ein und dann gleich wieder nach Süden in die St. Clement's Road, wo die winzige Kirche zwischen den hünenhaften Firmengebäuden förmlich verschwindet. Die atemberaubende Brücke im Hintergrund ist die **Queen Elizabeth II Bridge**, die parallel zum Dartford Tunnel die Themse überquert. Die Nicht-Hochzeit Nr. 4 spielt sich in der St. Julian's ab, der Kirche, in der Grant Zweifel hat. In Wirklichkeit handelt es sich um die **St. Bartholomew the Great, Smithfield**, die hinter dem Gebäude am Eingangstor versteckt gelegen ist *(U-Bahnhaltestelle: Farringdon oder Barbican)*. Das Innenleben ist auch in *Robin Hood – König der Diebe* zu sehen, wo es als Nottingham Cathedral herhielt.

Die Beerdigung: St. Clement, West Thurrock

VIER IRRE TYPEN – WIR SCHAFFEN ALLES, UNS SCHAFFT KEINER

(1979, R: Peter Yates)
Dennis Christopher, Dennis Quaid, Daniel Stern
• **INDIANA**

Ausgesprochen erfreulicher kleiner Film, eine Art *Rocky* für Radfahrer, aber mit Witz und Stil. Ein Brite führte Regie, und überraschend gab es eine Oscar-Nominierung für den Besten Film. Das Drehbuch von Steve Tesich bekam schließlich einen Oscar. Der Film entstand komplett in **Bloomington**, Indiana, 40 Kilometer südwestlich von Indianapolis und auf dem Campus der Alma Mater des Drehbuchschreibers, **Indiana University, 107 South Indiana Avenue**. Die alten Kalksteinbrüche in der Gegend, wo Christopher und seine Kumpanen rumhängen, sind ein Überbleibsel aus der Vergangenheit der Stadt.

VIER SCHWESTERN

(1933, R: George Cukor)
Katharine Hepburn, Joan Bennett, Paul Lukas
• **NEW HAMPSHIRE**

Louisa May Alcotts Buch über vier Schwestern wurde von „Frauenregisseur" Cukor verfilmt. Außendrehs fanden in **Concord**, New Hampshire, statt.

1492 – DIE EROBERUNG DES PARADIESES

(1992, R: Ridley Scott)
Gérard Depardieu, Sigourney Weaver, Fernando Rey
• **COSTA RICA; SPANIEN**

Columbus geht in dieser Version der Geschichte an einem Strand nahe Jaco, Costa Rica, an Land. Zehn große Sets wurden dort errichtet, darunter auch die Stadt Isabel. In Spanien benutzte die Produktion mehrere echte historische Schauplätze in den Städten **Caceres, Trujillo, Sevilla** und **Salamanca**. In Salamanca entstanden Szenen in der Alten Kathedrale, im **Convento de San Esteban**, einem Dominikanerkloster, das Ende des 16. Jahrhunderts erbaut wurde, und auf dem **Plaza Mayor**. In Sevilla wurde im **Alcazar** gefilmt – dem königlichen Palast –, ferner in der **Casa de Pilatos** am **Plaza de Pilatos**, einem verschwenderisch großen Palast, der angeblich eine Kopie der Residenz von Pontius Pilatus sein soll.

VINCENT VAN GOGH – EIN LEBEN IN LEIDENSCHAFT

(1956, R: Vincente Minnelli)
Kirk Douglas, Anthony Quinn, James Donald
• **NIEDERLANDE; FRANKREICH; BELGIEN**

Minnellis Verfilmung des Lebens von Van Gogh entstand an vielen authentischen Schauplätzen in Europa, unter anderem **Vught** und **Bois-le-Duc** in den Niederlanden, **Paris, St. Remy** und **Arles** in der Provence. Das Minenunglück von Petit Wasmes wurde in **Le Borinage** im Süden von Belgien inszeniert. 200 arbeitslose Bergarbeiter wurden dafür als Statisten verpflichtet. Van Goghs Selbstmord wurde in **Auvers-sur-Oises** gefilmt.

VIRIDIANA

(1961, R: Luis Buñuel)
Silvia Pinal, Francisco Rabal, Fernando Rey
• **SPANIEN**

Nach Jahren im mexikanischen Exil warf man Buñuel vor, er würde sich selbst untreu, als er nach Spanien zurückkehrte, um diesen Film zu drehen, in dem es um die Jungnonne Pinal geht, deren ehrbare Absichten das Ziel völlig verfehlen, als man ihr aufträgt, bei ihrem lüsternen Onkel zu bleiben. Der Film wurde in Spanien augenblicklich verboten – nachdem er in Cannes die Goldene Palme gewonnen hatte, da man ihn irrtümlich für den offiziellen Beitrag Spaniens zum Festival hielt.

Die katholische Kirche bezeichnete ihn als frevlerisch und blasphemisch. Fernando Reys Haus, in dem die von Pinal in guter Absicht mitgebrachten Bettler ihre wunderbar zügellose Orgie feiern, ist ein herrliches Anwesen vor den Toren von Madrid. Die Szene des „Letzten Abendmahls'" tauchte später in Robert Altmans *M*A*S*H* wieder auf.

DIE VÖGEL

(1963, R: Alfred Hitchcock)
Tippi Hedren, Rod Taylor, Suzanne Pleshette
• KALIFORNIEN

Der Angriff auf die Schule: Bodega Lane, Bodega

Hitchcocks Film nach einer Kurzgeschichte von Daphne du Maurier (ursprünglich angesiedelt in Cornwall) greift auf zahlreiche Bildmontagen zurück, aber so wie immer nimmt er es mit der Geographie recht genau. Tippi Hedren ist zuerst am San Franciscoer **Union Square** auf dem Weg zur Zoohandlung zu sehen – wo Hitch seinen Cameo-Auftritt mit zwei Hunden hat. Achten Sie an dieser Stelle auf den geschickten Schnitt, der von einem vor der Kamera vorüberziehenden Zeitungsstand verdeckt wird, während das Bild zwischen dem echten San Francisco und dem Zooladen wechselt – eine Kulisse in den Universal Studios in Hollywood.

Rod Taylor fährt Richtung Norden an der kalifornischen Küste nach **Bodega Bay**, Zentrum der Vogelattacken. Das kleine Fischerdorf an der Küste, rund 80 Kilometer nördlich von San Francisco, ist tatsächlich ein Zentrum für Vogelwanderungen. Es ist ein idealer Ort, um Vögel zu beobachten, und sogar Amateure können anhand einer Karte des Fremdenverkehrsvereins die verschiedenen Arten erkennen. Das Tides Restaurant, in dem die Bewohner Zuflucht vor den angreifenden Vögeln suchen, ist zu einem Hotelkomplex geworden, den man nicht wiedererkennen kann. Die große Überraschung ist die, dass es dort gar keine Stadt gibt. Kein Postamt, keine Tankstelle, stattdessen nur ein paar Ferienhäuser. Der Blick aus der Luft auf Bodega Bay zeigt größtenteils ein Gemälde.

Schutz vor den Vogelattacken: Tides Hotel, Bodega Bay

Tatsächlich wurden zahlreiche in Bodega Bay spielende Szenen – darunter auch das Postamt – auf dem Gelände von Universal gedreht, da Hitchcock der Ansicht war, dort die Elemente besser unter Kontrolle zu haben.

Ein paar Kilometer landeinwärts findet sich das Dorf Bodega, wo man das Schulgebäude von Suzanne Pleshette an der **17110 Bodega Lane** sehen kann, das im Film am Hügel der Bucht zu liegen scheint. Das Haus war ursprünglich eine Schule, dann ein Gemeindezentrum und schließlich eine Pension. Heute befindet es sich in Privatbesitz.

VOLCANO

(1997, R: Mick Jackson)
Tommy Lee Jones, Anne Heche, Gaby Hoffman
• LOS ANGELES

Da wartet man jahrelang auf einen Vulkanfilm, und dann kommen gleich zwei auf einmal daher. In *Dante's Peak* ergoss sich die Lava über eine Kleinstadt in Idaho, aber *Volcano* lässt die (geologisch unwahrscheinliche) Eruption mitten in L.A. zuschlagen. Der erste Vorgeschmack auf die Katastrophe macht sich bemerkbar, als

L.A. vernichtet: Wilshire Boulevard/Ecke Fairfax Avenue

Die Eruption in L.A.: La Brea Tar Pits, Wilshire Boulevard

sich entzündender Schwefel Arbeiter tötet, die in der Kanalisation des **MacArthur Park** an der Kreuzung Seventh Street und Alvarado in Downtown tätig sind. In diesem als gefährlich berüchtigten Gebiet hat man in letzter Zeit gründlich aufgeräumt. Der Park, der früher ein Mittelpunkt der Drogenkriminalität war, ist heute wieder eine helle und einladende Oase in Downtown, allerdings sollte man ihn nach Einbruch der Dunkelheit nach wie vor meiden.

Dann beginnt der See des Parks zu brodeln, und es kommt zu merkwürdigen Vorfällen an den **La Brea Tar Pits, 5801 Wilshire Boulevard**, wo der Vulkan schließlich ausbricht. Aber keine Sorge, es ist noch alles da. Sie können das **George C. Page Museum of La Brea Discoveries** besuchen – ein exzellentes Museum (gegründet 1977), das bei den Pits erbaut wurde, wo die Überreste von Tausenden von Tieren aus dem Pleistozän als Fossilien erhalten sind. Das Museum befindet sich am **5801 Wilshire Boulevard, Hancock Park**/Ecke Curson Avenue (die Eintrittskarte ist auch für das L.A. County Museum of Art, ein Haus weiter, gültig). Das Museum ist übrigens auch in Curtis Hansons exzellentem *Bad Influence* und in dem düsteren, satirischen Thriller *Miracle Mile* zu sehen, während die Gruben in Long Beach für den Schwarzenegger-Flop *Der letzte Action Held* nachgebaut wurden.

Ein Abschnitt des Wilshire Boulevards im Bereich der

Wilshire Boulevard vernichtet:
May and Co. Building

Die Lava stoppt: Beverly Center,
Beverly Hills

Kreuzung Fairfax Avenue mit Johnie's Coffee Shop und dem Golddeko-Zylinder des alten May-and-Co.-Gebäudes wurde für die Vernichtungsszenen im Studio nachgebaut. Der Lavastrom kommt schließlich genau in dem Moment zum Stillstand, als er im Begriff ist, das **Beverly Center, 8500 Beverly Boulevard/** Ecke La Cienega Boulevard, zu verschlingen.

VOLL DAS LEBEN
(1994, R: Ben Stiller)
Winona Ryder, Ethan Hawke, Ben Stiller
• TEXAS; LOS ANGELES

Ethan Hawke tröstet Winona Ryder:
Tranquility Park, Houston

Winona Ryder muss in Stillers Regiedebüt zwischen dem Yuppie Ben Stiller und dem Faulpelz Ethan Hawke wählen. Die Geschichte spielt in Houston, Texas. Nachdem Ryder ihren Job im TV-Studio verloren hat, wird sie von Hawke bei den zylindrischen Wasserspielen im **Tranquillity Park**, Houston, getröstet. Der Coffeeshop, in dem sich Ryder und Janeane Garofalo aussprechen, befindet sich eigentlich in L.A.: Es ist das **Johnie's Broiler, 7447 Firestone Boulevard, Downey**, auch zu sehen in *Tina – What's Love Got to Do With It?*

VOLLER WUNDER IST DAS LEBEN
(1955, R: Carol Reed)
David Kossoff, Celia Johnson, Diana Dors
• LONDON

Ein kleiner Junge glaubt, seine einhörnige Ziege sei in Wirklichkeit ein Einhorn. Dieses sentimentale Rührstück spielt im Londoner East End. Fashion Street ist eigentlich **Petticoat Lane**, E1. Außerdem sieht man **Aldgate**, wo St. Paul's Cathedral sonderbar groß in den Himmel ragt und sich scheinbar gleich am Ende der Straße befindet.

VOM WINDE VERWEHT
(1939, R: Victor Fleming; George Cukor, Sam Wood)
Vivien Leigh, Clark Gable, Olivia de Havilland
• KALIFORNIEN

Auch wenn heute immer noch Touristen in Atlanta eintreffen und darauf hoffen, Scarletts Anwesen besuchen zu können, wurde nicht eine einzige Szene in Georgia gedreht. Nahezu der komplette Film entstand in den dama-

Der Weg zu Twelve Oaks: Culver Studios, Washington Boulevard, Culver City

ligen Selznick International Studios. Diese Studios, die unter D.W. Griffith 1916 von Tom Ince gebaut wurden, hatten im Lauf der Jahre zahlreiche Besitzer. 1924 waren es die Pathe Studios, 1925 die DeMille Studios (*König der Könige* entstand hier 1927), 1931 dann das RKO-Pathe. 1957 wurde daraus Desilu-Culver, aus denen die **Culver Studios** entstanden. Das original Studiogebäude können Sie in unverändertem Form am **9336 Washington Boulevard** zwischen Ince und Van Buren, Culver City, sehen. Die Studiofront zum Washington Boulevard wurde als Eingang zum Twelve Oaks benutzt.

Eine der ersten Einstellungen – der Brand von Atlanta – wurde so früh gedreht, dass Scarlett O'Hara noch gar nicht besetzt war. Der Legende zufolge traf Vivien Leigh mitten während der Dreharbeiten ein und erhielt den Part sofort. Was in Flammen aufging, war das alte Selznick-Gelände. Der Brand war zugleich eine große Aufräumaktion, mit der Platz geschaffen werden sollte. Während der Feuersbrunst kann man sehr deutlich das riesige Tor von der Schädelinsel aus *King Kong und die weiße Frau* sehen, das in Atlanta völlig deplaziert wirkt.

Für das Barbecue auf Twelve Oaks hielt das vor langer Zeit abgerissene Busch Gardens in Pasadena her, ein Anwesen, das von der Brauereifamilie Busch errichtet worden war. Überreste der Landschaft kann man heute noch in den Gärten der Häuser rund um den Arroyo Boulevard zwischen Bellefontaine Street und Madeline Drive sehen (für Details siehe *Citizen Kane*).

Als Scarlett schwört, nie wieder Hunger zu leiden, ist es früh am Morgen in **Lasky Mesa, Calabasas**, nordwestlich von L.A. im Simi Valley. Etliche Filme wurden hier gedreht, darunter *Der Angriff der leichten Brigade* von 1936. Das Gebiet zwischen Agoura und den Woodland Hills ist heute bekannt als **Ahmanson Ranch** und soll in nächster Zeit neu bebaut werden. Gerald O'Haras letzter Ritt entstand ebenfalls in Calabasas. Der Angriff in Shantytown spielt sich am **Big Bear Lake** bei San Bernardino im Osten von L.A. ab. Geralds Spaziergang mit Scarlett wurde auf der **Reuss Ranch, Malibu Lake**, gedreht.

Die Baumwollfelder von Tara und O'Haras erstem Ausritt entstanden in der Gegend von **Chico**, weit oben im Norden von Kalifornien, gut 130 Kilometer nördlich von Sacramento. Gedreht wurde im Gebiet des **Bidwell Park, Pentz Road** und des **Paradise Apple Orchard**.

Diverse Anwesen nehmen für sich in Anspruch, Tara inspiriert zu haben. Die Treppe entstand angeblich nach der

Vorlage auf der Cretien Point Plantation, rund sieben Kilometer von Sunset entfernt zwischen Lake Charles und Baton Rouge, Louisiana, während das Vorbild für die Eichenallee die Boone Hall Plantation war, elf Kilometer nördlich von Charleston, nahe US17, South Carolina.

VON MÄUSEN UND MENSCHEN
(1939, R: Lewis Milestone)
Burgess Meredith, Lon Chaney Jr., Betty Field
• KALIFORNIEN

Milestone wollte Steinbecks Geschichte auf der Ranch im nordkalifornischen Salinas Valley drehen, die für den Schriftsteller als Vorbild gedient hatte. Sie entpuppte sich jedoch als Ruine. Schließlich mietete die Filmgesellschaft William Randolph Hearsts Ranch in **Agoura** an der Route 101 in den Santa Monica Mountains im Nordwesten von L.A. an und baute dort das Ranchhaus nach. Weitere Dreharbeiten fanden auf der **Monterey-Halbinsel** im Norden Kaliforniens statt. Das Remake von 1992 mit Gary Sinise und John Malkovich entstand in der Umgebung von Santa Barbara.

VOR DEM NEUEN TAG
(1952, R: Fritz Lang)
Barbara Stanwyck, Paul Douglas, Robert Ryan
• KALIFORNIEN

Melodramatische Verwicklungen ergeben sich, als Barbara Stanwyck aus der Großstadt in das Fischerdorf zurückkehrt, in dem sie aufgewachsen ist. Sie wendet sich einem früheren Verehrer zu und betrügt ihn schon bald. Lang, der die Arbeit im Studio stets vorgezogen hat, begab sich für diesen Film an die Küste nach **Monterey**, wo die Außendrehs in der **Cannery Row** stattfanden.

VOR DER REVOLUTION
(1964, R: Bernardo Bertolucci)
Francesco Barilli, Adriana Asti, Morando Morandini
• PARMA, ITALIEN

Bertoluccis zweites Werk ist die Verfilmung eines Buchs von Stendhal, mit Francesco Barilli als jungem Bürgerlichen, der eine leidenschaftliche Affäre mit seiner Tante Asti aus Mailand pflegt, während er sich mit der Komplexität des europäischen Kommunismus' auseinander setzt. Der Film entstand in **Parma**, wo sich Barilli und Asti auf der **Piazza Garibaldi** die Zeit vertreiben. Die mittelalterliche Kirche, in der Cristina Pariset zu Beginn gefunden wird, ist die aus dem 12. Jahrhundert stammende **Taufkapelle der Kathedrale von St. Maria Assunta**, Piazza di Duomo. Barilli lungert nach der Sommerversammlung der Kommunisten im **Park Ducal** herum, dem Grund und Boden eines Palastes, der vom Stadtzentrum kommend über die Ponte Verdi gelegen ist, während Asti und Barelli eine Aufführung von Verdis Macbeth im **Teatro Regio** an der **Via Garibaldi** besuchen.

W

DER WACHSBLUMENSTRAUSS

(1963, R: George Pollock)
Margaret Rutherford, Flora Robson, Robert Morley
• BUCKINGHAMSHIRE; HERTFORDSHIRE

Der zweite Miss-Marple-Film mit Margaret Rutherford in einer Verfilmung eines Romans von Agatha Christie. Marple untersucht den Tod eines Mannes, der von einer Katze zu Tode erschrocken wurde. Verdächtig, was? Gedreht wurde rund um das Dorf **Denham** an der A4020 nord-

Miss Marple ermittelt:
Aldenham

westlich von Uxbridge, in **Aldenham**, nordöstlich von Watford und in **Hilfield Castle, Hilfield Lane**, nahe der A41 nördlich von Bushey in Hertfordshire.

DIE WAFFEN DER FRAUEN

(1988, R: Mike Nichols)
Melanie Griffith, Sigourney Weaver, Harrison Ford
• NEW YORK CITY

Die Büroangestellte Melanie Griffith sticht ihre Chefin Weaver in dieser Oscar-nominierten Komödie aus, um im Big Apple Karriere zu machen. Die Eröffnungsszene mit Griffith und Joan Cusack (beide für einen Oscar nominiert) wurde heimlich während der Rush Hour aufgenommen, als die **Staten Island Ferry** am **Battery Park** ankommt. Die zwanzigminütige Fahrt mit der Fähre und einer hervorragenden Aussicht auf die Skyline von Lower Manhattan ist heute gratis, nach dem schrecklichen Attentat auf das World Trade Center am 11. September 2001 aber ein eher trauriger Anblick.

Petty-Marsh, das Maklerunternehmen, in dem sie arbeiten, ist eine Kombination aus vier verschiedenen Drehorten: Der Arbeitsplatz der zahllosen Sekretärinnen war ein Set, das im 21. Stockwerk des **1 State Street Plaza** an der Südspitze von Manhattan eingerichtet wurde, der Clubraum wurde im **Midday Club** gefilmt, das Foyer des Unternehmens befand sich im **7 World Trade Center**, der Lesesaal ist der der **L.F. Rothschild Company**.

Die Büros der Trask Company finden sich im United States Custom House von 1907, das heute das **Museum of the Native American, Broadway**/Ecke Bowling Green, Lower Manhattan, ist und das auch in *Batman Forever* und *Ghostbusters II* auftaucht. Weavers Stadthaus in Manhattan ist ein Privatgebäude aus dem frühen 19. Jahrhundert am **Irving Place**, südlich des Gramercy Park zwischen Third Avenue und Park Avenue.

Der fiktive Union Club, Schauplatz des Trask-Hochzeitsempfangs ist ebenfalls aus mehreren Drehorten zusammengesetzt. Die Außenansicht zeigt das bekannte **Carnegie Mansion**, Heimat des Cooper-Hewitt Museum, **2 East 91st Street**/Ecke Fifth Avenue an der East Side, während die Innenaufnahmen gleich gegenüber

im Burden Mansion von 1904 erledigt wurden, heute das **Convent of the Sacred Heart, 1 East 91st Street** (für Details siehe *Der Anderson-Clan*).

WALE IM AUGUST

(1987, R: Lindsay Anderson)
Lillian Gish, Bette Davis, Vincent Price
• MAINE

Die unglaubliche Lillian Gish, die zuerst durch D.W. Griffith' *Birth of a Nation* auf sich aufmerksam machte, wird in Lindsay Andersons sanftem Drama mit Bette Davis kombiniert – die ihr einfach über war. Gedreht wurde auf **Cliff Island**, vor der Küste von Portland, Maine.

WALL STREET

(1987, R: Oliver Stone)
Michael Douglas, Charlie Sheen, Daryl Hannah
• NEW YORK CITY

Exklusiver Treff in N.Y.: 21 Club, West 52nd Street

Der Film, der die achtziger Jahre definierte – mit Douglas als schleimigem Gordon Gekko, der das Vorbild für alle Yuppies war. Die Büros von Sheen und Douglas fanden sich in **222 Broadway**, Downtown Manhattan. Gefilmt wurde außerdem in einem exklusiven Lokal, **The 21 Club, 21 West 52nd Street** zwischen Fifth Avenue und Sixth Avenue, und im **P.J. Moran's Pub and Restaurant, 3 East 48th Street**. Das Restaurant, in das Sheen mit einer Wanze geht, um Douglas in die Falle zu locken, ist die **Tavern on the Green, Central Park**/Ecke West 67th Street (für Details siehe *Ghostbusters – Die Geisterjäger*).

WAR ES WIRKLICH MORD?

(1965, R: Seth Holt)
Bette Davis, Jill Bennett, Wendy Craig
• LONDON; HERTFORDSHIRE

Bette Davis passt auf die Kinder auf: Chester Terrace, NW1

Bette Davis in ihrer Post-Baby-Jane-Phase, ist das Tod bringende Kindermädchen in diesem Psychoschocker aus dem Hause Hammer. Das noble Londoner Haus, in dem sie den Kindern gegenüber als Furcht einflößende Mary Poppins auftritt, liegt an der **Chester Terrace** entlang dem Regent's Park, London NW1. In Hertfordshire können Sie die Klinik sehen, in die einer ihrer kleinen

Schutzbefohlenen für ein psychiatrisches Gutachten geschickt wird. Tatsächlich handelt es sich um das **Wall Hall College** der University of Hertfordshire im Norden von Aldenham zwischen Watford und Radlett, das 1957 in dem Schmachtfetzen *No Time For Tears* von Anna Neagle als Kinderkrankenhaus zu sehen war.

WAR GAMES – KRIEGSSPIELE
(1983, R: John Badham)
Matthew Broderick, Ally Sheedy, John Wood
• **WASHINGTON STATE; KALIFORNIEN**

Die Goose-Island-Fähre: Steilacoom Ferry, Tacoma

Matthew Broderick ist (mit 22 Jahren) ein Schüler und Hacker, der in das amerikanische Verteidigungssystem eindringt, um eine Runde Globaler Atomkrieg zu spielen. Der Film ist im Nordwesten angesiedelt, in der Umgebung von Seattle weiter nordöstlich in Newhalen, Route 20, in den North Cascade Mountains, sowie in Mount Vernon, nördlich auf der Interstate 5. Gefilmt wurde am **Lake Chelan** in Washington State. Die Goose-Island-Fähre, die Broderick noch erwischt, ist eigentlich die **Steilacoom Ferry** in einem Vorort von Tacoma. Die Universität ist die **University of Washington**, Seattle. Die „Computerhacker-Abteilung" ist in Wirklichkeit das Psychology Building an der Westseite des Campus'.

Einige Drehorte liegen aber nicht ganz so weit von Hollywood entfernt. John Woods Haus und der 7-11 Store befinden sich in **Big Bear**, dem am See gelegenen Erholungsgebiet nördlich von L.A., während Bodericks Haus mitten in L.A. liegt, nämlich in der exklusiven Nachbarschaft von **Hancock Park**.

DIE WARRIORS
(1979, R: Walter Hill)
Michael Beck, James Remar, Thomas Waites
• **NEW YORK CITY**

Früher kultiger Film von Walter Hill über eine New Yorker Straßengang, die fernab von ihrem Territorium versucht, den Weg zurück nach Coney Island zu schaffen. Die Eröffnungsszene mit Tausenden von Statisten – darunter auch echte Gangmitglieder sowie alle damit verbundenen Schwierigkeiten – entstand auf dem **Riverside Park Playground, 96th Street**/Ecke Riverside Drive. Ferner wurde im **The Bathhouse**, Coney Island, gefilmt.

WARTE, BIS ES DUNKEL IST
(1967, R: Terence Young)
Audrey Hepburn, Alan Arkin, Richard Crenna
• **NEW YORK CITY**

Ein Trupp Gestörter hat es auf einen Drogenvorrat abgesehen, der im New Yorker Apartment der blinden Audrey Hepburn versteckt worden ist. Grandioser Thriller, der einen der besten Schreckmomente aller Zeiten vorweisen

kann. Hepburns Kellergeschoss ist das klassische Stadthaus von 1860 am **4 St. Luke's Place**, an der Hudson Street in einem gehobenen Teil von Greenwich Village. Zufälligerweise wohnt gleich

Audrey Hepburn wird gequält: St. Luke's Place, Greenwich Village

in der Nachbarschaft in Nummer 12 die freundliche Familie Huxtable aus der TV-Serie *Die Cosby Show*.

WAS GESCHAH WIRKLICH MIT BABY JANE?
(1962, R: Robert Aldrich)
Bette Davis, Joan Crawford, Victor Buono
• **LOS ANGELES**

Zur Zeit seiner Entstehung als Psycho-Horror angekündigt, hat sich dieser Film inzwischen zu einem ewigen Kitschklassiker im Low-Budget-Bereich entwickelt, der zwei Leinwand-Diven der dreißiger und vierziger Jahre zum ersten Mal gemeinsam vor der Kamera agieren ließ. Produziert wurde er von Warner Bros., aber Anfang der sechziger Jahre galten die beiden Stars als weitestgehend abgeschrieben, sodass die Produktion in das baufällige Producers Studio verlegt wurde (heute die unabhängigen Raleigh Studios), 650 North Bronson/Ecke Melrose Avenue, während das gesamte WB-Studio im Zeichen der Prestigeproduktion *Gypsy* stand.

Mamasöhnchen und Pianist Edwin Flagg sollte von Peter Lawford gespielt werden, doch der Schwager von Präsident Kennedy bekam kalte Füße und wurde zum Glück durch den wunderbaren Victor Buono ersetzt. Bette fährt in ihrem ramponierten alten Mercedes durch ein zusehends verfallendes Hollywood: **Wilcox Avenue, Sunset** und **La Brea**. Sie sucht die heute nicht mehr existierende Western Costume Co. in 5339 Melrose Avenue auf. Der Strand, an dem Crawford schließlich das Zeitliche segnet, ist **Paradise Cove** am Zuma Beach, Malibu, nördlich von L.A. Die alte Villa, in der die Schwestern in einer von gegenseitigem Hass geprägten Beziehung leben, ist so gut wie unverändert. Es ist **172 North McCadden Place**/ im erstklassigen Hancock Park District, LA. Ein TV-Remake mit den Schwestern Lynn und Vanessa Redgrave entstand in einem Haus ein paar Blocks weiter östlich an der 501 South Hudson Avenue.

Das Zuhause der Hudson-Schwestern: South McCadden Place, Hollywood

WAS IHR WOLLT

(1996, R: Trevor Nunn)
Imogen Stubbs, Helena Bonham Carter, Toby Stephens
• **CORNWALL**

Shakespeares romantische Komödie, die Illyria an der sonnenreichen italienischen Adriaküste spielt, wird nach Cornwall verlegt. Einer der beiden Drehorte ist **Lanhydrock**, ein Haus aus dem 17. Jahrhundert gut vier Kilometer südöstlich von Bodmin *(Bahnhof: Bodmin Parkway)* an der B3268 Lostwithiel Road. Das große Haus mit 42 Zimmern, die Küche und die Quartiere der Dienerschaft inbegriffen, ist für Besucher von Anfang April bis Ende Oktober geöffnet *(außer montags)*, die Gärten und das Gelände selbst sind das ganze Jahr hindurch zugänglich *(Tel. 01208/73320)*.

Der andere Schauplatz ist **Prideaux Place**, eine elisabethanische Villa auf einem weitläufigen Grundstück oberhalb des kleinen Hafens von Padstow, rund 11 Kilometer von Wadebridge entfernt *(Bahnhof: Wadebridge)*. Das Haus ist von Ostersonntag an zwei Wochen lang und dann ab Spring Bank Holiday bis Ende September für Besucher geöffnet *(Tel. 0841/532411 oder 0841/532945)*.

WAS VOM TAGE ÜBRIG BLIEB

(1993, R: James Ivory)
Anthony Hopkins, Emma Thompson, James Fox
• **DEVON; AVON; WILTSHIRE; SOMERSET**

Die dreizehnte Zusammenarbeit von Merchant und Ivory ist die Verfilmung des preisgekrönten Romans von Kazuo Ishiguro, in der Hopkins den absoluten Gentleman spielt, der die Loyalität gegenüber dem Nazi-Sympathisanten Lord Darlington (Fox) über seine unterdrückten Gefühle für die Haushälterin Thompson stellt.

Darlington Hall ist eine gelungene Kombination aus mehreren Häusern. Das Äußere ist **Dyrham Park**, rund 16 Kilometer nördlich von Bath, Avon, an der A46. Gebaut wurde es zwischen 1692 und 1704 von William Blathwayt, dem Staatssekretär von William III., an der Stelle, an der zuvor ein Landgut im Tudor-Stil gestanden hatte. Es ist Eigentum des National Trust und für Besucher von April bis Oktober geöffnet, ausgenommen donnerstags und freitags *(Tel. 0127/582 2501)*. Die Innenaufnahmen entstanden größtenteils im **Badminton House**, gut 15 Kilometer nördlich von Bath abseits der B4040: Hierher gehören die Eingangshalle, die Wohnräume von Thompson und Hopkins sowie das Konservatorium, in dem Hopkins' Vater zusammenbricht. **Powderham Castle**, ein mittelalterliches Gebäude von 1390 in einem Wildpark, bot weitere Motive. Es wurde während des Bürgerkriegs beschädigt, anschließend restauriert und dann im 18. und 19. Jahrhundert erheblich umgebaut. Heute ist es das Zuhause von Lord und Lady Courtenay, das von Mai bis Oktober für Besucher geöffnet ist. Das Haus liegt 13 Kilometer südlich von Exeter abseits der A379, Devon *(Tel. 01626/890 243/252)*. Dort sehen Sie die blaue Treppe rechts von der Eingangshalle, die Bibliothek, das Musikzimmer und die kuppelartige Decke aus der letzten Szene mit der in der Falle befindlichen Taube. **Corsham Court**, ein Haus aus der Zeit von Elizabeth und George ist Schauplatz der Konferenz. Es liegt rund sechs Kilo-

meter westlich von Chippenham abseits der A4 in Wiltshire und ist von Januar bis Ende November geöffnet *(Tel. 01249/712214)*.

Tim Pigott-Smith macht im historischen **George Inn, High Street, Norton St. Philip**, zehn Kilometer südöstlich von Bath, seinen Heiratsantrag, während Hopkins die Nacht im **Hop Pole Inn** verbringt, **Woods Hill, Lower Limpley Stoke** – einem Dorf, das bereits in einem anderen britischen Klassiker zu sehen war. Limpley Stoke, einige Kilometer südlich von Bath gelegen, tauchte als das Titfield in der Ealing-Komödie *The Titfield Thunderbolt* auf. Hopkins macht sich schließlich auf die Reise, um Emma Thompson in **Weston-Super-Mare** an der Küste von Somerset rund 30 Kilometer westlich von Bristol zu treffen. Das Hotel, vor dem er vorfährt, ist das **Royal Pier Hotel, Birnbeck Road** *(Tel. 01934/626644)*, und Thompsons Pension ist das **Highbury Hotel, Atlantic Road** *(Tel. 01934/621585)*. Auf der **Grand Pier** der Stadt trinken sie im **Pavilion** gemeinsam Tee und sitzen beisammen.

WATERBOY

(1998, R: Frank Coraci)
Adam Sandler, Kathy Bates, Henry Winkler
• **FLORIDA**

Als der Wasserjunge Sandler wütend wird, stellt er in dieser Komödie – bei der die Familie von Harold Lloyd der Ansicht war, dass sie auffallende Parallelen zu *The Freshman* aufwies – ein unglaubliches Angriffstalent unter Beweis. Gefilmt wurde in Florida. Sandlers Zuhause in einem Bayou in Louisiana war auf dem Landesteg in **Deberry** errichtet worden. Der Trainingsplatz der Mud Dogs ist das Footballfeld in **DeLand**, während weitere Szenen in **St. Cloud** gedreht wurden. Das entscheidende Spiel in der Bourbon Bowl findet tatsächlich in der **Citrus Bowl** statt, dem Sportplatz der **Central Florida University, Orlando**.

WATERLOO

(1970, R: Sergei Bondarchuk)
Rod Steiger, Christopher Plummer, Orson Welles
• **UKRAINE; ITALIEN**

Kostspielige italienisch-russische Co-Produktion über die Ereignisse, die schließlich zur Schlacht bei Waterloo im Jahr 1815 führen, mit Steiger als gequältem Napoleon und Plummer als arrogantem Herzog von Wellington. Die gewaltigen Schlachtszenen wurden in der Ukraine gedreht. Der Hof von Louis XVIII., die Tuilerien in Paris, ist der **Palazzo Reale** in **Caserta**, rund 25 Kilometer von Neapel entfernt, den Sie vielleicht auch als den

Napoleons triumphale Rückkehr nach Paris: Palazzo Reale, Caserta

Louis XVIII. flieht: Palazzo Reale, Caserta

Palast von Königin Amidala kennen (für Details siehe *Star Wars Episode I: Die dunkle Bedrohung*).

WAYNES WORLD

(1992, R: Penelope Spheeris)
Mike Myers, Dana Carvey, Rob Lowe
• **LOS ANGELES; CHICAGO**

Dieser *Saturday Night Live*-Ableger erhält von Spheeris die Leinwandreife verpasst. Zwar spielt die Handlung in Aurora, Illinois, rund 50 Kilometer westlich von Chicago, der Low-Budget-Film wurde jedoch zum größten Teil in L.A. produziert, oft auf dem Gelände von Paramount. Der Nachtclub, in dem sich Garth an einem Schläger rächen will, ist der besonders edle **Arena, 6655 Santa Monica Boulevard**, West Hollywood.

WAYNES WORLD 2

(1993, R: Stephen Surjik)
Mike Myers, Dana Carvey, Tia Carrere
• **KALIFORNIEN**

Auch die Fortsetzung wurde in Kalifornien gefilmt, im Vorort Monrovia von Los Angeles, östlich von Pasadena, auf der **Huntington Avenue** und der **Lemon Avenue**.

DER WEG NACH MAROKKO

(1942, R: David Butler)
Bob Hope, Bing Crosby, Dorothy Lamour
• **KALIFORNIEN**

Die marokkanische Wüste liegt eigentlich in den Sanddünen von **Imperial County**, weit unten im Süden Kaliforniens an der Grenze zu Arizona.

DER WEG NACH OBEN

(1958, R: Jack Clayton)
Laurence Harvey, Simone Signoret, Donald Wolfit
• **YORKSHIRE**

Joe Lampton trifft in Warnley Town ein:
Halifax Station

Joe Lampton arbeitet für die Stadt:
Bradford City Hall

Das Schrillen einer Zugpfeife und Mario Nascimbenes jazziger Score verkündeten die Ankunft des New Wave in Großbritannien. Und obwohl die Schauspieler aus den Grafschaften peinlich bemüht sind, einen nördlichen Akzent anzunehmen, kann diese Verfilmung von John Braines Roman über Joe Lampton – einen Typen aus der Arbeiterklassen mit etlichen Flausen im Kopf – überzeugen. Viele der Motive haben sich bis heute überraschend wenig verändert. Die Eröffnungsszene, in der Harvey am Bahnhof der fiktiven Warnley Town ankommt, ist die **Halifax Station**. Warnley selbst ist Bradford, wo Harvey in der **Bradford City Hall** arbeitet. Der Tanz wurde in der Bradforder Kunstgalerie **Cartwright Memorial Hall** gefilmt, in **Lister Park, Keighley Road** – ein paar Kilometer nordwestlich des Stadtzentrums. Das piekfeine Zuhause von Heather Sears, zu der es Harvey zieht, ist erweitert und zum **Jarvis Bankfield Hotel** umgebaut worden, **Bradford Road, Bingley** (*Tel. 01274/567123*).

Der Tanz: Cartwright Memorial Hall, Lister Park

Das Haus von Heather Sears: Jarvis Bankfield Hotel, Bingley

Joe Lampton trifft Alice: Boy and Barrel Pub, James Gate, Bradford

Und in dem Pub, in dem sie sich treffen, können Sie noch immer ein Pint trinken: Es ist das **Boy and Barrel, James Gate**.

DER WEG ZUM GLÜCK

(1944, R: Leo McCarey)
Bing Crosby, Barry Fitzgerald, Rise Stevens
• **LOS ANGELES**

Der offenbar Beste Film des Jahres 1944 war diese sentimentale Geschichte des jungen Priesters Bing Crosby, der in New York einen schwierigen Pfarrbezirk übernimmt. St. Dominic's ist eigentlich die **Santa Monica Catholic Church, 715 California Avenue**, Santa Monica.

St. Dominic's: Santa Monica Catholic Church, California Avenue

WEGE ZUM RUHM

(1957, R: Stanley Kubrick)
Kirk Douglas, Adolphe Menjou, Ralph Meeker
• **MÜNCHEN**

Kubricks in Frankreich angesiedeltes Drama entstand komplett in München. Der große Palast ist das **Neue Schloss** von **Schloss Schleißheim** im Nordwesten der Stadt. Für umfassende Details siehe *Letztes Jahr in Marienbad*, für den am Schloss Außenaufnahmen gedreht wurden.

WEIBLICH, LEDIG, JUNG, SUCHT ...

(1992, R: Barbet Schroeder)
Bridget Fonda, Jennifer Jason Leigh, Steven Weber
• NEW YORK CITY

Bridget Fondas Apartment: Das Ansonia, Broadway

Bridget Fonda lässt die schnuckelige kleine Jennifer Jason Leigh in ihr New Yorker Apartment einziehen, muss aber feststellen, dass sie sich eine Untermieterin aus der Hölle ins Haus geholt hat. Leigh arbeitet in **Rizzoli's Bookstore, 31 West 57th Street** zwischen Fifth Avenue und Sixth Avenue. Fondas Apartment liegt angeblich in der 768 West 74th Street. Na, nicht so ganz. Tatsächlich handelt es sich um das aus der Zeit um die Jahrhundertwende stammende **Ansonia Hotel, 2109 Broadway**, zwischen West 73rd Street und West 74th Street. Das Ansonia ist eigentlich gar kein Hotel, sondern ein Apartmentgebäude, so wie im Film. Die extrem schalldichten Wände machen es zur idealen Heimat von Musikern – und Künstler wie Caruso, Toscanini, Pinza und Strawinski sind hier schon abgestiegen. Zu sehen auch als George Burns' Zuhause in Neil Simons *Die Sunny Boys* und als Robert Redfords Büro in *Die drei Tage des Condors*.

DIE WEISHEIT DES BLUTES

(1979, R: John Huston)
Brad Dourif, Harry Dean Stanton, Ned Beatty
• GEORGIA

Jedes Mal, wenn man Huston abschreiben wollte, kehrte er mit einer neuen Glanzleistung zurück. Dieser Film über religiöse Ketzerei entstand in **Macon**, Georgia.

DER WEISSE HAI

(1975, R: Steven Spielberg)
Roy Scheider, Richard Dreyfuss, Robert Shaw
• MASSACHUSETTS

Amity Island: Edgartown, Martha's Vineyard

Beeindruckend inszenierter Thriller, der das Phänomen Spielberg ins Rollen brachte und eine Heerschar schlampiger Fortsetzungen und Plagiate nach sich zog. Der fiktive Schauplatz Amity Island ist in Wirklichkeit das Nobelurlaubsgebiet **Martha's Vineyard** vor der Küste von Massachusetts. Dieser angesehene Urlaubsort hat sich seit der Blütezeit des Walfangs im 19. Jahrhundert nur wenig

verändert, und für die Dreharbeiten wurden an den Drehorten keinerlei Veränderungen vorgenommen. Das Stadtzentrum, in dem sich Chief Brody das Material für die „Strand geschlossen"-Schilder beschafft, ist die Kreuzung von **Water Street** und **Main Street**, Edgartown, der einstigen Walfangstadt an der Ostküste. Am Ende der Daggett Street im Norden der Stadt findet sich die **Chappaquiddick Island Ferry**, wo der Bürgermeister

Der Bürgermeister hat das Wort: Chappaquiddick-Island-Fähre, Edgartown

Standort von Quints Workshop: Menemsha Harbor

Der Hai ist los: Menemsha Harbor

über Bootsunfälle spricht. Die Fähre befördert Fußgänger, Fahrräder und bis zu drei Fahrzeuge pro Überfahrt.
Westlich der Küstenstraße im Norden von Edgartown, also in Richtung auf das beliebte Urlaubsgebiet Oak Bluffs zu, befindet sich der **Joseph A. Sylvia State Beach**, an dem die Badegäste durch den Angriff auf den Kintner-Jungen in Panik versetzt werden. Daneben verläuft die **American Legion Memorial Bridge**, unter der der Hai zur „sicheren" Bucht **Sengekontacket Pond** schwimmt, wo Brodys Sohn durch den Angriff ein Trauma erleidet. Auf der anderen Seite der Insel, also hin zum südwestlichen Zipfel, findet sich der winzige Fischereihafen **Menemsha**. Hier wurde am Ende der Hafenbucht zwischen dem General Store und dem Galley Restaurant Quints Schuppen gebaut. Ein festes Gebäude hätte den strengen Bauvorschriften auf der Insel entsprechen müssen, also wurde nach dem Dreh der Originalzustand wiederhergestellt. Die Szenen mit dem *Orca* wurden im Verlauf von 155 Tagen zwischen Oak Bluffs und East Chop unter bestens dokumentierten, albtraumhaften Bedingungen auf See gedreht.

Hai-freie Zone: Sengekontacket Pond

Der große Schockmoment, als Dreyfuss den angeknabberten Kopf des alten Fischers entdeckt, wurde erst später eingefügt. Die Szene wurde im Swimmingpool der Cutterin des Films, Verna Field, nachgestellt.

DER WEISSE HAI 2
(1978, R: Jeannot Szwarc)
Roy Scheider, Lorraine Gary, Murray Hamilton
• MASSACHUSETTS; FLORIDA

Ohne Spielbergs Regietalent quält sich dieser langweilige Aufguss von einer Beißattacke zur nächsten. Wir befinden uns wieder auf **Martha's Vineyard**, doch diesmal wird die gesamte Insel einbezogen – **Edgartown, Chappaquiddick, Oak Bluffs, Menemsha, Gay Head, East Chop, Squibnocket, Vineyard Haven, Sengekontacket, Harthaven, Katama, Mattekeeset, Takemmy Trail, Chilmark, Pohognut** und **Mayhew Lane**. Als wäre das noch nicht genug, führten Verzögerungen bei der Produktion dazu, dass einige Strandszenen am **Navarre Beach** gedreht werden mussten, der abseits der Route 98 zwischen Pensacola und Fort Walton Beach im Norden von Florida gelegen ist.

DER WEISSE HAI III – 3-D
(1983, R: Joe Alves)
Dennis Quaid, Bess Armstrong, Louis Gossett Jr.
• FLORIDA

Kann es noch schlechter werden? Bruce der Hai begibt sich nach Florida, um dort in wundervollem 3-D-Effekt aufzutauchen, obwohl der **Sea World Aquatic Park** zwischen Orlando und Disneyworld an der Interstate 4 in Florida ein sehr unwahrscheinlicher Aufenthaltsort für einen Hai ist.

DER WEISSE HAI – DIE ABRECHNUNG
(1987, R: Joseph Sargent)
Lorraine Gary, Mario Van Peebles, Michael Caine
• MASSACHUSETTS; BAHAMAS

Überbieten könnte man diesen Film wohl nur noch mit *Die Farrelly-Brüder gegen den Weißen Hai*. **Martha's Vineyard** hält wieder für Amity her, doch Chief Brodys Witwe macht eine Reise auf die Bahamas. Und wer erwartet sie dort wohl?

WEISSE JUNGS BRINGEN'S NICHT
(1992, R: Ron Shelton)
Wesley Snipes, Woody Harrelson, Rosie Perez
• LOS ANGELES

Kurzfilmspezialist Shelton (*Annies Männer*) wechselt mit dieser Geschichte von zwei Hochstaplern in L.A. zum Basketball. Die Basketball-Spielfelder finden sich im Lafayette Park, Wilshire Boulevard zwischen Hoover Street und Lafayette Park Place, wo der Nobelboulevard in den heruntergekommenen

Der Basketballplatz: Lafayette Park, Wilshire Boulevard

Downtownbezirk nahe MacArthur Park abbiegt. Gefilmt wurde auch am **Venice Beach Boardwalk** und in einem schäbigen Motel in **Santa Monica**. Das getürkte Spiel wurde vor der **Compton Church** nahe Watts Towers gedreht.

WEISSER JÄGER, SCHWARZES HERZ
(1990, R: Clint Eastwood)
Clint Eastwood, Jeff Fahey, Charlotte Cornwell
• AFRIKA; BUCKINGHAMSHIRE

Eastwood als ein nur schwach getarnter John Huston, der in Afrika einen Film drehen und einen Elefanten erlegen will. Gefilmt wurde in Simbabwe und Sambesi. Eastwoods irisches Anwesen ist **West Wycombe House**, vier Kilometer westlich von High Wycombe, im Süden der A40, Buckinghamshire. Für Details siehe *Tschaikowski – Genie und Wahnsinn*.

Eastwoods Anwesen in Irland: West Wycombe House, Buckinghamshire

WEISSER TERROR
(1961, R: Roger Corman)
William Shatner, Frank Maxwell, Beverly Lunsford
• MISSOURI

Roger Cormans Film mit einer Botschaft zum Thema Rassismus im tiefsten Süden der USA entstand im Südosten von Missouri in **Sikeston**, gelegen an den Highways 55 und 57. Den anfangs kooperativen Bewohnern wurden verwässerte und gekürzte Drehbuchversionen ausgehändigt, doch als sich die komplette Geschichte allmählich herauskristallisierte, nahm die Begeisterung deutlich ab. Es gelang der Filmtruppe noch, ein paar Szenen an der nahe gelegenen **East Prairie High School** zu drehen, bevor sie die Stadt in aller Eile verließ.

WEM DIE STUNDE SCHLÄGT
(1943, R: Sam Wood)
Gary Cooper, Ingrid Bergman, Akim Tamiroff
• KALIFORNIEN

Der nahezu unzugängliche Drehort für diese epische Hemingway-Verfilmung lag in den **Sierra Nevada Mountains** nördlich des Yosemite National Park, ca. 90 Kilometer westlich von Sacramento und zwei Stunden nördlich von Sonora, der nächsten Stadt.

WENN DER POSTMANN ZWEIMAL KLINGELT
(1981, R: Bob Rafelson)
Jack Nicholson, Jessica Lange, John Colicos
• KALIFORNIEN

Remake des Films von 1946 nach dem Roman von James M. Cain, angesiedelt im fiktiven Sunland, angeblich nahe Glendale, das für die Dreharbeiten zu sehr verstädtert war. Es fand sich ein Fleckchen Land an einer Anhöhe nahe Lake Cachuma, östlich der Route 154 im Norden von

Santa Barbara, Südkalifornien, wo auch das Set aufgebaut wurde. Man strich örtliche Scheunen grün, außerdem wurde Land aufgekauft, um die Vegetation wuchern zu lassen. Die Shell-Tankstelle im Stile einer Mission wurde für den Film gebaut, den kalifornische Bungalow errichtete man neben einer knorrigen Eiche. Eine zweite Eiche wurde gepflanzt, um den Namen von Cains Café zu rechtfertigen: Twin Oaks.

WENN DIE GONDELN TRAUER TRAGEN
(1973, R: Nicolas Roeg)
Donald Sutherland, Julie Christie, Hilary Mason
• VENEDIG, ITALIEN

Das Hotel von Sutherland und Christie von außen: Hotel Gabrielli Sandwirth, Riva degli Schiavoni

Und von innen: Hotel Bauer Grunwald, Campo San Moise

Die Kirche, die Sutherland restauriert: San Nicolo di Mendicoli, Campo San Nicolo

Das trübe, zerfallende Venedig außerhalb der Hochsaison bildet den Hintergrund für Roegs Verfilmung einer Kurzgeschichte von Daphne du Maurier. Donald Sutherland ist der ungläubige Architekt, der dadurch zum Scheitern verurteilt ist, dass er sich weigert, seine übersinnlichen Kräfte zu akzeptieren. Das Europa Hotel, in dem Sutherland und Christie übernachten, ist eine Kombination aus zwei edlen und dementsprechend teuren Häusern. Foyer und Außenansichten gehören dem **Hotel Gabrielli Sandwirth, Castello 4110, Riva degli Schiavoni** *(Tel. 5231580)*, ein umgebauter Palast mit Blick auf den Canale San Marco östlich der Piazza San Marco. Das Innere des Hotels – Schauplatz für eine der überzeugendsten Sexszenen des Kinos überhaupt – findet man weiter westlich des Piazza San Marco: Es ist das teure **Bauer Grunwald, San Marco 1459, Campo San Moise** *(Tel. 5207022)*.
Die Kirche, die Sutherland restauriert, liegt im Südwesten der Stadt. Es ist **San Nicolo dei Mendicoli**, eine der ältesten von Venedig, die tatsächlich in den siebziger Jahren renoviert wurde (allerdings werden Sie von dem Mosaik nichts finden, an dem im Film gearbeitet wurde – es war nur ein Requisit). Die Kirche ist von 10.00 bis 12.00 Uhr und von 16.30 bis 19.30 Uhr für Besucher geöffnet und befindet sich auf dem **Campo San Nicolo**, einem kleinen Platz, der zu drei Seiten vom Rio di San Nicolo und vom

Rio delle Terese umgeben ist. Um die Kirche zu erreichen, folgen Sie dem Canale della Giudecca auf dem Fondamenta delle Zattere Richtung Westen, vorbei an der Stazione Marittima auf das recht düstere, industrielle Gebiet San Marta zu.
Der misstrauische Detektiv folgt Sutherland durch den Bezirk **San Polo** genau an der nördlichen Biegung des wie ein umgekehrtes „S" aussehenden Verlaufs des Canale Grande in den Südwesten von Venedig zum zweitgrößten Platz der Stadt, dem Campo San Polo: **Calle di Castel Forte** und **Ponte Vinanti**.
Das Restaurant, in dem Sutherland und Christie die beiden sonderbaren Schwestern treffen, ist das **Ristorante Roma** nahe der Ponte Scalzi über den Canale Grande am Bahnhof Stazione Ferrovia Santa Lucia. Nachdem Julie Christie zusam-

Das Innere der Kirche: San Nicolo di Mendicoli

Der Detektiv folgt Sutherland durch die Stadt: San Polo

Christie wird ohnmächtig: Ristorante Roma, Canale Grande bei Ponte Scalzi

Das Hotel der Schwestern: La Fenice et des Artistes, Campiello Fenice

Sutherland folgt der kleinen Gestalt: Calle di Mezzo

mengebrochen ist, wird sie vom Landesteg an der Nordseite des Canale Grande ins Krankenhaus gebracht. Die Schwestern bleiben im **La Fenice et des Artistes, San Marco 1936, Campiello Fenice** neben dem Opernhaus La Fenice westlich des Piazza San Marco, das unter rätselhaften Umständen ausbrannte.
Der enge Kanal, zu dem Sutherland schließlich der kleinen Gestalt im roten Umhang folgt, ist die **Calle di Mezzo** im Nordosten der Piazza San Marco vor den Toren des **Palazzo Grimani** (an der Einmündung des Rio di Santa Maria Formosa in den Rio di San Severo – verwechseln Sie ihn nicht mit dem anderen Palazzo Grimni

Canale Grande), wo er heraus-findet, dass es sich gar nicht um seine Tochter handelt. Der Palazzo hat jahrelang leer gestanden, doch 1998 hat man begonnen, ihn allmählich zu renovieren. Der Eingang, durch den Sutherland den Palazzo betritt, ist von der Calle di Mezzo aus zu sehen. Die Beerdigung, mit der der Film endet, spielt sich in der aus dem 17. Jahrhundert stammenden Kirche **San Stae** (eine Kurzform für San Eustachio) bei **Campo San Stae** an der nördlichen Biegung des Canale Grande ab.

Die Beerdigung: Kirche San Stae, Campo San Stae

Sutherland begegnet der Gestalt: Palazzo Grimani, Calle di Mezzo

WENN FRAUEN HASSEN

(1954, R: Nicholas Ray)
Joan Crawford, Mercedes McCambridge, Sterling Haden
• ARIZONA

Bizarrer freudscher Western in gespenstischen Farben und mit einer phantastischen Konfrontation zwischen Crawford und McCambridge. Gefilmt wurde in den festen Westernsets bei Republic in **Sedona**, Route 89A, südlich von Flagstaff, Arizona, und am **Oak Creek Canyon** zwischen Flagstaff und Sedona.

WENN KATELBACH KOMMT ...

(1966, R: Roman Polanski)
Donald Pleasence, Lionel Stander, Jack MacGowran
• NORTHUMBERLAND

Absurde schwarze Komödie mit Stander und MacGowran als untypische Gangster, die Donald Pleasence in seinem abgelegenen Inselschloss terrorisieren. Gefilmt wurde in trostlosem Monochrom auf der Insel **Lindisfarne** vor der Küste von Northumberland.

WER DIE NACHTIGALL STÖRT

(1962, R: Robert Mulligan)
Gregory Peck, Mary Badham, Philip Alford
• LOS ANGELES

Peck kassierte den Oscar als Bester Schauspieler für seinen Part eines Anwalts im tiefsten Süden, der einen Schwarzen verteidigen soll, dem eine Vergewaltigung vorgeworfen wird. Harper Lee, Autor des Originalro-

mans, orientierte sich beim fiktiven Schauplatz Maycomb an seiner Heimatstadt Monroeville in Alabama, die dadurch auch die logische Wahl für die Dreharbeiten zu sein schien. Aber die Stadt hatte zu viele Veränderungen erfahren, sodass der Film schließlich auf dem Universal-Gelände in Hollywood entstand. Monroeville liegt an der Route 21 zwischen Mobile und Montgomery, Alabama.

WER GEWALT SÄT

(1971, R: Sam Peckinpah)
Dustin Hoffman, Susan George, David Warner
• CORNWALL

Im tiefsten Cornwall wird der Pazifist Hoffman zum Extremgewalttäter, als Gangster aus der Gegend sein Farmhaus belagern. Die Gewalt ist ziemlich unterhaltsam, aber die Vergewaltigungsszene ist äußerst eindringlich. Was im staubigen Mexiko überzeugt hätte, wirkt im West Country ziemlich konstruiert. Das Dorf ist **St. Buryan** an der B3283 einige Kilometer westlich von Penzance, Richtung Lands End.

WER HAT ANGST VOR VIRGINIA WOOLF?

(1966, R: Mike Nichols)
Elizabeth Taylor, Richard Burton, George Segal, Sandy Dennis
• MASSACHUSETTS

Burton und Taylor sind – wenigstens einmal – das perfekte Paar. Die Innenaufnahmen erfolgten auf einem geschlossenen Set in Warners Burbank Studio. Für das College stand das **Smith College, Northampton** Pate, an der Interstate 91 gelegen, nördlich von Springfield, Massachusetts. Das Haus von Burton und Taylor ist das **Tyler Annex**.

WEST SIDE STORY

(1961, R: Robert Wise, Jerome Robbins)
Natalie Wood, Rita Moreno, Richard Beymer
• NEW YORK CITY

Robert Wise' Verfilmung des größten Broadway-Musicals aller Zeiten sprüht vor Energie durch Jerome Robbins' Choreographie, leidet aber auch unter einigen fürchterlichen Fehlbesetzungen und einer schwerfälligen Theatralik bei den Studioszenen. Die ersten zwanzig Minuten, die von dem danach ersetzten Robbins gedreht wurden, zeigen, wie der Film hätte sein können. Sie wurden in kurz vor dem Abriss stehenden Slumwohnungen an der West Side gefilmt, dem Gebiet, das heute das Lincoln Center for the Performing Arts beherbergt. Nach der mitreißenden Eröffnung geht es dann aber ins Studio – bei großartiger Musik und beengten Kulissen.

WESTLICH VON ST. LOUIS

(1950, R: John Ford)
Ben Johnson, Ward Bond, Joanne Dru
• UTAH

Ben Johnson und Harry Carey helfen Ward Bond, einen Wagentreck der Mormonen nach Utah zu bringen. Der Film war das auslösende Element für die TV-Serie *Wagon Train*, in der Bond mitwirkte, den Ford jahrelang in seinen Filmen einsetzte. *Westlich von St. Louis* bedient sich der

Landschaften rund um **Moab**, Utah, im **Professor Valley**, am Colorado River und im **Spanish Valley**. Ford wollte sein geliebtes Monument Valley beim filmischen Höhepunkt einsetzen, doch da er sich den Weg dorthin nicht leisten konnte, verwendete er ein Modell der Bergformation.

WESTWÄRTS ZIEHT DER WIND
(1969, R: Joshua Logan)
Clint Eastwood, Lee Marvin, Jean Seberg
• **OREGON**

Ein neuer Plot bezieht die Lieder des alten Bühnenmusicals ein, in dem ein Mangel an Frauen Clint und Lee zur Vielmännerei treibt und sie sich Jean Seberg teilen. In einer Umkehr des sonst Üblichen war es diesmal der Regisseur, der theatralische alte Joshua Logan, der den Film auf dem Gelände von Paramount filmen wollte, während das Studio auf Außendrehs bestand. Wie sich herausstellen sollte, waren die authentischen Motive das einzig Gute, was der Film vorzuweisen hat. Die Goldgräberstadt No Name City wurde am **East Eagle Creek** im Nordosten von Oregon nahe Baker City im Wallowa-Whitman National Forest erbaut.

WESTWORLD
(1973, R: Michael Crichton)
Yul Brynner, Richard Benjamin, James Brolin
• **LOS ANGELES**

Lang vor *Jurassic Park* befasste sich Autor Crichton mit dem Thema der außer Kontrolle geratenen Technologie, und hier führte er auch noch Regie. Die „Römische Welt" des hochtechnischen Themenparks ist **Greenacres**, das mehr als großzügige Beverly-Hills-Grundstück von Harold Lloyd. Das Anwesen, das 1928 acht Hektar umfasste und zwölf Themengärten beherbergte, war in den siebziger Jahren auf zwei Hektar zusammengeschrumpft. Das 44-Zimmer-Haus verfügt über 26 Badezimmer, und eine Zeit lang nach dem Tod des Schauspielers im Jahr 1971 war es als Museum für Besucher geöffnet. Inzwischen allerdings nicht mehr. Es befindet sich am **1740 Greenacres Place, Beverly Hills**.
Die Westernlandschaft wurde im **Red Rock Canyon** nahe Ridgecrest in Zentralkalifornien gedreht (für Details siehe *Vergessene Welt: Jurassic Park*).

WHITECHAPEL
(1947, R: Robert Hamer)
Googie Withers, John McCallum, Jack Warner
• **LONDON**

Pessimistisches Verbrechermelodrama, das im heruntergekommenen Nachkriegs-East-End von London angesiedelt ist. Ein Großteil des Films entstand rund um **Petticoat Lane**, es wurde aber auch im Gebiet um Chalk Farm an der Hartland Road, NW1, gefilmt. Dabei war die Holy Trinity Church im Hintergrund zu sehen. Die abschließende Verfolgungsjagd wurde auf dem **Temple Mills Railway Yard, Stratford**, E15, aufgenommen.

WIE ANGELT MAN SICH EINEN MILLIONÄR?
(1953, R: Jean Negulesco)
Lauren Bacall, Marilyn Monroe, Betty Grable

• NEW YORK CITY

Betty, Betty und Norma Jean teilen sich ein Apartment am **36 Sutton Place South**, nahe dem East River in New York. Fred Clark ist gar nicht davon begeistert, als Fahrer des

Wo man sich einen Millionär angelt: Sutton Place South, East Side

fünfzigmillionsten Wagens begrüßt zu werden, der die New Yorker **George Washington Bridge**, West 178th Street, über den Hudson River nach Fort Lee, New Jersey, benutzt. Zu sehen ist auch das **Rockefeller Center**, West 48th Street bis West 51st Street zwischen Fifth Avenue und Sixth Avenue, das zu der Zeit erst teilweise fertig gestellt war. Marilyn war ironischerweise 1957 diejenige, die symbolisch die erste Sprengladung zündete, mit der die Entkernung des Time-Life-Building begann.

WIE EIN WILDER STIER
(1980, R: Martin Scorsese)
Robert De Niro, Cathy Moriarty, Joe Pesci
• **NEW YORK CITY; NEW YORK STATE; LOS ANGELES**

Ein weiteres Meisterwerk des Teams Scorsese-De Niro, vermutlich der beste Boxerfilm aller Zeiten, der regelmäßig in Bestenlisten auftaucht und vier Jahre nach dem Oscar-Erfolg *Rocky* entstand.
Das Freiluftbad, in dem De Niro Cathy Moriarty begegnet, ist **Carmine Street Public Pools, Seventh Avenue South**/Ecke Clarkson Street in Greenwich Village. Die Totalen des Rings und der Massen entstanden in L.A. im **Olympic Auditorium, Grand Avenue**/Ecke Olympic Boulevard. Gebaut wurde es für die Olympiade 1932 und ist im Entscheidungskampf in – jawohl – *Rocky I, II* und *III* zu sehen. Die faszinierenden Kampfsequenzen entstanden im Studio. Das Pflegeheim war das Lido Beach Hotel, heute eine Eigentumsanlage am **Maple Boulevard, Lido Beach**/Ecke Broadway an der Südküste von Long Island. Die Szenen in Florida entstanden unter Zuhilfenahme von einigen Palmen in **San Pedro**, Los Angeles Harbor westlich von Long Beach.

Der Pool im Freien: Carmine Street Public Pools, Greenwich Village

WIE IN EINEM SPIEGEL

(1961, R: Ingmar Bergman)
Harriet Andersson, Gunnar Bjornstrand, Max von Sydow
• SCHWEDEN

Eines von Bergmans trostlosesten Dramen über nicht stattfindende Kommunikation mit Harriet Andersson, die einen Zusammenbruch erleidet und schließlich eine verstörende Vision von Gott in Gestalt einer bösartigen Spinne hat. Der erste von vielen Filmen des Regisseurs, der in der kargen Landschaft der Faröer-Inseln entstand.

WIE SCHMECKT DAS BLUT VON DRACULA?

(1969, R: Peter Sasdy)
Christopher Lee, Geoffrey Keen, Peter Sallis
• HERTFORDSHIRE

Eine der besseren Hammer-Fortsetzungen über drei gelangweilte viktorianische Geschäftsleute, die Dracula zum Spaß herbeirufen und im Gegenzug von ihren eigenen Kindern vernichtet werden. Überwiegend wurde im Studio gefilmt, mit einigen Außendrehs am **Tykes Water Lake, Aldenham Country Park**, abseits der A411 westlich von **Elstree, Hertfordshire**.

WIEDERSEHEN IN HOWARD'S END

(1992, R: James Ivory)
Emma Thompson, Vanessa Redgrave, Anthony Hopkins
• LONDON; OXFORDSHIRE; SURREY; SHROPSHIRE; DEVON; WORCESTER

Emma Thompsons Zuhause: Wickham Place, Victoria Square, SW1

Sam Wests bescheidenes Zuhause: Park Street, Southwark

Die dritte der von Merchant-Ivory makellos produzierten Forster-Verfilmungen bedient sich einer Vielzahl von echten Motiven. Es beginnt in London: Das cremefarben gestrichene Haus von Emma Thompson und Helena Bonham-Carter – das fiktive 6 Wickham Place – steht am **Victoria Square**, einem ruhigen Platz nördlich von Victoria Station, SW1, dessen fotogener Charme bereits in *In 80 Tagen um die Welt* zum Tragen kam. Nicht allzu weit entfernt befindet sich der Hof eines ehemaligen Apartmentblocks: das **St. James Court Hotel, Buckingham Gate**, SW1 *(Tel. 020 7834 6655)*, das für die Außenaufnahmen von Anthony Hopkins' pompöser Londoner Residenz verwendet wurde. Durch das beeindruckende Tor des Hotels können Sie einen Blick auf die kunstvoll aus Bäumen geschnittenen shakespeareschen Figuren und den Brunnen werfen. Das Treppenhaus, auf dem Hopkins um Vanessa Redgraves Hand anhält, findet sich im Bürogebäude des Filmproduzenten

Albert Broccoli, **South Audley Street** in Mayfair. Am anderen Ende der gesellschaftlichen Skala gibt es das bescheidene Heim von Sam West, das in der **Park Street** hinter Borough Market, Borough SE1, gelegen ist. Ein weiteres beliebtes (allerdings gefährdetes) Motiv kennen Sie möglicherweise aus *Bube, Dame, König, Gras* und *A Merry War*. Das vom Regen verwaschene Äußere der Ethical Hall befindet sich nahe der Bank of England in der Londoner Innenstadt, während das Innere, in dem West den falschen Regenschirm zu fassen bekommt, die **Oxford Town Hall** ist, St. Aldgate's/Ecke Carfax im Stadtzentrum (als gleichfalls beliebtes Motiv war sie als Old Bailey in *Ein Fisch namens Wanda* zu sehen).
Chelsea Embankment, wo Anthony Hopkins West einen – wie sich später herausstellte – schlechten Karriereratschlag gibt, ist in Wahrheit **Chiswick Mall**, W4. Die Porphyrion Insurance Company, bei der Sam West anfangs arbeitet, ist das leer stehende **Pearl Assurance Building, High Holborn**, WC1 (das auch für die Büros von Hopkins' Rubber Company herhielt), und die Bank, bei der er sich in der Folge für einen Job vorstellt, ist die **Baltic Exchange, St. Mary Axe** nahe der Leadenhall Street, EC3, die durch einen Bombenanschlag der IRA stark in Mitleidenschaft gezogen wurde.
Aber damit noch nicht genug der altehrwürdigen Wahrzeichen: Thompson und Redgrave werden von der Mall durch den Londoner **Admiralty Arch** an der südwestlichen Ecke des Trafalgar Square gebracht, und dabei kommt es zu einer atemberaubenden und kostspieligen Szene, die so wirkt, als hätte man aus ganz Großbritannien jede Pferdekutsche hergeschafft. Der Bahnhof, an dem sie Fahrkarten nach Hilton kaufen, ist die **St. Pancras Station**, Euston Road, NW1. Thompson geht mit Hopkins im **Simpsons-in-the-Strand** essen.
Außerhalb von London studiert Emma Thompsons Bruder am **Magdalen College, Oxford**, wo sie ihm auf der Brücke über den Cherwell zuhört. Das Landhaus, in das sie sich zurückziehen, befindet sich in **Blackpool Sands** und bietet die Aussicht auf den Ärmelkanal nahe Dartmouth, Devon. In Surrey im Süden von **Englefield Green** an der A30 westlich von Egham können Sie die markanten Umrisse des **Royal Holloway and Bedford New College** nicht

übersehen, das als Pflegeheim eingesetzt wurde, in dem Vanessa Redgrave ihr Leben aushaucht. 1887 erbaut, diente es als Frauencollege des Pillenherstellers Thomas Holloway, heute ist es ein Teil der University of London. Ihr kunstvolles Design wurde von dem französischen Chateau de Chambord inspi-

Emma Thompson trifft ihren Bruder: Magdalen College, Oxford

Kauf der Fahrkarten: Schalterhalle der St. Pancras Station

riert. Howards End selbst im fiktiven Dorf Hilton ist in Wahrheit **Peppard Cottage** auf Peppard Common abseits der B481, im Dorf **Rotherfield Peppard** gleich westlich von Henley-on-Thames, Oxfordshire. Nicht annähernd so weit entfernt wie es im Film erscheint – es ist nur ein paar Häuser vom Dorfpub weg gelegen –, gehörte das Cottage einst Lady Ottoline Morrell, die um die Wende zum 20. Jahrhundert Angehörige der Bloomsbury-Gruppe hier unterhielt. Hilton wurde in Worcestershire gedreht, und dort befindet sich auch die „George Tavern", die im Dorf **Upper Arley** westlich der A442 gut zehn Kilometer nordwestlich von Kidderminster gelegen ist. Hilton Station ist Bewdley, einige Kilometer in Richtung Süden an der Severn Valley Railway.

Hopkins' Landhaus, in das alle zurückkehren, um an einem albtraumhaften Hochzeitsempfang teilzunehmen, ist **Brampton Bryan** an der A4113 rund zwanzig Kilometer westlich von Ludlow, Shropshire.

WIEGENLIED FÜR EINE LEICHE

(1964, R: Robert Aldrich)
Bette Davis, Olivia de Havilland, Joseph Cotten
• **LOUISIANA**

Dieser von Problemen geplagte Nachfolger zum äußerst erfolgreichen *Was geschah wirklich mit Baby Jane?* war mit der erneuten Zusammenarbeit von Bette Davis und Joan Crawford gerade komplett besetzt, als Crawfords dauerhaft schlechter Gesundheitszustand die Produktion zum Stillstand brachte. Die Gesellschaft strebte nach Höherem, als man nach einem Ersatz suchte: Es überraschte nicht, dass die Diven Vivien Leigh und Katharine Hepburn die Rolle in diesem Südstaaten-Melodrama beide ablehnten – sie ging schließlich an Olivia de Havilland. Das im griechischen Stil erbaute Haus mit seiner über drei Etagen gehenden Wendeltreppe ist das **Houmas House**, gleich westlich von **Burnside** an der Route 44 zwischen New Orleans und Baton Rouge. Es ist für Besucher geöffnet, die von gut informierten Personen in zeitgenössischen Kostümen durchs Haus geführt werden.

Die Südstaaten-Villa: Houmas House, Burnside, Louisiana

DIE WIKINGER

(1958, R: Richard Fleischer)
Kirk Douglas, Tony Curtis, Janet Leigh
• **NORWEGEN; FRANKREICH**

Douglas und Curtis hieben aufeinander ein, in dieser unterhaltsamen und blutrünstigen nordischen Sage, die in Norwegen nahe **Bergen** gedreht wurde. Die Schlachten zur See wurden im **Hardanger-Fjord** gefilmt. Bei der Burg handelt sich um das aus dem 14. Jahrhundert stammende **Fort Lalatte** an der nördlichen Küste der Bretagne zwischen St. Brieuc und St. Malo.

WILD AT HEART

(1990, R: David Lynch)
Nicolas Cage, Laura Dern, Willem Dafoe
• **TEXAS; KALIFORNIEN**

Vorsätzlich bizarres, krankhaft brutales Road Movie, das sich an *Das zauberhafte Land* orientiert. Gedreht in der Umgebung von **El Paso**, Texas, und **Palmdale**, nördlich von L.A.

Der blutige Mord: Park Plaza Hotel, Downtown L.A.

Das riesige, gewölbeartige Foyer (angeblich in Cape Fear) der Eröffnungsszenen, in denen Cage im Treppenhaus einem Typen den Schädel einschlägt, ist das Foyer des mittlerweile geschlossenen **Park Plaza Hotel, 607 South Park View Street**, Downtown L.A.

THE WILD BUNCH – SIE KANNTEN KEIN GESETZ

(1969, R: Sam Peckinpah)
William Holden, Robert Ryan, Ernest Borgnine
• **MEXIKO**

Peckinpahs Meisterwerk, das aus Dreck und Blut Poesie schuf, wurde in Mexiko gefilmt. Die Stadt Starbuck ist Parras, eine der ältesten Städte im Norden von Mexiko, gut 1000 Kilometer nördlich von Mexico City auf halber Strecke zwischen Saltillo und Torreon an der Route 40. Der allgegenwärtige Staub der mexikanischen Wüste machte es erforderlich, dass ein Kameramechaniker ständig anwesend war, um die Kameras auseinander zu nehmen und zu reinigen. Pike setzt Bucks Elend am **Duranzo Arroyo, Torreon**, ein Ende. Und hier, gleich hinter der Perote Winery, schlagen die Kopfgeldjäger ihr Nachtlager auf. Angels Dorf ist **El Rincon del Motero**. Der alte Mann Sykes wartet in **El Romeral** mit Pferden darauf, dass die Truppe von Starbuck zurückkehrt. Für den Raubüberfall auf den Munitionszug wurde eine zeitgenössische Lokomotive auf einer Strecke südlich von **La Goma** gefilmt. Die Sprengung der Brücke und die Flussüberquerung spielen sich am **Rio Nazas** im Süden von Torreon ab. Das letzte Massaker, das sich angeblich in der Stadt Agua Verde abspielte, wurde elf Tage lang auf der **Hacienda Cienga del Carmen** gefilmt.

WILD WILD WEST

(1999, R: Barry Sonnenfeld)
Will Smith, Kevin Kline, Kenneth Branagh
• **NEW MEXICO; ARIZONA; IDAHO**

Eine echte Enttäuschung von Regisseur Sonnenfeld, die im krassen Gegensatz zu seinem höchst unterhaltsamen *Men in Black* steht. Die spektakuläre Kinofassung der verschrobenen TV-Serie ist reich an Effekten, aber hat denn niemand gemerkt, dass irgendwer das Drehbuch verloren hat? In weiser Voraussicht stieg George Clooney frühzeitig aus, um von Kline ersetzt zu werden. Der größte Teil des Films wurde auf der **Cook Ranch** nahe Galisteo gedreht, rund 30 Kilometer südlich von Santa Fe, New Mexico, die oft für die TV-Serie *Lonesome Dove, Wyatt Earp* und für Lawrence Kasdans *Silverado* zum Einsatz kommt (ein netter Insiderscherz: Die Stadt in *WWW* heißt Silverado, und das Geschäft, das von Kenneth Branaghs riesiger mechanischer Spinne vernichtet wird, trägt den Namen „Kasdan's"). Das Zweite Kamerateam filmte Eisenbahnszenen in **Pierce**, Idaho. Spider Canyon ist eigentlich **Monument Valley**, Arizona, außerdem wurde in bemerkenswerten **Canyon de Chelly** gefilmt (für Details siehe *Mackenna's Gold*)

DER WILDE
(1954, R: Laslo Benedek)
Marlon Brando, Lee Marvin, Jay C. Flippen
• **KALIFORNIEN**

Dies ist der ursprüngliche Böse-Buben-Bikerfilm, der berüchtigt dafür war, verboten zu werden. Wenn Sie Ihre Lederjacke anziehen und auf der Main Street Ihre Runden ziehen wollen, dann wartet eine große Enttäuschung auf sie, denn der Film wurde auf dem Gelände der Columbia-Ranch im San Fernando Valley gefilmt.
Am ehesten nützt Ihnen da die Stadt noch etwas, wo sich die Ereignisse abspielten, die die Vorlage für den Film bildeten: Hollister, östlich von Salinas im Norden Kaliforniens. Hollister liegt an der Interstate 156, keine 15 Kilometer östlich von San Juan Bautista, Standort der alten Mission in *Vertigo – Aus dem Reich der Toten*.

WILDE ERDBEEREN
(1957, R: Ingmar Bergman)
Victor Sjostrom, Ingrid Thulin, Gunnar Bjornstrand
• **SCHWEDEN**

Archetypischer Bergman-Film aus den fünfziger Jahren, in dem der Filmregisseur Sjostrom sich als alter Professor auf eine körperliche und geistige Reise durch eine Reihe von Albträumen begibt. Größtenteils im Studio entstanden, wurde aber ein Teil der Fahrt der „Phantomkutsche" in einer verlassenen alten Stadt gefilmt. Der Professor rezitiert bei einem Essen am **Vatternsee** ein Gedicht und kommt schließlich an die Universität von **Lund** an, nördlich von Malmö an der Südspitze Schwedens.

DIE WILDEN ENGEL
(1966, R: Roger Corman)
Peter Fonda, Nancy Sinatra, Bruce Dern
• **KALIFORNIEN**

Cormans Bikerfilm, der mit echten Hell's Angels besetzt war, erlangte unausweichlich Kultstatus, da er in Großbritannien jahrelang verboten war. Gefilmt wurde rund um L.A.: am **Venice Beach**, bei den Ölfördertürmen von **San Pedro**, auf den Bikerstrecken von **Palm Canyon** in Palm Springs, in **Mecca** in der Wüste südlich der Interstate 10 nahe Salton Sea. Die Kirche, in der die frevleri-

sche Totenwache gehalten wurde (die Szene, die wahrscheinlich für das Verbot verantwortlich war), ist die **Little Country Church, North Argyle Avenue**, Hollywood. Beim Friedhof handelt es sich um den Park in **Idyllwild**, abseits der Route 74 im San Bernardino National Forest südwestlich von Palm Springs.

DER WILDESTE UNTER TAUSEND
(1963, R: Martin Ritt)
Paul Newman, Patricia Neal, Melvyn Douglas
• **TEXAS**

Melodrama auf einer Ranch in Texas mit dem unbekümmerten Sohn Newman und dem ernsten Vater Douglas nach einem Roman von Larry McMurtry, dem Autor von *Die letzte Vorstellung*. Gefilmt wurde in **Claude**, Route 287, rund 30 Kilometer östlich von Amarillo im Norden von Texas.

WILLKOMMEN IM TOLLHAUS
(1995, R: Todd Solondz)
Heather Matarazzo, Brendan Sexton Jr., Matthew Faber
• **NEW JERSEY**

Familiendrama mit Matarazzo, der Traumata der Schulzeit durchlebt. Gefilmt wurde in **West Caldwell**, New Jersey.

WILLKOMMEN, MR. CHANCE
(1979, R: Hal Ashby)
Peter Sellers, Shirley MacLaine, Melvyn Douglas
• **NORTH CAROLINA; LOS ANGELES; WASHINGTON D.C.**

Ein pessimistischer todernster Sellers in der Rolle des naiven Gärtners Chance wird zu einem gefeierten Star, als seine sonderbaren kleinen Gartenpredigten in dieser überlangen Satire für tief schürfende Weisheiten gehalten werden. Das Innere des Washingtoner Hauses, wo Chance mit einem Mal erkennen muss, dass er arbeits- und obdachlos ist, nachdem sein Arbeitgeber verstarb, wurde im **Fenyes Mansion** gefilmt, **470 West Walnut Street, Pasadena**, nordöstlich von L.A. Dieses Haus können Sie besuchen – es ist das Hauptquartier der Pasadena Historical Society.

Nachdem er durch die Straßen von Washington D.C. gezogen ist, findet er sich plötzlich nach einem eher unbedeutenden Unfall als Gast im **Biltmore House** auf dem Biltmore Estate wieder, **Asheville**, im Westen von North Carolina *(für Besucher geöffnet, Website unter www.biltmore.com)*. Das Biltmore House ist ein 255 Zimmer umfassendes Schloss im französischen Renaissance-Stil, das um 1890 für die Vanderbilts gebaut wurde. Entworfen wurde es von Richard Hunt Morris, dessen wohl bekannteste Arbeit auf dem Gebiet die Säulenplatte für die Freiheitsstatue ist. Das Grundstück rund um das

Die Villa in Washington: Fenyes Mansion, West Walnut Street, Pasadena

Schloss wurde von Edward Law Olmos gestaltet, der auch für den New Yorker Central Park verantwortlich zeichnete. Das Haus beherbergt die Vanderbilt-Gemäldesammlung und ist für Besucher geöffnet. Es befindet sich an der Route 25, drei Blocks nördlich der Route 40. Weitere Innenaufnahmen entstanden im **Craven Estate, 430 Madeline Avenue**, westlich des Orange Grove Boulevard, Pasadena (für Details siehe *Staatsfeind Nr. 1*).

Die große Villa: Biltmore House, Asheville, North Carolina

WINCHESTER '73

(1950, R: Anthony Mann)
James Stewart, Shelley Winters, Dan Duryea
• ARIZONA

Dieser klassische Western entstand in **Tucson, Old Tucson** und **Nogales**, Arizona.

THE WIND

(1928, R: Victor Seastrom)
Lillian Gish, Lars Hanson, Montagu Love
• KALIFORNIEN

Die aus der Stadt stammende Gish beginnt ein Leben in der Prärie und ermordet einen potenziellen Vergewaltiger in diesem überwältigenden (und vor kurzem restaurierten) Stummfilmklassiker, der in der Wüste rund um die Stadt **Mojave** an der Route 14 nördlich von L.A. gefilmt wurde.

DER WIND UND DER LÖWE

(1975, R: John Milius)
Sean Connery, Candice Bergen, Brian Keith
• SPANIEN

Im Tanger der Jahrhundertwende werden in John Milius' geschwätzigem Epos, das in Spanien gedreht wurde, Bergen und ihre Kinder vom schottischen Berberbanditen Connery gekidnappt. Die Wüste liegt in **Almeria** im Süden von Spanien. Andere Drehorte waren **Madrid, Sevilla** und **Granada**.

THE WINGS OF THE DOVE

(1997, R: Iain Softley)
Helena Bonham Carter, Linus Roache, Alison Elliott
• LONDON; HERTFORDSHIRE; SURREY; VENEDIG, ITALIEN

Liebe nimmt hinter finanzieller Zweckmäßigkeit in dieser wunderschön gefilmten Version von Henry James' Tragödie den zweiten Platz ein. Helena Bonham Carters Haus in London ist **10 Carlton House Terrace**, oberhalb der Mall in Westminster. Die Party, auf der sie dem zynischen Aristokraten Alex Jennings begegnet, findet in der Great Hall des **Syon House, Brentford** statt (für Details siehe *Accident – Zwischenfall in Oxford*). Jennings' Landschloss, von dessen Dach aus er auf Kaninchen schießt, ist **Knebworth House**, Knebworth (für Details siehe Tim Burtons *Batman*). Bonham Carter trifft ihren Geliebten Linus Roache und die hereingelegte amerikanische Erbin Alison Elliott in der **Serpentine Gallery** im Hyde Park, doch der Park, der die meiste Zeit für London herhalten muss, ist in Wirklichkeit der **Painshill Park, Portsmouth Road, Cobham** (*es wird Eintritt verlangt*), rund 30 Kilometer südwestlich der Hauptstadt in Surrey. Die Zeitungsredaktion, in der Roache über soziale Ungerechtigkeit herzieht, ist die Bibliothek der **Freemason's Hall, Great Queen Street, WC2** (*außer sonntags täglich geöffnet, es werden Führungen veranstaltet*). Bonham Carter kümmert sich um das Grab ihrer Mutter auf dem **Brompton Cemetery, Old Brompton Road, Earls Court**, SW5, der letzten Ruhestätte des Sängers Richard Tauber und der Suffragette Emmeline Pankhurst, die auch in dem bizarren Thriller *Angst vor der Dunkelheit* von 1991 zu sehen war.

Während eines Ausflugs nach Venedig picknicken Bonham Carter, Roache und Elliott auf den Stufen der **Santa Maria della Salute** an der Mündung des Canale Grande, und sie sehen sich den **Piazza San Marco** an. Elliotts venezianischer Palazzo ist der **Palazzo Barbaro** (auch bekannt als Palazzo Leporelli) am Canale Grande an der Ponte dell'Accademia, wo Henry James das Buch schrieb, nach dem dieser Film entstand. Elliott und Linus Roach spazieren auf den winzigen Piazza **Campo Dei SS Apostoli**. Das luxuriöse

Alison Elliott besucht die Basilica San Marco

Elliot und Roache auf der kleinen Piazza: Campo Dei SS Apostoli

Elliots Palazzo: Palazzo Barbaro, Canale Grande

Picknick auf den Kirchenstufen: Santa Maria della Salute

Café, in dem Roache Jennings nachspioniert und erkennt, dass Schwierigkeiten drohen, ist das **Caffe Florian** am Markusplatz, wo Gwyneth Paltrow in *Der talentierte Mr. Ripley* ebenfalls düstere Vorahnungen hat.

EIN WINTERNACHTSTRAUM

(1995, R: Kenneth Branagh)
Michael Maloney, Richard Briers, Joan Collins
• SURREY

Die Kirche, in der die Schauspieler *Hamlet* proben, ist das **St. Peter's Convent, Old Woking**, Surrey.

WISH YOU WERE HERE

(1987, R: David Leland)
Emily Lloyd, Tom Bell, Clare Clifford
• SUSSEX

Diese Geschichte – die in groben Zügen auf dem Leben von Cynthia Payne basiert – über eine streitlustige junge Frau, die in den prüden fünfziger Jahren aufwächst, wurde in **Worthing** und **Bognor** an der Südküste von Sussex gefilmt.

WITHNAIL AND I

(1987, R: Bruce Robinson)
Richard E. Grant, Paul McGann, Richard Griffiths
• LONDON; CUMBRIA; BUCKINGHAMSHIRE

Crow Cragg: Sleddale Hall, Cumbria

Bruce Robinsons in den sechziger Jahren angesiedelte Komödie hat im Lauf der Jahre eine recht große Kult-Fangemeinde auf sich vereinen können. Die Handlung spielt in Camden Town, die meisten Londoner Szenen entstanden in Wirklichkeit aber in Notting Hill. Der Pub Mother Black Cap im Film (vermutlich eine Kombination aus dem Camdener Black Cap und Mother Red Cap – heute das World's End), wo Withnail seine Bestellung aufgibt, ist **Fudrucker's, Lancaster Road**/Ecke St. Mark's Grove, W11. Das Wolfsgehege liegt in Camden, allerdings sind dort heute keine Wölfe mehr zu finden. Es handelt sich um den **Regents Park Zoo** am Eingang

Crow Cragg: Sleddale Hall, Cumbria

Gloucester Gate vom Outer Circle kommend. Crow Cragg, wo sie „versehentlich" Urlaub machen, ist **Sleddale Hall**, ein baufälliges Cottage neben

dem Wet Sleddale Reservoir gleich westlich der A6 in der Nähe von Shap, rund 20 Kilometer südlich von Penrith, Cumbria *(Bahnhof: Penrith)*. Es fährt (mit Einschränkungen) ein Bus von Penrith nach Shap. Knapp

Mother Black Cap: Lancaster Road, Notting Hill

eineinhalb Kilometer südlich von Shap verläuft westlich von Wet Sleddale eine schmale Straße, von der aus man über einen gut drei Kilometer langen Pfad Sleddale Hall erreicht. Obwohl man vom Cottage aus das Wet Sleddale Reservoir überblickt, kann man von dort nicht das spektakuläre Gewässer aus dem Film sehen. Der King Henry Pub ist **The Crown, Stony Stratford**, nahe Milton Keynes, Buckinghamshire *(Bahnhof: Wolverton)*.

... WOHER DER WIND WEHT

(1961, R: Bryan Forbes)
Alan Bates, Hayley Mills, Bernard Lee
• LANCASHIRE

Das Farmhaus: Warsaw End Farm

Bevor das Lloyd-Webber-Musical die Geschichte in die Südstaaten verlegte, hatten die Drehbuchautoren Keith Waterhouse und Willis Hall den Schauplatz der Story über einen im Versteck lebenden Flüchtigen, der für Christus gehalten wird, von den lieblichen Home Counties in den rauen Norden von England verlagert. Der Film wurde in **Downham** abseits der A59 gedreht, gut 15 Kilometer nordwestlich von Burnley, Lancashire. Dort hat sich bis heute nicht viel verändert. Noch immer existiert der Parkplatz, auf dem die Band der Heilsarmee spielte. Bostocks Farm selbst liegt in der Nähe auf **Pendle Hill**. Tatsächlich handelt es sich um die

„Wir drei Könige ...": Pendle Hill

Das Dorf: Downham

Die Scheune: Warsaw End Farm

Das Dorf: Downham

Das Ende: Warsaw End Farm

Worsaw End Farm – sowohl das Farmhaus als auch die Scheune erkennt man sofort wieder (die Innenaufnahmen der Küche waren die einzigen Szenen im Film, die im Studio gedreht wurden). Auch der originale Traktor, der von Bernard Lee gelenkt wurde, steht noch an Ort und Stelle und rostet still vor sich hin. Der gegenwärtige Eigentümer der Farm, der zur Zeit der Dreharbeiten noch ein Kind war, verpasste die Gelegenheit, im Film als einer der „Apostel" mitzuspielen, da er eine akute Blinddarmentzündung bekam. Sogar die Bäume, deren Silhouette auf Pendle Hill zu sehen war, sind noch wiederzuerkennen.

WOLF
(1994, R: Mike Nichols)
Jack Nicholson, Michelle Pfeiffer, James Spader
• NEW YORK CITY; NEW YORK STATE;
  LOS ANGELES

Nicholsons Hotel: Mayflower, Central Park West

Angesichts der beteiligten Talente ist das ein enttäuschender Versuch, den Werwolf-Mythos für das moderne Manhattan aufzubereiten. Es gibt einige bekannte Motive zu sehen: Christopher Plummers Anwesen ist **Old Westbury Gardens, 71 Old Westbury Road, Old Westbury**, Long Island, das wohl besser bekannt sein dürfte als das Townsend-Haus aus Hitchcocks *Der unsichtbare Dritte*. Nicholsons Verlag befindet sich überhaupt nicht in New York, sondern an der Westküste in L.A. Es handelt sich um das **Bradbury Building, 304 South Broadway**/Ecke Third Street, Downtown L.A., das in zahlreichen Filmen zu sehen war, so auch in *Der Blade Runner*. Das vornehme Hotel, in das Nicholson einzieht, steht an der New Yorker West Side. Es ist das **Mayflower Hotel, 15 Central Park West**/Ecke 61st Street.

WOLFEN
(1981, R: Michael Wadleigh)
Albert Finney, Diane Venora, Edward James Olmos
• NEW YORK CITY

Stilisierter und blutiger Öko-Horror vom Regisseur von Woodstock, in dem der Cop Finney einer Rasse von Su-

perwölfen auf der Spur ist, die die Nachfahren von Jägern der amerikanischen Ureinwohner sind und sich von sozial Schwachen im Big Apple ernähren. Die Van de Veers und ihr Chauffeur erwischt es im **Battery Park**. Finney lebt in einem überraschend eleganten Häuserblock auf **Staten Island**, von dort aus fliegt er mit dem Hubschrauber los, um die Todesfälle zu untersuchen. Die Wölfe bevölkern die städtischen Einöden der **South Bronx**.

Das Nobelapartment der Van de Veers befindet sich in der **Chase Manhattan Bank Building, 1 Chase Manhattan Plaza**, in Lower Manhattan. Die sonderbare schwarzweiße Skulptur vor dem Gebäude ist Jean Dubuffets *A Group of Four Trees*. Nach einem Schreck in der South Bronx begeben sich Finney und Venora ins **Chumley's**, eine ehemalige Flüsterkneipe *(Sie müssen schon die Augen aufmachen, ein Schild gibt es nämlich immer noch nicht)*, **86 Bedford Street**, zwischen Grove Street und Barrow Street in Greenwich Village (auch zu sehen in Woody Allens *Sweet and Lowdown*).

Der Wölfe liebende Dr. Ferguson arbeitet im **Central Park Zoo**, Fifth Avenue/Ecke East 64th Street. Finney befragt Edward James Olmos in einer Schwindel erregenden Szene auf dem Bogen der **Manhattan Bridge** hoch über dem East River. Der letzte blutige Angriff der Wölfe, bei dem der Kopf des Polizeichefs fröhlich vom Wagen abprallt, wurde vor der **Federal Hall, 26 Wall Street**/Ecke Nassau Street, inszeniert.

DIE WONDER BOYS
(2000, R: Curtis Hanson)
Michael Douglas, TobeyMaguire,
Frances McDormand
• PITTSBURGH, PENNSYLVANIA

Der einstige Wunderknabe und Autor Douglas kann sich nicht dazu durchringen, seinen Roman fertig zu stellen. Douglas' Zuhause ist im Distrikt Friendship in Pittsburgh. Sein College ist die **Carnegie-Mellon University**, gefilmt wurde in der **Baker Hall** und im **Fine Arts Building**. Das Äußere des Hi-Hat Club findet sich in Pittsburgh im historischen afroamerikanischen Hill District, das Innenleben ist allerdings das **Modern Restaurant Cafe and Bar, 862 Western Avenue**, an der North Side. Weitere Dreharbeiten fanden am **Pittsburgh International Airport** und im Distrikt **Beaver** statt.

WONDERFUL LIFE – KÜSS MICH MIT MUSIK
(1964, R: Sidney J. Furie)
Cliff Richard, The Shadows, Melvyn Hayes
• KANARISCHE INSELN; LONDON

Cliff und die Shadows sind entlassene Unterhalter, die auf einem Kreuzfahrtschiff gearbeitet haben, und jetzt Jobs beim Film bekommen. Hey, das ist ja wie im wahren Leben! Gefilmt wurde auf den Kanarischen Inseln und in den Elstree Studios, und als Zugabe gibt es eine musikalische Nummer auf einem Boot auf der Themse.

WOODSTOCK
(1970, R: Michael Wadleigh)
Jimi Hendrix, The Who, Richie Havens

• NEW YORK STATE

Die gigantische Dokumentation des vier Tage langen Rockfestivals (geschnitten von einem jungen Martin Scorsese) wurde gar nicht in Woodstock gefilmt. Das Konzert war für den ursprünglichen Veranstaltungsort viel zu groß geworden, der sich im Norden von New York an der Route 212 nahe Catskills befand. Es fand schließlich auf Max Yasgurs 15 Hektar großer Farm in **Bethel** statt, gut 80 Kilometer südwestlich der Route 17B.

DER WÜSTENPLANET

(1984, R: David Lynch)
Kyle MacLachlan, Francesca Annis, Brad Dourif
• MEXIKO

Lynchs dritter Film ist ein gewaltiges, verworrenes SF-Epos, das auf Frank Herberts Buchreihe basiert. Trotzdem ist es visuell mitreißend, und die längere Fernsehfassung macht die Handlung verständlicher. Gefilmt wurde in Mexiko in den **Churubuscu Studios**.

DAS WUNDER VON MANHATTAN

(1947, R: George Seaton)
Edmund Gwenn, Maureen O'Hara, Natalie Wood
• NEW YORK CITY

Edmund Gwenn gibt im **Macy's Department Store**, dem größten Kaufhaus der Welt, **Herald Square, Broadway**/Ecke 34th Street, vor, der echte Weihnachtsmann zu sein. Er wird zur Beobachtung ins **Bellevue Hospital Center** geschickt, **First Avenue** zwischen 25th Street und 30th Street an der Lower East Side. Der Weihnachtsmann steht im **New York County Courthouse, 60 Centre Street** im Distrikt Civic Centre vor Gericht.

DAS WUNDER VON MANHATTAN

(1994, R: Les Mayfield)
Richard Attenborough, Elizabeth Perkins, Mara Wilson
• NEW YORK CITY; CHICAGO

Rührseliges Remake einer Geschichte, die schon lange ihr Verfallsdatum überschritten hat. Diesmal wollte Macy's mit der Produktion nichts zu tun haben, also wird aus dem Kaufhaus das fiktive C.F. Cole's. Die Story spielt nach wie vor in New York, aber dort sind die meisten Außenaufnahmen nicht gemacht worden. Im Big Apple wurde nur fünf Tage lang gefilmt. Von ein paar Einführungsaufnahmen abgesehen, wird New York auf die eröffnende Szene der Thanksgiving Day Parade am **Central Park West** zwischen 72nd Street und 78th Street sowie auf Perkins' und Dylan McDermotts nächtlichen Ausflug zum **Wollman Skating Rink** im Central Park beschränkt. Den Hinweis auf den wahren Drehort des Films findet man in der Titelsequenz. So wie die meisten Produktionen von John Hughes entstand auch dieser Film in Chicago. Die Außenansicht des C.F. Cole's zeigt das **Art Institute of Chicago, South Michigan Avenue**/Ecke East Adams Street im Loop. Central Park Zoo, wo der Weihnachtsmann ein Angebot von der Konkurrenz erhält, ist tatsächlich **Lincoln Park Zoo, 2200 North Cannon Drive**/Ecke West Webster Avenue in Lincoln Park, nördlich des Stadtzentrums. Die Kirche

St. Francis, in der sich Perkins und McDermott schließlich auf eine arrangierte Ehe einlassen, ist die **Holy Name Cathedral, 735 North State Street**/Ecke East Chicago Avenue.

DIE WUNDERBARE MACHT

(1954, R: Douglas Sirk)
Jane Wyman, Rock Hudson, Agnes Moorehead
• KALIFORNIEN

Remake des Films von 1935 in Sirks üblichem Technicolor-Hochglanz. Rock Hudson ist verantwortlich für den Tod des Ehemanns von Jane Wyman, und er hat auch Schuld daran, dass sie erblindet ist. Um Wiedergutmachung zu leisten, wird er Chirurg. Gefilmt wurde in **Lake Arrowhead**, einem mondänen Erholungsgebiet in den San Bernardino Mountains, abseits der Interstate 15, östlich von L.A.

X

X-MEN

(2000, R: Bryan Singer)
Patrick Stewart, Ian McKellen, Hugh Jackman
• ONTARIO, KANADA

Obwohl hauptsächlich rund um New York angesiedelt, entstand Singers düstere, intelligente Comicverfilmung fast völlig in Ontario. Die Eröffnungsszene im Konzentrationslager, die in „Polen 1944" spielt, wurde in der alten **Gooderham-Worts Distillery, Mill Street** im Hafengebiet von Toronto gedreht, einem aufgegebenen Komplex, dessen leer stehende Lagerhäuser oft als Behelfsstudios benutzt werden (*Blues Brothers 2000*, *Tödliche Weihnachten*, *Mimic* und *Noch drei Männer, noch ein Baby* gehören zu den zahlreichen Filmen, die hier gedreht wurden). Die finstere Bar im Norden von Alberta, in der Wolverine entdeckt wird, entstand ebenfalls in der alten Destille.

Mitten in Toronto liegt auch das faszinierende Gebäude aus Stahl und Glas, in dem die Senatsanhörung stattfindet.

Dr. Xaviers Anwesen: Parkwood Estate, Oshawa, Toronto

Genutzt wurde dafür die **Metro Hall Council Chamber, St. John Street**, während es sich beim Treffpunkt der Weltführer auf Ellis Island um das **Central Commerce Collegiate, 570 Shaw Street**, westlich der Stadt handelt.

Der Straßenabschnitt, auf dem Wolverines Wagen angegriffen wird, liegt im Osten von Toronto im Naturschutzgebiet **Rouge River Valley Park**. Noch weiter östlich in der Stadt **Oshawa** findet man Mutant High, Dr. Xaviers Schule für hochbegabte Kinder. Die soll in Westchester liegen, ist tatsächlich aber das **Parkwood Estate, 270 Simcoe Street North** (*es wird Eintritt verlangt; Tel. 905 433 4311*). Es wurde

Das KZ: Gooderham-Worts Distillery, Toronto

Der Unterrichtsraum: Casa Loma, Toronto

Cyclops Motorrad: Die Stallungen, Casa Loma, Toronto

Das Innere von Dr. Xaviers Akademie: Casa Loma, Toronto

unter anderem auch in Adam Sandlers Komödie *Billy Madison* und in Shirley MacLaines *Mrs. Winterbourne* eingesetzt. Das Innere der Schule dagegen ist das **Casa Loma, 1 Austin Terrace** in der Spadina Road (*es wird Eintritt verlangt; Tel. 416 923 1171*), ein Gebäude, das im Stil des ausgehenden 19. und beginnenden 20. Jahrhunderts erbaut wurde und von dem man auf das nördliche Toronto blicken kann. Dieses

Die Anhörung des Senats: Metro Hall, St. John Street, Toronto

Bauwerk ist in zahlreichen Filmen zu sehen (zum Beispiel in David Cronenbergs *Die Unzertrennlichen* und in Jean-Claude van Dammes Actionfilm *Maximum Risk*). Hier findet man auch Xaviers Arbeitszimmer, das Konservatorium, in dem die Kinder lernen, ihre Fähigkeiten zu steuern, sowie die alten Stallungen, in denen das Motorrad von Cyclops untergestellt ist.

Magnetos Versteck wurde auf einer Waldlichtung in der **Greenwood Conservation Area** in **Hamilton** errichtet, rund 65 Kilometer südwestlich von Toronto. Die Westchester Railway Station, wo Cerebro Rogue aufspürt und Magneto seine elektromagnetische Kraft einsetzt, um die Polizeiwagen durch die Luft zu wirbeln, ist tatsächlich die **Old Hamilton Train Station** in Hamilton. Dort entstand auch die spektakuläre Schießerei in *Tödliche Weihnachten*. Liberty Island ist in Wahrheit der **Spencer Smith Park** in **Burlington** östlich von Hamilton, während einige der Aufnahmen vom Innenleben der Statue in der **Bridgeman Transformer Station** entstanden.

Y

YANKS – GESTERN WAREN WIR NOCH FREMDE

(1979, R: John Schlesinger)
Vanessa Redgrave, Richard Gere, William Devane
• LANCASHIRE; YORKSHIRE

In Schlesingers Rührstück bringen GIs während des Zweiten Weltkriegs einen Hauch von Romantik – und nicht die geringste Ablehnung – in eine Stadt in Lancashire. Die Tanzszene spielt sich in der **Hyde Town Hall** nahe Manchester ab, ferner wurde in **Stockport** gefilmt. Das Lager der Army liegt ebenso in Yorkshire – **Steeton Ordinance Camp, Steeton**, eine aufgegebene Militäreinrichtung ein paar Kilometer nordwestlich von Keighley – wie der Bahnhof **Keighley** selbst.

YEAH! YEAH! YEAH!

(1964, R: Richard Lester)
The Beatles, Wilfrid Brambell, Victor Spinetti
• LONDON; WEST COUNTRY

Ringo verschwindet:
Turk's Head, Twickenham

Der coole Nachtclub:
Les Ambassadeurs, Hamilton Place

Lester schuf mit diesem hektisch geschnittenen, surrealen Musical den Stil für Popfilme, der sich noch Jahrzehnte halten sollte. Die einleitenden Szenen mit hysterischen Teenies, die in Liverpool spielen sollten, wurden in London in der **Marylebone Station** gefilmt. Die Reise springt zwischen Paddington Station, Minehead, Taunton und Newton Abbot in West Country. Die Szene, in der die Vier neben einem Zug herlaufen, um einen grimmigen Pendler zu ärgern, spielt in **Crowcombe** nördlich von Somerset. Wo die Reise schließlich endet? Natürlich in der Marylebone Station, London.

Die Beatles werden zum Scala Theatre gefahren, das in der **Charlotte Street** unweit der Tottenham Court Road stand. An dieser Stelle befindet sich heute ein Apartmentblock, aber auf der gegenüberliegenden Seite können Sie noch immer die Gasse sehen, aus der die Beatles kamen, um zeitig für das letzte Konzert auf der Bühne zu stehen. Wilfred Brambell in der Rolle von Pauls Großvater entschuldigt sich, um im Nachtclub **Les Ambassadeurs, Hamilton Place**, gleich hinter dem Hilton Hotel (für Details siehe *James Bond – 007 jagt Dr. No*), um Geld zu spielen. Der **Garrison Room** dieses Clubs diente als der Nachtclub, in dem die Gruppe ihre Sechziger-Jahre-Tänze vorführt.

Das Fernsehstudio, in dem die Band den letzten Auftritt probt und absolviert, ist wieder das Scala, aber wenn die Vier über die Feuerleiter die Flucht antreten, handelt es sich um die eiserne Feuerleiter hinter dem Hammersmith Odeon (heute **Labatt's Apollo**), um dann auf dem Hubschrauberlandeplatz des **Gatwick Airport** zu stehen. In diese Szenen wurde zusätzliches Material geschnitten, das auf den **Thornbury Road Playing Fields** südlich der Great West Road, A4 (*U-Bahnstation: Osterley*), gefilmt wurde. Ringo wandert am **Putney Towpath** entlang, dem Südufer der Themse unmittelbar westlich der Kew Bridge. Die Sandwiches kostet er im **Turk's Head, Winchester Road**/Ecke St. Margaret's Grove, St. Margaret's, Twickenham, in unmittelbarer Nähe zum Filmstudio. Die Verfolgungsjagd führt um Notting Hill Gate herum. Die mittlerweile abgerissene St. John's Secondary School, 83 Clarendon Road, diente als Polizeiwache.

YOUNG GUNS

(1988, R: Christopher Cain)
Emilio Estevez, Kiefer Sutherland, Lou Diamond Phillips
• NEW MEXICO

Brat-Pack-Western, der in New Mexico entstand, vorwiegend in und um **Cerrillos**, einer kleinen Stadt an der Interstate 14 zwischen Santa Fe und Albuquerque. Weitere Drehorte waren **Galisteo, Ojo Caliente** und **Rancho de las Golondrinas**. Achten Sie auf einen winzigen Cameo-Auftritt von Tom Cruise als backenbärtigem Schurken.

Z

Z
(1969, R: Costa-Gavras)
Yves Montand, Irene Papas, Jean-Louis Trintignant
• ALGERIEN

Costa-Gavras' politischer Thriller spielt zwar in einem nicht genannten Land, beruht aber auf den Ereignissen in Griechenland zur Zeit der Affäre Lambarkis 1963. Gefilmt wurde in Algerien.

ZABRISKIE POINT
(1970, R: Michelangelo Antonioni)
Rod Taylor, Mark Frechette, Daria Halprin
• KALIFORNIEN; ARIZONA; NEVADA

Nach seinen kühlen, stilisierten italienischen Dramen und seinem Vorstoß ins Swinging London mit *Blowup* wurde Antonioni nach Hollywood gelockt. Die Folge war Verärgerung an allen Fronten, da der Film das Budget maßlos überstieg, von den Studiobossen nicht verstanden wurde und der Regisseur durch seine Arbeitsweise die Hollywood-Crew aus der Fassung brachte. Antonioni holte sich eine italienische Crew, doch auf Grund der Bestimmungen der US-Gewerkschaften musste für einen anwesenden Italiener ein Amerikaner in der gleichen Funktion engagiert werden. Die Leute standen natürlich nur herum, ohne etwas tun zu können. Und der daraus resultierende Film zeigt uns, dass es in Kalifornien viele Werbetafeln, schöne Landschaften, aber unfreundliche Geschäftsleute gibt. Harrison Ford war zwar im Film, sein Part wurde aber herausgeschnitten. In der Gefängnisszene ist er im Hintergrund für einen kurzen Augenblick zu sehen.
Ein Großteil des Films wurde in der Umgebung von L.A. gedreht. Rod Taylors Büro ist das **Mobil Oil Building** an der Ecke Wilshire Boulevard/Flower Street in Downtown L.A., wo für etliche tausend Dollar auf das Dach ein weiteres Stockwerk gebaut wurde. Der grandiose schwarzgoldene Déco-Turm, den man von Taylors Büro aus sehen kann, ist das **Eastern Columbia Building** (für Details siehe *Predator 2*). Taylors geschäftliches Treffen findet in Phoenix, Arizona, statt. Und das berühmte, in Zeitlupe explodierende Haus – gefilmt von siebzehn Kameras – befindet sich ebenfalls in der Nähe von Phoenix. Der Luftverkehr über der Stadt musste während der Dreharbeiten dieser tief schürfenden Szene umgeleitet werden,

Die Wüstenorgie: Zabriskie Point, Death Valley

die uns daran erinnert, dass reiche Amerikaner das Haus voller Konsumgüter haben.
Die wunderschönen Wüstenschauplätze, die der einzige Grund sind, sich diesen hochtrabenden Mischmasch anzutun, finden sich bei **Blythe**, Kalifornien, und **Overton**, Nevada. Am großartigsten von allen sind aber das wunderbare **Death Valley** und **Zabriskie Point** selbst. Der Schwindel erregende Aussichtspunkt, benannt nach einem niederländischen Kaufmann, der in dem Gebiet Borax abbaute, befindet sich am östlichen Rand von Death Valley nahe der Grenze zu Nevada, auf der Route 190 zwischen dem winzigen Städtchen Death Valley Junction (einem der Drehorte für David Lynchs *Lost Highway*) und dem Death Valley Visitor Center. Das atemberaubende Meer aus gelben und grauen Cañons wurde für die surreale Orgie des Films verwendet.

ZARDOZ
(1973, R: John Boorman)
Sean Connery, Charlotte Rampling, John Alderton
• IRLAND

Phantasievolle, wirre, hochtrabende und manchmal langweilige Fantasy-Produktion, entstanden rund um County Wicklow in Irland. Die Brutalen, die eine der gewaltsam geteilten futuristischen Gesellschaften, leben in **Glencree**, einer ehemaligen Besserungsanstalt, die heute das Glencree Centre for Reconciliation ist – eine Organisation in Glencree, Enniskerry, die sich der Aufgabe widmet, in Irland Frieden zu schaffen. Die unsterbliche Elite lebt in **Hollybrook**, heute die Brennanstown Riding School, Kilmacanogue, nahe Bray.

DIE ZAUBERFLÖTE
(1974, R: Ingmar Bergman)
Josef Kostlinger, Irma Urrila, Hakan Hagegard
• SCHWEDEN

Mozarts Operette als Bühnenaufführung mit den Stilmitteln des Kinos gefilmt. Das Theater ist der **Drottingholm-Palast** im königlichen Park vor den Toren von Stockholm, auch wenn sich die Dreharbeiten im Inneren als schwierig erwiesen und das Innenleben im Schwedischen Filminstitut in Rasunda nachgebaut werden musste.

DAS ZAUBERHAFTE LAND
(1939, R: Victor Fleming)
Judy Garland, Frank Morgan, Ray Bolger
• LOS ANGELES

Natürlich gibt es kein reales Motiv, das für Oz hätte herhalten können, aber für Vollständigkeitsliebhaber hier ein paar Studiodetails: Der Klassiker entstand auf den Bühnen der Culver City Studios von MGM, **10202 Washington Boulevard, Culver City** (die Studiogebäude stehen noch immer dort). Der Tornado entstand auf Bühne 14, das Kornfeld und die Apfelbaumplantage auf den Bühnen 15, 25 und 26, Munchkinland war auf Bühne 27 und das

Andenken an die Munchkin-Reunion im Culver Hotel

Mohnfeld befand sich auf der (damals neuen) Bühne 29. Die kleinwüchsigen Leute, die die Munchkins spielten, übernachteten auf der anderen Straßenseite im Culver Hotel, allerdings scheinen ihre legendären Exzesse größtenteils Judy Garlands zweifelhafter Erinnerung zu entspringen. 1997 gab es im Hotel ein Wiedersehen der noch lebenden Munchkins – im Foyer hängt ein Foto davon.

ZAZIE

(1960, R: Louis Malle)
Catherine Demongeot, Philippe Noiret, Vittorio Caprioli
• PARIS

Ein kleines Mädchen sorgt in der Pariser Métro für Chaos. Gefilmt wurde an verschiedenen Wahrzeichen der Stadt, unter anderem am **Gare de l'Est** und am **Eiffelturm**.

ZEHN – DIE TRAUMFRAU

(1979, R: Blake Edwards)
Dudley Moore, Julie Andrews, Bo Derek
• LOS ANGELES; HAWAII; MEXIKO

Moores erster Blick auf Bo Derek:
All Saints Episcopal Church, Beverly Hills

Krude Sexfarce, die Moore kurzzeitig zu einem kleinen Sexsymbol und aus Ravels *Bolero* den Soundtrack zum Sex machte. Der lüsterne Moore erspäht die dralle Derek in der **All Saints Episcopal Church, 504 Camden Drive**/Ecke Santa Monica Boulevard in Beverly Hills. Gefilmt wurde auch im **Pasadena Civic Auditorium, 300 East Green Street**, Pasadena (auch zu sehen als Konzerthalle in Bette Midlers *Divine Madness*). Die mexikanischen Szenen entstanden in Puerto Las Hadas an der Bucht von Manzanillo, Mexiko *(Tel. 52 333 400 00)*. Die Strandszenen zeigen den nahe gelegenen **Playa Audiencia**.

ZEHN DINGE, DIE ICH AN DIR HASSE

(1999, R: Gil Junger)
Heath Ledger, Julia Stiles, Joseph Gordon-Levitt
• WASHINGTON STATE

Intelligente High-School-Variation von Shakespeares *Der Widerspenstigen Zähmung*. Padua High ist die **Stadium High School, 111 North E Street, Tacoma** in Washington State. Das beeindruckende Gebäude, von dem aus man die Commencement Bay überblickt, wurde um die Jahrhundertwende als Luxushotel erbaut. Benannt ist die Schule nach dem riesigen Sportstadion, sie steht in einer Schlucht, die als Old Woman's Gulch bekannt ist und

nach den Witwen örtlicher Fischer benannt wurde, die dort früher in kleinen Hütten hausten. Das Theater ist das **Paramount Theatre, 901 Pine Street**/Ecke Ninth Avenue, Downtown Seattle.

DIE ZEHN GEBOTE

(1923, R: Cecil B. DeMille)
Theodore Roberts, Richard Dix, Charles de Roche
• KALIFORNIEN

DeMilles früher Stummfilm über die biblische Geschichte von Moses und die Israeliten ist auf sonderbare Weise zugleich eine moderne Moralfabel. Der Plan, in Ägypten zu filmen, wurde von Produzent Adolph Zukor als zu kostspielig verworfen, darum entstanden die gewaltigen Sets schließlich in den **Nipomo Sand Dunes**, die sich von Point Sal bis Pismo Beach nördlich von L.A. in der Umgebung von Guadalupe erstrecken. Die gewaltigen Sandberge, die bis zu 150 Meter hoch sind, werden von einem Geflecht aus diversen Pflanzen und Gräsern zusammengehalten. Die Stadt Per Rameses, deren großer Boulevard von Sphinxen und Pharaonen gesäumt war, wurde anschließend unter den Sandmassen begraben und wird heute als echtes archäologisches Relikt freigelegt.

Die Israeliten wurden von 250 ägyptischen Streitwagen über das berühmte **Muroc Dry Lake Bed** in der Mojave-Wüste gejagt. Nach der Teilung des Roten Meeres wandern die Israeliten über den **Balboa Beach** zwischen Newport Beach und Laguna Beach, südlich von L.A. Der Wagenlenker des Pharaos wird von der Feuersäule bei **Anaheim Landing** gestoppt.

In den modernen Sequenzen sieht man die **Cathedral of St. Peter and St. Paul, 666 Filbert Street** in San Francisco, an der zu der Zeit noch gebaut wurde (für Details siehe *Dirty Harry*). Die mutige Leatrice Joy ließ sich 60 Meter im Lastenaufzug nach oben fahren, um sich von der Menge unter ihr bejubeln zu lassen.

DIE ZEHN GEBOTE

(1956, R: Cecil B. DeMille)
Charlton Heston, Anne Baxter, Yul Brynner
• LOS ANGELES; ÄGYPTEN

Nach über 30 Jahren kehrte DeMille zu diesem Thema zurück, ließ die modernen Moralvorstellungen außen vor und produzierte den Gipfel des Hollywood'schen Megakitsches, der zwischen Herzzerreißen und schallendem Gelächter schwankt. Das Epos wurde zum größten Teil auf dem Paramount-Gelände in Hollywood gedreht, allerdings gab es diesmal auch einige echt ägyptische Motive.

Zunächst einmal die Frage, wo sich der Berg Sinai befindet? Auf keiner Landkarte. Es gibt aber das Sinai-Massiv, eine Berggruppe, von denen **Jebel Musa** – der Berg Mose – der aussichtsreichste Kandidat ist. Und genau dorthin be-

Das Kloster St. Catharine's: Basislager des ägyptischen Motivs

gab sich C.B. mit seiner Crew im Oktober 1954. Die Crew wurde im Katharinen-Kloster am Fuß der Gebirgsgruppe einquartiert. Es wurden Szenen für den brennenden Busch gedreht, während der Busch selbst mit lächerlichen Cartoon-Flammen im Studio gefilmt wurde. Pharao Cedric Hardwicks Treasure City wurde in **Beni Youssef** nahe Cairo errichtet, wo auch die Szene mit dem Massenexodus entstand. 10.000 Araber wurden rekrutiert, um die Kinder Israels zu spielen, außerdem holte man 15.000 Kamele, Wasserbüffel, Schafe, Pferde, Ochsen, Ziegen, Enten, Gänse, Tauben, Hunde, Esel und Rinder dazu.

Yul Brynner drehte auch einige Szenen vor Ort – die Verfolgung der Kinder Israels ins Rote Meer. Das galt aber nicht für die Verbannung von Moses in die Wildnis, bei der Chuck Heston unübersehbar allein in Israel stand, während Yul Brynner sich unübersehbar im Studio befand.

Daniel Day-Lewis und Winona Ryder in der weißen Voliere: Enid A Haupt Conservatory, Bronx Park

ZEIT DER UNSCHULD

(1993, R: Martin Scorsese)
Daniel Day-Lewis, Michelle Pfeiffer, Winona Ryder
• NEW YORK STATE; PENNSYLVANIA; PARIS

Das Opernhaus: Philadelphia Academy of Music, South Broad Street

Das Haus der Beauforts: National Arts Club, Gramercy Park South

Scorseses ausschweifender Film nach dem Roman von Edith Wharton bedient sich einer Reihe von zeitgenössischen Motiven in New York State, um die Illusion von Manhattan um 1870 und damit ohne Hochhäuser zu erzeugen, Gildehäuser, Yachtclubs, Kiesgruben und Privathäuser eingeschlossen, auch wenn die New York Academy of Music, in der Daniel Day-Lewis während einer Aufführung von Faust zum ersten Mal ein Auge auf Michelle Pfeiffer wirft, tatsächlich in Philadelphia gefilmt wurde. Das beeindruckende Opernhaus ist die **Philadelphia Academy of Music, South Broad Street** und **Locust Street**, *(Tel. 215 893 1930)*, die Heimat des Philadelphia Orchestra. Mit seinem opulenten Inneren ist das Gebäude die ideale Kulisse. Es datiert von 1857 und ist der Mailänder Scala nachempfunden.

Wieder in New York, sind wir im Haus der Beauforts, in das sich alle für den Ball nach der Oper begeben. Es steht mitten im Zentrum von Manhattan und ist der **National Arts Club, 15 Gramercy Park South**/Ecke Irving Place im Distrikt Gramercy (U-Bahnhaltestelle: 23rd Street oder 14th Street und Union Square, Linien 4, 5 & 6). Das viktorianische Gebäude, das früher als Tilden House bekannt war, gehörte Samuel J. Tilden, dem Gouverneur der Stadt, der den Sturz des korrupten „Boss" Tweed in die Wege leitete, der das New York County Courthouse erbaut hatte. 1874 wurde das Haus vom Co-Designer des Central Parks, Calvert Vaux, umgestaltet. Die zeitgenössische Verkleidung, die es für den Film erhielt, gefiel den Mitgliedern so gut, dass sie sie am Gebäude beließen. Wenn Sie Glück haben, können Sie einen Blick ins Innere werfen, da es im Club von Zeit zu Zeit Ausstellungen zu besichtigen gibt *(Tel. 212 477 2389)*. Mehr von diesem Haus (auch von außen) gibt es in Woody Allens *Manhattan Murder Mystery* zu sehen. Gefilmt wurde auch in den **Old Westbury Gardens** auf Long Island (für Details siehe *Der unsichtbare Dritte*).

Die Stadt **Troy** am Ostufer des Hudson River gegenüber von Albany nördlich von New York hielt für das New York des 19. Jahrhunderts her. Einst war die Stadt eine blühendes Geschäftszentrum, das sich mit Manhattan messen konnte, doch es gelang nicht, den gleichen Erfolg zu verbuchen, womit – zur Freude der Filmemacher – die Bebauung mit Hochhäusern ausblieb. Die Außenaufnahmen in der 23rd Street wurden hier gefilmt, während die **River Street** in Downtown Troy für die Wall Street um die Zeit der Jahrhundertwende einsprang. Mrs. Mingotts von Hunden überlaufener Salon in „einer Wildnis nahe Central Park" ist das **Phi Kappa Phi Fraternity House, 49 Second Street**, des Rensselaer Polytechnic Institute von Troy (Troy liegt in Rensselaer County).

Das Haus der Eltern von Daniel Day-Lewis ist das **Federal Gale House, First Street**, ein Studentenheim eines der drei anderen Colleges in Troy, das Russell Sage College. Die Anwaltskanzlei ist im **Rice Building** an der First Street und River Street. **Washington Park** doubelt den Manhattaner Gramercy Park. Troy verfügt über ein Informationszentrum für Besucher, das Sie in der 251 River Street finden *(Tel. 518 270 8667)*. Der Abschnitt der River Street südlich dieses Zentrums wurde für den Film zeitgenössisch ausstaffiert. Obwohl die meisten Geschäfte leer stehen, hat man diese Dekors nicht entfernt.

Gegenüber in der Bronx finden Sie die zarte weiße Voliere, in die sich Day-Lewis mit Winona Ryder begibt. Das **Enid A. Haupt Conservatory of Bronx's Botanical Gardens, 200th Street**/Ecke Bronx Boulevard im Bronx Park *(Tel. 718 220 8700, es wird Eintritt verlangt)* könnte Ihnen bekannt vorkommen, da sein Design auf dem Great Palm House der Londoner Kew Gardens basiert. Andere US-Motive im Gebiet New York sind der Bostoner Park, in dem Day-Lewis auf Pfeiffer trifft (in Brooklyn) und der Garten in Florida, wo er versucht, den Heiratsplänen Einhalt zu gebieten (tatsächlich Long

Island). Die Szenen in Europa wurden in Paris gedreht, unter anderem auch im **Louvre**.

ZEIT DER ZÄRTLICHKEIT
(1983, R: James L. Brooks)
Shirley MacLaine, Debra Winger, Jack Nicholson
• **TEXAS; NEBRASKA**

MacLaine und Nicholson treffen sich zum Essen: Brennan's, Smith Street, Houston

Shirley MacLaines Haus: Avalon, Houston

Oscar-überfrachteter und gut gespielter, aber kitschiger Schmachtfetzen, der in Houston, Texas spielt (wo könnte man sonst auch schon Tür an Tür mit einem Astronauten wohnen?).
In Houston lebt Jack Nicholson in der **3068 Locke Lane** im schicken Bezirk Avalon. Dieses Haus ist zwar komplett renoviert worden, aber gleich nebenan können Sie auf Anhieb das Haus von Shirley MacLaine erkennen. Das Paar trifft sich zum Lunch in **Brennan's Restaurant, 3300 Smith Street**, Downtown Houston *(Tel. 713 522 9711)*, ursprünglich ein Ableger des berühmten Lokals in New Orleans, das aber mittlerweile völlig eigenständig ist. Nicholson und MacLaine fahren nach **East Beach, Galveston**. Weitere Dreharbeiten fanden in **River Oaks**, dem Nobelviertel nordwestlich von Houston statt.
Debra Winger und Jeff Daniels ziehen nach Lincoln, Nebraska, wo sie in der **847 14th Street** wohnen. Winger trifft John Lithgow in **Leon's Food Mart, North 32nd Street**/Ecke South Street, Lincoln, und stellt Daniels an der **University of Nebraska, 14th Street**/Ecke R Street zur Rede. Winger haucht ihr Leben im **Lincoln General Hospital** tränenreich aus, **Van Dorn Street**, während MacLaine und Nicholson sich am **Lincoln Municipal Airport, 2400 West Adams**, endlich ihre Liebe gestehen.

ZEIT DES ERWACHENS
(1990, R: Penny Marshall)
Robin Williams, Robert De Niro, Max von Sydow
• **NEW YORK CITY**

Ein ungewöhnlich verhaltener Robin Williams spielt Dr. Malcolm Sayer, eine Figur auf der Basis von Oliver Sacks, des introvertierten Psychiaters, der fast-komatöse Patienten mit dem Medikament L-Dopa erwachen ließ, die dann heftigst auf die Nebenwirkungen reagierten und wieder in den Zustand des Dahinvegetierens verfielen. Angesiedelt ist die Handlung fast völlig in Brooklyn, wo der Film in den dreißiger Jahren eröffnet, als der junge Leonard (der als Erwachsener von Robert De Niro gespielt wird) seinen Namen in die Bank am Fuß der **Manhattan Bridge** ritzt. Wir springen ins Jahr 1969, und Dr. Sayer kommt ins (fiktive)

Bainbridge Hospital, wo Leonard und die anderen Patienten untergebracht sind. Bainbridge ist in Wirklichkeit das **Kingsboro Psychiatric Center, 681 Clarkson Avenue** abseits der Utica Avenue in Brooklyn, das vom Produktionsdesigner Anton Furst auf die sechziger Jahre getrimmt wurde. Sayers Zuhause ist auf **City Island** in der Bronx, nur wenige Schritte entfernt von Oliver Sacks' echtem Zuhause. Das Haus von Leonards Mutter findet sich dagegen im Brooklyner Nobelbezirk **Park Slope**. Auch Leonards Grundschule ist dort zu Hause.
Der botanische Garten, in dem sich Dr. Sayer entspannt, ist das **Enid A. Haupt Conservatory** im **New York Botanical Garden, 200th Street**/Ecke Southern Boulevard im Bronx Park, Bronx (für Details siehe Martin Scorseses *Zeit der Unschuld*). Der Tanzsaal, wo die aus ihrem fast-komatösen Zustand erweckten Senioren herausfinden, dass die Prohibition vorüber ist, ist **Casa Galicia, 3922 30th Street, Long Island City** in Queens *(Tel. 718 472 1002)*.

DIE ZEIT MIT MONIKA
(1952, R: Ingmar Bergman)
Harriet Andersson, Lars Ekborg, John Harryson
• **SCHWEDEN**

Ein früher Bergman-Film über eine zum Scheitern verurteilte Sommerromanze, gefilmt auf **Orno**, einer großen Insel südlich von Stockholm.

DIE ZEIT NACH MITTERNACHT
(1985, R: Martin Scorsese)
Griffin Dunne, Rosanna Arquette, Verna Bloom
• **NEW YORK CITY**

Rosanna Arquette kippt um: Howard Street, SoHo

Griffin Dunne findet einen Unterschlupf: Moondance Diner, Sixth Avenue

Der Manhattaner Distrikt SoHo ist Schauplatz für den besten Film aus dem Genre „Yuppie-Albtraum" der achtziger Jahre. Textverarbeiter Griffin Dunne begibt sich in diese teure, wenn auch heruntergekommene Enklave und trifft dort auf die dümmliche Rosanna Arquette. Wenn Sie ihm wirklich folgen wollen, nehmen Sie die U-Bahn bis zur **Spring Street**, der Station, wo der fast mittellose Dunne es nicht schafft, sich den Weg zum Bahnsteig frei zu schwatzen, nachdem plötzlich die Fahrpreise erhöht worden sind. **28 Howard Street**/Ecke Crosby Street ist der geräumige Dachboden der miesepetrigen Bildhauerin Kiki Bridges, wo Arquette plötzlich stirbt. Einige Blocks weiter westlich können Sie im wunderbar stilvollen Edelstahldiner Hamburger essen, in das Dunne

Dunnes Arbeitsplatz: Metropolitan Life Tower, Madison Avenue

Terminal Bar: Emerald Pub, Spring Street, SoHo

im Verlauf einer zunehmend chaotischer werdenden Nacht zurückkehrt. Es ist das **Moondance Diner, 80 Sixth Avenue**/Ecke Grand Street in SoHo. Es ist noch ein richtig schönes altes Diner mit einem sehr guten Preis-Leistungs-Verhältnis. Noch weiter westlich befindet sich die Terminal Bar, wo John Heard Bier zapft und sich Dunne mit einem Rudel Lederqueens die Zeit vertreibt. Wenn Sie hier ein Bier trinken wollen, dann bekommen Sie ein irisches vorgesetzt: im **Emerald Pub, 308 Spring Street/** Ecke Renwick Street. Auf der anderen Straßenseite in Hausnummer **307** können Sie das Apartment der „Miss Beehive 1965" sehen, der unzufriedenen Bardame Teri Garr. Heards Wohnung, in der Dunnes Probleme eskalieren, nachdem er irrtümlich für einen Einbrecher gehalten wird, befand sich weiter die Straße entlang an der Ecke Greene Street/128 Spring Street. Die Fläche ist neu bebaut worden. Die kunstvoll gefertigten Eisentore von Dunnes Arbeitsstelle, vor denen er schließlich gefeuert wird, gehören dem **Metropolitan Life Tower, Madison Avenue** zwischen 23rd Street und 24th Street am Madison Square Park.

ZELIG

(1983, R: Woody Allen)
Woody Allen, Mia Farrow, Garrett Brown
• **NEW JERSEY; NEW YORK STATE**

Fiktive Dokumentation über Leonard Zelig, einen von Allen erfundenen Medienstar mit der chamäleonartigen Fähigkeit, seine Persönlichkeit an seine Umgebung anzupassen. Gefilmt wurde in der Umgebung von New Jersey, in **Englewood, Alpine, Paramus, Weehawken, Saddle River, Jersey City** und **Union City**. Weitere Dreharbeiten erfolgten auf der **Old Promenade, Long Beach**, Nassau County, Long Island.

DER ZERRISSENE VORHANG

(1966, R: Alfred Hitchcock)
Paul Newman, Julie Andrews, Lila Kedrova
• **KALIFORNIEN; DEUTSCHLAND**

Dieser zweitklassige Hitchcock ist fehlbesetzt, wartet aber mit einigen großartigen Szenen auf. Paul Newman, dessen Schauspielmethode den Erwartungen von Hitch genau entgegenlief, gibt sich als Überläufer aus, um einen MacGuffin durch den Eisernen Vorhang zu schleusen. Seine Freundin Andrews lässt seinen Plan fast scheitern, als sie ihm folgt. Die Geschichte entstand aus der Burgess-Maclean-Spionageepisode (kurz vor seinem Tod arbeitete Hitchcock noch an einem Treatment dazu), die sich aus der Sicht der Ehefrau mit politischem und sexuellem Betrug befasste.

Als Universal das Homosexuellen-Element aus der Story gestrichen und Hitchcock zwei ungeeignete Hauptdarsteller aufs Auge gedrückt hatte, geriet das Projekt in einen qualitativen Sturzflug. Der Film markierte auch den endgültigen Bruch zwischen dem Regisseur und dem brillanten, aber temperamentvollen Komponisten Bernard Herrmann. 1966 hielt das Studio ihn für „zu altmodisch". Er schrieb danach die Musik für Brian De Palmas *Sonnenküste der Liebe*, für Martin Scorseses *Taxi Driver*, und als *Kap der Angst* und *Psycho* neu verfilmt wurden, behielten sie beide Herrmanns Originalmusik.

Der Film entstand zum größten Teil auf dem Universal-Gelände und auf dem Campus der **University of Southern California**, im Gebiet des Exposition Parks südlich von Downtown. Die entlegene Farm, wo der ostdeutsche Agent quälend langsam getötet wird, befand sich in Camarillo an der Route 101 zwischen L.A. und Ventura. Der Flughafen liegt im San Fernando Valley. Der Hafen ist **Long Beach** im Süden von L.A. Überraschenderweise gibt es ein paar Aufnahmen aus dem echten **Ost-Berlin**, die vom Zweiten Drehteam erledigt wurden, das vorgab, einen Reisebericht zu filmen. Als Newman das Hotel und den gelben Bus sieht, befindet er sich wirklich in Ost-Berlin. Der Bus, in den er dann einsteigt, ist allerdings ein Duplikat bei Universal. Die Verfolgungsjagd im Museum wurde mit Matte-Aufnahmen bewerkstelligt.

ZEUGE EINER VERSCHWÖRUNG

(1974, R: Alan J. Pakula)
Warren Beatty, Paula Prentiss, Hume Cronyn
• **LOS ANGELES; WASHINGTON STATE**

Das Attentat: Space Needle, Seattle

Brillanter Verschwörungsthriller mit Anleihen an das Attentat auf Kennedy und der mittlere Teil von Pakulas großartiger Paranoia-Trilogie zwischen *Klute* und *Die Unbestechlichen*. Das einleitende politische Attentat spielt sich in der **Space Needle, 203 Sixth Avenue North** ab, dem Wahrzeichen von Seattle, das 1962 für die Weltausstellung gebaut wurde. Sie ist für Besucher geöffnet und gegen ein Eintrittsgeld können Sie sich auf das 157 Meter hohe Aussichtsdeck bringen lassen. Der Kinderzug, an dem sich Beatty mit Kenneth Mars trifft, ist der **Woodland Park Zoo, 5500 Phinney Avenue North**, Seattle. Der Damm beim fiktiven Salmontail, an dem Beatty fast ertrinkt, ist der **Lake Chelan Dam, Chelan**, an der Route 97 in Washington State. Das letzte Attentat wurde im **Los Angeles Convention Center**, Figueroa Street, Downtown L.A. gefilmt – in einem Gebäude, das seitdem erheblich erweitert und modernisiert wurde.

ZIGEUNERBLUT

(1947, R: Bernard Knowles)
Margaret Lockwood, Dennis Price, Patricia Roc
• **HERTFORDSHIRE**

Farbenfrohes Gainsborough-Melodrama über die Zigeunerin und Dienerin, die sich in ihren Herrn verliebt. Dazu

Das Dorf: Aldbury

Die Villa: Moor Park Golf Club, Batchworth Heath

die unvergleichliche Esma Cannon, die im Zeugenstand in Ohnmacht fällt. Das Dörfchen ist **Aldbury** abseits der A41, gut zehn Kilometer nördlich von Hemel Hempstead (für Details siehe *Das dreckige Dutzend*). Das großzügig angelegte Haus ist der **Moor Park Golf Club, Anson Walk** in Batchworth Heath an der A404 im Norden von Northwood.

ZIMMER MIT AUSSICHT

(1986, R: James Ivory)
Maggie Smith, Helena Bonham Carter, Julian Sands
• **FLORENZ, ITALIEN; KENT; LONDON**

Das Hotel in Florenz: Pensione Quisisana e Ponte Vecchio

Perfektes Drama des Teams Merchant/Ivory nach dem Roman von E.M. Forster, gesegnet mit einer wundervoll kitschigen Sensibilität – man betrachte nur die eingestreuten Zwischentitel – und einem ganzen Schwarm unbezahlbarer Cameo-Auftritte.

Die Pensione Bertolini in Florenz, in der Bonham Carter in einem Zimmer ohne Aussicht zu sich selbst findet, befindet sich tatsächlich in Florenz. Es ist das **Quisisana e Ponte Vecchio Hotel, Lungarno Arnobusieri 4** am Arno. Die Schriftstellerin Judi Dench schleppt Maggie Smith mit, damit sie das wahre Florenz ansehen kann. Den Anfang machen sie an der Statue des Großherzogs Ferdinand auf der **Piazza Santissima Annunziata,** während sich Bonham Carter allein auf die Sightseeing-Tour macht. Sie wird von Einwohnern am Monument für Dante in der **Kirche von Santa Croce** belästigt, Piazza Santa Croce 16 (anders als Michelangelo, Galileo, Machiavelli und Rossini, die alle in Santa Croce beerdigt sind, gibt es für Dante Alighieri nur ein Monument – er wurde ins Exil nach Ravenna geschickt, wo er auch starb). Die blutige Messerstecherei wurde auf der **Piazza della Signorina** gefilmt – dem Schauplatz des „Fegefeuers der Eitelkeiten", als 1497 Anhänger des religiösen Fanatikers Savonarola all ihren weltlichen Besitz verbrannten. Die Idee sprach sich rum, und später verbrannten sie auch Savonarola. Es gibt hier eine erlesene Auswahl an florentinischen Statuen zu sehen, darunter Cellinis „Perseus mit dem Kopf der Medusa" und eine Kopie von Michelangelos „David". Der riesige Brunnen, vor dem die Menge versucht, das Opfer der Messerstecherei wieder zu beleben, ist Bartolommeo

Ammannatis 1565 entstandener **Neptunbrunnen**. Als nicht so erfolgreich wie seine Nachbarn eingestuft, kennt man ihn heute als Il Biancone – was so viel heißt wie „Großer weißer Klumpen". Die Fahrt zum Picknick wurde auf der Straße von Florenz nach Fiesde gefilmt, das Picknick selbst fand an der **Villa di Maiano** an einem Hügel nahe **Maiano** statt.

In England ist Windy Corner, das Zuhause der Familie Honeychurch in Sum-

Der Kampf: Piazza della Signorina, Florenz

Windy Corner: Foxwald, Brasted Chart

Das Dorf: Chiddingstone, Kent

merstreet, ein Privatgebäude (das des Filmkritikers John Pym), **Foxwold, Pipers Lane, Brasted Chart** südlich von Brasted, westlich von Sevenoaks im Westen von Kent – von der Straße aus ist es nicht zu sehen. Der See, in dem Julian Sands, Rupert Graves und Simon Callow nackt baden, wurde auf diesem Grundstück angelegt. Lucys Verlobungsparty wurde auf dem Gründstück von **Emmett's Garden** gefilmt, Eigentum des National Trust nördlich von Ide Hill abseits der New Road einige Kilometer nördlich von Brasted entfernt. Der zwei Hektar große Garten, der früher einmal einen dichten Baumbestand aufwies und im Frühling mit Sternhyazinthen übersät war, litt schwer unter dem Hurrikan von 1987 und kehrt nur langsam in seinen ursprünglichen Zustand zurück. Geöffnet ist er von April bis Oktober. Der Bahnhof ist **Horsted Keynes Station**, die nördliche Endhaltestelle der berühmten Bluebell Line, einige Kilometer nördlich von Haywards Heath in Sussex.

Daniel Day-Lewis' Zuhause ist das **Linley-Sambourne House, 18 Stafford Terrace**, London W8. Gebaut wurde es um 1870 für den Punch-Cartoonisten Edward Linley-Sambourne. Heute wird dieses in Bestzustand erhalten gebliebene viktorianische Haus von der Victorian Society verwaltet und ist für Besucher von März bis Oktober jeden Mittwoch und Sonntag geöffnet. Sie finden es gleich nördlich von High Street Kensington *(Tel. 020.8994.1019; U-Bahnstation: High Street Kensington)*, und zu sehen ist es auch als Hugh Grants Londoner Wohnung in *Maurice*. Day-Lewis lädt die Emersons nach Summerstreet in die **National Gallery** ein.

Das Dorf Summerstreet ist in der Realität **Chiddingstone**, eine Straße voller Häuser im Tudor-Stil abseits der Strecke von Edenbridge nach Tonbridge, B2027, in Bough Beech rund 16 Kilometer von Sevenoaks, Tonbridge oder Tunbridge Wells in Kent und rund acht Kilometer von Emmett's entfernt. Hier können Sie die Kirche von Reverend Beebe sehen, **St. Mary's**. Das Wohnzimmer, in dem Mr. Emerson Lucy davon überzeugt, die Wahrheit zu sagen, ist ein Zimmer in der Pfarrei von St. Mary's. Das Haus der Emersons' ist **Chiddingstone Village Hall**. Das Londoner Zuhause der beiden Miss Alans ist in der **167 Queensgate**, South Kensington, SW7. Zur Zeit der Dreharbeiten residierte dort der sowjetische Repräsentant von Estland, heute ist er in Privatbesitz.

DIE ZITADELLE
(1938, R: King Vidor)
Robert Donat, Rosalind Russell, Ralph Richardson
• **SOUTH WALES**

Donat ist ein idealistischer junger Arzt in einer Bergbaustadt, der in diesem Film nach dem Roman von A.J. Cronin vom bequemen Leben in London in Versuchung geführt wird. Die Dorfszenen entstanden in **Abertillery**, nördlich von Pontypool, Gwent, South Wales.

ZOFF IN BEVERLY HILLS
(1986, R: Paul Mazursky)
Bette Midler, Nick Nolte, Richard Dreyfuss
• **LOS ANGELES**

Das schicke Haus von Midler und Dreyfuss: North Bedford Drive, Beverly Hills

Das Remake von Jean Renoirs *Boudu – Aus den Wassern gerettet* von 1932, mit Nolte als Penner, der sich im schicken Pool von Midler und Dreyfuss ertränken will, schließlich aber von der Familie aufgenommen wird. Nolte sucht im **Rodeo Collection**, einer edlen Shopping-Mall am Rodeo Drive, nach seinem Hund. Das Haus von Midler und Dreyfuss steht tatsächlich in Beverly Hills (es ist so teuer, hier Dreharbeiten durchzuführen, dass man üblicherweise nach Pasadena ausweicht) in der **802 North Bedford Drive** am Sunset Boulevard.

ZOMBIE
(1978, R: George A. Romero)
David Emge, Ken Foree, Scott Reiniger
• **PENNSYLVANIA**

Zweiter Film von Romeros Zombie-Trilogie lässt die Halbverwesten über eine Shopping Mall herfallen – als Satire auf konsumorientiertes Denken. Die Mall ist die riesige, 143 Geschäfte umfassende **Oxford Developments Mall, Monroeville**, 50 Kilometer südöstlich von Pittsburgh, Pennsylvania, an der Interstate I-76. Überraschenderweise waren 130 der Geschäfte mit den Dreharbeiten einverstanden. Eine Bank stellte sogar 20.000 Dollar in kleinen Scheinen für die Szene zur Verfügung, in der das Geld durch die Luft wirbelt (eventuelle Verluste waren durch einen Scheck gedeckt). Das Versteck auf dem Dach

befand sich nicht auf der Mall, sondern auf einem leer stehenden Lagergebäude in Downtown Pittsburgh.

ZOMBIE 2 – DAS LETZTE KAPITEL
(1985, R: George A. Romero)
G. Howard Klar, Ralph Marrero, John Amplas
• **PENNSYLVANIA; FLORIDA**

Im dritten Teil von Romeros Zombie-Trilogie sind die Untoten deutlich in der Überzahl, während sich die Lebenden in einem Bunker verstecken. Gedreht wurde zum größten Teil in einer Kalksteinmine in **Wampum**, gut 55 Kilometer nordwestlich von Pittsburgh in Richtung New Castle, Pennsylvania. Der riesige Aufzug, der in den Bunker hinabfährt, war die Nike-Raketenbasis vor den Toren von Pittsburgh, während der Eingang (die Aufzugplattform) auf einem Feld auf **Sanibel Island** errichtet wurde, gelegen vor der Westküste von Florida, nahe Fort Myers. Sanibel Island stellte auch den Strand für die Schlussszene des Films, in der den Helden die Flucht gelingt. Die Stadt der Toten, die für die Dreharbeiten angemessen verfallen hergerichtet wurde, ist **Fort Myers**.

DAS ZUCHTHAUS DER VERLORENEN MÄDCHEN
(1974, R: Jonathan Demme)
Juanita Brown, Erica Gavin, Barbara Steele
• **LOS ANGELES**

Jonathan Demmes erster Kinofilm war ein „Frauen im Gefängnis"-Melodrama, das er für den Exploitation-König Roger Corman drehte. Gefilmt wurde im alten **Lincoln Heights Jail, 421 North Avenue 19, Lincoln Heights**, L.A.

ZULU
(1964, R: Cy Endfield)
Stanley Baker, Michael Caine, James Booth
• **SÜDAFRIKA**

Star Stanley Baker persönlich produzierte diese Geschichte vom letzten Aufbegehren einer britischen Garnison gegen 4000 Zulu-Krieger bei Rorke's Drift im Jahre 1879. Gefilmt wurde in Südafrika in Zusammenarbeit mit dem Regierungschef Buthelesi, der im Film als sein eigener Vorfahr Cetewayo zu sehen ist. Der eigentliche Schauplatz Rorke's Drift am Buffalo River war bis zur Unkenntlichkeit verändert worden, daher wurde in einer Höhe von 3000 Metern oberhalb von Durban vor dem Hintergrund der längsten Gebirgskette des Landes gefilmt: dem Drakensburg-Gebirge, im **Royal Natal National Park** im Südosten von Südafrika.

ZUM SCHWEIGEN VERURTEILT
(1953, R: Alfred Hitchcock)
Montgomery Clift, Anne Baxter, Karl Malden
• **QUEBEC**

Als Hitchcock ein zutiefst katholisches Umfeld für seine Geschichte über einen Priester benötigte, der von sexuellen Schuldgefühlen geplagt wird, während er die Regeln seines Glaubens befolgen muss, begab er sich nach Norden Richtung Kanada, um in Quebec in den engen

Gassen des alten Viertels zu filmen. Anne Baxters Ehemann schwingt seine politischen Reden im Quebecer **Parliament Building, Grande Allée Est**/Ecke Avenue Dufferin *(Führungen bei freiem Eintritt)*. Sie trifft Clift an Bord der **Lévis Ferry**, die von Lower Town kommend den St. Lawrence River überquert (warum treffen sich die Leute in Filmen bloß immer heimlich auf irgendwelchen Fähren?). Nach Clifts ergebnislos verlaufendem Verfahren in den **Halls of Justice** versteckt sich der wahre Mörder in einem der Wahrzeichen der Stadt, dem **Chateau Frontenac Hotel, 1 Rue des Carrieres** *(Tel. 418 692 3861)*. Clifts Kirche Sainte Marie ist die **Eglise Saint-Zéphirin de Stadacona** (Stadacona war der Name des Eingeborenendorfs, an dessen Stelle Quebec City entstand).

ZURÜCK IN DIE ZUKUNFT

(1985, R: Robert Zemeckis)
Michael J. Fox, Christopher Lloyd, Lea Thompson
• **LOS ANGELES**

Fox ist der Teenager, der versuchen muss, seine eigenen Eltern zusammenzubringen, nachdem es ihn in die fünfziger Jahre verschlagen hat. Der Schauplatz Hill Valley ist erfunden, und der Film an sich

Das Haus von Marty McFlys Mutter: Bushnell Avenue, Pasadena

entstand rund um L.A. Der Stadtplatz ist ein riesiges Set auf dem Universal-Gelände, das bei einem Feuer Ende der achtziger Jahre schwere Schäden davontrug. Viele der anderen Motive sind aber echt. Doc Emmetts Haus, 1640 Riverside Drive, Hill Valley, ist eine der großen architektonischen Freuden, die L.A. zu bieten hat: Es handelt sich um das 1908 erbaute **Gamble House, 4 Westmoreland Place** in Pasadena, das ein kleines Stück südlich der Pasadena Historical Society liegt. Gebaut wurde es für die Gamble-Familie (die von „Proctor & ...") und ist für Besucher geöffnet *(Tel. 818 793 3334)*. Die Werkstatt des Docs, in der der zeitreisende DeLorean steht, ist eigentlich der **Gamble House Bookshop** gleich neben dem Hauptgebäude. Die Haustür, an der Fox anklopft, und das Innenleben gehören allerdings zum 1907 gebauten **R.R. Blacker House**, ein gleichermaßen japanisch beeinfluss-

Doc Emmetts Haus: Gamble House, Westmoreland Place

tes Design von Charles und Henry Greene, in der **1177 Hillcrest Avenue, Oak Knoll**, Pasadena.

Die Fünfziger-Jahre-Nachbarschaft rund um das Haus von Fox' zukünftiger Mutter ist ebenfalls in Pasadena. Lea Thompsons Haus, vor dem Fox von einem Wagen angefahren wird, ist **1727 Bushnell Avenue** in South Pasadena. Und der große Schläger Biff lebt ein Stück weiter in der Straße in **1809 Bushnell Avenue**. Einige Kilometer weiter südlich finden Sie die Hill Valley High School, und zwar in Whittier im Südosten von L.A., der Heimatstadt von Richard Milhaus Nixon. Die gezeigte **Whittier Union High School, 12417 Philadelphia Street**/Ecke Pierce Avenue, ist tatsächlich die Schule, an der Nixon 1930 seinen Abschluss machte. Der „Verzauberung unter dem See"-Ball, bei dem Fox seine Eltern schließlich doch noch zusammenbringt und den Rock'n'Roll erfindet, wurde in Hollywood in der Turnhalle der **First United Methodist Church of Hollywood, 6817 Franklin Avenue**, gefilmt. Östlich von Whittier, in dem sich eine Ansammlung anonymer industrieller und gewerblicher Anwesen findet, die den passenden Namen City of Industry trägt, befindet sich die Twin Pines Mall, vor der Doc Emmett von wütenden Lybiern niedergeschossen wird. Es ist die **Puente Hills Mall** an der südöstlichen Ecke der Ausfahrt Pomona Freeway, Highway 60, an der **Azusa Avenue**.

ZURÜCK IN DIE ZUKUNFT TEIL II

(1989, R: Robert Zemeckis)
Michael J. Fox, Christopher Lloyd, Lea Thompson
• **KALIFORNIEN**

Die verwirrende Fortsetzung (die an einem Stück mit Teil III gefilmt wurde), die zwischen Vergangenheit und Zukunft hin und her springt, zeigt viele der bekannten Motive. Die Schule ist einmal mehr die **Whittier High** in Pasedena, und der „Verzauberungs"-Tanz wurde sorgfältig in der **First United Methodist Church of Hollywood** nachgestellt. Der Stadtplatz von Hill Valley bei Universal wurde so dekoriert, dass er alternative Zukunftsvisionen repräsentieren konnte – eine gute, eine albtraumhafte –, während Biffs „Pleasure Palace" im Vegas-Stil in der albtraumhaften Zukunft nichts weiter ist als ein knapp drei Meter großes Modell.

ZURÜCK IN DIE ZUKUNFT TEIL III

(1990, R: Robert Zemeckis)
Michael J. Fox, Christopher Lloyd, Mary Steenburgen
• **ARIZONA; KALIFORNIEN**

Der letzte Teil der Trilogie schickt Fox geradewegs zurück in den Wilden Westen, und welches Motiv könnte dafür passender sein als **Monument Valley**, Arizona? Für Details über diese bekannte, aber nach wie vor atemberaubende Westernkulisse siehe *Ringo*. Die Eisenbahnszenen entstanden auf der **Sierra Railroad** zwischen Jamestown und Sonora – einem Schienenabschnitt, der auch in Filmen wie *Stadt der Angst* und *Zwölf Uhr mittags* zu sehen war. Er liegt an der Route 108 östlich von Stockton, Kalifornien. Die 1885er Version des Stadtplatzes von Hill Valley wurde hier gebaut. Doc Emmetts Haus ist wieder einmal das **Gamble House** (siehe *Zurück*

433

in die Zukunft), allerdings wurde das Innenleben diesmal auf einer Bühne bei Universal errichtet.

20.000 MEILEN UNTER DEM MEER
(1954, R: Richard Fleischer)
Kirk Douglas, James Mason, Peter Lorre
• JAMAIKA

Jules Vernes Roman über eine Gruppe von viktorianischen Wissenschaftlern, die Schiffbruch erleiden und in die Gewalt von Captain Nemo geraten, entstand an exotischen Schauplätzen auf Jamaika.

ZWEI BANDITEN
(1969, R: George Roy Hill)
Paul Newman, Robert Redford, Katharine Ross
• UTAH; COLORADO; MEXIKO

Ein schicker romantischer Western, ursprünglich geschrieben für Jack Lemmon (Butch) und Paul Newman (Sundance). Butchs erster (echter) Banküberfall spielte sich in **Telluride** im Uncompahgre National Forest, Route 550, südwestlich von Colorado ab. Das dortige **New Sheridan Hotel, 231 West Colorado Avenue**, prahlt mit einer Bar, die im Film benutzt wurde. Die Eisenbahnüberfälle entstanden auf der **Schmalspurbahn Durango-Silverton** im südwestlichen Colorado (für Details siehe *Indiana Jones und der letzte Kreuzzug*). Der atemberaubende Sprung in den Fluss war ein nicht ganz so atemberaubender Sprung auf eine zwei Meter tiefer befindliche Plattform (offenbar leidet Redford unter Höhenangst). Die Szene wurde an der **Trimble Bridge** am **Animas River** gefilmt, nahe Durango im Südwesten von Colorado. Die beeindruckenden Landschaftsaufnahmen entstanden im Südwesten von Utah bei **St. George** an der Route 15 in Washington County, am Snow Canyon einige Kilometer nördlich auf der Route 18 (dort fanden sich auch Motive für John Waynes verheerenden Film *Der Eroberer*), ferner auch im **Zion National Park**. Das Haus von Katharine Ross, Schauplatz der berühmten, wenn auch unpassenden musikalischen Einlage, wurde für den Film gebaut und steht noch heute in Grafton, einer verfallenden Geisterstadt nahe Rockville, ebenfalls Washington County. Die New Yorker Szenen sollten in den Kulissen von *Hello Dolly* bei Twentieth Century-Fox in Hollywood gefilmt werden, doch da der Kinostart dieses Films erst noch bevorstand, sprach sich Studiochef Richard Zanuck dagegen aus, die teuren neuen Kulissen bereits vorher zu zeigen. Also wurde eine Montage aus zeitgenössischen Fotos präsentiert. Die in Bolivien spielenden Szenen drehte man in **Taxco** und **Curenavaca** südlich von Mexico City, Mexiko.

ZWEI GLORREICHE HALUNKEN
(1966, R: Sergio Leone)
Clint Eastwood, Eli Wallach, Lee Van Cleef
• SPANIEN

Der letzte Film in der so genannten Paella-Trilogie benutzt Motive im Norden und Süden Spaniens. Das Mönchskloster von Eli Wallach ist das **Cortijo de los Frailes**, das Sie noch immer zwischen Los Albaricoques und dem Badeort San Jose im Cabo de Gata Naturschutzgebiet östlich von Almeria sehen können. Die sandigen Weiten, die Eastwood auf Veranlassung von Wallach durchqueren muss, finden sich in der umgebenden Wüste. Die nicht ganz so öden Landschaften liegen weiter nördlich. In **Covarrubias** rund 30 Kilometer südöstlich von Burgos wurden die spektakulären Bürgerkriegsszenen am Ufer des Arlanza gedreht. Dort stehen auch die Ruinen des **Klosters von San Pedro de Arlanza**, aus dem das Militärlazarett wurde. Einige Kilometer weiter südöstlich bei **Carazo** wurde die Arena für die letzte Konfrontation errichtet.

ZWEI HINREISSEND VERDORBENE SCHURKEN
(1988, R: Frank Oz)
Michael Caine, Steve Martin, Glenne Headly
• FRANKREICH

Ein Remake des Films *Alles für das Kind* von 1964, in dem Caine und Martin die Rollen von David Niven und Marlon Brando als zwei Schwindler übernehmen, die an der französischen Riviera um die Gunst von Glenne Headly wetteifern. Angesiedelt im fiktiven Beaumont-sur-Mer wurde vorwiegend in dem eleganten Badeort **Beaulieu-sur-Mer** östlich von Nizza gefilmt, wo das **Grand Hotel de Cap-Ferrat** für das Beaumonter Grand herhalten musste. Weitere Motive an der Riviera fanden sich in **Nizza** selbst, im Fischereihafen von **Villefranche-sur-Mer** im Osten und bei **Antibes** zwischen Nizza und Cannes. Der Beaumonter Flughafen ist das **Aerodrome International Cannes-Mandelieu**, während sein Casino der verglaste Rundbau in Beaulieu-sur-Mer war. Der Hafen ist der Yachthafen in **Juan les Pins**, die Kunstgalerie ist die **Fondation Ephrussie de Rothschild, Villa Ile-de-Frances, Cap Ferrat**. **Villa Hier**, ein Privatgebäude an der Küste des **Cap d'Antibes**, wurde als Caines Luxuswohnung verwendet, außerdem musste tonnenweise Sand hergebracht werden, um den normalerweise felsigen Strandabschnitt aufzuschütten.

DIE ZWEI LEBEN DER VERONIKA
(1991, R: Krzysztof Kieslowski)
Irène Jacob, Wladyslaw Kowalski, Philippe Volter
• POLEN; FRANKREICH

Irène Jacob wurde in Cannes als Beste Schauspielerin für ihre Doppelrolle in dieser Geschichte über zwei identische Frauen ausgezeichnet – eine Polin, eine Französin –, deren Wege sich auf mysteriöse Weise kreuzen. Gefilmt wurde im polnischen **Krakau** und im französischen **Clermont-Ferrand**.

ZWEI RECHNEN AB
(1957, R: John Sturges)
Kirk Douglas, Burt Lancaster, Jo Van Fleet
• ARIZONA

Eine weitere Version des legendären Showdowns zwischen Wyatt Earp, Doc Holliday und den Clantons. Das O.K. Corral wurde in der künstlichen Westernstadt **Old Tucson, 201 South Kinney Road** (*Tel. 602 883 6457; www.oldtucson.com*), Arizona, nachgebaut. Die Stadt ist heute ein wichtige Touristenattraktion. Das Set wurde

1940 für den Western *Arizona* errichtet und war seitdem in Filmen wie *Rio Bravo, El Dorado* und *Schneller als der Tod* zu sehen. Die Crew begab sich auch in Richtung **Elgin**, einen weiteren beliebten Drehort, der ganz in der Nähe des echten Tombstone liegt.

ZWEI RITTEN ZUSAMMEN
(1961, R: John Ford)
James Stewart, Richard Widmark, Shirley Jones
• **TEXAS**

Stewart und Widmark versuchen in diesem unbedeutenderen Ford-Western, Gefangene aus den Händen der Comanchen zu retten. Gedreht wurde in **Brackettville** im Süden von Texas, Interstate 90, östlich von Del Rio. Dort findet sich auch die gewaltige Kulisse für *The Alamo*.

ZWEI STAHLHARTE PROFIS
(1987, R: Richard Donner)
Mel Gibson, Danny Glover, Gary Busey
• **LOS ANGELES**

Die Schießerei: Hollywood Boulevard

Der erste in einer äußerst erfolgreichen Reihe von Actionfilmen mit einem völlig überdrehten und risikofreudigen Gibson und einem gesetzten, mittelalten Glover. Die Filmmotive verteilen sich über ganz L.A. – die südwestliche Halbinsel **Palos Verdes**, die am Strand gelegene Gemeinde bei **Santa Monica**, **Studio City** im San Fernando Valley und **Inglewood** in South Central –, außerdem wurde in **El Mirage**, dem ausgetrockneten See rund 30 Kilometer westlich von Victorville in der Mojave-Wüste gedreht.

Der einleitende Sprung: International Tower, Ocean Boulevard, Long Beach

Der kreisrunde Apartmentblock, von dem eine Frau in der Eröffnungsszene in den Tod springt, ist der **International Tower, 700 Ocean Boulevard East**, ein Block aus Eigentumswohnungen in Long Beach. Das Dach, von dem Gibson einen Sprung mit der störrischen Selbstmörderin überlebt, ist das **Emser Building, 8431 Santa Monica Boulevard** in West Hollywood. Der Nachtclub der Schurken, in dem Gibson gefoltert wird, ist das – mittlerweile geschlossene – **Ritz Theater** auf dem Hollywood Boulevard (gleich neben Hausnummer 6652). Die Schießerei spielt sich auf dem Hollywood Boulevard vor dem Vogue Cinema ab.

Der erfolgreiche Sprung: Emser Building, West Hollywood

ZWEI WAHNSINNIG STARKE TYPEN
(1980, R: Sidney Poitier)
Richard Pryor, Gene Wilder, Georg Stanford Brown
• **NEW YORK CITY; ARIZONA; NEVADA**

Überzogene Farce mit Pryor und Wilder, denen fälschlich ein Banküberfall angehängt wird, nachdem sie von New York in Richtung Westen gezogen sind. Die Haftanstalt ist das **Arizona State Prison, 1305 East Butte Avenue, Florence**, Arizona. Weitere Dreharbeiten fanden im **Valley of Fire State Park**, Nevada, statt.

2001: ODYSSEE IM WELTRAUM
(1968, R: Stanley Kubrick)
Keir Dullea, Gary Lockwood, Leonard Rossiter
• **HERTFORDSHIRE; SCHOTTLAND; ARIZONA**

Ein gewaltiger Schritt nach vorne, was das Erscheinungsbild von Weltraumfilmen angeht, größtenteils gefilmt im Studio in Borehamwood, Hertfordshire. Die ersten Szenen, in denen der riesige Monolith auf dem Mond entdeckt wird, mussten in Shepperton gedreht werden, da sich nur dort eine ausreichend große Bühne befand. 90 Tonnen gebleichter (also mondfarbener) Sand wurden herbeigeschafft. Die afrikanische Landschaft für die Szenen mit den Affen ersetzte ein komplexes System von Projektionen. Die außerirdischen Landschaften zum Ende des Films sind farblich veränderte Aufnahmen der **Hebriden** und des **Monument Valley**, Arizona.

ZWISCHEN DEN ZEILEN
(1987, R: David Jones)
Anthony Hopkins, Anne Bancroft, Judi Dench
• **LONDON; NEW YORK CITY**

Diese transatlantische Romanze, die sich ausschließlich per Brief zwischen der bibliophilen Amerikanerin Bancroft und dem englischen Buchhändler Hopkins abspielt, beruht auf wahren Ereignissen. Die Buchhandlung im Haus Nr. 84 an der nordöstlichen Ecke des Cambridge Circus ist modernisiert worden und beherbergt heute ein Restaurant – für den Film wurde das ursprüngliche Geschäft in den **Shepperton Studios** nachgebaut. Hopkins' Nord-Londoner Zuhause in Muswell Hill und die Umgebung liegen in Wahrheit im Südwesten der Stadt in **Richmond**. Der im Tudor-Stil erbaute Pavillon, an dem Hopkins sitzt, steht auf dem **Soho Square**. Zeitgenössische Genauigkeit machte es erforderlich, die **Madison Avenue** in den New Yorker Szenen in den ursprünglichen Zustand des Zweirichtungsverkehrs zu versetzen.

DIE ZWÖLF GESCHWORENEN
(1957, R: Sidney Lumet)
Henry Fonda, Lee J. Cobb, E.G. Marshall
• **NEW YORK CITY**

Klaustrophobisches Gerichtsdrama, von Lumet im New Yorker **County Courthouse** gedreht, **60 Center Street** an der nordöstlichen

County Courthouse, Center Street

Ecke Pearl Street/Foley Square, sowie im Rundbau im Gebäude selbst.

ZWÖLF UHR MITTAGS
(1952, R: Fred Zinnemann)
Gary Cooper, Thomas Mitchell, Grace Kelly
• KALIFORNIEN

Die ursprüngliche Wahl für Hadleyville: Columbia State Park

Das Zuhause von Feigling Sam Fuller: Columbia State Park

Sheriff Will Kane muss sich ganz allein den Bösen stellen, aber zum Glück lässt ihn seine Frau Amy nicht im Stich. Die Eröffnungsszenen während der Titelsequenz entstanden auf der **Iverson Ranch** nahe Chatsworth im Norden von L.A., während das fiktive Hadleyville, New Mexico, von der Main Street des Columbia State Park dargestellt wurde, einer denkmalgeschützten Goldrausch-Stadt im Norden von Kalifornien. Als die Crew für die Dreharbeiten eintraf, war gerade der Frühling angebrochen, sodass die farblose, öde Hauptstraße von Columbia grün erblüht war. Gefilmt wurde letztlich auf der Westernstraße von Columbia Pictures in **Burbank**. Ein Teil der echten Goldgräberstadt schaffte es dennoch in den Film. Nicht zu übersehen ist der weiße Gartenzaun von Sam Fuller, jenem feigen Freund, der seine Frau vorschickt, damit sie sagt, er sei nicht zu Hause. Es handelt sich hierbei um das **Wilson House** auf der Main Street, nicht weit vom Besucherzentrum entfernt. Es ist das einzige noch in Privatbesitz befindliche Haus in der Stadt. Der **Columbia State Historic Park** liegt östlich der Stadt Columbia, gut 70 Kilometer nordöstlich von Modesto in Tuolumne County *(täglich geöffnet; Tel. 209 532 4301)*. Ein paar Kilometer südöstlich von Columbia finden Sie die Kirche, in der Kane für Verstärkung betet, um sich

Will Kane bittet um Hilfe: St. Joseph's, Tuolumne City

Frank Miller stellen zu können. Es ist die **St. Joseph's Catholic Church, Gardner Avenue**/Ecke Tuolumne Road in **Tuolumne City**, einer winzigen Kleinstadt nahe der Route 108. Der Bahnhof wurde neben einen Wasserturm in **Warnerville** gebaut, rund 22 Kilometer östlich von Oakdale an der Schmalspurlinie Sierra Railroad.

12 UHR NACHTS – MIDNIGHT EXPRESS
(1978, R: Alan Parker)
Brad Davis, Randy Quaid, John Hurt
• MALTA; TÜRKEI

Billy Hayes, der junge, homosexuelle amerikanische Student, der wegen Drogenschmuggels in Haft ist, wird in dieser Version seiner Torturen im türkischen Gefängnissystem zu einem Heterosexuellen umgeschrieben. Der authentische Schauplatz der Geschichte, das Sagamilcar-Gefängnis in Istanbul, stand aus nahe liegenden Gründen nicht zur Debatte. Die Gefängniskulisse wurde im **Fort St. Elmo** errichtet, einer alten britischen Kaserne auf Malta. Erbaut wurde es 1850 an der Stelle, an der es 1565 zur legendären großen Belagerung von Malta gekommen war, es befindet sich auf dem höchsten Punkt der Halbinsel Valetta. Die Balkone und Höfe sind echt. Gefilmt wurde ferner im historischen **Rittersaal** aus dem Jahre 1574 sowie in der **Dominikanerkirche** in **Rabat**.

Originaltitel der aufgeführten Filme

A

DIE ABENTEUER DES BARON VON MÜNCH-
HAUSEN (ADVENTURES OF BARON MUNCH-
HAUSEN, THE) (1988, R: Terry Gilliam)

ABER, HERR DOKTOR ... (DOCTOR IN THE HOUSE)
(1954, R: Ralph Thomas)

ABGERECHNET WIRD ZUM SCHLUSS
(BALLAD OF CABLE HOGUE, THE)
(1970, R: Sam Peckinpah)

ABGESCHMINKT (1993, R: Katja von Garnier)

ABSOLUTE BEGINNERS (ABSOLUTE BEGINNERS)
(1986, R: Julien Temple)

ABSOLUTE POWER (ABSOLUTE POWER)
(1997, R: Clint Eastwood)

ABYSS – DIE TIEFE (ABYSS, THE)
(1989, R: James Cameron)

ACCATTONE (ACCATTONE)
(1961, R: Pier Paolo Pasolini)

ACCIDENT – ZWISCHENFALL IN OXFORD
(ACCIDENT) (1967, R: Joseph Losey)

ACE VENTURA – EIN TIERISCHER DETEKTIV
(ACE VENTURA – PET DETECTIVE)
(1994, R: Tom Shadyac)

DIE ADDAMS FAMILY (ADDAMS FAMILY, THE)
(1992, R: Barry Sonnenfeld)

DIE ADDAMS FAMILY IN VERRÜCKTER TRADITION
(ADDAMS FAMILY VALUES)
(1993, R: Barry Sonnenfeld)

ADEL VERPFLICHTET (KIND HEARTS AND
CORONETS) (1949, R: Robert Hamer)

DER ADLER IST GELANDET
(EAGLE HAS LANDED, THE)
(1976, R: John Sturges)

DIE AFFÄRE DER SUNNY VON B.
(REVERSAL OF FORTUNE)
(1990, R: Barbet Schroeder)

AFRICAN QUEEN (AFRICAN QUEEN, THE)
(1951, R: John Huston)

AGENTEN STERBEN EINSAM
(WHERE EAGLES DARE)
(1969, R: Brian G Hutton)

AGUIRRE, DER ZORN GOTTES
(AGUIRRE, WRATH OF GOD)
(1972, R: Werner Herzog)

AIMÉE & JAGUAR (1999, R: Max Färberböck)

AIR FORCE ONE (AIR FORCE ONE)
(1997, R: Wolfgang Petersen)

AIRPORT (AIRPORT) (1970, R: George Seaton)

DIE AKTE (PELICAN BRIEF, THE)
(1993, R: Alan J. Pakula)

AKTE X – DER FILM (X FILES, THE)
(1998, R: Rob Bowman)

AKTION MUTANTE (ACCION MUTANTE)
(1993, R: Alejandro de la Iglesias)

ALAMO (ALAMO, THE) (1960, R: John Wayne)

ALARMSTUFE ROT (UNDER SIEGE)
(1992, R: Andrew Davis)

ALEXANDER NEWSKY (ALEXANDER NEVSKY)
(1938, R: Sergei Eisenstein)

ALEXIS SORBAS (ZORBA THE GREEK)
(1964, R: Michael Cacoyannis)

ALICE (ALICE) (1990, R: Woody Allen)

ALICE IN DEN STÄDTEN (ALICE IN DEN STÄDTEN)
(aka ALICE IN THE CITIES)
(1974, R: Wim Wenders)

ALICE LEBT HIER NICHT MEHR
(ALICE DOESN'T LIVE HERE ANY MORE)
(1974, R: Martin Scorsese)

ALIEN – DAS UNHEIMLICHE WESEN AUS
EINER FREMDEN WELT (ALIEN)
(1979, R: Ridley Scott)

ALIENS – DIE RÜCKKEHR (ALIENS)
(1986, R: James Cameron)

ALIEN 3 (ALIEN3) (1992, R: David Fincher)

ALL DIE SCHÖNEN PFERDE
(ALL THE PRETTY HORSES)
(1999, R: Billy Bob Thornton)

ALLE LIEBEN POLLYANNA (POLLYANNA)
(1960, R: David Swift)

ALLE SAGEN: I lOVE YOU (EVERYONE SAYS I
LOVE YOU) (1996, R: Woody Allen)

ALLES ÜBER EVA (ALL ABOUT EVE)
(1950, R: Joseph L Mankiewicz)

ALLES UNTER KONTROLLE –
KEINER BLICKT DURCH (CARRY ON UP
THE KHYBER) (1968, R: Gerald Thomas)

ALS DINOSAURIER DIE ERDE BEHERRSCHTEN
(WHEN DINOSAURS RULED THE EARTH)
(1969, R: Val Guest)

AM GOLDENEN SEE (ON GOLDEN POND)
(1981, R: Mark Rydell)

AM WILDEN FLUSS (RIVER WILD, THE)
(1994, R: Curtis Hanson)

AMADEUS (AMADEUS) (1984, R: Milos Forman)

AMARCORD (AMARCORD)
(1973, R: Federico Fellini)

AMATEUR (AMATEUR) (1995, R: Hal Hartley)

AMERICAN BEAUTY (AMERICAN BEAUTY)
(1999, R: Sam Mendes)

AMERICAN GRAFFITI (AMERICAN GRAFFITI)
(1973, R: George Lucas)

AMERICAN MONSTER (Q – THE WINGED
SERPENT) (1982, R: Larry Cohen)

AMERICAN PIE (AMERICAN PIE)
(1999, R: Paul Weitz)

AMERICAN PSYCHO (AMERICAN PSYCHO)
(2000, R: Mary Harron)

AMERICAN WEREWOLF (AMERICAN WEREWOLF
IN LONDON, AN) (1981, R: John Landis)

DER AMERIKANISCHE FREUND
(THE AMERICAN FRIEND)
(1977, R: Wim Wenders)

DIE AMERIKANISCHE NACHT (DAY FOR NIGHT)
(aka LA NUIT AMERICAINE)

(1973, R: François Truffaut)

AMISTAD (AMISTAD)
(1997, R: Steven Spielberg)

AMITYVILLE HORROR (AMITYVILLE HORROR, THE)
(1979, R: Stuart Rosenberg)

AN JEDEM VERDAMMTEN SONNTAG
(ANY GIVEN SUNDAY)
(1999, R: Oliver Stone)

ANACONDA (ANACONDA) (1997, R: Luis Llosa)

ANASTASIA (ANASTASIA)
(1956, R: Anatole Litvak)

ANATEVKA (FIDDLER ON THE ROOF)
(1971, R: Norman Jewison)

ANATOMIE (2000, R: Stefan Rozowitzky)

ANATOMIE EINES MORDES
(ANATOMY OF A MURDER)
(1959, R: Otto Preminger)

EIN ANDALUSISCHER HUND
(CHIEN ANDALOU, UN) (1928, R: Luis Buñuel)

EINE ANDERE FRAU (ANOTHER WOMAN)
(1988, R: Woody Allen)

DER ANDERSON-CLAN (ANDERSON TAPES, THE)
(1971, R: Sidney Lumet)

ANDREJ RUBLJOW (ANDREI RUBLEV)
(1966, R: Andrei Tarkovsky)

ANGEL – STRASSE OHNE ENDE (ANGEL)
(1982, R: Neil Jordan)

ANGEL HEART (ANGEL HEART)
(1986, R: Alan Parker)

ANGRIFF DER KILLERTOMATEN
(ATTACK OF THE KILLER TOMATOES!)
(1978, R: John de Bello)

ANGRIFF DER LEICHTEN BRIGADE
(CHARGE OF THE LIGHT BRIGADE, THE)
(1968, R: Tony Richardson)

ANGST ESSEN SEELE AUF (FEAR EATS THE SOUL)
(aka ANGST ESSEN SEELE AUF)
(1973, R: Rainer Werner Fassbinder)

ANNA KARENINA (ANNA KARENINA)
(1935, R: Clarence Brown)

ANNA UND DER KÖNIG (ANNA AND THE KING)
(1999, R: Andy Tennant)

ANNA UND DER KÖNIG VON SIAM
(ANNA AND THE KING OF SIAM)
(1946, R: John Cromwell)

ANNIES MÄNNER (BULL DURHAM)
(1988, R: Ron Shelton)

ANOTHER COUNTRY (ANOTHER COUNTRY)
(1984, R: Marek Kanievska)

APOCALYPSE NOW (APOCALYPSE NOW)
(1979, R: Francis Ford Coppola)

APOLLO 13 (APOLLO 13)
(1995, R: Ron Howard)

DAS APPARTEMENT (APARTMENT, THE)
(1960, R: Billy Wilder)

APUS WEG INS LEBEN, 1. TEIL
(PATHER PANCHALI)

(1955, R: Satyajit Ray)

APUS WEG INS LEBEN, 2. TEIL (APARAJITO)
(THE UNVANQUISHED)
(1956, R: Satyajit Ray)

ARABESKE (ARABESQUE)
(1966, R: Stanley Donen)

ARACHNOPHOBIA (ARACHNOPHOBIA)
(1990, R: Frank Marshall)

ARIZONA JUNIOR (RAISING ARIZONA)
(1987, R: Joel Coen)

ARMAGEDDON (ARMAGEDDON)
(1998, R: Michael Bay)

ARMEE DER FINSTERNIS – TANZ DER TEUFEL III
(ARMY OF DARKNESS: THE MEDIEVAL DEAD)
(1994, R: Sam Raimi)

ARTHUR – KEIN KIND VON TRAURIGKEIT
(ARTHUR) (1981, R: Steve Gordon)

DIE ASCHE MEINER MUTTER (ANGELA'S ASHES)
(2000, die: Alan Parker)

ASCHE UND DIAMANT (ASHES AND DIAMONDS)
(POPIOL Y DIAMENT)
(1958, R: Andrzej Wajda)

ASPHALTDJUNGLE (ASPHALT JUNGLE, THE)
(1950, R: John Huston)

ASPHALT-COWBOY (MIDNIGHT COWBOY)
(1969, R: John Schlesinger)

ASSAULT – ANSCHLAG BEI NACHT (ASSAULT ON
PRECINCT 13) (1976, R: John Carpenter)

ATALANTE (L'ATALANTE) (1934, R: Jean Vigo)

ATEMLOS (BREATHLESS)
(1983, R: James McBride)

ATLANTIC CITY, USA (ATLANTIC CITY, USA)
(1981, R: Louis Malle)

AUF DER FLUCHT (FUGITIVE, THE)
(1993, R: Andrew Davis)

AUF DER JAGD (U.S. MARSHALS)
(1998, R: Stuart Baird)

AUF DER JAGD NACH DEM GRÜNEN DIAMANTEN
(ROMANCING THE STONE)
(1984, R: Robert Zemeckis)

AUF WIEDERSEHEN, KINDER
(AU REVOIR LES ENFANTS)
(1987, R: Louis Malle)

AUF WIEDERSEHEN, MR. CHIPS
(GOODBYE MR CHIPS)
(1939, R: Sam Wood)

AUFSTAND IN SIDI HAKIM (GUNGA DIN)
(1939, R: George Stevens)

AUGEN DER ANGST (PEEPING TOM)
(1960, R: Michael Powell)

EIN AUSGEKOCHTES SCHLITZOHR
(SMOKEY AND THE BANDIT)
(1977, R: Hal Neddham)

AUSGERECHNET WOLKENKRATZER (SAFETY LAST)
(1923, R: Sam Taylor)

AUSSER ATEM (A BOUT DE SOUFFLE)
(1959, R: Jean-Luc Godard)

**AUSTIN POWERS – DAS SCHÄRFSTE, WAS
IHRE MAJESTÄT ZU BIETEN HAT**

(AUSTIN POWERS: INTERNATIONAL MAN
OF MYSTERY) (1997, R: Jay Roach)

AVALON (AVALON) (1990, R: Barry Levinson)

AVANTI, AVANTI! (AVANTI!)
(1972, R: Billy Wilder)

B

BABETTES FEST (BABETTE'S FEAST)
(1987, R: Gabriel Axel)

BABY DOLL (BABY DOLL) (1956, R: Elia Kazan)

BACKBEAT (BACKBEAT) (1993, R: Iain Softley)

**BACKDRAFT – MÄNNER, DIE DURCHS
FEUER GEHEN** (BACKDRAFT)
(1991, R: Ron Howard)

BAD LIEUTENANT (BAD LIEUTENANT)
(1992, R: Abel Ferrara)

BAD TASTE (BAD TASTE) (1988, R: Peter Jackson)

BADLANDS (BADLANDS)
(1973, R: Terrence Malick)

BAGDAD CAFÉ (OUT OF ROSENHEIM)
(1988, R: Percy Adlon)

DIE BALLADE VON JIMMIE BLACKSMITH
(1978, R: Fred Schepisi)

BANDITS (1997, R: Katja von Garnier)

BANG BOOM BANG – EIN TODSICHERES DING
(1999, R: Peter Thorwarth)

BARABBAS (BARABBAS)
(1961, R: Richard Fleischer)

BARFUSS IM PARK (BAREFOOT IN THE
PARK) (1967, R: Gene Saks)

BARRY LYNDON (BARRY LINDON)
(1975, R: Stanley Kubrick)

BARTON FINK (BARTON FINK)
(1991, R: Joel Coen)

BASIC INSTINCT (BASIC INSTINCT)
(1992, R: Paul Verhoeven)

BASKET CASE – DER UNHEIMLICHE ZWILLING
(BASKET CASE) (1982, R: Frank Henelotter)

BATMAN (BATMAN) (1989, R: Tim Burton)

BATMAN & ROBIN (BATMAN AND ROBIN)
(1997, R: Joel Schumacher)

BATMAN FOREVER (BATMAN FOREVER)
(1995, R: Joel Schumacher)

DER BAUCH DES ARCHITEKTEN
(BELLY OF AN ARCHITECT, THE)
(1987, R: Peter Greenaway)

BEETLEJUICE (BEETLEJUICE)
(1988, R: Tim Burton)

BEGEGNUNG (BRIEF ENCOUNTER)
(1945, R: David Lean)

BEGIERDE (HUNGER, THE) (1983, R: Tony Scott)

BEIM STERBEN IST JEDER DER ERSTE
(DELIVERANCE) (1972, R: John Boorman)

BELLE DE JOUR – SCHÖNE DES TAGES
(BELLE DE JOUR) (1967, R: Luis Buñuel)

BEN HUR (BEN HUR) (1926, R: Fred Niblo)

BEN HUR (BEN HUR)
(1959, R: William Wyler, Andrew Marton)

BENGALI (VASANT BENGALI)
(1935, R: Henry Hathaway)

BERUF: REPORTER (PROFESSIONE: REPORTER)
(1975, R: Michelangelo Antonioni)

DER BESESSENE (ONE-EYED JACKS)
(1961, R: Marlon Brando)

BESSER GEHT'S NICHT (AS GOOD AS IT GETS)
(1997, R: James L. Brooks)

DIE BESTEN JAHRE DER MISS JEAN BRODIE
(THE PRIME OF MISS JEAN BRODIE)
(1969, R: Ronald Neame)

BESTIE MENSCH (BETE HUMAINE, LA)
(JUDAS WAS A WOMAN)
(1938, R: Jean Renoir)

BETROGEN (BEGUILED, THE)
(1971, R: Don Siegel)

BETTY BLUE – 37,2 GRAD AM MORGEN
(BETTY BLUE) (1986, R: Jean-Jacques Beineix)

BETTY UND IHRE SCHWESTERN (LITTLE WOMEN)
(1994, R: Gillian Armstrong)

**BEVERLY HILLS COP – ICH LÖS' DEN FALL AUF
JEDEN FALL** (BEVERLY HILLS COP)
(1984, R: Martin Brest)

BEVERLY HILLS COP II (BEVERLY HILLS COP II)
(1987, R: Tony Scott)

BEVERLY HILLS COP III (BEVERLY HILLS COP III)
(1994, R: John Landis)

DER BEWEGTE MANN (1994, R: Sönke Wortman)

BIG (BIG) (1988, R: Penny Marshall)

THE BIG LEBOWSKI (BIG LEBOWSKI, THE)
(1998, R: Joel Coen)

BIGFOOT UND DIE HENDERSONS
(HARRY AND THE HENDERSONS)
(1987, R: William Dear)

**BILL UND TED'S VERRÜCKTE REISE DURCH
DIE ZEIT (BILL AND TED'S EXCELLENT
ADVENTURE)** (1989, R: Stephen Herek)

BIN ICH SCHÖN? (1998, R: Doris Dörrie)

**THE BIRDCAGE – EIN PARADIES FÜR SCHRILLE
VÖGEL** (BIRDCAGE, THE)
(1996, R: Mike Nichols)

BIRDY (BIRDY) (1984, R: Alan Parker)

BIS DAS BLUT GEFRIERT (HAUNTING, THE)
(1963, R: Robert Wise)

BIS ZUM LETZTEN MANN (FORT APACHE)
(1948, R: John Ford)

DER BISS DER SCHLANGENFRAU
(LAIR OF THE WHITE WORM, THE)
(1988, R: Ken Russell)

BITTERER HONIG (TASTE OF HONEY)
(1961, R: Tony Richardson)

BLACK OUT – ANATOMIE EINER LEIDENSCHAFT
(BAD TIMING) (1980, R: Nicolas Roeg)

BLACK RAIN (BLACK RAIN) (1989, R: Ridley Scott)

BLADE (BLADE) (1998, R: Stephen Norrington)

DER BLADE RUNNER (BLADE RUNNER)
(1982, R: Ridley Scott)

THE BLAIR WITCH PROJECT
(BLAIR WITCH PROJECT, THE)

(1999, R: Daniel Myrick, Eduardo Sánchez)

DER BLAUE ENGEL (1930, R: Josef von Sternberg)

DIE BLAUE LAGUNE (BLUE LAGOON, THE)
(1949, R: Frank Launder)

DIE BLAUE LAMPE (BLUE LAMP, THE)
(1949, R: Basil Dearden)

BLAUES HAWAII (BLUE HAWAII)
(1961, R: Norman Taurog)

BLAZE OF GLORY – FLAMMENDER RUHM
(YOUNG GUNS II) (1990, R: Geoff Murphy)

BLICK ZURÜCK IM ZORN (LOOK BACK IN ANGER)
(1959, R: Tony Richardson)

BLOB – SCHRECKEN OHNE NAMEN (BLOB, THE)
(1958, R: Irvin S. Yeaworth Jr.)

BLOCKADE IN LONDON (PASSPORT TO PIMLICO)
(1949, R: Henry Cornelius)

BLOOD SIMPLE – EINE MÖRDERISCHE NACHT
(BLOOD SIMPLE) (1984, R: Joel Coen)

BLOW OUT – DER TOD LÖSCHT ALLE SPUREN
(BLOW OUT) (1981, R: Brian De Palma)

BLOW UP (BLOW UP)
(1966, R: Michelangelo Antonioni)

BLUE VELVET (BLUE VELVET)
(1986, R: David Lynch)

BLUES BROTHERS (BLUES BROTHERS, THE)
(1980, R: John Landis)

BLUMEN DES SCHRECKENS (DAY OF THE
TRIFFIDS) (1962, R: Steve Sekely)

BLUTGERICHT IN TEXAS (TEXAS CHAINSAW
MASSACRE, THE) (1974, R: Tobe Hooper)

BLUTMOND (MANHUNTER)
(1986, R: Michael Mann)

DAS BÖSE (PHANTASM) (1979, R: Don Coscarelli)

BODYGUARD (BODYGARD, THE)
(1992, R: Mick Jackson)

BONNIE UND CLYDE (BONNIE AND CLYDE)
(1967, R: Arthur Penn)

BOOGIE NIGHTS (BOOGIE NIGHTS)
(1997, R: Paul Thomas Anderson)

DAS BOOT (1981, R: Wolfgang Petersen)

BOTSCHAFTER DER ANGST
(MANCHURIAN CANDIDATE, THE)
(1962, R: John Frankenheimer)

BOUDU – AUS DEN WASSERN GERETTET
(BOUDO SAUVE DES EAUX)
(1932, R: Jean Renoir)

BOULEVARD DER DÄMMERUNG
(SUNSET BOULEVARD)
(1950, R: Billy Wilder)

BOUND – GEFESSELT (BOUND)
(1996, R: Larry Wachowski, Andy Wachowski)

DIE BOUNTY (BOUNTY, THE)
(1984, R: Roger Donaldson)

BOYFRIEND (IHR LIEBHABER) (BOYFRIEND, THE)
(1971, R: Ken Russell)

BOYS DON'T CRY (BOYS DON'T CRY)
(1999, R: Kimberley Peirce)

BOYZ'N'THE HOOD – DIE JUNGS IM VIERTEL
(BOYZ'N'THE HOOD) (1991, R: John Singleton)

DIE BRADY FAMILY (1995, R: Betty Thomas)

BRAINDEAD (BRAINDEAD)
(1992, R: Peter Jackson)

BRANDUNG (BOOM) (1968, R: Joseph Losey)

BRANNIGAN – EIN MANN AUS STAHL
(BRANNIGAN) (1975, R: Douglas Hickox)

BRASSED OFF – MIT PAUKEN UND TROMPETEN
(BRASSED OFF) (1996, R: Mark Herman)

DIE BRAUT (BRIDE, THE)
(1985, R: Franc Roddam)

DIE BRAUT DES SATANS (TO THE DEVIL A
DAUGHTER) (1975, R: Peter Sykes)

BRAVEHEART (BRAVEHEART)
(1995, R: Mel Gibson)

BRAZIL (BRAZIL) (1985, R: Terry Gilliam)

BREAKFAST CLUB – DER FRÜHSTÜCKSCLUB
(THE BREAKFAST CLUB)
(1985, R: John Hughes)

BREAKING THE WAVES (BREAKING THE WAVES)
(1996, R: Lars Von Trier)

BRENNPUNKT L.A. – DIE PROFIS SIND ZURÜCK
(LETHAL WEAPON 3) (1992, R: Richard Donner)

BRENNPUNKT L.A. – LETHAL WEAPON II
(LETHAL WEAPON 2) (1989, R: Richard Donner)

BRING MIR DEN KOPF VON ALFREDO GARCIA
(BRING ME THE HEAD OF ALFREDO GARCIA)
(1974, R: Sam Peckinpah)

BRITANNIA HOSPITAL (BRITANNIA HOSPITAL)
(1982, R: Lindsay Anderson)

BROADWAY DANNY ROSE (BROADWAY DANNY
ROSE) (1984, R: Woody Allen)

DIE BRÜCKE AM KWAI (BRIDGE ON THE RIVER
KWAI, THE) (1957, R: David Lean)

DIE BRÜCKE VON ARNHEIM (BRIDGE TOO FAR, A)
(1977, R: Richard Attenborough,
Sidney Hayers)

DIE BRÜCKEN AM FLUSS (BRIDGES OF MADISON
COUNTY, THE) (1995, R: Clint Eastwood)

BUBE, DAME, KÖNIG, GRAS
(LOCK, STOCK AND TWO SMOKING BARRELS)
(1998, R: Guy Ritchie)

BUFFALO SOLDIERS (BUFFALO SOLDIERS)
(2001, R: Gregor Jordan)

BUFFY, DER VAMPIRKILLER (BUFFY THE
VAMPIRE SLAYER) (1992, R: Fran Kazui)

BUGSY (BUGSY) (1991, R: Barry Levinson)

BULLETS OVER BROADWAY (BULLETS OVER
BROADWAY) (1994, R: Woody Allen)

BULLITT (BULLITT) (1968, R: Peter Yates)

BUMERANG (BOOMERANG)
(1947, R: Elia Kazan)

BUNNY LAKE IST VERSCHWUNDEN
(BUNNY LAKE IS MISSING)
(1965, R: Otto Preminger)

BUS STOP (BUS STOP) (1956, R: Joshua Logan)

BUSTER (BUSTER) (1988, R: David Green)

BUTCHER BOY – DER SCHLÄCHTERBURSCHE
(BUTCHER BOY) (1997, R: Neil Jordan)

C

CABAL – DIE BRUT DER NACHT (NIGHTBREED)
(1990, R: Clive Barker)

CABARET (CABARET) (1972, R: Bob Fosse)

CABLE GUY – DIE NERVENSÄGE (CABLE GUY, THE)
(1996, R: Ben Stiller)

CADDYSHACK (CADDYSHACK)
(1980, R: Harold Ramis)

DER CAMPUS (1996, R: Sönke Wortman)

CANDYMANS FLUCH (CANDYMAN)
(1992, R: Bernard Rose)

CAPRONA – DAS VERGESSENE LAND
(LAND THAT TIME FORGOT, THE)
(1974, R: Kevin Connor)

CAR WASH (CAR WASH)
(1976, R: Michael Schultz)

CARLITO'S WEG (CARLITO'S WAY)
(1993, R: Brian De Palma)

CARRIE – DES SATANS JÜNGSTE TOCHTER
(CARRIE) (1976, R: Brian De Palma)

CASABLANCA (CASABLANCA)
(1942, R: Michael Curtiz)

CASINO (CASINO) (1995, R: Martin Scorsese)

CASTAWAY – DIE INSEL (CASTAWAY)
(1986, R: Nicolas Roeg)

CAT BALLOU – HÄNGEN SOLLST DU IN
WYOMING (CAT BALLOU)
(1965, R: Eliot Silverstein)

CATCH 22 (CATCH-22) (1970, R: Mike Nichols)

CHAN IST VERSCHWUNDEN (CHAN IS MISSING)
(1982, R: Wayne Wang)

CHAPLIN (CHAPLIN)
(1992, R: Richard Attenborough)

CHARADE (CHARADE) (1963, R: Stanley Donen)

CHARLIE STAUBT MILLIONEN AB
(ITALIAN JOB, THE) (1969, R: Peter Collinson)

CHARLIE UND DIE SCHOKOLADENFABRIK
(WILLY WONKA AND THE CHOCOLATE
FACTORY) (1971, R: Mel Stuart)

CHASING AMY (CHASING AMY)
(1997, R: Kevin Smith)

CHERIE BITTER – SO WIE WIR WAREN
(WAY WE WERE, THE)
(1973, R: Sydney Pollack)

CHEYENNE (CHEYENNE AUTUMN)
(1964, R: John Ford)

DAS CHINA-SYNDROM (CHINA SYNDROM, THE)
(1979, R: James Bridges)

CHINATOWN (CHINATOWN)
(1974, R: Roman Polanski)

CHINESISCHES ROULETTE
(1976, R: Rainer Werner Fassbinder)

CHRISTIANE F. – WIR KINDER VOM
BAHNHOF ZOO (1981, R: Ulrich Edel)

CHUCKY – DIE MÖRDERPUPPE (CHILD'S PLAY)
(1988, R: Tom Holland)

CHUCKY UND SEINE BRAUT (BRIDE OF CHUCKY)
(1998, R: Ronny Yu)

CHUNGKING EXPRESS (CHUNGKING EXPRESS)
(1994, R: Wong Kar-wai)

CINCINNATI KID (CINCINNATI KID, THE)
(1965, R: Norman Jewison)

CINEMA PARADISO (CINEMA PARADISO)
(1988, R: Giuseppe Tornatore)

CITIZEN KANE (CITIZEN KANE)
(1941, R: Orson Welles)

CITY SLICKERS – DIE GROSSSTADT-HELDEN
(CITY SLICKERS)
(1991, R: Ron Underwood)

CLAIRES KNIE (GENOU DE CLAIRE, LE)
(1971, R: Eric Rohmer)

CLERKS – DIE LADENHÜTER (CLERKS)
(1994, R: Kevin Smith)

CLIFFHANGER (CLIFFHANGER)
(1993, R: Renny Harlin)

CLOCKERS (CLOCKERS) (1995, R: Spike Lee)

DER CLOU (STING, THE)
(1973, R: George Roy Hill)

DER CLUB DER TOTEN DICHTER (DEAD
POETS SOCIETY) (1989, R: Peter Weir)

CLUELESS – WAS SONST? (CLUELESS)
(1995, R: Amy Heckerling)

COCKTAIL (COCKTAIL) (1988, R: Roger Donaldson)

COCKTAIL FÜR EINE LEICHE (ROPE)
(1948, R: Alfred Hitchcock)

COCOON (COCOON) (1985, R: Ron Howard)

CODENAME: NINA (POINT OF NO RETURN)
(1993, R: John Badham)

COMEDIAN HARMONISTS
(1997, R: Joseph Vilsmaier)

THE COMMITMENTS (COMMITMENTS, THE)
(1991, R: Alan Parker)

CON AIR (CON-AIR) (1997, R: Simon West)

CONAN – DER BARBAR (CONAN THE BARBARIAN)
(1981, R: John Milius)

CONTACT (CONTACT) (1997, R: Robert Zemeckis)

COOGANS GROSSER BLUFF (COOGAN'S BLUFF)
(1968, R: Don Siegel)

COP LAND (COP LAND) (1997, R: James Mangold)

COTTON CLUB (COTTON CLUB, THE)
(1984, R: Francis Coppola)

CRASH (CRASH) (1997, R: David Cronenberg)

CRAZIES (CRAZIES, THE)
(1973, R: George A. Romero)

CROCODILE DUNDEE – EIN KROKODIL
ZUM KÜSSEN (CROCODILE DUNDEE)
(1986, R: Peter Faiman)

THE CROW – DIE KRÄHE (CROW, THE)
(1994, R: Alex Proyas)

CRUISING (CRUISING) (1980, R: William Friedkin)

CRY BABY (CRY-BABY) (1990, R: John Waters)

THE CRYING GAME (CRYING GAME, THE)
(1992, R: Neil Jordan)

CYRANO VON BERGERAC (CYRANO DE BERGERAC)
(1990, R: Jean-Paul Rappeneau)

D

D.O.A. – BEI ANKUNFT MORD (D.O.A.)
(1988, R: Rocky Morton, Annabel Jankel)

DIE DÄMONISCHEN (INVASION OF THE BODY
SNATCHERS) (1956, R: Don Siegel)

DIE DAMBUSTERS (1954, R: Michael Anderson)

EINE DAME VERSCHWINDET (LADY VANISHES,
THE) (1938, R: Alfred Hitchcock)

DANCE WITH A STRANGER (DANCE WITH A
STRANGER) (1985, R: Mike Newell)

DANTE'S PEAK (DANTE'S PEAK)
(1997, R: Roger Donaldson)

DANTON (DANTON) (1982, R: Andrzej Wajda)

DARK SOCIETY (SOCIETY) (1989, R: Brian Yuzna)

DARLING (DARLING) (1965, R: John Schlesinger)

DAS WAR DER WILDE WESTEN (HOW THE WEST
WAS WON) (1962, R: Henry Hathaway,
John Ford, George Marshall)

DAS WAR ROY BEAN (LIFE AND TIMES OF JUDGE
ROY BEAN, THE) (1972, R: John Huston)

DAZED AND CONFUSED (DAZED AND CONFUSED)
(1993, R: Richard Linklater)

THE DEAD – DIE TOTEN (THE DEAD)
(1987, R: John Huston)

DEAD MAN (DEAD MAN) (1996, R: Jim Jarmusch)

DEEP END (DEEP END)
(1970, R: Jerzy Skolimowski)

DEIN SCHICKSAL IN MEINER HAND
(SWEET SMELL OF SUCCESS)
(1957, R: Alexander Mackendrick)

DEM HIMMEL SO NAH (WALK IN THE CLOUDS, A)
(1995, R: Alfonso Arau)

DEMOLITION MAN (DEMOLITION MAN)
(1993, R: Marco Brambilla)

DENEN IST NICHTS HEILIG (NOTHING SACRED)
(1937, R: William Wellman)

DENEN MAN NICHT VERGIBT (UNFORGIVEN, THE)
(1960, R: John Huston)

... DENN SIE WISSEN NICHT, WAS SIE TUN
(REBEL WITHOUT A CAUSE)
(1955, R: Nicholas Ray)

DER MIT DEM WOLF TANZT (DANCES WITH
WOLVES) (1990, R: Kevin Costner)

DÉSIRÉE (DESIREE) (1954, R: Henry Koster)

DESPERADO (DESPERADO)
(1995, R: Robert Rodriguez)

DER DIALOG (CONVERSATION, THE)
(1974, R: Francis Ford Coppola)

DICK UND DOOF – LANGE LEITUNG
(1938, R: John G. Blystone)

... DIE ALLES BEGEHREN (SANDPIPER, THE)
(1965, R: Vincente Minnelli)

DIE ALLES ZUR SAU MACHEN (VILLAIN)
(1971, R: Michael Tuchner)

DIE DURCH DIE HÖLLE GEHEN (DEER HUNTER,
THE) (1978, R: Michael Cimino)

DIE MIT DER LIEBE SPIELEN (L'AVVENTURA)
(1960, R: Michelangelo Antonioni)

DER DIEB VON BAGDAD (THIEF OF BAGDAD, THE)
(1940, R: Ludwig Berger, Michael Powell,
Tim Whelan)

DIEBE WIE WIR (THIEVES LIKE US)
(1974, R: Robert Altman)

DER DIENER (SERVANT, THE)
(1963, R: Joseph Losey)

DIESES OBSKURE OBJEKT DER BEGIERDE
(CET OBSCUR OBJET DE DESIR) (THAT
OBSCURE OBJECT OF DESIRE)
(1978, R: Luis Buñuel)

DIM SUM – ETWAS FÜRS HERZ (DIM SUM)
(1984, R: Wayne Wang)

DINER (DINER) (1982, R: Barry Levinson)

DAS DING AUS DEM SUMPF (SWAMP THING)
(1982, R: Wes Craven)

DAS DING AUS EINER ANDEREN WELT
(THING, THE) (1951, R: Christian Nyby
und möglicherweise Howard Hawks)

DAS DING AUS EINER ANDEREN WELT
(THING, THE) (1982, R: John Carpenter)

DINOSAURUS (DINOSAURUS!)
(1960, R: Irvin S. Yeaworth)

DIRTY DANCING (DIRTY DANCING)
(1987, R: Emile Ardolino)

DIRTY HARRY (DIRTY HARRY)
(1971, R: Don Siegel)

DIRTY HARRY KOMMT ZURÜCK
(1983, R: Clint Eastwood)

DER DISKRETE CHARME DER BOURGEOISIE
(CHARME DISCRET DE LA BOURGEOISIE)
(THE DISCRET CHARM OF THE
BOURGEOISIE) (1972, R: Luis Buñuel)

DIVA (DIVA) (1981, R: Jean-Jacques Beineix)

DJANGO (DJANGO) (1966, R: Sergio Corbucci)

DO THE RIGHT THING (DO THE RIGHT THING)
(1989, R: Spike Lee)

DOCTOR DOLITTLE (DOCTOR DOLITTLE)
(1967, R: Richard Fleischer)

DOGMA (DOGMA) (1999, R: Kevin Smith)

DOKTOR SCHIWAGO (DOCTOR ZHIVAGO)
(1965, R: David Lean)

DONNIE BRASCO (DONNIE BRASCO)
(1997, R: Mike Newell)

THE DOORS (DOORS, THE)
(1991, R: Oliver Stone)

DAS DOPPELLEBEN DER SISTER GEORGE
(KILLING OF SISTER GEORGE, THE)
(1968, R: Robert Aldrich)

DORF DER VERDAMMTEN (VILLAGE OF THE
DAMNED) (1995, R: John Carpenter)

DAS DORF DER VERDAMMTEN (VILLAGE OF
THE DAMNED) (1960, R: Wolf Rilla)

DR. DOLITTLE (DOCTOR DOLITTLE)
(1998, R: Betty Thomas)

DR. SELTSAM ODER WIE ICH LERNTE,
DIE BOMBE ZU LIEBEN (DR STRANGELOVE,
OR HOW I STOPPED WORRYING AND
LEARNED TO LOVE THE BOMB)

(1963, R: Stanley Kubrick)

DRACULA (DRACULA) (1931, R: Tod Browning)

DRACULA (DRACULA) (1958, R: Terence Fisher)

DRACULA (1979, R: John Badham)

DRACULA BRAUCHT FRISCHES BLUT
(ALIVE AND WELL AND LIVING IN
LONDON) (1973, R: Alan Gibson)

DRACULA JAGT MINIMÄDCHEN (DRACULA AD
1972) (1972, R: Alan Gibson)

DRAGONHEART (DRAGONHEART)
(1996, R: Rob Cohen)

DAS DRECKIGE DUTZEND (DIRTY DOZEN, THE)
(1967, R: Robert Aldrich)

DREI MÄNNER UND EINE KLEINE LADY
(THREE MEN AND A LITTLE LADY)
(1990, R: Emile Ardolino)

DIE DREI MUSKETIERE (THE THREE MUSKETEERS:
THE QUEEN'S DIAMONDS)
(1973, R: Richard Lester)

DIE DREI MUSKETIERE (THREE MUSKETEERS, THE)
(1993, R: Stephen Herek)

DIE DREI TAGE DES CONDORS (THREE DAYS OF
THE CONDOR) (1975, R: Sydney Pollack)

23 – NICHTS IST SO, WIE ES SCHEINT
(1998, R: Hans-Christian Schmid)

DRESSED TO KILL (DRESSED TO KILL)
(1980, R: Brian De Palma)

DER DRITTE MANN (THIRD MAN, THE)
(1949, R: Carol Reed)

DRIVER (DRIVER, THE) (1978, R: Walter Hill)

DRUGSTORE COWBOY (DRUGSTORE COWBOY)
(1989, R: Gus Van Sant)

DUELL (DUEL) (1971, R: Steven Spielberg)

DUELL IN DER SONNE (DUEL IN THE SUN)
(1946, R: King Vidor; Josef von Sternberg;
William Dieterle, B. Reeves Eason und David
O. Selznick)

DIE DUELLISTEN (DUELLISTS, THE)
(1977, R: Ridley Scott)

DÜSTERE LEGENDEN (URBAN LEGEND)
(1998, R: Jamie Blanks)

DER DUFT DER FRAUEN (SCENT OF A WOMAN)
(1992, R: Martin Brest)

DUMM UND DÜMMER (DUMB AND DUMBER)
(1994, R: Peter Farrelly)

DER DUMMSCHWÄTZER (LIAR LIAR)
(1997, R: Tom Shadyac)

E

E.T. – DER AUSSERIRDISCHE
(E.T. – THE EXTRATER-RESTRIAL)
(1982, R: Steven Spielberg)

EASY RIDER (EASY RIDER)
(1969, R: Dennis Hopper)

ED WOOD (ED WOOD) (1994, R: Tim Burton)

EDIPO RE – BETT DER GEWALT (EDIPO RE)
(1967, R: Pier Paolo Pasolini)

EDWARD MIT DEN SCHERENHÄNDEN

(EDWARD SCISSORHANDS)
(1990, R: Tim Burton)

EHEKRIEG (ADAM'S RIB) (1949, R: George Cukor)

EHEMÄNNER UND EHEFRAUEN (HUSBANDS
AND WIVES) (1992, R: Woody Allen)

DIE EHRE DER PRIZZIS (PRIZZI'S HONOR)
(1985, R: John Huston)

EINE WIE KEINE (SHE'S ALL THAT)
(1999, R: Robert Iscove)

EINE ZU VIEL IM BETT (MOVER OVER DARLING)
(1963, R: Michael Gordon)

EINER FLOG ÜBER DAS KUCKUCKSNEST
(ONE FLEW OVER THE CUCKOO'S NEST)
(1975, R: Milos Forman)

EINER MIT HERZ (ONE FROM THE HEART)
(1982, R: Francis Coppola)

EIN EINFACHER PLAN (SIMPLE PLAN, A)
(1998, R: Sam Raimi)

EINSAM SIND DIE TAPFEREN (LONELY ARE
THE BRAVE) (1962, R: David Miller)

EIN EINSAMER ORT (IN A LONELY PLACE)
(1950, R: Nicholas Ray)

DIE EINSAMKEIT DES LANGSTRECKENLÄUFERS
(LONELINESS OF THE LONG DISTANCE
RUNNER, THE) (1962, R: Tony Richardson)

EINST KOMMT DER TAG ... (ON A CLEAR DAY
YOU CAN SEE FOREVER)
(1970, R: Vincente Minnelli)

DER EINZIGE ZEUGE (WITNESS)
(1985, R: Peter Weir)

DIE EISERNE MASKE (1929, R: Allan Dwan)

DAS EISERNE PFERD (IRON HORSE, THE)
(1924, R: John Ford)

EISKALT IN ALEXANDRIEN (SAMOURAI, LE)
(1958, R: J. Lee Thompson)

EISKALTE ENGEL (CRUEL INTENTIONS)
(1999, R: Roger Kumble)

DER EISKALTE ENGEL (SAMOURAI, THE)
(1967, R: Jean-Pierre Melville)

EISKALTE LEIDENSCHAFT (FINAL ANALYSIS)
(1992, R: Phil Joanou)

DER EISSTURM (ICE STORM, THE)
(1997, R: Ang Lee)

EKEL (REPULSION) (1965, R: Roman Polanski)

EL CID (EL CID) (1961, R: Anthony Mann)

EL DORADO (EL DORADO)
(1967, R: Howard Hawks)

ELECTION (ELECTION) (1999, R: Alexander Payne)

DER ELEFANTENMENSCH (ELEPHANT MAN, THE)
(1980, R: David Lynch)

ELIZABETH (ELIZABETH) (1997, R: Shekhar Kapur)

ELLIOT – DAS SCHMUNZELMONSTER
(PETE'S DRAGON) (1977, R: Don Chaffey)

EMIL UND DIE DETEKTIVE
(2001, R: Franziska Buch)

EMMA (EMMA) (1996, R: Douglas McGrath)

EMMANUELA (EMMANUELLE)
(1974, R: Just Jaeckin)

DAS ENDE EINER GROSSEN LIEBE (ELVIRA
MADIGAN) (1967, R: Bo Widerberg)

ENDSTATION SEHNSUCHT (STREETCAR NAMED
DESIRE, A) (1951, R: Elia Kazan)

EIN ENGEL AN MEINER TAFEL (ANGEL AT MY
TABLE, AN) (1990, R: Jane Campion)

DER ENGLISCHE PATIENT (ENGLISH PATIENT, THE)
(1996, R: Anthony Minghella)

ENTFÜHRT – DIE ABENTEUER DES DAVID
BALFOUR (KIDNAPPED)
(1960, R: Robert Stevenson)

ENTSCHEIDUNG IN DER SIERRA (HIGH SIERRA)
(1941, R: Raoul Walsh)

ER (1953, R: Luis Buñuel)

ERASERHEAD (ERASERHEAD)
(1978, R: David Lynch)

ERBARMUNGSLOS (UNFORGIVEN)
(1992, R: Clint Eastwood)

ERBE DES BLUTES (HOME FROM THE HILL)
(1960, R: Vincente Minnelli)

ERDBEBEN (EARTHQUAKE)
(1974, R: Mark Robson)

DER EROBERER (CONQUEROR, THE)
(1955, R: Dick Powell)

EROTISCHE GESCHICHTEN AUS 1001 NACHT
(ARABIAN NIHGTS)
(1974, R: Pier Paolo Pasolini)

ERPRESSUNG (BLACKMAIL)
(1929, R: Alfred Hitchcock)

DER ERSTE RITTER (FIRST KNIGHT)
(1995, R: Jerry Zucker)

DAS ERWACHEN DER SPHINX (AWAKENING, THE)
(1980, R: Mike Newell)

ES WAR EINMAL (BELLE ET LA BETE, LA)
(1946, R: Jean Cocteau)

ES WAR EINMAL IN AMERIKA (ONCE UPON A
TIME IN AMERICA) (1984, R: Sergio Leone)

EVITA (EVITA) (1996, R: Alan Parker)

EXCALIBUR (EXCALIBUR)
(1981, R: John Boorman)

DER EXORZIST (EXORCIST, THE)
(1973, R: William Friedkin)

EXORZIST II – DER KETZER (THE HERETIC:
EXORCIST II) (1977, R: John Boorman)

DER EXORZIST III (EXORCIST III)
(1990, R: William Peter Blatty)

DAS EXPERIMENT (2001, R: Oliver Hirschbiegel)

EXPLORERS – EIN PHANTASTISCHES ABENTEUER
(EXPLORERS) (1985, R: Joe Dante)

EYES WIDE SHUT (EYES WIDE SHUT)
(1999, R: Stanley Kubrick)

F

DIE FABELHAFTEN BAKER BOYS
(FABULOUS BAKER BOYS, THE)
(1989, R: Steve Kloves)

FACE/OFF – IM KÖRPER DES FEINDES
(FACE/OFF) (1997, R: John Woo)

THE FACULTY (THE FACULTY)
(1998, R: Robert Rodriguez)

DER FÄNGER (THE COLLECTOR)
(1965, R: William Wyler)

FAHR ZUR HÖLLE, LIEBLING
(FAREWELL MY LOVELY)
(1975, R: Dick Richards)

FAHRENHEIT 451 (FAHRENHEIT 451)
(1966, R: François Truffaut)

FAHRRADDIEBE (BICYCLE THIEVES, THE)
(1948, R: Vittorio De Sica)

FAHRSTUHL ZUM SCHAFOTT (ASCENSEUR POUR
L'ECHAFAUD) (LIFT TO THE SCAFFOLD)
(1957, R: Louis Malle)

DER FALL PARADIN (PARADIN CASE, THE)
(1947, R: Alfred Hitchcock)

FALLING DOWN – EIN GANZ NORMALER TAG
(FALLING DOWN)
(1993, R: Joel Schumacher)

DER FALSCHE MANN (WRONG MAN, THE)
(1957, R: Alfred Hitchcock)

FALSCHES SPIEL MIT ROGER RABBIT
(WHO FRAMED ROGER RABBIT?)
(1988, R: Robert Zemeckis)

FAME – DER WEG ZUM RUHM (FAME)
(1980, R: Alan Parker)

FAMILIENGRAB (FAMILY PLOT)
(1976, R: Alfred Hitchcock)

FANGT UNS, WENN IHR KÖNNT! (CATCH US IF
YOU CAN) (1965, R: John Boorman)

FANNY UND ALEXANDER (FANNY AND
ALEXANDER) (1982, R: Ingmar Bergman)

DIE FARBE DES GELDES (COLOR OF MONEY, THE)
(1986, R: Martin Scorsese)

DIE FARBE LILA (COLOR PURBPLE, THE)
(1985, R: Steven Spielberg)

FARGO (FARGO) (1996, R: Ethan Coen)

DIE FAUST IM NACKEN (ON THE WATERFRONT)
(1954, R: Elia Kazan)

FAUSTRECHT DER PRÄRIE (MY DARLING
CLEMENTINE) (1946, R: John Ford)

FEGEFEUER DER EITELKEITEN (BONFIRE OF
THE VANITIES, THE)
(1990, R: Brian De Palma)

FEINDE AUS DEM NICHTS (QUATERMASS II)
(1957, R: Val Guest)

FELD DER TRÄUME (FIELD OF DREAMS)
(1989, R: Phil Alden Robinson)

FELLINIS ROMA (FELLINI'S ROMA)
(1972, R: Federico Fellini)

FELLINIS SATYRICON (FELLINI SATYRICON)
(1970, R: Federico Fellini)

FEMALE TROUBLE (FEMALE TROUBLE)
(1974, R: John Waters)

DAS FENSTER ZUM HOF (REAR WINDOW)
(1954, R: Alfred Hitchcock)

DIE FERIEN DES MONSIEUR HULOT (MONSIEUR
HULOT'S HOLIDAY) (LES VACANCES DE
MONSIEUR HULOT) (1953, R: Jacques Tati)

FERRIS MACHT BLAU (FERRIS BUELLER'S DAY OFF)
(1986, R: John Hughes)

DIE FEURIGE ISABELLA (1953, R: Henry Cornelius)

FIEBER IM BLUT (SPLENDOR IN THE GRASS)
(1961, R: Elia Kazan)

FIGHT CLUB (FIGHT CLUB)
(1999, R: David Fincher)

DIE FIRMA (FIRM, THE) (1993, R: Sydney Pollack)

EIN FISCH NAMENS WANDA (FISH CALLED
WANDA, A) (1988, R: Charles Crichton)

FITZCARRALDO (FITZCARRALDO)
(1982, R: Werner Herzog)

FLAMMENDES INFERNO (INFERNO)
(1974, R: John Guillermin)

FLASHDANCE (FLASHDANCE)
(1983, R: Adrian Lyne)

FLATLINERS (FLATLINERS)
(1990, R: Joel Schumacher)

DIE FLIEGE (FLY, THE)
(1986, R: David Cronenberg)

FLINTSTONES – DIE FAMILIE FEUERSTEIN
(THE FLINTSTONES) (1994, R: Brian Levant)

DER FLUCH DES DÄMONEN (NIGHT OF THE
DEMON) (1958, R: Jacques Tourneur)

FLUCHT IN DIE ZUKUNFT (TIME AFTER
TIME) (1980, R: Nicholas Meyer)

FLUCHT IN KETTEN (DEFIANT ONES, THE)
(1958, R: Stanley Kramer)

FLUCHT VOM PLANET DER AFFEN
(ESCAPE FROM THE PLANET OF THE APES)
(1971, R: Don Taylor)

FLUCHT VON ALCATRAZ (ESCAPE FROM
ALCATRAZ) (1979, R: Don Siegel)

FLUCHTPUNKT SAN FRANCISCO (VANISHING
POINT) (1971, R: Richard C. Sarafian)

FLUSS OHNE WIEDERKEHR (RIVER OF NO
RETEURN) (1954, R: Otto Preminger)

THE FOG – NEBEL DES GRAUENS
(FOG, THE) (1979, R: John Carpenter)

FOOTLOOSE (FOOTLOOSE)
(1984, R: Herbert Ross)

FOREVER YOUNG (FOREVER YOUNG)
(1992, R: Steve Miner)

FORMICULA (THEM!) (1954, R: Gordon Douglas)

FORREST GUMP (FORRST GUMP)
(1994, R: Robert Zemeckis)

EINE FRAGE DER EHRE (FEW GOOD MEN, A)
(1992, R: Rob Reiner)

FRANKENSTEIN (FRANKENSTEIN)
(1931, R: James Whale)

FRANKENSTEIN JUNIOR (YOUNG FRANKENSTEIN)
(1974, R: Mel Brooks)

FRANKENSTEIN MUSS STERBEN
(FRANKENSTEIN MUST BE DESTROYED)
(1969, R: Terence Fisher)

FRANKENSTEINS FLUCH (CURSE OF
FRANKENSTEIN, THE) (1957, R: Terence Fisher)

FRANKENSTEINS HORROR-KLINK (HORROR

HOSPITAL) (1973, R: Antony Balch)

FRANTIC (FRANTIC) (1988, R: Roman Polanski)

DIE FRAU AUS DEM NICHTS (SECRET
CEREMONY) (1968, R: Joseph Losey)

DIE FRAU IN ROT (WOMAN IN RED, THE) (1984,
R: Gene Wilder)

EINE FRAU IST EINE FRAU (UNE FEMME EST
UNE FEMME) (WOMAN IS A WOMAN, A)
(1961, R: Jean-Luc Godard)

FRAU OHNE GEWISSEN (DOUBLE INDEMNITY)
(1944, R: Billy Wilder)

FRAU OHNE HERZ (WICKED LADY, THE)
(1945, R: Leslie Arliss)

DIE FRAUEN VON STEPFORD (STEPFORD WIVES,
THE) (1975, R: Bryan Forbes)

FREI GEBOREN (BORN FREE)
(1966, R: James Hill)

FREITAG, DER 13. (FRIDAY THE 13TH)
(1980, R: Sean S. Cunningham)

DER FREMDE IM ZUG (STRANGERS ON A TRAIN)
(1951, R: Alfred Hitchcock)

FREMDE SCHATTEN (PACIFIC HEIGHTS)
(1990, R: John Schlesinger)

FREMDER OHNE NAMEN (HIGH PLAINS DRIFTER)
(1972, R: Clint Eastwood)

FRENCH CONNECTION I (FRENCH CONNECTION,
THE) (1971, R: William Friedkin)

FRENCH CONNECTION II (FRENCH CONNECTION II)
(1975, R: John Frankenheimer)

FRENZY (FRENZY) (1972, R: Alfred Hitchcock)

FRESHMAN (FRESHMAN, THE)
(1990, R: Andrew Bergman)

EIN FRESSEN FÜR DIE GEIER (TWO MULES FOR
SISTER SARA) (1969, R: Don Siegel)

FREUT EUCH DES LEBENS (WHISKY
GALORE) (1948, R: Alexander Mackendrick)

FROM DUSK TILL DAWN (FROM DUSK TILL
DAWN) (1996, R: Robert Rodriguez)

FRÜCHTE DES ZORNS (GRAPES OF WRATH, THE)
(1940, R: John Ford)

FRÜHLING FÜR HITLER (PRODUCERS, THE)
(1967, R: Mel Brooks)

FRÜHSTÜCK BEI IHR (WHITE PALACE)
(1990, R: Luis Mandoki)

FRÜHSTÜCK BEI TIFFANY'S (BREAKFAST AT
TIFFANY'S) (1961, R: Blake Edwards)

FRÜHSTÜCK IM GRÜNEN (DEJEUNER SUR
L'HERBE, LE) (1959, R: Jean Renoir)

FÜR EIN PAAR DOLLAR MEHR (FOR A FEW
DOLLARS MORE) (1965, R: Sergio Leone)

FÜR EINE HAND VOLL DOLLAR (PER UN PUGNI
DI DOLLARI) (FISTFUL OF DOLLARS, A)
(1964, R: Sergio Leone)

FULL METAL JACKET (FULL METAL KACKET)
(1987, R: Stanley Kubrick)

G

GALLIPOLI (GALLIPOLI) (1981, R: Peter Weir)

THE GAME (THE GAME) (1997, R: David Fincher)

GANDHI (GHANDI)
(1982, R: Richard Attenborough)

EINE GANZ KRUMME TOUR (FOULD PLAY)
(1978, R: Colin Higgins)

EINE GANZ NORMALE FAMILIE (ORDINARY
PEOPLE) (1980, R: Robert Redford)

EIN GANZ NORMALER HOCHZEITSTAG (SCENES
FROM A MALL) (1991, R: Paul Mazursky)

GANZ ODER GAR NICHT (FULL MONTY, THE)
(1997, R: Peter Cattaneo)

GARP – UND WIE ER DIE WELT SAH
(WORLD ACCORDING TO GARP, THE)
(1982, R: George Roy Hill)

DER GARTEN DER FINZI-CONTINI
(GIARDINO DEI FINZI-CONTINI, IL)
(1970, R: Vittorio De Sica)

G.A.S.S. ODER: ES WAR NOTWENDIG,
DIE WELT ZU VERNICHTEN, UM SIE ZU
RETTEN (GI BLUES) (1970, R: Roger Corman)

GATTACA (GATTACA) (1997, R: Andrew Niccol)

GEBOREN AM 4. JULI (BORN ON THE FOURTH OF
JULY) (1989, R: Oliver Stone)

GEBURT EINER NATION (BIRTH OF A NATION)
(1915, R: D.W. Griffith)

GEFÄHRLICHE BRANDUNG (POINT BREAK)
(1991, R: Kathryn Bigelow)

GEFÄHRLICHE LIEBSCHAFTEN (DANGEROUS
LIAISONS) (1988, R: Stephen Frears)

GEFÄHRLICHER URLAUB (MAN BETWEEN, THE)
(1953, R: Carol Reed)

GEFAHR AM DORO-PASS (DRUM, THE)
(1938, R: Zoltan Korda)

DER GEFANGENE VON ALCATRAZ
(BIRDMAN OF ALCATRAZ, THE)
(1962, R: John Frankenheimer)

GEGEN JEDE CHANCE (AGAINST ALL ODDS)
(1984, R: Taylor Hackford)

DAS GEGENTEIL VON SEX (OPPOSITE OF SEX,
THE) (1998, R: Don Roos)

DAS GEHEIMNIS DER AGATHA CHRISTIE
(AGATHA) (1979, Michael Apted)

DAS GEHEIMNIS DES VERBORGENEN TEMPELS
(YOUNG SHERLOCK HOLMES)
(1985, R: Barry Levinson)

GEHEIMNISVOLLE ERBSCHAFT
(GREAT EXPECTATIONS) (1946, R: David Lean)

GEISTERKOMÖDIE (BLITHE SPIRIT)
(1945, R: David Lean)

DAS GEISTERSCHLOSS (HAUNTING, THE)
(1999, R: Jan De Bont)

GELIEBTE APHRODITE (MIGHTY APHRODITE)
(1995, R: Woody Allen)

DIE GELIEBTE DES FRANZÖSISCHEN LEUTNANTS
(FRENCH LIEUTENANT'S WOMAN)
(1981, R: Karel Reisz)

GELIEBTER SPINNER (BILLY LIAR)
(1963, R: John Schlesinger)

DER GENERAL (GENERAL, THE)

(1926, R: Buster Keaton, Clyde Bruckman)

GEORGY GIRL (GEORGY GIRL)
(1966, R: Silvio Narizzano)

GERMINAL (GERMINAL) (1993, R: Claude Berri)

GESCHENKT IST NOCH ZU TEUER (MONEY PIT,
THE) (1986, R: Richard Benjamin)

DAS GESICHT (FACE, THE)
(1958, R: Ingmar Bergman)

GESPRENGTE KETTEN (GREAT ESCAPE)
(1963, R: John Sturges)

GETAWAY (GETAWAY, THE)
(1972, R: Sam Peckinpah)

DER GEWISSE KNIFF (KNACK... AND HOW TO
GET IT, THE) (1965, R: Richard Lester)

GHOST – NACHRICHT VON SAM (GHOST)
(1990, R: Jerry Zucker)

GHOSTBUSTERS – DIE GEISTERJÄGER
(GHOSTBUSTERS) (1984, R: Ivan Reitman)

GHOSTBUSTERS II (GHOSTBUSTERS II)
(1989, R: Ivan Reitman)

GIER (GREED) (1925, R: Erich von Stroheim)

GIGANTEN (GIANT) (1956, R: George Stevens)

GIGI (GIGI) (1958, R: Vincente Minnelli)

GILBERT GRAPE – IRGENDWO IN IOWA
(WHAT'S EATING GILBERT GRAPE)
(1993, R: Lasse Hallström)

GLADIATOR (GLADIATOR) (2000, R: Ridley Scott)

DER GLANZ DES HAUSES AMBERSON
(MAGNIFICENT AMBERSONS, THE)
(1942, R: Orson Welles)

DIE GLENN MILLER STORY (GLENN MILLER
STORY, THE) (1954, R: Anthony Mann)

DER GLÖCKNER VON NOTRE-DAME
(HUNCHBACK OF NOTRE DAME, THE)
(1939, R: William Dieterle)

DIE GLORREICHEN SIEBEN (MAGNIFICENT
SEVEN, THE) (1960, R: John Sturges)

GLORY (GLORY) (1989, R: Edward Zwick)

DAS GLÜCK KAM ÜBER NACHT
(1951, R: Charles Crichton)

DIE GLÜCKSRITTER (TRADING PLACES)
(1983, R: John Landis)

GLUT UNTER DER ASCHE (PEYTON
PLACE) (1957, R: Mark Robson)

GO! (GO) (1999, R: Doug Liman)

GODS AND MONSTERS (GODS AND
MONSTERS) (1998, R: Bill Condon)

GODZILLA (GODZILLA, KING OF
THE MONSTERS)
(1954, R: Terry Morse, Inoshiro Honda)

GODZILLA (GODZILLA)
(1998, R: Roland Emmerich)

DAS GOLDENE ZEITALTER (L'AGE D'OR)
(1930, R: Luis Buñuel)

GOLDRAUSCH (GOLD RUSH, THE)
(1925, R: Charles Chaplin)

GOOD FELLAS – DREI JAHRZEHNTE IN DER
MAFIA (GOODFELLAS)

(1990, R: Martin Scorsese)

GOOD MORNING, VIETNAM (GOOD MORNING
VIETNAM) (1987, R: Barry Levinson)

GOOD WILL HUNTING (GOOD WILL
HUNTING) (1997, R: Gus Van Sant)

GORILLAS IM NEBEL (GORILLAS IN THE MIST)
(1988, R: Michael Apted)

DAS GRAB DER LIGEIA (TOMB OF LIGEIA, THE)
(1964, R: Roger Corman)

GRAF ZAROFF – GENIE DES BÖSEN
(MOST DANGEROUS GAME, THE)
(1932, R: Ernest B. Schoedsack, Irving Pichel)

DAS GRAUEN AUF SCHLOSS WHITLEY
(DIE, MONSTER, DIE) (1965, R: Daniel Haller)

GREASE – SCHMIERE (GREASE)
(1978, R: Randal Kleiser)

THE GREEN MILE (GREEN MILE, THE)
(1999, R: Frank Darabont)

GREGORYS GIRL (GREGORY'S GIRL)
(1981, R: Bill Forsyth)

GREMLINS II – DIE RÜCKKEHR DER KLEINEN
MONSTER (GREMLINS II: THE NEW BATCH)
(1990, R: Joe Dante)

GREYSTOKE – DIE LEGENDE VON TARZAN,
HERR DER AFFEN (GREYSTOKE: THE
LEGEND OF TARZAN, LORD OF THE APES)
(1984, R: Hugh Hudson)

GRIFTERS (GRIFTERS, THE)
(1990, R: Stephen Frears)

DIE GRÖSSTE GESCHICHTE ALLER ZEITEN
(GREATEST STORY EVER TOLD, THE)
(1965, R: George Stevens)

DIE GRÖSSTE SCHAU DER WELT
(GREATEST SHOW ON EARTH, THE)
(1952, R: Cecil B. DeMille)

DIE GRÖSSTEN GAUNER WEIT UND BREIT
(1970, R: Silvio Narizzano)

DER GROSSE COUP (CHARLEY VARRICK)
(1973, R: Don Siegel)

DER GROSSE DIKTATOR (GREAT DICTATOR, THE)
(1940, R: Charles Chaplin)

GROSSE ERWARTUNGEN (GREAT EXPECTATIONS)
(1998, R: Alfonso Cuarón)

DER GROSSE FROST (BIG CHILL, THE)
(1983, R: Lawrence Kasdan)

DER GROSSE GATSBY (GREAT GATSBY, THE)
(1974, R: Jack Clayton)

DIE GROSSE ILLUSION (GRANDE ILLUSION, LA)
(1937, R: Jean Renoir)

DER GROSSE IRRTUM (CONFORMISTA, LA)
(1969, R: Bernardo Bertolucci)

DER GROSSE LEICHTSINN (BIG EASY, THE)
(1987, R: Jim McBride)

DIE GROSSE LÜGE (STOLEN LIFE)
(1946, R: Curtis Bernhardt)

GROSSE POINTE BLANK – ERST DER MORD,
DANN DAS VERGNÜGEN (GROSSE POINT
BLANK) (1997, R: George Armitage)

DAS GROSSE RENNEN RUND UM DIE WELT

(GREAT RACE, THE) (1965, R: Blake Edwards)

GROSSRAZZIA (DRAGNET) (1954, R: Jack Webb)

GRÜNE TOMATEN (FRIED GREEN TOMATOES) (1991, R: Jon Avnet)

GRUFT DER VAMPIRE (VAMPIRE LOVERS, THE) (1970, R: Roy Ward Baker)

H

HACKERS (HACKERS) (1995, R: Iain Softley)

HAFEN DES LASTERS (KEY LARGO) (1948, R: John Huston)

DIE HAFENKNEIPE VON TAHITI (DONOVAN'S REEF) (1963, R: John Ford)

HAIE DER GROSSSTADT (HUSTLER, THE) (1961, R: Robert Rossen)

HALLO, PAGE! (BELLBOY, THE) (1960, R: Jerry Lewis)

HALLOWEEN – DIE NACHT DES GRAUENS (HALLOWEEN) (1978, R: John Carpenter)

HALLOWEEN II – DAS GRAUEN KEHRT ZURÜCK (HALLOWEEN II) (1981, R: Rick Rosenthal)

HALLOWEEN III (HALLOWEEN III: SEASON OF THE WITCH) (1983, R: Tommy Lee Wallace)

HALLOWEEN IV (HALLOWEEN IV: THE RETURN OF MICHAEL MYERS) (1988, R: Dwight H. Little)

HALLOWEEN H20 (HALLOWEEN H20: 20 YEARS LATER) (1998, R: Steve Miner)

HAMLET (HAMLET) (1990, R: Franco Zeffirelli)

HAMLET (HAMLET) (1996, R: Kenneth Branagh)

HANNAH UND IHRE SCHWESTERN (HANNAH AND HER SISTERS) (1986, R: Woody Allen)

HARLEY DAVIDSON 344 (ELECTRA GLIDE IN BLUE) (1973, R: James William Guercio)

HAROLD LLOYD – DER TRAUMTÄNZER (FEET FIRST) (1930, R: Clyde Bruckman)

HARRY UND SALLY (WHEN HARRY MET SALLY) (1989, R: Rob Reiner)

HART AUF SENDUNG (PUMP UP THE VOLUME) (1990, R: Alan Moyle)

HARTE JUNGS (BAD BOYS) (1995, R: Michael Bay)

HARTE ZIELE (HARTE ZIELE) (1993, R: John Woo)

HASS (HAIN, LA) (1995, R: Mathieu Kassovitz)

HATARI (HATARI!) (1962, R: Howard Hawks)

EIN HAUCH VON NERZ (THAT TOUCH OF MINK) (1962, R: Delbert Mann)

DER HAUPTMANN VON PESHAWAR (KING OF THE KYBER RIFLES) (1953, R: Henry King)

DAS HAUS AUF DEM GEISTERHÜGEL (HOUSE ON HAUNTED HILL, THE) (1958, R: William Castle)

DAS HAUS IN DER 92. STRASSE (HOUSE ON 92nd STREET, THE) (1945, R: Henry Hathaway)

HEAR MY SONG (HEAR MY SONG) (1991, R: Peter Chelsom)

HEAT (HEAT) (1995, R: Michael Mann)

HEATHERS (HEATHERS) (1989, R: Michael Lehmann)

HEAVEN'S GATE (HEAVEN'S GATE) (1980, R: Michael Cimino)

HEIMLICHE FREUNDE (LAWN DOGS) (1998, R: John Duigan)

HEIMWEH (LASSIE COME HOME) (1943, R: Fred M. Wilcox)

HEINRICH V. (HENRY V) (1944, R: Laurence Olivier)

HEINRICH VIII. UND SEINE SECHS FRAUEN (HENRY VIII AND HIS SIX WIVES) (1972, R: Waris Hussein)

HEISSBLÜTIG – KALTBLÜTIG (BODY HEAT) (1981, R: Lawrence Kasdan)

HELLO, DOLLY! (HELLO, DOLLY!) (1969, R: Gene Kelly)

HELLRAISER – DAS TOR ZUR HÖLLE (HELLRAISER) (1987, R: Clive Barker)

HENRY V. (HENRY V) (1989, R: Kenneth Branagh)

HENRY: PORTRAIT OF A SERIAL KILLER (HENRY: PORTRAIT OF A SERIAL KILLER) (1990, R: John McNaughton)

DIE HERBERGE ZUR SECHSTEN GLÜCKSELIGKEIT (INN OF THE SIXTH HAPPINESS, THE) (1958, R: Mark Robson)

DER HERR DER FLIEGEN (LORD OF THE FLIES) (1963, R: Peter Brook)

DER HERR DES WILDEN WESTENS (DODGE CITY) (1939, R: Michael Curtiz)

HERR IM HAUS BIN ICH (HOBSON'S CHOICE) (1953, R: David Lean)

DIE HERRIN VON THORNHILL (FAR FROM THE MADDING CROWD) (1967, R: John Schlesinger)

EIN HERZ UND EINE KRONE (ROMAN HOLIDAY) (1953, R: William Wyler)

HESTER STREET (HESTER STREET) (1975, R: Joan Micklin Silver)

HEUT GEHN WIR BUMMELN (ON THE TOWN) (1949, R: Gene Kelly)

DIE HEXE DES GRAFEN DRACULA (CURSE OF THE CRIMSON ALTAR) (1968, R: Vernon Sewell)

DIE HEXEN VON EASTWICK (WICHES OF EASTWICK, THE) (1987, R: George Miller)

DER HEXENJÄGER (WITCHFINDER GENERAL) (1968, R: Michael Reeves)

HEXENKESSEL (MEAN STREETS) (1973, R: Martin Scorsese)

HI – HI – HILFE! (HELP!) (1965, R: Richard Lester)

HIGH HOPES (HIGH HOPES) (1988, R: Mike Leigh)

HIGHLANDER – ES KANN NUR EINEN GEBEN (HIGHLANDER) (1986, R: Russell Mulcahy)

DER HIMMEL SOLL WARTEN (HEAVEN CAN WAIT) (1978, R: Warren Beatty, Buck Henry)

DER HIMMEL ÜBER BERLIN (1987, R: Wim Wenders)

HIMMEL ÜBER DER WÜSTE (SHELTERING SKY,

THE) (1990, R: Bernardo Bertolucci)

HINTER DEM RAMPENLICHT (ALL THAT JAZZ) (1979, R: Bob Fosse)

HITCHER – DER HIGHWAY-KILLER (HITCHER, THE) (1986, R: Robert Harmon)

EINE HOCHZEIT (WEDDING, A) (1978, R: Robert Altman)

DIE HOCHZEIT MEINES BESTEN FREUNDES (MY BEST FRIEND'S WEDDING) (1997, R: P. J. Hogan)

EINE HOCHZEIT ZUM VERLIEBEN (WEDDING SINGER, THE) (1998, R: Frank Coraci)

DIE HÖLLE SIND WIR (HELL IN THE PACIFIC) (1968, R: John Boorman)

DIE HÖLLENFAHRT DER POSEIDON (POSEIDON ADVENTURE, THE) (1972, R: Ronald Neame)

DER HÖLLENTRIP (ALTERED STATES) (1980, R: Ken Russell)

HONEYMOON IN VEGAS – ABER NICHT MIT MEINER BRAUT (HONEYMONN IN LAS VEGAS) (1992, R: Andrew Bergman)

HOOK (HOOK) (1991, R: Steven Spielberg)

HOSPITAL (HOSPITAL, THE) (1971, R: Arthur Hiller)

HOT SHOTS – DIE MUTTER ALLER FILME (HOT SHOTS!) (1991, R: Jim Abrahams)

HOTEL DU NORD (HOTEL DU NORD) (1938, R: Marcel Carné)

DAS HOTEL NEW HAMPSHIRE (HOTEL NEW HAMPSHIRE, THE) (1984, R: Tony Richardson)

HOUSE – DAS HORRORHAUS (HOUSE) (1986, R: Steve Miner)

HUDSON HAWK (HUDSON HAWK) (1991, R: Michael Lehmann)

HUDSUCKER – DER GROSSE SPRUNG (HUDSUCKER PROXY, THE) (1994, R: Joel Coen)

DIE HUNDE DES KRIEGES (DOGS OF WAR, THE) (1980, R: John Irvin)

DIE 120 TAGE VON SODOM (SALO, O LE 120 GIORNATE DI SODOMA) (1975, R: Pier Paolo Pasolini)

HUNDSTAGE (DOG DAY AFTERNOON) (1975, R: Sidney Lumet)

HURRICANE (HURRICANE, THE) (1999, R: Norman Jewison)

I

ICH GLAUB', MICH TRITT EIN PFERD (ANIMAL HOUSE) (1978, R: John Landis)

ICH LIEBE DICH ZU TODE (I LOVE YOU TO DEATH) (1990, R: Lawrence Kasdan)

ICH WEISS, WAS DU LETZTEN SOMMER GETAN HAST (I KNOW WHAT YOU DID LAST SUMMER) (1997, R: Jim Gillespie)

IF ... (IF...) (1968, R: Lindsay Anderson)

IHR ERSTER MANN (WATERLOO BRIDGE) (1931, R: James Whale)

IHR ERSTER MANN (WATERLOO BRIDGE)

(1940, R: Mervyn LeRoy)

IHRE MAJESTÄT MRS. BROWN
(MRS BROWN) (1997, R: John Madden)

IM AUFTRAG DES TEUFELS (DEVIL'S
ADVOCATE, THE) (1997, R: Taylor Hackford)

IM JAHR DES DRACHEN (YEAR OF THE
DRAGON) (1985, R: Michael Cimino)

IM LAND DER RAKETENWÜRMER
(TREMORS) (1990, R: Ron Underwood)

IM LAUF DER ZEIT (1975, R: Wim Wenders)

IM NAMEN DES VATERS (IN THE NAME OF
THE FATHER) (1993, R: Jim Sheridan)

IM RAUSCH DER TIEFE (BIG BLUE, THE)
(1988, R: Luc Besson)

IM SCHATTEN DES ZWEIFELS (SHADOW OF
A DOUBT) (1943, R: Alfred Hitchcock)

IM WESTEN NICHTS NEUES (ALL QIET ON THE
WESTERN FRONT) (1930, R: Lewis Milestone)

IM ZEICHEN DES BÖSEN (TOUCH OF EVIL)
(1958, R: Orson Welles)

IMMER ÄRGER MIT BERNIE (WEEKEND AT
BERNIE'S) (1989, R: Ted Kotcheff)

IMMER ÄRGER MIT HARRY (TROUBEL WITH
HARRY, THE) (1955, R: Alfred Hitchcock)

DAS IMPERIUM SCHLÄGT ZURÜCK (STAR WARS:
EPISODE V – THE EMPIRE STRIKES BACK)
(1980, R: Irvin Kershner)

IN 80 TAGEN UM DIE WELT
(AROUND THE WORLD IN 80 DAYS)
(1956, R: Michael Anderson)

IN AND OUT (IN & OUT) (1997, R: Frank Oz)

IN DEN FESSELN VON SHANGRI-LA
(LOST HORIZON) (1937, R: Frank Capra)

IN DEN KLAUEN DER BORGIA (PRINCE OF
FOXES) (1949, R: Henry King)

IN DEN SÜMPFEN (SWAMP WATER)
(1941, R: Jean Renoir)

IN DER GLUT DES SÜDENS (DAYS OF
HEAVEN) (1978, R: Terrence Malick)

IN DER HITZE DER NACHT (IN THE HEAT OF
THE NIGHT) (1967, R: Norman Jewison)

IN DER MITTE ENTSPRINGT EIN FLUSS
(RIVER RUNS THROUGH IT, A)
(1991, R: Robert Redford)

IN DIE FALLE GELOCKT (WESTERNER, THE)
(1940, R: William Wyler)

IN EINEM FERNEN LAND (FAR AND AWAY)
(1992, R: Ron Howard)

IN THE LINE OF FIRE – DIE ZWEITE CHANCE
(IN THE LINE OF FIRE)
(1993, R: Wolfgang Petersen)

INDEPENDENCE DAY (INDEPENDENCE DAY)
(1996, R: Roland Emmerich)

INDIANA JONES UND DER LETZTE KREUZZUG
(INDIANA JONES AND THE LAST CRUSADE)
(1989, R: Steven Spielberg)

INDIANA JONES UND DER TEMPEL DES TODES
(INDIANA JONES AND THE TEMPLE OF DOOM)
(1984, R: Steven Spielberg)

DAS INDISKRETE ZIMMER (L-SHAPED ROOM, THE)
(1962, R: Bryan Forbes)

INFERNO UND EKSTASE (AGONY AND THE
ECSTASY, THE) (1965, R: Carol Reed)

INTERNAL AFFAIRS (INTERNAL AFFAIRS)
(1990, R: Mike Figgis)

INTERVIEW MIT EINEM VAMPIR (INTERVIEW
WITH THE VAMPIRE) (1994, R: Neil Jordan)

INTOLERANCE (INTOLERANCE)
(1916, R: DW Griffith)

IPCRESS – STRENG GEHEIM (IPCRESS FILE,
THE) (1965, R: Sidney J. Furie)

IRRTUM IM JENSEITS (MATTER OF LIFE AND
DEATH, A) (1946, R: Michael Powell,
Emeric Pressburger)

IS' WAS, DOC? (WHAT'S UP DOC?)
(1972, R: Peter Bogdanovich)

IS' WAS, SHERIFF? (BLAZING SADDLES)
(1974, R: Mel Brooks)

ISADORA (ISADORA) (1968, R: Karel Reisz)

IST DAS LEBEN NICHT SCHÖN? (IT'S A
WONDERFUL LIFE) (1946, R: Frank Capra)

IST JA IRRE – DER DREISTE COWBOY (CARRY
ON COWBOY) (1965, R: Gerald Thomas)

**IST JA IRRE – IN DER WÜSTE FLIESST KEIN
WASSER** (FOLLOW THAT CAMEL)
(1967, R: Gerald Thomas)

IST JA IRRE – NUR NICHT DEN KOPF VERLIEREN
(DON'T LOSE YOUR HEAD)
(1967, R: Gerald Thomas)

IST JA IRRE – EIN STREIK KOMMT SELTEN ALLEIN
(CARRY ON AT YOUR CONVENIENCE)
(1971, R: Gerald Thomas)

IVANHOE – DER SCHWARZE RITTER
(IVANHOE) (1952, R: Richard Thorpe)

J

JABBERWOCKY (JABBERWOCKY)
(1977, R: Terry Gilliam)

JACK RECHNET AB (GET CARTER)
(1971, R: Mike Hodges)

JACKIE BROWN (JACKIE BROWN)
(1997, R: Quentin Tarantino)

JÄGER DES VERLORENEN SCHATZES
(RAIDERS OF THE LOST ARK)
(1981, R: Steven Spielberg)

JAGD AUF „ROTER OKTOBER"
(HUNT OF THE RED OCTOBER, THE)
(1990, R: John McTiernan)

EIN JAHR IN DER HÖLLE (YEAR OF LIVING
DANGEROUSLY, THE) (1982, R: Peter Weir)

JAMES BOND – DIAMANTENFIEBER (DIAMONDS
ARE FOREVER) (1971, R: Guy Hamilton)

JAMES BOND 007 – FEUERBALL (THUNDER
BALL) (1965, R: Terence Young)

JAMES BOND – GOLDENEYE (GOLDENEYE)
(1995, R: Martin Campbell)

JAMES BOND – GOLDFINGER (GOLDFINGER)
(1964, R: Guy Hamilton)

JAMES BOND – DER HAUCH DES TODES
(LIVING DAYLIGHT, THE) (1987, R: John Glen)

JAMES BOND 007 – IM ANGESICHT DES TODES
(VIEW TO A KILL, A) (1985, R: John Glen)

**JAMES BOND 007 – IM GEHEIMDIENST IHRER
MAJESTÄT** (ON HER MAJESTY'S SECRET
SERVICE) (1969, R: Peter Hunt)

JAMES BOND 007 – IN TÖDLICHER MISSION
(FOR YOUR EYES ONLY) (1981, R: John Glen)

JAMES BOND – LEBEN UND STERBEN LASSEN
(LIVE AND LET DIE) (1973, R: Guy Hamilton)

JAMES BOND – LIEBESGRÜSSE AUS MOSKAU
(FROM RUSSIA WITH LOVE)
(1963, R: Terence Young)

JAMES BOND – LIZENZ ZUM TÖTEN
(LICENCE TO KILL) (1989, R: John Glen)

JAMES BOND – MAN LEBT NUR ZWEIMAL
(YOU ONLY LIVE TWICE)
(1967, R: Lewis Gilbert)

**JAMES BOND – DER MANN MIT DEM
GOLDENEN COLT** (MAN WITH THE GOLDEN
GUN, THE) (1974, R: Guy Hamilton)

JAMES BOND: MOONRAKER – STRENG GEHEIM
(MOONRAKER) (1979, R: Lewis Gilbert)

JAMES BOND – DER „MORGEN" STIRBT NIE
(TOMORROW NEVER DIES)
(1997, R: Roger Spottiswoode)

JAMES BOND – 007 JAGT DR. NO
(DOCTOR NO) (1962, R: Terence Young)

JAMES BOND 007 – OCTOPUSSY
(OCTOPUSSY) (1983, R: John Glen)

JAMES BOND – DER SPION, DER MICH LIEBTE
(SPY WHO LOVED ME, THE)
(1977, R: Lewis Gilbert)

JAMES BOND 007 – DIE WELT IST NICHT GENUG
(WORLD IS NOT ENOUGH, THE)
(1999, R: Michael Apted)

JAMON, JAMON – SCHINKEN, SCHINKEN
(JAMON, JAMON)
(1992, R: José Juan Bigas Luna)

JANE EYRE (JANE EYRE)
(1996, R: Franco Zeffirelli)

JASON UND DIE ARGONAUTEN (JASON AND
THE ARGONAUTS) (1963, R: Don Chaffey)

THE JAZZ SINGER (JAZZ SINGER, THE)
(1927, R: Alan Crosland)

JEAN DE FLORETTE (JEAN DE FLORETTE)
(1986, R: Claude Berri)

JENNY (PORTRAIT OF JENNY)
(1948, R: William Dieterle)

JENSEITS DER STILLE (1996, R: Caroline Link)

JENSEITS VON AFRIKA (OUT OF AFRICA)
(1985, R: Sydney Pollack)

JENSEITS VON EDEN (EAST OF EDEN)
(1955, R: Elia Kazan)

JEREMIAH JOHNSON (JEREMIAH JOHNSON)
(1972, R: Sydney Pollack)

JERRY MAGUIRE – SPIEL DES LEBENS
(JERRY MAGUIRE) (1996, R: Cameron Crowe)

JESUS CHRIST SUPERSTAR (JESUS CHRIST
SUPERSTAR) (1973, R: Norman Jewison)

JESUS VON MONTREAL (JESUS OF
MONTREAL) (1989, R: Denys Arcand)

JFK – JOHN F. KENNEDY – TATORT DALLAS
(JFK) (1991, R: Oliver Stone)

JOHN CARPENTERS VAMPIRE (VAMPIRES)
(1998, R: John Carpenter)

JOHN CHRISTOPHER, DER FRAUENWÜRGER
VON LONDON (TEN RILLINGTON
PLACE) (1971, R: Richard Fleischer)

JUBILEE (JUBILEE) (1978, R: Derek Jarman)

JULES UND JIM (JULES ET JIM)
(1961, R: François Truffaut)

JULIA (JULIA) (1977, R: Fred Zinnemann)

JUMANJI (JUMANJI) (1995, R: Joe Johnston)

DIE JUNGFRAUENQUELLE (VIRGIN SPRING,
THE) (1959, R: Ingmar Bergman)

JUNGLE FEVER (JUNGLE FEVER)
(1991, R: Spike Lee)

JUNIOR BONNER (JUNIOR BONNER)
(1972, R: Sam Peckinpah)

JURASSIC PARK (JURASSIC PARK)
(1993, R: Steven Spielberg)

K

EIN KÄFIG VOLLER NARREN (CAGE AUX FOLLES,
LA) (1978, R: Edouard Molinaro)

KAGEMUSHA – DER SCHATTEN DES KRIEGERS
(KAGEMUSHA) (1980, R: Akira Kurosawa)

KALIFORNIA (KALIFORNIA)
(1993, R: Dominic Sena)

KALTBLÜTIG (IN COLD BLOOD)
(1967, R: Richard Brooks)

KAMPF DER WELTEN (WAR OF THE WORLDS,
THE) (1953, R: Byron Haskin)

DER KANAL (KANAL) (1956, R: Andrzej Wajda)

DIE KANONEN VON NAVARONE (GUNS OF
NAVARONE, THE) (1961, R: J. Lee Thompson)

KANONENBOOT AM YANGTSE-KIANG (SAND
PEBBLES, THE) (1966, R: Robert Wise)

KAP DER ANGST (CAPE FEAR)
(1991, R: Martin Scorsese)

KARATE KID (KARATE KID, THE)
(1984, R: John G. Avildsen)

KARUSSELL (CAROUSEL) (1956, R: Henry King)

DIE KATZE AUF DEM HEISSEN BLECHDACH
(CAT ON A HOT TIN ROOF)
(1958, R: Richard Brooks)

KATZENMENSCHEN (CAT PEOPLE)
(1982, R: Paul Schrader)

KEINE ZEIT FÜR HELDENTUM (MISTER ROBERTS)
(1955, R: John Ford, Mervyn LeRoy)

KENTUCKY FRIED MOVIE (KENTUCKY FRIED
MOVIE, THE) (1977, R: John Landis)

KES (KES) (1969, R: Ken Loach)

KEVIN – ALLEIN IN NEW YORK
(HOME ALONE 2: LOST IN NEW YORK)

(1992, R: Chris Columbus)

KEVIN – ALLEIN ZU HAUS (HOME ALONE)
(1990, R: Chris Columbus)

KILL ME AGAIN (KILL ME AGAIN)
(1989, R: John Dahl)

DIE KILLER-ELITE (KILLER ELITE, THE)
(1975, R: Sam Peckinpah)

THE KILLING FIELDS – SCHREIENDES LAND
(KILLING FIELDS, THE) (1984, R: Roland Joffe)

KILLING ZOE (KILLING ZOE)
(1994, R: Roger Avary)

KIM – GEHEIMDIENST IN INDIEN (KIM)
(1950, R: Victor Saville)

KINDER DES OLYMP (ENFANTS DU PARADIS, LES)
(1945, R: Marcel Carné)

KINDERGARTEN COP (KINDERGARTEN COP)
(1990, R: Ivan Reitman)

KING GEORGE – EIN KÖNIGREICH FÜR MEHR
VERSTAND (MADNESS OF KING GEORGE, THE)
(1994, R: Nicholas Hytner)

KING KONG (KING KONG)
(1976, R: John Guillermin)

KING KONG UND DIE WEISSE FRAU
(KING KONG) (1933, R: Merian C. Cooper,
Ernest B. Schoedsack)

THE KING OF COMEDY (KING OF COMEDY)
(1983, R: Martin Scorsese)

KING OF NEW YORK (KING OF NEW YORK)
(1990, R: Abel Ferrara)

DIE KLAPPERSCHLANGE (ESCAPE FROM
NEW YORK) (1981, R: John Carpenter)

EINE KLASSE FÜR SICH (LEAGUE OF THEIR
OWN, A) (1992, R: Penny Marshall)

KLEINE HAIE (1992, R: Sönke Wortmann)

KLEINE MORDE UNTER FREUNDEN
(SHALLOW GRAVE) (1994, R: Danny Boyle)

KLEINER LADEN VOLLER SCHRECKEN
(LITTLE SHOP OF HORRORS)
(1960, R: Roger Corman)

KLEINES HERZ IN NOT (FALLEN IDOL, THE)
(1948, R: Carol Reed)

DIE KLEINSTE SCHAU DER WELT (SMALLEST
SHOW ON EARTH, THE)
(1957, R: Basil Dearden)

DER KLIENT (CLIENT, THE)
(1994, R: Joel Schumacher)

KLUTE (KLUTE) (1971, R: Alan J. Pakula)

KNOCKIN' ON HEAVEN'S DOOR
(1997, R: Thomas Jahn)

EIN KÖDER FÜR DIE BESTIE (CAPE FEAR)
(1962, R: J. Lee-Thompson)

KÖNIG ARTUS UND DER ASTRONAUT
(SPACEMAN AND KING ARTHUR, THE)
(1979, R: Russ Mayberry)

KÖNIG DER FISCHER (FISHER KING, THE)
(1991, R: Terry Gilliam)

KÖNIG DER KÖNIGE (KING OF KINGS)
(1961, R: Nicholas Ray)

KÖNIG SALOMONS DIAMANTEN (KING

SOLOMON'S MINES) (1950, R: Compton
Bennett, Andrew Marton)

DER KÖNIG VON MARVIN GARDENS
(KING OF MARVIN GARDENS, THE)
(1972, R: Bob Rafelson)

KÖNIGIN FÜR TAUSEND TAGE (ANNE OF THE
THOUSAND DAYS) (1969, R: Charles Jarrott)

DIE KÖRPERFRESSER KOMMEN
(INVASION OF THE BODY SNATCHERS)
(1978, R: Philip Kaufman)

DER KOLOSS (AMAZING COLOSSAL MAN, THE)
(1957, R: Bert I. Gordon)

DER KOMÖDIANT (ENTERTAINER, THE)
(1960, R: Tony Richardson)

KONFLIKT DES HERZENS
(1951, R: Anthony Asquith)

DER KONTRAKT DES ZEICHNERS
(DRAUGHTMAN'S CONTRACT, THE)
(1982, R: Peter Greenaway)

KOPF HOCH – BRUST RAUS! (CARRY ON
SERGEANT) (1959, R: Gerald Thomas)

KOPFGELD (RANSOM) (1996, R: Ron Howard)

KRAMER GEGEN KRAMER (KRAMER VS
KRAMER) (1979, R: Robert Benton)

DIE KRAYS (THE KRAYS) (1990, R: Peter Medak)

KRIEG DER STERNE (STAR WARS)
(1977, R: George Lucas)

DER KRIEGER UND DIE KAISERIN
(2000, R: Tom Tykwer)

KUCK MAL, WER DA SPRICHT (LOOK WHO'S
TALKING) (1989, R: Amy Heckerling)

KÜSS MICH – DUMMKOPF (KISS ME,
STUPID) (1964, R: Billy Wilder)

KUNDUN (KUNDUN) (1997, R: Martin Scorsese)

DIE KUNST ZU LIEBEN (CARNAL KNOWLEDGE)
(1971, R: Mike Nichols)

DER KUSS VOR DEM TODE (KISS BEFORE
DYING, A) (1991, R: James Dearden)

L

L.A. CONFIDENTIAL (L. A. CONFIDENTIAL)
(1997, R: Curtis Hanson)

L.I.S.A. – DER HELLE WAHNSINN
(1985, R: John Hughes)

LACOMBE LUCIEN (LACOMBE LUCIEN)
(1974, R: Louis Malle)

DIE LADY VON SHANGHAI (LADY FROM
SHANGHAI, THE) (1948, R: Orson Welles)

LADYKILLERS (LADYKILLERS, THE)
(1955, R: Alexander Mackendrick)

DAS LÄCHELN EINER SOMMERNACHT
(1955, R: Ingmar Bergman)

DER LÄNGSTE TAG (LONGEST DAY, THE)
(1962, R: Andrew Marton,
Ken Annakin, Bernhard Wicki)

DAS LAND DES REGENBAUMS (RAINTREE
COUNTRY) (1957, R: Edward Dmytryk)

LANG LEBE NED DEVINE (WAKING NED)
(1998, R: Kirk Jones)

DER LANGE, HEISSE SOMMER (LONG, HOT SUMMER, THE) (1958, R: Martin Ritt)

LARRY FLYNT – DIE NACKTE WAHRHEIT (PEOPLE VS LARRY FLYNT, THE) (1996, R: Milos Forman)

LASST MICH LEBEN (I WANT TO LIVE) (1958, R: Robert Wise)

LAWRENCE VON ARABIEN (LAWRENCE OF ARABIA) (1962, R: David Lean)

LE MANS (LE MANS) (1971, R: Lee H Katzin)

LEAVING LAS VEGAS (LEAVING LAS VEGAS) (1995, R: Mike Figgis)

LEBE LIEBER UNGEWÖHNLICH (LIFE LESS ORDINARY, A) (1997, R: Danny Boyle)

DAS LEBEN DES BRIAN (MONTY PYTHON'S LIFE OF BRIAN) (1979, R: Terry Jones)

DAS LEBEN NACH DEM TOD IN DENVER (THINGS TO DO IN DENVER WHEN YOU'RE DEAD) (1995, R: Gary Fleder)

DAS LEBEN UND STERBEN DES COLONEL BLIMP (LIFE AND DEATH OF COLONEL BLIMP, THE) (1943, R: Michael Powell, Emeric Pressburger)

LEGENDEN DER LEIDENSCHAFT (LEGENDS OF THE FALL) (1994, R: Edward Zwick)

EINE LEICHE ZUM DESSERT (MURDER BY DEATH) (1976, R: Robert Moore)

LEMMY CAUTION GEGEN ALPHA 60 (ALPHAVILLE) (1965, R: Jean-Luc Godard)

LÉON – DER PROFI (LEON) (1994, R: Luc Besson)

DER LEOPARD (GATTOPARDO, IL) (THE LEOPARD) (1963, R: Luchino Visconti)

LETHAL WEAPON 4 – ZWEI PROFIS RÄUMEN AUF (LETHAL WEAPON IV) (1998, R: Richard Donner)

DER LETZTE ACTION HELD (LAST ACTION HERO) (1993, R: John McTiernan)

DER LETZTE BANDIT (1941, R: David Miller)

DER LETZTE BEFEHL (HORSE SOLDIERS, THE) (1959, R: John Ford)

DAS LETZTE HAUS LINKS (LAST HOUSE ON THE LEFT, THE) (1972, R: Wes Craven)

DER LETZTE KAISER (LAST EMPEROR, THE) (1987, R: Bernardo Bertolucci)

DAS LETZTE KOMMANDO (LAST DETAIL, THE) (1973, R: Hal Ashby)

DIE LETZTE MÉTRO (DERNIER METRO, LE) (THE LAST METRO) (1980, R: François Truffaut)

DER LETZTE MOHIKANER (LAST OF THE MOHICANS, THE) (1992, R: Michael Mann)

DIE LETZTE NACHT DES BORIS GRUSCHENKO (LOVE AND DEATH) (1975, R: Woody Allen)

DER LETZTE TANGO IN PARIS (LAST TANGO IN PARIS) (1972, R: Bernardo Bertolucci)

DAS LETZTE UFER (ON THE BEACH) (1959, R: Stanley Kramer)

DIE LETZTE VERSUCHUNG CHRISTI (LAST TEMPTATION OF CHRIST, THE) (1988, R: Martin Scorsese)

DIE LETZTE VORSTELLUNG (LAST PICTURE SHOW, THE) (1971, R: Peter Bogdanovich)

DIE LETZTEN AMERIKANER (SOUTHERN COMFORT) (1981, R: Walter Hill)

LETZTES JAHR IN MARIENBAD (L'ANNEE DERNIERE A MARIENBAD) (LAST YEAR IN MARIENBAD) (1961, R: Alain Resnais)

LIEBE AUF DEN ERSTEN BISS (LOVE AT FIRST BITE) (1979, R: Stan Dragoti)

LIEBE 1962 (L'ECLISSE) (1962, R: Michelangelo Antonioni)

LIEBE, TOD UND TEUFEL (ADVENTURES OF QUENTIN DURWARD, THE) (1955, R: Richard Thorpe)

LIEBENDE FRAUEN (WOMEN IN LOVE) (1969, R: Ken Russell)

DIE LIEBENDEN (AMANTS, LES) (THE LOVERS) (1958, R: Louis Malle)

DIE LIEBENDEN VON PONT-NEUF (AMANTS DU PONT NEUF, LES) (1990, R: Leos Carax)

LIGHT SLEEPER (LIGHT SLEEPER) (1992, R: Paul Schrader)

LITTLE BIG MAN (LITTLE BIG MAN) (1970, R: Arthur Penn)

LITTLE VOICE (LITTLE VOICE) (1998, R: Mark Herman)

LOCAL HERO (LOCAL HERO) (1983, R: Bill Forsyth)

DAS LOCH IN DER TÜR (The Night Comers) (1971, R: Michael Winner)

LOCKENDE VERSUCHUNG (Friendly Pervasion) (1956, R: William Wyler)

LOCKENDER LORBEER (THIS SPORTING LIFE) (1963, R: Lindsay Anderson)

LOCKERE GESCHÄFTE (RISKEY BUSINESS) (1983, R: Paul Brickman)

DER LÖWE IM WINTER (1968, R: Anthony Harvey)

LOLA RENNT (1999, R: Tom Tykwer)

LOLITA (LOLITA) (1962, R: Stanley Kubrick)

LOLITA (LOLITA) (1997, R: Adrian Lyne)

LONG RIDERS (LONG RIDERS, THE) (1980, R: Walter Hill)

LOS ANGELES – ICH LIEBE DICH (L. A. STORY) (1991, R: Mick Jackson)

LOST BOYS (LOST BOYS, THE) (1987, R: Joel Schumacher)

LOST HIGHWAY (LOST HIGHWAY) (1996, R: David Lynch)

LOVE STORY (LOVE STORY) (1970, R: Arthur Hiller)

LÜGEN UND GEHEIMNISSE (SECRETS AND LIES) (1996, R: Mike Leigh)

M

M – EINE STADT SUCHT EINEN MÖRDER (1931, R: Fritz Lang)

M*A*S*H (M*A*S*H) (1970, R: Robert Altman)

MACBETH (MACBETH) (1971, R: Roman Polanski)

MACH'S NOCHMAL, COLUMBUS (CARRY ON COLUMBUS) (1992, R: Gerald Thomas)

MACKENNA'S GOLD (MACKENNA'S GOLD) (1969, R: J. Lee Thompson)

DIE MÄCHTE DES WAHNSINNS (IN THE MOUTH OF MADNESS) (1995, R: John Carpenter)

MAD MAX (MAD MAX) (1979, R: George Miller)

MAD MAX II – DER VOLLSTRECKER (MAD MAX II: THE ROAD WARRIOR) (1981, R: George Miller)

MAD MAX – JENSEITS DER DONNERKUPPEL (MAD MAX III: BEYOND THUNDERDOME) (1985, R: George Miller)

MAGERE ZEITEN (PRIVATE FUNCTION, A) (1984, R: Malcolm Mowbray)

MAGNOLIA (MAGNOLIA) (2000, R: Paul Thomas Anderson)

MAGNOLIEN AUS STAHL (STEEL MAGNOLIAS) 1989, R: Herbert Ross)

MAHLER (MAHLER) (1974, R: Ken Russell)

MALCOLM X (MALCOLM X) (1992, R: Spike Lee)

MALLRATS (MALLRATS) (1995, R: Kevin Smith)

MAN NENNT MICH HONDO (HONDO) (1953, R: John Farrow)

MANCHE MÖGEN'S HEISS (SOME LIKE IT HOT) (1959, R: Billy Wilder)

MANHATTAN (MANHATTAN) (1979, R: Woody Allen)

MANHATTAN MURDER MYSTERY (MANHATTAN MURDER MYSTERY) (1993, R: Woody Allen)

DER MANN AUS DEM SÜDEN (SOUTHERNER, THE) (1945, R: Jean Renoir)

DER MANN AUS LARAMIE (MAN FROM LARAMIE, THE) (1955, R: Anthony Mann)

DER MANN AUS SAN FERNANDO (EVERY WHICH WAY BUT LOOSE) (1978, R: James Fargo)

MANN BEISST HUND (C'EST ARRIVÉ PRÈS DE CHEZ VOUS) (1992, R: Remy Belvaux, Andre Bonzel, Benoit Poelvoorde)

DER MANN, DEN SIE PFERD NANNTEN (MAN CALLED HORSE, A) (1970, R: Elliot Silverstein)

DER MANN, DER HERRSCHEN WOLLTE (ALL THE KING'S MEN) (1949, R: Robert Rousseau)

DER MANN, DER KÖNIG SEIN WOLLTE (MAN WHO WOULD BE KING, THE) (1975, R: John Huston)

DER MANN, DER LIBERTY VALANCE ERSCHOSS (MAN WHO SHOT LIBERTY VALANCE, THE) (1962, R: John Ford)

DER MANN, DER VOM HIMMEL FIEL (MAN WHO FELL TO THE EARTH, THE) (1976, R: Nicolas Roeg)

DER MANN, DER ZUVIEL WUSSTE (MAN WHO KNEW TOO MUCH, THE) (1956, R: Alfred Hitchcock)

DER MANN, DER ZWEIMAL LEBTE (1966, R: John Frankenheimer)

EIN MANN FÜR GEWISSE STUNDEN
(AMERICAN GIGOLO) (1980, R: Paul Schrader)

DER MANN IM HINTERGRUND (SOMEONE TO
WATCH OVER ME) (1987, R: Ridley Scott)

DER MANN IN DER SCHLANGENHAUT
(FUGITIVE KIND, THE) (1959, R: Sidney Lumet)

EIN MANN IN DER WILDNIS (MAN IN THE
WILDERNESS) (1971, R: Richard C. Sarafian)

DER MANN MIT DEN RÖNTGENAUGEN
(X: THE MAN WITH X-RAY EYES)
(1963, R: Roger Corman)

DER MANN MIT DER EISERNEN MASKE (MAN IN
THE IRON MASK, THE) (1939, R: James Whale)

DER MANN MIT DER EISERNEN MASKE
(MAN IN THE IRON MASK, THE)
(1998, R: Randall Wallace)

DER MANN MIT DER TODESKRALLE (ENTER THE
DRAGON) (1973, R: Robert Clouse)

DER MANN MIT ZWEI GEHIRNEN (MAN WITH
TWO BRAINS, THE) (1983, R: Carl Reiner)

DER MANN OHNE GESICHT (MAN WITHOUT A
FACE, THE) (1993, R: Mel Gibson)

EIN MANN SIEHT ROT (DEATH WISH)
(1974, R: Michael Winner)

EIN MANN WIRD GEJAGT (CHASE, THE)
(1966, R: Arthur Penn)

EIN MANN ZU JEDER JAHRESZEIT (MAN FOR ALL
SEASONS, A) (1966, R: Fred Zinnemann)

MANONS RACHE (MANON DES SOURCES)
(1986, R: Claude Berri)

MANTA, MANTA (1991, R: Wolfgang Büld)

MANUEL (CAPTAINS COURAGEOUS)
(1937, R: Victor Fleming)

MARATHON-MANN (MARATHON MAN, DER
(1976, R: John Schlesinger)

MARIA STUART, KÖNIGIN VON SCHOTTLAND
(1971, R: Charles Jarrott)

MARIA WALEWSKA (CONQUEST)
(1937, R: Clarence Brown)

MARNIE (MARNIE) (1964, R: Alfred Hitchcock)

MARS ATTACKS! (MARS ATTACKS!)
(1996, R: Tim Burton)

DER MARSHAL (TRUE GRIT)
(1969, R: Henry Hathaway)

DIE MARX BROTHERS: EIN TAG BEIM RENNEN
(A DAY AT THE RACES) (1937, R: Sam Wood)

DIE MARX BROTHERS: GO WEST (GO WEST)
(1940, R: Edward Buzzell)

DIE MARX BROTHERS IM KRIEG (DUCK SOUP)
(1933, R: Leo McCarey)

DIE MASKE (MASK, THE)
(1994, R: Charles Russell)

MASKIERTE HERZEN (SUDDEN FEAR)
(1952, R: David Miller)

MASSAI (APACHE) (1954, R: Robert Aldrich)

MATINEE (MATINEE) (1993, R: Joe Dante)

MATRIX (MATRIX, THE)
(1999, R: Andy Wachowski, Larry Wachowski)

MAURICE (MAURICE) (1987, R: James Ivory)

MAXIMUM RISK (MAXIMUM RISK)
(1996, R: Ringo Lam)

McCABE & MRS. MILLER (McCABE AND
MRS MILLER) (1971, R: Robert Altman)

MEDITERRANEO (MEDITERRANEO)
(1991, R: Gabriele Salvatores)

MEIN BRUDER KAIN (RAISING CAIN)
(1992, R: Brian De Palma)

MEIN ESSEN MIT ANDRÉ (MY DINNER WITH
ANDRÉ) (1981, R: Louis Malle)

MEIN FREUND, DER OTTER (RING OF BRIGHT
WATER) (1969, R: Jack Couffer)

MEIN GROSSER FREUND SHANE (SHANE)
(1953, R: George Stevens)

MEIN LEBEN IST DER RHYTHMUS (KING CREOLE)
(1958, R: Michael Curtiz)

MEIN LINKER FUSS (MY LEFT FOOT)
(1989, R: Jim Sheridan)

MEIN WUNDERBARER WASCHSALON
(MY BEAUTIFUL LAUNDRETTE)
(1985, R: Stephen Frears)

MEINE BRAUT IST ÜBERSINNLICH (BELL, BOOK
AND CANDLE) (1958, R: Richard Quine)

MEINE BRILLANTE KARRIERE (MY BRILLIANT
CAREER) (1979, R: Gillian Armstrong)

MEINE LIEBE RABENMUTTER (MOMMIE
DEAREST) (1981, R: Frank Perry)

MEINE LIEDER — MEINE TRÄUME (SOUND OF
MUSIC, THE) (1965, R: Robert Wise)

MEINE NACHT BEI MAUD (MA NUIT CHEZ MAUD)
(MY NIGHT WITH MAUD)
(1969, R: Eric Rohmer)

MEL BROOKS: HÖHENKOLLER (HIGH ANXIETY)
(1977, R: Mel Brooks)

MEN IN BLACK (MEN IN BLACK)
(1997, R: Barry Sonnenfeld)

MENSCHEN OHNE SEELE (UNION STATION)
(1950, R: Rudolph Maté)

DAS MESSER AM UFER (RIVER'S EDGE)
(1986, R: Tim Hunter)

METROPOLIS (1927, R: Fritz Lang)

MEUTEREI AUF DER BOUNTY (MUTINY ON THE
BOUNTY) (1935, R: Frank Lloyd)

MEUTEREI AUF DER BOUNTY (MUTINY ON THE
BOUNTY) (1962, R: Lewis Milestone,
Carol Reed, George Seaton)

MICHAEL COLLINS (MICHAEL COLLINS)
(1996, R: Neil Jordan)

MIDNIGHT RUN — FÜNF TAGE BIS MITTERNACHT
(MIDNIGHT RUN) (1988, R: Martin Brest)

MILAGRO — DER KRIEG IM BOHNENFELD
(MILARGO BEANFIELD WAR, THE)
(1988, R: Robert Redford)

MILLER'S CROSSING (MILLER'S CROSSING)
(1990, R: Joel Coen)

DAS MILLIARDEN-DOLLAR-GEHIRN (BILLION
DOLLAR BRAIN) (1967, R: Ken Russell)

THE MILLION DOLLAR HOTEL
(2000, R: Wim Wenders)

MISERY (MISERY) (1990, R: Rob Reiner)

MISS DAISY UND IHR CHAUFFEUR (DRIVING
MISS DAISY) (1989, R: Bruce Beresford)

MISSION (MISSION, THE) (1986, R: Roland Joffé)

MISSION: IMPOSSIBLE (MISSION: IMPOSSIBLE)
(1996, R: Brian De Palma)

MISSION: IMPOSSIBLE 2 (MISSION:
IMPOSSIBLE II) (1999, R: John Woo)

**MISSISSIPPI BURNING — DIE WURZELN DES
HASSES** (MISSISSIPPI BURNING)
(1988, R: Alan Parker)

MISSWAHL AUF ENGLISCH (CARRY ON
GIRLS) (1973, R: Gerald Thomas)

MISTER MILLER IST KEIN KILLER (THE BATTLE OF
THE SEXES) (1960, R: Charles Crichton)

MO' BETTER BLUES (MO' BETTER BLUES)
(1990, R: Spike Lee)

MOBY DICK (MOBY DICK) (1956, R: John Huston)

MODESTY BLAISE — DIE TÖDLICHE LADY
(MODESTY BLAISE) (1966, R: Joseph Losey)

MÖRDER AHOI (MURDER AHOY)
(1964, R: George Pollock)

MOGAMBO (MOGAMBO) (1953, R: John Ford)

MON ONCLE (MY UNCLE) (1956, R: Jacques Tati)

MONA LISA (MONA LISA) (1986, R: Neil Jordan)

DER MONDMANN (MAN ON THE MOON)
(1999, R: Milos Forman)

MONDSÜCHTIG (MOONSTRUCK)
(1987, R: Norman Jewison)

MONTE CARLO RALLYE (MONTE CARLO OR BUST)
(1969, R: Ken Annakin)

MONTY PYTHON'S DER SINN DES LEBENS
(MONTY PYTHON'S THE MEANING OF LIFE)
(1983, R: Terry Jones)

MORD (FOREIGN CORRESPONDENT)
(1940, R: Alfred Hitchcock)

MORD IM ORIENT-EXPRESS (MURDER ON THE
ORIENT EXPRESS) (1974, R: Sidney Lumet)

MORD IM WEISSEN HAUS (MURDER AT 1600)
(1997, R: Dwight H. Little)

MORD MIT KLEINEN FEHLERN (SLEUTH)
(1972, R: Joseph L. Mankiewicz)

MOSQUITO COAST (MOSQUITO COAST, THE)
(1986, R: Peter Weir)

MOULIN ROUGE (MOULIN ROUGE)
(1952, R: John Huston)

MR. SMITH GEHT NACH WASHINGTON
(MR SMITH GOES TO WASHINGTON)
(1939, R: Frank Capra)

**MRS. DOUBTFIRE — DAS STACHELIGE
KINDERMÄDCHEN** (MRS DOUBTFIRE)
(1993, R: Chris Columbus)

DIE MUMIE (MUMMY, THE)
(1999, R: Stephen Sommers)

MURDER IN THE FIRST (MURDER IN THE FIRST)
(1995, R: Marc Rocco)

MURIELS HOCHZEIT (MURIEL'S WEDDING)
(1994, R: P. J. Hogan)

DER MUSTERSCHÜLER (APT PUPIL)
(1998, R: Bryan Singer)

MY GIRL – MEINE ERSTE LIEBE (MY GIRL)
(1991, R: Howard Zieff)

MY PRIVATE IDAHO (MY OWN PRIVATE IDAHO)
(1991, R: Gus Van Sant)

MYSTERY TRAIN (MYSTERY TRAIN)
(1989, R: Jim Jarmusch)

N

NACH FÜNF IM URWALD
(1996, R: Hans-Christian Schmid)

DIE NACHT DER LEBENDEN TOTEN
(NIGHT OF THE LIVING DEAD)
(1968, R: George A. Romero)

DIE NACHT DES LEGUANS (NIGHT OF THE
IGUANA) (1964, R: John Huston)

DIE NACHT MIT DEM TEUFEL (VISITEUR DU
SOIR, LES) (THE DEVIL'S ENVOYS)
(1942, R: Marcel Carné)

DER NACHTPORTIER (NIGHT PORTER, THE)
(1974, R: Liliana Cavani)

NACHTS UNTERWEGS (THEY DRIVE BY NIGHT)
(1940, R: Raoul Walsh)

NACKT (NACKED) (1993, R: Mike Leigh)

DIE NACKTE KANONE (NAKED GUN: FROM
THE FILES OF POLICE SQUAD!)
(1988, R: David Zucker)

DIE NACKTE KANONE 33 1/3 (NAKED GUN
33 1/3: FINAL INSULT,THE)
(1994, R: Peter Segal)

DIE NACKTE STADT (NAKED CITY, THE)
(1948, R: Jules Dassin)

NÄCHTE DES GRAUENS (PLAGUE OF
THE ZOMBIES) (1966, R: John Gilling)

NÄRRISCHE WEIBER (FOOLISH WIVES)
(1921, R: Erich von Stroheim)

NAKED LUNCH (NACKED LUNCH, THE)
(1991, R: David Cronenberg)

DER NAME DER ROSE (NAME OF THE ROSE, THE)
(1986, R: Jean-Jacques Annaud)

NASHVILLE (NASHVILLE)
(1975, R: Robert Altman)

NASHVILLE LADY (COAL MINER'S DAUGHTER,
THE) (1980, R: Michael Apted)

NATURAL BORN KILLERS (NATURAL BORN
KILLERS) (1994, R: Oliver Stone)

NAZARIN (NAZARIN) (1958, R: Luis Buñuel)

DAS NERVENBÜNDEL (PRISOBNER OF SECOND
AVENUE) (975, R: Melvin Frank)

NESSIE – DAS GEHEIMNIS VON LOCH NESS
(LOCH NESS) (1995, R: John Henderson)

NETWORK (NETWORK) (1976, R: Sidney Lumet)

DAS NETZ (NET, THE) (1995, R: Irwin Winkler)

9 1/2 WOCHEN (NINE AND A HALF WEEKS)
(1986, R: Adrian Lyne)

39 STUFEN (39 STEPS, THE)
(1935, R: Alfred Hitchcock)

DIE 39 STUFEN (1978, R: Don Sharp)

1900 (1900) (1976, R: Bernardo Bertolucci)

1984 (NINGTEEN EIGHTY-FOUR)
(1984, R: Michael Radford)

NEW JACK CITY (NEW JACK CITY)
(1991, R: Mario Van Peebles)

NEW YORK, NEW YORK (NEW YORK,
NEW YORK) (1977, R: Martin Scorsese)

NEW YORKER GESCHICHTEN (NEW YORK
STORIES) (1989, R: Martin Scorsese,
Francis Coppola, Woody Allen)

NIAGARA (NIAGARA) (1953, R: Henry Hathaway)

NICHT GESELLSCHAFTSFÄHIG (MISFITS, THE)
(1961, R: John Huston)

NICHT SO TOLL, SÜSSER (CARRY ON REGARDLESS)
(1961, R: Gerald Thomas)

NIGHTMARE – MÖRDERISCHE TRÄUME
(NIGHTMARE ON ELM STREET, A)
(1984, R: Wes Craven)

NIXON (NIXON) (1995, R: Oliver Stone)

NO WAY OUT – ES GIBT KEIN ZURÜCK
(NO WAY OUT) (1987, R: Roger Donaldson)

NOCH DREI MÄNNER, NOCH EIN BABY
(THREE MEN AND A BABY)
(1987, R: Leonard Nimoy)

NOCHMAL SO WIE LETZTE NACHT
(ABOUT LAST NIGHT) (1986, R: Edward Zwick)

NORDWEST-PASSAGE (NORTHWEST PASSAGE)
(1940, R: King Vidor)

NOSFERATU – EINE SYMPHONIE DES GRAUENS
(NOSFERATU) (1922, R: F. W. Murnau)

NOSFERATU – PHANTOM DER NACHT
(NOSFERATU THE VAMPYRE)
(1979, R: Werner Herzog)

NOSFERATU IN VENEDIG
(1986, R: Augusto Caminito)

NOTTING HILL (NOTTING HILL)
(1999, R: Roger Michell)

NUMMER 5 LEBT (SHORT CIRCUIT)
(1986, R: John Badham)

EINE NUMMER ZU GROSS (A HOLE IN THE HEAD)
(1959, R: Frank Capra)

NUR 48 STUNDEN (48 HOURS)
(1982, R: Walter Hill)

NUR DIE SONNE WAR ZEUGE (PLEIN SOLEIL)
(1960, R: René Clément)

NUR EIN HAUCH GLÜCKSELIGKEIT (A KIND OF
LOVING) (1962, R: John Schlesinger)

NUR MEINER FRAU ZULIEBE
(MR BLANDINGS BUILDS HIS DREAM HOUSE)
(1948, R: H. C. Potter)

NUR NICHT MILLIONÄR SEIN (CLAMBAKE)
(1967, R: Arthur H. Nadel)

NUR NOCH 72 STUNDEN (MADIGAN)
(1968, R: Donald Siegel)

NUR PFERDEN GIBT MAN DEN GNADENSCHUSS

(THEY SHOOT HORSES, DON'T THEY?)
(1969, R: Sydney Pollack)

NUR SAMSTAG NACHT (STAURDAY NIGHT
FEVER) (1977, R: John Badham)

O

OB BLOND, OB BRAUN (IT HAPPENED AT THE
WORLD'S FAIR) (1963, R: Norman Taurog)

DIE OBEREN ZEHNTAUSEND (HIGH SOCIETY)
(1956, R: Charles Walters)

EIN OFFIZIER UND GENTLEMAN (OFFICER AND A
GENTLEMAN, AN) (1982, R: Taylor Hackford)

OH! WHAT A LOVELY WAR (OH! WHAT A LOVELY
WAR) (1969, R: Richard Attenborough)

OKLAHOMA! (OKLAHOMA!)
(1955, R: Fred Zinnemann)

DAS OMEN (OMEN, THE)
(1976, R: Richard Donner)

OPERATION: BROKEN ARROW
(BROKEN ARROW) (1996, R: John Woo)

OPFER DER UNTERWELT (D.O.A.)
(1950, R: Rudolph Maté)

ORLANDO (ORLANDO) (1993, R: Sally Potter)

ORPHÉE (ORPHEE) (1949, R: Jean Cocteau)

OSCAR WILDE (WILDE) (1998, R: Brian Gilbert)

OTHELLO (OTHELLO) (1986, R: Franco Zeffirelli)

OTHELLO (OTHELLO) (1951, R: Orson Welles)

OTHELLO (OTHELLO) (1995, R: Oliver Parker)

OTTO, ZIEH' DIE BREMSE AN! (OH MR PORTER)
(1937, R: Marcel Varnel)

OUT OF SIGHT (OUT OF SIGHT)
(1998, R: Steven Soderbergh)

OUTBREAK – LAUTLOSE KILLER (OUTBREAK)
(1995, R: Wolfgang Petersen)

DIE OUTSIDERS (OUTSIDERS, THE)
(1983, R: Francis Ford Coppola)

P

PAL JOEY (PAL JOEY) (1957, R: George Sidney)

PALE RIDER – DER NAMENLOSE REITER
(PALE RIDER) (1985, R: Clint Eastwood)

PANDORA UND DER FLIEGENDE HOLLÄNDER
(PANDORA AND THE FLYING DUTCHMAN)
(1951, R: Albert Lewin)

PANIK AM ROTEN FLUSS (RED RIVER)
(1948, R: Howard Hawks)

PANIK IN NEW YORK (BEAST FROM TWENTY
THOUSAND FATHOMS, THE)
(1953, R: Eugene Lourié)

PANTHER (PANTHER)
(1995, R: Mario Van Peebles)

PANZERKREUZER POTEMKIN (BATTLESHIP
POTEMKIN) (1925, R: Sergej Eisenstein)

PAPER MOON (PAPER MOON)
(1973, R: Peter Bogdanovich)

PAPILLON (PAPILLON)
(1973, R: Franklin J. Schaffner)

PARASITEN-MÖRDER (SHIVERS)
(1975, R: David Cronenberg)

PARIS, TEXAS (PARIS, TEXAS)
(1984, R: Wim Wenders)

PASOLINIS TOLLDREISTE GESCHICHTEN
(CANTERBURY TALES, THE)
(1971, R: Pier Paolo Pasolini)

PASSION FISH (PASSION FISH)
(1992, R: John Sayles)

PAT GARRETT JAGT BILLY THE KID (PAT GARRETT
AND BILLY THE KID) (1973, R: Sam Peckinpah)

DER PATE (GODFATHER, THE)
(1972, R: Francis Ford Coppola)

DER PATE – TEIL II (GODFATHER, PART II, THE)
(1974, R: Francis Ford Coppola)

DER PATE III (GODFATHER, PART III, THE)
(1990, R: Francis Ford Coppola)

PATTON – REBELL IN UNIFORM (PATTON)
(1970, R: Franklin Schaffner)

PEE-WEE'S IRRE ABENTEUER (PEE-WEE'S BIG
ADVENTURE) (1985, R: Tim Burton)

PEGGY SUE HAT GEHEIRATET (PEGGY SUE GOT
MARRIED) (1986, R: Francis Coppola)
(1994, R: Glenn Gordon Caron)

PERFECT LOVE AFFAIR (LOVE AFFAIR)
(1994, R: Glenn Gordon Caron)

PERFECT WORLD (PERFECT WORLD, A)
(1993, R: Clint Eastwood)

PERFORMANCE (PERFORMANCE)
(1970, R: Nicolas Roeg, Donald Cammell)

PERSONA (PERSONA) (1966, R: Ingmar Bergman)

PETER'S FRIENDS (PETER'S FRIENDS)
(1992, R: Kenneth Branagh)

DER PFANDLEIHER (PANNBROKER, THE)
(1965, R: Sidney Lumet)

DIE PHANTASTISCHE REISE (FANTASTIC VOYAGE,
THE) (1966, R: Richard Fleischer)

DAS PHANTOM IM PARADIES (PHANTOM OF
THE PARADISE) (1974, R: Brian De Palma)

PHILADELPHIA (PHILADELPHIA)
(1993, R: Jonathan Demme)

DAS PIANO (PIANO, THE)
(1993, R: Jane Campion)

PICKNICK (PICNIC) (1955, R: Joshua Logan)

PICKNICK AM VALENTINSTAG (PICNIC AT
HANGING ROCK) (1975, R: Peter Weir)

PINK FLAMINGOS (PINK FLAMINGOS)
(1972, R: John Waters)

PINK FLOYD – THE WALL (PINK FLOYD:
THE WALL) (1982, R: Alan Parker)

PLAN 9 AUS DEM WELTALL (PLAN 9 FROM
OUTER SPACE) (1958, R: Edward D. Wood Jr.)

PLANET DER AFFEN (PLANET OF THE APES)
(1968, R: Franklin Schaffner)

PLATOON (PLATOON) (1986, R: Oliver Stone)

EIN PLATZ AN DER SONNE (PLACE IN THE
SUN, THE) (1951, R: George Stevens)

THE PLAYER (PLAYER, THE)
(1992, R: Robert Altman)

PLEASANTVILLE (PLEASANTVILLE)
(1998, R: Gary Ross)

POINT BLANK (POINT BLACK)
(1967, R: John Boorman)

POLTERGEIST (POLTERGEIST)
(1982, R: Tobe Hooper)

PREDATOR (PREDATOR)
(1987, R: John McTiernan)

PREDATOR II (PREDATOR II)
(1990, R: Stephen Hopkins)

PRETTY BABY (PRETTY BABY)
(1978, R: Louis Malle)

PRETTY IN PINK (PRETTY IN PINK)
(1986, R: Howard Deutch)

PRETTY WOMAN (PRETTY WOMAN)
(1990, R: Garry Marshall)

PRICK UP YOUR EARS (PRICK UP YOUR EARS)
(1987, R: Stephen Frears)

DER PRINZ UND DIE TÄNZERIN
(PRINCE AND THE SHOWGIRL, THE)
(1957, R: Laurence Olivier)

PRISCILLA, KÖNIGIN DER WÜSTE
(ADVENTURES OF PRISCILLA, QUEEN OF
THE DESERT, THE) (1994, R: Stephan Elliott)

DAS PRIVATLEBEN DES SHERLOCK HOLMES
(PRICATE LIFE OF SHERLOCK HOLMES, THE)
(1970, R: Billy Wilder)

DER PROZESS (TRIAL, THE)
(1962, R: Orson Welles)

PSYCHO (PSYCHO) (1960, R: Alfred Hitchcock)

PSYCHO (PSYCHO) (1998, R: Gus Van Sant)

PSYCHO II (1983, R: Richard Franklin)

PSYCHO III (1986, R: Anthony Perkins)

PULP FICTION (PULP FICTION)
(1994, R: Quentin Tarantino)

THE PURPLE ROSE OF CAIRO (PURPLE ROSE
OF CAIRO, THE) (1985, R: Woody Allen)

Q

QUADROPHENIA (QUADROPHENIA)
(1979, R: Franc Roddam)

QUIZ SHOW (QUIZ SHOW)
(1994, R: Robert Redford)

R

RABID – DER BRÜLLENDE TOD (RABID)
(1976, R: David Cronenberg)

DIE RACHE DER SCHWARZEN SPINNE
(SPIDER, THE) (1958, R: Bert I. Gordon)

DIE RACHE DES WÜRGERS (BRIDE OF THE
MONSTER) (1955, R: Edward Wood Jr)

RADIO DAYS (RADIO DAYS)
(1987, R: Woody Allen)

DER RÄCHER IM LILA MANTEL (MOONRAKER,
THE) (1958, R: David MacDonald)

RAIN MAN (RAIN MAN) (1988, R: Barry Levinson)

RAINING STONES (RAINING STONES)
(1993, R: Ken Loach)

RAMBO II – DER AUFTRAG
(RAMBO: FIRST BLOOD PART II)
(1985, R: George Pan Cosmatos)

RAN (RAN) (1985, R: Akira Kurosawa)

RATTENNEST (KISS ME DEADLY)
(1955, R: Robert Aldrich)

REBECCA (REBECCA) (1940, R: Alfred Hitchcock)

DER REGENMACHER (RAINMAKER, THE)
(1997, R: Francis Ford Coppola)

DAS REICH DER SONNE (EMPIRE OF THE SUN)
(1987, R: Steven Spielberg)

REICHTUM IST KEINE SCHANDE (JERK, THE)
(1979, R: Carl Reiner)

DIE REIFEPRÜFUNG (GRADUATE, THE)
(1967, R: Mike Nichols)

REINE NERVENSACHE (ANALYZE THIS)
(1999, R: Harold Ramis)

REISE AUS DER VERGANGENHEIT (NOW
VOYAGER) (1942, R: Irving Rapper)

DIE REISE INS ICH (INNERSPACE)
(1987, R: Joe Dante)

REISE NACH INDIEN (PASSAGE TO INDIA)
(1984, R: David Lean)

DIE REISE ZUM MITTELPUNKT DER ERDE
(JOURNEY TO THE CENTRE OF THE EARTH)
(1959, R: Henry Levin)

REISEN MIT MEINER TANTE (TRAVELS WITH
MY AUNT) (1972, R: George Cukor)

RENDEZVOUS MIT JOE BLACK (MEET JOE BLACK)
(1998, R: Martin Brest)

THE REPLACEMENT KILLERS (REPLACEMENT
KILLERS, THE) (1998, R: Antoine Fuqua)

REPORTER DES SATANS (ACE IN THE HOLE)
(1951, R: Billy Wilder)

RESERVOIR DOGS – WILDE HUNDE (RESERVOIR
DOGS) (1992, R: Quentin Tarantino)

REVOLUTION (REVOLUTION)
(1985, R: Hugh Hudson)

RICHARD III. (RICHARD III)
(1995, R: Richard Loncraine)

RIFIFI AM KARFREITAG (LONG GOOD FRIDAY,
THE) (1980, R: John Mackenzie)

RINGO (Stagecoach) (1939, R: John Ford)

RIO BRAVO (RIO BRAVO)
(1959, R: Howard Hawks)

RIO GRANDE (RIO GRANDE) (1950, R: John Ford)

RITA WILL ES ENDLICH WISSEN (EDUCATING RITA)
(1983, R: Lewis Gilbert)

RITT ZUM OX-BOW (1943, R: William A. Wellman)

DIE RITTER DER KOKOSNUSS (MONTY PYTHON
AND THE HOLY GRAIL)
(1975, R: Terry Gilliam, Terry Jones)

DIE RITTER DER TAFELRUNDE (KNIGHTS OF THE
ROUND TABLE) (1953, R: Richard Thorpe)

RIVALEN (Kings go Forth)
(1958, R: Delmer Daves)

ROB ROY (ROB ROY)
(1995, R: Michael Caton-Jones)

ROBIN HOOD – KÖNIG DER DIEBE
(ROBIN HOOD, PRINCE OF THIEVES)
(1991, R: Kevin Reynolds)

ROBIN HOOD, DER KÖNIG DER VAGABUNDEN
(1938, R: William Keighley, Michael Curtiz)

**ROBIN HOOD – EIN LEBEN FÜR RICHARD
LÖWENHERZ** (ROBIN HOOD)
(1991, R: John Irvin)

ROBOCOP – DAS GESETZ IN DER ZUKUNFT
(ROBOCOP) (1987, R: Paul Verhoeven)

ROBOCOP 2 (ROBOCOP 2)
(1990, R: Irvin Kershner)

ROBOCOP 3 (ROBOCOP 3)
(1993, R: Fred Dekker)

ROBOT MONSTER (ROBOT MONSTER)
(1953, R: Phil Tucker)

THE ROCK – FELS DER ENTSCHEIDUNG
(ROCK, THE) (1996, R: Michael Bay)

ROCKY (ROCKY) (1976, R: John G. Avildsen)

ROCKY II (ROCKY II) (1979, R: Sylvester Stallone)

ROCKY III (ROCKY III)
(1982, R: Sylvester Stallone)

ROCKY IV – DER KAMPF DES JAHRHUNDERTS
(ROCKY IV) (1985, R: Sylvester Stallone)

ROCKY V (ROCKY V) (1990, R: John G. Avildsen)

DIE ROCKY HORROR PICTURE SHOW
(ROCKY HORROR PICTURE SHOW, THE)
(1975, R: Jim Sharman)

ROLLERBALL (ROLLERBALL)
(1975, R: Norman Jewison)

ROM, STATION TERMINI (INDISCRETION OF AN
AMERICAN WIFE) (1953, R: Vittorio De Sica)

ROMEO UND JULIA (ROMEO AND JULIET)
(1968, R: Franco Zeffirelli)

ROMEO & JULIA (ROMEO AND JULIET)
(1996, R: Baz Luhrmann)

ROMPER STOMPER (ROMPER STOMPER)
(1992, R: Geoffrey Wright)

DER ROSAROTE PANTHER (PINK PANTHER, THE)
(1963, R: Blake Edwards)

ROSEMARIES BABY (ROSEMARY'S BABY)
(1968, R: Roman Polanski)

DER ROSENKRIEG (WAR OF THE ROSES, THE)
1989, R: Danny DeVito)

ROSSINI (ROSSINI) (1997, R: Helmut Dietl)

DIE ROTE LOLA (STAGE FRIGHT)
(1950, R: Alfred Hitchcock)

DER ROTE KORSAR (CRIMSON PIRATE, THE)
(1952, R: Robert Siodmak)

ROTE LATERNE (RAISE THE RED LANTERN)
(1991, R: Zhang Yimou)

DIE ROTE TAPFERKEITSMEDAILLE (RED BADGE
OF COURAGE, THE) (1951, R: John Huston)

DIE ROTE WÜSTE (DESERTO ROSSO, IL)
(THE RED DESERT)
(1964, R: Michelangelo Antonioni)

DIE ROTEN SCHUHE (RED SHOES, THE)
(1948, R: Michael Powell, Emeric Pressburger)

ROUNDERS (ROUNDERS) (1998, R: John Dahl)

ROXANNE (ROXANNE) (1987, R: Fred Schepisi)

DIE RÜCKKEHR DER JEDI-RITTER (RETURN OF
THE JEDI) (1983, R: Richard Marquand)

DIE RÜCKKEHR DER MUSKETIERE (RETURN
OF THE MUSKETEERS, THE) (1989,
R: Richard Lester)

RUHELOSE LIEBE (LOVE AFFAIR)
(1939, R: Leo McCarey)

RUMBLEFISH (RUMBLE FISH)
(1983, R: Francis Ford Coppola)

RUSH HOUR (RUSH HOUR)
(1998, R: Brett Ratner)

RYAN'S TOCHTER (RYAN'S DAUGHTER)
(1970, R: David Lean)

S

SABOTAGE (SABOTAGE)
(1936, R: Alfred Hitchcock)

SABOTEURE (SABOTEUR)
(1942, R: Alfred Hitchcock)

SABRINA (SABRINA) (1954, R: Billy Wilder)

SABRINA (SABRINA) (1995, R: Sydney Pollack)

EINE SACHLICHE ROMANZE (AWFULLY BIG
ADVENTURE, AN) (1995, R: Mike Newell)

SACRAMENTO (RIDE THE HIGH COUNTRY)
(1962, R: Sam Peckinpah)

SADISTICO (PLAY MISTY FOR ME)
(1971, R: Clint Eastwood)

SAG NIEMALS NIE (NEVER SAY NEVER AGAIN)
(1983, R: Irvin Kershner)

THE SAINT – DER MANN OHNE NAMEN
(THE SAINT) (1997, R: Phillip Noyce)

SAMSTAGNACHT BIS SONNTAGMORGEN
(SATURDAY NIGHT AND SUNDAY MORNING)
(1960, R: Karel Reisz)

ST. PAULI NACHT (1999, R: Sönke Wortman)

SAYONARA (SAYONARA) (1957, R: Joshua Logan)

SCANDAL (SCANDAL)
(1989, R: Michael Caton-Jones)

SCANNERS – IHRE GEDANKEN KÖNNEN TÖTEN
(SCANNERS) (1980, R: David Cronenberg)

SCARFACE (SCARFACE) (1983, R: Brian De Palma)

SCHACH DEM TEUFEL (BEST THE DEVIL)
(1954, R: John Huston)

DER SCHAKAL (DAY OF THE JACKAL)
(1973, R: Fred Zinnemann)

SCHARF BEOBACHTETE ZÜGE (CLOSELY
OBSERVED TRAINS) (1966, R: Jiri Menzel)

SCHATTEN DER VERGANGENHEIT (DEAD AGAIN)
(1991, R: Kenneth Branagh)

DER SCHATZ DER SIERRA MADRE
(TREASURE OF THE SIERRA MADRE, THE)
(1948, R: John Huston)

DIE SCHATZINSEL (TREASURE ISLAND, THE)
(1950, R: Byron Haskin)

SCHIESSEN SIE AUF DEN PIANISTEN (TIREZ SUR
LE PIANISTE) (1960, R: François Truffaut)

SCHINDLERS LISTE (SCHINDLER'S LIST)
(1993, R: Steven Spielberg)

SCHLACHT UM ALGIER (BATTAGLIA DI ALGERI, LA)
(BATTLE OF ALGIER) (1965, R: Gillo Pontecorvo)

DER SCHLACHTER (BOUCHER, LE)
(1969, R: Claude Chabrol)

DER SCHLÄFER (SLEEPER) (1973, R: Woody Allen)

SCHLAFES BRUDER (1995, R: Joseph Vilsmaier)

SCHLAFLOS IN SEATTLE (SLEEPLESS IN SEATTLE)
(1993, R: Nora Ephron)

SCHLAGENDE WETTER (HOW GREEN WAS
MY VALLEY) (1941, R: John Ford)

SCHLOSS DES SCHRECKENS (INNOCENTS, THE)
(1961, R: Jack Clayton)

DAS SCHLOSS IM SPINNWEBWALD (THRONE
OF BLOOD) (1957, R: Akira Kurosawa)

DER SCHMALE GRAT (THIN RED LINE, THE)
(1998, R: Terrence Malick)

SCHMEISS' DIE MAMA AUS DEM ZUG
(THROW MOMMA FROM THE TRAIN)
(1987, R: Danny DeVito)

SCHNAPPT SHORTY (GET SHORTY)
(1995, R: Barry Sonnenfeld)

SCHOCK (QUATERMASS EXPERIMENT, THE)
(1955, R: Val Guest)

DER SCHRECKEN VOM AMAZONAS
(CREATURE FROM THE BLACK LAGOON, THE)
(1954, R: Jack Arnold)

DAS SCHRECKENSKABINETT DES DR. PHIBES
(ABOMINABLE DR PHIBES, THE)
(1971, R: Robert Fuest)

DER SCHREI NACH FREIHEIT (CRY FREEDOM)
(1987, R: Richard Attenborough)

SCHREIE UND FLÜSTERN (CRIES AND
WHISPERS) (1972, R: Ingmar Bergman)

EIN SCHUSS IM DUNKELN (A SHOT IN THE
DARK) (1964, R: Blake Edwards)

DER SCHWAN (SWAN, THE)
(1956, R: Charles Vidor)

DER SCHWARZE FALKE (SEARCHERS, THE)
(1956, R: John Ford)

DIE SCHWARZE FÜCHSIN (GONE TO EARTH)
(1950, R: Michael Powell, Emeric Pressburger)

SCHWARZE NARZISSE (BLACK NARCISSUS)
(1947, R: Michael Powell, Emeric Pressburger)

DIE SCHWARZE NATTER (DARK PASSAGE)
(1947, R: Delmer Daves)

DAS SCHWEIGEN DER LÄMMER (SILENCE OF THE
LAMBS) (1991, R: Jonathan Demme)

SCHWEIGENDE LIPPEN (JOHNNY BELINDA)
(1948, R: Jean Negulesco)

SCHWEINCHEN BABE IN DER GROSSEN STADT
(BABE: PIG IN THE CITY)
(1998, R: George Miller)

EIN SCHWEINCHEN NAMENS BABE (BABE)
(1995, R: Chris Noonan)

SCOTTS LETZTE FAHRT (SCOTT OF THE
ANTARCTIC) (1948, R: Charles Frend)

SCREAM – SCHREI (SCREAM)

(1996, R: Wes Craven)

SCREAM 2 (SCREAM 2)(1997, R: Wes Craven)

SCREAM 3 (SCREAM 3)(2000, R: Wes Craven)

SEA OF LOVE – MELODIE DES TODES (SEA OF LOVE)(1989, R: Harold Becker)

DER SECHSTE SINN (THE SIXTH SENSE) (1999, R: M. Night Shyamalan)

16 UHR 50 AB PADDINGTON (MURDER, SHE SAID) (1961, R: George Pollock)

SEHNSUCHT (SENSO) (THE WANTON COUNTESS) (1953, R: Luchino Visconti)

SEID NETT ZU MR. SLOANE (ENTERTAINING MR. SLOANE) (1969, R: Douglas Hickox)

SEIN GRÖSSTER BLUFF (THE MILLION POUND NOTE)(1954, R: Ronald Neame)

SEIN LETZTES KOMMANDO (THEY DIED WITH THEIR BOOTS ON)(1941, R: Raoul Walsh)

SERIAL MOM – WARUM LÄSST MAMA DAS MORDEN NICHT? (SERIAL MOM) (1994, R: John Waters)

SERPICO (SERPICO) (1973, R: Sidney Lumet)

SEX, LÜGEN & VIDEO (SEX, LIES AND VIDEOTAPES) (1989, R: Steven Soderbergh)

SHADOW UND DER FLUCH DES KHAN (THE SHADOW) (1994, R: Russell Mulcahy)

SHADOWLANDS (SHADOWLANDS) (1993, R: Richard Attenborough)

SHAFT (SHAFT)(1971, R: Gordon Parks)

SHAFT (SHAFT)(2000, R: John Singleton)

SHAKESPEARE IN LOVE (SHAKESPEARE IN LOVE) (1998, R: John Madden)

SHAMPOO (SHAMPOO)(1975, R: Hal Ashby)

SHE'S GOTTA HAVE IT (SHE'S GOTTA HAVE IT) (1986, R: Spike Lee)

SHINE – DER WEG INS LICHT (SHINE) (1996, R: Scott Hicks)

SHINING (SHINING, THE) (1980, R: Stanley Kubrick)

SHIRLEY VALENTINE – AUF WIEDERSEHEN, MEIN LIEBER MANN (SHIRLEY VALENTINE) (1989, R: Lewis Gilbert)

SHOOTING FISH (SHOOTING FISH) (1997, R: Stefan Schwartz)

DER SHOOTIST (THE SHOOTIST) (1976, R: Don Siegel)

SHORT CUTS (SHORT CUTS) (1993, R: Robert Altman)

SHOWGIRLS (SHOWGIRLS) (1995, R: Paul Verhoeven)

SID UND NANCY (SID AND NANCY) (1986, R: Alex Cox)

SIE KÜSSTEN UND SIE SCHLUGEN IHN (QUATRE CENTS COUPS, THE) (1959, R: François Truffaut)

SIE LEBEN BEI NACHT (THEY LIVE BY NIGHT) (1948, R: Nicholas Ray)

SIE LIEBT IHN – SIE LIEBT IHN NICHT (SLIDING DOORS)(1998, R: Peter Howitt)

SIE SIND VERDAMMT (DAMNED, THE) (1961, R: Joseph Losey)

SIEBEN (SEVEN)(1995, R: David Fincher)

DAS SIEBENTE SIEGEL (SEVENTH SEAL, THE) (1957, R: Ingmar Bergman)

DER SIEGER (QUIET MAN, THE) (1952, R: John Ford)

SIERRA CHARIBA (MAJOR DUNDEE) (1965, R: Sam Peckinpah)

SINDBAD UND DAS AUGE DES TIGERS (SINDBAD AND THE EYE OF THE TIGER) (1977, R: Sam Wanamaker)

SINGLES (SINGLES)(1992, R: Cameron Crowe)

SINN UND SINNLICHKEIT (SENSE AND SENSIBILITY)(1995, R: Ang Lee)

SISTER ACT (SISTER ACT) (1992, R: Emile Ardolino)

SKLAVIN DES HERZENS (UNDER CAPRICORN) (1949, R: Alfred Hitchcock)

SLACKER (Slacker)(1991, R: Richard Linklater)

SLEEPERS (SLEEPERS)(1996, R: Barry Levinson)

SLEEPY HOLLOW (SLEEPY HOLLOW) (1999, R: Tim Burton)

SLIVER (SLIVER)(1993, R: Phillip Noyce)

DER SMARAGDWALD (EMERALD FOREST, THE) (1985, R: John Boorman)

SO EIN SATANSBRATEN (PROBLEM CHILD) (1990, R: Dennis Dugan)

SODOM UND GOMORRAH (THE LAST DAYS OF SODOM AND GOMORRAH) (1962, R: Robert Aldrich, Sergio Leone)

SÖHNE UND LIEBHABER (SONS AND LOVERS) (1960, R: Jack Cardiff)

SOLANGE EIN HERZ SCHLÄGT (MILDRED PIERCE)(1945, R: Michael Curtiz)

SOLANGE ES MENSCHEN GIBT (IMITATION OF LIFE)(1959, R: Douglas Sirk)

DER SOLDAT JAMES RYAN (SAVING PRIVATE RYAN) (1998, R: Steven Spielberg)

SOMMER '42 (SUMMER OF '42) (1971, R: Robert Mulligan)

EINE SOMMERNACHTS-SEXKOMÖDIE (MIDSUMMER NIGHT'S SEX COMEDY, A) (1982, R: Woody Allen)

EIN SOMMERNACHTSTRAUM (MIDSUMMER NIGHT'S DREAM, A) (1999, R: Michael Hoffman)

SOMMERSBY (SOMMERSBY) (1993, R: Jon Amiel)

SONNENALLEE (1999, R: Leander Haußmann)

SONNTAGS ... NIE! (NEVER ON SUNDAY) (1960, R: Jules Dassin)

SOPHIES ENTSCHEIDUNG (SOPHIE'S CHOICE)(1982, R: Alan J. Pakula)

SOUTH PACIFIC (SOUTH PACIFIC) (1958, R: Joshua Logan)

SPACE INVADERS (KILLER KLOWNS FROM OUTER SPACE)(1988, R: Stephen Chiodo)

SPARTACUS (SPARTACUS) (1960, R: Stanley Kubrick)

SPAWN (SPAWN)(1997, R: Mark A. Z. Dippé)

SPECIES (SPECIES)(1995, R: Roger Donaldson)

SPEED (SPEED)(1994, R: Jan De Bont)

SPIEL AUF ZEIT (SNAKE EYES) (1998, R: Brian De Palma)

SPIEL MIR DAS LIED VOM TOD (ONCE UPON A TIME IN THE WEST)(1969, R: Sergio Leone)

DIE SPIELREGEL (REGLE DU JE, LA) (1939, R: Jean Renoir)

SPLASH – JUNGFRAU AM HAKEN (SPLASH!) (1984, R: Ron Howard)

SPRUNG IN DEN TOD (WHITE HEAT) (1949, R: Raoul Walsh)

DIE SPUR DES FALKEN (THE MALTESE FALCON) (1941, R: John Huston)

SPURLOS (VANISHING, THE) (1993, R: George Sluizer)

STAATSFEIND NR. 1 (ENEMY OF THE STATE) (1998, R: Tony Scott)

STADT DER ANGST (BAD DAY AT BLACK ROCK) (1955, R: John Sturges)

DER STADTNEUROTIKER (ANNIE HALL) (1977, R: Woody Allen)

STAND BY ME – DAS GEHEIMNIS EINES SOMMERS (STAND BY ME) (1986, R: Rob Reiner)

A STAR IS BORN (STAR IS BORN, A) (1954, R: George Cukor)

A STAR IS BORN (STAR IS BORN, A) (1976, R: Frank Pierson)

STAR TREK – DER FILM (STAR TREK: THE MOTION PICTURE)(1979, R: Robert Wise)

STAR TREK IV: ZURÜCK IN DIE GEGENWART (STAR TREK IV: THE VOYAGE HOME) (1986, R: Leonard Nimoy)

STAR TREK V: AM RANDE DES UNIVERSUMS (STAR TREK V: THE FINAL FRONTIER) (1989, R: William Shatner)

STAR TREK VI: DAS UNENTDECKTE LAND (STAR TREK VI: THE UNDISCOVERED COUNTRY) (1991, R: Nicholas Meyer)

STAR TREK: TREFFEN DER GENERATIONEN (STAR TREK: GENERATIONS) (1994, R: David Carson)

STAR TREK: DER ERSTE KONTAKT (STAR TREK: FIRST CONTACT)(1996, R: Jonathan Frakes)

STAR TREK: DER AUFSTAND (STAR TREK: INSURRECTION)(1998, R: Jonathan Frakes)

STAR WARS EPISODE I: DIE DUNKLE BEDROHUNG (STAR WARS: EPISODE I: THE PHANTOM MENACE)(1999, R: George Lucas)

STARDUST MEMORIES (STARDUST MEMORIES) (1980, R: Woody Allen)

STARGATE (STARGATE) (1994, R: Roland Emmerich)

STARMAN (STARMAN)(1984, R: John Carpenter)

STARSHIP TROOPERS (STARSHIP TROOPERS)

(1997, R: Paul Verhoeven)

STEINER – DAS EISERNE KREUZ (CROSS OF IRON) (1977, R: Sam Peckinpah)

EIN STERN GEHT AUF (STAR IS BORN, A) (1937, R: William Wellman)

DIE STERNE BLICKEN HERAB (STARS LOOK DOWN, THE) (1939, R: Carol Reed)

STIRB LANGSAM (DIE HARD) (1988, R: John McTiernan)

STIRB LANGSAM 2 (DIE HARD II: DIE HARDER) (1990, R: Renny Harlin)

STIRB LANGSAM: JETZT ERST RECHT (DIE HARD WITH A VENGEANCE) (1995, R: John McTiernan)

STOPPT DIE TODESFAHRT DER U-BAHN 123 (THE TAKING OF PELHAM ONE TWO THREE) (1974, R: Joseph Sargent)

LA STRADA (LA STRADA) (1954, R: Federico Fellini)

THE STRAIGHT STORY – EINE WAHRE GESCHICHTE (THE STRAIGHT STORY) (1999, R: David Lynch)

DER STRAND (THE BEACH) (1999, R: Danny Boyle)

STRANGE DAYS (STRANGE DAYS) (1995, R: Kathryn Bigelow)

STRASSE ZUM JENSEITS (ACROSS 110th STREET) (1972, R: Barry Shear)

DIE STRATEGIE DER SPINNE (SPIDER'S STRATAGEM, THE) (1970, R: Bernardo Bertolucci)

STRICTLY BALLROOM (STRICTLY BALLROOM) (1992, R: Baz Luhrmann)

STRIPTEASE (STRIPTEASE) (1996, R: Andrew Bergman)

STROMBOLI (STROMBOLI) (1949, R: Roberto Rossellini)

STUDIO 54 (54) (1998, R: Mark Christopher)

STÜRMISCHE HÖHEN (WUTHERING HEIGHTS) (1939, R: William Wyler)

STÜRMISCHE LEIDENSCHAFT (WUTHERING HEIGHTS) (1992, R: Peter Kosminsky)

DIE STUNDE DER PATRIOTEN (PATRIOT GAMES) (1992, R: Phillip Noyce)

STUNDE DER WAHRHEIT (CHIMES AT MIDNIGHT) (1966, R: Orson Welles)

DIE STUNDE DES SIEGERS (CHARIOTS OF FIRE) (1981, R: Hugh Hudson)

DIE STUNDE DES WOLFS (HOUR OF THE WOLF) (1967, R: Ingmar Bergman)

DER STURM IN DEN WEIDEN (MR. TOAD`S WILD RIDE) (1996, R: Terry Jones)

STURM ÜBER WASHINGTON (ADVICE AND CONSENT) (1962, R: Otto Preminger)

SUBWAY (SUBWAY) (1985, R: Luc Besson)

DAS SÜSSE LEBEN (DOLCE VITA) (1960, R: Federico Fellini)

DAS SÜSSE JENSEITS (SWEET HEREAFTER, THE) (1997, R: Atom Egoyan)

DER SÜSSE TRAUM VOM GLÜCK

(SWEET DREAMS) (1985, R: Karel Reisz)

SUGARLAND EXPRESS (SUGARLAND EXPRESS) (1974, R: Steven Spielberg)

SUMMER OF SAM (SUMMER OF SAM) (1999, R: Spike Lee)

SUNDAY, BLOODY SUNDAY (SUNDAY BLOODY SUNDAY) (1971, R: John Schlesinger)

DIE SUNNY-BOYS (THE SUNSHINE BOYS) (1975, R: Herbert Ross)

SUPERMAN (SUPERMAN) (1978, R: Richard Donner)

SUPERMAN II – ALLEIN GEGEN ALLE (SUPERMAN II) (1980, R: Richard Lester)

SUPERMAN III – DER STÄHLERNE BLITZ (SUPERMAN III) (1983, R: Richard Lester)

SUPERMAN IV – DIE WELT AM ABGRUND (SUPERMAN IV: THE QUEST FOR PEACE) (1987, R: Sidney J. Furie)

SUPERVIXENS – ERUPTION (SUPERVIXENS) (1975, R: Russ Meyer)

DAS SUPERWEIB (1996, R: Sönke Wortman)

SUSAN ... VERZWEIFELT GESUCHT (DESPERATELY SEEKING SUSAN) (1985, R: Susan Seidelman)

SUSPECT – UNTER VERDACHT (SUSPECT) (1987, R: Peter Yates)

SWEET AND LOWDOWN (SWEET AND LOWDOWN) (1999, R: Woody Allen)

SWINGERS (SWINGERS) (1996, R: Doug Liman)

T

DER TAG DER HEUSCHRECKE (DAY OF THE LOCUST, THE) (1975, R: John Schlesinger)

DER TAG, AN DEM DIE ERDE FEUER FING (DAY THE EARTH CAUGHT FIRE, THE) (1961, R: Val Guest)

DER TAG, AN DEM DIE ERDE STILLSTAND (DAY THE EARTH STOOD STILL, THE) (1951, R: Robert Wise)

TAGEBUCH EINER KAMMERZOFE (LE JOURNAL D´UNE FEMME DE CHAMBRE) (1964, R: Luis Buñuel)

DAS TAL DER PUPPEN (VALLEY OF THE DOLLS) (1967, R: Mark Robson)

DER TALENTIERTE MR. RIPLEY (THE TALENTED MR. RIPLEY) (1999 , R: Anthony Minghella)

TANZ DER TEUFEL (EVIL DEAD, THE) (1982, R: Sam Raimi)

TANZ DER TEUFEL II – JETZT WIRD NOCH MEHR GETANZT (EVIL DEAD II) (1987, R: Sam Raimi)

TANZ DER TOTEN SEELEN (CARNIVAL OF SOULS) (1962, R: Herk Harvey)

TARZAN UND DIE AMAZONEN (TRAZAN AND THE AMAZONS) (1945, R: Kurt Neumann)

TARZANS ABENTEUER IN NEW YORK (TARZAN'S NEW YORK ADVENTURE) (1942, R: Richard Thorpe)

TARZANS VERGELTUNG (TARZAN AND HIS MATE) (1934, R: Cedric Gibbons)

TATIS SCHÜTZENFEST (JOUR DE FETE)

(1948, R: Jacques Tati)

TAXI DRIVER (TAXI DRIVER) (1976, R: Martin Scorsese)

TEENWOLF (TEEN WOLF) (1985, R: Rod Daniel)

TENEBRE – DER KALTE HAUCH DES TODES (TENEBRE) (1982, R: Dario Argento)

TEOREMA – GEOMETRIE DER LIEBE (TEOREMA) (1968, R: Pier Paolo Pasolini)

TERMINATOR (TERMINATOR, THE) (1984, R: James Cameron)

TERMINATOR 2 – TAG DER ABRECHNUNG (TERMINATOR II: JUDGEMENT DAY) (1991, R: James Cameron)

THE TERROR – SCHLOSS DES SCHRECKENS (TERROR, THE) (1963, R: Roger Corman)

TESS (TESS) (1979, R: Roman Polanski)

DAS TESTAMENT DES ORPHEUS (LE TESTAMENT D´ORPHÉE) (1960, R: Jean Cocteau)

DIE TEUFEL (DEVILS, THE) (1970, R: Ken Russell)

TEUFEL IN BLAU (DEVIL IN A BLUE DRESS) (1995, R: Carl Franklin)

DER TEUFELSHAUPTMANN (SHE WORE A YELLOW RIBBON) (1949, R: John Ford)

TEUFELSKERLE (BOYS TOWN) (1938, R: Norman Taurog)

DER TEUFELSKREIS (VICTIM) (1961, R: Basil Dearden)

DER TEXANER (OUTLAW JOSIE WALES, THE) (1976, R: Clint Eastwood)

TEXASVILLE (TEXASVILLE) (1990, R: Peter Bogdanovich)

THEATER DES GRAUENS (THEATRE OF BLOOD) (1973, R: Douglas Hickox)

THELMA & LOUISE (THELMA AND LOUISE) (1991, R: Ridley Scott)

THIS BOY'S LIFE (THIS BOY'S LIFE) (1993, R: Michael Caton-Jones)

THIS IS SPINAL TAP (THIS IS SPINAL TAP) (1984, R: Rob Reiner)

THOMAS CROWN IST NICHT ZU FASSEN (THOMAS CROWN AFFAIR, THE) (1968, R: Norman Jewison)

DIE THOMAS CROWN AFFÄRE (THOMAS CROWN AFFAIR, THE) (1999, R: John McTiernan)

THREE KINGS (THREE KINGS) (1999, R: David O. Russell)

THX 1138 (THX-1138) (1970, R: George Lucas)

EIN TICKET FÜR ZWEI (PLANES, TRAINS AND AUTOMOBILES) (1987, R: John Hughes)

TIGER BAY (TIGER BAY) (1959, R: J. Lee Thompson)

TIME BANDITS (TIME BANDITS) (1981, R: Terry Gilliam)

TIMECOP (TIMECOP) (1994, R: Peter Hyams)

TIN MEN (TIN MEN) (1987, R: Barry Levinson)

TINA – WHAT'S LOVE GOT TO DO WITH IT? (WHAT'S LOVE GOT TO DO WITH IT) (1993, R: Brian Gibson)

TITANIC (TITANIC) (1997, R: James Cameron)

TITFIELD-EXPRESS (TITIFIELD THUNDERBOLT, THE) (1952, R: Charles Crichton)

TO DIE FOR (TO DIE FOR) (1995, R: Gus Van Sant)

TOD AUF DEM NIL (DEATH ON THE NILE) (1978, R: John Guillermin)

DER TOD EINES KILLERS (THE KILLERS) (1964, R: Don Siegel)

TOD IN HOLLYWOOD (THE LOVED ONE) (1965, R: Tony Richardson)

TOD IN VENEDIG (DEATH IN VENICE) (1971, R: Luchino Visconti)

DER TOD KENNT KEINE WIEDERKEHR (LONG GOODBYE, THE) (1973, R: Robert Altman)

DER TOD KOMMT ZWEIMAL (BODY DOUBLE) (1984, R: Brian De Palma)

DER TODESKUSS (KISS OF DEATH) (1947, R: Henry Hathaway)

TODESMELODIE (DUCK, YOU SUCKER) (1971, R: Sergio Leone)

TODESSTILLE (DEAD CALM) (1989, R: Philip Noyce)

TÖDLICHE WEIHNACHTEN (THE LONG KISS GOODNIGHT) (1996, R: Renny Harlin)

DER TÖLPEL VOM DIENST (THE DISORDERLY ORDERLY) (1964, R: Frank Tashlin)

TOLLE NÄCHTE IN LAS VEGAS (VIVA LAS VEGAS) (1964, R: George Sidney)

EIN TOLLER KÄFER (THE LOVE BUG) (1969, R: Robert Stevenson)

TOM BROWNS SCHULZEIT (TOM BROWNS-SCHOOLDAYS) (1951, R: Gordon Parry)

TOM JONES – ZWISCHEN BETT UND GALGEN (TOM JONES) (1963, R: Tony Richardson)

TOMBSTONE (TOMBSTONE) (1993, R: George P. Cosmatos)

TOMMY (TOMMY) (1975, R: Ken Russell)

TOOTSIE (TOOTSIE) (1982, R: Sydney Pollack)

TOP GUN – SIE FÜRCHTEN WEDER TOD NOCH TEUFEL (TOP GUN) (1986, R: Tony Scott)

TOP SECRET! (TOP SECRET) (1984, R: Jim Abrahams, David Zucker, Jerry Zucker)

TOPAS (TOPAZ) (1969, R: Alfred Hitchcock)

TOPKAPI (TOPKAPI) (1964, R: Jules Dassin)

TOPPER – DAS BLONDE GESPENST (TOPPER) (1937, R: Norman Z. McLeod)

EINE TOTAL TOTAL VERRÜCKTE WELT (IT'S A MAD, MAD, MAD, MAD, MAD WORLD) (1963, R: Stanley Kramer)

DIE TOTALE ERINNERUNG (TOTAL RECALL) (1990, R: Paul Verhoeven)

DAS TOTAL VERRÜCKTE CAMPING-PARADIES (CARRY ON CAMPING) (1969, R: Gerald Thomas)

DAS TOTAL VERRÜCKTE IRRENHAUS (CARRY ON AGAIN, DOCTOR) (1969, R: Gerald Thomas)

TOTE SCHLAFEN FEST (BIG SLEEP, THE) (1946, R: Howard Hawks)

TOTE TRAGEN KEINE KAROS (DEAD MEN DON'T WEAR PLAID) (1982, R: Carl Reiner)

TOTO DER HELD (TOT LE HEROS) (1991, R: Jaco van Dormael)

TRAINSPOTTING – NEUE HELDEN (TRAINSPOTTING) (1996, R: Danny Boyle)

DER TRAMP (TRAMP, THE) (1915, R: Charles Chaplin)

TRANS-AMERIKA-EXPRESS (SILVER STREAK) (1976, R: Arthur Hiller)

TRAPEZ (TRAPEZE) (1956, R: Carol Reed)

TRAU KEINEM ÜBER 18 (THAT'LL BE THE DAY) (1973, R: Claude Whatham)

DER TRAUM MEINES LEBENS (SUMMER MADNESS) (1955, R: David Lean)

TRAUM OHNE ENDE (DEAD OF NIGHT) (1945, R: Cavalcanti; Charles Crichton; Robert Hamer; Basil Dearden)

THE TRIP (TRIP, THE) (1967, R: Roger Corman)

TRISTANA (TRISTANA) (1970, R: Luis Buñuel)

TRUE LIES (TRUE LIES) (1994, R: James Cameron)

TRUE ROMANCE (TRUE ROMANCE) (1993, R: Tony Scott)

DIE TRUMAN SHOW (TRUMAN SHOW, THE) (1998, R: Peter Weir)

TSCHAIKOWSKI – GENIE UND WAHNSINN (THE MUSIC LOVERS) (1970, R: Ken Russell)

TSCHITTY TSCHITTY BÄNG BÄNG (CHITTI CHITTI BANG BANG) (1968, R: Ken Hughes)

12 MONKEYS (TWELVE MONKEYS) (1995, R: Terry Gilliam)

TWIN PEAKS – DER FILM (TWIN PEAKS: FIRE WALK WITH ME) (1992, R: David Lynch)

TWISTER (TWISTER) (1996, R: Jan De Bont)

U

U-TURN – KEIN WEG ZURÜCK (U-TURN) (1997, R: Oliver Stone)

ÜBER DEN DÄCHERN VON NIZZA (TO CATCH A THIEF) (1955, R: Alfred Hitchcock)

DIE ÜBLICHEN VERDÄCHTIGEN (USUAL SUSPECTS, THE) (1995, R: Bryan Singer)

DIE UNBESTECHLICHEN (ALL THE PRESIDENT'S MEN) (1976, R: Alan J. Pakula)

DER UNBEUGSAME (COOL HAND LUKE) (1967, R: Stuart Rosenberg)

DER UNBEUGSAME (NATURAL, THE) (1984, R: Barry Levinson)

UND TÄGLICH GRÜSST DAS MURMELTIER (GROUNDHOG DAY) (1993, R: Harold Ramis)

DIE UNENDLICHE GESCHICHTE (NEVERENDING STORY, THE) (1984, R: Wolfgang Petersen)

UND IMMER LOCKT DAS WEIB (ET DIEU...CRÉA LA FEMME) (1957, R: Roger Vadim)

DIE UNGLAUBLICHE REISE IN EINEM VERRÜCKTEN FLUGZEUG (AIRPLANE) (1980, R: Jim Abrahams, David Zucker, Jerry Zucker)

DIE UNHEIMLICH VERRÜCKTE GEISTERSTUNDE (CREEPSHOW) (1982, R: George A. Romero)

UNHEIMLICHE BEGEGNUNG DER DRITTEN ART (CLOSE ENCOUNTERS OF THE THIRD KIND) (1977, R: Steven Spielberg)

UNION PACIFIC (UNION PACIFIC) (1939, R: Cecil B. DeMille)

UNIVERSAL SOLDIER (UNIVERSAL SOLDIER) (1992, R: Roland Emmerich)

EIN UNMORALISCHES ANGEBOT (INDECENT PROPOSAL) (1993, R: Adrian Lyne)

DER UNSICHTBARE DRITTE (NORTH BY NORTHWEST) (1959, R: Alfred Hitchcock)

DER UNTERGANG DES RÖMISCHEN REICHES (FALL OF THE ROMAN EMPIRE, THE) (1964, R: Anthony Mann)

UNTERM HOLDERBUSCH (HERE WE GO ROUND THE MULBERRY BUSH) (1968, R: Clive Donner)

THE UNTOUCHABLES – DIE UNBESTECHLICHEN (UNTOUCHABLES, THE) (1987, R: Brian De Palma)

DIE UNZERTRENNLICHEN (DEAD RINGERS) (1988, R: David Cronenberg)

URBAN COWBOY (URBAN COWBOY) (1980, R: James Bridges)

UHRWERK ORANGE (A CLOCKWORK ORANGE) (1971, R: Stanley Kubrick)

V

VALENTINO (VALENTINO) (1977, R: Ken Russell)

VALMONT (VALMONT) (1989, R: Milos Forman)

VATER DER BRAUT (FATHER OF THE BRIDE) (1991, R: Charles Shyer)

VELVET GOLDMINE (VELVET GOLDMINE) (1998, R: Todd Haynes)

DIE VERACHTUNG (MEPRIS, LE) (CONTEMPT) (1963, R: Jean-Luc Godard)

DIE VERBORGENE FESTUNG (HIDDEN FORTRESS, THE) (1958, R: Akira Kurosawa)

VERBRECHEN UND ANDERE KLEINIGKEITEN (CRIMES AND MISDEMEANDORS) (1989, R: Woody Allen)

VERBRECHERISCHE HERZEN (CRIMES OF THE HEART) (1986, R: Bruce Beresford)

VERDACHT (SUSPICION) (1941, R: Alfred Hitchcock)

VERDACHT AUF LIEBE (UNBELIEVABLE TRUTH, THE) (1990, R: Hal Hartley)

VERDAMMT IN ALLE EWIGKEIT (FROM HERE TO ETERNITY) (1953, R: Fred Zinneman)

VERDAMMT SIND SIE ALLE (SOME CAME RUNNING) (1959, R: Vincente Minnelli)

DIE VERDAMMTEN (LA CADUTA DEGLI DEI) (1969, R: Luchino Visconti)

DAS VERFLIXTE SIEBENTE JAHR (SEVEN YEAR ITCH, THE) (1955, R: Billy Wilder)

DIE VERFLUCHTEN (HOUSE OF USHER, THE)

(1960, R: Roger Corman)

VERFLUCHTES AMSTERDAM (AMSTERDAMNED)
(1988, R: Dick Maas)

DER VERFÜHRER LÄSST SCHÖN GRÜSSEN
(ALFIE)(1966, R: Lewis Gilbert)

VERGESSENE WELT: JURASSIC PARK
(LOST WORLD: JURASSIC PARK, THE)
(1997, R: Steven Spielberg)

DIE VERGESSENEN (OLVIDADOS, LOS)
(THE YOUNG AND THE DAMNED)
(1950, R: Luis Buñuel)

EINE VERHÄNGNISVOLLE AFFÄRE (FATAL
ATTRACTION)(1987, R: Adrian Lyne)

VERHANDLUNGSSACHE (THE NEGOTIATOR)
(1998, R: F. Gary Gray)

DAS VERLORENE WOCHENENDE (LOST
WEEKEND, THE)(1945, R: Billy Wilder)

DAS VERMÄCHTNIS DES PROFESSORS BONDI
(BUCKET OF BLOOD)(1959, R: Roger Corman)

DIE VERMÄHLUNG IHRER ELTERN GEBEN
BEKANNT (THE PARENT TRAP)
(1961, R: David Swift)

DIE VERMISSTE PATROUILLE (THE LOST PATROL)
(1934, R: John Ford)

VERNETZT – JOHNNY MNEMONIC (JOHNNY
MNEMONIC)(1995, R: Robert Longo)

DER VERRAT DES SURAT KHAN (THE CHARGE OF
THE LIGHT BRIGADE)(1936, R: Michael Curtiz)

DIE VERRUCHTE LADY (THE WICKED LADY)
(1983, R: Michael Winner)

VERRÜCKT NACH MARY (THERE'S SOMETHING
ABOUT MARY)(1998, R: Bobby Farrelly,
Peter Farrelly)

DER VERRÜCKTE PROFESSOR (NUTTY
PROFESSOR, THE)(1963, R: Jerry Lewis)

DER VERRÜCKTE PROFESSOR (THE NUTTY
PROFESSOR)(1996, R: Tom Shadyac)

VERTIGO (VERTIGO)(1958, R: Alfred Hitchcock)

DIE VERURTEILTEN (SHAWSHANK REDEMPTION,
THE)(1994, R: Frank Darabont)

VIDEODROME (VIDEODROME)
(1982, R: David Cronenberg)

VIEL LÄRM UM NICHTS (MUCH ADO ABOUT
NOTHING)(1993, R: Kenneth Branagh)

VIEL VERGNÜGEN (HOLIDAY CAMP)
(1947, R: Ken Annakin)

VIER FEDERN (FOUR FETHERS)
(1939, R: Zoltan Korda)

VIER HOCHZEITEN UND EIN TODESFALL
(FOUR WEDDINGS AND A FUNERAL)
(1994, R: Mike Newell)

VIER IRRE TYPEN – WIR SCHAFFEN ALLES,
UNS SCHAFFT KEINER (BREAKING AWAY)
(1979, R: Peter Yates)

VIER SCHWESTERN (LITTLE WOMEN)
(1933, R: George Cukor)

1492 – DIE EROBERUNG DES PARADIESES
(1492: CONQUEST OF PARADISE)
(1992, R: Ridley Scott)

VINCENT VAN GOGH – EIN LEBEN IN
LEIDENSCHAFT (LUST FOR LIFE)
(1956, R: Vincente Minnelli)

VIRIDIANA (VIRIDIANA)(1961, R: Luis Buñuel)

DIE VÖGEL (BIRDS, THE)
(1963, R: Alfred Hitchcock)

VOLCANO (VOLCANO)(1997, R: Mick Jackson)

VOLL DAS LEBEN (REALITY BITES)
(1994, R: Ben Stiller)

VOLLER WUNDER IST DAS LEBEN (KID FOR
TWO FARTHINGS, A)(1955, R: Carol Reed)

VOM WINDE VERWEHT (GONE WITH THE WIND)
(1939, R: Victor Fleming; George Cukor,
Sam Wood)

VON MÄUSEN UND MENSCHEN (OF MICE
AND MEN)(1939, R: Lewis Milestone)

VOR DEM NEUEN TAG (CLASH BY NIGHT)
(1952, R: Fritz Lang)

VOR DER REVOLUTION (PRIMA DELLA
RIVOLUZIONE)(1964, R: Bernardo Bertolucci)

W

DER WACHSBLUMENSTRAUSS (MURDER AT
THE GALLOP)(1963, R: George Pollock)

DIE WAFFEN DER FRAUEN (WORKING GIRL)
(1988, R: Mike Nichols)

WALE IM AUGUST (THE WHALES OF AUGUST)
(1987, R: Lindsay Anderson)

WALL STREET (WALL STREET)
(1987, R: Oliver Stone)

WAR ES WIRKLICH MORD? (THE NANNY)
(1965, R: Seth Holt)

WAR GAMES – KRIEGSSPIELE (WAR GAMES)
(1983, R: John Badham)

DIE WARRIORS (THE WARRIORS)
(1979, R: Walter Hill)

WARTE, BIS ES DUNKEL IST (WAIT UNTIL DARK)
(1967, R: Terence Young)

WAS GESCHAH WIRKLICH MIT BABY JANE?
(WHATEVER HAPPENED TO BABY JANE)
(1962, R: Robert Aldrich)

WAS IHR WOLLT (TWELFTH NIGHT: OR WHAT
YOU WILL)(1996, R: Trevor Nunn)

WAS VOM TAGE ÜBRIG BLIEB (REMAINS OF
THE DAY, THE)(1993, R: James Ivory)

WATERBOY (WATERBOY, THE)
(1998, R: Frank Coraci)

WATERLOO (WATERLOO)
(1970, R: Sergei Bondarchuk)

WAYNES WORLD (WAYNE'S WORLD)
(1992, R: Penelope Spheeris)

WAYNES WORLD 2 (WAYNES WORLD 2)
(1993, R: Stephen Surjik)

DER WEG NACH MAROKKO (ROAD TO
MOROCCO, THE)(1942, R: David Butler)

DER WEG NACH OBEN (ROOM AT THE TOP)
(1958, R: Jack Clayton)

DER WEG ZUM GLÜCK (GOING MY WAY)
(1944, R: Leo McCarey)

WEGE ZUM RUHM (PATHS OF GLORY)
(1957, R: Stanley Kubrick)

WEIBLICH, LEDIG, JUNG, SUCHT ... (SINGLE
WHITE FEMALE)(1992, R: Barbet Schroeder)

DIE WEISHEIT DES BLUTES (WISE BLOOD)
(1979, R: John Huston)

DER WEISSE HAI (JAWS)
(1975, R: Steven Spielberg)

DER WEISSE HAI 2 (JAWS 2)
(1978, R: Jeannot Szwarc)

DER WEISSE HAI III – 3-D (JAWS 3-D)
(1983, R: Joe Alves)

DER WEISSE HAI – DIE ABRECHNUNG (JAWS:
THE REVENGE)(1987, R: Joseph Sargent)

WEISSE JUNGS BRINGEN'S NICHT (WHITE MEN
CAN'T JUMP)(1992, R: Ron Shelton)

WEISSER JÄGER, SCHWARZES HERZ
(WHITE HUNTER, BLACK HEART)
(1990, R: Clint Eastwood)

WEISSER TERROR (I HATE YOUR GUTS)
(1961, R: Roger Corman)

WEM DIE STUNDE SCHLÄGT (FOR WHOM
THE BELL TOLLS)(1943, R: Sam Wood)

WENN DER POSTMANN ZWEIMAL KLINGELT
(POSTMAN ALWAYS RINGS TWICE, THE)
(1981, R: Bob Rafelson)

WENN DIE GONDELN TRAUER TRAGEN
(DON'T LOOK NOW)(1973, R: Nicolas Roeg)

WENN FRAUEN HASSEN (JOHNNY GUITAR)
(1954, R: Nicholas Ray)

WENN KATELBACH KOMMT ... (CUL-DE-SAC)
(1966, R: Roman Polanski)

WER DIE NACHTIGALL STÖRT (TO KILL A
MOCKINGBIRD)(1962, R: Robert Mulligan)

WER GEWALT SÄT (STRAW DOGS)
(1971, R: Sam Peckinpah)

WER HAT ANGST VOR VIRGINIA WOOLF?
(WHO'S AFRAID OF VIRGINIA WOOLF)
(1966, R: Mike Nichols)

WEST SIDE STORY (WEST SIDE STORY)
(1961, R: Robert Wise, Jerome Robbins)

WESTLICH VON ST. LOUIS (WAGON MASTER)
(1950, R: John Ford)

WESTWÄRTS ZIEHT DER WIND (PAINT YOUR
WAGON)(1969, R: Joshua Logan)

WESTWORLD (WESTWORLD)
(1973, R: Michael Crichton)

WHITECHAPEL (IT ALWAYS RAINS ON SUNDAY)
(1947, R: Robert Hamer)

WIE ANGELT MAN SICH EINEN MILLIONÄR?
(HOW TO MARRY A MILLIONAIRE)
(1953, R: Jean Negulesco)

WIE EIN WILDER STIER (RAGING BULL)
(1980, R: Martin Scorsese)

WIE IN EINEM SPIEGEL (THROUGH A GLASS
DARKLY)(1961, R: Ingmar Bergman)

WIE SCHMECKT DAS BLUT VON DRACULA?
(TASTE THE BLOOD OF DRACULA)
(1969, R: Peter Sasdy)

WIEDERSEHEN IN HOWARD'S END
(HOWARD'S END) (1992, R: James Ivory)

WIEGENLIED FÜR EINE LEICHE (HUSH...HUSH
SWEET CHARLOTTE) (1964, R: Robert Aldrich)

DIE WIKINGER (VIKINGS, THE)
(1958, R: Richard Fleischer)

WILD AT HEART (WILD AT HEART)
(1990, R: David Lynch)

THE WILD BUNCH – SIE KANNTEN KEIN GESETZ
(WILD BUNCH, THE) (1969, R: Sam Peckinpah)

WILD WILD WEST (WILD WILD WEST)
(1999, R: Barry Sonnenfeld)

DER WILDE (WILD ONE, THE)
(1954, R: Laslo Benedek)

WILDE ERDBEEREN (WILD STRAWBERRIES)
(1957, R: Ingmar Bergman)

DIE WILDEN ENGEL (WILD ANGELS, THE)
(1966, R: Roger Corman)

DER WILDESTE UNTER TAUSEND (HUD)
(1963, R: Martin Ritt)

WILLKOMMEN IM TOLLHAUS (WELCOME TO
THE DOLLHOUSE) (1995, R: Todd Solondz)

WILLKOMMEN, MR. CHANCE (BEING THERE)
(1979, R: Hal Ashby)

WINCHESTER '73 (WINCHESTER '73)
(1950, R: Anthony Mann)

THE WIND (WIND, THE)
(1928, R: Victor Seastrom)

DER WIND UND DER LÖWE (THE WIND AND
THE LION) (1975, R: John Milius)

THE WINGS OF THE DOVE (WINGS OF THE
DOVE, THE) (1997, R: Iain Softley)

EIN WINTERNACHTSTRAUM (IN THE BLEAK
MIDWINTER) (1995, R: Kenneth Branagh)

WISH YOU WERE HERE (WISH YOU WERE HERE)
(1987, R: David Leland)

WITHNAIL AND I (WITHNAIL AND I)
(1987, R: Bruce Robinson)

... WOHER DER WIND WEHT (WHISTLE DOWN
THE WIND) (1961, R: Bryan Forbes)

WOLF (WOLF) (1994, R: Mike Nichols)

WOLFEN (WOLFEN) (1981, R: Michael Wadleigh)

DIE WONDER BOYS (WONDER BOYS)
(2000, R: Curtis Hanson)

WONDERFUL LIFE – KÜSS MICH MIT MUSIK
(WONDERFUL LIFE) (1964, R: Sidney J. Furie)

WOODSTOCK (WOODSTOCK)
(1970, R: Michael Wadleigh)

DER WÜSTENPLANET (DUNE)
(1984, R: David Lynch)

DAS WUNDER VON MANHATTAN (MIRACLE ON
34th STREET) (1947, R: George Seaton)

DAS WUNDER VON MANHATTAN (MIRACLE ON
34th STREET) (1994, R: Les Mayfield)

DIE WUNDERBARE MACHT (MAGNIFICENT
OBSESSION) (1954, R: Douglas Sirk)

X

X-MEN (X-MEN) (2000, R: Bryan Singer)

Y

YANKS – GESTERN WAREN WIR NOCH FREMDE
(YANKS) (1979, R: John Schlesinger)

YEAH! YEAH! YEAH! (HARD DAY'S NIGHT)
(1964, R: Richard Lester)

YOUNG GUNS (YOUNG GUNS)
(1988, R: Christopher Cain)

Z

Z (Z) (1969, R: Costa-Gavras)

ZABRISKIE POINT (ZABRISKIE POINT)
(1970, R: Michelangelo Antonioni)

ZARDOZ (ZARDOZ) (1973, R: John Boorman)

DIE ZAUBERFLÖTE (TROLLFLÖJTEN)
(1974, R: Ingmar Bergman)

DAS ZAUBERHAFTE LAND (WIZARD OF OZ, THE)
(1939, R: Victor Fleming)

ZAZIE (ZAZIE DANS LE METRO)
(1960, R: Louis Malle)

ZEHN – DIE TRAUMFRAU (10)
(1979, R: Blake Edwards)

ZEHN DINGE, DIE ICH AN DIR HASSE
(10 THINGS I HATE ABOUT YOU)
(1999, R: Gil Junger)

DIE ZEHN GEBOTE (TEN COMMANDMENTS, THE)
(1923, R: Cecil B. DeMille)

DIE ZEHN GEBOTE (TEN COMMANDMENTS, THE)
(1956, R: Cecil B. DeMille)

ZEIT DER UNSCHULD (AGE OF INNOCENCE, THE)
(1993, R: Martin Scorsese)

ZEIT DER ZÄRTLICHKEIT (TERMS OF
ENDEARMENT) (1983, R: James L. Brooks)

ZEIT DES ERWACHENS (AWAKENINGS)
(1990, R: Penny Marshall)

DIE ZEIT MIT MONIKA (SUMMER WITH
MONIKA) (1952, R: Ingmar Bergman)

DIE ZEIT NACH MITTERNACHT (AFTER HOURS)
(1985, R: Martin Scorsese)

ZELIG (ZELIG) (1983, R: Woody Allen)

DER ZERRISSENE VORHANG
(TORN CURTAIN) (1966, R: Alfred Hitchcock)

ZEUGE EINER VERSCHWÖRUNG (PARALLAX
VIEW, THE) (1974, R: Alan J. Pakula)

ZIGEUNERBLUT (JASSY)
(1947, R: Bernard Knowles)

ZIMMER MIT AUSSICHT (ROOM WITH A VIEW, A)
(1986, R: James Ivory)

DIE ZITADELLE (CITADEL, THE)
(1938, R: King Vidor)

ZOFF IN BEVERLY HILLS (DOWN AND OUT
IN BEVERLY HILLS) (1986, R: Paul Mazursky)

ZOMBIE (DAWN OF THE DEAD)
(1978, R: George A. Romero)

ZOMBIE 2 – DAS LETZTE KAPITEL (DAY OF
THE DEAD) (1985, R: George A. Romero)

DAS ZUCHTHAUS DER VERLORENEN MÄDCHEN
(CAGED HEAT) (1974, R: Jonathan Demme)

ZULU (ZULU) (1964, R: Cy Endfield)

ZUM SCHWEIGEN VERURTEILT (I CONFESS)
(1953, R: Alfred Hitchcock)

ZURÜCK IN DIE ZUKUNFT (BACK TO THE
FUTURE) (1985, R: Robert Zemeckis)

ZURÜCK IN DIE ZUKUNFT TEIL II (BACK TO THE
FUTURE PART II) (1989, R: Robert Zemeckis)

ZURÜCK IN DIE ZUKUNFT TEIL III (BACK TO THE
FUTURE PART III) (1990, R: Robert Zemeckis)

20.000 MEILEN UNTER DEM MEER
(20,000 LEAGUES UNDER THE SEA)
(1954, R: Richard Fleischer)

ZWEI BANDITEN (BUTCH CASSIDY AND THE
SUNDANCE KID) (1969, R: George Roy Hill)

ZWEI GLORREICHE HALUNKEN (GOOD, THE BAD
AND THE UGLY, THE) (1966, R: Sergio Leone)

ZWEI HINREISSEND VERDORBENE SCHURKEN
(DIRTY ROTTEN SCOUNDRELS)
(1988, R: Frank Oz)

DIE ZWEI LEBEN DER VERONIKA
(DOUBLE LIFE OF VERONIQUE, THE)
(1991, R: Krzysztof Kieslowski)

ZWEI RECHNEN AB (GUNFIGHT AT THE O.K.
CORRAL) (1957, R: John Sturges)

ZWEI RITTEN ZUSAMMEN (TWO RODE
TOGETHER) (1961, R: John Ford)

ZWEI STAHLHARTE PROFIS (LETHAL
WEAPON) (1987, R: Richard Donner)

ZWEI WAHNSINNIG STARKE TYPEN
(STIR CRAZY) (1980, R: Sidney Poitier)

2001: ODYSSEE IM WELTRAUM (2001:
A SPACE ODYSEY) (1968, R: Stanley Kubrick)

ZWISCHEN DEN ZEILEN (EIGHTY FOUR CHARING
CROSS ROAD) (1987, R: David Jones)

DIE ZWÖLF GESCHWORENEN (TWELVE ANGRY
MEN) (1957, R: Sidney Lumet)

ZWÖLF UHR MITTAGS (HIGH NOON)
(1952, R: Fred Zinnemann)

12 UHR NACHTS – MIDNIGHT EXPRESS
(MIDNIGHT EXPRESS) (1978, R: Alan Parker)